福建企业年鉴 2024

FUJIAN ENTERPRISE YEARBOOK

《福建企业年鉴》编委会 编

海峡出版发行集团 THE STRAITS PUBLISHING & DISTRIBUTING GROUP | 福建科学技术出版社 FUJIAN SCIENCE & TECHNOLOGY PUBLISHING HOUSE

特别致谢

本书编撰下列单位提供了大量翔实的数据资料和企业信息，福建科学技术出版社进行精心的审读与编校，在此一并致谢！

福建省人民政府、各设区市、县（市、区）人民政府、平潭综合实验区管委会

福建省发展和改革委员会

福建省国有资产监督管理委员会

福建省卫生健康委员会

福建省农业农村厅

福建省工业和信息化厅

福建省住房和城乡建设厅

福建省商务厅

福建省交通运输厅

福建省科学技术厅

福建省文化和旅游厅

福建省财政厅

福建省民政厅

福建省审计厅

福建省公安厅

福建省自然资源厅

福建省生态环境厅

福建省水利厅

福建省人力资源和社会保障厅

福建省教育厅

福建省退役军人事务厅

福建省应急管理厅

福建省统计局

福建省林业局

福建省海洋与渔业局

福建省地方金融监督管理局

福建省市场监督管理局

国家税务总局福建省税务局

福建省新闻出版局

福建省广播电视局

福建省体育局

福建省医疗保障局

福建省粮食和物资储备局

福建省药品监督管理局

中国人民银行福建省分行

中国人民银行厦门市分行

中华人民共和国福州、厦门海关

国家金融监督管理总局福建监管局

国家金融监督管理总局厦门监管局

中国证券监督管理委员会福建监管局

中国证券监督管理委员会厦门监管局

福建社会科学院

福建省农业科学院

福建省总工会

中国共产主义青年团福建省委员会

福建省妇女联合会

福建省科学技术协会

福建省企业与企业家联合会

福建省开发区协会

福建省统计学会

（以上单位排名不分先后）

《福建企业年鉴　2024》
编委会

《福建企业年鉴　2024》
编辑部

编 辑 说 明

一、编辑出版《福建企业年鉴　2024》以习近平新时代中国特色社会主义思想为指导，旨在宣传福建企业发展的战略、现状和进程，展示福建企业发展的新成就和出现的新情况，总结经验，提供信息，承载历史，服务企业高质量发展。

二、《福建企业年鉴　2024》是多角度系统记载福建企业发展情况的大型资料性年刊，正式出版，国内外公开发行。

三、《福建企业年鉴　2024》内容涵盖上年度福建企业发展的各个方面，分为：年度关注、发展纪事、行业创新、工业园区、品牌创建、专业人才、区域概况、经济数据、涉企政策和表彰奖励等十篇，比较客观、翔实地记载2023年福建企业的实际情况。

四、《福建企业年鉴　2024》中的一些论述仅代表作者观点，所引用的数据和资料均采用政府各部门正式发布的数据和资料；由相关协会提供的稿件，因统计口径不尽相同，个别数据可能有差异；1亩等于0.067公顷，本书不作换算。读者如需引用数据和资料，请向相关单位查证，以相关单位提供的数据和资料为准。

五、《福建企业年鉴　2024》的编辑出版工作，得到了省委、省政府和各级政府、省直各有关单位、各有关社会组织和社会各界人士的关心和支持，在此一并致以诚挚的感谢。在本书编撰过程中，参考、引用了一些专著或资料，受联系渠道的制约，无法一一与原作者取得联络，请有关作者看到本书后与编委会联系，我们将支付稿酬并致以谢忱。限于经验和水平，难免存在疏漏和欠妥之处，谨请广大读者批评指正。

目　录

第一篇　年度关注

习近平向第十届中国—中亚合作论坛致贺信 …………（3）
福建省委经济工作会议召开 …………（3）
2023 年福建省重点招商项目 …………（5）
《福建省县域重点产业链发展白皮书（2023）》发布 …………（6）
福建省 2023 年降成本重点工作 …………（7）
2023 福建民企再创新绩 …………（8）
2023 年福建省工业重点节能改造项目 …………（10）
2023 年度福建省数字经济重点项目名单 …………（11）
福建省首次发布省级中小企业特色产业集群 …………（14）
福建省出台工业领域碳达峰实施方案 …………（15）
福建出台推进产业数字技能强链建设五条措施 …………（16）
全球首台 16 兆瓦海上风电机组在闽成功并网发电 …………（17）
全球最大年产 90 万吨 BDO 项目落户福建 …………（18）
我国首个国家级海上风电研究与试验检测基地在闽开工建设 …………（18）
福建省五部门联合印发意见全面整治锅炉污染 …………（19）
福建省印发推动建筑业高质量发展十条措施 …………（20）
福建省推八大行动助消费提质升级 …………（21）
福建省口岸全面实施货物智慧转关直通 …………（22）
福建省建设物流空间新格局 …………（23）
福建出台金融支持制造业高质量发展工作意见 …………（24）
福建统筹金融资源支持民营经济高质量发展 …………（25）
第六届“创响福建”大赛省级决赛完美收官 …………（26）
第六届数字中国建设峰会推进中国式现代化 …………（27）
2023 世界储能大会开幕 …………（28）
第二十四届亚太电协大会开幕式在厦门举行 …………（29）
第一届中国侨智发展大会成效显著 …………（30）
2023 中国海洋装备博览会在榕开幕 …………（31）
首届福品博览会推进消费提质升级 …………（31）

福建省第十三届民营企业产业项目洽谈会聚焦战略性新兴产业 …… (32)

第二篇　发展纪事

1 月 …… (37)
2 月 …… (43)
3 月 …… (50)
4 月 …… (60)
5 月 …… (68)
6 月 …… (77)
7 月 …… (85)
8 月 …… (92)
9 月 …… (102)
10 月 …… (111)
11 月 …… (117)
12 月 …… (124)

第三篇　行业创新

全球发展倡议新工业革命伙伴关系研讨会激发创新活力 …… (137)
福建创新支持民营经济发展税收服务举措 …… (138)
福建以科技招商蓄高质量发展“活力源” …… (139)
福建省推动林业产业创新发展 …… (140)
福建省信息技术应用创新发展大会助力新质生产力 …… (141)
福建省工业和信息化科技创新工作座谈会聚焦创新思路 …… (142)
福建工业狠抓科技创新　实现新一轮腾飞 …… (143)
企业创新要练好基本功，发挥想象力 …… (144)
福建省加快电动船舶产业发展及“光储充检”充电设施建设 …… (145)
福建持续推进科技创新　加快塑造锂电产业发展新动能新优势 …… (146)
福建推动“专精特新”企业高质量发展 …… (146)
福建省入选内外贸一体化试点地区 …… (147)
福建自贸试验区推出第 20 批 59 项创新举措 …… (148)
福建省推动仙游古典工艺家具产业创新发展 …… (149)
福建助力德化陶瓷企业破难题促发展 …… (150)

第四篇　工业园区

福建省开发区发展情况综述 …… (153)
福建省开发区发展成就 …… (155)
2023 年先进制造业百强园区榜福建入围名单 …… (155)

厦门火炬高新区综合排名升至第 11 位 …… (155)
国务院批复同意设立福州长乐国际机场综合保税区 …… (156)
福建省人民政府批复同意设立闽清经济开发区 …… (156)
福建设立三个省级人工智能产业园 …… (156)
东山经济技术开发区更名为东山湾古雷经济技术开发区 …… (157)
福州开发区概况 …… (158)
福州经济技术开发区 …… (158)
福清融侨经济技术开发区 …… (159)
福州高新技术产业开发区 …… (159)
福州保税区 …… (160)
福州综合保税区 …… (160)
福州江阴港综合保税区 …… (161)
福州福兴经济开发区 …… (161)
福州金山工业园区 …… (162)
福州高新技术产业园区（福州软件园） …… (163)
闽侯青口汽车工业园区 …… (163)
罗源湾经济开发区 …… (164)
福州江阴经济开发区（福州江阴港城经济区） …… (164)
连江经济开发区 …… (165)
福州新区长乐功能区（长乐经济开发区） …… (166)
闽台（福州）蓝色经济产业园 …… (167)
厦门开发区概况 …… (168)
厦门海沧台商投资区 …… (168)
厦门海沧港综合保税区 …… (170)
厦门火炬高技术产业开发区 …… (170)
厦门象屿保税区和厦门象屿综合保税区 …… (172)
厦门同安工业园区 …… (173)
漳州开发区概况 …… (174)
东山经济技术开发区 …… (174)
漳州招商局经济技术开发区 …… (175)
漳州台商投资区 …… (176)
漳州高新技术产业开发区 …… (176)
漳州金峰经济开发区 …… (178)
漳州蓝田经济开发区 …… (178)
长泰经济开发区 …… (179)
漳州古雷港经济开发区（古雷港） …… (180)
漳州古雷港经济开发区（绥安） …… (181)
诏安工业园区 …… (182)
云霄常山经济开发区（常山华侨） …… (183)
云霄常山经济开发区（云霄云陵） …… (184)

平和工业园区 ……………………………………………………………………（184）
华安经济开发区 ……………………………………………………………………（185）
泉州开发区概况 ……………………………………………………………………（186）
泉州经济技术开发区 ……………………………………………………………………（186）
泉州高新技术产业开发区（江南园） ……………………………………………………（187）
泉州高新技术产业开发区（石狮园） ……………………………………………………（189）
泉州台商投资区 ……………………………………………………………………（190）
泉州综合保税区 ……………………………………………………………………（191）
洛江经济开发区 ……………………………………………………………………（192）
晋江经济开发区 ……………………………………………………………………（193）
永春工业园区 ……………………………………………………………………（194）
德化陶瓷产业园区 ……………………………………………………………………（194）
安溪经济开发区 ……………………………………………………………………（195）
惠安经济开发区 ……………………………………………………………………（196）
南安经济开发区 ……………………………………………………………………（197）
泉港石化工业园区 ……………………………………………………………………（197）
泉惠石化工业园区 ……………………………………………………………………（198）
泉州半导体高新技术产业园区 ……………………………………………………………（199）
三明开发区概况 ……………………………………………………………………（200）
三明高新技术产业开发区（金沙园） ……………………………………………………（200）
三明高新技术产业开发区（尼葛园） ……………………………………………………（201）
尤溪经济开发区 ……………………………………………………………………（202）
泰宁工业园区 ……………………………………………………………………（202）
宁化华侨经济开发区 ……………………………………………………………………（203）
将乐经济开发区 ……………………………………………………………………（204）
三明经济开发区 ……………………………………………………………………（205）
三明现代物流产业开发区 ……………………………………………………………（206）
建宁经济开发区 ……………………………………………………………………（206）
明溪经济开发区 ……………………………………………………………………（207）
大田经济开发区 ……………………………………………………………………（208）
清流经济开发区 ……………………………………………………………………（208）
三明埔岭汽车工业园区 ……………………………………………………………（209）
莆田开发区概况 ……………………………………………………………………（209）
莆田高新技术产业开发区 ……………………………………………………………（209）
莆田湄洲湾北岸经济开发区 …………………………………………………………（210）
莆田华林经济开发区 ……………………………………………………………………（211）
荔城经济开发区 ……………………………………………………………………（212）
仙游经济开发区 ……………………………………………………………………（212）
湄洲湾国投经济开发区 ……………………………………………………………（213）
南平开发区概况 ……………………………………………………………………（214）

南平工业园区 …… (214)
南平高新技术产业园区（闽北经济开发区） …… (215)
光泽工业园区 …… (216)
邵武经济开发区 …… (217)
浦城工业园区 …… (218)
建瓯工业园区 …… (219)
松溪经济开发区 …… (219)
政和经济开发区 …… (220)
顺昌工业园区 …… (221)
龙岩开发区概况 …… (222)
龙岩高新技术产业开发区（龙岩经济技术开发区） …… (222)
漳平工业园区 …… (223)
武平工业园区 …… (223)
上杭工业园区 …… (224)
连城工业园区 …… (224)
永定工业园区 …… (225)
长汀经济开发区（龙岩稀土工业园区） …… (226)
龙雁经济开发区 …… (226)
宁德开发区概况 …… (227)
东侨经济技术开发区 …… (227)
福安经济开发区 …… (228)
宁德三都澳经济开发区 …… (229)
福鼎工业园区 …… (229)
周宁工业园区 …… (230)
古田工业园区 …… (231)
屏南工业园区 …… (231)
寿宁工业园区 …… (232)
柘荣经济开发区 …… (232)
霞浦经济开发区 …… (233)

第五篇　品牌创建

2023 先进制造业百强市福建省上榜名单 …… (237)
2023 百强区榜单福建省入围名单 …… (237)
全国创新百强区福建省入围名单 …… (238)
中国县域投资竞争力百强福建省入围县域 …… (238)
福建省千亿县（市）俱乐部名单 …… (239)
中国企业 500 强上榜闽企 …… (239)
2023 福建企业 100 强 …… (240)
2023 中国民营企业 500 强福建上榜企业 …… (253)

2023 福建省民营企业 100 强榜单 …………………………………………………………… (254)
福建省营业收入前 300 家工业企业（2023 年） …………………………………………………… (260)
福建省建筑业总产值前 300 家企业（2023 年） …………………………………………………… (264)
福建省主营业务收入前 300 家批发零售企业名单（2023 年） …………………………………… (269)
2023 年度福建省中小企业特色产业集群名单 …………………………………………………… (273)
2023 预制菜产业基地百强福建省入选名单 ……………………………………………………… (274)
国家第五批林业重点龙头企业福建省入选名单 …………………………………………………… (275)
全国省级及县级水网先导区福建省入选名单 ……………………………………………………… (275)
第二批国家水利风景区高质量发展典型案例重点推介名单福建省入选景区 …………………… (276)
第三批福建林业生态文明实践基地名单 …………………………………………………………… (276)
第十六批福建省“水乡渔村”休闲渔业基地名单 ………………………………………………… (277)
第十二届中国创新创业大赛全国总决赛福建企业获历史最佳成绩 ……………………………… (278)
第七届中国工业大奖福建获奖名单 ………………………………………………………………… (279)
创建世界一流示范企业和专精特新示范企业福建上榜名单 ……………………………………… (279)
国家专精特新中小企业高质量发展第二批财政支持名单上榜闽企 ……………………………… (280)
2023 中国独角兽企业上榜闽企 ……………………………………………………………………… (280)
中国新型显示产业链贡献奖福建省获奖企业 ……………………………………………………… (281)
全国工业领域电力需求侧管理典型案例福建省入围名单 ………………………………………… (281)
第三批能源领域首台（套）重大技术装备名单福建省入选项目 ………………………………… (282)
第三批智能光伏试点示范企业和示范项目福建省入选名单 ……………………………………… (283)
福建省工业龙头企业名单（第六批） ……………………………………………………………… (283)
福建省专精特新中小企业（2018 年和 2019 年）复核通过名单 ………………………………… (286)
福建省级工业设计中心名单 ………………………………………………………………………… (290)
福建省 2023 年度省级绿色制造名单 ……………………………………………………………… (292)
2023 年度福建省“建筑之乡”名单 ………………………………………………………………… (295)
2023 年福建省建筑业龙头企业（施工总承包企业）增补名单 …………………………………… (296)
2024 年福建省城乡建设品质提升省级样板工程名单 ……………………………………………… (296)
2023 年中国互联网综合实力前百家企业入围闽企 ………………………………………………… (298)
中国通信技术设备服务商百强榜入围闽企 ………………………………………………………… (299)
2023 年度智能制造示范工厂、2023 年度智能制造优秀场景入选闽企 …………………………… (299)
2023 年福建省工业互联网 App 优秀解决方案入围名单 …………………………………………… (300)
工业领域数据安全管理试点成效突出地区和典型案例福建入选名单 ……………………………… (302)
第二十九批新认定国家企业技术中心福建上榜名单 ……………………………………………… (302)
国家级工业设计中心福建省新增名单 ……………………………………………………………… (303)
福建省第三十九批省企业技术中心名单 …………………………………………………………… (303)
福建省高新技术企业名单 …………………………………………………………………………… (304)
福建省互联网企业“50 强”榜单 …………………………………………………………………… (410)
福建省 2023 年技术先进型服务企业认定名单 ……………………………………………………… (411)
福建省 2023 年省级技术转移机构名单 ……………………………………………………………… (412)
2023 年福建省科技小巨人企业 ……………………………………………………………………… (413)

福建省数字化支付安全等 18 家重点实验室名单 ……………………………………………… (413)

第六篇　专业人才

2022 年度福建省科学技术奖获奖名单 ……………………………………………… (417)
福建省创业导师名单 ……………………………………………… (432)
2023 年福建省技能大师工作室名单 ……………………………………………… (438)
首届农村电子商务师职业技能竞赛获胜者名单 ……………………………………………… (440)
福建省第二届工艺品雕刻（石雕工）职业技能竞赛获奖名单 ……………………………………………… (441)
第三届中国工艺美术博览会福建参评作品再创佳绩 ……………………………………………… (441)
福建省农业技术正高级职务和农业技术推广研究员任职资格人员名单 ……………………………………………… (446)
福建省正高级工程师职务任职资格人员名单 ……………………………………………… (447)
福建省正高级工艺美术师人员名单 ……………………………………………… (450)
福建省正高级经济师职称人员名单 ……………………………………………… (451)
福建省正高级会计师职称人员名单 ……………………………………………… (451)
福建省自然科学研究系列高级职务任职资格人员名单 ……………………………………………… (452)
福建省高级专业技术资格人员名单 ……………………………………………… (453)
福建省农业技术高级职务任职资格人员名单 ……………………………………………… (454)
福建省高级工程师职务任职资格人员名单 ……………………………………………… (456)
福建省工程系列土建专业技术职务任职资格人员名单 ……………………………………………… (495)
福建省高级工艺美术师人员名单 ……………………………………………… (495)
福建省高级经济师职务任职资格批准确认名单 ……………………………………………… (497)
福建省经济系列高级专业技术职务任职资格人员名单 ……………………………………………… (497)
福建省高级审计师职务任职资格人员名单 ……………………………………………… (501)
福建省高级会计师职务任职资格人员名单 ……………………………………………… (502)
福建省高级统计师职务任职资格人员名单 ……………………………………………… (509)

第七篇　区域概况

2023 年福州市经济发展概况 ……………………………………………… (513)
2023 年厦门市经济发展概况 ……………………………………………… (515)
2023 年漳州市经济发展概况 ……………………………………………… (517)
2023 年泉州市经济发展概况 ……………………………………………… (519)
2023 年三明市经济发展概况 ……………………………………………… (521)
2023 年莆田市经济发展概况 ……………………………………………… (523)
2023 年南平市经济发展概况 ……………………………………………… (525)
2023 年龙岩市经济发展概况 ……………………………………………… (527)
2023 年宁德市经济发展概况 ……………………………………………… (529)
2023 年平潭综合实验区经济发展概况 ……………………………………………… (531)

第八篇　经济数据

综合 …… (535)
全省法人单位数（2022 年） …… (535)
各设区市按行业门类分的法人单位数（2022 年） …… (539)
各设区市按机构类型分的法人单位数（2022 年） …… (540)
各设区市按营业状态分的企业法人单位数（2022 年） …… (540)
各设区市按登记注册类型分的企业法人单位数（2022 年） …… (541)
国民经济核算 …… (542)
主要社会经济效益指标 …… (542)
地区生产总值 …… (542)
地区生产总值构成 …… (542)
分行业增加值 …… (543)
地区生产总值指数（上年=100） …… (543)
地区生产总值指数（1952 年=100） …… (544)
三次产业对经济增长的贡献率及拉动 …… (544)
第三产业增加值 …… (544)
第三产业增加值构成 …… (544)
第三产业增加值指数（上年=100） …… (545)
第三产业增加值指数（1978 年=100） …… (545)
就业和职工工资 …… (546)
全省就业基本情况 …… (546)
按三次产业分全社会就业人员及构成 …… (546)
城镇非私营单位就业人员年末人数 …… (547)
城镇非私营单位女性就业人员年末人数 …… (548)
城镇非私营单位在岗职工年末人数 …… (549)
城镇非私营单位就业人员平均工资 …… (550)
城镇私营单位就业人员及平均工资（2023 年） …… (551)
各设区市全社会就业人员 …… (551)
各设区市分城乡分产业就业人员（2023 年） …… (552)
各设区市城镇非私营单位就业人员和平均工资（2023 年） …… (552)
农业 …… (553)
农业基础设施 …… (553)
农业机械化情况 …… (553)
农业生产条件 …… (554)
农作物播种面积 …… (554)
粮食作物播种面积 …… (554)
非粮食作物播种面积 …… (554)
水产品养殖面积 …… (555)

年末各类园林水果实有面积 …… (555)
农林牧渔业总产值和指数 …… (556)
农林牧渔业分类产值和增速 …… (556)
主要农业产品产量 …… (557)
粮食总产量及单产 …… (557)
非粮食作物总产量及单位播种面积产量 …… (557)
各类粮食产量 …… (558)
非粮作物产量 …… (558)
茶叶园林水果实有面积及产量 …… (558)
各类茶叶　园林水果　食用菌产量 …… (558)
林业牧业水产品产量 …… (559)
主要林产品产量 …… (559)
主要畜禽产品产量 …… (560)
淡水产品产量 …… (560)
海水产品产量 …… (561)
工业 …… (562)
工业总产值指数 …… (562)
规模以上工业企业单位数 …… (562)
规模以上工业企业主要指标 …… (563)
规模以上工业企业主要经济指标 …… (563)
规模以上工业企业主要工业产品产量 …… (563)
规模以上工业企业产品产量 …… (563)
规模以上工业企业主要指标（2023 年） …… (566)
大中型工业企业主要经济指标（2023 年） …… (570)
国有控股工业企业主要经济指标（2023 年） …… (572)
规模以上外商及港澳台投资工业企业主要经济指标（2023 年） …… (574)
规模以上工业企业主要经济效益指标 …… (576)
规模以上工业企业主要经济效益指标（2023 年） …… (576)
建筑业 …… (578)
建筑企业基本情况 …… (578)
建筑企业主要经济指标 …… (578)
各种资质等级建筑企业主要经济指标（2023 年） …… (579)
按行业分建筑企业主要经济指标（2023 年） …… (579)
按经济类型分建筑企业主要经济指标（2023 年） …… (580)
房屋竣工建筑面积 …… (581)
各设区市建筑企业房屋施工情况和利税总额（2023 年） …… (581)
各设区市建筑企业数（2023 年） …… (581)
各设区市建筑企业营业收入和利润情况（2023 年） …… (582)
交通运输和邮电通信业 …… (583)
各类运输总量 …… (583)

交通运输业基本情况 ……（583）
各类交通运输工具拥有量（年底数） ……（584）
民用汽车拥有量 ……（585）
私人汽车拥有量 ……（585）
运输路线长度（年底数） ……（586）
客货平均运距 ……（586）
铁路运输情况 ……（587）
公路运输情况 ……（587）
水路运输情况 ……（587）
民用航空情况 ……（587）
沿海港口货物吞吐量 ……（588）
邮电通信业务情况 ……（588）
邮电业务总量 ……（588）
电信主要通信能力 ……（588）
邮政业网点 ……（588）
设区市交通运输业基本情况（2023 年） ……（589）
设区市邮电通信业务基本情况（2023 年） ……（589）
批发零售、住宿餐饮和旅游业 ……（590）
社会消费品零售总额 ……（590）
限额以上批发零售与住宿餐饮业企业基本情况 ……（590）
限额以上批发和零售企业基本情况（2023 年） ……（591）
限额以上批发和零售企业年末资产及负债情况（2023 年） ……（593）
限额以上批发和零售企业财务状况（2023 年） ……（595）
限额以上批发和零售企业主要效益指标（2023 年） ……（597）
亿元以上商品交易市场主要经济指标（2023 年） ……（599）
亿元以上商品交易市场成交情况（2023 年） ……（600）
限额以上住宿业企业基本情况（2023 年） ……（600）
限额以上餐饮业企业基本情况（2023 年） ……（601）
限额以上住宿业和餐饮业企业经营情况（2023 年） ……（602）
限额以上住宿和餐饮业企业年末资产及负债情况（2023 年） ……（603）
限额以上住宿和餐饮业企业主要财务指标（2023 年） ……（604）
限额以上批发和零售业连锁企业基本经营情况（2023 年） ……（605）
限额以上住宿和餐饮业连锁企业基本经营情况（2023 年） ……（605）
入境游客人数 ……（605）
接待游客人数及旅游收入 ……（606）
入境外国游客人数 ……（606）
国内旅游人数及旅游收入 ……（606）
国内游客消费构成 ……（607）
国内游客构成 ……（607）
各设区市国际旅游外汇收入 ……（608）

各设区市入境游客人数 …………………………………………………………………… (609)
金融保险 …………………………………………………………………………………… (610)
金融机构人民币各项存款和贷款余额 …………………………………………………… (610)
金融机构年末人民币分项存贷款余额（2023 年） ……………………………………… (610)
商业保险业务情况 ………………………………………………………………………… (611)
社会保险情况 ……………………………………………………………………………… (612)
各设区市商业保险业务情况（2023 年） ………………………………………………… (613)
各设区市主要社会保险参保人数（2023 年） …………………………………………… (614)
各设区市城镇职工基本养老保险人数（2023 年） ……………………………………… (614)
对外经济 …………………………………………………………………………………… (615)
对外经济基本情况 ………………………………………………………………………… (615)
货物进出口总额 …………………………………………………………………………… (615)
按主要贸易方式分进出口商品贸易额（2023 年） ……………………………………… (616)
按企业性质分进出口商品贸易额（2023 年） …………………………………………… (616)
货物进出口主要分类情况（2023 年） …………………………………………………… (616)
按主要国别（地区）分货物进出口商品贸易额（2023 年） …………………………… (617)
按类分进出口商品金额（2023 年） ……………………………………………………… (618)
人民币汇率（年平均价） ………………………………………………………………… (620)
按行业分外商直接投资合同数 …………………………………………………………… (620)
按行业分外商直接投资合同金额 ………………………………………………………… (621)
分国别（地区）外商直接投资合同数和合同金额 ……………………………………… (621)
实际利用外商直接投资金额 ……………………………………………………………… (622)
分国别（地区）实际利用外商直接投资金额 …………………………………………… (622)
外商投资企业工商注册数 ………………………………………………………………… (623)
对外直接投资（非金融类） ……………………………………………………………… (624)
按主要国别（地区）分非金融类对外直接投资 ………………………………………… (624)
按行业分非金融类对外直接投资 ………………………………………………………… (625)
对外承包工程和劳务合作主要指标 ……………………………………………………… (626)
各设区市进出口商品总额（2023 年） …………………………………………………… (626)
各设区市外商直接投资合同数 …………………………………………………………… (626)
各设区市外商直接投资合同金额 ………………………………………………………… (627)
各设区市实际利用外商直接投资金额 …………………………………………………… (627)
市县国民经济主要指标 …………………………………………………………………… (628)
地区生产总值（2023 年） ………………………………………………………………… (628)
地区生产总值指数（2023 年） …………………………………………………………… (631)
城乡居民人均可支配收入（2023 年） …………………………………………………… (634)
金融机构货币存贷款余额（2023 年） …………………………………………………… (637)
主要农产品产量（2023 年） ……………………………………………………………… (640)
农作物播种面积（2023 年） ……………………………………………………………… (643)
规模以上工业增加值增速（2023 年） …………………………………………………… (646)

规模以上工业企业主要财务指标（2023 年） ……（649）
社会消费品零售总额（2023 年） ……（652）

第九篇　涉企政策

中共福建省委　福建省人民政府关于实施新时代民营经济强省战略推进高质量发展的意见 ……（657）
福建省人民政府办公厅关于印发福建省促进人工智能产业发展十条措施的通知 ……（663）
福建省工业和信息化厅等十部门关于印发全面推进“电动福建”建设的实施意见（2023—2025 年）的通知 ……（666）
福建省住房和城乡建设厅关于印发《深入学习借鉴浙江“千万工程”经验　推动村镇建设高质量发展三年行动方案（2023—2025 年）》的通知 ……（671）
福建省促进中小企业发展工作领导小组办公室关于印发福建省惠企政策“免申即享”实施方案（试行）的通知 ……（675）
福建省发展和改革委员会　福建工业和信息化厅　福建省商务厅　福建省财政厅关于印发鼓励企业入园进区若干措施的通知 ……（678）

第十篇　表彰奖励

福建省劳动模范和先进工作者名单 ……（685）
第 20 届福建青年五四奖章和第 20 届福建青年五四奖章集体表彰名单 ……（688）
福建省三八红旗手标兵、福建省三八红旗手（集体）名单 ……（691）
全国水土保持工作先进集体和先进个人福建省获评名单 ……（698）
全国林草系统先进集体、劳动模范和先进工作者福建省获表彰名单 ……（699）
全国住房和城乡建设系统先进集体、先进工作者和劳动模范福建省表彰名单 ……（700）
福建省商务系统先进集体和先进工作者名单 ……（701）
福建省市场监管系统先进集体和先进工作者名单 ……（705）
科技部通报表扬福建省技术合同认定登记机构名单 ……（710）
第十二届中国创新创业大赛全国总决赛福建企业获历史最佳成绩 ……（711）

第一篇
年度关注

习近平向第十届中国—中亚合作论坛致贺信

2023年9月9日，国家主席习近平向第十届中国—中亚合作论坛致贺信。

习近平指出，中国—中亚合作论坛成立以来，规模不断扩大，影响力日益提升。中国同中亚五国通过这一论坛共谋合作、共享发展，有力增进了相互了解和传统友谊，谱写了睦邻友好、携手共进的新篇章。

习近平强调，今年是共建“一带一路”倡议提出10周年，中国同中亚国家共建“一带一路”合作走在国际社会前列。今年5月，中国—中亚峰会成功举行，中国同中亚国家关系迈入新时代。新形势下，中国—中亚合作大有可为，也必将大有作为。希望各方以举办第十届中国—中亚合作论坛为契机，充分发挥论坛平台作用，加强互学互鉴，深化共建“一带一路”合作，推动中国同中亚国家关系发展取得更多丰硕成果。

第十届中国—中亚合作论坛9日在福建省厦门市开幕，论坛由上海合作组织睦邻友好合作委员会和福建省人民政府共同主办，主题为“赓续友好关系　深化互利合作”。

（摘编：赵小真）

福建省委经济工作会议召开

2023年12月25日，省委经济工作会议在福州召开。会议以习近平新时代中国特色社会主义思想为指导，深入贯彻党的二十大精神，传达学习贯彻中央经济工作会议精神，落实省委十一届四次、五次全会要求，总结2023年全省经济工作，分析当前形势，部署2024年经济工作。省委书记周祖翼主持并讲话。省委副书记、省长赵龙作具体工作部署。省政协主席滕佳材出席。

会议指出，习近平总书记在中央经济工作会议上的重要讲话，全面总结今年经济工作，深刻分析当前经济形势，系统部署明年经济工作，具有很强的政治性、思想性、指导性。全省各级各部门要认真学习、全面贯彻，深刻领会今年我国发展取得的重要成就，深刻领会党中央对新时代做好经济工作的规律性认识，深刻领会党中央对当前形势的科学判断，深刻领会党中央对明年经济工作的总体要求和政策取向，深刻领会明年经济工作的重点任务，深刻领会党中央关于加强党对经济工作的全面领导的重要要求，切实把思想和行动统一到中央经济工作会议精神上来，以实际成效坚定拥护“两个确立”、坚决做到“两个维护”。

会议指出，今年以来，全省上下全面贯彻党的二十大精神，深入落实习近平总书记重要讲话重要指示批示精神，以改善社会心理预期、提振发展信心为切入点推动经济加快恢复，以强化科技创新、做强实体经济为重点建设现代化产业体系，以实施新时代民营经济强省战略为牵引全面深化改革，以打好台侨特色牌为抓手扩大高水平对外开放，以解决群众急难愁盼问题为突破口保障和改善民生，以实施“深学争优、敢为争先、实干争效”行动为载体推动主题教育，全省高质量发展取得新成效，发展态势回升向好、发展根基不断夯实、发展动力持续迸发、发展优势有力彰显、发展成果充分共享、发展氛围更加浓厚。同时要清醒认识到，我省发展还面临不少困难和挑战。全省各级各部门要准确认识大局大势，保持清醒坚定，更好识变应变求变，始终把握工作主动权，形成心往一处想、劲往一处使的良好局面。

会议强调，做好明年我省经济工作意义重大，要牢记嘱托、对标复盘、奋起再进，聚焦经济建设这一中心工作和高质量发展这一首要任务，准确把握明年福建发展面临的宏观环境，坚持稳中求进、以进促稳、先立后破，切实用好机遇、发挥优势、激发活力，强化系统思维、统筹协调、整体推进，推动新福建建设不断取得新成效。

会议强调，做好明年全省经济工作，要以习近平新时代中国特色社会主义思想为指导，全面贯彻落实党的二十大、二十届二中全会和中央经济工作会议精神，聚焦新福建建设宏伟蓝图和“四个更大”重要要求，坚持稳中求进工作总基调，完整、准确、全面贯彻新发展理念，围绕推动高质量发展首要任务和构建新发展格局战略任务，紧扣建设两岸融合发展示范区重要使命，以科技创新为引领，以改革开放为动力，加快建设现代化产业体系，深入实施新时代民营经济强省战略，统筹扩大内需和深化供给侧结构性改革，统筹新型城镇化和乡村全面振兴，统筹高质量发展和高水平安全，切实增强经济活力、防范化解风险、改善社会预期，巩固和增强经济回升向好态势，持续推动经济实现质的有效提升和量的合理增长，厚植绿色底色，增进民生福祉，保持社会稳定，奋力推动中国式现代化福建实践取得新突破。

会议强调，要坚持硬道理、把握关键点，扎实抓好明年经济工作。

一要稳固回升向好态势，推动经济运行保持在合理区间。要深挖潜力扩内需，千方百计增加城乡居民收入，培育壮大新型消费，稳定和扩大传统消费，提升文旅消费，对接用好一揽子政策、聚焦重点领域、加强项目储备和落地建设，推动房地产投资逐步企稳，促进民间投资。要扩大开放稳外贸，深入实施自贸试验区提升战略，稳步扩大制度型开放，推进海丝核心区、“两国双园”、金砖创新基地等建设，谋划实施一批标志性工程；发挥“侨”的优势，深入实施引侨资汇侨智聚侨力工程；加强国际交往和商贸活动，加快培育外贸新动能，加快内外贸一体化发展，稳定和扩大利用外资规模。

二要加快推进新型工业化和实施新时代民营经济强省战略，以更大力度培育发展新动能。要强化创新驱动，推动产业转型升级，实施先进制造业集群发展工程和服务型制造提升行动，完善推动产业结构优化调整的政策体系，巩固提升支柱产业，培育壮大新兴产业，布局发展未来产业，加快形成新质生产力。要优化发展环境，激发企业动力活力，制定新一轮营商环境重点改革方案，着力打通惠企政策落地“最后一公里”，加大对民营企业创新转型支持力度。健全完善优质企业梯度培育体系，深入实施国有企业改革深化提升行动。领导干部要带头构建亲清政商关系，帮助各类企业解难题、促发展。

三要加快建设两岸融合发展示范区，构建闽台全域融合新格局。按照省委十一届五次全会部署抓好落实，推动闽台融合与高质量发展相互促进、相得益彰。要持续引育“融”的主体，大力实施促进闽台产业融合行动计划，深化闽台科技创新合作，吸引更多台胞来福建发展。要持续提升“融”的平台，探索建设两岸共同市场先行区域，增强对台产业园区集聚功能，探索台胞参与乡村振兴新路径，支持建设多层次两岸金融市场。要持续夯实“融”的基础，聚焦基础设施、能源资源、行业标准等领域，着力打通堵点、降低门槛、清除障碍。

四要加快美丽福建建设，加强生态环境保护。要加快发展方式绿色低碳转型，统筹推进重点行业碳达峰，提高可再生能源和清洁能源比重，健全碳排放权市场交易制度，加快打造绿色低碳供应链。要坚决打好污染防治攻坚战，大力实施流域性区域性行业性污染整治，持续深入打好蓝天、碧水、碧海、净土保卫战。对中央生态环境保护督察指出的问题，要深入查找根源、举一反三、标本兼治。要持续加强生态保护和修复，深化武夷山国家公园建设，推进闽江、九龙江等重点领域生态环境综合治理，在生态文明制度建设上先行先试。

五要提升区域协调发展水平，促进城乡融合发展。要构建山海协作新机制，高质量建设福州都市圈和厦漳泉都市圈，创新和完善对口协作机制，统筹推进产业链群协同、基础设施联通、公共资源共享，实施新一轮海洋经济高质量发展三年行动，积极融入国家区域重大战略，更好联结周边、借梯登高。要构建城乡融合新格局，以县域为重点推进城乡融合发展，拓展优化县域发展空间，因地制宜、分类引导镇村发展，学习运用“千万工程”经验，深入实施“千村示范引领、万村共富共美”工程，全面推进乡村振兴，巩固拓展脱贫攻坚成果，坚守耕地红线、粮食安全底线，因地制宜发展乡村特色现代农业。

六要提升民生保障水平，持续提高人民生活品质。坚持人民至上、为民造福，在高质量发展中不断增进民生福祉。要更加突出就业优先导向，完善就业促进机制，优化调整稳岗扩岗政策，确保高校毕业生、退役军人、农民工等重点群体就业稳定。要持之以恒办好民生实事，聚焦补齐教育、医疗、社会保障、养老等短板，深入研究谋划新一年为民办实事项目，解决人民群众急难愁盼问题。

七要提升安全稳定水平，切实防范重点领域风险。坚持系统观念，抓早抓小、防微杜渐，坚决守住不发生系统性风险的底线。完善金融风险防控机制，严厉打击非法金融活动，防止出现新的房地产风险，坚决遏制新增地方政府隐性债务。加强重点产业风险监测，切实保障能源资源安全。统筹抓好安全生产、综治信访维稳、防汛防台风、森林防火等工作，确保全省社会大局安定稳定。

（摘编：吴汉良）

2023年福建省重点招商项目

2023年5月29日，福建省发改委消息，省发改委日前筛选推出2023年福建省重点招商项目272项。这些项目已在省发改委官网发布，并将在今年“9·8”投洽会、境内外招商推介会等各项重大经贸交流活动中予以重点推介。

这些项目以各类园区为主要载体，符合国家及我省产业政策导向，具有较好的产业基础和资源优势，前期工作已达一定深度，预期投资收益较好。重点招商项目中，电子信息和数字产业项目43个，先进装备制造项目34个，石油化工项目11个，现代纺织服装项目12个，新能源新材料项目35个，生物医药和健康产业项目25个，冶金建材项目19个，现代农业和食品加工项目31个，商贸物流和平台经济项目34个，文创和旅游会展项目28个。

围绕做强万亿级支柱产业、培育壮大战略性新兴产业、改造提升传统优势产业、加快发展现代服务业的总体目标，省发改委筛选推出今年重点招商项目，旨在以更大力度吸引和利用外资，以制造业为重点促进利用外资稳存量、扩增量、提质量，与更多海内外投资者和企业家分享福建的投资发展机遇。

（摘编：赵小真）

《福建省县域重点产业链发展白皮书（2023）》发布

2023 年 9 月 18 日，福建省工业和信息化厅、福建省人民政府发展研究中心发布《福建省县域重点产业链发展白皮书（2023）》（以下简称《白皮书》），这是福建省也是全国首份系统介绍县域重点产业链的指导性文件。

《白皮书》由前言和正文两部分组成，约 2.4 万字，其中正文分为 5 章，全面介绍福建省县域重点产业链发展的背景与必要性、现状与成效，分享典型案例的经验做法，提出发展路径、总体思路、发展目标、推进措施，对进一步推动县域重点产业链发展，持续壮大县域经济、加速产业转型升级和推动经济社会高质量发展具有很强的指导性。

《白皮书》从工业综合实力显著提升、一批产业竞争优势突出、企业创新能力不断增强、优质企业群体持续壮大、数字化绿色化转型步伐加快等五个方面展现福建省县域重点产业链发展成效。

近年来，在“晋江经验”的引领下，福建形成了一批有特色、有成效、可参考的县域产业链发展典型案例。《白皮书》总结提炼了 6 个典型案例——《晋江市：“五个赋能”助推纺织鞋服产业高质量发展》《蕉城区：滩涂地崛起锂电之都》《翔安区：构建新型显示产业链“生态圈”》《惠安县：打造化工材料发展新高地》《新罗区：建设专用车中小企业特色产业集群》《邵武市：探索氟新材料高质量发展之路》。

当前全球产业链格局正在加速重塑，福建省必须抢抓新一轮科技革命和产业变革发展机遇，坚持全省联动、政企合力、区域协调，探索实践新发展路径，提升县域重点产业链现代化水平。为此，《白皮书》提出了五种发展路径。

一是以先进制造业集群带动县域产业链，推动“强强联合”，加快产业提质增效。

二是以产业链条串联带动跨县域产业优势互补、协调发展，推动“区域协同”，壮大一批特色产业。

三是以龙头企业带动县域产业链发展，推动“以强带弱”，促进产业链强链补链延链。

四是以中小企业特色产业集群为目标发展县域产业链，推动“个性化发展”，梯度培育集聚发展。

五是以资源优势培育发展合适的县域产业链，推动“一、二、三产融合”“产城融合”，因地制宜发展当地产业。

（摘编：吴汉良）

福建省 2023 年降成本重点工作

2023 年 7 月 25 日，福建省降低实体经济企业成本厅际联席会议下发《关于印发 2023 年降成本重点工作的通知》（闽降成本联席办〔2023〕1 号）提出，根据《国家发展改革委等部门关于做好 2023 年降成本重点工作的通知》（发改运行〔2023〕645 号）精神和省委、省政府工作要求，结合我省实际，研究制定《福建省 2023 年降成本重点工作》。主要内容如下。

一、全面落实税费优惠

2023 年底前，对月销售额 10 万元以下的小规模纳税人免征增值税；对小规模纳税人适用 3%征收率的，应税销售收入减按 1%征收增值税；对生产、生活性服务业纳税人分别实施 5%、10%增值税加计抵减。2024 年底前，对小型微利企业年应纳税所得额不超过 300 万元的部分，减按 25%计入应纳税所得额，按 20%的税率缴纳企业所得税；对个体工商户年应纳税所得额不超过 100 万元的部分，在现行优惠政策基础上减半征收个人所得税。将减半征收物流企业大宗商品仓储设施用地城镇土地使用税政策、减免残疾人就业保障金政策，延续实施至 2027 年底。将符合条件的企业研发费用税前加计扣除比例由 75%提高至 100%的政策，作为制度性安排长期实施。

二、常态治理涉企收费

聚焦政府部门及下属单位、公用事业、金融等领域收费，持续开展涉企违规收费整治。继续引导行业协会商会主动减免、降低和取消经营困难企业尤其是中小微企业的收费。

三、营造良好金融环境

实施好稳健的货币政策，综合运用多种货币政策工具，保持流动性合理充裕。深化地方征信平台建设，提升征信机构服务能力，扩展中小微企业信用信息共享覆盖面，提高征信供给质量和效率。推动信用评级机构提升评级质量和服务水平，发挥揭示信用风险、辅助市场定价、提高市场效率等积极作用。持续优化应收账款融资服务平台功能。继续实施小微企业融资担保降费奖补政策，促进中小微企业融资增量扩面，降低融资担保成本。

四、发挥金融工具作用

持续发挥贷款市场报价利率（LPR）改革效能和存款利率市场化调整机制的重要作用，推动经营主体融资成本稳中有降。用好用足普惠小微贷款支持工具，继续增加小微企业的首贷、续贷、信用贷。加快敢贷、愿贷、能贷、会贷长效机制建设，继续开展小微、民营企业信贷政策导向效果评估，引导金融机构加大制造业中长期贷款投放力度，加强对创新型、科技型、专精特新中小企业信贷支持。

五、支持企业降汇避险

强化政银企协作，加大中小微企业汇率风险管理支持力度。推动银行优化外汇衍生品管理和服务，通过专项授信、数据增信、线上服务和产品创新等方式，降低企业避险保值成本。

六、加强公平竞争督查

加大滥用行政权力排除、限制竞争反垄断执法力度，进一步完善市场准入制度，稳步扩大市场准入效能评估试点，深入开展违背市场准入负面清单案例归集和通报。加强知识产权保护和运用，实施知识产权公共服务普惠工程。

七、健全制度优化服务

健全招标投标和政府采购交易规则，规范政府采购行为，着力破除对不同所有制企业设置的不合理限制和壁垒。完善招标投标交易担保制度，全面推广保函（保险），规范保证金收取和退还，清理历史沉淀保证金。完善招标投标全流程电子化交易技术标准和数据规范，推进CA数字证书跨区域兼容互认，拓展全流程电子化招标投标的广度和深度，降低企业交易成本。深化商事制度改革，提升市场主体登记注册便利化程度。

八、延续实施优惠政策

延续实施阶段性降低失业保险费率政策，实施期限延长至2024年底。对不裁员、少裁员的企业，继续实施普惠性失业保险稳岗返还政策。

九、降低企业要素成本

继续推进工业用地“标准地”出让，落实工业用地配置政策，鼓励采用长期租赁、先租后让、弹性年期供应等方式供应产业用地，切实降低企业前期投入。继续对煤炭进口实施零关税政策，加强重要能源、矿产资源国内勘探开发和增储上产，完善矿业权出让收益征管政策。推动原材料产业链上下游衔接联动，加强市场监管，促进大宗商品市场平稳运行。

十、提升物流发展水平

提高现代物流规模化、网络化、组织化、集约化发展水平。调整优化运输结构，推动跨运输方式一体化融合。深入实施多式联运示范工程建设，提升铁水联运发展水平，推动港口集装箱铁水联运量同比增长。

十一、落实绿色通道政策

深化高速公路差异化收费。严格落实鲜活农产品运输“绿色通道”政策。

十二、加大拖欠中小企业账款清理力度

落实《保障中小企业款项支付条例》，推动健全防范和化解拖欠中小企业账款长效机制，加强拖欠投诉受理、处理，提升全流程工作效率，对拖欠金额大、拖欠时间久、多次投诉的问题线索重点督促，保护中小企业合法权益。

十三、支持企业升级降本

加大对专精特新中小企业发展支持力度，继续推进中小企业数字化转型试点。加快科技成果、专利技术等转化运用和产业化。鼓励企业优化生产制造、供应链管理、市场营销等全过程成本控制，大力发展智能制造、绿色制造，促进企业转型升级降本。

（摘编：黄国实）

2023福建民企再创新绩

2023年12月11日至12日中央经济工作会议在北京举行，全文公报中提到“促进民营企业发展壮大，在市场准入、要素获取、公平执法、权益保护等方面落实一批举措。”这为民营企业发展增强了信心和底气

“三分天下有其二”作为民营经济大省2023年福建出台多条政策，折射促民企发展坚定决心在福建的民营经济江湖中不乏如雷贯耳的民族品牌低调务实，功力非凡！

动力电池供应市占率连续六年居全球第一：宁德时代。

这家企业自成立后仅用6年时间便成为动力电池领域世界第一并先后建成两座锂电行业灯塔工厂，让宁德因此成为全球最大的聚合物锂离子电池生产基地，企业申请专利超16000件，全力推动各领域全面电动化和智能化进程。走进宁德时代全球“灯塔工厂”，平均每1.7秒就有一个锂离子电池电芯从这里下线，每20秒就可装配成一个电池模组。

2022年，企业连续第六年，动力电池供应市

占率全球第一。

2023年，企业不仅成为锂电行业首个获中国工业大奖的企业，还位居2023全球新能源企业500强排行榜榜首。

全球最大保健按摩器械专业生产基地，厦门蒙发利电子有限公司。

厦门同安区是亚洲最大的健身器材制造出口基地，也是中国唯一的国家级出口健身器材质量安全示范区。在这里有健身器材企业及配套企业几百家。其中，龙头企业厦门蒙发利电子有限公司已发展成为目前国内保健按摩器械行业产业链最完整、技术研发实力最强的企业及全球最大的保健按摩器械专业生产基地，智能化按摩椅年生产能力达40万台产品品牌布局中国、美国、欧洲、日本、东南亚等地

2023全球最具价值运动服饰品牌十强榜单，中国唯一入选品牌：安踏（中国）有限公司。

福建体育品牌安踏是2023全球最具价值运动服饰品牌10强榜单中唯一入选的中国品牌。

作为国内最大的综合性体育用品企业之一，近年来，安踏持续加大科研投入以科技引领商品力提升通过联合知名高校及国际研究机构搭建全球运动科学研究平台并推动建立中国标准。

目前，该品牌国内市占率排名已上升至前二且位列国产品牌首位，安踏集团旗下全品牌在国内市场的年营收也超越耐克中国。今年以来，安踏主品牌通过签约NBA球星、开拓东南亚市场等方式加速品牌国际化布局，提升品牌在全球市场的影响力。

世界第一大汽车玻璃生产商福耀玻璃工业集团股份有限公司。

福耀这个名字堪称中国制造走向全球的一张名片。多年来，福耀集团根据市场对玻璃提出的要求不断持续加大科技创新力度开发适销对路的产品，并先后组建九大国家级科研平台通过分布全球的六大研发中心，整合全球创新资源形成覆盖汽车玻璃全产业链的自主创新能力，全球专利申请量已超2000件成功解决一批行业“卡脖子”技术难题。如今，福耀是世界第一大汽车玻璃生产商，全球每3辆汽车中就有1辆的玻璃来自这里。企业的数十款功能型新品得到全球知名汽车制造企业及主要汽车厂商的认证和选用。

研发全球首颗二维码解码芯片新大陆科技集团。

近年来，人们购物都只需用手机付款码就能完成付款，谈及其中包含的二维码识读技术就绕不开新大陆科技集团。这家福建民企抓住市场机会练就一身“绝活”，企业开发出国内首台分体式POS机，研制出全球首颗二维码解码芯片并不断迭代升级为中国赢得了全球市场的话语权。自研工业级读码器成为我国首款搭载开源鸿蒙系统的工业级读码器。如今，企业自主开发的全新解码算法，部分性能已超过国际一流工业条码设备。在工业多个领域实现国产替代企业已完成二维码芯片专利全面布局并主持和参与多次各类标准制定。

全球第七、亚洲第一的养鸡企业圣农集团。

种业是农业之“芯”也是国家粮食安全的战略重点，为了助力大家实现“鸡肉自由”福建民企圣农集团于2011年开始白羽肉鸡育种研究，用10多年时间培育出第一代国产白羽肉鸡种鸡，打破国外垄断，实现种业的自主研发。作为白羽肉鸡育种领军企业，圣农正研发与市场两头抓，利用前沿科技进一步优化“圣泽901”配套系综合性能，推进国产品种产业化应用与市场推广，累计销售“圣泽901”父母代种鸡雏超2000万套，实现国内市场占有率近20%。如今，圣农集团白羽肉鸡产能位列全球第七、亚洲第一。

农业产业化、国家重点龙头企业：福建三都澳食品有限公司。

宁德素有“中国大黄鱼之都”的美誉是我国如今规模最大的大黄鱼人工育苗、养殖、加工、销售和出口基地，在这里与大黄鱼产业相关的企业有数百家。而其中的福建三都澳食品有限公司不仅是当地集大黄鱼育苗、养殖、加工、冷藏和销售于一体的产业链重点龙头企业，产品销往国内各大城市及其他30多个国家和地区还是福建省最大的大黄鱼养殖企业，农业产业化国家重点龙头企业，年繁育大黄鱼等鱼类优质苗种2.1亿尾，其加工的“威尔斯”“二都”黄鱼鲞为“中国驰名商标”产品。

全球前三、全国第一的卫浴行业企业：九牧集团。

在这个“万物互联”时代，智能家居产品正加速走进千家万户。作为全球第三、全国第一的卫浴行业企业，九牧集团每年研发投入不低于年销售额的10%，在全球拥有16个研发设计中心其建成的全球规模最大的智能马桶“灯塔工厂”每年可生产450万套智能马桶。目前，集团已累计获得先进专利20000多项，主导制定20多项国际标准和200多项国家标准获得全球设计大奖超200项，IF设计大奖获奖数量在行业居全球第一。从2007年走出国门到如今，集团已在全球开拓30多万个销售网点，产品销往120多个国家和地区。在过去三年里，集团销售额超500亿元。

福建经济发展，民营企业功不可没，这些民企的风采只是福建所有民企风采的缩影。从悄然萌芽到今天，民营经济成为经济发展生力军，福建民企功不可没。2022年福建全省地区生产总值首度突破5万亿元关口，增速居全国第一，其中，民营经济增加值占比达68.1%。数据显示，福建省民营企业分布范围广涉及38个行业，全面覆盖了一、二、三产业。截至2022年，全省私营企业达173.1万户，2022年，全省规上民营企业实现营业收入4.57万亿元，全省民营经济增加值达3.69万亿元。

2023福建省民营企业100强发布会现场，民营经济不仅贡献了福建70%以上的税收约70%的地区生产总值，全省95%的高新技术企业还是民营企业80%的国家级和90%的省级企业技术中心设在民营企业70%的科技成果也由民营企业创造。这些数字不仅体现出福建民企的强大实力更是福建推进新时代民营经济强省战略的缩影。

（摘编：赵小真）

2023年福建省工业重点节能改造项目

2023年6月19日，福建省工业和信息化厅印发《关于同意万华化学（福建）有限公司造气装置重点设备节能改造升级等项目列为2023年省工业重点节能改造项目的通知》（闽工信函节能〔2023〕285号）提出，为加快推进工业领域节能降耗，鼓励和引导重点用能企业加快转型升级，经审查，同意万华化学（福建）有限公司造气装置重点设备节能改造升级等58个项目列为2023年省工业重点节能改造项目。

请各地按照《关于推动工业节能降碳和资源综合利用若干措施》（闽工信规〔2022〕2号）和《关于加快省级节能和循环经济专项转移资金使用的通知》（闽工信联函〔2022〕352号）要求，抓紧组织实施，对入库项目根据节能量给予奖补，同时持续征集工业节能改造项目，对符合条件的项目及时申报入库。

（摘编：黄国实）

2023年度福建省数字经济重点项目名单

2023年6月20日，福建省数字福建建设领导小组办公室关于印发2023年度省数字经济重点项目名单的通知（闽数字办〔2023〕4号）提出，根据省政府工作部署，为深入开展习近平新时代中国特色社会主义思想主题教育，持续拓展“深学争优、敢为争先、实干争效”行动，更大发挥数字经济重点项目支撑带动作用，进一步做大做强做优数字经济，经部门地方推荐，省数字办遴选确定2023年度省数字经济重点项目191个、总投资1168亿元，年度计划投资260亿元。2023年度省数字经济重点项目名单如下。

2023年度省数字经济重点项目名单（191个）

一、省属（6个项目，总投资8.2亿元）

1. 福建大数据交易平台项目
2. 福建广电网络“万福千屏”全省户外联播网建设项目
3. 中国广电IP骨干网福建节点建设项目
4. 长汀金龙稀土智慧工厂
5. 厦钨新能源锂电材料全产业链服务能力提升项目
6. 福州大学数字基座平台项目

二、福州市（55个项目，总投资311.8亿元）

7. 福州铁塔5G新基建通信配套设施建设项目
8. 福州市江北片区智慧杆项目（2023年）
9. 帝视科技“5G+AI”超高清智能视频及AI工业智能检测应用项目
10. 安科讯基于宽带DPD技术的多载波双模5G微站建设项目
11. 特力惠基于大数据并行计算的国土空间基础信息平台项目
12. 百谷王海峡区块链综合运营平台
13. 网能科技供电台区数字化应用项目
14. 汇川智慧工地应用服务平台
15. 智恒NB-IoT优水管控平台
16. “福元宇宙”城市元宇宙空间基础设施建设项目
17. 长威智能湖仓一体化管理系统
18. 票付通旅游行业建设数字化赋能平台
19. 福州福晶科技激光及光通讯用核心元器件的产业化项目
20. 经纬数字科技智慧海洋大数据分析平台
21. 福州市韧性城市综合保障能力提升工程
22. 德弘数字信息化工业设计中心
23. IGG集团总部办公及研发中心项目
24. 晋安华芯特种材料单晶硅及其制品项目
25. 禾苗优创预制菜产业数字平台
26. 星炫之境XR（扩展现实）信息与产业服务平台
27. 台江区“城市大脑”智慧化建设项目
28. 福茶网质量（检验检测）智慧管理体系产业
29. 锐捷网络新一代机架式数据中心交换机项目
30. 福州市江南片区智慧杆建设二期工程
31. 纵腾网络跨境电商海外仓供应链应用平台
32. 宝宝巴士奇妙屋软件研发项目
33. 朱雀网络XSH电竞平台
34. 新大陆工业智能视觉平台
35. 福州马尾智能化新能源装备及智慧储能装备制造
36. 福州飞毛腿电池工业园7#厂房建设及年产

3GWH 智能硬件动力锂电池产业化项目

37. 福州新区滨海新城智能网联交通新型基础设施建设项目

38. 博思数字科技“城市码”平台

39. 福州数字产业互联科技公司数字化转型科技创新中心

40. 智旦运宝宝网络货运平台（二期）

41. 辅布司全球纺织面辅料 S2B 工业互联网平台

42. 福建人工智能计算中心

43. 福米智能智造产业园

44. 海创光电激光雷达光纤激光器项目

45. 阿吉安（福州）生物安全监测预警平台

46. 博思软件非税业务一体化平台

47. 大道成仓运一体化智慧仓储系统项目

48. 福建中能电气一二次融合智能配电项目

49. 南亿智慧城市和平安社区系统及相关电子产品项目

50. 福建越华晖实业有限公司光电显示科技创新产业园项目

51. 连江县智慧城市公共服务提升工程项目

52. 连江县海上智慧综合管理平台项目

53. 恒申电子级特种气体项目

54. 罗源县智慧城市公共服务信息化建设项目

55. 福州罗源县福蓉源年产 18 万吨消费电子铝型材及加工项目

56. 福水智联智慧校园合同节水连片示范区建设项目

57. 畅畅 5G 人工智能 AI 识别设备研发项目

58. 金港湾智能机器人研发项目

59. 福州闽侯县上华智能安防设备建设项目

60. 福州鑫铭森智能制造总部基地项目

61. 福州闽侯县福特科精密光学元件产业基地建设项目

三、厦门市（13 个项目，总投资 71.1 亿元）

62. 凤凰创壹大规模元宇宙应用支撑技术平台研发项目

63. 链建科技基建工程产业互联平台

64. 十点互联网服务升级项目

65. 文广传媒数智交互元宇宙应用平台

66. 集美大学航运数字化与智能化研究平台

67. 厦门金龙商用车产业链数字化贯通平台及示范应用项目

68. 厦门市通导遥卫星数据应用融合平台

69. 复旦大学附属中山医院厦门医院科研教学楼智能化项目

70. 法拉新型能源用薄膜电容器生产基地

71. 宏发电力电器海沧二厂项目

72. 厦门数字工业计算中心

73. 芯阳科技智能控制产业化项目

74. 茂晶 VR 光学镜头项目

四、漳州市（27 个项目，总投资 187.3 亿元）

75. 漳州市工业互联网数字技术公共服务平台

76. 漳州智慧渔业指挥调度（预警）中心

77. 漳州市云计算中心基础设施建设项目

78. 宏发电声 5G 基站用电子元器件三期项目

79. 漳州立达信 LED 灯具、智能照明产品、物联网产品及其配套产品项目（一期）

80. 榕鑫达科技智能电器等生产项目

81. 漳州视瑞特广电新媒体研发中心

82. 一道新能源电池片 5G 数字化生产项目（一期）

83. 一道新能源科技光伏组件项目

84. 旗滨一窑多线光伏组件高透基板材料项目

85. 东山县太阳海缆项目

86. 中集智慧储能集成装备制造项目（一期）

87. 智慧古雷（一期）建设项目

88. 龙海惠台芯科技产业园

89. 漳州东望精密科技年产 1200 万片电子元器件配件项目

90. 漳州南靖县镧铂万电子年产 700 万套电子显示屏项目

91. 平和县智慧城市管理系统项目

92. 晶石手机触摸屏生产项目

93. 云霄铁发电路科技项目

94. 鸿龙自动化设备生产项目

95. 云霄县艾丽鑫视讯产品及配件生产项目

96. 华龙智慧科技文化园（二期）

97. 漳浦大明光福新能源智能制造项目

98. 漳州诏安县品鼎电子产品制造项目

99. 漳州高新区泓光半导体材料二期项目

100. 雅信精密模具制造项目

101. 宏泰机电工业互联网智能制造公共服务平台

五、泉州市（14 个项目，总投资 44.8 亿元）

102. 天娇“5G+”数字车间
103. 南威软件视图汇聚分发平台
104. 芯通低轨卫星互联网通讯相控阵芯片组研发及封装生产基地项目
105. 南安市医院新院区数字化项目
106. 南安智慧校园及数字化教室建设项目
107. 伟志股份基础空间数据平台研发及产业化项目
108. 青创纺织产业数字化平台建设项目
109. 青创网 B2B 鞋服供应链服务平台升级项目
110. 爱陶瓷互联网平台
111. 安溪全球商业遥感卫星地面接收站网福建站及空天大数据产业园
112. 泉州先进计算中心项目
113. 惠芯人工智能智造产业园项目（二期）
114. 台商微米光电子科技项目
115. 海丝埃睿迪智慧水务物联网智能管理平台

六、三明市（16 个项目，总投资 39.2 亿元）

116. 海丝卫星大数据中心建设项目
117. 三明市“智慧停车”（二期）项目
118. 三明半导体封测及智能装备制造项目
119. 三钢闽光智能制造项目（二期）
120. 中国移动三明数据调度中心
121. 沙县金杨新能源材料生产项目
122. 永安市嘉翔硅业智能研发中心及控制系统建设项目
123. 大田县数字阳春建设项目
124. 宁化县土地流转托管及产权交易数字平台
125. 宁化时代智能储能锂离子电池 PACK 生产建设项目
126. 钨矿 5G 智能化超低延时视频传输与智能应用建设项目
127. 三明绿能高纯硅基新能源材料智能加工项目
128. 泰宁县电商直播基地建设项目
129. 泰宁县总医院智慧医院建设项目
130. 尤溪华扬智能仓储建设项目
131. 明溪县智慧园区运维管理云平台建设项目

七、莆田市（10 个项目，总投资 227.7 亿元）

132. 三利谱偏光片生产线建设项目
133. 大唐 5G 建设项目
134. 福信富通涵江区海丝“北斗+”产业园
135. 福建大族元亨光电有限公司新型 LED 显示生产项目
136. 荔城跨境电商云产业园综合服务平台
137. 莆田豆讯云计算数据中心项目
138. “工美生活家”产业生态链平台
139. 华思光电科技项目
140. 国投云信综合能源科技运营服务系统
141. 莆田仙游县瑞声数码蓝牙智能终端全产业链项目

八、南平市（12 个项目，总投资 17 亿元）

142. 建阳区总医院便民惠民智能化信息化建设项目
143. 邵武金塘工业园区“智慧园区”二期建设项目
144. 邵武福豆新材料电子特气及先进电子专用化学品项目
145. 准信电子半导体材料生产项目
146. 邵武市“知竹网”中国竹产业互联网平台
147. 邵武炎羽集中云仓和新媒体电商直播基地
148. 顺昌县智慧校园建设项目（一期）
149. 松溪县新型智慧城市建设项目
150. 政和经济开发区市政信息化建设项目
151. 政和县市政基础设施智慧系统改造提升项目
152. 光泽县顶点数字城市
153. 浦城县卫生“强基”综合项目县域医疗信息化平台

九、龙岩市（20 个项目，总投资 104.2 亿元）

154. 龙岩市新型智慧城市基础平台
155. 新罗太阳环保型电缆生产项目
156. 安远欣三元电子科技公司电容生产项目

157. 新罗鸿诚达光电生产项目

158. 永定区兄弟光缆材料生产项目（二期）

159. 龙岩龙禹柔性和刚性 LCM 显示模组及产业链项目

160. 高新区龙祥年产 600 万台套智能终端主板及显示屏生产项目

161. 高新区龙佳玮业年产 200 万台套手机智能终端等 3C 类产品显示模组生产项目

162. 高新区鸿泰年产 200 万个液晶显示模组生产项目

163. 龙岩雄瑞年产 3 万台套智慧建筑控制产品项目

164. 龙岩龙翔得能智能数字产业基地项目

165. 上杭国港汇数字智慧化供应链建设项目

166. 上杭晶旭半导体 2 英寸化合物半导体芯片生产项目

167. 武平县鑫成裕工业机器人智能运用生产项目

168. 武平县兴鑫晶触摸屏生产项目

169. 武平县佳烨便携式移动终端产品生产项目

170. 武平县希恩泰液晶显示屏生产项目

171. 武平中触科技触摸屏自动线项目

172. 武平县唯正智能设备制造项目

173. 武平天塑光电 PC 光学材料产品生产项目

十、宁德市（16 个项目，总投资 152.9 亿元）

174. 宁德新奥 630 安全数智化项目

175. 宁德福浦电子铜箔项目

176. 宁德时代工程中心项目（三期）

177. 宁德厦钨 7 万吨锂离子电池正极材料（CD 车间）项目

178. 湖东园 100MWH 锂离子电池生产线扩建提升项目

179. 湖西园 19MWH 锂离子电池生产线扩建项目

180. 福安市中国红茶数字交易中心

181. 福安市数字云综合信息指挥发布平台基础设施建设项目

182. 福安市智慧城市基础设施建设项目

183. 福鼎市医院百胜新院区二期项目智能化工程

184. 智慧屏南（一期）工程建设项目

185. 霞浦县总医院智慧医疗建设项目

186. 柘荣县医院智慧医疗建设项目

187. 数字柘荣智慧城市新型基础设施建设项目（一期）

188. “数字周宁”智慧城市能力建设项目

189. 杉杉年产 6 万吨动力电池负极材料生产线数字化改建项目

十一、平潭综合实验区（2 个项目，总投资 3.8 亿元）

190. “台陆通”对台数字一体化服务平台

191. 平潭瑞谦智能运营中心

（摘编：林文涵）

福建省首次发布省级中小企业特色产业集群

2023 年 7 月 24 日，福建省工信厅消息，省工信厅公布了 2023 年度福建省中小企业特色产业集群名单，全省共 8 个集群入选，分别是：福清市化工新材料产业集群、福州市长乐区纺织功能性新材料产业集群、德化县白瓷产业集群、南安市建材家居产业集群、邵武市氟新材料产业集群、龙岩市新罗区机械装备产业集群、漳州市长泰区新型电子元器件产业集群、仙游县仙作红木家具产业集群。

中小企业联系千家万户，是推动创新、促进就业、改善民生的重要力量；定位于县域的中小企业产业集群是区域经济的重要组成部分，对推进产业协作和资源共享、产学研协同创新、提高产业组织效率、带动区域经济增长具有重要作用。今年初，我省发布了《福建省促进中小企业特色产业集群发展暂行办法》，决定开展福建省中小企业特色产业集群认定工作，并指明了省中小企业特色产业集群认定须满足八方面指标：具有较强核心竞争力、优质中小企业梯度培育成效显著、产业链供应链协作高效、具有较强协同创新能力、数字化转型效果明显、具有较高绿色化发展水平、积极参与产业开放合作、具有较强治理和服务能力等。

在工信部年初公布的2022年度100个中小企业特色产业集群名单中，我省的福州市马尾区用户侧新型储能产业集群、漳州市龙文区石英钟表产业集群、晋江市运动鞋原辅材料产业集群、武平县显示模组及材料制造产业集群、厦门市集美区工业机器人产业集群入选“国家级”榜单。

（摘编：郑新贵）

福建省出台工业领域碳达峰实施方案

2023年8月4日，福建省工信厅消息，省工信厅、省发改委、省生态环境厅日前联合印发了《福建省工业领域碳达峰实施方案》（以下简称《实施方案》），提出到2025年，培育省级以上绿色低碳工厂150家、绿色低碳供应链企业25家、绿色低碳园区15个。

《实施方案》将分两个阶段完成工业领域碳达峰的总体目标。

第一阶段，“十四五”期间，产业结构和用能结构持续优化，能源资源利用效率显著提升，到2025年，培育省级以上绿色低碳工厂150家、绿色低碳供应链企业25家、绿色低碳园区15个，研发、树立典型、推广一批节能减排效果显著的低碳零碳负碳技术装备工艺产品及一批节能降碳项目，筑牢工业领域碳达峰基础；规模以上工业单位增加值能耗下降14%以上，完成国家下达单位工业增加值二氧化碳排放强度下降指标，重点行业二氧化碳排放强度明显下降。

第二阶段，“十五五”期间，产业结构和用能结构进一步优化，单位工业增加值能耗和二氧化碳排放强度持续下降，努力达峰削峰，在实现工业领域碳达峰的基础上强化碳中和能力，基本建立以高效、绿色、循环、低碳为重要特征的现代工业体系，确保工业领域二氧化碳排放在2030年前达峰。

《实施方案》提出深度优化产业结构、深入推进节能降碳、全面推行绿色制造、大力发展循环经济、加快绿色低碳技术创新和推动工业领域数字化转型等六项重点任务。

《实施方案》强调，推进新一代信息技术与制造业深度融合。利用5G、工业互联网、云计算、人工智能、数字孪生等信息技术，推进钢铁、有色金属、建材、石化化工、现代纺织服装等行业数字化智能化改造，提升制造装备的数控化率和智能化水平。运用工业大数据实施生产过程及设备状态的智能监控管理，优化生产工艺流程，推动传统产业供应链数字化重构，加快绿色低碳智能工厂和数字化车间建设，促进生产方式向数字化、智能化、绿色化转变。

（摘编：周树峰）

福建出台推进产业数字技能强链建设五条措施

2023 年 11 月 29 日，福建省工信厅消息，福建省人力资源和社会保障厅、福建省工业和信息化厅近日发布《关于推进产业数字技能强链建设五条措施的通知》（以下简称《通知》），进一步提升福建省产业技工数字技能水平，锻造高质量产业技能生态链，更好适应数字福建建设和新型工业化、工业数字化转型需要。

《通知》提出，推动各地对接当地产业发展和数字技能提升需求，实施重点项目和重点群体“揭榜挂帅”职业技能培训，大力开展数字类工种培训，如工业机器人、数字营销人才、数字技能人才、数据分析与应用等，鼓励在闽务工人员、毕业年度高校毕业生等参加培训，对符合条件的，按规定落实培训补贴政策。鼓励支持有条件的机构单位申报国家级高技能人才培训基地，加快提升数字技能培训基础能力建设。

鼓励龙头企业开展数字技能类职业技能等级认定，不断开发完善数字职业及数字技能评价资源，推动企业标准与国家标准的对接，形成企业评价认证标准和培训培养体系。探索开展数字技能“一试双证”技能人才评价，发挥培养方面的指挥棒作用。支持企业与院校对接，与院校共建培养、评价课程体系，提高企业参与积极性。鼓励企业运用《技能人才薪酬分配指引》，建立健全数字技能人才薪酬分配制度。

支持各级各有关部门在省、市、县各级综合性技能竞赛活动中设置数字职业、数字技能赛项，并鼓励行业企业、职业院校、技工院校开展数字职业、数字技能特色竞赛活动。落实技能竞赛选手表彰奖励、升学、职业技能等级晋升等激励保障，让更多的数字技能人才在竞赛中脱颖而出。

鼓励支持技工教育创新联盟合作机制，不断优化技工院校专业布局，努力提高技工院校数字技能人才培养对接经济社会发展的精准度、对接企业用工需求的匹配度、对接学生成长成才的支撑度。鼓励和支持技工院校开设数字技能类专业，与龙头企业、品牌企业共建数字技能实习实训基地，共同开发数字技能课程、教学资源，共同开展企业新型学徒制培训，建立数字技能类品牌特色专业群，联合开设数字技能“订单班”“冠名班”等。鼓励技工院校在专业设置、师资培养、招生规模等方面向数字人才倾斜，并将数字技能教学情况及成效作为评估技工院校办学质量的重要指标，促进数字技能人才培养质量的提升。

贯通数字技能和技术人才成长通道，支持培育产业数字技术技能复合型人才。支持具备条件的培训机构，依据人力资源和社会保障部开发制定的人工智能、物联网、大数据、云计算、数字化管理、智能制造、工业互联网、虚拟现实、区块链、集成电路等数字技术领域的新职业标准、培训大纲和培训教程，大力培养培训数字技术技能人员，不断培育壮大高水平数字技术工程师队伍。实施工程领域专业技术人才知识更新继续教育，将普及数字技术纳入公需科目主题，开展数字技能提升专业科目培训，引导专业技术人员不断更新知识结构、提升专业水平、提高创新能力。

（摘编：江涛）

全球首台16兆瓦海上风电机组在闽成功并网发电

2023年7月19日14时30分，全球首台16兆瓦超大容量海上风电机组在福建海上风电场成功并网发电，标志着我国海上风电大容量机组研发制造及运营能力再上新台阶，达到国际领先水平。

该台16兆瓦风电机组年均生产“绿电”超过6600万千瓦时，是目前全球范围内已投产的单机容量最大、叶轮直径最大、单位兆瓦重量最轻的海上风电机组。机组每转动一圈可发电34.2千瓦时，每年可输出超过6600万千瓦时的清洁电能，能够满足3.6万户三口之家一年的生活用电，相当于节约标煤约2.2万吨，减排二氧化碳约5.4万吨。

此次并网的16兆瓦海上风电机组是全球首台16兆瓦商业化示范应用机组，在风机主轴承、叶片和传动链等方面实现重大突破，具有国产化率高、数字化程度高的特点。三峡能源有关负责人介绍，该机组将在商业运行过程中全面检验各项设计性能，为今后16兆瓦海上风电大机组规模化批量应用提供技术支撑。

该机组位于三峡集团的福建风电场，其所处海域受台湾海峡“狭管效应”影响，全年6级以上大风达300多天，7级以上大风达200多天，年均风速超过9米每秒，海上风电年均可利用小时数达3500小时至4000小时，风资源条件优异，为大容量风电机组批量运用提供了得天独厚的条件。

16兆瓦机组叶片长、容量大、发电效率高，能够将福建优质的风资源充分转化为源源不断的绿色清洁电能，同时实现集约用海、降低度电成本，是海上风电平价化发展、基地化开发的重要物质保障。16兆瓦机组将在三峡集团建设的漳浦六鳌海上风电场二期项目实现批量化应用，推动海上风电在闽集中连片规模化开发，实现海上风电产业高质量发展。

目前全球市场上近六成风电设备产自中国，截至2022年底，全球海上风电累计装机容量达57.6吉瓦，我国累计装机容量达30.51吉瓦，占全球市场份额的53%，我国风电设备出口快速增长，累计出口容量1193万千瓦，已覆盖49个国家和地区。三峡集团是国内最早进行海上风电开发的中央企业之一，其所属三峡能源已经并网运行的海上风电装机近500万千瓦，位居国内第一。

（摘编：孙云荣）

全球最大年产 90 万吨 BDO 项目落户福建

2023 年 5 月 24 日，中景石化氢能利用与碳四产业链引进英国庄信万丰全球最大年产 90 万吨 BDO 技术签约仪式在福州举行。这标志着中景石化投资 180 亿元打造碳四新材料产业链，加速向高端化工产业迈进。

中景石化是全球最大的双向拉伸聚丙烯薄膜（BOPP）生产企业，目前已完成投资 280 亿元，拥有“液体化工码头→低温贮罐区→丙烷→丙烯→聚丙烯→聚丙烯薄膜”完整碳三全产业链，2022 年进入中国企业 500 强。

碳四新材料产业链项目利用丙烷脱氢制丙烯产生的大量副产品氢气，生产化工新材料 BDO（1，4-丁二醇），可用于生产锂电池、高端面料氨纶、全降解塑料等。项目总投资 180 亿元，年产值超 600 亿元，分三期建设，计划三年内全部建成投产。

碳四产业链一年可降低碳三产业链成本约 25 亿元，经济社会效益显著。目前丙烷脱氢制丙烯过程中每年产生 13.5 万吨氢气，主要当作燃料，作为工业原料后价值可提高一倍以上。企业建设碳四产业链，利用顺酐加氢装置消耗碳三产业链的氢气，利用丁烷氧化制顺酐产生的大量反应热来产生超高压蒸汽提供给碳三产业链使用，完美地利用耦合的优势解决氢气、蒸汽供应、反应热能利用的问题。

项目重要核心专利技术——顺酐法制 BDO 采用庄信万丰先进的工艺技术。中国有效率、有市场，英国有创意、有技术，双方企业强强联手，经过两年多的努力，应用尖端科学技术，实现了 BDO 装置设计产能的重大突破。

现场，中景石化还与北京航天动力研究所、中国化学工程第三建设有限公司等国内 10 多家战略合作单位和重大设备供应商举行了项目合作签约仪式。

（摘编：李乐成）

我国首个国家级海上风电研究与试验检测基地在闽开工建设

2023 年 12 月 1 日，我国首个国家级海上风电研究与试验检测基地（以下简称“海上风电试验基地”）在福建开工建设。

海上风电试验基地是国家“十四五”规划重大项目、可再生能源并网全国重点实验室重要组成部分，由国家电网有限公司、中国华电集团有限公司和中国电力建设集团有限公司等单位共同投资建设，计划于 2024 年整体建成投运。基地包括陆上检测中心和试验风电场两部分，陆上检测中心选址于福清市江阴产业园内，毗邻三峡国际风电产业园，试验风电场首批20个海上试验机位选址于长乐外海区。

近年来，福建依托优越的海上风力资源，加快发展海上风电产业，三峡海上风电国际产业园引进金风科技、东方电气等多家知名海上风电装备产业链企业，形成风机以及主要零配件的全产业链生产格局，全省海上风电装备产业集群年产值100亿元。海上风电试验基地建成后，可为海上风电装备制造企业、科研机构、运营单位等产业链上下游提供科研攻关、试验验证、交流共享服务，对提升福建以及我国风电技术水平和装备制造能力，推动海上风电产业高质量发展，助力实现“双碳”目标具有重要意义。

海上风电试验基地建设，也有利于推动新型电力系统和新型能源体系建设，服务能源清洁低碳转型。福建作为清洁能源大省，截至今年10月底，清洁能源装机容量达5027万千瓦，占总装机容量的62.6%，海上风电并网规模还将不断扩大。新型电力系统具有“双高”（高比例可再生能源、高比例电力电子设备）的特点，对电网安全稳定运行的要求不断提高。基地建成后，将为大容量海上风电机组并网试验提供高效、可靠的技术手段，提升风电机组性能质量和并网友好水平，为大规模风电接入下的电网安全可靠运行提供保障。

（摘编：洪连珠）

福建省五部门联合印发意见全面整治锅炉污染

2023年7月12日，福建省生态环境厅消息，省生态环境厅、省市场监管局、省发改委、省工信厅、省财政厅等五部门日前联合印发《关于全面推进锅炉污染整治促进清洁低碳转型的意见》（以下简称《意见》），以高污染燃料小锅炉整治为重点，稳妥有序整合一批、退出一批、提升一批，全面推进锅炉污染整治，推动能源清洁低碳高效利用，降低碳排放强度，促进区域空气质量持续改善，服务经济社会高质量发展。

锅炉是能源消费的主要载体，也是大气污染物和温室气体排放的重要来源。锅炉治理不仅是空气质量改善的关键领域，也是碳达峰碳中和战略的重要内容。

根据相关调研结果，我省锅炉数量多、规模小、分布散、行业杂，尚未整合实现集中供热供气，能源利用效率不高，制约了工业用能结构的进一步转型优化。此外，我省燃煤、燃生物质小锅炉大多数未采取脱硝设施，氮氧化物排放浓度较高，部分生物质锅炉存在掺烧（不同燃料混合燃烧）的现象，“冒黑烟”时有发生，也制约了我省空气质量进一步改善。

为此，《意见》提出，我省将坚持全面推进、突出重点相结合，结构优化、深度治理相结合，严格监管、激励引导相结合，高效统筹经济发展和环境保护，分区域、分类型、分批次稳步推进锅炉污染整治。至2024年底，全省将全面淘汰每小时10蒸吨及以下燃煤锅炉。至2025年底，全省每小时35蒸吨以下燃煤锅炉将通过集中供热、清洁能源替代、深度治理等方式，全面实现转型、升级、退出；县级及以上城市建成区在用锅炉（燃煤、燃油、燃生物质），全面改用清洁能源或治理达到超低排放水平；工业园区（工业集中区）集中供热基本实现全覆盖。

同时，企业开展锅炉污染治理，《意见》明确了3项经济支持政策。企业可申请中央、省级相关大气污染防治资金补助；对锅炉减排形成的排污权，有效期延长至整治期限届满5年为止，或由地方政府优先予以收储；获取环保税法优惠，即纳税人排放应税大气污染物的浓度值低于国家和地方规定的污染物排放标准30%的、减按75%征收环境保护税，低于50%的、减按50%征收环境保护税。

当前，我国生态文明建设同时面临实现生态环境根本好转和碳达峰碳中和两大战略任务，协同推进减污降碳已成为我国新发展阶段经济社会发展全面绿色转型的必然选择。全面推进锅炉污染整治能够从源头上强化治理，有利于高碳能源结构和高耗能、高碳产业结构优化调整，实现减污和降碳两个领域工作的深度耦合和同频共振。

（摘编：赵小真）

福建省印发推动建筑业高质量发展十条措施

2023年2月17日，福建省住房和城乡建设厅印发《关于推动建筑业高质量发展十条措施的通知》（闽建筑〔2023〕2号提出，为深入贯彻落实党的二十大精神，完整、准确、全面贯彻新发展理念，加快构建我省建筑业新发展格局，结合我省建筑业实际，制定推动建筑业高质量发展10条措施如下。

一、大力发展“建筑之乡”

1. 根据各地近三年累计完成建筑业总产值，确定排名前10的县（市、区）为“建筑之乡”，实施动态管理。在建筑业企业资质审批方面，赋予“建筑之乡”与设区市同等审批权限。

2. 在安全生产管理人员、建筑施工特种作业人员、施工现场专业人员培训考核等方面，赋予“建筑之乡”与设区市同等权限。

3. 在住建行业的科技研究开发项目、科技示范工程项目和工程建设地方标准的立项申报方面，赋予“建筑之乡”与设区市同等推荐权限。

4. 在建筑业改革试点方面予以“建筑之乡”优先安排。在城乡建设品质提升样板工程、历史文化保护等项目申报方面予以“建筑之乡”支持。

5. 建立厅领导挂钩联系“建筑之乡”机制，由厅领导挂钩协调解决行业发展实际困难。广泛宣传推介“建筑之乡”和建筑业龙头企业。

二、开展省外优质工程认定

6. 鼓励企业拓展省外市场，积极在省外创建优质工程，打造福建建造品牌。支持行业协会对我省企业承建的省外工程获得省级优质工程，按照福建省“闽江杯”优质工程有关规定予以认定。

三、支持企业拓展业务领域

7. 省建筑业龙头企业设立全资子公司，在核定施工资质时根据注册建造师业绩情况，按照“一企一策”原则予以支持。

8. 支持有实力的企业与省外优势企业组成联合体，参与城市轨道交通、机场设施、大型市政桥梁、大型综合管廊、大型隧道工程等基础设施项目投标。允许上述项目招标文件按照投标联合体各成员中的最高信用分和业绩计取。联合体成员承担的上述基础设施项目施工业绩，可在今后基础设施项目招标项目中使用。

四、推动建筑业招商

9. 对于各地确定的重点省外招商对象（包括但不限于能够承建城市轨道交通、机场设施、大型市政桥梁、大型综合管廊、大型隧道工程等我省急需专业的企业），按照“一企一策”原则，对所涉资质按住建部关于简化资质审批手续有关规定办理。

10. 积极培育招商企业，支持其做大做强。对于子公司为牵头人与母公司组建联合体参与城市轨道交通、机场设施、大型市政桥梁、大型综合管廊、大型隧道工程等基础设施项目投标的，允许招标文件按照投标联合体各成员中的最高信用分和业绩计取。

本通知自印发之日起实施，有效期三年。

（摘编：陈建闽）

福建省推八大行动助消费提质升级

2023年2月27日，福建省商务厅消息，为强化优先恢复和扩大消费，促进形成强大内需市场，近日，省商务厅联合省工信厅、省农业农村厅、省文化和旅游厅等四部门共同实施2023年扩消费八大行动。按照"省市县联动，线上线下融合"方式，以"全闽乐购·畅享福品"为主题，今年我省将组织开展1000场线下、10000场线上主题促销活动，促进城乡消费提质升级。八大行动具体如下。

一、大宗消费提振行动

扩大汽车消费，省级安排资金，支持各地商务部门出台汽车促销补贴政策，对消费者购买新车给予一定资金补贴。开展汽车下乡活动。鼓励各地开展家电以旧换新和家电下乡活动，推动绿色智能家电消费。

二、餐饮消费复苏行动

提升闽菜知名度、美誉度和影响力。引导"闽菜馆"入驻景区、旅游集散服务中心、交通服务区、酒店等，全年支持50个"闽菜馆"。支持创建9个以上特色美食街（城）。组织开展全省特色风味小吃评选活动，参与活动小吃数不少于60个。

三、福品消费扩大行动

打造中国品牌、福建特色名牌，借助新电商平台首发多样化新品。鼓励发展首店首发经济，丰富高端商品供给。开展8场以上老字号嘉年华活动，打造数字博物馆、线下体验馆等。举办第二届福品博览会。

四、网络消费拓展行动

鼓励电商服务实体经济，择优支持10个总部在闽的电商平台。择优支持20家利用电子商务第三方平台、自营平台实现闽货网销的企业。择优支持5家产业链完整、有创新特色的直播电商产业基地。

五、新业态培育行动

开展生活服务数字化赋能，推动智慧商圈、智慧街区建设，提升一刻钟便民生活圈数字化水平。培育国家级直播电商集聚区和领军企业。推动即时零售、夜间经济、童经济、Ta经济、银发经济、孕经济、社区电商等新业态发展。

六、会展消费扩容行动

以食品、日用百货、轻工、纺织鞋服等我省优势行业产品为重点，组织优势福品企业参加进博会、消博会、厦门投洽会、闽货华夏行等省内外有影响力的重要展会20场以上。

七、农村消费提升行动

加快完善县域商业体系，支持建设改造集贸市场等乡镇商贸中心30个。持续推动农村电商发展。支持福州、泉州等建设"福农优品"线下体验中心，新筛选一批"三品一标"农产品，提升"福农优品"品牌知名度和市场占有率。

八、文旅消费推进行动

以"清新福建　精彩四季"为主题，组织各地开展系列文化和旅游促消费活动。以福州、厦门等5个国家文化和旅游消费试点城市为重点，改造升级文旅场所消费设施，打造"城市会客厅"。

培育滨海旅游、乡村休闲、自驾露营、亲子研学、后备厢经济等文旅消费新业态，大力发展路衍经济。支持全省5A级景区推出首道门票优惠活动。

消费对经济发展的基础性作用正越来越得到重视。随着疫情防控措施的优化，今年瞄准消费新动向促进消费提质升级，各地围绕特色优势产业策划27项具体活动，涵盖生产端、流通端、消费端等各个环节，参与企业更广，促销更精准。

（摘编：黄国实）

福建省口岸全面实施货物智慧转关直通

为贯彻落实省委、省政府关于全力推动高质量发展的部署，深入践行主题教育“学思想、强党性、重实践、建新功”总要求，推进海关总署“智关强国”行动，深化跨境贸易便利化改革，不断优化提升口岸营商环境，2023年5月23日，福建省商务厅（口岸办）联合福州海关、厦门海关在莆田市召开福建省口岸智慧转关直通工作推进会，会上福州海关、厦门海关签署《福州海关 厦门海关关于货物直通业务合作备忘录》，省港口集团、莆田市商务局、莆田海关等相关负责人参加会议。

一、数字化赋能，全省口岸实施智慧转关直通

本次工作推进会重点围绕推进全省口岸转关货物“直通”模式进行展开。智慧转关货物直通模式，是驻闽海关在深化全业务领域一体化改革方面迈出的重要一步，标志着福建省口岸将全面实现货物转关监管智能化、自动化，港口物流进一步便利。

作为沿海省份，福建省在贯彻新发展理念，构建新发展格局，拓展对内连接、对外开放空间，构建国内国际双循环重要节点、重要通道方面发挥着十分重要的作用。为进一步便利企业，持续推进提效降本，福厦两关通过应用海关安全智能锁，并依托地方国际贸易“单一窗口”和系统内部数据通道实现对接，实现跨关区转关物流数据交换和海关作业手续自动对碰核销，同时，海关建设直通在途监管平台，实现对运输车辆实时轨迹展示、轨迹回放分析、途中异常预警等功能，进一步严密了跨关区在途转关货物的监管。智慧转关直通模式下，施加安全智能锁的转关监管货物在我省口岸间流转，不再需要口岸海关现场人工解锁，且不受夜间、节假日等工作时间限制，到港即可安排装船或装机，做到24小时、自助式“无感”通关。福厦两关还将对照福建省“十四五”物流建设规划，对当前以及未来5年新建、在建外贸通道进行深入对接，大力推进全省外贸物流创新。

二、共建共享促发展，智慧引领谱新篇

福州海关、厦门海关相关业务部门负责人表示，在省商务厅的大力支持下，两关将进一步加强智慧海关建设，落实“智关强国”行动，共同为奋力谱写中国特色社会主义现代化福建篇章贡献海关力量。福建省商务厅（口岸办）通关协调处介绍，近年来，在海关等口岸查验部门的合力推动下，我省持续出台了一系列贸易便利化措施，着力化解我省口岸通关难点、堵点问题，取得了一定成效。数据显示，2023年1—3月福建省进口、出口整体通关时间分别为24.96小时、0.89小时，分别比全国快8.09小时、0.16小时，居沿海主要口岸前列。

下一步，省商务厅（口岸办）将与海关、港口等单位加强协作、共同努力，推动智慧转关货物直通模式在全省范围内实现。同时，通过进一步优流程、提效率、降成本，持续提升“单一窗口”服务能力、持续优化口岸营商环境、持续增创对外开放新优势。以“货物直通业务”创新模式为样板，携手海关部门打造新一轮业务创新热潮，持续推动我省口岸通关便利化改革措施，以更好地服务开放强省、外贸强省建设。

（摘编：孔明德）

福建省建设物流空间新格局

2023年4月4日，福建省工信厅消息，由省工信厅、省发改委、省交通运输厅、省农业农村厅、省商务厅、省邮政管理局联合制定《福建省现代物流业高质量发展实施方案（2023—2025年）》（以下简称《实施方案》）近日出台。

《实施方案》明确，到2025年，基本构筑服务新发展格局和全国统一大市场建设的现代物流支撑体系，形成内外联通、安全高效、智慧绿色、区域协同、韧性联动的现代物流服务体系。物流降本提质增效取得显著成效，现代物流业支撑高质量发展能力显著提升；在空间布局上，推进形成“一通道三枢纽三片区”的物流空间格局，着力打造国际贸易物流新通道，福州、厦门、泉州国家物流枢纽，北部、中部、南部山海陆海物流协同发展区，形成两大协同发展区经济协同发展的战略支撑、区域经济高质量发展的战略支点、海峡两岸融合发展的战略支柱、国内国际双循环的战略枢纽。

根据《实施方案》，我省要积极发展以下几类物流新业态新模式，包括：围绕生物医药、高端制造、冷链生鲜、电商零售等特色及时效性较强的产品，打造一批省内城市和周边省份主要城市“当日达”、国内主要城市“次日达”的高铁物流服务产品；发展“空空+空地”货物集疏快运，提升航空物流服务能力，打造一批面向境内外隔日达、当日达、限时达的航空快运物流服务产品；发展运力共享、统仓共配、分时配送、共同配送、甩挂运输、多式联运等绿色物流；推广无人仓、无人集卡、无人配送车等无人化物流模式应用等。

《实施方案》还从提升物流专业化服务能力，深化物流链与产业链供应链融合发展，推动物流业制造业深度融合创新发展，提升物流标准化、数字化、智慧化、绿色化水平等方面提出我省现代物流业高质量发展路径和任务，为进一步完善我省物流基础设施，提高物流服务质量效率，提升物流智慧化、标准化、绿色化水平，推动现代物流业与制造业深度融合发展提供有力支撑。

（摘编：周树峰）

福建出台金融支持制造业高质量发展工作意见

2023 年 6 月 30 日，人行福州中心支行消息，为贯彻落实中共中央、国务院关于推动制造业高质量发展的决策部署，提升制造业金融服务水平，近日，人行福州中心支行牵头福建省地方金融监管局、福建银保监局、福建证监局、外汇局福建省分局等四部门印发《关于金融支持福建省制造业高质量发展的工作意见》（以下简称《意见》），通过凝聚金融资源，夯实制造业发展根基，助推制造业高质量发展，加快建设现代化产业体系。

制造业是立国之本、强国之基，是实体经济重要组成部分，也是福建信贷支持的重点领域。来自人行福州中心支行的统计数据显示，截至 5 月末，全省制造业贷款余额 8951.2 亿元，同比增长 20.5%，比各项贷款增速高出 12.1 个百分点，连续 11 个月实现制造业贷款增速超过各项贷款平均增速。

在制造业信贷投放稳步向好的背景下，福建首次出台专门支持制造业高质量发展的工作意见，围绕加大对制造业领域的信贷支持力度、健全完善支持制造业发展的多元化金融组织体系、拓宽制造业企业融资渠道、创新金融产品和服务、优化支持制造业发展的金融生态环境、加强金融支持制造业工作保障等方面提出具体要求，进一步提升金融服务水平。

《意见》要求，着力加大对制造业科技创新和技术改造升级的中长期信贷支持，力争“十四五”期间制造业中长期贷款增速维持在 20% 以上。推动构建统一的“企业信息数据库”，为金融机构开展对园区企业金融产品与服务创新创造良好外部条件。改进考核激励机制，通过内部资金价格引导，加大正向激励力度，将更多信贷资源向先进制造业、科技创新等制造业企业配置。

《意见》提出，鼓励金融机构依托产业链核心企业，整合产业链物流、信息流、资金流等信息，大力发展供应链金融服务；推动投贷联动模式创新，支持金融服务在科技创新型企业生命周期中前移；支持符合条件的金融机构和制造业企业在制造业集聚地区联合设立金融（融资）租赁公司，大力发展直接租赁、售后回租等业务，探索创新融资租赁服务；持续推进首台（套）重大技术装备保险和新材料首批次应用保险补偿机制试点，支持有条件的保险公司完善“政府+银行+保险”融资合作模式，发展小微企业贷款保证保险。

（摘编：周树峰）

福建统筹金融资源支持民营经济高质量发展

2023年5月8日，人民银行福州中心支行消息，日前，人民银行福州中心支行牵头四部门出台六方面、16条工作意见（以下简称《意见》），统筹金融资源助力优化民营经济发展环境，推动民营经济高质量发展。

一、新设福建省中小微企业“提质增产争效”专项资金贷款

在加强信贷资金保障方面，《意见》要求各金融机构充分发挥货币政策工具总量和结构双重作用，运用降准释放的长期资金和再贷款、再贴现等结构性货币政策工具提供的资金，将新增信贷资源重点投向民营企业，并鼓励金融机构单列民营企业贷款额度；充分发挥普惠小微贷款支持工具正向激励作用，扩大民营小微企业贷款投放；紧抓碳减排支持工具、煤炭清洁高效利用和交通物流专项再贷款等政策工具延续实施的窗口期，为绿色低碳、科技创新、交通物流等领域民营企业提供更高效的低成本融资。此外，《意见》明确新设福建省中小微企业“提质增产争效”专项资金贷款，首期规模100亿元，省财政安排贴息资金1亿元，重点加大对符合国家产业发展方向、技术先进、产品有市场的民营企业支持力度。

为进一步拓宽民营企业境内直接融资渠道，《意见》支持民营企业上市挂牌，支持符合条件民营企业发行债券筹集资金。《意见》还鼓励符合条件法人金融机构发行金融债券，补充资本金和拓宽资金来源，提高对民营企业的信贷投放能力；鼓励私募股权基金、创业投资基金加大对民营企业的投入。

二、为民营企业提供更高水平的跨境人民币便利化服务

针对民营企业跨境金融服务，《意见》提出两方面优化措施。在持续提升民营企业跨境贸易投融资便利水平方面，《意见》要求各金融机构以跨境人民币“首办户”拓展行动为契机，发挥本币在节省汇兑成本、规避汇率风险等方面的优势，为民营企业提供更高水平的跨境人民币便利化服务；鼓励银行机构利用国际国内“两个市场、两种资源”，借助境内外联动优势，通过贸易融资、人民币外债、人民币境外放款等产品服务，拓宽民营企业境外融资渠道、降低融资成本；持续推进更多优质民营企业纳入贸易外汇收支便利化试点范围，享受事前免审单据、特殊退汇事前免登记、进口报关单免核验等便利措施，提升优质民营企业资金跨境结算效率；简化资本项目外汇管理要求，全面推广银行数字化线上办理业务。在丰富中小微民营企业外汇服务产品方面，《意见》鼓励银行机构运用“汇率避险公共保证金池”等风险分担机制，降低民营中小微企业外汇套保成本；充分发挥跨境金融服务平台作用，运用银企融资对接应用场景便利涉外企业“一站式”办理贸易融资，依托出口信保保单融资应用场景缓解小微企业融资难题，以市场采购应用场景建设为抓手支持贸易新业态、新模式创新发展。

三、提升民营企业金融服务质效

《意见》明确要求进一步提升民营企业金融服务质效，推动各金融机构实现贷款线上申请、审批、签约、支用、还款的全流程网络化、自助化操作；强调用好全国中小企业信用信息平台、福建“金服云”和地方性企业信息平台、行业性数据平台等，提升民营企业信用贷款投放能力，明确力争2023年“金服云”平台年新增注册用户6万户，新增解决融资需求600亿元；推动各金融机构运用产业链供应链金融模式，为上下游民营企业提供无需抵押担保的订单、应收账款质押融资；鼓励银行机构与政府性融资担保机构开展“见贷即保”银担批量担保业务合作，优化担保流程，提高担保效率；要求保险机构发挥保险保障功能，提供多方位保险风险保障。

《意见》要求，要优化服务民营企业的组织架构、完善内部考核和尽职免责制度，进一步健全完善金融服务民营企业管理机制。同时强调，各金融机构对因受前期疫情等因素影响暂时遇到经营困难，但符合产业升级方向，产品有市场、项目有前景和技术有竞争力的民营企业，要从实际出发、分类施策，通过提供科学合理的金融服务方案帮助民营企业维持或恢复正常生产经营。并指出，要加强信贷资金流向监测，确保信贷资金真正用于支持民营企业实体，有效防范各类风险隐患。

此外，《意见》还提出加强金融支持民营经济工作保障，鼓励各地探索实施“金融顾问”制度，从金融机构选聘金融顾问为民营企业提供常态化帮扶服务，送政策、资金、服务入企，切实解决企业实际困难；做好民营企业金融需求清单推送工作，深化金融机构与民营企业常态化对接机制，搭建金融机构与民营企业沟通桥梁，促进互融互通、共享共赢。

（摘编：肖启辉）

第六届“创响福建”大赛省级决赛完美收官

2023年10月10—11日，第八届“创客中国”福建省中小企业创新创业大赛暨第六届“创响福建”大赛全省总决赛及颁奖仪式圆满收官，来自福建科达新能源科技有限公司的“高性能低成本储能锂电池负极材料智能制造”项目和陈小松团队的“基于干细胞精准治疗技术一类新药研发”项目脱颖而出，分别获得企业组和创客组一等奖。

本届大赛自启动以来，共征集到报名项目1574个（含专题赛），参赛项目涵盖智能制造、生物医药、高端装备、新材料、绿色低碳等产业生态圈大赛。评委主要围绕项目的创新性、成熟度、技术能力、商业能力等维度，对40个晋级决赛项目进行现场打分和综合评审，最终分别决出“企业组”和“创客组”的一、二、三等奖和优秀奖，获奖项目将分别获得15万元、10万元、5万元和1万元奖金。

现场还举行了获奖项目授信仪式，今年邮储银行福建省分行为获得一、二、三等奖的项目提供最高5000万元授信额度，进一步为福建省中小企业创新创业发展保驾护航。

颁奖仪式表彰了本届赛事的“优秀组织奖”与“优秀对接服务单位”。福州市工信局等9家单位获“优秀组织奖”；中国电信股份有限公司福建分公司等6家单位获本届大赛“优秀对接服务单位”。

颁奖仪式现场还通过获奖项目代表经验分享、中小企业投融资、数字化赋能主题分享等多种形式，持续赋能福建中小企业发展，为今年的“创响福建”大赛画上圆满句号。

近三年进入“创响福建”大赛市级决赛名单或专题赛获奖名单的，在参评福建省专精特新中小企业时可获得加分；由“创响福建”大赛推荐并进入“创客中国”大赛全国500强企业组名单的，在满足申报基本条件的基础上可作为参评福建省专精特新中小企业的直通条件；进入“创客中国”中小企业创新创业大赛全国50强企业组名单的，将作为参评国家级专精特新“小巨人”企业的创新直通条件。此外，大赛组委会将从省级决赛获奖的团队中择优向福建省总工会推荐申报“福建省五一劳动奖章”“福建省工人先锋号”“福建省数字工匠”等奖项。

（摘编：郑新贵）

第六届数字中国建设峰会推进中国式现代化

2023年4月27日，第六届数字中国建设峰会在福建省福州市开幕。中共中央政治局委员、中宣部部长李书磊出席开幕式并发表主旨讲话。

全国政协副主席梁振英在开幕式上致辞，第十二届全国政协副主席、国家电子政务专家委员会主任王钦敏作发言，第十三届全国政协副主席、中国科学技术协会主席万钢出席。省委书记、省人大常委会主任周祖翼，中宣部副部长、中央网信办主任、国家网信办主任庄荣文分别在开幕式上致辞。中宣部副部长、国务院新闻办公室主任孙业礼，省委副书记、省长赵龙，省政协主席滕佳材出席开幕式。科学技术部、工业和信息化部、国务院国资委有关领导和联合国有关负责人等先后在现场或通过视频致辞。省委、省人大常委会、省政府、省政协领导，中央、国家有关部委领导，主宾省相关领导，部分央企负责人，院士专家代表，数字经济领军企业负责人等参加开幕式。

本届峰会以“加快数字中国建设，推进中国式现代化”为主题，以宣传贯彻落实《数字中国建设整体布局规划》为主线，集中展示数字中国建设最新成果，分享发展经验，以数字中国建设推动高质量发展，助力中国式现代化。峰会将举办系列论坛活动，包括开幕式、主论坛以及20个分论坛，发布《数字中国发展报告（2022年）》等重要报告，启动2023年全民数字素养与技能提升月。峰会期间，还将举办数字中国建设成果展、数字产品博览会以及数字中国创新大赛。成果展重点展示数字基础设施、数字经济、数字社会等11个方面的数字化最新成果和优秀实践案例。数字产品博览会打造国际化、市场化、专业化的“买全球　卖全球”数字产品交易和产品服务平台。数字中国创新大赛设置9个赛道，参赛人数2.7万余人。此外，云生态大会、工业互联网生态大会、人工智能生态大会，以及“闽江夜话”“有福之州·对话未来”等特色活动也将同步举行。

数据显示，本届峰会共招商对接数字经济项目606个，总投资3357亿元。其中，集中签约项目52个，总投资581亿元，项目平均投资额比上届增长超30%。本届峰会举行的最佳成果遴选活动，产生三大奖项。“昇思 MindSpore 全场景开源AI融合框架”等成果入选“十大硬核科技”；“数字战场实战指控平台”等成果入选“十佳解决方案”；“腾讯银发 AI 助听解决方案”等成果入选“十佳数字普惠案例”。

第六届数字中国建设成果展览会、第二届中国国际数字产品博览会持续至4月30日。

本届峰会为期2天，由国家互联网信息办公室、国家发展和改革委员会、科学技术部、工业和信息化部、国务院国有资产监督管理委员会、福建省人民政府共同主办。

（摘编：林文涵）

2023世界储能大会开幕

2023年11月9日，2023世界储能大会在宁德开幕。福建省副省长林瑞良、第十三届全国政协经济委员会副主任苏波、中国机械工业联合会会长徐念沙、国务院国有重点大型企业监事会原主席季晓南出席。

大会由宁德市人民政府、福建省工业和信息化厅、工业和信息化部装备工业发展中心联合主办，以“全球视野、全新储能”为主题，旨在打造世界级储能交流合作平台，推动储能行业高质量发展。

在活动现场，10家国内外储能相关行业协会（联盟）联合发布《全球储能产业未来发展倡议（宁德）》；中国机械工业联合会授予宁德市“中国新能源电池之都”称号，宁德市政府还发布了《宁德市动力电池国家先进制造业集群培育提升三年行动方案（2023—2025）》和《“零碳岛”建设宁德宣言》。会上，宁德市举行项目集中签约仪式，以储能为代表的新能源产业签约项目共63个，签约总金额1191.2亿元。

本次大会还将陆续发布《新型储能产业发展报告（2023）》《2023光储充一体化充电设施发展报告》和《配置电化学储能的光伏系统性能检测技术规范》《光储充一体化电站技术规范》《电化学储能光伏系统电能质量检测规程》《储能电池集成式液冷设备技术规范》等4项团体标准。

此外，大会同期还组织了中国（宁德）国际新能源产业及储能装备博览会。

本届新博会展览总面积约1.85万平方米，分为储能装备馆、电机电器馆、新能源汽车展示区、服务商展示和推介区等四个展区。新能源领域相关的140家企业共赴盛会，包括宁德时代新能源科技股份有限公司、福建时代星云科技股份有限公司、中航光电科技股份有限公司等世界500强企业、大型央企及智能制造企业。展览展品主要为锂电新能源及其上下游产品、储能装备及上下游产品、新能源汽车整车展示及其配件、人工智能、智能设备、电机电器等产品。

与展会同期举办的还有电机电器专业展（第十三届海峡两岸电机电器博览会）和全国储能技术产教融合共同体成立大会暨储能技术人才服务平台启动仪式等相关活动。

（摘编：张全进）

第二十四届亚太电协大会开幕式在厦门举行

2023 年 10 月 20 日，第 24 届东亚及西太平洋电力工业协会大会开幕式在厦门举行。国家副主席韩正出席并致辞。

韩正表示，面对能源供需格局新变化、国际能源发展新趋势，习近平主席提出“四个革命、一个合作”的能源安全新战略。中共二十大报告确立了到 2035 年基本实现美丽中国的目标，对推动绿色发展作出全面部署。我们正加快推动经济社会和生态环境协调发展，为世界能源电力转型提供中国方案。

韩正指出，能源绿色低碳转型已成为世界各国共识，是不可逆转的时代趋势。中国将秉持人类命运共同体理念，同亚太各国一道，携手推动构建开放共赢的能源电力国际合作新格局。

韩正提出三点倡议。一是加强互联合作，推动能源转型。要加强能源电力交流合作，共建能源电力基础设施，促进清洁能源在区域范围内大规模开发利用。二是推进绿色低碳，应对气候变化。要坚定维护以联合国为核心的国际体系，全面有效落实《联合国气候变化框架公约》及其《巴黎协定》，推动建立公平合理、合作共赢的气候治理体系。三是深化务实合作，推动科技创新。要以更加开放的思维和举措，合作开展新能源和关键技术的研发应用，共同探索新技术、新业态、新模式，为亚太电力科技创新注入强劲动力。

省委书记、省人大常委会主任周祖翼在致辞中指出，能源是现代经济社会的血液。习近平主席高度重视能源事业发展，作出了一系列重要论述，为我们推动世界能源变革转型和能源治理体系建设指明了方向。福建是中国对外开放重要省份，也是清洁能源大省。新征程上，福建发展潜力巨大，对能源电力有着更大需求。我们将认真学习贯彻习近平主席关于能源工作的重要论述，坚持夯基固本、加强能源电力基础设施建设，聚力绿色转型、加快清洁能源发展，着眼互利共赢、深化能源交流合作，为共创亚太能源清洁低碳美好未来贡献福建力量。衷心希望各位朋友常来福建，寻商机、谋合作，享清新、行福运，共同书写亚太地区能源电力合作新篇章。

省委副书记、省长赵龙出席。亚太电协主席、中国电力企业联合会理事长、国家电网有限公司董事长辛保安致欢迎辞，新加坡能源集团新能源电网公司总裁邱秀金在会上致辞。世界能源理事会秘书长兼首席执行官安吉拉·威尔金森，电气电子工程师学会主席兼首席执行官赛义夫·拉曼先后作主旨演讲。

本次大会以“绿色低碳　电亮未来”为主题，为各方探讨能源转型、推动绿色发展提供了重要平台。亚太电协 18 个成员国和地区的政府和企业代表、国际组织代表、专家学者等 2700 余人参加会议。

（摘编：孔明德）

第一届中国侨智发展大会成效显著

2023年12月20—22日，由中国侨联、福建省人民政府共同主办的第一届中国侨智发展大会在福州成功举办。全国人大常委会副委员长、农工党中央主席何维在开幕式上讲话并宣布大会开幕。省委书记、省人大常委会主任周祖翼，中国侨联党组书记、主席万立骏在开幕式上致辞。省委副书记、省长赵龙主持开幕式。全国人大常委会委员、华侨委员会副主任委员黄志贤，省政协主席滕佳材出席。

12月22日，省政府新闻办举行第一届中国侨智发展大会成果新闻发布会，邀请中国侨联、福建省侨办、福建省侨联及福州市相关部门，介绍第一届中国侨智发展大会的特色亮点、主要成果。

本届大会立足福建、服务全国、面向海外，致力打造“溯源头学思想、聚侨心凝共识、汇侨智助发展”的国家级平台，取得了积极成效。

海内外嘉宾踊跃参与，47位海内外院士、102家海内外专业社团以及来自全球37个国家和地区的1000余名嘉宾参会，汇聚起侨界人才推动高质量发展的磅礴力量。高层次人才众多，博士以上高层次人才632名，占嘉宾总数的61.8%；45岁以下的新侨和华裔新生代516名，占比50.4%。大会期间，110多位海外博士、博士后与省内14家高校、科研院所、创新实验室达成对接意向，30多名海外博士与福州市福耀高等研究院进行初步对接并达成就业意向。本届大会还倾力打造“侨智汇”系列品牌活动，开展线上线下大型招才引智推介，线下吸引近万人参加，线上超2.6万人次访问，线下线上投递简历3600多份，包含海外人才350多人，达成初步就业意向1480人；邀请海内外科技精英人才开展竞技比赛，发掘和培养国际化、高水平的技术技能人才。

用先进技术和人才，有效助力产业升级。中国科学院在专场推介活动中围绕福建主导产业、优势产业和新兴产业，集中发布了稀土材料、工业仿真、能源动力、先进医疗等领域24项科研成果，8个项目进行现场签约。据统计，大会共举办4项产业推介和成果对接专场活动，侨界院士和高层次专家学者发表83场主旨演讲。现场推介展示高新技术成果45项，9个合作项目成功签约，17个项目达成初步合作意向，意向金额逾70亿元。

人才聚，产业兴。为满足产业、人才发展需求，大会着力打造中国相关产业和人才政策措施的发布平台。形成了《“侨企侨资”税收政策指引》，鼓励侨界人才回乡投资兴业；首次提出并发布《芯动力汽车芯片产品评审规程》，完善了国内汽车芯片审查认证体系；发布了《汽车芯片技术分享实例蓝皮书》等。

为高质量发展注入“侨动力”，离不开机制的保驾护航。大会围绕新发展阶段，贯彻新发展理念，探讨和初步形成了五项机制。包括，产业链贯通机制得以建立，30多家行业重点企业联合成立氢能产业创新发展联盟，建立了中国福州与东盟数字贸易合作机制。

引侨资，聚侨智，汇侨力。本次大会，“侨商兴闽基金”正式成立，目标规模100亿元，首期30亿元资金到位；省侨办、省侨联与中国工商银行福建省分行签订了《涉侨金融服务框架合作协议》，厦门国际银行等机构参与了产业对接活动等，这些安排促进了华侨金融和产业发展的融通，华侨资本和产业融通机制更加健全。

（摘编：张全进）

2023中国海洋装备博览会在榕开幕

2023年10月12日，与2023世界航海装备大会同期举办的2023中国海洋装备博览会，在福州海峡国际会展中心开幕，副省长林瑞良、省政协原副主席陈义兴出席。

本届博览会由中国船舶集团主办，以“开放海洋　装备未来”为主题，吸引了来自14个国家和地区的715家企业参展，集中展示6500多项海洋装备领域的优秀产品、先进技术和解决方案，包括无人船、水下机器人、智能化港口设备、智慧海洋系统、各式游艇以及相关供应链产品等，全方位展现我国海洋装备领域发展的最新成就。

博览会设置了室内主展区、户外游艇及游艇生活分展区，规模达10万平方米。其中，主展区细分为船舶制造、绿色能源动力、数智科技装备、海工装备等15个展区；户外游艇及游艇生活分展区主要展出国内外知名游艇品牌以及与游艇相关的生活方式等。

本届博览会为期4天，将围绕产业链和供应链协同创新、产学研合作、人才交流、经贸对接、成果转化等重点，举办包括人工智能在深远海开发中的应用高峰论坛、海洋产业发展高峰论坛等10场论坛会议，以及3场供采对接交易会、5场推介及揭牌签约活动、6场大众科普互动类活动等。

（摘编：黄国实）

首届福品博览会推进消费提质升级

2023年1月19日，福建省商务厅消息，首届福品博览会于2022年12月31日顺利闭幕。本届福博会总展览面积达51500平方米、参展商近1000家、专业采购商近3000家，国际标准展位超2000个，数百家行业头部企业参展，企业、采购商和市民观众总人数远超预期。汇聚福味、福茶、福酒、老字号、福农优品、外贸名品、特色美食等优质产品，产品种类齐全，样式潮流精美，通过线上线下双平台实现交易新模式，为消费者跨年购搭建了消费新场景。在疫情防控进入新阶段，优化调整防控政策之际，以展促销、以销带展，通过“节会经济”这一载体有效优化消费供给、畅通消费渠道，既加快消费市场回补回暖，也进一步推进消费提质升级，有力提振了市场信心。

福博会期间共举办配套活动80余场，成为助企成长的加油站，发布消息的新窗口，惠民利民的大平台。

通过配套举办亚马逊全球开店论坛“潮业出海，福品全球”、新品首发和优品展示等活动打造产供销窗口，开展“福酒”公共品牌推广对接会、中国预制菜产业大会等，帮助企业扩大宣传，推动产供销全链条贯通。

举办了“全闽乐购·福兔迎春”跨年购促消费系列活动启动仪式。全省商务系统多方联动，把握元旦、春节重要消费节点，结合全省各地消费特点和民俗等活动，组织开展形式多样的特色主题促销活动2000多场，配套发放消费券3000多万元，政、银、企共同让利超30亿元，带动消费跑出“加速度”，点燃城市“烟火气”。

福博会着眼福建省独具特色的“福”文化优势，深刻理解“福”文化的丰富内涵，深入挖掘“福”文化的独特价值，聚焦“福”主题举办系列活动，福品博览会不仅是产品推介、合作洽谈的舞台，也成了思想碰撞、文化交流的盛宴。围绕“幸福时代，品质生活”举办2022福品发展论坛，专家学者齐聚一堂，深入交流探讨使“福文化充分浸润到全省人民生活的方方面面”的方法，助推“福”文化赋能“福”生活、“福”消费，论坛在新华社现场云、爱奇艺、哔哩哔哩等11个线上平台同步直播，线上联合观看超过300万人次。围绕“劳动创造幸福”“幸福是奋斗出来的”“高品质生活”等举办“福”文化工艺美术专题展，精选12位中国工艺美术大师和100余位福建省工艺美术大师的160余件作品，充分展现“福”文化内涵，让观众不仅可以欣赏“福”文化和福品，还可以感受中华优秀传统文化的精髓。

省商务厅将继续总结首届福博会，并着手下届福博会筹备策划，力争将第二届福博会办出更高水平，为福建企业搭建展示产品与服务优势的平台，助力福建企业品牌建设，积极开拓国内外市场、创新拓展销售渠道，助推福品、“福”文化走出福建、走向全国、走向全球。

（摘编：洪连珠）

福建省第十三届民营企业产业项目洽谈会聚焦战略性新兴产业

2023年6月18日，福建省第十三届民营企业产业项目洽谈会在福州召开，集中签约50个重点项目，总投资1213亿元。省长赵龙出席并讲话，副省长林瑞良主持。

会上，中国科学院院士姚建年、中国工程院院士俞建勇，民营企业家代表曹德旺、尹同跃、周达文、陈建龙先后发言，围绕发展实体经济、培育战略性新兴产业、加快科技创新步伐、优化营商环境等方面分享经验、建言献策。赵龙认真听取发言，要求各地各有关部门认真研究消化，把意见建议落实到今后政府工作中，进一步改进服务，加强要素保障，推动签约项目早建设、早投产、早见效。

会上，福建省工信厅通报了本次大会民企产业项目对接情况。今年大会共征集拟签约项目156个，计划总投资2692亿元。这些项目呈现出以下特点。

一是重点产业项目比重大，对接电子信息、先进装备、石油化工、现代纺织服装四大重点产业项目56个、计划总投资954亿元，分别占制造业项目总数的51%、总投资的48%。

二是制造业项目数量多，对接制造业项目110个，计划总投资1939亿元，分别占拟签约项目总数的70%、总投资的72%。青拓集团、安踏集团、一道新能源、士兰微等制造业龙头企业都有新项目签约落地。

三是强链延链补链项目好，对接粒芯科技半导体外延芯片项目、太阳能电池智能生产、年产

30 万吨 EPS 等强链延链补链项目 113 个，有效提升福建省半导体、高端装备、新材料等产业竞争力。

四是战略性新兴产业占比高，对接战略性新兴产业项目 93 个，计划总投资 1785 亿元，分别占制造业项目总数的 85%、总投资的 92%。

近年来，福建省工信系统坚持将“高精尖缺”、体现高质量发展要求的项目作为重点招商方向，把项目招商、落地、服务作为工信工作的重要抓手，注重制造业软件业服务业一起抓、大中小企业一起上、“五个一批”一起推、国企民企外企同发力，不断创新龙头招商、基金招商、载体招商、亲情招商、以商招商等招商方式，推动民企产业项目“天天有对接、月月有签约、季季有开工”。

从 2011 年起，我省连续 13 年举办的民企产业项目洽谈会已经成为全省招商工作的一张名片。去年“6 · 18”以来，全省共对接民企产业项目 3762 个，投资近万亿元，其中制造业 2592 个，总投资 8080 亿元。签约的民企制造业合同项目已开工超 80%，已投产或部分投产超 60%，一批民企强链补链延链项目、10 亿元以上民企重大项目、战略性新兴产业项目和大院大所大平台加快落地，为我省工业发展补短板、调结构、增后劲、优生态提供了坚实支撑。

（摘编：张全进）

第二篇 发展纪事

1月

1日，省交通运输厅消息，2022年全省交通运输行业十大新闻揭晓。2022年，全省交通运输系统认真学习贯彻习近平总书记重要讲话重要指示精神和党中央决策部署，紧扣学习宣传贯彻党的二十大精神主线，在省委、省政府坚强领导下，统筹交通检疫和保物流畅通工作，谋发展、促建设、稳生产、抓改革、保安全，全面完成年度工作任务，主要指标均创历史新高。为充分展示我省交通运输高质量发展取得新成效，经组织初评和复审，评选出“2022年全省交通运输行业十大新闻”。

1日，福建省9个高速公路行政执法支队同时揭牌。新揭牌的福建省福州高速公路行政执法支队等9支队伍以原福建省交通综合行政执法总队高速公路支队为基础组建，由省交通运输厅直接管理，标志着全省高速公路行政执法队伍在规范化、标准化、专业化建设上迈出重要一步。

2日，福建省应对新冠病毒感染疫情工作指挥部消息，今日，我省出台新冠病毒感染“乙类乙管”工作实施意见。实施意见明确，从1月8日起对新冠病毒感染实施“乙类乙管”，要求各级各部门围绕“保健康、防重症”，采取针对性措施，确保疫情防控平稳转段和社会秩序稳定，最大程度保护人民生命安全和身体健康，最大限度减少疫情对经济社会发展的影响。

2日，福建省出台新型冠状病毒感染“乙类乙管”工作的实施意见，要求完善新冠病毒感染治疗相关药品和检测试剂准备，做好农村地区疫情防控。为切实保障福建省居民防疫物资供应，根据福建省应对新冠疫情工作指挥部医疗物资保障组工作要求，1月3日，省商务厅、省工信厅等部门与京东健康联合共同推出“福建省抗疫物资保障专区”，面向全省居民提供布洛芬片、中药抗疫汤剂、抗原检测试剂盒、N95口罩等抗疫物资。即日起，福建省用户登录京东App，搜索“福建防疫”进入专区即可购买。

3日，省农业农村厅召开党组（扩大）会议，传达学习中央经济工作会议、中央农村工作会议及省委经济工作会议精神，研究贯彻落实措施。会议强调，要科学谋划2023年工作，围绕狠抓“当前一个重要任务”、守牢“两条底线”、实现“三个确保”、抓好“三个重点”、强化“四项支撑”、加强“一项保障”的总体思路，深刻领会建设农业强国的重大任务，逐条梳理列出任务清单，逐项研究谋划落实举措，确保各项工作可操作、能落地、见成效，不断把“三农”工作推向前进。会议还对抓好年末岁首重点工作作了部署，努力实现农业农村首季“开门稳”。

3日，国务院国资委日前发布了“2022年度央企十大超级工程”，“新建福厦铁路全线铺轨贯通”入选。同期发布的“2022年度央企十大国之重器”中，全球单机容量最大16兆瓦海上风电机组下线入选。

4日，福建省林业局消息，福建省林勘院获得工程咨询单位甲级资信证书。近日，中国工程咨询协会发布2022年6号公告，对符合甲级资信评价标准的工程咨询单位名单予以公告，福建省林业勘察设计院喜获农业、林业及建筑工程咨询单位甲级资信证书。

4日，我省重点药企冲刺紧缺药品生产。当前，退烧药品、抗原检测试剂等新冠病毒感染防治重点药品器械市场需求激增，但我省防治重点药械产能规模仍不够大。为此，我省出台《关于加快推进新冠病毒感染防治重点药械产业发展有关措施》，加大对我省新冠病毒感染防治重点药械产业发展的扶持力度。连日来，我省重点药企加紧采购原材料，增派员工上岗，保障存量产能、扩产新增产能，持续增加相关药品供给。

6日，我省出台举措做好一季度经济工作。近日，省发改委印发《关于做好2023年一季度经济工作的若干措施》（以下简称《若干措施》），提出力争一季度主要指标增速好于2022年四季度增速，实现全省经济工作开好局、起好步。《若干措施》包括9个方面32条内容。

6日，全省稳工稳产抢开局工作视频会在福州召开。会议强调，各地各有关部门要全面贯彻落实党的二十大精神和党中央、国务院决策部署，按照省委、省政府工作要求，坚决扛起稳就业政治责任，切实增强责任感和紧迫感，紧抓抢开局、决定全年走势的关键时点，精准施策，持续发力，千方百计稳就业、保就业，助力实现开门稳、开门红。副省长康涛出席并讲话。

9日，福建省委常委、常务副省长郭宁宁在福州会见沙特国家石油公司亚洲副总裁王稚一行。郭宁宁代表福建省人民政府对王稚一行到访福建表示欢迎。她说，热忱欢迎沙特国家石油公司不断加强在闽投资，加快重点项目建设进度，落地建设更多延伸拓展石化产业链重大项目，努力打造中沙石化产业合作发展示范区。福建将持续优化营商环境，加大要素保障、综合服务力度，促进合作项目早开工、早投产、早见效，实现互利共赢。

9日，福建省交通运输厅消息，2022年全省公路水路投资再创历史新高，全年完成投资1051亿元，实现连续三年突破1000亿元，推动综合立体交通网加快完善。加快建设世界一流港口，全省完成港口货物吞吐量首次突破7亿吨，达到7.14亿吨，其中福州港率先成为全省首个3亿吨大港。高速公路通车里程达6156公里，建成龙岩靖永、东环、漳州漳武高速公路113公里，新开工漳诏高速扩容工程等25个项目325公里。普通国省道建成228公里。建设改造农村公路2647公里，新增1991个较大自然村通硬化路；实施危桥改造208座、安保工程1831公里，实施路面修复改造168万平方米，创建美丽农村路1209公里。全省公路、水路运输总周转量分别增长2.5%、13%，高于全国平均水平。客运服务质量持续提升，福州地铁5号线、6号线开通运营，全省新增、优化公交线路434条，适老化改造公交站台50个，打造敬老爱老公交服务线路14条，20个县开通定制客运。

10日，省水利厅在福州组织召开南平市重大水利项目审批靠前指导推进会。会议听取了南平市水利局关于2023年拟上报省厅审查审批的重大项目工作进展情况的汇报，详细了解了涉及的11个防洪提升、2个中型水库、崇阳溪水生态修复与综合治理等重大水利项目进展情况和具体建设方案，与参会人员深入交流探讨，逐一对项目方案和存在的问题进行了指导，并要求省市县各级水利部门、当地政府要形成合力，坚持“三下沉”工作法，靠前指导对接，共同推进重大水利项目审批工作，为“一河一网一平台”建设和一季度“开门稳”提供前期审批保障。有关处室、单位、专家积极建言献策，提出了具体、可行的意见建议，会议达到了统一思想、明确目标、理清思路的目的。南平市表示，将认真学习贯彻有关要求，把会议精神作为下一步工作的“指南针”，奋楫笃行，扎实推动南平市重大水利项目尽早获批，加快推进项目开工建设。

10日，信息产业工会开展2023年元旦春节送温暖活动。2022年12月印发《关于开展2023年元旦春节送温暖活动的通知》（闽信工〔2022〕12号），要求各设区市工信部门做好摸底工作，及时了解职工的情况，按规定申报企业困难职工、劳模、优秀职工。同时，根据今年疫情形势，对在疫情防控中作出积极贡献的我省部分重点医疗物资生产企业的一线员工开展慰问。2023年元旦共慰问职工86人，合计慰问金额12.9万元；2023年春节来临之际，慰问职工119人（困难职工、劳模、优秀职工58人，在疫情防控中作出积极贡献的重点医疗物资生产企业一线员工61人），合计慰问金额14.8万元。

10日，省电子信息集团作为全省信创工作任务实施责任单位召开福建省基础软件技术攻关誓师大会，联合高校和信创合作伙伴，充分展现集团信创产业生态体系和攻关国产基础软件的坚定决心。大会的召开，标志着我省全面开启关键核心技术攻关、探索新型举国体制“福建路径”的新篇章。集团将以本次大会为新起点，抢抓信创发展战略机遇，全面提升自身研发投入强度和科技创新项目推进力度，并以联合攻关为主渠道，以产业自主可控为主基调，联合省内外信创领域优势企业加强行业技术创新，共同推动我省信创产业发展迈上新台阶，为早日解决关键核心技术“卡脖子”问题贡献智慧和力量。

10—11日，全国土壤普查办专职副主任陈章全带队来我省调研第三次全国土壤普查工作。调研组实地察看土壤普查数据库构建、信息平台建设、剖面样品标本展示，充分肯定福建三普试点工作抓得紧、动手早、组织好、研究深、完成快，并指出要进一步完善浦城试点成果，抓紧谋划今明两年工作，协同各方抓好质控工作，确保高质量完成三普工作。

11日，福建省第十四届人民代表大会第一次会议开幕，福建省人民政府省长赵龙向大会作政府工作报告。根据工作报告，初步预计，2022年福建省地区生产总值突破5万亿元，一般公共预算总收入5382.3亿元、同口径增长1.9%，地方一般公共预算收入3339亿元、同口径增长5.5%，固定资产投资增长7.5%，社会消费品零售总额增长3.2%，出口增长11%以上，城镇居民、农村居民人均可支配收入分别增长5.2%、7.6%左右，城镇调查失业率5.1%左右，居民消费价格上涨1.9%左右。

11日，省政协党组书记滕佳材参加省政协十三届一次会议民建、工商联界别联组会议，与委员们共话福建发展大计，共同讨论省政府工作报告。会上，洪忠信、郑忠辉、吴荣照、肖文华、庄天怀、吴刘驰、章高路、李妍菲、王诗增、陈银平等委员和列席人员先后发言，对省政府工作给予充分肯定，围绕弘扬“晋江经验”，支持民营经济发展壮大，加快推动人才引进与产业发展同向发力等方面提出建议。在认真听取大家发言后，滕佳材说，大家发言很有质量，意见建议针对性、可操作性很强，体现了委员履职的水平。

11日，省委农办、省农业农村厅、省乡村振兴局召开全省农村地区新冠疫情防控工作视频会议，深入学习贯彻习近平总书记关于农村地区疫情防控工作的重要指示精神，按照党中央、国务院的部署，贯彻落实省委和省政府工作要求，对我省农村地区疫情防控工作进行再动员、再部署、再推动、再落实。会议要求，全省农业系统要坚决扛起政治责任，强化担当，下沉一线，真抓实干，派出干部进村入户开展农村地区疫情防控工作调研督导，推动各项工作落细落实，确保不留死角、不留盲区，确保农村地区疫情防控工作落到实处，坚决打赢农村地区疫情防控这场硬仗。

11日，省林业局有关领导带领自然保护地管理处、林业防灾减灾处负责同志赴福州市鼓山国家级风景名胜区开展安全管理工作督导，实地察看了鼓山国家级风景名胜区入口区、索道上下站点、涌泉寺等重要区域和重点部位，详细了解安全管理工作部署落实情况，并就做好安全管理工作提出具体要求。

11日，农业农村部日前通报2022年度全国渔业行政执法案卷评查结果，我省报送的9宗案卷获评优秀案卷。我省各级渔业行政主管部门及执法机构高度重视案卷评查推选工作，通过自评上报、集中筛选、把关审查的严格程序，优选10宗案卷参评（含厦门单列报送）。案件类型涵盖非法捕捞、违反港航安全规定、非法猎捕销售购买水生野生动物、销售禁用渔具和非法渔获物、违规携带网具等情形。经农业农村部全面评查，省海洋与渔业执法总队闽东执法支队及厦门、福州、莆田、泉州市海洋与渔业支队的9宗案卷获评优秀案卷。

13日，省委书记周祖翼参加省十四届人大一次会议泉州代表团审议，听取意见建议，共谋发展。周祖翼强调，要深入学习贯彻党的二十大精神，按照党中央部署和省委要求，完整、准确、全面贯彻新发展理念，大力传承弘扬“晋江经验”，在科技、创新、人才、开放、绿色上下功夫，凝聚力量、振奋精神，加快推动民营经济不断壮大，全方位推进高质量发展。

13日，全省林业工作视频会议暨林长办主任会议召开。会议深入贯彻落实党的二十大精神，贯彻落实中央及省委经济工作会议、农村工作会议和全国林草工作视频会议部署要求，贯彻落实省领导批示精神，交流工作经验，回顾总结2022

年工作。会议强调，做好2023年工作，要深入贯彻落实党的二十大精神，全面落实省委十一届三次全会部署和省委、省政府《关于持续推进林业改革发展的意见》，围绕抓好“357”落实“185”的总体思路，继续建设现代林业强省，持续深化集体林权制度改革，接续实施林业“八大工程”。

16日，国务院促进中小企业发展工作领导小组办公室近日印发《助力中小微企业稳增长调结构强能力若干措施》，从进一步推动稳增长稳预期、着力促进中小微企业调结构强能力两方面，共提出15项具体举措，推动中小微企业实现高质量发展。中小微企业遍布全国各个角落，涉及千家万户，贡献了50%以上的税收、60%以上的GDP、70%以上的技术创新、80%以上的城镇劳动就业、90%以上的企业数量，对稳就业、稳市场、稳增长、稳产业链供应链，促进全社会创业创新等，都具有重要作用。近年来，受各种因素影响，中小微企业生存和发展遇到困难，从中央到地方都大量出台各类政策、制度，支持和引导企业渡过难关。

16日，省委书记周祖翼主持召开省委常委会会议，认真传达学习习近平总书记在二十届中央纪委二次全会上的重要讲话、对政法工作作出的重要指示、致经济日报创刊40周年的贺信精神，研究贯彻落实措施；研究推进我省疫情防控和宣传、统战、科技人才等工作，审议《关于实施“深学争优、敢为争先、实干争效”行动的工作方案》。

17日，省水利厅召开2023年全省水利工作视频会议，回顾总结过去十年和2022年水利发展成就，安排部署未来五年和2023年水利重点工作。会议传达了省委书记周祖翼、省长赵龙、省委副书记罗东川和副省长李建成对水利工作的批示精神，以及全国水利工作会议、全省两会精神。会议强调，2023年要深入学习宣传贯彻党的二十大精神，坚持“三下沉”工作法，建设“一河一网一平台”，新开工重大项目200个以上，确保完成投资570亿元、力争超过600亿元，重点做好9个方面工作。一要牢记嘱托，接续办好三件大事。二要守牢底线，精准防御水旱灾害。三要突出重点，全力推进“1346”工程。四要夯实基础，主动服务乡村振兴。五要治理保护，助力打造美丽福建。六要集约节约，不断强化刚性约束。七要加大投入，接续建强数字平台。八要强化监管，着力提升治理能力。九要深化融合，全面加强党的领导。

17日，全省住房和城乡建设工作会议以视频形式在福州召开。会议传达学习了周祖翼书记、赵龙省长、林文斌副省长对全省住建工作的批示精神和全国住房城乡建设工作会议精神，全面总结2022年全省住房城乡建设工作，部署2023年工作任务。会议要求，2023年全省住建系统要深入贯彻落实党的二十大精神，完整、准确、全面贯彻新发展理念，把中国式现代化落实到具体工作实践之中，把党中央、国务院决策部署和省委、省政府工作要求落到实处，明确目标、守住底线、抓住重点、突出亮点，切实发挥住房城乡建设工作在稳增长、防风险、惠民生等方面的基础和支撑作用，全方位推进住建行业高质量发展。

17日，省海洋与渔业局召开全省第一季度渔业安全生产工作视频会议。会议总结了2022年度全省渔业安全生产工作，分析当前渔业安全生产形势，部署下一阶段重点工作。会议强调，渔船作业进入年度条件最恶劣的时期，春节前后作业渔船数量大幅增加，部分渔业船舶安全风险隐患仍然较高，未来几个月渔船安全监管将面临不小的挑战。会议要求，各级渔业行政主管部门要保持清醒头脑，按照省委、省政府有关部署要求，下功夫抓好渔业安全生产监管，狠抓隐患排查整治，持续开展海上渔船安全治理，扎实推进渔业船舶安全生产标准化提升专项行动，严格渔船管控，深化渔业安全宣传教育，防范遏制重特大事故发生。

17日，副省长林文斌带领省直有关部门及福州市政府相关负责人到闽运福州汽车北站、福州火车站、省交通运输指挥调度中心，实地检查春运运输服务保障和交通运输安全工作，并看望慰问春运一线干部职工。

18日，工信部等六部门近日联合发布《关于推动能源电子产业发展的指导意见》，提出到2025年，产业技术创新取得突破，产业基础高级化、产业链现代化水平明显提高，产业生态体系基本建立。能源电子产业有效支撑新能源大规模应用，成为推动能源革命的重要力量。能源电子产业是电子信息技术和新能源需求融合创新产生并快速发展的新兴产业，主要包括太阳能光伏、新型储能电池、重点终端应用、关键信息技术及产品等领域。指导意见提出了主要发展目标。其中，明确到2030年，能源电子产业综合实力持续提升，形成与国内外新能源需求相适应的产业规模。产业集群和生态体系不断完善，5G/6G、先进计算、人工智能、工业互联网等新一代信息技术在能源领域广泛应用。

18日，省长赵龙主持召开省政府常务会议，认真学习贯彻党的二十大精神，按照省委工作要求，确定2023年度省重点项目，研究柘荣经济开发区申请设立省级高新区事项；研究推动职能部门做好生态环境保护、促进海洋经济发展、推进基本养老服务体系建设、首届“福建慈善奖”拟表彰名单等工作。

18日，国务院新闻办公室举行新闻发布会，工业和信息化部党组成员、总工程师、新闻发言人田玉龙，以及工业和信息化部新闻发言人、信息通信管理局局长赵志国，运行监测协调局负责人陶青出席发布会介绍2022年工业和信息化发展情况，并答记者问。

19日，据福州海关统计，2022年福建省货物贸易进出口1.98万亿元人民币，比上年（下同）增长7.6%，达到历史最高值。其中，出口1.21万亿元，增长12.3%；进口7688亿元，增长0.9%。其中，一般贸易进出口1.53万亿元，增长7.9%，占同期福建省外贸进出口总值的77%。同期，加工贸易进出口2225.2亿元，下降4.2%。以保税物流方式进出口1564.7亿元，增长18.3%。民营企业进出口1.11万亿元，增长12.9%，占同期福建省外贸进出口总值的55.9%。同期，国有企业进出口4368.8亿元，增长5.9%，占22%。外商投资企业进出口4360.7亿元，下降2.3%，占22%。东盟、美国、欧盟为前三大贸易伙伴。福建对东盟进出口4226.6亿元，增长12.6%；对美国进出口2631.3亿元，增长15%；对欧盟进出口2466.1亿元，增长19.4%。上述3者合计占同期福建外贸进出口总值的47%。机电产品出口成为一大亮点。去年福建省机电产品出口4648.6亿元，增长16.7%，增速较全国同类产品出口高9.7个百分点，占同期福建省外贸出口总值的38.3%，比重较上年提高1.5个百分点。其中，锂离子蓄电池出口增长152.6%，出口新动能引领作用凸显。同期，劳动密集型产品出口3774.6亿元，增长3.4%。农产品出口848.2亿元，增长12.4%。

19日，省水利厅批复山美大型灌区续建配套与现代化改造工程初步设计报告，出具三明金溪水生态修复与综合治理工程、闽江防洪提升工程德化段一期可行性研究报告行业审查意见，批复金门供水水源保障工程水土保持方案报告，涉及工程总投资61.7亿元，标志着这些重大项目审批工作取得重要突破性进展，为下一步工程开工建设奠定了坚实基础。这些项目的建设，将进一步提升当地供水安全、水灾害防御能力、水生态治理能力，以及粮食安全保障能力。

28日，节后上班的第一天，全省“深学争优、敢为争先、实干争效”行动动员部署会暨重大项目推进会在福州召开。省委书记周祖翼出席并讲话。省长赵龙主持。省政协主席滕佳材出席。

28日，省委、省政府在福州召开民营经济代表人士座谈会，向全省广大民营企业家致以诚挚问候和新春祝福，与大家共商良策、共谋发展。省委书记、省人大常委会主任周祖翼在会上强调，要深入学习贯彻党的二十大精神，始终坚持“两个毫不动摇”，传承弘扬“晋江经验”，把握大势、坚定信心，团结奋斗、砥砺前行，在新时代新征程上共同谱写福建民营经济更加绚丽的华章。省长赵龙主持。省政协主席滕佳材出席。座谈会气氛融洽，民营企业家畅所欲言。曾毓群、洪杰、兰平勇、曹晖、蔡金钗、姜海洪、王炎平、郑辉、蔡劲军、华祥斌、洪忠信、肖文华、吴刘驰、陈全炼、黄添进、林正佳、张国锋、潘孝贞等企业家代表先后发言，结合自身经历和企业发展情况，围绕做大做强做优数字经济、海洋经济、绿色经济、文旅经济和加快传统产业转型升级、推动民营企业加快发展、进一步优化营商环境、推动商会建设等方面积极建言献策。

28日，春节黄金周7天，全省交通运输总体安全有序，预计全省高速公路出入口车流量2570万辆次，日均367万辆次，同比增长17%。其中，免征小型客车2474万辆次，同比增长18%。全省道路客运量300.6万人次，水路客运量28.82万人次，城市公交、轨道交通累计客运量1860.2万人次。

29日，省委书记周祖翼、省长赵龙分别到泉州市、福州市，深入企业一线、项目建设现场，带头调研推动，带头督促落实。周祖翼、赵龙在调研中强调，要全面贯彻党的二十大和中央经济工作会议精神，认真落实省委十一届三次全会和省两会部署，深入实施“深学争优、敢为争先、实干争效”行动，毫不动摇支持企业放手“搏”开局，以拼的姿态、抢的劲头，吹响“开局之年加油干”的冲锋号，奋力实现第一季度“开门稳”“开门红”。

29日，省政府新闻发布会消息，省统计局通报了2022年福建省经济运行情况。根据地区生产总值统一核算结果，2022年全省地区生产总值53109.85亿元，按可比价格计算，比上年增长4.7%，这是我省地区生产总值首次跨上5万亿元大关。

30日，“深学争优、敢为争先、实干争效，加快推进海洋渔业高质量发展”现代海洋牧场建设产业项目对接会在福建省海洋与渔业局召开。广东省农业农村厅、福建省海洋与渔业局和两省渔业产业有关代表、企业家齐聚一堂，共商合作推进现代海洋牧场建设，共谋闽粤渔业产业深度融合发展。双方指出，要深入学习贯彻党的二十大精神，深入践行大食物观，深化省际渔业产业交流，率先创新突破，共同加快发展现代化海洋牧场，在以中国式现代化全面推进中华民族伟大复兴中共同展现担当作为。一是持续加强水产种业合作。二是持续推进海洋牧场建设合作。三是加快推动产业项目合作。四是深化拓展海上执法协作。

31日，省农业农村厅召开“两直两前”调研实践活动动员会，全面贯彻党的二十大精神，落实省委农村工作会议和全省农业农村（乡村振兴）局长会议部署要求，深入实施“深学争优、敢为争先、实干争效”行动，启动开展2023年“两直两前”调研实践活动。会议强调，要坚持问题导向、目标导向、结果导向，积极宣传落实党的“三农”政策，突出抓好农村疫情防控，深入一线推动农业生产，巩固拓展脱贫攻坚成果，推动重点项目建设提速提效，以实际行动推动农业农村工作开好局起好步，实现首季“开门稳”“开门红”。

31日，省农业农村厅举办全省种植业工作视频培训班，深入学习贯彻党的二十大精神，落实省委农村工作会议和全省农业农村（乡村振兴）局长会议部署，总结2022年工作成效，部署安排2023年重点工作。会议强调，2023年要稳定发展粮油生产、抓好蔬菜稳产保供、深化“三茶”统筹发展，推进水果、食用菌、中药材等产业提档升级，强化安全生产和“大棚房”问题整治，全力开创全省种植业高质量发展新局面。会议还对春耕生产、防灾减灾等当前重点工作作出安排，并强调要打造高效担当廉洁队伍。

31日，全省工业和信息化工作会议在福州召开。会议深入学习贯彻党的二十大精神，传达落实中央经济工作会议、全国工业和信息化工作会议以及省委经济工作会议和省“两会”精神，总结2022年全省工信工作、部署2023年重点任务，动员实施“深学争优、敢为争先、实干争效”行动。会议传达了省委书记周祖翼、省长赵龙等省领导的批示精神，省工业和信息化厅党组书记、厅长翁玉耀作工作报告。泉州市、宁德市、长乐区工信部门和省工信厅有关处室同志作大会交流。

31日，2023年全省工业和信息化工作会议消息，2022年，我省高效统筹疫情防控和工业发展，工业增长保持稳定，主要指标持续领先，全年规上工业增加值增长5.7%，增速稳居东部地区第一位。2022年，我省产业面貌不断改善，新兴产业增势强劲，全年工业战略性新兴产业增加值增长15.5%，高技术产业、装备制造业增加值分别增长17.1%、13.7%，规上企业全面数字化率居全国第3位；市场主体难中有进，重点企业稳健支撑，近一半规上工业企业产值增长10%以上，质量效益持续改善，规上工业企业营业收入规模保持全国第5位；项目招商持续深化，发展支撑有效增强，中沙古雷乙烯等2920个重点项目开工建设，天马AMOLED等1166个重点项目建成投产；工业绿色低碳持续推进，发展方式加快绿色转型，加强重点用能企业节能管理，做好项目节能审查。

31日，省工信厅召开“深学争优、敢为争先、实干争效”行动动员部署会。会议传达学习省委书记周祖翼在全省“深学争优、敢为争先、实干争效”行动动员部署会暨重大项目推进会上的讲话精神，要求全系统干部职工认真贯彻落实，振奋精神、迅速行动、敢为善为，拿出“拼”的姿态、“抢”的劲头，“抢开局、加油干”，以务实作风、实干行动、扎实成效奋力推动全省工业稳定增长、高质量发展。会后，省工信厅立即组织干部下沉一线，按照厅“456”挂钩联系对接机制，由厅领导带队，组成9个小组分赴各地，推动工业企业复工复产、抓好项目开工建设，做好帮扶工作，全力推动我省工业经济一季度“开门稳”“开门红”。

31日，福建省商务厅（口岸办）高度重视《中国国际贸易单一窗口年鉴》组稿工作，组织省电子口岸服务中心等有关单位，及时高质量报送中国（福建）国际贸易单一窗口建设工作情况，2021年版年鉴组稿工作于近日荣获全国一等奖，这已是连续三年获全国一等奖。中国（福建）国际贸易单一窗口是福建省落实国家“信息互换、监管互认、执法互助”大通关建设改革要求，推进口岸治理体系和治理能力现代化的改革集成措施。通过建设和推广使用中国（福建）国际贸易单一窗口，实现跨境贸易单证更精简、流程更简化、通关更顺畅、费用更节省、监管更高效，推动口岸营商环境持续优化。

31日，福建省交通运输厅消息，一季度计划新开工12个交通运输项目，分别是漳州市的沈海高速漳诏扩容龙海至闽粤界先行段、国道G357线平和县安厚溪尾至白石段公路工程、省道S318南靖县靖城棋盘社至牛崎头段公路二期工程，宁德市的宁古高速公路C2和C3合同段，龙岩市的国道G205线武平十方至丘坑段公路工程、国道G235线漳平市桂林厚福至西园溪仔口段公路工程、上杭北站综合交通枢纽项目，厦门市的同翔大道洪溪互通工程、晋新路快捷化改造工程，福州市的福州港江阴港区壁头作业区6号和7号泊位扩能改造工程、新希望鲜生活冷链东南运营中心，泉州市的中国石狮网商园公铁联运项目，总投资137亿元。同日，湄洲湾港新年第一艘LNG船舶“闽鹭”轮在湄洲湾港引航站引航员引领下安全离泊，该轮自29日靠泊以来，共卸载了液化天然气62489吨。

（摘编：周树峰）

2月

1日，省农业农村厅举办全省农垦改革发展工作视频培训班，深入学习贯彻党的二十大精神，落实省委农村工作会议和全省农业农村（乡村振兴）局长会议部署，总结2022年工作成效，部署安排2023年重点工作。会议强调，2022年全省农垦系统主动加压突破，各项工作都取得了新的进展。2023年要按照改革发展稳定的总体思路，主动融入乡村振兴，持续深化农垦改革，发展粮食生产，提升产业质效，加强土地管理利用，完善农业经营管理体制，推动农垦改革发展在新征程上取得更大成效。

1日，福建省通信管理局的数据显示，2022年，福建新建5G基站2.1万个；累计建成5G基站7.1万个，每万人5G基站数达17.1个，基站规模和人均基站数分居全国第12位和第8位，较2021年末分别提升2位和4位；实现所有乡镇和

68%以上行政村5G网络覆盖。

2022年，我省5G基建投资较2021年增长25.1%，增幅居全国第4位。我省建成5G行业虚拟专网833个，建成10G-PON端口42.5万个，千兆光网具备覆盖超1800万户家庭能力，进一步打通经济社会发展“大动脉”。2022年，我省大力推动“5G+工业互联网”融合发展，实施工业（产业）园区新基建专项行动，全省标识注册量达4.6亿，较上年末增长超10倍，累计解析量超11亿，接入企业1450家。

2日，全省经济运行分析视频会议召开，省委常委、常务副省长郭宁宁主持会议并讲话。会议指出，各地各有关部门要全面贯彻落实党的二十大精神，按照省委、省政府部署要求，深入实施“深学争优、敢为争先、实干争效”行动，进一步增强信心、鼓足干劲，确保全省经济开好局、起好步，奋力推动实现一季度开门红、二季度增长稳、三季度势头强、四季度成效好。

2日，省农业农村厅举办全省农机化工作视频培训班，贯彻落实省委农村工作会议和全省农业农村（乡村振兴）局长会议精神，总结2022年工作，部署安排2023年农机化重点工作。会议强调，2023年，要围绕抓重点、补短板、强弱项、提水平，规范高效落实农机购置补贴政策，推进农作物全程机械化，建设数字农机，提高农机社会化服务水平，加强农机生产安全，为加快农业农村现代化提供有力支撑。

2日，为进一步贯彻落实习近平主席在《湿地公约》第十四届缔约方大会开幕式上致辞精神，加强《中华人民共和国湿地保护法》《福建省湿地保护条例》的宣传，省关注森林活动组织委员会、省人大常委会农业农村工委、省政协人口资源环境委员会、国家林草局福州专员办、省林业局等单位在云霄漳江口红树林国家级自然保护区开展第27届“世界湿地日”宣传活动。活动现场举行福建省第27届“世界湿地日”宣传活动启动仪式、志愿者代表宣读2023年世界湿地日倡议书、红树种植、环保清洁志愿者活动、专家讲座等。今年世界湿地日主题确定为“湿地修复”，旨在呼吁全社会共同参与并采取措施，修复退化湿地。

2日，为贯彻落实《工业和信息化部等六部委关于加快培育发展制造业优质企业的指导意见》《工业和信息化部制造业单项冠军企业培育提升专项行动实施方案》，引导我省制造业企业专注于细分产品市场的创新、产品质量提升和品牌培育，加快培育优质制造业企业，提升福建省制造业核心竞争力，推动产业迈向中高端，带动福建制造走向全国乃至全球。日前，省工信厅修订印发《福建省制造业单项冠军企业（产品）管理实施细则》。

3日，省农业农村厅举办全省农田建设工作视频培训班，深入学习贯彻中央和省委农村工作会议精神，全面落实全国及全省农业农村（厅）局长会议工作部署，总结2022年工作，研究部署2023年农田建设重点工作。会议强调，2023年，要全力推进高标准农田建设，围绕“灌排化、机械化、生态化、田园化、数字化”要求，拓宽投资渠道，提高投资标准，加强农田水利设施建设，提升耕地质量，健全建后管护机制，推动农田建设不断取得新进展。会议还对推进全省第三次全国土壤普查工作作了部署。

3日，省水利厅批复湾边大桥和橘园洲大桥病害处治工程洪水影响评价类报告。通过创新采用“N+1”审批的多评合一审批方式，将湾边大桥和橘园洲大桥两座桥梁的病害处治工程涉水审批事项合并审批，实现一本报告、一次申请、一次审查、一次批复，有效减少审批环节和时限。

3日，省统计局近日公布我省规上工业营业收入和盈利状况。数据显示，2022年，我省规模以上工业营业收入保持稳定增长，总量突破7万亿元大关。数据显示，去年全省规上工业实现营业收入达70367.52亿元，比上年增长7.0%。分门类看，营收占比94%的制造业增长6.6%；营收占比4.9%的电力、热力、燃气及水生产和供应业增长16.1%。制造业分上下游来看，中游装备制造业营收增长较快，为10.9%，上游原材料制造业及下游消费品制造业营收分别增长8.4%和2.9%。另一组数据则显示，2022年全省实现利润总额4071.32亿元，比上年下降6.9%。但省统计局工交处工作人员王昱分析认为，剔除黑色金属冶炼和压延加工业、石油、煤炭及其他燃料加工业，全省规上利润增长0.1%，其中更是不乏亮点。

6日，省农业农村厅召开全省春季田管暨春耕备耕工作视频会议，贯彻落实全国春季田管暨春耕备耕工作视频会议精神，部署安排我省春季农业生产重点工作。会议强调，要不误农时推进春季农业生产，为全年农业丰收奠定良好基础。要抓好马铃薯、油菜等冬种春收作物田管，全力夺取春季粮油丰收。要抓好春耕生产，抓紧推动全年粮食生产任务，特别是早稻播种面积任务尽快落实到县到乡、到村到田，全面落实稳农惠粮政策，做好农资供应，育足育好壮秧，强化机耕机插、代耕代种等社会化服务，加快春耕进度。要科学防灾减灾，指导及时应对低温寒潮等灾害性天气，强化病虫害防控，扩大保险覆盖面，减少因灾损失。要加快修复毁损农田水利设施，推进高标准农田建设，抓好土壤普查工作。要坚持疫情防控与农业生产两不误，抓好“菜篮子”产品稳产保供。

6日，在福建省商务厅牵头组织下，“跨境电商直播带货对接会”在莆田举办。TikTok合作的营销团队、莆田鞋业协会及其17家会员企业代表参与了活动。TikTok合作的营销团队围绕“开户指引、海外仓物流、环球客服售后支持、美国集采电销”等进行了宣讲，并与参会企业进行了“一对一”交流。企业踊跃参与，反响热烈，希望多参与类似活动，以提升跨境电商营销水平。TikTok直播带货适合莆田鞋企“小品牌、好产品”的特点，为莆田鞋业提供一个弯道超车机会，值得深入推广。

7日，全省海洋与渔业工作视频会议在福州召开。会议回顾总结2022年海洋与渔业工作，分析研判当前发展形势，研究部署2023年重点工作。会议要求，要全面落实2023年海洋与渔业重点工作任务。一是实施海洋产业培优“三大举措”。二是强化科技协同创新“三项支撑”。三是推进福海粮仓提质增效“六大工程”。四是加快基础设施提升“三大重点”。五是实施行业治理攻坚“五项硬任务”。

9日，省商务厅在福州召开国家级经开区座谈会。10个国家级经开区管委会及相关设区市商务局负责同志参会。会上，开发区管理处负责同志就《商务部等10部门关于支持国家级经济技术开发区创新提升更好发挥示范作用若干措施的通知》进行了解读，通报并分析了我省10家国家级经开区在商务部2022年综合发展水平考核评价中的排名情况。各国家级经开区和商务部门负责同志围绕考评结果，对标对表，查找差距，分析原因，结合商务部等10部门关于支持国家级经济技术开发区创新提升更好发挥示范作用若干措施的通知精神，提出整改提升对策思路建议，表示将采取切实有效措施，迎头赶上，争先进位。

9日，福建省交通运输厅与广东省交通运输厅在我省武平县签订G1535潮州至南昌国家高速公路闽粤界接线协议。此前，福建省交通运输厅已于1月14日与江西省交通运输厅在我省建宁县，就闽赣界接线方案初步达成一致意见。至此，潮南高速公路福建段涉及的两个省界接点均已完成对接工作，这标志着2022年7月《国家公路网规划》印发实施以来，潮南高速福建段项目前期工作取得重大进展。潮南高速公路起于潮州，经梅州、龙岩、三明、抚州，终于南昌，规划路线全长约750公里，粤、闽、赣三省境内路线分别约256公里、271公里、223公里。其中，福建段途经武平、长汀、宁化、建宁，沿线均为原中央苏区、革命老区，红色文化资源丰富，客家文化要素集聚。

9日，为全力推动我省经济“开门稳”“开门红”，确保开好局、起好步，近日，省财政厅、省税务局联合印发通知，明确持续落实好退税、减税、降费等一系列税费支持政策，助力企业发展。

9日，省总工会消息，我省组织实施“学习圆梦”素质提升行动，进一步完善学历与培训并重的农民、农民工和职工继续教育制度，为我省乡村振兴和产业转型升级提供人才支撑。我省每年计划招收1.2万名高素质农民（含“一村一名大学生”）、农民工和职工参加中专及以上学历教育；每年计划培训高素质农民、农民工和职工12万人次。

9—10日，全省推动“四好农村路”高质量发展现场会在龙岩上杭召开。会议传达了全国推动“四好农村路”高质量发展现场会精神，充分肯定新时代十年我省“四好农村路”建设取得的显著成效。会议通报了第六批“四好农村路”省级示范县，对第二批最美乡村“福”路予以授牌。南平、三明市及上杭、南靖、永安、荔城、建宁作经验交流。会议期间，与会人员还来到上杭县临城镇九洲村、旧县镇兰田村、才溪游客集散中心综合运输服务站、官庄村港湾式客运站等地考察“四好农村路”建设情况。

10日，省委宣传部“稳经济　促发展”系列主题新闻发布会消息，2022年，福建固定资产投资以7.5%的增幅领先全国、领跑东部，其中基础设施投资和工业投资分别增长15%和16.9%，成为拉动增长、提质增效的重要引擎；1587个省重点项目完成年度投资的117.6%，全省420个重大招商项目完成年度投资的112.6%，均超额完成年度目标。2023年度省重点项目1580个，力争全年完成投资6480亿元。一季度投资“开门稳”工作措施已出台，细化15条扩大有效投资具体举措，支持各地结合实际落深落细落实，发挥政策效益。力争全省工业投资增长6%，技改投资增长6.5%。

10日，万吨级铸造3D打印智能工厂在南安投运。作为泉州（南安）高端装备智造园重点入驻项目，国家智能铸造产业创新（泉州）中心顺利实现运行。这是全球少有的万吨级铸造3D打印全流程智能工厂。该智能工厂主要由3D打印车间、熔炼车间和精整车间组成，依次完成砂芯的打印、熔炼浇注、冷却成型以及最终铸件的抛丸、热处理、打磨、喷漆等。

11日，省海洋与渔业局召开全省渔业安全生产工作视频会议。会议通报了近期我省渔业船舶水上安全事故情况，传达省委书记、省长批示要求，分析研判当前渔业安全生产形势，研究部署下一阶段渔业安全重点工作。会议强调，各级渔业行政主管部门要进一步提高政治站位，深入学习贯彻习近平总书记关于安全生产重要论述和重要指示批示精神，认真按照省委、省政府部署要求，时刻绷紧渔业安全生产这根弦，统筹好发展和安全，确保各项工作措施落地见效，确保全省渔业安全生产形势稳定向好。

13日，福建省国家级经开区在全国考评中取得新进步。根据《国家级经济技术开发区综合发展水平考核评价办法（2021年版）》，商务部于2022年下半年组织开展了2021年度国家级经济技术开发区（以下简称：经开区）综合发展水平考核评价，并于近日公布了考核评价结果。评价结果显示，在全国217家国家级经开区综合发展水平考核评价结果排名中，福建省10家国家级经开区有7家综合排名位次提升，其中东侨经开区综合排名再次进入全国前三十，位列第22位（东部第20位），比上年提升4位；龙岩经开区和厦门海沧台商投资区综合排名分别为67位和89位，提升64位和13位，双双进入全国综合排名前100、东部前50（东部共107家国家级经开区参评）。

13日，龙岩市在广州召开粤港澳大湾区招商推介会暨“百万老广游龙岩”政策发布会，龙岩市委和市政府主要领导，广东省发改委主任，两省两市商务、文旅部门有关领导，以及来自粤港澳大湾区的近300位企业家、福建乡贤代表出席会议。此次推介会是龙岩市在两市结对合作以来面向粤港澳大湾区举办的最大规模招商活动，省直有关单位领导应邀赴广州参会。

13日，是第十二个“世界无线电日”（World Radio Day），主题是“无线电与和平”（Radio and Peace）。1946年2月13日，联合国电台成立，并通过无线电波向全世界播音。为了纪念联合国电台成立，2011年11月3日，联合国教科文组织决定将每年的2月13日定为“世界无线电日”，旨在宣传无线电作为广播、通信载体，在促进教育发展、信息传播以及自然灾害中重大信息发布等方面所发挥的重要作用，加强人们对无线电独特价值的重视。

14—17日，省商务厅有关领导带领福州、厦门、平潭三个片区和厅有关处室同志，赴上海自贸试验区临港新片区和海南自由贸易港调研学习，与相关负责同志深入座谈交流。调研组在上海实地调研上海生命蓝湾产业园、临港新片区规划建设展厅；在海南实地调研复兴城互联网信息产业园、海南国际知识产权交易所、崖州湾科技城、中国海洋大学三亚海洋研究院、全球动植物种质资源引进中转基地、亚太金融小镇等。调研组认为，虽然上海临港新片区和海南自由贸易港有关政策措施无法完全复制，但其创新思路和经验做法值得学习借鉴：一是注重建立协同高效的管理体制。二是注重打造新兴产业集群。三是注重创新实施自由便利的政策措施。四是注重与国家战略紧密结合。

15日，省委书记、省人大常委会主任周祖翼在福州会见了国家林业和草原局党组书记、局长关志鸥一行。周祖翼说，福建山多林多、森林覆盖率居全国首位，是南方重点集体林区，也是东南沿海地区重要生态屏障。希望国家林草局一如既往关心支持福建工作，在深化集体林权制度改革、武夷山国家公园建设和保障用林需求等方面给予指导帮助，支持福建先行先试，探索更多经验、当好改革示范。省长赵龙出席。

15日，在福建省商务厅牵头组织下，沃尔玛全球电商对接会在晋江召开。100多名外贸企业代表和跨境电商卖家参与了活动。会上，沃尔玛全球电商团队介绍了沃尔玛全球电商平台的最新政策和旺季选品策略等相关信息，并针对晋江服装、鞋类等特色产业跨境出海进行了辅导，还与部分企业代表就申请入驻、扶持政策等进行了“一对一”交流，助力晋江优质品牌厂商、生产型外贸企业拓展美国、加拿大、墨西哥等市场。省商务厅将继续引入优质平台资源，鼓励和支持市县区开展跨境电商对接活动，积极帮助企业拓市场稳订单。

16日，全国互花米草防治工作现场会在宁德召开。国家林业和草原局党组书记、局长关志鸥，副省长王金福出席，福建、上海、江苏、浙江、山东5省（市）作典型经验交流。会议强调，要提高政治站位，切实增强抓好互花米草防治工作的责任感和紧迫感；坚持实事求是，清醒研判互花米草防治的问题，科学有序开展防治工作；汇聚各方力量，认真组织实施好互花米草防治专项行动计划。要科学编制实施方案，做好调查监测，强化后期管护，加强科技创新，力争到2025年全国互花米草得到有效治理。

16日，为贯彻落实《中华人民共和国中小企业促进法》《中共中央办公厅 国务院办公厅印发〈关于促进中小企业健康发展的指导意见〉的通知》《福建省人民政府关于促进中小企业平稳健康发展的若干意见》精神和工业和信息化部、省委、省政府工作要求，推动我省中小企业发展环境持续优化，省促进中小企业发展工作领导小组办公室将开展全省中小企业发展环境评估。

18—22日，由中共中央宣传部、中央网信办、住房和城乡建设部、新华通讯社在京联合启动传统村落保护宣传活动“传统村落万里行”将来到福建。届时将前往宁德市屏南县甘棠乡漈下村，宁德市屏南县熙岭乡龙潭村，漳州市南靖县书洋镇塔下村、田螺坑村，龙岩市连城县宣和镇培田村等6个传统村落。活动以“发现最美 你评我论”和“传统村落保护”为主题，通过对传统村落进行实地走访，广泛挖掘一批传统村落保护利用的典型案例和人物故事，以微观视角生动展现党的十八大以来传统村落保护工作取得的历史性成就，用心用情讲好中国农耕文明传承发展故事。

20日，由福州市内河旅游发展公司投资建造、长江船舶设计院福建绿色智能船舶研究分院研发设计的闽江首艘纯电动内河游船在省船舶集团电动船研制总装基地顺利开工，这是该基地交付闽江首艘电动货船“武夷2号”之后承建的又一新项目。该内河游船项目为我省电动船舶试点示范项目，相关科研课题列入省工信厅2022年技术创新重点攻关及产业化项目立项支持。该船设计总长28米、型宽7米、型深1.9米，主船体采用钢质结构，上层建筑采用铝合金结构，全船可容纳乘客102人。该船动力系统搭载宁德时代船用动力电池840kWh，采取双机双桨纯电动推进方式，设计最大航速≥17.5km/h，续航力≥70km。该船计划于8月底建成交付，将主要用于闽江游览观光。

20日，省商务厅消息，目前，全省共有省级以上开发区97家，其中国家级24家（含经济技术开发区、高新区、综合保税区）、省级73家（含高新园区）。开发区在我省改革开放和经济建设中发挥了重要作用，作出了突出贡献。最新数据显示，全省开发区贡献了全省38.6%的地区生产总值和32.4%的税收收入，完成了全省56.6%的工业增加值，实现了全省49%的实际使用外资和56.1%的进出口总额。

21日，省工信厅消息，工信部日前印发通知，组织开展第五批专精特新“小巨人”企业培育。根据通知，各省级中小企业主管部门负责组织第五批专精特新“小巨人”企业初核和推荐。工信部将组织专家对各地上报的推荐材料进行评审和实地抽检，并根据审核结果对拟认定的第五批专精特新“小巨人”企业名单进行公示。

21日，由香港贸发局、福建省商务厅、福建省台港澳办共同主办，福建省海联会支持，福建省香港商会协办的“香港开新篇”闽港交流研讨会在福州成功举行。交流会以“闽港合作新机遇”为主题，旨在加强沟通交流，充分发挥闽港各自优势，深化两地企业全方位合作，携手融入新发展格局。省商务厅港澳处负责人推介了福建营商环境和投资机遇，并欢迎更多港资企业选择福建、投资福建，省商务厅将全力做好服务保障工作。同时，也希望有更多福建企业借助香港平台“走出去”，闽港共进步、同发展、赢未来。

22日，福建省住建厅消息，我省根据各地近三年累计完成建筑业总产值，确定排名前十的县（市、区）为“建筑之乡”，实施动态管理。在建筑业企业资质审批方面，赋予“建筑之乡”与设区市同等审批权限。根据省住建厅发布的《推动建筑业高质量发展十条措施的通知》，十个“建筑之乡”将在安全生产管理人员、建筑施工特种作业人员、施工现场专业人员培训考核，住建行业的科技研究开发项目、科技示范工程项目和工程建设地方标准的立项申报等方面被赋予与设区市同等权限。此外，在城乡建设品质提升样板工程、历史文化保护等项目申报方面也将予以“建筑之乡”支持。

22—24日，省长赵龙主持召开省政府专题会议，逐一听取九市一区和经济体量较大的县（市、区）经济运行情况汇报，一市一调度，一县一分析，面对面会商研判形势，点对点把脉会诊症结，明确目标任务，研究方法措施，协调解决具体问题。他强调，要全面贯彻落实习近平总书记重要讲话重要指示批示精神和党的二十大精神，按照中央经济工作会议部署和省委工作要求，更好统筹疫情防控和经济社会发展，更好统筹发展和安全，全力推动经济高质量发展，努力实现一季度“开门红”，全年结果好，奋力在推进中国式现代化进程中开好局、起好步。

22日，省商务厅消息，欧盟是我省第三大贸易合作伙伴，也是我省重要的外资来源地和投资目的地。为推动我省与欧洲经贸合作，加大招商引资力度，日前，福建省商务厅有关领导率队赴北京、上海走访法国巴黎大区工商会中国代表处、中国瑞士商会、德国机械设备制造业联合会（中国）、德国工商会上海代表处、荷中商务促进公司暨南荷兰省政府中国事务处等欧洲国家商协会，取得了积极成效。

23—24日，省工信厅有关领导来融调研福清市预制菜产业发展情况。调研组先后前往福建天马福荣食品科技有限公司、福建御味香冷冻食品有限公司、胜田（福清）食品有限公司、福建御冠食品有限公司、煜烁食品（福清）有限公司、福清市兆华水产食品有限公司等重点企业，通过实地察看和听取汇报的形式，详细了解企业生产经营、产品工艺、产品研发、市场开拓等情况。

24日，为加快推动全省新材料产业创新发展壮大，突破新材料产品市场推广应用瓶颈，省工信厅委托国家新材料产业专家咨询委员会秘书处（钢铁研究总院有限公司）高起点高质量编制《福建省重点新材料首批次生产应用支持参考目录（2022年版）》（以下简称《目录》），并于日前正式印发执行。《目录》主要内容包括先进基础材料、关键战略材料和前沿新材料三部分，包含82项96个产品。对列入《目录》的重点新材料产品，符合条件的可享受重点新材料首批次生产应用奖励惠企政策。

24日，省商务厅消息，2022年，省商务厅（口岸办）坚决贯彻落实省委和省政府工作部署，聚焦提升国际贸易单一窗口服务取得了新成效。举办省单一窗口报关技能竞赛活动，加强“6·18”“双11”等跨境电商大促节点运维保障，确保商品快速通关。上线邮递物品综合服务系统，邮快件进出境作业信息化、系统化、可控化，通关“管得住、管得好、通得快”。加快推进建设RCEP智能服务系统，帮助企业用好用足RCEP关税减让红利。新对接厦门国际银行、海峡银行相关线上金融产品，助力企业融资。组织多场应用培训、用户孵化沙龙、入户协助，安排人员驻点邮局海关办事窗口。2022年，省单一窗口新增企业用户1501家、个人用户1.7万个，客服咨询1.9万次，平台业务总量超6000万票。

24日，省商务厅消息，2022年以来，在新冠疫情持续、俄乌冲突升级、欧洲能源危机等不利因素的冲击下，福建省商务厅积极推动闽欧经贸合作取得新成效。2022 年，全省对欧洲国家进出口总额为 3605 亿元人民币，同比增长 9.5%，高于全省 1.9 个百分点。全省引进欧洲外资项目 48 个，合同外资 10293 万美元。截至 2022 年底，欧洲国家在我省投资项目 1422 个，合同外资 72.6 亿美元，实际使用外资 48.4 亿美元。全省备案对欧投资项目 225 个，中方协议投资额为 47.61 亿美元。

27 日，央视新闻联播系列报道《总书记的人民情怀》之《绿色发展 美丽家园》，对我省水土保持工作做了报道。报道介绍了党的十八大以来，习近平总书记着眼于中华民族的永续发展，立足于人民群众对优美生态环境的需要，亲自谋划、亲自部署，大力推进生态文明建设。在福建工作期间，习近平总书记曾五下长汀，亲自关心、指导和推动长汀水土流失治理工作，让长汀实现了从“浊水荒山”到“绿水青山”再到“金山银山”的巨变。

27 日，省工信厅消息，工信部近日印发通知，出台 26 条措施，通过规范安装卸载行为、优化服务体验、加强个人信息保护等，进一步提升移动互联网应用服务能力。其中，聚焦 App 安装卸载等提出 12 条措施，围绕 App 开发运营者、分发平台等提出 14 条措施。工信部数据显示，目前，在架 App 数量达 258 万款，小程序、快应用等创新形态不断出现。这 26 条措施在供给侧推动提升行业上下游服务能力，在需求侧着力解决影响用户服务感知的问题。

27 日，省安办召开全省安全防范工作视频调度会议，深入贯彻习近平总书记重要指示精神，以及省委、省政府领导批示要求，深刻汲取近内蒙古露天煤矿坍塌事故教训，分析当前全省安全生产形势，部署下一阶段、特别是全国两会期间安全生产重点工作。会议要求，要层层压实安全生产责任，做到守土有责、守土尽责。要严格落实属地责任，压实县乡村主官责任；要压实领导干部责任，严格执行党政领导干部安全生产责任制规定；要压紧部门监管责任，制定安全生产工作权力清单、职责清单；要督实企业主体责任，督促企业健全企业全员安全生产责任制。

28 日，由省水利厅、省总工会联合主办的第七届全省水文勘测技能竞赛在泉州隆重开幕。本次竞赛赛程共 4 天，分为理论考试、内业考试和外业操作三个方面，其中理论和内业考试以书面闭卷形式进行，外业操作主要进行缆道测流、ADCP 测流、全站仪测定、流速仪拆装、雨量计水位计安装、三等水准测量和 GNSS 测量等项目竞赛。

28 日，我省发布的三组数据显示，民营经济企业规模的“量”、产业发展的“质”、高质量发展的“能”齐齐增长。首先，上规模的民营企业数量越来越多，企业规模的“量”不断增加。来自省发改委的数据显示，全省各地新开工的重大项目总投资 3948 亿元，年度计划投资 877 亿元。其中，民间资本积极参与工业、服务业和康养等社会民生领域重大项目建设，年度计划投资达 600 多亿元。从数据可以看出，民间资本在我省重大项目投资中占比高。其次，民营工业支撑作用越来越显著，产业发展的“质”日益提升。根据省统计局发布的数据，2022 年，全省规模以上民营工业增加值比上年增长 9.3%，比全省规模以上工业增幅高 3.6 个百分点，民营工业增加值占规模以上工业比重达 63.7%。实现出口交货值 4647.78 亿元，增长 8.5%，较全省平均水平高 3.7 个百分点。第三，民营企业的研发投入越来越高，高质量发展的“能”持续积蓄。根据已发布的数据，我省民营经济贡献了全省 70%以上的税收、约 70%的地区生产总值。尤为引人注目的是，福建全省 95%的高新技术企业是民营企业，80%的国家级和 90%的省级企业技术中心设在民营企业，70%的科技成果由民营企业创造。

28 日，全国首单海洋生态植被救治保险（互花米草防治专用）在福鼎市试点落地，将为福鼎全市 1 万亩海域生态植被提供 1000 万元风险保障。根据去年 9 月福建省互花米草除治攻坚行动方案，福建省将于 2023 年 9 月底，基本完成全省已有 136620 亩及新增互花米草的除治；到 2024 年底，除治后的滩涂基本得到科学修复，生态功能持续恢复，形成较好的景观效果。

28 日，全省海洋与渔业执法工作视频会议在福州召开。会议落实省委“深学争优、敢为争先、实干争效”行动部署，全面回顾总结 2022 年海洋与渔业执法工作情况，部署安排 2023 年重点任务，凝聚引领全省海洋与渔业执法力量，全力服务我省海洋与渔业高质量发展。

28日，省商务厅有关领导率省自贸办同志赴福州国际医疗综合实验区调研。调研组一行实地走访了福建海西新药创制股份有限公司、复旦大学附属华山医院福建医院、贝瑞和康数字生命产业园等，听取了福州国际医疗综合实验区发展规划、功能定位、产业配套、政策争取情况及福州新区、福州自贸片区“两区”融合情况介绍。

28日，省商务厅有关领导会见了马来西亚福建社团联合会总会长一行，就加强闽马经贸合作进行了探讨。

28日，“国潮泉州”制服工装推介对接活动在泉州晋江温德姆花园酒店隆重举办。本次活动由福建省工业和信息化厅、福建省商务厅、福建省国资委、福建省体育局、福建省地方金融局共同主办，由泉州市人民政府承办，福建省纺织行业协会、福建省纺服中小企业服务中心协办。首次举办的“国潮泉州”制服工装推介对接活动，旨在帮助供需双方提供交流对接的平台。广大企业的积极响应，近300家企业参会。其中，九牧王、柒牌、七匹狼、特步、匹克、大帝等32家企业在现场集中展示；深圳市腾讯计算机系统有限公司、兴业银行、中国人寿福建分公司等10家企业发布采购需求。活动中，安踏、利郎、劲霸、名坊等制服工装集中采购合同签约对接企业超过48家，现场洽谈意向签约金额超10亿元。

（摘编：李乐成）

3月

1日，全省农业农村市场信息工作视频培训班在福州举办，贯彻落实省委农村工作会议、全省农业农村（乡村振兴）局长会议精神，总结2022年农业农村市场信息化工作，部署安排2023年重点工作。

1日，福建省海洋与渔业执法总队、福州市海洋与渔业执法支队在福州市闽江望龙台公园举办2023年闽江禁渔执法行动启动仪式暨福州市“安澜闽江”专项行动誓师大会。启动仪式上，进一步表明坚决严格执行闽江禁渔制度，保护闽江水域渔业资源和水生生物多样性的决心和鲜明态度。沿闽江干流四个地市渔业执法人员代表整齐列队庄严宣誓，喊响禁渔执法口号。

1日，福建省水动力与水工程重点实验室揭牌仪式在省水电设计院举行。福建省水动力与水工程重点实验室于2019年经省科技厅批准、由省水电设计院建设，2022年通过省科技厅验收。是我省水利系统唯一的省级重点实验室，标志着我省水利科技发展跨上新台阶、开启新征程。

1—3日，省林业局有关领导赴宁德、福州市调研林业产业发展。调研组一行先后深入屏南县、罗源县、连江县，现场察看了福建澄新生物科技有限公司、屏南县高山花卉产业园、罗源县飞竹镇竹业有限公司、罗源县西兰乡林下中草药基地、福州新兴家居用品有限公司等，深入了解企业生产经营、复工复产情况，点对点宣传解读产业扶持政策，为企业解难题、强信心，指导企业跑好新年开局“第一棒”，确保一季度林业产业经济“开门红”“开门稳”。

2日，福建省船舶出口基地商会第三届第四次理事会消息，过去一年，面对船市低迷、疫情困扰，福建船舶企业创造了良好业绩，其中出口实现逆势增长17.5%。一年来，福建船舶企业紧盯国内外船舶市场需求新变化，努力调整经营策略，在设计创新、产品升级、工艺改革等方面狠下功夫。全省规上船舶工业企业共完工船舶157艘/

74.9万载重吨，新承接订单203艘/108.68万载重吨，手持订单243艘/186.52万载重吨；全年完成工业总产值109.1亿元，其中实现出口产值35.2亿元，同比增长17.5%；全省完成修船1138艘，创工业产值20.14亿元。在防范经营风险方面，经过多方不懈努力，2022年福建船企海工辅助船去库存35艘，回笼资金19.06亿元，取得了去库存的明显成效。

3日，省委宣传部召开“稳经济 促发展”系列主题新闻发布会产业体系升级专场，邀请省发改委、省工信厅、省农业农村厅、省商务厅、省文旅厅、省海洋与渔业局等单位有关负责人进行解读。

3日，省农业农村厅与兴业银行联合召开“兴业惠粮贷”产品发布会。“兴业惠粮贷”是省农业农村厅与兴业银行联合推出的金融产品，面向从事粮食生产、流通、服务的农业经营主体，提供最高额度500万元的信用贷款，并实行优惠利率。截至2月底，已有5819个粮食生产经营主体纳入名单池实行动态管理。

3日，今年3月3日是第十个“世界野生动植物日”，活动主题为“广泛发动社会力量，共同推进物种保护”。福建省林业局会同省关注森林活动组委会、省文物局、国家林草局福州专员办、省政协人口资源环境委员会、省公安厅森林警察总队、省野生动植物保护协会在福建博物院举办现场宣传活动。活动举办了“万物和谐 有灵且美——福建省野生动植物保护科普展”，围绕生物资源、自然保护区、生态观鸟宣传内容，设置8个主题展区，展出精美野生动植物图片180余幅、标本20余件。

3日，“中国十大纺织科技”在泉州发布。近日，由中国纺织科学研究院，泉州市发改委、工信局、科技局联合主办的2022中国纺织科技成果对接峰会暨第九届“中国十大纺织科技”发布会在晋江举行。本次活动揭晓第九届“中国十大纺织科技奖”以及“新锐科技奖”“产业推动奖”“绿色先锋奖”等系列奖项共33项，类别涵盖纺织新材料、创新技术、先进纺织制品、低碳环保等纺织重点领域。超高强聚酰胺66工业丝连续聚合多头直纺技术开发及产业化应用、UHMWPE差别化纤维及个体防刺防割纺织品产业化技术开发等10个项目获得“中国十大纺织科技奖”。活动现场还签署11个项目合作协议，促进科技成果更好转化落地，助力泉州市纺织鞋服产业实现高质量发展。

5—7日全国行业职业技能竞赛——全国建筑业职业技能竞赛建筑信息模型技术员（工程管理）决赛在上海举办，本次竞赛主要由住建部人事司、中国就业指导中心、中国海员建设工会联合主办，中建集团工会承办，中建二局工会、中建八局工会协办。全国共28支队伍82位选手参赛。竞赛组委会共表彰了一、二、三等奖共15名选手。我省参赛选手王昱淇（中建海峡建设发展有限公司）和黄思贤（福建建工集团有限公司）两位选手分别以第六名、第七名成绩荣获竞赛二等奖。

6日，习近平总书记在看望参加政协会议的民建、工商联界委员时强调，要引导民营企业和民营企业家正确理解党中央方针政策，增强信心、轻装上阵、大胆发展，实现民营经济健康发展、高质量发展。福建全国人大代表、住闽全国政协委员纷纷表示，福建民企要抢抓机遇、直面挑战，深耕福建、建设福建，在新征程上全力推动提质增效、转型升级，再创新优势。

6日，全省根治拖欠农民工工资工作电视电话会议召开。会议要求，各级各有关部门要紧盯目标任务，聚焦重点工作，持续开展“雷霆清零”行动，狠抓政府工程和国企项目欠薪治理，畅通欠薪维权渠道，依法严惩欠薪行为。要健全完善根治欠薪长效机制，推动根治欠薪各项工作提质增效，加快省劳动监测预警大数据平台建设应用。要坚持问题导向和目标导向，对标对表国家要求，抓好整改提升，不断查漏洞、补短板、强弱项。要严格落实属地政府责任、行业部门监管责任，督促企业落实主体责任，强化督导考核，注重源头治理，及时防范化解欠薪重大风险，切实保障农民工合法权益，维护社会大局稳定。副省长林瑞良出席并讲话。

8日，福建出台43条措施，巩固拓展经济向好势头。省政府办公厅日前发布的《巩固拓展经济向好势头的一揽子政策措施》显示，我省将在继续加大财税支持力度、强化金融服务实体经济、鼓励企业增产增效、助力服务业加快恢复发展、推动消费复苏回暖、持续扩大有效投资、着力稳外贸稳外资等7个方面持续发力，共计43条措施，巩固拓展经济向好势头。其中，在金融服务方面，推出引导延期还本付息等政策平稳接续过渡，积极支持小微企业、个体工商户以及“三农”主体1000万元以下的融资担保业务等措施。在促消费方面，推出引导金融机构更多发放信用贷款、稳定和扩大汽车消费等措施。

8日，为深入贯彻党的二十大精神，全面推进“深学争优、敢为争先、实干争效”行动，省商务厅有关领导近日带领台湾处同志赴莆田开展对台经贸情况专题调研，着力推动闽台经贸融合发展再上新台阶，加快建设海峡两岸融合发展示范区。莆田市有关部门领导陪同调研。

8日，落户秀屿临港产业园的福建LNG接收站培训楼屋顶分布式光伏发电项目和福建LNG莆田分输站屋顶分布式光伏发电项目均并网发电，分别成为中海石油气电集团首家完成光伏项目建设并网的单位和首个零碳站场。福建LNG接收站培训楼屋顶分布式光伏发电项目充分利用公司培训楼屋顶面积共计660平方米，建设装机容量132千瓦，年产清洁电力约17万千瓦时，节约标准煤33.2吨，减少二氧化碳排放100吨。福建LNG莆田分输站分布式光伏发电项目装机容量78千瓦，年发电量约为10万千瓦时，可抵消站内电力消费量。

8—9日，全省工业（产业）园区标准化建设现场会在泉州召开，副省长林瑞良、省政府党组成员康涛出席现场会并讲话。会议充分肯定试点三年来园区标准化建设取得的明显成效，并指出存在的不足和努力方向。会议强调，园区标准化建设是促进制造业高质量发展的重要抓手。各级各部门要坚持以习近平新时代中国特色社会主义思想为指导，按照省委、省政府工作要求，深入实施“深学争优、敢为争先、实干争效”行动，高水平推进园区标准化建设。

9日，福建省海洋与渔业执法总队、广东省海洋综合执法总队在汕头市举办闽粤海洋综合执法监管协作交流会，福建、广东两省总队及相关业务处室、支队负责同志参会。会议通报了2022年两省海上联合工作情况，交流2023年闽粤伏季休渔联合执法行动、渔船安全监管、海事调查处理、跨海区作业渔船整治和防台风应急处置等执法协作工作，签署《闽粤海上综合执法协作协议书》。

9日，省住建厅消息，今年前两月我省建设市场各项数据指标稳定增长，全面开工势头强劲。1—2月，全省项目图审完成房屋建筑面积5627万平方米，同比增长159.3%；施工许可审批项目807个，同比增长8.9%；报监合同金额561.42亿元，同比增长41.8%；龙头企业新签合同额556.99亿元，同比增长16.9%。一季度全省力争完成建筑业总产值3300亿元，同比增长6%，实现“开门稳”。近年来，我省建筑业保持良好发展态势，从2017年近万亿元产值规模，逐年提升至2022年1.71万亿元。2022年，我省建筑业占全国建筑业产值5.5%，实现增加值5519亿元，比上年增长7.3%，占全省GDP的10.4%。2021年，我省建筑业从业人数达480多万人。今年2月底，我省出台推动建筑业高质量发展10条措施，大力发展“建筑之乡”，支持有实力的企业拓展省外业务领域，推动建筑业做大做强。数据显示，我省建筑工程品质明显提升，2022年共有6个项目入选鲁班奖，8个项目入选国家优质工程奖，涌现福建省儿童医院、福州海峡文化艺术中心、厦门东南航运中心、福道等一批代表性工程。住建部组织开展工程建设项目审批制度改革成效第三方评估，我省排名全国第4位。

10日，全省产业数字化转型工作现场会在福州市长乐区召开，副省长林瑞良、省政府党组成员康涛出席现场会并讲话。会议充分肯定了近年来我省推动产业数字化转型取得的显著成效，并指出存在问题和不足。会议强调，各级各部门要创新工作机制，采取有效措施，积极将扶持政策转化为市场推动、利益驱动的良性发展态势，激发企业转型意愿，加速数转智改进程，促进企业赢得先机，创新发展。会议期间，各设区市和平潭综合实验区、省直相关部门负责人，相关企业、行业协会、专家代表实地调研了立华智纺科技、永荣锦江、阿石创新材料等企业的数字化工厂，观看了长乐区纺织工业互联网平台、辅布司纺织辅料平台、摩尔云工业互联网平台演示。

11日，中印尼“两国双园”建设推进大会在中方园区所在地福清市召开，省委常委、福州市委书记林宝金出席并讲话。会上，相关单位发布了“两国双园”中方园区城市设计规划、产业合作规划设想和招商地图；印尼驻华大使馆投资参赞艾菲达作视频致辞；中印尼双方企业代表御冠食品、天马科技、丰大集团以及三林集团、AG集团、马龙佳集团有关负责人分别发言或视频发言。

13日，全省经济运行分析会议在福州召开。会议强调，各地各有关部门要全面贯彻落实党的二十大精神以及全国两会部署，按照省委和省政府工作要求，深入实施“深学争优、敢为争先、实干争效”行动，进一步引导经营主体强信心、稳定社会预期，紧盯全年目标任务，全力以赴拼经济、齐心协力促发展，努力实现一季度开门红、二季度增长稳、三季度势头强、四季度成效好。省委常委、常务副省长郭宁宁主持会议并讲话。

13日，省招商引资工作领导小组第一次会议在福州召开。省领导郭宁宁、林瑞良、王金福出席会议并讲话。会议要求，领导小组各成员单位要强化全省“一盘棋”思想，聚焦“四大经济”、万亿级支柱产业、战略性新兴产业等重点领域，做实做细招商引资各项工作。要突出重点产业招商，精准绘制产业链招商图谱和路线图，发挥开发区产业集聚作用，锲而不舍补链强链延链；要突出重点项目招商，建立健全重点项目库，集中力量招大商、招好商，及时协调解决项目推进中的难题；要突出重大活动招商，用好数字中国建设峰会、投洽会、海丝博览会暨海交会等展会平台，举办专场招商引资活动，促成一批项目签约落地；要突出多元渠道招商，发挥台港澳侨优势，加强与驻外各办事处、海外商协会联系，开展委托招商、资本招商等多形式招商；要突出“招才引智”招商，注重引进技术创新平台、服务平台和研发团队，促进产业、科技、人才协调发展，培育高质量发展新动能；要突出优质服务招商，加大优化营商环境力度，构建亲清政商关系，让项目引得进、留得住、发展好

13日，省林业局消息，2月27日至3月13日，国家林业和草原局林场种苗司有关领导一行，先后深入三明、南平、龙岩三地国有林场及相关林业企业，开展国有林场改革发展情况蹲点调研。调研组一行先后深入沙县官庄、洋口、邵武卫闽、上杭白砂等国有林场和部分林业企业，采取实地考察、座谈交流、随机走访、个别谈话和蹲点调研等方式，重点围绕国有林场森林经营开展、国有林场参与集体林改、国有林场与林木种苗融合发展和国有林场激励机制建立等内容，通过与省市县林业主管部门领导、林场班子成员、林场干部职工、林改大户、林农代表和林企负责人等深入细致地交流探讨，充分听取相关单位和代表的意见建议，全面了解国有林场的发展现状、典型经验、工作成效及存在困难，针对当前国有林场存在的问题进行深入剖析并提出指导性意见。

13—14日，全省农村水利水电工作会议在宁德福安市召开。会议回顾总结了2022年农村水利水电工作成效，部署2023年重点工作，各设区市水利局和平潭综合实验区农业农村局就农村水利水电工作作了交流。会议还组织与会代表参观考察福安市湾坞水厂、茜安灌区、水质检测中心、小水电生态流量托管和供水第三方维修养护等项目。

14日，省财政厅对2022年度省级部门预算绩效管理工作综合评价先进单位进行了通报表扬，省水利厅被评为2022年度省级部门预算绩效管理工作综合考评优秀单位。省水利厅已连续2年被评为省级部门预算绩效管理工作考评优秀单位。

14日，省统计局和国家统计局福建调查总队联合发布的2022年福建省国民经济和社会发展统计公报显示，2022年末，全省发电装机容量7531万千瓦，比上年末增长7.8%。其中，水电、核电、并网风电、并网太阳能发电装机容量分别达1538.3万千瓦、1101.2万千瓦、742万千瓦、464.9万千瓦。至2022年末，我省清洁能源装机容量达4541万千瓦，占全省发电装机的比重首次超过60%，达60.3%。2022年，全省清洁能源发电量占比54.5%，比上年提高6个百分点。清洁能源上网电量1507亿千瓦时，清洁能源消纳率始终保持100%，稳居全国前列。2022年，“电动福建”三年行动计划顺利完成，累计推广应用新能源汽车标准车62.9万辆，电能占终端能源消费比重提升至32.6%。

14日，省生活垃圾分类工作领导小组办公室召开2023年第一季度联络员会议。会议通报了近期省级生活垃圾分类工作情况，部署2023年工作计划。

14日，全省商务系统扩消费工作专题培训班在福建省商务厅开班。会上强调要深入学习贯彻党的二十大精神，落实中央经济工作会议、全国商务工作电视电话会议、全国消费促进工作电视电话会议以及省委经济工作会议部署，按照省委和省政府工作要求，深入实施“深学争优、敢为争先、实干争效”行动，实施“消费提振年”各项工作任务，着力加快恢复和扩大消费，确保“开门红”“开门稳”，全年结果好。

15日，福建省住房和城乡建设厅召开“建筑之乡”座谈会。中国工程院院士肖绪文及福建省住房和城乡建设厅、“建筑之乡”政府及建设局、部分地区建设局、福建省级龙头企业、行业协会等有关人员出席会议。会上宣布了福建十个“建筑之乡”名单，解读了支持“建筑之乡”发展的政策，旨在加快构建福建省建筑业新发展格局，支持做大做强建筑业，推动福建省建筑业高质量发展。当天中国工程院院士、中国建筑股份有限公司首席专家、同济大学教授肖绪文以“中国建筑业高质量发展”为主题，进行主旨演讲。此外，福建省住房和城乡建设厅领导为福建“建筑之乡”十个县（区、市）授牌。

15日，省工信厅召开2023年社会组织行业党委工作会议暨省级行业党委第二党建联系片片会，学习贯彻党的二十大精神，传达贯彻省委两新工委工作会议暨省级行业（综合）党委抓基层党建述职评议会精神，总结2022年工作，部署推进2023年工作。

15日，省商务厅有关领导在福州会见香港特区政府驻福建联络处新任主任一行，双方就进一步推动福建与香港经贸合作开展交流。厅港澳处负责同志参加会见。

15日，据福州海关统计，今年1—2月，福建省外贸进出口3014.5亿元人民币，比去年同期（下同）增长5.2%。其中，出口1789.2亿元，增长1.6%；进口1225.3亿元，增长10.9%。一般贸易进出口保持良势增长。前2个月，全省一般贸易进出口2345.9亿元，增长9.3%，占同期全省外贸进出口总值的77.8%。同期，以保税物流方式进出口279.5亿元，增长41.6%，占9.3%。我省民营企业进出口占比近六成。前2个月，福建省民营企业进出口1769.4亿元，增长13.7%，占同期全外贸进出口总值的58.7%，比重较去年同期提高4.4个百分点。同期，国有企业进出口678.6亿元，增长13.9%，占22.5%。

16日，省委书记、省人大常委会主任、总林长周祖翼，省委副书记、省长、总林长赵龙，东部战区陆军司令员孔军，省政协主席滕佳材等来到福州市闽侯县五虎山国家森林公园地块，与福州干部群众一同参加义务植树活动。

16日，福建省绿化委员会办公室消息，近日，各级各部门层层发动，开展各具特色的主题植绿护绿活动，形成全省动员、全民动手、全社会共同参与国土绿化的良好格局。福建开展全民义务植树运动42年来，全省累计参加义务植树6.81亿人次，植树26.84亿株（含折算）。

16日，福建省林业局消息，根据中央和国家机关督查检查考核要求，国家林业和草原局组织开展了2022年林长制督查考核，福建省被认定为优秀，位居各省（区、市）首位。同时，还有11个省（区、市）被认定为优秀。

16日，根据省工信厅《关于组织开展2022年创新型中小企业评价、专精特新中小企业认定和复核工作的通知》（闽工信函中小〔2022〕508号）要求，为进一步做好审核工作，现委托福建安信有限责任会计师事务所开展2023年福建省专精特新中小企业认定（第一批）专项审计工作，即日起至3月底前，具体时间由审计单位与申报企业对接确定。专项审计对象是2022年12月前在优质中小企业梯度培育平台上申报的省专精特新参评企业，共125家。

16日，为深入贯彻落实省委、省政府创新驱动发展战略，进一步强化企业创新主体地位，提升企业技术创新能力，着力推动产业关键核心技术攻关和落地产业化，促进产业提质升级，日前，福建省工业和信息化厅发布了《关于组织申报2023年技术创新重点攻关及产业化项目的通知》。项目申报截止时间为4月5日。

16—17 日，福建省水产绿色健康养殖技术推广“五大行动”研讨会在晋江举办。会上，泉州、福州、漳州、莆田、龙岩、宁德市水产技术推广机构负责人分别从鲍鱼种业研发和产业化发展、深远海养殖发展、养殖尾水治理、水产原良种场创建、水产养殖精准减量用药、配合饲料替代幼杂鱼等方面作典型经验交流。在交流研讨环节，与会人员结合“五大行动”工作重点、渔业工作痛点难点等方面进行讨论，亮成效、晒经验、谈创新，为“五大行动”深入实施奠定基础。会议期间，与会人员赴水产养殖相关企业观摩了解对虾种业、鲍鱼种业发展情况。

17 日，省长赵龙在福州会见了通用电气全球副总裁、中国总裁向伟明一行。赵龙对向伟明一行表示欢迎。他说，全球产业链重组带来新的机遇，期待双方不断拓展合作领域，提升合作层次，实现互利共赢。福建将坚定不移落实“两个毫不动摇”，为各类企业在闽投资兴业创造更好条件，提供优质服务。

17 日，省农业农村厅召开全省农资打假专项治理行动视频会议，贯彻落实全国农资打假专项治理行动视频会议精神，总结 2022 年工作，部署 2023 年重点任务。会议强调，要充分认识农资打假责任之重、任务之急，大力实施农资打假专项治理行动，聚焦种子、肥料、农药等热销农资，围绕农资经营集散地、农产品主产区等重点区域，加强线上线下巡查检查，严抓案件查处办理，开展放心农资下乡进村宣传，强化部门协作、上下联动、区域协同的工作机制，规范农资市场秩序，更好地为农业生产保驾护航。

17 日，福建省林业局消息，近日，福建省首份鸟类观察年报正式发行。该年报收录福建省十大明星鸟种、十大高光鸟种，以及一批特色观鸟路线。经评审，共确定黄腹角雉、白鹇、鸳鸯、绿翅金鸠、东方白鹳、黑冠鹃隼、短耳鸮、斑头大翠鸟、红嘴相思鸟、叉尾太阳鸟等十大明星鸟种；灰雁、棉凫、白腰燕鸥、绿背鸬鹚、栗头鳽、寿带、高山短翅蝗莺、东亚蝗莺、双斑绿柳莺、山鹡鸰等十大高光鸟种。

17 日，为深化“电动福建”建设，适应快速增长的新能源汽车充电需求，日前，省工信厅、省发改委、省住建厅、省交通厅、省市场监管局、省应急管理厅、省自然资源厅联合印发《福建省“光储充检”充电基础设施建设管理指南（试行）》，提出支持“光储充检”新一代充电基础设施建设和运营，加快相关装备推广应用。

17 日，中共福建省委宣传部召开“稳经济促发展”系列主题新闻发布会（深化改革开放专场）。省工信厅有关领导介绍，民营经济是我省经济最大特色与优势所在，民营企业在数量、规模、实力以及社会贡献等方面位居全国前列，在促进全省经济社会发展方面发挥着重要的作用。民营经济发展呈现五个突出特点：一是行业广。我省民营企业行业分布范围广，涉及行业数量达 38 个，全面覆盖了一、二、三产业。二是贡献大。全省民营经济增加值占全省 GDP 的 60%以上，民营企业提供 70%的税收、贡献 70%的科技成果、吸纳 80%的就业岗位。企业数占 90%以上，全省 95%以上的高新技术企业是民营企业，80%的国家级和 90%的省级企业技术中心设在民营企业。2022 年，全省规上民营企业实现营业收入 4.57 万亿元，增长 10%；实现利润总额 2780.82 亿元，占全省规上工业企业利润总额的 68.3%，增长 0.5%。三是发展稳。2022 年，全省民营经济增加值 3.69 万亿元，增长 5%、高于 GDP 增速 0.3 个百分点，占全省 GDP 比重 69.4%，分别比 2020 年、2021 年提高了 1 个和 0.1 个百分点，说明民营经济在稳定国民经济发展中发挥着“压舱石”作用。四是实力强。19 家企业上榜 2022 中国制造业民营企业 500 强，入围企业数比上年增加 1 家，居全国第 6 位，排序比上年上升 1 位。2022 福建省民营企业 100 强百亿级企业明显增加，营业收入超过 100 亿元的民营企业 46 家，比 2021 年增加 7 家。五是活力足。民间投资活跃，受疫情影响，2022 年全省民间投资 1.16 万亿元，仍然增长 5.2%。市场主体活跃，截至 2022 年全省私营企业达 173.1 万户，增长 6.45%。

17—18 日，省委书记周祖翼赴宁德市、南平市，深入企业车间、产业园区、田间地头实地调研。周祖翼强调，要认真学习领会习近平总书记在全国两会期间的重要讲话精神，结合深入学习贯彻习近平总书记 2021 年 3 月来福建考察时的重要讲话精神，聚焦“四个更大”重要要求，始终牢记嘱托、感恩奋进，扎实开展“深学争优、敢为争先、实干争效”行动，深入实施新时代民营经济强省战略，齐心协力拼经济、抓发展、保民生，确保一季度经济社会发展“开门稳”“开门红”，全力推动高质量发展不断取得新成效。

18—20日，省委常委、常务副省长郭宁宁率领福建省代表团访问沙特阿拉伯，以务实举措贯彻落实习近平主席对沙特进行国事访问时重要指示精神。在沙期间，郭宁宁一行与沙特国家能源部、投资部、公共投资基金等政府机构举行工作会谈，会见沙特基础工业公司、沙特国家石油公司等世界级龙头企业商讨业务合作、推进重点项目，拜会我驻沙特使馆，看望在沙闽籍社团乡亲和闽企代表，介绍福建省经济社会发展情况，推介福建投资贸易环境、重点招商项目和福建品牌产品，推动达成一批经贸投资合作项目，与沙方就共建中沙（福建）产业合作区，加快推进中沙古雷乙烯项目、古雷炼化一体化二期项目及下游精细化工系列重大项目，延伸拓展能源石化全产业链条，达成系列共识，访问取得丰硕成果。

20日，福建省林业局消息，2022年经国家林草局批复，同意福建筹建互叶白千层国家创新联盟。近期，福建加快推进联盟筹建工作，联盟筹备会在福建永安市顺利召开，来自福建、广西、广东、上海、海南等多省21家理事单位的47名联盟代表参加会议。

21日，省海洋与渔业局印发《2023年福建省海洋生态预警监测工作方案》，部署推进全省海洋生态预警监测工作。方案明确，2023年我省将重点实施4大类9项海洋生态预警监测任务。持续开展近岸海域生态趋势性监测，组织开展泥质海岸、红树林和海湾等典型生态系统现状调查，重点做好赤潮灾害预警监测，实施养殖藻类（龙须菜）碳汇调查与评估。监测成果将为我省海洋生态预警、海洋生态保护修复和海洋防灾减灾提供基础支撑。

21日，福建省河长制办公室印发了《关于2022年福建省河长制湖长制正向激励奖励情况的通报》（闽河办〔2023〕5号）。通报显示，三明、泉州、莆田、福州、漳州、南平等6个设区市荣获“全省河长制湖长制正向激励设区市”；将乐、沙县、晋江、永春、涵江、城厢、永泰、闽侯、南靖、邵武等10个县（市、区）荣获“全省河长制湖长制正向激励奖励县”，每个县（市、区）分别给予100万元奖励，成为在全国率先开展省级河长制湖长制督查激励的省份。

21日，第二十三届投洽会第一次筹备工作会议在北京召开。商务部部长助理陈春江、福建省副省长王金福出席会议并讲话。经中央批准，投洽会今年起恢复“一年一办”。第二十三届投洽会将于今年9月在厦门举办，目前各项筹备工作正有序开展。筹备会通报了总体工作方案及筹备进展情况，各成员单位发表了意见建议和参展展会规划，商务部投促局、中国外商投资企业协会、中国国际投资促进会等分别介绍了举办的活动。本届投洽会将继续增强大会双向投资促进、权威信息发布和投资趋势研讨“三大平台”功能，持续提升国际化、专业化、品牌化水平，努力打造新一轮高水平对外开放平台。衔接商务部举办的“投资中国年”系列活动，举办“投资中国年”主旨论坛，发布吸引外资的多项权威报告，打造全国优质项目集中路演平台。

22日，今天是第三十一届世界水日、第三十六届“中国水周”。今年“世界水日”的主题是“Accelerating Change”（加速变革），中国水周的主题是“强化依法治水　携手共护母亲河”。省水利厅正式启动2023年“3·22”世界水日、中国水周福建宣传活动。

22日，福建省统计局发布的数据显示，今年1—2月，福建省高技术产业增加值同比增长3.2%、装备制造业增加值同比增长4.5%，均高于全省规模以上工业增速。在国家大力发展新能源产业，福建省加快推进“电动福建”建设的背景下，储能产业快速发展，带动电气机械和器材制造业增加值同比增长38.5%；新能源汽车产业“动力”十足，带动汽车制造业增加值同比增长4.3%。据福建省统计局分析，虽然受多重因素影响，今年1—2月全省规模以上工业增加值同比下降1.5%，但全省38个行业大类中，依然有13个行业增加值实现同比增长。

22日，住建部等六部门联合印发通知，公布第六批列入中国传统村落名录村落名单。我省莆田市仙游县游洋镇龙山村等58个村落入选。至此，我省已有552个中国传统村落，位居全国第六位。目前，我省有4座国家级历史文化名城、4条中国历史文化街区、76个中国历史文化名镇名村、9414栋历史建筑。近年来，我省高度重视历史文化保护工作，持续推进普查认定，深入挖掘文化遗产资源，初步建立包括历史文化名城、街区、名镇、名村、传统村落、历史建筑、传统风貌建筑等保护对象在内的全省历史文化保护传承体系，并先后制定了《历史文化名城名镇名村和传统村落保护条例》《福建省传统风貌建筑保护条例》两部法规。其中，《福建省传统风貌建筑保护条例》将传统风貌建筑纳入法律体系，在全国是首创。

22日，京东"台企好物"特产馆建设在龙岩正式启动。本次活动由福建省商务厅、龙岩市人民政府共同举办，旨在贯彻落实党的二十大关于"尊重、关爱、造福台湾同胞"精神和省委、省政府关于"进一步帮助台企开拓更为广阔的市场"部署。启动仪式上，福建省商务厅与京东科技信息技术有限公司签署《关于支持在闽台企拓展大陆内销市场的备忘录》，支持京东建设"台企好物"特产馆，以线上线下融合的模式，帮助在闽台企拓展大陆内销市场，更好地融入大陆新发展格局。

23日，由福建立新船舶工程有限公司承建的2.5万吨"禾源顺89"集装箱船在福鼎市顺利下水。"禾源顺89"船长167.05米，宽25.3米，船型深13.3米，船载重量为2.5万吨，有1500个集装箱箱位，是立新船舶建造的首艘2.5万吨级集装箱船，也是我省民营企业建造的最大吨位集装箱船。该船具有载重量大，重箱多、冷箱多、高箱多以及航速高等优势，是一艘集经济、舒适、节能、绿色环保为一体的船型。接下来，"禾源顺89"船还将在海上进行为期45天的系泊试验和稳定性试验，以验证船上各项设备的安全性和可靠性。

23日，由省工信厅、三明市政府指导，福建省纺织行业协会、三明市工信局主办的福建省纺织服装大会暨"手拉手"活动在三明举办。活动邀请了普华永道、阿里巴巴、厦门银行专家作金融、数字化转型、外贸等方面的主旨演讲，361度、经纬新纤、东龙针织等企业分享创新成果及开发应用经验。活动现场，23家纺织企业达成产品采购及投资意向，其中供需采购签约12.7亿元，投资签约6.9亿元，现场集中签约银行授信金额7.1亿元。

23日，为提高重大技术装备自主研制能力，支持首台（套）重大技术装备［以下简称"首台（套）"］推广应用，推动高端装备制造业加快发展，《福建省首台（套）重大技术装备认定和扶持实施细则》最新版近日发布。本次修订内容主要集中在认定领域、目录管理、认定条件、工作职责等方面，旨在进一步提高申报项目技术创新的要求，重点支持通过技术攻关形成有效突破的重大技术装备。本细则中首台（套）重大技术装备是指经过创新，其品种、规格或技术参数等有重大突破，具有自主知识产权但处于市场推广初期的成套装备、单机设备。包括国内首台（套）和省内首台（套）两种基本类型。

23—24日，水利部建设司有关领导一行莅闽调研水利建设工作。调研组一行赴厦门、泉州等地，实地考察了厦门市环东海域滨海浪漫线（下潭尾段）岸线整治及湾区排洪截污工程、环东海域新城埭头溪综合整治项目、泉州白濑水利枢纽工程等项目，听取了项目主管部门和参建单位建设情况汇报，详细了解了项目建设进展情况。

24日，省统计局日前公布统计数据显示，1—2月，我省固定资产投资2695.51亿元，同比增长6.1%。其中，项目投资1992.64亿元，增长12.4%。今年来，全省重点领域投资增势强劲，投资项目建设稳步推进，为全省投资高质量开局奠定基础。占全省投资比重达35.8%的工业投资增长强劲，为全省投资稳增长提供有力支撑。1—2月，全省工业投资963.77亿元，同比增长20.9%，比全省投资增幅高14.8个百分点。得益于一批强链补链的重大项目加快实施，制造业投资达857.85亿元，增长22.5%。令人关注的是，我省制造业投资不仅有数量，更有含金量——其中高技术制造业投资为202.36亿元，增长22.0%。1—2月，全省基础设施投资696.49亿元，同比增长9.7%，对全省投资增长的贡献率为39.7%。其中，电力、热力、燃气及水的生产和供应业投资增长 10.4%，水利、环境和公共设施管理业投资增长 12.5%。

24 日，福建省商务厅在龙岩召开全省台商协会负责人及部分台企代表座谈会，传达中央和省委、省政府对台胞台企的关心关爱，进一步了解在闽台企在拓展大陆内销市场中存在的困难和问题，倾听企业心声、共商发展良策。福建省商务厅、省委台港澳办、各设区市商务部门、京东科技信息技术有限公司代表参会，福建省商务厅有关负责人出席座谈会并总结发言。

27 日，《福建日报》报道，1—2 月，全省新设外商投资企业 282 家，实际使用外资 8.3 亿美元，同比增长 7.4%。制造业实际使用外资增长 46.8%，占全省实际使用外资的 35.8%。其中，石油化工业增长 12319%；机械装备业增长 158.9%。日本对闽投资增长 1965%，“一带一路”沿线国家和地区增长 116.8%，东盟增长 116.2%，RCEP 成员国增长 98%。全省累计到资千万美元以上企业 19 家，到资金额占全省七成以上。截至 2 月底，69 个纳入省级跟踪管理系统推动项目中已有 65 个项目实现转段、转段率为 94.2%，61 个项目实现开工、开工率 88.4%，项目累计完成投资 225.1 亿元；外资“双百”项目中已有 43 个项目实现到资 20.7 亿元人民币。

27 日，为贯彻落实国家《“十四五”智能制造发展规划》，深化我省智能制造推广应用，省工信厅拟建立省级智能制造重点项目库，开展智能制造试点示范行动。日前，2023 年重点项目启动征集。

27—29 日，省水利厅主要领导率队赴水利部拜访李国英部长，转达省领导对水利部的诚挚谢意和问候，汇报工作，争取支持。李国英部长接见了省水利厅领导，认真听取汇报，详细了解情况。李国英感谢福建省委省政府对水利工作的高度重视，肯定我省水利投资、水网建设、水土保持、流域管理、数字孪生、移民安置、防洪抗旱等工作走在全国前列，表态将一如既往给予福建水利技术指导、政策倾斜和资金支持，并要求福建水利继续在稳增长、促创新、保安全等方面，再创佳绩、再出经验、再立标杆。

28 日，省长赵龙到宁德市周宁县、柘荣县调研。他强调，要深入学习贯彻党的二十大精神和习近平总书记重要讲话重要指示批示精神，传承弘扬习近平总书记在福建工作期间开创的重要理念和重大实践，认真落实省委、省政府工作要求，完整准确全面贯彻新发展理念，努力走出具有闽东特色的高质量发展之路，为谱写中国式现代化福建篇章作出更大贡献。

28 日，全省国有林场工作会议在建阳召开，各设区市林业局、平潭综合实验区资源生态局分管领导，国有林场管理部门负责人等相关人员参加会议，省林业局有关领导出席会议并作讲话。会前举行了 2022 年福建森林康养基地授牌仪式，为南平、三明等 7 个设区市的福建森林康养基地代表授牌。会上，各设区市林业局、平潭综合实验区资源生态局分管领导作了汇报发言，省林场中心各分管领导部署了 2023 年重点工作。

28 日，省发展和改革委员会通报了 2022 年度省重点项目建设单位和参建单位考评结果，多个省重点水利项目的建设单位被评为“较好”，设计、施工、监理等参建单位获评“A 级”。2022 年度省重点水利项目共 76 个，其中在建项目 69 个，预备项目 7 个。此次获评“较好”的有漳浦朝阳水库等 7 个项目建设单位；获评“A 级”的有莆田西音水库等 12 个项目参建单位。

29—31 日，太湖流域管理局有关领导一行来闽检查水旱灾害防御工作。检查组一行先后来到福州市旗山湖、侯官排涝站、湾边水闸泵站和三明市大田县上京镇、上京镇延京村、上京镇隆美村及沙县区城关水电站、官昌水库以及沙县区水利局，实地察看了库堤闸排涝蓄水、镇街防汛备汛、堤防防汛备汛、县级防汛备汛以及山洪灾害防治村群测群防体系建设、城乡供水一体化建设等情况，查阅了相关台账资料；并与省水利厅及相关市县水利部门进行了座谈交流，听取了省级和有关市县防汛备汛工作情况汇报。

30 日，全省海洋与渔业重点监测工作部署会在福州召开。会议回顾总结 2022 年监测成效和存在问题，分析研究当前面临的形势和任务，研究部署 2023 年重点监测工作。会议指出，海洋与渔业重点监测工作是践行“大食物观”，建设“食品放心工程”，全方位推进海洋与渔业高质量发展的重要举措，也是渔业水域生态和资源保护、水产品质量安全监管的重要抓手。

30日，福建省工信厅消息，工信部等11部门联合发布了《关于培育传统优势食品产区和地方特色食品产业的指导意见》（以下简称《指导意见》）。《指导意见》瞄准建设现代食品产业体系，对农产品原料保障、产业集群建设、技术装备提升、新业态新模式拓展均进行了工作部署和安排，特别是设置了特色农产品原料基地、地方特色食品产业集群以及技术装备和工艺提升方向三个专栏，对重点工作进行了细化和聚焦。其中，我省多个基地、集群入围重点培育方向。福建海水养殖基地，福建宁德大黄鱼、鲍鱼养殖基地，福建漳州双孢菇种植基地，福建乌龙茶、白茶、花茶种植基地被列入“特色农产品原料基地专栏”，福建茶、沙县小吃、烤鳗、鱼糜制品、藻类制品产业集群被列入“重点地方特色食品产业集群专栏”，成为国家重点培育发展的地方传统优势食品和特色食品。

31日，省农业农村厅在福安市举办全省春季农业生产现场推进暨现代农机促春耕活动。省政府副省长王金福出席并讲话。活动现场组织54家农机生产企业、经销商展示水稻、茶叶、果蔬、食用菌、畜牧生产全程机械化机具，采取视频连线互动方式，在4个分会场演示不同作物耕、种、防、管、收、烘、运、加工等机械化生产作业。

31日，今年3月25日至31日是福建省第41届“爱鸟周”，主题为“保护候鸟迁飞通道，推进生态文明建设”。自“爱鸟周”启动以来，省内多地陆续开展各类多元多姿多彩主题宣传活动，向市民群众普及鸟类知识。

31日，为深入贯彻党的二十大关于建设现代化产业体系、全面推进乡村振兴的决策部署，加快绿色建材生产、认证和推广应用，促进绿色消费，助力美丽乡村建设，推动乡村产业振兴，工业和信息化部等六部门联合开展绿色建材下乡活动。福建省作为绿色建材下乡活动试点省份，由省工信厅、省住建厅、省农业农村厅、省商务厅、省市场监管局、省乡村振兴局联合制定印发了福建省绿色建材下乡活动方案，组织全省开展相关活动。今日在我省泉州南安市举办2023年全国绿色建材下乡活动（福建站）启动会。

31日，近年来，我省数字经济加速发展，核心产业领跑各行业。数据显示，截至2021年底，全省数字经济企业总量达17.84万家，注册资金总额达1.48万亿元；2022年度数字经济核心产业领域创新企业名单，全省共有316家企业入选；2023年，全省预计实现数字经济增加值2.9万亿元以上。国务院印发的《“十四五”数字经济发展规划》提出，到2025年，数字经济核心产业增加值将占国内生产总值比重10%。

31日，省财政厅、省工信厅联合印发通知，对2023年各设区市推动工业稳增长工作完成情况实施正向激励。正向激励考核指标包括规上工业增加值、工业投资、高质量项目推进、“小升规”四个方面。根据考评结果，对一、二、三季度和总得分前三名的设区市分别给予奖励资金。其中，一、二、三季度前三名的奖励标准均为300万元、200万元、100万元；年终总得分前三名奖励标准为400万元、300万元、200万元。奖励资金由各地统筹用于推进当地工业稳定增长、工业高质量发展有关工作。

31日，在长沙举行的中国报关协会建会20周年庆典活动上，福建省商务厅与中国报关协会签署了《福建省商务厅与中国报关协会合作意向协议书》。根据《合作意向协议书》，省商务厅将与中国报关协会共同围绕跨境贸易服务、口岸通关便利、惠企政策宣传、关务技能培训、商务品牌推介等方面开展务实合作交流，进一步推进资源共享、优势互补、业务创新，共同推动福建省口岸营商环境不断优化，更好地服务和深度融入新发展格局。

（摘编：肖启辉）

4 月

2 日，省农业农村厅消息，3 月 31 日—4 月 2 日，省农业农村厅有关领导带队参展第二十二届中国绿色食品博览会暨第十五届中国国际有机博览会。本届展会，我省以“福山福水、福农优品”为主题，集中展示了我省 300 多家绿色有机地标企业 1000 多种福建优质绿色农产品，多角度、全方位宣传“福农优品”品牌，现场开展优质特色农产品专场推介会，充分展现福建绿色食品、有机食品及地理标志农产品的发展成果。展会期间，通过“线下+线上”立体联动展播展销，线上参与人数超 151.6 万人，实现交易额 9000 多万元，达成合作意向 1.21 亿元，签订经贸与技术投资合作项目 95 个。我省展团获评有机食品博览会最佳组织奖、绿博会优秀组织奖，14 个产品获得绿博会产品金奖、12 个产品获得有机博览会产品金奖、8 个产品获得有机博览会优秀奖，6 家采购商获得绿博会优秀商务奖。

3 日，第六届数字中国建设峰会新闻发布会在国务院新闻办新闻发布厅举行。本届峰会以“加快数字中国建设，推进中国式现代化”为主题，以宣传贯彻落实《数字中国建设整体布局规划》为主线。发布会上，国家互联网信息办公室副主任曹淑敏，中共福建省委常委、常务副省长郭宁宁，中共福州市委副书记、市长吴贤德，国家发展改革委、科技部、工业和信息化部、国务院国有资产监督管理委员会有关负责人出席发布会并回答记者提问。

3 日，省交通运输厅开展 2023 年度交通建设攻坚行动，要求各单位加强组织领导，健全工作机制，抓好督导落实，确保一季度“开门红”、二季度增长稳、三季度势头强、四季度成效好，推动全年完成公路水路投资 1000 亿元以上。攻坚项目主要涵盖高速公路、普通国省干线、水运工程、交通运输现代服务业、集疏运公路等。重点攻坚 307 个项目，计划完成年度投资 613.2 亿元。其中，高速公路 44 个，普通国省道干线 158 个，水运工程 41 个，交通运输现代服务业项目 52 个，集疏运公路项目 12 个。

3 日，我省出台《福建省现代物流业高质量发展实施方案（2023—2025 年）》（以下简称《实施方案》）。《实施方案》明确，到 2025 年，基本构筑服务新发展格局和全国统一大市场建设的现代物流支撑体系，形成内外联通、安全高效、智慧绿色、区域协同、韧性联动的现代物流服务体系。物流降本提质增效取得显著成效，现代物流业支撑高质量发展能力显著提升；在空间布局上，推进形成“一通道三枢纽三片区”的物流空间格局，着力打造国际贸易物流新通道，福州、厦门、泉州国家物流枢纽，北部、中部、南部山海陆海物流协同发展区，形成两大协同发展区经济协同发展的战略支撑、区域经济高质量发展的战略支点、海峡两岸融合发展的战略支柱、国内国际双循环的战略枢纽。

3—4 日，农业农村部渔业渔政管理局副局长袁晓初带队来闽，开展远洋渔业发展情况调研。省海洋与渔业局党组成员、副局长邱章泉参加调研活动。调研组实地走访了宏东远洋渔业产业园和福州（连江）国家远洋渔业基地及水产养殖相关企业，要求国内远洋渔业民营企业在推动远洋渔业全产业链发展、实现转型升级上发挥更大作用。

4 日，省农业农村厅在福州举办全省农产品质量安全监管工作培训班，贯彻落实全国农产品质量安全监管工作会议精神，总结交流各地经验做法，部署安排2023年重点工作。会议强调，要扎实做好2023年农产品质量安全监管工作，坚持产管并举，着力补短板、促提升，持续加大质量监测力度，深入实施“三品一标”四大行动，全面推行承诺达标合格证与一品一码追溯并行管理，加力推进重点品种治理，集中力量推动豇豆农药残留问题攻坚治理，不断提高农产品质量安全保障水平。

4日，省水利厅消息，金门供水水源保障工程初步设计于2023年4月4日通过省水利厅批复。该工程是150项国家重大水利工程之一，工程位于晋江市内，建设任务为供水和水源地生态保护及修复，供水范围涉及晋江市和金门县，概算总投资28.62亿元。工程实施后，晋江市可实现双水源线路供水，兼备应急水源保障功能。

6日，省长赵龙在福州会见阿根廷卡塔马卡省省长劳尔·贾利尔和阿根廷驻华大使牛望道一行。省委常委、常务副省长郭宁宁参加会见。赵龙代表省委省政府向客人访闽表示热烈欢迎，并简要介绍福建经济社会发展情况。他希望以此次访问为契机，进一步加强两省交流交往，推动新能源、国际贸易、文化旅游等领域合作走深走实，实现互利共赢发展。

6日，福建省商务厅与省委统战部（省侨办）、省侨联在福州联合举办海外侨商联谊发展座谈交流活动，来自20多个国家和地区的近50名闽籍侨商参加活动。会上，省商务厅外资处重点推介了当前福建投资营商环境、投资机遇和优惠政策。参会侨商围绕我省营商环境建设等发言，纷纷表示家乡福建是一方正在崛起的投资沃土，大有可为，将紧抓机遇、担当使命，为谱写中国式现代化福建篇章贡献侨界力量。

6日，省交通运输厅消息，1—3月，全省港航固定资产投资完成19.8亿元，占年度力争计划70亿元的28.3%，超序时进度3.3个百分点，实现一季度“开门红”。沿海各港固定资产投资均超序时进度，其中沿海港口码头完成年度投资28.2%，公共航道完成年度投资27.6%，内河码头完成年度投资27%。福州港松下港区元洪作业区1—2号泊位等2个项目开工，漳州液化天然气接收站项目码头工程等2个项目完工。

7日，省交通运输厅消息，全省普通公路投资实现首季“开门稳”。一季度，全省普通公路系统完成固定资产投资120.7亿元，占一季度“开门稳”目标（116亿元）的104.1%，占年度投资计划的30.2%，超年度序时5.2个百分点，顺利实现一季度“开门稳”。

10日，福建省商务厅、宁夏回族自治区商务厅在福州举行工作会谈，双方就推进落实2023年度闽宁商务领域合作工作计划进行深入交谈，对深化两省区产销对接、重点展会、重点开发区合作、产业梯度转移等交换了意见，对宁夏拟申报自贸试验区有关事项进行了交流，进一步明确了今年闽宁商务协作的方向和路径。

11日，副省长王金福到海南省三亚市福建南繁科研育种基地调研。强调要深入学习宣传贯彻党的二十大精神和习近平总书记关于种业发展的重要论述，加快推进种业振兴，发扬科学家精神，培育更多农业良种，为我省特色现代农业发展提供种业支撑，为建设农业强国作出福建贡献。

11—14日，农业农村部办公厅一级巡视员蒋建平一行到我省调研两岸农业交流合作。调研组深入漳州、厦门等地，实地调研漳浦台湾农民创业园、南靖和同安闽台农业融合发展产业园建设情况，充分肯定福建两岸农业融合发展工作，要求进一步发挥对台独特优势，高质量推进台湾农民创业园建设，深化两岸优势产业融合，扩大民间和基层交流，努力把福建建成台胞台企登陆发展现代农业的第一家园。

12日，省农业农村厅在福州召开全省农村产权流转交易市场试点建设专题会。会议强调，推进全省农村产权流转交易市场试点建设是深化农村改革的重点任务，是畅通农村要素自由流动、促进优化配置的重要举措。

13日，为加快我省新材料产业培育发展，有效推动重点新材料技术创新、产业化生产及推广应用，根据《福建省工业和信息化厅关于印发〈福建省重点新材料首批次生产应用奖励办法〉的通知》（闽工信规〔2022〕8号），近日，省工信厅发布通知，启动2022年度重点新材料首批次生产应用项目申报工作，申报截止时间为2023年5月17日。

13日，省交通运输厅消息，日前，在福建省高速公路投资推介活动上，全省共推出63个项目，总投资约3500亿元。推介活动现场推出的33个路网建设项目，总里程约1520公里，总投资3380亿元。省高速公路集团与中国建筑、中国中铁、中国铁建、中国交建、中国冶金科工等央企建立长期战略合作伙伴关系，共计达成1200亿元意向投资；与6个地市签订20个高速公路项目投资合作框架协议，明确出资比例和合作方式，建设里程达到967公里，总投资约2100亿元；与各央企国企签订福州机场第二高速、田安三明段、宁古C2/C3标、漳诏扩容等4个高速公路建设项目，建设里程230公里，总投资470亿元。本次推介活动上省高速公路集团及下属企业与41家合作单位（机构）举行集中签约仪式，涵盖路网建设投资、服务提升、高端品牌引进、科技创新产业合作等多个领域的30个项目集中签约；重点推介了涵盖服务区业态投资运营、现代物流、交旅融合、文化传媒及新能源等领域的19个高速公路服务提升项目，总投资约132亿元。

13—14日，国家乡村振兴局督查专员一行到我省调研巩固拓展脱贫攻坚成果、全面推进乡村振兴等情况。调研组深入平和县五星村、西坑村、民主村，长泰区珪后村、古农农场、林溪村，同安区军营村、白交祠村，了解低收入人口补助政策落实、产业帮扶等情况，充分肯定福建乡村振兴工作，要求进一步推进巩固拓展脱贫攻坚成果同乡村振兴的有效衔接，落实好乡村发展、乡村建设、乡村治理等各项重点任务，加快建设宜居宜业和美乡村。

13—14日，农业农村部农业机械化总站有关领导到福建调研农业机械化工作。调研组深入尤溪县尤溪口镇水稻种植基地，详细了解水稻育秧播种、催芽炼苗、农田耕整、底肥施撒、机械配备、机手培训等情况，与合作社探讨农机农艺融合、劳动力使用、合作社发展等方面问题，对福建农机化工作给予充分肯定，希望我省争创全国"全程机械化+综合农事服务中心"典型，打造南方丘陵山区机械化发展样板。

13—15日，中国工程院副院长邓秀新院士一行到福建调研柑橘产业发展及国家现代农业（柑橘）产业技术体系永春、平和综合试验站建设情况。省农业农村厅总畜牧兽医师吴顺意陪同调研。邓秀新院士一行深入永春县天马柑橘场、绿源柑橘苗木繁育场、平和县小溪镇蜜柚生产基地，详细了解柑橘新品种引进、芦柑残次果处理、柑橘园行间生草控草、无病柑橘苗木繁育、蜜柚生态栽培技术等情况，对福建建立健全柑橘良繁体系、创新生态栽培技术给予充分肯定，希望我省加快高优新品种引进，加强科技人才培养，持续推进水果产业高质量健康发展。

14日，以"齐聚多元生态，共话产业未来"为主题的第十一届全国鲍鱼产业发展研讨会在莆田市秀屿区举办。本次大会邀请众多国内外鲍鱼产业的专家学者，包括大数据分析、碳足迹评估、预制菜产业、数字渔业等多个领域研究人员及百余家企业代表，全面总结鲍鱼产业过去十年的发展经验，从全产业链、多产业融合的角度，深度探讨鲍鱼产业发展现状及发力方向，共同推进中国鲍鱼产业高质量、可持续发展。

14日，省工信厅消息，省工信厅、省财政厅近日发布《关于促进当前全省工业稳定增长有关措施的通知》，从支持企业生产、激发各地工作积极性、突出工业增量贡献等方面，提出鼓励企业增产增效、实施工业稳增长正向激励、支持新投产企业加快投产纳统三条措施，促进工业经济运行整体向好，努力推动二季度稳定增长。单家企业奖励最高不超过80万元。

17日，全省农村建设品质提升工作调度视频会议在福州召开。会议指出，一季度全省农村建设品质提升项目实现"开门红"。强调，要对标对表年度重点任务清单，进一步强化工作调度、项目推进、任务督导，强力推进项目建设，确保实现二季度"双过半"目标。

17日，省工信厅消息，为加强和规范无线电频率使用和在用无线电台（站）监督检查，福建省工信厅日前下发通知，部署开展2023年无线电管理"双随机、一公开"抽查工作，对省内无线电频率使用情况和在用无线电台（站）进行检查和检测。

17日，为推动扩大出口、提升消费，福建省商务厅积极推动扩大福建商品进入沃尔玛国际、国内采购体系。省商务厅有关负责人一行赴深圳拜访了沃尔玛（中国）总部，与沃尔玛（中国）公司事务高级总监等座谈交流，达成了初步共识。4月19日，在福州与沃尔玛（中国）福建区域总经理座谈交流，就福建商品进入沃尔玛国内采购体系等进行了深入交流。双方商定，5月份在福州联合举办沃尔玛福品采购对接会。双方还议定了其他合作事项。

17—20日，为深入贯彻党的二十大精神和省委常委会会议（省自贸工作领导小组第13次会议）要求，深入实施自贸提升战略，省商务厅有关负责人率自贸相关处室和三个片区有关同志赴云南、广东自贸试验区调研，实地观摩学习并与相关部门座谈交流。

18日，省海洋与渔业局召开全省赤潮灾害应急演练视频会。莆田市海洋与渔业局在线上进行赤潮灾害应急演练，省海洋与渔业局赤潮灾害渔业应急工作领导小组成员单位，沿海各市、县（区）渔业行政主管部门、执法、减灾、监测、预报、水技、渔保等单位共146人参加观摩。演练模拟2022年6月初发生在莆田市秀屿区南日岛海域的一起指沟卡尔藻赤潮灾害的应急处置工作场景，包含赤潮的发现和信息报送、应急监测、水产养殖应急处置、水产品质量安全管控等内容。演练过程中，各单位分工明确，配合密切，处置及时，流程规范，为赤潮灾害应急处置提供良好的工作借鉴。

18—19日，省委副书记罗东川率省直有关部门负责同志深入福州市马尾区、连江县、闽清县和高新区，调研党建引领乡村振兴和海洋渔业发展工作，强调要深入学习贯彻习近平新时代中国特色社会主义思想和党的二十大精神，结合省委“深学争优、敢为争先、实干争效”行动，全面推进乡村振兴，筑牢渔业安全生产防线，为推动我省高质量发展作出新贡献。

18—20日，水利部调研组一行5人，深入我省福州、漳州、厦门开展河湖健康评价标准与幸福河湖建设成效评估指标体系工作调研。调研组实地考察了福州市城区水系联排联调中心、河湖水系调度指挥中心，漳州市湘桥湖公园、上美湖公园、九十九湾、碧湖生态园、河湖指挥中心，以及厦门市河湖长制展示馆等情况；听取了省水利厅，福州市、漳州市、厦门市水利局及相关县（市、区）关于河湖健康评价和幸福河湖建设情况介绍。

19日，福建省林业局在漳州市龙海区组织召开了“两岸森林康养标准共通试点座谈会”。省市场监督管理局、福建中医药大学附属康复医院、福建医科大学附属协和医院、福建农林大学、台湾森林保健学会、漳州市林业局、鹭凯省级森林康养基地、光照人省级森林康养基地等单位领导、专家及基地负责人参加会议。会上，试点承担单位对试点工作进行了简要回顾，分析了两岸森林康养标准共通的基础条件、阶段性成果及存在问题。与会人员就标准落地与医养融合等方面内容展开热烈讨论，大家一致认为要通过标准国际化促进两岸共通、指标专业化提升标准质量、数据科学化实现循证医学，为森林康养标准最终实现两岸共通奠定坚实基础。

19日，闽江干流防洪提升工程（福州段）初步设计，于2023年4月19日通过省水利厅批复。该工程是150项国家重大水利工程之一，概算总投资15.56亿元，工程范围涉及福州市闽侯县和仓山区，建设任务为防洪、排涝兼顾生态补水。工程通过提升和新建堤防（护岸）、水闸、泵站等，使闽侯县龙祥岛防洪标准提高至50年一遇、仓山区防洪标准提高至100年一遇，可有效增强区域的排涝能力，改善河道水质，保障防洪排涝安全，对促进区域社会经济高质量发展具有重要意义。

19日，以工业类为主、超七成为机电产品的第133届广交会一期落幕，到会境外采购商6.6万人，出口成交128亿美元，成效超过预期。在外贸总体发展仍面临诸多困难挑战时，机电产品出口成绩可谓亮眼。一季度，我国机电产品出口3.27万亿元，同比增长7.6%。同期，福建机电产品出口1261.1亿元，增长29.3%，占同期全省外贸出口总值的43.9%。2022年度广交会出口产品设计奖（CF奖）获奖名单里，福建天成时代新能源科技有限公司斩获工业制造类铜奖。

19日，一季度，福建外贸进出口4792.5亿元，同比增长10.1%。其中，出口2874.6亿元，增长9.6%；进口1917.9亿元，增长10.8%，进出口、出口及进口增速分别较同期全国平均水平高5.3个、1.2个、10.6个百分点。一季度，福建省民营企业进出口2841.1亿元，增长21.2%，占同期全省外贸进出口总值的59.3%，比重较去年同期提高5.4个百分点。对第一大贸易伙伴东盟进出口1102亿元，增长24.3%，高出整体增速14.2个百分点；对欧盟进出口586亿元，增长9.2%。此外，对澳大利亚进出口294.6亿元，增长53.8%。同期，对"一带一路"沿线国家进出口1945.7亿元，增长25.2%；对RCEP贸易伙伴进出口1746.3亿元，增长20.7%。

19—20日，水利部建设司有关负责人，来闽调研中小河流治理总体方案编制工作。调研组一行赴泉州、莆田等地，实地察看了泉州德化县龙门滩镇浐溪碧坑下游河道治理工程、泉州永春县晋江东溪桃溪新琼段河道治理工程、永春县永桃溪流域整治工程东平示范段、木兰溪下游水生态治理与修复工程及莆田木兰溪段河道整治工程，参观木兰陂世界灌溉遗产园、木兰溪展示馆，学习习近平总书记治理木兰溪的重要理念和生动实践，并召开了座谈会，听取了我省中小河流治理情况介绍，就中小河流治理总体方案编制工作进行了深入交流。

20日，省委召开一季度工作会议，总结一季度全省工作，部署二季度重点任务。省委书记周祖翼在会上强调，要深入学习贯彻党的二十大精神，紧密结合开展学习贯彻习近平新时代中国特色社会主义思想主题教育，深入实施"深学争优、敢为争先、实干争效"行动，以奋发有为的精神状态，创造性地推进各项工作，奋力推动上半年"双过半"和高质量发展。省委副书记、省长赵龙主持并点评一季度全省经济社会发展情况，就下一步工作作了具体部署。省政协主席滕佳材出席。

20日，福建省商务厅在福州组织举办了"澳大利亚建筑设计项目合作对接会"。省商务厅有关负责人，澳大利亚驻沪领事馆商务领事、澳大利亚贸易投资委员会商务专员出席，平潭综合实验区投资促进委员会、福建省建筑设计院、澳大利亚Populous公司及Woods Bagot公司代表等参加了对接会。

21日，由省委组织部、省委两新工委、省工信厅联合举办的"党企新时空·政企直通车"平台工信领域惠企政策对接会，首次在福州省级平台主会场和各设区市（含平潭）中小企业服务中心分会场以线上线下同步视频直播方式举行。

21—22日，农业农村部总经济师魏百刚一行到我省调研两岸农业交流合作。调研组深入厦门市海沧区洪塘村赤土社区、湖里区高崎闽台渔港，了解台湾青年参与大陆乡村振兴情况等，召开台胞台企座谈会，充分肯定福建两岸农业融合发展工作，希望进一步发挥对台独特优势，高质量推进台湾农民创业园建设，积极创建两岸乡村振兴合作基地，在探索海峡两岸融合发展新路上迈出更大步伐。

23—24日，省农业农村厅在晋江举办农产品产地冷藏保鲜设施建设项目现场推进会，会议认真贯彻省委农村工作会议精神，总结2022年工作，部署2023年重点任务。会议要求，要加强对农产品产地冷藏保鲜设施建设项目的组织领导，落实配套政策，加强管理监测，提升项目规范化管理水平，推动产地冷藏保鲜能力、商品化处理能力和服务带动能力显著提升，促进农业增效、农民增收。

24日，省委扶贫开发成果巩固与乡村振兴工作领导小组办公室在福州举办全省巩固拓展脱贫攻坚成果同乡村振兴有效衔接政策业务培训班，深入贯彻习近平总书记关于"三农"工作的重要论述，全面落实省委农村工作会议部署。会议要求，市县乡村振兴部门要聚焦重点任务、重要政策、突出问题、关键对象，跟进抓好系统干部培训工作。全体干部要自觉练好内功、提升本领，努力在乡村振兴高质量发展中当先锋、做表率、走前头。

24日，福建省、福州市海洋与渔业执法队伍今天晚上开展福建"安澜闽江"省市联合执法行动。本次行动，中国渔政35109担任行动指挥船，中国渔政35106-1快艇和中国渔政35107快艇两艘执法船组成联合执法编队，在闽江南港洪塘大桥至湾边大桥的岸线及江段开展执法巡查，并通过无人机开展闽江禁渔政策宣讲，提高周边群众保护渔业资源和水域生态环境意识，共同守护一江碧水。

24日，全球发展倡议新工业革命伙伴关系研讨会在厦门开幕。工业和信息化部部长金壮龙视频致辞，省长赵龙、柬埔寨邮电部部长谢万迪出席并致辞，工业和信息化部副部长徐晓兰主持，副省长林瑞良出席。

24日，省交通运输厅消息，近日，国道228福清段项目建设现场，福建省交通运输厅联合团省委、省发改委举行重点项目青年突击队动员大会。10支交通运输重点项目青年突击队进行授旗，省、市、县三级联动，共同启动福建省交通系统重点项目青春建功行动。

24—26日，省林业局有关负责同志深入三明市、南平市开展竹产业发展调研。调研组一行爬山入林、走村访户，先后深入沙县高桥镇泉水峡村竹业规模经营基地、建阳黄坑镇三峡村筷乐竹合作社、新峰村竹农周达津山场实地查看现场，与竹产业经营者、竹农面对面交流，了解竹林经营情况；到省竹木产业工业设计研究院，向专家了解竹子采伐和运输机械开发、竹产业新工艺新技术新材料应用及产品设计情况；与地方政府和林业部门负责人、30多家竹业企业和新型经营主体负责人座谈，共商破解竹产业发展难题、推动竹产业高质量发展之策。

25日，为持续培育和推动省企业技术中心建设，根据企业自主申报和各设区市推荐，省工信厅于近日公布了2023年省企业技术中心入库培育名单，共80家企业入选。下一步，省工信厅将会同各地工信部门强化对培育对象的建设指导，推动企业进一步完善技术中心体制机制建设、加大研发投入、提升自主创新能力和水平，并做好省企业技术中心的申报指导和服务，纳入培育名单的企业原则上优先推荐申报。

25—27日，农业农村部农业农垦局左常升局长一行来闽调研福建农垦改革发展工作。调研组深入福安农垦集团、程溪农场、古农农场，详细了解垦区集团化农场企业化改革、办社会职能改革和农场全面建设发展等情况，对福建农垦改革发展成效给予充分肯定，希望牢记农垦职责和使命，坚持以农为本，推进三产融合发展，走出一条具有福建特色的农垦高质量发展道路。

26日，中国工程科技发展战略福建研究院重大咨询项目“新时期福建省制造强省发展战略与实施路径研究”结题和重点咨询项目“福建省电动船舶全产业链发展路径研究”启动会日前在福州召开。中国工程院原院长周济院士、副院长钟志华院士，中国工程科技发展战略福建研究院院长、福州大学校长付贤智院士，北京理工大学教授孙逢春院士，武汉理工大学教授严新平院士，以及来自中国工程院战略咨询中北京理工大学、同济大学、武汉理工大学等单位的30多位专家参会。福建研究院及福建省发改委、省工信厅、省科技厅等相关负责人参会。

26日、27日，省委书记、省人大常委会主任周祖翼，省委副书记、省长赵龙在福州与出席第六届数字中国建设峰会的部分企业负责人分别座谈交流，进一步深入推动务实合作，实现共同发展。

27日，省农业农村厅、省自然资源厅在福州联合举办视频培训班，动员部署“大棚房”问题回潮反弹排查整治工作。会议指出，要把“大棚房”问题清理整治作为一项重要的政治任务，以“零容忍”态度坚决查处“大棚房”问题，坚决守住“农地姓农”底线。

27日，第六届数字中国建设峰会在福建省福州市开幕。中共中央政治局委员、中宣部部长李书磊出席开幕式并发表主旨讲话。本届峰会以“加快数字中国建设，推进中国式现代化”为主题，以宣传贯彻落实《数字中国建设整体布局规划》为主线，集中展示数字中国建设最新成果，分享发展经验，以数字中国建设推动高质量发展，助力中国式现代化。峰会将举办系列论坛活动，包括开幕式、主论坛以及20个分论坛，发布《数字中国发展报告（2022年）》等重要报告，启动2023年全民数字素养与技能提升月。峰会期间，还将举办数字中国建设成果展、数字产品博览会以及数字中国创新大赛。成果展重点展示数字基础设施、数字经济、数字社会等11个方面的数字化最新成果和优秀实践案例。数字产品博览会打造国际化、市场化、专业化的“买全球　卖全球”数字产品交易和产品服务平台。数字中国创新大赛设置9个赛道，参赛人数2.7万余人。此外，云生态大会、工业互联网生态大会、人工智能生态大会，以及“闽江夜话”、“有福之州·对话未来”等特色活动也将同步举行。

27日，福建省与央企深化合作推进会在福州召开。省长赵龙、国务院国资委副主任赵世堂出席并讲话。省委常委、常务副省长郭宁宁主持，省领导周联清、林瑞良、张国旺参加。中国石化董事长马永生、中国电信董事长柯瑞文、中国联通董事长刘烈宏、中国电子董事长曾毅、中国南方电网总经理王宏志、中国通用技术总经理陆益民等26家央企负责人参加会议，大家表示，将深化与福建合作，扩大在闽投资，为福建高质量发展作出更大贡献。我省这次与央企对接项目共49项，总投资1018亿元，其中签约项目共38项，总投资787亿元。

27日，省工信厅印发通知，启动我省第五批国家级工业产品绿色设计示范企业推荐工作。申报推荐截止时间为6月15日。通知明确，各设区市（含平潭综合实验区，下同）工信部门要对照《工业和信息化部办公厅关于组织推荐第五批工业产品绿色设计示范企业的通知》（工信厅节函〔2023〕73号）要求，聚焦生态环境影响大、产品（服务）涉及面广、产业关联度高的行业，认真筛选行业代表性强的龙头骨干企业或专业性强、特色鲜明、创新性高的中小企业，根据“绿色设计+制造”型企业和“绿色设计+服务”型企业分类，指导符合申报条件的企业按照《工业产品绿色设计示范企业申报书》有关要求开展自评价和打分，编制申报书。被推荐企业自评价得分原则上不低于80分，省工信厅将根据推荐情况组织复核，择优推荐。根据通知，各设区市工信部门要加强对前四批绿色设计示范企业的跟踪指导，组织示范企业每年填报工业产品绿色设计示范企业动态管理表，做好动态管理审核并及时上报。

28日，全省农产品质量安全现场宣传活动在福州举办。此次宣传活动，以“新时代、新起点、新农安”为主题，通过互动采访、情景剧、产销签约、直播带货等形式，普及农产品质量安全法律法规，展示监管工作成效，促进赋码出证农产品产销对接，营造农产品质量安全社会共治良好氛围。

28日，第六届数字中国建设峰会2023年数字人民币产业发展分论坛在福州举行。论坛由福建省政府主办，福州市政府及福州新区管理委员会承办。第十二届全国政协副主席王钦敏、福建省政协副主席余军出席论坛并致辞。围绕“携手产业　共建生态　助力数字中国建设”主题，中国工程院院士孔志印，上海交通大学讲席教授、日本工程院外籍院士李颉，以及来自中国工商银行、新华三集团、网商银行、新大陆科技集团、华为公司、科蓝软件的代表作主题演讲，结合研究成果和实践思考，围绕数据安全、智能合约应用、产业数字化大协同、数字人民币应用场景实例与展望等主题共话数字人民币产业发展。福州市在论坛上分享了数字人民币试点工作经验。

28日，第六届数字中国建设峰会数字产业集群分论坛在福州顺利举行。省政协副主席黄如欣出席并致辞。本次论坛由工业和信息化部主办，工业和信息化部网络安全产业发展中心（工业和信息化部信息中心）、福建省工业和信息化厅、福建省数字福建建设领导小组办公室共同承办。论坛以“推动数字产业高质量发展”为主题，探讨研究加快发展数字经济，促进数字经济和实体经济深度融合，为打造具有国际竞争力的数字产业集群，打造具有国际竞争力的数字产业集群建言献策。中国工程院院士郭孔辉、沈昌祥等嘉宾围绕会议主题作主旨演讲。

28日，第六届数字中国建设峰会智慧能源分论坛在福州举行。省政府党组成员康涛出席论坛并致辞。本次论坛主题为“数字引领能源未来，创新驱动智慧发展”，由国家电网有限公司主办，国网福建省电力有限公司、国网信息通信产业集团有限公司、福州市人民政府承办。中国工程院院士沈昌祥、陈军，以及来自国家电网公司、中国电力设备管理协会、中国电气装备集团、清华大学、华为公司、国网福建电力的嘉宾作主旨演讲，共同交流探索能源领域数字化发展方向思路，推动数字技术与能源技术、数字经济与能源产业深度融合，统筹能源转型和安全，加快构建清洁低碳、安全高效的能源体系，服务实现“双碳”目标。

28日，第六届数字中国建设峰会工业互联网产业生态大会在福州举行。省委常委、福州市委书记林宝金出席大会，中国联合网络通信集团有限公司党组书记、董事长刘烈宏，副省长林瑞良出席并致辞，工信部副部长徐晓兰通过视频致辞。本次大会以“聚力推进新型工业化　奋楫数字经济主航道”为主题。现场，中科院院士尹浩作《工业互联网助力制造供应链体系重塑》主旨报告。会上举行了中国工业互联网研究院福建省分院暨国家工业互联网大数据中心福建省分中心揭牌仪式、全国工业互联网平台赋能深度行（福建站）启动仪式，发布了《中国工业互联网平台年度发展报告（2022）》以及中国联通工业互联网2023生态共创计划。中国联通福建省分公司还与厦门金龙汽车集团股份有限公司、永荣控股集团有限公司、福建大东海实业集团有限公司、中铝瑞闽股份有限公司等福建制造业头部企业战略签约。

28日，第六届数字中国建设峰会数字基础设施·物联网分论坛在福州举行。副省长林瑞良出席并致辞。本次论坛由福建省人民政府主办。论坛以“夯实基础　物创未来”为主题，分享交流物联网产业前沿资讯，深入探讨产业发展趋势和实际应用，全方位探索我国“物联网+”的战略思想和发展方向，进一步推动产业结构调整和发展方式转变，助力产业升级。中国工程院院士沈昌祥、欧洲科学院院士张彦分别发表了《开创物联网主动免疫安全可信新生态》和《数字孪生赋能智能物联网》的主旨演讲。华为、京东方、深圳开鸿等知名企业的代表，分别就智慧电力、智慧医疗、智慧路灯等领域物联网应用及技术创新发表主题演讲。论坛现场还举行了“7686船政文化旅游专线——智慧公交”开通仪式，福州经济技术开发区进行了招商推介。

28日，第六届数字中国建设峰会人工智能分论坛在福州海峡国际会展中心举行。本次论坛由科技部、中央网信办共同发起主办，中央网信办副主任、国家网信办副主任曹淑敏，福建省副省长常斌出席并致辞。本届峰会首次增设的人工智能分论坛主题为“树立AI绿色可持续发展体系·护航数字中国建设”，旨在构造产学研用产业链条通路，搭建多学科、多主体、多领域交流的广阔平台，助力建设人工智能绿色可持续发展体系，为推动实现我国数字中国建设高质量发展提供智力支撑。论坛上，中国工程院院士高文、国际欧亚科学院院士李世鹏等10多位重量级专家学者，分别通过线上线下相结合方式参与。

28日，第六届数字中国建设峰会数字福建分论坛举行。第十二届全国政协副主席王钦敏作“充分发挥数据要素关键作用，加快推动数字中国全面建设”的主旨演讲，省委常委、常务副省长郭宁宁出席并致辞。论坛围绕“数据要素化”主题，交流了各地区、各部门在数据要素建设方面积累的政策、经验、做法，深入探讨了数据合规体系建设、数据确权、数据定价、数据授权运营的措施原则，为促进数据要素流通、释放数据价值建言献策。论坛还邀请中国工程院院士陈军等专家就“强化数据合规可信体系建设，促进数据要素有序流通交易”展开高峰对话。论坛期间还举行了福建省公共数据开发利用应用场景建设签约仪式，发布了《数字中国系统工程300问》、2023年福建省数字经济核心产业创新企业等。

28日，2023数字中国创新大赛总决赛颁奖仪式在海峡国际会展中心举行，省委常委、福州市委书记林宝金，省委常委、常务副省长郭宁宁出席活动，为九个赛道的一等奖、金奖等39个最高奖项颁奖。2023数字中国创新大赛由数字中国建设峰会组委会主办。本届大赛设置了数字党建、数字城市设计、数据开发、信创、产业元宇宙、数字智造、网络数据安全、数字人才、青少年AI机器人、金融科技等赛道，共有超1.8万支队伍报名参赛，总报名人数超2.7万人。

30日，福建省科技厅消息，科技部网站近日公示第二批创新型县（市）建设名单，我省有4地入选，数量创新高。根据本次公示，我省有上杭县、闽侯县、武夷山市和武平县4地入选。其中，上杭县、闽侯县为科技支撑产业发展主题，武夷山市和武平县则以科技支撑生态文明为主题。

（摘编：林文涵）

5月

1日，12时起，我国渤海、黄海、东海及北纬12度以北的南海（含北部湾）海域全面进入伏季休渔期，海洋捕捞渔船和捕捞辅助船全部回港休渔。当日，农业农村部、公安部、中国海警局联合在山东、福建、广西等同步启动2023年海洋伏季休渔专项执法行动。其中，东海海区伏季休渔专项执法行动启动仪式在福建省福州市举行。

4—6日，为支持企业对接跨境电商平台，推动县域特色产业拓展出口市场，福建省商务厅先后在泉州市安溪县、德化县组织举办了“闽货出海·跨境电商”对接活动。泉州市县商务部门、相关商协会以及近30家外贸企业参加了活动。会议对接环节，亚马逊全球开店团队介绍了跨境电商的发展现状及趋势、平台入驻政策等内容，针对安溪家居工艺、德化陶瓷树脂工艺等特色产业分享了选品策略和运营思路，并与参会企业在品牌全球化建设、贸易数字化工具等方面展开了深入交流。

5日，财政部公布中央财政海绵城市建设示范补助资金2022年绩效评价结果，我省龙岩市、南平市和漳州市三个示范城市全部被评为“A”。我省成为全国唯一一个示范城市均取得A档成绩的省份、获得A档示范城市最多的省份。据统计，“十四五”以来，我省新建改造污水管网2826公里、雨水管网1768公里，完成33个重大易涝点整治，污水集中收集率提升15个百分点，城市可渗透面积占比43%，并先后打造了福州晋安湖、漳州五湖四海、莆田木兰溪、厦门筼筜湖、南平云谷水系等示范项目和样板工程，促进了城市水生态修复、水环境改善、水资源涵养、水安全提高。其中，龙岩、南平、漳州三个示范城市积极践行海绵城市理念，聚焦城市内涝、雨水资源利用、水体黑臭等问题，累计生成约580个海绵建设项目，总投资超100亿元。三个城市探索南方山地河谷城市、环国家公园城市和东南沿海城市海绵建设模式，形成了适合南方地域特点、可复制可推广的海绵城市建设经验，为全省和全国推进海绵城市建设发挥了引领作用。

5日，为持续培育和推动省企业技术中心建设，根据企业自主申报和各设区市推荐，省工信厅于近日公布了2023年省企业技术中心入库培育名单，共80家企业入选。下一步，省工信厅将会同各地工信部门强化对培育对象的建设指导，推动企业进一步完善技术中心体制机制建设、加大研发投入、提升自主创新能力和水平，并做好省企业技术中心的申报指导和服务，纳入培育名单的企业原则上优先推荐申报。

5日，省总工会消息，由省总工会主办、福州市总工会承办的全省工会联系引导社会组织服务供给与职工需求对接交流活动在福州举行。2018年以来，全省各级工会共投入5000多万元资金，运用社会化市场化方式，购买了200多个社会组织服务项目。各级工会通过购买社会组织服务，开办职工子女暑托班1700个，举办青年职工交友活动520多场、服务单身职工近3万人。此次活动前期，全省工会共摸底对接了200多家社会组织，汇总了服务职工项目180多个，涉及技能培训、家庭教育、劳动维权、安全生产、文体活动等职工需求项目。

5日，由福建省商务厅和泉州市人民政府联合主办的纺织服装产业国际合作对接会在香港成功举办。会上，闽港两地政企代表就纺织供应链合作、科技创新、产教融合等议题进行深入交流，并举行闽港产业合作项目现场签约仪式。

5日，福建省交通运输厅消息，“五一”假期，全省高速公路出入口流量2327.7万辆次，日均465.5万辆次，同比2022年增长71.3%，同比2019年增长39.5%，日均车流量创近年来新高。其中最高峰在5月1日，达540.21万辆次，刷新全省高速公路出入口单日车流量记录。数据显示，“五一”期间，跨省流动大幅增长，福建高速18个省际通道日均流量28.36万辆次，同比2022年“五一”增长159.47%。道路客运方面，“五一”期间全省道路客运量达417.1万人次，同比2022年增长81.2%。全省公交地铁客运量达3003.9万人次，同比增长20.7%，其中城市轨道交通客运量830.2万人次，同比增长112.6%。为满足群众顺畅出行，“五一”期间全省共组织1.3万辆客车、2.1万辆公交车、2.2万辆出租车、6.3万辆网约车、1394辆地铁参与运输保障。水路客运方面，全省水路客运量31.99万人次，同比2022年增长174.2 %。福州在今年“五一”假期新推出了西湖—白马河—东西河航线，这是福州首条河湖互通内河游线，让拥有1700多年历史的西湖公园、曾见证水上商贸繁华的白马河和曾是福州古城护城河的东西河，串联在了一起。“五一”假期，福州全市水路旅客客运量比2022年同期增长366.6%，其中仅5月1日当天，旅客接待量突破5500人次，创历史新高。

6日，全省经济运行分析会议在福州召开。会议强调，各地各有关部门要全面贯彻落实党的二十大精神和党中央决策部署，按照省委和省政府工作要求，紧密结合开展学习贯彻习近平新时代中国特色社会主义思想主题教育，深入实施“深学争优、敢为争先、实干争效”行动，锚定全年目标任务，扎实做好二季度经济工作，奋力推动上半年“双过半”和高质量发展。省委常委、常务副省长郭宁宁主持会议并讲话，省政府党组成员康涛出席会议并讲话。

6日，省水利厅召开全省水利工程白蚁等害堤动物情况普查及隐患应急整治工作视频会。会议传达了水利部有关文件精神，对相关工作进行了具体部署，并详细解读了我省白蚁等害堤动物情况普查和开展隐患应急整治两项工作方案，并邀请省水利管理中心专家对白蚁的基本常识、检查方式方法以及如何开展防治工作进行培训。

6日，省住建厅召开全省物业管理工作暨深入开展物业“点题整治”部署推进会，对全省物业管理工作，特别是住宅小区公共收益“点题整治”工作进行再部署、再推进。会议强调，物业管理与人民群众日常生活息息相关，物业管理水平直接关系到人民群众的满意度和幸福感。各级物业主管部门要进一步提高思想认识，高度重视物业管理工作，坚持以人民为中心的发展思想，切实提升物业管理水平，努力为广大群众创造更加整洁、舒适、文明、安全的居住环境。

6日，全省医药企业与医疗卫生机构“手拉手”系列活动——厦门场对接活动顺利举办。本次活动由福建省工信厅、省卫健委、省医保局、省科技厅、省药监局指导，厦门市科技局、市工信局、市卫健委、市医保局、市市场监管局、海沧区政府共同主办。此次活动共有32家医疗卫生机构、150多家医药企业等近400人参加。同期，中国（厦门）生物药产业大会在厦门举办，来自全国各地的生物医药领域院士、专家、企业家齐聚厦门。

6日，为持续提升工业能源利用效率，加快促进制造业绿色高质量发展，助力实现碳达峰碳中和目标，省工信厅组织开展2023年度重点用能行业能效“领跑者”标杆企业遴选工作，申报截止时间为5月30日。

8—10日，省林业局组成调研指导组，先后深入邵武市二都国有林场、沙县区夏茂镇俞邦村，调研指导林业生态文明实践基地建设等相关工作。今年省林业局开展林业生态文明实践基地建设，是在前两批创建13个实践基地基础上推进这项工作，旨在继续打造一批集生态文明实践、科普研学活动、自然教育体验为一体的多功能实践基地，成为弘扬和传播生态文明理念，展示福建生态建设成果的重要窗口。

9日，全省打击毁林整治专项行动部署视频会议召开，深入贯彻落实党的二十大精神和习近平总书记关于林草资源保护的重要指示批示精神，全面落实全国打击毁林毁草专项行动电视电话会议精神，动员部署我省打击毁林整治专项行动。

9日，省工信厅有关领导带队赴民航部门调研航空无线电专用频率保护工作，力争以高标准高质量调查研究推动主题教育走深走实，厅无线电监督检查处、省无线电监测站同志随行参与调研。

9日，全省农业农村政策与改革重点工作视频培训班在福州举办。会议强调，要全面贯彻全国农业农村政策与改革工作会暨第二轮土地承包到期后再延长30年试点工作推进会精神，扎实推进2023年农业农村政策与改革工作，落细落实省委深改委年度重点改革任务，持续深化土地承包制度改革，切实做好农村集体产权制度改革后半篇文章，加强和改进农村改革试点，不断激发农业农村发展新动能。

10—11日，省长赵龙赴南平建瓯市、延平区和三明尤溪县，调研产业发展、园区建设、乡村振兴和传统文化保护传承等情况。他强调，要深入学习贯彻习近平总书记重要讲话重要指示批示精神，扎实开展主题教育，大兴调查研究，进一步发挥生态优势，做强特色产业，加快推动绿色低碳高质量发展，促进城乡区域协调发展，奋力谱写中国式现代化福建篇章。

10—11日，农业农村部国家首席兽医师李金祥带队到我省调研乡村产业发展工作，省农业农村厅陈道清副厅长陪同调研。调研组深入罗源、福鼎等地，了解现代农业产业园、优势特色产业集群、农业产业强镇建设情况，充分肯定福建近年来乡村产业发展成效，要求我省做好“土特产”文章，加快培育优势特色产业，着力创响一批体现乡土气息的区域公用品牌，壮大产业链，筑牢致富链，推进乡村特色产业高质高效发展。

11日，省海洋与渔业局联合省农业农村厅、省市场监管局在福建农林大学（金山校区）开展“一品一码”校园行宣传活动。活动现场，向学生、老师介绍了我省食用水产品承诺达标合格证/“一品一码”全程追溯体系的运行状况；通过一问一答、抢答等方式，向师生们阐述《农产品质量安全法》的新变化、新要求；结合现场演示农产品质量安全快速检测方式等，让食品安全现代治理观念深入人心。

12日，福建省林业有害生物防治检疫局积极响应国家林草局开展防灾减灾宣传活动的号召，联合南平市林业局、建阳区林业局，精心组织，在南平市建阳区举办福建省2023年“林草生物灾害防控宣传周”活动启动仪式。启动仪式上福建省林业有害生物防治检疫局负责人强调开展林草生物灾害宣传周的重要性和必要性，希望通过宣传活动能唤起广大民众成为林草生物灾害防控的宣传者、践行者和推动者。

12日，省工信厅消息，我省早在2014年就开始实施首台（套）重大技术装备认定和扶持政策，是全国较早出台首台（套）补助政策的省份之一。截至目前，全省共认定272项首台（套）重大技术装备，带动首台（套）装备销售约8000台（套），销售收入200多亿元。近年来，通过实施首台（套）重大技术装备扶持政策，加大对首台（套）企业支持力度，一批福建企业突破关键短板，取得一系列突破。

15日，省农业农村厅与农业农村部规划设计研究院在福州签订战略合作协议。开展厅院战略合作是全面贯彻党的二十大精神，深入学习贯彻习近平总书记关于“三农”工作重要论述，推进中国式现代化福建实践的具体行动。

15日，农业农村部种业规划设计院、管理司有关领导来闽开展农业当家品种调研。调研组深入马尾琅岐，实地察看立信种子产业研究基地、万农高科育种基地、雪美数字农业基地、福建省种业创新中心和新品种展示评价基地建设情况，就当家品种自主可控的安全风险及对策研究进行座谈，充分肯定我省实施种业振兴行动成效，要求强化种业企业育种创新主体地位，推进种业关键核心技术攻关，培育更多具有自主知识产权的农业优新品种，为种业振兴贡献福建力量。

15日，由福建、海南、广东、广西四省（区）农业农村厅共同主办的第二十一届中国（海南）荔枝龙眼产销对接活动在海口举办。此次活动，我省积极组织漳州、泉州、福州、宁德等荔枝龙眼生产、加工、经销商等共20人参加，现场签约2个采购项目共8300万元。

15日，省乡村振兴局、科协在福州共同举办组建产业顾问组支持脱贫县产业发展启动仪式。为深入贯彻落实中共中央、国务院关于动员广大科技工作者助力乡村振兴的决策部署，省乡村振兴局、科协共同遴选138名专家，组成23个产业顾问组，帮助我省脱贫县解决产业发展技术瓶颈问题，促进主导产业提质增效、做大做强，带动群众持续增收，加快县域经济发展，增强内生发展动力。在启动仪式上，现场为顾问专家颁发聘书。

15 日，省林业局与国家林草局驻福州专员办、省公安厅森林公安局联合签署深化“林长+警长”工作机制协议，举行联合办公室揭牌仪式。“五个联合”工作机制的建立，将进一步深化我省林警融合，巩固三方长效协作机制，全面守护林区安全、保护森林资源安全、维护国家生态安全，助力林业治理体系和治理能力现代化，促进福建林业全方位高质量发展。

15 日，为提高既有住宅适老化水平、指导福建省既有住宅适老化改造工程建设，使既有住宅的环境、空间、设施等方面与老年人的身体机能与行动特点相适应，满足老年人居家养老服务需要，福建省住房和城乡建设厅近日发布《福建省既有住宅适老化改造工程技术标准》（以下简称《标准》）。《标准》自 2023 年 8 月 1 日起实施。《标准》适用于福建省既有住宅（包括老旧小区）适老化改造工程的设计、施工和验收。

15 日，据厦门海关统计，1—4 月，福建省工程机械出口总值 29 亿元，同比增长 53. 3%。其中，3 月份出口 9. 6 亿元，同比增长 73. 3%，单月出口额创历史新高。作为“21 世纪海上丝绸之路”核心区，福建省工程机械企业深耕“一带一路”沿线市场，1—4 月向“一带一路”沿线国家出口工程机械 16. 7 亿元，占同期出口总值的 57. 6%，出口商品以叉车、挖掘机、前铲装载机等为主。

15 日，为深入学习贯彻党的二十大精神，认真落实习近平总书记关于自由贸易试验区建设的重要论述，充分发挥改革开放排头兵的示范引领作用，“全国实施自由贸易试验区提升战略专题培训班”在厦门开班。本次培训班由中央组织部、商务部联合主办，福建省委组织部承办，福建省商务厅、厦门市委组织部协办。同时，由福建省商务厅（自贸办）主办的“省自贸试验区提升战略专题培训班”同步举办。此次培训班为期 5 天，采取集中脱产学习方式进行，通过专题辅导、现场教学、主题论坛及分组研讨等形式开展培训。

15 日，为积极落实闽赣两省全面深化战略合作框架协议，进一步深化两地口岸区域合作，福建省商务厅、江西省商务厅及两地口岸相关部门齐聚福州，召开深化口岸区域合作座谈会。福建省商务厅、江西省商务厅，中国铁路南昌局有限公司，福建港口集团，福州市、南昌市、赣州市商务（口岸）部门及福州江阴港、厦门港等单位相关负责同志参加。会上，双方介绍了两地口岸发展情况以及深化合作事项，围绕协同实施口岸发展重大战略、推动开放平台功能升级、推动国际物流通道高效衔接、降低外贸企业物流成本、建立物流信息共享平台、推动通道经济融合发展等方面进行深入交流，互换意见，协商推进深化口岸区域合作等相关事宜，共谋合作机制，共同推动两省开放型经济走深走实。

16 日，据福州海关统计，今年前 4 个月，福建省外贸进出口 6394. 3 亿元人民币，比去年同期（下同）增长 9. 5%。其中，出口 3797. 5 亿元，增长 8. 7%；进口 2596. 8 亿元，增长 10. 7%。前 4 个月，福建省一般贸易进出口 5002. 5 亿元，增长 14. 5%，占同期福建省外贸进出口总值的 78. 2%。同期，以保税物流方式进出口 590. 6 亿元，增长 42. 9%，占 9. 2%。加工贸易进出口 545. 7 亿元，下降 34. 2%，占 8. 5%。前 4 个月，福建省民营企业进出口 3729. 3 亿元，增长 20. 6%，占同期福建省外贸进出口总值的 58. 3%。同期，国有企业进出口 1439. 2 亿元，增长 13. 1%，占 22. 5%。外商投资企业进出口 1221. 2 亿元，下降 16. 8%，占 19. 1%。前 4 个月，福建省对东盟进出口 1446. 9 亿元，增长 19. 7%；对欧盟进出口 790. 3 亿元，增长 11. 5%；对美国进出口 780. 5 亿元，下降 2. 5%。上述 3 者合计占同期福建省外贸进出口总值的 47. 2%。同期，对“一带一路”沿线国家进出口 2573. 7 亿元，增长 20. 5%；对 RCEP 贸易伙伴进出口 2302 亿元，增长 17. 5%。

16—18 日，省水利厅在泉州德化县举办 2023 年全省水利风景区建设与管理培训班。此次培训，采取理论授课与现场教学、专业辅导与疑难解答、经验交流与工作推进等相结合的方式进行，邀请了水利部景区办、华侨大学旅游学院、福建农林大学和省景区办专家专题授课，重点介绍了水利风景区相关政策制度、景区品质提升及高质量发展、景区安全管理与申报复核等实用知识。

16—19日，省水利厅在建瓯举办2023年度农村水电清理整治暨绿色发展培训班。培训班邀请了中国水利水电科学研究院、国际小水电中心、农电所等单位领导专家，专题解读小水电绿色转型、绿色小水电示范电站创建和安全生产达标建设相关政策要求，并结合建瓯迪口集控中心和智慧水电站现场教学，交流分享安全生产标准化、压力钢管安全检测、水电站退出、审批手续完善、智能化改造、下泄流量物业化管理等多个专题典型经验及先进做法，培训内容丰富，收到了预期效果。

17日，省委扶贫开发成果巩固与乡村振兴工作领导小组办公室在屏南县召开全省乡村振兴工作机制创新现场推进会。会议强调，要全面学习贯彻党的二十大精神，深入开展学习贯彻习近平新时代中国特色社会主义思想主题教育，聚焦深学争优、敢为争先、实干争效，创新工作机制，全面推进乡村振兴，走具有福建特色的乡村振兴之路。

17日，省海洋与渔业局召开全省渔业重大事故隐患排查整治渔业平安守护专项行动暨远洋渔业安全生产工作会议。会议传达学习贯彻习近平总书记对一艘中国籍远洋渔船在印度洋中部海域倾覆作出的重要指示精神和李强总理批示精神，传达贯彻国务院、农业农村部和省委、省政府关于开展重大事故隐患专项排查整治行动有关精神，对全省渔业重大事故隐患排查整治渔业平安守护专项行动和远洋渔业安全生产工作进行研究部署。

17日，福建省优质中小企业梯度培育暨服务体系建设工作推进视频会在省中小企业服务中心召开，会上，省工信厅中小企业处负责人从推动出台支持专精特新企业发展专项政策、健全完善中小企业公共服务体系、深化产融合作、培育中小企业特色产业集群、组织办好第六届“创响福建”大赛、做好中小企业运行监测工作等六个方面，部署优质中小企业梯度培育相关工作。漳州、三明、福清等地分别从培育专精特新中小企业、健全服务体系、提升服务效能等方面，分享经验做法。会议以视频形式召开，在福州设主会场，在各地市工信部门设分会场。

17日，“万商云集有福之州”2023全球招商大会举行，共签约项目59个，总投资1138亿元。省委常委、福州市委书记林宝金，省委常委、常务副省长郭宁宁，中国贸促会副会长陈建安出席大会并致辞。

17日，福建省商务厅联合沃尔玛中国在福州举办了“山姆会员商店优质福品采购对接会”。60余家福建优质福品供货商代表与30多名山姆会员商店采购经理现场进行了对接洽谈。活动现场进行了山姆会员商店采购选品政策讲解以及福品供货商代表与山姆会员商店采购经理“一对一”分组接洽。山姆会员商店采购团队表示，通过活动发现了一批极具潜力的供货商，初步达成一批合作意向，会后将进一步跟踪对接，争取更多优质福品早日进入山姆会员商店。

18日，省农业农村厅在永春县举办全省农垦集团化企业化改革现场示范交流活动。此次活动围绕新形势下农垦的职责和使命，采取经验交流、政策宣讲、现场学习等形式，探讨推进农垦区域集团化、农场企业化发展的实践做法和有效路径，着力培育具有较强市场竞争力的农垦企业，激发农垦内生动力与发展活力，促进农垦高质量发展。活动期间，与会代表还前往永春县农产品集中加工区、永春绿源柑橘苗木繁育场等现场参观学习。

18日，福建省商务厅、麦德龙商业集团有限公司主办，福建省商贸业联合会承办的“源头直采，闽品有约”——麦德龙全国消费品首场采购大会在福州海峡国际会展中心举行。本次活动旨在推动更多福建优质商品进入麦德龙的营销体系，走出福建，走向全国。

18日，2023RCEP经贸创新合作发展论坛暨中印尼“两国双园”开放发展对话活动在福州国际会展中心举行。本次活动由福建省商务厅、福州市人民政府、印度尼西亚投资促进中心联合主办，福建亚太合会牵头会同福州新区管委会、福清市人民政府、福州市商务局、福州市贸促会承办。福建省委常委、省人民政府副省长郭宁宁，印度尼西亚共和国驻华大使周浩黎出席并致辞。福建省商务厅，福州新区，福州市、福清市，以及“一带一路”沿线国家使节、兄弟省份相关部门领导，近300人齐聚现场，交流亚太经贸合作及“一带一路”创新发展大未来。

18—19日，省农业农村厅在沙县召开农村宅基地两项试点工作现场推进会。会议强调，要扎实推进农村宅基地制度改革和住宅类房屋专项整治两项试点工作，加快完成宅基地基础信息调查，积极探索宅基地分配、流转、退出、使用、监管等模式，稳妥推进住宅类房屋专项整治，分类形成处置意见，维护农民合法权益，高质量如期完成试点改革任务。会议期间，与会人员实地考察沙县区农村产权交易中心、虬江街道长红村、青州镇管前村农村宅基地两项试点工作开展情况。

19日，省水利厅举办全省水利工程白蚁防治和水库除险加固工作视频培训，邀请省水利管理中心专家对如何开展白蚁隐患排查与防治工作及水库除险加固工作进行授课，省、市、县水利部门和水利工程管理单位有关人员以及相关责任人等1300余人参加培训。

19日，福汽集团消息，当前我省整车出口增速较为明显。1—4月，福汽集团实现整车出口5972辆，同比增长33.63%；出口交货值23.78亿元，同比增长71.1%，占营收的42.5%。集团实现营收55.9亿元，同比增长40.82%；净利润3463万元，同比增长122.02%。产品结构优化成果显著，集团较高附加值的大中型客车销售5977辆，首超主要竞争对手；新能源车销售22.2亿元，同比增长21.4%，出口占比超1/3。

19日，中印尼“两国双园”经贸合作交流洽谈会在福清举行。省投集团、省金投公司、农发行福建省分行、国开行福建省分行、中国进出口银行福建省分行、农业银行、中国银行福建省分行、建设银行福建省分行、兴业银行福州分行、福建海峡银行、工商银行福州分行代表参加活动。省、市、示范园区相关单位负责同志、专家学者、企业家代表参加活动。

20日，在首个全国城市生活垃圾分类宣传周到来之际，由省妇联、住建厅联合主办的“垃圾分类·家家时尚”巾帼志愿服务专项行动，在福州举行启动仪式。活动安排家庭、机关、企业、学校、社区代表发起垃圾分类倡议，设置了垃圾分类法规、历程、常识、案例等知识展板，设置了环保酵素制成、废物利用等互动宣传点，让市民在学中玩、玩中学，增强对垃圾分类知识的了解。相关部门向侯艳梅、孙国操等10名垃圾分类志愿环保讲师颁发聘书，为福州市“广场舞大妈”垃圾分类志愿服务队、“优秀家庭”垃圾分类志愿服务队等16支垃圾分类巾帼骨干队伍授旗。

20—24日，第五届中国国际茶叶博览会在杭州举办，福建作为唯一主宾省参展，省政府副省长林瑞良参会。本届茶博会，我省以“福农优品、多彩闽茶”为主题，组织69家知名茶企参展，集中宣传安溪铁观音、武夷岩茶、福鼎白茶、福州茉莉花茶、大田美人茶等区域公用品牌，展示茶产业创新发展新业态新成果，推介茶乡旅游精品线路，全方位展现福建“三茶”统筹发展成效。福建展团荣获“最佳组织单位”“最佳设计单位”，11个参展茶产品评为优秀茶产品，武夷山、政和、周宁、寿宁评为特色魅力茶乡，安溪、周宁两条茶旅线路入选全国茶乡旅游精品线路。展会期间，还搭建线上直播专场，同步开展茶产品网上促销，实现销售额1800多万元，签订意向购销合同830多个。

22日，省住建厅印发通知，要求各级住建部门立即组织开展对全省城市燃气及市政基础设施安全风险再排查和专项整治工作，重点对餐饮场所燃气安全隐患开展再排查再整治。根据通知，各地要立即组织力量对辖区内使用燃气的餐饮场所开展拉网式排查，重点排查用气餐饮场所安装泄漏报警装置、安全公示挂牌等，对不具备安全生产条件的餐饮场所应当立即停气。通知还要求各地督促燃气经营企业严格落实入户安检，确保管道燃气餐饮用户每月一检，瓶装液化气餐饮用户结合送气开展日常巡查。

23日，为严格落实海洋伏季休渔制度，深化闽粤海上综合执法协作，近日，福建省海洋与渔业执法总队、广东省海洋综合执法总队启动海洋伏季休渔第二次联合执法行动。22日下午，双方召开海上综合执法协作会商会，通报2023年伏季休渔工作开展情况，交流下阶段联合执法行动计划，并对本次联合执法行动作出细致安排。23日上午，双方在福建省海洋与渔业执法总队闽南执法支队基地码头举行联合执法行动启动仪式。

23—24 日，省委书记周祖翼深入泉州市调研，强调要学习贯彻习近平新时代中国特色社会主义思想，秉承“敢为人先、爱拼会赢”的开拓创新精神，弘扬“晋江经验”，深入实施新时代民营经济强省战略，加强和改进侨务工作，充分发挥海外侨胞的重要作用，不断塑造高质量发展新动能新优势。

24 日，福建省北太平洋远洋渔业项目安全生产会议在福州召开。会议传达了全国远洋渔业安全生产视频会议和全省渔业重大事故隐患排查整治渔业平安守护专项行动暨远洋渔业安全生产工作会议的有关精神，并简要通报了农业农村部督导组赴闽开展海洋渔船安全生产工作专项督导检查有关情况。会议分析了当前我省远洋渔业渔船安全生产形势，并就近期北太渔船生产作业中出现的一些问题进行研究。

25 日，福建省林业局在龙岩市上杭县组织开展全省林业科技需求对接活动。在对接现场，福建农林大学、福建师范大学、南京林业大学、省林科院等派出专家团队作科研成果推介，南平、三明、龙岩市林业局作为设区市代表提出目前林业发展急需解决的科技需求，有关企业、国有林场代表分别介绍科研工作情况。本次活动组织参观了龙岩国家现代林业科技示范园区，该园区是我省第一个国家级林业科技园区，集中展示林业科教成果馆、司法绿碳基地、省级保障性苗圃、全省最大集中连片杉木大径材培育示范林、林下药用植物精品园及产业化基地等。活动期间还邀请了国家林草局信息中心领导、中国林科院教授，分别就林草信息化、机械化建设作专题辅导讲座。

25—26 日，今年以来，稳增长、拼经济成为各地工作的主旋律，而作为其中的重头戏和主抓手，全省各地以扩大招商引资为经济发展赋能，纷纷开启“加速”模式。省招商办在福州举办全省招商业务专题培训班，全省约 150 名招商骨干围绕产业招商、展会招商、资本招商、载体招商等内容开展学习。今年起，投洽会恢复“一年一办”，这个中国目前唯一以双向投资促进为目的的全球性盛会，将为我省招商引资发挥更大作用。

26 日，福建省工信厅消息，工信部等十部门近日联合印发《科技成果赋智中小企业专项行动（2023—2025 年）》，提出到 2025 年，健全成果项目库和企业需求库，推动一批先进适用科技成果到中小企业落地转化，促进中小企业产出更多高质量科技成果，带动更多中小企业走“专精特新”发展之路。

26 日，经各地推荐、专家评议，住建部近日公布了 100 个 2023 年度“生活垃圾分类达人”，福建省热心市民柯文沣、社区书记王仁洋、物业从业人员顾守在、分类讲师王虹艳等 4 位入选。

26 日，福建省商务厅（口岸办）组织召开省单一窗口跨境电商综合服务平台“6・18”大促保障协调会，研究部署“6・18”大促期间平台保障工作。福州海关、省大数据集团，福州市商务局、莆田市商务局、平潭经发局，省贸促中心（省电子口岸服务中心）、省电子商务促进会、省电子口岸公司等省市相关部门及技术支撑单位参加会议。大促高峰期跨境电商业务量将呈几何增长，是平峰的 7—10 倍。今年“6・18”是淘宝天猫历史上最大投入的一届，又恰逢京东创业二十周年，其间将围绕产品、价格、服务进行全方位加码。经菜鸟、京东等龙头企业及福州关区主要跨境电商企业的业务量预测，今年“6・18”大促峰值最高将达 70 万票/日，大促总业务量约 600 万票。

28—31 日，水利部水旱灾害防御司有关负责人一行来闽调研我省基层山洪灾害防御工作。调研组一行赴南平市武夷山、邵武等地，先后实地察看了武夷山市洋庄乡大安源村、小浆村山、星村镇沿河村，邵武市下沙镇下沙村、胡书村、和平镇镇区山洪灾害防御及部分受灾现场情况，以及水口水库汛期调度工作情况。

29 日，省农业农村厅召开农产品质量安全工作领导小组会议，专题研究推进豇豆农药残留问题攻坚治理工作。会议强调，要持续加大攻坚整治推进力度，坚持长短结合、“产”“管”并举，系统施策，精准发力，切实把各项任务落细落实，加强培训指导，大力推广绿色防控技术措施和高效低毒低风险农药，加密豇豆监测频次，把好产地准出关，努力提高上市豇豆质量安全水平，守护好人民群众“舌尖上的安全”。

29 日，国家林草局驻福州专员办、福建省林业局召开森林资源保护管理工作联席会议。会上，省林业局有关负责人汇报了福建省森林资源保护管理工作情况，福州专员办有关负责人通报了2022年度及近期福建省森林资源监督工作情况。

29日，省水利厅召开全省水利重大事故隐患专项排查整治2023行动动员部署会。会议解读了《福建省水利重大事故隐患专项排查整治2023行动实施方案》。会议指出，全省各级水利部门要落实部门监管责任，紧盯水利行业重点领域，强化安全监管，针对汛期安全生产的特点，深入开展汛期重大事故隐患排查治理；要注重衔接贯通，与前期重点领域度汛安全专项检查发现问题隐患整改落实结合起来，认真抓好安全风险管控工作。

29日，数据显示，4月份，工业生产继续恢复，企业营收增长加快，规模以上工业企业利润同比下降18.2%，降幅较3月份收窄1.0个百分点，连续两个月收窄。4月份，在41个工业大类行业中，有23个行业利润增速较3月份加快或降幅收窄、由降转增，占56.1%。工业企业当月营收增长加快。4月份，规模以上工业企业营业收入同比增长3.7%，增速较3月份加快3.1个百分点。在当月营收改善带动下，工业企业累计营收由降转增。1至4月，规上工业企业营业收入同比增长0.5%，一季度为下降0.5%。1至4月，全国规模以上工业企业实现利润总额20328.8亿元，同比下降20.6%。

29日，为进一步深化闽日经贸务实合作，福建省商务厅结合“日资企业福建行”活动，联合中国经济联络中心、省外办、中国日本商会，于2023年5月29日成功举办福建投资环境推介会暨中日企业洽谈会。福建省人民政府副省长王金福，中联部副部长钱洪山，中国日本商会副会长上田敏裕，中国日本商会副会长、伊藤忠（中国）集团有限公司东亚区总裁齐藤晃出席推介会并致辞。省商务厅相关处室负责人参会议，索尼（中国）有限公司、三井物产、全日空等40余位知名日资企业、经贸促进机构代表及省内超过百家产业园区、企业代表参会对接洽谈。

30日，省发改委日前筛选推出2023年福建省重点招商项目272项，旨在提供详细的招商项目信息，与更多海内外投资者和企业家共同分享福建的投资发展机遇。重点招商项目介绍中有承接载体、招商领域、具体招商要求、联系单位、联系人和联系方式等信息。在投资领域中电子信息和数字产业项目43个，先进装备制造项目34个，石油化工项目11个，现代纺织服装项目12个，新能源新材料项目35个，生物医药和健康产业项目25个，冶金建材项目19个，现代农业和食品加工项目31个，商贸物流和平台经济项目34个，文创和旅游会展项目28个。今年5月，福建省政府出台《关于进一步加强招商引资工作的意见》（以下简称《意见》），分五个部分，共提出了17条强化招商引资工作的具体措施。《意见》提出，坚持统筹内外资一体化招商，准确把握产业招商方向，始终把壮大实体经济，增强市场活力，提升全省综合竞争力作为主攻目标。2023—2025年，省级重大招商活动集中签约项目总数超过300个，总投资超过8000亿元。全省新签合同外资项目8000个，合同外资金额超过3000亿元。三年力争全省新增市场主体200万户。

30日，为加快实施数字化助力消费品工业“三品”战略，落实工信部、商务部2023“三品”全国行活动安排，省工信厅组织开展2023“三品”全国行福建系列活动，指导各地围绕“促三品、优福品、丰富品质消费”主题，按照“政府引导与市场驱动相结合、线上活动与线下实体相结合、品质引领与让利惠民相结合”原则，结合传统节假日、市场淡旺季等消费特点，分行业、分地区组织开展产品促销、产能对接等活动，引导上下游、产供销、内外贸企业和行业协会广泛参与。近日，泉州举办了“宋元中国·海丝泉州国际儿童时尚周”、福州举办了预制菜选品对接会、宁德举办了按摩器展销会、南平举办了首届武夷竹产品展销会及首届家居清洁用品产业展洽会等多场活动。漳州休闲食品博览会、莆田鞋业供应链集采节、第二届福博会等活动也将陆续开展，在进一步提振消费信心，释放消费潜力同时，助力广大企业开拓市场，促进工业经济提质增效。

30—31日，省农业农村厅在永泰县举办全省农村人居环境整治暨农村建设品质提升业务培训班，邀请农业农村部农村社会事业促进司副司长何斌授课。会议强调，要深入学习贯彻习近平总书记关于“三农”工作的重要论述，全面落实中央和省委、省政府乡村建设决策部署，高质量推进农村人居环境整治，大力实施农村建设品质提升行动，持续提升改厕质量，扩大农村生活污水治理覆盖面，稳步推进农村生活垃圾分类处理，深化乡村“五个美丽”建设，加快建设宜居宜业和美乡村。会议期间，组织参观永泰县嵩口镇、月洲村、大喜村乡村建设示范点。

30—31 日，福建省商务厅组织举办了“医疗跨国公司福州行”活动。GE 医疗等 15 家医疗跨国公司，福建医药集团、福建医用设备商会等参加了活动。“医疗跨国公司福州行”先后走进福州新区、仓山区，参观了福州新区规划馆、华山医院福建医院、贝瑞基因产业园、金山医药产业园、福建海西新药创制股份公司、瑞科医药健康产业园，在福州新区、仓山区分别召开一场“医疗跨国公司政策交流暨项目合作座谈会”。与会代表对接了投资贸易和技术合作需求，交流了医疗产品注册和医保采购政策，分享了医疗产品本土化生产、投资并购信息，达成了一些共识。

30 日—6 月 1 日，省农业农村厅在福州举办绿色食品检查员与监管员培训班。本次培训采取理论知识讲授与现场案例教学相结合的方式，围绕绿色食品标志许可审查及现场检查、绿色食品证后监管、全国名特优新农产品收集登录、绿色食品审核管理平台操作等重点内容，邀请农业农村部农产品质量安全中心高级农艺师黄玉萍、中国绿色食品发展中心高级农艺师唐伟等专家，解读政策法规、阐明理论知识、分享经验技能。培训期间，还组织学员开展业务测试。省市县三级绿色食品工作机构 120 余名业务人员参加培训。

31 日，福建省工业数据安全工作会议在福州召开，工信部、福建省有关部门负责人、全省 100 多家重点工业企业代表参会。会上，“数安护航 · 八闽行”专项行动正式启动，该行动旨在督促全省百家重点工业企业开展数据分级分类、安全防护、安全评估等工作。

31 日，全省工业数据安全工作会议在福州召开。会上启动了“数安护航 · 八闽行”专项行动，同步启动工业数据安全重点实验室、研究院建设，发布工业数据安全优秀案例、专家组和支撑单位名单，并开展数据安全相关法律法规宣贯及业务培训。会议要求，全省重点工业企业要统筹发展和安全，把安全摆在突出位置，加强管理制度建设，加大人员、资金、技术等投入。通过各方共同努力，全面提升我省工业数据安全管理能力水平，为数字福建建设、数字经济发展，筑牢数据安全屏障，以新安全格局保障新发展格局。

31 日，在福建省宁德福鼎市海域，福建闽威实业股份有限公司的两艘电动船舶正通过海上直流快充桩进行充电。国网宁德供电公司披露，这是该公司建成的福建省首批海上电动船舶充电站的成果应用。上述海域的海上电动船舶充电站由 2 台 30 千瓦直流充电桩、功率 58. 88 千瓦时的光伏和功率 50 千瓦的储能系统组成，利用海上太阳能资源进行发电，并通过储能设备，以“光伏+储能”的方式储存富余电能，在满足电动船舶用电需求的同时，提高渔排供电可靠性，促进清洁能源的开发利用。

31 日至 6 月 1 日，省农业农村厅在福州举办全省农产品质量安全检测技术培训班。会议强调，开展农产品质量安全检测是保障农产品质量安全的重要技术支撑，要持续推进检测机构能力建设，充实稳定检测人员队伍，提升检测人员技术能力，狠抓实验室规范化管理，不断提高我省农产品质量安全检测整体水平。

（摘编：江涛）

6月

1日，第二十三届投洽会在广州举办推介会，38个国家的驻穗总领馆、官方投资促进机构和商协会代表近100人出席，从充分了解中国最大投资盛会的筹备进展，把握国际投资的最新脉动。第二十三届投洽会将于今年9月8日至11日在福建厦门举办。大会深入贯彻落实全球发展倡议，坚持高质量“引进来”和高水平“走出去”，深化多双边经贸交流和国际投资合作，突出数字经济、绿色低碳、可持续投资等热点，持续传播中国投资好声音，以开放融合引领双向投资高质量发展，携手各国共享投资机遇、共创美好未来。

1日，省农业农村厅在厦门举办全省农业综合行政执法大比武大练兵活动启动仪式。举办执法大比武大练兵活动是提升农业综合行政执法能力、检验执法队伍改革成效的重要手段。要通过大比武大练兵活动，进一步坚定政治信仰，补足能力短板，塑造良好形象，以“实战”抓“实训”促“实干”，增强执法队伍的凝聚力和战斗力，更好为“三农”保驾护航。

1日，省水利厅消息，5月22日至6月1日，水利部稽察组赴我省泉州、漳州两地，开展重大水利工程稽察调研。水利部稽查组对金门供水水源保障工程、闽西南水资源配置工程前期工作进行了全面稽查，赴工程一线进行了深入调研。并召开稽察意见反馈会进行了情况反馈。

1日，省委常委、常务副省长郭宁宁结合开展学习贯彻习近平新时代中国特色社会主义思想主题教育，赴长乐调研数字福建建设和数字经济发展，实地察看福建省数字福建云计算运营有限公司、智能汽车（东南）数字经济产业创新基地和福建（长乐）纺织工业互联网平台展示中心，并主持召开第六届数字中国建设峰会总结座谈会暨第七届峰会筹备启动会。

1日，省工信厅深化放管服改革，持续提升政务服务水平。一是落实改革精神，推进审批服务规范化。对审批服务实行清单化管理，将9个保留的审批服务事项调整合并为3项，下放公共服务事项1项，并将1项认定事项转变为日常公告管理，做到清单之外无许可。二是聚焦重点事项，推进审批服务标准化。制定《工业企业固定资产投资项目节能审查工作流程》，取消4个环节，评审时限提速40%以上；制定《无线电派出机构审批事项纳入网上办事大厅实施方案》，从福州市开始试点，今年内逐步向其他设区市推广。三是关注企业需求，推进审批服务便利化。推行行政审批流程无缝对接，做到审批服务“不间断”。制定“不见面审批”实施规则，推出远程协助、申报材料代转代传等服务，实行容缺审核，确保审批无障碍进行，持续保持政务服务“零投诉”、审批办件无不满意评价。

1日，福建省交通运输厅消息，根据省委宣传部、省安委会等五部门的联合部署，省交通运输厅在全省交通系统开展2023年“全国安全生产月”活动。该活动以“人人讲安全、个个会应急”为主题，起止时间为6月1日至6月30日。各级交通主管部门统一组织本地交通系统，广泛开展“安全宣传咨询日”活动，持续推进安全宣传“五进”，聚焦专项排查整治行动推动企业主要负责人“六带头”，组织开展常态化应急演练技能培训活动。

5日，为贯彻落实国务院减轻企业负担部际联席会议《关于印发“强化清单管理　提升减负效能”2023年全国减轻企业负担专项行动实施方案的通知》精神以及省委、省政府减轻企业负担年度工作要求，福建省减轻企业负担办公室印发《福建省2023年减轻企业负担工作要点》要求各地、各单位遵照执行。

5日，省工美中心赴安溪参加全球首个AI设计藤铁工艺产品发布会。由IF、红点获奖者、台湾金点设计奖评审陈人凤（台湾）大师联合“溪有好物”品牌联合研发，打造全球首个藤铁AI作品，并结合安溪藤铁产业链正式发布产品，并结合自身经验带来“当传统工艺遇见AI：探索价值重塑与商机创新”主题分享。当天发布会上，“三铁云”设计共享服务平台正式上线，并开展了首期安溪藤铁专场海峡两岸大学生设计工作坊，吸引了线上线下产学研各界人士的关注。

6日，由福州市人民政府、福建省政协人口资源环境委员会、福建省海洋与渔业局联合主办的“6·6”八闽放鱼日主会场活动在福州举行。副省长林瑞良出席活动。此次放流活动以“养护水生生物资源　促进人与自然和谐共生”“江河湖海年年有鱼”为主题。活动当天，向闽江放流鲢鱼、鳙鱼、团头鲂、倒刺鲃、日本鳗鲡、香鱼等约105万尾。与此同时，全省各市县联动开展相关活动，预计投放鲢鱼、鳙鱼、团头鲂、倒刺鲃、日本鳗鲡、香鱼、大黄鱼、真鲷、黑鲷、黄姑鱼、扁圆吻鲴等物种共500万余尾。

6日，全省经济运行分析会议在福州召开。会议强调，各地各有关部门要全面贯彻落实党的二十大精神，按照省委和省政府部署要求，结合开展学习贯彻习近平新时代中国特色社会主义思想主题教育，锚定目标、坚定信心、真抓实干，奋力实现二季度增长稳、上半年双过半。省委常委、常务副省长郭宁宁主持会议并讲话。

6日，为做好2023年高考期间无线电服务保障工作，防止利用无线电技术考试作弊行为，福建省工信厅高度重视，自5月下旬开始“备战”，将高考无线电保障工作作为深入开展学习贯彻习近平新时代中国特色社会主义思想主题教育的生动实践，精心组织，上下协同，出“组合拳”，打“主动仗”，扎实做好2023年高考无线电安全保障工作，全力为高考考生营造公平公正的考试环境保驾护航。

6日，省工美中心组织我省来自漆艺、陶瓷、石雕、木雕等工艺美术行业的国大师、省大师、省名人、院校代表以及中心全体干部30余人，学习习近平总书记在文化传承发展座谈会上的重要讲话精神，并结合行业发展实际，交流学习心得。

7日，省水利厅、省教育厅、省机关事务管理局在福建工程学院联合召开福州大学城片区节水型高校示范区建设现场推进会，总结推广福建工程学院节水工作经验，推进福州大学城片区节水型高校示范区创建工作，示范带动全省高校节水工作。福建工程学院有关负责人分享了合同节水的经验与成效，交流了数字节水工作的探索与实践。与会代表研究审议了《福州大学城片区节水型高校创建先行示范行动方案》，并就进一步创建高质量的节水型高校示范区提出了意见建议。

7日，高考首日，省运输事业发展中心消息，各地运输部门纷纷开启暖心护考模式，为高考学子顺利赴考保驾护航。

8日，为贯彻落实省委和省政府关于推动纺织鞋服产业转型升级的工作部署，深化实施纺织鞋服产业增品种、提品质、创品牌“三品”专项行动，引导企业开发适应市场需求、满足消费升级需要的产品，推动行业创新推广、供给提升、市场开拓，福建省工业和信息化厅印发关于开展福建省纺织鞋服新产品征集工作的通知，提出纺织鞋服新产品征集工作正式启动，申报时间截至6月21日。

10—11日，福建省林业局组织国家林业和草原局华东调查规划院、福建师范大学、福建农林大学、省林业科学研究院、省林业勘察设计院的专家对福建省林业调查规划院承担编制的《2023年全国林草生态综合监测福建省森林样地调查操作细则》《2023年全国林草生态综合监测福建省草地样地调查操作细则》《2023年全国林草生态综合监测福建省湿地样地调查操作细则》等3个操作细则进行了审定。专家组认为《操作细则》具有很强的指导性和可操作性，可作为福建省开展森林、草地、湿地样地调查的技术文件，一致同意通过审定。

12日，福建省林业局在福州组织召开2023年全省森林、草原、湿地样地调查启动暨技术培训会，正式启动样地调查工作。会上，传达了国家林草局关于森林、草原、湿地调查工作的要求，并对福建省样地调查提出了三点意见：一是加快林草湿样地调查工作进度；二是准确把握总体要求和工作重点；三是加强全过程调查质量管理。

12—13 日，省农业农村厅在仙游县举办全省农作物重大病虫害防控与农药减量控害技术培训班。本次培训采取现场观摩、专家授课和座谈交流相结合的形式，围绕红火蚁、线虫、蓟马、杂草等重大病虫害的识别、测报及防治，邀请全国农技中心检疫 8 名专家，传授理论知识，并就植保工程建设、病虫疫情防控“两增两减”、豇豆农残治理、农药包装废弃物回收处理等分享工作经验。培训期间，还组织现场观摩我省首个智能化病虫害监测项目。

13—14 日，中国国家林业和草原局与法国开发署在武夷山国家公园共同举办“中法国家公园体系对话”活动，探索和完善中法两国的国家公园管理模式和运行方式。福建省副省长王金福、国家林业和草原局副局长谭光明，法国驻华大使白玉堂、欧盟驻华大使庹尧诲、法国生物多样性局副局长欧博出席对话活动并致辞。此次活动主要围绕“中国国家自然保护地体制改革”“实施生物多样性保护‘3030 目标’的政策选择及实施路径”等议题开展交流研讨。来自 18 个省、自治区的林草主管部门，五个首批设立的国家公园及 20 多个一线保护区代表，有关科研机构专家以及法方专家参加专题研讨。

14 日，省委书记周祖翼在福州先后走访了福建省江西商会、浙江商会等异地商会和福建省民营企业商会，并主持召开在闽异地商会代表座谈会。周祖翼强调，要深入贯彻习近平总书记关于民营经济发展的重要论述，扎实开展学习贯彻习近平新时代中国特色社会主义思想主题教育，始终坚持“两个毫不动摇”，传承弘扬“晋江经验”，深入推进新时代民营经济强省战略，为民营经济营造更好发展环境，全力推动民营经济高质量发展。

14 日，为推动我省林业无人机全面应用，福建省林业局近期组织福建省林业无人机应用管理平台实操培训。本轮培训采取腾讯会议的形式分 3 次开展，共有 673 名来自全省各级林业部门的相关管理技术人员和乡镇林业站的无人机飞手参加。作为我省智慧林业管理系统的组成部分，福建省林业无人机应用管理平台整合了设备管理、飞行数据、现场监控、影像管理、地图应用和任务管理等系统功能，对全省林业无人机设备和无人机飞行数据实现了规范管理，可广泛适用于造林核查、有害生物监测、违法图斑核实等业务场景。

14 日，由福建省工业和信息化厅主办、福建省质量管理协会承办的企业品牌故事学习交流活动在福州举办。地市工信部门品牌工作负责同志、拟参加品牌故事大赛企业代表等 160 多人参加活动。现场展播了 2022 年福建省获得第十届全国品牌故事大赛演讲总决赛一、三等奖的企业获奖作品。今年第十一届全国品牌故事大赛福州赛区暨第三届福建省品牌故事大赛将于 6 月 30 日截止报名，于七月下旬举办福建分赛区决赛。

14 日，福建省工业和信息化厅等七部门印发《关于开展福建省第四批产业领军团队遴选申报工作的通知》提出，根据《中共福建省委人才工作领导小组关于印发〈福建省产业领军团队遴选和支持办法（试行）〉的通知》（闽委人才〔2020〕3 号）、《中共福建省委人才工作领导小组办公室关于福建省产业领军团队遴选和支持办法有关事项的补充通知》（闽委人才办〔2021〕12 号）要求，组织开展福建省第四批产业领军团队遴选申报工作。

14 日，为落实中央和省里关于大兴调查研究的要求，福建省商务厅、省财政厅联合赴福州市开展商务资金政策调研。调研组一行先赴福清“两国双园”园区走访了福建森天汇食品有限公司、福建丰大集团有限公司、福建长德蛋白科技有限公司等企业，深入了解中印尼“两国双园”建设与产业合作发展情况，并就如何支持“两国双园”发展与企业及园区管委会人员进行了沟通探讨。调研组还实地察看了永泰县嵩口镇大众茶馆及农贸市场改造提升项目建设运营情况，了解商务区域协调发展资金及省级商贸特色镇资金支持项目的成效。

15 日，省水利厅出具了闽江建溪流域防洪提升工程武夷新区段一期可行性研究报告的审查意见。该工程估算总投资 1.64 亿元，建设范围涉及武夷新区滨江西路北段和南段河道，工程任务为防洪。工程通过新建堤防、排水涵管、箱涵等，武夷新区防洪标准将提高至50年一遇，完善了武夷新区核心区的排涝能力，改善了河道水质，保障防洪排涝安全，对促进区域社会经济高质量发展具有重要意义。

15日，由省工信厅信息产业工会主办，中建科技（福州）有限公司（以下简称“中建科技”）工会承办的2023年福建省装配式构件生产制作专项技能竞赛决赛在中建科技闽清PC构件厂顺利举行。本次竞赛自5月份启动，分预赛和决赛两个环节，预赛采取理论考试的方式进行，决赛采取理论考试和实际操作相结合的方式进行。实际操作在传统项目混凝土预制构件制作、预制构件钢筋绑扎两个项目上，创新增设预制构件起吊堆放、隐蔽检查两个竞赛项目，丰富竞赛载体，扩大比赛覆盖面，最大限度吸引更多优秀职工参与到技能比赛活动中，共有9家企业121名职工报名参加。经过激烈角逐，最终决出一等奖8名、二等奖16名、三等奖16名。

15日，数据显示，5月份，福建省工业生产者出厂价格同比下降2.7%，环比下降0.4%。工业生产者购进价格同比下降5.0%，环比下降0.5%。工业生产者出厂价格中，生产资料价格下降4.7%，影响工业生产者出厂价格总水平下降约3.08个百分点。其中，采掘工业价格下降6.5%，原材料工业价格下降6.5%，加工工业价格下降3.9%。生活资料价格上涨1.1%，拉动工业生产者出厂价格总水平上涨约0.38个百分点。其中，食品价格上涨1.8%，衣着价格上涨1.5%，一般日用品价格下降0.1%，耐用消费品价格上涨0.7%。工业生产者购进价格中，黑色金属材料类价格下降9.9%，化工原料类价格下降9.3%，燃料、动力类价格下降8.1%，其他工业原材料及半成品类价格下降4.8%，木材及纸浆类价格下降3.6%，有色金属材料及电线类价格下降3.4%。工业生产者出厂价格中，生产资料价格下降0.6%，影响工业生产者出厂价格总水平下降约0.41个百分点。其中，采掘工业价格下降2.9%，原材料工业价格下降0.7%，加工工业价格下降0.6%。生活资料价格持平，其中，食品价格上涨0.1%，衣着、一般日用品和耐用消费品价格均持平。工业生产者购进价格中，黑色金属材料类价格下降2.4%，木材及纸浆类价格下降0.9%，农副产品类价格下降0.7%，其他工业原材料及半成品类价格下降0.6%，纺织原料类价格下降0.3%，化工原料类价格下降0.3%。

15日，由福建省商务厅和香港贸发局、上海市香港商会共同主办的闽港澳经贸交流会在福州成功举办。会上，省商务厅外资处及福州市商务局负责同志分别向与会代表介绍了福建省及福州市的营商环境及投资政策。上海市香港商会会员代表就来闽投资的相关事宜进行交流对接。

15—16日，第十五届海峡论坛·两岸特色乡镇交流对接暨乡村振兴合作论坛在漳州漳浦举行。农业农村部、福建省农业农村厅、漳州市政府、台湾自然资源保育技术服务基金会有关领导出席并致辞。两岸业界领导、台农台商和对接企业的代表等200多人参加。

16日，农业农村部总经济师魏百刚一行到我省调研台湾农民创业园建设情况。调研组深入漳浦台湾农民创业园台丰山农业、钜宝生物、天福茶观光工厂、蜜原生态农场等台资农业企业，了解台农台企生产经营和台湾青年参与大陆乡村振兴等情况，充分肯定福建台湾农民创业园建设成效，要求进一步加大台湾农民创业园支持力度，积极创建海峡两岸乡村振兴合作基地，努力打造海峡两岸现代农业融合发展示范样板。

16日，省住建厅消息，为贯彻落实福建省纪委监委关于“点题整治”工作要求，源头治理全省房屋建筑和市政基础设施工程拖欠工程款问题，积极化解工程款拖欠隐患，福建省住房和城乡建设厅组织开发了“福建省房屋市政领域工程款支付预警系统”（以下简称系统），并于近日试运行。该系统部署在福建省建设工程监管一体化平台上。各有关用户即住建主管部门用户、建设单位用户和施工单位用户，可通过福建省住房和城乡建设厅官网-行业管理-质量安全-一体化平台，或福建省住房和城乡建设厅官网-办事服务-工程建设-一体化平台的路径访问，并使用福建省社会用户实名认证和授权平台授权登录。

16—18日，在省工信厅的大力支持下，由漳州市人民政府、中国食品报社、龙海区人民政府共同举办的第四届“中国食品名城（漳州）食品交易会暨第三届龙海国际休闲食品博览会”在美丽的滨海城市漳州隆重举办。活动以“美味漳州·香约龙海”为主题，采用线上线下“双线”模式推动：线上搭建数字化平台，以展会直播、直播带货等方式同步，方便群众在家通过视频号、抖音等多平台一览盛会、一键购物；线下更是吸引了漳州市、漳州市对口支援地木垒县、龙海区山海协作兄弟县（市）漳平市、泰宁县的439家名企、1000多款新品、8000人次经销商采购商、上万种产品参加，现场签约了35个项目，投资金额约126亿元。活动期间，还举办了第二届中国健康食品产业趋势发展论坛、“政银企”金融对接暨乡村振兴全面战略合作协议启动仪式等系列配套活动，助力漳州食品产业高质量发展。

18日，福建省第十三届民营企业产业项目洽谈会在福州召开，集中签约50个重点项目，总投资1213亿元。大会共征集拟签约项目156个，计划总投资2692亿元，涉及电子信息、先进装备、石油化工、现代纺织服装、新材料新能源等领域。省长赵龙出席并讲话，副省长林瑞良主持。

19日，水利部水土保持司在福建省厦门市召开2023年全国水土保持工作局（处）长会议，深入贯彻落实水土保持工作会议精神，交流中共中央办公厅、国务院办公厅《关于加强新时代水土保持工作的意见》重点任务和水土保持年度重点工作进展情况，明确下半年工作思路和主要任务，推动新阶段水土保持高质量发展。

19日，据厦门海关统计，1—5月，福建省对“一带一路”沿线国家进出口4248.4亿元人民币，同比增长15.3%。其中，出口2241.7亿元，增长14.5%；进口2006.7亿元，增长16.2%。5月当月进出口848.3亿元，同比增长6%。1—5月，福建省民营企业对“一带一路”沿线国家进出口2357.8亿元，同比增长23.6%，占同期我省对“一带一路”沿线国家贸易总值的55.5%。同期，国有企业进出口1226.9亿元，占28.9%；外商投资企业进出口663.3亿元，占15.6%。1—5月福建省分别对“一带一路”沿线国家出口机电产品、劳动密集型产品861.4亿元、693.6亿元，增长43.9%、3.6%。进口则以资源性产品为主，包括原油、金属矿及矿砂、煤及褐煤，1—5月分别进口上述商品412.2亿元、366.7亿元、318.6亿元，同比分别增长34.9%、16.4%、131%。

19日，《人民日报》在头版、要闻7版整版大篇幅、浓墨重彩报道晋江市以实体经济为支撑，加快建设现代化经济体系，锻造发展新优势。

19日，为贯彻落实《工业水效提升行动计划》（工信部联节〔2022〕72号）和《工业废水循环利用实施方案》（工信部联节〔2021〕213号），切实做好先进节水工艺、技术、装备研发和应用推广，提升工业用水效率，工业和信息化部办公厅和水利部办公厅联合印发《关于征集2023年国家工业节水工艺、技术和装备的通知》（工信厅联节函〔2023〕122号）。同日，省工信厅下发了《关于组织开展2023年国家工业节水工艺、技术和装备推荐工作的通知》，截止时间为7月3日，

20日，全国水土保持高质量发展先行区建设工作会议在长汀县召开。会议强调，今年是全面贯彻落实党的二十大精神的开局之年，也是先行区建设的关键之年。各先行区（市、县）要牢记习近平总书记“进则全胜、不进则退”的嘱托，进一步提高政治站位，切实扛起政治责任，加强交流、大胆探索、先行先试，以更饱满的热情、更务实的作风、更有力的措施，加快推进先行区建设。会前，与会人员考察了濯田镇寨头水土保持与乡村振兴示范村、三洲丰盈美丽生态农场、汀江湿地公园、新桥余陂水土保持生态清洁小流域等示范点，现场了解长汀县先行区建设情况。

20日，省数字办遴选确定2023年度省数字经济重点项目191个，项目总投资1168亿元，年度计划投资260亿元。这是我省首次遴选确定年度数字经济重点项目。项目名单中，福州市项目数达55个，总投资311.8亿元，总投资占比约26.7%；莆田市项目数达10个，总投资227.7亿元；漳州市项目数达27个，总投资187.3亿元。

21日，2023“三品”全国行暨“中国鞋都·莆田”鞋业供应链集采节在莆田市会展中心盛大启幕。本次活动由福建省工业和信息化厅、福建省住房和城乡建设厅等指导，签约仪式上，进行省级供应链平台融资授信仪式、省级供应链平台

原材料集采，成品鞋订单和建筑安全鞋、医护鞋集中采购，以及招商项目签约。歌士玮鞋服科技智造产业园项目、富瑞鞋业标准化生产项目、恒创鞋业生产项目、益杰新型材料配套基地项目等15个项目现场签约，总投资额70.8亿元。

22日，省水利厅出具了福建崇阳溪水生态修复与综合治理工程可行性研究报告的审查意见。该工程估算总投资23.45亿元，建设范围为崇阳溪干流及其主要支流麻阳溪，涉及南平市武夷山市、武夷新区、建阳区。工程任务为水生态修复与综合治理。以“绿廊建设、生态修复”为重点，将生态护岸建设、生态巡河道、河道生态修复、文化传承、智慧管控等有机融合。工程建成后将全面提高河湖水生态，构建崇阳溪生态人文及绿色发展廊道，筑牢水生态安全屏障，打造人与自然和谐共生的“水美新崇阳”，对促进南平市社会经济高质量发展具有重要意义。

25日，海关部门统计数据显示，今年前5个月，福建省外贸进出口8034.8亿元，比去年同期（下同）增长7.2%。其中，出口4723.9亿元，增长5%；进口3310.9亿元，增长10.6%。锂电池、电动载人汽车、太阳能电池等商品出口“新三样”增幅明显，成为出口新动能。1—5月，福建省锂电池出口488亿元，占全国锂电池出口总值的26.6%，位列全国第一，增长1.4倍，已连续35个月保持同比增长。1—5月，福建省电动载人汽车出口5595辆，增长482.2%，占同期福建省汽车出口总量的29%。此外，太阳能电池出口同期同样实现50.3%的高增速。与“新三样”的持续走俏相比，1—5月劳动密集型产品出口1369亿元，比去年同期（下同）下降2.2%；农产品出口327.5亿元，下降7.3%，占6.9%。前5个月，福建省对东盟进出口1757.5亿元，增长13.9%；对欧盟进出口1013.9亿元，增长12.3%；对美国进出口978.3亿元，下降6.8%。上述三者合计占同期福建省外贸进出口总值的46.7%。同期，对“一带一路”沿线国家进出口3166.8亿元，增长16.1%；对RCEP贸易伙伴进出口2824.3亿元，增长13%。前5个月，福建省铁矿砂、煤、原油进口量增价跌，分别进口4816.9万吨、4270.1万吨、1006.8万吨，分别同比增加43.5%、139.6%、53.1%，进口均价分别同比下跌9.2%、5.7%、12.8%；铜矿砂、天然气进口量增价扬，分别进口185万吨、104.5万吨，分别同比增加18.5%、28.8%，进口均价分别同比上涨0.2%、49.4%。

25日，全省经济运行分析会议在福州召开。会议强调，各地各有关部门要全面贯彻落实党的二十大精神，深入开展学习贯彻习近平新时代中国特色社会主义思想主题教育，按照省委和省政府部署要求，坚定信心、保持定力，锚定全年目标任务，全面盘点、认真分析、查缺补漏，奋力实现二季度增长稳、上半年双过半。要认真落实国家一系列稳经济政策，研究储备并及时出台针对性配套政策措施，最大限度发挥政策效应；要大力推动工业稳增长，强化“一企一策”挂钩服务，千方百计促进重点企业、龙头企业满产超产，帮助中小微企业纾困解难，全力稳住工业大盘；要加强协调调度，强化要素保障，加快省重点项目、省重中之重项目、专项债券资金投放项目建设，努力形成更多实物投资量，进一步谋划接续新项目好项目，不断扩大有效投资；要把握暑假“黄金期”，开展系列主题促消费活动，扩大新能源汽车、家电等大宗消费，加快推动消费回升恢复、提质增效；要大力拓展新兴市场，加快发展市场采购、跨境电商等新业态新模式，促进外贸外资稳中提质；要更好统筹发展和安全，抓好安全生产、能源电力保供稳价、防汛抗旱等工作，营造安定稳定社会环境。省委常委、常务副省长郭宁宁主持会议并讲话。

25—28日，商务部财务司领导率队来闽开展“金融支持外贸外资促稳提质”调研。25日下午，调研组在福建省商务厅召开座谈会。26—28日，调研组深入福州、平潭、泉州外资外贸企业实地调研，以“四不两直”的方式先后走访了福建海纳鑫铝业有限公司、福州同森进出口有限公司、福州软件园、平潭跨境电商园、华信（平潭）物流有限公司、芳源旅游用品有限公司、力达（中国）有限公司、泉州纺织服装产业公共服务综合体、福建省好兄弟体育用品有限公司、信泰（福建）科技有限公司、晋江兴德织造有限公司、福建好来屋食品工业有限公司，了解企业生产、经营及融资情况，特别是订单转移、产能外迁等方面的情况，并围绕提升政策性开发性金融服务质效、进一步缓解中小微外贸企业融资难题以及如何做好下一步工作与企业进行了面对面的深入沟通交流。

26—28日，调研组深入福州、平潭、泉州外资外贸企业实地调研，以“四不两直”的方式先后走访了福建海纳鑫铝业有限公司、福州同森进出口有限公司、福州软件园、平潭跨境电商园、华信（平潭）物流有限公司、芳源旅游用品有限公司、力达（中国）有限公司、泉州纺织服装产业公共服务综合体、福建省好兄弟体育用品有限公司、信泰（福建）科技有限公司、晋江兴德织造有限公司、福建好来屋食品工业有限公司，了解企业生产、经营及融资情况，特别是订单转移、产能外迁等方面的情况，并围绕提升政策性开发性金融服务质效、进一步缓解中小微外贸企业融资难题以及如何做好下一步工作与企业进行了面对面的深入沟通交流。

26日，省农业农村厅召开福建“农业云131”二期工程建设部署会。会议强调，要按照福建“农业云131”总体规划，加快推进二期工程建设，做好需求分析和质量管控，提升平台功能，拓展数字化应用场景，不断提高我省农业生产智能化、经营网络化、管理高效化和服务便捷化水平，用数字化赋能农业农村现代化。

26日，2023年“中国·海峡”工业设计周正式启幕。来自境内外数百名优秀设计师、设计机构代表、工业设计优势院校专家等齐聚晋江，感受海丝设计魅力。设计周为期5天，将围绕设计主线，举办“中国·海峡”工业设计双线展、第八届“海峡杯”工业设计大赛颁奖仪式、“缘设计·融闽台”工业设计交流对接会、设计走进制造企业、万象之境国际艺术展暨品牌设计趋势分享沙龙、工业设计推介会暨政策宣贯会、设计师之夜等系列主题活动。

27日，今天是联合国确立的“中小微企业日”。党的二十大报告明确提出，支持中小微企业发展。今年以来，国家出台一系列支持政策。

27日，省统计局消息，今年5月份，我省规模以上工业增加值同比增长2.6%，增幅比4月份回升7.4个百分点。1—5月，全省规模以上工业增加值同比下降1.5%，降幅较1—4月收窄3.3个百分点。1—5月，全省38个行业大类中，有18个行业增加值保持平稳增长，行业增长面为47.4%，比1—4月提高5.3个百分点；全省列入统计的447种工业产品中，有184种产品产量实现增长，增长面为41.2%，比1—4月提高1.8个百分点。分经济类型看，1—5月，我省股份制企业同比增长0.7%，拉动全省规模以上工业增加值增长0.5个百分点；从企业规模看，大型企业支撑力较强，1—5月全省规模以上工业大型企业增长0.2%，拉动全省规模以上工业增加值增长0.1个百分点。1—5月，全省规模以上装备制造业增加值同比增长2.9%，较全省平均水平高4.4个百分点；占规上工业的比重为28.6%，较上年同期提高3.4个百分点。8个装备制造大类行业中，有3个行业增加值增速超两位数，分别是汽车制造业增长14.2%、铁路船舶航空航天和其他运输设备制造业增长20.8%、电气机械和器材制造业增长24.9%。新产品也延续快速增长态势，1—5月，太阳能工业用超白玻璃、光伏电池、新能源汽车、服务机器人等产品产量分别增长106.0%、67.3%、41.6%、13.8%。

27日，在福建省商务厅牵头组织下，沃尔玛全球电商平台对接会在漳州跨境电商孵化园召开，30名传统外贸与跨境电商企业代表参与了活动。会上，沃尔玛全球电商代表解读平台招商政策，介绍美国、加拿大、墨西哥等站点入驻要求，讲解产品优化、物流服务、平台广告等方面规则与策略，与参会企业代表互动交流，详细解答申请入驻、商品类目、备货技巧、促销活动等方面问题，还针对漳州特色产品开拓海外市场提出建议。会后，沃尔玛全球电商代表还实地走访了青蛙王子（福建）婴童护理用品有限公司、漳州视瑞特光电科技股份有限公司，了解企业入驻沃尔玛全球电商平台后的经营情况和困难问题，推动企业进一步用好平台资源，持续提升跨境电商出口业务。

28—29日，中荷设施农业路演暨企业对接洽谈会在漳州举办。本次活动由福建省农业农村厅、漳州市人民政府、荷兰驻广州总领事馆联合主办，组织我省21家农业龙头企业与荷兰15家设施农业装备企业参加，通过专题演讲、自由对接洽谈、现场考察等多种形式，互相推介良种培育、温室技术、果蔬种植等设施农业方面的先进技术装备，分享经验做法，加强双方合作交流，现场多家企业达成意向协议。

28日—7月1日，农业农村部农田建设管理司有关领导一行来我省开展高标准农田建设工程质量调研。调研组一行深入厦门、莆田、南安、建阳等地，实地察看我省高标准农田项目建设、管护等情况，对我省高标准农田建设工作给予充分肯定，要求我省量质并重推动高标准农田建设，加快把永久基本农田全部建成高标准农田，建立健全常态化质量监管和管护机制，确保长期发挥效益。

29日，福建省主要农作物审定委员会召开九届二次主任委员会会议和2023年福建省主要农作物品种审定工作会议，总结我省主要农作物审定工作成效，研究部署下阶段重点工作。会议审定通过水稻、玉米、大豆等主要农作物品种61个。

29日，全省产业数字化转型工作现场会在龙岩召开，副省长林瑞良、省政府党组成员康涛出席现场会并讲话。会议指出，要坚持目标导向，做好重点企业、项目、平台的推进和培育，注重系统发展，一体推进“智能制造+智能产品+智能服务”整体提升，助力企业降本增效；要加强交流培训，多措并举搭建学习交流平台，提高政企数字素养；要抓平台赋能，推广和培育转型服务平台，加速关键场景的技术攻关及产业化；要优化服务，开展“千员万企”数字化诊断行动，推动供需精准对接；要推动“千兆城市”建设，以政策引导支持，提升供给能力和服务水平；要严格落实安全生产措施，强化重点行业领域安全隐患排查整治，保障安全稳定发展环境。会议强调，各级各部门要牢牢抓住数字化这个“金钥匙”，持续提高数字化转型质量，不断锻长板、补短板，推进新型工业化迈上新台阶，取得新突破，为新时代制造强省建设作出更大贡献。

29日，在“2023‘鼓岭缘’中美民间友好论坛”总体框架下，福建省商务厅牵头举办了“跨国公司福州行”活动。全国对外友协、省商务厅、省外办，嘉吉、耐克等美国跨国公司，美中友好城市协会等友好组织，檀香山市代表团，美国宾州经济发展厅驻华代表，福州市人民政府，福州新区，以及福州市有关部门和企业等代表共80多人参加了活动。活动分为实地走访和开展跨国公司会对接两个阶段。

30日，省农业农村厅召开农业生产“三品一标”工作调度会。会议强调，要深入实施农业生产“三品一标”提升行动，立足我省资源禀赋，加快推进水稻种业发展和特色种质资源保护利用，支持发展绿色优质农产品，打响“福农优品”品牌，健全农业生产标准化体系，高质量做好“土特产”文章，不断提高我省农业质量效益和竞争力。

30日，在“七一”建党节来临之际，省工信厅召开庆祝中国共产党成立102周年暨“两优一先”表彰大会。大会表彰了一批优秀共产党员、优秀党务工作者和先进基层党组织。

30日，为扎实推动物业服务企业侵占业主公共收益、收入及分配不公开等问题“点题整治”专项工作，畅通监督举报渠道，充分发挥群众监督举报力量，省住建厅现向社会公布各设区市、县（市、区）物业主管部门投诉举报电话及邮箱，及时接收群众提供的“点题整治”线索。

（摘编：黄国实）

7月

2日，省住建厅近日印发《关于进一步贯彻落实习近平总书记关于安全生产重要论述　压实住建领域安全生产责任的意见》，明确了落实部门安全监管责任、加强和改进方式方法、强化安全生产监督执法等方面实施意见，重点提出了一周一检查、一月一“议安”、一季一督查、一案一倒查、一会一警示的“五个一”方式方法。

3日，福建省工信厅消息，福建省校园服饰专场活动近日在厦门国际会展中心举行。本次专场活动由中国教育装备行业协会、福建省工信厅指导，福建省教育装备行业协会、泉州市工信局主办，为期3天。本次活动和第三届福建省教育装备博览会联动举办，吸引了季季乐校园服饰、万航纺织服饰、新同兴校服等省内外100多家企业参展，60余家教育部门、学校相关负责人参观交流。目前，我省已发展形成集面料辅料、研发设计、生产加工、销售服务于一体的完整校服产业链，汇聚了全国校服产业60%以上的资源和渠道，我省校服产业规模居全国前列。

4日，省住建厅消息，日前，住房和城乡建设部印发《传统村落保护利用可复制经验清单（第一批）》，福建省6项传统村落保护利用做法入选。此次福建省入选清单的6项经验做法为：出台了省级传统村落保护发展条例、将传统风貌建筑纳入法规体系、制定传统村落保护发展政策、连城县新设立县传统村落保护利用中心、屏南县创新传统建筑保护修缮机制，传承传统建造技艺、屏南县成立建筑工匠协会。

4—6日，根据省委统一部署，省委书记周祖翼赴宁德市柘荣县、福鼎市开展工作检查，认真倾听企业、群众呼声，察实情、出实招、办实事，推动政策落地、工作落实。周祖翼强调，要深入学习贯彻习近平新时代中国特色社会主义思想和党的二十大精神，聚焦习近平总书记对福建工作的重要讲话重要指示批示精神，扎实推进主题教育，走好群众路线，坚持“四下基层”，进一步激发全省党员干部干事创业精气神，以新气象新作为推动各项工作取得新成效。

4—6日，省政协主席滕佳材带队赴福州市马尾区、长乐区和仓山区开展工作检查，实地察看联东U谷·福州物联网、福米、安腾国际广场、橘园洲智能等4个产业园区和时代星云科技、江滨光储充检智能超充站、飞毛腿、海文铭科技等4家企业，详细了解发展经营状况，同企业员工亲切交流；深入营前街道长安村、金山街道中天社区、天津大学福州国际校区和福州市第二总医院等乡村、高校和医院，与基层干部群众面对面交流，听取意见建议，协调解决有关困难问题。

5—7日，省农业农村厅在古田县举办全省现代农业园区建设培训班，副厅长陈道清出席开班式并讲话。培训班围绕现代农业产业园、农业现代化示范区、乡村振兴示范县等创建工作，邀请农业农村部规划设计研究院、农业发展银行福建省分行有关专家授课，介绍农业现代化理论知识和推进农业设施化、园区化、融合化、绿色化、数字化政策，分享现代农业园区建设经验，提升全省各地推进现代农业园区建设的能力和水平。

5—7日，省林业局在福州市长乐区举办2023年中央财政林业科技推广示范项目管理培训班，目的是提高项目实施与管理水平，规范资金使用，最大限度发挥财政资金的使用绩效。培训期间组织有关专家对项目合同编制进行指导与审查。

5—7日，今年是自贸试验区建设10周年。为充分彰显自贸试验区在深化改革、扩大开放、推进高质量发展方面的奋进历程和卓越成绩，商务部组织开展中央媒体“自贸行”活动。中央媒体采访团一行赴福建自贸试验区三个片区，对福建自贸试验区在改革制度创新、两岸融合发展、加快平台建设，服务高质量发展等方面的情况进行实地采访调研。商务部福州特派办、自贸区港司相关处室负责人陪同采访调研，中央广播电视总台、央视网、新华社、《环球时报》、《国际商报》等中央主流媒体参与采访。

6日，福建省商务厅有关负责人在福州与到访的希腊西希腊大区副主席福基安·柴伊米斯（Fokion Zaimis）一行开展工作座谈，双方就双向投资、促进合作进行深入交流。

7日，省委书记、省人大常委会主任周祖翼在福州会见了沙特基础工业公司执行副总裁兼福建中沙石化有限公司董事长艾哈迈德·阿尔-谢赫一行。周祖翼对客人的到访表示欢迎，并介绍了福建经济社会发展特别是石油化工产业发展情况。周祖翼希望双方共同落实好两国领导人达成的重要共识，在更宽领域、更深层次展开务实合作，突破关键核心技术，推动更多优质项目落地，延伸拓展产业链条，推进产业合作区建设，着力打造中沙合作示范标杆。福建将进一步优化营商环境，为合作项目建设发展提供优质服务保障。

7日，全省林业政银企保对接活动在福州举办。省级以上龙头企业代表，金融保险机构代表，各设区市林业产业相关业务骨干及省林业局有关处室局站同志等120多人参加活动。活动现场，沙县农村产权交易中心、中行、建行、省人保财险公司、海峡股权交易中心等作了产品介绍和政策推介。政银企保开展了富有成效的对接活动。

7日，按照水利部文明办部署，省水利厅在福清市观音埔水厂举办“关爱山川河流·福水润泽万家”志愿服务活动启动仪式。活动现场，为5支志愿服务队授了旗。启动仪式后，志愿者们参观了观音埔水厂，深入了解水厂制水净水工艺流程。随后，技术帮扶志愿服务队前往周边村庄，对拟建和在建的农村供水工程进行放样、接管、管槽开挖和安全施工等技术帮扶和技术教育，帮助一线技术工提高综合素质，提升职业技能。入户宣传志愿服务队前往周边村庄，向居民群众分发节约用水知识手册、安全用水等宣传资料，呼吁大家践行节水、爱水、喝好水理念。巡河护河志愿服务队前往龙江河道两岸、东张水库库区开展水环境巡查、保洁志愿服务。水质监测志愿服务队前往东张水库开展现场藻类监测、水质监测志愿服务。

7日，由省工信厅、省发改委、省科技厅、福建师范大学联合主办的高分子新材料绿色低碳先进技术成果对接会在福州举办。会议共推介省内外高校科研单位技术成果84项，发布福建省高分子新材料相关行业（企业）技术需求项目61项。专家与企业家面对面交流，为企业在生产、经营过程中出现的问题进行答疑解难。会上思嘉集团、福建亚通新材料科技股份有限公司、要要股份有限公司、福建南安实达橡塑机械有限公司等13家企业分别与省改性塑料（福建师范大学）、固体表面涂层材料（厦门大学）、省功能材料（福州大学）、塑胶管材等4家行业技术开发基地和中国科学院福建物质结构研究所等单位签订了产学研合作协议。省工信厅、省科技厅领导及各设区市工信部门相关处（科）室负责人，省相关行业技术开发基地与行业协会负责人，华南理工大学、厦门大学、福州大学、福建师范大学、中国科学院海西研究院等省内外十几所高校、科研机构的专家教授，以及省内外50多家高分子材料及其相关领域的企业总裁或技术负责人共100多人参加对接会。

7日，省工信厅消息，我省首个“企业之家”服务平台——“龙岩企业之家”今日正式上线运营，这意味着龙岩市政企沟通有了一个跨部门、跨区域、跨产业的交流平台。“龙岩企业之家”平台分为6个板块：企业诉求板块可进入“党企新时空·政企直通车平台”，实现企业“一键写信”反映问题、提出建议、表达诉求等事项；政策查询板块直达“福建省政策云配平台”，实现惠企政策快速查询、精准匹配；供需对接板块可进入“福建省工业企业供需对接平台”，一键发布供应链需求，实现供需双方精准对接；融资对接板块将进入“龙岩市数字普惠金融服务平台”，实现公用信用大数据共享，让企业与金融机构快速配对；科技创新板块联通“龙岩市科技创新服务平台”，为企业提供项目对接辅导、专利申请、企业培育等服务；用工对接板块直达“龙岩市人力资源超市平台”，推动就业信息和市场信息需求双向汇合。

8日，福建省企业与企业家联合会在福建会堂召开习近平总书记给福建企业家“7·8”回信九周年纪念大会。今年大会的主题为“弘扬优秀传统文化，繁荣工艺美术产业”。会议呼吁福建企业家和工艺美术从业者们坚持以习近平新时代中国特色社会主义思想为指导，全面贯彻落实习近平总书记今年6月2日在文化传承发展座谈会上的讲话精神，传承发扬福建企业家精神，坚持守正创新，锐意进取，开拓进取，勇毅前行，推进福建省工艺美术产业高质量发展。

10日，福建省2023年全国节能宣传周暨全国低碳日启动仪式在宁德举行。本次活动由省政府节能办、省发改委主办，各界代表宣读了“节能降碳，你我同行”倡议书。现场同时开展九市一区现场直播联动汇报、绿色健步行、节能宣传展、有奖竞答、政策解读、专家论坛，以及节能改造典型案例、节能新技术新产品和绿色金融机构扶持节能项目推介。省政协副主席刘献祥出席并讲话。

10日，福建省林业局与南京林业大学在福州召开合作交流座谈会，就进一步深化局校合作，推进福建林业高质量发展进行了深入交流。

10日，省工信厅消息，“中国·海峡”福建旅游产品工业设计大赛于本月正式启动。本次大赛由省工信厅、省旅发集团联合主办，聚焦以工业产业赋能文旅行业发展，正面向全社会广泛征集参赛作品。大赛针对旅游商家（景区、旅行社）、文旅住宿（酒店、民宿）与市场游客三大领域分别设置“福饰·文旅鞋服类”“福器·文旅空间用品类”“福礼·文旅伴手礼类”三大类别。大赛要求作品结合福建省产业体系，依托福建文化元素、福建各地市文旅资源特色，发挥工业设计的创意、创新能力，让旅行变得更加便携、舒适与幸福，同时需具备鲜明的设计主题与市场化基础。大赛的作品征集期限为2023年7月1日至8月15日。大赛按类别分设金奖1个，奖金6万元；银奖2个，奖金3万元/个；铜奖5个，奖金1万元/个；优秀奖10个，奖金5000元/个。获奖作品还将获得主办单位颁发的获奖证书、奖杯以及多项扶持、培育和服务举措。

11日，福建省工业和信息化厅印发《关于组织开展产业数字化服务商（第一批）申报工作的通知》（闽工信函信息〔2023〕329号）提出，为贯彻落实省委和省政府关于加快产业数字化的工作部署，推进《福建省工业数字化转型三年行动计划（2023—2025年）》各项任务落实，促进工业企业加速数字化转型，经研究，省工信厅拟征集发布一批产业数字化服务商，申报截止时间为7月31日。

11日，福建省商务厅（口岸办）通关协调处联合福州海关关税处，开展“送RCEP关税红利政策上门”暨RCEP关税政策智能服务平台推广应用活动，进一步宣讲RCEP实施相关红利政策，推介中国（福建）国际贸易单一窗口RCEP关税政策智能服务平台应用功能，更好地帮助企业应享尽享政策红利。福建省电子口岸运营服务有限公司、福州报关协会共同参加。

12日，由全国水产技术推广总站牵头、省海洋与渔业局组织、省水产技术推广总站具体负责的2023年福建省渔业官方兽医培训班顺利举办。本次培训采取线上直播的方式进行，全省各级渔业行政主管部门、水产技术推广相关负责人，渔业官方兽医等共300余人参加培训。此次培训由权威专家讲解新修订的《中华人民共和国动物防疫法》、水产苗种产地检疫规程和水生动物疫病诊断技术等内容，介绍动物卫生监督执法办案程序与执法文书应用有关内容，并通过问答的形式，对新修订《动物检疫管理办法》知识要点进行详细解答。培训结束后，参训学员参加并通过线上考试，获得培训合格证书。

12日，省工信厅消息，由省工信厅指导、宁德市工信局和古田县人民政府联合主办、古田县工信局和省广播影视集团承办的食用菌直播节近日在古田县成功举办。此次直播节通过“画”菌菇故事、“听”菌菇发展、“品”菌菇美味对古田食用菌产业进行全面推介，线上线下邀请近40家企业展示藜麦粥、银耳饮料、银耳面膜、银耳曲奇等菌菇类精深加工食品。直播节期间，直播互动收获全网超千万次播放，点赞、评论、转发、社群互动量超10万次，累计销售单量近26万单、销量额715万元。

12日，福建省生态环境厅消息，省生态环境厅、省市场监管局、省发改委、省工信厅、省财政厅等五部门日前联合印发《关于全面推进锅炉污染整治促进清洁低碳转型的意见》，以高污染燃料小锅炉整治为重点，稳妥有序整合一批、退出一批、提升一批，全面推进锅炉污染整治，推动能源清洁低碳高效利用，降低碳排放强度，促进区域空气质量持续改善，服务经济社会高质量发展。

12日，福建省工信厅消息，日前，工信部所属赛迪顾问先进制造业研究中心发布2023年先进制造业百强园区榜单，福建四个园区上榜。其中，厦门火炬高技术产业开发区跻身前20，排名第18位；福州高新技术产业开发区入围前50，排名第47位。此外，福州经济技术开发区、泉州高新技术产业开发区分列第62、96位。

13日，第七次泛珠三角九省（区）工业和信息化合作联席会议在福州召开。福建、江西、湖南、广东、广西、海南、四川、贵州、云南泛珠三角内地九省（区）工业和信息化部门负责同志出席会议。会议听取了第六次联席会议以来泛珠三角九省（区）工业和信息化领域合作情况，审议修订了联席会议制度和秘书处工作制度，并赴锐捷网络股份有限公司和福建星云电子股份有限公司调研。会上，泛珠九省（区）围绕“建立泛珠三角工业和信息化合作常态化工作机制”“搭建合作交流平台，强化企业对接”等议题进行了讨论并达成共识。一是共同搭建合作交流平台。二是共同推动产业有序转移对接。三是共同建立信息共享机制。会议还确定2024年第八次泛珠三角九省（区）工业和信息化联席会议由江西省工业和信息化厅承办。

13日，第八届“创客中国”福建省中小企业创新创业大赛暨第六届“创响福建”大赛进入报名阶段。即日起至7月29日，符合条件的企业、创客可以通过福建省“创响福建”创新创业公共服务平台注册报名。大赛由省工信厅、省财政厅、省教育厅、省总工会、共青团省委等联合主办。除了“创响福建”主题大赛，本届赛事还聚焦我省战略性新兴产业、特色产业集群或创新应用领域，组织医疗器械、智能制造专题赛。根据赛事方案，主办方不仅为参赛优质项目设置了数万元的奖金，还将在产业化、投融对接、税收政策等多方面给予优先、有力的支持，确保其发挥经济潜力，创造社会价值。

13日，2023年上半年，全省道路运输系统全面贯彻落实党的二十大精神，按照省委、省政府和省厅部署要求，锚定全年目标任务，多措并举，累计完成运输服务投资165.9亿元，占年计划57.4%，超序时进度7.4个百分点，顺利实现“时间过半，任务过半”。各地市完成序时进度排名前三位的是漳州、南平、泉州。

14日，全省设区市林业局长会议以视频形式在福州召开。会议深入学习贯彻全省河湖长制林长制工作会议精神，总结交流2023年上半年林业工作，研究部署下半年重点任务。

14日，1—6月，湄洲湾港完成货物吞吐量6458万吨，同比增长15.84%，完成年度计划的56.16%；完成水运建设投资11亿元，完成年度计划的56%，超序时6个百分点，顺利实现时间任务“双过半”，为全面实现年度目标任务打下坚实基础。交工验收鲤鱼尾4号泊位、中化泉州中下游配套项目回填工程四期A区1393亩回填工程、莆头3-4号泊位工程陆域形成工程、肖厝11号泊位防风抑尘网等4个项目；开工建设哈纳斯莆田液化天然气接收站项目配套码头工程火炬平台及其引桥工程、兴化港区进港航道一期工程、罗屿11-12号泊位工程（二期工程）、莆头港口新增钢结构中转棚、肖厝港港三铁路配套站台及挡墙工程等5个项目；罗屿13号、14-15号泊位、东吴4-6号、莆头5-6号、秀屿2-3号等6个项目10个泊位港口岸线报批等前期工作全面加快。

16日，2023年全国执业兽医资格考试福建考区考试在福州顺利进行。本次考试为期1天，分基础、预防、临床、综合应用4个科目进行。全省共设置福建师范大学协和学院和福州大学（旗山校区）科技园2个考试学校，28个考场，1917名考生参加考试。

17日，省政府办公厅近日印发通知，明确进一步强化根治欠薪和清理拖欠民营企业中小企业账款工作，着力营造良好市场环境、营商环境、法治环境、社会环境。通知指出，各地各有关部门要严格执行《保障农民工工资支付条例》《保障中小企业款项支付条例》等规定，树牢群众意识、诚信意识，毫不松懈抓好各项责任、制度、措施落实，依靠法治化、市场化方法，运用行政手段，集中化解存量，严防新增欠款，切实维护农民工和民营企业中小企业合法权益，用实际成效检验主题教育成果。

17日，省农业农村厅召开座谈会，专题研究挂钩帮扶建宁县工作。会议强调，要全面落实帮扶方案，细化帮扶措施，促进帮扶项目落地。要支持建宁县开展乡村振兴探索，学习借鉴“千万工程”经验，分类打造乡村振兴示范村、示范镇，建设宜居宜业和美乡村。要加强工作指导，协助建宁县积极争取国家更多资源支持，培育优势特色产业。

17日，2023年福建省节能卫士八闽行活动在福州启动。坚持党建引领，福建省工信系统派出技术专家和精英骨干下沉一线，为重点用能企业办实事、解难题，推动工业绿色低碳转型和高质量发展。

17日，上半年，全省普通公路系统累计完成固定资产投资224.57亿元，占年度计划400亿元的56.1%，超序时进度6.1%，顺利实现“时间过半、任务过半”。从年度计划的完成总量看，泉州、福州、漳州居前。一是持续推进国省干线项目建设。上半年累计开工项目11个约85.8公里。二是农村公路发展成效稳步提升。上半年累计完成农村路网建设与改造工程1490.6公里，危桥改造101座，安保工程804.7公里，各项指标均超序时进度。三是加强投资项目运行监测。

17日，上半年，全省各级港航部门落实“深学争优、敢为争先、实干争效”行动，大力开展港航建设项目攻坚，截至6月底，累计完成投资38.50亿元，占年度投资计划的55%，超序时进度5个百分点，顺利完成时间过半、任务过半“双过半”目标。

18日，省农业农村厅在福州举办全省农业农村系统传达贯彻“全省深入学习‘千万工程’经验　建设福建美丽乡村现场推进会”精神视频培训。会议部署了当前需要特别关注的粮食生产、农业安全生产、乡村振兴考核和农村人居环境整治等重点工作，组织观看“全省推进乡村振兴　建设美丽乡村”宣传片和同济大学杨贵庆教授“乡村振兴新征程‘千万工程’再出发”专题讲座录播视频。

19日，省长赵龙主持召开省政府常务会议，审议通过《福建省加快推动竹产业高质量发展行动方案（2023—2025年）》《关于进一步推动职业教育服务经济社会发展的十条措施》，研究实施新时代民营经济强省战略、加快推进科技创新发展等工作。会议指出，竹产业是绿色产业、富民产业，我省竹资源丰富，推进竹产业全链条发展前景广阔、大有可为。要抓住“以竹代木”“以竹代塑”机遇，统筹好竹产业、竹科技、竹文化、竹工艺，进一步开发竹产品，拓展应用范围，以新供给创造新需求，推动绿水青山转化为金山银山。要加强资源整合，加快竹山流转，培育规模经营主体，建设更多优质丰产竹林，推动竹产业集群发展、集约经营。要提高科技水平，聚焦种植、采伐、运输、加工等环节，加快机械化智能化装备研发，开展竹种质创新、竹机械研制、竹产品深加工与高值化利用等研究。要注重招大培强，大力引进成长型成熟型企业，培育壮大龙头企业，推动竹加工园区建设，做强做优特色主导产业。要加强宣传引导，在全社会推广使用竹制品，推动形成绿色低碳生活新风尚。

19日，福建省商务厅消息，日前，商务部复函福建省人民政府，同意东山经济技术开发区更名为东山湾古雷经济技术开发区。要求更名后的东山湾古雷经济技术开发区要确保符合开发区用地规范要求，严禁违法违规使用土地；要着力推进开放创新、科技创新、制度创新，提升对外合作水平、提升经济发展质量，打造改革开放新高地。

19日，省商务厅（自贸办）召开试点对接国际高标准推进制度型开放专题会议。会议认为，此次包括福建（上海、广东、天津、北京）在内的5个自由贸易试验区和海南自由贸易港率先试点对接国际高标准推进制度型开放，责任重大、使命光荣，当精心组织实施并取得实效。会议提出六点明确要求：一是提高思想认识，强化责任担当；二是制定施工计划，抓好落地实施；三是细化分解任务，分类推进实施；四是加强宣传推广，释放制度红利；五是做好跟踪问效，及时总结评估；六是建立预警机制，抓好风险防控。

19—21日，省农业农村厅在福州举办2023年农产品质量安全检测技能竞赛，本次竞赛共有11支代表队48名选手参加，设置农药残留检测和兽药残留检测两个参赛项目，特设豇豆农残检测项目，采取理论知识考试和现场操作考核相结合的模式，进行现场取样、检测和考评，进一步提升基层农产品质量安全检测能力水平。

19—21日，省林业局在三明市将乐县举办全省国家级森林可持续经营试点工作培训班。省林业局有关处室局站和省林业调查规划院负责人、有关设区市林业局分管领导、有关县（市）林业局负责人和试点单位负责人参加培训。培训班邀请省世行办、省林业调查规划院、顺昌县国有林场专家为学员授课。顺昌县国有林场、将乐县林业局、上杭白砂国有林场和永安市林业局等单位分别作典型交流发言。培训期间，全体学员还深入水南镇朱布村国家木材战略储备林基地、南口镇蛟湖村森林可持续经营试点项目现场开展参观学习。

20日，由福建省水产研究所主编的推荐性国家标准《罐装冷藏蟹肉（送审稿）》审查会在山东烟台举行。来自全国水产标准化技术委员会、中国水产科学研究院、中国海洋大学等单位的10余位专家出席会议。该国家标准明确规定了罐装冷藏蟹肉的原料、理化指标和净含量等技术要求，详细描述了相应的试验方法和检验规则；此外，还针对标识、包装、运输和贮存等方面作出具体规定。审查组专家一致认为该标准结构设计合理，技术内容完整，达到国内先进水平，一致同意通过审查。

20日，工业和信息化部与福建省人民政府在福州召开座谈会，并签署《加快电动船舶产业发展合作备忘录》。近年来，福建省充分发挥动力电池、造船和应用场景等优势，出台一批支持政策，强化试点示范带动，探索推进电动船舶产业发展，取得阶段性成效。2022年9月，福建被列入国家内河船舶绿色智能发展先行先试地区、闽江列为示范应用流域。目前，全省落地游轮、货船、内河游船、执法船等全谱系电动船舶示范船型11型53艘，涵盖江河湖海多个应用场景，3个船型获国家级科研计划支持，初步形成研发设计，船舶建造、“三电”系统研制、运营基础配套，船舶应用的电动船舶全系统、全产业链发展格局，电动船舶特色产业基地雏形初步形成。工信部副部长辛国斌，副省长林瑞良出席并讲话。

21日，省委上半年工作会议暨省委、省政府工作检查总结会在福州召开。省委书记周祖翼主持会议并讲话，强调要深入学习贯彻习近平新时代中国特色社会主义思想和党的二十大精神，按照“四个更大”重要要求，坚持稳中求进，统筹推动经济运行持续好转、内生动力持续增强、社会预期持续改善、风险隐患持续化解，坚定信心、迎难而上，推动经济实现质的有效提升和量的合理增长，奋力实现全年发展目标任务。省委副书记、省长赵龙点评上半年全省经济社会运行情况，并具体部署下一步工作。省政协主席滕佳材出席。

22日，福州、厦门、泉州三个省级人工智能产业园授牌仪式在“2023中国人工智能大会”上成功举办。3个园区的设立，标志着福建人工智能产业进入集群发展新阶段、迈向创新发展新征程。在福建省委常委、福州市委书记林宝金，福建省委常委，常务副省长郭宁宁，福建省人民政府副省长林瑞良等省领导的见证下，省工信厅、省发改委、省科技厅有关领导分别为三个园区授牌。

23日，省委常委会主题教育调研成果交流和典型案例剖析会在福州召开。会议深入学习贯彻习近平总书记关于主题教育的重要讲话重要指示批示精神，交流调研成果，剖析典型案例，推动主题教育走深走实，促进调研成果不断转化为福建高质量发展的实际成效。省委书记、省委主题教育领导小组组长周祖翼主持会议并讲话。省委副书记、省长赵龙，省政协主席滕佳材，以及省委、省人大常委会、省政府、省政协领导，省法院院长、省检察院检察长参加。

24日，据福州海关统计，今年上半年，福建省外贸进出口9535.7亿元人民币，比去年同期（下同）下降1.3%。其中，出口5592.1亿元，下降5.3%；进口3943.6亿元，增长5%。上半年，一般贸易进出口7512.6亿元，增长1.4%，占同期福建省外贸进出口总值的78.8%，较去年同期提升2.1个百分点。上半年，福建民营企业进出口

5486.2亿元，增长4.4%，占同期福建外贸进出口总值的57.5%，同比提升3.2个百分点。同期，国有企业进出口2161.7亿元，占22.7%，同比增长1.9%。上半年，福建省对第一大贸易伙伴东盟进出口2029.9亿元，增长2%，占福建省进出口总值的21.3%；对欧盟进出口1228.8亿元，增长5.6%，占12.9%。同期，对“一带一路”沿线国家进出口3712.9亿元，增长6.2%，高于福建省进出口整体增速7.5个百分点；对RCEP贸易伙伴进出口增长3.3%。

25日，省政协专题围绕学习贯彻《中共中央国务院关于促进民营经济发展壮大的意见》（以下简称《意见》）召开座谈会，深入学习贯彻习近平总书记关于民营经济发展的重要论述和中央决策部署，聚焦省委、省政府中心工作，共同助力我省实施新时代民营经济强省战略。省政协主席滕佳材出席并讲话，副主席王光远主持会议并解读《意见》。

25日，联合国工发组织高级技术顾问刘恒和国际小水电中心有关专家一行，赴我省开展全球环境基金“中国小水电增效扩容改造增值”(GEF)项目改造活动成效调研。调研组一行现场察看连江县塘坂水电站增效扩容改造、设施设备运行、生态下泄流量执行、自动化监控、厂区排水系统改造、污水处理实施、厂区边坡绿化等情况，座谈了解增值改造项目设计和建设，安全生产标准化管理、绿色水电建设、河道生态环境保护以及公众参与等具体内容。调研组充分肯定我省GEF项目改造成效，理念有更新、管理有水平、责任有担当、发展有保障，达到了预期目标，有效推动小水电绿色发展。

25日，福建省气象台下午继续发布“台风预警Ⅲ级”，预计台风“杜苏芮”于28日凌晨到上午在福建省中南部沿海登陆。福建海陆空交通各部门严阵以待，全力以赴防范台风。截至目前，福建省交通运输厅已落实公路抢险队伍279支、共7899人，抢险救援装备2265台/套，派出9个安全生产小分队下沉挂钩地市。全省四方协作应急抢险力量已经集结待命，确保应急抢险救灾队伍和救灾机械设备“随时调用、随时抢险”。

26日，《福建省物业管理条例》时隔五年再次修改。物业管理涉及千家万户，事关百姓民生，事关基层社会治理。省人大常委会会议今日表决通过关于修改《福建省物业管理条例》的决定，于公布之日起施行。

26日，省十四届人大常委会第五次会议圆满完成各项议程，今日闭幕。《福建省治理公路货物运输车辆超限超载条例》是会议表决通过的5项法规草案之一。该条例从我省治超工作实际出发，在加强货物运输源头管控与通行监管、推进科技治超、促进文明执法等方面作出规范。

26日，省商务厅消息，日前，国务院发布自由贸易试验区第七批24项改革试点经验，福建自贸试验区探索形成的“航空货运电子信息化”入选并在全国推广，累计入选创新成果35项，占全国21%。“航空货运电子信息化”是亚太示范电子口岸网络（APMEN）合作试点示范项目，平台上线后作业效率提升90%以上，每年为企业节省成本上千万元。截至目前，航空货运电子信息化平台已注册企业数400余家，接入国泰航空、台湾中华航空、全日空等17家航空公司，平台累计作业量达89万票。

26日，福建省商务厅在华安县举办跨境电商对接活动。省商务厅、漳州市商务局、华安县商务部门、华安开发区管委会，亚马逊以及10多家外贸企业参加了活动。会议对接阶段，亚马逊代表介绍了跨境电商平台入驻政策，分享了选品策略和运营思路，并与参会企业在品牌全球化建设、贸易数字化等方面展开了交流。实地对接阶段，亚马逊代表走访了立兴冻干食品、宜和兴家具等出口企业，了解企业跨境电商出口情况和困难问题，指导企业借助跨境电商模式扩大出口。

26日，省交通运输厅于今日12时将防台风应急响应提升至Ⅱ级。截至7月26日18时，全省交通运输运行平稳。水路客运方面，全省沿海地市共有水路客运航线39条（其中对台客运航运4条），已停航36条（对台客运航线4条）；共有沿海岛际客渡运航线50条，已全部停航。内河渡运方面，全省内河渡口共70道，另有14道渡口季节性停渡。70道渡口中：已停航停渡67道，其他未停航的内河渡口将视天气情况停航。公路客运方面，全省公交线路累计停运44条。安全工作责任重于泰山，严防是保障安全的最佳举措。全省交通运输部门全面进入防台工作状态。

27 日，省委书记周祖翼在省应急指挥中心主持召开全省防御台风“杜苏芮”视频部署会，对防台风工作进行再动员、再部署、再落实。周祖翼强调，要深入学习贯彻习近平总书记关于防汛救灾工作的重要讲话重要指示批示精神，推动全省上下全力以赴防台风，有力有序、落细落实各项防御措施，切实保障人民生命财产安全。省委副书记、省长赵龙出席并作具体部署。

28 日，“杜苏芮”在福建晋江沿海登陆，登陆时中心附近最大风力 15 级，对我省沿海渔业生产带来严重影响。为及时做好渔业受灾救助和重建工作，省海洋与渔业局第一时间组织省渔业互保协会制定理赔工作方案，对受灾地区提前开展受灾定损等工作，并先期开展水产养殖台风指数保险理赔核算。

30 日，省政府审议通过《福建省加快推动竹产业高质量发展行动方案（2023—2025 年）》，明确了到 2025 年力争全省竹产业全产业链实现产值 1200 亿元、新增或完善提升新型竹林经营主体 100 个以上、培育扶持 2 家以上年产值超 30 亿元竹制品龙头企业等一系列目标任务。

福建竹资源丰富，现有竹林面积 1845 万亩，约占全国 17.5%，居全国第一，推进竹产业全链条发展前景广阔、大有可为。

31 日，第十一届全国品牌故事大赛福州赛区暨第三届福建省品牌故事大赛决赛今日在福州山水大酒店举办。来自医药、食品、服装、卫浴和电力等行业的企业品牌携带优秀作品闯入决赛，参与品牌故事演讲的角逐。经过激烈角逐，厦门航空有限公司福州分公司《厦航天际服务-跨越山海　同享天际》、国网福建省电力有限公司大田县供电公司《奋斗为光明　爱拼才会赢》、龙岩烟草工业有限责任公司《火把》等三个作品获得了本次大赛演讲比赛一等奖；福建福清核电有限公司《看不见的根，从戈壁到华龙》、九牧集团有限公司《九牧，为民族颂而歌》、中建五局海西投资建设有限公司《滩涂地上长出“超级工厂”福建宁德蕉城时代锂离子动力电池生产基地项目（车里湾一期）建设纪实》三个作品获得了征文比赛一等奖；福建福清核电有限公司《与华龙一起走过的那些时光》、国网浙江省电力有限公司青田县供电公司《光的答案》和福建爱与光科技股份有限公司《爸爸妈妈》获得了短视频比赛一等奖。同时征文组、短视频组和演讲组还各评出二等奖 5 名，三等奖 10 名以及最佳创意奖 1 名、最佳现场奖 2 名和优秀组织奖 7 名。

（摘编：徐根生）

8 月

1 日，省长赵龙主持召开省政府专题会议，进一步深入分析当前经济形势，对做好下半年经济工作进行再研究、再部署、再推动。他强调，要深入学习贯彻习近平总书记重要讲话重要指示批示精神和 7 月 24 日中央政治局会议精神，按照省委上半年工作会议部署要求，完整、准确、全面贯彻新发展理念，坚定信心、下定决心，全力拼经济、促发展、惠民生、保安全，推动下半年经济社会高质量发展。会上，省发改委、省工信厅、省财政厅、省农业农村厅、省商务厅等省直部门分析了上半年经济运行情况、存在问题，提出了下一步工作建议。省政府领导郭宁宁、林文斌、李建成、常斌、林瑞良、康涛结合各自分管领域作了工作点评和具体部署。

2日，省商务厅有关负责人主持召开福建省外资企业圆桌会议，认真听取参会外资企业在闽经营情况、存在的困难问题和下一步投资计划。住电装、奔驰汽车、高意通讯、优你康光学等12家重点外资企业和省外资企业协会，福州市外资企业协会、福州市台胞投资企业协会，省商务厅外资处、开发区处以及福州市商务局相关负责人参加会议。

2日，福建省商务厅（口岸办）召开智慧口岸工作推进座谈会。会上，各参会单位分别围绕智慧口岸建设情况、智慧口岸试点申报及下一步措施做了交流座谈。各单位认为，要打破数据孤岛，加强数据标准化建设，强化各口岸监管作业部门间的智慧协同、互联互通与高效运作，加大基础设施智慧化建设力度，紧紧围绕设施设备智能化、信息系统集约化、运行管理数字化、综合服务便利化和跨境合作常态化，营造安全、智慧、便利、高效的口岸新生态。福州市口岸办、厦门市口岸办还分别重点汇报了智慧口岸试点申报开展情况。

2—3日，亚马逊全球开店团队深入漳州目标企业，开展“一对一”对接活动。漳州市恒丽电子有限公司、漳州市新嘉华家具有限公司、福建奥斯福电力系统有限公司等7家企业参与了对接活动。“一对一”对接中，亚马逊全球开店团队介绍了平台入驻规则和扶持政策，与企业在选品策略、人员配备、品牌建设、物流规划、运营技巧等方面进行深入交流，并为企业提供个性化跨境电商方案。企业表示，跨境电商是拓展外贸出口的有效途径，其中三家企业表示将着手组建人员团队，尽快开展跨境电商业务，拓展出口新市场。

3日，来自省工信厅的数据显示，上半年，我省机械装备行业规上企业工业增加值累计增长9.7%，高于全省规上工业增加值9个百分点；销售产值累计增长9.1%，出口交货值累计增长33.9%。装备制造业正挺起福建现代产业的“脊梁”。

4日，福建省人民政府新闻办公室召开新闻发布会，发布《数字福建发展报告（2022年）》。这是我省首次发布数字福建发展报告。今年初，省委网信办、省数字办会同省直有关单位，首次启动《数字福建发展报告（2022年）》编制工作，对各地数字化发展水平进行评估，深入贯彻《数字中国建设整体布局规划》，推动数字福建高质量发展。报告评估结果表明，近年来，数字福建建设在创新实践中迈出坚实步伐。今年4月，中央网信办发布了《数字中国发展报告（2022年）》，对全国31个省（区、市）数字化综合发展水平进行评估，我省名列第6位。2022年福建省数字经济增加值超过2.6万亿元，对全省经济总量的贡献度已经接近一半。

4日，福建省工信厅消息，省政府日前审议通过《福建省加快推动竹产业高质量发展行动方案（2023—2025年）》，明确了到2025年力争全省竹产业全产业链实现产值1200亿元、新增或完善提升新型竹林经营主体100个以上、培育扶持2家以上年产值超30亿元竹制品龙头企业等一系列目标任务。福建竹资源丰富，现有竹林面积1845万亩，约占全国17.5%，居全国第一，推进竹产业全链条发展前景广阔、大有可为。

4日，春风万里　绿食有你——2023年福建省绿色食品宣传月（福州站）暨全国名特优新农产品推介活动在福州正式启动。活动现场颁发了全国名特优新农产品证书、2022年十大区域公用品牌、绿色食品证书，德化、清流、上杭以及宁夏回族自治区代表分别进行专场推介。通过现场推介、知识竞答、云逛展等活动，线上线下吸引150多万人参与，4小时达成订单超1680单，销售金额超57万元。

4—8日，由省住建厅主办、福建理工大学承办的“2023年度全省历史文化名城街区名镇名村传统村落保护传承专题培训班”第二期在福建理工大学旗山校区举办。开班仪式上，福建理工大学、省住建厅风貌办有关负责人共同为福建建筑遗产保护实验室揭牌。近年来，福建理工大学通过开设全省第1个历史建筑保护工程专业、成立福建省传统村落及历史建筑保护工程管理教育培训基地、设立3个福建传统建筑文化与营造技术省级科普教育基地等举措主动参与服务我省历史文化遗产保护工作，并参与制定《福建省村庄规划编制指南》和《福建省乡镇规划编制指南》，完成了全省300余个乡镇的“历史建筑、特色建筑、历史风貌街区普查”工作，建立了福建省传统村落和历史建筑数据库，使历史文化遗产保护特色成为学校服务社会的一张靓丽名片。

5日，在福建向金门供水工程通水5周年之际，由省委主题教育第八巡回指导组指导，省水利厅、省文旅厅、省台办、省水投集团共同组织，福建人民艺术剧院创作的大型原创话剧《共饮一江水》，作为主题教育“艺术党课”剧目在福州首演。省委办公厅、省人大常委会办公厅、省政协办公厅、省台办、省发改委、晋江市和活动组织单位相关领导，省水利、文旅系统党员干部，以及参与福建向金门供水工程设计、施工、监理、业主等相关单位人员，共同观看了精彩演出。

7日，省水利厅“AI即办”系统App正式上线试运行，标志着福建省水利类电子证照事项办理实现自动出证。目前，省水利厅将水利工程质量检测单位乙级资质电子证照新办/延续/变更/注销事项作为“AI即办”试点先行上线，企业通过“AI即办”系统，按照告知承诺制事项办事流程进行操作后，即可“零等待”拿证，大大提高了办证效率。

8日，省工信厅发布了《关于做好2023年度中小企业“揭榜”工作的通知》，旨在做好我省中小企业“揭榜”工作，促进大中小企业融通创新。省工信厅将汇总后的中小企业“揭榜”申请报送工业和信息化部，后者将其推送至“发榜”大企业。“发榜”大企业就每项需求选择1—3家“揭榜”中小企业，由大企业与“揭榜”中小企业自主确立合作关系。

9日，省政府办公厅印发《关于合力抓工业全力稳增长的通知》后，各地高度重视，迅速行动，采取多方措施全力促工业稳定增长。1—7月，宁德（增长22.9%）、漳州（8.1%）、南平（3%）、莆田（2.3%）、三明（2.2%）工业增速均高于全省，福州增长1.8%、与全省持平，龙岩、泉州分别增长1.5%、0.8%，厦门下降5.4%、降幅较上半年收窄1.2个百分点。

9日，商务部外贸司召开RCEP关税享惠智能化研讨交流视频会，专题听取福建省商务厅关于RCEP关税政策智能服务平台建设情况汇报并在线研讨交流。会上，商务部外贸司战略发展处对推动贸易数字化，帮助外贸企业更好地使用RCEP等自由贸易协定，助力企业降税减负等工作作出指导。省商务厅通关处介绍了RCEP关税政策智能服务平台的建设理念、服务功能等情况，并结合案例重点对平台的“最优关税方案推荐”“RCEP原产地规则智能判定和优化指引”“企业享惠智能分析”等主要功能进行了现场演示。双方围绕平台的功能内容、适用范围、宣传推广、下阶段工作及原产地证书使用等方面进行了深入探讨交流。

10日，福建省政府办公厅日前印发通知，要求全省上下认真贯彻落实党中央、国务院决策部署，按照省委和省政府工作要求，深入实施“深学争优、敢为争先、实干争效”行动，进一步提高认识，统一思想，从加快推进项目攻坚、推动产融精准对接、支持企业开拓市场、积极培育“小升规”企业等方面采取具体措施（以下简称“措施”），合力抓工业，全力稳增长。措施突出“合力”二字，要求各地、各部门要齐抓共管，主要领导亲自研究部署，快速组织动员到县、到乡，开展集中攻坚，统筹资源、积聚力量抓工业，抓细抓实抓具体，尽快抓出成效。

10日，省农业农村厅召开“福九味”中药材优势特色产业集群建设工作推进会。会上，邀请3位中药材行业领域专家作辅导解读，古田县作了典型经验交流。漳州、三明、南平、龙岩、宁德等地及厅产业处、种植业处相关负责同志参加会议。

10日，在工业和信息化部、省委、省政府指导下，由省通信管理局、省发展和改革委员会、省水利厅、省海洋与渔业局、福建海事局、泉州市人民政府共同主办的第六届“绽放杯”5G应用征集大赛5G+水利海洋专题赛在泉州启动。本届专题赛是全国首届水利海洋专题赛，大赛以“智水利民、向海而兴”为主题，在促进行业特色5G应用创新和落地实践、推动地方5G产业经济发展、增强5G应用辐射效应等方面，将产生深远影响。

10日，省工信厅召开合力抓工业全力稳增长专题部署会。会议强调，全省工信系统要总动员，把落实十条措施、全力推动工业增产增效、促进工业稳增长作为今年年底前工作的重中之重，切实增强工作责任感和紧迫感，对照全年目标找差距，逐项研究细化落实的具体办法，要列出工作内容、工作目标、工作效果，明确完成时限、责任部门、责任人员，切实把工作责任压实到岗、传导到人，全力以赴、凝聚合力，确保各项工作顺利推进。

11日，《福建日报》报道，主题教育开展以来，省委省直机关工委会同省工信厅、省工商联，统筹推进省直部门挂钩联系民营企业工作交出沉甸甸成绩单：45个省直部门共挂钩联系171个民营企业，深入企业调研249次，开展政策宣讲267场，收集企业困难问题251个，帮助解决187个，出台惠企政策文件20份，推出231项举措，助力企业加快87个项目建设，推动技术合作24项，帮助企业落实各类资金超12.6亿元。

11日，福建省乡村振兴成果展巡展活动在福州开展，省政协原副主席、省乡村振兴促进会会长许维泽出席。成果展在福州市鼓楼区三坊七巷郎官巷举办，设置综合展区、产业振兴展区、人才振兴展区、文化振兴展区、生态振兴展区、组织振兴展区等六大展区，总面积约600平方米。展区通过图片、视频、实物等形式，集中展示我省乡村振兴成效成果。展览至本月31日结束。

11日，福建省工信厅消息，为深入开展学习贯彻习近平新时代中国特色社会主义思想主题教育，贯彻落实省委“深学争优、敢为争先、实干争效”行动部署要求，进一步加快我省工艺美术产业高质量发展，9—11日，省工信厅会同省企联、省工美中心、省工艺美术学会赴浙江省青田县、东阳市开展工艺美术产业发展专题调研，并就闽浙工艺美术产业发展进行了座谈交流。

13—17日，国家林业和草原局、中国农林水利气象工会全国委员会在大兴安岭加格达奇联合主办首届全国林草行业森林消防员职业技能竞赛，全国28个省、自治区、直辖市林业主管部门，内蒙古、吉林、长白山、龙江、伊春森工集团、大兴安岭林业集团、林科院等35个单位参加，福建省林业局荣获“优秀组织奖”。

14日，《福建日报》报道，“闽江明珠”水口水电站扼守闽江干流中段，1993年8月8日，第一台机组发电。截至今年8月8日，30年累计发电量超1600亿千瓦时。30年来，国网福建省电力有限公司发挥水口水电站发电、防洪防汛、保障航运、保护生态等综合功能，推动经济、社会和生态效益“三赢”，源源不断为全省经济发展输送绿色清洁能源，点亮万家灯火，筑牢生态屏障，为美丽福建赋能，为美好生活充电。

14日，福建省工信厅组织召开“推动全省电动船舶产业发展暨‘光储充检’一体化示范站推广应用工作现场会”，各设区市工信部门相关负责人及省船舶集团、省港口集团等企业代表前往星云电子、时代星云等企业以及星云智慧低碳生活体验中心、“闽江之星”电动游轮等应用场景调研，并召开座谈会。近年来，福建积极谋划发展电动船舶产业，推动试点示范，已基本打通电动船舶产业链上下游，初步形成涵盖研发设计、总装建造、“三电”系统研制、运营配套、船舶应用的电动船舶全产业链，已有相关企业、单位56家。目前，全省已落地电动船舶示范项目11型53艘，涵盖江河湖海等应用场景，3个船型获国家级科研计划支持。下一步，福建还将围绕推动船舶电动化、船型标准化、产业集聚化、岸电一体化、运营市场化、服务便捷化等，继续加快推动电动船舶产业高质量发展，着力打造电动船舶特色产业基地。

14日，省工信厅组织召开推动全省电动船舶产业发展暨“光储充检”一体化示范站推广应用工作现场会。会上获悉，福建已基本打通电动船舶产业链上下游，初步形成涵盖研发设计、总装建造、“三电”系统研制、运营配套、船舶应用的电动船舶全产业链。

14日，省交通运输厅消息，我省在全国率先实施“两通工程”，将让物流运行更加顺畅，让群众更好地享受高质量的高速公路服务，有力推进交通强省建设。预计到2025年，全省将实现213对邻县高速便捷通行、占比85.9%，实现90%陆域乡镇、90%重要旅游景区、100%重要产业园区、100%重要交通枢纽30分钟内上高速，为新福建建设和乡村振兴提供更优质的交通保障。

15日，省林业局消息，省标准贡献奖励委员会办公室近日通报了第九届福建省标准贡献奖获奖名单。在30项获奖项目中，林业标准项目占据3席，其中“DB35/T 1482—2014《菌草品种认定技术规范》、DB35/T 1483—2014《菌草栽培技术规范》”项目获一等奖、“GB/T 36058—2018《林业生物质原料分析方法　不可溶性糖测定》”项目获二等奖、“DB35/T 127—2019《主要造林树种苗木质量》”项目获三等奖。

15 日，全国消费品工业座谈会在福建省泉州市召开。会议落实全国工业和信息化主管部门负责同志座谈会要求，研究部署消费品工业重点工作。工业和信息化部党组成员、副部长王江平出席会议并讲话，福建省副省长林瑞良出席会议并致辞。会议指出，消费品工业涵盖老百姓“衣食居用行、育教医康养、文娱旅美尚”等方方面面，是我国传统优势产业和重要民生行业，是满足人民日益增长的美好生活需要的物质基础。要加快推动绿色低碳转型，促进消费品工业高质量发展；要全力以赴推动消费品工业平稳增长；要千方百计保障重点产业链自主可控；要多措并举推进消费品工业“三品”行动；要持续抓好重点物资生产供应保障；要持之以恒加强行业发展政策研究。

15 日，福建省工信厅消息，当前工信部门把支持企业开拓市场作为稳定工业经济的重要抓手，加大政策支持力度。今年，省工信厅、省商务厅联合印发《开展 2023“三品”全国行福建系列活动》，结合我省优势产业和特色产品，举办了“福州优品”消费节、武夷竹产品展销会、海峡两岸老龄产业博览会等活动，并列入“三品”全国行计划，落实配套政策，促进消费提质升级。提升各地开拓市场的积极性，我省创新资金奖补政策，提高奖励标准。上半年，我省对各地工信部门牵头举办的线上或线上线下相结合的促销活动，取消“当地需配套 50%资金”的限制，最高补助可达 100 万元；对各地工信部门牵头开展的“手拉手”供需对接活动，根据参会工业企业数量给予奖励，奖补资金提高至 10 万元。

16 日，中国共产党福建省第十一届委员会第四次全体会议今日在福州举行。全会由省委常委会主持，省委书记周祖翼讲话。全会听取和讨论了周祖翼受省委常委会委托作的工作报告，审议了《中共福建省委、福建省人民政府关于实施新时代民营经济强省战略，推进高质量发展的意见》。

16 日，省委十一届四次全会在福州召开，就实施新时代民营经济强省战略作出全面部署。全会的召开，为广大福建民营企业发展提振了信心、指明了方向。福建民营企业家表示，将深耕各自领域，强化企业技术创新主体地位，进一步推动福建民营经济提质增效、转型升级、再创优势，为福建从民营经济大省向民营经济强省跨越突破贡献力量。

16 日，中午 12 时，我省北纬 26 度 30 分以南海域的所有捕捞渔船、辅助船、所有自愿伏休钓具渔船，以及北纬 26 度 30 分以北海域的小型张网渔船共 9144 艘正式开渔。近万艘渔船几乎同时拔锚启航，浩浩荡荡地驶向碧波荡漾的东海，展现出一幅“百舸入海，千帆竞发”的壮丽景象，各个渔港迸发出勃勃生机。当天上午，“福见扬帆　渔海同乐”福建省首届开海文化季（泉州主会场）启动仪式在泉州市石狮祥芝国家中心渔港隆重举行。根据省里统一部署，福州、漳州、莆田、宁德、平潭分会场同步举行了启动仪式，拉开了开渔序幕。

16—17 日，省水利厅在泉州举办 2023 年全省水利水电工程质量监督从业人员培训班，来自省、市、县（市、区）水行政主管部门的 100 名质量监督从业人员参加培训。本次培训班旨在提高学员水利水电工程质量监督工作技能，加强基层技术骨干沟通交流，进一步提高全省质量监督业务能力，为全力建设“一河一网一平台”，推动我省水利事业高质量发展贡献力量。

16—18 日，农业农村部渔业渔政管理局有关领导带队来我省检查海洋伏季休渔后期执法监管和专项捕捞实施工作情况。检查组采取“四不两直”方式，先后深入我省泉州、平潭、福州和宁德地区，暗访泉州深沪、祥芝、惠安等中心渔港，随机抽查平潭东澳中心渔港、福清东瀚海亮渔港、长乐松下渡口码头，霞浦后岐、长春高罗三级渔港以及福鼎嵛山马祖一级渔港内渔船停泊情况，重点检查实施四种作业类型专项捕捞定点上岸的霞浦三沙中心渔港和福鼎太姥山下浪头渔港定点停靠泊位、渔船进出港报告制度落实情况。

16—18 日，省水利厅在泉州举办 2023 年度全省生产建设项目水土保持监管培训。此次培训旨在宣传贯彻中共中央办公厅、国务院办公厅《关于加强新时代水土保持工作的意见》，提升我省水土保持监管人员工作能力水平，有力推动我省新时代水土保持工作高质量发展。

17—19 日，省农业农村厅在香港举办“闽茶海丝行”推介活动。本次活动，由省农业农村厅有关领导率团组织 35 家福建茶叶企业参加，借助香港作为国际金融、贸易、航运中心的重要地位，深化福建茶企与国际采购商的经贸合作，促进福建茶文化在世界各地的传播推广。

18 日，省农业农村厅在浦城县召开全省再生稻产业发展暨高标准农田改造提升现场推进会。省政府副省长王金福出席并讲话。会议要求，要大力发展再生稻，加大政策扶持力度，推动农艺农机双融合，着力延伸产业链条，挖掘粮食增产潜力；要加快建设高标准农田，逐步把永久基本农田全部建成高标准农田，提高建设标准和质量，完善建后管护机制，不断提升耕地综合生产能力；要抓好农业防灾减灾，加快台风“杜苏芮”灾后农业恢复生产，加强秋粮田管和病虫害防治，努力夺取全年粮食丰收。会议还实地参观了水稻育秧工厂、高标准农田“五化”建设以及再生稻品种、机具等展示，浦城县、尤溪县作交流发言，浦城县发布了再生稻绿色高质量发展白皮书，谢华安院士作了“守正创新与粮食安全”专题讲座。

18 日，由国家林草局科技司主办的 2023 年全国林草科普讲解大赛第二分赛区在杭州落下帷幕。福建省林业局选送的科普讲解员荣获一、二、三等奖及优秀奖各一个，实现大满贯。其中，来自福州植物园的何春高（一等奖，总分第 7）、省林科院的黄宇（二等奖，总分第 9）突出重围，脱颖而出，成功晋级，将代表福建省参加在北京举办的总决赛。

18 日，福建省林业局、福建省自然资源厅在福州组织召开 2023 年全省森林、草原、湿地图斑监测工作启动会，正式启动 2023 年林草湿图斑监测工作，并开展了图斑监测技术培训。本次启动会采用线上线下相结合方式开展，省林草湿图斑监测工作专班人员、省林业局有关单位主要领导及业务骨干参加了现场培训，各市、县（区）自然资源主管部门与林业主管部门、平潭综合实验区资源生态局、武夷山国家公园管理局有关人员共 200 余人参加了视频培训。

18 日，2023 世界航海装备大会第二场招商推介会在青岛市成功举办。福建省工业和信息化厅有关负责人出席推介会并致辞。中国船舶集团等企业、科研机构、高校代表齐聚一堂，共商航海装备产业合作大计，共谋福建海洋经济高质量发展。世界航海装备大会将于今年 10 月 12 至 15 日在福州市举办，目前各项筹备工作有序推进。中国海洋装备博览会将与大会同期举办，届时中国船舶集团有限公司还将举办每年一度的海洋装备产业链供应链建设大会，千名采购商和供应商将云集福州。

18 日，福建省交通运输厅消息，按照《交通运输部办公厅关于组织开展“四好农村路”全国示范县评估验收工作的通知》等文件有关要求，交通运输部评估验收组于 8 月 6 日至 11 日来闽开展“四好农村路”全国示范县实地复核工作。8 月 7 日早上，部评估验收组在省交通运输厅召开“四好农村路”全国示范县实地复核工作会议，观看我省“四好农村路”宣传视频、听取我省“四好农村路”创建工作的汇报，并对此次“四好农村路”全国示范县实地复核工作进行部署。会后，部评估验收组即分组前往我省各“四好农村路”全国示范县创建单位开展实地复核工作。

21 日，2023 世界航海装备大会动员部署会召开，深入学习贯彻习近平总书记关于建设海洋强国的重要论述，按照省委书记周祖翼、省长赵龙的指示要求，对大会筹备工作进行再动员、再部署、再落实。省委常委、市委书记林宝金主持并讲话，市长吴贤德作具体部署。省直有关部门领导到会指导，市四套班子和福州新区领导等出席。会议以视频形式召开，各县（市）区、高新区设分会场。

21—23 日，省农业农村厅在罗源县举办全省动物疫病防控工作培训班。培训班围绕畜间布鲁氏菌病、高致病性禽流感等重大动物疫病防控，邀请中国动物疫病预防控制中心、中国动物卫生与流行病学中心、中国农科院哈尔滨兽医研究所专家授课，分析当前动物疫病防控形势，提出针对性防控措施建议，分享无疫小区和净化场建设经验，推动持续提升我省动物疫病防控工作水平。培训期间，还为 2022—2023 年度获批国家无疫小区和省级以上动物疫病净化场的企业授牌。

22日，国务院新闻办公室于今天上午10时举行新闻发布会，请商务部部长助理陈春江、福建省人民政府副省长王金福和商务部投资促进事务局局长刘殿勋、厦门市人民政府副市长庄荣良介绍第二十三届中国国际投资贸易洽谈会有关情况，并答记者问。

22日，全省经济运行分析会议在福州召开。会议强调，各地各有关部门要全面贯彻落实党中央、国务院决策部署，认真落实省委十一届四次全会精神，锚定全年目标任务，着力扩大内需、提振信心、防范风险，确保三季度好于二季度、下半年好于上半年，以实实在在的发展成效检验主题教育成果。省委常委、常务副省长郭宁宁主持会议并讲话。

22日，省农业农村厅在福州举办第三批国家级农产品质量安全县（市）集中答辩会。答辩会上，三明市、罗源县、古田县、武平县、永春县等5个创建单位，就农产品质量安全属地责任落实情况、政府支持创建情况、考核办法中关键项落实情况、监管工作创新情况及创建成效等重点方面作汇报答辩，并接受评委组提问。

22日，省农业农村厅召开福建省2023年中国农民丰收节主会场活动工作协调会。会议强调，今年是全面贯彻党的二十大精神开局之年，也是加快建设农业强国的起步之年，办好中国农民丰收节意义重大。要紧扣“庆丰收·促和美”主题，策划开展丰富多彩的庆丰收活动，充分展现我省“三农”发展成就，展示农业农村现代化美好前景，确保丰收节主会场活动办出特色、办出水平、办出影响。要充分利用丰收节庆效应，大力开展“福农优品”“闽宁优品”等特色优质农产品宣传推广，线上线下促进农产品销售，打造丰收节金秋消费季。要压实各方责任，强化力量配备，全力做好各项筹备工作，确保丰收节主会场活动圆满举办。

22日，上午，由农业农村部渔业渔政管理局指导，福建省海洋与渔业局、中国远洋渔业协会共同举办的福建省远洋渔业安全生产实操实战演练活动在福州顺利举办。本次演练充分考虑远洋渔船海上航行及作业特点，采取“模拟场景+实战演练”的方式，设置失火应急处置、海上自救施救、渔船航行作业及突发事件应急处置等3个科目，集中展示、多点呈现、联动响应、实战检验。

23—24日，全省林业产业发展培训班在漳州南靖举办，全省设区市林业主管部门分管领导、产业工作负责人，17个林业产业重点县分管领导、有关处室局站负责人等50多人参加培训。局领导联系挂钩重点企业代表和20多家林场、林企及林业合作社代表参加对接活动。

23—25日，水利部太湖流域管理局有关负责人率队来闽，开展水网规划及重大水利项目前期工作调研。调研组实地查看了九龙江南引工程、闽西南水资源配置工程浙溪水库坝址、闽江口水资源配置提质增效工程龙湘水库坝址和大樟溪莒口拦河闸，并组织召开了座谈会，与福州市水利局、省水投集团、省水电设计院等单位，就合力推进东南水网建设规划编制，以及闽西南、闽江口水资源配置工程前期工作，进行了深入的讨论交流。

24日，省农业农村厅在福州召开亚行贷款福建农地资源可持续利用示范项目实施调度会。会议强调，要充分认识实施亚行贷款项目对展现福建农业对外开放形象，助力乡村振兴和农业绿色发展的积极作用，切实加快推进项目实施。要对照时间任务节点，抓紧梳理进度差距，加快打通堵点卡点，加强督导、靠前服务，确保如期完成项目建设任务，取得预期社会效益、经济效益和生态效益。

24日，2023年以来，全省消费品市场呈现平稳恢复态势。1—7月，全省实现社会消费品零售总额12643.31亿元，同比增长4.0%。持续打响“全闽乐购”品牌，全面激发消费活力，福建再出招。近日，福建省外贸外资（稳价保供）协调机制办公室印发《关于进一步促消费扩内需若干措施》，支持各地聚焦汽车、家电、家居、服装鞋帽等重点消费，围绕中秋、国庆、双11等重要消费节点，策划开展美食节、家居节、网购节、年货节、直播大赛等重点主题促销活动5000场次以上。

25日，2023世界航海装备大会部省联席会议在北京召开。省委常委、常务副省长郭宁宁，工业和信息化部、交通运输部有关领导，福州市、省直有关部门，赛迪研究院、中船集团有关单位负责同志参加会议。会议强调，要对标一流标准，围绕“1+6+1+N”总体架构，优化提升大会开幕式、主论坛、博览会、海洋产业链供应链生态大会、海洋经济合作对接会等关键环节，落实重要嘉宾邀请，进一步提升大会影响力；精心策划新时代成果展，聚焦海洋产业趋势，分类规划展区，创新展陈模式，突出特色亮点，全面展现海洋领域最新成就。要深化对接合作，充分发挥大会平台效应，借势借力开展海洋产业合作和经贸洽谈，建立项目对接落地长效机制，落实跟踪服务，把办会成果转化为推动海洋经济发展的实际成效。要坚持精益求精，借鉴先进经验，统筹做好住宿、餐饮、医疗、交通等服务保障，强化宣传报道和氛围营造，全力以赴打造国际化、专业化、高水平、高质量的精彩盛会。

25日，为推动高端电源设备制造数字化、智能化创新转型发展，提升企业职工专业技能水平和综合素质，由省工信厅信息产业工会主办的高端电源设备制造专项技能竞赛于2023年7—8月在科华数据股份有限公司厦门厂区举办，共有173名职工报名参赛。本次技能竞赛以“智慧电能·引领未来”为主题，设置了装配工大赛和高端电源创新设计大赛两个项目，装配工大赛中线束、包装、调试等技能比拼，充分展现职工在工艺上细致严谨、精益求精的工匠精神；高端电源创新设计大赛中测试、结构工艺、DSP、硬件等方案设计，充分体现职工在技术上勇于创新的作风品质。竞赛历时1个多月，经过激烈角逐，最终决出一等奖10名（组），二等奖10名（组），共有56名职工获奖。

25日，福建省工信厅消息，8月25日至11月25日，“中国白——德化白瓷展”400余件德化白瓷作品在中国国家博物馆北1和北2展厅面向公众开放。本次展览精心策划，涵盖了从古代至今的作品，分为“一白独秀”和“百技争艳”两个单元。除了展示传世精品如“何朝宗”款观音像和“筍江山人”款观音等，还展示了德化窑古代珍品如尾林窑遗址和华光礁一号沉船，以及现当代德化艺术家的杰作，全面展示了德化瓷的制瓷技艺和传承创新。

25日，福建省住建厅消息，为了建立健全社会监督机制，充分发挥社会各界对物业服务企业侵占业主公共收益、收入及分配不公开等问题“点题整治”（以下简称物业“点题整治”）工作的监督作用，不断提高公共收益管理水平，促进物业行业健康发展，近日，福建省住房和城乡建设厅决定聘请一批物业“点题整治”行风监督员，开展物业“点题整治”行风监督工作。

26日，上午福建省工业信息产业发展研究中心正式挂牌。经福建省委编办批复同意，福建省电子产品监督检验所更名为福建省工业信息产业发展研究中心，负责工业信息产业发展和关键技术、标准的研究应用，工业数据安全风险监控预警、检查评估认证及产业促进，工业信息软硬件产品检验检测等。

27日，晚上，省委省直机关工委以“实施新时代民营经济强省战略　奋力谱写中国式现代化福建篇章”为主题，举办省直青年学习讲堂学习会。省政协副主席、省工商联主席王光远出席并讲话。省委省直机关工委班子成员和省直机关有关部门单位负责同志、民企台企代表及省直青年干部代表300余人参加了学习会。

28日，松材线虫病疫情防控工作约谈会召开，福建省林业局和国家林草局驻福州专员办主要领导集体约谈了三明市三元区、尤溪县，龙岩市长汀县，厦门市思明区4个县（区）政府分管领导和林业主管部门主要负责人。会议通报了国家林草局松材线虫病疫情核查情况，部署了下一阶段疫情防控工作，4个县（区）政府分管领导分别作表态发言。

28—30日，水利部水规总院在北京组织召开宁德上白石水利枢纽工程可研报告复审会。会议听取了福建省水电设计院关于上白石水利枢纽工程可研报告编制情况的汇报，经分组讨论和认真审议，认为可研报告符合编制规程要求，原则同意通过审查，并提出了需要修改完善的意见建议。

29日，全国政协副主席王勇于8月29日至9月1日率调研组来闽，围绕“优化外商投资环境”开展民主监督性调研，并召开座谈会。省委书记周祖翼、省长赵龙、省政协主席滕佳材与调研组一行在福州交流座谈。在闽期间，调研组深入泉州、厦门等地的外资企业、自贸区等实地调研，与有关部门和外资企业代表座谈交流，听取意见建议。

29日，国家林草局科技司在北京举办了2023年全国林业和草原科普讲解大赛总决赛，来自全国林草系统的26支代表队47名选手参加了总决赛。福建省林业局代表队有2名选手获二等奖，分别是来自省林科院的黄宇和来自福州植物园的何春高，福建省林业局荣获优秀组织奖。

29日，上午，福建省工信厅、省金融监管局、中国人民银行福建省分行联合在福州兴业银行大厦举办全省产融合作政银企对接活动（兴业银行专场）。此次对接活动由兴业银行和福建省中小企业服务中心承办，除在福州兴业银行大厦设立主会场外，还在各地兴业银行一级分行和县（市、区）支行设立42个分活动会场。活动中，中国人民银行福建省分行进行了金融惠企政策宣讲，兴业银行推介了融资服务产品，兴业银行省内各分支行与融资需求企业积极对接，并在活动现场举行了签约仪式，共签约36个融资项目（企业），签约金额183.36亿元。今年初以来，全省工业经济平稳向好运行，工业增加值增速持续回升。6月末，全省工业企业贷款余额同比增长19.75%，比各项贷款余额增速高11.12个百分点，创7年多来新高。

29日，今天开幕的中国（上海）国际显示技术及应用创新展（DIC EXPO）上，福建华佳彩有限公司携金属氧化物Mini-LED车载屏、OLED屏、高端平板屏等最新研发成果参展，获得DIC AWARD 2023国际显示技术器件创新金奖等四大奖项。华佳彩是国内首家将金属氧化物技术与Mini-LED背光技术相结合的厂商，其推出的全国首创12.3寸金属氧化物内嵌式触控Mini-LED车载显示屏，将超卓的金属氧化物技术带到车载显示领域，填补了业界空白，可降低面板功耗。

29日，省工信厅制定《省级工业领域重点用水企业和园区水效“领跑者”遴选工作实施方案》（下简称《方案》），组织开展省级工业领域重点用水企业、园区水效“领跑者”遴选工作，《方案》执行有效期至2025年12月31日。

29日，为顺利推进2023年度全省桥隧监测评价工作，省交通运输厅在福州组织召开福建省桥隧养护监测评价启动会。省交通运输厅、省高速集团、省公路中心、各地市公路中心等单位及相关人员参加会议。会上，各项目承担单位分别汇报了高速公路和普通国省道桥隧监测评价实施方案。此次监测评价工作按地市逐步开展，主要内容是依据《国家公路网重点桥梁和隧道监测评价规程》对全省11座高速公路桥隧、20座普通国省道桥隧开展监测评价；对130座普通国省道桥隧的定期检查报告进行复查，指导提升定期检查报告编写质量和评定结果科学性；对全省3000多座桥梁的基础数据、动态数据每月开展一次核查比对，进一步完善普通国省道桥隧资料信息，提高数据完整性、准确性。其中，重点桥隧监测评价工作预计在11月底前完成。

30日，亚洲开发银行副行长罗伯塔·卡萨利一行到平和县考察亚行贷款农地资源可持续利用示范项目。考察组深入平和县坂仔镇片区绿色生态柚园项目，详细了解机耕路、排水沟、桥涵等果园基础设施以及水肥一体化灌溉系统建设运营情况，对项目建设成果和取得的经济、社会、生态效益给予充分肯定。考察期间，亚洲开发银行与我省召开座谈会，就今后亚行在福建投资方向和意见建议进行充分讨论。

30日，“2023年自贸试验区制度创新成果复制推广工作专题培训班”在苏州工业园区开班。本次培训班由商务部自贸区港司主办，苏州工业园区培训管理中心承办。全国21个省自贸办（片区）共76人参训，我省自贸工作领导小组成员单位、厦门片区派员参训。此次培训班为期3天，采取集中脱产学习方式进行，通过专题辅导、现场教学、经验交流等形式开展培训。

30日，为做好台风“苏拉”的防御工作，省交通运输厅迅速落实省委、省政府、交通运输部关于防御今年第9号台风“苏拉”的有关部署要求，于今日18时启动交通防台风Ⅱ级应急响应并启动交通防暴雨Ⅳ级应急响应，并派出督导组赴闽南地区靠前督查落实防台抗台工作。目前，全省已落实公路抢险队伍7205人，抢险救援装备2513台/套，分布在各地市高速运营路段、市公路应急中心、市桥隧应急中心、县区公路中心、公路站、各港口作业区、武警驻地和建设工地上。此外，落实道路运输应急保障车辆 2034 辆。

31 日，省农业农村厅厅长、厅应对农业重大自然灾害工作领导小组召开专题会议，部署台风“苏拉”和“海葵”防御工作。会议指出，要深刻认识抓好农业防灾减灾工作的极端重要性，坚决贯彻落实省委、省政府部署要求，以“时时放心不下”的责任感，全力以赴做好台风“苏拉”和“海葵”防御工作。

31 日，福建省工信厅消息，当前全省工业经济运行保持稳步回升态势。7 月份，全省规上工业增加值增长 5.3%，比全国当月增幅高 1.6 个百分点，比 6 月份加快 0.6 个百分点，为今年来月度最高增速。1—7 月，全省规上工业增加值增长 1.8%，较上半年回升 1.1 个百分点；全省工业用电量 1052.2 亿千瓦时，增长 3.9%，增速较上半年提高 0.3 个百分点；全省工业投资增长 14.5%，较全国平均高 6 个百分点，其中技改投资增长 10.6%。

31 日，举行 2023 年国家网络安全宣传周新闻发布会，中央网信办网络安全协调局透露，由中央宣传部、中央网信办、教育部、工业和信息化部、公安部、中国人民银行、国家广播电视总局、全国总工会、共青团中央、全国妇联等十部门联合举办的 2023 年国家网络安全宣传周定于 9 月 11 日至 17 日在福建省福州市举行。

31 日，2023 世界航海装备大会新闻发布会在福州召开。省委常委、常务副省长郭宁宁，工业和信息化部、交通运输部有关司局及福州市政府负责同志出席发布会介绍情况并答记者问。举办 2023 世界航海装备大会，是贯彻落实党的二十大精神和习近平总书记关于海洋强国建设重要论述的具体行动，意义重大、正逢其时。福建省将在国家有关部委指导下，按照“办出影响、办出特色、办出品牌、办出实效”的要求，举全省之力认真做好大会各项筹备工作，确保把大会办成一届国际化、高水平、特色亮点突出的交流合作盛会。大会将立足国际视野、凝聚全球智慧，打造高端平台、引领产业升级，聚焦专业领域、深度交流研讨，突出文化内涵、彰显特色亮点，加强福建与国内外海洋产业对接、项目合作，促进海洋经济高质量发展，推动福建在服务和融入新发展格局上展现更大作为。

31 日晚上，由省工信厅会同商务厅等单位指导，邵武市人民政府主办的全闽乐购·竹生活消费季启动仪式在邵武竹立方生态科创馆隆重举行。全国各地的竹产业生产制造商、经销商、采购商、权威机构等专家学者近 500 人共同出席启动仪式。启动仪式上，省工信厅解读了《福建省加快推动竹产业高质量发展行动方案（2023—2025 年）》，省商务厅发布了进一步促消费扩内需 9 条措施和拟出台的商务领域支持竹产业发展 8 条措施，南京林业大学围绕竹产业做大做强进行专家发言。国际竹藤中心、竹类研究所、邵武市政府等单位共同发布产学研用协同创新联合倡议。邵武竹立方、福人集团与上海品悦汇等公司签订竹产业发展战略合作协议。启动仪式后，邵武市将投入专项资金，开展为期一个月的全闽乐购·竹生活消费季活动。

31 日，省工信厅联合省住建厅、省重点办组织召开全省冶金建材生产企业与重点建设项目对接会。此次对接会覆盖面广，既有项目业主代表，又有建筑企业和设计单位，参会总人数达到 600 人。其中，主会场参会单位约 160 家（需求单位 113 家）、近 200 人；各地分会场线上参会约 400 人。对接会现场发布了 122 家冶金建材企业产品供应和 1580 个重点建设项目需求信息。16 家冶金建材生产企业推介了主导产品和 H 型钢、铝模板、装配式建筑材料、绿色和新型墙材等未来行业重点发展产品。

31 日，为持续深化推进物业公共收益“点题整治”工作，建立健全社会监督机制，充分发挥社会各界对物业公共收益“点题整治”工作的监督作用，8 月中旬省住建厅聘任了 33 名省人大代表、省政协委员及社会各界精英作为我省物业公共收益“点题整治”行风监督员，并于近期召开物业公共收益“点题整治”及行风监督员座谈会。省发改委、省公安厅、省市场监管局等部门相关负责同志、行风监督员代表、驻省住建厅纪检监察组及相关处室负责同志、省物业管理协会负责同志等参加会议。

（摘编：郑新贵）

9 月

1 日，省农业农村厅召开党组（扩大）会议，传达学习省委十一届四次全会精神，研究贯彻落实措施。会议要求，要紧盯年度目标，弘扬“马上就办、真抓实干”优良作风，深化“两直两前”、挂钩联系推动重点工作等机制，以真抓实干的实劲促落实，奋战三季度、冲刺四季度，奋力完成全年农业农村各项目标任务。

1 日，经福建省政府同意，福建省财政厅近期牵头福建省金融监管局、人民银行福建省分行、福建银保监局，推出“福建省第二/三期中小微企业提质增产争效专项资金贷款”（下称“专项资金贷款”）。专项资金贷款计划规模为 2 期共 200 亿元，福建省财政将安排 4 亿元资金，对符合条件的提质增产争效贷款每年给予 1%贴息，贴息期限最长为 2 年。

1 日，为做好台风“苏拉”的防御工作，省交通运输厅迅速落实省委、省政府、交通运输部关于防御今年第 9 号台风“苏拉”的有关部署要求，于 30 日 18 时启动交通防台风Ⅱ级应急响应并启动交通防暴雨Ⅳ级应急响应，并派出督导组赴闽南地区靠前督查落实防台抗台工作。目前，全省已落实公路抢险队伍 7205 人，抢险救援装备 2513 台/套，分布在各地市高速运营路段、市公路应急中心、市桥隧应急中心、县区公路中心、公路站、各港口作业区、武警驻地和建设工地上。此外，落实道路运输应急保障车辆 2034 辆。

4 日，福建省水利厅消息，近日，水利部办公厅印发全国水土保持规划实施情况评估结果，我省荣获 2022 年度优秀等次。近年来，我省牢记习近平总书记“进则全胜、不进则退”的殷切嘱托，牢固树立“绿水青山就是金山银山”的理念，水土流失治理取得历史性成就，实现了从“火焰山”到“绿满山”、从“水患河”到“幸福河”、从“花果山”到“聚宝盆”的三大飞跃，呈现出全国评估连年优秀、长汀经验走向世界、科教体系全国首创、两岸标准率先共通、示范创建领跑全国等五大亮点。

4 日，水利部太湖流域管理局有关领导带队，赴我省厦门、漳州市指导防抗“海葵”台风工作。工作组入闽后，即赴厦门水工程调度中心详细了解“海葵”路径及风情、雨情变化情况；随后直奔“海葵”台风预测登陆点漳州东山县。工作组在东山县水工程调度中心召开座谈，现场察看了前楼镇岱南村山洪灾害防治点、红旗水库（小一型）、岛外引水第一水源跨海渡槽防船撞工程、下尾砂泵站和南门湾海堤等项目。

4 日，福建省工信厅消息，近年来，我省积极推动工业设计赋能产业高质量发展。截至目前，全省共有国家级工业设计中心 25 家，居全国第四位；省级 85 家。泉州、厦门、南平等地还积极打造工业设计公共服务平台，引进头部工业设计机构，赋能当地产业发展。

4 日，福建省工信厅消息，由工业和信息化部、财政部开展的第一批中小企业数字化转型试点城市竞争性评审结果日前公示厦门、福州成功入选。

5 日，省农业农村厅、省侨联在福州联合举办第二十三届中国国际投资贸易洽谈会现代农业项目对接洽谈活动。本次活动围绕预制菜、设施农业等主题，推出 128 个农业招商项目、总投资 476 亿元，邀请荷兰、意大利、美国、日本、印度尼西亚、西班牙、泰国、澳大利亚、肯尼亚等 10 个国家和香港地区客商以及省内 20 家农业企业参加，深入对接洽谈经贸合作项目，吸引和利用外资发展我省现代农业，活动现场达成一批合作意向。

5日，福建扎实推进松材线虫病疫情防控工作。近日，福建省林业局印发《松材线虫病疫情防控工作专班工作方案》，扎实推进疫情防控工作，坚决打赢疫情防控攻坚战。

5日，福建省商务厅组织召开全省稳外贸工作电视电话会议。会上先后传达了第134届广交会筹备工作会议、第六届进博会全国交易团组织工作会议精神，通报了当前稳外贸工作情况，部署下一步稳外贸相关重点工作。各地商务主管部门围绕当前外贸运行情况、外贸工作举措和相关建议进行汇报交流。

5日，台风"海葵"登陆后，全省多地出现连续暴雨。山体溜方、涵洞损坏、路面积水等险情，福建交通系统党员干部穿行在暴雨中，及时处置各类险情，抢通"生命线"。据省交通运输厅统计，截至6日18时，全省交通运输系统出动抢险队伍325支、人员3570人，投用抢险装备1229台。已清理处置基路面溜塌方76处，清理处置路障、积水路段176处，清理影响通行倒伏树木682棵。截至6日16时，全省高速公路受台风影响实施临时交通管制15处，已抢通13处；普通国省道共阻断13条29处，已抢通21处；农村公路共阻断299处，已抢通247处。

6日，根据《关于常态化组织开展创新型中小企业评价和专精特新中小企业认定工作的通知》（闽工信函中小〔2023〕190号）要求，为进一步做好审核工作，省工信厅委托福建安信有限责任会计师事务所开展2023年福建省专精特新中小企业认定（第三批）专项审计工作。

7日，省委书记、省人大常委会主任周祖翼在厦门会见了塞尔维亚副总理兼文化部长玛娅·戈伊科维奇（Maja Gojkovic）一行。省委副书记、省长赵龙出席。周祖翼代表省委、省政府对戈伊科维奇副总理率团参加投洽会表示欢迎，并简要介绍了福建基本省情。周祖翼说，站在新的起点上，希望双方共同深入落实两国元首达成的重要共识，进一步加强经贸投资合作，加大对"一带一路"旗舰项目的支持，密切友城人文交往，不断增进友好交流、共创美好未来。

7日，第五届"丝路海运"国际合作论坛在厦门开幕。国内外航运、物流、贸易、金融、科技等领域代表齐聚一堂，围绕"共商港航合作、共建丝路通道、共享经贸繁荣"主题，共商、共建、共享"丝路海运"高质量发展。省委书记、省人大常委会主任周祖翼出席开幕式并致辞。省委副书记、省长赵龙主持。

7日，《福建日报》报道，为推动惠企政策简便、快捷兑现落实，近日，我省发布第一批共四项"免申即享"惠企政策目录清单。这四项政策分别是——免征部分行业地方水利建设基金，即对我省工业、物流、餐饮、住宿、公路水路运输、旅游等六大行业免征2022年度地方水利建设基金。减征文化事业建设费，即对归属我省收入的文化事业建设费按照缴纳义务人应缴费额的50%减征（2019年7月1日至2023年12月31日）。省技改项目融资支持专项政策，即对符合条件的省重点技改项目固定资产贷款给予最长3年、年化2%贴息支持。失业保险稳岗返还，即对符合条件的中小微企业按不超过企业及其职工上年度实际缴纳失业保险费的60%返还，符合条件的大型企业按不超过30%返还。以上政策，企业只需自主申请而无需向相关部门申报即可自动享受。

7日，第八届中国国际绿色创新发展大会在厦门举行。中国国际投资促进会会长马秀红、福建省政府党组成员康涛出席并致辞。中国工程院院士贺鸿作主旨演讲。大会由中国国际投资促进会、联合国工业发展组织主办，以"落实联合国气候公约，促进绿色低碳可持续发展——共建新平台、共创新生态、共享新成果"为主题，旨在搭建社会各界研讨交流、投资贸易、对接合作的专业平台，共享绿色转型、创新发展的思路和成果，实现高质量国际绿色领域合作。

7日，联合国工业发展组织在厦门牵头主办全球投资对话，聚焦第四次工业革命"投资促进4.0"，旨在为增进全球可持续供应链与国际合作，加快布局新兴战略产业等方面贡献更多的智慧和方案。在第四次工业革命背景下，利用人工智能、区块链等新技术手段，将投资供需双方高效匹配的"投资促进4.0"新概念应运而生。

7日，2023印刷包装产业经济论坛暨全国印刷经理人年会在泉州举行。我省16家企业上榜2023

中国印刷包装企业100强排行榜，在所有省份中位列第一。年会举行“2023中国印刷包装企业100强”“2023中国印刷业创新10强”“2023印刷包装产业年度经济人物”三大颁奖典礼。据了解，2022年福建全省实现印刷工业总产值851亿元，位居全国第六位。全省现有印刷企业3127家，从业人员11万多人，利润总额43亿元，印刷工业产值5000万元以上的规模以上印刷企业203家，上市印刷企业6家，省级印刷示范企业38家。全省印刷产业形成以厦门为中心，泉州为次中心，并通过福州、漳州、莆田等沿海地区的包装装潢印刷产业带，辐射带动全省印刷产业发展的新格局。泉州是我省的印刷强市，印刷企业数量占全省1/3。今年泉州市有6家企业进入中国印刷包装企业100强排行榜，连续四年成为全国地级市入选百强印刷企业最多的城市。

7—8日，农业农村部在辽宁省大连市举行2023年全国渔业安全隐患排查整治演练活动。由省海洋与渔业执法总队组织全省渔政执法人员组成的福建省代表队荣获海洋组“三等奖”。本次演练活动聚焦渔业安全生产风险隐患突出问题，突出实战化，不预设演练方向，不公布演练题库。活动分为理论知识比试、实船登检核查隐患比试、隐患发现技能比试三个环节。理论知识题目全部来自渔业安全生产检查发现的问题；实船登检安全隐患以临时随机确定一条作业返港渔船为隐患排查对象；隐患发现技能比试演练题目均来自事故调查和安全督导检查发现的重大安全隐患。

7—9日，由海峡两岸经贸交流协会、福建省海峡商务交流协会、泉州市进出口商会、南安市海峡两岸交流协会联合主办的第十六届海峡两岸（泉州）农产品采购订货会（以下简称“农订会”）在南安成功国际会展中心举行。本届农订会恢复至前几年的高峰期展览规模，线下展馆由去年3个馆12个展区恢复到5个馆15个展区，784个国际标准展位，展馆面积达26000平方米，共吸引参展企业526家。其中台胞台商企业及大陆台资企业169家、展位数366个，同比分别增长45%和57.8%。本届农订会共接待客商及观众26582人次，现场销售额638.9万元，通过专业采购商配对达成合作意向705笔，意向金额预计达16.9亿元，较去年增长22%。线上，近千条短视频在各大短视频平台上大流量曝光，精准定向40万目标人群，最大化释放展会品牌影响力。

8日上午，第二十三届中国国际投资贸易洽谈会福建省重大项目集中签约仪式在厦门国际会展中心举行。本次现场集中签约50个项目，计划总投资1222.8亿元。其中，数字经济、海洋经济、绿色经济、文旅经济项目42个、计划投资968亿元，分别占签约项目的84%和79.2%。外商投资项目22个、计划投资486.8亿元，央企投资项目11个、计划投资465.8亿元，民企投资项目15个、计划投资218.5亿元，省属国企投资项目2个、计划投资51.7亿元。

8日，省委书记、省人大常委会主任周祖翼在厦门会见前来参加第二十三届中国国际投资贸易洽谈会的伊朗总统顾问兼自贸区及经济特区秘书长霍贾图拉·阿卜杜勒马利基一行。周祖翼代表省委、省政府对阿卜杜勒马利基率团参加投洽会表示欢迎，并介绍了福建经济社会发展情况。周祖翼希望双方以两国元首达成的重要共识为指引，进一步深化在能源、经贸、人文等领域的务实合作，取得更多合作成果，巩固传统友谊，推动共同发展。

8日，省长赵龙在厦门会见了出席第十届中国—中亚合作论坛的乌兹别克斯坦费尔干纳州州长巴扎罗夫一行。赵龙代表省委、省政府欢迎客人一行来访，并介绍了福建经济社会发展情况。他希望双方携手落实两国领导人重要共识，共享“一带一路”机遇，密切互动互访，加强经贸往来，增进人文交流，推动两省州友好关系不断迈上新台阶。

8日，本届“9·8”投洽会主宾国卡塔尔开馆仪式举行，省委常委、常务副省长郭宁宁出席。现场，卡塔尔商工部次大臣苏尔坦·哈蒂尔率领由商工部、卡塔尔投资促进局、卡塔尔自由区管理局、卡塔尔迪亚尔房地产投资公司等政府部门和企业组成的代表团赴会，介绍优势产业、优势行业以及对于外国投资者的激励政策等。卡塔尔还为中资企业精心编制了一份中文版本的《卡塔尔投资指南》。本届投洽会上卡塔尔设置了500平方米国家馆，现场展示一些创新性、具有可靠安全性能以及战略前瞻性的技术和产品。展览展示突出其优越的投资环境，包括农业、工业和高新科技产业方面的创新成果。

8日，福建省2023年林草生态综合监测样地总数1458个，其中森林样地1005个、草原样地140个、湿地样地313个。35个工组于7月下旬全部投入外业调查，历经四十多天的努力，全体调查队员克服工期紧、任务重、起步晚和台风酷暑天气等影响，始终坚持质量为首位、安全为底线和进度服从质量的原则，于9月4日全面完成外业调查任务，综合排名从倒数第一到位列全国第9名，创造了样地调查“福建速度”，展现了福建林勘院“林勘先锋”形象。

8日，由中国通信学会、福建省工业和信息化厅主办的2023中国国际工业互联网创新发展大会在厦门举行。国家邮政局原局长刘立清、福建省政府党组成员康涛、国际电联前秘书长赵厚麟出席开幕式并致辞，工业和信息化部原部长、中国工业经济联合会会长李毅中，中国科学院院士郑志明作主旨发言。今年大会以“推进新型工业化，助力高质量发展”为主题。会议期间，主办方还邀请28家工业互联网双跨平台企业对接全国工业百强县代表团、福建工业企业代表诉求，推动制造业企业数字化转型。

9日上午，2023年度电子信息企业竞争力报告及前百家企业在厦门发布。电子信息百强企业发布活动至今已成功举办37届，已成为本土大公司和自主品牌培育的重要平台。目前，全国电子信息百强企业总体收入规模已扩大到5.6万亿元，质量效益明显提升，以不到全行业0.5%的数量比重，创造了占全行业三分之一以上的收入和超过半数的利润及纳税。福建省电子信息（集团）有限责任公司、厦门宏发电声股份有限公司入选了2023年度榜单。

9日，第十届中国—中亚合作论坛在厦门开幕。全国政协副主席、上合组织睦委会主席沈跃跃宣读习近平主席贺信并发表主旨讲话。福建省委书记周祖翼出席开幕式并致辞，中亚国家政府官员、上合组织秘书长等400余名中外友人出席论坛。福建省委副书记、省长赵龙主持开幕式。

9日，省委书记、省人大常委会主任周祖翼在厦门会见了前来参加第十届中国—中亚合作论坛的塔吉克斯坦副总理济亚佐达·苏莱曼一行。周祖翼代表省委、省政府对苏莱曼副总理率团来访表示欢迎，并向客人介绍了福建省情。周祖翼希望双方落实好两国元首重要共识，贯彻习近平主席致第十届中国—中亚合作论坛的贺信精神，在高质量共建“一带一路”框架下，持续推进互联互通，积极拓展经贸、文旅、教育合作，扩大友城交往，为促进两国共同发展繁荣贡献力量。

9日，省委书记、省人大常委会主任周祖翼在厦门会见了前来参加第十届中国—中亚合作论坛的吉尔吉斯斯坦内阁第一副总理卡瑟马利耶夫一行。周祖翼代表省委、省政府对卡瑟马利耶夫副总理率团出席论坛表示欢迎，并介绍了福建经济社会发展情况。周祖翼说，我们将以共建“一带一路”倡议提出十周年为新契机，按照两国元首达成的重要共识和习近平主席向第十届中国—中亚合作论坛致贺信的精神，以丝路海运和中欧班列为平台，全面提升经贸、人文等各领域合作水平，为构建睦邻友好、共享繁荣的中吉命运共同体作出新贡献。

9日，首届中国—巴西省州经贸合作研讨会在厦门举行。商务部部长助理陈春江，中国国际投资促进会会长马秀红，福建省副省长林文斌，巴西副总统府兼发展、工业、贸易和服务部办公厅主任格拉，阿拉戈斯州州长丹塔斯，巴西驻华大使高望出席并致辞。本次会议由商务部、福建省人民政府主办，该活动旨在落实中巴高层协调与合作委员会省州经贸合作机制以及巴西总统卢拉4月访华期间两国元首达成的重要共识，打造推动中巴省州经贸交流合作重要平台。

9日，第二届金砖国家数字经济对话会在厦门举行，围绕“深化数字领域合作，共享数字经济机遇”主题，聚焦数字基础设施建设、数字贸易生态体系搭建、产业数字化转型的经验与实践等重点议题，共享前沿观点、共谋合作发展。

9日，第十届中国—中亚合作论坛陆海联通与产业合作分论坛在厦门举行。副省长王金福出席并致辞。论坛上，来自乌兹别克斯坦、吉尔吉斯斯坦、哈萨克斯坦、土库曼斯坦、塔吉克斯坦以及中国的企业和有关机构代表齐聚一堂，分别就

"加强陆海联通，深化产业合作""推动陆海联通睦邻友好共同体"等话题进行深入研讨，并围绕如何全面加强互联互通、扎实推进产业合作、促进经贸合作展开热烈交流。

9日，第十届中国—中亚合作论坛数字经济合作分论坛在厦门举行。省政府党组成员康涛、吉尔吉斯共和国总统下属国家投资署副署长热纳利耶夫出席论坛并致辞。本次论坛主题为"汇聚数字新力量　合作共创新未来"，旨在促进福建同中亚五国共同把握数字化发展机遇，共享先进技术和制造经验，进一步开放市场体系，深化务实合作，实现互利共赢。论坛上，乌兹别克斯坦费尔干纳州"浩罕"自由经济区主任介绍了自由经济区在数字经济产业方面的投资环境和产业政策。网龙网络控股有限公司、四创科技有限公司、福建福昕软件开发股份有限公司、高颂数科（厦门）智能技术有限公司、福建省招标采购集团有限公司等企业代表聚焦数字经济时代企业发展和国际合作方向议题分别发言。

9日，中美省州经贸合作研讨会于第23届投洽会期间在厦门举行。福建、天津、黑龙江、江苏、山东、湖南、广东、重庆、四川等省市与美国加利福尼亚州、南卡罗来纳州、马里兰州、伊利诺伊州等两国地方政府代表和工商界人士200余人参会。与会代表就加强中美省州经贸合作进行深入讨论，探索推动中美在绿色低碳领域的产品贸易、技术交流和投资合作。

9日，由商务部投促局、省商务厅主办的"石化行业跨国公司福建行"走进古雷开发区。考察组一行实地前往开发区规划展示馆、古雷石化公司、中沙古雷乙烯项目现场，详细了解古雷石化基地总体规划、产业布局及重点项目进展等情况。在随后举行的交流合作推介会上，古雷开发区与考察组围绕绿色化工产业跨境合作、加快产业强链补链延链等方面开展推介和交流洽谈。

9日下午，第十届中国—中亚合作论坛圆满闭幕。全国妇联副主席、书记处书记林怡，上合组织睦委会副主席崔丽出席闭幕式，福建省委常委、常务副省长郭宁宁出席并致辞。本届论坛以"赓续友好关系　深化互利合作"为主题，各国与会代表围绕陆海联通、数字经济、产业合作、妇女事业、友城交往、人文交流等议题进行深入研讨，取得广泛共识，并发布《第十届中国—中亚合作论坛（厦门）倡议》和《中国—中亚妇女发展论坛（厦门）倡议》。闭幕式上还签署了国际友城、校际交流、陆海联通、产业协作等一系列合作项目和协议，进一步加深我省同中亚国家的互利合作。

9日下午，福建省商务厅在厦门与伊朗代表团自贸区代表就经贸园区建设及招商等议题进行座谈交流。东侨开发区、漳州招商局经济技术开发区、晋江经济开发区等3家开发区代表向伊朗客人分享了开发区工作经验、园区特色产业、招商引资主要做法等。西亚非洲处和开发区处分别介绍了闽伊经贸合作情况和福建省开发区建设发展总体情况。双方表示，闽伊合作潜力大，今后将加强互动、保持交流，用好共建"一带一路"、上合、金砖等机制持续拓展合作空间。

10日，省长赵龙与参加今年"福建数字产业化与产业数字化院士行"活动的院士、专家座谈，听取他们对数字赋能福建实体经济高质量发展的意见建议。省委副书记罗东川主持，副省长林瑞良出席。会上，高文、陈纯、潘云鹤、桂卫华、丁文华、吴汉明、罗先刚、张宝东、李明、赵新力、黄铁军、孙守迁等院士专家，结合各自研究领域和福建发展实际畅谈看法、体会，对福建发展数字经济、培育数字产业和龙头企业、加快人工智能发展、培养引进人才、强化信息安全、推动数字产业化和产业数字化等提出意见建议，表示将积极支持福建经济社会各项事业发展。

11日上午，由福建省绿化委员会、福建省关注森林活动组委会、福建省林业局、福建省政协人口资源环境委员会主办，宁德市林业局、霞浦县人民政府共同承办的"福建最美古树群授牌仪式暨古树名木认养活动"在霞浦县牙城镇渡头村榕枫公园举行。福建省政协副主席、福建省关注森林活动组委会主任张国旺出席并讲话。

11日，2023年国家网络安全宣传周开幕式在福州海峡国际会展中心举行。今年的网络安全宣传周以"网络安全为人民，网络安全靠人民"为主题，围绕党的十八大以来网络安全领域取得的重大成就开展主题宣传活动，深入宣传《网络安全法》《数据安全法》《个人信息保护法》《关键信息基础设施安全保护条例》等重要法律法规、政策文件、国家标准。今年网安周期间，除开幕式外，还将举行网络安全博览会、网络安全技术高峰论坛、网络安全微视频征集，以及主题日、进基层等活动。

11—12 日，省农业农村厅在长汀召开全省新型农业经营主体高质量发展现场推进会。会议强调，要持续深入开展新型农业经营主体提升行动，实施中央和省级财政资金项目，推进农民合作社和家庭农场规范运行，开展农民合作社示范社、示范家庭农场创建，探索推广“党支部+”等发展模式，发挥新型农业经营主体带动引领小农户发展现代农业作用。会议期间，组织参观学习长汀融万家农民合作社联社、启煌槟榔芋和甜田种植农民合作社等示范点。

12 日，省商务厅在福州召开全省县域商业建设行动推进工作座谈会，总结交流县域商业体系建设行动成效经验，研究进一步推动县域商业体系建设工作思路。会议强调，各地要根据《商务部等 9 部门办公厅（室）关于印发县域商业三年行动计划（2023—2025 年）的通知》要求，结合实际情况，选择好重点支持方向，提出符合本地区的行动计划或实施方案。

13 日，由省工信厅和泉州市政府主办的智慧轻工高质量发展大会在泉州召开。副省长林瑞良、中国联通集团副总经理梁宝俊出席会议并致辞。福建是轻工业大省，产值约占全国轻工业十分之一，全省现有规模以上轻工业企业 7880 家，去年实现营业收入 2. 24 万亿元，占全省工业总量三分之一。经过各方努力，中国联通智慧轻工军团落地泉州，将重点聚焦纺织、鞋服、食品、特色轻工等细分行业，致力于成为轻工业数字化转型服务国家队。当天，还发布 2023 中国轻工业数字化转型发展报告，中国联通智慧轻工军团与轻工行业企业、生态合作伙伴签订战略合作协议。

13 日，省委书记、省人大常委会主任周祖翼在福州会见了赞比亚共和国总统哈凯恩德 · 希奇莱马一行。省委副书记、省长赵龙出席。周祖翼代表省委、省政府和全省人民对希奇莱马总统访问福建表示欢迎，并介绍了福建经济社会发展情况。周祖翼希望共同贯彻落实两国领导人达成的重要共识，在共建“一带一路”和中非合作论坛框架内密切协作，进一步深化经贸、人文等领域的务实合作，加强民间交流交往，为两国友好合作贡献新的力量。

13—15 日，水利部水规总院在北京组织召开闽江口城市群水资源配置提质增效工程总体布局和规模论证报告技术讨论会。会议听取了福建省水电设计院关于工程总体布局和规模论证有关情况的汇报，并分专业进行了深入的讨论交流。与会专家充分肯定了福建在“一闸三线”建成后，接续实施闽江口城市群水资源配置提质增效工程，进一步增强福州、莆田两地水资源配置和供水保障能力的必要性，并对论证报告中的水资源配置、输水线路布置、坝址坝型比选等方面内容提出了需要继续深化完善的意见建议。

13—16 日，省林长办在连江县举办全省林长制业务培训班，各市、县（区）林长办业务骨干参加培训。本次培训聚焦学深悟透习近平生态文明思想，解读国家和省级林长制政策文件，深化林长制工作、林业站建设、林业无人机应用、护林员管理以及森林资源网格化监管等方面应用培训，组织学员开展交流研讨，力求让大家学有所思、学有所悟、学有所获。

14 日，省长赵龙主持召开省政府常务会议，审议通过《福建省促进人工智能产业发展十条措施》《关于进一步加强生态保护红线监管的通知》《福建省气象灾害防御办法》，研究深化新时代山海协作、加强房屋使用安全管理等工作。

14 日，福建省住房和城乡建设厅、福建省总工会消息，为深入贯彻落实习近平总书记对技能人才工作的系列重要指示批示精神，持续推动我省园林绿化行业从业人员规范化管理和提升专业化服务能力，同时为全国职业技能竞赛选拔优秀选手，经研究，定于 2023 年 11 月 1 日至 11 月 3 日在福州举办全省住建系统花卉工职工岗位技能竞赛活动。

15 日，福建省林业局召开全省 2023 年松材线虫病疫情秋季普查暨“十四五”攻坚行动中期评估工作部署会，深入贯彻落实国家林草局和省政府领导批示精神，总结攻坚行动以来的主要工作成效，通报国家林草局疫情数据核实情况，分析当前存在的突出问题，部署疫情秋季普查和防控攻坚行动中期评估工作。

15日，福建省海洋与渔业局开展网络安全应急演练。本次演练根据前期开展网络安全攻防演练发现的问题而设计演练场景，以Ⅳ级网络安全事件为演练类型，采用桌面推演的形式，围绕事件发现、上报、应急处置、复查以及业务恢复五个阶段展开。整个演练过程紧张有序，参与人员各司其职、反应迅速，达到了预期目的。

15日上午，福建省人民政府新闻办公室举办“福建省实施新时代民营经济强省战略推进高质量发展”系列新闻发布会第一场。福建省委副秘书长、省委政研室主任郭国云介绍《中共福建省委 福建省人民政府关于实施新时代民营经济强省战略推进高质量发展的意见》的出台背景和意义。

17日上午，福建省商务厅召开全省稳外贸稳外资工作会议，传达学习全国稳外贸稳外资电视电话会议精神和省委财经委会议、省委常委会、省政府常务会议以及省政府经济运行系列专题会议精神，分析当前外贸外资面临的形势和问题，部署下一阶段重点工作任务。会议要求，全省商务系统要坚决贯彻落实全国稳外贸稳外资电视电话会议以及省委、省政府系列会议精神，全力以赴、齐心协力，以百倍的决心、百倍的斗志，突破工作瓶颈，破解发展难题，确保三季度与全国持平，力争完成全年目标任务。

18日福建省工信厅消息，近日，福建省内建造的首艘现代双层纯电动游船“茉莉号”在市水运中心“闽海巡113”号和福州海事局台江海事处“海巡08213”号的护航下，顺利抵达烟台山码头。“茉莉号”是福建省首艘入级中国船级社的纯电力推进船舶，由福州市内河旅游发展公司投资建造，总长28米，型宽7米，型深1.9米，设计吃水1米，载客数102人，主要用于福州两江四岸游览观光，具备夜游功能，定位为绿色环保的游览观光船。

18—21日，省委副书记、省长赵龙率福建省代表团访问南非，深入落实习近平总书记在金砖国家领导人第十五次会晤上的重要讲话精神和中南两国元首达成的重要共识，会见南非政府官员，走访友好人士，深化友城关系，看望闽籍乡亲，拓展金砖合作，共创美好未来。在南期间，赵龙出席了“海丝起点　清新福建”文化旅游推介会并致辞，福建省旅发集团与南非中国国际旅行社、厦航国旅与南非平安旅游和投资服务公司合作的文旅项目，以及春伦集团与南非胜者贸易集团合作的福建世界茶仓（南非站）等经贸项目在会上签约，总金额超50亿元。访问期间，赵龙与非国大西开普省执行委员会委员达戈莫共同见证了福建五虎山国家森林公园、武夷山国家公园与南非开普区（桌山）国家公园签署增进友好合作会议纪要。

18—24日，福建省林业局有关领导带领武夷山国家公园管理局负责人出访南非、肯尼亚，推动福建省与两国国家公园之间的友好交流。

19日，全省经济运行分析会议在福州召开。会议强调，各地各有关部门要全面贯彻中央决策部署，认真落实省委十一届四次全会精神，坚定信心、迎难而上，紧盯年初确定的目标任务，推动经济运行持续好转，确保三季度好于二季度、下半年好于上半年。省委常委、常务副省长郭宁宁主持会议并讲话。

19日，由中国陶瓷工业协会、中国茶叶流通协会、中国工艺美术学会、德化县陶瓷发展委员会联合主办的2023德化国际陶瓷文化周活动在世界陶瓷之都德化县拉开帷幕。2023德化国际陶瓷文化周活动以“五彩斑斓中国白”为主题，将举办以德化国际陶瓷博览会为核心活动的69场“陶瓷+”主题活动。

20日，《福建省企业和企业经营管理者权益保护条例修正案（草案）》（以下简称《草案》）提交省十四届人大常委会第六次会议审议。《草案》提出，拟将每年3月24日定为福建企业家活动日，组织企业经营管理者代表开展宣传活动，传承弘扬“晋江经验”和“敢为天下先，爱拼才会赢”的福建企业家精神。

20日，福建省交通运输厅印发《福建省农村客货邮融合发展试点县考核方案》，围绕体制机制、基础设施、运力资源、运输信息“四融合”，推动农村客货邮共享站场运力资源，共建运输服务网络，构建“一点多能、一网多用、功能集约、便利高效”的城乡运输服务发展新模式，为乡村振兴战略全面实施提供坚实的交通运输支撑。

20—23日，全省森林防火业务骨干培训班在福安举办，各市、县（区）林业主管部门、平潭综合实验区资源生态局、武夷山国家公园管理局、福州植物园和省洋口国有林场等单位，负责森林防火工作的分管领导或业务骨干共100多人参加了培训。

20—24日，主题为“智造世界·创造美好”的2023世界制造业大会在合肥市举办，会上集中展示中国制造业新模式、新业态、新技术、新产品，福建作为主宾省亮相本次大会。主宾省展（福建）在合肥滨湖会展中心综合馆展出。福建馆以“数字工业”为总基调，聚焦先进制造、新能源、数字经济与人工智能、传统优势产业、新材料与生物医药五个板块。展览面积为420平方米，共有92家企业参展，包括福船集团、投资集团、大博医疗、片仔癀药业、星网锐捷、星云股份、九牧、恒申、青拓等福建知名企业，电动船舶、绿色智能化高技术船舶、先进海工装备、全球最大16兆瓦风机、全国首创光储充检一体化智慧超充站、零碳社区微电网等“福建智造”也将亮相展区。

21日，福建省住房和城乡建设厅消息，由福州市建设工程质量监督站编制的《福建省建筑节能工程施工文件管理标准》，经组织审查，批准为福建省工程建设地方标准，编号DBJ/T 13-112-2023，自2024年1月1日起实施，原《福建省建筑节能工程施工文件管理规程》DBJ/T 13-112-2009同时废止。

21—22日，省工信厅在南平市邵武市举办了全省禁化武履约工作专题培训班，各设区市工信部门和履约企业有关负责同志近100人参加。培训班特邀国家履行《禁止化学武器公约》专家委员会主任委员唐程、专家委员会专家史守明授课。培训班以“模拟视察+专题讲座”方式开展，有效提高了履约培训针对性。

21—23日，省委副书记、省长赵龙率福建省代表团访问肯尼亚，认真落实习近平总书记今年8月在南非出席中非领导人对话会上的重要讲话精神，聚焦高质量共建“一带一路”，开展经贸文化交流活动，巩固传统友谊，深化友好合作，共同谱写中肯地方友好新篇章。在肯期间，代表团与内罗毕郡商谈了建立省郡友城关系事宜，共同见证了武夷山国家公园与内罗毕国家公园签署加强友好合作关系备忘录，以及中武电商（肯尼亚）、九牧、三棵树等与肯尼亚当地企业签署合作协议。

22日，省住建厅消息，为全面加强经营性自建房安全管理，推动建立经营性自建房安全管理长效机制，切实维护人民群众生命安全，根据住房和城乡建设部等15部门《关于加强经营性自建房安全管理的通知》（建村〔2023〕18号），结合我省实际，经省政府同意，省住建厅等16部门就有关事项印发通知。

22日，福建省住房和城乡建设厅、省财政厅消息，为做好2024年闽台乡建乡创合作样板县、样板集镇、样板村项目策划及报送工作，开始组织申报2024年闽台乡建乡创合作样板县、样板集镇、样板村。

23日，福建省2023年中国农民丰收节主会场活动在龙岩市上杭县古田镇隆重举办。省政府副省长王金福出席并宣布福建省2023年系列活动启动。今年，我省系列活动围绕“庆丰收 促和美”这一主题，突出农民主体，聚焦惠农助农，推出了“福农优品”金秋消费季、丰收嘉年华、乡村休闲旅游季、农民体育赛事等一系列富有地方特色、农民喜闻乐见的活动，充分展示八闽大地乡村振兴取得的新成就，进一步激发广大农民创造美好生活的热情干劲，汇聚全面推进乡村振兴、加快农业农村现代化的磅礴力量，绘就宜居宜业和美乡村新画卷。

23日，第19届（杭州）亚运会已于9月23日在杭州拉开帷幕。福建省工信厅对亚运会期间无线电安全保障工作高度重视、周密部署、全体动员，选派8名立场坚定、作风优良的无线电管理业务骨干组建保障团队于8月23日驰援浙江，分别进驻杭州棋院棋类馆、临平体育中心体育馆、杭州电子科技大学体育馆、温州龙舟运动中心等6个亚运场馆参与无线电安全保障工作。

25日，福建省交通运输厅消息，日前，省交通运输厅印发《福建省普通国省道养护工程预算编制办法》及配套定额（以下简称“编办及定额”），自2023年12月1日起试行。“编办及定额”含预算编制办法、养护工程预算定额、机械台班费用定额等三部分。“编办及定额”进一步满足了我省普通国省道养护工程预算编制需求，为科学合理确定和有效控制普通国省道养护工程造价提供了计价依据。

26日，省农业农村厅召开全省秋冬农业生产推进视频会，贯彻落实全国秋冬种工作部署会精神，部署安排全省秋冬农业生产。会议强调，秋冬农业生产是全年农业生产的重要一季，对夯实明年粮油生产基础，保障重要农产品有效供给，促进农民增收等具有重要意义。

26日，“三赋”全国行（福建站）启动仪式暨省工业企业供需对接平台数字化专场供需对接活动在福州举行，来自全省各地的近200余家制造业企业代表以及近20家数字化服务提供商等参加活动。本次活动推动宁德时代电机、福建长源纺织、厦门立林电气等企业共19个项目达成现场签约意向，总计约6517万元。

26日，《福建省促进人工智能产业发展十条措施》政策宣贯会暨人工智能产业发展研讨会在福州软件园举行。会上，来自高校、龙头企业代表各抒己见，探讨提升人工智能创新研发能力，加强行业应用示范效能，形成技术供给和场景需求的良性互动。

26日，福建省住房和城乡建设厅消息，为贯彻落实《福建省人民政府办公厅关于加快推进建筑垃圾资源化利用的指导意见》（闽政办〔2023〕15号），加快推进建筑垃圾资源化利用建筑垃圾再生产品，就我省房屋建筑和市政基础设施工程推广应用建筑垃圾资源化利用再生产品有关事项印发通知。

27日，在全国古树名木保护科普宣传周启动仪式上，公布了“双百”古树推选结果。福建省共有10株古树、8片古树群入选全国“双百”古树，入选“最美古树”“最美古树群”数量均居全国首位。

27日，中共中央台办、国家发展改革委会同48个部委和福建省在福州召开贯彻落实《中共中央 国务院关于支持福建探索海峡两岸融合发展新路 建设两岸融合发展示范区的意见》（以下简称《意见》）专题会议，研究推动落实《意见》有关工作。

27日，福建省统计局消息，今年1—8月，我省规模以上工业增加值同比增长2.1%，比1—7月提高0.3个百分点。其中，8月份，我省规模以上工业增加值同比增长5.4%，比7月提高0.1个百分点。分析显示，1—8月，全省38个工业行业大类中，有22个行业增加值实现同比增长，行业增长面为57.9%。分三大门类看，采矿业增加值同比增长5.5%，制造业增长2.0%，电力、热力、燃气及水生产和供应业增长2.1%。

27日，福建省工信厅在龙岩市举办2023年全省民爆物品行业安全监管人员培训班，各有关设区市工信部门分管领导、主管科室负责人以及部分县（市、区）工信部门相关负责人近80人参加培训。本次培训班专门邀请民爆行业领域专家授课，就民爆物品安全监管工作要点、《民用爆炸物品生产、销售企业生产安全事故隐患排查治理体系建设指南》《福建省民爆行业生产安全事故应急预案》等内容进行讲解，对国内外相关行业发生的典型事故案例进行分析。

27日，福建省住房和城乡建设厅、福建省市场监督管理局消息，为规范房地产经纪服务，加强房地产经纪行业管理，促进房地产市场健康发展，现将《住房和城乡建设部 市场监管总局关于规范房地产经纪服务的意见》（建房规〔2023〕2号）转发给各地，并结合我省实际，提出意见，要求一并遵照执行。

27日下午，省工信厅在福州招银大厦举办重点产业链供应链融资服务对接活动（招商银行福州分行专场），贯彻落实工信部等5部门关于开展“一链一策一批”中小微企业融资促进行动部署和我省合力抓工业全力稳增长要求，推动产融精准对接。

28日，省农业农村厅在武夷山市召开全省推进“三茶”统筹高质量发展现场会，深入贯彻习近平总书记来闽考察重要指示，总结交流“茶文化、茶产业、茶科技”统筹高质量发展经验做法，研究部署今后重点工作。会议组织参观燕子窠生态茶园、武夷星茶科技展厅等示范点。

28日，福建省住房和城乡建设厅、福建省财政厅消息，为贯彻落实党的二十大精神，着力推动城乡建设碳达峰行动，经研究，决定组织开展2024年度城乡建设绿色低碳试点片区申报工作，要求各设区市建设局认真组织申报工作，对照试点任务要求，选择适合的试点片区进行申报，并会同财政部门做好审核把关。

30日上午，2023世界航海装备大会工作推进会在福州召开，对大会筹备各项工作进行再检查再部署再落实。省委常委、福州市委书记林宝金出席并讲话，省委常委、常务副省长郭宁宁主持并讲话，十一届省政协副主席、2023世界航海装备大会筹委会顾问陈义兴出席。

（摘编：洪连珠）

10月

2日，福建省工信厅消息，由福建省工艺美术行业发展促进中心主办的第十二届福建省工艺美术精品“争艳杯”大赛于9月28日至10月2日，在莆田工艺美术城圆满举办，涌现出一批技艺精湛的新人和一批反映时代风貌的佳作。该赛为福建省规模最大、影响力最广的工艺美术赛事之一，旨在以赛聚英、以赛育才，助推我省工艺美术产业高质量发展。本届大赛作品按类别分为四组17类，经评委评选，共评出金奖87件、银奖147件、铜奖206件、优秀奖291件。

2—6日，2023年武夷山国家公园青少年进森林自然教育活动在武夷山举办。活动由联合国教科文组织东亚多部门地区办事处与福建省林业局联合主办，以“关注森林·探秘武夷”为主题，旨在动员更多青少年走进国家公园，增强他们对森林生态系统和丰富生物多样性的认知。

7日，省委书记周祖翼主持召开省委常委会会议，认真学习习近平总书记近期一系列重要讲话重要指示批示精神，研究我省贯彻落实措施；部署推进对口支援、科技创新、“两国双园”建设等工作。

8月，我省出台的《关于实施新时代民营经济强省战略推进高质量发展的意见》提出，通过实施培优扶强龙头企业行动计划，支持中小企业专精特新发展，引导龙头企业与中小企业深度融合、嵌入式发展，梯次培育壮大民营企业。当前，我省各地各部门正结合当地实际，分类施策，加快形成大企业顶天立地、中小企业铺天盖地的良好局面。

8日，福建省交通运输厅消息，今年中秋、国庆假期，全省高速出入口总流量3497.5万辆次，日均437.2万辆次，较2022年同期增长19%。道路运输方面，全省公路客运累计客运量538.94万人次，较2022年增长33.29%；城市公交累计客运量2773.9万人次，较2022年基本持平；城市轨道交通累计客运量1177.85万人次，较2022年增长58%。水路运输方面，全省累计客运量54.89万人次，与去年同期相比增长154.6%。其中“小三通”客运航线客运量15439人次。

9日，省农业农村厅在泰宁县举办2023年福建省休闲农业精品线路推介活动。此次推介活动以“福韵乡情　乐享农趣”为主题，通过现场推介和网络直播，推介我省县域休闲农业精品路线，发布2023年63个美丽休闲乡村和休闲农业示范点，宣传重要农业文化遗产，线上线下引导民众到乡村休闲旅游，培育壮大休闲农业，促进乡村产业发展、农民增收。活动期间，与会代表现场观摩泰宁县杉城镇际溪村、梅口乡茶旅小镇、大田乡大田村等美丽休闲乡村和休闲农业示范点。

9日，福建省住房和城乡建设厅、福建省财政厅消息，为持续推进全省数字城市管理平台建设，提质扩面生活垃圾分类工作，经研究，拟组织开展2024年数字城市管理平台、生活垃圾分类示范区、生活垃圾分类试点县、生活垃圾分类屋（亭）等项目申报，并给予省级财政资金补助（不含厦门市）。

10日，2023世界航海装备大会全要素演练在海峡国际会展中心举行。省委常委、福州市委书记林宝金，省委常委、常务副省长郭宁宁，副省长林瑞良对大会各项筹备工作进行再动员、再梳理、再推进、再落实，力求精益求精、全力以赴做好大会筹备工作，确保大会圆满成功。

10—13日，福建省第二届工艺品雕刻（石雕工）职业技能竞赛在泉州惠安成功举办。竞赛由省工信厅、省人社厅、省总工会联合主办。经过四天紧张激烈的角逐，李育明的《啸天》、蔡卓宏的《崛起》、郑嘉诚的《饱读狮书》等9件作品分获金、银、铜奖及优胜奖。根据竞赛规则，将对竞赛总成绩第1名选手，按程序向省人社厅申报“福建省技术能手”称号；对竞赛前5名选手，按程序向省总工会申报“福建省金牌工匠”荣誉称号；对竞赛前2—10名选手，可在原有技能等级的基础上晋升一级，最高至技师。

11日，“国潮泉州”工鞋工装专场对接会在晋江举办。活动旨在深入贯彻落实省委、省政府合力抓工业全力稳增长工作要求，打造“国潮泉州”职业装区域品牌，推动我省纺织鞋服产业高质量发展。省内金融机构、央企、国企医护、石化、电力、通信等300余家单位参会。活动现场，泉州职业装协同发展联盟分别与国家特种劳动防护用品安全标志管理中心、6家国内知名的MRO（工业品线上采购）平台签约。柒牌、七匹狼等8家工鞋工装企业与山东高速、中国南方电网等22家采购方达成采购合同，现场签约金额超12亿元。

11日，省委常委、常务副省长郭宁宁在福州会见出席2023世界航海装备大会的部分外宾。

11日，福建省市场监管局正式批准成立福建省竹产业标准化技术委员会（简称“省竹标委”）。第一届省竹标委由34名委员组成，秘书处设在政和县。

12日，省委书记、省人大常委会主任周祖翼在福州会见了前来出席2023世界航海装备大会的斯里兰卡议会议长马欣达·亚帕·阿贝瓦德纳一行。省委副书记、省长赵龙出席。

12日，省委书记、省人大常委会主任周祖翼在福州会见了前来出席2023世界航海装备大会的新加坡交通部代理部长徐芳达一行。省委副书记、省长赵龙出席。

12日，省委书记、省人大常委会主任周祖翼在福州会见了前来参加2023世界航海装备大会的中国船舶集团有限公司党组书记、董事长温刚一行。省委副书记、省长赵龙出席。

12日，中共中央政治局委员、国务院副总理张国清11日至12日在福建出席2023世界航海装备大会开幕式并调研先进制造业发展时强调，大力发展先进制造业，加快推进新型工业化。

12日，2023世界航海装备大会主论坛在福州举行。十二届全国政协副主席、国家电子政务专家委员会主任王钦敏出席主论坛并致辞。省委书记、省人大常委会主任周祖翼，省委副书记、省长赵龙，斯里兰卡议会议长马欣达·亚帕·阿贝瓦德纳，新加坡交通部代理部长徐芳达，全国政协港澳台侨委员会副主任崔玉英，中国工程院院士周济出席主论坛。省委常委、福州市委书记林宝金在现场致辞，世界贸易组织副总干事张向晨、中国入世首席谈判代表龙永图通过视频致辞。省委常委、常务副省长郭宁宁主持主论坛。中央有关部委、福建省有关领导、航海装备领域专家学者和领军企业负责人等参加主论坛。

12日，福建省工信厅发布福建省首批纺织鞋服新产品及单位名单，恒申高强度锦纶纤维、永荣多孔超细聚酰胺6纤维、华峰立体多色贾卡提花经编面料、匹克态极5.0跑鞋等17家企业的19款产品上榜。这批新产品涵盖化纤、纱线、面料、鞋材、成鞋、产业用纺织品等产业链上下游，展示了科技、时尚、绿色的行业发展趋势，具备较高的技术水准，在全国乃至全球具有较强竞争力。

12日，福建省住房和城乡建设厅消息，由福建省建筑科学研究院有限责任公司、福建省建筑设计研究院有限公司、福州市建筑设计院有限责任公司编制的《福建省居住建筑节能设计标准》，经组织审查，批准为福建省工程建设地方标准，编号 DBJ/T 13-62—2023，自 2024 年 1 月 1 日起实施，原《福建省居住建筑节能设计标准》DBJ 13-62—2019 同时废止。

12 日，福建省住房和城乡建设厅消息，由福建省建筑科学研究院有限责任公司、福建省建筑设计研究院有限公司、厦门合立道工程设计集团股份有限公司编制的《福建省公共建筑节能设计标准》，经组织审查，批准为福建省工程建设地方标准，编号 DBJ/T 13-305—2023，自 2024 年 1 月 1 日起实施，原《福建省公共建筑节能设计标准》DBJ 13-305—2019 同时废止。

12—13 日，福建省经济林协会 2023 年会暨林业机械现场演示活动在长汀县举办。活动围绕创新行业协会服务方式，推进福建省经济林产业高质量发展开展研讨，重点演示和推广现代林业机械装备。

13 日，福建省住房和城乡建设厅、福建省财政厅消息，根据《福建省财政厅　福建省住房和城乡建设厅关于印发〈福建省城乡人居环境建设专项资金管理办法〉的通知》（闽财规〔2023〕5 号），就 2024 年城乡历史文化保护利用项目申报有关事项印发通知，要求各地要把好申报质量关，如有不符合条件、保护价值低、传统建筑少的，将不予纳入，从全省备选项目中另行择优选取。

13 日，福建省商务厅消息，近日，商务部外贸司在山东省青岛市举办国家外贸转型升级基地建设培训班，福建省商务厅（口岸办）受邀介绍福建省 RCEP 关税政策智能服务平台数字化实践与成果。培训期间，福建省商务厅（口岸办）围绕福建省 RCEP 关税政策智能服务平台项目背景、主要功能与应用场景、平台核心关键点等方面作详细介绍，并结合企业应用案例，对平台“最优关税方案推荐”“RCEP 原产地规则智能判定和优化指引”“企业享惠智能分析”等三大主要功能进行解说与演示。

13—15 日，省委书记周祖翼赴漳州市云霄县、诏安县，走乡村、看企业、问发展，深入调研生态建设、乡村振兴、民营经济发展、传统文化保护等情况，指导推进第二批主题教育。周祖翼强调，要深入学习贯彻习近平总书记重要批示精神，传承弘扬“四下基层”优良传统，发挥独特优势，发展特色产业，加快乡村振兴，绘就美丽山海画卷，以主题教育实际成果推动高质量发展。

13—16 日，福建省林业局在福建古田干部学院举办全省林业应对气候变化和碳汇管理培训班。各设区市林业局分管领导和负责碳汇、营林等相关业务骨干共 40 余人参加培训。

14—15 日，省商务厅有关负责人赴广州，参加第 134 届广交会开幕式招待会暨全球采购推介活动启动仪式；走访中国对外贸易中心，与相关业务负责人进行交流座谈；调研了灿坤、南孚、凯鹰、鹰高、承信、荣耀、天成新能源、纳仕达等参展企业，了解客商质量、洽谈采购情况和第四季度订单情况。

15 日，为期 4 天的 2023 世界航海装备大会在福州落下帷幕。大会以“承载人类梦想　驶向星辰大海”为主题，打造一场世界航海装备领域高层次、高能级、高水平的国际交流合作盛会。

13 日上午，作为 2023 世界航海装备大会六场专题论坛之一，由福建省交通运输厅组织，以“海运强港，通达天下”为主题，以深入贯彻落实《交通强国建设纲要》，助力“21 世纪海上丝绸之路”倡议实施为目的的国际深水港建设发展论坛在福建福州成功举办。本次论坛由中国国际可持续交通创新和知识中心承办，共吸引近 150 位业内人士、行业专家现场参会交流。

15—21 日，省水利厅在四川大学举办了全省水利系统处级干部研修班。研修班采取课堂集中授课、现场教学、交流研讨相结合等形式，邀请四川大学和四川省水利厅有关专家、教授，进行《习近平新时代中国特色社会主义思想》《成都市水安全保障的回顾、实践和思考》《城市水资源综合规划与管理》《四川省推进水利高质量发展的探索实践》《水污染防治和水环境治理——流域水环境生态修复思考与实践》等专题授课，并开展了党建引领基层自治“南桥模式”、都江堰水利枢纽工程的建设与保护、“三苏祠”家风家教及中华文化传承等特色现场教学。

16 日，省委书记、省人大常委会主任周祖翼在福州会见了沙特国际电力和水务公司董事长穆罕默德·阿布纳扬一行。周祖翼代表省委、省政府对客人访问福建表示欢迎，并介绍了福建经济社会发展情况。周祖翼希望共同落实两国领导人达成的重要共识，进一步深化务实合作，推动更多大项目好项目落户福建，实现互利共赢、共同发展。

16日，福建省住房和城乡建设厅、福建省总工会消息，为弘扬“工匠”精神，建立知识型、技能型、创新型劳动者大军，推进全省预拌混凝土、检测行业高技能人才队伍建设，经研究，定于2023年11月15—16日在福州市举办全省住建系统检测员（混凝土配合比设计）岗位职业技能竞赛活动。

16日，2023年金融资本服务实体经济福建创新发展大会在福州举行。省委书记、省人大常委会主任周祖翼出席并致辞。中国证券监督管理委员会副主席李超在会上致辞，中国证券监督管理委员会原主席肖钢作发言。省委副书记、省长赵龙主持。会上，省委常委、常务副省长郭宁宁简要介绍了我省近年来金融业发展情况和金融资本服务实体经济有关举措。40多个合作项目现场集中签约，并进行了“全国股转系统、北京证券交易所、福建服务基地”的启动仪式。

16日，省商务厅消息，根据工作安排，近日省商务厅有关负责人率开发区管理处赴福州、泉州、厦门市开展综合保税区工作调研。调研组一行先后到福州长乐国际机场综保区、福州综保区、福州江阴港综保区、泉州综保区、厦门海沧港综保区和象屿综保区调研，详细了解全省综合保税区建设发展情况，就推动综保区差异发展与福建自贸区福州片区、厦门片区分管同志和福州、泉州、厦门市商务部门及各综保区负责同志进行座谈交流。

17日，2023年金融资本服务实体经济福建创新发展大会产业基金专场推进会举行。省委常委、常务副省长郭宁宁，中国银行总行党委委员、副行长林景臻出席会议并致辞。大会的主题是“产业促发展　投资新时代”。推进会由福建省地方金融监管局指导，中国银行福建省分行主办，福建省投资开发集团协办。

17日，福建省人民政府新闻办公室召开共建“一带一路”倡议十周年暨“海丝”核心区建设成就新闻发布会，福建省商务厅有关负责人出席发布会并介绍了“两国双园”建设进展情况及下一步重点工作。

18日，省农业农村厅在福建农林大学举行2022年福建省乡村产业振兴带头人培育“头雁”项目结业典礼。2022年起，我省实施乡村产业振兴带头人培育“头雁”项目，遴选农民专业合作社、家庭农场、农村集体经济组织、农业龙头企业负责人及种养大户等700人，按照“四个一”模式，开展园艺技术、茶叶、食用菌栽培、健康养殖、农业金融与保险期货等领域培训，着力培育引领一方、带动一片的乡村产业振兴带头人。典礼现场为优秀结业生、优秀指导教师颁发荣誉证书，为优秀组织单位、“头雁汇”会客厅、实践教育基地授牌。

18日，第十三届海峡两岸信息服务创新大赛暨福建省第十七届计算机软件设计大赛在福州启动。来自两岸的优秀青年科技人才同台竞技，开展交流。本次大赛比赛围绕工业软件、数据安全、人工智能、嵌入式软件、建筑软件、物联网、元宇宙 & 动漫游戏、创新创业八大赛道展开，以鼓励、激发、引导高校、科研团队和企业在这些领域进行技术攻关，培养科研人才。

18日，福建船政旗下企业东南造船为厦门港务船务有限公司建造的5000马力新能源混合动力拖轮（MW637-1）——“厦港拖30”轮顺利完工交付。该船是国内首艘同时满足串联式混合动力、绿色船舶、智能船舶附加标志的高技术高附加值拖轮，填补了我省在新能源拖轮应用方面的空白。“厦港拖30”轮设计总长38.3米，型宽10.6米，型深4.9米，设计吃水3.6米，设计航速13.2节，正车系柱拖力约61吨，配备3套柴油发电机组及1860千瓦双Z型全回转带导流罩螺旋桨，配置的锂电池组在纯电航行模式下续航能力为2小时，满足单作业航次港区零排放、静音航行等要求，其配置满足沿海航区航行作业要求，主要用于协助进入港口大型船舶的停靠和驶离，在港内完成拖带、顶推等作业。

18日，福建省商务厅消息，第四届跨国公司领导人青岛峰会近日在山东省青岛市举办。福建省商务厅有关负责人参加了峰会主题晚餐交流会、投资促进主题沙龙、开幕式以及相关专场交流推介活动。参会期间，省商务厅利用各种场合和机会主动对接英国48家集团俱乐部、道达尔能源、博世、威立雅、开利集团、阿斯利康等世界500强企业嘉宾及行业领军企业嘉宾，介绍新时代新福建建设情况，加深跨国公司对我省营商环境、创新创业环境的了解，并邀请其来闽考察投资，共同参与福建建设，共享福建发展红利。

19日，福建省商务厅消息，近日，在印度尼西亚总统佐科访华并出席第三届“一带一路”国际合作高峰论坛期间，由印尼海洋与投资统筹部和中国商务部主办，印尼工商会中国委员会和商务部外贸发展局承办的中国—印度尼西亚工商论坛在京举行。福建省商务厅有关负责人参加了本次论坛。参会期间，省商务厅利用机会主动对接工商界代表，介绍新时代新福建建设情况，加深印尼工商界代表对我省营商环境、创新创业环境的了解，并邀请印尼工商会及企业来闽考察投资，共同参与福建建设，共享福建发展红利。

19日下午，由福建省商务厅、澳门贸易投资促进局主办，中葡论坛（澳门）常设秘书处支持，澳门福建同乡总会、澳门福建同乡会、澳门厦门联谊总会协办的“福建—澳门—葡语国家经贸合作交流会”在澳门成功举行。会上，福建省商务厅、德化县、惠安县分别推介福建营商环境、各地投资机遇及重点产业等。卡尔美体育用品有限公司、葡萄牙马德拉岛贸促局、福建德化金马车陶瓷有限公司、葡萄牙海洋经济论坛、福建惠安新海峡石业艺术有限公司分别介绍了各自行业情况、企业概况和合作机遇。在交流互动环节，福建、澳门及葡语国家三方企业重点围绕海洋科技、生物医药、文化旅游、金融及服务业等领域，开展对话交流，进一步增进了企业相互了解，促进了互补合作，为福建与澳门及葡语国家经贸在更大规模、更宽领域、更高层次的交流与合作搭建了重要平台。

19—22日，第28届澳门国际贸易投资展览会（简称“MIF”）在澳门金光会展中心举行。福建省在展会期间举办“福品走进澳门”活动，设立300平方米福建馆，并组织近30家福品企业参展亮相。福建馆以“福品卖全球、全球买闽货”为主题，突出“福文化”，设置了“1+5”展区，分别为福建形象展示区和福味飘香、福享食尚、福茶生活、福见商旅、福潮国风等“五福”展区，福建福品类别中的消费品品牌企业带来了福品知名品牌、地标性产品、老字号品牌和福品“新秀”等百余款福品好物。此外，福建省精心筹备福建—澳门—葡语国家经贸合作交流会，积极参加中葡论坛（澳门）成立二十周年高级别研讨会，走访拜会澳门相关机构、组织、企业和闽籍乡亲，组织发动我省企业与澳门及葡语国家企业对接交流，借助澳门中葡商贸合作平台优势，进一步推广福文化、福品好物，推动福建、澳门及葡语国家在产业链、创新链、资金链等方面进一步深化合作，共赢发展。

20日，省长赵龙到厦门市部分工业企业调研，了解今年以来企业经营情况，研判分析当前经济形势，谋划推动第四季度和明年经济工作。他强调，要认真贯彻落实习近平总书记重要讲话重要指示批示精神，完整、准确、全面贯彻新发展理念，坚守实体经济导向，加快推进新型工业化，坚定信心稳增长、锚定目标抓经济，在推动高质量发展中展现更大作为。

21日上午，由自然资源部海洋减灾中心、省海洋与渔业局、福州市海洋与渔业局共同发起，以自然资源部海岛研究中心、省渔业资源监测中心、福州市海洋与渔业技术中心为支撑的“东南蓝碳监测与评估研究中心”在福州顺利揭牌。

23日—11月1日，我省8家重点茶叶企业赴英国、马来西亚、新加坡开展“闽茶海丝行”欧亚站经贸活动，传播闽茶文化，推动经贸合作。开展“闽茶海丝行”欧亚站经贸活动是进一步贯彻落实国家“一带一路”倡议的重要举措。此次活动，举办了“海丝茶缘·中英传情”推介会、“闽茶传韵·中马情深”茶会、“闽茶工夫·香飘狮城”文化论坛等多场茶事活动，宣传闽茶产品及茶文化；走访三个国家知名涉茶涉农企业和贸易机构，开拓茶叶等农产品贸易合作空间；在三个国家授牌设立闽茶文化推广中心，常态化推广闽茶及茶文化，推动闽茶更好地走出中国、走向世界。活动期间，我省重点茶叶企业与当地企业签署茶叶销售和战略合作协议，有效拓展了海外市场。

24日，省委三季度工作会议在福州召开。省委书记周祖翼出席会议并讲话，强调要深入学习贯彻习近平新时代中国特色社会主义思想和党的二十大精神，扎实推进主题教育，深学争优、敢为争先、实干争效，撸起袖子加油干、扎扎实实抓发展，进一步凝聚共识、稳定预期、提振信心、攻坚克难，认真做好第四季度工作，科学谋划明年工作，奋力谱写中国式现代化福建篇章。省委副书记、省长赵龙主持会议，点评三季度全省经济社会发展情况，并具体部署下一步工作。

24日，智慧林业一期——林长制管理系统暨无人机应用管理公共平台建设项目顺利通过省数字办组织的终验，是信息化项目建设管理体制改革后，省大数据集团承担的第一个，也是提早完成并一次性通过终验的项目。专家一致认为，该项目所建系统功能完备、内容丰富、应用创新、成效显著。

24日，福建省统计局消息，今年前三季度，我省规模以上工业增加值同比增长2.5%，增速比1—8月加快0.4个百分点，比上半年加快1.8个百分点。其中，9月份，我省规模以上工业增加值同比增长6.7%，比上月加快1.3个百分点，高于全国2.2个百分点。数据显示，前三季度，全省38个工业行业大类中，有22个行业增加值实现同比增长，行业增长面为57.9%，比上半年提高7.9个百分点；分三大门类看，采矿业增加值同比增长5.3%，制造业增长2.5%，电力、热力、燃气及水生产和供应业增长1.5%。

24日，福建省商务厅召开外贸促进政策座谈会。省发改委、省工信厅、省财政厅、省交通运输厅、福州海关、省税务局、信保福建分公司、口行福建省分行、福州市商务局、各商协会和企业代表参会，并就外贸促进政策进行了交流讨论。

24—25日，省农业农村厅在漳州市举办全省乡村“五个美丽”建设和庭院经济发展工作培训班。培训期间，组织参观漳州高新区水仙花海和芗城区田寮村移动智慧菇房、珠里乡村休闲旅游点。

24—27日，省水利厅在宁德市举办了全省水旱（山洪）灾害防治与水文业务培训班。培训班采取课堂教学、研讨交流、现场参观相结合的方式，特邀水利部减灾中心张海涛教授、省水库调度专家林长荣和省水文监测预警专家陈俊，分别就“中央水利救灾资金的申报、使用和管理”“水库汛期防洪调度运用”“水文监测预警预报”等三个方面内容进行详细解读和面对面辅导，实操性强、效果明显。

25—27日，2023年福建省林木种苗质量监管与执法培训班在长泰区成功举办，来自各设区市种苗管理机构、部分重点县（区）林业主管部门种苗质量管理与执法人员46人参加培训。

26日，福州海关消息，“一带一路”倡议提出十年来，福建省与“一带一路”共建国家进出口贸易规模快速提升，由2013年的4389.7亿元增长到2022年的9833.2亿元，累计增长124%，年均增速达到9.4%，较同期福建省外贸年均增速快2.1个百分点，占福建省进出口总值的比重由41.8%提升到49.6%。今年福建省对“一带一路”共建国家进出口继续保持良好增长态势，前三季度进出口7476.9亿元，比去年同期（下同）增长2.5%，高出福建省整体外贸增速4.3个百分点，占同期福建省外贸总值的比重进一步提升至51.5%。

26日，福建省工商联消息，近日，省委统战部、省工商联联合印发《贯彻落实促进民营经济发展壮大的意见和新时代民营经济强省战略的行动方案》（以下简称《行动方案》）。此次出台的《行动方案》共有20条举措，涉及加强民营经济人士思想政治引领、支持民营经济做强做优、营造关心促进民营经济发展良好氛围等方面，旨在进一步激发民营经济活力动力，促进民营经济“两个健康”。

26日，一辆已经施加海关电子关锁的厢式货车缓缓驶出莆田国际陆港。据悉，该转关车内载有来自莆田本土特色装饰画、鞋服等跨境电商货物，共计近4000件包裹，在莆田国际陆港完成查验后，转关运往厦门机场，搭乘当晚厦门航空的航班出口美国。这是在省商务厅（口岸办）牵头推动下，福州海关、厦门海关签署货物直通业务合作备忘录以来，电子关锁在跨境电商跨关区转关监管中的首次应用，此次货物的顺利通关推动跨境电商实现智慧转关直通模式迈出重要一步。

26—27日，省水利厅以“加快水利科技推广，助力福建高质量发展”为主题，在福州市永泰县举办2023年水利新技术（产品）推广培训班。培训采用专家授课、技术讲解、现场教学、互动交流相结合的形式，特邀福州大学张挺教授进行《福建省水利工程智慧监测与洪涝预警研究》专题授课；“数字孪生平台在小流域场景中的应用”“智能电站无人控制系统”等10项水利新技术、新产品在培训班上作技术讲解；组织学员赴永泰抽水蓄能电站、白云二级电站开展特色现场教学。培训期间，技术单位与参训骨干进行了深入的交流与对接，取得了良好的推广培训效果。

27日，据福州海关统计，今年前三季度，福建省外贸进出口1.45万亿元人民币，比去年同期（下同）下降1.7%。其中，出口8580.2亿元，下降4.8%；进口5924.5亿元，增长3.1%。值得关注的是，9月份，福建省外贸进出口创年内新高，达1784.1亿元，增长8.5%。其中，出口达1042.4亿元，增长7.7%；进口达741.7亿元，增长9.6%，实现全面转正。

27日，省工信厅发布我省首批纺织鞋服新产品及单位名单，恒申高强度锦纶纤维、永荣多孔超细聚酰胺6纤维、华峰立体多色贾卡提花经编面料、匹克态极5.0跑鞋等17家企业的19款产品上榜。这批新产品涵盖化纤、纱线、面料、鞋材、成鞋、产业用纺织品等产业链上下游环节，展示了科技、时尚、绿色的行业发展趋势，具备较高的技术水准，在全国乃至全球具有较强竞争力。

27日，国家口岸管理办公室在厦门开展优化口岸营商环境暨世行营商环境新评估体系“国际贸易”政策宣讲，旨在贯彻落实党中央、国务院优化营商环境决策部署，持续打造市场化、法治化、国际化一流口岸营商环境，加强国家相关政策措施宣讲和工作指导，在省商务厅（口岸办）组织下，驻闽海关、边检、海事等口岸查验单位，重点机场、港口等单位相关负责人参加。

31日，《福建日报》报道，前三季度福建省合计出口“新三样”商品（电动载人汽车、锂电池、太阳能电池）971.1亿元，比去年同期（下同）增长80%，占全省出口比重同比提升5.3个百分点，达到11.3%，拉动全省出口整体增长4.8个百分点。

31日，第119期五凤论见“协同合力深化治理　知识产权全链条护航软件信息企业成长”活动在福州软件园举办，政产学研代表齐聚一堂，共同探讨新形势下加强知识产权保护，增强企业知识产权竞争力。

（摘编：陈建闽）

11月

1日，省水利厅消息，为加快推进水利工程项目前期工作，服务水利工程建设，省水利厅近日出具了10个重大水利项目的行业审查意见或批复，工程总投资27.9亿元，建设内容包括新建中型水库1座、新建堤防（护岸）和旧堤加高总长80.2公里，以及配套排涝涵洞、排水管等。

1日，省工信厅举办党组理论学习中心组（扩大）学习会，中国电子信息产业发展研究院副院长、党委委员乔标博士应邀到会，作题为“准确把握新型工业化的新内涵新使命”的专题辅导报告。省政府副省长林瑞良出席会议。

1日，福建省民营经济标准创新发展大会暨

2023民营经济标准创新周福建专场活动在泉州举行。活动由省市场监管局、省工商联、泉州市政府主办，省政协副主席、省工商联主席王光远出席并致辞。会上表彰福建省首批33家标准创新型民营企业，表扬10家团体标准化工作优秀商会，颁发福建省第九届标准贡献奖，发布福建省民营经济标准创新13个典型案例。

1日，工信部工业和信息化双碳研究中心福建分中心签约授牌活动在福州举行，活动由福建省工业和信息化厅指导，福建省节能中心、中国电子信息产业发展研究院共同主办。福建分中心依托省节能中心成立并挂牌，将充分发挥国家级专家资源优势，为我省工业领域碳达峰碳中和提供战略规划与政策支撑，为工业绿色低碳转型提供技术支撑，推动我省新型工业化不断取得新突破新成效。

2日，《人民日报》头版头条刊发文章《聚焦福建全面提升　产业体系现代化水平》。

2日，全国水产技术推广总站公布了2023年全国水生动物防疫系统实验室检测能力验证结果。全省共30家单位报名参加相应疫病检测能力验证，其中水技推广机构20家；最终取得结果满意单位29家，其中水技推广机构19家。获得能力验证满意结果的实验室，将获得2024年国家及省级水生动物疫病检测计划的相应疫病检测实验室备选资格。

3日，福建省林长办、省林业局在福州举行福建省首届“最美护林员”证书颁发仪式，为20位来自基层的护林员颁发了福建省首届“最美护林员”证书。

3日，省水利厅召开强化流域治理管理工作会议。会议听取了关于省闽江（木兰溪）流域中心、九龙江流域中心机构职能的汇报。相关业务处室、厅属单位结合工作重点提出了流域机构近期工作任务清单，并交流研讨了进一步强化流域治理管理的思路举措；两个流域中心负责同志分别作了表态发言。

3—10日，省水利厅河湖管理处服务基层小分队分两组，深入福州、厦门、漳州、三明、南平市和平潭综合实验区等地，指导全省河湖长制林长制工作会议督办问题整改。小分队实地察看了马尾区三祥兴贸易有限公司和琅岐勤耕外调砂直供点两处堆砂场、翔安区新店镇河道围堰养殖、漳州云霄县排污管道直排入河、建瓯市迪口镇违规养殖牛蛙富营养污水未经处理排入溪水等整治点，对多数已申请销号的问题整改落实情况逐一认真细致复核，对云霄县火田镇河道乱建、漳州高新区河道大棚种植及违规采砂、清流县嵩口镇河道乱建、平潭海坛街道黑臭水体等整改不到位、不彻底问题，督促属地做好整改扫尾工作，确保“事事有回音、件件有落实”。

4—5日，省长赵龙出席在上海举行的第六届中国国际进口博览会开幕式并参观部分展馆。副省长王金福参加有关活动。在上海国家会展中心，第六届进博会企业展吸引来自128个国家和地区的3400多家企业参展，参展的世界500强、行业龙头企业以及创新型中小企业数量均为历届之最，超过400项新产品、新技术、新服务集中展示。进博会期间，福建省政府与外商投资企业召开恳谈会，推介福建良好发展环境和投资机遇，福建省交易团、地市分团将举办10多场招商活动。

6日，依托三明林博会平台，由福建省林业局和三明市林业局联合举办的全省林业产业及三明市重点招商项目签约仪式在三明成功举行，南平竹木精密设备制造项目、泉州自然盛景毛竹三素分离产业配套供应链项目、漳州林木股份经营合作项目、永安竹生物质资源综合利用项目等16个项目上台集中签约，总投资69.3亿元。近年来，省林业局高度重视招商引资和项目对接工作，以林业相关展会为平台，注重强链补链精准招商，大力推进木材加工、竹产业、林下经济、森林康养、种苗花卉等绿色富民产业发展。据统计，今年来全省林业系统共落实招商项目97个、总投资407.98亿元，其中投产项目5个、投资16.8亿元，开工项目43个、投资85.79亿元。

6日，省委书记周祖翼主持召开省委常委会会议，认真传达学习习近平总书记在中央金融工作会议、10月27日中央政治局会议、二十届中央政治局第九次集体学习以及同全国总工会、全国妇联新一届领导班子成员集体谈话时等近期重要讲话重要指示精神，研究我省贯彻落实措施；研究推进我省金融、工会、妇联等工作。

6日，福建省住房和城乡建设厅消息，为推进绿色建筑高质量发展，减少建筑碳排放，根据《福建省绿色建筑发展条例》《福建省城乡建设领域碳达峰实施方案》有关要求，省住建厅组织编制了《福建省绿色建筑施工图设计与审查细则（2023年版）》并印发，要求认真抓好落实。

6日，第三届福建省海洋生物医药产业高质量发展推进活动在石狮市举行。活动由省海洋与渔业局牵头，省工信厅、省发改委、省科技厅共同举办，工商银行福建省分行协办。活动期间，省海洋与渔业局与工商银行福建省分行签订战略合作协议，国家海洋信息中心发布了《2023福建省海洋经济发展指数》；发布了100多项海洋生物医药科技成果和海洋生物医药技术需求，解读了生物医药产业发展政策；推介了福建省海洋经济产业投资基金等涉海金融产品；举行了海洋与渔业产学研对接活动，12项合作项目现场签约。

7日，以“赓续海丝文化　赋能海上福建”为主题的第二届福建省海洋文化论坛在泉州台商投资区隆重开幕。本次论坛由福建省海洋与渔业局、福建省文化和旅游厅、泉州市人民政府共同主办，中共福建省委宣传部、自然资源部宣传教育中心指导。论坛大会发布了《2023中国海洋文化发展报告》蓝皮书，授予了泉州欧乐堡海洋生态科普馆“全国海洋意识教育基地”和“中国水产学会科普教育基地”的称号，对接签约了海洋经济项目33个，总投资302亿元。此次论坛共有院士专家，沿海各设区市海洋渔业主管部门、文化和旅游部门，重点沿海县（市、区）海洋渔业主管部门、文化和旅游部门等约300位嘉宾参加。

7日，福建省住房和城乡建设厅消息，由福建省建筑设计研究院有限公司编制的《福建省无障碍设施建设图集》，经组织审查，批准为福建省工程建设地方标准设计图集，图集号为闽2023-J-02，统一编号为DBJT 13-121，自2024年3月1日起实施。

7日，福建省住房和城乡建设厅消息，为进一步完善建设工程消防设计审查验收制度体系，加强建设工程消防设计审查验收管理，根据《中华人民共和国建筑法》《中华人民共和国消防法》《建设工程质量管理条例》和新修订的《福建省消防条例》《建设工程消防设计审查验收管理暂行规定》等法律法规和相关规定，结合我省实际，省住建厅制定了《福建省建设工程消防设计审查验收管理暂行规定》并印发，要求认真贯彻执行。

8日，全省经济运行分析会议在福州召开。省委常委、常务副省长郭宁宁主持会议并讲话。会议强调，各地各有关部门要全面贯彻党中央、国务院决策部署，按照省委三季度工作会议要求，锚定全年目标任务，坚定信心、攻坚克难、全力冲刺，确保四季度成效好，以最大努力争取最好结果。

8日，福建省住房和城乡建设厅消息，为巩固提升福建省房屋结构安全隐患排查整治工作成效，助推房屋安全管理制度机制创新，加快推动福建省房屋结构保险监测试点，指导规范福建省房屋安全监测工作科学开展，省厅组织有关单位编制了《福建省房屋结构安全监测技术导则（试行）》并印发，要求遵照执行。《福建省房屋结构安全监测技术导则（试行）》明确相关监测技术，作为福建省房屋结构安全监测技术的指导性文件。

8—10日，省水利厅服务基层小分队（漳州组）深入漳州、角美等地，现场推进重大水利项目前期工作。小分队在漳州市水利局开展重大水利项目前期审批工作指导座谈会，对各类项目审批事项、有关政策等进行了深入探讨交流，指导地方推进项目前期工作。小分队实地察看了马銮湾生态补水工程漳州段、北溪水闸等建设现场，深入了解建设过程中存在涉铁、涉路交叉工程等问题，现场解决设计中出现的问题。

8—10日，受水利部委托，太湖流域管理局组织评价组，对泉州市山美水库工程标准化管理进行现场评价。经过评价组认真审议、充分讨论，一致认为山美水库工程状况良好、环境干净整洁、管理体系健全、安全管理到位、管理基础扎实、经费充分保障、运行管理规范、工程安全可靠，按照水利部《水利工程标准化管理评价办法》及其评价标准的规定，评价专家组对标准化管理评价内容逐项赋分，评价最终获得955分（总分1000分），待水利部公布后认定为水利部标准化管理工程，这也是我省首个通过水利部水利工程标准化管理评价的水利工程。

9日，在工业和信息化部教育与考试中心等部门指导下，由福建星网锐捷通讯股份有限公司、厦门大学、福建信息职业技术学院主办的全国信息技术和AI应用行业产教融合共同体成立大会在福州成功举办。大会以“数字融合、智创未来”为主题，按照“平等互利、资源共享、合作共赢、共谋发展”的原则，共话职普融通、产教融合、科教融汇，共建我国信息技术和AI应用创新领域的高素质技术技能人才新生态。

9—12日，第二十届中国国际农产品交易会在青岛举办。本届农交会，我省以“福山福水·福农优品”为主题，组织全省40多个县（市、区）160多家企业参展，设置“福农优品”省级综合展馆、优质特色地标农品馆及市县展馆，参展产品覆盖茶叶、水果、食用菌、畜禽、中药材等100多个品类，展现我省特色现代农业发展的新成就新成果，宣传推介“福农优品”品牌，扩大福建优质农产品知名度影响力。福建展团荣获本届农交会“最佳设计奖”，福州、安溪、诏安、南靖展团荣获“优秀设计奖”。展会期间，同步开展线上线下促销，福建农业企业与经销商签订意向购销合同330多个。

11日，省农业农村厅联合省体育局在连江县黄岐镇举办全省2023年“和美乡村健康跑”首站活动。本次活动以“奔向和美乡村·跑出幸福生活”为主题，组织全省各地和台湾马祖的200余名农民健跑爱好者参加，展示美丽乡村建设成果，展现农民精神风貌，丰富农村文化生活，营造健康向上的乡村氛围，培育文明乡风，助力乡村全面振兴。

12日，福建省竹产业标准化技术委员会（SAFJ/TC28）（简称“省竹标委”）成立大会暨第一次工作会议在政和县召开。大会上宣读了省竹标委成立的批复及首届省竹标委聘任顾问的决定，举行了省竹标委授牌仪式。首届省竹标委共有34名委员、4名顾问和28名观察员，聚集了各地从事生产、科研、经济领域等方面的专家学者及技术人才。

13日，省企业与企业家联合会第九届第一次会员代表大会暨第九届理事会第一次会议在福州召开。副省长林瑞良，中国企业联合会党委书记、常务副会长兼理事长朱宏任出席会议并致辞。省级老同志黄文麟、李川、苏增添、潘征、雷春美、张帆出席。大会选举产生新一届省企联理事会。

14日，省农业农村厅举办“强农讲坛”启动仪式，邀请中国科学院院士谢华安作题为《种业创新与粮食安全》的首场讲座，为党员干部上了一堂生动的粮食安全课。

14日，省节约用水办公室召开2023年度联席会议。会上，省节水办各成员单位总结了2023年1—3季度工作任务完成情况，讨论了年底的工作任务安排。

15日，省海洋与渔业局、省商务厅在福州联合举办澳大利亚专家海洋生物产业领域政产学研对接活动。澳大利亚技术科学与工程院院士、澳大利亚国家海洋生物产品联合研究中心首席科学家张卫出席活动。与会的省内有关海洋与渔业行业社团组织、涉海科研机构、企业等单位表示，希望与张卫院士建立良好的互动关系，共同推动福建与澳大利亚在海洋生物产业领域的深度合作；希望在海洋大健康产品开发、水产品加工与综合利用等方面，得到张卫院士的进一步指导；也希望借助张卫院士及所在机构的力量，开拓国际市场。

15日，福建省住房和城乡建设厅消息，由省建设工程造价总站编制的《福建省房屋建筑与市政基础设施工程造价数据交换标准》，经组织审查，批准为福建省工程建设地方标准，编号DBJ/T 13-434—2023，自2024年3月1日起实施。

15日，据福州海关统计，今年前10个月，福建省外贸进出口总值1.61万亿元人民币，比去年同期（下同）下降0.4%，降幅较前9个月收窄1.4个百分点。其中，出口9540.7亿元，下降3.2%；进口6574.5亿元，增长4.1%。10月份福建省外贸进出口在9月份增长的基础上进一步提速，进出口、出口、进口增速较9月份分别提高4.8个、4.7个、5.1个百分点。10月当月进出口1632.3亿元，增长13.5%，其中出口977.1亿元，增长12.7%；进口655.2亿元，增长14.7%，均实现两位数增长。

15日，第二十五届中国国际高新技术成果交易会（以下简称“高交会”）开幕，福建展团组织高新企业、高校科研院所等30家单位，带来了35项涵盖电子信息、机械设备、医药与医疗器械、节能环保、化工新材料和食药用材及深加工等领域的先进技术成果项目。此外，来自13家单位的15个优秀项目参加了现场路演，进一步扩大了参展成效。高交会是中国规模最大、最具影响力的科技类展会，素有“中国科技第一展”之称。本届高交会于15日至19日在深圳举办。

15日，福建省商务厅消息，近日，“全省开发区整合提升专题培训班”在三明将乐“两山学堂”学习教育基地开班，旨在深入实施新时代人才强省战略，加强开发区人才培养，提升开发区干部管理水平和业务能力，促进开发区高质量发展。本次培训班由福建省商务厅主办、福建省开发区协会承办。

15日，省“两通工程”项目建设推进会召开，全力推进27个项目攻坚开工，继续推进13个项目12月开工建设。这40个项目均属于“乡镇便捷通”工程，通过新增高速公路出入口、新增服务区出入口、新建改建高速公路互通接线三种方式，推进更多的重要交通集散节点实现30分钟内便捷通达高速公路。预计今年底前，将新开通16个服务区出入口收费站。

15日，商务部驻福州特派办有关负责人赴福州新区元洪功能区调研中印尼“两国双园”，实地考察了御冠食品、淼天汇、宏港纺织等企业，了解企业生产、经营情况，并在福州新区元洪功能区管委会召开座谈会。

15—17日，由福建省林业局和省总工会联合举办的全省生态护林员职业技能竞赛在省南靖国有林场成功举办。本次竞赛项目分为理论知识考试和技能操作考核两个部分，其中技能操作考核包括无人机巡航巡护考核、护林巡护实操考核、动植物物种识别考核3项内容。各设区市林业局共遴选出16支代表队80名技术能手参加了决赛。经过2天紧张激烈地角逐，漳州市林业局代表队获得团体一等奖，漳浦县绥安镇林业站护林员蔡聪杰获得个人总成绩第一名。

16日，省委书记、省人大常委会主任周祖翼在福州会见了中国核工业集团有限公司党组书记、董事长余剑锋一行。省委副书记、省长赵龙出席。周祖翼感谢中核集团长期以来对福建经济社会发展的大力支持。周祖翼表希望双方以签署深化战略合作协议为新起点，在先进核能利用、新能源开发、核技术应用、人才培养、工程建设等领域深度合作，加快推进重点项目建设，实现共赢发展。会见后，双方签署了深化战略合作协议等。

16日，2023金砖国家新工业革命伙伴关系论坛在福建省厦门市召开。福建省省长赵龙、工业和信息化部副部长张云明、厦门市委书记崔永辉、福建省副省长林瑞良、厦门市市长黄文辉，巴西驻华大使高望、俄罗斯联邦工业和贸易部副部长阿列克谢·格鲁杰夫、阿根廷驻华大使牛望道、委内瑞拉驻华大使朱塞佩·约夫雷达等金砖和“金砖+”国家代表，联合国工业发展组织执行干事邹刺勇、新开发银行副行长兼首席行政官周强武等国际组织负责人现场或视频出席。

16日，省水利厅召开水利基本建设工程滞后市县约谈会，约谈漳州、南平、宁德市水利局有关负责人，云霄、光泽、古田县水利局主要负责人及项目责任人。会上，针对云霄县莆美镇环向北河道综合治理工程项目、闽江富中溪流域防洪提升工程光泽段期工程、闽江流域（古田段）防洪工程仍未开工的问题，市县两级水利局负责人分别就项目相关情况进行汇报并作表态发言，明确了各自管辖项目的开工时间节点及措施。

16日，福建省住房和城乡建设厅消息，为进一步加强住建领域安全生产工作的社会监督，保障人民群众生命和财产安全。根据《中华人民共和国安全生产法》《中华人民共和国建筑法》《建设工程安全生产管理条例》《安全生产领域举报奖励办法》等有关规定，结合我省实际，省住建厅制定并印发《福建省住建领域重大事故隐患举报奖励暂行办法》，要求各地各部门认真贯彻执行。

17日，省水利厅召开全省水利工程运行管理工作视频推进会。会议强调，当前距离年底收官已不足一个半月，各项工作到了决战决胜的关键阶段，时间紧任务重。各地在做好年度工作的同时，也要进一步理清思路，精心谋划明年工作，特别是在小型水库社会化管护、水管体制改革、水库现代化管理矩阵上下功夫，为明年各项工作开好局、起好步奠定坚实基础。

20日，省水利厅水旱灾害防御与水文处服务基层小分队赴漳州市和九龙江流域管理中心，检查指导防汛备汛、水库调度等工作，调研推进数字孪生九龙江北溪先行先试平台建设。小分队先后察看了北溪水闸、数字孪生九龙江北溪先行先试平台指挥控制中心、防汛抢险物资仓库和漳州市长泰区枋洋水利枢纽工程溪口闸坝、枋洋水库大坝等地，指导加快推进数字孪生项目建设和防汛备汛、水库防汛调度等工作。

20—22日，2023年全国（建瓯）鲜食玉米产业大会暨福建省鲜食玉米发展大会在我省建瓯举办。大会深入学习贯彻习近平总书记关于“三农”工作的重要论述，以“玉米领‘鲜’，种好业兴”为主题，设置鲜食玉米品种展示评审、学术交流及产业发展论坛、科研成果转让、鲜食玉米购销签约等活动，谋划推动鲜食玉米产业高质量发展，为保障粮食安全作出积极贡献。

21日，省水产技术推广总站站长、省海洋与渔业局科技博士服务团第二分团走进闽侯金鱼养殖生产一线，开展科技下乡服务活动。

21日，《福建省促进首台套技术装备推广应用条例（草案）》提交省人大常委会一审。此次《福建省促进首台套技术装备推广应用条例（草案）》从我省首台套技术装备工作实际出发，在明确政府及有关部门职责、鼓励研发创新、提升检验检测能力、加强政策扶持、支持招标投标、加大政府采购力度、发挥国有企业作用、建立容错机制等方面作出规定。

21日，为贯彻落实《保障农民工工资支付条例》《福建省人民政府办公厅关于全面治理拖欠农民工工资问题的实施意见》（闽政办〔2016〕88号）、《建筑工人实名制管理办法（试行）》（建市〔2019〕18号）等有关法律法规和政策文件，结合我省实际，省住房和城乡建设厅、人力资源和社会保障厅、中国人民银行福建省分行组织修订了《福建省建筑工人实名制管理实施细则》并印发执行。

21日，为贯彻落实《国务院办公厅转发住房城乡建设部关于完善质量保障体系提升建筑工程品质指导意见的通知》（国办函〔2019〕92号）要求，更好地发挥市场在资源配置中的决定作用，提高住宅工程质量水平，省住房和城乡建设厅就推行住宅工程质量保险工作印发通知。

21日，为进一步贯彻落实《国务院办公厅关于促进建筑业持续健康发展的意见》（国办发〔2017〕19号）、《国务院办公厅转发住房城乡建设部关于完善质量保障体系提升建筑工程品质指导意见的通知》（国办发〔2019〕92号）和《住房和城乡建设部关于落实建设单位工程质量首要责任的通知》（建质规〔2020〕9号）要求，省住房和城乡建设厅就强化建设单位工程质量首要责任印发通知。

22日，据厦门海关统计，1—10月，我省锂电池出口1029.5亿元人民币，同比增长73.4%，连续17个月保持同比大幅增长。其中，10月当月出口111.6亿元，同比增长27.4%。数据显示，欧盟和美国是福建省锂电池主要出口市场，1—10月分别出口602.8亿元和244.5亿元，同比分别增长80.5%和78.6%，两者合计占出口总值82.3%。

22日，由福建省工业和信息化厅、福建省数字福建建设领导小组办公室指导，福州市人民政府主办，福州市大数据发展管理委员会、福州市工业和信息化局承办，福州市电子信息集团、福建人工智能计算中心、福建人工智能生态创新中心协办的福建省人工智能产业发展论坛，在福州市数字中国会展中心潮平馆成功召开。作为2023一带一路国际商协会大会的重要活动之一，本次论坛以“创新驱动发展，智能引领未来”为主题，旨在进一步推动福建省人工智能产业政策推广落地，打造人工智能产业发展东南创新高地，加快数字应用第一省建设，加强福建与全国人工智能产业的交流与合作，共同探讨产业发展的新路径、新模式，为福建省人工智能产业高质量发展注入新思路、新动力。

22日，福建省住房和城乡建设厅消息，为贯彻落实《中共中央　国务院关于加快建设全国统一大市场的意见》有关要求，经研究，现对《福建省建筑业龙头企业（施工总承包企业）实施方案（试行）》（闽建筑〔2022〕4号）第四部分的保障措施相关条款予以优化调整。

22日，福建省住房和城乡建设厅消息，为贯彻落实《关于深入推动城乡建设绿色发展的实施方案》《福建省城乡建设领域碳达峰实施方案》有关要求，推动我省绿色建筑技术进步，建设绿色、低碳、智能、安全的“好房子”，根据《福建省绿色建筑发展条例》，省厅拟组织编制福建省绿色建筑的新技术、新工艺、新材料和新设备（以下简称“四新”技术）推广目录。2023年度推广目录采取面向全省各地征集的方式，经省厅组织审定后发布。

23日，《福建省水利工程管理条例》经省第十四届人民代表大会常务委员会第七次会议表决通过，将于明年3月1日起施行。《条例》共三十二条，旨在加强水利工程管理、保护和利用。《条例》以水利工程建设、确权、定责、监管、保护为主线。明确乡镇（街道）职责、跨行政区域水利工程的监管部门，以及水行政主管部门和水利工程主管部门的安全管理职责。

23—24日，省城乡供水一体化建设联席会议专班组织赴山东调研学习。调研组与山东省水利厅有关处室和厅属有关单位就推进城乡供水一体化建设进行深入交流研讨，并实地查看了济南市章丘区云湖水厂、聊城市阳谷县城乡供水服务中心、阳谷县阎楼镇张岩寨村供水智慧化改造项目现场，观摩了阳谷县阳昇公司智慧供水平台演示。

24日上午，第十三批省级水利风景区认定会暨水利风景区建设与管理领导小组工作会议在福州召开。会议听取了省景区办关于第十三批省级水利风景区申报工作情况报告、全省水利风景区复核情况报告及景区办三项工作制度报告。会议审议通过了晋安区皇帝洞、晋江安平桥生态公园、永春县胡洋溪、永春县侯龙溪、漳浦县永清溪两帝师、长泰区枋洋、上杭县旧县河旧县段、尤溪县侠天下、松溪县杨梅溪等9家景区申报省级水利风景区的认定申请；撤销了平潭综合实验区麒麟湖、漳州市常山开发区东南亚风情园、龙岩市连城县大石岩和三明市将乐县龙池谷、清流县天芳悦潭温泉度假村等5家景区省级水利风景区称号。

27日，福建省统计局消息，今年1—10月，我省规模以上工业增加值同比增长2.7%，比1—9月加快0.2个百分点。其中，10月份规模以上工业增加值同比增长5.0%，高于全国0.4个百分点。分行业看，我省工业行业增加值增长面扩大。1—10月，全省38个工业行业大类中，有23个行业增加值实现同比增长，行业增长面为60.5%，比1—9月提高2.6个百分点。分三大门类看，采矿业增加值同比增长5.9%，制造业增长2.7%，电力、燃气和水的生产和供应业增长1.2%。民营工业增长贡献率超八成。数据显示，1—10月，全省规模以上民营工业企业增加值同比增长3.6%，比1—9月提高0.2个百分点，高于全省规模以上工业增速0.9个百分点。民营工业增加值占规上工业增加值比重为60.9%，对全省规上工业增加值增长贡献率达81.1%。原材料制造业增势良好。1—10月，全省原材料制造业增加值同比增长9.9%，比1—9月提高0.6个百分点。化学原料和化学制品制造业、黑色金属冶炼和压延加工业、有色金属冶炼和压延加工业增加值增长较快，分别增长19.5%、16.5%、20.0%。

28日，省委书记、省人大常委会主任周祖翼在福州与交通运输部党组书记、部长李小鹏一行座谈交流，深入推动省部合作。此前，省委副书记、省长赵龙代表省政府与交通运输部于27日在北京签署了《关于加快建设交通强国福建先行区，推动构建海峡两岸融合发展示范区的合作协议》。下午，李小鹏一行赴平潭综合实验区，深入海峡公铁大桥、澳前客运码头等进行实地调研。

28日，中国人民银行福建省分行消息，近日，中国人民银行、金融监管总局、中国证监会、国家外汇管理局、国家发展改革委、工业和信息化部、财政部、全国工商联等八部门联合印发《关于强化金融支持举措　助力民营经济发展壮大的通知》，提出支持民营经济的25条具体举措。

29日上午，福建企业赴港上市暨股权投融资交流会在龙岩市举办。本次交流会汇聚了香港投行、基金公司和专业服务机构的知名专家、大咖，既有港交所、恒生银行等海外上市机构、知名银行的专家为企业赴海外上市及融资提供了专业意见，也有来自卓佳瑞丰德永、中金国际等香港知名专业服务机构负责人为上市过程中的公司治理合规和企业风险管理建言献策，还有东木资本等基金公司助力企业转型升级的实践方案。交流活动后，香港金融业和专业服务机构专家还考察了海德馨汽车、闽雄生物科技、新兴新纺织科技、福建龙夏电子科技、龙合智能装备制造等企业，了解企业经营情况和投融资需求，并就企业赴港上市、融资等具体事宜进行精准辅导。

29日，福建省工商联消息，近日，省工商联联合省委党校专家赴省民营企业商会围绕“福建民营企业新型工业化情况”开展调研座谈。会上，专家们对发言企业家逐一提问，并将企业家们提出的具体诉求和政策建议一一记下，逐条回应。

30日，水利部有关领导一行于11月29—30日来闽开展东南水网规划编制工作调研。调研组一行实地察看了棉花滩水库、数字孪生九龙江北溪先行先试项目和金门供水及水源保障、木兰溪流域综合治理等工程，并召开了座谈会。

30日，第七届数字中国建设峰会筹备工作启动推进会在福州召开，省委常委、常务副省长郭宁宁主持会议并讲话。会议强调，各地各有关部门要深入贯彻落实习近平总书记关于数字中国建设的重要论述，持续传承、深入践行习近平总书记在福建工作期间开创的数字福建重要理念和重大实践，在国家数据局等部委的指导下，按照省委、省政府工作要求，突出“新、专、早、融、实、精”，以更高政治站位、更大工作力度推进峰会筹备和组织工作，确保办成高水平、高质量精彩盛会。

30日，全省公路治超工作电视电话会议召开。省公路治超领导小组组长、副省长林文斌出席并讲话。会议强调，各地各有关部门要坚持以习近平新时代中国特色社会主义思想为指导，全面贯彻落实省委、省政府工作要求，增强责任感和紧迫感，毫不松懈抓好公路治超各项工作，切实保障人民群众生命财产安全，维护社会安定稳定。会议要求，各地各有关部门要注重综合施策，突出抓好源头管控，紧盯重点单位、重型货物、重要场所，狠抓车辆生产、改装和货物装载配载源头监管，杜绝超限超载货车出场上路。

（摘编：孔明德）

12月

1日，福建省人民政府新闻办公室召开的新闻发布会消息，近日，福建省第十四届人民代表大会常务委员会第七次会议表决通过关于修改《福建省企业和企业经营管理者权益保护条例》的决定。本次条例修改，写入传承弘扬福建企业家精神、创新发展“晋江经验”以及保护企业和企业经营管理者合法权益等方面的最新实践成果，鼓励和支持各类所有制企业创新创造和发展壮大。

1日，农业农村部党组成员、副部长邓小刚一行赴漳州调研闽台农业融合发展工作。邓小刚对福建省近年来闽台农业融合发展取得成效给予充分肯定。他指出，福建是两岸农业融合发展的先行区、示范区，要在两岸农业农村各领域交流合作中“走前头、当先锋”。

1日，农业农村部种业管理司有关领导来闽调研种业工作。调研组深入福建省农业科学院、福建省（琅岐）种业创新基地等，了解种质资源保护利用、植物新品种测试、科企联合育种等情况，强调福建要立足特色和区位优势，加强闽台特色种质资源的收集保护与利用，持续抓好植物新品种测试，深化产学研协同创新，着力推动特色现代种业发展。

1日，由福建省关注森林活动组委会指导，福建省林业局、福建省政协人口资源环境委员会联合主办，三明市林业局承办的“关注森林·探秘武夷——走进闽江源”主题活动在建宁县闽江源国家级自然保护区举行。省政协副主席、省关注森林活动组委会主任张国旺出席并讲话。

1日，水利部调水管理司有关领导一行于11月28日—12月1日来闽开展调水管理工作调研。调研组先后赴福州、平潭、泉州、厦门等地，检查闽江口城市群水资源配置、晋江流域七库联通、金门供水、闽西南水资源配置厦门调水等工程现场，并与有关同志进行了深入的座谈交流。

1日，为做好2024年全省住房城乡建设工作，福建省住房和城乡建设厅公开征集相关意见建议。重点包括：构建房地产发展新模式、着力稳定房地产市场、防范化解房地产市场风险、稳步实施城市更新行动、推动城市基础设施体系现代化建设、提高城市管理水平、打造宜居宜业美丽村镇、发展新型建造方式、优化建筑市场环境、强化工程质量安全监管、筑牢行业法治基础、加强行业人才队伍建设、坚持党建引领等方面。

1日，为贯彻落实《中华人民共和国消防法》、《建设工程消防设计审查验收管理暂行规定》（住建部令第58号）和《福建省建设工程消防设计审查验收管理暂行规定》等法律法规和相关规定，进一步规范我省公路建设工程的消防设计审查工作，提高消防设计技术审查水平，确保消防设计质量，福建省住房和城乡建设厅组织相关单位编制了《福建省公路建设工程消防设计技术审查要点》并印发执行。

1日，在第二届福品博览会期间，"肯尼亚市场专场推介会"在福州海峡国际会展中心成功举办。本次推介会由省商务厅主办，省发改委、福建建工集团、肯尼亚福建商会暨福建同乡会协办，旨在推动今年9月份省主要领导出访肯尼亚成果转化，助力福建企业开拓肯尼亚和非洲市场。有意开拓肯尼亚市场的福建企业及部分商协会，在肯尼亚投资经营的闽籍企业，肯尼亚闽籍侨团商会等100多人参加。

1—3日，第二届福品博览会在福州海峡国际会展中心举办，王金福副省长莅临"福农优品"展区指导。本届福博会，组织了全省30多家农业企业400多款产品亮相"福农优品"展区，其中宁夏农特产品80多款。展会期间，同步开展"福农优品"直播，采取线上线下相结合方式，重点推介我省特色优势农产品，着力提升"福农优品"市场竞争力和品牌影响力。

2日，2023年海峡两岸现代农业博览会·海峡两岸花卉博览会于11月30日—12月2日在厦门、漳州举办。农业农村部副部长邓小刚，海峡两岸关系协会会长张志军，省委副书记罗东川，省委常委、厦门市委书记崔永辉出席开幕式并致辞。在厦门展区，我省设置闽台农业融合发展综合馆、九市一区特色现代农业馆、农业产业化龙头企业馆和台资农业企业馆等，总面积超2800平方米，100多家企业（其中台资企业50家）生产的300多个闽台名特优新农产品参展。在漳州花卉展区，漳浦台湾农民创业园台企自主培育的蝴蝶兰等产品精彩亮相。本届博览会由农业农村部、国台办、中国国际贸易促进委员会、中国食品工业协会等共同主办，厦门市、漳州市人民政府承办。

3日，第二届福品博览会于2023年12月1—3日，在福州海峡国际会展中心举办，王金福副省长莅临"福农优品"展区指导。本届福博会，组织了全省30多家农业企业400多款产品亮相"福农优品"展区，其中宁夏农特产品80多款。展会期间，同步开展"福农优品"直播，采取线上线下相结合方式，重点推介我省特色优势农产品，着力提升"福农优品"市场竞争力和品牌影响力。

4日，全省新型工业化推进大会在福州召开。省委书记周祖翼出席并讲话，强调要深入学习贯彻习近平总书记关于新型工业化的重要论述，落实全国新型工业化推进大会部署，抢抓机遇、改革创新、攻坚克难，加快建设先进制造业强省，以奋发有为的精神状态推动新型工业化不断跃上新台阶。省委副书记、省长赵龙主持。

4日，福建省住房和城乡建设厅印发关于发布省工程建设地方标准《建设工程人工材料（设备）机械数据标准》的通知提出，由福建省建设工程造价总站编制的《建设工程人工材料（设备）机械数据标准》，经组织审查，批准为福建省工程建设地方标准，编号DBJ/T 13-436—2023，自2024年4月1日起实施。

4日，为加快推进建筑能效提升，提升绿色建筑质量，减少建筑碳排放，根据《民用建筑节能条例》《福建省绿色建筑发展条例》，福建省住房和城乡建设厅组织编制了《福建省建筑节能施工图设计与审查要点（2023 年版）》并印发贯彻落实。

4 日，为落实《住房和城乡建设部办公厅关于开展建筑起重机械使用登记证书电子证照试运行工作的通知》（建办质〔2023〕33 号）的有关要求，指导和规范全省范围内建筑起重机械使用登记证书电子证照核发工作，福建省住房和城乡建设厅组织编制了《福建省建筑起重机械使用登记证书电子证照办事指南》并印发执行。

4 日—8 日，福建省林业局党有关领导带队赴浙江考察国有林场改革及建设、森林旅游及森林康养等工作。考察组先后到燕山林场、淳安县两山公司、千岛湖植物园、龙川湾森林康养基地、小金山林场、东方红林场、北山林场等地，详细了解国有林场改革推进情况，以及通过森林康养产业盘活林场森林资源，实现绿水青山向金山银山转换的有效路径，并进行座谈交流。

5 日，福建省委书记、省委全面深化改革委员会主任周祖翼主持召开十一届省委深改委第九次会议，强调要认真学习贯彻习近平总书记在中央全面深化改革委员会第三次会议上的重要讲话精神，坚决贯彻党中央重大改革部署，锚定更高目标，集聚各方合力，推动改革进一步深化，确保各项改革任务落地落实。省长、省委深改委副主任赵龙，省委副书记、省委深改委副主任罗东川出席。

5 日，福建省住房和城乡建设厅下发《关于发布省工程建设地方标准〈装配式钢结构基坑支护技术标准〉的通知》提出，由福州第七建筑工程有限公司、福建省建筑科学研究院有限责任公司、福建省建筑设计研究院有限公司编制的《装配式钢结构基坑支护技术标准》，经组织审查，批准为福建省工程建设地方标准，编号 DBJ/T 13-437—2023，自 2024 年 4 月 1 日起实施。在执行过程中，有何问题和意见请函告省厅科技与设计处。

6 日，省长赵龙在福州分别会见了中国广核集团董事长杨长利和中国能源建设集团董事长宋海良，共同见证福建省政府与中国广核、中国能源建设集团签署战略合作协议。省委常委、常务副省长郭宁宁参加。

6 日，省推进产业工人队伍建设改革领导小组第五次会议在福州召开，总结我省改革工作推进情况，研究部署下一阶段工作。省委副书记、领导小组组长罗东川主持会议并讲话，省领导庄稼汉、林瑞良出席会议并讲话。会议强调，要加强组织领导，充分发挥各成员单位的职能作用，强化部门协同、政策集成、评价考核，持续推动产业工人队伍建设改革与宏观政策、产业政策、就业政策的连接联动，形成整体工作合力，切实把改革各项工作抓实抓好、抓出成效。

6 日，第四届中国水土保持学术大会在福州开幕。水利部副部长、中国水土保持学会理事长田学斌出席开幕式并讲话，副省长王金福出席并致辞。大会由中国水土保持学会主办，以“生态文明引领水土保持高质量发展”为主题，深入学习贯彻习近平生态文明思想，围绕加强水土流失预防保护、依法严格人为水土流失监管、提升水土保持管理能力和水平等重点热点问题，开展深入研讨，交流成果，凝聚共识，为推进新阶段水土保持高质量发展提供支撑。大会设置主会场和 12 个分会场，来自高等院校、科研院所、设计单位、学术团体以及相关行业管理部门的 1200 余名专家、学者和代表参加会议。会议期间，部分参会代表前往莆田市和平潭综合实验区开展现场技术交流。

6 日，福建省工信厅消息，近日，省工信厅信息产业工会在三明市开展“惠企政策进百园入万企”活动暨数智技术服务试点工作。活动邀请中国科学院泉州装备所、省智能制造促进会、摩尔元数等单位的 7 位技术专家及行业工匠，走访了中国机械科学研究总院海西（福建）分院有限公司、名佑（福建）食品有限公司、福建中盛宏业新材料股份有限公司等 10 家企业，与企业负责人面对面沟通，了解企业在数字化转型过程中遇到的问题和实际困难，为企业提供化工行业数字孪生应用、食品企业 MES 生产执行系统等 4 套数字化方案，帮助企业解决生产管理、数字孪生管理等 7 项技术难题。

6 日，福建省住建厅消息，根据《福建省发展和改革委员会等 10 部门关于开展全省政府投资项目投标保证金减免工作的通知》（闽发改法规函〔2023〕3 号）精神，对政府投资的招标控制价超过1000万元且小于3000万元的房建市政工程施工招标项目探索推行“信用+承诺”制度，试行差异化缴纳保证金，减轻优秀诚信企业负担。

6日，为深入推进闽宁、闽疆商务协作，支持宁夏、新疆特色产品在闽销售，福建省商务厅邀请宁夏商务厅、新疆昌吉州商务局组团来闽参加第二届福品博览会。宁夏商务厅组织25家“六特”产业企业参展，设立“宁夏优品福州行”综合展区，将宁夏贺兰山东麓葡萄酒作为全区推进“六特”产业高质量发展的最新成果进行重点展示宣传，同时展出枸杞、盐池滩羊、六盘山黄牛肉、奶制品等宁夏“六特”优质特色产品。“宁”字号好物荟萃一堂，为现场参展观众带来“视觉盛宴”，开启“味觉之旅”。

7日，省农业农村厅召开全省农业农村系统安全生产工作视频会。会议强调，要严格落实安全生产责任，准确把握当前农业安全生产形势，深入开展沼气、农机、生猪屠宰场和饲料、农药生产企业等重点行业领域安全隐患排查整治，强化应急值班值守演练，扎实做好岁末年初安全生产各项工作，坚决防范重特大事故发生。

7日，在水利部的大力关心支持下，在省委、省政府的具体指导下，全国首单水土保持项目碳汇交易在我省长汀成功签约。水利部李国英部长专门作出批示，肯定此创新之举对推进水土保持工作高质量发展具有标志和示范意义。本次交易标志着我省在贯彻落实中共中央办公厅、国务院办公厅《关于加强新时代水土保持工作的意见》和省委办公厅、省政府办公厅《关于加强新时代水土保持若干措施》，推动新时代水土保持工作高质量发展道路上迈出了有力步伐。

11日，福建省住房和城乡建设厅印发《关于调整工程勘察设计企业部分信用评价指标的通知》提出，为贯彻落实《中共中央　国务院关于加快建设全国统一大市场的意见》有关要求，进一步优化营商环境，根据《国家发展改革委办公厅关于规范招标投标领域信用评价应用的通知》（发改办财金〔2023〕860号）和我省有关文件要求，经研究决定，自即日起，停止采集福建省工程勘察设计企业信用评价标准中企业纳税信息，纳税信息不再纳入企业信用计分，信用评价系统自动扣除相应分值。凡参与我省信用评价的勘察设计企业，应于2023年12月31日前登录“福建省勘察设计单位信用评价系统”进行相关信息确认。

11日，福建省交通运输厅消息，交通运输部、财政部组织开展并全面完成了国家综合货运枢纽补链强链第一批入围城市（群）2022年绩效评价工作，我省的厦福泉国家综合货运枢纽补链强链获评A档，近日财政部根据绩效评价结果已下达中央资金。

12日，福建省住房和城乡建设厅印发《关于发布福建省建筑工人实名制管理计价依据的通知》提出，为了进一步做好建筑工人实名制管理，保障施工企业和农民工合法权益，根据《福建省建筑工人实名制管理实施细则》（闽建〔2023〕15号），现将我省房屋建筑与市政基础设施工程有关建筑工人实名制管理计价依据事项发出通知。

12—13日，2023年福建省纺织行业印染染化料配制工职业技能竞赛（决赛）在泉州晋江举行。本次竞赛由省工信厅、省人社厅、省总工会联合主办，竞赛自9月启动以来，吸引了全省相关院校、企业近200人报名参赛。经过初赛选拔，共有25家企业、1所院校的49名选手入围决赛。决赛根据印染行业特点，设置了理论测试、技能操作两个部分，决出金奖、银奖、铜奖各1名，优胜奖7名。

13日，全国农业社会化服务工作座谈会在福建省厦门市召开。会议指出，要深入学习贯彻习近平总书记关于“三农”工作的重要论述，落实中共中央、国务院关于加快发展农业社会化服务的决策部署，支持农民合作社、服务专业户等服务组织发展，重点面向小农户、聚焦粮食和重要农产品生产开展服务，不断完善农业社会化服务体系，促进小农户和现代农业的有机衔接。各省、自治区、直辖市、计划单列市及新疆生产建设兵团农业农村（农牧）厅（局、委）农业社会化服务工作部门负责同志50多人参加。

13日，省农业农村厅召开乡村振兴示范县创建工作汇报部署会。会议强调，要深入学习贯彻习近平总书记关于“三农”工作的重要论述，落实全国乡村振兴示范创建经验交流视频会精神，学习运用“千万工程”经验，聚焦产业发展、乡村建设、乡村治理等方面，扎实开展乡村振兴示范创建，探索不同类型地区推进乡村振兴的实践路径，坚定不移走具有福建特色的乡村振兴之路。

13日，福建省住房和城乡建设厅、福建省人民政府国有资产监督管理委员会印发《关于在国有企业投资项目全面推行施工过程结算的通知》提出，为贯彻落实《国务院办公厅关于全面治理拖欠农民工工资问题的意见》（国办发〔2016〕1号）、《财政部 住房城乡建设部关于完善建设工程价款结算有关办法的通知》（财建〔2022〕183号），从源头减少工程款纠纷，缩短竣工结算时间，促进建筑业持续健康发展，决定在国有企业投资项目全面推行施工过程结算。

13日，福建省商务厅召开外贸工作推进会，听取九市一区收官工作落实情况和明年一季度“开门红”工作部署情况，听取意见和建议。省商务厅有关负责人和外贸处、贸产处、电商处负责同志出席会议。

14日，省长赵龙在福州会见乌兹别克斯坦撒马尔罕州州长图尔济莫夫一行，共同签署建立友好省州关系备忘录。省委常委、常务副省长郭宁宁出席。赵龙代表省委、省政府欢迎客人一行来访，并介绍了福建经济社会发展情况。他希望双方认真落实中乌两国元首重要共识，以签署建立友好省州关系备忘录为契机，进一步加强友好往来，深化纺织、建材、新能源汽车、现代农业、矿产等领域经贸合作，密切旅游、教育、文化、科技等领域交流，携手谱写共赢发展新篇章，为高质量共建“一带一路”、构建更加紧密的中国—中亚命运共同体作出更大贡献。

14日，根据《福建省优质中小企业梯度培育管理实施细则》，省工信厅近日发布通知，确定福州亿得隆电气技术有限公司等64家企业为福建省专精特新中小企业。值得一提的是，这64家企业将由所在设区市工信、财政部门按照“免申即享”的原则向企业兑现奖励资金。

15日，全省推进高标准农田建设投融资工作调研座谈会在惠安召开。会议强调，要深入学习贯彻习近平总书记关于“三农”工作的重要论述，落实“藏粮于地、藏粮于技”战略，加大高标准农田建设力度，统筹用好财政、国债、金融等资金，引导社会资本积极参与，持续提高投资标准，严格建设质量管理，全面落实管护主体，为守牢保障粮食安全底线作出积极贡献。

15日，福建省工业企业供需对接平台之纺织鞋服新产品专场供需对接活动在福州长乐举行。活动中，省工信厅发布了福建省首批纺织鞋服新产品，恒申、新华源、福能南纺等代表企业对新产品作重点推介，匹克、尚飞制衣等鞋服品牌企业发布产品创新及需求。华峰新材料、向兴纺织、凯邦锦纶、闽江学院等11家企业、高校、科研机构在活动现场达成合作意向，签约金额约6.7亿元。本次活动由省工信厅、省市场监管局、省体育局等单位指导。阿里巴巴、亚马逊、太平鸟、恒源祥、永荣等近百家省内外行业重点企业负责人，东华大学等高校院所专家及行业协会等代表共200多人参加活动。

15日，福建省住房和城乡建设厅下发关于发布省工程建设地方标准《建筑信息模型交付标准》的通知提出，由福州市建设发展集团有限公司、中建海峡建设发展有限公司、福建省建筑设计研究院有限公司编制的《建筑信息模型交付标准》，经组织审查，批准为福建省工程建设地方标准，编号DBJ/T 13-438—2023，自2024年4月1日起实施。在执行过程中，有何问题和意见请函告省厅科技与设计处。

15日，福建省商务厅消息，海关总署近日印发了《关于2022年度综合保税区发展绩效评估结果的函》（署贸函〔2023〕242号）。全国有138个区域参评，评估结果A类27个、B类98个、C类13个。福建省参与评估的区域有7个，厦门象屿综保区、厦门象屿保税区、厦门海沧港综保区等3个全国排名A类，福州江阴港综保区、福州保税区、泉州综保区、福州综保区等4个全国排名B类，整体进位明显。

16日，水利部信息中心在北京组织召开《数字孪生福建水网建设先行先试（闽江口区域）实施方案》（以下简称《实施方案》）审查会。会议认为，加快推进数字孪生福建水网建设是贯彻《国家水网建设规划纲要》、推进新阶段水利高质量发展的重要举措，开展数字孪生福建水网建设先行先试工作非常必要、十分迫切。《实施方案》

编制思路清晰，目标任务明确，技术方案合理可行，选取的试点范围具有典型性和代表性，符合福建实际和数字孪生水网建设先行先试要求。会议同意《实施方案》方案通过审查。

16日，福建省迎来“断崖式”降温，全省各地交通运输部门迅速调集防冰雪灾害应急抢险力量，加强冰冻灾害易发路段路况巡查、视频监控，提前调集除雪除冰抢险机械、物资就近集结，抢险队伍闻令而动，确保交通运输安全畅通。截至17日17时，全省国省道、高速公路通行正常。

18日，厦门海关统计数据显示，今年前11个月，福建民营外贸进出口额10466亿元，同比增长5.4%，创同期历史新高，占同期福建省外贸总值的58.4%，同比提升3.1个百分点。其中，出口7632.9亿元，同比增长2.9%；进口2833.2亿元，同比增长12.8%。民营企业进出口规模呈稳中向好发展态势，成为福建今年前11个月外贸的突出亮点。福建省民营外贸进出口主要呈现三个特点：机电产品出口增幅较大。前11个月，共出口机电产品3050.8亿元，同比增长28.1%。其中，锂离子蓄电池、太阳能电池、电动载人汽车等“新三样”表现突出，共出口1140.2亿元，同比增长65.8%；自动数据处理设备及其零部件91.2亿元，同比增长164.3%。大宗商品进口增速较快。前11个月，能源、金属矿及矿砂等大宗商品进口1179.8亿元，同比增长37.6%。机电产品进口369.5亿元，同比增长9.5%。纸浆及纸制品进口99.4亿元，同比增长52.8%。对共建“一带一路”国家进出口平稳增长。前11个月，对共建“一带一路”国家进出口5165.4亿元，同比增长9.1%。其中，对福建省最大贸易伙伴东盟进出口2300.3亿元，同比增长5.9%；对俄罗斯、印度尼西亚、阿联酋进出口快速增长，进出口值分别为297.7亿元、473.9亿元、140.3亿元，增速分别达55.6%、38.2%、17.6%。

19日，2023福建企业100强发布大会在三明举行，会上发布了2023福建企业100强、2023福建制造业企业100强、2023福建服务业企业100强、2023福建战略性新兴产业企业100强4个榜单。

20日，2023年数字政府评估大会暨第二十二届政府网站绩效评估结果发布会在北京举行。福建省林业局报送的“数字赋能林长管理，全面提升林长‘智治’能力”入选数字政府五十佳优秀创新案例。

20日，以“‘侨’见新机遇、智汇新能源、共建新福建”为主题的中国侨智“氢”动未来绿色产业高端对话活动在福州举办。福建省人民政府党组成员康涛出席并致辞，中国工程院外籍院士张久俊、中国科学院院士郑南峰、国家发改委能源研究所所长吕文斌、中石化集团发展计划部副总经理兼新能源办主任刘会友分别围绕现代能源体系建设、氢能源产业前景展望、氢能新材料等专题作主旨演讲，福州市立足新能源产业作招商推荐。各设区市政府、侨胞专家及国内外高校、科研院所、企业、金融机构等共200余位代表参会。

20—21日，省水利厅“同心强企”服务队前往长汀县红山乡红塅水力发电厂，开展现场调研和技术服务活动。服务队由省水利厅直属机关党委牵头，以省水利水电勘测设计研究院多位民主党派和无党派人士等专业技术骨干为主组成。

21日，省委书记周祖翼主持召开省委经济工作务虚会，强调要深入学习贯彻中央经济工作会议精神，系统总结今年经济工作，科学谋划明年目标任务，持续提振干事创业精气神，全面深入贯彻落实好党中央各项决策部署。省委副书记、省长赵龙出席并讲话。省政协主席滕佳材出席。会议强调，今年以来，面对严峻复杂形势，全省上下团结一心、奋力拼搏、攻坚克难，推动新福建建设取得新成效。全省各级各部门要对今年工作进行系统总结、深入分析，既看到成绩也认清问题，深入剖析症结所在，有针对性地提出改进措施，为明年经济工作做好准备。

21日，作为第一届中国侨智发展大会的重要活动之一，智能网联汽车“芯”动力成果发布暨技术交流对接会在福州举行。福建省人大常委会副主任檀云坤，第十二届全国政协委员、社会和法制委员会驻会副主任顾伯平出席并致辞。中国工程院院士陈清泉等院士专家发表主旨演讲。现场发布《汽车AI芯片算力测试规程》《“芯”动力汽车芯片产品评审规程》《福州市智能网联汽车产业发展路径》《汽车芯片技术分享实例蓝皮书》，分享智能网联汽车最新发展动态和未来发展趋势，揭晓“芯”动力优秀汽车芯片产品入围企业，并举行产业政策、人才政策解读和福州市招商推介。

21日，福建省工信厅消息，为期14天的福建省第三届工业机器人技术应用技能大赛暨全国工业机器人技术应用技能大赛选拔赛在三明永安市圆满落幕。本次大赛是省级一类赛，也是我省工业机器人规模最大、层次最高、覆盖面最广的行业赛事。大赛得到了我省各界的广泛关注和积极响应，来自全省各地25家制造业企业、17所本科院校、60所职业院校、15所技工院校的234名职工和学生，共117支队伍报名参赛，其中，职工组55队、学生组62队。经过选手们激烈角逐，福建水利电力职业技术学院等6队选手分别获得职工组、学生组两个组别的金、银、铜奖。

21日，福建省住房和城乡建设厅、福建省人力资源和社会保障厅印发《关于完善建筑工人实名制管理和合同履约评价工作的通知》提出，为深入贯彻国务院关于建设全国统一大市场部署，深化推进拖欠工程款和农民工工资“点题整治”，进一步保障中小企业和农民工合法权益，经研究，现对建筑工人实名制信息化管理和施工企业合同履约评价的项目范围予以优化调整。

21日，福建省住房和城乡建设厅印发关于发布省工程建设地方标准设计图集《轻型种植屋面建筑构造》的通知提出，由福建省建筑设计研究院有限公司编制的《轻型种植屋面建筑构造》，经组织审查，批准为福建省工程建设地方标准设计图集，图集号为闽2023-J-05，统一编号为DBJT 13-86，自2024年4月1日起实施，原《轻型种植屋面建筑构造》闽2010-J-32同时废止。

21日，福建省住房和城乡建设厅下发关于印发《福建省住房和城乡建设系统行政处罚裁量权基准（2023年版）》的通知提出，为深入贯彻习近平法治思想，严格施行《中华人民共和国行政处罚法》《福建省行政执法条例》有关规定，持续推进依法行政，进一步规范全省住房和城乡建设系统行政执法行为，省厅结合新颁布法规及既有基准适用性问题，对《建设工程质量检测管理办法》《建设工程抗震管理条例》等9部法律法规部分裁量权基准进行动态调整，形成了《福建省住房和城乡建设系统行政处罚裁量权基准（2023年版）》，现予以印发（可在省厅官网下载）。本裁量权基准有效期2年，自2024年2月1日起施行，《福建省住房和城乡建设系统行政处罚裁量权基准（2022年版）》同步废止。

22日，省委书记、省人大常委会主任周祖翼在福州会见了工业和信息化部党组书记、部长金壮龙一行。省委副书记、省长赵龙出席。周祖翼对工信部长期以来给予福建发展的大力支持表示感谢。周祖翼说，福建是习近平新时代中国特色社会主义思想的重要孕育地和实践地。当前，全省上下正按照习近平总书记擘画的新福建宏伟蓝图和“四个更大”重要要求，贯彻落实中央经济工作会议精神和全国新型工业化推进大会部署，加快推进新型工业化，建设海峡两岸融合发展示范区，全方位推进高质量发展。希望工信部一如既往地关心福建工作，在金砖国家新工业革命伙伴关系创新基地建设、闽台产业融合、发展先进制造业集群和县域重点产业链等方面加大支持力度，助力福建打造现代化产业体系。

22日，全年经济工作收官暨明年一季度“开门红”部署会召开。省委常委、常务副省长郭宁宁主持会议并讲话。会议强调，各地各有关部门要贯彻落实中央经济工作会议精神，按照省委、省政府部署要求，坚持稳中求进、以进促稳，紧抓岁末年初关键节点，加强经济宣传和舆论引导，奋力冲刺、提速增效，坚决打好今年“收官战”，推动实现明年一季度“开门红”。

22日，中国稻渔综合种养产业协同创新平台组织开展了2023全国稻渔综合种养优质渔米评比推介活动。活动采取经营主体申报和省级水产技术推广部门推荐相结合的方式，通过渔米产品质量盲检、感官评鉴等环节综合评定，评选出籼米组金奖3个、银奖7个、生态优质奖12个，粳米组金奖3个、银奖5个、生态优质奖8个。经过本次评选，我省再创佳绩，获得了1金1优的好成绩，其中宁化县富四方生态农业有限公司的优质稻“玉针香”获籼米组金奖；福州市丰华生态农业有限公司的优质稻“福香占”，获籼米组生态优质奖。近年来，福建大力发展生态渔业，积极推广稻渔综合种养模式，取得较好成效。自首届全国稻渔综合种养优质渔米评比推介活动举办以来，我省稻渔综合种养主体累计获得优质渔米金奖4个、银奖2个、生态优质奖7个。

22日，福建省住房和城乡建设厅下发关于印发《福建省国有土地上房屋征收评估鉴定管理办法》的通知提出，为规范国有土地上房屋征收评估鉴定行为，提高房屋征收评估质量，保障被征收人合法权益，根据《福建省国有土地上房屋征收评估鉴定管理办法（试行）》（闽建〔2014〕4号）实施情况，在广泛征求房屋征收部门、房地产管理部门和社会公众修改建议的基础上，省住建厅对《福建省国有土地上房屋征收评估鉴定管理办法（试行）》进行了修订。现将修订后的《福建省国有土地上房屋征收评估鉴定管理办法》给予印发要求遵照执行。

22日，福建自贸试验区工作领导小组办公室消息，一年多来，全省各自贸片区高度重视、精心组织、狠抓落实，自贸联动创新发展工作总体推进顺利并取得阶段性成效。经汇总梳理，截至目前（2023年12月13日），首批全省各自贸片区联动创新发展项目清单共38项，已落实38项，完成率为100%，其中福州已落实17项，平潭已落实8项，厦门已落实13项，联动内容涉及开展制度创新（4项）、培育重点产业（14项）、共享招商资源（4项）、打造开放平台（8项）、提升服务能力（8项）等五个方面。个别项目结合工作实际作了调整。自贸联动创新发展工作已纳入今年初经省委研究通过的全省自贸试验区提升战略发展实施方案，自贸联动创新发展项目（平台）落实情况也已列为今年省政府对省商务厅（自贸办）工作绩效考评内容（要求全年落实联动创新发展项目不少于30个，实际已超额完成任务要求数的26.7%）。

24日，中国共产党福建省第十一届委员会第五次全体会议，于2023年12月24日在福州举行。全会由省委常委会主持，省委书记周祖翼讲话。全会听取和讨论了周祖翼受省委常委会委托作的工作报告，审议了《中共福建省委、福建省人民政府关于贯彻落实〈中共中央、国务院关于支持福建探索海峡两岸融合发展新路建设两岸融合发展示范区的意见〉的实施意见》。周祖翼就《实施意见（讨论稿）》向全会作了说明。

24—26日，2023中国海带产业发展大会在山东荣成召开。会议以“海带高质量发展”为主题，从海带产业现状、可持续发展、生态养护、质量安全与管理、加工技术革新和高值化利用等多方面探讨研究海带产业高质量发展之路。福建省水产技术推广总站以及福建省连江县官坞海产公司受邀参加此次大会。会上，福建省水技总站围绕“从无到有，海带成为福建渔业新亮点”“技术创新，为福建海带产业发展注入新动力”“精深加工，为福建海带产业发展提供新方向”“市场拓展，为福建海带产业发展提供新空间”“展望未来，迈向福建海带产业发展新征程”等五个方面，介绍了福建海带产业的发展情况以及发展方向。福建省连江县官坞海产公司参加了圆桌论坛。

25日，福建省住房和城乡建设厅、国网福建省电力有限公司印发的《关于印发〈结合老旧小区改造加快推动电动汽车充电设施建设专项工作方案〉的通知》提出，按照省政府工作要求，省住建厅会同省电力公司联合制定《结合老旧小区改造加快推动电动汽车充电设施建设专项工作方案》，现予印发给，要求认真组织实施。

25日，福建省交通运输厅消息，截至目前，三明永安市等6个县（市、区）率先完成所辖行政村1123个社会主流快递品牌100%配送进村，实现全县域农村客货邮融合发展，进一步推动提升“四好农村路”运营好，助力乡村振兴。今年以来，累计更新购置农村客运车辆43辆，177个行政村实现由预约响应转变为客运班车运营，服务品质进一步提升；打造乡镇客货邮融合站52个，开通农村客货邮融合线路117条，惠及群众超40万人。

26日，省农业农村厅召开党组（扩大）会议，传达学习习近平总书记在中央经济工作会议上的重要讲话和近期一系列重要讲话重要指示精神，中央经济工作会议、省委经济工作会议、省委常委会会议、省政府党组会议精神，研究贯彻落实意见。会议强调，要认真谋划明年工作重点，以确保粮食安全和不发生规模性返贫为底线，以提升乡村产业发展水平、提升乡村建设水平、提升乡村治理水平为重点，强化科技和改革双轮驱动，强化农民增收举措，进一步明确目标、谋划项目、细化举措，形成工作清单、任务清单、责任清单，确保各项工作落实落地。

26日，省农业农村厅召开党组（扩大）会议，传达中央农村工作会议、全国农业农村厅局长会议，以及省委常委会会议、省政府党组会议精神，研究贯彻落实意见。会议要求，要坚持把解决好“三农”问题作为重中之重，坚持农业农村优先发展，推动落实五级书记抓乡村振兴责任，完善农业支持保护制度，强化乡村振兴资金、人才、用地等要素保障，切实将加强党对“三农”工作的全面领导落到实处。

26日，福建省林业局消息，2023年，泉州观测记录到新鸟21种，分别属5目14科，数量位居全省第一。

26日，福建省住房和城乡建设厅下发关于印发《福建省超限高层建筑工程抗震设防管理实施细则》的通知提出，为加强超限高层建筑工程抗震设防管理，提高超限高层建筑工程抗震设计的可靠性和安全性，保证超限高层建筑工程抗震设防的质量，根据《中华人民共和国防震减灾法》《建设工程抗震管理条例》《国务院对确需保留的行政审批项目设定行政许可的决定》《超限高层建筑工程抗震设防管理规定》等法律法规和相关规定，结合我省实际，省住建厅制定了《福建省超限高层建筑工程抗震设防管理实施细则》，现予印发并要求认真贯彻执行。

26—29日，水利部水规总院在永泰县组织召开闽江口城市群水资源配置提质增效工程总体布局和规模论证报告技术讨论会。参会的有水利部太湖局，水利、发改、生态环境等省直有关部门，以及福州、莆田两市政府的专家和代表。会前，专家组现场察看了福州西区水厂、竹岐泵站、莒口拦河闸和龙湘水库坝。会议听取了省水电设计院关于工程总体布局和规模论证情况的汇报，与会专家分专业进行了深入的讨论交流，充分肯定了工程建设的必要性，明确了“一库三线”的总体布局和龙湘水库坝址方案。

27日，国家林草局驻福州专员办、福建省林业局联合下发“绿剑”专项行动方案，从2024年1—6月，在全省范围内组织开展“绿剑”专项行动，严厉打击破坏江河源头、江河两岸、自然保护地、沿海防护林等重要生态区位森林资源违法行为，切实加强森林资源保护，坚决遏制破坏森林资源违法行为。

27日，福建省水利厅消息，近日，财政部办公厅和水利部办公厅联合发文，通报2022年度水利发展资金和中央水库移民扶持基金两项绩效评价结果，我省综合得分为93.7分和91.5分，全国排名第9和第11，均被评为优秀等级。

28日，根据省委办公厅、省政府办公厅印发的《福建省天然林保护修复实施方案》要求，我局组织编制了《福建省天然林保护修复规划(2023—2035年)（评审稿）》，于是日在福州市召开专家评审会。有关专家和省发改委、省财政厅、省自然资源厅、省生态环境厅以及省林业局有关处室局站代表参会，与会专家和代表听取了汇报，审阅了相关材料，经质询、讨论，专家和与会代表提出了进一步完善的意见建议，专家组一致同意成果通过评审。

28日，省委书记、省人大常委会主任周祖翼在福州会见了冠捷科技集团董事长暨总裁宣建生、福建古雷石化有限公司董事长吴亦圭等一行。省委副书记罗东川出席。周祖翼对宣建生、吴亦圭一行到来表示欢迎，感谢他们长期以来立足福建、扎根福建，为福建经济发展作出了积极贡献。周祖翼说，福建希望冠捷科技、古雷石化等龙头企业充分发挥引领带动作用，持续推动闽台经贸交流合作，吸引更多上下游配套项目落地福建，实现互利共赢、共同发展。

28日，福建省住房和城乡建设厅印发《关于进一步规范工程总承包招标投标活动的通知》提出，为贯彻落实《中共福建省委　福建省人民政府关于实施新时代民营经济强省战略推进高质量发展的意见》、《国家发展改革委等部门关于严格执行招标投标法规制度进一步规范招标投标主体行为的若干意见》(发改法规〔2022〕1117号)、《福建省促进建筑业民营经济发展壮大十条措施》(闽建筑〔2023〕22号)，保证工程招投标各方市场主体的合法权益，结合我省房屋建筑和市政基础设施工程项目开展工程总承包招标投标活动情况，现就进一步规范工程总承包招标投标活动相关事项发出通知。

28日，福建省住房和城乡建设厅印发《关于加强农村村民建房施工安全管理的通知》。近期，省厅开展暗访调研情况表明，农村村民建房施工不规范现象仍然较突出，不同程度存在竹脚手架未按规定设置连墙件、模板木支撑未设置水平拉杆、偏心受力等问题，存在较大风险隐患，尤其是岁末年初，村民建房多数在抢抓进度赶工期，安全事故易发多发。为切实践行“人民至上、生命至上”理念，进一步完善制度机制，强化村民建房施工质量安全管控，有效化解安全风险，坚决遏制重特大事故发生，现下发通知要求各地认真抓好落实。

28日，为深入贯彻习近平总书记关于自贸试验区建设重要指示精神，全面落实中共中央、国务院决策部署和省委、省政府工作要求，加快推进实施自贸试验区提升战略，建设更高水平自贸试验区，今天上午，省商务厅（自贸办）举办实施自由贸易试验区提升战略专题学习辅导视频会议。省政府分管领导、商务部驻福州特办、省自贸工作领导小组各成员单位负责人及相关业务骨干在省商务厅主会场参会，福州、厦门、平潭自贸片区及各设区市商务局设分会场。

29日，赵龙赴基层调研。近日，省长赵龙赴宁德、龙岩、漳州、厦门等地，传达贯彻中央经济工作会议和省委十一届五次全会、省委经济工作会议精神，调研了解企业生产经营和乡村振兴情况，检查推进重点项目、产业园区建设，走访看望在闽工作生活的台胞台商。他强调，要深入学习贯彻习近平总书记重要讲话重要指示批示精神，认真落实党中央国务院决策部署和省委、省政府工作要求，坚持稳中求进、以进促稳、先立后破，全力推动经济社会高质量发展，加快建设两岸融合发展示范区。

29日，第二届中国茶叶交易会在福州海峡国际会展中心开幕。省委副书记罗东川出席并讲话，农业农村部国家首席兽医师（官）李金祥、省委常委、福州市委书记林宝金致辞，副省长王金福、省政协副主席严可仕、十二届省政协副主席林钟乐出席开幕式。本届茶交会以“中国茶·世界享”为主题，展区面积达5万平方米，设置四大主题展馆、11个特色主题展区，首次设立国际名茶馆和“一带一路”茶产业展区，专设“台湾展区”，省厅组织200多家企业1000多种茶产品参展，展出商品涵盖茶产业上、中、下游产品，实现全产业链条展出。茶交会期间，举办“三茶统筹　产业振兴”主题论坛、采购商推介会等活动。

29日，福建省住房和城乡建设厅印发的《关于印发福建省绿色建筑“四新”技术推广目录（2023年）的通知》（闽建科〔2023〕73号）提出，根据《福建省绿色建筑发展条例》《福建省城乡建设领域碳达峰实施方案》有关要求，为助力打造绿色、低碳、智能、安全的好房子，省厅组织征集了一批绿色建筑新技术、新工艺、新材料和新设备（简称“四新”技术），经地市推荐、专家审定和公示，编制形成《福建省绿色建筑“四新”技术推广目录（2023年）》，现予以公布，请各地结合工程实际推广应用。

29日，福建省住房和城乡建设厅印发的《关于公布全省住房和城乡建设行业2023年第二批科学技术计划项目的通知》提出，根据《福建省住房和城乡建设厅关于做好2023年全省住建行业科技计划项目申报工作的通知》（闽建科函〔2023〕57号）要求，经各有关单位推荐，并征求行业相关领域专家意见，现将2023年第二批科学技术计划项目予以公布。其中，工程建设地方标准及标准设计图集27项、科技研究开发计划项目87项、科技示范工程计划项目12项。各项目承担单位认真组织实施，各推荐单位要加强对本地区、本行业列入计划项目的指导管理服务，项目实施过程中有关问题，及时反馈省厅科技与设计处。未通过立项的科学技术计划申报项目，自本通知印发之日至2024年6月底，可在省厅网站“首页—办事服务—工程建设—福建省建设科技项目管理信息系统—下载中心—未通过立项的科学技术计划申报项”中查阅原因。

29日，福建省住房和城乡建设厅印发的《关于印发〈福建省园林绿化工程质量安全监督工作标准〉的通知》提出，为进一步加强园林绿化工程质量安全监督管理，省厅组织编制了《福建省园林绿化工程质量安全监督工作标准》，现予印发，要求认真贯彻执行。

30日，福建省交通运输厅消息，今年6月以来，我省开工建设一批服务区后通道出入口项目，截至12月29日零时，全省共增设沈海高速福清南峰收费站、福银高速高新区坑南收费站、福州绕城高速长乐文溪收费站、沈海高速海沧天竺山收费站等20个服务区后通道出入口，位于全省九地市，惠及57个乡镇。

（摘编：谢建东）

第三篇

行业创新

全球发展倡议新工业革命伙伴关系研讨会激发创新活力

2023年4月24日，全球发展倡议新工业革命伙伴关系研讨会在厦门开幕。工业和信息化部部长金壮龙视频致辞，省长赵龙、柬埔寨邮电部部长谢万迪出席并致辞，工业和信息化部副部长徐晓兰主持，副省长林瑞良出席。

金壮龙表示，中方愿在全球发展倡议框架下，会同各方共同建设面向未来、创新包容、共促发展的新工业革命伙伴关系，加强工业化、数字化领域合作，推动实现更加强劲、绿色、健康的全球发展。一是激发创新活力，推动制造业数字化转型。共同构建以企业为主体、市场为导向、产学研用深度融合的技术创新体系，支持伙伴关系聚焦战略新兴领域加强创新合作，推动制造业数字化、网络化、智能化发展。二是坚持开放包容，维护产业链供应链稳定。强化互补优势和协同效应，支持企业开展产业链上下游协同合作，促进产业链供应链互联互通，推动资源要素高效配置，共同构建安全稳定和富有韧性的产业链供应链。三是搭建交流平台，加强战略政策标准对接。打造全方位、多层次的务实合作平台，提升“软联通”水平，共同开展联合研究、知识分享、标准对接和项目合作，倡导新技术、新工具和新资源的普惠共享，推动发展成果惠及更多国家。四是加强能力建设，夯实产业发展人才根基。在新工业革命伙伴关系框架下，加强与联合国机构合作，开展面向发展中国家及新兴市场国家的人才交流和能力提升项目。

赵龙代表省委、省政府对研讨会举办表示祝贺，对与会嘉宾表示欢迎。他说，党的十八大以来，习近平主席相继提出共建“一带一路”倡议、全球发展倡议、全球安全倡议、全球文明倡议，丰富了人类命运共同体理念的内涵和实践路径，为应对世界之变、时代之变、历史之变提供了中国方案。构建新工业革命伙伴关系是落实全球发展倡议的重要举措，在习近平主席的关心关怀下，在工业和信息化部等国家部委的有力指导下，在金砖各国的大力支持下，福建着眼国家所需、福建所能、金砖国家所愿，加快建设新工业革命伙伴关系创新基地，深入实施“八个一”工程，成果不断涌现，逐渐成为金砖及“金砖+”国家深化务实合作的重要桥梁，成为中国推进高水平对外开放的重要载体。福建将深入学习贯彻习近平主席重要指示精神，深化落实全球发展倡议，与各方一道持续强化政策协调、人才培育、项目开发，不断推进创新基地建设走深走实，扎实推进全球发展倡议框架下新工业革命伙伴关系建设，努力为构建人类命运共同体贡献更多福建力量。

研讨会由工业和信息化部、福建省人民政府、厦门市人民政府共同主办，来自25个国家的主管部门、驻华使领馆、科研机构、行业协会、领军企业及相关国际组织约150名代表参加。会上发布《全球发展倡议新工业革命伙伴关系研讨会主席声明》，倡导进一步加强各国在工业化、数字化、创新、包容、可持续发展领域合作，赋能发展中国家把握第四次工业革命机遇，合力打造协同创新生态体系，推动落实联合国2030年可持续发展议程。会议还举行了全球发展倡议新工业革命伙伴关系网络启动仪式，来自全球不同区域的88家机构加入网络。

（摘编：周树峰）

福建创新支持民营经济发展税收服务举措

2023年8月23日，国家税务总局福建省税务局推出新一批20项税收服务举措，着力推动破解民营经济发展中面临的突出问题，服务福建实施新时代民营经济强省战略。

为以更加精准有力的举措支持民营企业发展，此前，全省税务系统各级领导班子带队深入企业、基层调查研究，察实情、问需求。其间，还选派20名机关青年干部到一线开展蹲点调研，汇总梳理各类问题52个，提出工作建议91条。近日，又与省工商联联合举办民营企业家座谈会，听取企业诉求及意见建议。

在今年年初推出12条措施基础上，接续推出的新20条，深入贯彻国家税务总局支持民营经济发展的相关政策措施，以及省委十一届四次全会要求，聚焦增强发展动能、优化发展环境、提升发展质效，拓展了提升办理效率、保障合法权益、优化执法方式、精简办理流程、促进公平竞争等税费服务内容，更好促进民营经济高质量发展。

尤其是针对当前复杂严峻外部环境下一些民营企业经营困难，福建省税务局从多个方面突破，优化创新我省特色措施，突破难点、解决痛点。

“含金量”更高。为进一步解决企业资金周转紧张等问题，着力提高增值税留抵退税办理效率，将纳税信用A级纳税人留抵退税办理时限由原来的10个工作日缩短至5个工作日以内，加快改善企业现金流。同时，积极落实福建省加快推进惠企政策“免申即享”要求，推出为符合条件的民营企业提供“自行申报、网上办理、先行享受”的“免申即享”服务，实现税费优惠政策直达快享、精准落袋。

更有温度。按照“有利于行政相对人”的原则，一方面，对涉税轻微违法行为，依法从轻、减轻或者不予处罚；对已列为税收非正常户的，使用最低裁量基准进行处罚后，即时恢复经营主体资格，支持企业继续正常开展生产经营。另一方面，针对涉案企业易发生“办了案子、垮了企业”现象，加大行政执法与刑事司法衔接，督促涉案企业开展合规整改，尽最大可能保护市场主体持续经营。

针对部分企业在日常生产经营中，因管理不善或重视不足，纳税信用存在降级风险问题，创新推出纳税信用指标提醒预警服务，通过精准提示提醒，帮助纳税人及时识别潜在失信风险，保障民营企业充分参与市场竞争的机会。

（摘编：李乐成）

福建以科技招商蓄高质量发展“活力源”

2023 年 12 月 12 日，全省科技系统科技招商业务培训会消息，今年以来，全省科技系统聚焦“四大经济”和我省支柱产业，有的放矢开展精准招商，一批高水平科创平台（项目）在福建落地，科技招商工作取得明显成效。

2023 年，省科技厅围绕我省“四大经济”“六四五”产业新体系的战略需求，瞄准重点国别、国内重点区域、国内外重点企业，梳理出各类有效科技招商需求 49 项，力争做到科学有效招商；突出强化省市联动，促成一批招商成果落地，省科技厅领导分别带队赴省（境）外开展科技招商活动 8 次，举办多场重大科技招商活动，重点对接京津冀、长三角、粤港澳大湾区等科创资源密集地区，招引延链补链强链科技创新平台和项目 43 项，总投资超 60 亿元。突出举办重大活动，通过举办首届京闽科技合作论坛暨京闽（三明）科技项目对接活动、2023 闽港智慧城市创新技术推介会等，推动招商资源交流汇聚。

厦门科学城集中签约多个重大科技招商项目，其中，中国科学院理化所“低密度微球及复合材料研究院”转化的首个科技成果——1000 立方米高性能浮力材料项目已投产，实现当年签约、建设、投产，已实现营收 1400 多万元。武汉大学在厦门建设“珞珈聚芯（厦门）集成电路研究院”。这是今年厦门市推进科学城建设抓招商的成效之一。今年以来，全省各设区市科技部门作为当地科技招商的主要负责部门，紧密结合本地产业创新需求，纷纷出台招商政策，创新开展了各具特色的科技招商活动，福州市紧紧围绕科创走廊建设抓招商，目前共落地项目 422 项，投资额 278.98 亿元；厦门市抓实科学城招商，累计外出拜访企业 194 家次，邀请来厦考察企业 188 家次，积极与厦门各区各指挥部进行联动招商，跟进科技招商项目 272 个，预计投资总额 132.09 亿元。中电光谷联合控股有限公司在漳州建设“南湖双创产业园之七首智慧谷”。

为科技企业、创投机构、金融机构提供对接平台，漳州市已连续 2 年举办科技招商大会，2023 年科技招商大会共签约项目 30 个，总投资 104.6 亿元。泉州市结合工业（产业）园区标准化建设抓招商，积极协同晋江、南安两地开展泉州南翼国家高新区产业招商，对接进入招商项目库项目 36 个，计划总投资超 500 亿元。香港理工大学晋江技术创新研究院落成，成为福建省引进的第一家香港高校独资设立的研发机构。三明市瞄准重点区域抓招商，2023 年三明 · 中关村科技园新增注册 95 家，推动上海科技成果三明转化中心等 5 个两地共建科技平台项目落地。华南师范大学在龙岩建设“微生物治理技术开发研究所”，龙岩市与广东省科学院共建龙岩科技驿站，推动以广东省科学院为主的各类优质科创资源落地转化，为高质量发展提供源源不断的动力。

（摘编：郑新贵）

福建省推动林业产业创新发展

2023年4月13日，福建省林业局消息，近日，福建省林业局有关负责人深入邵武市、宁化县、清流县开展调研工作。

调研组一行先后深入武夷竹立方生态科创馆、宁化安乐多肉花旅融合产业园（乐野小镇）、福建省旺鑫林业有限公司、福建闽林投资有限公司箬竹种苗繁育基地、福建清龙兰花科技有限公司、三明方品城家具生产项目等实地，调研指导林产加工和林下经济发展情况，并围绕做好创新创造、招商引资、优化营商环境等工作，与基层林业干部、企业代表座谈交流，了解存在困难和问题，共商破解之策。

调研组要求各市（县、区）林业部门要认真学习贯彻党的二十大精神，按照省委“深学争优、敢为争先、实干争效”行动的部署和局党组抓好“357”落实“185”的总体思路，优化服务管理，营造良好环境，以吸引更多标志性引领性项目落地，为巩固林业经济向好势头提供有力支撑。调研强调。

一要重视创新赋能。近年来，福建省各地通过融合低碳绿色的理念，开展木竹产品创意设计活动，并适时举办各种类型的创意设计大赛，赋能木竹产业创新发展，取得良好业绩。各地要在此基础上，充分挖掘木竹产业在生态、经济、社会、文化等方面的优势和潜力，推动木竹产业创新发展，进一步将木竹产业打造成林农增收、财政增长、企业增效、生态增量、旅游增点、文化增色的支柱产业。

二要促进闽台融合。闽台林业合作有基础、有成效、有需求，要大力拓展融合领域，加强与台湾在精深加工、森林康养、自然教育、新品种开发、新技术应用等方面的合作，加大力度建设闽台融合基地，做强做实清流等涉林台湾农民创业园和永安林竹产业园等，推动闽台融合上新水平。

三要强化招商引资。各级林业主管部门要紧盯国家产业政策导向，梳理和绘制本部门相关产业领域招商图谱，策划生成产业招商项目。同时，要研究出台本部门、本行业领域招商引资扶持政策，在用林、资金支持等方面做好全链条全周期全天候服务保障。

（摘编：周树峰）

福建省信息技术应用创新发展大会助力新质生产力

2023 年 12 月 29 日，福建省工信厅消息，福建省信息技术应用创新发展大会近日在福州召开。中国工程院院士陈左宁，省密码管理局、省科技厅、省工信厅、省数办、省委网信办、省卫健委、省委军民融合办、省国资委、省企联等有关单位领导出席活动，相关高校、科研机构、金融机构、生态合作伙伴企业共 300 余家单位参加活动。

本次大会以“信创助力新质生产力”为主题，围绕关键核心技术、重点产业应用、服务运维保障、行业生态构建等领域，通过政策解读、成果发布、产业研讨等活动深化推动我省信创产业创新发展，扎实推进我省现代化产业体系建设及高质量发展。

会上，中国工程院院士陈左宁作了信创产业高质量发展主旨演讲；数字中国研究院（福建）发布了信创评估指标体系暨福建发展报告。福建省信息技术应用创新协会、福建省信创产业综合服务与运维保障平台举行了揭牌仪式，福建省信创产业生态企业现场进行合作签约。与会嘉宾围绕福建省信创产业发展、ICT 技术创新与应用、金融行业信创解决方案、国资系统一栈式信创解决方案进行探讨与分享。大家一致认为，此次大会的召开将进一步推动我省信息技术应用创新领域核心技术水平迈上新台阶，以国产基础软件发展带动福建省信创产业生态发展。

本次大会在福建省密码管理局、福建省工业和信息化厅、福建省数字福建建设领导小组办公室指导下，由福建省电子信息集团牵头举办。作为全省信息技术应用创新发展工作任务实施的责任单位，福建省电子信息集团近年来聚焦强链、补链、延链，已深度布局整机、存储、关键零部件等信创产业链关键环节。

（摘编：林学军）

福建省工业和信息化科技创新工作座谈会聚焦创新思路

为切实贯彻落实省委周祖翼书记关于科技创新工作的要求，把科技创新和人才摆在更加突出的位置，2023 年 3 月 28 日，省工信厅在漳州召开全省工业和信息化科技创新工作座谈会，谋划工信领域科技创新工作的新思路、新举措。省工信厅有关领导，厅科技处、各地市工信部门分管领导和科室负责人参加会议。

与会同志认真学习习近平总书记关于科技创新的重要论述，进一步统一思想、凝聚力量、增强斗志。各地市对近年来工信科技创新工作成效、举措及 2023 年工作思路做汇报交流，省工信厅科技处就 2023 年工业和信息化科技创新工作要点进行部署。

会议指出，要强化企业科技创新主体地位，促进各类创新要素向企业集聚，全面激发企业创新活力。

会议要求，一要提高站位。全省工信系统要全面深入学习贯彻落实习近平总书记重要讲话精神，认真按照周祖翼书记提出的工作要求，充分认识创新是新型工业化的根本动力，提高政治站位，找准工作着力点和突破口，加快高水平科技自立自强。

二要摸清底数。各地要对辖区内企业做到底数清、情况明，对行业细分领域代表性企业，新项目、新技术、新产品、创新平台、团队，做到如数家珍，了然于胸；要了解创新工作的痛点堵点，提出真正解决问题的新思路新办法，营造有利于企业创新发展的生态环境。

三要创新工作。各地要深入挖掘在产业链供应链关键环节及核心领域发挥作用企业，推动产业链协同创新；支持企业开展核心技术攻关，在各自产品领域形成独特优势和产业地位；成立产业工作专班，借助专家力量，组织专题研究，强化专项督促，加快科技成果工程化产业化；加强重点产业专利布局，建设高质量制造业标准体系。

四要抓好落实。全面落实省委关于实施“深学争优、敢为争先、实干争效”行动部署，坚持任务项目化、项目清单化，一抓到底，发挥工信系统是企业“娘家人”的传统，深入重点行业、重点园区、重点企业，指导企业用足用好各项扶持政策。

（摘编：李乐成）

福建工业狠抓科技创新　实现新一轮腾飞

2023 年 4 月 23 日《海峡通讯》报道，“工业是一国综合国力的根基，是建设农业强国、科技强国、质量强国、航天强国、交通强国、网络强国、数字中国和世界一流军队的重要支撑。”作为国民经济命脉，工业稳则经济稳。

在福建经济总量节节攀高的同时，福建工业呈现新面貌，创新型省份、先进制造业强省加快建设，2022 年工业增加值总量跃升至全国第六位，超千亿元产业集群达 21 个。福建工业有力促进了我国现代化经济体系建设。

以科技创新促进工业发展进步，这是时代前进的节奏。在促进工业高质量发展的路上，福建创新措施频出，动能澎湃。

关键核心技术是国之重器，是一个国家综合实力的集中体现。围绕国家战略目标和全省产业发展重大需求，福建加大科技投入，加强关键核心技术攻关。2022 年，全省累计安排科技计划项目经费 7.38 亿元，支持 3551 项省级科技计划项目开展技术攻关，不断提升产业发展竞争力。在“科技创新环境”指标中，福建“科技人力资源”和“科技意识”指标名列前茅，均排全国第七位。

全省共有 6 家省创新实验室高效建设运行，集成电路、海洋领域省创新实验室加快筹建；新认定 41 家省重点实验室，新增加 36 家省级新型研发机构，国家高新技术企业数首次突破 1 万家；建设省级以上科技企业孵化器、众创空间共计 466 家。

企业是创新的主体。福建省大力实施研发经费投入分段补助、研发费用加计扣除等政策，2022 年，高新技术企业享受研发经费投入分段补助企业数和带动企业研发经费投入额分别同比增长 40.5%、38.2%。

为持续推进科技成果转化，福建修订制定了《福建省技术转移机构管理办法》《技术转移机构评价准则》等相关政策措施，并在福建省科技奖中增设科技成果转化奖，推动 11 家单位开展职务科技成果赋权改革试点，进一步激发科技人员创新创造活力。过去一年，全省技术合同成交额达 289.5 亿元。

（摘编：孙云荣）

企业创新要练好基本功，发挥想象力

2023年9月20日，《福建日报》报道，省委、省政府日前出台的《关于实施新时代民营经济强省战略推进高质量发展的意见》明确指出，坚持以创新驱动增添动能，推动民营经济成为实现科技自立自强和产业链自主可控的重要力量。

在科学技术迭代加速更新的当今，靠创新引领发展已成共识。但，什么是创新？怎样实现“从0到1”的突破，不同的人可能有不同的理解，不同的企业也有不同的做法。

宁德时代作为全球锂离子动力电池行业的领跑者，开启了中国乃至世界能源转型的“宁德时代”。创新是其始终保持行业销量榜冠军的秘诀。但在参观这家民营企业时，一句对创新的独到见解让人好生琢磨：“练好基本功，发挥想象力。”

练好基本功，就是掌握基本技术、专业知识、工程方法，扎扎实实，一步一个脚印。只靠基本功可以出色，但不可能出众，做大做强企业，一定要有创见与卓识，养成前瞻性看问题的习惯，培养见微知著的能力。“想象力”很大程度是建立在“前瞻性看问题”和“见微知著”的能力上。

发挥想象力，就是聚焦产业链自主可控上创新。宁德时代在坚持自主研发的同时，积极与国内外知名公司、高校和科研院所建立深度合作关系，主导或参与制修订超过50项国内外标准（一流企业定标准）。为抢占新能源的制高点、为广纳各方精英贤才，投资33亿元的21世纪创新实验室建成使用，秉承的还是“练好基本功，发挥想象力”的创新观。

企业发展需要人才，招人用人既看学历背景，更看重创新潜能。在实际招人过程中，不唯文凭论，首先要看他的知识结构，是不是有扎实的知识积累；其次要看他是不是思维上很活跃，有想象力。有了这两条，基本就具有了创新潜质。

“练好基本功，发挥想象力”是对员工而言，更是公司职责所在。为培育和激发研发人才的“想象力”，公司同样要“练好基本功”：舍得投入，仅从研发投入的数字上看，最新发布的今年一季报显示，其研发费用占营业收入的5.22%，位居行业前列；宽容失败，在机制和体制上，给人以试错的空间与支持，让人没有后顾之忧地投入到创新之中；营造环境，给研发人才很大的自由度，让他们找到自己感兴趣的研究方向，去思考一些别人没有想过的问题，去探索一些别人没有走过的路。超强想象力，想的要比做得多，进而将“想象力”引导为“行动力”，构建更深层次的良性循环。

练好基本功，发挥想象力，实际上也是处理好脚踏实地与仰望星空的关系。企业和员工需要“仰望星空”，聚焦前沿技术研发；还需要“脚踏实地”，潜心科研攻关，打造卓越产品。

智能时代，没有永远的第一，只有不断超越。靠创新去超越，关键是对创新的理解并实操。诚然，不同企业对创新的解释不尽相同，尽管理解不一、做法各异，但最终还是以效果为导向，这才是实施新时代民营经济强省战略强调创新之所在，旨在让创新力竞相迸发。

（摘编：林文涵）

福建省加快电动船舶产业发展及“光储充检”充电设施建设

2023年8月14日，福建省工信厅组织召开“推动全省电动船舶产业发展暨‘光储充检’一体化示范站推广应用工作现场会”，各设区市工信部门相关负责人及省船舶集团、省港口集团等企业代表前往星云电子、时代星云等企业以及星云智慧低碳生活体验中心、“闽江之星”电动游轮等应用场景调研，并召开座谈会。

近年来，福建积极谋划发展电动船舶产业，推动试点示范，已基本打通电动船舶产业链上下游，初步形成涵盖研发设计、总装建造、“三电”系统研制、运营配套、船舶应用的电动船舶全产业链，已有相关企业、单位56家。目前，全省已落地电动船舶示范项目11型53艘，涵盖江河湖海等应用场景，3个船型获国家级科研计划支持。

接下来，我省除将持续推进电动船舶示范船型建设外，拓展、丰富电动船舶示范应用场景将成为重要“抓手”。翠屏湖、大金湖等将重点打造内湖电动游览船艇示范应用场景；福安赛江重点打造电动渔业辅助船示范应用场景；闽江流域重点打造换电货船、内河电动游览船示范应用场景；鼓浪屿、湄洲岛、三都澳重点打造沿海电动旅游观光船示范应用场景。各地也将进一步围绕“强链、补链”，加快引进落实项目，指导支持相关企业开展电动船舶关键技术研发、关键设备研制，促进我省电动船舶产业链整体水平提升。

下一步，福建还将围绕推动船舶电动化、船型标准化、产业集聚化、岸电一体化、运营市场化、服务便捷化等，继续加快推动电动船舶产业高质量发展，着力打造电动船舶特色产业基地。

源自福建的“光储充检”充电基础设施由于可利用储能实现“削峰填谷”、可缓解电网负担、可实现边充电边给电池“体检”、可实现清洁能源利用等特性，已初步得到市场的认可。

今年3月，福建省工信厅会同省发改委、住建厅等7部门在全国率先出台推动“光储充检”充电基础设施建设的措施后，相关设施建设加快推进。目前，福州、宁德、龙岩等地建成“光储充检”一体化充电站11座，在建11座，规划建设900多座，“光储充检”充电基础设施关键部件省内自产配套率超过60%。

接下来，福建除将进一步抓好政策落实、加快“光储充检”产业链发展外，还将支持企业创新投资建设运营模式。如支持“光储充检”充电基础设施建设运营单位加强与金融机构对接，引导鼓励相关产业投资基金参与“光储充检”充电基础设施建设运维；支持运营单位与新能源网约车、出租车公司等以签订充电服务协议方式锁住充电市场需求；鼓励充电站创新增值服务，缩短投资回报周期，促进产业良性发展等。

（摘编：陈建闽）

福建持续推进科技创新
加快塑造锂电产业发展新动能新优势

据中央广播电视总台中国之声《新闻和报纸摘要》2023年8月16日报道，福建持续推进科技创新，强化要素保障，加快塑造锂电新能源新材料产业发展新动能新优势。

近年来，厦门市将新能源产业作为四个战略性新兴产业之一来重点培育，先后出台一系列政策支持企业投身创新研发。厦门火炬高新区集聚一批产业链龙头及关键配套项目，并逐步形成以动力电池、储能电池为发展主体，上游材料和核心零组件、下游新能源充换电及检测平台等为配套的新能源产业集群。今年上半年，厦门市新能源产业工业总产值比去年同期增长36.5%，其中锂电池制造业产值增长1.6倍，产量增长3.0倍。厦门火炬高新区从研发开始到整个产业布局，再到后续的人才引进，全方位地同步打造产业集群。

福建推动建立产业发展专项协调小组，组织开展产业链条梳理和专项政策研究工作，形成《福建省锂离子电池上游产业链调研报告》和《关于加快推动锂电新能源新材料产业高质量发展的实施意见》等。

福建省在锂电新能源新材料领域，已培育形成较为完善的产业链条。据初步统计估算，2023年底福建省锂电池产能有望突破300吉瓦时，产能或将占全国的30%。

（摘编：肖启辉）

福建推动“专精特新”企业高质量发展

2023年4月25日，《福建日报》报道，“专精特新”企业则是推动以制造业为主体的实体经济高质量发展的重要支撑。当前，要多管齐下推动“专精特新”企业高质量发展，使之成为福建加快建设先进制造业强省的重要支撑和抓手。

福建历来高度重视“专精特新”企业纾困发展和创新能力培育，通过资金奖励、融资支持、技术改造、品牌认定等助力企业降本增效，促进形成省级“专精特新”中小企业、国家级专精特新“小巨人”、单项冠军、“瞪羚”企业、“独角兽”企业、上市企业等梯次发展的良好格局。2022年，福建国家高新技术企业突破1万家，国家级专精特新“小巨人”企业349家，制造业单项冠军45家，产业体系升级发展成绩斐然。

福建是制造业大省，拥有宁德时代、安踏体育、福耀玻璃、三安光电等全国知名的制造业企业，但与制造业强省相比尚有差距。因此，加快推动“专精特新”企业高质量发展，既是巩固壮大福建实体经济根基的必然要求，也是促进福建从制造业大省迈向制造业强省的重要举措。政府部门要优化体制机制，提高政策支持的精准性实效性，推动“专精特新”企业高质量发展。

一要加大资金扶持力度。要加快实施“专精特新”企业高质量发展梯度培育机制，健全分层次激励培育体系，落实财政奖补、税收减免等“专精特新”相关扶持政策。加快建立福建“专精特新”企业融资服务中心，提供“商行+投行”“债权+股权”“融资+融智”等综合化、全方位投融资服务，运用金融科技手段完善供应链金融服务，为“专精特新”企业提供覆盖企业全生命周期的成长型、长期资金支持，推动“专精特新”企业高质量发展。

二要培育引进高端人才。要主动联合省内外乃至国内外高等院校、科研院所等机构，重点支持电子信息、先进装备制造、新能源、新材料、生物与新医药等领域“专精特新”企业，加大行业领军人才和急需紧缺型人才引进和培养力度，建立福建“专精特新”企业人才大数据库。加快实施新时代福建工匠培育工程，鼓励“专精特新”企业与应用技术大学、职业院校共建人才培养基地，支持“专精特新”企业设立博士后工作站，培养一批高级工程师、大国工匠和能工巧匠。建立健全高端人才激励机制，在加速集聚高端人才中为企业高质量发展蓄势聚力。

三要强化服务平台建设。各级政府要坚持“谋划一批、储备一批、培育一批、提升一批”的思路，利用数字化、智能化手段优化“政策云配”工具，携手加快建设“网络化、一站式、动态化、全周期”的“专精特新”企业服务平台，提供政策服务、专业服务、资本运作、科技成果转移转化、人才培训等精准服务，健全从孵化培育、成长扶持到推动高质量发展的“专精特新”企业全生命周期梯次培育体系，实现服务协同、优化资源配置，为“专精特新”企业高质量发展提供有力的服务保障。要加快构建大中小企业融通发展生态，鼓励大企业发挥引领支撑作用，开放技术、资金、市场、标准、数据等资源，促进“专精特新”企业融入产业链、供应链、价值链和创新链，推动形成创新协同、产能共享、供应链互通的融通创新产业生态，促进“福建制造”向全球价值链中高端跃升。

（摘编：李乐成）

福建省入选内外贸一体化试点地区

2023年1月13日，福建省商务厅消息，商务部等14部门近日印发通知确定内外贸一体化试点地区名单（共9个，包括北京市、上海市、江苏省、浙江省、福建省、湖南省、广东省、重庆市、新疆维吾尔自治区），我省成功入选试点地区。

福建是古代丝绸之路的重要起点，素有对外开放的传统。过去五年，福建经济社会实现跨越式发展，全省人均地区生产总值突破12万元，跃升至全国第四位，社会消费品零售总额跨上2万亿元台阶，随着自贸试验区、21世纪海上丝绸之路核心区等建设持续推进，福建外贸进出口规模屡创新高，出口总额突破1万亿元，全国份额稳步提升，经营主体明显壮大。

推动内外贸一体化发展，是统筹利用两个市场、两种资源，服务构建新发展格局，实现更高水平开放和更高质量发展的重要举措。为此，近年来我国不断推进相关工作。2022年1月，国务院办公厅印发《关于促进内外贸一体化发展的意见》，要求进一步提升市场主体内外贸一体化发展水平，完善内外联通网络，持续优化政府管理服务，健全内外贸一体化调控体系，实现内外贸高效运行、融合发展。此次入选试点地区，将对我省推动内外贸一体化发展、推进政府职能转变、优化营商环境、激发市场活力、促进本地区高质量发展发挥积极作用。

2022 年 5 月，商务部等 14 部门联合印发《关于开展内外贸一体化试点的通知》，决定在部分地区开展内外贸一体化试点，要求有意愿参加试点的省级地区，由省级商务主管部门会同相关部门编制本地区试点工作方案，商务部会同有关部门共同组织专家择优确定试点地区。省商务厅会同相关部门精心编制了我省试点工作方案，到 2025 年在全省实施完善法规制度、促进标准认证衔接、培育一体化经营市场主体、打造内外贸融合发展平台、优化内外贸发展环境、创新推进同线同标同质、培养内外贸一体化专业人才等 7 个方面试点任务，其中“打造内外贸融合发展平台”“优化内外贸发展环境”作为重点任务，在试点工作重点城市福州市、泉州市实施。厦门市作为计划单列市，单独制定工作方案并实施。

省商务厅将按照商务部等部门通知要求，牵头会同有关单位加强组织协调，进一步完善试点工作方案，紧密围绕完善内外贸一体化体制机制、提高内外贸一体化发展能力、优化内外贸一体化发展环境确定试点目标、试点任务和职责分工，细化配套政策和工作措施，扎实推进试点工作，聚焦重点产业，力争培育一批内外贸一体化经营企业，打造一批内外贸融合发展平台，形成一批具有国际竞争力、融合发展的产业集群，建立健全促进内外贸一体化发展体制机制，形成可复制推广的经验和模式，为促进内外贸融合发展发挥示范带动作用。

（摘编：孔明德）

福建自贸试验区推出第 20 批 59 项创新举措

2023 年 8 月 3 日，福建省商务厅消息，福建自贸试验区紧紧围绕制度创新这一核心任务，聚集重点领域、关键环节，持续开展深层次改革探索。今年，福建自贸办委托第三方机构对创新举措开展评估，有 59 项创新成果入选福建自贸试验区第 20 批创新举措，其中，全国首创 26 项、对台特色 6 项，创新举措主要集中在以下六大领域。

一、深化放管服改革

坚持问题导向和企业需求导向，聚焦企业所需、群众所盼，推出实施产业项目供地服务新模式、知识产权行政司法“三同步”工作机制、“出生一件事”集成套餐服务、税悦工作室等创新举措，纵深推进“放管服”改革，持续打造市场化、法治化、便利化、国际化营商环境。

二、提升贸易便利化水平

充分运用现代物联网、区块链、VR（虚拟现实技术）、5G 通信等技术，开发搭建各类信息化监管平台，推出实施旅检口岸 VR 物联网应用、传统集装箱码头全智能化改造升级、跨境电商 9610“邮关直连”通关模式、综保区数字监管服务新模式等创新举措，进一步提高了通关效率，便利了企业。

三、创新金融服务实体经济功能

积极开展数字人民币、互联网金融、绿色金融等创新，推出实施全国首个数字人民币产业联盟（ECIA）、实现人民币与印尼卢比直接兑换、创设“厦绿融”绿色金融服务体系、打造“互联网+金融”集成服务新场景等创新举措，进一步丰富了数字人民币应用场景，便利人民币和外币直接兑换，帮助企业解决融资难、融资贵等问题，有效支持企业投融资和生产贸易活动。

四、建设两岸融合发展示范区

坚持以通促融、以惠促融、以情促融，推出实施台胞职业资格一体化服务新模式、闽台“薪速汇”、创新台胞应急救助管理、两岸气象领域标准共通共研机制、打造两岸融合发展集成化服务中心等创新举措，持续深化闽台各领域融合，建设两岸融合发展示范区。

五、培育发展新产业新业态

坚持制度创新赋能实体经济发展，推出实施中国文化出口与数字服务出口新模式、首创集装箱式锂电池储能系统海运安全保障机制、推动多式联运“一单制”改革降本增效、国际海运业回归创新实践等创新举措，加快培育保税展示交易、锂电池储能系统出口、“一单制”多式联运、国际海运等一批新产业新业态。

六、促进绿色低碳生态发展

坚持绿色、低碳、环保新发展理念，推出实施创新碳汇交易新模式、“海上风电+海洋牧场”融合发展试点、航空维修国门生态安全全链条监管、生态环境损害赔偿工作“三衔接三同步”机制等创新举措，在碳汇交易模式创新、海上风电利用、国门生态安全全链条监管、生态环境损害赔偿机制建设等方面大胆探索创新，取得积极成效。

福建自贸试验区挂牌运行以来，已累计推出20批622项创新举措，其中全国首创275项，对台特色120项。有35项制度创新成果在全国复制推广，7项入选全国“最佳实践案例”，持续发挥自贸试验区改革开放综合试验平台作用。

（摘编：孔明德）

福建省推动仙游古典工艺家具产业创新发展

2023年7月17日，福建省工业和信息化厅消息，古典工艺家具已成为仙游县的支柱产业、富民产业、特色产业。“仙作”古典工艺家具款式典雅、结构严谨、用料考究，与“苏作”“京作”“广作”并称为全国明清古典家具四大流派。“仙作”古典工艺家具占全国高端市场份额70%以上，占全国大众市场份额约25%。仙游现有古典家具企业1000多家、个体工商户2000多家，规模以上企业近200家，从业人员近12万人。近年来，我省通过五个“强化”，推动“仙作”古典工艺家具产业创新发展：

一是强化市场营销。聚焦全国展会、高端论坛、专业赛事，围绕特色展示、传承创新和跨界融合，推动莆田市组织20余家工艺美术企业参加第三届中国工艺美术博览会，展出古典工艺家具等工艺精品近1000件；在第十九届深圳文博会“中国工艺美术文化创意大赛”评选中斩获四金一银。

二是强化品牌建设。聚焦“世界中式古典家具之都”区域品牌、“三福家居”“鲁艺红木”等龙头企业品牌，开展多层次宣传、多方位推广、多元化营销。仙游县“全国红木古典家具产业知名品牌创建示范区”获品牌价值608.02亿元，较去年净增11.68亿元。

三是强化项目推进。聚焦红木原材料、古典工艺与文化创意、数字平台经济，围绕意向项目抓签约、签约项目抓落地、落地项目抓开工、开工项目抓竣工、竣工项目抓投产。今年已推动度尾、大济木制工艺品小微产业园等5个重点项目签约；怀古创艺园、瑞银中式红木茶空间等3个项目开工；香农沉檀香供应链等项目竣工投产。

四是强化平台支撑。聚焦原材料市场、互联网+，围绕共享化、数字化、融合化、链条化，推动中国·仙游红木共享交易中心一期项目正式营业，已入驻150多个厂家，整合红木产品超1万件；推动建立胜北红木原材料仓储代管融资平台，重点服务有融资需求的生产性企业；推动“艺术生活家”产业生态链平台试运营，已建成国家一级木材原材料交易中心、元宇宙虚拟定制体验中心、现代筑美家装和茶空间。

五是强化政策支持。安排开拓市场补助资金，支持莆田深化古典工艺家具产业链供应链合作，举办红木产业促销活动及“手拉手”活动；推动莆田市出台《促进工艺美术产业转型升级九条措施》《金融赋能支持工艺美术（家具）产业发展试点工作方案（试行）》等政策，促进“仙作”古典工艺家具产业转型升级，实现高质量发展超越。

（摘编：孔明德）

福建助力德化陶瓷企业破难题促发展

2023年7月19日，福建省工业和信息化厅消息，为深入做好调研的“后半篇文章”，扎实推进调研成果转化为促进行业发展的有效支撑，主题教育开展以来，福建省工美中心多次赴德化县调研，共走访12家企业、7个工作室，4个产业园区及陶瓷创新发展研究院，针对调研中企业反映的对政策不了解、专技人才缺乏、创新能力弱等问题，采取送策入企、校企合作、以赛促用等措施，目前已推动解决3类问题。

一是开展“直通车服务”送政策入企。建立挂钩帮扶机制，会同德化县工信商务局等行业主管部门一同入企服务，先后赴盛艺窑瓷业、飞天陶瓷、威尔陶瓷等企业，将梳理出的技改奖励、高新技术企业奖励、税费减免等惠企政策送上门，并就工艺美术职称、工艺美术大师评审相关政策进行详细解读，多方发力，加强对企业的帮扶指导及政策宣贯。

二是建立全省首个工艺美术行业产学研合作基地。为充分利用高校的优质资源，探索校企深度合作模式，促进校企共同发展，经多次对接联系，日前，在省工美中心的推动下，全省首个工艺美术校企合作项目落地德化，福州大学厦门工艺美术学院产学研合作基地在德化盛艺窑瓷业有限公司揭牌，双方签订了《合作共建实践教学基地协议书》，就人才共享、技术共享、文化互补、管理互通达成深度合作关系。

三是举办大赛推动设计创新。7月5日，由省工美中心指导的2023年福建省工艺礼品与手工艺精品展暨第三届“福艺杯”优秀作品评比赛在德化成功举办，400余人参赛，共征集参赛作品1171件，分雕刻、陶瓷、综合三个类别评出金银铜奖项，涌现出一批新人佳作。推动盛艺窑与厦工艺共同举办2023“盛艺窑”设计大赛，该赛致力于为高校师生提供原创设计的舞台，为企业挖掘瓷塑、瓷雕等专业技术人才。通过此类比赛以赛促学、以赛促练、以赛促用，破解企业专业技术人才不足的问题，助力企业创新发展。

（摘编：陈建闽）

第四篇

工业园区

福建省开发区发展情况综述

2022年，全省开发区坚持以习近平新时代中国特色社会主义思想为指导，认真贯彻落实国务院和省政府关于促进开发区创新提升和高质量发展指导意见，促进开发区在积极服务和深度融入新发展格局中发挥更大作用，建设发展取得新成效，为推动全省经济高质量发展作出重要贡献。一是经济增速高于全省。全省开发区实现规模以上工业企业营业收入43076.16亿元，比上年增长13.0%，占全省的比重为61.2%；实现税收收入（不含海关代征）1624.78亿元，比上年增长3.5%，占全省的比重为39.3%。二是投资规模增长较快。全省开发区固定资产投资总额10142.86亿元，比上年增长15.7%，占全省的比重为49.4%；全省开发区营业收入30亿元及以上的制造业企业共189家，比上年增加30家；上市企业数109家，比上年增加8家。三是开放带动作用明显。全省开发区实际使用外资189.56亿元，比上年增长6.7%，占全省的比重为54.5%；全省开发区（不含综保区）实现进出口总额11169.85亿元，比上年增长15.4%，占全省的比重为56.3%。四是科技创新能力提升。截至2022年底，全省开发区现有国家级高新技术企业累计6713家，比上年增加1744家；拥有省级以上研发机构1085家，建设国家级孵化器14家、众创空间45家；全省开发区的高新技术企业完成主营业务收入15843.91亿元，比上年增长27.4%。五是土地集约有效利用。截至2022年底，全省开发区工业用地固定资产投入强度597.88万元/亩，比上年增长9.4%；工业用地产出强度719.08万元/亩，增长6.7%；全省开发区实现工业用地地均税收27.12万元/亩，其中24个国家级开发区实现工业用地地均税收41.49万元/亩，增长2.0%。重点推动以下几方面工作。

一、制定印发全省开发区工作要点，加强工作指导

从推进园区标准化建设、做大做强开发区主导产业、强化开发区招商引资、推动开发区整合提升、促进开发区转型升级、推进开发区与自贸试验区联动发展、推进绿色园区建设、完善开发区廉政风险防控体系等方面提出年度重点工作任务，印发各地商务部门和开发区管委会结合实际组织实施，指导全省开发区建设发展。

二、促进开发区整合提升

推动东山经济技术开发区与古雷港经济开发区整合，并报国务院更名为东山湾古雷经济技术开发区。推动福州连江经济开发区与可门经济开发区，福清融侨经开区与闽台（福州）蓝色经济产业园整合。推动三明市开发区整合，三明市委市政府印发《三明市区工业园区整合提升工作方案》，以三明经济开发区、三明高新技术产业开发区为主体对周边开发区实施整合，统一管理，做大做强。

三、牵头起草制定全省开发区管理办法

为了规范开发区管理，明确开发区功能定位、管理体制、运行机制、服务保障以及开发区设立、调区、扩区、升级条件等，省商务厅牵头起草了《福建省开发区管理办法（试行）（送审稿）》，并按立法程序报审。

四、推动建立开发区统计调查制度

为了及时了解掌握省级以上各类开发区综合经济运行情况，为政府部门宏观经济管理提供信息服务和决策参考，起草制定了《福建省开发区统计调查制度》，经省统计主管部门批准后印发实施。

五、组织开展开发区综合发展水平考核评价

组织对全省国家级和省级开发区开展年度综

合发展水平考核评价，对排名居前的开发区予以鼓励，排名居后的开发区督促改进提升，促进发展。组织指导10家国家级经济技术开发区参加商务部2022年度考核评价，我省10家国家级经开区有7家综合排名位次提升，其中东侨经开区综合排名位列第22位，比上年提升4位。科技部火炬中心3月份公布的2022年度国家高新区综合评价结果显示，厦门火炬高新区在全国169个国家高新区中综合评价排名第11位，较上一年上升3位，连续三年实现争先进位。根据商务部印发的《国家级经济技术开发区综合发展水平考核评价办法（2021年版）》，结合我省实际，修订印发《福建省开发区综合发展水平考核评价办法（2022年版）》。

六、推动开发区招商引资

积极组织开发区参加第二十二届投洽会，福建开发区展区共有3家国家级经开区和2家省级开发区单独设展，面积共738平方米。同时，利用投洽会的双向投资促进功能，组织有关开发区参加国家级经开区产业转移对接会、绿色化工产业跨境合作高峰论坛、绿色化工产业跨境合作项目对接会、“金融与投资-地方经济发展的助推器”对接会、“丝路投资”园区开发对接会，挖掘合作新机遇。各开发区坚持展洽结合，精准开展项目招商对接。

七、推动海关特殊监管区域整合优化

一是推动厦门象屿保税区与象屿综合保税区整合优化和福州保税区整合优化为福州长乐国际机场综合保税区，分别于2023年1月和7月获国务院批复同意。二是推动福州江阴港综合保税区和厦门海沧港综合保税区（一期）验收结果审理工作，2022年均已通过海关总署批复并封关运作。

八、复制推广自贸创新举措

在全省开发区积极宣传推广自贸试验区创新举措，推动开发区全面复制推广自贸试验区创新成果，重点复制推广政府职能转变、投资管理、贸易便利化、金融创新与开放、综合监管等领域的制度创新成果，结合自身优势特点，形成一批改革创新经验。推进开发区与自贸区联动发展，推动10家开发区创建全面复制推广自贸试验区创新成果先行区。

九、做好开发区生态环保和安全工作

做好第二轮中央环保督察问题整改的有关工作。有序推进开发区“污水零直排区”建设，联合省生态环境厅制定印发了《福建省省级及以上工业园区“污水零直排区”建设及评估指南（试行）》。督促推进开发区落实党政领导生态环境目标责任书，重点督促开发区环境保护突出问题的整改。认真落实开发区安全工作要求，及时转发和督促推动国家级经济技术开发区落实商务部对国家级经开区落实安全工作的通知要求。

（撰稿：福建省商务厅　原载《2023福建开发区年鉴》）

福建省开发区发展成就

2023年先进制造业百强园区榜福建入围名单

2023年7月13日，福建省工信厅消息，工信部所属赛迪顾问先进制造业研究中心日前发布2023年先进制造业百强园区榜单，福建四个园区上榜。其中，厦门火炬高技术产业开发区跻身前20，排名第18位；福州高新技术产业开发区入围前50，排名第47位。此外，福州经济技术开发区、泉州高新技术产业开发区分列第62、96位。

先进制造业百强园区发展评价以国家统计局先进制造业分类标准为编制基础，对全国230个国家级经开区和168个国家级高新区进行深入追踪研究，从经济实力、创新潜力、融合能力、产业聚力和绿色动力五个维度构建“五力”评估模型，科学全面地考量国家级产业园区在先进制造业方面的综合水平。

赛迪顾问先进制造业研究中心认为，产业园区是实体经济高质量发展的“主战场”，产业集群建设是百强园区的重要抓手，创新生态是第一驱动力，培育新兴企业和招商引资是重中之重，实现碳达峰、碳中和是发展方向。

（摘编：林文函）

厦门火炬高新区综合排名升至第11位

2023年3月3日，科技部火炬中心发布2022年国家高新区综合评价结果，厦门火炬高新区在国家高新区综合排名第一梯队中稳步迈进，位列参评的169个国家高新区的第11位，较上年度排名提升3个位次，连续三年实现争先进位，再创历史最佳成绩。

在这份最新出炉的“成绩单”中，厦门火炬高新区的各个“得分点”也展现出不俗实力——5个一级指标单项的排名，厦门火炬高新区均跻身20强，其中，综合质效和持续创新力这一单项更是排到了全国第7位，较上一年提升3名。

以创新赋能产业现代化，厦门火炬高新区坚持“链”上发力，靶向招商，结合厦门“4+4+6”现代化产业体系，围绕天马、厦门时代、中创新航、海辰等一批“链主”企业，招大引强，补链拓链延链。同时，着力强链倍增，实施先进制造业倍增计划行动，以“双百”为牵引，新增百亿项目3个、百亿企业1家；以“腰部企业”为根基，精准滴灌“专精特新”、隐形冠军、瞪羚等高成长性企业，新增国家级专精特新“小巨人”企业35家、国家级制造业单项冠军3家、新认定“火炬瞪羚企业”41家；国家级高新技术企业突破1500家。

建强平台载体，集聚优质资源，激活创新动能。火炬高新区以国家自主创新示范区、国家双创示范基地建设为统揽，进一步完善“众创空间+孵化器+加速器”全链条孵化体系，2022年，国家级孵化器总数达到5个，占全市一半，新增国家备案众创空间3家、省级众创空间2家。

针对创新链短板，火炬高新区还将构建“联合研发+卡脖子攻关+前沿突破”多层级科技创新推进机制，探索“科学家+企业家+投资人”新型研发形态，鼓励组建创新联合体，开展前沿技术突破、技术成果转化及项目孵化。

追高逐新持续迈大步。未来，厦门火炬高新区仍将加强前沿科学研究和重大关键技术创新，培育世界级创新型产业集群和企业。同时，积极抢抓金砖创新基地建设等国际化机遇，集聚全球创新要素，深化国际化引才，为企业开拓国内外市场打开新空间。

（摘编：谢建东）

国务院批复同意设立福州长乐国际机场综合保税区

2023年7月15日，福州（长乐）国际航空城管委会消息，国务院日前批复同意整合福州保税区设立福州长乐国际机场综合保税区，标志着福建高水平开放再增添新平台。

综合保税区是经国务院批准，设立在中华人民共和国境内，实施物理围网管理，实行保税、免税、退税等特定的税收政策和进出口管理政策，具有加工制造、国际贸易、物流分拨、保税仓储、检测维修、研发设计、商品展示等功能的海关特殊监管区域。

福州长乐国际机场综合保税区是福建省第6个获批的综合保税区，也是福建首个空港综合保税区。该保税区规划总用地1.83平方公里，位于福州新区临空经济产业片区，临近福州长乐国际机场，海陆空物流联动优势明显，并叠加国家级新区、海丝核心区等优势。重点发展保税物流、保税维修检测、保税加工、跨境电商等业态，将建成连接海峡两岸的国际航空物流中心、服务福建及周边省份发展的保税物流网络枢纽和以航空经济为引领的现代保税产业基地。

综合保税区能够把国内和国外的资源有效链接起来，吸引更多大型物流和加工制造企业入驻，推动产业集群发展，促进对外贸易发展，更好地带动出口外销，增加就业机会。目前，该保税区已重点对接了薛航、威亚等8个航空产业关联度高的项目，总投资超40亿元。

福州长乐国际机场是全国首座完全由地方投资的大型现代化国际机场。经过20多年的发展，已成为中国东南沿海最繁忙的机场之一，拥有国内外航线119条。目前，福州新区、福州（长乐）国际航空城正大力推动福州机场二期扩建工程建设。

（摘编：黄国实）

福建省人民政府批复同意设立闽清经济开发区

2023年7月12日，福建省人民政府印发《关于同意设立闽清经济开发区的批复》（闽政文〔2023〕306号）提出，同意设立闽清经济开发区，纳入省级经济开发区管理。

开发区位于闽清县白中镇，面积318.97公顷，四至范围为北至白中镇福建联兴陶瓷有限公司、东至白中镇梅坂村和白樟镇园头村交界处、南至县道X125、西至白中镇白汀村东侧。要加强开发区总体规划与国土空间规划的衔接，高质量开展招商引资和开发建设，引导产业项目优先在开发区布局，做优做强特色产业，不断延链补链强链，推动形成资源集聚、集群发展、优势突出的产业体系。要坚持绿色发展和创新引领，深化产学研用融合，大力培育科技水平高、带动能力强的产业项目，有效激发县域经济活力。要严格国土空间用途管制，依法报批开发区具体建设用地，严禁未批先用等违法违规用地行为。要认真落实最严格的节约集约用地制度，坚持“土地要素跟着项目走”原则，严把土地利用效益准入关，严把建设用地批后监管关，不断提升开发区土地利用水平，严防新增批而未供、闲置土地。要夯实生态环境保护措施，确保“三线一单”生态环境分区管控要求落到实处。福州市要组织进一步做好具体园区规划，加大园区标准化建设力度，加强政策支持，优化营商环境。省直有关部门要做好指导督促、考核评价等工作，共同推动开发区高质量发展。

（摘编：谢建东）

福建设立三个省级人工智能产业园

在2023年7月22日举行的2023中国人工智能大会开幕式上，福州、厦门、泉州三个省级人工智能产业园获授牌正式成立，标志着福建人工智能产业进入集群发展新阶段。

在福厦泉三地设立省级人工智能产业园，旨在对标国家人工智能创新应用先导区、国家新一代人工智能创新发展试验区，充分集聚资源优势，推动形成各具特色的区域产业发展路径，构建资源富集、创新活跃、应用丰富、服务优质、安全规范的人工智能产业生态。

其中，福州园区以福州新区为承载区，以福州市区产业基础较为成熟的部分区域为先行区，园区规划用地面积约 2.05 平方千米，将重点做强做优智能芯片、机器视觉、智能识别、智能机器人等优势赛道，面向医疗健康、智慧城市、智能制造等重点领域，打造人工智能技术创新策源地、集聚发展示范区、开放合作重点区。

厦门园区设在厦门软件园三期 F 片区，规划用地面积 1.05 平方千米，研发楼面积 95.3 万平方米，重点依托厦门市现代化产业体系，大力拓展应用场景，打造无人驾驶、智慧安防、智慧交通、智慧医疗、智慧军事等优势和特色智能产业集群。

泉州园区以泉州数字经济产业园为研发制造基地，以数字福建（安溪）产业园为算力支撑，规划用地面积 4.14 平方千米，总建筑面积 248 万平方米，立足智能制造优势，聚焦纺织鞋服、建材家居、机械装备、食品等优势行业，通过人工智能赋能中小企业，打造“AI（人工智能）+现代制造”应用高地。

（摘编：黄国实）

东山经济技术开发区
更名为东山湾古雷经济技术开发区

2023 年 7 月 19 日，福建省商务厅消息，日前，商务部复函福建省人民政府，同意东山经济技术开发区更名为东山湾古雷经济技术开发区。要求更名后的东山湾古雷经济技术开发区要确保符合开发区用地规范要求，严禁违法违规使用土地；要着力推进开放创新、科技创新、制度创新，提升对外合作水平、提升经济发展质量，打造改革开放新高地。

东山经济技术开发区与漳州古雷港经济开发区区位相邻，同为环东山湾区的重要经济增长极。为推动开发区整合提升，在省商务厅指导下，漳州市政府决定对两家开发区实施整合托管，并申请更名为东山湾古雷经济技术开发区。整合更名，有利于发挥国家级经济技术开发区品牌优势和辐射带动作用，有利于做大做强古雷石化产业和新能源等特色产业，提升国家级经济技术开发区综合发展水平。

漳州古雷港经济开发区是全国七大石化产业基地之一、大陆唯一的台湾石化产业园。作为福建省石化产业“两基地一专区”之一，是承接大型优质石化项目落地、推动全省石化产业转型升级的重要平台，其纳入国家级经济技术开发区对全省石化产业实现高质量发展，更好地贯彻落实国家发展战略，建设世界一流绿色生态石化基地具有重要意义。

（摘编：谢建东）

福州开发区概况

福州经济技术开发区

福州经济技术开发区于1985年1月经国务院批准设立（1992年与马尾区实行“两区合一”的行政管理体制），是首批14个国家级经济技术开发区之一。主要产业园区包括：高新园区马尾园、马江园区、长安园区（出口加工区）、综合保税区。行政管辖范围包括罗星街道、马尾镇、亭江镇、琅岐镇等“三镇一街”。总面积275.66平方公里（其中开发区面积23平方公里），第七次人口普查：290554人。2022年，马尾区完成地区生产总值675.34亿元，比上年增长3.9%；一般公共预算总收入34.14亿元、增长4.1%，地方一般公共预算收入22.75亿元、增长5.4%；固定资产投资167.58亿元，增长16.2%；社会消费品零售总额206.97元，增长1.4%；进出口总额429.27亿元、增长1.4%；实际使用外资0.98亿美元，增长10%；城镇居民人均可支配收入6.15万元，增长4.3%；农村居民人均可支配收入3.46万元，增长6.9%。

产业发展蓬勃兴旺。2022年，数字经济蓬勃发展，获评省级数字经济核心产业集聚区，数字经济总规模突破700亿元；82家区内企业依托华为云创中心成功开展数字化转型，经开区成为全国首个产品批量完成鸿蒙适配的生态标杆区。海洋经济再创佳绩，发挥全国领先的水产品集散地优势，推动预制菜产业发展，佛跳墙、秋刀鱼等多种预制菜细分品类市场份额排名全国第一；加快华闽深冷、中交汉吉斯等冷链项目建设，建成全国第二大、全省最大超低温冷库——正福超低温冷库，海洋经济规模突破720亿元。绿色经济初具规模，全力支持星云电子、时代星云快速发展；大通（福建）新材料公司、飞毛腿电子公司入选国家级绿色供应链白名单。文旅经济加快复苏，推进7个国家级旅游品牌、3个省级特色旅游村、1个市级精品旅游示范村建设，提升完善闽白沿线乡村振兴精品旅游线路；全年接待游客335万人次，实现旅游收入21.78亿元。

项目建设赶超进度。全年列入省级重点项目9个，年计划投资14.7亿元，完成投资17.72亿元，超年计划20.6个百分点。列入市级（新区）重点项目116个，年计划投资157.8亿元，完成投资194.55亿元，超年计划23.3个百分点。列入区级重点项目341个，年计划投资289.58亿元，完成投资245.39亿元，完成年计划84.7%。实施“项目攻坚落实年”专项行动，有提速攻坚项目120个，年计划投资214.96亿元，完成投资262.45亿元，超年计划22.1个百分点；开工46项，开工率100%；竣工32项，竣工率100%。

招商引资卓有成效。全年完成招商项目155项，总投资额396.8亿元，其中完成高质量产业项目31项，包括：重大产业链项目1项，总投资额52.25亿元；产业链项目12项，总投资额25.3亿元；重点项目9项，总投资额131.14亿元；外资项目4项，到位资金额7.9亿元；外贸项目5项，总投资额1.06亿元。从规模上看，投资额10亿元以上重点项目11项，50亿元以上重大项目1项。

生态环保持续治理。2022年，空气优良天数358天，优良率98.1%，其中优221天，占比60.5%，比上年下降13.3%；6项污染物平均浓度均达到国家环境空气质量二级标准，$PM_{2.5}$年均浓度16微克/立方米，小于19微克/立方米的考核指标要求，空气质量综合指数比上年有所下降，表明空气质量比上年有所改善。白眉水库等集中式饮用水源水质达标率100%，闽江国控琯头断面、白眉溪省控小流域水质达标率100%。昼间区域环境噪声平均值55.3分贝，昼间道路交通噪声平均值64.7分贝，符合声学环境质量功能区标准。固废和危废处置综合利用率达100%。强化生态环境执法监管，加大执法力度，立案处罚4家企业，罚款13万元。

（摘编：洪连珠）

福清融侨经济技术开发区

福清融侨经济技术开发区于1987年创办，1992年经国务院批准成为国家级经济技术开发区，规划面积14.26平方公里，已基本开发完毕。2022年，福清融侨经开区实现规上工业产值1272.7亿元，比增1%；社零额完成142.3亿元，比增21.1%；固定资产投资累计完成353.9亿元，比增13.7%；工业固投完成140.9亿元，比增42%；实际使用外资4.1亿元，比增31.8%。在2021年度全省试点园区标准化建设评价排名第3位；在2021年度省开发区综合发展水平考评中位列第6位。

项目建设加快进度。按照“程序不减、时间缩短、并联推进”的工作思路，紧紧盯住关键环节，督促项目业主加快项目建设进度，确保项目早日建成投产达效。全年新开工项目10个，总投资92.56亿元；竣工投产项目9个，总投资32.13亿元。26个省市重点项目共完成投资67.13亿元，完成年投资额的147%。

招商引资有序推动。全年投资项目备案206个，总投资322亿元。其中电子信息产业项目51个，总投资160.57亿元；汽车部件产业14个，总投资20.62亿元；光学产业2个，总投资0.51亿元；其他产业项目139个，总投资140.27亿元。

生态环保专项整治。一是抓好安全生产。聚焦安全隐患排查，全年共开展安全大检查377家次，专项检查和平时抽查12次，共查出安全隐患1876条，发出整改通知书377份。推进消防专项整治，联合相关部门开展消防安全大排查大整治专项行动，举办消防安全专题讲座，组织159家园区企业开展消防安全演练，不断提升园区消防安全管理水平。二是加强环境保护。制定突发环境事件应急演练脚本，联合南宝树脂完成年度突发环境事件应急演练；制定《融侨开发区散乱污企业场所综合整治工作方案》，督促企业完善环保手续，提升开发区营商环境。截至目前共录入散乱污企业20家，已完成整改20家。

管理服务纾困解难。持续开展“千名干部进千企”行动，认真抓好国家、省、市各级稳经济一揽子政策的贯彻落实，积极为企业纾困解难，助力企业提质增效。2022年园区享受增产增效奖励企业84家，奖补资金达975万元；享受增值税留抵退税企业88家，退税金额达6.84亿元；帮助企业兑现各类补助1.15亿元。开展“两节送温暖”系列活动，走访慰问困难职工和留融过年职工6000余名；开展“夏送清凉”活动，共慰问高温岗位职工3050名；开展包机包列来融就业、返岗职工、助力开门红等活动，让广大职工尽享贴心“家服务”；开展职工子女暑托班活动，积极协调市教育局推进秋季企业职工子女就学问题，解除职工的后顾之忧。2022年9月园区获评福州市营商环境改革创新示范园区。

（摘编：谢建东）

福州高新技术产业开发区

福州高新区位于福州的西南方，与福州主城区仅一江之隔，是1991年习近平总书记亲自擘画成立的首批国家级高新区。2022年同口径下，高新区财政总收入完成35.41亿元，比增8.6%；地方一般公共预算收入完成24.42亿元，比增13.7%；规上工业企业99家，规上工业产值231.6亿元，固定资产投资完成293.3亿元，工业固定资产投资135.1亿元；实际使用外资5033万美元，完成全年任务的179.3%，排名全市第二；完成出口34.23亿元，比增21.1%，排名全市第三。

基础设施提升改造。2022年全区城市品质提升项目共计49项，总投资额约377.1亿元，2022年度完成投资额83.5亿元。完工元峰河水系综合治理、高岐河运动公园、马排路、科技二路等38项；在建两园安置房二期（南港花园）、学府南路等9项。市政道路新建改建18条，总长度约20公里；完成污水、雨水、供水、燃气管网建设总计27.7公里；新建和改造提升公园绿地面积9.7公顷、福道5公里、立体绿化5处、主题公园1处；竣工安置房项目6个，总建筑面积90万平方米。

项目建设稳步推进。2022年省、市重点项目111个，计划投资1327亿元，完成年度投资241亿元。竣工福建巨泽生物医药产业园、数字经济产业园一期、福抗创投中心、德艺文创产业基地、实验中学二期等39个项目；动建保利通信高新科技产业园、点芯科技园、湾边大桥提升改造等34个重大项目。

产业发展持续向好。一是经济启稳回升，办理企业增值税留抵退税5.4亿元，减免小型微利企业所得税1.3亿元，减免小微企业和个体工商户租金1000万元。二是结构质量向好，海康威视、迈新生物、永福电力3家企业获认定福州市总部企业，规上工业企业、限上商贸企业分别新增15家、11家。三是发展活力提升，国家创新型（光电）产业集群试点、国家绿色产业示范基地等深化创建，主导产业、新兴产业培育壮大，新增市场主体6500多家。

生态环保严格治理。2022年全区环境质量总体良好，区环境空气质量优良率达98.1%，优良天数达358天。六项指标平均浓度PM_{10}为32.8微克/立方米、$PM_{2.5}$为18.2微克/立方米、NO_2为16.8微克/立方米、O_3为90.8微克/立方米、SO_2为3.9微克/立方米、CO为0.5毫克/立方米六项指标均达到国家《环境空气质量标准》中的二级标准。

（摘编：陈建闽）

福州保税区

福州保税区1992年经国务院批准设立，封关面积0.6平方公里。2007年12月，利用二期未开发的1.2平方公里用地指标，置换到福州港江阴港区设立福州保税物流园区。2009年1月，福州保税区海关按照总关统一部署，成建制搬迁至福清江阴，福州保税区保税业务也随之下移至福清江阴港区，直至2013年全面停止。2015年4月21日，中国（福建）自由贸易试验区福州片区挂牌成立，福州保税区成为福州片区马江区块的组成部分。2021年，根据海关总署要求，福建省政府提出将福州保税区整合优化为福州空港综合保税区。2022年，福州保税区新设内资企业131户，注册资本18.74亿元，新设外资企业3户，注册资本1.1亿元。截至2022年12月31日，福州保税区共有企业5412户，注册资本812.94亿元，其中内资企业5332户、注册资本632.98亿元，外资企业80户、注册资本179.96亿元。目前，全区近97%注册企业区内注册，区外经营，驻区企业124家（不含海丝商城企业），按产业类别分，商贸业企业29家、仓储物流业企业44家、生产制造业企业39家、服务业企业10家、房地产业企业2家，其中2022年纳入统计的规模以上工业企业5家，规模以上服务业企业10家，限额以上批发业企业9家。2022年，全区一般公共预算总收入5.35亿元。

园区建设优化提升。依托属地规划，进一步盘活园区存量土地，优化资源配置，提高土地利用效率，对园区各地块内入驻企业开展摸排，摸清各地块内企业经营租赁及税收情况，形成《福州保税区驻区企业情况表》，为土地盘整提供第一手资料，调取企业地块土地档案，为园区低效用地整治提升打好基础工作。积极对接走访各地块业主，收集业主对土地的处置意向以及后续的发展规划。主动对标福州市工业园区标准化建设要求，逐步带动老旧厂房、物流仓储、堆场等腾笼换鸟。

（摘编：孔明德）

福州综合保税区

福州综合保税区位于福建自贸试验区福州片区内，前身为2005年6月成立的福州出口加工区，规划面积1.14平方公里，其中陆域面积0.659平方公里，水域及滩涂部分面积0.481平方公里。2020年1月，国务院正式批复同意福州出口加工区整合优化为福州综合保税区，11月通过福州海关组织的联合验收。2021年2月海关总署批复开关运作，成为福州市首个、省内第二个综合保税区。2022年，综保区完成工业固定资产投资4.89亿元；实际进出口总额48.3亿元，比上年增长37%。其中，出口总额18.59亿元，比上年增长-10.5%；进口总额29.33亿元，比上年增长102.5%。全年实现税收1.69亿元，比上年增长25.2%。其中，海关税收1.17亿元，比上年增长15.6%；地方税收0.526亿元，增长53.4%。

项目建设有序推进。综保区全年省市重点项目3项。在建项目优你康隐形眼镜生产项目，至年底有5条生产线安装投产，完成工业产值4049万元。新开工项目御金冷链水产加工物流产业园项目，2月动工建设，总投资3.6亿元，至年底完成投资1.1182亿元。市级重点在建项目中交产投福州冷链枢纽（汉吉斯）项目主体结构施工完成，累计完成投资5.4亿元。3月，正福超低温金枪鱼深加工冷链项目正式运营。

产业发展突出重点。综保区主导产业为“一平台一服贸两条产业链”。一平台，即跨境电商经济平台，包括跨境电商进口贸易和出口贸易，以福州意隆达商贸有限公司、福州鑫百利实业有限公司、福建融达通供应链管理有限公司、福建省联安电子商务有限公司、福建慧旭供应链管理有限公司等电商及关联企业为支撑。一服贸，即保税服务，包括保税展示、保税维修、保税研发、保税租赁等，以益童乐贸易（福州）有限公司、福州海盛龙船舶物资有限公司、福建宏顺融资租赁有限责任公司等企业为支撑。两条产业链为视光学产业链和冷链食品加工产业链，视光学产业链以福建优你康隐形眼镜生产项目为代表，冷链食品加工产业链以中交（汉吉斯）、正福、钧天等水产品冷链仓储、深加工企业的预制菜产业为代表。2022年，综保区有跨境电商相关企业13家，完成跨境电商进出口业务量约1017万票，比上年增长146.9%；货值约33.59亿元，增长230%。推进跨境电商“9810”（跨境电子商务企业对企业出口海外仓）模式，2022年1月，福建创贝电子商务有限公司完成福州综合保税区跨境电商“9810”首票业务，实现跨境电商监管中心“9610”（跨境贸易电子商务）、“9810”模式的出口业务与“1210”（保税跨境贸易电子商务）进口业务全覆盖。

（摘编：郑新贵）

福州江阴港综合保税区

福州江阴港综合保税区于2020年6月19日经国务院批准同意，由原福州保税港区优化整合而成，规划面积为2.64平方公里（国际物流区0.99平方公里，港口集散区1-5#泊位共1.65平方公里），2021年6月18日通过验收，是全国首个先行开展内外贸智能监管试点的综合保税区。2022年，全年完成进出口总值151.4亿元，比增91.4%。港区集装箱吞吐量211.16万标箱，比增2.1%；货物吞吐量3665.03万吨；海铁联运到发箱量累计完成4.7万标箱，比增30.9%；国产车分拨完成29558台；到港进口整车2825台，比增2124%。园区限上规上商贸服务业55家，完成限上规上商贸服务业销售额448.69亿元，比增31.9%；2022年开通内外贸航线66条，其中内贸航线37条，外贸航线29条。区内设立跨境电商进口监管仓4个，出口监管仓1个。与京东、拼多多等国内大型电商平台建立合作关系。2022年区内跨境电商进出口交易额66亿元，同比增长78%；累计运营1271万票（进口量占福州的100%，出口量占90%）。

基础建设整合优化。智慧仓储项目：正在建设6栋共77621平方米物流仓库，建成后将提升园区土地效益，进一步拓展产业发展空间。综合提升工程：完工验收后将进一步强化区内消防设施，监管设施，道路、管道、电气、通信设施等保障要素，优化营商环境。

体制机制创新改革。“通关全流程状态可视化服务”“八闽办税码”两项创新措施列入2022年福建自贸试验区第九批可复制创新成果；海关“智慧企管”平台、跨境电商企业零跑腿缴税模式、陆地港出口转关直通业务、八闽办税码等4项举措获评全国首创。

（摘编：洪连珠）

福州福兴经济开发区

福州福兴经济开发区位于福州市晋安区鼓山镇，成立于1990年8月，总规划面积3.55平方公里。园区重点发展光电信息、智能制造、数字产业、企业总部等产业及相关配套。2022年，园区共有规模以上工业企业87家，完成规上工业总产值530.21亿元；“四上”企业357家，合计营业收入1017.05亿元；全年完成固定资产投资额（不含农户）265.55亿元。

产业发展重点突出。重点发展光电通讯等主导产业，初步形成上游以华科光电为代表的光器件材料产业，中游以高意集团为代表的元器件产业，下游以麦克赛尔为代表的应用消费产业，涵盖光通信、激光、光学镜头等众多领域。

项目建设引领推动。以“管得住”“拆得下”“建得起”“招得来”四步工作法，推进“四个一批”（收储出让一批、工业用地增容一批、企业利用自有用地建设零星办公用房一批、老旧厂房转租一批）项目进程，加快建设晋安湖壹号、湖塘科创园等园区重点项目，推动园区产业逐步转型升级，促进项目滚动接续，引领产业发展。2022年，永正检测中心项目已竣工；晋安三创中心、金强房屋公园项目等重点项目主体结构已封顶；数字内容产业园、晋安数字虚拟产业园分别于6月22日、7月19日举办开园仪式。

招商引资优势互补。建立“政府+企业”招商信息共享机制，以达到资源的优势互补、增强市场开拓、协同推广目的。2022年重点跟踪昊盛集团总部项目、粤浦科技产业园、三耀科技项目等招商项目50项，其中，中海油光伏项目已落地。鼓山镇及开发区已通过考评招商项目共93个，总投资额422.75亿元，其中重大产业链1个，总投资52亿元；重点项目7个，总投资76.21亿元；产业链项目8个，总投资8.25亿元。用活优惠政策，2022年各乡镇（街道）已完成新注册及域外迁入晋安湖“三创园”的企业共231家，其中81家实现税收2.74亿元。

（摘编：陈建闽）

福州金山工业园区

福州金山工业园区包括橘园洲、金山、浦上、福湾和义序五个片区，现有企业4336家，规上企业428家，2022年实现总营收1060亿元，其中规上工业212家，规上工业产值659亿元。本年度成功申报福建省工业（产业）园区标准化建设试点园区，在全省省级开发区综合发展水平考核评价中排名第八，在省自贸创新成果复制推广先行区考评中名列前十，在市级“一区多园”产业核心园区综合考评中蝉联第一。

项目建设加速推进。一是开展政府收储提升。在橘园洲片区选取6个低效地块共246.7亩进行收储，共新建高标准工业厂房51万平方米。其中A、D地块28万平方米已建成投用，引入省亿力集团、锐捷网络、宝宝巴士、字节跳动等智能产业头部企业；C、E地块即将竣工；B地块即将动建；该片区全部建成后将打造成千亿级的智能产业园。二是推进企业自主提升。共谋划推动18个企业自主提升项目，可新增厂房约52万平方米。其中，中能电气、鑫扬动力2个项目已封顶；依强珠宝、圣信众创、海源华创、中交四航局、奥特帕斯、克里贝尔等6个项目正在建设；其他10个项目正在审批中。其中，中能电气、鑫扬动力、依强珠宝已封顶，其他项目正在加快建设。

产业发展集群效应。将智能产业和生物医药产业作为园区主导产业。一是推动智能产业集聚，全年累计落地工业、软件信息服务业招商项目60个，总投资逾170亿元，助力仓山区数字经济规模突破500亿元。二是构建超30万平方米的生物医药产业载体空间，打造以“两园两中心”为创新平台的发展新格局，助力仓山区生物医药产业规模超200亿元。

管理服务精准对接。园区找准定位，以服务为抓手，聚焦制约企业发展的困难和问题。一是主动靠前服务。重新布局片区服务站，干部下沉一线，打通服务“最后一公里”；二是精准对接服务。通过与银行签订合作框架协议、为企业聘用金融指导员等方式，对接银行为企业提供更专业、更有针对性的金融支持；通过园区企业上市服务工作站推动省、市上市后备企业20家，其中锐捷网络股份有限公司成功上市；支持企业报建保障性租赁住房1302套、梳理人才用房213套租赁给规上企业。

（摘编：洪连珠）

福州高新技术产业园区
（福州软件园）

1999年2月，福州软件园获得科技部批准成为国家火炬计划软件产业基地，并于3月在五凤山麓破土动建。经过24年发展，园区在2平方公里的规划面积内，已建成A-G共7个片区，总建筑面积约150万平方米，2022年园区总收入达1700亿元，成功入选第三批国家双创示范基地，蝉联“中国最具活力软件园”，荣获2022年度高质量发展园区，中国软件和信息服务业领军产业园区，中国软件和服务外包杰出园区、国家新型工业化产业示范基地、国家软件与集成电路人才国际培训基地等多项荣誉，已成为“数字福建”建设的重要抓手和示范窗口。2022年，福州软件园汇聚1385家企业，其中主板上市挂牌企业10家、上市公司分支机构15家、上市后备企业29家、产值超亿元企业112家、国家级高新技术企业315家、国家级和省级“专新特新”中小企业22家、“未来独角兽”企业10家、瞪羚企业17家、科技小巨人企业69家、科技型中小企业212家。

产城融合建设完善。2022年园区完善生活服务配套，围绕3.5万多名企业职工关注的热点民生服务，健全完善“医食住行教娱健智”八类生活配套场景，逐步构建“宜居宜业、产城融合”的生态发展圈。如在餐饮方面，引入了星巴克、7-11、肯德基Kcoffee、麦当劳等品牌连锁；出行方面，新增空港快线、地铁五号线接驳通勤快线等；文娱方面，策划举办10期“缘梦软件园”鹊桥相亲和11期“暖暖数谷情”团建系列活动；智慧服务方面，“福园宝”园区线上小程序，已对接引入中石油、聚春园等89家园区内外品牌商户，职工体验服务已超25万人次。全力推进“1+7”园区“共享区”建设，在整体规划的基础上，打造福山数字人才港、双创共享空间、共享职工之家、黑科技产品共享展厅、软件产业开发共享空间、公共服务平台、临湖休闲广场7大空间，促进产城融合。

人才服务特色鲜明。聚焦人才“引、育、聚、留”，逐步形成特色鲜明的数字经济人才集聚区。接续举办数字中国创新大赛·鲲鹏（信创）赛道、海峡信息赛，承接“创新创业大赛”，形成三赛联动、全年覆盖的办赛引才体系；开展技术类、通识类、职业技能类培训，创新打造“全方位”人才培训“学术化”人才交流“课题式”项目培育“高端化”优才计划的人才培育体系；修订完善《钱塘小学软件园教学点招生条件》，协助申请东二环融侨悦城市级人才公寓50套，开通园区直达融侨悦城人才公寓专线，以“一厅两区一走廊”的整体规划，精心打造“福山数字人才港”，打造有温度的人才保障体系。

（摘编：陈建闽）

闽侯青口汽车工业园区

闽侯青口汽车工业园区是经国家发改委核定的省级汽车工业园区，位于福州市的东南部，是省市重点打造的汽车生产基地，涵盖闽侯县青口、祥谦、尚干三个乡镇，规划面积76平方公里，主要发展汽车、机械、电子新材料等工业，汽车产业占主导地位。2022年，园区实现规模以上工业产值655.45亿元，比上年增长19.2%；固定资产投资115.126亿元，比上年增长18%；税收37亿元，与上年度持平。奔驰实现产值127.14亿元，产量3.33万辆，税收22.33亿元，比上年增长18.8%；东南汽车引进奇瑞战略合作，实现产值23.02亿元，比上年增长418.7%，产量2.69万辆，比上年增长266.4%，税收3649万元，比上年增长255.8%。新增国家高新技术企业24家、专精特新企业5家、科技小巨人企业8家，新增规模以上工业企业28家。

基础设施提升改造。2022年，园区升级路网、污水管网、河道水利、天然气、电力等基础设施，统筹青口、祥谦、尚干三镇连片开发，改造主干道路景观，优化营商环境。

“共享区”试点建设：入选福州市工业园区“共享区”试点，制定青口汽车城核心共享区提升规划方案，生成项目65个、总投资约8.95亿元，与福州市左海集团合作共建，一期合作项目28个，总投资3.2亿元，完成新城路沥青罩面、星城路白改黑等项目建设13个。建成投用七里学校、大义收水工程等民生项目11项，提速建设正祥广场、林森大道二期等项目40项。污水管网建设：推进汽车城淘江水系治理，生成市政雨污水管网修复及改扩建工程、农村污水收集工程等治理项目11项，总投资约40.8亿元。核心共享区7个村居农村污水治理项目动建，完成投资4000万元。市政设施建设：完成青口镇中心城区沪屿路二期、农光路延伸段和付竹路、公园路二期保洁过渡期以及青口汽车工业园区新移交市政道路绿化和公园过渡期绿地养护等2项采购服务招标项目，总面积共21.97万平方米。加大市政道路维护力度，投资1016.52万元，完成园区部分道路交通管制道路标牌项目，增设交通管制牌48块；完成七里产业园市政污水管网应急修复及积涝点整治，修复、改造污水管道病害及路面积涝点10处；修复林森大道及濑江大桥道路约1.40万平方米沥青；完成七里产业园基础设施配套（高速桥下停车场）等项目。

招商引资卓有成效。2022年，园区推进“链长+招商专员”工作机制，新增招商备案项目27项，总投资约200亿元。招商专员全程跟踪服务，推动六和金属副车架、海芳塑胶等5个产业项目落地动工，海通产业园、海越环境、兴澳诚一期等10个产业项目竣工投产。

（摘编：徐根生）

罗源湾经济开发区

罗源湾经济开发区成立于1992年，1998年被省政府确定为省级开发区，核准面积4平方公里，1999年被国土资源部确定为全国首个土地综合开发整理示范区和“全国科技兴海”示范基地，2000年被省政府确定为福州港深水外港。2022年完成固定资产投资85.5亿元，比增9.1%；工业固定资产投资85.2亿元，比增13%；规上工业产值647.3亿元，比增14.3%；社会消费零售总额1.5亿元；其他营利性服务业8359.9万元；地方级财政收入4.2亿元。

项目建设赶超进度。全年列入省市县重点项目共21个，总投资367.67亿元，年计划投资106.08亿元，完成投资112亿元，完成率106.6%。福州市项目攻坚落实年专项行动开工项目任务数10个，已完成开工项目10个，完成率100%；竣工项目任务数5个，已完成竣工项目5个，完成率100%。福州市项目攻坚落实年专项行动总排名全县第一。

招商引资成果喜人。全年洽谈招商项目45个。引进落地福蓉源年产25万吨再生铝及圆铸锭项目、源申年产120万吨钢铁渣粉新建项目、北湾时代智造产业园项目、灿兴环保科技公司稀贵金属资源化利用项目等招商项目16个，总投资116.36亿元。其中，投资额超10亿元项目5个，超2亿元项目8个；三产项目4个，二产项目12个；引进欧特、叙佑、宝太等3家钢铁产业，延伸钢铁企业产业链。

生态环保严格执行。把环境保护工作和污染防治工作纳入全年工作的议事日程，投入6亿元资金，建设企业环保技改项目。完善环保基础设施建设，金港工业区污水厂、北片污水管网及提升泵站完成可研编制，加强园区道路洒水降尘，督促宝钢、闽光、亿鑫、德胜能源、德胜新建材等5家企业配套移动雾炮和喷淋系统等设施；开发区环境事件应急预案已完成编制，并通过审查，上报生态局备案。加强园区重点区域环保巡查工作，上报散乱污事件13件，均已关停取缔，按要求完成整改；深入推进“四减四增”，加快亿鑫钢铁超低排放、德盛镍业节能减排项目改造升级，三钢产能置换（罗源闽光部分）及配套项目二期和130万吨H型钢生产线、宝钢德盛精品不锈钢绿色产业基地项目-钢铁产能置换项目等建设。2021年，开发区被列入全国固废综合利用示范区。

（摘编：郑新贵）

福州江阴经济开发区
（福州江阴港城经济区）

福州江阴港城经济区前身福州市江阴工业集中区，成立于2001年，2017年8月整合纳入福建自贸试验区福州片区保税港区，是福建省石化发展规划“两基地一专区”的化工新材料专区，2021年1月29日，被认定为福建省首批9个化工园区（化工集中区）之一。2022年，完成规上工业产值615.9亿元，比增22.5%；固投151.94亿元，比增10.9%；工业固投127.89亿元，比增6.5%。集装箱吞吐量211万标箱，比增2.1%；截至目前，园区落地工业企业127家（规上企业76家）。

基础建设持续推进。2022年，以安全为底线和红线，继续推进双电源、双气源、双热源、双扩容等项目建设，保障化工企业安全、稳定生产。“双电源”方面，预计2023年底建成，建成后园区将实现闭环式双电源可靠供电。“双气源”方面，正在对接中石油探讨选址方案，待规划修编后开展建设工作。“双热源”方面，园区已委托永福设计院负责江阴供热规划和热电联产规划修编工作，目前已完成初稿，下一步加快推进上述规划修编的评审工作。“双扩容”方面，原水供应扩容，正在开展加压泵站设计工作，同时江阴屿礁村至洋边调节库输水管道工程及园区东片区输水管道工程正在开展前期工作；污水处理扩容，目前工程已基本完成场平、桩基等工作，除政策处理遗留地块，其他各单体工作面全面实施。江阴港城经济区产业公寓一期、二期项目正在施工。新厝实验幼儿园已投入使用，城关小学校区正在进行教学楼基础施工及土方回填，福清一中校区教学楼已封顶，科学综合楼、宿舍楼等正在有序推进；江阴港城医院项目在开展前期工作。推动在江阴生活配套区建设体育馆及商业综合体，在新厝生活配套区建设文体、商贸设施。

项目建设稳步发展。2022年，已有上景新材料年产高性能聚丙烯150万吨、思嘉新材料科技产业园等11个总投资168.72亿元项目开工建设。有中景石化聚丙烯热塑性弹性体项目、正太新材年产20万吨二氧化钛等8个总投资77.55亿元项目投产。

招商引资以点带面。2022年，引入思嘉新材料产业园、万马万华上下游一体化项目等16个总投资达253.55亿元的上下游配套项目，向下延伸顺酐、BDO、PBAT等万景碳四产业链项目，总投资180.16亿元；同时利用正太已有的一期年产20万吨二氧化钛装置和相关公辅设施，引入二期年产60万吨二氧化钛项目及其项目配套，以天辰耀隆为核心原有产品为基础，向尼龙6、尼龙66、尼龙12等高附加值尼龙新材料方向延伸。

生态环保严格执行。2022年，推进集安全、环保、应急、公共服务等一体化的智慧化工园区平台建设，已上线试运行。园区封闭化管理项目建设目前已产生中标单位，开展建设。充分运用管廊管架，实施污水管道“明管化”改造，加强污水排放监管，防止污水泄漏现象发生，并解决污水管网巡检维护问题。大气监控体系提升项目建设，12月底完成安装调试。

（摘编：洪连珠）

连江经济开发区

连江经济开发区是2006年3月经省政府批准，通过国家发改委审核的省级开发区。开发区区位优势明显，处省会福州“半小时经济圈”，园区实管用地总面积922公顷，实际用地面积860公顷，形成了“七园一城”工业发展格局，打造了食品精深加工、化工新能源新材料、现代物流、能源电力、海工装备等产业集聚，入驻有恒申集团、马尾造船、青岛啤酒、茶花家居、聚春园等112家在产规上工业企业。2022年，全区规模以上工业产值完成808.47亿元，完成规上工业增加值为201.39亿元，实现纳税26.02亿元，完成工业固定资产投资374.47亿元，较好完成了全年的各项任务。

基础设施不断完善。园区共有31个项目列入2022年园区标准化建设基础设施、生产生活配套项目清单，项目合计总投资455亿元，2022年计划投资123.56亿元。

项目建设有序推进。民天国际商贸物流中心（一期）项目、康怡通用设备研发及生产项目、水产品交易中心项目、溥泉新能源、申远三期、华电三期、恒捷染整产业园等20个项目总投超300亿元的项目开工建设；福建海峡汽车及冷链物流产业园项目、通用设备生产项目、福建正友电气设备生产项目、福建达道牛肉食品项目、鑫博食品设备生产项目、新点石、合成氨二期等10个项目已建成投产；有福州现代物流城核心区开发区项目（一期）、中国（连江）海峡国际农产品物流项目、天虹演艺电商产业园项目、福建创鸿冷链物流中心、福建长恒水产品精深加工项目、中通快递闽中（连江）智能快递电商产业、连江聚力实业有限公司水产品加工及冷链项目等10个项目正按顺时进度推进。

产业发展集群效应。重点从强化产业链项目招商、实施龙头项目招商、建立项目落地全流程服务等3个方面加快项目落地，突出横向配套和产业链上下游延伸，着重引进处于产业链条关键环节的龙头大项目，做到引进一个、带动一批、形成集群。已初步形成以申远系以内酰胺、宁德时代配套锂电新能源为主的产业链图谱，以华电可门火电和国能港电为支柱的能源电力产业集群，以华电储运、可门港物流为龙头的现代港口物流产业集群，以宏东产业园、宏东交易中心为龙头的水产品精深加工产业集群，以青岛啤酒、聚春园食品为龙头的食品软饮加工产业集群，以茶花家居塑料、新兴家居为龙头的家居家具产业集群。全年完成项目签约46项，计划总投资566.1亿元，其中完成项目落地25项，总投资192.3亿元。

生态环保持续向好。始终把“环境质量只能更好、不能变坏”作为环保责任的工作底线要求，强化党政同责、一岗双责和企业主体责任。为进一步提高园区空气质量，推进落实“双碳”“双控”“双限”相关工作。鼓励引领企业持续走研创强企、绿色发展之路，推动科技绿色创新。亿达食品公司依托厦门产权交易中心（厦门市碳和排污权交易中心——全国首个海洋碳汇交易平台），正式完成全国首宗海洋渔业碳汇交易（1.5万吨海水养殖渔业海洋碳汇交易项目）。

（摘编：郑新贵）

福州新区长乐功能区（长乐经济开发区）

福州新区长乐功能区位于福州新区核心区，地处福州长乐国际机场与松下港之间的沿海区域，是福州市工业集聚区与数字经济发展重点区域。2022年，共有规上工业企业129家，完成规上工业总产值1530.89亿元，比增26.9%。辖区数字经济占GDP比重超50%。园区标准化项目10项，总投资171.64亿元，累计完成投资30.92亿元，完成年度计划的159%。东南大数据产业园数字企业注册超900家，注册总资本650多亿元，累计营收约1600亿元，税收约40亿元。

基础建设日新月异。地铁6号线开通运营，国道G316将于2023年下半年建成通车，城际铁路F1快速推进，与中心城区半小时交通圈初步形成。国家区域医疗中心华山附一医院、三甲康复专科医院省康复医院滨海院区正式开诊。天津大学和新加坡国立大学合作举办的化学、物理、化工三个专业硕士研究生教育项目正式获批，新建福州滨海实验学校，福州三中滨海校区、赛德文双语学校等8所学校，构建从学前到大学的完整教育体系。商务印书馆福州分馆、第二工人文化宫等高品质公共配套相继落成。“一闸三线”水资源配置工程正式通水，35公里沿海防护林带基本闭合。滨海新城岸段入选全国美丽海湾案例，闽江河口湿地入选世界遗产预备项目，福州海滨旅游区建设加快推进。健全完善滨海行政服务中心，简化审批环节，依托省网上办事大厅、e福州APP，推动一网通办，提供“一站式”“新连办”服务。特别是资规、住建、发改等部门简化审批环节，压缩审批时限，提高审批效率，为企业提供高效便捷服务，努力创造宜商宜业宜居的良好营商环境。

产业发展全力推动。2022年，围绕“国家数字经济创新发展试验区”“福州新区国际医疗综合试验区”“智能汽车（东南）数字经济产业创新中心”等建设，全力推动数字经济、生物医药、大数据等新兴产业落地、集群发展。已建及规划建设机架超6.5万个，拥有移动、健康医疗、云计算等五大数据中心，占全市的80%。省超算中心运算算力达6000万亿次/秒，人工智能计算中心建成105P算力，为周边企业提供算力支撑。依托东南大数据产业园，引入中国工业互联网研究院福建省分院、福建人工智能计算中心、数字中国服务联盟总部落地，省大数据公司正式落户，福建大数据交易所挂牌运营，吸引915家企业入驻，建成国家级互联网骨干直联点、工业互联网二级解析节点、“海峡光缆一号”等大数据产业基础设施。

招商引资成果喜人。全年共完成招商项目落地154项，省大数据集团、兴业银行金融科技产业园、海西新药研发创新中心等重点产业链项目落地，均和云谷、新投商务中心、芯云产业园等纷纷投入招商运营。

生态环保监管到位。滨海新城海洋生态保护修复工程项目在财政部、自然资源部组织的竞争性评审中荣获全国第二名，推动制定《美丽海湾保护建设行动方案》。园区积极开展“普法进园区，送法进企业”活动，落实“碳达峰、碳中和”工作，推动东湖社区低碳社区试点示范工程建设，完成环保部门的检查和整治工作，如环保督察、省级工业区专项整治、生态环境安全隐患大排查大整治、“污水零直排区”建设、散乱污企业整治行动和提升环境空气质量工作等。

（摘编：郑新贵）

闽台（福州）蓝色经济产业园

闽台（福州）蓝色经济产业园位于福清市东南部、兴化湾北岸、江阴半岛东面，划至国家级福州新区规划南翼片区，规划总面积56平方公里，包括江镜华侨农场及江镜镇、港头镇的部分陆域和海域，距福州市区69公里，距福州长乐国际机场50公里，在一小时交通圈内；距平潭综合实验区25公里，福清火车站约27公里，在半小时交通圈内；距福州港江阴港区8公里，待东港大桥建成后，蓝园与江阴港城经济区、福州保税港区行程时长将缩短至15分钟，渔平高速公路和沈海高速公路从蓝园北部穿过，园区蓝色大道、港头入园大道两条主干道在园区东西两侧分别连接高速江镜互通口和高速港头互通口，区位优势明显，交通条件优越，土地资源丰富。

基础建设逐步完善。路网方面：园内交通以“三横三纵”为主线，推进滨海大道蓝园段、闽台大道、湖滨大道、海洋大道等主干路网框架逐步成型。水网方面：蓝园迎面向海，水系资源丰富，规划水系河道总长度约35公里，横向河道长约15公里，纵向河道长约20公里。绿网方面：蓝园规划绿地与广场用地面积为6136亩，占总规划面积19.46%，已建成绿化面积800余亩。正着力推进实现打造水清岸绿的良好生态环境。生产生活配套逐步完善。供水方面，日供水量8000吨的蓝园专线供水管道铺设工程已完成，远期日供水量可增容至3.5万吨，可满足远期项目需求；污水处理方面，日处理量1.25万吨的污水处理厂已建成并投入使用；供电方面，110kV高压电力走廊工程已交付使用，220kV变电站正进行项目前期设计，预计2023年底投入运行；供气方面，由华润燃气公司投资建设日供气量2.0万Nm^3/h的LNG燃气站已投入使用；通信方面，4G网络已实现全覆盖，5G网络试点覆盖。

项目建设持续推进。中铝东南沿海铝精深加工基地项目由中铝瑞闽公司投资建设，分期分阶段实施。一期一阶段智慧工厂项目，项目投资约15亿元，主导产品包括中高端印刷用铝、3C电子用铝、交通用铝等高精产品，目前已竣工投产。一期二阶段为汽车轻量化用铝项目，项目投资约10亿元，年产汽车用铝合金板带材10万吨，目前已竣工投产。一期三阶段为交通运输及电子领域用连续性铝合金卷材生产线项目，项目投资约15亿元，由于集团内部决策机制变化，一期三阶段项目拆分多个子项目进行投资，现已完成1个投资2.0051亿元的子项目备案，该子项目目前正在进行厂房主体建设。蓝谷海工装备产业综合体项目由福建省蓝谷投资开发有限公司投资，项目总投资10亿元，用地500亩，建设标准厂房及产业配套设施合计33万平方米以上，现已建成厂房面积31.8万平方米，87栋厂房已完成验收并交付客户使用。鸿生装配式建筑及建筑资源再生项目由福建鸿生高科环保科技有限公司投资，总投资18亿元，达产后产值约50亿元，年创税收2亿元。项目计划用地882亩，分三期建设。主要产品为装配式混凝土预制构件、建筑再生资源回收等，该项目已实现投产。高强度超轻量化锻造镁铝合金车轮一期项目由福建福鑫轮毂有限公司投资，计划投入30亿元，用地150亩，年产90万件高强度超轻量化锻造镁铝合金车轮。预计2023年6月底前投产，2023年12月两条生产线达产，达产后年产值10亿元。目前正进行厂房建设。

招商引资全力推动。2022年，蓝园以“三抓”为手段，全力推进招商工作，已完成招商项目8项，总投资金额达75.31亿元。一是抓产业链招商。依托中铝东南沿海铝精深加工产品项目的品牌优势，延伸产业链，力争打造新材料项目产业链条。深入研究铝精深产业链的细分方向、关键环节，充分利用中铝瑞闽市场关系，配合企业招引其合作伙伴，吸引上下游产业和深加工项目向产业园集聚。2022 年引进了年产 90 万件高强度超轻量化锻造镁铝合金车轮一期项目，备案金额 30 亿元；福建福鑫轮毂有限公司年产 210 万件高强度超轻量化锻造镁铝合金车轮二期项目，备案金额 15 亿元；东方电气福建氢能产业链项目，备案金额 15 亿元；福州兴利亚有限公司新能源汽车零部件制造项目，备案金额 3. 1 亿元。二是抓以商招商。依托蓝谷产业综合体，稳步推进小微集群招商，园区紧密配合蓝谷做好入驻企业跟踪服务，与发改、市场监管、生态等多个部门联动，靠前服务加快审批分批推进，实现入驻蓝谷产业综合体的企业项目快注册、快审批、快落地。现项目一期共吸引 61 家中小微企业入驻。三是抓重点招商。园区积极与东方电气、浙大氢能、国家能源集团氢能公司、中国氢能源产业联盟、氢能产业示范项目展开对接，推动在蓝园发展制氢产业，园区已初步选定氢能产业项目用地红线范围，为周边氢能公交系统及物流车提供氢能供给，福清市政府已与东方电气签订项目合同，加快福清市氢能产业布局。积极对接福清三山核电综合能源项目计划，已完成园区热供热专项规划和零碳产业园宣传册制作，详细收集梳理产业政策、布局信息，大力推进福清市氢能产业规划编制、氢能展馆规划工作，打造氢能产业福清蓝园名片。

（摘编：徐根生）

厦门开发区概况

厦门海沧台商投资区

厦门海沧台商投资区于 1989 年 5 月经国务院批准设立，规划开发面积 100 平方公里，目标是建成厦门市的新工业区、新港区、新市区。海沧三面环海，海岸线长 26 公里，深水岸线长 5. 5 公里，具备建设第五、六代集装箱码头的条件，按规划可建设万吨级深水泊位 36 个，年吞吐量可达 7000 万吨。2022 年，厦门海沧台商投资区（简称海沧投资区）完成地区生产总值 1067. 48 亿元，比上年增长 4. 7%；497 家规模以上工业企业完成产值 2044. 71 亿元，比上年增长 10. 5%；规模以上工业企业完成增加值 693. 25 亿元，比上年增长 6. 2%；规模以上工业企业实现销售产值 1940. 18 亿元，增长 6. 6%；固定资产投资增长 11. 8%；财政总收入 239. 22 亿元，增长 7. 7%；区级财政收入 39. 64 亿元，增长 7. 3%；实际使用外资 1. 92 亿美元，下降 17. 4%；出口交货值 506. 53 亿元。全年完成征地 300. 63 公顷；交地 398. 82 公顷；房屋征收 51. 72 万平方米、完成年度计划的 239. 6%；拆除 58. 64 万平方米、完成年度计划的 333%，封闭项目 37 个。入选“中国工业百强区”且位次从 64 位提升至 51 位。

项目建设提容增效。2022 年，新增烨映电子技术研发中心等 34 个提容增效项目落地；万泰养生堂等 23 个项目按计划开工；海沧半导体产业基地项目等 9 个项目按期投产。生物医药、集成电路和新材料三大战略性新兴产业聚势发力。全年全区有生物医药企业 439 家，完成产值 486. 57 亿元；其中规模以上生物医药企业 75 家，完成产值 344. 75 亿元，占全区规模以上工业总产值的 16. 9%。获批第三、第二、第一类医疗器械产品 37 项、80 项、184 项，分别占全省 69. 8%、49. 4%、全市 60. 3%。以万泰沧海、特宝生物、大博医疗等为代表的行业龙头企业继续保持高速增长，示范带动作用进一步凸显。生物医药港综合竞争力首次跻身全国十强，较上一年度提升5个位次。集成电路产业蓬勃发展。规模以上企业累计产值36.5亿元，比上年增长106.3%。投资额超70亿元的安捷利美维等重大项目开工，云天半导体、四合微电子入驻半导体产业基地。国家集成电路产教融合创新平台（海沧分平台）正式揭牌；成功举办第六届集微半导体峰会。集成电路产业园获评“2022中国集成电路高质量发展优秀园区”。全年完成集成电路产业总营收34亿元，比上年增长约87.5%。规模以上新材料企业共17家，完成工业产值353.6亿元，比上年增长54.6%。海沧投资区围绕厦钨新能源、厦顺铝箔、长塑等企业，深耕电池正极材料、铝箔加工、薄膜等优势产业，培育新材料企业，布局医用包装新材料领域，有效延伸产业链。厦钨新能源企业产值突破百亿，厦顺铝箔位居中国铝箔十强首位，长塑实业为全球最大的BOPA（双向拉伸尼龙薄膜）生产商。三大产业共完成产值734.8亿元，比上年增长17.2%，占规模以上工业产值的35.9%。现代服务业特色发展，中谷物流基地等项目落地开工，见福、厦门钨业2家企业入选“全国供应链创新与应用示范企业”。智能家居、汽车及零配件等传统优势产业发展态势稳定，捷太格特转向系统（厦门）有限公司（JSSX）登上厦门市“先进制造业领军企业”榜单，金旅客车上榜2022年中国品牌价值500强。卫浴产品畅销国内外，法拉、通达等电子企业市场占有率保持全国领先。全年传统优势行业（电子信息、汽车及配件、水暖卫浴）产值共587.33亿元，增长4.4%。

营商环境优化升级。2022年，海沧投资区优化“八办”（招商办、前期办、重点办、征收办、督查办、产业办、规划土地办、服务办）全流程全要素全周期工作机制，全市首创企业“进不了窗口”事项综合服务中心，召开9场“服务企业接待日”活动，累计受理诉求378件、已办结近90%。增资扩产工作经验全市推广，建立“一企一案一专班”保障机制，优化合并办理环节，大幅压缩办理时限，推进项目快速高效。出台10条助企纾困政策，特别对承租区属国企资产的中小微企业和个体工商户，租金减免时间延长至6个月、规模达1.6亿元。落实组合式税费支持政策，新增减税降费及退税缓税超30亿元。完成产业用地出让17宗，面积超1平方千米；取得农转用批复15批次，面积71.3公顷、超前两年总和。坚持节约集约用地，支持企业利用自有用地实施增资扩产、容积率平均提升了0.7。试点推动金旸、通士达等低效工业用地盘活，取得实质性进展。全力以赴推进增资扩产。梳理增资扩产项目232个，总投资超700亿元，其中，技术改造项目113个、利用自有用地项目56个、新增用地项目63个，投资亿元以上项目数增长57%。全部达产后预计可新增年产值约1900亿元，2022年已释放产值超百亿元。生物医药产业再迎利好，福建省药品监督管理局“一窗口三中心”基本落地，58个授权行政许可事项实现就地办理、80%可以即来即办，窗口受理办件772个、超过2021年3倍。设立目标规模百亿的产业引导基金，撬动社会资本赋能产业发展。举办政金企对接活动，帮助企业优先配置信贷资源、降低融资成本。全省唯一入选全国首批“商业秘密保护创新试点地区”。

招商引资成果喜人。2022年，海沧投资区出台相关政策方案促进招商引资，梳理信息，盘活载体，组织赴日本、北京、武汉等境内外招商27次，邀请接待200多家客商来访考察。加快推动项目用地出让。全年推动力品药业、恒瑞医药、欧米克二期、安捷利美维等13个工业项目取得用地，涉及土地出让面积80.97公顷。同时，推动联东U谷、雅瑞实业、中仑新材料等36个在谈重点项目取得进展。组织多场招商活动，“9·8投洽会”签约项目30多个，签约成果项目投资额累计达469.88亿元，涵盖生物医药、绿色能源、基金投资、商贸服务等行业。其中，华夏电力智慧电厂系统等3个项目参加全省重大项目现场集中签约，投资额共计超百亿元，上台签约项目数和投资额居全市各区之首。创新投融资模式，首个PPP项目（政府和社会资本合作模式，鼓励私营企业、民营资本与政府进行合作，参与公共基础设施的建设）完成财政部入库，总投资超36亿元。实现京东数字产业园、中通快递产业园落户入驻，建设交通产业园开园。全区在市招商引资平台共入库签约项目189个，签约投资额共469.53亿元，项目落地率约66.8%；应落地项目累计完成投资额267.9亿元，投资完成率46.5%；省重大签约项目6个，开工率81.8%。全年实际使用外资1.92亿美元。

（摘编：肖启辉）

厦门海沧港综合保税区

海沧港综合保税区前身为海沧保税港区，于2020年9月获批设立综合保税区，总规划面积6.27平方公里，综保区一期5.22平方公里于2022年8月31日正式通过海关总署验收。海沧港综合保税区以临港产业为主导，重点发展航运全产业链、5G综保区、高端制造业、平台经济，打造国际航运中心。2022年，海沧港综保区进出口额87.42亿美元，同比增长59.7%，其中进口29.28亿美元、同比增长65.2%，出口58.13亿美元、同比增长57.1%。2022年，海沧港区完成集装箱吞吐量907.21万标箱，同比下降0.3%，占厦门港业务量的73.0%；完成货物吞吐量12199.96万吨，同比下降5.3%，占厦门港业务量的55.6%。在2021年度全国综合保税区发展绩效评估中，海沧港综保区位列全国第48位、福建省第3位。

项目建设稳步推进。海沧港综保区一期5.22平方公里于2022年8月31日正式通过海关总署验收。加快推进二期验收工作，已基本完成围网、巡逻道、视频监控系统等基础和监管设施建设，基本达到海关监管要求，初步具备验收条件。区内海润集装箱码头完成全国首个传统集装箱码头全智能化改造项目。

营商环境提升改造。一是完善园区基础设施建设。组织园区道路、绿化、排水、围网和卡口等基础设施排查，2022年生成22个小额零星维修和整改提升项目，提升园区基础设施建设。积极主动配合厦门港口高质量发展指挥部，推进沧江路快速通道、海沧南大道（马青路—沧江路）等市政交通提升改造工程。主动对接海沧区交警部门，推动交警入区执法，督促海投物业加强交通疏导，改善园区交通环境。二是精准服务提升企业获得感。深入开展“益企服务”活动，强化企业走访，建立企业走访台帐，积极为企业协调生产经营中遇到的困难。加强政策扶持力度，兑现落实各类惠企政策资金，助力企业发展。协调海关开通厦门首本保税研发账册，促进企业自主创新。深化货物分类监管，简化综保区货物、物品进出管理，支持区内企业拓展国内国际两个市场，畅通国内国际双循环物流体系，促进综保区高水平高质量发展。三是党建引领凝聚发展合力。推动园区党建引领精细化、园区党建力量凝聚化，进一步提升工作质效。发挥党群服务汇享联盟作用，持续开展“金牌支部”创建、“达标创星”活动，创新设立“邻里驿站”，开展“邻里服务团”宣讲。开展“园区枫桥”试点工作，海沧园区职工法律服务一体化基地为园区企业和职工提供法律援助14次、1次劳动仲裁，努力将矛盾纠纷化解在萌芽状态。园区工会机制完善，被全国人力资源和社会保障部评为“全国和谐劳动关系园区”。

招商引资卓有成效。2022年累计完成合同项目7个、合同项目投资28.48亿元，其中落地项目5个，内资到资1.6亿元。加强与海沧区联动招商，完成中远全球供应链基地项目、厦钨新能源增资扩产项目等4个联动招商项目，投资总额22.08亿元。积极配合市商务局，协调引入宁德时代在海沧港综保区设立厦门时代分公司。着力拓展综保区新兴业态，先后引入港德耀、维讯通科技和鼎威华升科技等电子产品保税维修项目。

（摘编：肖启辉）

厦门火炬高技术产业开发区

厦门火炬高技术产业开发区，1990年12月由国家科委和厦门市人民政府共同创办，1991年3月被国务院批准为首批国家级高新技术产业开发区。高新区实施“一区多园”发展战略，在全市除海沧之外的5个行政区建设了8个园区。2019年7月，被列为国家知识产权示范园区。2022年，厦门火炬高技术产业开发区（简称火炬高新区）完成规模以上工业总产值3626亿元，同比增长3.9%；规模以上互联网软件业实现营业收入350亿元，同比增长11%；全社会固定资产投资423.7亿元，同比增长27.4%；实际使用外资6.26亿美元，同比增长27.6%。综合实力位居国家级高新区全国第11位，先进制造业百强园全国第11位，获评“国家级知识产权强国建设试点园区”。“国家双创示范基地”建设第四次获国务院办公厅督查激励。在全省开发区综合发展水平考核结果评价中，连续7年位列第一。

园区建设全面推动。高标准建设同翔高新城，全力推动98个基础设施配套项目、32个城市功能配套项目加快建设，片区全社会固定资产投资完成356.1亿元。推动开元创新社区和湖边水库东科创园纳入软件园二期拓展区，创新创业大厦、电子城等载体纳入软件园三期。11个省重点项目完成投资189.56亿元，完成年度计划113.3%；27个市重点项目完成投资228.84亿元，完成年度计划114.6%，省市重点项目完成情况在全市通报各责任单位类别中综合排名第二。各季度开、竣工项目数、总投资额均位居全市前列。引入多主体参与新城开发建设，通过“财政预算+专项债+PPP项目+REITs”等多种方式解决片区开发建设资金需求，启动高新区基础设施REITs试点工作。全年出让产业用地23宗、面积超4150亩，位居全市第一，盘活、回购低效用地725亩。

营商环境政策扶持。出台《厦门火炬高新区关于推动高质量发展的若干措施》，推出26条助企惠企举措；出台首个针对园区数字经济产业发展奖励政策——《厦门火炬高新区关于进一步推动数字经济发展的若干措施》。全年拨付各类财政扶持资金67亿元，落实退减缓免税费约34亿元。实施“益企服务”专项行动，建立处级以上领导一对一挂钩联系服务企业制度，举办“企业接待日”“企业对接会”等活动15场，累计帮助企业解决共9方面72个具体问题。协调解决600多名重点企业骨干员工子女就学需求，为企业减免房租近8000万元。成立企业服务中心，推动“一窗受理，集中服务”，提高服务效率。“火炬智能制造服务平台”促成212家企业实施智能化改造项目330个；“火炬金融服务平台”帮助1247家企业撮合融资放款215.5亿元。启动“种子上市后备企业”培育计划，新增2家上市公司，3家IPO成功过会。搭建“火炬供应链平台”，构建企业供应链协同机制和市场要素共享机制。进一步完善软件园管委会体制机制，加大软件园企业服务力度，3家企业入选中国互联网综合实力百强。

招商引资强链补链。围绕天马、联芯、厦门时代、中创新航、海辰等“链主”补链拓链延链。平板显示产业引进思坦Micro-LED、电气硝子五期等，推进天马新型显示技术研究院落地；集成电路产业引进粒芯半导体等；新能源产业引进中科华联、科达利等。新设惠友、德屹长盛、联和三期等子基金，规模超105亿元。数字产业引进腾讯优图AI创新中心、华为鸿蒙开发者创新应用中心等高能级创新平台项目，以及集兆嘉、和利时、艺点意创等新经济新业态项目。全年签约133个重点项目，三年计划总投资780.6亿元，制造业招商在全市保持领先。实施先进制造业倍增计划行动，新增百亿项目3个（厦门时代、中创新航三期、天马8.6代），新增百亿企业1家（中创新航）；精准滴灌“专精特新”、隐形冠军等高成长性企业，新增国家级专精特新“小巨人”企业35家、国家级制造业单项冠军3家。

科技创新强力推进。强化企业科技创新主体作用，新增中国专利优秀奖5个，新增国家企业技术中心、国家技术创新示范企业、国家知识产权示范企业各1家、国家知识产权优势企业8家。国家级高新技术企业突破1500家。支持各类创业孵化载体建设，促进载体提质升级。创设火炬元宇宙孵化器，新增国家级科技企业孵化器1家（总数达5家，占全市50%），国家备案众创空间3家。2家基地入选国家小型微型企业创业创新示范基地。厦门市人力资源服务产业园（火炬园）开园，举办第五届“鹭创未来”海外创业大赛、厦门首届产教融合论坛和第二届“炬火种·燃新薪”高校专业新星挑战大赛等活动，累计吸引项目超700个，全年新增高层次人才537人，同比增长167.2%。开发落实科研助理岗位781个，获科技部表扬肯定。

开放合作推动落地。推动金砖创新基地核心区建设，促成工信部部属机构厦门分支机构、中俄数字经济研究中心等优质项目落地，金砖未来创新园企业入驻率达95%。会同市金砖办举办“俄罗斯国家科技园项目厦门路演活动”，与巴西马托格罗索州科技园共同举办创新项目交流会。上线“火炬金砖服务驿站”，打造火炬金砖服务品牌。探索海外产业平台建设，推动与中德科技园（德国）的深度合作，促进园区企业与德国高科技制造企业合资、并购及股权投资，大力招引人才和优质项目。积极推动设立厦门（新加坡）国际合作中心。

（摘编：肖启辉）

厦门象屿保税区和厦门象屿综合保税区

厦门象屿保税区于1992年10月经国务院批准设立，是中国首批海关特殊监管区域；2023年1月1日，国务院已正式批复同意象屿保税区与象屿综保区整合转型为新的象屿综保区。区内保税仓储物流、出口加工、国际贸易等主要业态发展迅速，检测维修、融资租赁、文化服务等现代服务业蓬勃发展。2021年度全国综合保税区发展绩效评估中，象屿保税区位列全国第23位（质量效益排名全国第一）、福建省第1位。2022年，象屿保税区进出口941.32亿元，同比增长14.1%；其中出口387.67亿元，同比增长22.9%，进口553.66亿元，同比增长8.6%。象屿综保区进出口354.59亿元，同比增长12.6%；其中出口238.83亿元，同比下降6.7%，进口115.76亿元，同比增长96.9%。

平台建设持续推动。1. 融资租赁平台：截止2022年底，已注册的融资租赁企业389家，其中SPV公司121家。融资租赁年贡献税收超10亿元，其中飞机租赁贡献7.26亿元，产业涉及飞机、船舶租赁、集成电路产业、影视设备、汽车、大型设备等。船舶融资租赁累计量达36艘，集成电路产业租赁累计投放75.84亿元，飞机租赁累计贡献财政收入7.26亿元，引进飞机152架。2. 进口酒平台：2022年进口酒平台企业销售额105.4亿元，同比增长2.4%。厦门国际酒类交易平台共引入轩尼诗、麦卡伦、马爹利等近40个国际一流品牌，会员企业共236家，对接产业链企业58家（新增引入天津芦苔春和广州西味酒业入驻平台）。进口酒平台创新推动进口酒贸易数字化发展。以进口酒数字贸易为核心，打造集展示交易、供应链服务和资讯交流于一体的数字酒类公共服务平台——“厦门自贸区数字国际酒平台”，提供数据公开、采购对接和资讯交流等产业服务，供应链金融、物流信息化管理和线上展会等企业服务，文化推广、人才培养和消费指南等公众服务。2022年，数字酒平台已建成官方网站和B2C微信商城小程序，实现线上交易、酒商中心、厦门市酒协、产业资讯等功能模块；数字酒平台入驻上线企业211家，完成年度计划105%；数字酒平台已达成线上实时交易额7.7亿元（以B端酒企为主），完成年度计划770%。3. 机电设备平台：2022年平台及平台注册企业开展设备集采、贸易代理等多项业务规模营收近100亿元，同比增长163%。2022年，平台坚持贯彻《落实机电“平台+基地”三年行动方案的意见》，利用“放水养鱼”地方经济贡献政策加大招商引资，取得新成效：2022年1—12月，平台内注册企业341家财政税收7466.6万元，同比增长48.1%；平台新增注册资本26.3亿元，同比增长28.5%；平台继续深耕智能制造领域，对接日本发那科、西门子医疗、奥地利伏能士开展业务合作，持续招商拓展日本北村精密、锐传科技等高端装备在谈项目，机电平台已较好实现企业税收返还覆盖支出的良性循环。4. 水产交易平台：厦门国际水产品交易平台总占地面积约18.2万平方米，总建筑面积17.8万平方米，总投资10.5亿元。平台主营活鲜、冰鲜、贝类、冻品、淡水鱼、干货等，日常经营水产品品种超过200个，入驻商户近千家。2022年厦门国际水产品交易平台进口水产品交易量19.39万吨，比增9.6%，交易额90.6亿元，比增14.7%。其中，龙虾、帝王蟹、青蟹、面包蟹、珍宝蟹、虾等高端水产品年交易额突破40亿元，年分拨中转量居全国前茅。

招商引资稳步推进。2022年象屿园区（含象屿保税区、象屿综保区）新增企业2382家（迁入企业630家），注册资本271.14亿元；其中，外资92家。

体制机制创新深化。上线综保区数字监管综合服务平台，持续深化报关及非报关货物监管方式改革，通过对综保区实施“进出便捷”+“企业分级”+“货物分类”的综合管理模式，实现综保区内外各种生产要素的便捷流通，以驱动综保区的产业升级和监管创新，提升综保区服务于国内大循环为主，双循环相互促进的新发展格局的能力，从而进一步提升厦门综保区营商环境和服务能力，推动综保区高水平开放高质量发展。完善工作机制，成立由分管市领导为组长，海关、外管、商务、市场监管、税务、资规、发改等相关职能部门为成员的综合保税区高质量发展工作专班，实现高效工作协同，形成促进综保区发展的合力。

生态环保积极开展。象屿综保区在建设过程中注重环保，推广可持续发展理念，积极开展生态文明领域的政策创新和实践，通过利用闲置的仓库屋顶空间，引进分布式光伏发电，可为综保区提供清洁能源用电，有效降低生产能耗，构建起清洁低碳、安全高效的能源体系，目前综保区整体光伏装机容量达到6.72兆瓦，全年发电量达868万千瓦时，可节约标准煤2734吨，实现二氧化碳碳减排约8663吨。2022年9月，经中国船级社质量认证，象屿综保区实现“碳中和”，建成全国首个“零碳综保区”，为厦门生态环境保护做出了贡献。

（摘编：李乐成）

厦门同安工业园区

厦门同安工业园区目前规划面积13平方公里，地处厦门市同安区，国道324线以南、同集路以西，距高崎国际机场25公里、东渡港码头27公里、福厦高速公路1公里。同安工业集中区由同安园、思明园、湖里园和火炬园等4个园区组成。园区已建通用厂房建成260栋，占地183公顷，总建筑面积269万平方米。截至2022年底，园区共有工业企业300家，其中规模以上企业64家。

项目建设提升改造。同安工业园区开发较早，园区配套设施项目相对完善，近几年来主要对原有设施的提升改造项目为主。2022年，园区建设项目主要完成了：美禾园美禾二路（美禾三路至海翔大道）道路工程，总投资约1200万元；轻工食品工业园区美禾园提升改造工程（一期），总投资约590万元；轻工食品工业区美禾九路道路工程，总投资约250万元；海翔大道与美禾二路交叉口西北侧地块配套道路工程，总投资约280万元；海翔大道北侧排洪沟提升整治工程，总投资约230万元。以上项目总投资约2550万元。

产业发展围绕重点。轻工食品工业区（美禾园）位于同安区西柯镇和新民镇交界地带，紧邻城市快速路和规划中的福厦高速铁路，距离福—厦高速公路后垵入口处1公里。工业区发展定位为以发展罐装食品、速冻果蔬、饮料及茶叶深加工、海洋药物、中药保健等轻工食品生产及配套的包装、配送为主，融工业、村庄整合及各类服务设施于一体，是环境优美、配套齐全的生态型工业区。城南工业区位于同安区城西南5公里处的新民镇东部，紧邻国道324线，往西60公里直抵漳州，往东70公里可达泉州，往南直通同集高速公路，距厦门机场、港口仅20公里，交通十分便捷。工业区主要发展以无污染、零排放的劳动密集型、技术密集型为主的综合性轻加工工业。

生态环保严格执行。园区不断加强生态环境保护，为入园企业和周边村庄村民和楼盘小区居民创造良好的生产和居住环境。特别是近年来，政府投入大量资金对存在的环保问题进行专项整治和提升改造，相关部门根据国家和省环保督察要求和反馈存在问题，采取有力措施和加强管理，不断促进园区的生态环保工作上新的台阶。园区污水排水采用分流制。污水（包括生活污水与工业污水）独立排放，目前排入同安污水处理厂处理，轻工食品工业区污水待西柯污水厂建成后，规划区内污水改为排入西柯污水厂处理，污水必须经预处理达到标准后才能进入污水厂处理。雨水独立排放，就近排入水体。区域大气环境质量趋于改善，目前园区大气环境质量可满足《环境空气质量标准》（GB 3095—2012）二级标准要求。随着同集热电公司实施日常锅炉烟气超低排放运行，可进一步改善区域大气环境质量。根据工业区的工业发展方向，规划范围内产生的工业固废主要以轻工、食品、机械等方面的废弃物居多，固体废物的类型主要是食品生产过程中产生的有机类的食品下脚料、食品剩余物等，均由企业委托有资质单位统一处置。截至2022年末，园区用于防治水污染的集中治理设施和在线监控设备（含与生态环境部门平台联网）已建成并正常运行，涉水排污企业接管率和处理率达到100%；园区固废和危废处置综合利用率达到100%。

（摘编：李乐成）

漳州开发区概况

东山经济技术开发区

东山经济技术开发区于1993年1月经国务院正式批准设立。东山经济技术开发区位于福建省南端，厦门、汕头两个经济特区之间的东山岛，是漳州市目前唯一的国家东山经济技术开发区级经济技术开发区。2022年，全区规模工业总产值完成184.45亿元，同比增长17.6%；规模工业增加值完成55.95亿元，比增17.9%；全社会固定资产投资完成43.70亿元，同比增长54.1%；实际使用外资1412.05万美元，比增147.1%；财政总收入完成6.78亿元，其中，本级财政收入完成4.11亿元。

项目建设有力推动。开发区紧抓大项目和重点项目，对重点项目贴身督办、主动服务。一道新能源光伏组件从签约到投产仅仅用了283天，实现光伏新能源制造“零”的突破。同时，旗滨一窑多线一期项目顺利点火，太阳海缆项目建设稳步推进，合力盛、东弘福、照瑞祥等一批水产加工项目在海洋生物科技园投产，产值再创新高。2022年，开发区落地项目8个，投产项目6个，新入库项目11个，项目建设、投产如火如荼。

营商环境优化改革。围绕发展主责主业，全面优化营商环境，组建开发区“营商办”及审批服务工作专班，推动设立“项目代办中心”窗口，落户开发区的项目，可享受一个专班服务、一系列问题帮助协调、一站式审批办理等全程“班帮办”服务。通过项目代办中心全流程代办、靠前服务，今年已完成15个项目规划建设审批，一道新能源、太阳海缆、海祥食品等项目提前完成开工前审批手续，项目建设进度进一步提速。

招商引资围绕重点。开发区围绕打造全省重要的“海洋生物科技产业基地”、“光伏产业基地”，紧盯海洋生物、水产精深加工、光伏组件生产、玻璃精深制造等产业链条，注重强链补链、集聚发展，制定招商产业链图、重点产业招商目标企业目录，建立开发区工业产业招商项目库，签约一批光伏、水产加工等龙头企业，落地一批有体量、有带动力的大项目、好项目。全年招商签约任务数10个，签约投资额任务数20亿元，已签约建发城市综合体、漳州旗滨光伏新能源科技研发基地等10个项目，100%完成全年签约任务。

园区平台不断丰富。“三大工业项目”落户城垵临港经济产业园并开工建设，一道新能源一期项目竣工投产，旗滨一窑多线（一期）项目顺利点火，合力盛、东弘福、照瑞祥等一批水产加工项目在海洋生物科技园投产，两个园区呈现开工一批、竣工一批、投产一批的良好态势。众创孵化园一期、企业一站式服务中心即将投用，总投资10.76亿元的光伏新能源科技产业园基础配套建设项目（一期）开工建设，实施了园区绿化工程、主入口景观工程等配套项目，海科园PPP项目顺利验收，园区产业配套水平全面提升，“一区两园”展现新面貌新形象。

瓶颈突破对接推动。东山经济技术开发区和古雷港经济开发区整合托管工作，有序推进更名扩区。2022年全国综评位列全国187名，较2021年前进了24名，排名创历年之最。园区土地征收成片开发方案编制完成，海科园三个地块共79.51亩的农转报批工作已获省政府批复，超白玻璃项目等围填海历史遗留问题实现新突破，开发区发展不断向好向优。

（摘编：李乐成）

漳州招商局经济技术开发区

漳州招商局经济技术开发区创立于1992年12月28日，是交通部、福建省政府和招商局集团为贯彻邓小平南行讲话精神、扩大改革开放、践行国家“对台”战略、服务对台“三通”而共同发起创办，由招商局集团运营管理。2010年升级为国家级经济技术开发区，园区规划面积56.17平方公里，常住人口7.6万人，建区30年来，漳州开发区借鉴蛇口模式，以港航起步，招商引资、建设园区、发展产业，推进区域综合开发，“从无到有、由小变强”，将昔日荒滩野岭、乱石浅滩的小渔村，打造成为配套完善、生态优良、产业兴旺的现代滨海新城。2022年，开发区实现GDP140.9亿元，同比增长8.2%；实现规模以上工业产值178.8亿元，同比增长11.6%；实现规模以上工业增加值40.94亿元，同比增长11.3%；完成一般公共预算收入11.8亿元，同口径下降1.4%；其中，地方一般公共预算收入8.4亿元，同口径增长10.4%；完成外贸进出口总值80.4亿元，同比增长41.7%；完成社会消费品零售总额18.2亿元，同比增长3.8%；完成全社会固定资产投资30.07亿元，同比增长14.7%。

项目建设有序推进。2022年新增中粮糖业等15个产业项目开工，其中6个项目实现“当年交地、当年开工”；新增白玉兰冰糖、多肽药物产业园二期、中玻节能玻璃等9个产业项目竣工，其中2个项目实现“当年开工、当年竣工”，达产后预计新增年产值25亿元；新增固定资产投资入库项目28个，入库投资额近50亿元，固定资产投资完成30亿元，同比增长14.7%，投资结构不断改善。

产业发展势头强劲。一是聚焦存量提升与增量培育，2022年，开发区工业投资增长61.1%，增速位居全市第四，2022年度新增规上工业企业6家；二是聚焦低效盘活与腾笼换鸟，引入闽京蒲高新产业园、永圆食品、璟沃产业园、马来硅业等4个项目，盘活低效用地275亩；三是聚焦技术创新与科技赋能，新增闽生源1家国家级高新企业，同时中集集装箱公司、中信重工漳州公司获评省级工业龙头企业，蓝旗亚、华东精炼糖、未名医药等3家企业获评创新型中小企业，首钢凯西被认定为漳州市企业技术中心，中关村e谷获评省级众创空间。商贸服务稳步回升。开发区积极落实促消费相关政策举措，举办“全闽乐购·惠聚漳州港”促消费活动，促进消费市场持续回暖；新增5家规模以上服务业企业，5家限额以上批发零售业企业，全年限上批发业销售额同比增长25.6%，限上零售业销售额同比增36.8%。港航物流发展良好。2022年，开发区完成交通运输服务业营业收入6.1亿元，同比增长18.2%；全港货物吞吐量完成1933万吨，其中，集装箱吞吐量完成33.1万TEU，同比增长24.5%。

招商引资主动出击。2022年，持续抓好“一把手”带队赴武汉、深圳等地招商17次，策划4场招商推介活动，对接企业100家以上，实现项目签约8个，总投资额46.94亿元；结合产业资源禀赋，谋划新能源汽车、海上风电装备、粮油食品三大重点产业研究报告，制定重点产业招商地图，实施产业链精准招商，引入中粮糖业、新能源汽车配套产业园等重点产业项目5个，10亿元以上重大项目3个，进一步提升全区产业聚集效应；大力攻坚低效闲置用地，出台《漳州招商局经济技术开发区盘活低效用地项目奖励办法（试行）》激励政策，通过腾笼换鸟、并购重组、加大投资等方式，推动恒阳兴食品厂转型发展为闽京蒲高新技术产业园，同时推进新港湾盘活、万桥索缆厂盘活等低效项目落地进程。

生态环保严格执行。2022年，开发区深入践行习近平生态文明思想，以改善生态环境质量为核心，持续深入打好污染防治攻坚战，深入实施蓝天、碧水、碧海、净土四大工程。大力开展生态环境问题大排查大整治工作，推动实施了大径溪生态补水等3个环境治理项目，指导督促企业完成污染治理设施提标改造、危险废物资源化利用、锅炉油改气等5个项目，持续改善环境质量，环境空气优良天数比例为99.45%，$PM_{2.5}$平均浓度为16微克/立方米，PM_{10}平均浓度为29微克/立方米，均符合市级下达的考核浓度限值要求；积极推进环保督察反馈问题整改，实现了省级环保督察反馈个性问题整改完成率100%，信访件整改销号率100%，市级环保督察反馈问题及信访件整改销号率100%，年度党政目标责任制考核获得全市五个开发区第2名，为历年来最好名次。

（摘编：张全进）

漳州台商投资区

漳州台商投资区位于漳州、厦门城市节点，是规划中的漳州市中心城区组团之一，区域总面积163平方公里，是漳州中心城区重要组成部分，处于漳州、厦门城区中心区（古为漳州府和泉州府连接点），南临九龙江入海口，是漳州距离福建自贸区厦门片区最近的区。2022年，漳州台商投资区全区实现地区生产总值476.95亿元，增长6.1%；规模以上工业总产值完成1051.16亿元，增长9.9%；“四大”主导产业产值928.06亿元，增长8.2%；战略性新兴产业产值534.54亿元，增长5.9%；建筑业产值44.71亿元，比增16%；新增新上“四上”企业24家；固定资产投资155.05亿元；一般公共预算总收入23.85亿元，增长1.3%；地方一般公共预算收入18.98亿元，增长9.4%；社会消费品零售总额75.58亿元，增长2.4%；保税物流中心（B型）累计完成进出口额6.2亿美元，比增99.3%。

项目建设有力推动。2022年，台商区共有9个省级在建重点项目完成投资49.8亿元，占年任务101.2%；万福产业园、惠尔康生物科技等19个市级在建重点项目开工建设，福欣研磨机系统改扩建、宝湾国际物流园等17个项目建成投用。加快低效用地再开发，实施改扩建工业项目27个，总投资50.23亿元，新增建筑面积约165.8万平方米。新签约项目61个，总投资225.98亿元；阿斯福特二期扩建等3个投资10亿元以上项目落户；万福产业园、丰章实业、金之榕食品扩建等3个项目实现“签约即供地、拿地即开工”。向上争取资金1.81亿元，完成年任务154.7%；获批专项债资金9.8亿元，位居全市开发区序列第一，支出进度97%；获批一般债资金1.14亿元，政策性贷款资金17.75亿元；粮食储备库绿色储粮项目、高干渠生态补水工程等4个项目入选政策性开发性金融工具国家发改委备选清单。全年完成土地征收1681亩，报批土地2051亩、林地16.2亩，出让324.97亩，处置低效、闲置用地155.26亩，要素保障更加充分。

园区管理改革创新。2022年，台商区落实台胞台企“同城待遇”，优化项目“前期办”，“三百三下”“妈妈式”帮扶服务活动深入开展。落实稳经济政策，兑现增值税留抵退税15.08亿元、减税降费2.46亿元、缓缴税费1.7亿元、出口退税3.8亿元、惠企资金9500万元。优化政务办事流程，行政许可事项办理时限平均压缩90%，全流程网办事项占比91%，“一趟不用跑”占比94%，推出“一件事”套餐16个；创新“交地即交证”“拿地即开工”“一业一证”改革，办理全市首例二手房“带押过户”业务。实施教育卫技人才引进计划，新招引教育人才172名、卫技人才74名；人才申报项目取得突破，新增省级C类高层次人才1名，市级高层次人才6名。

生态环保扎实推进。2022年，台商区完善风貌专项研究成果，累计编制地块控规37个，其中48个城乡建设品质提升工程完成投资30.4亿元，占年任务109%；改造棚户区4643套，整治裸房698栋；新建改造公共停车泊位100个，新增公园绿地50亩、城市绿道5公里、雨污管网6.08公里；加快交通互联互通，国省干线纵二线台商区过境段公路进展顺利，新建农村公路5.9公里，占任务数177%。全国文明城市、全国文明乡镇创建工作巩固提升，创城常态长效机制建立健全；生态环保督察反馈问题整改扎实推进；蓝天、碧水、净土保卫战深入实施，空气质量优良率98.9%；完成39个入河排污口溯源排查整改、15条黑臭水体治理；土壤环境质量保持稳定。完成造林绿化、互花米草除治任务。

（摘编：张全进）

漳州高新技术产业开发区

漳州高新技术产业开发区地处九龙江西溪南岸平原，是全国有名花果之乡、漳州水仙花故里。2012年11月经省政府批准设立，2013年12月经国务院批准升级为国家级高新技术产业开发区。2014年9月，开发区党工委、管委会挂牌成立；

2019年8月，实行“区地合一”、委托管理体制机制改革创新，总面积245平方公里，辖2个乡镇、1个靖圆镇村管理办公室，69个村（居、场）。高新区定位为两岸高新技术合作的重点区，闽南文化生态产业的示范区，产城融合宜居宜业的新城区；作为漳州中心城市“一核两翼”中“一核”的重要组成部分，高新区重点发展靖圆“一药一智”产业园、南湖“双创”产业园、站前总部经济产业园三大片区。2022年全区完成GDP 208.8亿元，增长6.9%，位列开发区第4；规模工业产值312.44亿元，增长10.1%，位列开发区第4；规模工业增加值98.42亿元，增长9.8%，位列开发区第4；固定资产投资138.88亿元，增长8.7%，位列开发区第2；社零总额65.61亿元，增长-1.8%，位列开发区第5；一般公共预算总收入（不含车购税）12.63亿元，同口径增长47.5%，位列开发区第1；地方一般公共预算收入10.3亿元，同口径增长62.3%，位列开发区第1。

项目建设赶超进度。项目建设方面，实现开竣工项目87个、总投资291.5亿元；35个省市重点项目完成投资107亿元，超年度计划22.2个百分点。三大片区方面，完成启动区7173.4亩土地、188.4万平方米建构筑物征迁；策划实施绿色发展及产业配套设施项目，获得国开行授信贷款122.3亿元和基础设施基金15.2亿元。

产业发展欣欣向荣。全区共有工业企业1095家，其中：食品制造企业233家，占比21.3%；一般设备、电子设备制造企业共188家，占比17.1%；金属加工企业182家，占比16.6%；家具制造企业117家，占比10.7%；造纸、印刷和记录媒介复印业102家，占比9.3%；橡胶制造企业55家，占比5%；化学纤维制造业企业45家，占比4.1%；工艺制造企业20家，占比1.8%；其他制造业153家。截至目前共有规模工业企业94家，省市龙头企业4家，主要集中在医药、食品产业。全区共有4家龙头企业，分别为省级龙头两家：片仔癀药业、紫山集团；市级龙头两家：御厨食品、焙之道。2022年全区产值亿元以上企业有61家。

招商引资围绕重点。按照全市产业大招商攻坚活动的工作部署，坚持以“亩均论英雄”为导向，围绕“一智一药”（智能制造、生物医药）、文旅康养、功能性食品、现代服务业等重点产业领域，开展高位招商、驻点招商、资本招商、联合招商，2022年共签约万洋智造产业园等项目41个，总投资约218亿元。“一把手”多次赴珠三角、长三角等区域开展精准招商，积极推介三大片区，促进重点项目签约落地；联合基金公司外出招商，创新“基金+商协会”招商，强化与外地商协会的深度合作，发挥基金公司、商（协）会会员人脉广、投资信息多的优势，拓宽招商渠道；成立驻深圳招商联络处，派出2名干部长驻深圳，积极承接粤港澳大湾区产业转移；推进“五比四拼”驻厦招商竞赛，积极跟进企业投资动向，大力推行逐户登门拜访、点对点敲门招商，驻厦招商工作成效凸突显。

生态环保严格治理。一是持续推进流域污染治理。巩固提升水环境质量。以“源头治理、分类处置、末端兜底”机制推进水质提升工作。国控西溪上坂断面、省控南凌大桥断面、省控小流域漳码公路、岱仙岩均值均达到Ⅲ类水质考核要求。二是持续改善大气环境质量。以五大专项行动为抓手推进大气污染防治工作。空气优良率达99.1%，同比上升2%；$PM_{2.5}$均值为19微克/立方米，同比下降24%；PM_{10}均值为36微克/立方米，同比下降29.4%，均达到考核要求。三是夯实土壤污染防治基础。以强化土壤污染风险管控推进效能治土工作。受污染耕地安全利用率达97.2%。畜禽粪污资源化利用率达99.1%，畜禽养殖场粪污处理设施配套率100%。医疗废物安全处置率100%。均达到考核要求。四是扎实推进突出问题整改。2022年，开发区通过认真组织实施“双随机”检查，信访件处置，“清水蓝天”专项执法等各类执法专项行动，严厉打击环境违法行为，累计立案处罚环境违法行为16起，处罚金额139.71万元；办理重大案件18起；按程序启动生态环境损害赔偿7起。同时，扎实推进群众反映强烈环境问题攻坚整治，着力解决群众身边的生态环境污染问题，全年共受理投诉件223件，办结率100%。

（摘编：周树峰）

漳州金峰经济开发区

漳州金峰经济开发区位于漳州市区西北部，介于厦门、汕头两大经济特区之间，距漳州港30公里，距厦门机场、厦门港50公里的金峰经济开发区，漳龙高速公路、319国道纵贯全区，立体交通网络健全，四通八达。1998年经福建省人民政府批准，确定为省级重点开发区。2022年，开发区地区生产总值突破400亿元，达到442.80亿元，增长9.1%，占漳州市7.8%；规模工业产值完成974.03亿元（不含电力），增长8.3%；固定资产投资205.30亿元，增长1.8%；税收收入完成18.05亿元，占漳州市7.1%。

项目建设扎实推进。2022年园区完成总固投205.30亿元，比增1.8%。其中，工业投资81.96亿元，比增8.8%；技改投资76.30亿元，比增5.2%。结合区委区政府“重中之重”项目部署，按照金峰开发区“重中之重”项目工作责任清单，坚持“日跟踪、周调度、月分析”，滚动接续推动闽西南漳州智能制造产业园、语堂数字经济产业园（一期）等67个产业项目开工建设，三宝新1号电炉、众环健康环境产品智能制造基地等30个产业项目竣工投产。

产业发展持续强化。园区逐步形成食品加工、冶金新材料、高端装备制造、电子信息“四大主导产业”，并形成龙头企业带动效应：食品加工产业，傲农集团入围“2022中国制造业民营企业500强”榜单，入围“2022福建企业100强”等榜单；康之味食品入选第三十三批省企业技术中心名单；华龙饲料入选福建省工业龙头培育企业名单（第四批）。冶金新材料产业，三宝集团入围“2022中国制造业企业500强”、“2022中国民营企业500强”等榜单。高端装备制造产业，众环科技入选“福建省第五批绿色供应链名单”，实现该项名单零的突破（入选“工信部2022年度绿色制造名单”，成为漳州市第一家国家级绿色供应链管理企业）。电子信息产业，科华电气“全智能化示范车间”入选全省新一代信息技术与制造业融合发展项目。

招商引资持续发力。按照全市“9+5”千百亿产业集群布局，围绕“四大主导产业”，持续抓招商促发展。编制新一代信息产业、高端装备制造产业2份产业链招商地图，开展招商推介活动3场。积极发展总部经济，盈趣科技漳州高端制造区域总部项目、视瑞特广电新媒体研发总部项目、鹭燕医药漳州总部项目、融诚检测科技总部4个总投资22.8亿元的总部经济项目先后签约落地。同时加快推进产销分离，冶金新材料循环经济产业、傲农供应链项目等6个项目成功签约。全年新签约福建漳州语堂数字经济产业园（一期）B区项目、闽西南漳州智能制造产业园、万福产业园（芗城）等27个项目，总投资212.28亿元，其中重大项目23个，总投资207.98亿元。

生态环保落实到位。2022年，园区坚持贯彻“绿色”发展理念，进一步打造“金山银山”。1月15日，万安集团、科华技术、信华食品、正兴集团入选“工信部2021年度绿色制造名单”，成为国家级绿色工厂；11月9日，众环科技、盈塑工业入选“福建省第五批绿色供应链名单”，实现该项名单零的突破（众环科技入选“工信部2022年度绿色制造名单”，成为漳州市第一家国家级绿色供应链管理企业）；11月29日，金宝污水厂一期取得施工许可证，建成后有利于提高生态环境承载量。

（摘编：孙云荣）

漳州蓝田经济开发区

漳州蓝田经济开发区于2006年经福建省人民政府批准将漳州蓝田工业区、漳州龙文工业区两个省级工业区整合为一个福建省级重点开发区，是漳州一环区域内唯一开发区，5公里半径范围内涵盖漳州、漳州北2个高速出口、漳州站1个高铁车站和漳州东站1个普铁车站，50公里直达厦门高崎国际机场，距厦门港漳州码头39公里，距厦门港东渡码头55公里。园区总规划面积22.5平方公里，已开发面积12.4平方公里，形成蓝田、龙文、朝阳、郭坑4个园区的发展格局。开发区充分发挥以点带面的示范作用，引领制造业绿色转型，有力促进开发区工业绿色发展。2022年，开发区全年完成规模以上工业产值410亿元；完成固定资产投资92亿元。累计招引新二产、三产项目43个，总投资约81.74亿元；区级项目78个，总投资303.73亿元，完成年度投资83.61亿元。新开工景田包装饮用水生产基地项目、弘盛达金属科技、正能机电等项目40个，竣工大闽食品四期工程、红梅家具、多特高速制针等项目35个。省级重点项目3个，总投资43.56亿元，完成年度投资12.69亿元。市级重点项目25个，总投资152.67亿元，完成年度投资61.71亿元。

招商引资围绕重点。加强龙头企业招引及配套项目建设。围绕高端食品饮料、精密机械装备、新型消费电子三大先进制造业为方向，建立龙头骨干企业培育库，支持企业开展兼并重组做大做强。加快培育壮大“专精特新”企业。深化“专精特新”中小企业认定工作，支持宏香记食品、润美纸业、恒丽钟表等省级“专精特新”企业发挥示范引领作用，引导企业专注于细分产品市场，开展技术创新、质量提升和品牌培育，提升企业盈利能力、品牌价值和行业地位。支持企业利用自身技术和市场优势，构建产业配套联盟，拓展延长产业链。扶持初创型中小微企业加快发展。支持互联网、物联网、文化创意、跨境电商等特色领域精耕细作，发展一批特色鲜明、创客云集、机制灵活的科技型中小企业载体，为初创型中小微企业提供低成本运营空间和优质服务。支持条件成熟的众创空间品牌化连锁发展，支持联东U谷、宝龙城市广场等开辟创意、创新主题空间，大力招商引资，引入专业运营机构，推进主题创客空间和科技孵化器在全区多点开花。优化招商推进体系，完善招商考核办法，评选重奖招商引资功臣，打造一支懂产业、通政策、善谈判、韧劲足的“狼性”招商劲旅。综合运用以商引商、产业招商、平台招商、资本招商、委托招商等多元模式，猛攻重大项目招引，着力引进一批“专精特新”科创型中小企业、行业细分领域“隐形冠军”“独角兽”企业和功能型平台。坚持“亩均论英雄”，守好项目准入门槛，精心精准精细做服务。密切关注头部企业新一轮发展规划，强化重大经贸招商活动组织，针对性引进产业链核心项目、上下游配套企业，推动产业结构优化升级。

生态环保提升改善。在环境保护上，坚持节约资源和保护环境，提升环保容量，持续改善园区生态环境质量，坚持以改善生态环境质量为核心，推动生态环境治理，实现主要污染物排放总量持续减少，所有投产企业集污纳管，环境治理稳步推进。

（摘编：张全进）

长泰经济开发区

长泰经济开发区地处于“千年古县，状元故里”长泰县的东南部，1997年设立管委会，是第一批国家发改委审核通过的省级重点开发区之一，规划面积22平方公里。2022年，开发区规模工业产值完成713亿元；全年税收达11亿元；固定资产投资80亿元；社会消费品零售总额15.4亿元，新增新上规模工业企业43家，省级开发区排名由2020年的67名提升到2021年的42名。

项目建设持续深化。2022年园区持续深化领导带头策划项目机制，做实做细项目前期准备工作，已在总部核心区谋划15个项目、总投资超30亿元，明年启动派出所、应急中心、幼儿园、中学二期、托育中心、体育综合体、高端人才公寓、数字技能实训基地（电商中心）、夜市文化经济区、文教商业综合体、高强商业综合体等12个项目总投资超20亿元，建成后将形成第二个万人密集区，构建高端的总部生活配套，带动产业服务圈、商贸购物圈、夜间经济圈集聚。推动立达信物联网二期土方工程、安泰新能源二期、宏发三期、好精彩儿童用品、新梦智能家居、锐腾电器二期、尊雅工贸等一批大项目相继开工建设，为后续发展打好基础、积蓄力量、赢得主动。抢抓政策“窗口期”，积极向上争取资金9064万元。2022年地方政府新增专项债发行额度2亿元，已申报明年专项债提前批项目4个，资金需求2.1亿元；入库明年专项债和政策性融资项目6个，资金需求5.2亿元；其中，进入明年中央、省市预算盘子项目5个，预计可争取资金超过1亿元，“污水零直排区”建设已入库省生态环境厅第三批生态环境治理储备库，并有2个商业综合体已完成报批准备挂牌，有效保障项目策划资金来源。

产业发展要素保障。始终坚持新发展理念，

承接一切有利于发展的要素，从深入实施“大抓工业、抓大工业”三年行动计划，培育壮大光电照明、电子信息、建材家居、文旅用品等四大优势产业和高端装备制造、新能源、生物科技三大新兴产业的“4+3”制造业发展体系到现在的“突出工业、突破工业”，全力打造闽西南先进制造业基地，紧扣电子信息、智能制造、新材料等三大主导产业，延伸拓展产业链，促产业集群化、产品高端化发展。2022年共有229家规上工业企业，完成规模工业产值713亿元。工业投资上报数80亿元。技改投资上报数47.21亿元，技改投资占工业投资61.6%。累计工业用电量15.66亿千瓦时。新增新上规模工业企业43家。

招商引资全力推动。坚持“一把手”招商，聚焦三大主导产业，全面推行产业链招商、驻点招商、以商招商、委托顾问招商、中介招商等，瞄准世界五百强、民营五百强、优质上市企业等龙头企业，实行小分队靶向招商。区党政主要领导带队赴厦门、福州等地招商8次。先后拜访厦门松竹科技、厦门金沐、泉州嘉华卫生用品、厦门祥云科创、龙晟模具科技产业园等企业，推动项目加快签约、落地。2022年新签约产业项目81个，总投资178亿元。

（摘编：孔明德）

漳州古雷港经济开发区（古雷港）

漳州古雷港经济开发区地处厦门、汕头两个经济特区之间，与台湾隔海相望，对台地缘、人员及区域经济协作优势突出，是全省、全市全方位推动高质量发展超越的重要增长极。2006年4月，经省政府批准设立福建漳州古雷港经济开发区，同年9月被国务院确认为省级开发区。2022年，开发区完成地区生产总值169.5亿元，增长11.1%；固定资产投资184亿元，增长8.7%；规模工业总产值701.4亿元，增长27.2%；农林牧渔业总产值46.2亿元，增长2.6%；资质建筑业总产值1.7亿元，增长224.9%；社会消费品零售总额64.5亿元，增长6.6%；一般公共预算总收入-17.5亿元，下降19.7%；地方一般公共预算收入-2.6亿元，下降19.6%；实际利用外资10.9亿元，完成率106%。

项目建设围绕重点。古雷石化基地以进口石脑油、凝析油等为主要原料，按照规模化、集约化、一体化的发展模式，采用国际先进工艺，生产高端石化产品，瞄准战略新兴产业，重点发展三大合成材料（合成树脂、合成纤维、合成橡胶）及其深加工产品，形成面向国内及东南亚市场上下游一体化的石化产业集群。目前，古雷石化基地已投产、在建、签约产业项目38个，总投资超2788亿元，达产后年产值超3424亿元，形成以福海创PX、PTA为龙头的芳烃—聚酯和以古雷炼化一体化一期项目为龙头的烯烃—塑料两条产业链协同发展格局。重中之重推进中沙古雷乙烯和古雷炼化一体化二期2个“油头”项目。中沙古雷乙烯项目，是国家重大外资第三批专班项目，总投资420亿元，将建设年产150万吨乙烯及下游深加工联合体装置，达产后年产值约340亿元、年税收约30亿元，可带动中下游产值超千亿元，是福建省迄今一次性投资最大的中外合资项目。古雷炼化一体化二期项目，总投资约733亿元，主要建设1600万吨/年炼油、150万吨/年乙烯、320万吨/年芳烃等30余套炼化装置及基础配套工程，达产后年产值约810亿元、年税收约47亿元，可带动中下游产值超2000亿元，是福建省全方位推进高质量发展的重要支撑项目。项目投资协议已于2022年9月23日正式签署。中国石化与沙特阿美还就该项目签署了合作框架协议，项目经济效益得到进一步保障。

产业发展强链补链。2022年，古雷炼化一体化二期项目正式签约，有效补齐“油头”链条；中沙古雷乙烯项目完成“储转规”、核准，基础设计与工艺包设计工作，福海创原料适应性技改、福建惠成、恒海聚酯纤维、奇美PC等多个重点石化产业项目相继开工；新投产古蕾化学、奇美PS。口岸方面南15#—19#码头取得港口经营许可证并正式启用，全区开放港口码头增加至7个，已建成生产性泊位18个，年吞吐能力可达3394万吨；16.8公里的公共管廊、15.4公里的电力主管廊已全线贯通并投用，朝世界一流绿色石化基地目标不断奋进。

招商引资全面推进。2022年，签订古雷炼化一体化二期项目、天辰高端聚酰胺材料项目、桐昆120万吨/年绿色多功能片材项目等投资协议共28个，累计签约总投资1636亿元，签约项目质量优、规模大、层次高、带动强，项目类型涉及石化产业、总部经济、民生、配套等二、三产项目；项目业主涉及世界500强企业、央国企、台湾百大企业和民营行业龙头等。开展驻点招商，实施对台招商，2022年全年外出招商20次；定期开展招商推介会，全年召开2次推介会，梳理区域已有产业情况，邀请有意向的石化企业来古雷实地调研。

生态环保有效治理。2022年，开发区成功入选全国“绿色化工园区名录”，被省生态环境厅和省发改委推荐作为清洁生产审核创新试点。辖区将军湾—浮头湾海湾纳入“十四五”福建省美丽海湾建设单元。2022年市对各县区党政领导生态环境保护目标责任考核古雷开发区排名位列开发区序列第一。全区空气质量优良率为99.2%，比2021年提高0.3个百分点；近岸海域国省控点位水质监测优良率，园区古城村排海口全年污水排放达标率，饮用水源水质达标率均为100%；“比乡村振兴与生态建设”单项竞赛排名开发区序列第一。在VOC治理方面，园区企业开展挥发性有机物泄漏检测与修复，园区北部污水处理厂稳定运营，园区南部罐区10万立方米公共事故应急池及联通管网完成建设；积极推进农村生活污水截污纳管和畜禽养殖及牛蛙养殖污染整治活动，扎实开展2022年7个村庄治理设施建设，开展辖区入海排污口分类整治，持续推进海漂垃圾综合治理。

（摘编：孙云荣）

漳州古雷港经济开发区（绥安）

漳州古雷港经济开发区（绥安）即绥安工业开发区设立于1991年6月，总规划面积34.59平方公里，1998年3月列为省级开发区。2022年全年开发区完成规模产值214亿元，税收收入5.1亿元，固定资产投资额10.35亿元，外资实际到资1.58亿元，新签约产业项目17个，总投资28亿元，其中，签约重大项目3.5个，新开工项目27个，竣工项目21个，当年签约当年落地项目10个，盘活闲置厂房面积30.54万平方米，盘活闲置用地面积341亩。

基础设施配套完善。开发区总规划面积51.29平方公里，已建成面积12.24平方公里。目前园区给排水、区间路、电、供气、雨污管网等配套基本完善，园区绿化美化亮化提升持续推进。由漳浦发展水务有限公司统一供水，供水能力10万吨/天。已建成道路总里程70公里，铺设污水管道55公里，天然气供应管道3公里（安然）。为促进鹿溪流域水质提升，2022年开发区自建大南坂污水处理厂1座（日处理1.5万吨）；绥安园和黄仓园按照县城污水处理厂BOT协议，由县城污水处理厂集中统一处置。建成旧镇工业园污水处理厂1座，日处理能力3000吨。区内建成110kV变电站3座，220kV变电站1座。

项目建设持续推进。2022年列入市县重点项目17个（其中市级6个、县级11个），总投资16.21亿元，年度计划投资11.96亿元。美一食品、塑兴、顶利来、科盛、三商等5家企业已经投产，台玻、碳瀛、普实、高诚、和进等5家企业正在办理前期开工手续，达川、绿泉已完成主体厂房封顶，伟伊进行装修扫尾，舜洋、同溢堂进行主体厂房建设，源文兴进行地基基础建设，豪峻鞋业正在安装调试设备。

招商引资卓有成效。开发区主要领导带队外出招商12次。其中，县政府分管领导带队招商5次，组织参加第一季度漳州市“招商大会”项目集中签约仪式1次，参加第二季度漳浦县集中签约、集中开竣工仪式1次，参加第四季度漳浦县集中签约、集中开竣工仪式1次，参加厦门第22届国际投洽会集中签约仪式1次。年度签约项目17个，总投资28亿元，落地项目10个，总投资13亿元，落地率66.7%。

生态环保落实到位。根据园区雨污水管网排查情况，已完成黄仓园阳光皮革雨污混排改造、盈丰工业园污水管道与迎宾大道管网连接及辕门社区部分雨污管网改造等工作，完成西帝西、阳光皮革、盈丰、顶利来、立和、大茂、骏驰等31家企业内部雨污分流改造。采用BOT模式引进社会资本近1亿元，启动大南坂污水处理厂建设。

（摘编：孙云荣）

诏安工业园区

诏安工业园区创建于1988年，前身为“诏安县闽粤边界贸易加工区”，1992年被省政府正式批复为省级开发区，2005年12月，经国家发改委公告确认为省级开发区，正式更名为“福建诏安工业园区”。2015年3月，园区被确认为闽粤经济合作区先行启动区。2017年，深桥、白洋和西潭三个工业小区整合并入园区。2021年9月，经中共诏安县委机构编制委员会同意，诏安工业园区管委会与金都工业集中区正式合并，组建成立诏安工业园区管理委员会。2022年，规模工业总产值379.29亿元，增长11.8%；规模工业增加值110亿元，增长12%；财税收入3.17亿元，增长5%；固投21亿元，增长24%；实际使用外资6454万元。实行“一比一专班、一项一台账、一月两调度”机制，全年“七比一看”总排名中位列前茅。

基础设施不断完善。经过多年建设，园区道路、用电、供水、排水、排污、绿化、路灯等配套不断完善，生活、休闲、医疗、文化、教育场所逐步形成。在市政道路配套方面：县城西侧园区的“二横三纵”路网格局及县城东侧园区“五横六纵”的路网格局共同构成了四通八达的交通网络。推进婴童产业园配套道路专项债项目，包括站前四条路、经纬四条路、怡景路，共9条，可新增道路里程7公里。在功能设施配套方面：日处理1.2万吨污水的诏安城西污水厂及16公里配套管网已建成运营，另有日供水1.6万吨工业园区自来水厂已纳入县城乡供水一体化项目推进。同时拥有可承接大项目入驻的基础配套设施，通信和宽带网络基本覆盖全区；有日供水2万吨海利自来水厂1座；引进的金都气化站工程项目已基本完成。在公共配套方面：已建成企业服务中心、职工文体中心、党群活动中心、农民工服务中心，“四个中心”连一体，服务企业“加速度”。同时，建成4.8万平方米的兴业园标准通用厂房、农民工公寓，拟建成诏安婴童文化创意产业园、诏安金都小微企业创业园等通用厂房，进一步提升园区的项目承载力。同步完善辖区生活商业服务配套设施，打造金都海洋生物产业城、水产品加工产业城，实现产城融合发展。

项目建设多措并举。一是健全机制，组建项目服务专班。成立招商引资小组（5人）、企业服务小组（9人）、土地规划小组（5人）、土地报批报建小组（8人）、竣工验收服务小组（6人）等项目专班，健全片区领导、挂钩干部责任制，全程代办企业从签约到项目竣工所有事项。二是加强业务能力培训，提升服务能力。选送优秀业务人员到住建局、自然资源局跟班学习，邀请审批部门、企业代表、专班人员参加竣工验收专题座谈会，就企业竣工验收前存在的问题逐一提出解决方案。三是每周例会倒排工序，提前谋划推进项目建设。建立重点项目推进工作周例会制度，就项目推进情况逐一汇报，倒排工期推进项目进度。截至目前，已召开7场项目推进会，推进2个成片开发方案省厅顺利批复（洋江、食悦、贵长豪、盛鑫纸业、大新地块二期等），6个地块控规及动态维护顺利入库（洋江、食悦、贵长豪、华林北路、大新地块、移动基站）；基础设施一期项目嘉禾路、工业北六路、工业北四路、拉芳（一）地块顺利完成报批；梅满天下、拉芳二期2个地块已报省厅；另有18个项目进入安置公告已完成；完成斯美加二期、傲农、福钢、嘉思、横盛金属等项目办成工规许可面积58.3万㎡；完成金平实业、爱护洁、品鼎、华元电力等项目不动产权证补办手续。谋划金星邻里中心、工业北六路打通金洋大道至连站大道，梳理园区配套遗漏，谋划工业园区基础设施二期项目包，谋划中非两国双园副食品产业园、新材料产业园项目。

招商引资成果喜人。坚持“一把手”领衔，瞄准五大主导产业，深化“诏商回归”工程，发挥乡镇商会桥梁纽带作用，外出广深泉等地招商6次、组织座谈5次，创新快递招商，新签约项目21个，总投资额48.6亿元，比增47%。其中“诏商回归”项目3个共3.27亿元，重大项目14个共31.1亿元，飞地项目6个共8亿元，外资项目3个共5.77亿元。

生态环保多管齐下。一是加大污染减排力度，确保完成年度减排目标任务。继续加强建设项目环境管理，严格把好项目准入关、环评关、验收关，严格执行项目审批各项规定，切实提高项目准入门槛。强化对企业污染治理设施的监督管理，确保所有治理设施高效稳定运行。二是强化工业污染防治，做好重点企业行业监管。加强对重点排污企业的监督管理，集中人力和车辆，组织巡查队伍，每周不定期开展2—3次巡查。督促企业进一步认清当前环保工作形势和要求，积极、主动、有效落实污水排放问题整改，集中整治环保领域违法违规行为。三是紧盯“一厂一湖一溪”（城西污水处理厂及配套管网建设、南湖片区企业黑臭水体治理和赤水溪流域水质提升），完善提升园区基础设施配套。扎实推进城西污水处理厂及污水管网建设、南湖片区企业黑臭水体治理和赤水溪流域水质提升工作，进一步提升园区招商引资及项目建设承载力。四是深入开展环境保护宣传，大力营造公众参与氛围。密切关注涉区涉企有关环保工作网络舆情动态，适时启动网络舆情应急预案，把社会矛盾消灭在萌芽状态。及时有效化解个别企业排污与周边社区、村庄农户矛盾问题，防止出现群体事件和诱发社会不稳定因素。不断加强生态环保宣传教育和舆论引导，运用好信息公开栏、微信公众号、标语等各种媒体宣传手段，倡导绿色文化。

（摘编：孔明德）

云霄常山经济开发区（常山华侨）

云霄常山华侨经济开发区，隶属于福建省漳州市，地处漳州市南部，云霄、诏安、东山三县交界处，西南与诏安县接壤，东、北与云霄县毗邻，南与东山县、云霄县相连。行政区域总面积115平方千米。2022年开发区全年实现地区生产总值38.66亿元，增长8.5%；规模工业总产值100.15亿元，增长13.7%；规模工业增加值增长13.4%；固定资产投资14.97亿元，增长1.6%；一般公共预算总收入2.99亿元，增长29.8%；地方一般公共预算收入1.78亿元，增长15.1%；进出口总额46.09亿元，增长5.4%；实际利用外资301万美元；社会消费品零售总额4.21亿元；全社会用电量3.67亿千瓦时，增长15.2%；城镇居民人均可支配收入40935元；农村居民人均可支配收入23684元；完成年度节能减排任务。

基础设施配套齐全。辖区内市政道路和园区路网、水网、电网、防洪排涝、污水处理等基础配套设施建设较为完善，2022年以来，重点推进了北区天然气管道及常山首站工程项目、南工业园集中供热项目、污水处理厂提标扩建工程项目等，供气、供热、污水处理等设施逐步完善。同时，强化“亩均论英雄”理念，全年能完成批而未供处置15宗，面积11.15公顷；盘活存量土地5宗，面积13.65公顷，收取土地出让金3106万元，提升工业园区亩产效益。

项目建设全力提速。9个市级重点项目全部开工建设，完成投资8亿元，其中美肯科技、双雁新材料已投产纳统。全力提速中菲“两国双园”建设，已规划总面积174.24公顷，建设“跨境电商物流园区”、“新能源新材料产业园区”、“康养医养产业园区”，形成“一园三区”布局。全力推进抽水蓄能项目，在国投电力支持下，推动谋划总投资140亿元、总装机容量280万千瓦的常山抽水蓄能项目。

产业发展稳步推进。坚持稳字当头、稳中求进，深入开展“产业发展项目建设攻坚年”活动，实施“七比一看”竞赛，经济运行保持合理区间，GDP增速位居全市第3，一般公共预算总收入、农林牧渔业总产值、全社会用电量增速位居全市第1，房地产投资增速位居全市第2。持续强化工业支撑。突出工业、突破工业，深化“千名干部挂千企”帮扶机制，帮扶辖区纳税大户昌盛五金解决生产经营困难问题，增加税收4100万元；推动明旺食品、国威工贸等10家企业投入2.21亿元技改升级，新增规模企业3家，突破工业总产值100亿元大关，稳住工业基本盘。大力发展现代服务业。新增限上贸易业企业5家，乌山湾现代田园度假区投入运营，三产比重提升0.9个百分点。特色现代农业提质增效。制定出台一系列稳产增收方案措施，完成粮食播种面积66.67公顷以上，同比增长10%，推动开发区粮食生产稳产增产，完成农林牧渔业总产值1.62亿元，同比增长12%。

生态环保落实到位。抓紧抓牢中央环保督察反馈问题整改工作，重中之重推进总投资2.48亿元的污水处理厂扩建及提标工程，完成一期提标改造、园区事故应急池及处理设施建设，污水处理能力达到10000吨/日且出水水质达到1级A排放标准，基本满足目前全区污水处置需求。实施生态环境提升“五大行动”，统筹推进南片工业园区管道清淤整治，竹港溪、梅州溪河道清淤，畜禽及牛蛙养殖污染整治，管道改造及雨污分流，总体规划环评修编等工作，梅州溪松仔岭断面已达三类水水质标准，生态环境质量逐步提升。

（摘编：周树峰）

云霄常山经济开发区（云霄云陵）

云陵工业开发区地处海峡西岸经济区闽南金三角，位于云霄县南部，介于厦门和汕头两个特区中间，面对台湾海峡，南临港澳。国道324线穿过全区，沈海高速公路和沪深高速公路在园区内设有互通口及客运、货运站埠，云霄疏港公路、将军大道和规划建设中的入闽通道均在开发区交会，是漳州南部主要的交通枢纽中心，区位优势明显，交通便利。2022年，开发区重点项目共计投资10.9亿元，开工建设项目14个，新增入库项目13个，新增入库项目计划投资额13.22亿元，新增项目投资额33亿，新策划项目转化率达78.9%。截至2022年12月底，落户开发区企业187家，其中开发区引资企业72家，其他乡镇引资共115家，现有规模企业46家。食品加工40家，其中规模企业8家，2022年规模工业总产值89014万元，规模工业税收净入库1555.28万元；电子信息45家，其中规模企业11家，2022年规模工业总产值176033万元，规模工业税收净入库866.17万元（企业退税130.92万元）；新能源2家，其中规模企业2家，2022年规模工业总产值15204万元，规模工业税收净入库378.9万元。

产业发展多路并进。一是利用相关扶持政策，支持企业创业创新。鼓励海峡彩亮（漳州）光电有限公司申报省级新型研发机构、“双创之星”，华锐申报“首席科技官”。二是鼓励企业积极申报高新技术企业，截至2022年底，全区有云星、华锐等8家高新技术企业。三是大力支持鑫创鑫、利众诚食品、中福新材料、振牌海洋生物科技等现有企业技改升级，促进公爵食品、宝宝乐食品、门捷新材料、富兴通、格菱电器制造等企业新上规模，推动产业向智能化、高端化转型升级。

招商引资主动出击。2022年，共外出招商13次，其中：参加市、县领导外出招商活动6次，全年接洽意向投资项目15个，签约项目9个。总投资额21.91亿元，在全县“比项目招商”中排名位列第一。具体为新签约二产三产项目数量9个，华隆汽配物流、新型包装材料项目、新型包装材料项目、冻干食品生产项目、SMT贴片制造、电器生产制造项目、枇杷花茶生产项目、海洋特种工程材料产学研中心、人造板机械生产基地建设项目、电子信息产业项目。其中新签约重大项目4个，电子信息产业项目、人造板机械生产项目、冻干食品生产项目（二期）、华隆汽配物流项目。截止2022年底，签约项目开工6个，开工率为67%。工业用地出让面积47.4亩，办理建设工程规划许可面积3.02万平方米，清理厂房34.48万平方米，新建工业厂房面积达20.8万平方米。新增入库制造业投资项目5.55亿元，规模以上工业3个，资质建筑企业1个，限额以上贸易业企业3个，规模以上服务企业2个。

（摘编：周树峰）

平和工业园区

平和工业园区成立于1999年3月，前身为平和县文峰工业区，2006年3月经国家发改委、福建省人民政府批准升格为省级工业园区，是一家以机械制造、汽配、建材、纸品、家具为主，其他轻加工业为辅的综合工业园，园区规划控制面积5平方公里。2022年，平和工业园区完成规模工业产值113.28亿元，税收入库完成7326.27亿元；新增制造业固投入库9个，完成投资13.8亿元。新增规模工业企业14家，限上企业3家。

招商引资重点围绕。园区锚定产业集群的基本框架，延伸产业链，发展完善产业，实施精准招商。以绿色家居建材为产业核心，分门别类制定一链一策。生态木业产业方面，主要突出上下延伸，依托西蝉木业产业园龙头效应，一方面从自身功能往智能化升级，引进了福泰工贸超强刨花板项目，计划投建板材装饰、板式家具等生产线，向打造完善的生态板式家具产业链迈出重要一步。另一方面，引进阿龙、瑞辉等方木生产线，形成原料加工的宽度和上下延伸。建陶产业方面，突出产品体系转型升级，通过二次招商，全年引导了侨丰、美艺陶、澳利、超优等4家企业，投资约4亿元改造4条生产线，分别生产大板、亚光板和泡沫建陶等产品。引进广东石塑地板项目、福州玄武岩生产项目以及2个陶瓷加工项目，4个项目项目总投资3.5元，进一步丰富建材产品体系。绿色纸业方面，突出做强产能，做优环保等重点，引进广东企业收购益达纸业进行改扩建，4月中旬2条先进的低克重高瓦高速造纸生产线试投产，每分钟出纸480米，实现节约耗材，减少污染排放等，为地区最先进最环保全自动化瓦楞纸生产线，年产值可达5亿元以上，税收1500万元。

环保安全认真实施。陶瓷企业“煤改气”。认真组织实施《平和工业园区陶瓷企业“煤改气”专项整治方案》，按照“试点先行，分步推进”原则，稳步推进园区建陶企业“煤改气”工作。园区建陶产业“煤改气”工作已基本完成，所有建陶企业均完成供气管道（厂区内外）铺设及窑炉生产线设施改造并部分使用天然气。同时，建设废气在线监控并已联网生态环境部门，建设脱硫浆池在线pH监测仪，更有效保障设施运行。一是根据环保问题清单，配合环保部门抓好企业环保设施整改落实，全面提升陶瓷企业脱硫、脱硝、除尘设施，减少大气排放污染。二是整治“冒黑烟”问题，配合环保部门加大对造纸业、木材加工业等企业锅炉燃烧物的监管。三是加强日常监管，委托第三方监测公司对企业大气排放进行不定期监测。整治黄井溪。常态化落实黄井溪小流域“沟长制”责任，辖区内4条排水沟分别由4名班子成员挂沟长，负责沿沟企业污水偷排的监管，发现问题及时上报生态环境局。做好小散乱污、高污染企业排查整治，加大巡查密度，关闭志宾工贸等4家不符合环评要求的洗土企业，防止采砂、洗砂、洗土等违法违规行为死灰复燃。深入推进花山溪流域综合整治工作，主要领导亲自作战，分管领导值班带队加强日常巡查，不分昼夜和晴雨天对部分企业进行随机性抽查；制定平和工业园区花山溪黄井支流整治作战图，设立13个水质监测点、多个拦截沟与拦截池，严格督促企业原材料堆放规范。严格按照国家环保法律法规标准排放，发现漏排、偷排现象，一律上报相关执法部门。污水管网建设。新增5公里污水管网工程已完成招投标，已完成上峰路、横五路污水管道铺设，公园二路正在施工中，预计明年2月份可完工。

（摘编：李乐成）

华安经济开发区

华安经济开发区位于漳州市北郊、华安县南部，于2005年创办，2007年7月成立华安工业集中区管委会，2010年12月21日由省政府批准为省级经济开发区。经过十多年发展，已初步形成“一区六园”发展格局（新社、前宅、长富、龙翔、九龙、大洲六个工业园），新增北部片区、银塘片区和江滨片区。园区以“先进装备制造、智能家具家居”两大产业为主导，同时全力打造“铝车轮、针织机械、冻干食品”三大专业生产园区，“2+3”产业集群初具规模。2022年，开发区固定资产投资完成79.32亿元，同比增长14.1%；规模以上工业企业营业收入完成257.93亿元，同比增长30.7%；财政总收入完成5.86亿元，同比增24.3%；规模以上工业企业共100家，2022年新增规模以上工业企业22家；实际使用外资完成5558.52万元；进口总额完成4.16亿元；出口总额完成11.64亿元。

项目建设持续推进。2022年开发区新开工项目48个；新投产项目27个；新办理竣工验收的项目15个，总建筑面积19.57万平方米；新办理工程规划许可证的项目76个，总面积109.57万平方米；新办理施工许可证61个。截至2022年底，开发区共有投资10亿元以上企业13家；上市公司5家；国家级高新技术企业24家。

产业发展做大做强。开发区坚持做大做强产业链，围绕主导产业实施铸链、补链、强链工程，重点培育“先进装备制造、智能家具家居”两大百亿产业集群，聚力打造“铝车轮、针织机械、冻干食品”三大专业生产园区，培育具有核心竞争力的产业集群，打造产城人融合示范区。截至2022年底，开发区共有先进装备制造企业79家，总投资164亿元；智能家具家居企业55家，总投资66.92亿元；铝车轮企业2家，总投资31亿元；针织机械企业16家，总投资19.5亿元；冻干食品企业3家，总投资9.8亿元。

招商引资卓有成效。2022年开发区新签约供地项目11个，总投资50.6亿元，其中10亿元以上项目3个；新签约租赁项目20个，总投资10亿元，通过招商引资和项目对接等方式，出租空置厂房5.86万平方米。签约项目主要涉及食品、钢结构建筑、家具家居、金属制品等行业。

（摘编：李乐成）

泉州开发区概况

泉州经济技术开发区

泉州经济技术开发区地处泉州南大门，是泉州南翼新城的重要组成部分，于1996年12月开始开发建设，2010年6月升格为国家级经济技术开发区。2022年，泉州开发区实现GDP 220.2亿元，比增1.1%；工业增加值160.8亿元，比增0.5%；第三产业增加值57亿元，比增2.3%；一般公共预算总收入12.91亿元，比增-2.3%；一般公共预算收入6.14亿元，比增-0.8%；全社会固定资产投资13.31亿元，比增12.44%；社会消费品零售总额127.9亿元，比增7.1%；出口商品总值51.84亿元，比增-2%；实际使用外资（验资口径）12556万美元，比增319.7%。其中，社会消费品零售总额、实际使用外资增速排在全市前3位。

项目建设全力推动。力促开工、投用、在建、谋划的“四个一批”项目滚动接续。区本级“四个一批”项目共10个，总投资25.2亿元，年度计划投资5.3亿元，亿恒、腾趣等部分项目建成投用。21个省市在建重点项目全年完成投资22.7亿元，完成年度计划125%，超时序进度25%。市下达的6个开工项目、5个竣工项目均按计划推进。

产业发展多措并举。一是抓科技创新。深入实施抓创新促应用专项行动，全力抓好高企培育攻坚，组织34家企业申报国家高新技术企业，高企保有量达75家；新增华利塑胶、大西洋电力、名品电子、隆恩建筑4家企业科技小巨人企业。二是抓数字技改。实施绿色数字技改专项行动，新增国家级绿色工厂1家、市工业互联网项目1家、数字化生产线8条，“上云上平台”企业12家；工业投资全年累计增长104.3%，位列全市第一。三是抓梯队培育。突出分类培育，推动小微企业升级、成长企业做精、龙头企业做大。区内现有省级龙头企业2家、市级龙头企业10家；新增国家级专精特新小巨人企业1家，省级专精特新企业2家，市级服务型制造企业2家。“四上企业”35家，其中规上工业企业15家，限上商业企业17家，规上服务业2家，房地产开发企业1家。

招商引资成效显著。坚持“请进来、走出去”，聚焦主导产业、龙头企业，采取专业招商、以商招商等多种方式，存量增量双线并进，取得良好工作成效。累计洽谈合作项目141个，总投资额548亿元，涉及机械装备、医药食品、纺织鞋服、电子信息及新材料、新能源、国际IP等产业，其中：正式合同项目118个，总投资额503.1亿元，完成全年目标任务的100.6%，正式合同转化率99.2%；20亿元以上重大项目7个，总投资额145亿元，完成全年目标任务的140%；1亿元以上项目99个，完成全年目标签约数的198%。目前，已开工项目112个，开工率94.9%，履约率100%。一是加强招商力量。将开发区创业服务中心与招商服务中心整合归并；鼓励年轻干部积极投身招商引资事业，从全区遴选事业干部、国企年轻干部充实到招商工作一线。二是完善招商机制。实行招商领导小组和8个产业发展专项小组“大小组”同向联动发力。以12个片区为单位，明确招商任务、责任领导、责任部门，及时收集掌握项目线索，营造招商工作人人有责、人人都是的招商氛围。三是优化招商服务。深入开展“干部进企业一企一策促发展”“局长走流程”活动，主动靠前，当好项目“服务员”，及时解决招商项目在落地过程中遇到的困难和问题。同时，充分发挥商会等作用，盘活“资源圈”，实时更新低效厂房、楼宇、土地信息，为意向企业精准匹配空间需求。精挑细选，把好项目入园关。建立重点项目“绿色通道”，为项目提供全过程保姆式服务。四是提升招商实效。存量上，突出“小而精”项目，根据四大主导产业发展情况，分业分类梳理策划工业量更新、产业链合作、增资扩产、提容增效项目116个。有效推动太平洋制药、天地星电子等65家龙头企业、专精特新企业进行增资扩产，总投资340.05亿元，其中，特步增资扩产带动外企增资12556万美元，增长319.7%（居全市第一），天地星等企业技术改造带动技改增资增长99.8%（居全市第二）。增量上，出台完善《项目入驻、评估及退出管理规定》等招商政策，精准开展专场推介，引进濛创IP共享直播基地、利讯国际IP生态运营总部等特色产业项目，集聚闽汉新能源等一批总部、研发平台。

园区管理提速增效。一是坚持精准施策，经济运行稳中向好。3月份疫情发生以来，积极出台落实抗疫助企保民生23条、稳住经济一揽子政策52条等各项惠企助企政策，深入开展企业走访帮扶活动，助力企业复工复产、满工达产、增资扩产、提质强产。2022年，经济运行持续向好，除个别纺织企业因资金链问题而停产外，绝大部分规上工业企业良性增长。医药食品、机械装备、电子信息分别增长12.2%、8.6%、0.55%；80%左右的规上企业实现正增长，龙头企业增长势头较强，特步、三星实现两位数的增长，宝勋、德恒等一批潜力企业增长40%以上。园区标准化，坚持全域统筹，园区标准化建设提速提效。一是空间挖潜成效明显。在全面摸排园区254个工业地块的税收、产值、业态的基础上，分门别类，细化台账，绘制工业用地效益热力图，一地一策、一企一策，确定处置措施，做到有鼓励、有限制；实施物理空间和生产工艺“双改造、双提升”，加快推进空间盘活、产业更新，全年更新盘活16个地块，成功置换金刚石工具装备数字化产业园、亿丰（福建）高端汽车数字化装配中心等优质项目，总投资115.3亿元。二是试点园区标准化建设全面提速。组建区党政主要领导为组长的行动专班，抽调精干力量集中办公，实体运作，挂图作战，倒排时限，比拼晾晒。整合区内国企收购的105亩地块作为园区标准化提升首个试点，以“新建+改造”的方式进行规划建设，在全市首次创新开展远程异地开标，采用EPC承包模式，打造国际IP产业创新园，力争亩均税收超60万元。已成功落地利讯儿童鞋服智能制造基地、小黄鸭全球采购与零售营运中心等9个项目，总投资18.5亿元；并洽谈一批项目，项目全部入驻投产运营后，预计新增产值超15亿元，新增税收超亿元。筹集到位专项债资金2.3亿元；拟再申请2023年专项债0.7亿元、技改贷1.29亿元。

（摘编：郑新贵）

泉州高新技术产业开发区（江南园）

泉州高新技术产业开发区（江南园）于2001年11月开园建设，2003年7月升级为省级开发区，2010年11月升级为国家高新区，是泉州高新区的主要创始分园、泉州国家自主创新示范区的核心区。2022年泉州高新技术产业开发区（江南园）现有入驻企业1200多家，其中上市挂牌企业4家（其中，福建火炬电子科技股份有限公司、嘉亨家化股份有限公司2家为A股上市企业）、上市挂牌后备企业17家，高新技术企业113家、规上工业企业162家，2022年实现工业总产值429亿元，301宗工业用地纳税10.5亿元，亩均效益22.68万元，比增17.3%。在泉州高新区“一区十园”年度考核评价中保持前3强、2021年福建省开发区综合发展水平考核评价位居全省第14名、全省国家级和省级高新区位居第4名。

项目建设突出重点。围绕“产城人”融合可持续发展目标，从产业、空间等方面统筹考虑，委托专业规划研究机构对高新区产业布局、改造提升等开展规划设计，进一步提升园区整体形象。紧跟江南新区控规修编步伐，加快推进规划环评工作，补齐园区在环境保护工作方面的规范性短板。草拟鲤城区《标准化建设实施细则（征求意见稿）》作为工业园区标准化建设的政策指引，让企业有章可循。初拟《鲤城区江南新区低效工业用地再提升行动方案》，对低效用地进行全面整治和提升。重点推进鲤城高新区科创中心项目，按照创新理念和做法进行推动，满足光电信息产业用房需求的同时适当超前。项目采用投建营一体化模式，同步实施设计、建设和招商，实现高效率高质量，现项目已有五栋厂房封顶，预计2023年项目投用。在北部片区策划示范区，作为鲤城区先行先试重点突破的发展区域，实施连片开发、成片改造，提高土地节约集约利用水平，同时以产业社区模式统筹规划完善产业配套设施，推动产业空间向高集聚、高强度、高品质发展，片区内已开工或即将开工项目8个，总用地规模超240亩，建成后预计可新增工业面积约57万㎡。

产业发展政策先行。牵头区电子信息产业、纺织鞋服产业的相关工作，一年来，主动对接市级产业小组及区级相关成员单位，做好产业情况梳理、招商项目对接引进等工作，为产业小组工作提供参考。编制完成《鲤城区电子信息产业发展规划（2023—2025）》《鲤城区纺织鞋服产业发展规划（2023—2025）》《鲤城区纺织鞋服产业发展三年行动方案（2023—2025）》《鲤城区电子信息产业发展规划（2023—2025）》，对产业发展现状、存在问题及发展趋势等深入分析，对未来三年两个产业发展的主要任务及实施路径谋划部署，持续做大现有产业规模，提升产业层次。

招商引资有力推进。按照全区《抓开放招商促项目落地行动方案》，起草《高新区2022年度招商工作专项行动方案》，根据“大部制”协同办公工作特点，及时更新调整高新区招商工作领导小组，建立大招商工作格局。在高新区科创中心项目在建设阶段，同步组织招商引资工作，系统实施“定制标准厂房、加速增量招商、提升存量招商、补足储量招商、借助高校、大院大所招商、借助平台招商、依托商协会招商、面向基金投资项目招商、面向乡贤回归群体招商、产业小组招商、借力国企、央企招商、结合片区开发策划招商项目、设置重大项目专班”等13项招商举措，确保园区建设与招商入驻并行推进。全年招引对接项目近50个，科创中心重点招引光电和电子信息项目，在谈项目共22个、总投资31亿元；创投中心及科技金融中心重点招引科技、孵化、金融类企业，在谈项目25个。组织总投资47亿元的3个项目参加“晋江经验”20周年招商签约大会，组织总投资38.6亿元的3个项目参加“战江南”招商签约大会。

人才建设政策先行。与仰恩大学签订战略合作协议和人才工作服务站共建协议，推动仰恩大学与火炬电子、七星电气建立联系，就人才输送达成共识。将人才服务送进企业，在汉威机械公司召开人才政策座谈会，为企业职工解读各类人才可享受的政策补贴和申报流程。与鲤城区委人才办合作，开展“涌泉”行动专题政策宣讲，邀请鲤城区委组织部详细解读21条人才政策，并对鲤城的营商环境和人才发展环境进行推介。

银企服务对接到位。组建金融服务小分队，带领银行机构走访有融资需求的企业，根据企业情况提出有针对性的金融产品。海峡银行和朗旭电子申请外贸贷额度200万元，成功放款100万元。举办技改贷专项金融对接会，邀请市工信局和区工信局相关负责人解读技改政策和技改项目申报流程，金融机构现场答疑。

体制机制创新发展。根据鲤城区委工作部署，高新区（江南园）管委会、区工信局、区科技局联合成立“高新区工作组合”，2022年11月20日高新区、工信局、科技局共同入驻创投中心实现合址办公，三个部门协同协作更加便利，提升了工作组合协同工作效能，形成为企服务工作合力。由高新区（江南园）管委会党组会议统筹三个部门的协同事项。梳理组合业务工作共性职责事项5项，分别是高新技术产业发展、园区建设、军民融合、数字经济、人才工作。根据这些可协同事项，在实行大部制伊始组建三个项目工作专班（高新技术企培育、军民融合产业发展、园区标准化建设）的基础上深化提升，成立了“一组三专班”即招商工作小组、高新技术产业发展与人才工作专班、数字经济与军民融合产业发展工作专班、园区标准化建设工作专班，分别由一个部门牵头，其他两个部门协同推进相关工作，三个部门之间资源共享，相互借力，合力推动高新区产业结构转型升级、经济发展提质增效。整个园区实行“3+2+N”运营模式。“3”即实施大部制改革，以“高新区+工信局+科技局”组合集中办公，同步组建3个工作专班，将涉企服务向生产经营一线前移；“2”即引进投石和五交“两大平台”，为园区项目招引孵化、产业科技服务和资源导入提供智力支撑；同时建立知识产权、法律咨询、金融服务等N个全产业链全生命周期服务体系，目前已入驻服务项目10余个。

（摘编：郑新贵）

泉州高新技术产业开发区（石狮园）

泉州高新技术产业开发区（石狮园）位于泉州湾南岸，东临台湾海峡，西连晋江、泉州市区，北靠国家一类口岸——石湖港，南接石狮城区，距晋江机场10公里、石狮北高速入口2.5公里，交通区位优越。2022年，泉州高新技术产业开发区（石狮园）实现规上工业产值547.27亿元，同比增长4.7%。石狮光子技术产业基地在泉州市新基建新经济基地建设比拼活动中荣获所属方阵第1名，在福建省自贸创新成果复制推广先行区考评中荣获第5名，在全省2021年度开发区综合发展水平评价中排名第14位（其中科技创新指标排名第9，省级以上开发区中排名第4），获得2021年度省级劳动关系和谐工业园区称号。

项目建设双管齐下。一是攻克长期项目难题方面。尾水深海排放、污水处理厂提标等两大历史遗留问题取得突破，其中尾水深海排放管道项目因应急锚地冲突停滞的问题得到妥善解决，项目于7月19日开工；高新区污水处理厂综合提升项目启动可研编制及BOT谈判前期工作。二是产业载体建设方面。加快光子技术产业园、石狮网商园、锦尚智能智造园等工业园标准厂房建设进展，其中，总建筑面积41.2万平方米的光子技术微产业园一园项目正式开工建设；石狮网商园完成施工单位招标；锦尚智能智造园标准厂房已启动前期设计工作。配套设施建设方面。全年共实施基础设施类重点项目8个，计划投资7.6亿元，园区两大配套项目邻里中心已完工即将投入使用，其中后湖职工配套区项目基本完工，已开启公寓预售工作；邻里中心已完工，正进行运营公司招标工作。

招商引资持续推动。全年共落地项目10个，总投资48.3亿元，其中光子技术类项目4个，纺织及机械类项目3个，食品类项目2个，生物技术类项目1个。

科技创新成就喜人。强化创新创业中心、海峡两岸科技孵化基地两个省级科技企业孵化器的培育孵化功能，在孵培育企业30余家；推进福建省兰姆达物理技术研究院建设，为光电子技术领域专业化的项目孵化、产品设计和测试验证服务提供平台。2022年园区共有国家级高新技术企业67家，数量较2021年增加14家；园区企业拥有知识产权授权专利突破3000件，核心技术水平显著提升；园区企业科创工作再结新成果，飞通科技、中科光芯两家企业双双入选2022年度福建省数字经济领域“未来独角兽企业”和“瞪羚企业”，中科光芯荣登“安永复旦最具潜力企业”奖榜单，鸿日光学科技连续两年突围晋级中国创新创业大赛全国赛。

人才建设成效显著。高新区继续深化与泉州师范学院、闽南理工学院、仰恩大学、福建省电子信息应用技术研究院等高校、科研院所的合作互动，“院所+企业+服务结构”的人才生态得到进一步完善，中科院物构所苏辉博士、泉州师范学院张初阳博士、四川大学崔旭东教授、国家特聘专家廖廷俤博士、美国新墨西哥州大学曹红军博士等行业一流人才齐聚高新区，截至2022年12月底，园区共有泉州高层次人才73名。

园区改革理顺思路。一是统筹推进园区建设。对照市委工作部署，着力推进园区体制机制改革，加强与市职能部门、分园区所在镇的日常沟通协作，建立市园区发展领导小组办公室日常会议机制，协同推进全市现有七个分园区和新建十大产业园区的规划、建设、招商工作。其中，光子技术微产业园一园、石狮网商园2个园区已开工建设，锦尚智能智造园完成4宗地块出让，鸿锦产业园3宗地块正在进行挂牌出让公告，其他产业园区大部分完成征迁、报批及初步规划工作，招商工作同步进行。二是理顺分园区发展思路。通过实地走访、召开座谈会等方式，摸清分园区底数和发展情况，根据各园区实际需要和可提升拓展空间，研究产业定位和发展规划；同时对光子技术微产业园一园、锦尚智能智造园、石狮网商园制定专门招商政策、招商推介和招商方案，并通过石狮日报等媒介开设园区专栏进行招商推介。三是紧抓园区项目建设。完成园区公司人员、资产等摸底，全面接手园区公司建设项目，通过定期召开会议协同跟踪推进项目建设，协调工程具体问题，保障进度顺利推进，2022年园区公司共负责21个配套项目，已完工14个。

管理服务多措并举。一是靠前服务方面。持续深化推行“三个一”服务代办制，组建党建指导员服务专班，党员干部真抓实干、服务为先，对富华纺织、锦溢纺织、裕庆生物科技等企业一对一建立微信服务交流群，提供前期手续办理咨询等服务，为企业早日落户园区提供“加速度”服务。二是配套服务方面。不断推进基础设施项目建设，推动邻里中心、后湖职工配套区建成投用，打造休闲综合配套区，分别形成高新区商贸、商住配套区块，深化园区产城融合，满足企业职工日益增长的物质文化需求；联合多部门举办“金融助力，全力以‘复’”政银企融资专题沙龙，汇聚8家金融服务机构和30家有迫切金融服务需求的中小型企业参加，帮助10多家企业融资上亿元资金，及时助力企业纾困解难；强化与园区内教育机构联动，推进祥芝第二中心幼儿园、石狮市第八中心小学等教育类项目，整合优质教育资源向园区倾斜。三是跟踪服务方面。落实领导干部挂钩联系企业制度，定期深入企业走访，找准服务方向，围绕企业经营中存在的问题，强化协调落实，全年共协调解决厂房租赁、员工住宿、联合招工、电力增容、污水处理、安全生产等问题200多件。

（摘编：郑新贵）

泉州台商投资区

泉州台商投资区成立于2010年，位于泉州市中心城区东部，与泉州市新行政中心隔海相望。2022年，全区实现地区生产总值401.92亿元，增长4.8%；农林牧渔总产值10.54亿元，增长2.6%；规上工业增加值219.17亿元，增长7.8%，其中规上工业产值882亿元，增长6.5%；第三产业增加值113.61亿元，增长2.5%；固定资产投资增长19.1%，其中工业投资增长37.6%；社会消费品零售额103.23亿元，增长5.1%；一般公共预算总收入28.89亿元，增长17.3%，其中一般公共预算收入18.35亿元，增长12.2%；实际使用外资0.4亿美元，增长71.6%。8个主要经济指标增速全部高于全市平均水平，其中地区生产总值、规上工业增长值、固定资产投资、一般公共预算总收入等4个指标全市前三。

项目建设赶超进度。开展“项目攻坚2022”活动，举办重点项目集中开竣工活动4场、集中开（竣）工项目82个、总投资535.6亿元，150个区级在建项目、40个市级在建项目、14个省级在建设项目分别完成投资238.5亿元、162.7亿元、96.5亿元，完成年度计划的105.1%、123.9%、121.1%，新开工建设科华中盈石墨烯新材料、玖龙智能包装等62个项目、完成年度计划的101.6%，建成（部分建成）中南高科、唯科模塑等41个项目、完成年度计划的105.1%。智能电网产业基地荣获全市新基建新经济考核第一方阵第二名，在2022年第三季度全省项目工作正向激励获得县（市、区）综合考评较好的成绩，连续六年获得省级正向激励嘉奖表扬。福建省公路一公司等4家省级重点项目参建单位在年度全省重点项目目标完成情况考评中获得较好成绩。188个区级重点项目完成投资243.0亿元，完成年度计划的100.5%。

招商引资抢抓机遇。2022年，台商区把招商引资工作主动融入泉州“强产业、兴城市”双轮驱动中，持续做好“防疫情、稳经济”两篇文章，积极抢抓发展机遇，坚持规划跟着新发展理念走、产业跟着规划走、项目跟着产业走，形成清晰的主导产业和特色产业招商路线图，锚定战略性新兴产业和先进制造业两大主攻方向及高端装备制造业、新材料应用产业、数字包装产业等五大细分方向，实施靶向招商、精准招商、以商招商等，推动产业集聚发展，圆满完成招商引资年度目标任务。全年全区累计签约正式合同项目215个，数量排名全市第2位，总投资额1355.48亿元，金额排名全市第4位，年度考评为优秀。

生态环保严格治理。2022年，开发区坚持以习近平生态文明思想为指导，牢固树立和践行“绿水青山就是金山银山”的新发展理念，认真贯彻中央、省、市关于深入打好污染防治攻坚战的战略部署，以环境质量改善为核心，以解决突出生态环境问题为重点，高标准抓好中央生态环境保护督察反馈问题整改，洛阳江–黄塘溪集中式饮用水水源地水质稳定保持Ⅲ类标准，辖区空气质量达标天数比例98.9%，土壤生态环境质量继续保持良好水平，未发生环境污染事件。具体措施为：一是开展大气污染防治。全年完成大气VOCs精准减排治理项目5个，开展扬尘治理专项督查，巩固提升扬尘治理成效，大力推进颗粒物和臭氧“双控双减”。开展机动车尾气排放路检及入户抽测4轮次，累计抽测柴油货车27辆次，未发现尾气超标排放。精准帮扶指导20家涉气企业规范运行废气治理设施。举办制鞋行业环保管理专题培训班，由环保专家、业务骨干开展技术、政策宣传培训，提升制鞋行业整体环保管理水平。二是开展水环境综合整治。开展河湖长制“安水、碧水、活水”三大行动，全年累计清淤15.9公里，清淤量6.6万立方米，清理高秆植物3100平方米，其中对惠东南干渠清淤疏浚，累计清淤3.8公里，清淤量2.88万立方米，有效改善水环境面貌。常态化推进河湖“清四乱”行动，清理河道高秆植物3100平方米，累计清理各类垃圾3.4吨。组织开展全区违规水产养殖清退专项行动，全面清退百崎湖主湖体规划外水产养殖，累计清退面积1600余亩，清理浮筏及木桩等4.3万个。强化洛阳江、百崎湖流域等重点流域巡查监管，严厉查处和打击电鱼、毒鱼、炸鱼等违法行为，累计开展联合执法巡查16次，出动检查船舶31艘，查获违规电鱼设备4个。加强洛阳江—黄塘溪水质预警及隐患排查，确保水源水质安全，全年洛阳江–黄塘溪饮用水源地稳定保持Ⅲ类水质。三是开展土壤污染防治。全年累计开展4个建设用地土壤调查，并组织专家技术审查，经调查土壤状况总体优良，未发现污染地块。制定《2022年度泉州台商投资区危险废物规范化环境管理评估工作方案》，开展重点企业考核评估，辖区1家危险废物经营单位、1家重点产废单位、18家其他产废单位全部评估达标，超一年贮存的HW08危险废物存量全部完成清零。全区10家医疗机构纳入省固体废物平台监管，严格落实医疗废物电子联单，医疗废物规范转移至泉州市医疗废物处置中心处置，其余医疗机构依托乡镇卫生院实行医疗废物“小箱进大箱”，医疗废物安全处置率达100%。

（摘编：徐根生）

泉州综合保税区

泉州综合保税区，前身为泉州出口加工区，于2005年经国务院批准设立，2016年年初获国务院正式批准升格为综合保税区，是目前泉州市唯一的国家级海关特殊监管区，也是落实国家“一带一路”及海丝先行区战略的重要平台、发展对外贸易的政策洼地及复制自贸区政策的主要载体，是晋江集成电路产业配套园区。截至2022年底，全区累计引进企业及项目164家，其中围网外101家、围网内63家，邓禄普太古飞机轮胎、太古航空复合材料、金鹰高端印刷、万科物流、中通速递、利郎物流园等优质工业和商贸物流企业及项目扎根发展，园区产业涉及航空修造、高端印刷、环保新材料、酒类食品、保税物流、跨境电商及进出口贸易等类型。2022年，泉州综合保税区以构建“三个中心”为重点，抢抓政策机遇，全力构建“保税”功能平台，塑造园区产业特色，坚持在克服困难中促发展、在务实进取中求突破，推进园区全面有序发展。园区全年工业产值29.37亿元；固定投资额1.15亿元；限上批发零售12.82亿元；进出口总额89.78元，同比增长176.1%。其中，出口额81.87亿元，比增196%；进口额7.91亿元，比增62.7%。

产业发展优化提升。泉州综合保税区聚焦打

造产业发展服务链，优化产业结构，推动园区企业高质量发展。一是建设跨境电子商务运营中心。主动融入综试区大局，不断拓宽跨境电商产业链条，大力促进跨境电商产业集群发展。引进一批跨境电商企业入驻开展进出口新兴业态，产业进出口值占比高，推动第四季度进出口业务成倍增长。二是打造保税加工制造基地。持续推动保税物流、保税加工业务发展，支持企业创新业务模式，吸引熠超、铭通等企业开展电子产品生产技术研发与销售业务的企业入驻。三是建设保税物流中心。聚焦产业发展需求，突出发展特色优化布局，规划自建2万平方米的保税仓储物流中心，引导保税物流企业回流集聚，为本地区产业提供进出口保税仓储与中转配送服务，并逐渐形成辐射全国的物流中心。

招商引资健全机制。泉州综合保税区立足服务本地产业发展大局、积极融入晋江"全市一区"改革新格局，凝聚"新"招商合力，将综合保税区项目招引纳入地方外向型经济招商体系。通过健全完善招商机制，建立招商工作领导小组，定期召开招商工作会，引导本地区"两头在外"项目及适合入区项目向综保区集聚，形成"新"的招商合力。2022年对接洽谈丰泽船务、海南恒丰食品等招商项目27项，涉及保税加工与维修、保税物流、跨境电商等产业领域。

体制机制创新改革。泉州综合保税区加快新体制改革，落实高效管理服务。协同推进体制改革。积极融入"全市一区"机构改革，加强与晋江经济开发区的深度融合，聚焦园区发展主责主业，在经济管理、产业政策研究、项目规划布局、招商引资、投资服务等方面的工作共谋发展。

（摘编：徐根生）

洛江经济开发区

洛江经济开发区是2006年4月经国家发改委批准，由原万安开发区、双阳华侨经济开发区整合而成的省级经济开发区。2022年，开发区完成地区生产总值302亿元、增长3.6%；规模以上工业企业营业收入681.21亿元，增长2.7%；财政收入27.29亿元；增长4.9%；实际使用外资14333万元；外贸出口85.18亿元、增长17.8%。

基础建设提升改造。洛江西环路（朋虹街至经九路段）市政工程、经九路即将完工，万虹路国道324至河市中学改造提升工程开工建设，完成朝阳二路、安达路等改造提升。投资985万元建设城市公共停车场，新增停车泊位379个。公共服务扩容提质。投入2.5亿元建设21个教育项目，建成后可新增学位2700个。市实小洛江第二校区加快建设，泉州十一中塘西校区、洛江区实验幼儿园开工建设。区妇幼疾控综合业务大楼投入使用，区医院新院区开工建设，泉州宝璋肿瘤医院主体结构封顶。丰富群众文体生活，新建13条全民健身路径、20个口袋健身公园，改造提升7个篮球场，俞大猷纪念馆重装开馆，蔡襄书院正式挂牌，区档案馆主体建筑封顶。

项目建设全面提速。组建"抓前期、促开工、保纳统"专班，开展"攻前期、快审批、促落地"活动，落实"红黑榜"晾晒机制，跟踪协调统管区申报建设工程审批事项，全年新增谋划项目70个、开工项目45个、竣工项目35个，在建重点项目完成投资109亿元，完成年度投资计划的102%，全社会固定资产投资增长10%。建立"首问即服务"责任制，上报并获批省政府审查农转用和土地征收项目5个批次、面积1020亩，处置批而未供和闲置土地949.3亩。持续开展"抓征迁交净地"行动，完成房屋征迁3.8万平方米、土地征收1352.9亩。

产业发展持续推动。第二产业迈向中高端，推动铁拓机械5G智能装备产业园、加来盟体育5G智慧工厂等"5G+制造"项目加快建设，全年新增"上云上平台"企业46家。组织企业实施重点技改项目，35个技改项目完成投资19.5亿元、增长32.5%。支持龙头企业增资扩产、做大做强，新增国家级、省级专精特新"小巨人"企业10家，福建省工业龙头培育企业9家，48个增资扩产项目总投资118.6亿元，建成投产后每年新增产值超100亿元。扶持优质企业上市，14家企业入选市级上市挂牌后备企业，铁拓机械在全国股权系统创新层挂牌。发展壮大数字经济，华南动力配套及试验工业园等28个省级数字经济项目累计完成投资超50亿元。落实全市工业（产业）园区标准化建设专项行动，“四个一批”项目完成投资11.5亿元，在全市率先采用“国有+民企”土地连片合作开发模式，洛江区数字经济产业园（一期）开工建设，云箭智能科技等9个项目签约入驻。第三产业彰显活力。出台促进商贸服务业高质量发展措施，组织举办洛江乐购生活节、万虹路汽车走廊文化节、侨家乐·福建省华侨美食风情文化节等促消费活动，社会消费品零售总额增长10%，增速位居全市第一。加快发展电子商务，中聚电商园建成运营，中海联实业、阿里巴巴国际站服务商等40家企业进驻，全区网络销售额超120亿元、增长10%，3个镇、31个村上榜2022年“淘宝镇”“淘宝村”。

生态环保严格治理。蓝天、碧水、净土保卫战取得新成效，成功创建第六批国家生态文明建设示范区。投入5000多万元实施6个“碧水清源”项目，完成6个农村生活污水治理项目建设和20个村庄生活污水提升治理，主要流域和小流域水质优良比例达100%。加强臭氧污染联防联控，完成5个大气精准治理减排项目。抓好土壤污染治理，完成泉州大华蓄电池有限公司污染地块治理修复，组织开展重金属行业企业排查，规范危险废物管理。投入474.7万元治理水土流失9930亩。

（摘编：陈建闽）

晋江经济开发区

晋江经济开发区于2000年正式动工建设，2003年被省政府批准为省级开发区，2005年被列入省级开发区示范区。先后于2009、2011启动两轮拓展规划，逐步由综合型园区向特色化、专业化园区发展方向转变，形成“一区多园”发展格局。2022年，开发区共入驻企业1407家，其中规模以上工业企业413家、限额以上企业134家、上市及上市后备企业49家。2022年完成“全市一区”规上产值2042.93亿元，比增11.9%（其中时尚鞋服行业560.64亿元、健康食品行业238.99亿元、高端纺织行业373.53亿元、智能制造行业200.49亿元、医疗健康行业168.91亿元）；限上销售额完成797.68亿元，比增23.9%；限上零售额完成28.98亿元，比增24.8%；固定资产投资完成94.56亿元，比增18.3%，工业固投完成77.63亿元，比增15.80%；新增四上企业99家。

项目建设快速推进。2022年，开发区坚持“项目为王”理念不动摇，落实“星期六”要素会商机制，以规划为基础、以空间载体为支撑，从传统产业强链补链、新兴产业培育、企业提容增效、商贸服务配套等方面策划生成项目，一个项目一个专班，快速推进项目落地。2022策划生成重点项目110个，总投资640.03亿元，完成年度计划的122.6%。实现满誉机械高端产业园、胜科纳米集成电路专业分析测试平台、佳福染整微工业园等13个项目新开工。完成华兆、冠和项目涉及5个坟墓迁移问题销号；凌耀纺织生产项目、“新”智造产业园等9个项目报送省“五个一批”系统。

招商引资落实到位。2022年，开发区实行“园区+基金+产业项目”、“房东+股东+标准厂房”等招投联动新模式，多形式开展招商工作，并做好生产要素保障服务，狠抓招引项目落地。全年共引进招商项目39个，总投资251.69亿元。其中，已开工项目15个、总投资45.04亿元；签约项目24个、总投资206.65亿元。传统产业补链强链方面：鞋服产业，引进润邦鞋材、雅格服饰等5个项目，总投资9.8亿元；纺织产业，引进向兴高端生态智能纺织新材料、绿色高端面料整理微工业园项目等9个项目，总投资50.95亿元。新兴产业培育方面：新一代信息技术产业，引进华清电子材料项目、集成电路（工业园）智造产业园项目，总投资118.5亿元；智能装备产业，引进满誉产业机械微工业园项目、盛达智能石材加工机械研发生产项目等12个项目，总投资32.65亿元。现代服务业拓展方面：引进361度物流仓储项目、汇美智慧物流产业园、豪新仓储物流等6个项目，总投资20.45亿元。园区标准化建设方面：策划经开发绿色高端面料整理微工业园，引进晋江新智造产业园项目，支持满誉产业机械微工业园改扩建项目，扩增园区热气配套工程，总投资32.34亿元。

管理服务纾困解难。2022年，开发区争当为企服务“排头兵”，用心当好企业服务“店小二”，创新推出“双零”“双员”和“科级干部每周解一难”服务工作机制，推进项目设计方案“多评合一模拟审批”，实现“五证同发”，累计解决企业各类问题115个。依托咨询平台、增产增效资金申报工作群等政策服务平台帮助8家企业获得银行纾困贷款4989万元，协助55家申请增产增效资金405.1万元。建成全市首个“一体化”基地，累计接访劳动纠纷等299起，劳动纠纷案件同比下降约36%。

（摘编：陈建闽）

永春工业园区

永春工业园区于1993年8月经福建省人民政府批准设立，于2006年7月通过国家发改委审核，列入省级工业园区序列管理，核准面积600亩（探花山工业区）。园区规划总面积约1.57万亩，规划工业用地面积8831亩，已出让地块166块6858亩。2022年，园区企业纳税3.91亿元，同比增长24.9%。

项目建设高效推进。园区实行“专班化推进、清单化管理、全程化保障”管理机制，按照“日会商、周盘点”推进制度，采取“5+2”“白加黑”“晴+雨”攻坚模式，盯紧关键节点、加强会商协调，高效推进园区省级、市级、县级4个重点项目（永春县工业园区标准化建设试点项目、永春轻工新城智慧产业园基础设施工程二期、工业园区基础设施改造项目和永春老醋科技产业园基础设施项目）建设，全年完成投资4.58亿元，完成率190.9%，居全县第一；工业贡献率占比8.4%，居全县前列。其中，永春县工业园区标准化建设试点项目完成投资3.68亿元，超时序进度145.3%，10栋新建厂房及1栋文体中心主体工程在2022年12月20日全部封顶。

招商引资主动出击。园区围绕县委县政府“五全”招商工作部署，抓好项目招商和招商专班工作。加强招商宣传推介，坚持“试点招商首谈”“龙头带动招商”，联合良瓷科技开展供应链招商现场会，开展园区企业“以商招商”座谈会、“走出去”“引进来”招商推介，完成落地项目3个、签订框架协议项目4个、在谈项目18个。作为高端制造专班和电子信息专班牵头单位，组织、指导各乡镇各单位做好产业招商，招引落地项目8个、签约项目20个、在谈项目77个，计划投资约482.3亿元。组织动态摸排、及时推送闲置厂房信息，为企业“牵线搭桥”，盘活闲置厂房3.2万平方米、引入企业14家。同时引导企业技改升级、增资扩容，如华膜环保租赁3160平方米增加超滤膜项目；科可智能电动车充分利用闲置厂房3480平方米。

（摘编：徐根生）

德化陶瓷产业园区

德化陶瓷产业园区为省级开发区，下辖13个项目区［鹏祥、诗墩、宝美、城东一二期、城东三期、城东四期古洋片区、紫洋陶瓷科技文化产业园、城东四期中小企业创业园、紫云高科技材料产业园、美瓷科技智慧智造产业园、厦门大学国家大学科技园（德化园）、城东五期、国宝工业园］28平方公里，工业用地约1.8万亩。截止2022年底，已入园企业3000多家，创造就业岗位10万个以上，创造产值331亿元、纳税8.78亿元。园区形成了以陶瓷业为主导产业的发展模式，产业集聚水平高达83%。

基础建设提升完善。一是打造万亩“工业梯田”。根据园区范围内多山地丘陵的实情，依山就势、平丘填壑，大力开展低丘缓坡地综合开发利用，按台地地形分期开发形成“工业梯田”，建成工业用地1.2万亩，约80%原为荒地、山坡地。二是分批推进连片开发。以3000—4000亩为一个开发批次，做足规划选址、地形测量、方案论证等前期工作，统筹考虑道路、管网、土方平衡等具体问题，逐期推进项目区建设。目前，城东工业园区从城东一二期至三期、四期古洋片区、紫洋片区连片推进超3万亩，形成园区矩阵。三是完善产城融合。围绕产城融合规划布局，配套相应的居住、教育、商服、公园、农贸市场等建设用地，其中城东工业园区配套建成住宅面积180万平方米，包括限价房80.5万平方米、职工公寓11.7万平方米，规划学校14所，已建成中小学校（幼儿园）7所；规划新建医院2所，已建成1所，吸引常住就业人口约7万人。

项目建设围绕重点。2022年，园区重点推进后所棚户区改造项目、瓷圣·何朝宗文化公园、城东四期古洋片区基础设施及场平工程、城东四期中小企业创业园（Ⅱ期）、紫云高科技材料产业园、紫洋陶瓷科技文化产业园、德化大坂片区厦门大学国家大学科技园、美德瓷科技智慧智造产业园等项目。提供工业用地700多亩。

招商引资凸显优势。园区凭借产业集聚的独特优势，积极扩大对外招商新路，围绕填补园区产业空白，签约国际陶瓷数字产业园（30亿）快墙模块化生产（20亿）、环保塑胶标准化智能生产工厂（1.5亿）等项目92个、总投资572亿元，赋能园区传统陶瓷产业优化升级、转型发展。

生态环保落实到位。德化陶瓷产业园区内企业均采用自建地下污水管网的形式，建成后全部接入县污水处理厂集中处理。园区生活垃圾由当地镇政府环卫站负责统一清理；工业垃圾由企业出资定期运至县级垃圾填埋厂集中进行处理。园区规划建设瓷土集中加工区，建设瓷土集中加工区污水管网配套工程，将浐溪上游瓷土加工类企业集中规划进区，这样可减少浐溪源头污染，改善城乡居民生活环境。此外，园区开发建设过程中十分注重做好水土保持、绿化养护等各项工作，大力建设街边绿地、袖珍公园。园区内现已建成阳光公园、嘉裕公园、月亮湾公园，正在规划建设瓷圣·何朝宗文化公园等场所供辖区内群众休闲娱乐，整个园区发展环境良好。

（摘编：孔明德）

安溪经济开发区

安溪经济开发区于2006年4月经省政府批复为省级开发区，现核准面积826.22公顷，共分为六个区块，形成“一区带三园”的格局，下辖城区、龙桥、湖头三个园区，以现代工业为主、以发展高新技术为导向的现代产业体系逐步形成，注重发展茶叶加工、生物医药、绿色食品、机械电子、光电产业、新兴材料、金属加工等产业，同时配套发展商贸物流、房产物业、旅游休闲等第三产业。

基础建设日新月异。配合园区所在凤城镇、城厢镇、参内镇开展中寮片区F-5地块、一园国际、安溪·中关村领创中心、炭坑内片区C-02地块、古山片区B3、炭坑内综合体、路英片区12-P-02地块、建安片区27A地块、城南片区12-P-26地块、同德大桥同美片区商住地块等23个项目安征迁工作，并根据各相关乡镇征迁进度，配合完成项目范围内涉及电力、电信、广电、联通、移动、铁塔等线杆光缆迁改工作，满足项目净地出让和三通一平条件。

项目建设大力推动。城区工业园深入实施项目带动，实行“时间倒排、任务倒逼、责任倒追”前期推进机制，深入开展前期报批、招商签约、征地拆迁、要素保障等各项工作，确保项目攻坚取得实效。组织实施大白濑参内安置房项目建设，总建筑面积约160万平方米的大白濑参内安置区各地块已全部开工建设；古山花园安置小区完成综合验收并移交城厢镇政府统一安置；南华嘉园二期安置小区主体建筑已全部完成内外装修。总投资约5000万的大白濑参内安置区排洪沟（J、N、H段）工程完成招投标，已进场施工；完成总投资1.92亿的兴泉铁路安溪东站市政附属设施工程项目，按时按质完成工程建设并交付使用；人民武装部新营区暨民兵综合训练基地项目已完成主体部分；稳步推进卫浴新城市政道路建设，进一步完善园区基础配套。湖头工业园大力度推进基础设施建设。湖头污水处理厂提标及配套污水收集管网工程、园区道路改造提升（一期）工程等项目有序推进。目前泉州闽光钢铁扩建项目、安盈环保科技产业园项目、泉州闽光物流园库区扩建项目已开工。目前泉州闽光钢铁扩建项目、安盈环保科技产业园项目、泉州闽光物流园库区扩建项目已开工。湖头佳亿工程建设项目综合楼及3#厂房基本建成，设备进场调试；湖头锦龙金属制品加工项目综合楼封顶装修，钢构厂房设备进场；安溪恒佳新材料科技生产项目1号、2号、4号厂房建成。闽光钢铁有序推进40亿产能置换及配套项目，4#、5#烧结机部分已施工完成并投产，智能立体库项目建成并投入使用，企业智能化转型升级迈出坚实步伐。龙桥工业园斯达、富一锦塑胶、欣省控实业、君诺美、健为医疗、芸台科技、宝丽金、诚尔兴电子配件等18个项目已正式投产；思明园牡丹饲料、吉福厨具、佶亿食品、古山医药、申兴商贸、启邦食品、大腾云茶业、芸茗茶业、峻源生物科技、益号茶业等23家企业已投产；翔业厨卫、恒桥纸箱已竣工验收，智途户外用品已部分竣工验收，正在进行剩余厂房主体建设和室内装修。湖里园欧叶自动化、小罐茶、祺亮、布塔、尚贸家饰、豪帝卫浴、莲峰片区HL-5等7个已动工建设。南方食品园万寿谷食品、安恒物流、腾龙水产、渔百惠食品厂房已部分完工；港安、大发食品、唐小六、禅心缘正在进行主体建设。

招商引资深入推进。城区工业园全年实施县级重点项目12个，总投资约67亿元。签约中闽百汇零售集团、中关村等6个投资项目，项目总投资60亿元以上。湖头工业园坚持项目为要、招强引优，在奋力攻坚中提级换挡。高标准抓好招商选资。完成泉州闽光钢铁扩建、米粉产业示范区建设、安盈环保科技产业园项目等签约项目10个，投资额达67.7亿元。高质量打造产业集群。园区重点引进高端智能制造、再生资源等高新产业，现有5家企业入驻，泉州闽光钢铁公司2022年实现产值150亿元，纳税4.28亿元。龙桥工业园深入推进“项目攻坚”“大招商招大商”活动，新开工项目41个，总投资92.486亿元；谋划招商项目25个，总投资141.2亿元，签约20个，总投资119.2亿元。湖里园入驻企业40家。思明园入驻企业30家。南方食品园入驻企业11家。弘桥智谷(泉州)电商园入驻企业近百家，主要涉及茶叶、铁艺、家居、仓储物流等，年度交易额逼近10亿元大关，园区入驻率常年保持在90%左右。

(摘编：孔明德)

惠安经济开发区

惠安经济开发区于2021年6月经省市编委批准设立，由原城南、惠东两个省级工业园区一体化融合而成。2022年，惠安经济开发区全年完成规模以上工业产值452.2亿元（城南园与惠东园合计数，下同）、比上年增长2.4%，固定资产投资17.13亿元、比上年增长27%，限额以上商品零售额3.96亿元、比上年增长43.5%，限额以上商品批发额0.21亿元。新增规模以上工业企业17家、限额以上商贸企业1家、规模以上服务业企业1家。

项目建设攻坚克难。2022年，开发区融入“项目攻坚2022”“双百”等专项行动，建立“1+1+1”挂钩推进机制，制定《惠安经济开发区2022年“百日攻坚行动”活动方案》，对年度29个县级以上和10个市级在建重点项目实行挂图作战、定期调度、跟踪督办。参加全县集中开竣工仪式项目6个，开工福建惠芯人工智能智造产业园、灿辉环保面料织造、泰狮物流产业园等11个项目，竣工城南中心工业园区高端芯片、易动力新能源等6个项目，南王智能制造产业园、海丝新梦园、泽弘机械等17个项目按时序推进，完成年度投资额27.18亿元。

招商引资主动出击。2022年，开发区融入市、县“抓开放招商　促项目落地”工作大局，按照“第一梯队”定位，梳理产业链招商图谱，制定《惠安经济开发区2022年落实开放招商工作实施办法》，瞄准半导体、新能源、新材料3个重点招商方向，举办“同心致远、共赢未来”招商引资推介活动。前往深圳、东莞等地宣传推介招商，创新“对赌式”招商、蹲点招商等新模式。全年全区招商引资工作在谈项目85个；完成签约项目34个，其中正式签订合同32个、签订框架协议2个，投资额约96亿元，签约落地惠芯人工智能智造产业园、博源膨化芯材、脆硬新材料、高端数控等增量项目17个，整体完成度排名全县第二。

安全生产落实到位。2022年，开发区建立健全安全生产管理制度，落实明确分工、责任到人的安全管理体系，制定安全生产工作方案，编制惠安经济开发区突发事件应急预案，开展安全隐患大排查大整治工作，邀请安全生产领域专家对辖区内195家规模以上企业、小微企业进行全面排查。对辖区内实际生产经营的335家企业开展安全生产标准化提升专项行动，召开标准化创建工作部署会5场、安全中介机构座谈会3场、企业安全员培训会6场，强调企业安全生产标准化创建职责，压紧压实企业主体责任。按照“危险早发现、险情早处置”“边排查、边整治”的原则，依托第三方专业技术力量，全面排查园区范围内241栋钢结构厂房、48栋2020—2022年新建厂房，做到“底子清、情况明”。同时，做好疫情防控、复工复产安全工作。

（摘编：孔明德）

南安经济开发区

南安经济开发区是2006年经国家发改委、省政府正式批准设立的省级开发区。2020年11月，南安市委、市政府创新园区体制机制，实行“一区多园”管理模式，设立3大产业分园区，即：智能泛家居产业园、机械光伏产业园、高端智造产业园。2022年开发区已有企业1000多家，上市企业2家。2022年，地区生产总值641.96亿元，增速8.6%；规模以上工业企业营业收入937.01亿元；税收收入27.24亿元；产业集聚水平达86%；公共基础设施建设投资23.76亿元；企业固定资产投资91.85亿元，增速38%；外资企业152家，出口总额94.06亿元，增速50.3%；进出口总额146.87亿元，占所在地级市进出口额比重的69.8%，已崛起成为南安经济发展的重要支撑。

项目建设多路并进。2022年，开发区承担了24个重点项目建设任务，计划总投资约212亿元，年度计划投资55.57亿元，实际完成投资63.171亿元，完成年度投资计划的113.7%。重点项目建设快速推进。一是积极拓展小微产业园建设。园区集团携手石材协会和海尔卡奥斯投资公司联袂开发南安国际石材智慧产业园，引入海尔工业4.0和智能制造技术，建设“互联网+智能制造”石材专业化园区，首期176亩工业用地已摘牌并进场施工；英都阀门小微产业园成片开发方案正式获批，土地报批组件完成上报审批；联东U谷·南安智能制造项目已封顶8栋楼，建筑面积3.77万平方米，另22幢标准厂房同步建设中。二是大力推进重点在建项目建设。福昌北路三期、美宇路、福光路A段、福美路A段工程、茂盛中路交通信号灯工程竣工扫尾；兴泉铁路南安北站市政配套项目主体竣工；下穿铁路桥梁、福金北路上跨兴泉铁路桥梁、站前广场枢纽工程匝道及廊道主体结构全部完成；高端装备智造园起步区9幢厂房完成建设；南安市北外环路二期水稳层敷设完成；智能泛家居产业园“党建+”邻里中心建成使用；泉州智能电商物流及冷链产业园项目竣工。

生态环境持续治理。开发区致力“雨污分流”管网建设，依托市政道路管网收集园区内企业、居民区的生产和生活废水，减少地表及地下水污染。2022年累计建设污水管道9.786公里，雨水管道10.864公里；完成扶茂工业园、仑苍水暖园两座大气自动监测站建设工作；用于防治水污染的集中治理设施和在线监控设备与生态部门平台已联网，完成污水零直排区建设，工业园区污水管道网全覆盖，雨污分流到位，污水排放全纳管，排河排海污水全达标。

（摘编：陈建闽）

泉港石化工业园区

泉港石化工业园区位于中国东南沿海、福建省中部、湄洲湾南岸，是2007年9月福建省政府批准的《福建省湄洲湾石化基地发展规划》确定的湄洲湾石化基地先导区，是福建省发展石化产业的龙头地区。2022年开发区全年实现石化产值1038亿元、税收81.08亿元，连续5年石化产值超千亿，连续10年蝉联中国化工园区20强，在福建省73家省级开发区综合评价中位列第三，取得历史最佳成绩。

项目建设全速推进。认真实施“项目攻坚2022”，突出项目为先、项目为基、项目为要，不断加强重点项目建设指导、协调工作，推动项目按期开工、准点投产。2022年，园区新投产中海油服新材料生产基地建设等5个项目，总投资12.88亿元；新开工中化学天辰60万吨/年环氧丙烷等4个项目，总投资164.37亿元。其中，国亨丙烷脱氢及聚丙烯项目累计到资22.79亿元，助力泉港区提前完成全年实际使用外资任务，成为泉州市首个完成利用外资年度目标任务的县（市、区）；中化学天辰环氧丙烷项目在园区的全力协调保障下，仅用时6个月就完成前期手续办理，并于7月12日开工建设，创造了“天辰速度”。

产业发展补链强链。园区遵循“大型、先进、系列、集约”的战略，坚持“大招商、招大商”，秉承“大项目—产业链—产业群—产业基地”的发展理念，围绕联合石化1400万吨/年炼油能力和110万吨/年乙烯产能，进行产业链深度延伸，并结合周边市场的需求，重点发展乙烯、丙烯、碳四、苯、对二甲苯、LPG、电子化学及高端原料药等产业链。园区全力推动中国燃气液化烃码头、国亨化学丙烷脱氢及聚丙烯、天辰环氧丙烷及过氧化氢、百宏化学新材料等项目建设进程，延伸发展下游聚醚等项目，加快“LPG-丙烯-过氧化氢/环氧丙烷（HPPO法）-聚醚”的丙烯产业链条的形成。

招商引资创新改革。积极探索疫情防控期间招商引资工作应对措施，创新“云招商”“云评审”模式，以解决疫情下人员聚集及跨区域流动难题，确保招引力度不减、项目对接不断。2022年，园区先后引进中化学天辰环氧丙烷、百宏化学新材料、稳同稳定同位素及稀有气体与电子新材料、杰鼎已内酰胺、松道化工新型肥料、圣元固态储氢系统活化及应用等20个项目，总投资额超700亿元，占了泉港区年度招商投资总额的47.7%，涵盖电子化学、石化产业、生物制药等领域，项目单体投资总量大、产业链条长、关联覆盖广，支撑作用明显，将推动构建化工新材料现代产业。谋划储备了阿朗新科橡胶、久策气体、海化生命等一批重要项目，园区项目储备库持续做大做优。

生态环保严格执行。园区以实现减污降碳协同增效为总抓手，打好蓝天、碧水、净土保卫战，为园区高质量发展提供优良的环境。强化危险废物规范化管理，加强日常巡查检查，深化部门联合执法，全面梳理园区危险废物产生、贮存、运输、利用、处置等各个环节存在的环境问题，制定问题清单并跟踪督促整改。采用“一厂一策编制+技术评估+组织评审+生成实施治理项目+跟踪抽查”五段式渐进技术路线，推动园区内9家企业编制VOCs“一企一策2.0”综合整治方案，强化源头控制和全过程管理。对园区部分企业挥发性有机物治理情况进行核查抽测，完成14家企业LDAR核查，并对13家企业VOCs治理情况现场检查，推动企业涉气环境问题整改。以创建仙境片区低碳片区为契机，推动企业循环化和低碳化改造，提高园区能源、资源利用效率，降低企业单位工业增加值碳排放，实现园区绿色生态发展、循环低碳发展。突出大气环境问题为导向，将园区内7个大气治理项目列入区级年度重点项目并完成建设，降低大气污染源排放。采用政企联合协同作战，督促、指导园区企业开展应急演练，组织开展园区事故废水泄漏应急演练，提升园区环境应急能力。督促指导园区企业开展突发环境事件应急预案修编，与园区及区级预案相衔接，提高应急预案的可操作性和实效性。

（摘编：洪连珠）

泉惠石化工业园区

泉惠石化工业园区位于福建省湄洲湾南岸泉州市惠安县，规划面积33.2平方公里，主要包括6个功能区，分别为炼化一体化项目区、合成材料加工区、石化深加工区、物流仓储区、管理服务区、公用工程设施等，是国家东南沿海重要石化产业基地。2022年，园区实现规模以上工业产值约1209亿元、税收约75亿元，产业集聚效应彰显；预计至2030年可实现年工业产值超2000亿元、税收超100亿元规模，建成具有国际竞争力的国家级石化产业基地。

产业发展围绕重点。园区按照《福建省湄洲湾（泉港、泉惠）石化基地总体发展规划》，坚持以“立龙头、铸链条、建集群”为发展思路，重点构筑炼油、烯烃和芳烃等产业链，以中化炼化一体化项目为龙头和基础，全力开展载体建设和项目引进工作，打造石化产业和新材料、新能源板块。目前，已实现1500万吨炼油、100万吨乙烯、80万吨芳烃生产规模；除中化项目外，其他中下游配套项目已投产项目16个、在建项目7个、筹建项目9个，初步构筑乙烯、丙烯、苯、对二甲苯（PX）、环氧乙烷（EO）、环氧丙烷（PO）等10条产品链，有效推动化工原料产品就地化，形成央企、民企和外资企业耦合发展格局，实现产品项目一体化建设。产业规模规划到2030年实现3800万吨炼油、300万吨乙烯和500万吨芳烃生产能力，建成我国东南沿海重要石化产业基地。

安全生产有力保障。强化应急预案管理，编

制《泉惠石化工业区突发环境事件应急预案》《泉惠石化工业区生产安全事故应急预案》《泉惠石化工业区防洪防台风应急预案》等多个应急预案，强化园区应急处置管理体系建设。建设综合应急救援指挥平台建设，建成综合性应急救援指挥平台，掌握企业平面布置和生产信息，并在企业厂区周边安装各类气体探测器、高空瞭望塔，接入企业视频监控、企业各类风险点和重大危险源数据信息，依托平台信息化技术与各县直部门、周边乡镇、企业互联互通，实时采集企业安全、环保信息、舆情信息，为进行科学处理，防范和及时应对各种突发事件提供有力保障。

生态环保监管到位。严格环境准入，园区于成立之初就委托有资质的第三方和编制规划环评和安全控制区专项规划，并获政府职能部门批复实施，确定园区用地界线、外部安全防护距离界线、环境风险防范界线"三线"；同时把好源头关，对入园项目从产业政策、工艺技术先进、清洁生产、污染物排放总量控制等方面严格审核，有效推动企业建设绿色供应链，实现整区绿色发展。严格排污监管，园区企业产生的污水经预处理达到接管要求后进入污水处理厂集中处置，对处理达标后的废水作进一步深度处理、加工和净化，实现达标排放；严格大气监管，构建全覆盖的"预警监测网"，实时掌控园区环境情况，对园区企业排放的废气进行在线监测及重点整治；同时鼓励企业采用先进的环保技术装备，实施清洁生产技术改造，减少硫氢等物质对环境的污染，实现全流程达标监管。

（摘编：洪连珠）

泉州半导体高新技术产业园区

泉州半导体高新技术产业园区，简称泉州半导体高新区，规划范围约60平方公里，包含"一区三园"，即南安分园区（重点发展化合物半导体产业）、晋江分园区（重点发展集成电路产业）和安溪分园区（重点发展光电产业）。2022年园区实现半导体规上企业产值270亿元，同比增长29%；规上工业企业营收213.5亿元，同比增长38%；基础设施建设投资总额41.4亿元，企业固定资产投资总额105亿元；现有高新技术企业17家。园区在2021年度全省开发区综合发展水平考核中位列第16位，较2018年度初次参评提升67位。2021年度省自贸创新成果复制推广先行区创建工作位列全省前10，获100万元正向激励。

项目建设欣欣向荣。2022年，全市组织实施半导体产业重点项目22个，完成固定投资超百亿元。一是重点服务龙头项目生产扩产。三安项目逐月提速释放产能，年度产值51.7亿元，同比增长28.8%；渠梁项目一期已实现满产，二期正加速推进项目建设，年度产值同比增长76.5%；晶安光电项目积极拓展6英寸晶圆片市场，主动调整库存，改善产品结构，抵御市场砍单压力，年度产值50.2亿元；天电光电项目聚焦车用芯片封装，重点布局国内产品市场领域，年度产值34.2亿元；信达光电项目克服疫情不利影响，调整产能布局，新引进显屏封装生产线，年度产值38.3亿元。二是着力保障骨干项目投产达产。中石光芯一期实现25G探测器光芯片生产，二期、三期项目已试投产，年度产值2.34亿元，年内孵化落地兰姆达设备，总投资规模2亿元；博纯特气泉惠园区项目主体建设按时序推进，年度产值7.5亿元；慧芯激光产线设备陆续到位、逐步安装，正在进行通线调试；宏芯科技已完成产线通线，正在进行试投产。三是加速园区标准化项目建设步伐。全市在建的半导体产业标准化园区载体共4个，用地面积689.3亩，规划建筑面积91.3万平方米，计划总投资38.4亿元，年内完成投资约13亿元，实现快建成、快投用。其中，晋江集成电路小微工业园7栋标准厂房已全部封顶，已对接意向入驻企业21家，部分厂房交付入驻企业装修；安溪芯园一期4栋6.05万平方米厂房已全部封顶，计划2023年上半年投用；南安芯谷科创中心一期7栋厂房全部封顶，厦门科塔、森美飞特等3个项目已正式签约，其中，厦门科塔项目年内进场装修。探索市场主导型园区路径，加速推动联东U谷科技产业港、腾云硬科技半导体产业园、均和云谷高新科技港等项目载体建设，总建筑面积超70万平方米，意向入驻项目近80家，有力提升招商承接能力。

招商引资创新改革。创新拓展机构招商、资本招商、专家招商、平台招商等新模式，嫁接导入中电科、北京理工大学和专家院士等外部资源，集聚一批优质项目落地泉州市，进一步夯实产业发展后劲。全年新增签约全色光显、灏谷光电、科塔等45个项目，总投资规模315.9亿元，其中，投资规模超10亿元项目7个；储备上海超导科技、苏州陈那、贝莱科技、硬米科技、南光高科等71个在谈优质项目，总投资规模178.7亿元。

（摘编：洪连珠）

三明开发区概况

三明高新技术产业开发区（金沙园）

三明高新技术产业开发区2015年2月，被国务院批准为国家级高新区。目前由沙县片区（金沙园）和永安尼葛园（尼葛园）组成，沙县片区总规划面积26.28平方公里，有金沙园一期、金沙园二期、金古北区、金古东区4个片区，共有工业企业358家，规上企业168家。2022年，金沙园实现工业产值705亿元，税收3.7亿元，财政总收入4.89亿元，工业增加值107.6亿元。

项目建设赶超进度。“五个一批”项目完成72个、全面完成年度目标任务；50个区重点项目完成投资37.50亿元、超年度计划2.43个百分点，其中新增入库5000万元以上项目24个，全社会固定资产投资完成16.35亿元，16个项目超序时进度、实现竣工投产。

产业发展提升改造。金沙园以结构调整为主线，以项目带动为支撑，改造提升传统产业，培育壮大新兴产业，优化空间布局，全面推进“十四五”各项工作。紧紧围绕三明市委、市政府有关工作部署，加强高端装备、生物医药、食品加工三大主导产业建设；推进钢铁压延加工、现代物流产业发展。2022年，三大主导产业产值高达597.74亿元，产值贡献率达84.8%。1. 高端装备产业。现有机科院海西分院、天华智能、厦工三重、智辰农机等整机装备龙头企业，围绕工程机械、橡塑机械、数控机床、冶金机械、农林机械、环保设备、新能源工程机械、化工装备、输变电设备、注塑机械等高端成套装备细分领域，加快研发智能化、自动化、信息化的机制加工关键技术，已开发了石墨加工专用机床、石墨高速机、超硬材料激光切割装备等系列产品。截至2022年，园区高端装备企业36家，实现产值225.4亿，已获批国家大型机械装备高新技术产业化基地、福建省新型工业化产业示范基地、福建省新型工业化产业基地和省级循环经济示范园，成为福建省建设海峡西岸经济区的重要组成部分和三明市产业经济发展的排头兵。2. 生物医药产业。园区依托生物医药产业园，借助中国医药工业研究总院科研实力，以氨基酸、生物饲料、生物新材料为主要发展方向，支持企业开展生物科技核心技术研发，着力开发药用级别氨基酸系列产品、新型生物农药及饲料、低聚木糖醇系列产品，现已培育出澜海生物、威耳动科药业等生物技术企业。同时，围绕抗体药谷和医学造影两大产业链，重点培育出天泰制药、未来医药、臻欣美等医药生产企业。2022年，实现产值11.4亿元。3. 食品加工产业。园区创新发展以沙县小吃为核心的专用原辅料、配料新产品，研发沙县小吃特色美食专用配料，现已培育出艾来熏味、醉有才食品等小吃食品龙头企业，扩大小吃食品的竞争优势。同时，已发展出大昌食品、惊石农业、华农食品等利用大数据、开发定制特定人群需求的具有保健功能产品的食品加工企业。截至2022年，园区现有食品加工企业19家，实现产值58.04亿。4. 钢铁压延加工产业。园区充分发挥开诚机械年产2万吨铸钢件和最大单件50吨铸钢件的生产能力，借助机科院海西分院技术优势，抓紧实施开诚机械大型汽轮机铸钢件生产线技改、鑫建自动化铸件精加工、闽耀金属制品金属套件深加工等项目，已生产汽轮机类各种壳体铸钢件、渣罐铸钢件、船用铸钢件、火电及水电设备配件、轮胎模具等高附加值大型高端铸钢件，推进铸造产业从传统铸造向精密铸造升级，推动形成了高端装备铸锻及精密铸锻、大型机械铸造产业集聚。同时，以明光新材为骨干企业，发展高等级钢材，拓展金属制品市场；鼓励汇华内配、中机精冲等汽车配件生产企业开发新产品，发展汽车零部件生产配套基地。截至2022年，园区现有钢铁压延加工企业12家，实现产值66.7亿。5. 现代物流产业。园区规划面积1200亩，以沙县公路港为中心，利用包括爱乐标准厂房、金煌能源标准厂房等附近企业闲置厂房建立现代物流产业园，引进货物运输、快递分拨、现代仓储配送中心、冷链物流仓储、保税仓库、电子商务、公共服务中心及配套商住等项目，打造闽中及闽西北地区最大的货物集散中心。目前已有10家快递企业、30家货运企业、60家电子商务企业入驻，申通、中通、百世、天天等快递企业在三明和南平地区的中转仓在金沙园设点，快递企业日均分拨快递16.5万件，占三明市分拨量55.3%。

招商引资成果丰硕。全年累计谋划项目47个，签约37个，总投资89.54亿元，其中5亿元以上签约项目9个；开工建设项目22个，外资到资3500万元，超额完成年度目标任务。

生态环保大力推动。秉持绿色发展原则，大力推动清洁能源应用，2022年，规模以上工业单位增加值水耗仅为1.67立方米/万元、规模以上工业单位增加值能耗为0.063吨标准煤/万元、单位工业增加值化学需氧量（COD）排放量为0.0079千克/万元，全年无发生环境污染事故。2022年和兴橡胶通过省级绿色工厂认定，永林集团人造板厂10个型号中密度纤维板被认定为省级绿色产品；科宏生物、永林人造板厂、川龙纺织、信明橡塑、锦宫节能等5家创建省级绿色工厂；宝华林、尼葛污水公司、恒金轮胎、中嘉塑等4家企业入选三明市绿色企业库。

（摘编：江涛）

三明高新技术产业开发区（尼葛园）

三明高新技术产业开发区（尼葛园）是1992年6月经福建省政府批准设立，2007年3月经国务院审核通过保留的省级开发区，2015年2月经国务院批复升级为国家高新技术产业开发区。2022年，尼葛园区完成规模以上工业产值246亿元，同比增长7%，税收2.6亿元。

项目建设围绕重点。作为永安市项目建设的主阵地、主战场，园区坚持“一切围着项目转、一切盯着项目干”，落实“脚底板工作法”，深入现场，下沉一线，蹲点工地，全年共有10个谋划项目、3个开工项目、2个投产项目列入省“五个一批”系统；有3个项目列入省重点项目，11个项目列入“百大项目”，12个项目列入“百日攻坚”项目（三明3个，永安9个），总投资37.89亿元，超额完成序时进度。新增固投入库10个，总投资18.8亿元；新增规模以上企业5家，其中新入库企业2家，规下转规上3家；新增工贸分离3家。

产业发展培育扶持。落实《尼葛开发区产业发展规划》，通过培育扶持建新轮胎、宝华林、科宏生物、中盛宏业等龙头企业做大做强，打造主导产业集群。一是做精橡胶产业，以建新轮胎为龙头聚集合成橡胶、橡胶助剂到自行车、摩托车、乘用车、工业车辆等轮胎生产、加工、制造和销售企业。已有建新轮胎建设年产150万条全钢子午线轮胎生产线、建新内胎及垫带项目、安兴叉车自行车轮胎、和兴橡胶、信明橡塑等5个橡胶加工产业项目签约，总签约金额达20亿元，5个项目全部达产投产后园区橡胶产业产值预计达到75亿元。二是做优纺织新材料产业，以宝华林为龙头加快宝华林聚乙烯醇（PVA）纤维市场推广应用，引进福骐荣新材料项目，加快中泰纺织喷水织机、超然水性树脂、盛佳纺织水溶性无纺布等技改、扩产项目步伐，推进纺织等传统产业转型升级，新增纺织产业产值30亿元。三是集聚化工医药产业。以化工园获认定为契机，重点发展医药健康产业和化工新材料，已落地的6个项目同时开建，呈现在建项目多、投资强度大、建设场面热，工程进度快等特点，目前科宏生物、中盛宏业等2个项目建成投入试生产，中盛宏业实现当年动工、当年竣工投产。化工园全部建成达产后预计年产值可达70亿元以上，税收4亿元以上。

生态环保整治提升。集中精力抓好化工集中区安全等级整改提升到“C”级工作。按照省安办《关于请督促化工园区安全风险排查和评估分级现场抽查复核发现问题整改的函》（闽安委办函〔2022〕7号）所列出的16个风险排查整治问题清单，逐项提出解决措施，制定安全整治提升方案，全力推进并完成问题清单的整改攻坚。目前化工集中区道路、水、电、汽和污水处理、消防救援等基础设施已建成投入使用，应急管理中心、安环一体化、封闭式管理等智慧系统配套齐全。安全风险等级整改提升工作通过省上现场复核评定，安全等级达到一般安全风险等级（C级）。持续强化日常监管和昼夜巡查，引进环保管家，编制《废气集中收集治理方案》，通过夜谈会、净味行动、环保开放日等，有效化解环保信访投诉。异味整改交账销号材料已上报省生态环境厅和三明市生态环境局，待销号。

（摘编：江涛）

尤溪经济开发区

尤溪经济开发区是2006年4月经国家发改委审核公告的省级开发区。2022年，开发区48家规上企业累计产值208.45亿元，同比增幅2.4%。固定资产投资完成18.46亿元，同比增幅16.8%，税收完成1.84亿元，同比增幅27.8%，出口总额11.11亿元，同比增幅4.5%。

项目建设大力推进。抓住项目审批及供地等关键环节，大力推进项目建设，促进通耐切削工具、厦钢切削装备、红树林自动化家具配件定制等一批签约项目转为开工项目，创益织染、格利尔印染迁建、富瑞热电、佳宇纺织器材、华扬纤纺、华达茶叶、纳绮纺织等一批在建项目转为投产项目，德坤织染项目整合为六融工业项目重新开工建设，鑫森合纤、旭源纺织、华泰布业、格利尔西城分公司等一批投产项目转为增资项目，项目建设热火朝天，园区面貌焕然一新。

营商环境纾困解难。报批难是重点项目推进的“中梗阻”，开发区采取“三到位、三联动、三落实”工作法，有效破解项目报批这一影响项目落地建设的“卡脖子”问题。一是“三到位”攻坚有力。采取人员到位、精力到位、时间到位，项目报批团队秉承“以时间换空间、以进度抢指标”的送审报批原则，确保各项报批资料在第一时间送审送评。二是“三联动”攻坚有谋。项目报批，涉及面广。多点并进、联合作战是攻坚的关键。开发区采取“镇村联动、部门联动、县市联动”的工作机制，重点突破涉村村民代表大会、协议签订、协调新增建设用地指标、耕地占补平衡、环评审批等关键难点工作。三是“三落实”攻坚有效。项目攻坚，重在落实。担当负责、有效突破是攻坚的核心，开发区从提升能力、压实责任、突破重点等3个方面落实项目报批工作，完成宏茂纺织等7个项目林地材料组卷报批959.4亩、宏昌纺织等9个项目农用地材料组卷报批1290.3亩、宏茂纺织等6个项目土地出让资料组卷报批及鑫友鹏染整、纳绮染整等项目环评审批，加快项目落地。

招商引资持续推动。园区围绕招商选资，引进长远发展“新”动力。新签约入园项目7个，计划总投资约46.5亿元，分别为厦门通耐钨钢高端刀具及装备制造项目、六融工业、红树林自动化家具配件定制生产项目、宏茂纺织生产项目等，延伸产业链条，为培育经济新增长点、壮大园区经济总量打下坚实基础。

（摘编：肖启辉）

泰宁工业园区

泰宁工业园区于2006年3月经省政府批准为省级工业开发区，为“一区三园”布局，“一区”即泰宁工业园区，“三园”即丰元、大洋坪、朱口三个工业园。2022年，园区企业产值约7.5亿元，纳税总额达2810.5万元，同比增长65%，企业税收贡献再创新高；尤其是三晶光电、竹圣日用品等制造业企业纳税额达2504.5万元，同比增长

68%，为县域经济社会发展做出更大贡献。

项目建设有序推进。2022年，园区新增规上企业1家，为福建省日木新型建材科技有限公司，该企业投资的日木新型建材二期项目被列为省级重点技改项目；5月，福建三凯建筑材料有限公司被省总工会授予“福建省工人（五一）先锋号”的荣誉。继续实施山海协作产业园提升建设项目，园区已争取地方政府专项债500万元，争取省级财政促进开发区发展资金50万元，着力完善基础设施建设，提升园区承载力和吸引力。目前，已完成总投资1300万元的园区物流仓储中心建设和总投资800万的丰元主干道改造和12期道路等工程建设；总投资4600万元的孵化中心A栋、设备用房消防水池、综合服务中心改造，以及大洋坪9期、10期和13期道路等工程正在抓紧施工；同时，正在同步推进总投资4400万元完成工业园区孵化中心B、C栋、园区基础设施改造一期和园区挡土坝水土保持生态环境综合整治一期等工程的规划设计、预算、财审等工作。

营商环境持续优化。一是改进工作作风。加强园区机关干部管理，组织修订完善《泰宁工业园区管委会制度汇编》；优化完善人员分工安排，建立园区干部联系服务企业名单，并组建规划建设、项目招商、后勤保障、园区公司等4个工作组，强化责任落实，形成工作合力，更好地为园区企业服务。二是创新服务平台。借鉴和拓展“枫桥经验”工作模式，联合县总工会等部门建立“园区职工法律服务一体化基地”，入驻企业24家，职工700余人，把劳动关系纠纷和职工群众的烦心事、挂心事化解在基层一线。深化“知创福建”工作站、“院士专家工作站”等平台建设，努在中介服务、科研创新等方面为企业提供专业服务。2022年以来，为2家企业办理专利质押贷款1700万元，指导企业申报发明专利15件、省知识产权优势企业1家、政府间国际科技创新合作项目1个；“方真院士专家工作站”与企业对接的科研成果还登上国际学术期刊。三是优化服务措施。发挥园区“项目代办服务站”作用，明确专人、专班、专责为项目提供全方位审批代办服务事项27件，协助6家企业完成入驻手续，并做好新入园项目用地的“四通一平”，强化供水、供电、交通、通信等要素保障。同时，着力构建主动服务企业的新模式，建立园区干部定期走访服务企业工作机制，协助企业抓牢安全生产、疫情防控等工作。

招商引资卓有成效。坚持“一把手”带头抓招商，发扬“四千”精神，用好脚底板工作法，依托异地商会、邹氏宗亲会等团体和园区企业的资源优势，及时掌握招商线索，主动对接、精准招商。目前，园区正在对接和推进的招商项目有24个，其中在建和投产项目6个，计划总投资19.1亿元；落地项目3个，计划总投资6.2亿元；签约项目3个，计划总投资11.2亿元；在谈项目11个，计划总投资39.2亿元。现已落地的项目完成园区土地出让约392.7亩，缴纳土地出让金2352万元；目前还有德微科技（中琉科技）资源循环综合利用、福建建城家具供应链等项目约需供地170亩。

（摘编：肖启辉）

宁化华侨经济开发区

宁化华侨经济开发区是1999年经省政府批准设立的省级开发区。按照“一区多园”、科学规划、优化布局的原则，设城南工业园、莲塘食品加工园、城南化工园等三个专业园。2022年，新增落地项目13个，新增规上企业5家，累计入驻项目91个，其中规模以上40家，累计完成工业产值96.7亿元，同比增长25.9%，占全县工业产值42%；工业用电1.49亿度，同比增长10.1%；现有员工6500余人，同比增长8.3%。

项目建设扎实推进。2022年园区，完善园区水、电、路等基础及配套设施建设，为企业落地提供发展空间。一是化工园建设取得新突破。按照“十有两禁”高标准、高要求、高质量推动城南化工园建设，完成双电源、双水源、污水处理厂、座应急池、公共管廊、取水码头、危化品停车场、特种气体监测站、水质监测站、大气监测站、地灾监测站、智慧化平台、封闭化设施等项目建设，特勤消防站（含医疗救护站和气防站）正在内部装修。2022年12月29日—2023年1月6日，福建省应急管理厅官网对宁化县城南化工园拟提升安全风险等级进行了公示。二是标准厂房建设取得新成果。河龙贡米产业园二期1幢生产车间和3幢仓库建成，智能制造产业园2幢标准厂房基本建成，剩余3幢标准厂房及1幢宿舍楼主体已建设完成，计划2023年6月底前投入使用。三是园区环境取得新进展。完成城南工业园园区一路路灯、物流园水保治理、化工园水保治理、陶瓷产业园水保治理等工程建设，实现绿化面积约9.6万平方米、亮化道路约700米。开展卫生环境"脏、乱、差"及违章乱搭整治行动，打造优质、健康、卫生的工作生活环境，提升园区整体形象。

招商引资全力以赴。实行一把手招商制度，主要领导亲自安排、亲自部署、率先垂范，前往福州、厦门、深圳、东莞等地开展招商活动6次，13个项目实现落地。纳福有机硅、碳纤维头盔、星空户外用品、碳纤维高端户外极限运动产品、智能婴童家居用品、硅胶玻璃盖及硅胶制品、太阳能LED灯及光伏系列产品、薏米·河龙贡米产业园加工区、河龙贡米扩建、斯韦富特、铭航塑业、宁化时代储能、星星工艺等13个项目入驻园区，总投资达29.2亿元。其中星空户外、碳纤维头盔、宁化时代储能等3个项目已实现当年落地投产。

安全环保落实到位。一是强化责任意识。召开安全生产会议8次、环保推进会议12次，督促重点企业落实主体责任并签署安全环保责任书90份。二是强化隐患排查。全员下沉企业和项目建设现场，为企业和施工现场进行零距离"把脉"，实现"问题排查—整改提升—再回头、再落实"的闭环管理，要求企业特种作业人员持证上岗，实现新增35名人员获得特种作业证书。督促企业整改安全隐患50个、环保问题62个。三是强化宣传教育。组织学习环保和安全相关法律讲座6次，危险废物管理培训1次，公共机构能源节约与生态环境保护讲座2次，累计800余人次参加。

（摘编：黄国实）

将乐经济开发区

将乐经济开发区是经国家发改委审核确认，2006年8月省人民政府批准设立的省级经济开发区。2022年，开发区企业共119家，已经落户投产企业共100家，其中积善已投产企业82家、北郊已投产企业18家、在建企业19家。80家规上企业，企业完成工业总产值199.85亿元；完成企业固定资产投资44.72亿元；完成税收2.6亿元。新增规模以上工业企业7家。

基础建设完善配套。1. 完善园区道路路网结构：投资4000万元建设将乐县积善园区四期主干道及南宾支路工程，现已全面竣工投入使用，四期主干道B标正在进行路基整形。2. 提升污水处理能力：投资1000万元建设福建将乐积善工业园区污水处理厂，针对化工集中区污水技改提升工程，现已完成竣工验收。3. 总投资3700万元完成将乐县化工园区基础设施建设项目［综合管廊（一期）和应急池］建设：管廊总长约4780米。建设主管廊与支管廊基础形式为钢筋混凝土基础，上部为钢结构，设计柱距为8米，考虑主管廊断面柱距宽3.0米（局部2.0米），支管廊宽度1.7米，三层（两层用，一层预留），层间高差为1.5米。4. 生活商服配套：投资700万元建设商服东区公租房A-E栋及PPP项目附属工程，现已全面竣工完成竣工验收。

项目建设加速推进。2022年，落实重点项目代办和企业零距离服务，加快项目建设审批办证，帮助协调解决困难、问题，促进在建项目早投产、投产企业早达产。加快推进中科金属、久策气体、富远铝业、方岩改性重钙、桂垚方解石深加工、盈美新材料、南宾南德、永佳福、佳闽食品、酒石酸、乐钛、香满江、水木海清、二甲基硅油等15家在建项目建设进度。到年末建成投产或部分投产项目有泰达重组、泽信环保、南宾南德、永佳福等项目。

产业发展合理布局。在产业布局上，开发区以轻合金新材料、精细化工、大健康环保等为主导产业，重点培育轻合金、精细化工产业发展。

招商引资凸显优势。2022年，重点抓好半固态轻合金、精细化工、大健康等产业链招商，着重打造轻合金特色产业。开发区签约9个项目，签约额为人民币15.53亿元，分别是：三俊水性漆项目，总投资0.8亿元；乐钛钛白粉项目，总投资3亿元；闽硅二甲基硅油项目，总投资1.6亿元；泽信环保设备项目，总投资1.5亿元；盛达酒石酸项目，总投资1.05亿元；方岩二期年产5万吨可降解环保产品生产项目，总投资1.25亿元；镛洲粮食仓储项目，总投资1.1亿元；科源二期扩建项目，总投资0.23亿元；泰达重组项目，总投资5亿元。

（摘编：徐根生）

三明经济开发区

三明经济开发区为省级经济开发区，于2010年12月由福建省政府批复同意设立，于2022年12月底完成整合提升工作，现辖吉口新兴产业园、吉口循环经济产业园、小蕉工业园区、荆东工业园、黄砂新材料循环经济产业园、汇华（竹洲）工业集中区、台江工业集中区、高源工业集中区、翁墩物流园、大坂现代物流园、荆西智能装备产业园、洋溪信息产业园等12个园区，已形成一区多园、各具特色的产业园区和集中区。2022年，园区规模以上工业企业134家，规模以上工业实现产值572.30亿元、税收4.91亿元；已授权国家发明专利74项，认定国家高新技术企业31家、知识产权优势企业3家、“专精特新”企业12家。

项目建设有序推进。2022年，共梳理基础设施重点项目21个，年度计划投资9.89亿元，其中，进展明显项目12个，序时推进项目9个。配套基础设施方面：吉口新兴产业园标准厂房（7#）项目主体结构已完工，完成总进度40%；小蕉泉三高端装备产业园项目（一期）中800亩A5地块边坡支护项目完成总进度75%。安全环保设施方面：吉口循环经济产业园应急救援中心已完成预验收；吉口循环经济产业园公共管廊二期项目已启动地勘工作。供水供热设施方面：小蕉片区第二供水工程项目杉板坑引调水工程引水隧洞贯通，完成总进度70%；吉口循环经济产业园集中供热项目正在进行地勘工作。土地供应方面：完成土地供应1宗，用地面积44.73亩，土地出让金1339万元。

产业发展凸显优势。含氟新材料方面，依托三明市萤石矿的资源优势，形成以三化元福为上游原材料企业，三立福、台氟、悦淳、润祥等为下游精深加工企业的产业链，专业化强、附加值高、增长势头好。新能源材料方面，凭借厦钨新能源龙头带动作用，以及全市正极、负极、电解液、隔膜、外壳等产业基础，重点发展锂离子电池材料以及消费类、动力类、储能类电池集成，材料种类齐、市场前景好、发展空间大。稀土新材料方面，作为全省稀土战略布局“一龙头、两园区”之一，迎来建设革命老区高质量发展示范区政策红利，重点在稀土分离指标和精深加工方面寻找突破。

招商引资发挥优势。2022年，三明经济开发区紧紧围绕市委、市政府的决策部署，充分发挥招商引资“主战场”作用，围绕三化元福、厦钨新能源等龙头企业延伸产业链，突出产业链招商，强化中试招商，注重以商招商，先后赴上海、深圳、惠州、福州、厦门等地拜访企业60余家，邀请各类企业家、行业协会代表等近百批次来明考察对接，明确上海墨砾新材料、惠州道一新能源等一批重点对接的意向企业。签约落地一批产业链上的好项目。产业项目方面，签约亿元以上生产性项目6个，总投资28亿元，分别是投资10亿元的中吉高科锂电池电解液添加剂项目、投资5.5亿元的极微纳纳米新材料项目、投资3.5亿元的博汇能源含氟新材料项目、投资3亿元的永庆吉兴集装箱底板项目、投资5亿元的闽投电力光储一体化项目、投资1亿元的八叶草科技D乳酸项目，签约总数比去年增加50%。中试项目方面，经开区走差异化发展的道路，积极探索建立全市首家综合性中试基地，全年累计对接各类科研院所和企业25家以上，签约中试项目5个，总投资1.2亿元，分别是投资1000万元的上九新材料石墨电极中试项目、投资1000万元的力明新材料新能源材料中试项目、投资5000万元的福宁新材料靶材中试项目、投资5000万元的厦钨新能源研究院锂电池材料中试项目和华侨大学新材料产业技术人才和技术成果转化基地项目，其中福宁新材料项目签约后实现百日投产。目前正在与上海墨砾新材料科技有限公司、莱科科技等多家企业在谈负极石墨前驱体、电子信息等项目，拟投资额超过20亿元。

生态环保严格执行。2022年，园区整合工作中，三明经济开发区启动园区安全环保核查工作。环保核查方面，完成12个园区240家企业内业、环保设施及环保隐患排查，主要存在合规性资料不完整、涉及的环保设施部分未完善和平时运行管理不规范问题，正在整改。安全核查方面，完成10个园区217家企业内业核查及生产安全隐患排查，主要存在无规范内业资料和车间安全告知标识缺失问题，正在整改。

（摘编：江涛）

三明现代物流产业开发区

三明现代物流产业开发区是由三明市和沙县区两级政府共同投资创办，2006年被省政府列入福建省“十一五”现代物流业发展十大专项规划重点建设项目，是一个集加工配送中心区、多式联运中心区、物流中心区、综合服务区为一体的综合性功能区，是一个集物流基础设施建设、物流企业发展、依托物流进行产业开发的综合性开发区。2022年，开发区共实施三沙生态旅游大道等重点项目44个，完成投资33.57亿元，超年计划26.7%；面对经济下行压力加大，开发区迎难而上，贯彻落实中央和省市关于扎实稳住经济一揽子政策措施，全年实现税收2.33亿元，完成各类融资19.2亿元；三明陆地港全年完成进出口集装箱23061个标箱，累计货值约52500.92万美元。

项目建设扎实推进。以项目建设为抓手，倒排工期，挂图作战，制定“两单一表”，实行“半月一调度、一月一督查”，扎实推进各重点项目建设。其中市第一医院生态新城分院项目二次装修工程已完成95%，安装工程已完成；生态新城学校A1-A5外墙面砖铺贴工作完成90%；生态新城康养城项目一期工程基本完成，进入项目验收阶段，二期工程有序推进；市档案馆（档案数据中心）建设项目装修、安装工程完成，室外景观工程开始施工；长深高速垄东停车区改扩建项目与三沙生态旅游大道主线工程开工建设；揽月山人才房一、二期转入室内装修、室外景观绿化施工阶段，988套房源售出366套；市委党校、市疾控中心竣工投用，超300名干部职工搬迁入园。

招商引资依托优势。依托中关村品牌资源优势，持续深化京闽科技合作，举办“创新中国行”“京闽创新汇”等各类招商、产服活动近70场，其中与市发改委、市商务局、市科技局联合举办三期三明数字经济产业交流会，累计近200家企业参加，有多家企业意向搬迁入驻中关村科技园；举办稀土及氟材料企业、医药企业、呼叫中心项目、头部企业等专场对接活动14场，持续保障园区热度及曝光度不减。三明·中关村科技园全年对接企业400余家，新增注册企业125家。围绕搭建“就近就地孵化、成果异地转化”的“域外飞地”，今年先后完成了厦门、福州两地的离岸孵化器建设并揭牌，通过打造科技园“飞地模式”，构建对外合作窗口。

（摘编：林文涵）

建宁经济开发区

建宁经济开发区位于建宁县城北部，总规划面积为15.27平方公里，于2011年8月由省政府批准升格为省级经济开发区，批复面积为4平方公里，范围为东至斗埕、西至孔家岭、南至塔下、北至建泰高速公路。2022年，开发区已开发面积2.96平方公里，其中建成工业用地1.73平方公里，共有入驻企业47家（其中：投产企业38家，规模以上企业25家，在建企业9家）；完成工业总产值64.85亿元，税收0.24亿元。初步形成特种造纸、食品加工、机械装备制造、林产品深加工等四大产业。

项目建设持续推动。2022年，开发区实施基础设施建设项目25个，计划投资1.5亿元；全年完工23个项目施工，完成投资1.3亿元。2022年实施建设企业生产性项目8个，其中续建项目4个建设，总投资25亿元，当年度完成投资8亿元。分别是云杉纺织、奥晟科技、绿田食品、建浦机床项目。新建项目4个，总投资8.94亿元，当年度完成投资2亿元，分别为：金博旺环保科技、酒子罐酒业、友力特（福建）机械制造、山水润粮油加工项目。友力特（福建）机械制造项目：项目总投资2.2亿元，规划用地面积100亩，主要建筑面积4.1万平方米，包括建设综合办公楼、12米高标准厂房、仓储中心、员工宿舍、购置激光切割机、数控锯床、数控机床等生产线设备，建成后可年产1.2万台叉车属具，年产值可达4亿元，实现税收1000万元以上，带动300余人就业。山水润粮油加工项目：项目总投资2.28亿元，计划用地面积100亩，分两期实施，其中，一期程用地面积40首，主要建设内容包括：新建粮食生产车间8500平方米；原料仓库、成品仓库9800平方米；宿舍楼、食堂、综合办公楼等附属建筑1750平方米及厂区基础配套设施。二期工程用地面积60亩，主要建设内容包括：新建粮食及饲料生产车间13500平方米；原料仓库、成品仓库15000平方米；宿舍楼、食堂、综合办公楼等附属建筑5000平方米及厂区基础配套设施；购置吸粮机、风筛清理机、自动上料机、去石机、砻谷机、碾米机、分离机、大米色选机、抛光机等生产设备若干。

产业发展以点带面。在保留原有项目基础上，重点发展：通用设备制造业、电气机械和器材制造业、食品制造业、金属制品业、种子产业等符合国家产业发展政策的产业。兼顾发展：专用设备制造(采矿、冶金、建筑等)、生物医药产业、肥皂及洗涤剂、化妆品制造、竹木制品、塑料制品、物流仓储等配套且符合国家产业发展政策的产业。

招商引资依托优势。开发区把招商引资作为工作的“重中之重”，牢固树立“招大商、招好商”意识，按照“大项目—产业链—产业集群-循环经济工业生产基地”的思路，依托大项目培育关联配套产业，促进企业集聚和产业链延伸，加速构建区域发展新格局。2022年新引进签约落户7个项目，计划投资额19.98亿元，主要是：金博旺塑料制品及可降解塑料产品生产线建设项目，占地约30亩，总投资2.3亿元；澳博利生态环保板生产建设项目，占地约30亩，总投资2亿元；建宁锡昊智能家具有限公司，占地约25亩，总投资3亿元；福建酒子罐白酒生产项目，占地25亩，总投资2亿元；年产1.2万台叉车属具生产建设项目，占地面积约100亩，总投资2.2亿元；建宁县年产20万吨粮食及饲料深加工建设项目，占地面积约100亩，总投资2.28亿元；华谷高科，占地24亩，总投资1.5亿元。

（摘编：徐根生）

明溪经济开发区

明溪经济开发区2011年8月经省政府批准为省级经济开发区，位于明溪县城关东北侧约3公里处，以306省道为基准，分为南、北两个分区，规划总面积约10.22平方公里，其中工业用地6100多亩。2022年开发区已有入驻企业64家（含工业集中区企业），其中，规模以上企业35家，上市企业含子公司4家、国家高新技术企业12家、国家工程技术研究中心及博士后科研工作站等8家。2022年，开发区实现规上工业总产值108亿元和税收2.42亿元，同比增长24.9%和26.5%；“三新”产业实现税收2.31亿元，同比增长42.6%，占开发区税收总额的95%。首年产值突破百亿，税收破2亿元。在全省开发区综合发展水平考评中连续3年位列23个扶贫开发重点县中排名前列，工业经济持续保持良好增长态势。

项目建设双管齐下。一是基础设施方面。开发区实施标准化建设及化工园区认定“补短板”建设项目33个，完成污水处理厂一期提升改造主体工程、工业集中区1#应急池、智慧园区平台建设、熙华产业园场地平整等26个项目建设，累计完成投资1.2亿元。完成智慧园区监管平台、医疗救护站、事故应急池等12个化工园区补短板基础设施建设项目建成投用，全力推进特勤消防站、危化停车场、工业污水处理厂二期等项目建设。二是项目建设方面。常态化开展“访、解、促”专项行动，围绕市委、市政府“大招商招好商”攻坚战役，持续抓好“五比五晒”“项目攻坚年”等重点项目跟踪服务，全力推进海斯福四期、导洁水处理、紫杉园抗肿瘤药物迁建项目、熙华药业产业园等11个重点建设项目。累计帮助企业协调解决水电、审批等问题50余项。

生态环保严格实行。一是应急保障方面。进一步全面夯实安全、环保工作，累计投入3500万元，完善智慧园区综合监管服务平台系统，实现对化工园区内重点场所、重点设施在线实时监测、动态评估和及时自动预警，并接入地灾监测、大气监测、污水监测管控、气象数据、道路监控、高空瞭望等系统，实现园区安全、环保监管应急管理。二是制度方面。健全完善园区消防安全工作机构和制度，不断引入专业性安全服务机构，逐步提高消防安全监管水平；指导强化辖区企业管理人员的消防安全意识和技术，有效提升企业从业人员的安全技能知识。综合运用人防、物防、技防手段，强化事故隐患排查整改，全年开展安全、环保隐患排查118家次，严格实行闭环管理，确保风险可控、隐患消除，实现园区安全稳定态势，并且入选第五批省级绿色园区。

（摘编：黄国实）

大田经济开发区

大田经济开发区成立于2008年9月，2012年6月升格为省级经济开发区。2022年3月，经三明市政府批复，上京工业园和罗丰工业园纳入大田经济开发区整合托管。2022年，全年园区规模以上工业18家，工业产值73.43亿元，比上年增长10.4%；实现税收7060万元，同比增长41.1%；规模以上企业用电6.82亿千瓦时，同比增长60.5%；企业新增固定资产投资23.33亿元，同比增长56.5%；实际使用外资250万美元，同比增长78.6%。

基础建设日趋完善。2022年，罗丰工业园（一期）土地成片开发方案得到省政府批复；上京、罗丰园完成农转用报批82.93公顷（其中上京园43.47公顷、罗丰园39.46公顷），其典型做法刊登在《三明市重点改革攻坚战役工作简报》第63期；完成用地征收33.47公顷，完成土地平整33.33公顷。上京工业园污水处理厂12月竣工，3.2万平方米生产生活配套设施于9月竣工验收、10月投入使用。罗丰工业园完成罗丰大道建设，实现全幅通车，污水处理项目工程12月动工建设。

产业发展高效推动。2022年，开发区与乡镇、县直部门谋划优质项目，全年完成项目签约13个。重点抓好太宇、中光、超越、恒普、鑫协等在建项目，通过问题数字化、进度图文化的形式开展“亮、晒”服务活动，每周通报项目服务成效，形成比学赶超的浓厚氛围，推动项目问题逐项、限时解决，推进项目早建设、早投产。重点抓好育灯纺织、科达新能源、建华纺织、中工塑胶等企业技术改造，鼓励企业采用新设备、新材料、新工艺提升企业产能，推进产品升级换代，促进企业转型升级，拉动技改投资。

（摘编：徐根生）

清流经济开发区

清流经济开发区于2006年起步于清流国家级台湾农民创业园金星加工区，2012年升格为省级经济开发区。2022年，氟新材料产业园的氟化工产业总产值31.91亿元，增长10.1%，占企业规模以上工业产值比重比71.3%；实现税收入库超2.6亿元，占全县总税收比重45.7%。

项目建设持续推进。2022年，城南工业园完成投资2100万元，其中基础设施提升工程共完成9个。思莉纺织实现由租赁企业到用地项目的成功孵化，用地10亩的新项目已经在城南园开工建设，实现小微基地孵化功能的突破。金星工业园完善化工区全封闭围挡工程，西南片地块场地平整工程、方品城地块场地平整工程等基础设施项目，新入驻方品城家具、致远新材料、福建瑞威等企业，通过延链补链，形成以竹木加工、建材、机械加工、氟精细化工及上下游产业为主导的完整产业链。2022年通过“腾笼换鸟”共腾退企业7家，激活低效用地400多亩，通过法律拍卖竞得鑫龙森林房产及土地，完成捷鸿木业、鑫龙森林厂房拍卖拆除。氟新材料产业园完成投资6500万元。实施雅鑫二期扩建地块、抗氧化剂地块场地土方工程、塘源口护坡项目、福宝片污水环卫配套设施建设项目及清流县氟新材料产业园福宝片电力配套设施等项目，其中福宝园污水处理厂二期工程、福宝园下平台污水提升泵及配套管网工程等项目竣工验收，完成上平台消防道路工程一期设计、特勤消防站及附属配套设施建设项目的立项、用地选址、地勘等前期工作，福宝片下平台污水管网提升工程完成并投入使用。

招商引资卓有成效。2022年，全年引资项目11个，合同资金合计34.1亿元。1月29日，中欣高宝新签约年产2.1万吨新型电解液材料建设项目；7月29日，成功签约年产420万双休闲鞋项目的云足鞋业项目。会同招商中心共同修改推出新的《投资合同》版本，对入驻企业的亩均投资强度、亩均税收、完成时限及相关退出机制做出合理的规定。

（摘编：黄国实）

三明埔岭汽车工业园区

三明埔岭汽车工业园区由三明、永安市两级政府共同开发，2013年12月1日经福建省人民政府批准设立为省级经济开发区，是海西生态工贸区的重要组成部分，也是福建省现有两个专业汽车工业园区之一，列入工信部《海西先进制造业发展规划》汽车产业的重点园区，是福建省重要的汽车产业发展平台和汽车及零部件制造业基地。2022年，完成规模以上工业产值96.94亿元，完成固定资产投资5.89亿元，“五个一批”项目省级入库2个、市级入库2个；列入百日攻坚项目5个，完成投资3.82亿元；实现税收4156万元。

项目建设持续推进。项目开竣工方面，园区全年实施重点项目5个，总投资8.5亿元，其中亦城汽车车架总成生产项目、嘉誉新型钢结构件制造项目、海工机械专用汽车改造项目等一批产业配套项目已建成投产；海西汽车驾驶室冲压、永久锂离子电池负极材料等一批在建项目进展顺利。基础设施建设方面，继续推进汽车零部件标准化三期厂房建设；帮扶做好省重点项目重汽海西汽车车身冲压项目，现厂房已建设完成，正进行设备安装，完成园区局部规划调整工作，完善项目用地；继续做好入园企业的规划审批服务工作。策划包装了新能源汽车锂电材料微产业园孵化厂房提升项目，用地面积约207亩，估算投资2.3亿元，南部新城新能源汽车综合补能站项目，用地面积约36亩，估算投资2.6亿元。

招商引资加大力度。深化“五比五晒”项目竞赛活动，围绕“强龙头、聚产业、优服务”，加大招商引资力度，全力推进重点项目建设。招商落地方面，全年赴湖南、山东、陕西、安徽、广东、江西等地开展专场招商12场，新引进永久石墨前驱体、锂离子电池负极材料生产项目、嘉誉新型钢结构件项目、玖铧汽车空滤总成生产项目等产业项目6个，实现引资17亿元。

（摘编：林文涵）

莆田开发区概况

莆田高新技术产业开发区

莆田高新技术产业开发区于2002年6月经省人民政府批准成立，规划面积11.05平方公里，2012年8月19日，国务院正式批准莆田高新园区升格为国家级高新技术产业开发区。2022年，高新区实现规上工业产值867亿元，共聚集企业436家，其中规模以上工业企业204家。在2021年全省省级以上开发区综合发展水平考核评价中排名第七名，较上一年前进一名；在全国169家国家级高新区排名中位列112位（2021年度），较上一年相对进位5位。

基础建设改造提升。完成迎宾路改造提升项目，推进东港路南伸和赤港片区配套路网的前期工作。推进涵江区城北工业园地块一标准化厂房及配套建设、赤港服务区“双开放”等建设。开展低效用地再开发，推动鹏发投资等3个低效土地再开发项目。

项目建设转型升级。百威雪津完成扩建25万吨成为单体最大、可生产高端啤酒最多的生产基地，投产亚太最大、全省首个精酿啤酒观光工厂，获评国家级重点用水企业水效领跑者、第五批省级绿色工厂名单、省农产品加工观光园，入选福建企业100强；红太阳建成全国最大的即食海带生产基地。华佳彩高世代面板、福联射频芯片、安特微电子等加快产能释放，华佳彩研究成果获省科学技术进步二等奖。云度新能源汽车实现复工复产，技术成果获省专利奖三等奖。国家屋顶分布式光伏建设试点和国家级新能源产业示范园区提速建设。推进涵江区城北工业园地块一标准化厂房及配套建设，总建筑面积30万平方米的城北智造产业园投用，引入海丝北斗、大族元亨等项目。

开放合作融合发展。促成福州大学与依吨共建实践教学基地、华侨职业中专和荣兴机械共建校外实习实训基地，参与协办华侨职业中专技能节等。推动莆田学院对接13家企业、华侨职业中专对接10家企业、湄职院对接4家企业，开展产学研活动。

科技创新贡献突出。积极开展高新技术企业申报宣传工作，建立134家高企后备库，高新技术企业净增30家、达105家。发挥国家级创客梦工场和科技企业孵化器作用，累计引进孵化项目92个，毕业项目46个，其中，国家特聘专家创业项目1个，第五批全国农村创业创新优秀带头人创业项目1个，组织开展创新创业活动36场次，参加各类创新创业大赛6场次，获得奖项5个，其中省级奖项3个，市级奖项2个。2022年园区内12家企业通过市级专精特新，7家企业通过省级专精特新，6家企业入选省重点上市后备企业名单，6家通过科技小巨人企业认定，2家企业获评全省数字经济领域"瞪羚"创新企业，2家企业的核心技术列入国内首台（套）重大技术装备和省内首台（套）关键配套基础件，威诺数控被认定为省级工业设计中心，山河药业获省科技进步奖三等奖。2022年高新区科技企业孵化器获批国家级科技企业孵化器，创客梦工场备案为国家级众创空间。获评国家绿色工业园区、2022年度突出经济贡献（"专精特新"示范园区）。

生态环保推动发展。完成绿色发展五年行动方案的编制、清洁生产审核创新试点实施方案文本编制、循环化改造园区实施方案文本编制，推进绿色高质量发展。推动传统产业绿色低碳转型发展，支持重点用能企业加快节能技改，单位GDP能耗下降31.7%，28家企业通过省、市清洁生产审核，1家企业获评国家级绿色供应链。优化规划管理。开展园区总体规划、规划环境影响评价修编。完成环境影响评价等4个区域评估项目文本编制。做好园区企业100%排污入管、管道日常排查、赤港泵站日常运行等工作。

（摘编：谢建东）

莆田湄洲湾北岸经济开发区

湄洲湾北岸经济开发区是经国家发改委、福建省政府批准设立的省级开发区，是福建省少有的具有县区一级行政管理职能的经济开发区，与台湾隔海相望，距台中港仅72海里。2022年，全区地区生产总值完成112.34亿元，比增5.0%。其中：第一产业增加值16.88亿元，比增3.3%；第二产业增加值46.16亿元，比增10.7%；工业增加值25.65亿元，比增1.2%；建筑业增加值20.56亿元，比增24.2%；第三产业增加值49.29亿元，比增0.8%。规上工业增加值25.02亿元，比增1.8%。农林牧渔业总产值31.07亿元，增长3.9%。固定资产投资完成255.45亿元，比增11.0%。外贸出口总额完成47.52亿元，比增22.3%。社会消费品零售总额完成21.11亿元，下降11.4%。一般公共预算总收入6.58亿元，比降48.8%；其中地方一般公共预算收入5.07亿元，比降30.8%。城镇人均可支配收入39127元，比增6.1%。农村居民人均可支配收入25725元，比增8.3%。

项目建设有序推进。2022年，园区实施省市重点项目共14个，完成投资25.1亿元，全区列入省、市级开工项目共7个，均已实现开工或具备开工条件；新增区级开工项目7个，均已实现开工。金鹰绿色纤维产业园生活纸、莱赛尔等2个子项目取得省工信厅节能审查意见，能耗分别达28万吨和22万吨。热电联产项目完成热电联产专项规划和供热专项规划送审稿，国投云顶湄洲湾电力有限公司与赛得利就热电联产项目进行了多轮洽谈。罗屿8#、11—12#泊位工程已于9月份正式开工建设。罗屿选矿集中区项目稳步推进。福建医科大学附属协和医院妈祖院区主体工程、设备安装按序时推进。

产业发展取得突破。哈纳斯LNG项目配套码头工程进入施工准备阶段，海水提钾项目上马在即，湄洲湾火电厂一期BOT等容量替代项目正在开展BOT谈判工作，三期项目正式签约落地并已取得省发改委新增煤电容量指标支持。金鹰绿色产业园项目子项目莱赛尔项目、生活纸项目完成项目备案，并取得省工信厅节能审查意见，配套热电联产项目完成热电联产专项规划、供热专项规划编制并上报省发改委。罗屿集中选矿区中的五矿集团铁矿石选矿项目已签约落地。瑞资联、宝晨、三钢国贸等选矿项目有序推进前期工作。新兴产业后劲更足。两岸生技园已建成标准化厂房12.28万平方米，已落地太阳树生物工程（已投产）、宜泰达石墨烯、义齿、牛樟芝、济康医药、金永源、药品包装厂等10个项目。策划推动两岸生技园综合开发项目，加快建设两岸生技园三期工程。“中巴”电商产品加工区项目落地两岸生技园三期。“两体两中心”项目主体封顶并全面装修，年内交付620多户人才公寓，建成后可服务于1000多名产业人才。文旅产业蓄势待发。协同岛岸一体发展，“一湾一堤一祠一阁一古城，一山一湖一岛一澳一公园”十景连线生态旅游精品路线展现新貌，紫玉湖、妈祖城海堤成为新晋网红打卡点。强化文旅宣传推广，推出“县区委书记谈文旅经济”系列北岸访谈报道，提升文化旅游知名度，2022年度接待国内旅游人数45.59万人次，国内旅游收入2.82亿元。

生态环保深入实施。全年经开区空气质量达标率97.6%，细颗粒物浓度等6项污染物指标达到国家二级标准。探索“污水零直排区”试点建设，完成3个试点村的创建工作。持续加强危险废物规范化管理，转移危险废物355.52吨，完成1家省级土壤污染重点监管单位监测工作。落实海上环卫队伍机制，海漂垃圾治理实现日产日清，共清理海漂垃圾约1242吨，密度同2020年相比下降34%。深入实施生态环境损害赔偿制度，办理生态环境损害案件3起。积极谋划山水林田湖草沙一体化保护和修复工程项目，北岸生态环境治理（EOD）项目已纳入国家“EOD”项目库，“全市唯一、全省唯二”。策划生成北岸开发区农村污水收集二期工程项目，拟申请中央资金2亿元。

（摘编：孔明德）

莆田华林经济开发区

莆田华林开发区前身——莆田市华林工业园区于2003年6月经市政府批准成立，2006年4月经国家发改委批准为省级经济开发区并更名为福建莆田华林经济开发区，核准面积6.47平方公里。2022年，开发区共有企业465家，其中征地企业117家，租赁企业348家，规上企业78家。完成产值303.38亿元，比增15.2%；完成固定资产投资28亿元。

项目建设积极推进。园区认真落实《园区高质量发展三年规划》，实施园区标准化建设，建立园区基本信息库，推进园区高质量发展。积极推进5G新基建、电子信息、鞋业产业等工业旅游项目，重点培养大唐5G产业园、亚明食品的中国中餐标准化产业基地。华林经济开发区5G产业园项目，主要包括：5G产业园标准化厂房、鞋业基地标准化厂房建设项目，园区教育、人才公寓等生活设施配套项目和园区道路提升等基础设施配套项目，通过引进中国信科、大唐网络等，建设5G产业研究院及东南总部基地，打造5G测试及应用示范园区。亚明食品通过扩建及收购闲置厂房（皇冠制罐），投资5.5亿元新建中餐标准厂房及预制菜肴产业园，项目均已签约。

产业发展围绕重点。华林开发区主要以鞋服产业、电子信息产业、食品产业、工艺美术四大产业为主：全年规模以上工业产值303.38亿元，同比增长15.2%。其中：①鞋服产业规模以上企业43家，工业产值为170.48亿元，占56.2%。重点企业有：力奴鞋业、三迪鞋服、祥冠鞋业等；②电子产业规模以上企业8家，工业产值为24亿元，占7.9%。重点企业有：三利谱电子、嘉辉光电、杰讯光电等；③食品产业规模以上企业7家，工业产值为30.18亿元，占9.9%。重点企业有：天怡现代、亚明食品、复茂食品等；④工艺美术产业规模以上企业4家，工业产值为29.30亿元，占9.7%。重点企业有：庄严苑、腾辉工艺等；⑤其他产业规模以上企业16家，工业产值为49.42亿元，占16.3%。重点企业有：新旺隆、溢通环保、腾安建材等。

招商引资加速推进。招商方面开发区加速推进低效片区腾笼换鸟，先后收购清华园、永德、天利达、天一祥、华龙、合众天成等厂区，动态摸排闲置厂房约3万平方米，已上报“为企寻场”平台1.5万平方米；可利用的合规屋顶约50万平方米，可成片开发分布式光伏项目；周边华林智汇、风达研发中心、祥和水岸花园公租房有近5万平方米商住空间，可为提质传统产业生态圈，构建商住产一体化集成模式提供物理空间。①招商储备地块山霞片区、日山片区相继启动前期手续办理，拟新储备工业用地375.25亩，有力拓展工业园区辐射圈。②富力智造产业园，位于西许片区，计划投资102亿元，规划用地467亩，建设总建筑面积45万平方米的标准厂房和配套设施，计划打造集产业、交流和生活于一体的综合性功能园区。项目主要依托富力等鞋业龙头企业，拟建设200条以上自动化、智能化鞋服生产线，建设智能化仓储物流配送体系，形成鞋服全产业链智能化生产基地。③“专精特新”产业园，位于西许片区，计划投资30亿元，占地168亩。拟营建绿色产业空间，构建“高精尖”产业体系，建成绿色产业园区。园区计划采用“先租后售”模式，为入驻企业提供环境稳定、组合灵活、可拓展的发展空间。已对接意向入驻企业6家，其中5家已签订认购协议，招商对象涵盖食品加工、智能制造、个性定制等领域。

（摘编：谢建东）

荔城经济开发区

荔城经济开发区原为莆田市荔园工业区，创办于2002年10月，2006年3月份经省政府批准、国家发改委审核，升级为省级经济开发区。2022年，开发区完成固投7.6亿元，实现规上工业产值122.79亿元，限上商贸213.5亿元，亩均产值达520.23万元，实现税收10.93亿元，亩均税收26.13万元。

项目建设提速加快。开发区全年在建项目27个；预备项目5个；前期项目4个。其中已竣工9个，分别是：交战东路一期、方显光电扩建项目、福盛鞋材扩建项目、华承鞋业扩建项目、央聚跨境电商大楼、灏谷智能制造创新产业园、鑫合鞋业扩建项目、顺天通5G物联园、艾力艾鞋业扩建项目；中光科技设备购置项目、百利鑫易拉罐项目等15个技改项目均已竣工投产。

招商引资加快推动。开发区为加快推进跨境电商发展，推动贸易数字化，结合顺天通企业规划建设占地65亩的跨境电商定制化生产基地，集聚跨境电商供应链企业，建设选品和人才孵化中心，配套建设金融服务区、酒店商贸区等，引进园区运营服务公司，构建荔城跨境电商企业和产品、销售、物流、运营、孵化及研发中心于一体的综合服务平台，初步形成跨境电商产业生态圈。全年跨境电商云产业园完成全市首单9810模式出口业务。

生态环保深入治理。开发区污水管网规划已纳入莆田市污水排放规划。规划在南少林路口建一座污水泵站，开发区内污水由市污水处理厂统一处理。目前，荔城经济开发区内污水管网已建成并投入使用的约有36公里，已形成以城涵大道、荔涵大道、南少林路、荔园路、东川路、九华路、绶溪路等为主干道的污水管网，上述污水管网中的污水经西天尾镇提升泵站统一纳入闽中污水处理厂收集处理。一年来，开发区已完成对园区内东川路、洞湖路、石盘路、工业一号路等污水管网进行疏通和清淤维护，确保污水有效收集。

（摘编：张全进）

仙游经济开发区

仙游经济开发区地处海峡西岸经济区的中心地带、莆田市南大门、湄洲湾南北岸湾底接合部，南邻肖厝港，东接秀屿港，西连福泉高速公路出入口处，东南紧接出海通道。2022年开发区核心区54家规模以上工业企业完成产值258.73亿元，比增28%；完成固投92.93亿元，比增28.5%；实现工业税收3.93亿元，同比增长25.2%。新增规模以上工业企业4家，年产值超亿元的企业达29

家，创税500万元以上的企业达17家。

基础建设不断完善。按规划合理推进基础设施项目建设，不断加强、完善园区基础配套设施建设、提高园区承载力，使园区基础设施更加合理完善，为入园企业提供有力保障。进一步拓展发展空间，提高园区综合竞争力和可持续发展能力。慈岳片区基础设施逐步完善，枫秀西路6.8公里竣工通车，慈岳中路完成路床碎石垫层及桩基80%及完成桥梁下部结构；南片区仙港大道连接线（枫亭段）道路工程完成8根冲孔桩灌注；北片区园景路已完工；五里岭片区外环路已完成地形测量，目前正在进行地质勘察与施工图设计等前期工作；集镇区公园东路已完成地勘，施工图图审和立项，正在协调控规；锦山路及安置房图审已完成初稿，立项正在受理阶段；枫秀西路铺头安置房已完成基础设施建设，正在进行主体施工。

项目建设狠抓进度。坚持实行项目领导分工负责制并在抓落实上下功夫，倒排工期、狠抓进度，不断完善项目推进工作沟通联系、督察督办、跟踪问效和保障激励机制，及时解决项目报批、用地、环评等问题，确保项目顺利落户、顺利进场、顺利建设。

招商引资多措并举。围绕莆田市十二条产业链及县九大产业招商方向，进一步抓好招商引资，突出抓好大项目招商。以产业招商、专业招商为重点，突出开放招商，提高招商选资的质量和效益。落实领导和部门主动出击，紧追不放、跟踪落实，力争源源不断地引进一批有质量、有规模、上档次的项目落户开发区。全年开发区对接招商项目8个，其中已落地2个［和拓（仙游）新材料产业园项目，计划总投资50亿元，目前综合楼、3#厂房已完成基础结构，1#、2#厂房开始做独立承台，3#厂房开始搭建钢构厂房梁柱。综合楼第一层开始搭建。艾德鞋材项目，计划总投资3千万元，完成厂房租用及莆田德弘鞋业有限公司注册，设备已订购，正在装修。］，已签约2个（华峰服装产业园生产项目，计划总投资23.73亿元，已完成征地及土方平整，项目331.7亩用地已全部获批，正在对接企业土地挂摘牌手续。因业主投资计划调整，未能明确投资意愿。海安集团高端装备产业园项目，计划总投资30亿元，二期项目已完成片区控规修编，一期成片开发方案已经省厅已批复，其中235亩土地已组件送审，待省自然资源厅批复。二期成片开发方案正在公示；完成一期林地报批，二期林地报批正在前期手续；已完成一期土方地形测量、地质钻探，已完成约96万土方和石方含量测算；片区主干道完成可研编制、项目代码，正在组件土地报批材料；业主方面已编制项目可研报告初稿，已签订框架协议。），正在洽谈7个（华峰鞋服自主品牌研发智造项目、“中国李宁”鞋类产品研发中心及生产基地项目、石墨烯新材料项目、歌士玮嘉适步自主品牌项目、协胜智能智造项目、连续热轧铜精密带卷复合材料生产项目、差别化功能纤维项目等）。

（摘编：孔明德）

湄洲湾国投经济开发区

2010年12月省政府批复同意将湄洲湾（石门澳）产业园区确认为省级开发区，定名为湄洲湾国投经济开发区，规划面积37.2平方公里。2022年度，园区现有各类市场主体534家，其中规上工业企业169家，限上商贸企业74家。

营商环境健康向上。石门澳化工新材料产业园已列入国家级新型功能材料产业集群核心承载园区，是全省布局的湄洲湾石化基地“一湾、两区、两园”的重要组成部分，是全省首批认定的省级化工园区；临港工业园是首批省级循环经济示范园，是全国首个利用LNG冷能形成的具有节能环保型示范园区；笏石工业园依托火车站、莆田国际物流港打造闽中物流枢纽，落地全省首个鲍鱼科技产业园；东峤工业园区以纺织产业为龙头，现已成为福建省纺织产业外贸出口基地和高端鞋服面料重要生产基地；上塘珠宝城成为继深圳之后全国第二大银饰珠宝交易批发集散地，海峡西岸最大的金银珠宝交易市场，是中国银饰之都、中国银饰城、福建省首批省级特色小镇、国家AA级旅游景区；木材加工区是经国家林业局批准的全国第一个国家级木材贸易加工示范区，被国家林业局、商务部、海关总署批准为进口原木加工锯材出口试点基地，被授予“中国木业之城”、“福建省循环经济示范园区”等称号。

一区多园优势互补。2022年10月12日，秀屿区委批准设立中共湄洲湾国投经济开发区管理委员会党组。10月16日上午，秀屿区举行了湄洲湾国投经济开发区管委会暨各园区服务中心授牌仪式，分别对湄国投管委会、石门澳服务中心、笏石工业园区服务中心、上塘金银珠宝城服务中心、临港工业园区服务中心、木材加工区服务中心、东峤工业园区服务中心进行授牌。10月20日，秀屿区委批准成立中共湄洲湾国投经济开发区综合党委，下辖66个党支部，523名党员。11月28日召开中共湄洲湾国投经济开发区综合委员会第一次党员代表大会，选举产生第一届委员会委员以及第一届委员会第一次全体会议选举产生综合党委书记、副书记。至此，经开区整体组织架构基本完成，“一区多园”管理模式在全市率先实质性运作。

港口建设加速推进。湄洲湾秀屿港是国家对外开放一类口岸，可开发利用岸线322千米，规划建设码头泊位22个，其中秀屿港作业区规划建设码头泊位11个、莆头港作业区规划建设码头泊位11个。目前已建成LNG0#码头泊位、秀屿港口1#4#5#6#码头泊位、中原港务8#码头泊位、莆头港口1#2#码头泊位；莆头港口3—4#码头泊位加快建设。2022年，秀屿港口实现货物吞吐量1080.41万吨。其中，秀屿作业区0号泊位完成液化天然气货物吞吐量291.39万吨；秀屿作业区1号、4—6号泊位的完成散杂货物吞吐量419.53万吨；秀屿作业区8号泊位完成液体化工货物吞吐量54.11万吨；莆头港口实现吞吐量315.4万吨，其中木材吞吐量54.68万吨。石门澳作业区规划建设14个泊位，其中通用泊位4个、化工泊位10个。1—3#、8#泊位为2万吨级化工泊位，4—7#泊位为5000吨级化工泊位，9—10#泊位为10万吨级化工泊位，11-12#泊位为10万吨级通用泊位，13—14#泊位为5万吨级通用泊位。泊位总长3747米，规划泊位能力2850万吨。目前，石门澳作业区6、9#泊位正在加快建设。

（摘编：张全进）

南平开发区概况

南平工业园区

南平工业园区是2006年3月经福建省人民政府批复设立的省级工业园区，是省级绿色生态示范园区、省级循环经济示范园区、省级军民融合高技术产业示范区、全省首批工业（产业）园区标准化建设试点园区、闽北最大的机电装备制造基地。2022年，园区净增规上工业企业5家，完成规模工业产值242.22亿元，同比增长7.6%；税收入库约12亿元，同比增长约5%。全年完成固定资产投资32.79亿元，其中，完成工业投资14.95亿元，完成投资10.24亿元。累计新增固定资产投资入库项目21个，新增固投16亿元。在南平市本级经济增长中持续发挥重要拉动作用。在2021年全省97家省级及以上开发区综合发展水平考核评价排名第28位，相比上年位次提升8位，成为南平市首次进入全省前30名的省级工业园区；全省首批16家（含10家国家级开发区）标准化建设试点园区考评排名第5位，获激励发展资金500万元。

项目建设有序推动。围绕化工园评级，基础配套投入持续加大，年内完成应急指挥中心、救援中心、消防取水码头、危化品停车场、应急池等一批化工园基础配套设施建设；污水处理厂提标改造顺利完成，污水处理达到一级A排放标准。

年内南福路快速通道工程一期建成通车，南平港延平新城港区码头2个泊位建成，闽江唯一的千吨级内河港口“南平港”顺利开港，闽江干流实现复航；此外，围绕闽江通航，总投资5亿元的南平港智能云仓和3亿元的“公铁水”联运项目开工建设；瓦口洋湿地公园、延平医院等“产城融合”项目建设有序推进，职工公寓、直播基地、实训基地及文化艺术体育中心等社会事业项目进规入盘。园区进入“产城港”融合发展新阶段。

产业发展欣欣向荣。在打造物联网电池产业园方面，园区着力撬动“资本、资产”杠杆，大力推动南孚电池横向、纵向领域拓展，重点打造物联网电池精品专业园。先后引进了电池钢壳、彩印包装等碱性电池产业链生产配套及电动工具、电子线束等电池应用等5个总投资3.6亿元项目入园，物联网电池产业园一期建成，全部建成后预计年新增产值2亿元，税收1000万元；积极孵化新能源细分领域项目，积极对接行业龙头、优质资本，推进新能源电池投资项目、锂电池综合利用项目，以瑞晟新能源为主体投资的锂锰电池生产项目实现当年建设、当年投产，预计3年内可实现新增产值5亿元。园区新能源小电池产业集聚发展迈出坚实步伐。在打造炭硅新材料产业园方面，总投资22亿元的白炭黑林产化工循环经济专业园基本建成，实现循环发展。总投资65亿元的泰盛竹浆纸一体化项目签约入园、建设在即。3亿元的爱克太尔新材料项目建设快速推进，1.2亿元的熊宝户外重竹项目10个月迅速投产；同时，园区在循环经济园建设上，积极招商并加快推动产业向炭硅新材料发展转型，总投资10亿元的高性能纳米二氧化硅项目、12亿元的元力环保用活性炭项目及10亿元的元力新能源硬碳项目等关联产业项目相继签约落地，即将开工建设。园区林产化工循环经济产业集聚效应逐步显现，朝百亿产值目标稳步迈进。在打造新型轻纺产业园方面，以园区获评福建省军民融合高技术产业示范园区为契机，进一步加大园区军民融合示范基地建设力度，依托南平军需被服厂，联合福能南纺，积极对接北京融通公司，打造军需被服生产基地取得进展。

招商引资独占鳌头。始终坚持“抓龙头、铸链条、建集群”，立足产业基础，围绕“一个‘五南’企业”，组建“一支招商队伍”，打造“一个精品专业园”的发展思路，加快园区传统企业转型升级、延链聚群，做大园区主导产业，壮大产业集群。全年谋划项目16个，其中，10项完成项目审批、2项完成项目备案；“一把手”招商新签约并开工总投资2亿元以上重大产业集群项目4个，其中总投资10亿元以上项目2个、总投资5亿—10亿元项目2个；5000万元以上正式签约项目11项，开工率100%。全年实现外资到资7098万元，占年度任务355%，居全市第一。

（摘编：林文涵）

南平高新技术产业园区（闽北经济开发区）

2005年，福建省开展《中心城市框架规划研究》时，提出了“武夷新区”的概念，并设立省级闽北经济开发区，定名为“南平高新技术产业园区”。2022年，园区共有工业企业78家，项目88个，规上工业企业22家。工业产值45.39亿元，同比增长4.7%；增加值完成10.45亿元，同比增长3.3%；工业固定资产投资完成10.35亿元，同比增长57.8%；其中技改累计投资9.38亿元，同比增长107.8%；全年用电5694.54万千瓦时，同比增长10.3%。

项目建设多管齐下。实行挂图作战、专班推进。以投产增效促发展为目标，多管齐下，加快项目建设进度。主动对接、精准帮扶，对入驻企业采取清单式服务，对重点项目执行“一企一策”“保姆式”服务，建立武夷新区企业名优产品目录，全力协助企业对接省内特别是闽北市场，在推进项目建设过程中，抽调精干力量，成立工作专班，建立工作机制，每个专项组均实行清单管理，挂图作战，如：36天完成了顺丰南平分拨中心过渡点4万平方米的厂房整修建设任务；61天完成了闽铝三期项目4号厂房建设。针对企业列出的问题清单，采取“企业派单、政府接单”机制，打通政企沟通渠道。

产业发展围绕重点。围绕新能源、新材料上下游产业抓招商，依托闽铝轻量化、海源新材料等企业，加强与绿色储能电池、光伏组件等产业招商项目的对接。围绕生态食品、智慧物流等绿色产业抓招商，发挥华润怡宝、圣农恒冰物流等入驻企业的领军作用和品牌效应，提升生态资源的附加值，加快引进水产业、生态食品相关头部企业落地。以教育实训、旅游康养产业为突破的绿色发展新格局。

招商引资精准对接。聚焦产业园区标准化、集约化、智能化目标，重点打造新能源新材料、数字信息、生态食品、教育培训四大产业，全力延链、补链、强链。武夷新区以“一把手”招商为引领，围绕食品加工业、水产业、商贸物流、电子信息、职业教育、新能源材料及健康养生等产业，采取内外联动方式，精心谋划招商线路、精准对接招商企业，开展招商活动30余次。2022年，武夷新区签约招商项目11个，开工10个，其中“一把手”新签约项目4个。

生态环保持续深化。坚持“党政同责、一岗双责”，强化开发区环保监督和服务，创新环保工作管理方式，通过购买服务方式引进第三方环保服务机构，为做好开发区环境保护工作提供技术支持，在大力促进园区发展的同时，确保既创造“金山银山”，又守护好绿水青山。目前开发区一企一档已建立，开发区突发环境事件应急预案已完成编制并发布，环境质量评估报告已完成，日常技术服务有序推进。

（摘编：林文涵）

光泽工业园区

光泽工业园区于2006年3月经福建省人民政府审批、国家发改委核准的省级工业园区，批准规划面积1.33平方公里（2018年调整为1.253平方公里）。园区以发展食品加工、新兴科技、传统资源加工等生态绿色低碳循环产业为主，现已初步形成了食品加工、竹木加工、生物科技、生物能源及仓储物流等为主体的产业群。2022年实现工业总产值150.62亿元、比上年增长12%，实现税收1.87亿元、比上年增长44%，解决就业18644人。

项目建设日新月异。金岭园2022年完成标准厂房建设1.25万平方米，即建成电子科技园Ⅰ期2#楼0.79万平方米、建成竹循环园Ⅰ期3#与4#楼0.46万平方米，另有电子科技园Ⅰ期1#楼0.84万平方米、竹循环园Ⅱ期共8栋2.39万平方米已开工建设；金岭园新扩建成金岭污水处理厂600吨/日处理能力的新型模块化一体式污水处理设施、建成1089.979米的中萤环路，和顺园新增建成一座3.5万吨/日处理能力的和顺工业园污水处理厂、建成集中供热的圣新能源生物质热电项目；园区道路、排水、排污、供水、供电、通信等基础配套设施建设不断推进，持续得到完善和提升，城区至园区的公交线路已开通。

产业发展不断壮大。园区目前共入驻生产性和仓储物流企业82家（投产64家、在建18家，包括圣农集团旗下12家），其中和顺工业园共有农业产业化国家重点龙头的联合型肉鸡生产加工企业圣农集团等27家企业（在建1家，包括圣农集团旗下9家）入驻，金岭工业园共有55家企业（在建17家，包括圣农集团旗下3家）入驻。截至2022年底，园区拥有上市企业1家、省级龙头企业1家，创新研发平台机构1家、创业服务平台机构2家，通过ISO14000认证企业3家，国家级及省级高新技术企业12家，企业发明专利20项。食品加工上市企业“圣农集团”，已形成了集饲料加工、种鸡养殖、种蛋孵化、肉鸡饲养、肉鸡加工、食品深加工为一体的现代化程度最高的完整全产业链企业，是自繁、自养、自宰白羽肉鸡全国及亚洲规模最大的专业生产企业。

招商引资攻坚克难。滚动开展招商项目策划、论证和项目库更新，成立“一把手”招商攻坚工作专班，常态化推进和开展项目招商引资、实行招商项目全程跟踪管理机制，重点抓好签约项目的履约率、到资率、开工率。2022年园区引进项目9个（食品加工4个、生物能源2个、机械制造与运营2个、冷链物流1个），项目总投资6.71亿元，三峡圣农首期分布式光伏、圣新能源集中供热、汽贸仓储物流中心等一批产业特色项目陆续落地，项目落地率、签约项目开工转化率与开工建设项目入统率均达100%，4个项目在建、占项目总数的44%，5个项目竣工投产、竣工率与建成投产率达到56%。

生态环保严格执行。光泽工业园区对新上产业项目始终坚持执行环境影响评价不过关不批、环境容量不允许不批、区域或流域排污总量超标不批、污染防治措施不可行不批的“四不批”政策，需环评的入园项目均通过环评审查；配套建有日处理能力5600吨的金岭污水处理厂、日处理能力3.5万吨的和顺工业园污水处理厂实现了Ⅰ级A达标排放；新一轮土地集约利用评价、水土保持方案、地质灾害评估正在实施；全园企业固体废物综合利用率指标达到国家标准；工业园区绿化面积9.3万平方米、绿地率达31%、绿化覆盖率达36%，公园式的“生态绿色金岭园”打造成效显著、并在持续推进，将和顺园建成生态优美的“圣农旅游小镇”综合体建设已全面推进实施。

（摘编：江涛）

邵武经济开发区

邵武经济开发区自2003年2月开始建设，2006年8月经国家发改委审核、省政府批准为省级开发区，核定面积为86.67公顷。2019年对开发区总体规划进行修订，修订后总规面积27.21平方公里，实际可建设用地20.11平方公里，规划龙川、紫金、香林、水尾、朱山、吞源、香铺等7个工业平台。2022年开发区共入驻企业301家，规上企业62家，2022年实现工业总产值171.56亿元，比增3.6%；完成固定资产投资47.54亿元，比增5.7%；实现税收3.05亿元，比增31.5%。在2021年全省97家省级以上开发区综评中，21个经济指标高于全省开发区平均水平，综合实力排名第48位，较2020年度上升10位。

基础建设日趋完善。电力设施：建设22万kV安坪变电站1座，规划建设朱山11万kV变电站。供水系统：实行工业用水和生活用水分支供水，工业用水来源1.75万吨/日的紫金山水厂（日供水1万吨左右），生活用水管网与城区联网，均由中闽水务（邵武）有限公司运行。环保设施：已建成并正常运行6000吨/日的污水处理厂一座（远期总规模为30000吨/日）和空气监测站3座，正在建设6000立方米事故应急处1座；一般固废和危废处理分别依托市垃圾填埋场和绿益新环保公司专业处理。能源供应：主要以天然气和蒸汽为主，天然气由中裕燃气公司建设运行，供气管网已铺设至紫金、龙川平台；蒸汽由福建中燃清洁能源公司投资建设集中供热项目，设计规模3*45吨燃煤锅炉。通信设施：已建成5G基站5个，5G信号基本可覆盖整个园区。产城融合：建有皇庭新世界、城中花园、紫金城等3个高档住宅小区，有商品房近6000套，同时配套建设4个保障性安置小区，建设安置房1254套；区内有邵武第二实验幼儿园、八一希望小学、邵武第八中学等，维也纳酒店、大型商超、餐饮酒店、麦当劳、闽赣物流园已入驻，基础设施配套完善。是闽北地区规模优势明显、产业配套齐全、产业特色突出、产业链条完善、产业集群聚集的综合性省级开发区。

项目建设有力推进。2022年，开发区秉承以抓项目建设为王的做法，按照策划一批、开工一批、投产一批机制，抓好项目建设。省市重点项目16个，其中省重点项目2个，南平市重点项目14个。全年共开工项目14个，总投资33亿元，用地面积39168亩。列入三大攻坚行动集中开竣工项目5个，开工项目3个。推动技改项目5个。竣工或部分竣工投产项目9个，总投资约8亿元，用地面积384亩。基础设施项目主要推进开发区各工业平台基础设施和重点配套设施建设，2022年建成投入使用项目3项，新开工建设项目4项，处前期阶段正在加快推进项目4项。

招商引资高质高效。围绕开发区主导产业，开展“一把手”招商，注重以商招商，提高招商引资实效。全年通过入园评审6个，总投资7.8亿元，其中亿元项目4个，列入南平市“一把手”招商项目4个。已完成土地挂牌，正在开工准备项目1个，正在土地挂牌、办理用地规划设计项目5个。2022年已批专项债券资金1.5亿元用于开发区基础设施建设项目，已上报需争取专项债券资金5亿元用于开发区竹木科技产业园项目。

生态环保多管齐下。严守“环境质量只能更好、不能变坏”底线，坚持生态优先、加快绿色发展，以中央生态环保督察整改为抓手，结合“四比六促”活动，严格落实党政领导生态环境目标责任制，全力打好污染防治攻坚战，精心呵护好绿水青山。一是坚持高位推进，着力强化生态环保责任；二是坚持绿色发展，着力推动高质量发展；三是坚持综合治理，着力打好污染防治攻坚战；四是坚持问题导向，着力解决生态环境突出问题；五是坚持依法依规，着力提升环境监管水平；六是坚持与时俱进，着力构建生态环境治理体系；七是坚持从严治党，着力打造生态环境保护铁军。

（摘编：肖启辉）

浦城工业园区

浦城工业园区地处县城北部，离中心城市 3.5 公里，工业园区紧连“长三角”与上海、温州、杭州、福州、南昌形成四小时经济圈，是福建浦城北大门前锋的重要平台，也是浦城承接长三角产业梯度开发的前沿平台及经济结构调整、产业升级和招商引资的重要基地。2022 年，园区 25 家规模企业完成工业产值 28.32 亿元，创造税收 9398 万元，固定资产投资 4.94 亿元。工业园区在整体经济下行和疫情持续冲击的交叉环境下，保持了各项经济指标良好的发展态势。

基础建设不断完善。浦潭产业园（化工集中区）：已建成综合管廊架、浦潭大道（二）；正在建设污水处理厂二期、特勤消防站、古西路，经一路等基础设施；同时推进大石溪村搬迁，启动建设浦潭产业园村庄搬迁集中安置区。万安食品园：已完成圣农（浦城）二期“生+熟”一体化食品加工厂土方平整、挡墙工程；正在建设万安南路、排洪沟、电力杆线迁移、食品产业创业园。南浦生态园：已开工建设闽创公司年产 40 万吨精密铜铝制品产业基地土方平整项目，启动建设北外环路及园区大道延伸段项目。荣华山共建产业（竹木产业园）：已开工建设横十六路、纵十路、浦西路。

招商引资成果喜人。按照园区特色化、专业化、集群化的发展思路，加大“一把手”招商、园区招商、产业链招商力度，引进更多大项目、好项目，促进产业延链聚群发展。2022 年园区引进总投资 10 亿元以上项目 3 个、总投资 5 亿—10 亿元项目 3 个、总投资 0.5 亿—5 亿元项目 4 个。化工集中区：①福美医药降压药、降血糖药及医药中间体项目，总投资 10.2 亿元，竣工达产后预计可实现年产值 24 亿元、税利 1.2 亿元。②扬帆控股有限公司（仁宏药业）年产 4000 吨香料香精和新材料中间体项目，总投资 9.7 亿元，竣工达产后预计可实现年产值 20 亿元、税利 1 亿元。③临江生物科技年产 25000 吨高效农药原料药系列建设项目，总投资 10.6 亿元，竣工达产后预计可实现年产值 32 亿元、税利 12.7 亿元。④绿安生物肥料年产 22800 吨新型肥料生产项目，总投资 1 亿元，竣工达产后预计可实现年产值 2.5 亿元、税利 0.8 亿元。生物专业园：①绿康生化 2000t/年绿色微生物添加剂项目，总投资 4 亿元，预计达产后年产值约 3.5 亿元，年利税 0.6 亿元；②绿康生化 3000t/年的兽药项目，总投资 6 亿元，预计达产后年产值约 10 亿元，年利税约 1.8 亿元。③蒙正生物年产 3000 吨素食氨糖保健食品项目，总投资 1 亿元；蒙正生物以鸡胸软骨为原料的鸡硫酸软骨素生产线项目，总投资为 5000 万元，预计达产后年产值约 2 亿元，年利税约 3 千万元。南浦生态工业园：①国瑞药业总投资 5.3 亿元，建设医药食品仓储销售中心及医药工业产业园，竣工投产后可实现年产值 10 亿元，税利 3000 万元。②闽创新能源科技年产 40 万吨精铜铝制品产业基地项目，总投资 5.6 亿元，项目正式投产后可实现年产值 50 亿元，年缴税 5 亿元。以上项目达产后，园区年产值将突破 100 亿元，年税收超过 10 亿元。

生态环保落实到位。组织开展园区公共雨水和污水管网排查 3 次，共发现问题 8 项，全部按环保要求整改到位，完善了公共雨污管网等环保设施，完善了园区雨污分流工作，保障园区所有企业雨污的正常排放。联合县生态环境局对企业进行现场检查 1 次，发现存在问题企业 14 家，通知并督促企业按环保要求进行整改，全部 14 家企业按要求整改到位，进一步规范企业环保行为。处理园区环保类投诉 3 件，约谈企业 1 家。协调热电联产开机启动及后期运营工作，协调热电厂与浦潭园区 5 家企业签订供用蒸汽协议，保障园区企业生产的正常用汽需求。

（摘编：林文涵）

建瓯工业园区

建瓯市工业园区位于建瓯市东郊，距市中心3公里，距火车站约6公里，高速公路枢纽互通口设置其中，环城路和浦南高速公路均在中心区穿过，到武夷山机场50分钟车程，交通十分便利。2022年，“一区三园”入园企业140家，其中，工业企业101家，投产86家；商贸企业39家，投产32家。园区新增招商引资入园项目15个，其中“腾笼换鸟”项目4个。园区实现总产值156亿元，税收2.8亿元。其中44家规模企业产值实现72亿元，税收1.8亿元，同比增长12.5%；完成工业固定资产投资33.5亿元，同比增长6.7%；完成出口创汇13.1亿元，同比增长4.5%。新增规模工业企业4家。

基础建设大力推动。为加快产业发展，优化营商环境，高质量推动园区标准化建设。2022年园区加大力度投资园区基础设施建设，其中城东工业园已建成客运汽车始发站、22万伏变电站、供水能力达3万吨的自来水供水站、省级竹产品检测中心、总规模2万吨（一期建设日处理7500吨）的污水处理厂、全民健身活动中心和园区主次干道。园区主干道曙光路“白改黑”工程已竣工验收，顺利通车。丰乐工业园正在建设投资1.5亿元的园区基础设施项目，包含路网3.8公里、台地平整约500亩、总规模日处理5000吨（一期日处理量3000吨）的污水处理厂和总规模日处理1万吨（一期日处理量5000吨）的自来水厂各一座。丰乐污水处理厂主体工程已基本完工。丰乐自来水厂已开工建设，预计2024年投入使用。丰乐三期道路、丰乐一期道路已基本完工。莲花坪工业园已建成日处理3000吨的污水处理厂，园区主次干道。二期规划面积3000亩，完成征地650亩，二期开发项目建成后预计可供入驻企业40家。

项目建设提质增效。在做强“一根竹”、做大“一瓶酒”产业发展中挑大梁勇担当，强化产业延链补链，着力谋划、生成、落地一批质量高、利长远的新项目好项目，推进项目滚动接续，持续增强发展后劲，为园区生产提质增效。做大做强食品精深加工园区建设、培育培优圣象华宇集团、双龙戏珠酒业等龙头企业，跟踪落实双龙戏珠二期建设项目、联华七贡农产品综合深加工项目等省、市重点项目，确保按期竣工投产。

产业发展发挥优势。精准园区产业定位，充分发挥建瓯市优势资源，结合现有招商环境、优惠政策，发挥现有园区产业集群效应，对一区三园进行统一规划，集中打造城东工业园以竹木加工为主导，食品加工、中药制造、废纸再生利用、汽车物流，专业市场等公共服务设施相配套的综合园区；丰乐工业园产业规划以竹木加工、农产品加工为主导；莲花坪工业园规划以新材料、食品加工为主导。明确三园发展方向，突出主导产业，带动产业集群，延伸产业链条，打造工业园区区域品牌。

招商引资多措并举。为全面营造快捷、规范、透明的营商环境，推动经济快速发展，园区从健全机制、优化流程、夯实基础等几个方面入手，建立“一站式服务平台”，全流程对接企业，做好服务跟踪。2022年园区主动对接客商，共接待客商30多批次，充分用好山海协作、以商招商工作机制。2022年新落地项目16个，其中包括厦门联华食品、君韵竹木、万佰兴汽车（比亚迪4S店）等业内知名企业。腾笼换鸟4个（木社实业、永誉新材料、华屹汽配、索泰克光电照明），改扩建2个（上睿机械扩建项目、双龙戏珠扩建项目），竣工投产8个。

（摘编：江涛）

松溪经济开发区

松溪经济开发区按“一区三园”架构，分城东园、旧县园、三和园组团建设。城东园于2003年启动建设，2011年8月城东园经省政府批准（闽政文〔2011〕255号）为省级开发区，以新型轻纺、林产工业、机械制造为主导产业；2007年启动旧县园建设，打造机电制造专业园区；三和园目前处于开发建设起步阶段，重点打造新型轻纺、绿色食品、机械制造、新型建材、生物医药等产业。2022年园区目前已入驻企业95家，其中规模以上工业企业44家，现有新三板上市公司1

家，国家级高新技术企业10家，“专精特新”小巨人企业2家，省级院士工作站1个，全年实现工业总产值48.6亿元，创税5653万元。

基础建设日趋完善。城东园和旧县园“七通一平”工程已基本完成，三和园正在开发建设。2022年先后完成熹茗路、溪东支路、中兴二路（黄坑垅段）、城东园排水系统提升等十余个基础设施工程建设，总投资约8000万元，启动三和园A区毛源垅片区配套供水、三和园C区启步区一期土方平整及九龙北路（830县道至夙屯路段）等工程建设，总投资约6700万元。

产业发展凸显优势。园区以新型轻纺、机械制造、林产工业、食品加工等产业为主导产业。其中新型轻纺产业最早以从华西村引进的高端ES纤维项目为依托，形成以闽瑞新合纤和闽松纤维为龙头的新型轻纺产业链，目前共有规上企业8家，2022年规上企业完成产值10.82亿元，同比增长25.8%，当前重点打造以闽松为“链主”的轻纺循环经济建设项目，预计2025年全面建成投产，年产值可达50亿元，税收1.6亿元；机械制造产业积极承接温州及台州等地区的机械铸造、中高端装备产业转移，引导落地旧县园区集聚发展，打造专业园区，目前共有规上企业16家，2022年规上企业完成产值13.76亿元，同比增长10.1%；林产工业主要集中于城东园，分为工艺茶盘茶具、文化产品、竹制品加工等类型，目前共有规上企业13家，2022年规上企业完成产值12.85亿元，同比增长8.4%；食品加工产业依托松溪县丰富的绿色资源，以茶叶和笋蔬加工为主，目前共有规模工业企业3家，2022年规上企业完成产值5.87亿元，同比增长26%，当前着力打造三和园林屯食品加工产业园，已成功引进熹茗白茶、龙坛茶业、雍蔗食品等项目，全力培育一个具有松溪特色的高标准、高水平食品加工园区。

招商引资改革创新。通过开展小分队招商，由县委、县政府主要领导带队赴长三角、闽南、京津冀等地开展招商活动，同时针对疫情防控期间人员流动不便、现场接洽困难等不利因素，开启“云招商”模式，通过“隔屏招商”，将招商洽谈“面对面”变为“线连线”“屏对屏”。全年引进项目8个，总投资约19.5亿元，完成择多工贸、周泰阀门、格莱姆食品、拉提法贸易、鸿晶新能源等外资项目签约，2022年外资实际到资1578.26万元，实现五年来外资“零”的突破。

（摘编：李乐成）

政和经济开发区

政和经济开发区于2012年6月获批省级开发区，地处宁武高速政和出口，紧邻204省道及衢宁铁路政和站点，距离城关仅10公里路程，是闽北集海、陆、空多式联运的重要“陆地港口”。2022年，开发区入驻企业124家，累计完成投资约150亿元，用工人数超7000人。规模以上企业58家，完成工业总产值48.21亿元，同比增长31.7%；工业用电量2.76亿千瓦时，同比增长6.7%；税收1.03亿元。在建工程项目25个，总投资30.03亿元，完成固定资产投资9.85亿元。在2021年度福建省国家级和省级开发区综合发展水平考核评价中，位列全省第37位，在23个省级脱贫县名列第二，综合排名实现连续6年攀升。

项目建设逐步完善。完成了支五路护栏、护坡及排水、纵二支路与企业之间挡墙、鸭母垄西段临时排污管道、政源企业后山边坡治理、排水及道路等工程，基本完成松源垄道路一期工程；正在推进政和县第二污水处理厂改造提升工程，有效解决园区建设发展和人口增加带来的工业废水、生活污水处理问题；加快推进政和经济开发区四期基础设施建设项目，解决部分低收入人员住房问题；加速推进政和经济开发区竹产业园建设项目，建设以农产品、副食品加工产业为主，形成一个规模较大、生态、环保的专业园；全力推进政和经济开发区市政信息化建设项目，更好地解决园区招商难、企业监管难、惠企政策兑付难、决策支撑不足等突出问题，基于园区电子沙盘，实现开发区“一平台”招商、“一张网”监管、“一终端”兑付及“一张屏”决策，促进园区管理更加科学高效、决策制定更加精准、惠企服务更加贴心，助力园区发展跨上新台阶。

产业发展转型升级。遵循“1+2+N”产业布局，做大电工电器产业园，着力构建以机电制造产业为主，配套发展汽摩配、不锈钢精密制造、发电机整机等产业，推动机电制造高端化、智能化、绿色化发展，全力打造具有核心竞争力的中国阀门产业基地。做优闽北绿色家居产业园，新建标准化厂房7万平方米，加强与中国林业集团、福人集团对接，鼓励已落地竹木企业做大做强，引进一批技术先进、装备高端、绿色环保的大项目好项目，打造中国竹具设计、制造、集散中心，加快竹产业标准化、规模化、高端化发展步伐，有效提升绿色产业发展水平。做强食品精深加工产业园。支持圣农全产业链扩产提能，引进肉鸡上下游企业到开发区建立生产加工基地，推进政和县华盛饲料有限公司等食品加工产业项目加快建设投产，推动一、二、三产融合发展。做活现代服务业。统筹产城融合和智慧园区建设，不断引进创意设计、开发、生产等供应链环节的文创企业和物流仓储、快递中转、商贸服务等项目。完善“互联网+”智慧城市功能，提升大数据在经济运行、能耗管控、生态环保、安全生产等领域的监测管理能力。

招商引资精准对接。采取强化“一把手”招商、利用市县活动平台招商、围绕产业链招商、以商招商及以企引企等方式，有针对性地走出去进行对接洽谈。2022年先后前往江西赣州、四川成都、上海、浙江温州等区域进行招商引资，接洽意向企业32家，走访考察江西臻顺科技集团、福人集团有限公司、上海美科阀门有限公司等30多家，引进柏恩博、恩泰阀门、欧科阀门、福建美科机械、必拓必和、立博奥阀门、浙立合金等9个项目，总投资19.48亿元，在谈项目17个，项目总投资超20亿元。其中美科机械、浙立合金、立博奥阀门、铠博阀门、必拓必和、汇展阀门六家企业已经投产。

（摘编：李乐成）

顺昌工业园区

顺昌县工业园区总规划面积15.21平方公里，沿316国道和福银高速引线等交通干道布局，初步形成了“一区多园”发展格局，即以新屯机械加工园区为核心、促进金山化工园、郑坊光电园、文新生物质产业园、张坑绿色食品产业园等多个专业特色园区共同发展。截至2022年，园区入园企业61家，其中正常投产30家，在建10家，拥有规模工业企业27家，省级高新技术企业5家，上市企业1家，省级龙头企业3家，企业员工5000千余人。2022年，实施技改项目5个，完成投资26.1亿元，企业有效发明专利24个；规模企业R&D经费占主营业务收入比重达1.5%；园区规上工业每万元增加值能耗0.74吨标准煤、增加值水耗16.85立方米；二氧化碳排放量0.06吨，完成污水零直排建设。2021年，园区开放合作全省排名前10名，综合发展水平省级脱贫县开发区排名第6名。

基础建设提升改造。按照“七通一平”标准化建设要求，园区进一步完善道路、通信、能源、环保、安全等配套基础设施体系，相继建成5幢共340套公租房、一期平台路网工程、排洪系统改造工程、标准厂房及公租房（产城融合区道路工程）、临时供水厂、18幢标准厂房、园区污水处理厂、工业供水厂、园区快速通道、园区主干道及在建608套房间保障性租赁住房、园区污水处理厂提升改造等重要基础设施，切实提升基础设施承载能力。

招商引资依托优势。浙商（中国）出口家具产业以山海协作为引导，学习先进地区的经验，依托现有的基础配套完善、竹木资源丰富等优势，通过出租标准厂房等方式，降低企业投入成本，减轻企业投资压力，提高园区招商吸引力。目前已有3家家具制造企业与园区签约入园，投产后年产值可达到12.2亿元，实现税收6000万元。提供靠前服务，引资入企，协助饶氏百钰食品有限公司海鲜菇微波烘干色选、云宇机电农业机械生产制造项目、福建宏丰实业集团有限公司电炉等技改项目落地开工。

生态环保专项整治。为切实做好园区安全生产专项整治三年行动，2020年以来园区坚持按照“管行业必须管安全，管业务必须管安全，管生产经营必须管安全”的原则，监督指导园区企业主要负责人认真开展安全生产自查自纠工作；认真按照省、市、县各阶段安全生产工作会议精神和要求对园区三年行动以来，累计检查单位和场所

40处，排查发现安全隐患452处，其中：一般隐患441处，重大隐患11处；截至目前，已完成安全隐患整改452处，整改完成率达100%。为企业生产创造了良好的安全生产环境。为持续推进人居环境整治行动，园区定期开展对园区污水处理厂、入园企业环境保护巡查工作，多次与县生态环境保护局联合检查，及时落实问题整改，持续优化园区环境。委托第三方专业单位对园区排污口水质进行定期取样检测，目前园区排污口水质可以满足一级A的排放标准。开展对环境保护基础设施情况排查，各类设施运行基本正常。

（摘编：肖启辉）

龙岩开发区概况

龙岩高新技术产业开发区（龙岩经济技术开发区）

龙岩高新技术产业开发区是福建省人民政府正式批准在龙岩设立的省级高新区，园区范围涉及长汀、永定、新罗三个县区，规划面积132.9平方公里。2022年，龙岩高新区实现规模工业产值288.6亿元，规模工业增加值增长1.6%；财政总收入9亿元，地方级财政收入5.5亿元，税性比分别达85.7%、76.8%，均居龙岩市第一；固投完成53.9亿元、比增12%，其中工业固投完成28亿元、比增97.7%，居全市第一；限上销售额及营业额完成255.7亿元、比增25.4%。

基础建设持续推进。新建交通路网6000余米、污水管网约7600米，快速通道三期、滨江路通车，实验学校扩建、高陂枢纽站建成。跨境电商生态圈二期建成，新增公共服务平台备案23家，全年出口约1.78亿美元。深化“放管服”改革，推进“互联网+监管”，“智慧税务办税云厅”启用，审批事项网上可办率100%，推出远程视频委托等举措。简化工业项目工程规划许可程序和远程视频委托获市行政服务中心宣传推广。

产业发展提质增效。三大主导产业中电子信息实现产值比增66.5%。与广州、厦门建立合作，引进益善生物、环卫机器人等项目加快落地。新培育“四上”企业18家，其中规上工业企业10家，新增国家“专精特新”小巨人企业1家，省“专精特新”中小企业3家；省数字经济领域“瞪羚”企业3家，占全市66.7%；新增省“上云上平台”工业企业11家，完成全年目标任务。美舫科技创新中心正式启动，京东数字经济产业园开园，福龙马入选工信部特色型工业互联网平台试点示范，全省唯一。

项目建设扎实推动。开展重点项目百日攻坚战役，6个市级项目、50个区级项目分别完成攻坚计划的155.5%、159.2%，实现项目开工10个、建成29个，绿色装配式钢结构提前投产。“五比一看”中竣工完成率居全市第一、平均投资规模居全市第二，开工完成率居全市第三。组织开展12次互比互看集中开竣工，实现开竣工项目74个，总投资156.56亿元。2个项目入选工信部大数据产业发展试点示范，居全省首位；1个项目入选工信部工业互联网+绿色低碳解决方案试点示范，全国仅10个。

招商引资紧抓机遇。紧抓苏区振兴发展和示范区建设机遇，加快建设现代化产业体系，探索建立“链长+链主”“老区+湾区”“老区+特区”新模式，加快实施“基金+招商”“股权+招商”新举措，绘制产业地图，编制产业链招商图谱。全年新谋划市级项目17个，新签约项目53个，总投资144.1亿元，完成市下达任务的143.2%，其中10亿元以上项目6个，排名全市第三；新设立外资企业5家，外资到资1000万美元，完成率居全市第一。

（摘编：徐根生）

漳平工业园区

漳平工业园区位于福建省龙岩地区漳平市菁城街道、和平镇、西园乡三个乡镇之间，是国家发改委批准建设的省级工业园区。2022年，园区实现规模以上工业产值212亿元，产值首次突破200亿元，同比增长8.2%，新增规模以上工业企业14家；全年实现入库税收2.39亿元，同比下降0.3%，其中税收500万以上11家；企业全年用电总量26431.16万千瓦时，同比下降4.7%，占全市工业用电总量100009.55万千瓦时的26.4%。园区全年在册企业员工10561人。

项目建设提升改造。实施园区基础设施改造提升工程包，持续开展“七通一平”标准化建设。2022年，园区实施21个基础设施建设项目，总投资5.12亿元，已完成投资1.2亿元以上；启动工业园区创新创业基地建设项目、工贸新区污水处理厂应急池、华寮化工集中区污水处理厂、10万平方米登榜标准化厂房等项目建设。

产业发展围绕重点。重点培育发展钢铁机械制造、建材、新材料等3大主导产业，加快木竹加工、轻纺等产业转型升级，不断强化建链补链强链延链，加速形成产业集群竞争优势和规模效应。2022年园区钢铁机械制造、建材、新材料产业三大主导产业产值占园区总产值56%。

招商引资筑巢引凤。主动融入粤港澳大湾区、闽西南协同发展区，引进一批支撑性、战略性项目落户园区，为经济发展注入新动力。2022年新签约项目17个，总投资8亿元以上，其中供地项目4个，供地面积160.28亩，兼并重组项目2个，盘活闲置用地面积62.23亩。

生态环保严格执行。2022年，园区累计排查发现隐患及问题354条，所查隐患及问题已经全部完成整改；认真宣传新《安全生产法》，发放安法宣传手册600份；发放消防安全知识海报500余份；张贴悬挂38条宣传横幅；转发安法相关资讯15次，企业1000名以上职工受到宣传教育。坚持“绿水青山就是金山银山”理念，2022年累计巡查企业986人次，发出整改通知书15份；完成华寮化工集中区污水处理厂、3000吨事故应急池建设；完成2022年度新材料污水处理厂和工贸新区污水处理站自动污染源监控设施运维工作；“污水零直排区”建设取得重大成效，共建成污水管网4.5千米，基本实现雨污分流体系的建立。

（摘编：江涛）

武平工业园区

武平工业园区是省级工业园区，规划面积14.37平方公里。2022年，入园企业109家，规模以上企业51家，员工约5300人。实现工业产值103亿元，同比增长6.9%，其中规上工业产值96.14亿元，同比增长6.2%；实现税收1.15亿元，同比增长12.5%；实现外贸出口1530.64万美元；完成固定资产投资7.69亿元；工业用电量7472万千瓦时，同比增长0.7%。其中，新显产业实现产值6.89亿元、同比增长2.5%；机械制造产业实现产值0.53亿元、同比增长7.9%。

基础建设完善配套。统筹规划布局与产业园区相配套的文化、教育、交通、物流等公共基础设施，努力打造集生活、生产、娱乐、休闲于一体的功能配套设施，提升园区配套公共服务水平，推动“产城人”融合发展。高标准建设有滨河公园、心月公园，与千鹭湖、碧水公园毗邻；工业大道、环城南路贯穿园区，交通便利；建设碧水幼儿园、吉美幼儿园、集文小学、附小福景分校、儿童乐园等，实现园区城区生活服务设施互联互通、资源共享。

项目建设有序推进。省级科技孵化器三期项目是省级重点项目，10栋标准厂房及1栋科创楼2022年投入使用；建成工业污水处理厂，改善了园区投资环境；新建4栋职工宿舍楼，共337套住房的匠心园项目建成并向员工出租、销售；投资3500万元，建设公园入口、登山步道、心月阁、月亮湾、表白谷的心月公园，以及可点亮城市的灯光秀和全国第一个户外山体的城市规划馆，2022年10月1日已建成并对外开放；9月开始动工新建新显产业园。南部扩园项目，武平县成立了武平工业园区扩园指挥部，指挥部按项目设岗配人，合理设置内设机构，优化人员配备，建立一套协调、灵活、高效的扩园工作运行机制，做到职责清晰、任务明确、责任到人。2022 年，由龙岩市城乡规划设计院中标，完成了南部 6 平方公里的控制性详规的编制；同时，编制成片开发方案、土地林地的报批。

招商引资卓有成效。2022 年，园区新签约 14 个（盛信泰、苏视、中触、亮立达、和立新、兴鑫晶、兴奥金属科技、新生贸易、鸿锦科技、田边精机、立铭机械、鑫龙物流仓储配载中心、鑫诚裕、佳烨电子），新开工项目 12 个（中触、田边、奕源、兴鑫晶、金彩视界、和立新、天塑、高衡、佳烨、瑞博、鸿锦、亮立达），新竣工 7 个（奕源偏光片及液晶模组、盛信泰、松香/松节油深加工、不锈钢智能家居生产项目、钜明鑫、田边精机、佳烨电子），新上规模 7 家（威旺、泉之辰、华辉、金叶、中天、吉信德、健道）。园区管委会招商项目田边空压机整机生产项目实现签约并开工建设，10 月实现试投产，2022 年招商引资工作在县直单位综合考评中获得第三名；另外，成功对接和牵头完成深圳触显协会招商推介会工作。

（摘编：黄国实）

上杭工业园区

上杭工业园区成立于 1997 年 8 月，2006 年 9 月经省政府批准设立、国家发改委核定为省级开发区。2022 年，园区已入驻企业 253 家，规模以上企业 43 家，亿元企业 12 家，其中 100 亿元以上企业 2 家，分别是紫金矿业黄金冶炼有限公司产值 620 亿元、福建上杭太阳铜业有限公司产值 106.9 亿元。全年实现规模以上工业产值约 797 亿元，增长 12.3%。

基础设施日趋完善。按照生产、生活、生态“三生融合”及“产城人”深度融合的发展理念，积极开展园区标准化建设。一是按“七通一平”标准建设。供水、电、路、排污、排水、通讯、绿化亮化等基础设施建设加快推进，已建成龙翔大道、黄竹路、杭富路、江南路一期、龙腾路、永杭高速出口接线连通等主路及管网铺设，完成主干道路及管水管网 25 公里，绿化面积达 300 亩。二是标准厂房不断完善，园区标准厂房项目分三期建设，规划建设总面积 20.4 万平方米，已建成 7 栋 9.6 万平方米。已入驻福建晶旭半导体科技有限公司、福建润发电缆科技有限公司、福建豪锦鹏新材料有限公司、福建惟至毓景科技有限公司、艾斯芸防伪科技（福建）有限公司等 5 家企业；在建 9 栋厂房及办公楼 10.8 万平方米，总投资约 3.5 亿元，已全部完成封顶；三是配套设施有序推进。龙翔片区职工公寓项目于 2022 年 10 月开工建设，正在实施地基工程。

招商引资发挥优势。持续实施“建链、强链、补链、延链”，通过产业链招商、以企招商、以商招商，扩展下游相关电子化学新材料、锂电新材料等产业。充分发挥黄金冶炼公司、福建紫金铜业的龙头带动作用，加强产业链协同创新，打造更强创新力、更高附加值的产业链。2022 年落户园区项目 33 个，总投资 129 亿元，其中超 10 亿元项目 5 个，分别为：福建紫金铜箔年产 2 万吨高性能电子铜箔建设项目，总投资 20.29 亿元；晶旭半导体 2 英寸化合物半导体芯片生产项目，总投资 10 亿元；龙净量道 6GWh 锂电池储能系统项目，总投资 11.8 亿元；艾斯芸防伪包装研发及生产建设项目，总投资 10 亿元；捷昕半导体引线框架制造项目，总投资 18.1 亿元。

（摘编：黄国实）

连城工业园区

连城工业园区坐落在风景秀丽的国家重点风景名胜区冠豸山城区西部，是经国家发改委核准、省人民政府批准的省级工业园区。2022 年，连城工业园区规模以上企业实现产值 110.3 亿元，税收 1.16 亿元，固定资产投资 11.7 亿元，培育福建哈尼贝日用科技有限公司、连城五洲盛兴电子科技有限公司、福建省致锋精密科技有限公司 3 家规上企业。

基础设施提升改造。云龙路、连岳路建成通车，完成高新技术产业园人行道、路灯、道路隔离带改造工程、浦梅铁路站前广场配套设施等工程。积极推进海峡光电产业园职工公寓、北部新城小学（工业园区小学）、连城一中北部分校（园区中学）等生活配套设施建设。

项目建设围绕重点。园区围绕“产业集聚、空间优化、生态和谐、产城人融合”的要求，深化重点产业“链长”“链主”双链驱动机制，重点发展光电、新材料、健康体育等高新技术产业，2022年新签约紫金新能源发电、泫朗蓝宝石手表镜片成品加工等16个项目；新开工五洲盛兴电子终端产品生产线、信德隆粉末冶金生产设备制造等11个项目；新竣工晶驰蓝宝石新材料深加工、哈尼贝高端智能婴幼儿系列用品等13个项目。浩宏年产300万片智能视窗防护玻璃生产线、盛信装配式混凝土建筑砼结构件生产、冠盛年产1000万套UPS电源产品及配件等项目完成技改增资。赛特新材自主研发真空玻璃自动化生产线及智能化量产设备，投产后可年产真空玻璃50万平方米，产值达3亿元。推进冠睿电子扩大智能穿戴、智能终端产品生产规模，推动晶微电子触摸屏功能片达产达效。爱的电器在厦门成立研发中心，加强与国际房车游艇和水上运动行业标准化组合，拓展水上服务业开发，打造游艇配套产品重要供应基地。以允升科技、福建赛特新材、富润建材为龙头，实施占地2000亩的新型建材产业园建设，项目以标准化厂房为载体，配套完善基础设施，打造特色鲜明、集聚效应强的新型建材产业基地。

管理服务纾困解难。通过落实“百千挂百企”“项目代办制”服务机制，变“被动受理”为“主动服务”，为10余家新入园企业提供代办服务，帮助企业协调解决困难问题60项，报送有效建议12条至县营商办，落实交办事项17件，为项目早开工、早建设、早投产创造有利条件。积极组织志愿者开展“我为群众办实事”活动，不定期走访重点企业、召开企业家座谈会，面对面了解企业困难，深入企业宣传解读《关于促进2022年一季度工业生产稳定运行有关措施的通知》、职工子女就学政策，2022年解决“一园两区”38家企业141名企业职工子女就学问题。引导企业转型发展，鼓励爱的、渡远、奕龙等企业实行“精益管理”“机器换工”等方式降低生产成本，赛特、万恒等企业技改扩建，提高设备智能化程度，提高生产效率。

（摘编：徐根生）

永定工业园区

永定工业园区原称莲花工业园区，创建于2002年10月，2006年9月经省政府批准为省级工业园区。永定工业园区入驻企业112家。其中，2022年新入驻企业18家，比上年增长12.5%；规模以上工业企业32家；实现工业总产值100.02亿元（含指悦科技），比上年增长38.2%；完成固定资产投资14.6亿元，完成年度目标112.3%。

项目建设赶超进度。至2022年底，永定工业园区三大园区（文秀数字经济产业园、永定红建材循环经济产业园、南部光电信息产业园）累计建成标准化厂房68万平方米，重点基础设施项目完成投资额70亿元，完成比例居全市前列。2022年，新建标准化厂房11万平方米，职工公寓170余间；南部园区光电信息产业园三期，文秀军民融合产业园一期等重大项目投入使用，维骑动力锂电池产业园项目和年产2000万条汽车安全系统线束生产项目投产；推动南部园区、文秀园区土地报批、场地平整工作，新增建设用地1000亩。永定红石材循环经济产业园5个区重点产业项目均实现开工建设，其中正鑫石材加工生产项目、锦鑫石材加工生产项目、创建石材加工生产项目、金磊异型板材加工生产项目等4个项目实现试投产。

产业发展蓬勃兴旺。南部工业园规划定位以高科技型、环保型、劳动密集型及轻工业为主，按照“产业化、生态化、生活化”思路建设产城融合园区。至2022年底，入驻企业66家，实现总产值22.52亿元。其中规模以上企业24家，规模以上企业产值17.12亿元。文秀数字经济产业园面积1.75万亩，重点打造数字通信、高端装备制造、军民两用技术三大主导产业，培育节能环保、新能源、新材料三大新兴产业，发展商贸、物流两大现代服务业。其中一期规划4845亩，重点发展大数据、人工智能、通信装备制造、数字文娱、汽车配件等重点产业，打造集研发、终端生产、系统集成及运营服务于一体的数字产业聚集区。至2022年底，产业园引进总部经济项目1个，生产线项目7个，总投资133.6亿元。其中，2022年引进项目2个，总投资3.5亿元。永定红产业园是全市唯一以石材加工生产为主题的石材产业特色园区，是永定区工业再造和产业转型的重要支撑，也是“双培育”（培育工业支柱产业、龙头企业）的重要支柱产业，园区规划总用地面积约3600亩，总投资约27.5亿元，分3期建设。其中项目一期建设13栋标准厂房，每栋厂房含堆场用地面积约10亩，主要用于搬迁原有的石材加工企业，同步建设污水处理厂、工业循环用水池和石粉综合利用处理厂等所有环保配套设施；二、三期用地主要用于招商引资项目，每块用地分别为30—100亩。另外分期建设科研办公、商住服务、会展中心，配套建设停车场、汽修站、加油站等基础设施。至2022年底，入驻企业25家，其中规模以上企业7家，规模以上企业产值10.05亿元。

招商引资主动出击。2022年，园区组织前往闽西南、粤港澳大湾区等地区招商16次，新签约项目8个，总投资9.32亿元。新开工项目7个，竣工项目4个，协助相关引资单位完成13个入园工业项目的对接及合同洽谈工作。永定红石材循环经济产业园，引进异形石材雕刻等产品附加值高的项目。石材产业园引进平庆石业、创建石业、正鑫石业、锦鑫石业、金磊石业等5个石材加工生产项目，总投资4.51亿元。

（摘编：黄国实）

长汀经济开发区（龙岩稀土工业园区）

长汀经济开发区（龙岩稀土工业园区）成立于2010年，规划总面积12.82平方公里，建设用地面积7.98平方公里，已纳入省级工业园区管理，为福建省重抓的20个产业基地（集群）之一，被评为第一批省级战略性新兴产业集群、第二批福建省新型工业化产业示范基地、第三批福建省省级绿色园区。2020年6月，省政府同意龙岩稀土工业园区更名为长汀经济开发区。2022年2月，园区被评为福建省第四批循环经济示范园区。2022年全年实现规模以上工业增加值47.64亿元，比增10%；税收收入1.5亿元，比增27%；固定资产投资完成8.1亿元，比增37%。截至2022年底，共有企业20家（含在建），其中规模企业9家，亿元企业5家。

基础建设加快推进。加快园区标准厂房建设，全年完成投资约3068万元，推进两栋标准厂房建设项目，占地面积3560平方米，建筑面积11725平方米。完善园区配套设施建设，包含长汀职业中专学校新校区建设工程项目、红星幼儿园建设工程项目、兰东路建设工程项目、西环路A段工程、中心大道C段工程等5个项目，累计完成投资约2.14亿元。

招商引资政策先行。结合园区稀土产业发展现状，编制《长汀县稀土产业发展指导目录（2022—2025）》《长汀县稀土产业高质量发展工作方案》《长汀县稀土产业链图谱、招商地图及人才地图》等政策文件。前往京津冀、长三角、珠三角、包头等地区开展稀土产业招商活动10场；组织召开稀土产业推介会1场；完成谋划项目4个；签约项目3个。

（摘编：江涛）

龙雁经济开发区

龙雁经济开发区是福建首批循环经济示范园区、国家级加工贸易梯度转移重点承接地核心区，2013年11月13日，福建省政府批复同意设立龙雁经济开发区，纳入省级经济开发区管理。2022年，龙雁经济开发区入园企业56家，投产企业48家，其中规模以上企业30家。入驻项目5个，计划总投资6.5亿元，其中投资亿元以上企业3家，投产项目3个，在建项目2个。全年完成工业总产值201.49亿元，比增23.5%；完成税收4.55亿元，比增9.9%；用电量4.93亿万千瓦时。

项目建设重点围绕。2022年，开发区重点围绕绿色环保、资源再生、节能降碳、增效减污等方面，完成加米晟年产5万吨环保燃料项目、鸿玲百瑞脱色废白土再生利用加工项目2个开工项目，策划钨渣减量化资源化和无害化综合利用项目、龙岩市危固废处置中心及资源化综合利用项目二期工程项目、高温高压水解羽毛粉蛋白饲料生产项目、铝合金和铝复合材料生产项目4个项目，其中，已入市库项目1个，入区库项目3个。

安全环保创新机制。建立园区企业“一企一档案”、挂钩干部“一周一巡查”、领导班子“一月一会商”工作机制，聘请第三方安全服务机构银丰公司，定期深入园区企业进行安全检查，2022年以来，累计发现问题400余条，限期整改，定期复查；指导龙化、豪邦两家企业联合成立企业应急小分队，组织企业定期开展消防安全培训、应急演练，2022年以来累计参加消防演练人数达300余人次，开展消防、应急实战演练10余次；结合“百安”“安全生产月”等时间节点，开展专项检查，对检查出的隐患问题进行分类登记、全程跟踪，保证处理一起，销号一起，杜绝重复隐患“回潮”，全年累计组织1886人次对48家企业进行安全隐患排查，发现自查隐患186条，已全部完成整改，整改率100%。

（摘编：徐根生）

宁德开发区概况

东侨经济技术开发区

东侨经济技术开发区位于福建省宁德市中心城区。1997年成立，2012年12月经国务院批准，升级为国家级经济技术开发区，定名为东侨经济技术开发区，实行现行国家级经济技术开发区政策。2022年，东侨经济技术开发区主要经济指标态势良好。全年实现规上工业产值2251.61亿元，比增47.6%；规上工业增加值653.66亿元，比增22.3%；税收收入98.85亿元，固定资产投资120.23亿元；实际使用外资2250万元；出口总值740亿元，比增106.7%。园区标准化建设连续两年位居全省第二，国家级经济技术开发区综合评价再创新高，由上年度的第26位上升至第22位，再度成为我省唯一一家进入全国排名前30位的开发区。

营商环境健康向上。2022年，东侨经济技术开发区持续完善链长制招商、一把手招商、以商招商等模式，全年签约、落地项目42个，协议总投资148.1亿元，超额完成年度招商任务。深入推进“不见面审批”和审批流程再造，三星以上服务事项网上办事开通率100%，行政许可类“一趟不用跑”事项占比97.1%，审批服务事项办理环节压缩到3个以内。深化机制创新，设立规建办，进一步规范用地规划和城市建设工作程序。出台推动开发区经济高质量发展、企业上市等优惠政策，兑现各级惠企资金5.7亿元，办理退税9.31亿元，多渠道解决企业融资需求94.76亿元，市场主体受益明显。制定创建全国一流政务服务中心、世界一流锂电新能源特色小镇实施方案，打好产业环境、政务环境、生活环境优化升级组合拳，切实为企业纾困，为发展蓄能。

产业发展提质增效。2022年，东侨经济技术开发区推动产业发展提质增效，“一核两翼多元”的现代化产业体系逐步完善。其中锂电产业合计完成产值2173.78亿元，同比增长50%，智能装备制造产业实现产值24.8亿元，增长28%；大健康产业实现产值36亿元。扎实开展“双百”攻坚、“三比三赛”等专项行动，实施项目前期“1+3+N”工作机制，时代湖西锂离子电池扩建、新能源湖西数码三期等一批重大项目顺利竣工，24个在建省市重点项目共完成投资112.54亿元，超年度计划19.1%。厦钨新能源、卓高新材料入选省级龙头培育企业，宁德时代动力电池连续6年、宁德新能源科技消费类锂电池连续11年市场占有率全球第一。宁德时代入围全球市值百强上市公司，荣获“中国工业大奖”，麒麟电池被《时代周刊》评为2022年度最佳发明。全国首座标准化光储充检智能超充站建成投用，成功获评省级绿色园区。

创新驱动投入加大。2022年，东侨经济技术开发区深入实施创新驱动发展战略，以双创示范基地建设为重要抓手，重点实施高新技术企业培育工程，新增国家级高新技术企业14家、省级“专精特新”企业2家、省级科技小巨人领军企业12家、科技型中小企业18家，亚南电机省级工程研究中心顺利验收，奥弗锐获评省级企业技术中心。产业人才集聚，申报认定省级高层次人才27人、省工科类青年专业技术人才387人、市“天湖人才”647人。全区研发经费投入超3亿元，规上工业企业研发覆盖率47.4%，社会研究与开发投入占地区生产总值比重超过10%。

城市建设不断完善。2022年，东侨经济技术开发区城市功能不断完善，48个城建计划项目完成年度投资6.96亿元，新建改建城市道路4公里，钟山路、井上路、电机路等7条道路完成施工，东吾路、官井路等道路实现“白改黑”。新建改造雨（污）水管网11.31公里，北部片区排水管网改造工程项目（一期）完成建设，基本实现污水应纳尽纳。建成口袋公园5个、街头运动场7个、城市驿站3座，新增停车泊位150个。城市形象持续提升，全面修整道路市政基础设施，修复人行道2.6万平方米、沥青路面1.9万平方米。新设立冠云轩社区，曙光社区、迎宾社区等9个社区完成绿色社区创建。

（摘编：李乐成）

福安经济开发区

福安经济开发区（原名福建福安经济开发区），地处闽东中心的赛江之畔，是福安市滨海新区建设的重要组成部分，是闽东地区第一个省级经济开发区，是宁德市（福安）军民融合深度发展产业园的核心区。2022年，5个分园区实现固定资产投资共57.66亿元，规模以上工业总产值共2041.54亿元，限上贸易业营业额共108.45亿元，税收39.69亿元。在全省省级以上开发区2021年度综合发展水平考核评价中排名第38位，较2020年度上升6位。

项目建设持续推进。2022年，福安经济开发区持续推进重点项目建设，突出抓好列入“三比三赛”活动的嘉元科技、宁德震裕、宁德长盈、高端制造产业园和工业园区基础设施等重点项目建设。嘉元科技项目累计完成投资约7.7亿元，预计2023年初开始投产。高端制造产业园项目目前已完成投资1.5亿元。宁德震裕项目动工建设、宁德长盈（二期）顺利投产。工业园区基础设施建设项目已完成项目实施方案审批。甘棠工贸区基础设施建设项目已完成项目立项批复，目前正办理土地划拨手续。初步设计及概算已经完成方案设计，等确定后报发改部门审批；畲族经济开发区小微园区及基础设施建设项目目前已完成地方政府专项债实施方案编制及审批、子项目风情路立项，已出具项目红线图并报自然资源局审核，已委托第三方编制项目整体可研。湾坞园区有效推进福建青拓新材料有限公司高性能不锈钢新材料及配套项目（一期）、青拓实业股份1780毫米热连轧及配套扩建、福建瑞钢金属科技有限公司高端冷轧不锈钢精密钢带、福建宏旺实业有限公司年增130万吨不锈钢冷轧扩建、宁德鸿志金属材料有限公司（甬金权属企业）年产145万吨宽幅精密冷轧不锈钢板带、福建青拓特钢有限公司福安青拓镍业配套不锈钢棒线材加工、福安奥展不锈钢制品产业范园二、三、四期建设、福建青拓矿卡及总成部件项目青山重工和福安宏泰不锈钢产业科技园项目。

招商引资成果喜人。2022年，5个分园区招商引资共实现136.58亿元。成功签约宏旺实业不锈钢冷轧、青拓实业1780毫米热连轧扩建、青拓材料高性能不锈钢、顾石新材料、华荣电机、宁德震裕、宁德长盈（二期）、浙江宸远等项目16个，谋划在谈项目5个。

（摘编：李乐成）

宁德三都澳经济开发区

宁德三都澳经济开发区于1998年3月经省政府批准设立，是以港口、商贸、加工业、海洋产业为主的省级经济开发区，位于天然深水良港三都澳内，已建成万吨码头和疏港公路，可建多个10万—30万吨级泊位码头。2022年，开发区实现地区生产总值201.65亿元，同比增长22.4%；工业总产值696.56亿元，同比增长23.8%；财政收入约11.85亿元，同比增长33.8%，税收收入11.43亿元，同比增长35.1%。其中，三屿工业园区上汽乘用车福建分公司累计生产汽车26.19万台(套)，同比上年增长14.9%，实现工业总产值约300亿元，同比增长超29.9%；创造税收约9亿元。

项目建设高效推动。三屿工业园区：三屿新能源汽车工业园区基础设施建设项目完成方案设计及施工图，环保、水保批复，施工、监理招标以及地基基础建设工作。2022年9月28日，上汽宁德基地在投产三周年之际迎来第50万台整车正式下线，开启全新里程碑。大黄鱼产业园：高效推进省重点项目大黄鱼产业园项目排污口论证、环评、污水处理、供水供电等基础设施建设，有序推进园区厂房及办公配套用房建设。A1地块标准厂房交付使用，A2地块标准厂房建设完成总建筑面积75%，B地块和南侧商住地块B区完成总评方案。飞鸾城镇综合污水处理厂项目按序时进度推进，完成前期排污口论证、环评编制及批复、污水厂（一期）污水处理站建设以及施工初设及评审工作。宁德锂电新能源车里湾园区：建成后主要生产新能源汽车动力电池及储能电池，主要供应国际车企需求，助力宁德打造万亿级锂电产业集群，项目达产后年新增产值约600亿元，一期项目于2022年4月投产。城澳园区：三都澳经济开发区基础设施建设项目申报2023年政府专项债，于2022年9月完成区发改备案，项目总投4.42亿元，申请2023年政府专项债2.21亿元，包含城澳片区防洪排涝工程、配套防洪堤南北侧连接线、码头经济孵化基地、路网工程、公共停车场、环境整治项目、公共卫生服务中心等子项目。

招商引资凸显优势。新能源汽车产业招商工作：围绕上汽宁德基地配套供应链持续招商发力，积极开展企业摸排和招商拓展，引入两家供应商企业入驻园区，并协调厂房用地，进一步完善上汽宁德基地汽车生产产业链，实现新一级供应商落地投产。同时，根据企业申请，帮助途盛、伊控等企业协调厂房增租需求，并加快推进园区供应商企业厂房建设。大黄鱼产业招商工作：开发区牵头制定《蕉城区大黄鱼产业“退城入园”优惠政策》，并进行政策宣传，开展大黄鱼产业园招商入园工作，推动水产企业尽快入驻园区。全年累计收到31家企业入园意向申请书。对接上海津沛物流冷链项目落地大黄鱼产业园，预计投资6亿元，达产后年产值3亿元以上，年税收2000万元以上。

（摘编：周树峰）

福鼎工业园区

福鼎工业园区位于福建省宁德市福鼎市福鼎新城，距市中心2公里，总规划面积2.1平方公里，前身为星火工业园区，于1998年9月由宁德市政府批准成立，2006年4月福建福鼎工业园区经省政府批准并报国家发改委审核为省级工业园区。2022年，福鼎工业园区共有投产企业212家，其中规模以上企业135家，全年累计完成工业产值407.44亿元，同比增长117.8%；完成固定资产投资101.61亿元，同比增长43%；完成税收5.2亿元。荣获“2022年度福鼎市平安建设工作表现突出集体”“2022年福鼎市推进沙埕湾生态临港产业城市建设先进集体”称号。

项目建设大力推进。深入实施“双百项目、献礼二十大”和“三比三赛”活动，大力推进重点项目建设，前岐、双岳片区环城西路南段一期、滨溪西路南段贯通交付福鼎时代使用，前岐高位水池建成投用、福东溪高水高排隧洞全线贯通；彩香路、规划路三、环湾大道、城市综合体云鼎时代开工建设，时代配套人才房挂牌出让。龙安化工园完成经六路、经八路、纬七路（凯欣段）道路建设，环山大道东白线电力改造；推进龙安化工园安全风险整治提升和提级初评存在问题整改，启动龙安化工园区智慧平台、消防站、危化品停车场、公共事故应急池、空气监测站等前置项目建设。福鼎时代4号超级工厂、汽摩配小微园、泰美白茶文创、龙安化工园国泰华荣三期、邦普二期、凯欣二期、福鼎热电厂工程扩建等7个项目开工建设，总投资达40多亿元；福鼎时代1和3号工厂、有氟密10万套衬氟管阀改扩建、龙安化工园邦普一期、凯欣一期、国泰二期等7个项目相继竣工投产，年新增产值200多亿元。

产业发展日新月异。完成双岳项目区、前岐锂电新能源产业园及龙安化工园防洪排涝规划和控规编制，佳阳片区、文渡项目区正在进行控规修编，龙安化工园给排水、强电、道路等各项专项规划正在加快推进。调整要素，保障用地。累计完成土地成片开发方案面积11600多亩，正在编制4500多亩，今年完成征地约2000亩，农转用审批近1500亩。

招商引资依托优势。全面启动龙安化工园区审批建设工作，引进邦普、国泰、凯欣、威海财金等锂电配套项目，并进入宁德时代、福鼎时代项目供应链采购体系，产能将达到年产120万吨锂电池电解液，建设全国最大的锂电池电解液基地。同时，做好汽车部件、智能制造以及配套项目对接，确保新能源汽车PACK箱体、锂电池外包装材料（宏森木业）以及博发物流等项目签约落地，推进园区高质量发展。

生态环保有效治理。实施龙安、文渡片区雨水管网提升改造工程，完成各片区环评、水保、土壤污染状况调查等区域评估，及文渡集中供热项目35蒸吨及以上燃煤锅炉超低排放改造。全力抓好中央及省生态环境保护督察、各类突出生态环境问题整改，完成双岳项目区双岳路、岳秀路、岳丰路等周边建筑施工扬尘及道路扬尘问题整治。持续推进群众关注的合成革企业二甲胺废气问题处置，督促企业全面落实废气收集处理等环保措施，巩固废气治理成效。

（摘编：李乐成）

周宁工业园区

周宁工业园区始创于1992年，几经扩建，现规划面积3500亩。园区位于县城西2公里，距宁武高速公路八浦互通口12公里，交通条件十分便捷。2022年，周宁工业园区规上工业企业46家，其中电力企业3家、铸造企业12家、茶叶企业9家、不锈钢企业13家、其他企业9家。2022年规上工业完成产值45.25亿元。

产业发展日新月异。周宁县积极推进工业（产业）园区标准化建设，对县域内的各类工业（产业）园区重新规划定位，按照“一区多园”的发展思路，以不锈钢深加工产业链为核心，重点布局棉纺、茶叶、高端装备及高铁经济产业。同时，将周宁不锈钢深加工产业园、李墩工业园区、虎岗山海协作产业园、七步铸造产业科技园等个园区作为拓展区纳入周宁工业园区，进行规划整合提升，面积达6.7平方公里，力争到“十四五”规划中期成为百亿级工业园区。为优化园区产业结构，突出优势特点，发挥集聚效应，节省基础配套投资。周宁工业园区在工业产业发展规划和工业空间布局规划上对园区的产业规划进行重新定位。周宁不锈钢工业园区现阶段重点开发建设的园区，园区以不锈钢深加工业为主导，配套不锈钢针管等创新型企业，通过引进国内知名品牌的冷轧钢管成型流水线、自动冷拔钢管成型流水线、热处理流水线、超声波探伤检测线、涡流探伤检测线等先进设备，促进不锈钢产品由原材料向高附加值、高科技方向延伸发展，形成独特的经济优势。李墩工业园区为我县老牌工业园区，园区内多为机械铸造企业，主要通过改变传统铸造工艺，采用半自动化生产线进行转型升级，生产电机电器、水泵、汽车配件和球墨井盖为主。虎岗山海协作产业园区以布设棉纺项目、花卉科研组培展示一体化中心项目、茶叶精制标准化厂房项目、天行山海项目为主。七步铸造产业科技园区为我县龙潭铸造企业“退城入园，转型升级”园区，按照现代化企业标准布局设计，转型升级，引进高新技术设备，转换动能，建成一个集模具设计、铸件加工、贸易集散一体化的功能齐全、设施先进、理念超前、管理科学的环保型专业性铸造产业园。站前工贸科技园借助衢宁铁路通车的良机，拟布局落地一批与宁德千亿产业集群相配套的锂电新能源、新能源汽车、循环经济、仓储物流、工业制造、商业贸易等优质项目。

招商引资卓有成效。2022年招商引资签约的项目有14个落在工业园区，总投资20.73亿元；园区完成固定资产投资8.9亿元，其中基础设施建设5.7亿元，单体企业3.2亿元；不锈钢园区达产满产后，亩均产值500万元/亩以上；铸造产业园达产满产后，亩均产值350万元/亩以上；山海协作产业园达产满产后，亩均产值370万元/亩以上；站前工贸科技园达产满产后，亩均产值300万元/亩以上。

生态环保落实到位。李墩工业园区总规、控规、环评已完成，污水处理站已完成建设并投入使用。周宁不锈钢深加工产业园总规、控规、环评、水保方案已完成，污水处理厂完成建设并投入使用；虎岗山海协作产业园控规已完成，规划环评（没有工业废水只有生活污水）前期工作已完成，待纵三线地下雨污管网布局图完成后即可完成。梨坪八蒲工业组团区目前已完成控规、规划环评及10家企业单体环评，污水处理站、应急池已完成建设并投入使用。

（摘编：张全进）

古田工业园区

古田工业园区为省级工业园区，分东区（食用菌加工基地）、西区。东区位于县城东街道前山村，西区位于县城西街道官江村。2022年，园区实现地区生产总值46.8亿元，比增2.2%，规模以上工业完成营业收入110636.7万元，增长35.9%。纳税总额3400.59万元，进出口总额45542万元，从业人员约6000人。

基础建设持续推进。2022年，东区建设完成1座300立方米混凝土突发环境事件应急池。西区建设完成标准化丙类工业厂房6栋、配套用房1栋，配套建设停车位1321个、电动汽车快速充电桩6个，并全部投入使用。古田县自来水公司提供园区供水，日供水能力满足园区需求；园区污水管网接入市政污水管网，纳入古田县污水处理厂处理；园区设有垃圾转运站或垃圾处理设施。

招商引资精准定位。围绕全市四大主导产业和食品加工等资源，以“强链”“延链”“补链”为方向，精准定位招商，一是引进的6家自建企业三友、德惠、志诚及三林项目，总投资约4.48亿元，共占地面169.16亩，目前三友项目已投产，德惠、志诚项目已完成土建验收，待消防验收后投产，三林项目均已完工，待设备采购后投产。6个项目投产后产值约11.5亿元。二是西区标准化厂房项目已对接食用菌加工企业28家，目前共有11家企业共计划总投资3.01亿元，共租赁厂房面积78397.77平方米（含公摊），预计投产后年产值达10亿元以上、年税收可达2200万元以上，可提供约2000个就业岗位。

（摘编：周树峰）

屏南工业园区

屏南县工业园区为省级开发区，按照福建省人民政府审核批准的范围，屏南县工业园区东至涤头村、南到甘棠村、西到屏南县城关、北至凤林村，用地总面积160公顷。2022年，屏南工业园区目前规划开发总面积约11420亩，入驻企业43家，实现工业总产值66.36亿元，企业总投资额25.7亿元。园区抓住宁德四大主导产业蓬勃发展的机遇，全面推动绿色工业发展，以“小县大作为、发展大志气”的站位格局，深入推进工业强县，着力打造“闽东北一流的山区绿色工业基地”，朝着争当山区县发展排头兵目标努力奋进。

基础设施完善配套。2022年，屏南工业园区管委会推进完成溪角洋工业园区基础设施配套建设项目主体厂房建设、新能源北侧10kv佳垅电杆迁改项目、溪角洋工业园区南侧道路、滨溪路、凤棠路等4条道路建成通车；甘棠板式家具园区、上源中小微双创产业园建成投产。规划建设溪角洋北部片区基础配套设施建设项目、甘棠会溪工业园区基础配套设施建设项目、溪角洋工业园区基础设施配套建设项目（二期）有序推进，产业平台承载能力显著提升。

项目建设欣欣向荣。2022年，屏南工业园区新建、竣工项目9个，全县规上工业总产值是2021年3倍，新增规上工业企业8家。其中时代电子科技PCBA一期、华阳新材料一期等一批带动能力强、科技含量高的项目实现投产，时代新材料磷酸铁锂项目试投产，时代新材料年产值突破

30亿元，时代电子科技年产值突破15亿元，瑞幸咖啡年产值超9亿元。

产业发展独具特色。2022年，屏南工业园区基本形成具有产业特色的新型工业园区，其中甘棠工业园区结合早兴亭组团发展规划，利用屏南县丰富的森林资源，重点发展竹木加工上下游产业链及配套或附属产业；漈头工业园区利用“全国民间药膳示范县”和“福建药膳美食名城”的牌子，以瑞幸咖啡产业，结合药膳小镇开发建设，重点发展特色食品加工基地及配套或附属产业；溪角洋工业园区作为屏南新兴产业园区，逐步形成以屏南时代电子科技、邦普循环新材料、德茂无纺布等为龙头的新能源汽车产业链及配套等附属产业、打造辰颐严选电商园、傲农生物的食品加工、高新技术产业为主导的先进制造业基地；溪坪工业园区主要打造以承载其他园区所需要配套的电商、金融、物流、商务服务等服务业，打造产城融合发展新型园区。

（摘编：周树峰）

寿宁工业园区

寿宁工业园区于2006年4月被省政府确定为省级工业园区，是寿宁县对接长三角、承接浙东南产业转移的重要平台，也是宁德市较早定位、启动的工业园区之一。2022年园区入驻企业157家，2022年，园区实现工业总产值约483100万元，税收约14979.85万元。

基础建设日趋完善。园区采取“依托城镇、集中突破、不断完善”措施，使配套设施建设日趋完善。南阳工业园区自来水和污水管网设施建设、园内主干道硬化、通信网络、南阳镇洋边村至南阳锆镁新材料产业园污水管网工程等建成投用。际武工业集中区涵盖职工生活区、污水处理厂、溪滨路、山前路硬化、景观公园等，PPP项目已竣工验收，完成际武工业集中区溪滨路K0+538-K0+563段挡墙水毁修复工程。提升了园区的运转能力，为企业的发展提供了良好的投资环境。宁德锆镁新材料产业园职工共享之家、产品展览厅、科研楼已建成投用，已完成洋边村至宁德锆镁新材料产业园污水管道修复工程，为园区的进一步发展夯实基础。

产业发展依托优势。依托溧宁高速公路在境内的三个互通口，规划建设南阳工业园区、际武工业集中区和宁德锆镁新材料产业园，着力打造“道口经济”“场站经济”，培育形成工业新材料、精密铸造、汽摩配件、电机电器等主导产业，工业经济已成为推动寿宁加快发展绿色崛起的主引擎。

生态环保严格把关。寿宁是国家级生态功能区，根据国家产业政策及产业负面清单的要求，严把项目引进审批关，从源头上杜绝高污染、高耗能、低效益的企业入驻；并对区内各类企业进行合理规划布局，促进园区产业聚集和生态保护、集约用地、资源节约，努力建设“节能减排、低碳环保、循环经济”的绿色工业园区。按照生态型工业园区的发展目标，强化源头管控，实行绿色招商。严格入园企业项目准入门槛，杜绝或限制引进污染大、能耗大的项目，同时淘汰一批在环保、节能方面存在较大问题且无力整改的企业项目；强化企业生产过程动态监管，对重点耗能、耗水、排放企业，按照“减量化”有限原则，进行节能改造、节能监察、能源审计。大力扶持发展绿色产业，实现富民富县。建设污水、垃圾以及固废处理设施，加强运行管理，营造环保、生态、美洁的园区环境。推进循环经济发展，鼓励和扶持企业内部以及企业之间的副产品与能源梯级利用，实现环境效益、经济效益和社会效益同步提升。

（摘编：孙云荣）

柘荣经济开发区

柘荣经济开发区于2013年10月获省政府批准成立（闽政文〔2013〕393号），总规划面积9平方公里，省政府批复面积4.4平方公里（含三个产业园），目前建成面积约3平方公里，下辖生物医药循环经济产业园、砚山洋山海协作示范园、富源综合区等3个产业园区。2022年，柘荣经济开发区实现产值52.37亿元，缴纳税收2.42亿元。

基础建设日新月异。园区主要建设医药标准化厂房、企业服务中心、公共实训基地、冷链仓储交易中心、园区路网等园区基础设施，建设区间干路 8.94 公里、支路 12.68 公里，绿化、综合管网、通讯、电力等配套设施，总投资 13 亿元。截至 2022 年底累计完成投资 7.4 亿元，已建成企业服务中心、医药标准厂房 1.6 万平方米、35KV 变电站、园区污水管网、电力迁改等设施，建成干路 5.5 公里、支路 6 公里及绿化、综合管网配套设施。

招商引资突出重点。2022 年，园区以新兴医药产业项目为重点，坚持“服务是最好的招商手段、落地是招商的最终目的”的理念，致力产业集聚，全力推进项目引进和建设。先后对接国药、省医药集团等 30 余家涉及生物医药、保健食品的企业项目，成功引进北京医美项目（北京方达讯医药）、亿康医疗器械、国药凯丽康、闽参中药材、蛮将食品等 8 个生物医药项目；促成国药、省医药集团与时珍堂药业开展中药材流通合作，国投海峡基金投资建设闽东药博园项目等。

（摘编：张全进）

霞浦经济开发区

霞浦经济开发区于 2014 年 1 月经省政府批准设立省级经济开发区，位于城市南部，南临古县沙塘里，规划面积 362.2 公顷。2022 年，霞浦经济开发区实现 GDP 为 65.80 亿元，同比增长 126.7%；税收 2.78 亿元。

项目建设赶超进度。园区主导的在建项目为新能源产业园区及配套设施项目、霞浦经济开发区转型升级改造一期建设项目标准化工程（宁德国龙）项目（以下简称国龙项目）。新能源产业园区及配套设施项目为省重点项目，项目 2022 年度计划投资 10000 万元，年末累计完成投资 10289 万元，年度占比 102.9%，2022 年完成纵二路建设，完成渔洋地原路扩建工程桥梁桥台施工、路基清表、雨污水管理铺设等，同时推动长寿路道路及长寿路内河（排洪渠）工程开工建设；国龙项目为省重点项目，该项目投资 3.5 亿元，用地面积 120 亩，建筑面积 7.6 万平方米，2022 年累计完成投资 7852 万元，正按照序时进度推进项目主体建设。

产业发展持续推动。2022 年，霞浦经济开发区继续以新能源、水产品精深加工为着力点，致力发展绿色工业经济，加大基础设施建设，拓展对外承接空间。同时，开发区紧紧围绕着服务重点项目，做好项目入驻前期工作和配套基础设施建设，目前省市等重点项目建设进展顺利，时代一汽动力电池实现百亿产值，“时代科士达储能项目”（北区）第三生产线完成安装，实现提质增效，突破产值 10 亿元；国龙项目、科士达南区项目、怀民食品、森信投资项目等项目顺利开工，嘉鸿水产、善邀福项目、元福塑胶及三海科技项目完成竣工，闽泰钢业顺利投产。

招商引资凸显优势。继续围绕“扶引大龙头、培育大集群、发展大产业”为目标，大力支持主导产业发展壮大、新兴产业占比提升、传统产业转型升级，利用时代一汽等龙头企业入驻的有利条件，加快产业结构调整，积极开展上下游配套项目的招商活动。2022 年以来陆续引进宁德市海发投资、森信投资、溢晟水产品、御蓝记食品、正川工程、创峰能源、佳兴建筑、长鹰信质新能源、东蒲智能新能源等 8 家企业，协议总投资达 33.27 亿元，积极对接引进丸顺汽车配件、海洋产业园项目、天福茶业等企业。

生态环保严格落实。高度重视开发区的环保生态建设，严格抓好各项目环保措施落实，力推不锈钢集中式污水处理厂的环保验收工作，全面实现大沙片区不锈钢集中式污水处理厂和邦德合成革基地污水处理厂的污水处理达标后全部回用不外排，入园企业的生活污水全部接入县城污水厂处理，委托有资质的第三方水质监测机构定期对园区污水处理厂的水质进行检测，确保企业排放的污水达到环保标准。同时，积极响应省市相关文件精神，委托专业机构在园区开展“污水零直排区”建设自查工作，全面摸清企业排污纳基础设施建设、雨污管道长度及淤积量等情况，在此基础上编制“一园一策”建设方案，提升园区管道系统，进一步加大环保投入，完善环保设施，建设省级绿色环保生态工业区。

（摘编：孙云荣）

第五篇
品牌创建

2023 先进制造业百强市福建省上榜名单

2023 年 11 月 30 日，福建省工信厅消息，近日，工信部赛迪顾问先进制造业研究中心公布了 2023 年先进制造业百强市榜单，福建厦门、福州、泉州、宁德、莆田、漳州 6 个城市入围，分列第 18、第 20、第 29、第 79、第 86 和第 93 位。深圳、苏州、广州位居榜单前三名。

先进制造业是构建现代产业体系、培育发展新动能、助推经济高质量发展的重要手段，是城市能级和核心竞争力的重要体现。2023 年先进制造业百强市榜单从创新能力、融合发展、经济带动、品牌质量和绿色集约 5 个一级指标、24 个二级指标，对全国 293 个地级市的先进制造业发展情况进行了系统研究和综合评估。

据统计，2023 年，先进制造业百强市共拥有 28.5 万家高新技术企业，占全国高新技术企业总量的 71%。2022 年，先进制造业百强市的 PCT 国际专利授权量为 1.1 万件，占全国总量的 75%。

（摘编：徐根生）

2023 百强区榜单福建省入围名单

2023 年 8 月 8 日，工信部下属研究机构赛迪顾问发布“2023 赛迪百强区”，福建有 4 个区上榜，厦门市思明区、福州市鼓楼区、厦门市湖里区、龙岩市新罗区分列第 24、27、56、78 位。

在“2023 赛迪百强区”中，东部、中部、西部和东北地区分别上榜 59 个、22 个、18 个和 1 个城区。从省域分布来看，广东和江苏同以 17 个区上榜并列第一，浙江以 13 个区上榜紧随其后。

榜单延续“双门槛”评价原则，即地区生产总值大于 800 亿元、一般公共预算收入大于 20 亿元，采用 23 个指标建构的城区高质量发展评价指标体系，从经济实力、增长动力、内生支撑、区域能级和共享发展 5 个方面进行综合评价。深圳市南山区连续六年位居榜首。

研究指出，中国城区发展将呈现五大趋势。一是领先城区将突破瓶颈，进入下一个高质量发展的新阶段；二是 2025 年末中国“千亿城区”有望突破 200 个；三是中西部内陆城区将实现更快速度和更高质量的跃升发展；四是省域副中心城市中心城区将在全省经济发展中提升自身站位、展现更大担当；五是具有特色产业、位于特殊区位或具有国家重大基础设施的特色城区将在全国、全世界等更广范围内建立重要影响力。

研究认为，百强之外，也有部分城区高质量发展水平表现较好，如漳州芗城区、广州增城区等，这些城区正处于高质量跃升发展期，是未来冲刺百强的潜力城区。

（摘编：赵小真）

全国创新百强区福建省入围名单

2023年3月28日，工信部下属研究机构赛迪顾问发布了《2023年赛迪创新百强区研究报告》，在“赛迪创新百强区（2023）榜单”中，深圳市南山区、宝安区和广州市天河区列前三位。我省共有4个区上榜，其中福州市鼓楼区跻身前20，列第18位；厦门市思明区、厦门市湖里区、宁德市蕉城区分列第31、59、79位。

赛迪创新百强区（2023）构建了“创新生态、创新动力、创新主体、创新成果”4个一级指标、“地区生产总值、R&D投入强度、高新技术企业数”等16个二级指标的城区创新评价指标体系，对城区创新环境、服务、主体、成效等城区创新要素进行系统评估，开展了全面分析，形成了“2023年赛迪创新百强区榜单”。

评价结果显示，创新百强区集聚了12.5万家高新技术企业，共拥有专精特新“小巨人”企业1814家，是我国创新主体蓬勃发展的重要载体，在引领提升自主创新能力、全面优化创新生态、探索突破性创新实践等方面均发挥了重要作用。

（摘编：肖启辉）

中国县域投资竞争力百强福建省入围县域

2023年11月7日，工信部赛迪顾问县域经济研究中心发布了《2023中国县域投资竞争力百强研究报告》（以下简称《报告》），从政务服务能力、投资活力、要素吸引能力、基础设施支撑和生态环境五个维度，对全国（不含香港特别行政区、澳门特别行政区、台湾地区）除市辖区、特区和林区以外的1864个县级行政区划单位的投资竞争力进行全面评估，最终形成百强榜单。我省七县域入围榜单，入围数量居全国第四。

在入围“百强”的福建县级行政区划单位中，晋江市仅次于江苏省昆山市、常熟市、张家港市和浙江省慈溪市，排名第五；福清市、南安市、石狮市、永安市、闽侯县、仙游县分列第17、23、35、53、56、99位。

《报告》研究发现，当前我国县域投资环境创新正呈现数字化应用从“小”向“大”转变，政务服务从“减”向“加”转变，要素资源从“单”向“整”转变，以及服务机制从“短”向“长”转变的趋势。推进“数字+”赋能，提升数字经济竞争力；提升公共服务能级，增强公共服务均衡性；推动要素升级，激活发展新动力；建立长效服务机制，打造一流投资环境将成为今后一段时间县域投资优化的四大抓手。

《报告》建议，各县域要推进技术、能源、创新等要素提档升级，形成独特的、具有县域特色的数据要素，进而可将数据要素与县域土地、资本、劳动力等传统生产要素进行交互、联动、融合，激发出新的数字要素竞争力，增强各类要素及要素组合在宏观经济发展中的边际收益递增效应。

（摘编：肖启辉）

福建省千亿县（市）俱乐部名单

2023年4月14日东南网报道，《第一财经》日前发布了2022年中国GDP千亿县名单，全国共52个县GDP达千亿元，福建共有6个县入选，分别是：晋江、南安、福清、惠安、石狮、闽侯，其中，4个来自泉州，另外2个在省会福州。福州、泉州两市的GDP总量也在全省领跑，这两个万亿元城市经济总量占据福建“半壁江山”。晋江表现尤其亮眼，GDP首次突破3000亿大关，位列全国千亿县第四位。闽侯发展步伐较快，2022年首次入选千亿县名录。

县城作为我国基本的行政地域单元，支撑经济社会发展的完整空间载体，在我国社会治理和国民经济发展中占据独特地位。县域经济的发展一直被视为国民经济的重要风向标。一般认为，县域经济总量过千亿，经济和社会开始迈入良性循环轨道。

福建县域经济，特别是山区县城县域经济的高质量发展，首先要充分发挥市场在资源配置中的决定性作用，引导和支持各类市场主体参与县域经济发展，更好发挥政府作用，切实履行县域地方政府在制定规划政策、提供公共服务、营造制度环境、增强县城产业支撑能力、提升产业平台功能、健全商贸流通网络、完善消费基础设施、强化职业技能培训等方面职责。

（摘编：张全进）

中国企业500强上榜闽企

2023年9月20日，在安徽合肥举行的2023中国500强企业高峰论坛上，中国企业联合会、中国企业家协会连续第22次向社会发布中国企业500强名单。此次我省共有23家企业上榜500强，比去年增加4家，上榜数量创历史新高。此外，有22家闽企入围制造业500强榜单、41家闽企入围服务业500强榜单，数量均比去年多1家。

23家上榜福建企业中，包括12家国企、11家民企。其中，排名前三位的企业均来自厦门，分别是厦门建发集团有限公司、厦门国贸控股集团有限公司、厦门象屿集团有限公司，分列榜单的第21、29、42位，相比去年排名都有不同程度上升。兴业银行股份有限公司、宁德时代新能源科技股份有限公司、紫金矿业集团股份有限公司分列第67、85、100位。以上6家闽企跻身前100位，比去年多2家，数量同样创下新高。

除以上闽企外，其余入围500强榜单的福建企业为：大东海实业、永辉超市、厦门路桥工程、省能化集团、恒申集团、永荣控股、中景石化、省港口集团、百宏聚纤、漳州九龙江集团、省电子信息集团、金纶高纤、三钢集团、三宝集团、厦门港务、安踏体育、厦门钨业。其中，百宏聚纤、漳州九龙江集团、金纶高纤、三宝集团、厦门钨业为今年新上榜。

中国企业500强榜单显示，国家电网以3.57万亿元的营收位列第一，连续第三年“夺冠”。中石油以3.25万亿元营收排名第二，中石化以3.17万亿元营收排名第三。中国建筑、工商银行、建设银行、农业银行、平安保险、中国中化、中国中铁入围前十。入围500强的企业规模继续保持增长态势，营业收入总额108.36万亿元；千亿级企业达254家，首次超过50%。中国企业联合会会长王忠禹表示，尽管面临复杂严峻的国际环境，遭受超预期疫情的冲击，我国大企业仍展现出很强的发展韧性，创新驱动发展态势更加巩固，产业布局持续优化升级。

（摘编：陈建闽）

2023福建企业100强

12月19日下午，2023福建企业100强发布大会在三明举行。会上发布了2023福建企业100强等4个榜单。榜单评选依照中国企业联合会研究发布“中国企业500强”的做法和国际通行惯例，采取企业自愿申报方式，以2022企业营业收入为基本标准，通过省统计局、省国资委提供的基础数据，根据企业提供的财务审计报表和上市公司公开报表，对照往年的百强榜单等，经汇总、整理、审核，最终确定“2023福建企业100强”“2023福建制造业企业100强”“2023福建服务业企业100强”“2023福建战略性新兴产业企业100强”4个排序榜单。同时，收集入围企业8大经营指标进行研究分析，并与周边省份百强榜单进行对比分析，形成研究报告，向社会公开发布。

2023福建百强企业经济地位和作用进一步提升，百强企业规模、创新、国际化等指标持向好，制造业、服务业、战新产业百强企业稳步发展。2023年，福建共有6家企业入围2023世界500强，分别为厦门建发集团、厦门国贸控股集团、厦门象屿集团、兴业银行、宁德时代、紫金矿业集团。2023福建企业100强营业收入总额为61514.8亿元，增幅为19.3%，高于福建2022年GDP增幅。2023福建制造业百强企业、服务业百强企业和战略性新兴产业百强企业分别实现营业收入2.5万亿元、4.1万亿元和0.5万亿元，较上一年均有不同程度提升。4个榜单如下。

2023福建企业100强名单

排名	企业名称	属性	地区	行业	2022营业收入（万元）
1	厦门建发集团有限公司	国有	厦门	服务业	84737423
2	厦门国贸控股集团有限公司	国有	厦门	服务业	69346046
3	厦门象屿集团有限公司	国有	厦门	服务业	56262153
4	兴业银行股份有限公司	国有	福州	服务业	41026800
5	宁德时代新能源科技股份有限公司	民营	宁德	制造业	32859399
6	紫金矿业集团股份有限公司	国有	龙岩	采掘业	27032900
7	青拓集团有限公司	民营	宁德	制造业	18308849
8	国网福建省电力有限公司	国有	福州	服务业	15771058
9	福建省冶金（控股）有限责任公司	国有	福州	制造业	11077068
10	福建大东海实业集团有限公司	民营	福州	制造业	10309529
11	永辉超市股份有限公司	民营	福州	服务业	9009082
12	厦门路桥工程物资有限公司	国有	厦门	服务业	8615879
13	中化泉州石化有限公司	国有	泉州	制造业	8221818
14	福建省能源石化集团有限责任公司	国有	福州	制造业	7282591
15	恒申控股集团有限公司	民营	福州	制造业	7234250
16	永荣控股集团有限公司	民营	福州	制造业	7128010
17	中景石化集团有限公司	民营	福州	制造业	6754221
18	福建省港口集团有限责任公司	国有	福州	服务业	6704940
19	戴尔（中国）有限公司	外资	厦门	制造业	6516080
20	福建百宏聚纤科技实业有限公司	民营	泉州	制造业	6236200
21	漳州市九龙江集团有限公司	国有	漳州	服务业	5845553
22	福建省农村信用社联合社	国有	福州	服务业	5591288
23	福建省电子信息（集团）有限责任公司	国有	福州	制造业	5517743
24	福建省金纶高纤股份有限公司	民营	福州	制造业	5395668
25	三宝集团股份有限公司	民营	漳州	制造业	5209886
26	安踏体育用品集团有限公司	民营	厦门	制造业	5070534
27	福州城市建设投资集团有限公司	国有	福州	服务业	4582857
28	中建海峡建设发展有限公司	国有	福州	建筑业	4208548
29	厦门海沧投资集团有限公司	国有	厦门	服务业	3996325
30	福建福海创石油化工有限公司	国有	漳州	制造业	3796929
31	均和（厦门）控股有限公司	民营	厦门	服务业	3588854
32	福建漳龙集团有限公司	国有	漳州	服务业	3503294
33	一柏集团有限公司	民营	福州	服务业	3225260
34	福建建工集团有限责任公司	国有	福州	建筑业	3142731
35	福建广源再生资源回收有限公司	民营	福州	服务业	3043031
36	厦门中骏集团有限公司	民营	厦门	服务业	2820230

续表

排名	企业名称	属性	地区	行业	2022 营业收入（万元）
37	福耀玻璃工业集团股份有限公司	中外合资	福州	制造业	2809875
38	中国移动通信集团福建有限公司	国有	福州	服务业	2756031
39	中铜东南铜业有限公司	国有	宁德	制造业	2734455
40	厦门禹洲集团股份有限公司	民营	厦门	服务业	2673724
41	盛屯矿业集团股份有限公司	民营	厦门	制造业	2535655
42	厦门夏商集团有限公司	国有	厦门	服务业	2443171
43	福建亿力集团有限公司	国有	福州	制造业	2439804
44	宝钢德盛不锈钢有限公司	国有	福州	制造业	2347538
45	福建漳州城投集团有限公司	国有	漳州	建筑业	2281108
46	福建恒安集团有限公司	民营	泉州	制造业	2261588
47	福建省国有资产管理有限公司	国有	福州	服务业	2256953
48	物泊科技有限公司	民营	莆田	服务业	2211472
49	福建长源纺织有限公司	民营	福州	制造业	2183582
50	中建四局建设发展有限公司	国有	厦门	建筑业	2161428
51	福建傲农生物科技集团股份有限公司	民营	漳州	制造业	2161304
52	福州朴朴电子商务有限公司	民营	福州	服务业	2096618
53	泉州发展集团有限公司	国有	泉州	服务业	2016926
54	达利食品集团有限公司	民营	泉州	制造业	1995720
55	龙岩烟草工业有限责任公司	国有	龙岩	制造业	1978745
56	鹭燕医药股份有限公司	民营	厦门	服务业	1946250
57	厦门翔业集团有限公司	国有	厦门	服务业	1915801
58	福建省汽车工业集团有限公司	国有	福州	制造业	1892396
59	福建纵腾网络有限公司	民营	福州	服务业	1760478
60	福建圣农控股集团有限公司	民营	南平	制造业	1713280
61	厦门国际银行股份有限公司	国有	厦门	服务业	1712764
62	中国电信股份有限公司福建分公司	国有	福州	服务业	1639516
63	厦门市嘉晟对外贸易有限公司	民营	厦门	服务业	1636641
64	冠捷电子科技（福建）有限公司	外资	福州	制造业	1613077
65	厦门烟草工业有限责任公司	国有	厦门	制造业	1594347
66	中国（福建）对外贸易中心集团有限责任公司	国有	福州	服务业	1589139
67	福建古雷石化有限公司	民营	漳州	制造业	1581174
68	福建福清核电有限公司	国有	福州	制造业	1569297
69	福建省旅游发展集团有限公司	国有	福州	服务业	1550966
70	厦门合兴包装印刷股份有限公司	民营	厦门	制造业	1537527
71	兴业证券股份有限公司	国有	福州	服务业	1537472
72	厦门火炬集团有限公司	国有	厦门	服务业	1398783

续表

排名	企业名称	属性	地区	行业	2022营业收入（万元）
73	福建三木集团股份有限公司	国有	福州	服务业	1395408
74	厦门恒兴集团有限公司	民营	厦门	服务业	1372986
75	厦门市政集团有限公司	国有	厦门	服务业	1366830
76	福建一建集团有限公司	国有	三明	建筑业	1331534
77	三明市城市建设发展集团有限公司	国有	三明	建筑业	1319194
78	福建南平太阳电缆股份有限公司	民营	南平	制造业	1310324
79	友达光电（厦门）有限公司	外国法人独资	厦门	制造业	1300940
80	特步集团有限公司	民营	泉州	制造业	1293038
81	厦门鑫东森控股有限公司	民营	厦门	服务业	1265185
82	福建晟育投资发展集团有限公司	民营	漳州	服务业	1226981
83	安井食品集团股份有限公司	民营	厦门	制造业	1218266
84	福州京东方光电科技有限公司	国有	福州	制造业	1215873
85	福建奔驰汽车有限公司	国有	福州	制造业	1210087
86	福建省华荣建设集团有限公司	民营	福州	建筑业	1201371
87	厦门市明穗粮油贸易有限公司	民营	厦门	服务业	1199067
88	厦门天马微电子有限公司	国有	厦门	制造业	1181530
89	厦门宏发电声股份有限公司	民营	厦门	制造业	1173339
90	福建友谊胶粘带集团有限公司	民营	福州	制造业	1140064
91	福建新华源科技集团有限公司	民营	福州	制造业	1135127
92	三棵树涂料股份有限公司	民营	莆田	制造业	1133837
93	百威雪津啤酒有限公司	外商投资	莆田	制造业	1129205
94	冠城大通股份有限公司	民营	福州	制造业	1113980
95	福建宁德核电有限公司	国有	宁德	制造业	1095830
96	福建省闽南建筑工程有限公司	民营	泉州	建筑业	1082476
97	厦门轨道建设发展集团有限公司	国有	厦门	服务业	1079135
98	九牧集团有限公司	民营	厦门	制造业	1069284
99	厦门安居控股集团有限公司	国有	厦门	服务业	1069062
100	厦门信和达电子有限公司	民营	厦门	服务业	1010749

2023福建制造业企业100强名单

排名	企业名称	属性	地区	2022营业收入（万元）
1	宁德时代新能源科技股份有限公司	民营	宁德	32859399
2	紫金矿业集团股份有限公司	国有	龙岩	27032900
3	青拓集团有限公司	民营	宁德	18308849
4	福建大东海实业集团有限公司	民营	福州	10309529
5	中化泉州石化有限公司	国有	泉州	8221818

续表

排名	企 业 名 称	属性	地区	2022 营业收入（万元）
6	福建省能源石化集团有限责任公司	国有	福州	7282591
7	永荣控股集团有限公司	民营	福州	7128010
8	中景石化集团有限公司	民营	福州	6754221
9	戴尔（中国）有限公司	外资	厦门	6516080
10	福建百宏聚纤科技实业有限公司	民营	泉州	6236200
11	福建省三钢（集团）有限责任公司	国有	三明	5254960
12	三宝集团股份有限公司	民营	漳州	5209886
13	安踏体育用品集团有限公司	民营	厦门	5070534
14	厦门钨业股份有限公司	国有	厦门	4822279
15	福耀玻璃工业集团股份有限公司	中外合资	福州	2809900
16	中铜东南铜业有限公司	国有	宁德	2734455
17	盛屯矿业集团股份有限公司	民营	厦门	2535655
18	福建亿力集团有限公司	国有	福州	2439804
19	腾龙芳烃（漳州）有限公司	国有	漳州	2360715
20	福建申远新材料有限公司	民营	福州	2353879
21	宝钢德盛不锈钢有限公司	国有	福州	2347538
22	福建恒安集团有限公司	民营	泉州	2261588
23	福建长源纺织有限公司	民营	福州	2183582
24	福建傲农生物科技集团股份有限公司	民营	漳州	2161304
25	达利食品集团有限公司	民营	泉州	1995720
26	龙岩烟草工业有限责任公司	国有	龙岩	1978745
27	福建省恒申合纤科技有限公司	民营	福州	1898936
28	厦门金龙汽车集团股份有限公司	国有	厦门	1824041
29	福建圣农控股集团有限公司	民营	南平	1713280
30	福建福日电子股份有限公司	国有	福州	1655046
31	冠捷电子科技（福建）有限公司	外资	福州	1613077
32	厦门烟草工业有限责任公司	国有	厦门	1594347
33	福建古雷石化有限公司	民营	漳州	1581174
34	福建星网锐捷通讯股份有限公司	国有	福州	1574057
35	福建福清核电有限公司	国有	福州	1569297
36	厦门合兴包装印刷股份有限公司	民营	厦门	1537527
37	翔鹭石化（漳州）有限公司	国有	漳州	1530546
38	福建南平太阳电缆股份有限公司	民营	南平	1310324
39	友达光电（厦门）有限公司	外国法人独资	厦门	1300940
40	特步集团有限公司	民营	泉州	1293038
41	安井食品集团股份有限公司	民营	厦门	1218266

续表

排名	企业名称	属性	地区	2022营业收入（万元）
42	福州京东方光电科技有限公司	国有	福州	1215873
43	福建奔驰汽车有限公司	国有	福州	1210087
44	福建省南平铝业股份有限公司	国有	南平	1189854
45	福建龙净环保股份有限公司	国有	龙岩	1188015
46	厦门天马微电子有限公司	国有	厦门	1181530
47	厦门宏发电声股份有限公司	民营	厦门	1173339
48	福建友谊胶粘带集团有限公司	民营	福州	1140064
49	福建新华源科技集团有限公司	民营	福州	1135127
50	三棵树涂料股份有限公司	民营	莆田	1133837
51	百威雪津啤酒有限公司	外商投资	莆田	1129205
52	冠城大通股份有限公司	民营	福州	1113980
53	福建宁德核电有限公司	国有	宁德	1095830
54	九牧集团有限公司	民营	厦门	1069284
55	福建省长乐市山力化纤有限公司	民营	福州	1002388
56	中铝瑞闽股份有限公司	国有	福州	1001205
57	联盛纸业（龙海）有限公司	民营	漳州	921978
58	宸美（厦门）光电有限公司	外资	厦门	912220
59	福建省船舶工业集团有限公司	国有	福州	887193
60	漳州片仔癀药业股份有限公司	国有	漳州	869400
61	宸鸿科技（厦门）有限公司	外资	厦门	848890
62	厦门万泰沧海生物技术有限公司	民营	厦门	842655
63	福建金源纺织有限公司	民营	福州	838684
64	福建吴航不锈钢制品有限公司	中外合资	福州	833760
65	福建盼盼食品有限公司	民营	泉州	813748
66	泉州福海粮油工业有限公司	民营	泉州	786825
67	立达信物联科技股份有限公司	民营	厦门	755731
68	福建省海新集团有限公司	民营	漳州	736020
69	福建经纬新纤科技实业有限公司	民营	福州	718779
70	华峰华锦有限公司	民营	莆田	709493
71	福建天马科技集团股份有限公司	民营	福州	700753
72	昇兴集团股份有限公司	民营	福州	687765
73	厦门市建潘集团有限公司	民营	厦门	679544
74	飞毛腿（福建）电子有限公司	民营	福州	649000
75	福建祥鑫股份有限公司	民营	福州	634812
76	厦门银鹭食品集团有限公司	外资	厦门	621616
77	厦门正新橡胶工业有限公司	外资	厦门	618052

续表

排名	企 业 名 称	属性	地区	2022 营业收入（万元）
78	福建申马新材料有限公司	民营	福州	613064
79	林德（中国）叉车有限公司	中外合作	厦门	605124
80	奥佳华智能健康科技集团股份有限公司	民营	厦门	602434
81	福建匹克集团有限公司	民营	泉州	584238
82	福建凯邦锦纶科技有限公司	民营	福州	579209
83	联芯集成电路制造（厦门）有限公司	民营	厦门	571281
84	科华数据股份有限公司	民营	厦门	564849
85	福建恒捷实业有限公司	民营	福州	561256
86	捷太格特转向系统（厦门）有限公司	民营（外商合资）	厦门	544642
87	厦门吉宏科技股份有限公司	民营	厦门	537588
88	福建鑫森合纤科技有限公司	民营	三明	537134
89	路达（厦门）工业有限公司	民营	厦门	527740
90	福建金牛水泥有限公司	民营	三明	523729
91	福建龙麟集团有限公司	民营	龙岩	520100
92	福龙马集团股份有限公司	民营	龙岩	507961
93	福建元成豆业有限公司	民营	福州	493090
94	福建省轻纺（控股）有限责任公司	国有	福州	492705
95	厦门亿联网络技术股份有限公司	民营	厦门	481055
96	厦门保沣集团有限公司	民营	厦门	443701
97	厦门银祥集团有限公司	民营	厦门	434105
98	福建天辰耀隆新材料有限公司	国有	福州	433958
99	明达实业（厦门）有限公司	外资	厦门	423832
100	厦门建霖健康家居股份有限公司	外资	厦门	418625

2023 福建服务业企业 100 强名单

排名	企 业 名 称	属性	地区	2022 营业收入（万元）
1	厦门建发集团有限公司	国有	厦门	84737423
2	厦门国贸控股集团有限公司	国有	厦门	69346046
3	厦门象屿集团有限公司	国有	厦门	56262153
4	兴业银行股份有限公司	国有	福州	41026800
5	国网福建省电力有限公司	国有	福州	15771058
6	永辉超市股份有限公司	民营	福州	9009082
7	漳州市九龙江集团有限公司	国有	漳州	5845553
8	福建省农村信用社联合社	国有	福州	5591288
9	厦门港务控股集团有限公司	国有	厦门	5260428
10	福建闽光云商有限公司	国有	三明	4775162

续表

排名	企　业　名　称	属性	地区	2022营业收入（万元）
11	中建海峡建设发展有限公司	国有	福州	4208548
12	厦门海沧投资集团有限公司	国有	厦门	3996325
13	均和（厦门）控股有限公司	民营	厦门	3588854
14	厦门华闽盛屯物产有限公司	国有	厦门	3560969
15	福建漳龙集团有限公司	国有	漳州	3503294
16	福建建工集团有限责任公司	国有	福州	3142731
17	福建广源再生资源回收有限公司	民营	福州	3043031
18	厦门中骏集团有限公司	民营	厦门	2820230
19	中国移动通信集团福建有限公司	国有	福州	2756031
20	厦门禹洲集团股份有限公司	民营	厦门	2673724
21	厦门夏商集团有限公司	国有	厦门	2443171
22	福建漳州城投集团有限公司	国有	漳州	2281108
23	物泊科技有限公司	民营	莆田	2211472
24	中建四局建设发展有限公司	国有	厦门	2161428
25	福州朴朴电子商务有限公司	民营	福州	2096618
26	泉州发展集团有限公司	国有	泉州	2016926
27	鹭燕医药股份有限公司	民营	厦门	1946250
28	厦门翔业集团有限公司	国有	厦门	1915801
29	福建纵腾网络有限公司	民营	福州	1760478
30	厦门国际银行股份有限公司	国有	厦门	1712764
31	厦门市嘉晟对外贸易有限公司	民营	厦门	1636641
32	中国（福建）对外贸易中心集团有限责任公司	国有	福州	1589139
33	兴业证券股份有限公司	国有	福州	1537472
34	厦门火炬集团有限公司	国有	厦门	1398783
35	福建三木集团股份有限公司	国有	福州	1395408
36	厦门市政集团有限公司	国有	厦门	1366830
37	一柏国际贸易有限公司	民营	厦门	1356405
38	福建一建集团有限公司	国有	三明	1331534
39	三明市城市建设发展集团有限公司	国有	三明	1319194
40	厦门鑫东森控股有限公司	民营	厦门	1265185
41	福建晟育投资发展集团有限公司	民营	漳州	1226981
42	福建省华荣建设集团有限公司	民营	福州	1201371
43	厦门市明穗粮油贸易有限公司	民营	厦门	1199067
44	福州市建设发展集团有限公司	国有	福州	1151176
45	福建省人力资源服务有限公司	国有	福州	1116130
46	福建省石油化工供销有限公司	国有	福州	1106478

续表

排名	企业名称	属性	地区	2022营业收入（万元）
47	漳州路桥物资发展有限公司	国有	漳州	1088545
48	福建省闽南建筑工程有限公司	民营	泉州	1082476
49	厦门安居控股集团有限公司	国有	厦门	1069062
50	厦门信和达电子有限公司	民营	厦门	1010749
51	百威东南销售有限公司	外商投资企业	莆田	981054
52	福州左海控股集团有限公司	国有	福州	946643
53	厦门闽嘉华石化有限公司	民营	厦门	945254
54	福建省二建建设集团有限公司	国有	福州	928985
55	福建省投资开发集团有限责任公司	国有	福州	924167
56	泉州城建集团有限公司	国有	福州	857377
57	福建路港（集团）有限公司	民营	泉州	855058
58	福建省惠东建筑工程有限公司	民营	泉州	853579
59	智旦运宝宝（福建）科技有限公司	民营	福州	842527
60	新大陆科技集团有限公司	民营	福州	824887
61	福建网龙计算机网络信息技术有限公司	民营	福州	786600
62	永富建工集团有限公司	民营	福州	781536
63	福建省民益建设工程有限公司	民营	福州	770004
64	中国联合网络通信有限公司福建省分公司	国有	福州	764018
65	泉州银行股份有限公司	国有	泉州	752840
66	福建发展集团有限公司	民营	福州	752313
67	名城控股集团有限公司	民营	福州	736846
68	厦门宝拓资源有限公司	民营	厦门	724518
69	福州市产业投资集团有限公司	国有	福州	724468
70	福州开发区新电燃料有限公司	民营	福州	716563
71	全骏达实业有限公司	民营	福州	704269
72	福建省五建建设集团有限公司	国有	泉州	674608
73	福州市金融控股集团有限公司	国有	福州	671506
74	厦门芗江进出口有限公司	国有	厦门	643235
75	福建省泷澄建设集团有限公司	民营	漳州	637912
76	弘信创业工场投资集团股份有限公司	民营	厦门	634086
77	中交建宏峰集团有限公司	民营	莆田	622364
78	厦门特房建设工程集团有限公司	国有	厦门	608637
79	四三九九网络股份有限公司	民营	厦门	577661
80	泉发建设股份有限公司	民营	泉州	565162
81	福建好运联联信息科技有限公司	民营	福州	557576
82	福建省东霖建设工程有限公司	民营	泉州	557567

续表

排名	企业名称	属性	地区	2022营业收入（万元）
83	鑫东森集团有限公司	民营	厦门	557315
84	福建省顺安建筑工程有限公司	民营	莆田	552280
85	泉州交通发展集团有限责任公司	国有	泉州	551994
86	厦门兴汇能源有限公司	民营	厦门	551459
87	中交一公局厦门工程有限公司	国有	厦门	535967
88	厦门源昌集团有限公司	民营	厦门	535088
89	福建省通信产业服务有限公司	国有	福州	533416
90	福建广电网络集团股份有限公司	国有	福州	525044
91	厦门吉比特网络技术股份有限公司	民营	厦门	516762
92	厦门嘉联恒进出口有限公司	民营	厦门	513567
93	福建省金正建设工程有限公司	民营	泉州	510238
94	福建豆讯科技有限公司	民营	莆田	506664
95	中铁二十二局集团第三工程有限公司	国有	厦门	505120
96	福建省百盛建设发展有限公司	民营	福州	501274
97	漳州市交通发展集团有限公司	国有	漳州	500101
98	龙洲集团股份有限公司	国有	龙岩	499349
99	福建申宏国际贸易有限公司	民营	福州	480758
100	厦门中联永亨建设集团有限公司	民营	厦门	472155

2023福建战略性新兴产业企业100强名单

排名	企业名称	战新业务所属领域	企业所属行业	属性	地区	2022营业收入（万元）
1	福建百宏聚纤科技实业有限公司	新材料产业	化学纤维制造	民营	泉州	6236200
2	厦门厦钨新能源材料股份有限公司	新材料产业	新能源材料制造	国有	厦门	2875131
3	福建申远新材料有限公司	新材料产业	化学纤维制造	民营	福州	2353879
4	福建长源纺织有限公司	新材料产业	化学纤维制造	民营	福州	2183582
5	福建省恒申合纤科技有限公司	新材料产业	化学纤维制造	民营	福州	1898936
6	厦门金龙汽车集团股份有限公司	新能源汽车产业	客车制造	国有	福州	1824041
7	福建福日电子股份有限公司	高端装备制造产业	智能制造装备产业	国有	福州	1655046
8	福建福清核电有限公司	新能源产业	核电运营维护	国有	福州	1569297
9	福建省力恒锦纶实业有限公司	新材料产业	化学纤维制造	民营	福州	1228464
10	福州京东方光电科技有限公司	电子核心产业	新型电子元器件及设备制造	国有	福州	1215873
11	福建龙净环保股份有限公司	先进环保产业	大气污染治理、环保设施运营	国有	龙岩	1188015
12	厦门天马微电子有限公司	电子核心产业	新型电子元器件及设备制造	国有	厦门	1181530

续表

排名	企 业 名 称	战新业务所属领域	企业所属行业	属性	地区	2022 营业收入（万元）
13	锐捷网络股份有限公司	新一代信息技术	网络设备制造	国有	福州	1132596
14	宸美（厦门）光电有限公司	新一代信息技术	新型电子元器件及设备制造	外资	厦门	912220
15	智旦运宝宝（福建）科技有限公司	新一代信息技术	互联网平台服务（互联网+）	民营	福州	842527
16	福建金源纺织有限公司	新材料产业	化学纤维制造	民营	福州	838684
17	漳州立达信光电子科技有限公司	新一代信息技术	智能消费相关设备制造	民营	漳州	615116
18	福建申马新材料有限公司	新材料产业	专用化学品及材料制造	民营	福州	613064
19	福建省长汀金龙稀土有限公司	新材料产业	稀土新材料制造	国有	龙岩	611573
20	福建凯航再生资源有限责任公司	节能环保产业	资源循环利用	民营	福州	581569
21	福建凯邦锦纶科技有限公司	新材料产业	高性能纤维及制品制造	民营	福州	579209
22	四三九九网络股份有限公司	数字创意	数字文化创意软件开发	民营	厦门	577661
23	联芯集成电路制造（厦门）有限公司	电子核心产业	集成电路制造	民营	厦门	571281
24	福建恒捷实业有限公司	新材料产业	高性能纤维及制品制造	民营	福州	561256
25	捷太格特转向系统（厦门）有限公司	高端装备制造产业	其他智能设备制造	民营（外商合资）	厦门	544642
26	福建豆讯科技有限公司	新一代信息技术	数字福利综合性解决方案	民营	莆田	506664
27	福建中锦新材料有限公司	新材料产业	工程塑料制造	民营	莆田	506518
28	福建省轻纺（控股）有限责任公司	生物产业	现代中药与民族药制造	国有	福州	492705
29	厦门金鹭特种合金有限公司	新材料产业	硬质合金及制品制造	国有	厦门	448564
30	兴证全球基金管理有限公司	相关服务	现代金融服务	国有	福州	431931
31	福建省华龙集团饲料有限公司	生物农业及相关产业	生物饲料制造	民营	福州	427668
32	厦门强力巨彩光电科技有限公司	新一代信息技术	新型电子元器件及设备制造	民营	厦门	358840
33	福建省福投新能源投资股份公司	新能源	其他新能源运营服务	国有	福州	349504
34	福建佳通轮胎有限公司	新能源汽车产业	新能源汽车零部件配件制造	民营	莆田	349173
35	奋安铝业股份有限公司	新材料产业	铝及铝合金制造	民营	福州	347938
36	玉晶光电（厦门）有限公司	新一代信息技术	人工智能	外资	厦门	326523
37	厦门松霖科技股份有限公司	高端装备制造	智能关键基础零部件制造	民营	厦门	318052
38	福清市汇融和供应链管理有限公司	新一代信息技术	互联网平台服务（互联网+）	国有	福州	308935
39	厦门弘信电子科技集团股份有限公司	新一代信息技术	柔性电路板	民营	厦门	279238
40	福建合盛气体有限公司	新材料产业	专用化学品及材料制造	民营	福州	278269
41	大通（福建）新材料股份有限公司	智能电网产业	智能电力控制设备及电缆制造	民营	福州	277221

续表

排名	企业名称	战新业务所属领域	企业所属行业	属性	地区	2022营业收入（万元）
42	福建华峰新材料有限公司	新材料产业	高端面料	民营	莆田	273028
43	福建海峡企业管理服务有限公司	新一代信息技术	新型信息技术服务	国有	福州	264198
44	新中冠智能科技股份有限公司	新一代信息技术	互联网平台服务（互联网+）	民营	福州	255599
45	联通（福建）产业互联网有限公司	新一代信息技术	工业互联网及支持服务	国有	福州	253154
46	科之杰新材料集团有限公司	新材料产业	新型建筑材料制造	民营	厦门	252641
47	福建赛隆科技有限公司	新材料	涤纶纤维	民营	莆田	251306
48	福建新大陆支付技术有限公司	新一代信息技术	新型计算机及信息终端设备制造	民营	福州	249261
49	福建博那德科技园开发有限公司	新材料产业	新一代功能复合化建筑用钢加工	民营	福州	246397
50	福建采木工业互联网科技有限公司	新一代信息技术	互联网平台服务（互联网+）	民营	莆田	239255
51	漳州宏发电声有限公司	电子核心产业	新型电子元器件及设备制造	民营	漳州	236573
52	厦门翔鹭化纤股份有限公司	新材料产业	化学纤维制造	合资企业	厦门	235819
53	华映科技（集团）股份有限公司	新一代信息技术	新型电子元器件及设备制造	国有	福州	234981
54	金强（福建）建材科技股份有限公司	新材料产业	轻质建筑材料制造	民营	福州	230827
55	中仑新材料股份有限公司	新材料	高性能BOPA薄膜	民营	厦门	229683
56	开发晶照明（厦门）有限公司	新一代信息技术	电子核心产业	国有	厦门	212080
57	三明市海斯福化工有限责任公司	电子专用材料制造	锂离子电池电解液	民营	三明	203652
58	福州市力源锦纶实业有限公司	新材料产业	化学纤维制造	民营	福州	201066
59	福建博思软件股份有限公司	新一代信息技术	新型信息技术服务	民营	福州	191942
60	腾龙特种树脂（厦门）有限公司	新材料产业	聚合单体纤维制造	外资	厦门	190813
61	福建大道成物流科技有限公司	新一代信息技术	互联网相关信息服务	民营	福州	190220
62	中电福富信息科技有限公司	新一代信息技术	云服务平台	国有	福州	186341
63	福建省电信技术发展有限公司	新一代信息技术	其他网络运营服务	国有	福州	184022
64	漳州中科智谷科技有限公司	新一代信息技术	液晶显示模组	民营	漳州	182029
65	福建亚通新材料科技股份有限公司	高端装备制造	海洋工程装备制造	民营	福州	181955
66	中闽能源股份有限公司	新能源	风能发电运营维护	国有	福州	179093
67	圣元环保股份有限公司	节能环保	城乡生活垃圾综合利用	民营	厦门	175153
68	南威软件股份有限公司	新一代信息技术	新兴软件和新型信息技术服务	民营	泉州	173966
69	福建龙溪轴承（集团）股份有限公司	高端装备制造	智能关键基础零部件制造	国有	漳州	171942
70	福建鑫森合纤科技有限公司	新材料产业	化学纤维制造	民营	三明	171427
71	福建省数字福建云计算运营有限公司	新一代信息技术	互联网与云计算、大数据服务	国有	福州	170584

续表

排名	企 业 名 称	战新业务所属领域	企业所属行业	属性	地区	2022 营业收入（万元）
72	厦门乾照光电股份有限公司	新一代信息技术	全色系超高亮度 LED 外延片、芯片	民营	厦门	169771
73	中武（福建）跨境电子商务有限责任公司	新一代信息技术	互联网平台服务（互联网+）	国有	福州	163457
74	福建省禹澄建设工程有限公司	节能环保	环保工程施工	民营	漳州	161903
75	福建天晴数码有限公司	数字创意	数字文化创意软件开发	民营	福州	158832
76	福建飞毛腿动力科技有限公司	新一代信息技术	智能消费相关设备制造	民营	福州	158365
77	信泰（福建）科技有限公司	新材料产业	高性能纤维及制品和复合材料	民营	泉州	156464
78	厦门最有料新材科技有限公司	新一代信息技术	互联网平台服务（互联网+）	民营	厦门	152061
79	漳州科华电气技术有限公司	智能电网产业	智能电网输送与配电	民营	漳州	150117
80	厦门她趣信息技术有限公司	新一代信息技术	互联网相关信息服务	民营	厦门	149539
81	福建龙麟环境工程有限公司	节能环保	环境保护及污染治理服务	民营	龙岩	141971
82	福建烯石新材料科技有限公司	新材料产业	化学纤维制造	民营	泉州	141258
83	福建杉杉科技有限公司	电子核心产业	高储能和关键电子材料制造	民营	宁德	133209
84	福建永晶科技股份有限公司	新材料	专用化学品及材料制造	民营	南平	132495
85	福建星网智慧科技有限公司	新一代信息技术	新型计算机及信息终端设备制造	国有	厦门	130961
86	晋江力绿食品有限公司	生物产业	海洋生物制品制造	民营	泉州	129612
87	福建福船一帆新能源装备制造有限公司	新能源产业	风能发电其他相关装备及材料制造	国有	福州	128027
88	福建星云电子股份有限公司	高端装备制造	智能测控装备制造	民营	福州	128022
89	福建升腾资讯有限公司	新一代信息技术	新型计算机及信息终端设备制造	国有	福州	123105
90	中邮科通信技术股份有限公司	新一代信息技术	新型信息技术服务	国有	福州	120727
91	飞毛腿电池有限公司	高技术电池及相关产品	集成电路制造	民营	福州	119430
92	漳州万利达科技有限公司	新一代信息技术	新型计算机及信息终端设备制造	民营	漳州	118055
93	海环科技集团股份有限公司	节能环保	环保工程施工	民营	福州	114185
94	福建鑫晟铜业有限公司	稀有金属材料制造	有色金属压延加工	民营	福州	113907
95	绿新（福建）食品有限公司	生物产业	其他生物业	民营	漳州	109603
96	福建联迪商用设备有限公司	新一代信息技术	新型计算机及信息终端设备制造	民营	福州	107127
97	厦门科华数能科技有限公司	新能源产业	新能源产品	民营	厦门	106371
98	福建天晴在线互动科技有限公司	数字创意	数字文化创意软件开发	民营	福州	100320

续表

排名	企 业 名 称	战新业务所属领域	企业所属行业	属性	地区	2022营业收入（万元）
99	福建重励电气有限公司	智能制造装备	其他电气机械及器材制造	民营	福州	99354
100	福建省建阳金石氟业有限公司	无水氟化氢	专用化学品及材料制造	民营	南平	94676

（摘编：赵小真）

2023中国民营企业500强福建上榜企业

2023年9月12日全国工商联发布的“2023中国民营企业500强”榜单和《2023中国民营企业500强调研分析报告》显示，京东集团、阿里巴巴（中国）有限公司、恒力集团有限公司位居榜单前三位。

2023年是全国工商联连续组织开展的第25次上规模民营企业调研，共有8961家年营业收入5亿元以上的企业参加。根据调研分析报告，2022年，民营企业500强入围门槛为275.78亿元，较上年增加12.11亿元。其中，2022年营业收入总额超过1000亿元（含）的企业有95家。福建14家上榜的企业名单如下。

500强排名	企业名称	500强排名	企业名称
16	宁德时代新能源科技股份有限公司	201	福建省金纶高纤股份有限公司
91	福建大东海实业集团有限公司	205	安踏体育用品集团有限公司
103	永辉超市股份有限公司	222	三宝集团股份有限公司
140	恒申控股集团有限公司	391	福建圣农控股集团有限公司
145	永荣控股集团有限公司	394	一柏集团有限公司
156	福州中景石化集团有限公司	420	名城控股集团有限公司
172	福建百宏聚纤科技实业有限公司	498	福耀玻璃工业集团股份有限公司

（摘编：张全进）

2023福建省民营企业100强榜单

2023年9月19日，2023福建省民营企业100强发布会在龙岩市举行。会上，省工商联发布了2022年福建省民营企业100强、制造业民营企业100强、创新型民营企业100强、服务业民营企业100强四个榜单以及百强分析报告。

榜单显示，宁德时代新能源科技股份有限公司位居省民企100强、制造业民企100强、创新型民企100强榜首，永辉超市股份有限公司位居服务业民企100强榜首。

2022年，福建省民营经济增加值3.69万亿元，同比增长5%，占全省GDP比重69.4%，民营经济成为全省经济发展的重要支撑、创新创业创造的重要主体。2023年，我省民营企业100强呈现出稳健发展、总体向好的态势。

根据榜单，规模实力上，入围门槛不断抬高，大型企业稳步增长，经营持续稳健增长。2022年，福建民营企业100强营业收入总额2.14万亿元，资产总额2.1万亿元，百强门槛和整体规模呈现逐年增长态势。分段位看，营业收入超1000亿元的民营企业有3家，超500亿元的有11家，超100亿元的有47家，大型企业不断增加。

区域分布上，梯次结构明显，福厦泉宁占比领先。全省民营企业100强主要集中于厦门市、福州市和泉州市、宁德市，四地在入围企业数量、营业收入和资产规模等指标上领先优势明显。福州市入围企业规模实力位居第一，32家入围企业营收总额达7713.3亿元，占比36%。宁德市位居第二，营收总额占比25.3%，成为全省民营经济发展的一大亮点。

行业结构上，制造业仍呈主导态势。主营业务为第二产业的有66家，比去年增加2家；第三产业的有34家，比去年减少2家。制造业在数量上仍占主体，入围数量达54家。第二产业的营业收入总额达1.64万亿元，是第三产业的3.3倍，占百强营业收入的76.7%；第二产业的资产总额达1.64万亿元，是第三产业的3.5倍，占百强资产总额的78%。

新兴产业较快发展。百强中涉及新一代信息技术、高端装备制造、新材料、新能源、节能环保、生物与新医药、海洋高新等产业的民营企业共有54家，总营业收入11458.2亿元，平均营业收入212.2亿元，同比增长33.4%。增幅高于百强平均营业收入17.7个百分点，总体呈现位次不断上移态势。

作为创新创造主力军，我省民营企业100强研发投入持续增大。2022年度研发经费投入共394.3亿元，比上年增加125亿元，同比增长46.4%。其中排名前十位企业的研发经费投入为266.3亿元，比上年增加114.7亿元，同比增长75.7%。此外，研发人才队伍不断壮大，年度研发人员达到41277人，比去年增加3379人，同比增长8.2%。

在开放浪潮中，我省民营企业国际化步伐不断加快，国际竞争力逐步提高。百强民营企业境外营业收入总额1523.1亿元，境外员工人数17822人，境外研发费用9742万元，企业境外分支机构所涉国际和地区数量达102个；海外投资项目数达412项，户均6.4项。

在参与社会责任体系建设中，我省民营企业社会贡献突出。民企百强纳税总额668亿元，占2022年全省重点税源税收收入的16%。纳税额超过20亿元的企业共有8家。百强民企员工总数达到89万人，同比增加5.51万人，占2022年福建省城镇新增就业的10.6%。员工数超过1万人的企业有20家。百强民企中有64家企业参与各类国家区域发展战略，78 家企业参与乡村振兴战略，79 家企业参与污染防治攻坚战，93 家企业参与社会捐赠。

2023 年福建省民营企业 100 强名单

1. 宁德时代新能源科技股份有限公司
2. 青拓集团有限公司
3. 福建大东海实业集团有限公司
4. 永辉超市股份有限公司
5. 恒申控股集团有限公司
6. 永荣控股集团有限公司
7. 福州中景石化集团有限公司
8. 福建百宏聚纤科技实业有限公司
9. 福建省金纶高纤股份有限公司
10. 安踏体育用品集团有限公司
11. 三宝集团股份有限公司
12. 均和（厦门）控股有限公司
13. 福建圣农控股集团有限公司
14. 一柏集团有限公司
15. 名城控股集团有限公司
16. 福耀玻璃工业集团股份有限公司
17. 厦门禹洲集团股份有限公司
18. 盛屯矿业集团股份有限公司
19. 福建恒安集团有限公司
20. 物泊科技有限公司
21. 福建长源纺织有限公司
22. 福建傲农生物科技集团股份有限公司
23. 福州朴朴电子商务有限公司
24. 福建三安集团有限公司
25. 达利食品集团有限公司
26. 鹭燕医药股份有限公司
27. 福建纵腾网络有限公司
28. 厦门市嘉晟对外贸易有限公司
29. 福建甬金金属科技有限公司
30. 厦门合兴包装印刷股份有限公司
31. 泉州福海粮油工业有限公司
32. 厦门宏发电声股份有限公司
33. 福建宏旺实业有限公司
34. 厦门恒兴集团有限公司
35. 福建南平太阳电缆股份有限公司
36. 特步集团有限公司
37. 安井食品集团股份有限公司
38. 厦门市明穗粮油贸易有限公司
39. 福建友谊胶粘带集团有限公司
40. 福建新华源科技集团有限公司
41. 三棵树涂料股份有限公司
42. 冠城大通股份有限公司
43. 福建省闽南建筑工程有限公司
44. 九牧集团有限公司
45. 盈众控股集团有限公司
46. 福建世德久晟贸易有限公司
47. 福建省长乐市山力化纤有限公司
48. 飞毛腿（福建）电子有限公司
49. 联盛纸业（龙海）有限公司
50. 福建路港（集团）有限公司
51. 福建省惠东建筑工程有限公司
52. 厦门信和达电子有限公司
53. 厦门万泰沧海生物技术有限公司
54. 福建金源纺织有限公司
55. 新大陆科技集团有限公司
56. 瑞幸咖啡（中国）有限公司
57. 福建盼盼食品有限公司
58. 福建网龙计算机网络信息技术有限公司
59. 永富建工集团有限公司
60. 福建省民益建设工程有限公司
61. 立达信物联科技股份有限公司
62. 中乔体育股份有限公司
63. 华辉建工集团有限公司
64. 厦门宝拓资源有限公司
65. 福建经纬新纤科技实业有限公司
66. 华峰华锦有限公司
67. 泉州展志钢材有限公司
68. 全骏达实业有限公司
69. 福建天马科技集团股份有限公司
70. 福建人力宝科技有限公司
71. 三六一度（中国）有限公司
72. 厦门乔丹发展有限公司
73. 厦门市建潘集团有限公司
74. 福建省泷澄建设集团有限公司
75. 福建祥鑫股份有限公司
76. 弘信创业工场投资集团股份有限公司

77. 福建鸿星尔克体育用品有限公司
78. 奥佳华智能健康科技集团股份有限公司
79. 福建匹克集团有限公司
80. 福建凯邦锦纶科技有限公司
81. 四三九九网络股份有限公司
82. 福建省龙祥建设集团有限公司
83. 联芯集成电路制造（厦门）有限公司
84. 科华数据股份有限公司
85. 福建好运联联信息科技有限公司
86. 福建省东霖建设工程有限公司
87. 鑫东森集团有限公司
88. 厦门兴汇能源有限公司
89. 福建磊鑫（集团）有限公司
90. 厦门吉宏科技股份有限公司
91. 福建鑫森合纤科技有限公司
92. 福建金牛水泥有限公司
93. 福建龙麟集团有限公司
94. 厦门西海控股有限公司
95. 厦门吉比特网络技术股份有限公司
96. 厦门嘉联恒进出口有限公司
97. 福龙马集团股份有限公司
98. 福建豆讯科技有限公司
99. 福建旷远（集团）有限公司
100. 福建元成豆业有限公司

2023 年福建省制造业民营企业 100 强名单

1. 宁德时代新能源科技股份有限公司
2. 青拓集团有限公司
3. 福建大东海实业集团有限公司
4. 恒申控股集团有限公司
5. 永荣控股集团有限公司
6. 福州中景石化集团有限公司
7. 福建百宏聚纤科技实业有限公司
8. 福建省金纶高纤股份有限公司
9. 安踏体育用品集团有限公司
10. 三宝集团股份有限公司
11. 福建圣农控股集团有限公司
12. 福耀玻璃工业集团股份有限公司
13. 福建恒安集团有限公司
14. 福建长源纺织有限公司
15. 福建傲农生物科技集团股份有限公司
16. 福建三安集团有限公司
17. 达利食品集团有限公司
18. 福建甬金金属科技有限公司
19. 厦门合兴包装印刷股份有限公司
20. 泉州福海粮油工业有限公司
21. 厦门宏发电声股份有限公司
22. 福建宏旺实业有限公司
23. 福建南平太阳电缆股份有限公司
24. 特步集团有限公司
25. 安井食品集团股份有限公司
26. 福建友谊胶粘带集团有限公司
27. 福建新华源科技集团有限公司
28. 三棵树涂料股份有限公司
29. 九牧集团有限公司
30. 福建省长乐市山力化纤有限公司
31. 飞毛腿（福建）电子有限公司
32. 联盛纸业（龙海）有限公司
33. 厦门万泰沧海生物技术有限公司
34. 福建金源纺织有限公司
35. 福建盼盼食品有限公司
36. 立达信物联科技股份有限公司
37. 中乔体育股份有限公司
38. 福建经纬新纤科技实业有限公司
39. 华峰华锦有限公司
40. 福建天马科技集团股份有限公司
41. 三六一度（中国）有限公司
42. 厦门市建潘集团有限公司
43. 福建祥鑫股份有限公司
44. 福建鸿星尔克体育用品有限公司
45. 奥佳华智能健康科技集团股份有限公司
46. 福建匹克集团有限公司
47. 福建凯邦锦纶科技有限公司
48. 联芯集成电路制造（厦门）有限公司
49. 科华数据股份有限公司
50. 福建鑫森合纤科技有限公司
51. 福建金牛水泥有限公司
52. 福建龙麟集团有限公司
53. 福龙马集团股份有限公司
54. 福建元成豆业有限公司

55. 厦门保沣集团有限公司
56. 厦门盈趣科技股份有限公司
57. 厦门银祥集团有限公司
58. 厦门建霖健康家居股份有限公司
59. 玖龙纸业（泉州）有限公司
60. 中仑科技集团有限公司
61. 厦门海辰储能科技股份有限公司
62. 厦门强力巨彩光电科技有限公司
63. 福建火炬电子科技股份有限公司
64. 奋安铝业股份有限公司
65. 福建万鸿纺织有限公司
66. 厦门日上集团股份有限公司
67. 福建七匹狼实业股份有限公司
68. 厦门松霖科技股份有限公司
69. 厦门金达威集团股份有限公司
70. 厦门华特集团股份有限公司
71. 厦门弘信电子科技集团股份有限公司
72. 福建经纬集团有限公司
73. 科之杰新材料集团有限公司
74. 福建御冠食品有限公司
75. 厦门市波生生物技术有限公司
76. 金强（福建）建材科技股份有限公司
77. 厦门宝太生物科技股份有限公司
78. 福建德通金属容器股份有限公司
79. 福建华宇集团有限公司
80. 通达（厦门）科技有限公司
81. 三明市海斯福化工有限责任公司
82. 兴业皮革科技股份有限公司
83. 漳平红狮水泥有限公司
84. 厦门瑞尔特卫浴科技股份有限公司
85. 漳州中科智谷科技有限公司
86. 欣贺股份有限公司
87. 青蛙王子（福建）婴童护理用品有限公司
88. 厦门燕之屋生物工程股份有限公司
89. 厦门乾照光电股份有限公司
90. 诏安县安邦水产食品有限公司
91. 厦门宜施德实业有限公司
92. 海欣食品股份有限公司
93. 信泰（福建）科技有限公司
94. 厦门特宝生物工程股份有限公司
95. 福建柒牌时装科技股份有限公司
96. 福建省好兄弟体育用品有限公司
97. 福建紫山集团股份有限公司
98. 福建科源新材料股份有限公司
99. 舒华体育股份有限公司
100. 厦门太平货柜制造有限公司

2023 年福建省创新型民营企业 100 强名单

1. 宁德时代新能源科技股份有限公司
2. 福建广生堂药业股份有限公司
3. 科华数据股份有限公司
4. 福建福昕软件开发股份有限公司
5. 瑞芯微电子股份有限公司
6. 奥佳华智能健康科技集团股份有限公司
7. 易联众信息技术股份有限公司
8. 厦门点触科技股份有限公司
9. 福建网龙计算机网络信息技术有限公司
10. 九牧集团有限公司
11. 福建省禹澄建设工程有限公司
12. 新大陆科技集团有限公司
13. 漳州市恒丽电子有限公司
14. 厦门盈趣科技股份有限公司
15. 厦门特宝生物工程股份有限公司
16. 厦门斯坦道科学仪器股份有限公司
17. 福建顺源纺织有限公司
18. 厦门赛尔特电子有限公司
19. 福耀玻璃工业集团股份有限公司
20. 福建博思软件股份有限公司
21. 科技谷（厦门）信息技术有限公司
22. 厦门狄耐克智能科技股份有限公司
23. 厦门艾德生物医药科技股份有限公司
24. 福建榕基软件股份有限公司
25. 福建星云电子股份有限公司
26. 四三九九网络股份有限公司
27. 福建紫杉园生物有限公司
28. 立达信物联科技股份有限公司
29. 厦门纳龙健康科技股份有限公司
30. 福建匹克集团有限公司
31. 厦门立林科技有限公司
32. 华峰华锦有限公司

33. 星宸科技股份有限公司
34. 厦门真有趣信息科技有限公司
35. 钥棠（厦门）网络科技有限公司
36. 厦门宏发电声股份有限公司
37. 厦门松霖科技股份有限公司
38. 福建百宏聚纤科技实业有限公司
39. 厦门网宿有限公司
40. 三棵树涂料股份有限公司
41. 厦门立马耀网络科技有限公司
42. 三六一度（中国）有限公司
43. 福建茂增木业有限公司
44. 厦门建霖健康家居股份有限公司
45. 厦门鲁班源房屋营造有限公司
46. 厦门吉比特网络技术股份有限公司
47. 厦门乾照光电股份有限公司
48. 福建恒安集团有限公司
49. 福建大东海实业集团有限公司
50. 厦门快快网络科技有限公司
51. 厦门力巨自动化科技有限公司
52. 厦门万泰沧海生物技术有限公司
53. 睿科集团（厦门）股份有限公司
54. 厦门用友烟草软件有限责任公司
55. 利郎（中国）有限公司
56. 瑞华高科技电子工业园（厦门）有限公司
57. 特步集团有限公司
58. 厦门南讯股份有限公司
59. 金牌厨柜家居科技股份有限公司
60. 厦门三五互联科技股份有限公司
61. 厦门美柚股份有限公司
62. 厦门亿联网络技术股份有限公司
63. 智业软件股份有限公司
64. 厦门亿芯源半导体科技有限公司
65. 厦门光莆电子股份有限公司
66. 福建国科信息科技有限公司
67. 厦门至恒融兴信息技术股份有限公司
68. 科之杰新材料集团有限公司
69. 雅歌乐器（漳州）有限公司
70. 厦门海辰储能科技股份有限公司
71. 中仑科技集团有限公司
72. 双驰实业股份有限公司
73. 厦门瑞尔特卫浴科技股份有限公司
74. 厦门鸿基伟业复材科技有限公司
75. 青蛙王子（福建）婴童护理用品有限公司
76. 福建鸿星尔克体育用品有限公司
77. 厦门嘉戎技术股份有限公司
78. 安井食品集团股份有限公司
79. 天守（福建）超纤科技股份有限公司
80. 厦门熙重电子科技有限公司
81. 厦门艾美森新材料科技股份有限公司
82. 厦门安科科技有限公司
83. 福建科顺新材料有限公司
84. 厦门汉印电子技术有限公司
85. 联盛纸业（龙海）有限公司
86. 中富通集团股份有限公司
87. 中乔体育股份有限公司
88. 厦门金达威维生素有限公司
89. 厦门扬森数控设备有限公司
90. 厦门游动网络科技有限公司
91. 厦门普为光电科技有限公司
92. 福建康莱宝运动用品有限公司
93. 泰普生物科学（中国）有限公司
94. 福建新华源科技集团有限公司
95. 飞毛腿（福建）电子有限公司
96. 福建漳平市德诺林业有限公司
97. 厦门延趣网络科技有限公司
98. 漳州市华威电源科技有限公司
99. 福建浩通管业科技有限公司
100. 家乡互动（厦门）网络科技有限公司

2023 年福建省服务业民营企业 100 强名单

1. 永辉超市股份有限公司
2. 均和（厦门）控股有限公司
3. 一柏集团有限公司
4. 名城控股集团有限公司
5. 厦门禹洲集团股份有限公司
6. 物泊科技有限公司
7. 福州朴朴电子商务有限公司
8. 鹭燕医药股份有限公司
9. 福建纵腾网络有限公司
10. 厦门市嘉晟对外贸易有限公司

11. 厦门恒兴集团有限公司
12. 厦门市明穗粮油贸易有限公司
13. 冠城大通股份有限公司
14. 盈众控股集团有限公司
15. 福建世德久晟贸易有限公司
16. 厦门信和达电子有限公司
17. 新大陆科技集团有限公司
18. 瑞幸咖啡（中国）有限公司
19. 福建网龙计算机网络信息技术有限公司
20. 厦门宝拓资源有限公司
21. 泉州展志钢材有限公司
22. 全骏达实业有限公司
23. 福建人力宝科技有限公司
24. 厦门乔丹发展有限公司
25. 弘信创业工场投资集团股份有限公司
26. 四三九九网络股份有限公司
27. 福建好运联联信息科技有限公司
28. 鑫东森集团有限公司
29. 厦门兴汇能源有限公司
30. 厦门吉宏科技股份有限公司
31. 厦门西海控股有限公司
32. 厦门吉比特网络技术股份有限公司
33. 厦门嘉联恒进出口有限公司
34. 福建豆讯科技有限公司
35. 福建旷远（集团）有限公司
36. 厦门亿联网络技术股份有限公司
37. 福建三叶集团有限公司
38. 厦门松泰实业有限公司
39. 华彬快速消费品销售（福建）有限公司
40. 福建桐邦信息科技有限公司
41. 福建省睿谷产业园有限公司
42. 泉舜集团有限公司
43. 道普（厦门）石化有限公司
44. 中钧（厦门）新能源有限公司
45. 厦门大亮贸易有限公司
46. 云启世纪（厦门）实业有限公司
47. 福建能化供应链管理有限公司
48. 福建三元金属有限公司
49. 华厦眼科医院集团股份有限公司
50. 厦门盛元集团有限公司
51. 厦门育哲集团有限公司
52. 福建中绿投资有限公司
53. 厦门泰柯集团有限公司
54. 瑞通明杰（厦门）贸易有限公司
55. 世纪中凌（厦门）供应链有限公司
56. 厦门天邻缘电子商务有限公司
57. 中璟（厦门）新材料有限公司
58. 玉凌世纪（厦门）科技有限公司
59. 盛辉物流集团有限公司
60. 成记泰达航空物流股份有限公司
61. 上糖网电子商务（厦门）有限公司
62. 厦门元初食品股份有限公司
63. 星宸科技股份有限公司
64. 厦门滴滴出行科技有限公司
65. 厦门金华南进出口有限公司
66. 瑞达期货股份有限公司
67. 厦门聚波达电子有限公司
68. 福建海通发展股份有限公司
69. 福建省凯景投资集团有限公司
70. 瑞芯微电子股份有限公司
71. 福州来玩互娱网络科技有限公司
72. 厦门她趣信息技术有限公司
73. 厦门瑞德矸国际贸易有限公司
74. 平潭三福服饰有限公司
75. 福建博思软件股份有限公司
76. 厦门市旺紫洲工贸有限公司
77. 福建大道成物流科技有限公司
78. 福建兴油环保有限公司
79. 厦门佰煤能源有限公司
80. 永兴东润服饰股份有限公司
81. 福建龙马环境产业有限公司
82. 圣元环保股份有限公司
83. 厦门众联世纪股份有限公司
84. 南威软件股份有限公司
85. 厦门百应供应链管理有限公司
86. 福建博鸿达食品有限公司
87. 福建省昌晶恒业化工有限公司
88. 厦门禹港有限公司
89. 思宇集团有限责任公司
90. 厦门步拓贸易有限公司
91. 福建南泉集团有限公司
92. 厦门林产能源开发有限公司

93. 福建省竞购网路科技有限公司
94. 福建晋江农村商业银行股份有限公司
95. 厦门邦芒服务外包有限公司
96. 协和胜贸易（平潭）有限公司
97. 厦门鑫乾慧网络技术有限公司
98. 厦门伞伞商贸有限公司
99. 厦门钌添丁科技有限公司
100. 厦门金泰化工有限公司

（摘编：黄国实）

福建省营业收入前300家工业企业（2023年）

序号	企业名称	序号	企业名称
1	宁德时代新能源科技股份有限公司	27	福建永荣锦江股份有限公司
2	国网福建省电力有限公司	28	福建古雷石化有限公司
3	中化泉州石化有限公司	29	福建三宝特钢有限公司
4	紫金矿业集团黄金冶炼有限公司	30	福建福清核电有限公司
5	福建青拓镍业有限公司	31	福建青拓特钢有限公司
6	福建联合石油化工有限公司	32	冠捷电子科技（福建）有限公司
7	宁德新能源科技有限公司	33	联盛纸业（龙海）有限公司
8	上海汽车集团股份有限公司乘用车福建分公司	34	中海福建天然气有限责任公司
9	福鼎时代新能源科技有限公司	35	翔鹭石化（漳州）有限公司
10	紫金铜业有限公司	36	福建百宏石化有限公司
11	福建鼎信科技有限公司	37	福建甬金金属科技有限公司
12	福建青拓实业股份有限公司	38	戴尔（厦门）有限公司
13	中铜东南铜业有限公司	39	福建百宏聚纤科技实业有限公司
14	戴尔（中国）有限公司	40	宁德蕉城时代新能源科技有限公司
15	宝钢德盛不锈钢有限公司	41	福建宏旺实业有限公司
16	福建申远新材料有限公司	42	福建罗源闽光钢铁有限责任公司
17	福建三钢闽光股份有限公司	43	福建奔驰汽车有限公司
18	福建三宝钢铁有限公司	44	福建宁德核电有限公司
19	福建大东海实业集团有限公司	45	锐捷网络股份有限公司
20	腾龙芳烃（漳州）有限公司	46	福建上杭太阳铜业有限公司
21	龙岩烟草工业有限责任公司	47	福建省力恒锦纶实业有限公司
22	厦门海峡黄金珠宝产业园有限公司	48	中创新航新能源（厦门）有限公司
23	福建鼎信实业有限公司	49	福建泉州闽光钢铁有限责任公司
24	厦门烟草工业有限责任公司	50	安踏体育用品集团有限公司
25	福建青拓新材料有限公司	51	厦门天马微电子有限公司
26	友达光电（厦门）有限公司	52	福州京东方光电科技有限公司

续表

序号	企业名称	序号	企业名称
53	冠捷显示科技（厦门）有限公司	89	福建省金纶高纤股份有限公司
54	时代一汽动力电池有限公司	90	福建晶安光电有限公司
55	厦门海辰储能科技股份有限公司	91	厦门银鹭食品集团有限公司
56	中铝瑞闽股份有限公司	92	福建新华源纺织集团有限公司
57	福建长源纺织有限公司	93	厦门金龙联合汽车工业有限公司
58	特步（中国）有限公司	94	福建省马尾造船股份有限公司
59	九牧厨卫股份有限公司	95	福建亿鑫钢铁有限公司
60	厦门厦钨新能源材料股份有限公司	96	厦门璟鹭新能源材料有限公司
61	福建中景石化有限公司	97	福建经纬新纤科技实业有限公司
62	福州市长乐锦源纺织有限公司	98	国投云顶湄洲湾电力有限公司
63	福州中民新能源有限公司	99	福建永荣科技有限公司
64	宁德市凯欣电池材料有限公司	100	宁德邦普循环科技有限公司
65	华阳电业有限公司	101	福建科宝金属制品有限公司
66	福建紫金贵金属材料有限公司	102	宸美（厦门）光电有限公司
67	泉州福海粮油工业有限公司	103	国能（泉州）热电有限公司
68	福建圣农发展股份有限公司	104	福建省南平铝业股份有限公司
69	厦门新能安科技有限公司	105	福建冠盖金属包装有限公司
70	厦门海投鑫锋工贸有限公司	106	厦门金龙旅行车有限公司
71	宸鸿科技（厦门）有限公司	107	福建省长汀金龙稀土有限公司
72	万华化学（福建）有限公司	108	福建元成豆业有限公司
73	厦门太古发动机服务有限公司	109	福建大唐国际宁德发电有限责任公司
74	福建祥鑫股份有限公司	110	漳州立达信光电子科技有限公司
75	泉州市燃气有限公司	111	福建华电可门发电有限公司
76	莆田新飞天鞋业有限公司	112	捷星显示科技（福建）有限公司
77	厦门宏发电声股份有限公司	113	浪潮（厦门）计算机科技有限公司
78	福建申马新材料有限公司	114	厦门国贸云智能制造有限公司
79	福建龙净环保股份有限公司	115	福建省长乐市山力化纤有限公司
80	飞毛腿（福建）电子有限公司	116	国能神福（石狮）发电有限公司
81	福建景丰科技有限公司	117	福建圣农食品有限公司
82	福建凯邦锦纶科技有限公司	118	福建康泰再生资源利用有限公司
83	万华化学（福建）异氰酸酯有限公司	119	漳州奇美化工有限公司
84	福建省中江石化有限公司	120	神州鲲泰（厦门）信息技术有限公司
85	三明厦钨新能源材料有限公司	121	联芯集成电路制造（厦门）有限公司
86	福建南平太阳电缆股份有限公司	122	福建吴航不锈钢制品有限公司
87	林德（中国）叉车有限公司	123	福建百宏高新材料实业有限公司
88	紫金矿业集团股份有限公司	124	百威雪津啤酒有限公司

续表

序号	企业名称	序号	企业名称
125	漳州鼎鑫工贸有限公司	161	福建罗源小蕉轧钢有限公司
126	厦门保沣集团有限公司	162	厦门法拉电子股份有限公司
127	福建华锦实业有限公司	163	玉晶光电（厦门）有限公司
128	漳州片仔癀药业股份有限公司	164	厦门金鹭特种合金有限公司
129	福建省信达光电科技有限公司	165	漳州旗滨玻璃有限公司
130	捷太格特转向系统（厦门）有限公司	166	国投闽光（三明）城市资源有限公司
131	华能国际电力股份有限公司福州电厂	167	一道新能源科技（漳州）有限公司
132	中国石油天然气股份有限公司天然气销售福建分公司	168	赛得利（福建）纤维有限公司
133	国能（连江）港电有限公司	169	福建有道贵金属材料科技有限公司
134	福建中锦新材料有限公司	170	国能（福州）热电有限公司
135	蜡笔小新（福建）食品工业有限公司	171	福建凯航再生资源有限责任公司
136	厦门厦顺铝箔有限公司	172	福建合盛气体有限公司
137	福建天辰耀隆新材料有限公司	173	玖龙纸业（泉州）有限公司
138	福建省恒申合纤科技有限公司	174	福建元恒再生资源有限责任公司
139	厦门 ABB 低压电器设备有限公司	175	晋江新奥燃气有限公司
140	路达（厦门）工业有限公司	176	福州鑫广泰工贸有限公司
141	东南（福建）汽车工业股份有限公司	177	建新轮胎（福建）有限公司
142	福州吴航钢铁制品有限公司	178	福建逸锦化纤有限公司
143	厦门市三安半导体科技有限公司	179	厦门弘信电子科技集团股份有限公司
144	厦门亿联网络技术股份有限公司	180	厦门科华数能科技有限公司
145	福建长德蛋白科技有限公司	181	福建金德尚黄金有限公司
146	福建华源纺织有限公司	182	安踏（中国）有限公司
147	福建圣农发展（浦城）有限公司	183	厦门正新橡胶工业有限公司
148	福建美得石化有限公司	184	福建御冠食品有限公司
149	昇兴集团股份有限公司	185	福鼎市凯欣电池材料有限公司
150	厦门万泰沧海生物技术有限公司	186	金牌厨柜家居科技股份有限公司
151	福建佳通轮胎有限公司	187	联盛浆纸（漳州）有限公司
152	科华数据股份有限公司	188	福建统一马口铁有限公司
153	太龙电子股份有限公司	189	大田县太华铁矿
154	福建省鸿山热电有限责任公司	190	厦门三安光电有限公司
155	厦门宏发电力电器有限公司	191	益海嘉里（泉州）粮油食品工业有限公司
156	厦门市厚海钢铁有限公司	192	长乐聚泉食品有限公司
157	福州市长乐区华亚纺织有限公司	193	施耐德电气（厦门）开关设备有限公司
158	厦门 ABB 开关有限公司	194	泉州匹克鞋业有限公司
159	渠梁电子有限公司	195	大田县前坪乡矿业公司
160	福建友谊胶粘带集团有限公司	196	泉州嘉德利电子材料有限公司

续表

序号	企业名称	序号	企业名称
197	厦门虹鹭钨钼工业有限公司	233	厦门建禾油脂有限公司
198	漳州蒙发利实业有限公司	234	福建晋江天然气发电有限公司
199	福建省万达汽车玻璃工业有限公司	235	厦门华夏国际电力发展有限公司
200	厦门钨业股份有限公司	236	达运精密工业（厦门）有限公司
201	泉州华星燃气有限公司	237	福建华电邵武能源有限公司
202	明达实业（厦门）有限公司	238	厦门宜施德实业有限公司
203	力达（中国）机电有限公司	239	福建华峰新材料有限公司
204	厦门强力巨彩显示技术有限公司	240	莆田市大金鞋业有限公司
205	华能罗源发电有限责任公司	241	达利食品集团有限公司
206	九牧王股份有限公司	242	福建省大田县恒丰工贸有限公司
207	大通（福建）新材料股份有限公司	243	晋江太古飞机复合材料有限公司
208	利莱森玛电机科技（福州）有限公司	244	首钢凯西钢铁有限公司
209	福建富轩科技有限公司	245	福建省红太阳精品有限公司
210	泉州鸿荣轻工有限公司	246	恒安（中国）纸业有限公司
211	福建省长乐市第二棉纺织厂	247	正新（漳州）橡胶工业有限公司
212	福安青拓冷轧科技有限公司	248	宁德厦钨新能源材料有限公司
213	福建东水食品股份有限公司	249	匹克（中国）有限公司
214	福建福贞金属包装有限公司	250	厦门 TDK 有限公司
215	瓮福紫金化工股份有限公司	251	福建三钢（集团）三明化工有限责任公司
216	福建金鑫纺织有限公司	252	宁德壹连电子有限公司
217	福建泰兴特纸有限公司	253	中乔体育股份有限公司
218	泉州三安半导体科技有限公司	254	莆田市丰悦纸业有限公司
219	福建正隆纺织有限公司	255	福州华润燃气有限公司
220	屏南时代新材料技术有限公司	256	福建紫金铜业有限公司
221	福建南平南孚电池有限公司	257	福建东南造船有限公司
222	龙岩卓越新能源股份有限公司	258	福建杉杉科技有限公司
223	莆田启明鞋业有限公司	259	福建经纬集团有限公司
224	福建美明达鞋业发展有限公司	260	奋安铝业股份有限公司
225	宁德卓高新材料科技有限公司	261	贝莱胜电子（厦门）有限公司
226	中纺粮油（福建）有限公司	262	福建省闽发铝业股份有限公司
227	福建天马科技集团股份有限公司	263	阳光中科（福建）能源股份有限公司
228	卡宾服饰（中国）有限公司	264	福建永盛金属制品有限公司
229	厦门华特集团股份有限公司	265	厦门翔鹭化纤股份有限公司
230	三六一度（福建）体育用品有限公司	266	凯茂科技（福建）有限公司
231	宁化月兔科技有限公司	267	福建鸿星尔克体育用品有限公司
232	龙岩正大有限公司	268	福建新大陆支付技术有限公司

续表

序号	企业名称	序号	企业名称
269	福建盛达机器股份公司	285	福建柒牌时装科技股份有限公司
270	厦门新长诚钢构工程有限公司	286	福建华发包装有限公司
271	福建德胜能源有限公司	287	海安橡胶集团股份公司
272	福建省华银铝业有限公司	288	福建丰帝锦纶有限公司
273	福建鼎盛钢铁有限公司	289	厦门士兰集科微电子有限公司
274	福建鑫森合纤科技有限公司	290	福建凯景新型科技材料有限公司
275	科一（福建）超纤有限责任公司	291	福建泉州匹克体育用品有限公司
276	山鹰华南纸业有限公司	292	瑞芯微电子股份有限公司
277	漳州宏发电声有限公司	293	锐珂（厦门）医疗器材有限公司
278	福建福欣特殊钢有限公司	294	永安市鼎鑫铸造有限公司
279	福建赛隆科技有限公司	295	福建省东南电化股份有限公司
280	厦门建霖健康家居股份有限公司	296	厦门太古飞机工程有限公司
281	晋江市奋发橡塑制品有限公司	297	晋江市品质陶瓷建材有限公司
282	福建天电光电有限公司	298	晋江恒盛玩具有限公司
283	福建金风科技有限公司	299	安费诺电子装配（厦门）有限公司
284	泉州好彩头食品有限公司	300	厦门特宝生物工程股份有限公司

（摘编：陈建闽）

福建省建筑业总产值前 300 家企业（2023 年）

序号	企业名称	序号	企业名称
1	中建海峡建设发展有限公司	11	福建路港（集团）有限公司
2	中建四局建设发展有限公司	12	福建一建集团有限公司
3	福建建工集团有限责任公司	13	福建华航建设集团有限公司
4	福建九鼎建设集团有限公司	14	华辉建工集团有限公司
5	福建省二建建设集团有限公司	15	福建省民益建设工程有限公司
6	福建省华荣建设集团有限公司	16	福建省泷澄建设集团有限公司
7	福建省惠东建筑工程有限公司	17	福建省五建建设集团有限公司
8	福建省闽南建筑工程有限公司	18	福建发展集团有限公司
9	永富建工集团有限公司	19	中建协和建设有限公司
10	福建省永泰建总集团有限公司	20	福建宏盛建设集团有限公司

续表

序号	企业名称	序号	企业名称
21	福建璟榕工程建设发展有限公司	57	福州建工集团有限公司
22	中交一公局厦门工程有限公司	58	亿耀（福建）建设有限公司
23	厦门特房建设工程集团有限公司	59	福建惠丰建筑工程有限公司
24	福建磊鑫（集团）有限公司	60	福建省工业设备安装有限公司
25	福建省百盛建设发展有限公司	61	中城投集团第八工程局有限公司
26	福建省兴岩建设集团有限公司	62	中磐建设集团有限公司
27	中铁二十四局集团福建铁路建设有限公司	63	中建富林集团有限公司
28	中建海峡（厦门）建设发展有限公司	64	福建铭瑞建设工程有限公司
29	海峡宏基建工集团有限公司	65	中建五局海西投资建设有限公司
30	福建中冶永行集团有限公司	66	中交建宏峰集团有限公司
31	福建创盛建设有限公司	67	新纪建工集团有限公司
32	福建省五洲建设集团有限公司	68	福建省九龙建设集团有限公司
33	至永建设集团有限公司	69	福建省路桥建设集团有限公司
34	中国水利水电第十六工程局有限公司	70	永太建设集团有限公司
35	福建永东南建设集团有限公司	71	泉发建设股份有限公司
36	中铁一局集团厦门建设工程有限公司	72	中建八局东南建设有限公司
37	福建荣建集团有限公司	73	福建省汤头建工集团有限公司
38	福州工业园区开发集团有限公司	74	厦门中联永亨建设集团有限公司
39	中建力天集团有限公司	75	福建联泰建设工程有限公司
40	中交四航局第五工程有限公司	76	福建省中马建设工程有限公司
41	福建省利恒建设工程有限公司	77	中交三航局第六工程（厦门）有限公司
42	福建来宝建设集团有限公司	78	福建闽清一建建设发展有限公司
43	福建第一公路工程集团有限公司	79	福建省日誉建设集团有限公司
44	福建省东霖建设工程有限公司	80	中国电建集团航空港建设有限公司
45	福建新华夏建工集团有限公司	81	泉州亿兴电力工程建设有限公司
46	福建卓越建设集团有限公司	82	中国电建集团福建工程有限公司
47	福建省晓沃建设工程有限公司	83	方圆建设集团有限公司
48	福建成森建设集团有限公司	84	天成华瑞装饰有限公司
49	福建省融旗建设工程有限公司	85	福建省凡士建设集团有限公司
50	福建省实盛建设工程有限公司	86	福建西南建设有限公司
51	福建省龙祥建设集团有限公司	87	福建省泰宏建设工程有限公司
52	福建远舟港湾建设工程有限公司	88	万图建设集团有限公司
53	中铁二十二局集团第三工程有限公司	89	福建省源昌建设工程有限公司
54	乐嘉建设工程有限公司	90	恒晟集团有限公司
55	福建省涵城建设工程有限公司	91	中晟海峡建设有限公司
56	福建省透堡建筑工程有限公司	92	中铁海峡建设集团有限公司

续表

序号	企业名称	序号	企业名称
93	福建省惠裕建设工程有限公司	129	福建永旺建工集团有限公司
94	隆恩建设工程有限公司	130	莆田中建建设发展有限公司
95	厦门电力工程集团有限公司	131	闽晟集团城建发展有限公司
96	福建省汇恒达建筑工程有限公司	132	中核工建设集团第四工程局有限公司
97	福建铭泰集团有限公司	133	皓耀时代（福建）集团有限公司
98	福建七建集团有限公司	134	福建耀通工程开发有限公司
99	福建省新华都工程有限责任公司	135	福建省荔隆建设工程有限公司
100	福建省水利水电工程局有限公司	136	恒亿集团有限公司
101	福建恒声建设集团有限公司	137	福建金田建设工程有限公司
102	鑫泰建设集团有限公司	138	厦门树鑫建设集团有限公司
103	海峡建工集团有限公司	139	福建弘祥建设工程有限公司
104	福建大华鑫建设工程有限公司	140	厦门源昌城建集团有限公司
105	福建省禹澄建设工程有限公司	141	紫金矿业建设有限公司
106	中铁十七局集团第六工程有限公司	142	福建勤马集团有限公司
107	聚璜集团有限公司	143	中建四海建设开发有限公司
108	中建三局（福建）投资建设有限公司	144	福建省锋达建设集团有限公司
109	福建省国筑建设工程有限公司	145	福建九翔龙建设工程有限公司
110	海曜建工集团有限公司	146	福建星原建设工程发展有限公司
111	中京銮泰集团有限公司	147	福建中奥建筑工程有限公司
112	福建省泉州市东海建筑有限公司	148	福建省五方建设集团有限公司
113	福建华建工程建设有限公司	149	鑫中坤建设工程有限公司
114	福建省恒基建设股份有限公司	150	福州亿力电力工程有限公司
115	福建省顺安建筑工程有限公司	151	中汇建筑集团有限公司
116	福建省富旺建设有限公司	152	福建住建建设有限公司
117	宇旺建工集团有限公司	153	中呈建设集团有限公司
118	福建省八方建筑工程有限公司	154	福建省安泰建筑工程有限公司
119	福建省亿方建设工程有限公司	155	福建省冠辉建设集团有限公司
120	福建省雄盛建筑工程有限公司	156	福建龙健建设发展有限公司
121	福建省协兴建设有限公司	157	万崇建设有限公司
122	福建三建工程有限公司	158	三合（福建）建设工程有限公司
123	中铁（福州）投资有限公司	159	福建新纪建设集团有限公司
124	福建蓝海市政园林建筑有限公司	160	福建省榕圣建设发展有限公司
125	福建省高速路桥建设发展有限公司	161	福建省惠一建设工程有限公司
126	福建省送变电工程有限公司	162	漳州市建筑工程有限公司
127	福建省永泰县第三建筑工程有限公司	163	名筑建工集团有限公司
128	福建省天柱建设工程有限公司	164	福建鑫楷鼎建设工程有限公司

续表

序号	企业名称	序号	企业名称
165	福建省吴航建筑工程有限公司	201	福建省昊立建设工程有限公司
166	福建省金通建设集团有限公司	202	福州第七建筑工程有限公司
167	厦门市建安集团有限公司	203	恒富建设集团有限公司
168	中建（福建）建设有限公司	204	福建兴万祥建设集团有限公司
169	北京建工集团（厦门）建设有限公司	205	砖文建设集团有限公司
170	福建东标建设集团有限公司	206	福建省弘基建设工程有限公司
171	福建领航建设集团有限公司	207	福建福阳建筑工程有限公司
172	龙岩市西安建筑工程有限公司	208	福建荣成建设工程有限公司
173	福建省长鸿建设集团有限公司	209	鲁班源集团有限公司
174	中交上航（福建）交通建设工程有限公司	210	福建博成建筑工程有限公司
175	福建省兴盛建设工程有限公司	211	福建省恒鼎建筑工程有限公司
176	中建远南集团有限公司	212	福建嘉宜建筑工程有限公司
177	福建安兆建设有限公司	213	中东基建科技集团基建有限公司
178	福建省国泰建设有限公司	214	福建省高速市政工程有限公司
179	福建森正建设集团有限公司	215	福辉建设发展有限公司
180	福建省长汀县第一建筑工程有限公司	216	中东基建科技集团建设有限公司
181	厦门市政工程有限公司	217	福建金鼎建筑发展有限公司
182	福州闽龙铁路工程有限公司	218	善建华西建设发展有限公司
183	福建博业建设集团有限公司	219	海环科技集团股份有限公司
184	水玲龙（福建）建设工程有限公司	220	福建省中木建设集团有限公司
185	福建联谊建筑工程有限公司	221	福建省南平闽延电力建设有限公司
186	福建拓海建设工程有限公司	222	福建省睿煌建筑工程有限公司
187	福建鑫泷鼎建设工程有限公司	223	福建省同美建设工程有限公司
188	福建省南星建设工程有限公司	224	冶建鸿泰（福建）建设有限公司
189	福建省浦口建筑工程有限公司	225	凯辉集团（福建）有限公司
190	福建省永泰一建工程有限公司	226	飞阳建设工程有限公司
191	福建永宏建设工程有限公司	227	福建联美建设集团有限公司
192	漳州新源电力工程有限公司	228	易顺建工集团有限公司
193	中兴华骏建设有限公司	229	福建上杭广厦建设有限公司
194	三明亿源电力工程建设有限公司	230	福建省桃城建设工程有限公司
195	福建中闽大秦工程管理有限公司	231	三明客家源建设集团有限公司
196	向阳建设实业有限公司	232	福建中胜华兴建工集团有限公司
197	福建巨岸建设工程有限公司	233	厦门安能建设有限公司
198	中大（福建）工程建设集团有限公司	234	福建省梁禹工程有限公司
199	厦门中胤建筑工程有限公司	235	福建省华实建设工程有限公司
200	福建省南安市第一建设有限公司	236	宝冶（厦门）建筑工程有限公司

续表

序号	企业名称	序号	企业名称
237	福建省炳良建设有限公司	269	海峡福环建工集团有限公司
238	福建龙舜建设工程有限公司	270	华城建设集团有限公司
239	福建省莆田市电力工程有限公司	271	福建诚铄建设工程有限公司
240	福建省国恒建设工程有限公司	272	厦门思总建设有限公司
241	福建恒盛建筑集团有限公司	273	中旗华昊建设有限公司
242	福建泉州市二建工程有限公司	274	福建省博兴建设有限公司
243	厦门海投工程建设有限公司	275	福建开晨建设集团有限公司
244	中铁五局集团厦门工程有限责任公司	276	福建冶地恒元建设有限公司
245	福建冠云鑫建设工程有限公司	277	中建恒杰集团有限公司
246	福建永聚友建设工程有限公司	278	融一建工（福建）有限公司
247	福建泉润建设工程有限公司	279	福建省闽楚建设工程有限公司
248	宁德市昌达输变电工程有限公司	280	佰凌集团有限公司
249	正坤建业建设科技有限公司	281	福建润盈建设集团有限公司
250	福建华龙建设工程有限公司	282	福建鑫远建工有限公司
251	厦门城健建设有限公司	283	福建合龙建工科技有限公司
252	中建闽泰建设开发有限公司	284	中建海峡（泉州）建设发展有限公司
253	福建省交建集团工程有限公司	285	中锦骏业建设有限公司
254	巨融建工集团有限公司	286	福建新华源建筑工程有限公司
255	福建省邮电工程有限公司	287	福建欣旺建设工程有限公司
256	福建京源建设工程有限公司	288	恒超建工集团有限公司
257	福建九丰建设有限公司	289	福建省闽清四建建工有限公司
258	福建省宏旺建设有限公司	290	福建泰元建筑有限公司
259	福建中凯建设工程有限公司	291	福建实联建设有限公司
260	福建省闽盛建设工程有限公司	292	龙岩亿力电力工程有限公司
261	福建丰秦园建筑工程有限公司	293	福州市建总安筑建设有限公司
262	福建宝来建筑工程有限公司	294	福建创邦建筑工程有限公司
263	厦门泰睿坤建设工程有限公司	295	福建创宇建设发展有限公司
264	福建大舟建设集团有限公司	296	福建省巨龙建设工程有限公司
265	中铁八局集团（厦门）工程有限公司	297	福建省茂宏建设工程有限公司
266	福建平祥建设工程有限公司	298	福建昱瑞建设工程有限公司
267	福建绿恒建筑工程有限公司	299	中交建筑集团东南建设有限公司
268	福建汇欣华业建工有限公司	300	厦门祥达信息有限公司

（摘编：陈建闽）

福建省主营业务收入前300家批发零售企业（2023年）

序号	企业名称	序号	企业名称
1	厦门国贸集团股份有限公司	30	厦门夏商民昇贸易有限公司
2	福建兴大进出口贸易有限公司	31	中国石油天然气股份有限公司福建销售分公司
3	厦门象屿物流集团有限责任公司	32	厦门建发矿业资源有限公司
4	厦门建发物产有限公司	33	厦门建发物资有限公司
5	厦门集金供应链有限公司	34	福建永辉超市有限公司
6	厦门象屿铝晟有限公司	35	中石化化工销售（福建）有限公司
7	中石化森美（福建）石油有限公司	36	厦门建发能源有限公司
8	福安青拓不锈钢贸易中心有限公司	37	厦门安踏有限公司
9	福建闽光云商有限公司	38	厦门京东东和贸易有限公司
10	中化石油成品油销售有限公司	39	厦门集昌供应链管理有限公司
11	漳州市九龙江集团有限公司	40	厦门象屿资源有限公司
12	厦门华闽盛屯物产有限公司	41	瑞幸咖啡（中国）有限公司
13	厦门建发金属有限公司	42	厦门国贸同歆实业有限公司
14	厦门信达股份有限公司	43	海峡石化产品交易中心有限公司
15	厦门建发浆纸集团有限公司	44	福建逸坤化纤有限公司
16	厦门同金供应链有限公司	45	厦门国贸石化有限公司
17	点钢科技有限公司	46	一柏国际贸易有限公司
18	福建海裕石化有限公司	47	盛屯矿业集团股份有限公司
19	厦门国贸纸业有限公司	48	厦门禾屿贸易有限公司
20	神州数码（福州）科技有限公司	49	均和（厦门）控股有限公司
21	福建漳龙集团有限公司	50	厦门建发有色资源有限公司
22	福州产投实业有限公司	51	厦门汇通瑞祥贸易有限公司
23	福建三宝云商有限公司	52	象晖能源（厦门）有限公司
24	成大物产（厦门）有限公司	53	厦门安踏电子商务有限公司
25	厦门象屿矿业有限公司	54	厦门建发股份有限公司
26	福建恒安集团厦门商贸有限公司	55	厦门建发鑫源供应链管理有限公司
27	福建青拓再生资源开发有限公司	56	昌富利（厦门）有限公司
28	福建省长一实业有限公司	57	厦门国贸金属有限公司
29	上杭县紫金金属资源有限公司	58	厦门国贸能源有限公司

续表

序号	企业名称	序号	企业名称
59	福建安越服饰有限公司	95	福建永荣控股集团有限公司
60	厦门建发化工有限公司	96	厦门象屿化工有限公司
61	福建达利发展有限公司	97	福建三钢国贸有限公司
62	厦门象屿农产品有限责任公司	98	厦门国贸农产品有限公司
63	泉州市金同供应链管理有限公司	99	中化（泉州）石油销售有限公司
64	厦门翔熙供应链管理有限公司	100	厦门新纸源电子商务有限公司
65	宝通千宏（厦门）科技有限公司	101	厦门国贸矿业有限公司
66	福建省烟草公司泉州市公司	102	福建华锦贸易有限公司
67	厦门象盛镍业有限公司	103	福州开发区新电燃料有限公司
68	漳州路桥物资发展有限公司	104	青拓集团有限公司
69	厦门象屿新能源有限责任公司	105	福州城投均和供应链管理有限公司
70	福建信通贸易有限公司	106	厦门榕升达供应链有限公司
71	厦门国贸化工有限公司	107	漳州城投商贸发展有限公司
72	福建省榕江进出口有限公司	108	厦门建翔尚达有限公司
73	厦门港务贸易有限公司	109	福清市汇融和供应链管理有限公司
74	厦门海峡供应链发展有限公司	110	福建启润贸易有限公司
75	富冶（厦门）贸易有限公司	111	厦门中泰永熙物产有限公司
76	斐乐体育有限公司	112	龙岩市龙地贸易有限公司
77	福州市长乐区天龙翔贸易有限公司	113	漳州新业贸易有限公司
78	厦门象屿物产有限公司	114	厦门安踏服饰有限公司
79	厦门翔钢鑫贸易有限公司	115	象屿宏大供应链有限责任公司
80	福州新投创业投资有限公司	116	厦门国贸铜泽贸易有限公司
81	福建凯晟鸿贸易有限公司	117	福建省烟草公司漳州市公司
82	福建闽海能源销售有限公司	118	厦门信和达电子有限公司
83	福建云通供应链有限公司	119	厦门港口商务资讯有限公司
84	福建朔能供应链管理有限公司	120	紫森（厦门）供应链管理有限公司
85	厦门建发原材料贸易有限公司	121	福建湛华智能科技有限公司
86	福建福海创石油化工有限公司	122	厦门柯米维石化有限公司
87	福建省石油化工供销有限公司	123	福建采木工业互联网科技有限公司
88	斐乐服饰有限公司	124	中化石化销售（福建）有限公司
89	福建三棵树建筑材料有限公司	125	厦门特步投资有限公司
90	厦门海投供应链运营有限公司	126	龙岩交发睿通商贸有限公司
91	福建省烟草公司福州市公司	127	中国石化销售有限公司福建石油分公司
92	福建力聚物流有限公司	128	厦门国贸有色矿产有限公司
93	厦门国贸启能有限公司	129	紫金国际贸易有限公司
94	百威东南销售有限公司	130	中化石油福建有限公司

续表

序号	企业名称	序号	企业名称
131	厦门粮源农业有限公司	167	龙岩投创商贸有限公司
132	厦门同顺供应链管理有限公司	168	泉州展志钢材有限公司
133	漳州晟发贸易有限公司	169	晨茂发（厦门）供应链有限公司
134	厦门国贸农林有限公司	170	厦门路桥工程物资有限公司
135	福建省烟草公司厦门市公司	171	福建一品嘉云创信息技术股份有限公司
136	福建省福能物流有限责任公司	172	福建省创造者贸易有限公司
137	厦门东茂祥和供应链有限公司	173	高胜能源（厦门）有限公司
138	福建闽海能源有限公司	174	均和（厦门）能源有限公司
139	厦门芗江进出口有限公司	175	厦门盛屯宏瑞泽实业有限公司
140	福建省晋江市进出口有限公司	176	福建象屿新能源有限责任公司
141	福建省龙岩市国贸有限公司	177	厦门夏商粮食发展有限公司
142	厦门中乔发展有限公司	178	厦门翔屿供应链有限责任公司
143	厦门泓屿供应链有限责任公司	179	商投（厦门）供应链管理有限公司
144	神华（福建）能源有限责任公司	180	泉州中泉供应链管理有限公司
145	福建省福农农资集团有限公司	181	厦门象屿同道供应链有限公司
146	厦门鼎尚永建商贸有限公司	182	厦门晟茂有限责任公司
147	福建漳州城投集团有限公司	183	晋江福华化工有限公司
148	厦门国贸泰达有色金属有限公司	184	厦门海投经济贸易有限公司
149	紫金矿业集团（龙岩）金属材料有限公司	185	福建高速中化石油有限公司
150	中煤京闽（福建）工贸有限公司	186	福州朴朴电子商务有限公司
151	福建申远贸易有限公司	187	中海油销售福建有限公司
152	坤健控股（厦门）有限公司	188	福建省烟草公司龙岩市公司
153	福建艾尼隆电子商务有限公司	189	厦门兴汇能源有限公司
154	福建三木建设发展有限公司	190	鑫东森集团有限公司
155	厦门市明穗粮油贸易有限公司	191	厦门谦吉贸易有限公司
156	全骏达实业有限公司	192	福建斯兰供应链服务有限公司
157	厦门捷瑞旺供应链有限公司	193	均达升（厦门）控股有限公司
158	厦门和源荣贸易有限公司	194	厦门思明供应链管理集团有限公司
159	厦门航空开发股份有限公司	195	厦门火炬集团供应链发展有限公司
160	福建申宏国际贸易有限公司	196	福建省烟草公司南平市公司
161	厦门路桥国际贸易有限公司	197	厦门万翔物流投资有限公司
162	福建省烟草公司三明市公司	198	厦门秒励贸易有限公司
163	福州城投供应链集团有限公司	199	紫金矿业集团（厦门）金属材料有限公司
164	厦门合兴包装印刷股份有限公司	200	翱隽国际贸易（厦门）有限公司
165	海量（厦门）资源有限公司	201	中粮粮油厦门有限公司
166	厦门振丰能源有限公司	202	瑞幸咖啡（厦门）有限公司

续表

序号	企业名称	序号	企业名称
203	福建三安集团有限公司	239	福建福泰钢铁有限公司
204	康佰家医药集团股份有限公司	240	福建炼油化工有限公司
205	厦门信息集团商贸有限公司	241	新天钢国贸矿业有限公司
206	晋江裕福集团有限公司	242	漳州市昱达新材料有限公司
207	福建新华发行（集团）有限责任公司	243	厦门昌兴格瑞商贸有限公司
208	厦门闽展供应链有限公司	244	厦门隆昌晟商贸有限公司
209	厦门市信达安贸易有限公司	245	福建正集科技有限公司
210	黑马（厦门）供应链管理有限公司	246	福建晟牧供应链管理有限公司
211	南安市源和国际贸易有限公司	247	新中冠智能科技股份有限公司
212	福州市左海国际贸易有限公司	248	厦门象屿鑫成供应链有限公司
213	中钧（福建）控股集团有限公司	249	屹信通（厦门）供应链有限公司
214	厦门日月盈实业有限公司	250	国药控股福州有限公司
215	建发物流集团有限公司	251	福建省建筑材料设备有限责任公司
216	泉州闽海能源有限公司	252	厦门大亮贸易有限公司
217	厦门夏商国际贸易有限公司	253	厦门栢瑞供应链服务有限公司
218	厦门国贸冶矿有限公司	254	莆田市振兴投资发展有限公司
219	中钧（厦门）新能源有限公司	255	福州利聚成贸易有限公司
220	福建凯恒祥再生资源有限公司	256	闽清瑞拓商贸有限公司
221	厦门三裕丰能源有限公司	257	福州晋安左海供应链有限公司
222	厦门安踏贸易有限公司	258	厦门朴朴电子商务有限公司
223	漳州伊莱福食品有限公司	259	福州丹联供应链有限责任公司
224	漳州圆山发展有限公司	260	福建省烟草公司宁德市公司
225	晋江君丽科技有限公司	261	厦门象屿速传供应链发展股份有限公司
226	厦门新希望六和农业供应链有限公司	262	厦门弘矢实业有限公司
227	华彬快速消费品销售（福建）有限公司	263	厦门国贸物产有限公司
228	福建省烟草公司莆田市公司	264	福建两条龙供应链有限公司
229	福建顾盈贸易有限公司	265	泉州市丰泽区和泽供应链管理有限公司
230	福建创太实业有限公司	266	太阳铜业（福州）有限公司
231	厦门建益达有限公司	267	福建福化古雷石油化工有限公司
232	竞点（福建）国际贸易有限公司	268	福建富利源能源有限公司
233	厦门恒兴集团有限公司	269	福建永飞投资有限公司
234	福建省玉康环保科技有限公司	270	厦门嘉联恒进出口有限公司
235	瓒耘国际贸易（厦门）有限公司	271	厦门建发生活资材有限责任公司
236	厦门嘉晟供应链股份有限公司	272	厦门金圆产业发展有限公司
237	厦门砻廷郡信息科技有限公司	273	泉州城建供应链管理有限公司
238	福州华信实业有限公司	274	福建闽侯永辉商业有限公司

续表

序号	企业名称	序号	企业名称
275	厦门闽嘉华石化有限公司	288	厦门育哲集团有限公司
276	明日控股（厦门）有限公司	289	中国航油集团福建石油有限公司
277	厦门水流众生新能源科技有限公司	290	中祺嘉成（厦门）能源有限公司
278	中璟（厦门）新材料有限公司	291	厦门蔚瑞物产有限公司
279	厦门古龙进出口有限公司	292	福建高速石化有限公司
280	盛屯金属有限公司	293	厦门金诺供应链管理有限公司
281	厦门荣彦通供应链有限公司	294	晋江市佰和进出口贸易有限公司
282	晋江市大长江钢管实业有限公司	295	福建东百集团股份有限公司
283	均和（厦门）供应链管理有限公司	296	元气森林（厦门）食品有限公司
284	福州展志钢铁有限公司	297	福州悦盛泓实业有限公司
285	世纪中凌（厦门）供应链有限公司	298	厦门建发高科有限公司
286	厦门谦明永隆商贸有限公司	299	福州轻工进出口有限公司
287	厦门宏发电声科技有限公司	300	福建隆百融国际能源发展有限公司

（摘编：陈建闽）

2023年度福建省中小企业特色产业集群名单

根据《福建省促进中小企业特色产业集群发展暂行办法》（闽工信规〔2022〕16号）《福建省工业和信息化厅关于组织推荐2023年度福建省中小企业特色产业集群的通知》（闽工信函中小〔2023〕35号），经县级中小企业主管部门申报、各设区市工信局推荐、专家评审和公示，福建省工信厅于2023年7月26日确定了8个福建省中小企业特色产业集群。名单如下。

福清市化工新材料产业集群

福州市长乐区纺织功能性新材料产业集群

德化县白瓷产业集群

南安市建材家居产业集群

邵武市氟新材料产业集群

龙岩市新罗区机械装备产业集群

漳州市长泰区新型电子元器件产业集群

仙游县仙作红木家具产业集群

（摘编：孙云荣）

2023 预制菜产业基地百强福建省入选名单

2023 年 11 月 22 日，在北京举行的“2023 食品预制化（预制菜）产业基地生态大会”上，工信部赛迪顾问消费经济研究中心发布了《2023 预制菜产业基地百强研究》报告。报告首次发布了“2023 预制菜产业基地百强”，福建共有 13 个产业基地入选，与广东并列全国第二。

本次评价倡导集聚集约、激发潜力、创新驱动、转型升级四大发展理念，制定了“2023 预制菜产业基地综合实力评价指标体系”，涵盖产业实力、产业潜力、产业创新、产业转型 4 个一级指标，下设 8 个二级指标、27 个三级指标，引导预制菜产业基地提高综合实力，加快实现高质量发展。

根据这一指标，“2023 预制菜产业基地百强”榜单中，重庆市梁平区、山东省诸城市和山东省寿光市列前三位；我省的厦门市同安区、福州市马尾区跻身前十，分别列第 6、第 7 位，福清市、诏安县、连江县、宁德市蕉城区、福州市仓山区、东山县、闽侯县、莆田市涵江区、漳州市龙海区、安溪县、莆田市城厢区入围；入选基地数量最多的省份为山东，共有 17 家入围，我省与广东均有 13 家入围，并列全国第二；预制菜产值超过百亿元的基地共计 17 家，山东、福建、重庆分布数量位列前三，分别为 5 家、4 家和 2 家；拥有千亩以上预制菜专业园区最多的三个省份分别为山东、广东、福建，数量分别为 8 家、8 家和 6 家。

预制菜产业基地是指以可持续发展为前提，以产业集聚为主要特征，以县（市、区、旗）为主要载体，产业特色鲜明的预制菜产业集聚区。报告指出，我国多地发挥传统优势食品产区、地方特色食品产业资源与大规模人口消费需求等优势，抢抓预制菜产业赛道新机遇，发布预制菜产业专项支持新政策，预制菜产业基地数量日益增多，逐步成为产业集聚主载体、产业激活主引擎、三产融合主平台。

报告还对预制菜产业基地高质量发展提出建议：要以构建特色政策、特色环境、特色企业集群为抓手，增强产业基地实力，促进区域经济能级跃升；以完善专业园区、产业资金、产业链协同体系为抓手，集聚预制菜产业基地发展潜能；以区域品牌创新、技术与标准创新、人才引育创新为抓手，打造预制菜产业基地新 IP；以绿色化、数智化、高端化、国际化转型为抓手，打造新型工业化新高地。

（摘编：林文涵）

国家第五批林业重点龙头企业福建省入选名单

2023 年 1 月 30 日福建省林业局消息，国家林业和草原局近日公布了第五批 166 家国家林业重点龙头企业名单，我省福建华宇集团有限公司等 10 家龙头企业入选。近年来，我省高度重视林业龙头企业的培育，特别是培育了一批小而强、小而精、小而特成长型企业，着力打造品牌、壮大龙头企业，现有规模以上林业企业 3000 家、省级以上龙头企业 225 家、境内外上市林业企业 23 家。国家第五批林业重点龙头企业福建省入选名单如下。

1. 福建华宇集团有限公司
2. 福建省尤溪县红树林木业有限公司
3. 福建胜华农业科技发展有限公司
4. 厦门市江平生物基质技术股份有限公司
5. 漳州明成食品有限公司
6. 福建省闽清双棱竹业有限公司
7. 福建省金阳园林工程有限公司
8. 建瓯市天添食品有限公司
9. 福建森美达生物科技有限公司
10. 福建省永安林业（集团）股份有限公司

（摘编：林文涵）

全国省级及县级水网先导区福建省入选名单

2023 年 9 月 27 日福建省水利厅消息，水利部近日印发《关于做好第二批省级水网先导区、第一批市级和县级水网先导区建设工作的通知》，福建省、武平县分别入选全国省级及县级水网先导区，我省成为全国唯一省、县两级同期入选水网先导区的省份。

早在 2012 年，我省就率全国之先，由省政府批复了《福建大水网规划》。10 多年来，长泰枋洋、罗源霍口、泉州白濑、金门供水、“一闸三线”等一批事关全局的重大水利工程开工建设并陆续投用，福建水网的纲、目、结已基本构建成形，有效提升了全省防洪减灾、水资源调配和供水保障能力。

2022 年，中共中央、国务院印发国家水网规划纲要，省水利厅按照水利部加快推进省级水网建设的部署要求，组织编制了《福建省水网建设规划》。规划坚持“一张蓝图绘到底”，围绕“一河一网一平台”，按照“统筹山海、连接两岸，北水南调、西水东济”的思路，提出了“三纵八横、三区两带”的省级水网总体布局，经水利部审核，于今年 8 月由省政府批复实施。此后，省水利厅积极争创全国水网先导区，相继编制完成水网先导区建设实施方案和数字孪生水网实施方案报送水利部审查，得到水利部评审专家充分肯定。

（摘编：周树峰）

第二批国家水利风景区高质量发展典型案例重点推介名单福建省入选景区

2023年2月3日福建省水利厅消息，水利部办公厅近日公布了第二批10个国家水利风景区高质量发展典型案例重点推介名单，我省永春县桃溪水利风景区入选。2022年7月，莆田市木兰陂水利风景区成为第一批重点推介的10个标杆景区之一，本次永春桃溪水利风景区入选，是我省高质量推动幸福河湖风景区建设取得的又一成果。

永春桃溪水利风景区2015年获评国家水利风景区，是以桃溪流域县城段沿岸景观为主体的城市河湖型水利风景区。景区统筹多方力量推进桃溪流域治理，合力打造滨河文化景观带，围绕幸福河湖建设，建设了永春水生态文明馆、余光中乡愁文学馆、水电站科普馆、廊桥风情园等水科普文化场所，编制河长制“一台戏”，打造了集文化体验、观光旅游、休闲康养、科普教育于一体的城市生态文化景观水脉，成为当地的城市水名片，拥有中国人居环境范例奖、泉州市科普教育基地等多项荣誉。

桃溪水利风景区在建设管理过程中，积极探索“水利+”景区发展模式和“河长制+”的公益型景区管理模式，形成了“六全六治”“多方借力”“内外延伸”“融合赋能”等一系列水利风景区高质量发展的经验做法，实现了生态效益、经济效益、社会效益、文化效益及安全效益的多元统一。

（摘编：张全进）

第三批福建林业生态文明实践基地名单

2023年8月18日福建省林业局发布，近年来，福建各地依托当地丰富的森林资源、人文资源、景观资源，积极培育和弘扬林业生态文化，不断提高生态文化品位。

根据《关于加快推进福建林业生态文化体系建设的实施方案的通知》要求，2023年，省林业局继续开展第三批福建林业生态文明实践基地创建工作，并列为学习贯彻习近平新时代中国特色社会主义思想主题教育“推动发展”的内容之一。近期，省林业局在对推荐的申报单位进行实地调研考察的基础上，根据创建标准进行评分，将厦门火烧屿中华白海豚救护繁育基地等5家单位作为第三批福建林业生态文明实践基地，名单公布如下：

第三批福建林业生态文明实践基地

福建省上杭白砂国有林场

厦门火烧屿中华白海豚救护繁育基地

沙县区夏茂镇俞邦村

邵武市二都国有林场

屏南县仙山牧场

（摘编：肖启辉）

第十六批福建省“水乡渔村”休闲渔业基地名单

2023年8月28日，福建省海洋与渔业局、福建省文化和旅游厅印发《关于公布第十六批福建省“水乡渔村”休闲渔业基地名单的通知》（闽海渔〔2023〕47号）提出，根据《福建省人民政府关于印发加快建设“海上福建”推进海洋经济高质量发展三年行动方案（2021—2023年）的通知》（闽政〔2021〕7号）精神，以及《福建省人民政府关于促进旅游业高质量发展的意见》（闽政〔2021〕8号）、《福建省海洋与渔业局　福建省文化和旅游厅关于申报第十六批福建省“水乡渔村”休闲渔业基地的通知》（闽海渔〔2023〕15号）要求，经实地调研和专家评审，闽侯县观园里休闲渔业基地等22家申报单位达到福建省休闲渔业基地建设标准，现授予第十六批福建省“水乡渔村”休闲渔业基地称号，并颁发牌匾。

第十六批“水乡渔村”休闲渔业基地要进一步完善基础和配套设施，丰富渔业休闲内涵，不断提升休闲和旅游服务品质，打造我省休闲渔业精品工程。

第十六批福建省“水乡渔村”休闲渔业基地名单

序号	设区市	县（市、区）	名称	单位
1	福州市	闽侯县	闽侯县观园里休闲渔业基地	闽侯县观园里渔业发展有限公司
2		连江县	连江县蓝色港湾休闲渔业基地	福建中玺文化发展有限公司
3	平潭综合实验区		平潭澳前村休闲渔业基地	平潭县澳前镇澳前村股份经济合作联合社
4	泉州市	石狮市	石狮市海洋世界休闲渔业基地	石狮金海岸海洋服务有限公司
5		晋江市	晋江市英林镇湖尾村休闲渔业基地	晋江市英林镇湖尾村股份经济联合社
6			晋江市金井南江村休闲渔业基地	晋江市金井镇南江村股份经济联合社
7		南安市	南安市荣昊休闲农庄	泉州市嵘淏生态休闲农庄有限公司
8			南安市向阳休闲渔业基地	福建省首佳生态农林科技有限公司
9		安溪县	安溪县福田乡福前溪“渔”乐休闲基地	安溪县春华秋实生态家庭农场
10		德化县	德化县渔乐园休闲渔业基地	德化县渔乐园养殖专业合作社
11	宁德市	福鼎市	福鼎市前岐镇照澜村“水乡渔村”休闲渔业基地	福鼎市前岐镇照澜村股份经济合作社
12		福安市	福安市潭头镇棠溪村“水乡渔村”休闲渔业基地	福安市棠溪种植专业合作社

续表

序号	设区市	县（市、区）	名称	单位
13	漳州市	平和县	平和县“蛙天下”水乡渔村休闲渔业基地	福建省蛙天下旅游发展有限公司
14	龙岩市	漳平市	漳平市芦芝镇圆潭村“水乡渔村”	漳平市绿圆林业专业合作社
15		永定区	永定区龙湖信美湾“水乡渔村”休闲渔业基地	福建龙湖生态渔业发展有限公司
16	三明市	泰宁县	泰宁县开善乡池潭“水乡渔村”休闲渔业基地	福建省池潭渔乐文旅发展有限公司
17		清流县	清流县九龙湖“水乡渔村”	清流县玖隆福渔业发展有限责任公司
18		将乐县	将乐县蛟湖“水乡渔村”休闲渔业基地	福建省浮州烟雨生态旅游发展有限公司
19	莆田市	莆田市	莆田市湄洲岛渔村古堡“水乡渔村”	莆田市赞顺实业有限公司
20	南平市	政和县	政和县碗厂“水乡渔村”休闲渔业基地	福建政和瓷韵农业发展有限公司
21		邵武市	邵武市云灵山休闲渔业基地	福建云灵山旅游发展有限公司
22			邵武市卫闽铁道兵营农旅休闲渔业基地	邵武市卫闽投资开发有限公司

（摘编：赵小真）

第十二届中国创新创业大赛全国总决赛福建企业获历史最佳成绩

2023 年 12 月 14 日，第十二届中国创新创业大赛全国总决赛在四川成都圆满收官。我省推荐的福建立亚新材有限公司，从 1494 家晋级全国赛的优秀企业中脱颖而出，以全国第八名的优异成绩获得三等奖。今年福建赛区有 2 家企业进入成长组 72 强晋级全国总决赛，有 11 家企业获得优秀企业称号，为历史最高水平。

福建立亚新材有限公司成立于 2015 年，位于福建省泉州市台商投资区，从事高性能陶瓷纤维及前驱体领域的研发及生产，是国家级专精特新“小巨人”企业。该公司是已知唯一透波型氮化硅纤维产业化企业、全球第四家系列特种陶瓷纤维及前驱体产业化企业。

本届大赛由科技部、财政部、教育部、全国工商联等指导，是全国规格最高、规模最大、影响最广的综合性科技创新赛事，以提升企业技术创新和成果转化能力为主线，覆盖新一代信息技术、生物医药、高端装备制造等新兴产业领域，吸引参赛企业 3.7 万余家，创历届新高。

（摘编：林文涵）

第七届中国工业大奖福建获奖名单

第七届中国工业大奖获奖名单于2023年3月19日公布，19家企业、19个项目获得这一中国工业领域最高奖项，我省的宁德时代榜上有名，这也是我省首次有企业或项目获该奖项。宁德时代深耕电池和储能领域，建成锂电行业两座灯塔工厂，动力电池装车量连续多年位居全球第一。

主办方还授予26家企业、22个项目中国工业大奖表彰奖，授予17家企业、20个项目中国工业大奖提名奖。我省的紫金铜业获中国工业大奖表彰奖；福清核电、九牧厨卫和国药星鲨制药的“维生素D制剂质量研究及产业化”项目获中国工业大奖提名奖。

中国工业大奖是经国务院批准设立的我国工业领域最高奖项，该奖由中国工业经济联合会牵头，联合中国煤炭工业协会、中国机械工业联合会、中国钢铁工业协会、中国石油和化学工业联合会、中国轻工业联合会等13家相关全国性工业行业协会共同组织实施，旨在表彰勇担强国重任，不忘初心使命，坚持自立自强，推动现代化产业体系建设，在坚持走中国特色新型工业化道路中作出突出成绩和贡献的企业和项目，引领我国工业经济高质量发展。

（摘编：黄国实）

创建世界一流示范企业和专精特新示范企业福建上榜名单

2023年3月16日，国务院国资委公布创建世界一流示范企业名单。从名单来看，7家地方国有企业成为新一批创建世界一流示范企业，200家中央和地方国有企业入围创建世界一流专精特新示范企业名单。我省有4家企业入围创建世界一流专精特新示范企业名单，分别是：厦门市美亚柏科信息股份有限公司、福建省长汀金龙稀土有限公司、漳州片仔癀药业股份有限公司和中红普林医疗用品股份有限公司。

为深入落实中共中央、国务院关于加快建设世界一流企业的决策部署，在11家中央企业创建世界一流示范企业工作取得积极成效的基础上，国务院国资委组织中央企业和地方国资委同步开展创建世界一流示范企业和专精特新示范企业“双示范”行动。经过企业申报、专家评审、征求意见等环节，最终确定示范企业名单。

（摘编：林文涵）

国家专精特新中小企业高质量发展第二批财政支持名单上榜闽企

2023年5月26日福建省工信厅消息，近日，工信部公布了建议继续支持的国家级专精特新“小巨人”企业名单（第二批第二年），福建省有6家企业在名单之中。同时，此次还公布了已获得支持的国家（或省级）中小企业公共服务示范平台（第二批第一年）绩效评价通过名单，我省有2个平台获得支持。

进入建议继续支持的国家级专精特新“小巨人”企业名单（第二批第二年）的福建企业是福建亿榕信息技术有限公司、福建飞通通讯科技股份有限公司、泉州恒毅机械有限公司、福建省南安市巨轮机械有限公司、福建南方制药股份有限公司、杰讯光电（福建）有限公司。泉州市中小企业服务中心、福建省质量管理协会入选已获得支持的国家（或省级）中小企业公共服务示范平台（第二批第一年）绩效评价通过名单。

（摘编：孙云荣）

2023中国独角兽企业上榜闽企

2023年6月28日福建省工信厅消息，在“2023中国（苏州）独角兽企业大会”上，长城战略咨询发布了《中国独角兽企业研究报告2023》，我省的海辰储能、德尔科技上榜2023中国独角兽企业榜单。

研究报告中的独角兽企业定位为成立时间不超过10年、企业估值在10亿美元以上的非上市公司。报告显示，独角兽企业群体依然保持着良好的发展态势，有望为我国经济高质量发展注入强劲动力。其中，“新能源”成为最具爆发性的超级赛道，尤其是清洁能源、动力电池等细分赛道发展迅速，2022年涌现了超过40家独角兽企业与近50家潜在独角兽企业。

我省两家独角兽企业海辰储能和德尔科技，都来自新能源行业。其中，海辰储能自成立起就专注于储能赛道，去年海辰储能实现中国电力储能电池交付项目数量与中国储能电池出货量增速的“双第一”；来自龙岩的德尔科技主要从事含氟新材料研发制造，已成为动力电池与储能等新能源材料的国内重要供应商。

在“潜在独角兽”榜单上，入围的企业主要分布于集成电路与新消费两大领域。我省入围企业大多来自厦门，其中开元通信、士兰集科、云天半导体均是半导体企业；UMU来自互联网教育企业；美柚、a1零食研究所则来自网红爆品以及生活服务细分赛道。来自福州的朴朴超市作为新消费企业代表同样入围“潜在独角兽”榜单。

（摘编：陈建闽）

中国新型显示产业链贡献奖福建省获奖企业

2023 年 7 月 21 日福建省工信厅消息，近日，由中国电子材料行业协会、中国光学光电子行业协会液晶分会联合主办的 2023 中国显示行业供应链技术和市场对接交流会暨“2022 年度中国新型显示产业链贡献奖”发布大会在辽宁大连召开。会议期间，省电子信息集团成员企业华映科技（集团）股份有限公司旗下的福建华佳彩有限公司申报项目“13.3 寸金属氧化物 MUX 内嵌式触控节能屏”荣获中国新型显示产业链贡献奖——创新突破奖。

本次获奖产品采用自主研发的金属氧化物技术，集成了高分辨率、低功耗、高色饱、高帧率、支持主动笔 TIC 等主流技术特色，为中高端商务办公提供笔记本显示屏解决方案。此外，该产品最大的亮点为整合了 TCON Embedded Driver、DE-MUX 以及 TIC 等三项节能技术，简化供应链管理、降低生产成本，实现低碳节能效益。该技术创新积极响应国家“双碳”战略，助力企业绿色产品开发，为国家实现碳达峰作出贡献。

（摘编：洪连珠）

全国工业领域电力需求侧管理典型案例福建省入围名单

2023 年 10 月 11 日福建省工信厅消息，经地方工信部门初审、中国电力企业联合会组织专家复审及工信部复核，11 家示范企业、1 家示范园区及 12 项参考产品（技术）被列入全国工业领域电力需求侧管理典型案例，其中包括我省的 1 家企业和 1 项产品。

福耀玻璃工业集团股份有限公司成为全国工业领域电力需求侧管理 11 家示范企业之一。评价认为，该企业在管理方面，成立能源管理委员会，持续完善能源管理体系，制定《能源运行管理程序》《监视和测量管理程序》等管理文件；技术方面，大力推广节能技术和节能设备应用，积极推进智慧能源管理系统、储能电站、高温烟气余热发电等项目建设；实施理念方面，制定降本增效和清洁能源使用计划，优化生产流程和能源使用结构，推进能源管理数字化建设，加大可再生能源使用；实施成效方面，自建智慧能源信息管理平台，系统监管能源数据等举措，在行业中具有典型示范意义。

福建阿古电务数据科技有限公司的“Agorae-DR-EMS 配用电可靠性及能效管理平台”成为 12 项参考产品（技术）之一。评价认为，这一产品基于 AIOT 边云协同的多源融合电气特征分析技术，高效率低成本地解决了恶劣环境安全用电和重要场所可靠用电的困扰；围绕“精确感知、实时采集、稳定通信、可靠数据”的产品设计理念，通过对企业用电、水、热、气、油等能源消耗关键节点加装智能边缘终端，依托 5G 网络、大数据分析与人工智能等新一代信息技术，提供全方位的需求侧运行监控管理、能源管理、设备管理、专业的节能解决方案、故障预警及快速响应的运维服务，适用于供配电可靠性要求高的工业企业，如对电力质量以及能源精细化管理有较高要求的半导体、生物医药以及高能耗行业。

（摘编：郑新贵）

第三批能源领域首台（套）重大技术装备名单福建省入选项目

2023 年 8 月 9 日福建省工信厅消息，为持续推进能源领域首台（套）重大技术装备示范应用，加快能源重大技术装备创新，切实保障关键技术装备产业链供应链安全，国家能源局日前公布了第三批能源领域首台（套）重大技术装备名单，包括福建省的 5 个项目在内，全国共 58 个项目入选。其中，在全国仅有的 9 项年度氢能重大首台套项目中，福建省占据 2 席。福建省入围项目名单如下。

由三峡集团、金风科技、洛阳 LYC 轴承等机构研制，于平潭外海上风电场项目、漳浦六鳌海上风电场二期项目投用的“16MW 海上风力发电机组整机和主轴承重大部件”。

由中国核动力研究设计院投用于漳州核电 1、2 号机组的“三代核电棒控棒位系统设备”。

由中国核动力研究设计院投用于漳州核电 1、2 号机组的“华龙一号疲惫监测和瞬态统计系统设备”。

由福大紫金氢能科技股份有限公司研制，投用于中国铁塔龙岩基地绿色备用电源示范项目的“10kW 级‘氨-氢’燃料电池分布式发电系统”。

由嘉庚创新实验室研制的“基于低铱阳极的百千兆瓦级高电流密度 PEM 电解槽”作为氢能领域重大首台套项目。

能源领域首台（套）重大技术装备是指国内率先实现重大技术突破、拥有自主知识产权、尚未批量取得市场业绩的能源领域关键技术装备，包括前三台（套）或前三批（次）成套设备、整机设备及核心部件、控制系统、基础材料、软件系统等。

（摘编：孔明德）

第三批智能光伏试点示范企业和示范项目福建省入选名单

2023年2月24日福建省工信厅消息，工信部日前公布第三批智能光伏试点示范企业和示范项目名单，共有43家企业和54个项目入选。其中，福建共有1家企业、5个项目上榜。

福建上榜示范企业和示范项目分别是：厦门蓝旭科技有限公司；安安（中国）有限公司5.1MW分布式光伏发电项目、福州倍丰实业有限公司1000kW分布式光伏发电项目（BIPV）、福建华宇织造公司5200kW屋顶分布式光伏发电项目、厦门ABB工业中心综合能源项目、厦门港务物流园区3.98MW分布式智能光伏项目。

（摘编：郑新贵）

福建省工业龙头企业名单（第六批）

2023年6月9日福建省工业和信息化厅消息，根据《福建省人民政府办公厅关于印发福建省培优扶强工业龙头企业引领产业高质量发展行动计划的通知》（闽政办〔2021〕12号），现将第六批福建省工业现有龙头企业名单（10家）和福建省工业龙头培育企业名单（47家）予以公布。同时根据有关申请，将之前发布的福建奋安铝业有限公司等3家企业名称进行调整，闽牛乳业有限公司等2家企业退出龙头企业名单。

福建省工业现有龙头企业名单（第六批）

序号	大类行业	细分行业	企业名称	属地
1	电子信息	锂电和光伏（锂电池组件）	宁德厦钨新能源材料有限公司	宁德
2	电子信息	锂电和光伏（锂电池组件）	宁德邦普循环科技有限公司	宁德
3	电子信息	锂电和光伏（储能电池）	厦门海辰储能科技股份有限公司	厦门
4	先进装备制造	专用设备	福建星云电子股份有限公司	福州
5	先进装备制造	新能源汽车（零组件）	福鼎时代新能源科技有限公司	宁德
6	石油化工	专用化学产品制造	宁德国泰华荣新材料有限公司	宁德
7	石油化工	基础化学原料制造	漳州奇美化工有限公司	漳州

续表

序号	大类行业	细分行业	企业名称	属地
8	现代纺织服装	制鞋（鞋用材料）	福建华峰华锦纺织科技有限公司	莆田
9	轻工	生活用品（日用包装）	厦门保沣集团有限公司	厦门
10	软件和信息技术服务	软件产品（应用软件）	福建博思软件股份有限公司	福州

福建省工业龙头培育企业名单（第六批）

序号	大类行业	细分行业	企业名称	属地
1	电子信息	集成电路（制造）	厦门吉顺芯微电子有限公司	厦门
2	电子信息	集成电路（设计）	厦门优迅高速芯片有限公司	厦门
3	电子信息	新型显示（面板及相关组件材料）	厦门天马显示科技有限公司	厦门
4	电子信息	通讯设备	福建星网智慧科技有限公司	厦门
5	电子信息	锂电和光伏（锂电池组件）	福鼎市凯欣电池材料有限公司	宁德
6	电子信息	锂电和光伏（锂电池组件）	福建科达新能源科技有限公司	三明
7	电子信息	锂电和光伏（锂电池组件）	福建中盛宏业新材料科技股份公司	三明
8	电子信息	锂电和光伏（储能电池）	宁德时代科士达科技有限公司	宁德
9	电子信息	锂电和光伏（储能电池）	福建时代星云科技有限公司	福州
10	电子信息	锂电和光伏（光伏）	一道新能源科技（漳州）有限公司	漳州
11	电子信息	电子元器件	厦门宏发信号电子有限公司	厦门
12	电子信息	电子元器件（电子元件）	福建毅塑光电科技有限公司	龙岩
13	先进装备制造	机械基础件（铸造）	福建申达重工机械有限公司	宁德
14	先进装备制造	船舶和海工装备（风电）	厦门双瑞风电科技有限公司	厦门
15	先进装备制造	汽车制造（零配件）	福建申利卡铝业发展有限公司	泉州
16	先进装备制造	汽车制造（零配件）	宁德振华振德汽车部件有限公司	宁德
17	先进装备制造	新能源汽车（零组件）	厦门金龙汽车新能源科技有限公司	厦门
18	先进装备制造	新能源汽车（零组件）	福建元晟汽车配件科技有限公司	福州
19	先进装备制造	摩托车	厦门厦杏摩托有限公司	厦门
20	石油化工	精炼石油产品制造	漳州连润新能源有限公司	漳州
21	石油化工	精炼石油产品制造	海顺德（漳州）特种油品有限公司	漳州
22	石油化工	精炼石油产品制造	福建中源新能源股份有限公司	福州
23	石油化工	基础化学原料制造	福建南平青松化工有限公司	南平
24	现代纺织服装	纺织（针织编织）	福州市长乐区东港纺织有限公司	福州
25	现代纺织服装	纺织（针织编织）	福建省添利织物有限公司	福州
26	现代纺织服装	纺织（针织编织）	世兴达（福建）纺织科技有限公司	泉州
27	现代纺织服装	纺织（染整）	冠宏股份有限公司	泉州
28	现代纺织服装	服装（商务休闲男装）	福建云敦服饰有限公司	莆田
28	现代纺织服装	制鞋（休闲鞋）	莆田市新协胜鞋业有限公司	莆田
30	现代纺织服装	制鞋（休闲鞋）	莆田市祥麟鞋业有限公司	莆田

续表

序号	大类行业	细分行业	企业名称	属地
31	食品加工	食品制造（休闲食品）	方家铺子（莆田）绿色食品有限公司	莆田
32	食品加工	农副食品（果蔬菌类加工）	晋江力绿食品有限公司	泉州
33	轻工	皮革合成革	福建中裕新材料技术有限公司	莆田
34	轻工	竹木加工	福建省庄禾竹业科技有限公司	南平
35	轻工	造纸包装印刷（印刷）	福建榕升纸业有限公司	福州
36	轻工	造纸包装印刷（印刷）	晋江市现代彩色印刷有限公司	泉州
37	轻工	生活用品（箱包伞具）	梅花（晋江）伞业有限公司	泉州
38	轻工	生活用品（日用包装）	福建福贞金属包装有限公司	漳州
39	轻工	生活用品（日用包装）	远东中乾（厦门）科技集团股份公司	厦门
40	轻工	生活用品（日用包装）	厦门金德威包装有限公司	厦门
41	轻工	家居用品（日用瓷）	福建省德化县先达瓷厂	泉州
42	轻工	家居用品（日用瓷）	福建省德化县三峰陶瓷有限公司	泉州
43	轻工	家居用品（日用瓷）	福建省德化世盛陶瓷有限公司	泉州
44	轻工	家居用品（日用瓷）	福建省德化佳诚陶瓷有限公司	泉州
45	冶金	废钢回收利用	国投闽光（三明）城市资源有限公司	三明
46	建材	平板玻璃	福建省万达汽车玻璃工业有限公司	福州
47	现代物流	运输型（水上运输）	泉州安盛船务有限公司	泉州

福建省前五批工业龙头企业调整名单

序号	企业名称	变更情况	属地
1	福建奋安铝业有限公司	更名为“奋安铝业股份有限公司”	福州
2	台玻福建光伏玻璃有限公司	更名为“凯盛（漳州）新能源有限公司”	漳州
3	福建省仙游县鲁艺古典家具有限公司	更名为“福建省鲁艺家居有限公司”	莆田
4	福建省闽牛乳业有限公司	退出龙头企业名单	三明
5	莆田市涵江区田氏新型材料有限公司	退出龙头企业名单	莆田

（摘编：李乐成）

福建省专精特新中小企业（2018年和2019年）复核通过名单

2023年5月9日福建省工业和信息化厅印发《关于公布省专精特新中小企业（2018年和2019年）复核结果的通知》提出，根据《福建省优质中小企业梯度培育管理暂行办法》（闽工信规〔2022〕12号）和《福建省工业和信息化厅关于组织开展2022年创新型中小企业评价、专精特新中小企业认定和复核工作的通知》（闽工信函中小〔2022〕508号）精神，经企业申请，设区市工信部门推荐上报、专家评审、公示等程序，确定通过复核的省专精特新中小企业（2018年和2019年）名单。2018年和2019年到期复核通过的福建施可瑞医疗科技股份有限公司等292家企业，有效期延长至2026年12月31日。未申请或复核不通过的企业，自动取消福建省专精特新中小企业称号。取消称号的企业若达到认定条件后，可重新申报。

各地市工信部门要按照优质中小企业梯度培育管理有关要求，及时跟踪省专精特新中小企业发展情况，做好动态管理、培育扶持等工作。

省专精特新中小企业（2018年和2019年）复核通过名单（共292家）

序号	所属地市	企业名称	序号	所属地市	企业名称
1	福州	福建施可瑞医疗科技股份有限公司	18	福州	福州宜美电子有限公司
2	福州	福州欣联达电子科技有限公司	19	福州	福建中信网安信息科技有限公司
3	福州	福信富通科技股份有限公司	20	福州	福建省博特生物科技有限公司
4	福州	福建大娱号信息科技股份有限公司	21	福州	腾景科技股份有限公司
5	福州	福建亿榕信息技术有限公司	22	福州	福建新大陆自动识别技术有限公司
6	福州	福建通力达实业有限公司	23	福州	福州超宏自动化设备有限公司
7	福州	福建票付通信息科技有限公司	24	福州	福州米立科技股份有限公司
8	福州	福建医联康护信息技术有限公司	25	福州	福建中电合创电力科技有限公司
9	福州	福建网能科技开发有限责任公司	26	福州	福建经纬新纤科技实业有限公司
10	福州	福建花巷营养科技股份有限公司	27	福州	方菱桥隧模架（福州）有限公司
11	福州	弘扬软件股份有限公司	28	福州	福建恒杰塑业新材料有限公司
12	福州	福建瑞达精工股份有限公司	29	福州	福建宏宇电子科技有限公司
13	福州	福建省尚飞制衣有限公司	30	福州	福建省宏港纺织科技有限公司
14	福州	福建春伦集团有限公司	31	福州	福建友谊胶粘带集团有限公司
15	福州	福建金山生物制药股份有限公司	32	福州	福建天辰耀隆新材料有限公司
16	福州	福建源光电装有限公司	33	福州	福建天马科技集团股份有限公司
17	福州	福建吉艾普光影科技有限公司	34	福州	福建兴航重工有限公司

续表

序号	所属地市	企业名称	序号	所属地市	企业名称
35	福州	福建省三丰纺织器材有限公司	71	漳州	漳州市宏香记食品有限公司
36	福州	福建通宇电缆有限公司	72	漳州	漳州杰安塑料有限公司
37	福州	福建和盛塑业有限公司	73	漳州	福建航天机电集团有限公司
38	福州	福建大力新型建材科技有限公司	74	漳州	福建利利普光电科技有限公司
39	福州	光隆精密工业（福州）有限公司	75	漳州	漳州市恒丽电子有限公司
40	福州	福州福强精密有限公司	76	漳州	福建省梦娇兰日用化学品有限公司
41	福州	福州长庚医疗器械有限公司	77	漳州	福建省卡尔顿食品有限公司
42	福州	福州瑞华印制线路板有限公司	78	漳州	福建凯思达电子有限公司
43	福州	福建省力得自动化设备有限公司	79	漳州	福建华塑新材料有限公司
44	福州	福建金龙腾动力机械有限公司	80	漳州	漳州鑫华成机械制造有限公司
45	福州	福建省轻工机械设备有限公司	81	漳州	福建菲达阀门科技股份有限公司
46	福州	福州中澳科技有限公司	82	漳州	漳州海力机械制造有限公司
47	福州	福建恒捷实业有限公司	83	漳州	福建安泰新能源科技有限公司
48	福州	威尔（福建）生物有限公司	84	漳州	福建和进食品制罐工业有限公司
49	福州	福建礼恩科技有限公司	85	漳州	福建绿力生物科技有限公司
50	福州	福建中网电气有限公司	86	漳州	漳州仂元工业有限公司
51	福州	福建源鑫环保科技有限公司	87	漳州	漳浦县达川食品工业有限公司
52	福州	福建东恒新能源集团有限公司	88	漳州	福建美一食品有限公司
53	福州	福建深纳生物工程有限公司	89	漳州	福建善诚木业科技有限公司
54	福州	福建厚德节能科技发展有限公司	90	漳州	福建绿泉食品有限公司
55	福州	福州真兰水表有限公司	91	漳州	漳州金立电子有限公司
56	福州	福建久策气体股份有限公司	92	漳州	漳州华锐锂能新能源科技有限公司
57	福州	福建摩尔软件有限公司	93	漳州	漳州市华威电源科技有限公司
58	福州	北卡科技有限公司	94	漳州	福建玛塔生态科技有限公司
59	福州	福建榕基软件工程有限公司	95	漳州	漳州市永良针纺机械有限公司
60	福州	福建仙芝楼生物科技有限公司	96	漳州	福建金竹竹业有限公司
61	福州	福建辉阳电缆科技有限公司	97	漳州	漳州万宝能源科技股份有限公司
62	福州	福建福大北斗通信科技有限公司	98	漳州	品翔电子元件（漳州）有限公司
63	漳州	漳州科晖专用汽车制造有限公司	99	漳州	科之杰新材料集团福建有限公司
64	漳州	福建桥南实业有限公司	100	漳州	福建欣宇卫浴科技股份有限公司
65	漳州	漳州视瑞特光电科技股份有限公司	101	漳州	阿斯福特纺织（漳州）有限公司
66	漳州	漳州市玉山电子制造有限公司	102	漳州	漳州市澳捷光学科技有限公司
67	漳州	漳州佳龙科技股份有限公司	103	漳州	三实电器（漳州）有限公司
68	漳州	福建世卓电子科技有限公司	104	漳州	漳州雅宝电子股份有限公司
69	漳州	漳州市利利普电子科技有限公司	105	泉州	福建田中机械科技股份有限公司
70	漳州	漳州和品工贸有限公司	106	泉州	嘉亨家化股份有限公司

续表

序号	所属地市	企业名称	序号	所属地市	企业名称
107	泉州	福建众益太阳能科技股份公司	143	泉州	华英阀业有限公司
108	泉州	福建烟草机械有限公司	144	泉州	百安消防科技有限公司
109	泉州	福建省蓝深环保技术股份有限公司	145	泉州	福建省中能泰丰节能环保科技有限公司
110	泉州	福建科立讯通信有限公司	146	泉州	福建省捷佳液压科技有限公司
111	泉州	福建讯网网络科技股份有限公司	147	泉州	蓉中电气股份有限公司
112	泉州	福建环宇通信息科技股份公司	148	泉州	福建省时代天和实业有限公司
113	泉州	信和新材料股份有限公司	149	泉州	福建省金鹿日化股份有限公司
114	泉州	泉州市顺风耳电子科技有限公司	150	泉州	福建省闽安机械制造有限公司
115	泉州	福建省铁拓机械股份有限公司	151	泉州	阳光中科（福建）能源股份有限公司
116	泉州	泉州众志新材料科技有限公司	152	泉州	泉州市南安特易通电子有限公司
117	泉州	泉州市琪祥电子科技有限公司	153	泉州	泉州市华茂机械设备有限公司
118	泉州	福建泉州凹凸精密机械有限公司	154	泉州	泉州恒利达工程机械有限公司
119	泉州	福建省德源智能科技有限公司	155	泉州	福建群峰机械有限公司
120	泉州	福建北峰通信科技股份有限公司	156	泉州	福建鹏翔实业有限公司
121	泉州	金维他（福建）食品有限公司	157	泉州	福建省南安市巨轮机械有限公司
122	泉州	泉州开普勒车用电机有限公司	158	泉州	福建省乔东新型材料有限公司
123	泉州	福建兴翼机械有限公司	159	泉州	泛科轴承集团有限公司
124	泉州	晋江国盛新材料科技有限公司	160	泉州	家世比科技有限公司
125	泉州	福建优安纳伞业科技有限公司	161	泉州	福建南王环保科技股份有限公司
126	泉州	晋江市凯嘉机器制造有限公司	162	泉州	百润（中国）有限公司
127	泉州	福建华清电子材料科技有限公司	163	泉州	泉州市凯鹰电源电器有限公司
128	泉州	泉州恒毅机械有限公司	164	泉州	福建中科三净环保股份有限公司
129	泉州	晋江市远大服装织造有限公司	165	泉州	福建迈特富科技发展有限公司
130	泉州	福建泉成机械有限公司	166	泉州	福建科福材料有限公司
131	泉州	易宝（福建）高分子材料股份公司	167	泉州	泉州锦林环保高新材料有限公司
132	泉州	福建普斯特服饰有限公司	168	泉州	福建省耀诚玻璃科技有限公司
133	泉州	伟顺（中国）机电设备有限公司	169	泉州	泉州雷恩生化有限公司
134	泉州	福建鼻涕虫护理用品股份有限责任公司	170	泉州	德化县宏顺陶瓷有限公司
135	泉州	福建冠泓工业有限公司	171	泉州	福建省德化县晖德陶瓷有限公司
136	泉州	福建飞通通讯科技股份有限公司	172	泉州	福建省德化同鑫陶瓷有限公司
137	泉州	福建省富达精密科技有限公司	173	泉州	福建省德化县冠鸿陶瓷有限公司
138	泉州	石狮正源水产科技开发有限公司	174	泉州	福建省德化县华茂陶瓷有限公司
139	泉州	福建永信数控科技股份有限公司	175	泉州	福建省太古陶瓷有限责任公司
140	泉州	劲源科技发展有限公司	176	泉州	万龙时代科技有限公司
141	泉州	福建申利卡铝业发展有限公司	177	泉州	福建省三星电气股份有限公司
142	泉州	泉州科发卫浴有限公司	178	泉州	泉州华数机器人有限公司

续表

序号	所属地市	企业名称	序号	所属地市	企业名称
179	泉州	安记食品股份有限公司	214	三明	福建硅光通讯科技有限公司
180	泉州	福建省宏科电力科技有限公司	215	三明	福建秦朝木业科技有限公司
181	泉州	福建泉工股份有限公司	216	三明	福建岩兴气体有限公司
182	泉州	力达（中国）机电有限公司	217	莆田	福建省仙游县南丰生化有限公司
183	泉州	泉州嘉德利电子材料有限公司	218	莆田	福建益明纺织有限公司
184	泉州	泉州金百利包装用品有限公司	219	莆田	福建中裕新材料技术有限公司
185	泉州	泉州精准机械有限公司	220	莆田	莆田市诺斯顿电子发展有限公司
186	三明	三明市蓝天机械制造有限公司	221	莆田	福建省莆田远航服饰有限公司
187	三明	三明市丰润化工有限公司	222	莆田	福建海山机械股份有限公司
188	三明	福建三农新材料有限责任公司	223	莆田	福建恒而达新材料股份有限公司
189	三明	三明市金圣特种钢有限公司	224	莆田	莆田市城厢区福瑞科技电子有限公司
190	三明	福建吉兴竹业有限公司	225	莆田	蛤老大（福建）食品有限公司
191	三明	福建三明金氟化工科技有限公司	226	莆田	福建省中伟体育用品有限公司
192	三明	三明市三菲铝业有限公司	227	莆田	福建省亚明食品有限公司
193	三明	福建省三明正元化工有限公司	228	莆田	莆田市涵江区依吨多层电路有限公司
194	三明	福建省开诚机械有限公司	229	莆田	福建省飞阳光电股份有限公司
195	三明	福建金杨科技股份有限公司	230	莆田	莆田市新华丰电子塑胶有限公司
196	三明	沙县宏盛塑料有限公司	231	莆田	福建越特新材料科技有限公司
197	三明	福建同晟新材料科技股份公司	232	南平	福建省安达电器制造有限公司
198	三明	中国机械总院集团海西（福建）分院有限公司	233	南平	福建省南平市元禾化工有限公司
			234	南平	南平华孚电器有限公司
199	三明	中机数控科技（福建）有限公司	235	南平	龙竹科技集团股份有限公司
200	三明	福建省沙县金沙白炭黑制造有限公司	236	南平	福建建阳龙翔科技开发有限公司
201	三明	福建翔丰华新能源材料有限公司	237	南平	福建铁驰马轻量车桥有限公司
202	三明	福建省永安轴承有限责任公司	238	南平	福人集团森林工业有限公司
203	三明	福建中科宏业化工科技有限公司	239	南平	福建省鑫森炭业股份有限公司
204	三明	超然（福建）新材料科技有限公司	240	南平	福建远翔新材料股份有限公司
205	三明	福建南方制药股份有限公司	241	南平	武夷山正华竹木制品有限公司
206	三明	福建鸿丰纳米科技有限公司	242	南平	福建省建瓯市富晶宝微粒有限公司
207	三明	福建科源新材料股份有限公司	243	南平	福建省顺昌县升升木业有限公司
208	三明	福建鑫森合纤科技有限公司	244	南平	福建省顺昌县饶氏佰钰食品有限公司
209	三明	福建省尤溪县红树林木业有限公司	245	南平	福建顺昌虹润精密仪器有限公司
210	三明	福建省田伯生物科技有限公司	246	南平	福建圣达波纹管有限公司
211	三明	福建省尤溪百营木业有限公司	247	南平	福建华韵竹木有限公司
212	三明	福建奥翔体育塑胶科技股份有限公司	248	南平	福建闽瑞新合纤股份有限公司
213	三明	福建省祥云生物科技发展有限公司	249	南平	福建竹家女工贸有限公司

续表

序号	所属地市	企业名称	序号	所属地市	企业名称
250	南平	福建品匠茶居科技有限公司	272	龙岩	福建瑞森新材料股份有限公司
251	南平	福建省祥福工艺有限公司	273	龙岩	福建欣隆环保股份有限公司
252	龙岩	龙工（福建）桥箱有限公司	274	龙岩	龙工（福建）液压有限公司
253	龙岩	龙工（福建）铸锻有限公司	275	龙岩	福建中晶科技有限公司
254	龙岩	龙岩市海德馨汽车有限公司	276	龙岩	龙岩德煜照明有限公司
255	龙岩	福建丰力机械科技有限公司	277	龙岩	龙岩畅丰专用汽车有限公司
256	龙岩	福建宏贯路桥防腐科技股份有限公司	278	宁德	安发（福建）生物科技有限公司
257	龙岩	龙岩市佳诚机械有限公司	279	宁德	宁德凯利能源科技有限公司
258	龙岩	龙岩亿丰机械科技有限公司	280	宁德	福建亚南电机有限公司
259	龙岩	龙岩市新罗联合铸造有限公司	281	宁德	福建欧美达电器有限公司
260	龙岩	福建宏祥科技有限公司	282	宁德	安特洛（福安市）电机有限公司
261	龙岩	福建德尔科技股份有限公司	283	宁德	福建万达电机有限公司
262	龙岩	龙岩市锐美家装饰材料有限公司	284	宁德	福安市亿隆电器有限公司
263	龙岩	星河电路（福建）有限公司	285	宁德	福建立松金属工业有限公司
264	龙岩	福建钢泓金属科技股份有限公司	286	宁德	福建隽永天香茶业有限公司
265	龙岩	连城县中触电子有限公司	287	宁德	福建京科科技有限公司
266	龙岩	福建赛特新材股份有限公司	288	宁德	福建品品香茶业有限公司
267	龙岩	连城县福农食品有限公司	289	宁德	福建盈浩文化创意股份有限公司
268	龙岩	连城县丰海竹木业有限公司	290	宁德	福建省闽东力捷迅药业股份有限公司
269	龙岩	福建健尔聪食品有限公司	291	宁德	福建闽光电机制造有限公司
270	龙岩	福建百花化学股份有限公司	292	平潭	宗仁科技（平潭）股份有限公司
271	龙岩	福建漳平市德诺林业有限公司			

（摘编：周树峰）

福建省级工业设计中心名单

2023 年 3 月 9 日省工信厅消息，根据《福建省省级工业设计中心认定管理办法》（闽经信政法〔2018〕99 号）和《福建省工业和信息化厅关于开展工业设计工作“回头看”的通知》（闽工信函服务〔2022〕365 号），日前，省工信厅对现有 90 家省级工业设计中心开展考核评价及“回头看”。经有关设区市工信主管部门审核和省工信厅复核，确定 85 家省级工业设计中心通过考核评价；对未按规定参加考核的5家企业，根据《福建省省级工业设计中心认定管理办法》第十五条第一款相关规定，撤销其“福建省省级工业设计中心”称号。

一、工业设计中心所在企业名称

1. 东南（福建）汽车工业股份有限公司［原名：东南（福建）汽车工业有限公司］
2. 福建星网锐捷通讯股份有限公司
3. 福建瑞达精工股份有限公司
4. 福州宜美电子有限公司
5. 祥兴（福建）箱包集团有限公司
6. 福州小神龙表业技术研发有限公司
7. 福建歌航电子信息科技有限公司
8. 福建省尚飞制衣有限公司
9. 福建创高智联技术股份有限公司（原名：福建创高安防技术股份有限公司）
10. 福建联迪商用设备有限公司
11. 福建新大陆支付技术有限公司
12. 福州弘博工艺有限公司
13. 福州联泓交通器材有限公司
14. 厦门金龙联合汽车工业有限公司
15. 厦门金龙旅行车有限公司
16. 厦门金牌厨柜股份有限公司
17. 厦门松霖科技有限公司
18. 路达（厦门）工业有限公司
19. 诚益光学（厦门）有限公司
20. 厦门建霖健康家居股份有限公司（原名：厦门建霖工业有限公司）
21. 厦门瑞尔特卫浴科技股份有限公司
22. 奥佳华智能健康科技集团股份有限公司［原名：厦门蒙发利科技（集团）股份有限公司］
23. 厦门立达信绿色照明集团有限公司
24. 厦门盈趣科技股份有限公司
25. 厦门优胜卫厨科技有限公司
26. 林德（中国）叉车有限公司
27. 厦门英仕卫浴有限公司
28. 厦门倍杰特科技有限公司（原名：厦门倍杰特科技股份公司）
29. 厦门亿联网络技术股份有限公司
30. 厦门唯科模塑科技股份有限公司
31. 厦门强力巨彩光电科技有限公司
32. 厦门万仟堂艺术品有限公司
33. 厦门狄耐克智能科技股份有限公司
34. 漳州灿坤实业有限公司
35. 漳州市恒丽电子有限公司
36. 漳州科华技术有限责任公司
37. 漳州市东方智能仪表有限公司
38. 太龙电子股份有限公司［原名：太龙（福建）商业照明股份有限公司］
39. 漳州万利达科技有限公司
40. 漳州天福茶业有限公司
41. 华安正兴车轮有限公司（原名：正兴车轮集团有限公司）
42. 漳州科能电器有限公司
43. 福建省东山县辉永泰体育用品实业有限公司
44. 福建恒安集团有限公司
45. 福建浔兴拉链科技股份有限公司
46. 福建七匹狼实业股份有限公司
47. 九牧厨卫股份有限公司
48. 茂泰（福建）新材料科技有限公司［原名：茂泰（福建）鞋材有限公司］
49. 申鹭达股份有限公司
50. 特步（中国）有限公司
51. 嘉亨家化股份有限公司（原名：泉州华硕实业有限公司）
52. 三六一度（中国）有限公司
53. 福建德化五洲陶瓷股份有限公司
54. 福建凤竹纺织科技股份有限公司
55. 信泰（福建）科技有限公司
56. 三斯达（福建）塑胶有限公司
57. 福建省晋江市华宇织造有限公司
58. 福建集成伞业有限公司
59. 福建柒牌时装科技股份有限公司
60. 福建天广消防有限公司
61. 福建泉州顺美集团有限责任公司
62. 安踏（中国）有限公司
63. 泉州匹克鞋业有限公司
64. 泉州寰球鞋服有限公司
65. 梅花（晋江）伞业有限公司
66. 双驰实业股份有限公司
67. 福建省三福古典家具有限公司

68. 福建华峰新材料有限公司
69. 福建省威诺数控有限公司
70. 福建味家生活用品制造有限公司
71. 福建省祥福工艺有限公司
72. 福建杜氏木业有限公司
73. 福建省瑞祥竹木有限公司
74. 福建佳丽斯家纺有限公司
75. 龙岩畅丰专用汽车有限公司
76. 福龙马集团股份有限公司（原名：福建龙马环卫装备股份有限公司）

二、工业设计企业

77. 德艺文化创意集团股份有限公司
78. 考克（福建）工业设计有限公司
79. 福州盛世天工工业产品设计有限公司
80. 威斯坦（厦门）实业有限公司（原名：厦门大千振宇工业产品设计有限公司）
81. 厦门市拙雅科技有限公司
82. 厦门威迪思汽车设计服务有限公司
83. 泉州迪特工业产品设计有限公司
84. 福建（泉州）哈工大工程技术研究院
85. 福建省华一设计有限公司

撤销省级工业设计中心称号的企业名单

1. 福建雨丝梦洋伞实业有限公司
2. 福建龙峰纺织科技实业有限公司
3. 雨中鸟（福建）户外用品有限公司
4. 华昌珠宝有限公司
5. 福建龙岩喜鹊纺织有限公司

（摘编：江涛）

福建省 2023 年度省级绿色制造名单

2023 年 10 月 18 日，福建省工业和信息化厅印发《关于公布 2023 年度省级绿色制造名单的通知》（闽工信函节能〔2023〕522 号）提出，为持续完善绿色制造体系，推进工业绿色发展，助力工业碳达峰碳中和，省工信厅组织开展了 2023 年度省级绿色制造名单推荐工作。经企业申报、各地工信部门初审推荐、省节能中心评审、征求相关部门意见并公示，确定了 2023 年度省级绿色制造名单，其中绿色工厂 131 家、绿色工业园区 7 个、绿色供应链管理企业 12 个，现予以公布。

2023 年度省级绿色工厂名单

序号	企业名称	属地	序号	企业名称	属地
1	福建恒捷实业有限公司	福州	8	福建省新宏港纺织科技有限公司	福州
2	福建礼恩科技有限公司	福州	9	福州市长乐锦源纺织有限公司	福州
3	福建天辰耀隆新材料有限公司	福州	10	福建友谊胶粘带集团有限公司	福州
4	福建福光天瞳光学有限公司	福州	11	福建福清核电有限公司	福州
5	中国水电四局（福清）装备工程有限公司	福州	12	福建省长乐市山力化纤有限公司	福州
6	福建省金纶高纤股份有限公司	福州	13	福建申马新材料有限公司	福州
7	福州天宇电气股份有限公司	福州	14	福州联华林德气体有限公司	福州

续表

序号	企业名称	属地	序号	企业名称	属地
15	福建恒杰塑业新材料有限公司	福州	51	厦门立林电气控制技术有限公司	厦门
16	福建榕升纸业有限公司	福州	52	冠捷显示科技（厦门）有限公司	厦门
17	中建科技（福州）有限公司	福州	53	厦门太古可口可乐饮料有限公司	厦门
18	福建正味生物科技有限公司	福州	54	祥达光学（厦门）有限公司	厦门
19	福州吴航钢铁制品有限公司	福州	55	厦门普为光电科技有限公司	厦门
20	福建森源电力设备有限公司	福州	56	厦门视贝科技有限公司	厦门
21	厦门万泰沧海生物技术有限公司	厦门	57	厦门华信安电子科技有限公司	厦门
22	厦门群鑫机械工业有限公司	厦门	58	厦门立林高压电气有限公司	厦门
23	厦门佳浴智能卫浴有限公司	厦门	59	韦尔通科技股份有限公司	厦门
24	厦门宏发电力电器有限公司	厦门	60	福建安泰新能源科技有限公司	漳州
25	厦门拓宝科技有限公司	厦门	61	漳州中集集装箱有限公司	漳州
26	百路达（厦门）工业有限公司	厦门	62	福建福贞金属包装有限公司	漳州
27	宸鸿科技（厦门）有限公司	厦门	63	百威雪津（漳州）啤酒有限公司	漳州
28	达运精密工业（厦门）有限公司	厦门	64	漳州万晖洁具有限公司	漳州
29	宸美（厦门）光电有限公司	厦门	65	凯盛（漳州）新能源有限公司	漳州
30	厦门华泰利机电有限公司	厦门	66	福建立兴食品股份有限公司	漳州
31	厦门瑞尔特卫浴科技股份有限公司	厦门	67	漳州奇美化工有限公司	漳州
32	厦门海普锐科技股份有限公司	厦门	68	润科生物工程（福建）有限公司	漳州
33	厦门安踏实业有限公司	厦门	69	福建欧瑞园食品有限公司	漳州
34	容大合众（厦门）科技集团股份公司	厦门	70	漳州建霖实业有限公司	漳州
35	厦门三烨清洁科技股份有限公司	厦门	71	福建新胜达新材料科技有限公司	漳州
36	林德（中国）叉车有限公司	厦门	72	龙海协能新能源科技有限公司	漳州
37	厦门优胜卫厨科技有限公司	厦门	73	威驰腾（福建）汽车有限公司	漳州
38	华懋（厦门）新材料科技股份有限公司	厦门	74	豪士（福建）食品有限公司	漳州
39	协成科技股份有限公司	厦门	75	大闽食品（漳州）有限公司	漳州
40	厦门力富电子有限公司	厦门	76	恒安（中国）纸业有限公司	泉州
41	清源科技股份有限公司	厦门	77	福建省德化县华茂陶瓷有限公司	泉州
42	电气硝子玻璃（厦门）有限公司	厦门	78	梅花（晋江）伞业有限公司	泉州
43	厦门欧米克生物科技有限公司	厦门	79	泉州科牧智能厨卫有限公司	泉州
44	厦门源利达建材科技有限公司	厦门	80	安踏（中国）有限公司	泉州
45	中鲨动物保健品（厦门）有限公司	厦门	81	泉州精准机械有限公司	泉州
46	开发晶照明（厦门）有限公司	厦门	82	福建立亚新材有限公司	泉州
47	中骏智能电气科技股份有限公司	厦门	83	匹克（中国）有限公司	泉州
48	厦门汉印电子技术有限公司	厦门	84	福建恒尚实业有限公司	泉州
49	厦门市广和源工贸有限公司	厦门	85	茂泰（福建）新材料科技有限公司	泉州
50	厦门冠音泰科技有限公司	厦门	86	福建七匹狼实业股份有限公司	泉州

续表

序号	企业名称	属地	序号	企业名称	属地
87	福建省泉州喜多多食品有限公司	泉州	110	中国机械总院集团海西（福建）分院有限公司	三明
88	石狮豪宝染织有限公司	泉州			
89	福建立亚化学有限公司	泉州	111	三明市康华塑料科技有限公司	三明
90	石狮市新华宝纺织科技有限公司	泉州	112	福建省八一村永庆竹木业开发有限责任公司	三明
91	达利食品集团有限公司	泉州	113	福建赛隆科技有限公司	莆田
92	冠宏股份有限公司	泉州	114	才子服饰股份有限公司	莆田
93	晋江万兴隆染织实业有限公司	泉州	115	莆田市涵江区依吨多层电路有限公司	莆田
94	永固纺织科技有限公司	泉州	116	祥恒（莆田）包装有限公司	莆田
95	世兴达（福建）纺织科技有限公司	泉州	117	福建亿发卫生用品有限公司	莆田
96	福建省天骄化学材料有限公司	泉州	118	莆田市华源工贸有限公司	莆田
97	福建省德奥针织股份有限公司	泉州	119	福建圣维生物科技有限公司	南平
98	泉州天娇妇幼卫生用品有限公司	泉州	120	福建居怡竹木业有限公司	南平
99	国投闽光（三明）城市资源有限公司	三明	121	福建帝盛科技股份有限公司	南平
100	福建科源新材料股份有限公司	三明	122	福建味家生活用品制造有限公司	南平
101	福建隆源纺织有限公司	三明	123	福建华宇集团有限公司	南平
102	福建新盈彩铝有限公司	三明	124	福建武夷山水食品饮料有限公司	南平
103	福建旭源纺织有限公司	三明	125	福建邵武福临日用品制造有限公司	南平
104	福建东方鑫威纺织科技有限公司	三明	126	福建漳平市德诺林业有限公司	龙岩
105	福建永林蓝豹家居有限公司	三明	127	福建中晶科技有限公司	龙岩
106	三明市海斯福化工有限责任公司	三明	128	瑞幸咖啡烘焙（屏南）有限公司	宁德
107	福建雅鑫电子材料有限公司	三明	129	中铜东南铜业有限公司	宁德
108	福建省沙县盛春纸业有限公司	三明	130	福建裕能电力成套设备有限公司	宁德
109	福建中欣氟材高宝科技有限公司	三明	131	屏南时代新材料技术有限公司	宁德

2023 年度省级绿色供应链管理企业名单

序号	企业名称	地区	序号	企业名称	地区
1	福人木业（福州）有限公司	福州	7	厦门华电开关有限公司	厦门
2	福建长源纺织有限公司	福州	8	科华数据股份有限公司	厦门
3	福建宇邦纺织科技有限公司	福州	9	晋江市龙兴隆染织实业有限公司	泉州
4	中建科技（福州）有限公司	福州	10	晋江市维盛织造漂染有限公司	泉州
5	厦门 ABB 低压电器设备有限公司	厦门	11	泉州市六源印染织造有限公司	泉州
6	友达光电（厦门）有限公司	厦门	12	福龙马集团股份有限公司	龙岩

2023 年度省级绿色工业园区名单

序号	园区名称	地区	序号	园区名称	地区
1	福清融侨经济技术开发区	福州	5	福建宁化华侨经济开发区	三明
2	罗源湾经济开发区	福州	6	福建莆田华林经济开发区	莆田
3	福建漳州古雷港经济开发区	漳州	7	湄洲湾国投经济开发区	莆田
4	建宁经济开发区	三明			

（摘编：李兵）

2023 年度福建省“建筑之乡”名单

2023 年 2 月 20 日，福建省住房和城乡建设厅印发《关于公布 2023 年度福建省“建筑之乡”名单的通知》（闽建筑〔2023〕3 号）提出，根据《福建省住房和城乡建设厅关于推动建筑业高质量发展 10 条措施的通知》（闽建筑〔2023〕2 号），现将 2023 年度福建省“建筑之乡”名单予以公布。名单实施动态管理，每三年重新公布一次。

2023 年度福建省“建筑之乡”名单

福州市闽清县
厦门市思明区
福州市鼓楼区
福州市永泰县
厦门市湖里区
龙岩市上杭县
福州市马尾区
泉州市惠安县
福州市福清市
厦门市集美区

（摘编：黄国实）

2023 年福建省建筑业龙头企业（施工总承包企业）增补名单

2023 年 7 月 18 日，福建省住房和城乡建设厅印发《关于公布 2023 年福建省建筑业龙头企业增补名单的通知》（闽建筑〔2023〕15 号）提出，为培育发展我省建筑业龙头企业，根据《福建省建筑业龙头企业（施工总承包企业）实施方案（试行）》（闽建筑〔2022〕4 号），经研究，决定增补华辉建工集团有限公司等 7 家企业为福建省建筑业龙头企业（施工总承包企业），现予公布。龙头企业名单实行动态管理，符合条件的企业每年增补一次，存在相关不良行为的即时清出。各级住房和城乡建设主管部门应按照《福建省建筑业龙头企业（施工总承包企业）实施方案（试行）》（闽建筑〔2022〕4 号）的要求，落实政策措施，做好指导服务，解决实际困难，以进一步提高核心竞争力，促进做大做强。

2023 年福建省建筑业龙头企业（施工总承包企业）增补名单

（名单不分先后）

1. 华辉建工集团有限公司
2. 中铁二十四局集团福建铁路建设有限公司
3. 福建七建集团有限公司
4. 福建新华夏建工集团有限公司
5. 龙岩市西安建筑工程有限公司
6. 千易建设集团有限公司
7. 福建磊鑫（集团）有限公司

（摘编：洪连珠）

2024 年福建省城乡建设品质提升省级样板工程名单

根据《福建省住房和城乡建设厅　福建省财政厅关于申报 2024 年城乡建设品质提升城市片区综合开发等三类候选样板工程的通知》（闽城建提升函〔2023〕28 号）和《福建省住房和城乡建设厅　福建省财政厅关于组织申报 2024 年闽台乡建乡创合作样板县、样板集镇、样板村的通知》（闽建村函〔2023〕39 号），2023 年 11 月 20 日福建省城市建设品质提升工作组办公室组织专家对各地市上报的候选工程进行评审，福州福清市观溪片区综合开发建设样板工程等 47 个项目入选 2024 年福建省城乡建设品质提升省级样板工程，现将入选的工程名单予以公布。

2024年福建省城乡建设品质提升省级样板工程名单

序号	设区市	县（市、区）	项目名称	样板类别
1	福州	福清市	福清市观溪片区综合开发建设样板工程	城市片区综合开发建设样板工程
2			南岭镇	闽台乡建乡创合作样板集镇
3		晋安区	晋安区岳峰镇凤林完整社区建设样板工程	完整社区建设样板工程
4		永泰县	永泰县	闽台乡建乡创合作样板县
5		连江县	黄岐镇古石村	闽台乡建乡创合作样板村
6		罗源县	起步镇桂林村	闽台乡建乡创合作样板村
7		闽清县	上莲乡佳头村	闽台乡建乡创合作样板村
8	厦门	湖里区	湖里片区城中村改造项目	县城更新建设样板
9		翔安区	内厝镇	闽台乡建乡创合作样板集镇
10		集美区	后溪镇后溪村	闽台乡建乡创合作样板村
11	漳州	长泰区	长泰区县城更新建设样板工程	县城更新建设样板工程
12			坂里乡	闽台乡建乡创合作样板集镇
13		平和县	平和县	闽台乡建乡创合作样板县
14	泉州	德化县	德化县龙井片区县城更新建设样板工程	县城更新建设样板工程
15			赤水镇	闽台乡建乡创合作样板集镇
16			上涌镇门头村	闽台乡建乡创合作样板村
17		泉港区	福炼社区完整社区建设样板工程	完整社区建设样板工程
18		石狮市	祥芝镇	闽台乡建乡创合作样板集镇
19		晋江市	金井镇围头村	闽台乡建乡创合作样板村
20		永春县	吾峰镇侯龙村	闽台乡建乡创合作样板村
21	三明	宁化县	宁化县县城更新建设样板工程	县城更新建设样板工程
22		将乐县	将乐县老城更新建设样板工程	县城更新建设样板工程
23		泰宁县	泰宁县	闽台乡建乡创合作样板县
24		尤溪县	联合镇	闽台乡建乡创合作样板集镇
25		明溪县	瀚仙镇龙湖村	闽台乡建乡创合作样板村
26	莆田	荔城区	莆田市荔城区紫霄片区综合开发建设样板工程	城市片区综合开发建设样板工程
27		涵江区	涵江区苍林完整社区建设样板	完整社区建设样板工程
28			白塘镇双福村	闽台乡建乡创合作样板村
29		仙游县	园庄镇	闽台乡建乡创合作样板集镇
30			石苍乡济川村	闽台乡建乡创合作样板村
31		湄洲湾北岸经济开发区	山亭镇	闽台乡建乡创合作样板集镇
32	南平	光泽县	光泽县县城更新建设样板工程	县城更新建设样板工程
33		延平区	峡阳镇	闽台乡建乡创合作样板集镇
34		建阳区	黄坑镇	闽台乡建乡创合作样板集镇
35		邵武市	水北镇龙斗村	闽台乡建乡创合作样板村

续表

<table>
<tr><th>序号</th><th>设区市</th><th>县（市、区）</th><th>项目名称</th><th>样板类别</th></tr>
<tr><td>36</td><td rowspan="5">龙岩</td><td>武平县</td><td>武平县县城更新建设样板工程</td><td>县城更新建设样板工程</td></tr>
<tr><td>37</td><td>新罗区</td><td>松涛社区完整社区建设样板工程</td><td>完整社区建设样板工程</td></tr>
<tr><td>38</td><td>上杭县</td><td>古田镇</td><td>闽台乡建乡创合作样板集镇</td></tr>
<tr><td>39</td><td>连城县</td><td>新泉镇</td><td>闽台乡建乡创合作样板集镇</td></tr>
<tr><td>40</td><td>长汀县</td><td>濯田镇寨头村</td><td>闽台乡建乡创合作样板村</td></tr>
<tr><td>41</td><td rowspan="6">宁德</td><td rowspan="2">福安市</td><td>福安市白马组团湾坞片区综合开发建设样板工程</td><td>城市片区综合开发建设样板工程</td></tr>
<tr><td>42</td><td>潭头镇南岩村</td><td>闽台乡建乡创合作样板村</td></tr>
<tr><td>43</td><td>古田县</td><td>古田县中心城区城市更新建设样板工程</td><td>县城更新建设样板工程</td></tr>
<tr><td>44</td><td>寿宁县</td><td>斜滩镇</td><td>闽台乡建乡创合作样板集镇</td></tr>
<tr><td>45</td><td rowspan="2">霞浦县</td><td>沙江镇</td><td>闽台乡建乡创合作样板集镇</td></tr>
<tr><td>46</td><td>水门畲族乡茶岗村</td><td>闽台乡建乡创合作样板村</td></tr>
<tr><td>47</td><td>平潭综合实验区</td><td>平潭综合实验区</td><td>平潭综合实验区台康完整社区建设样板工程</td><td>完整社区建设样板工程</td></tr>
</table>

（摘编：洪连珠）

2023 年中国互联网综合实力前百家企业入围闽企

2023 年 10 月 26 日，中国互联网协会在厦门举办中国互联网企业综合实力指数（2023）发布会暨百家企业论坛。会上，发布了《中国互联网企业综合实力指数（2023）》报告和 2023 年中国互联网综合实力前百家企业、2023 年中国互联网成长型前 20 家企业、数据安全服务前 5 家企业名单。

美图公司、福建网龙计算机网络信息技术有限公司、四三九九网络股份有限公司、福建博思软件股份有限公司、厦门吉比特网络技术股份有限公司、福建游龙共创网络技术有限公司等 6 家福建企业入围中国互联网企业综合实力前百家企业名单；厦门她趣信息技术有限公司、厦门快快网络科技有限公司、福建大道成物流科技有限公司、厦门吉快科技有限公司、南威软件股份有限公司、厦门众联世纪股份有限公司等 6 家企业入围成长型前 20 家企业名单。

凭借领先的人工智能技术储备和强劲的业绩增长，美图公司在登榜的福建省互联网企业中排名第一，居榜单第 32 位。这也是美图公司连续 7 年入选该榜单。

（摘编：洪连珠）

中国通信技术设备服务商百强榜入围闽企

2023 年 10 月 7 日福建省工信厅消息，日前，在第十七届中国通信产业榜发布仪式上，中国通信技术设备服务商 100 强榜单正式发布，我省的星网锐捷、瑞为技术、升腾 3 家企业入围榜单。

综合各项指标，华为、中兴通讯、高通、英伟达、中国信科排名中国通信技术设备服务商 100 强前五位。我省入围企业中，星网锐捷连续第四年上榜百强，较去年上升 3 个位次，列第 35 位；瑞为技术和升腾均为首次入围，分列第 48 位、第 56 位。

中国通信产业榜作为通信产业领域唯一一个第三方产业评价体系，已成为产业链发展的晴雨表。在数字经济快速渗透的 2023 年，通信产业榜评价遵循面向 AI 时代技术研发与创新（30%）、产业市场领导力（30%）、经营基本面（20%）、管理与团队（20%）四大一级指标，产品技术方案的供给与产业适用性、核心关键技术研发能力、标准贡献与专利持有和利用、产业市场份额、市场影响力、产业链协作、领导核心与团队能力、企业管理、收入规模、盈利能力等十大二级指标，综合评出 2022—2023 年度中国通信技术设备服务商 100 强，反映了通信产业领域企业的综合实力。

（摘编：洪连珠）

2023 年度智能制造示范工厂、2023 年度智能制造优秀场景入选闽企

2023 年 12 月 13 日福建省工信厅消息，为贯彻落实《“十四五”智能制造发展规划》，经省级有关部门和中央企业推荐、专家评审、网上公示等程序，近日，工信部公布了 2023 年度智能制造示范工厂揭榜单位和优秀场景名单，共计 817 个智能制造示范工厂和智能制造优秀场景入选。名单显示，入选 2023 年度智能制造示范工厂揭榜单位的共计 212 家工厂，入选 2023 年度智能制造优秀场景共计 605 家企业。其中，我省 11 家企业上榜智能制造示范工厂，29 家企业上榜智能制造优秀场景。

2023 年度智能制造示范工厂入选闽企名单

1. 福建申远己内酰胺智能制造示范工厂
2. 福建闽发铝合金型材智能制造示范工厂
3. 福建省长汀金龙稀土磁材智能制造示范工厂
4. 福建凤竹纺织高端服饰面料智能制造示范工厂

5. 良瓷陶瓷智能制造示范工厂
6. 福州京东方液晶显示智能制造示范工厂
7. 漳州立达信 LED 照明智能制造示范工厂
8. 厦门 ABB 中压开关智能制造示范工厂
9. 安井速冻调制食品智能制造示范工厂
10. 友达光电（厦门）显示器件智能制造示范工厂
11. 福建古雷石化智能制造示范工厂

2023 年度智能制造优秀场景入选闽企名单

1. 福建合盛气体有限公司
2. 福建宏旺实业有限公司
3. 福建三宝钢铁有限公司
4. 福建省金纶高纤股份有限公司
5. 福建晋工机械有限公司
6. 福建省神悦铸造股份有限公司
7. 福州联泓交通器材有限公司
8. 时代一汽动力电池有限公司
9. 百威雪津啤酒有限公司
10. 福建杜氏木业有限公司
11. 福建金源纺织有限公司
12. 福建景丰科技有限公司
13. 福建省恒申合纤科技有限公司
14. 晋江市天守服装织造有限公司
15. 信泰（福建）科技有限公司
16. 福建福光天瞳光学有限公司
17. 福建火炬电子科技股份有限公司
18. 冠捷电子科技（福建）有限公司
19. 宏泰机电科技（漳州）有限公司
20. 漳州万利达科技有限公司
21. 厦门厦钨新能源材料股份有限公司
22. 科华数据股份有限公司
23. 厦门汉印电子技术有限公司
24. 厦门通士达有限公司
25. 博格步（厦门）轻工制品有限公司
26. 厦门龙胜达照明电器有限公司
27. 晶宇光电（厦门）有限公司
28. 厦门乾照光电股份有限公司
29. 厦门艾思欧标准砂有限公司

（摘编：洪连珠）

2023 年福建省工业互联网 App 优秀解决方案入围名单

2023 年 12 月 13 日福建省工业和信息化厅消息，为贯彻落实省委、省政府关于深化新一代信息技术与制造业融合发展有关文件，省工信厅面向全省公开征集工业互联网 App 优秀解决方案。近日，经各地市工信部门推荐、专家评审、现场答辩、网上公示等，遴选出 25 个工业互联网 App 优秀解决方案。

按照有关文件精神，每个方案奖励 15 万元，奖励资金从省工业企业技改专项列支（厦门市可参照执行，奖励资金由厦门市安排）。进一步加强工业互联网 App 优秀解决方案宣传推广，促进企业提质增效、行业转型升级，推动我省工业互联网 App 生态建设。

2023年福建省工业互联网App优秀解决方案入围名单

序号	属地	方案名称	企业名称
1	福州	805纺织工业互联网平台	福建兄弟数智科技有限公司
2	福州	工业互联网数据安全监管平台	福建中信网安信息科技有限公司
3	福州	鱼油冬化车间工艺智慧平台App	福州开发区高龙实业有限公司
4	福州	喷码视觉检测软件App	福州三龙喷码科技有限公司
5	福州	工业设备管理系统App应用	福建省瑞雪互联网技术有限公司
6	福州	东南汽车制造质量管理App	东南（福建）汽车工业股份有限公司
7	福州	盛博电子RadarMobileManager远程协同App	福州盛博电子有限公司
8	厦门	CNC物联管理应用	厦门万久科技股份有限公司
9	厦门	基于云边协同的工业互联网端云一体化解决方案	厦门锐谷通信设备有限公司
10	厦门	A1-FLEXPLANner智能生产计划平台	雅马哈发动机（厦门）信息系统有限公司
11	漳州	智能设备运行管理系统	漳州市信产数联科技有限公司
12	泉州	智能消火栓互联网运维管理	沪航科技集团有限公司
13	泉州	尚科捷云IOT设备维保云平台App	福建省捷云软件股份有限公司
14	泉州	“蓝深大脑”智慧运营	福建省蓝深环保技术股份有限公司
15	泉州	基于物联网技术电梯远程运维管控App	泉州市德尔互联科技有限公司
16	莆田	印制板智能生产管理App	莆田市涵江区依吨多层电路有限公司
17	莆田	基于工业互联网的烟草工业环节智慧虫情监测App	中电望辰科技有限公司
18	莆田	思软云鞋服ERP	莆田市思软信息技术有限公司
19	莆田	制鞋行业云ERP	铭创信息技术（莆田）有限公司
20	南平	铁驰马生产管家App	福建铁驰马轻量车桥有限公司
21	龙岩	基于工业互联网、AI机器视觉的建材行业散装水泥全自动装车App	福建省龙岩耐思信息科技有限公司
22	龙岩	SCM供应协同系统App	龙马互联（福建）科技有限公司
23	龙岩	智能平台控制系统应用	龙合智能装备制造有限公司
24	龙岩	中小企业轻量化生产溯源管理系统	龙岩市有容软件科技有限公司
25	宁德	电芯智能设计系统	宁德新能源科技有限公司

（摘编：陈建闽）

工业领域数据安全管理试点成效突出地区和典型案例福建入选名单

2023 年 2 月 3 日福建省工信厅消息，工信部日前公布了工业领域数据安全管理试点成效突出地区名单，福建与山东、湖北、江西、江苏共同入选。

在同期公布的 27 项工业领域数据安全管理试点典型案例中，由福建省工信厅申报的三个项目入选。三个项目入选“典型案例”为：紫金矿业集团的“工业数据安全保护整体解决方案”入选整体典型案例、福建省恒申合纤科技有限公司的“面向化纤工业场景的数据安全实践方案”入选整体典型案例和福建中信网安信息科技有限公司的“工业互联网云应用安全检测与数据安全监测服务方案”入选数据安全监测典型案例。

（摘编：肖启辉）

第二十九批新认定国家企业技术中心福建上榜名单

2023 年 2 月 3 日国家发展改革委等部门关于印发第 29 批新认定及全部国家企业技术中心名单的通知（发改高技〔2023〕139 号）提出，根据《国家企业技术中心认定管理办法》（国家发展改革委、科技部、财政部、海关总署、国税总局 2016 年第 34 号令），经审定，现将 2022 年（第 29 批）新认定国家企业技术中心名单及全部国家企业技术中心名单通知如下，确认中国民航信息网络股份有限公司等 113 家企业技术中心、北京华源泰盟节能设备有限公司等 8 家分中心，自本通知印发之日起具有国家企业技术中心及分中心资格。其中福建 7 家中心上榜，名单如下。

福建思嘉环保材料科技有限公司技术中心、福建福晶科技股份有限公司技术中心、福建福特科光电股份有限公司技术中心、福建长源纺织有限公司技术中心、福建永晶科技股份有限公司技术中心、厦门亚锝电子科技有限公司技术中心和厦门嘉戎技术股份有限公司技术中心。

（摘编：陈建闽）

国家级工业设计中心福建省新增名单

2023 年 12 月 4 日福建省工信厅消息，近日，工业和信息化部发布了第六批国家级工业设计中心名单，福建新增 10 家国家级工业设计中心。截至目前，我省共有国家级工业设计中心 35 家，列山东（56 家）、广东（47 家）和浙江（44 家）之后，排名全国第四。

此次我省新增的 10 家国家级工业设计中心分别是：信泰（福建）科技有限公司绿色纺织鞋面设计中心、漳州市东方智能仪表有限公司智能测试仪表工业设计创新中心、特步（中国）有限公司工业设计中心、安踏（中国）有限公司工业设计中心、福建华峰新材料有限公司纺织设计与创意中心、奥佳华智能健康科技集团股份有限公司健身按摩康复设备设计中心、厦门瑞尔特卫浴科技股份有限公司工业设计中心、科华数据股份有限公司工业设计中心、厦门亿联网络技术股份有限公司音视频通信智能终端工业设计中心、厦门立林科技有限公司工业设计中心。

近年来，我省积极推动工业设计赋能产业高质量发展，通过举办“中国·海峡”“白鹭杯”“海峡杯”“龙江杯”“妈祖杯”“刺桐杯”“张三丰杯”等系列工业设计大赛，强化制造业产品设计，推动成果落地转化。

（摘编：郑新贵）

福建省第三十九批省企业技术中心名单

2023 年 10 月 9 日省工信厅等八部门发布通知，公布福建省第三十九批省企业技术中心名单。

根据企业申请，按照《福建省企业技术中心认定管理办法》（闽工信法规〔2020〕9 号），经审核，同意认定福建安泰新能源科技有限公司等 19 家企业技术中心为福建省第三十九批省企业技术中心（分中心）。名单如下。

第三十九批省企业技术中心名单

序号	企业名称	技术中心名称	企业所在地
1	福建安泰新能源科技有限公司	福建安泰新能源科技有限公司技术中心	漳州
2	漳州科华电气技术有限公司	漳州科华电气技术有限公司技术中心（分中心）	漳州

续表

序号	企业名称	技术中心名称	企业所在地
3	豪士（福建）食品有限公司	豪士（福建）食品有限公司技术中心	漳州
4	品翔电子元件（漳州）有限公司	品翔电子元件（漳州）有限公司技术中心	漳州
5	泉州市六源印染织造有限公司	泉州市六源印染织造有限公司技术中心	泉州
6	泉州锦林环保高新材料有限公司	泉州锦林环保高新材料有限公司技术中心	泉州
7	福建泉工股份有限公司	福建泉工股份有限公司技术中心	泉州
8	福建省宏科电力科技有限公司	福建省宏科电力科技有限公司技术中心	泉州
9	福建省金瑞高科有限公司	福建省金瑞高科有限公司技术中心	三明
10	福建海西联合药业有限公司	福建海西联合药业有限公司技术中心	三明
11	福建鑫瑞新材料科技有限公司	福建鑫瑞新材料科技有限公司技术中心	莆田
12	邵武永太高新材料有限公司	邵武永太高新材料有限公司技术中心	南平
13	福建亮晶晶新材料有限公司	福建亮晶晶新材料有限公司技术中心	南平
14	福建闽瑞新合纤股份有限公司	福建闽瑞新合纤股份有限公司技术中心	南平
15	福建合信创展科技有限公司	福建合信创展科技有限公司技术中心	龙岩
16	福建天守纺织新材料有限公司	福建天守纺织新材料有限公司技术中心	龙岩
17	福安青美能源材料有限公司	福安青美能源材料有限公司技术中心	宁德
18	福建古田药业有限公司	福建古田药业有限公司技术中心	宁德
19	福建贝迪药业有限公司	福建贝迪药业有限公司技术中心	宁德

（摘编：洪连珠）

福建省高新技术企业名单

福建省 2022 年度第二批更名高新技术企业名单

2023 年 2 月 23 日福建省科学技术厅、福建省财政厅、国家税务总局福建省税务局印发《关于公布福建省 2022 年度第二批更名高新技术企业名单的通知》（闽科高〔2023〕2 号）提出，根据《高新技术企业认定管理办法》（国科发火〔2016〕32 号）和《高新技术企业认定管理工作指引》（国科发火〔2016〕195 号）的有关规定，现对 2022 年度第二批 46 家企业变更高新技术企业名称予以公布，其高新技术企业证书编号和有效期不变。

福建省2022年度第二批更名高新技术企业名单

序号	原企业名称	更名后企业名称	证书编号	发证日期
1	龙岩市耐思科技信息有限公司	福建省龙岩耐思信息科技有限公司	GR201935000184	2019.12.2
2	泉州市三川通讯技术有限公司	泉州市三川通讯技术股份有限责任公司	GR202035001800	2020.12.01
3	福建省软众数字科技股份有限公司	福建省软众数字科技有限公司	GR202135000798	2021.12.15
4	福建开思云聚信息科技有限公司	福建开思云聚数字科技股份公司	GR202135001961	2021.12.15
5	福建飞达信息科技有限公司	福建飞达信息科技股份有限公司	GR202035000359	2020.12.01
6	泉州万聚通节能科技股份公司	福建万聚通节能科技股份公司	GR202035001298	2020.12.01
7	泉州市安缔计算机科技有限公司	安缔（泉州）科技有限公司	GR202035001934	2020.12.01
8	福建启森科技有限公司	福建启森科技股份有限公司	GR202035001065	2020.12.01
9	晋江市高威电磁科技有限公司	晋江市高威电磁科技股份有限公司	GR202135001628	2021.12.15
10	晋江市九皋智能科技有限公司	泉州九皋智能科技股份有限公司	GR202035001762	2020.12.01
11	晋江捷佳机械有限公司	晋江捷佳机械股份有限公司	GR202035000559	2020.12.01
12	福建五持恒科技发展有限公司	福建五持恒科技股份有限公司	GR202035000947	2020.12.01
13	晋江市亿泰隆化纤制造有限公司	福建亿泰隆化纤股份有限公司	GR202135000263	2021.12.15
14	福建省锋源盛纺织科技有限公司	福建省锋源盛科技股份有限公司	GR202135000872	2021.12.15
15	福建省德奥针织科技有限公司	福建省德奥针织股份有限公司	GR202035000229	2020.12.01
16	福建智力电气有限公司	福建省智力电气股份有限公司	GR202035001858	2020.12.01
17	泉州市虹美彩印包装有限公司	泉州虹美彩印包装股份有限公司	GR202035001857	2020.12.01
18	漳州金蝶软件有限公司	漳州星蝶软件有限公司	GR202135000085	2021.12.15
19	福建省万陆厨卫发展有限公司	福建省万陆厨卫股份有限公司	GR202035000851	2020.12.01
20	泉州盈创电子有限公司	泉州盈创电子股份公司	GR202035000151	2020.12.01
21	泉州万卓网络技术有限公司	泉州市万卓信息科技有限公司	GR202035001085	2020.12.01
22	泉州市丰泽雅志电池机械设备有限公司	泉州市雅志自动化设备有限公司	GR202035001456	2020.12.01
23	古田县恒春农业开发有限公司	古田聚春农业开发有限公司	GR202035001638	2020.12.01
24	漳州市和泰工程检测有限公司	和泰（福建）工程技术有限公司	GR202035000387	2020.12.01
25	福建经纬测绘信息有限公司	福建省经纬数字科技有限公司	GR202035000083	2020.12.01
26	福建和而不同规划设计有限公司	和而不同文旅集团有限公司	GR202135001980	2021.12.15
27	福建锐侈文化发展有限公司	福建锐侈文化科技有限公司	GR202035001005	2020.12.01
28	众甫（福建）自动化科技有限公司	福建富立德科技有限公司	GR202135000765	2021.12.15
29	福建飞筹金融服务有限公司	福建飞筹科技有限公司	GR202135000183	2021.12.15
30	中润智控物联网科技有限公司	中润智控信息科技有限公司	GR202135001106	2021.12.15
31	福建国光新业科技有限公司	福建国光新业科技股份有限公司	GR202135000662	2021.12.15
32	福建省长乐市欣美针纺有限公司	福建欣美针纺有限公司	GR202035001403	2020.12.01
33	福州云豆网络科技有限公司	福建云豆网络科技有限公司	GR202135001472	2021.12.15
34	泉州太和广业信息科技有限公司	福建太和广业消防科技有限公司	GR202135002068	2021.12.15
35	宁德东恒机械有限公司	福建东恒新能源集团有限公司	GR202135000522	2021.12.15
36	福清新创机械电子有限公司	福清市新创机械电子有限公司	GR202035001439	2020.12.01

续表

序号	原企业名称	更名后企业名称	证书编号	发证日期
37	石狮市伟马智能科技有限公司	石狮市伟马智能科技股份有限公司	GR202035000647	2020. 12. 01
38	泉州市晟泽华智能设备有限公司	泉州市晟泽华智能技术有限公司	GR202135002017	2021. 12. 15
39	石狮永峰电子有限公司	石狮永峰电子股份有限公司	GR202035001655	2020. 12. 01
40	泉州明旺家具有限公司	福建明旺家具有限公司	GR202135002141	2021. 12. 15
41	泉州市晨瑞机床附件制造有限公司	晨瑞智能科技（泉州）有限公司	GR202135001819	2021. 12. 15
42	泉州普洛赛斯检测科技有限公司	泉州普洛赛斯检测股份有限公司	GR202135000562	2021. 12. 15
43	福州市勘测院	福州市勘测院有限公司	GR202035000381	2020. 12. 01
44	福州鑫弘哲电子科技有限公司	福州鑫弘哲工程科技有限公司	GR201935000911	2019. 12. 2
45	福州龙呈信息技术有限公司	福建维森诺科技有限公司	GR202135000105	2021. 12. 15
46	泉州市龙成模具制造有限公司	泉州市龙成模具制造股份公司	GR202035000093	2020. 12. 01

福建省 2022 年度高新技术企业名单

2023 年 4 月 7 日，福建省科学技术厅、福建省财政厅、国家税务总局福建省税务局印发《关于认定福建省 2022 年度高新技术企业的通知》（闽科高〔2023〕3 号）提出，根据《高新技术企业认定管理办法》（国科发火〔2016〕32 号）和《高新技术企业认定管理工作指引》（国科发火〔2016〕195 号）有关规定，以及全国高新技术企业认定管理工作领导小组办公室《关于对福建省认定机构 2022 年认定的第一批高新技术企业进行备案的函》（国科火字〔2023〕12 号）、《关于对福建省认定机构 2022 年认定的第二批高新技术企业进行备案的函》（国科火字〔2023〕14 号）、《关于对福建省认定机构 2022 年认定的第三批高新技术企业进行备案的函》（国科火字〔2023〕59 号）、《关于对福建省认定机构 2022 年认定的高新技术企业进行第一批补充备案的函》（国科火字〔2023〕57 号）、《关于对福建省认定机构 2022 年认定的高新技术企业进行第二批补充备案的函》（国科火字〔2023〕71 号），现认定福州华宏消防科技有限公司等 3549 家企业为福建省 2022 年度高新技术企业，有关认定企业名单与发证日期见附件，高新技术企业资格有效期为 3 年。

福建省 2022 年度高新技术企业名单

（发证日期：2022 年 12 月 14 日）

序号	企业名称	证书编号
1	福州华宏消防科技有限公司	GR202235000001
2	康多乐有限公司	GR202235000002
3	福建省天奖网络科技有限公司	GR202235000003
4	福建京力信息科技有限公司	GR202235000004
5	福州翊云飞信息技术有限公司	GR202235000005
6	福建吉雅电力工程咨询有限公司	GR202235000006
7	福建省倍趣信息科技有限公司	GR202235000007
8	福建易美特电子科技有限公司	GR202235000008

续表

序号	企业名称	证书编号
9	福建和讯云通网络科技有限公司	GR202235000009
10	福州畅飞网络科技有限公司	GR202235000010
11	泉州市嘉华卫生用品有限公司	GR202235000011
12	龙岩市锐美家装饰材料有限公司	GR202235000012
13	漳州市富存家居制品有限公司	GR202235000013
14	莆田永生鞋业有限公司	GR202235000014
15	福建博观信息技术有限公司	GR202235000015
16	福州韦达软通信息科技有限公司	GR202235000016
17	福建安捷工贸有限公司	GR202235000017
18	福建永洁金属建材有限公司	GR202235000018
19	福州可知网络科技有限责任公司	GR202235000019
20	晋江市魔雕信息科技有限公司	GR202235000020
21	福建省嘉顺艺品股份有限公司	GR202235000021
22	福建龙力源电气设备科技有限公司	GR202235000022
23	福州车玻云软件科技有限公司	GR202235000023
24	福建锦上花农业科技有限公司	GR202235000024
25	福建省怡暮洛信息科技有限公司	GR202235000025
26	数采小博科技发展有限公司	GR202235000026
27	福建小飞科技有限公司	GR202235000027
28	泉州市泉桁智能设备有限公司	GR202235000028
29	福建合码通信息服务有限责任公司	GR202235000029
30	福建省德化县宏泉工艺品有限公司	GR202235000030
31	福建未来无线信息技术有限公司	GR202235000031
32	福州光闰光学有限公司	GR202235000032
33	福建恒力汽车空调配件有限公司	GR202235000033
34	福建浩晟机械有限公司	GR202235000034
35	石狮市华盛飞翔电脑绣花有限公司	GR202235000035
36	福建创研信息科技有限公司	GR202235000036
37	顺裕（龙岩）混凝土有限公司	GR202235000037
38	福建易联众医疗信息系统有限公司	GR202235000038
39	福建省诏安鸿辉不锈钢材料有限公司	GR202235000039
40	福建通宇电缆有限公司	GR202235000040
41	纳禧（福建）科技有限公司	GR202235000041
42	福建省鑫融通信息技术有限公司	GR202235000042
43	福建顺茗道茶业有限公司	GR202235000043
44	福州启鼎网络技术有限公司	GR202235000044

续表

序号	企业名称	证书编号
45	亚鑫智慧（福建）信息技术咨询服务有限公司	GR202235000045
46	泉州市益企智富科技有限公司	GR202235000046
47	福建索特阀门科技有限公司	GR202235000047
48	泉州江新机械有限公司	GR202235000048
49	福建省绿能环保科技有限公司	GR202235000049
50	福建麦沃特信息科技有限公司	GR202235000050
51	福州宏旺达智能科技有限公司	GR202235000051
52	福建省智慧城市大数据运营有限公司	GR202235000052
53	中海创水务科技（福建）有限公司	GR202235000053
54	晋江华宝石业有限公司	GR202235000054
55	福建天马饲料有限公司	GR202235000055
56	福建安发智能科技有限公司	GR202235000056
57	福州恒义信息工程有限公司	GR202235000057
58	福建省沙县松川化工有限公司	GR202235000058
59	福建省德化新凯丰陶瓷有限公司	GR202235000059
60	福建叁方建筑科技有限公司	GR202235000060
61	福建明腾科技有限公司	GR202235000061
62	漳州创启信息技术有限公司	GR202235000062
63	泉州市凯鹰电源电器有限公司	GR202235000063
64	泉州市法尔机械科技有限公司	GR202235000064
65	漳州升源机械工业有限公司	GR202235000065
66	福建章乐电缆有限公司	GR202235000066
67	福州云脑科技有限公司	GR202235000067
68	福建凯尔米科技有限公司	GR202235000068
69	福建赚赚圈信息科技有限公司	GR202235000069
70	泉州市云瑞软件科技有限公司	GR202235000070
71	福州四海万顺科技有限公司	GR202235000071
72	三明市新能源产业技术研究院有限公司	GR202235000072
73	福州鸿誉技术服务有限公司	GR202235000073
74	莆田市网誉网络技术有限公司	GR202235000074
75	福建省百洁环卫机械有限公司	GR202235000075
76	福州西联通讯科技有限公司	GR202235000076
77	泉州科发卫浴有限公司	GR202235000077
78	福建创想佰铭信息技术有限公司	GR202235000078
79	泉州市万耀网络技术有限公司	GR202235000079
80	福建省永宏针纺机械有限公司	GR202235000080

续表

序号	企业名称	证书编号
81	永富农业科技有限公司	GR202235000081
82	泉州市倍斯豪日用品有限公司	GR202235000082
83	福建省宏港纺织科技有限公司	GR202235000083
84	旭升（福建）窗饰有限公司	GR202235000084
85	福建金木年华家具有限公司	GR202235000085
86	福州山丘网络科技有限公司	GR202235000086
87	福建吉能建设工程有限公司	GR202235000087
88	圣力（三明）智能制造有限公司	GR202235000088
89	晋江联兴反光材料有限公司	GR202235000089
90	福州菱奥电梯科技有限公司	GR202235000090
91	虎阔（福建）网络科技有限公司	GR202235000091
92	龙岩市中远方舟网络科技有限公司	GR202235000092
93	泉州市博汉机械股份有限公司	GR202235000093
94	福鼎市显然堂茶业有限公司	GR202235000094
95	福建华正电力科技有限公司	GR202235000095
96	福建八萃网络科技有限公司	GR202235000096
97	福建鼎珂光电科技有限公司	GR202235000097
98	泉州启信网信息技术有限公司	GR202235000098
99	汉纱合纺（福州）新材料科技有限公司	GR202235000099
100	福建金网际电子商务有限公司	GR202235000100
101	福州科诺达电气有限公司	GR202235000101
102	福建蜂巢网络技术有限公司	GR202235000102
103	福建西蝉木业有限公司	GR202235000103
104	福建和映信息技术有限公司	GR202235000104
105	福州泽信禾网络科技有限公司	GR202235000105
106	福建奥通迈胜电力科技有限公司	GR202235000106
107	福州御龙互娱网络科技有限公司	GR202235000107
108	泉州中科星桥空天技术有限公司	GR202235000108
109	泉州谷极网络科技有限公司	GR202235000109
110	福建山和科技有限公司	GR202235000110
111	六和敬（福建）信息技术有限公司	GR202235000111
112	德化东华陶瓷有限公司	GR202235000112
113	福建省天福龙环保科技有限公司	GR202235000113
114	福州中恒乐游网络科技有限公司	GR202235000114
115	福建金百利食品实业有限公司	GR202235000115
116	福建正康智能科技有限公司	GR202235000116

续表

序号	企业名称	证书编号
117	福建省恒圆金服科技有限公司	GR202235000117
118	利郎（中国）有限公司	GR202235000118
119	福建鸿轩服装有限公司	GR202235000119
120	漳州星晟工贸有限公司	GR202235000120
121	福建省迅捷交通科技有限公司	GR202235000121
122	福建七十迈网络科技有限公司	GR202235000122
123	泉州季星饮料设备制造有限公司	GR202235000123
124	福建福船一帆新能源装备制造有限公司	GR202235000124
125	福建省二建建设集团有限公司	GR202235000125
126	福建富远通智能科技有限公司	GR202235000126
127	福州伍柒互娱网络科技有限公司	GR202235000127
128	福建饮享科技有限公司	GR202235000128
129	福建南一科技有限公司	GR202235000129
130	福建冠锐网络技术有限公司	GR202235000130
131	福州亿软科技有限公司	GR202235000131
132	轩亚（福州）信息技术有限公司	GR202235000132
133	卡尔美体育用品有限公司	GR202235000133
134	福建心美成科技有限公司	GR202235000134
135	福建正捷兴商务服务有限公司	GR202235000135
136	漳州市易融通金融服务有限公司	GR202235000136
137	福建鑫豪高新材料科技有限公司	GR202235000137
138	福州美佳环保资源开发有限公司	GR202235000138
139	福州鸿远网络科技有限公司	GR202235000139
140	福建东南杰远信息科技有限公司	GR202235000140
141	福州欣翔威电子科技有限公司	GR202235000141
142	长乐恒申合纤科技有限公司	GR202235000142
143	航讯信息技术（莆田）有限公司	GR202235000143
144	福建省九竹工贸有限公司	GR202235000144
145	福建软卡网络科技有限公司	GR202235000145
146	福建晶安光电有限公司	GR202235000146
147	福建华研智合网络科技有限公司	GR202235000147
148	福建歌士玮集团有限公司	GR202235000148
149	福州米奇微影网络科技有限公司	GR202235000149
150	南平铭正医药化学有限公司	GR202235000150
151	福建立邦包装有限公司	GR202235000151
152	福建中盟环保有限公司	GR202235000152

续表

序号	企业名称	证书编号
153	福建智慧图灵科技有限公司	GR202235000153
154	福州市晟浩纺织科技有限公司	GR202235000154
155	福建省安谱工程咨询有限公司	GR202235000155
156	莆田市荣信汽车服务有限公司	GR202235000156
157	福建元华泵业有限公司	GR202235000157
158	福建骏胜家居用品有限公司	GR202235000158
159	龙岩高岭土股份有限公司	GR202235000159
160	福建博瑞特金属容器有限公司	GR202235000160
161	福建飞虎无人机有限公司	GR202235000161
162	福建创隆纺织有限公司	GR202235000162
163	福建华闽亿嘉科技有限公司	GR202235000163
164	福建天础信息科技有限公司	GR202235000164
165	福建省家联宝智能科技有限公司	GR202235000165
166	福建省宇诚环保科技有限公司	GR202235000166
167	福建晟哲自动化科技有限公司	GR202235000167
168	万消消防科技有限公司	GR202235000168
169	薇链信息技术有限公司	GR202235000169
170	福建群峰机械有限公司	GR202235000170
171	漳州阳盛工贸有限公司	GR202235000171
172	福建鸿清环保有限公司	GR202235000172
173	福建图南科技有限公司	GR202235000173
174	福建省三明市盛达化工有限公司	GR202235000174
175	福建泉台智能科技开发有限公司	GR202235000175
176	福建龙夏电子科技有限公司	GR202235000176
177	泉州市盛腾信息科技有限公司	GR202235000177
178	福建彦晖车业有限公司	GR202235000178
179	泉州科牧智能厨卫有限公司	GR202235000179
180	福建宸为电子科技有限公司	GR202235000180
181	浦城正大生化有限公司	GR202235000181
182	福建省莆田市凯达卫生用品有限公司	GR202235000182
183	福建省亚明食品有限公司	GR202235000183
184	福州动能因素网络技术有限公司	GR202235000184
185	福州昊宇信息技术有限公司	GR202235000185
186	泉州五一账房财税科技有限公司	GR202235000186
187	福建海峡科化股份有限公司	GR202235000187
188	福建金三洋控股有限公司	GR202235000188

续表

序号	企业名称	证书编号
189	中网电力科技有限公司	GR202235000189
190	福建通慧教育科技有限公司	GR202235000190
191	万城网联（福州）科技有限公司	GR202235000191
192	南平智创技术服务有限公司	GR202235000192
193	福州市长乐区唯祥针纺有限公司	GR202235000193
194	福州市雅普勘测设计有限公司	GR202235000194
195	卡涂秀秀（福建）科技有限公司	GR202235000195
196	福建锋冠科技有限公司	GR202235000196
197	福建品鉴食品有限公司	GR202235000197
198	福建有容安全环保科技有限公司	GR202235000198
199	福建佰源智能装备股份有限公司	GR202235000199
200	福州劲龙浩华智能科技有限公司	GR202235000200
201	福建省建筑工程质量检测中心有限公司	GR202235000201
202	福州闽锦智居科技有限公司	GR202235000202
203	福建思亿电子科技有限公司	GR202235000203
204	晋江泉得利体育用品有限公司	GR202235000204
205	福建极存数据科技有限公司	GR202235000205
206	泉州市洁强道路设施有限公司	GR202235000206
207	福建医联康护信息技术有限公司	GR202235000207
208	福建沃凯丝化纤有限公司	GR202235000208
209	福建有仁科技有限公司	GR202235000209
210	福建超瑞创原信息技术有限公司	GR202235000210
211	石狮市龙翔五金塑料制品有限公司	GR202235000211
212	福州正兴扬塑胶有限公司	GR202235000212
213	福州思飞信息技术有限公司	GR202235000213
214	福建海德宝生物科技有限公司	GR202235000214
215	福州长鑫电动工具有限公司	GR202235000215
216	福建谐和合成革有限公司	GR202235000216
217	福州万山电力咨询有限公司	GR202235000217
218	东方醒狮储能电池有限公司	GR202235000218
219	福建省广播影视文化传媒有限公司	GR202235000219
220	福建易昇科技有限公司	GR202235000220
221	福建银众电子商务有限公司	GR202235000221
222	福州图途软件有限公司	GR202235000222
223	福建省毓隆纺织科技有限公司	GR202235000223
224	泉州市米度信息科技有限公司	GR202235000224

续表

序号	企业名称	证书编号
225	福州海纳宏益网络科技有限责任公司	GR202235000225
226	福建中创天下信息科技有限公司	GR202235000226
227	泉州玲珑手套有限公司	GR202235000227
228	宁德市乡村一号农业科技有限公司	GR202235000228
229	颖龙消防科技有限公司	GR202235000229
230	福州蓝帆电子技术服务有限公司	GR202235000230
231	福州市众乐创趣网络科技有限公司	GR202235000231
232	莆田市华源工贸有限公司	GR202235000232
233	龙岩关关优选网络科技有限公司	GR202235000233
234	泉州市世通检测技术有限公司	GR202235000234
235	漳州新视界文化传媒有限公司	GR202235000235
236	数域科技（福建）有限公司	GR202235000236
237	福建万海云信息技术有限公司	GR202235000237
238	天虹阀门科技（泉州）有限公司	GR202235000238
239	福建唯信缘信息科技有限公司	GR202235000239
240	耐普（龙岩）汽车附件有限公司	GR202235000240
241	漳州科晖专用汽车制造有限公司	GR202235000241
242	福州弘宇信合通信技术有限公司	GR202235000242
243	福建众天环保科技有限公司	GR202235000243
244	晋江市春水衣架有限公司	GR202235000244
245	福建锐科信息科技有限公司	GR202235000245
246	福建道勤空间信息科技有限公司	GR202235000246
247	漳州弘敏机电有限公司	GR202235000247
248	福州风驰互动网络科技有限公司	GR202235000248
249	福建泉州市树盈网络科技有限公司	GR202235000249
250	福州众为电子科技有限公司	GR202235000250
251	福州中科智科技有限公司	GR202235000251
252	阿斯福特纺织（漳州）有限公司	GR202235000252
253	福建省榕源电气设备有限公司	GR202235000253
254	石狮耀翔织造有限公司	GR202235000254
255	宁德市护航智能科技有限公司	GR202235000255
256	晋江市金灿纺织有限公司	GR202235000256
257	福州网乐网络科技有限公司	GR202235000257
258	福建创昱达信息技术有限公司	GR202235000258
259	泉州天勤箱包有限公司	GR202235000259
260	沙县宏盛塑料有限公司	GR202235000260

续表

序号	企业名称	证书编号
261	泉州市明阳网络科技有限公司	GR202235000261
262	中科深兰（福建）环境科技有限责任公司	GR202235000262
263	泉州华腾信息技术有限公司	GR202235000263
264	龙岩联信科技有限公司	GR202235000264
265	斯达康（福建）五金科技有限公司	GR202235000265
266	福建厚辉建材有限公司	GR202235000266
267	福州力博科技有限公司	GR202235000267
268	福建敏捷机械有限公司	GR202235000268
269	福建省龙岩福隆环保科技有限公司	GR202235000269
270	福州金盒子科技有限公司	GR202235000270
271	万维智能科技有限公司	GR202235000271
272	福建祥科新材料科技有限公司	GR202235000272
273	泉州市星达鞋服材料有限公司	GR202235000273
274	阳光邦吉（福建）食品研究所有限公司	GR202235000274
275	福建博安信息技术有限公司	GR202235000275
276	福建华佑检测技术有限公司	GR202235000276
277	福建东凌环保工程有限公司	GR202235000277
278	泉州市唯达五金工贸有限公司	GR202235000278
279	东际网丰（福建）科技有限公司	GR202235000279
280	福州点联网络科技有限公司	GR202235000280
281	福建磨时传媒有限公司	GR202235000281
282	福建壹伍柒信息技术有限公司	GR202235000282
283	漳州玉露食品科技股份有限公司	GR202235000283
284	福建省兴克体育用品有限公司	GR202235000284
285	福建德兴源化工有限公司	GR202235000285
286	福州宇隆光电科技有限公司	GR202235000286
287	知服科技（福建）有限公司	GR202235000287
288	福建融慧创兴信息科技有限公司	GR202235000288
289	邵武市金纬测绘有限责任公司	GR202235000289
290	福建中安培科技术服务有限公司	GR202235000290
291	泉州市汇恒软件科技有限公司	GR202235000291
292	福州橘子瓣网络科技有限公司	GR202235000292
293	福州华文世纪传媒有限公司	GR202235000293
294	龙岩市净康居环境科技有限公司	GR202235000294
295	福建羽变电力科技有限公司	GR202235000295
296	泉州市极限互动设计有限公司	GR202235000296

续表

序号	企业名称	证书编号
297	龙岩赛科德传动部件制造有限公司	GR202235000297
298	福州众衡时代信息科技有限公司	GR202235000298
299	福州量联科技有限公司	GR202235000299
300	南平市建阳区同济测绘有限公司	GR202235000300
301	福建智霖档案技术有限公司	GR202235000301
302	福州商情信息科技有限公司	GR202235000302
303	福州金石陶瓷科技有限公司	GR202235000303
304	福建顶厨厨房设备有限公司	GR202235000304
305	福建金硕生物科技有限公司	GR202235000305
306	石狮华宝新材料工程有限公司	GR202235000306
307	福州祥泰电子有限公司	GR202235000307
308	福建屏兴电子科技有限公司	GR202235000308
309	福建省德化县唐硕陶瓷有限公司	GR202235000309
310	福建汇得新材料有限公司	GR202235000310
311	福建省美典家具装饰有限公司	GR202235000311
312	漳州正川自动化设备有限公司	GR202235000312
313	福建安盟信息技术有限公司	GR202235000313
314	漳州嘉亿制罐有限公司	GR202235000314
315	泉州之野信息科技有限公司	GR202235000315
316	福州音色网络科技有限公司	GR202235000316
317	福建省森林人环保科技有限公司	GR202235000317
318	福州天成立中科技有限责任公司	GR202235000318
319	泉州市三祺工程机械有限公司	GR202235000319
320	福建省方正工程技术有限公司	GR202235000320
321	福建八方智能科技有限公司	GR202235000321
322	福州为新信息科技有限公司	GR202235000322
323	福建省闽发机电设备有限公司	GR202235000323
324	福建省联创测绘有限公司	GR202235000324
325	福建比力安科技有限公司	GR202235000325
326	长泰铱科科技有限公司	GR202235000326
327	福建诚博自动化科技有限公司	GR202235000327
328	福建泉州至信堂雕刻有限公司	GR202235000328
329	福建腾宇电气有限公司	GR202235000329
330	福建省瑞榕环保科技有限责任公司	GR202235000330
331	福建省安然纺织科技有限公司	GR202235000331
332	百特（福建）智能装备科技有限公司	GR202235000332

续表

序号	企业名称	证书编号
333	晋江百浩鞋业有限公司	GR202235000333
334	晋江闽荣橡塑有限公司	GR202235000334
335	龙岩琦智信息科技有限公司	GR202235000335
336	福建地三方空间信息技术有限公司	GR202235000336
337	福州天眼测绘工程有限公司	GR202235000337
338	福建省文定电气设备有限公司	GR202235000338
339	福建省闽川智能工程有限公司	GR202235000339
340	福州英诺电子科技有限公司	GR202235000340
341	泉州市新宇测绘工程有限公司	GR202235000341
342	漳州市蓝湾智能科技有限公司	GR202235000342
343	龙岩市桔子科技有限公司	GR202235000343
344	福州星瞳创视科技有限公司	GR202235000344
345	福州迷你冷冻食品有限公司	GR202235000345
346	时代一汽动力电池有限公司	GR202235000346
347	泉州市精英阀业有限公司	GR202235000347
348	福建恒杰生物科技有限公司	GR202235000348
349	福州思博网络科技有限公司	GR202235000349
350	福州百特环保设备有限公司	GR202235000350
351	泉州市创达机械制造有限公司	GR202235000351
352	康元轨道交通科技（福建）有限公司	GR202235000352
353	莆田市佳宜科技股份有限公司	GR202235000353
354	福州永胜达复合材料有限公司	GR202235000354
355	福州信诺通信息技术有限公司	GR202235000355
356	泉州快帮科技有限公司	GR202235000356
357	福州校企邦网络科技有限公司	GR202235000357
358	福州美能水处理设备有限公司	GR202235000358
359	福建壹佰之光科技有限公司	GR202235000359
360	漳浦致远皮革有限公司	GR202235000360
361	福建省德化尚辉工艺品有限公司	GR202235000361
362	福建鸿思科技有限公司	GR202235000362
363	龙海市言成机械设备有限公司	GR202235000363
364	福州捷付通网络技术有限公司	GR202235000364
365	盛达通（福建）信息科技有限公司	GR202235000365
366	福州良正机械有限公司	GR202235000366
367	福州蕴平信息科技有限公司	GR202235000367
368	龙岩市龙腾窑炉设备有限公司	GR202235000368

续表

序号	企业名称	证书编号
369	福建佰孟医学科技有限公司	GR202235000369
370	福建易安特新型建材有限公司	GR202235000370
371	欧美斯（福建）工艺品有限公司	GR202235000371
372	福州筑邺建筑科技有限公司	GR202235000372
373	正新（漳州）橡胶工业有限公司	GR202235000373
374	福州润木信息科技有限公司	GR202235000374
375	福建乘云科技有限公司	GR202235000375
376	福州时代畅玩网络科技有限公司	GR202235000376
377	福建锐翔体育科技股份有限公司	GR202235000377
378	福建联政信息技术有限公司	GR202235000378
379	福建省民爆化工股份有限公司	GR202235000379
380	福州闽嘉电力科技有限公司	GR202235000380
381	福建上杭润发电缆有限公司	GR202235000381
382	福州品道软件开发有限公司	GR202235000382
383	福建博宇建筑设计有限公司	GR202235000383
384	福建能控科技有限公司	GR202235000384
385	福建威而特旋压科技有限公司	GR202235000385
386	福建服不服网络科技有限公司	GR202235000386
387	福建海富特生物科技股份有限公司	GR202235000387
388	福建杰嘉科技有限公司	GR202235000388
389	福建高岭数据科技有限公司	GR202235000389
390	福建钜能电力有限公司	GR202235000390
391	福州麻雀文化科技有限公司	GR202235000391
392	福州超元素网络科技有限公司	GR202235000392
393	福建金汉科技有限公司	GR202235000393
394	泉州匹克鞋业有限公司	GR202235000394
395	福建航天信息科技有限公司	GR202235000395
396	福州市联创智云信息科技有限公司	GR202235000396
397	泉州鲤城福辉汽车配件有限公司	GR202235000397
398	福建省众联网络科技有限公司	GR202235000398
399	福建乐百慧信息技术有限公司	GR202235000399
400	福建省禹澄建设工程有限公司	GR202235000400
401	福州市三戈文化传媒有限公司	GR202235000401
402	福建海源三维高科技有限公司	GR202235000402
403	福州喵柒柒信息技术有限公司	GR202235000403
404	福州天地同人信息科技有限公司	GR202235000404

续表

序号	企业名称	证书编号
405	漳州盛行网络科技有限公司	GR202235000405
406	福建泽邦科技开发有限公司	GR202235000406
407	福建闽泉环境科技有限公司	GR202235000407
408	漳州优而美金属制造有限公司	GR202235000408
409	福州云联畅想软件科技有限公司	GR202235000409
410	中鸣（宁德）科技装备制造有限公司	GR202235000410
411	福建晋江市利德机械有限公司	GR202235000411
412	福建小定科技有限公司	GR202235000412
413	泉州市恒景照明设备有限公司	GR202235000413
414	福建卫东环保股份有限公司	GR202235000414
415	晋江市联兴橡塑有限公司	GR202235000415
416	福州惠灵顿智能科技有限公司	GR202235000416
417	福建智远纵横信息科技有限公司	GR202235000417
418	福州泰利洗涤有限公司	GR202235000418
419	福州云之绘科技有限公司	GR202235000419
420	福建新创电力科技有限公司	GR202235000420
421	南平华孚电器有限公司	GR202235000421
422	福建同鑫针织有限公司	GR202235000422
423	福建闽为消防科技有限公司	GR202235000423
424	福建省上晴信息科技有限公司	GR202235000424
425	福州市零壹恩通信息科技有限公司	GR202235000425
426	福建伊普思实业有限公司	GR202235000426
427	福建省彩星新材料科技有限公司	GR202235000427
428	福州灵思互动信息科技有限公司	GR202235000428
429	福州掌驰网络科技有限公司	GR202235000429
430	亿铭轩（福建）科技有限公司	GR202235000430
431	晋江市瑶林世家展示道具有限公司	GR202235000431
432	福建智众乐水务科技有限公司	GR202235000432
433	福州一城天天出行科技有限公司	GR202235000433
434	晋江市石达塑胶精细有限公司	GR202235000434
435	福建逸道天下电子科技有限公司	GR202235000435
436	泉州麻雀来了文化传播有限公司	GR202235000436
437	漳浦诚隆休闲用品有限公司	GR202235000437
438	莆田市同丰机动车安全检测有限公司	GR202235000438
439	福建周狐数字科技有限公司	GR202235000439
440	泉州市创绿机械工贸有限公司	GR202235000440

续表

序号	企业名称	证书编号
441	龙岩卓越机械有限公司	GR202235000441
442	亿联盟（福建）科技有限公司	GR202235000442
443	福州瑞可达信息科技有限公司	GR202235000443
444	三益友（福州）信息技术有限公司	GR202235000444
445	福州效率科技有限公司	GR202235000445
446	福州浙云网络科技有限公司	GR202235000446
447	福建纽莱德实业有限公司	GR202235000447
448	福州印迈乐软件技术有限公司	GR202235000448
449	福州市融智云科技有限公司	GR202235000449
450	泉州市力将机件企业有限公司	GR202235000450
451	福建容宏建筑有限公司	GR202235000451
452	福州万宇信息科技有限公司	GR202235000452
453	福建华航建筑工程检测有限公司	GR202235000453
454	莆田市涵江区吉融塑料制品有限公司	GR202235000454
455	龙岩市金恒机械制造有限公司	GR202235000455
456	漳平瑞景木业有限公司	GR202235000456
457	福建美唐生物科技有限公司	GR202235000457
458	福州北汲星辰文化创意有限公司	GR202235000458
459	福州启点网络科技有限公司	GR202235000459
460	福州悦鑫信息科技有限公司	GR202235000460
461	福建金石源网络科技有限公司	GR202235000461
462	福建国正环保工程有限公司	GR202235000462
463	宁德市网聚新媒体有限公司	GR202235000463
464	福建金汇莱电子有限公司	GR202235000464
465	摩尔元数（福建）科技有限公司	GR202235000465
466	福建大力新型建材科技有限公司	GR202235000466
467	福建省信芯长盈科技有限公司	GR202235000467
468	福建易辰达机械有限公司	GR202235000468
469	福建省建宁大川生物菌业有限公司	GR202235000469
470	福建慧芯激光科技有限公司	GR202235000470
471	福建未来工匠科技有限公司	GR202235000471
472	亚创科电（福建）物联网科技有限公司	GR202235000472
473	福建互宽集团有限公司	GR202235000473
474	政和县深山茶叶机械有限公司	GR202235000474
475	福建浩创智能科技有限公司	GR202235000475
476	晋江市中辉印刷包装有限公司	GR202235000476

续表

序号	企业名称	证书编号
477	隆恩建设工程有限公司	GR202235000477
478	福清市华天广告有限公司	GR202235000478
479	数龙（福建）科技有限公司	GR202235000479
480	福安市康怡健电子有限公司	GR202235000480
481	泉州爱帕科技有限公司	GR202235000481
482	福州鼎之诚机电设备有限公司	GR202235000482
483	福州中美捷恩西电子科技有限公司	GR202235000483
484	漳州市合琦靶材科技有限公司	GR202235000484
485	泉州新元模具有限公司	GR202235000485
486	福建兆翔车业有限公司	GR202235000486
487	福州灵医科技有限公司	GR202235000487
488	福建路机科技有限公司	GR202235000488
489	福建森卉园林照明工程有限公司	GR202235000489
490	福州众远达科技有限公司	GR202235000490
491	福州智慧云里软件有限公司	GR202235000491
492	福州大昌盛饲料有限公司	GR202235000492
493	福州鹭云筑建筑咨询有限公司	GR202235000493
494	福建省鼎善智媒集团有限公司	GR202235000494
495	福建省安溪怡鑫包装有限公司	GR202235000495
496	泉州海盈船务有限公司	GR202235000496
497	大田县坤源机械工贸有限公司	GR202235000497
498	福建升晖工程管理有限公司	GR202235000498
499	福建柒贰零科技有限公司	GR202235000499
500	福建秦朝木业科技有限公司	GR202235000500
501	福建盈方网络科技有限公司	GR202235000501
502	百资（福建）智能科技有限公司	GR202235000502
503	福建喜购宝信息科技有限公司	GR202235000503
504	福建荣华检测检验有限公司	GR202235000504
505	福建省恺思智能设备有限公司	GR202235000505
506	石狮市颉郎纺织科技有限公司	GR202235000506
507	福州维胜信息技术有限公司	GR202235000507
508	福州艾泽网络科技有限公司	GR202235000508
509	福州宏盈弹簧有限公司	GR202235000509
510	福建澳瀚信息技术有限公司	GR202235000510
511	福州需求侧电力科技有限公司	GR202235000511
512	福建省南安市弘一石业有限公司	GR202235000512

续表

序号	企业名称	证书编号
513	福州见过赋能信息科技有限公司	GR202235000513
514	福建盛冠信息科技有限公司	GR202235000514
515	福建德丰智能装备有限公司	GR202235000515
516	福建宸桦包装有限公司	GR202235000516
517	龙岩飞远建材有限公司	GR202235000517
518	泉州市海星档案服务有限公司	GR202235000518
519	安溪县恒信传媒有限公司	GR202235000519
520	天申消防科技有限公司	GR202235000520
521	福州拓优陶瓷技术有限公司	GR202235000521
522	福建好神奇电子科技有限公司	GR202235000522
523	福建远长物流有限公司	GR202235000523
524	福建尚元电气科技有限公司	GR202235000524
525	福建鸿仓供应链管理有限公司	GR202235000525
526	泉州市朝阳汽车配件有限公司	GR202235000526
527	漳州市集龙塑胶股份有限公司	GR202235000527
528	漳州市美丽家香食品股份有限公司	GR202235000528
529	福建福瑞康信息技术有限公司	GR202235000529
530	莆田市涵江区依吨多层电路有限公司	GR202235000530
531	景发（福建）家具有限公司	GR202235000531
532	福建晶坤尚检测技术有限公司	GR202235000532
533	天守（福建）超纤科技股份有限公司	GR202235000533
534	福建南王环保科技股份有限公司	GR202235000534
535	惠安惠丰鞋材有限公司	GR202235000535
536	莆田市钜晶科技有限公司	GR202235000536
537	漳州市吉盛精密模具有限公司	GR202235000537
538	福州欧橙创联科技有限公司	GR202235000538
539	晋江市永信达织造制衣有限公司	GR202235000539
540	福州集铁城精密机械有限公司	GR202235000540
541	九牧厨卫股份有限公司	GR202235000541
542	福建诚达钢构有限公司	GR202235000542
543	宁德恒创信息科技有限公司	GR202235000543
544	福州市远创测绘有限公司	GR202235000544
545	福建星网天合智能科技有限公司	GR202235000545
546	恒瑞通（福建）信息技术有限公司	GR202235000546
547	福建天海通信科技集团有限公司	GR202235000547
548	泉州创景视迅数字科技有限公司	GR202235000548

续表

序号	企业名称	证书编号
549	福建潭晟建筑工程有限公司	GR202235000549
550	泉州市沃盟智能设备有限公司	GR202235000550
551	族脉传承（福建）文化科技有限公司	GR202235000551
552	宁德市民安安防有限公司	GR202235000552
553	福建省泉州鑫立鼎科技有限公司	GR202235000553
554	福建亿捷能电力科技有限公司	GR202235000554
555	福建啄木鸟环境科技有限公司	GR202235000555
556	怡捷（福建）电子科技有限公司	GR202235000556
557	福州皓瀚天辰网络科技有限公司	GR202235000557
558	希美健康科技（福州）有限公司	GR202235000558
559	福州祥康信息技术有限公司	GR202235000559
560	福建力盟电力工程设计有限公司	GR202235000560
561	福州嘉惠网络科技有限公司	GR202235000561
562	福建金百利纸品有限责任公司	GR202235000562
563	福州联合晓智信息技术有限公司	GR202235000563
564	晋江市腾达齿轮轴制造有限公司	GR202235000564
565	福建智趣互联科技股份有限公司	GR202235000565
566	福鼎市中联机械部件有限公司	GR202235000566
567	福建省悦家环保科技有限公司	GR202235000567
568	漳州海川电子科技有限公司	GR202235000568
569	华臣（福建）信息技术有限公司	GR202235000569
570	福州昆硕宸信息科技有限公司	GR202235000570
571	福建南威软件有限公司	GR202235000571
572	龙岩市宇兴机械有限公司	GR202235000572
573	福州欣盛汇智科技有限公司	GR202235000573
574	福建省亿鑫海信息科技有限公司	GR202235000574
575	福建微派互联信息科技有限公司	GR202235000575
576	福建天志互联信息科技股份有限公司	GR202235000576
577	强盛德（福建）信息科技有限公司	GR202235000577
578	晋江市龙兴隆染织实业有限公司	GR202235000578
579	福州正恒光电科技有限公司	GR202235000579
580	莆田市磐正信息技术有限公司	GR202235000580
581	莆田市多容光学电子有限公司	GR202235000581
582	漳州向荣信息科技股份有限公司	GR202235000582
583	福建富景信息科技有限公司	GR202235000583
584	福建省华志新材料科技有限公司	GR202235000584

续表

序号	企业名称	证书编号
585	福建新开普信息科技有限公司	GR202235000585
586	福建双丰鑫机械设备有限公司	GR202235000586
587	福建星锐尚科技有限公司	GR202235000587
588	元可（福建）食品有限公司	GR202235000588
589	福建速汇宝网络科技有限公司	GR202235000589
590	宁德震裕汽车部件有限公司	GR202235000590
591	福州灵游网络科技有限公司	GR202235000591
592	福州择善信息科技有限公司	GR202235000592
593	福建金土地生物科技有限公司	GR202235000593
594	友梦（福建）食品有限公司	GR202235000594
595	石狮市万儒电子商务有限公司	GR202235000595
596	福建福田纺织印染科技有限公司	GR202235000596
597	福建凯达集团有限公司	GR202235000597
598	福清鑫铭电子科技有限公司	GR202235000598
599	福建省邵武市正兴武夷轮胎有限公司	GR202235000599
600	福州市博讯网络科技有限公司	GR202235000600
601	莆田医来云信息科技有限公司	GR202235000601
602	福建鑫晟铜业有限公司	GR202235000602
603	福建信迈科技股份有限公司	GR202235000603
604	晋江众鑫粉末冶金有限公司	GR202235000604
605	泉州佰胜云聚信息科技有限公司	GR202235000605
606	莆田市华声智能科技有限公司	GR202235000606
607	福建犀牛智慧科技有限公司	GR202235000607
608	福建省为美生态科技有限公司	GR202235000608
609	永安市永福混凝土工程有限公司	GR202235000609
610	福建环耘信息科技有限公司	GR202235000610
611	福州和众信拓科技有限公司	GR202235000611
612	福州和谐通电子科技有限公司	GR202235000612
613	福州标顺知识产权服务有限公司	GR202235000613
614	福建书境文化科技有限公司	GR202235000614
615	福州东青信息科技有限公司	GR202235000615
616	泉州数字城市科技有限公司	GR202235000616
617	福州云祥互联网科技有限公司	GR202235000617
618	易之泰生物科技（龙岩）有限公司	GR202235000618
619	漳州丰炜智控科技有限公司	GR202235000619
620	福建建辉杰达信息科技有限公司	GR202235000620

续表

序号	企业名称	证书编号
621	石狮市三益织造染整有限公司	GR202235000621
622	福建欣隆环保股份有限公司	GR202235000622
623	福鼎市福海化油器有限公司	GR202235000623
624	莆田市雷腾激光数控设备有限公司	GR202235000624
625	龙岩市新罗联合铸造有限公司	GR202235000625
626	福建赢贝贝信息科技有限公司	GR202235000626
627	百利（福建）建材有限公司	GR202235000627
628	斯亿卡阀门有限公司	GR202235000628
629	福建中睿网络科技有限公司	GR202235000629
630	漳州市知房文化传媒有限公司	GR202235000630
631	福建省固体废物处置有限公司	GR202235000631
632	龙岩金品机械制造有限公司	GR202235000632
633	福州瀚麒翔智能科技有限公司	GR202235000633
634	福建酷爽信息科技有限公司	GR202235000634
635	福建省卓越环境监测有限公司	GR202235000635
636	晋江森大鞋材有限公司	GR202235000636
637	漳州市长泰新麒麟机械有限公司	GR202235000637
638	福州七七纸业有限公司	GR202235000638
639	宁德鑫旺达实业有限公司	GR202235000639
640	福建皮皮信息技术有限公司	GR202235000640
641	冠亚消防设备有限公司	GR202235000641
642	福建省天正信息资讯工程有限公司	GR202235000642
643	福州鑫捷迅网络科技有限公司	GR202235000643
644	晋江泉盈鞋材有限公司	GR202235000644
645	福州房百通信息技术有限公司	GR202235000645
646	福建九九芳辰科技有限公司	GR202235000646
647	中亿通达设计咨询集团有限公司	GR202235000647
648	中鸿达信息科技有限公司	GR202235000648
649	福州路美光电工程有限公司	GR202235000649
650	漳州好名新食品有限公司	GR202235000650
651	福州锐一弘网络科技有限公司	GR202235000651
652	福建吉事达新能源科技有限公司	GR202235000652
653	福州市帆石信息科技有限公司	GR202235000653
654	福建省新通网络科技有限公司	GR202235000654
655	泉州大昌纸品机械制造有限公司	GR202235000655
656	胜利阀门有限公司	GR202235000656

续表

序号	企业名称	证书编号
657	龙岩市微力量网络技术有限公司	GR202235000657
658	芝诺科技（福建）有限公司	GR202235000658
659	福建福派园食品股份有限公司	GR202235000659
660	政信云（福州）数据技术有限公司	GR202235000660
661	福建省福泽鑫环保科技有限公司	GR202235000661
662	福建新嵛柔性材料科技有限公司	GR202235000662
663	漳州创辉信息技术有限公司	GR202235000663
664	福建海润致远高分子有限公司	GR202235000664
665	福建禾广消防科技有限公司	GR202235000665
666	漳州市馨窝文化传媒有限公司	GR202235000666
667	福建亿彤生物科技有限公司	GR202235000667
668	福州正企智能科技有限公司	GR202235000668
669	中科深微（福建）科技有限公司	GR202235000669
670	福建省三明市三洋造纸机械设备有限公司	GR202235000670
671	福州坤锐空间信息技术有限公司	GR202235000671
672	福建泉州市集祥石业有限公司	GR202235000672
673	泉州市信昌精密机械有限公司	GR202235000673
674	福州市博都健康科技有限公司	GR202235000674
675	福建晶辉新材料科技有限公司	GR202235000675
676	泉州维盾电气有限公司	GR202235000676
677	福建普光济安环科技有限公司	GR202235000677
678	福建省鉴易网络科技有限公司	GR202235000678
679	福建省德化鑫城美工艺有限公司	GR202235000679
680	福州云阙网络科技有限公司	GR202235000680
681	福州聚财邦网络科技有限公司	GR202235000681
682	福州海狸家口腔科技有限公司	GR202235000682
683	福州市建筑设计院有限责任公司	GR202235000683
684	福建省叁拾信息科技有限公司	GR202235000684
685	福建筑材通科技有限公司	GR202235000685
686	福建省新华都工程有限责任公司	GR202235000686
687	福建中徽环境科技有限公司	GR202235000687
688	漳州市英维立网络科技有限公司	GR202235000688
689	福建省青桔网络科技有限公司	GR202235000689
690	福建泳力泰针织机械有限公司	GR202235000690
691	泉州点睛鱼网络科技有限公司	GR202235000691
692	福建好视角电子科技有限公司	GR202235000692

续表

序号	企业名称	证书编号
693	福州城墙网络科技有限公司	GR202235000693
694	福清市巨利塑胶制品有限公司	GR202235000694
695	福州天石源超硬材料工具有限公司	GR202235000695
696	福州你他云栈网络科技有限公司	GR202235000696
697	福建鸿道科技有限公司	GR202235000697
698	福建所思达勘测设计院有限公司	GR202235000698
699	福建省麒麟山茶业发展有限公司	GR202235000699
700	福建北记食品有限公司	GR202235000700
701	福建省喜浪农业科技发展有限公司	GR202235000701
702	玉淼（福建）科技有限公司	GR202235000702
703	中科东晟（龙岩）科技有限公司	GR202235000703
704	福州视创电子有限公司	GR202235000704
705	福建兴方舟科技有限公司	GR202235000705
706	大田县恒通机械制造有限公司	GR202235000706
707	福州鑫裕协新能源有限公司	GR202235000707
708	福建省乔光电子科技有限公司	GR202235000708
709	福建科创达软件科技有限公司	GR202235000709
710	福建隆源纺织有限公司	GR202235000710
711	福州六贝网络信息技术有限公司	GR202235000711
712	福建迎盛消防科技有限公司	GR202235000712
713	鑫创鑫自动化设备科技（漳州）有限公司	GR202235000713
714	福建天成时代新能源科技有限公司	GR202235000714
715	福建永越智能科技股份有限公司	GR202235000715
716	武夷山诚智创新电子科技有限公司	GR202235000716
717	晋江亿兴隆纺织实业有限公司	GR202235000717
718	福建成和光电科技有限公司	GR202235000718
719	福州小玉米网络科技有限公司	GR202235000719
720	中节能（莆田）再生资源利用有限公司	GR202235000720
721	福州腾企光电有限公司	GR202235000721
722	福建欧电特种阀门有限公司	GR202235000722
723	福建仙兴汽车配件有限公司	GR202235000723
724	龙岩市金源达机械制造有限公司	GR202235000724
725	上杭县欣鸿食品有限公司	GR202235000725
726	邵武永太高新材料有限公司	GR202235000726
727	云加（福建）建筑科技有限公司	GR202235000727
728	泉州市优度智捷科技有限公司	GR202235000728

续表

序号	企业名称	证书编号
729	福建省桥兴机械制造有限公司	GR202235000729
730	漳州捷达新精密科技有限公司	GR202235000730
731	福建恒智信息技术有限公司	GR202235000731
732	龙岩市凯吉锐工贸有限公司	GR202235000732
733	福州步盟信息技术有限公司	GR202235000733
734	福州沐杭科技有限公司	GR202235000734
735	福建天葵环境科技有限公司	GR202235000735
736	福建省代码力量网络科技有限公司	GR202235000736
737	泉州市得纯和电子科技有限公司	GR202235000737
738	漳州水仙药业股份有限公司	GR202235000738
739	福建精瑞金属科技有限公司	GR202235000739
740	龙岩市九龙水泵制造有限公司	GR202235000740
741	福建东森节能环保科技股份有限公司	GR202235000741
742	德化县畅德陶瓷配件有限公司	GR202235000742
743	福州旗盛医药科技有限公司	GR202235000743
744	福州传鸣工程设计有限公司	GR202235000744
745	福建溢美光电科技有限公司	GR202235000745
746	晋江腾晖顺鞋服制造有限公司	GR202235000746
747	龙岩市有道电子有限公司	GR202235000747
748	福建赢诚嘉业信息科技有限公司	GR202235000748
749	福州浩海通信技术有限公司	GR202235000749
750	三明市和财食品有限公司	GR202235000750
751	福建演坤网络科技有限公司	GR202235000751
752	福建三明金氟化工科技有限公司	GR202235000752
753	福州兴聚辉信息科技有限公司	GR202235000753
754	福建省山河药业有限公司	GR202235000754
755	龙岩市鑫全鸿建材科技有限公司	GR202235000755
756	福州锦沐信息科技有限公司	GR202235000756
757	福州南福医疗科技有限公司	GR202235000757
758	福建约客互联网科技有限公司	GR202235000758
759	福州山之河信息科技有限公司	GR202235000759
760	仙游品尚房产信息有限公司	GR202235000760
761	漳州智行天下信息科技有限公司	GR202235000761
762	特步（中国）有限公司	GR202235000762
763	福建四新电力科技有限公司	GR202235000763
764	福建微越云信息科技有限公司	GR202235000764

续表

序号	企业名称	证书编号
765	福州观佳网络科技有限公司	GR202235000765
766	漳州市泓旺工艺品有限公司	GR202235000766
767	福州古越信息科技有限公司	GR202235000767
768	福州上工汇健康体检中心有限公司	GR202235000768
769	福州晨丰科技有限公司	GR202235000769
770	福州海王金象中药制药有限公司	GR202235000770
771	福建辉日照明电器有限公司	GR202235000771
772	福建泓辛信息科技有限公司	GR202235000772
773	泉州市米图网络科技有限公司	GR202235000773
774	泉州市蓝天环保科技有限公司	GR202235000774
775	福州派奇智能科技有限公司	GR202235000775
776	泉州一核新材料科技有限公司	GR202235000776
777	泉州文学士信息科技有限公司	GR202235000777
778	福建联畅网络科技有限公司	GR202235000778
779	福建互华土木工程管理有限公司	GR202235000779
780	龙工（福建）挖掘机有限公司	GR202235000780
781	福州得游互娱科技有限公司	GR202235000781
782	泉州摩音乐器有限公司	GR202235000782
783	上杭县紫金佳博电子新材料科技有限公司	GR202235000783
784	福州丽泽智能科技有限公司	GR202235000784
785	福建梵戈工业自动化有限公司	GR202235000785
786	福建锐华有限公司	GR202235000786
787	泉州蒙太奇影视传媒有限公司	GR202235000787
788	福建省德化胜东陶瓷有限公司	GR202235000788
789	三明市润泽环保科技有限公司	GR202235000789
790	泉州天巧档案管理服务有限公司	GR202235000790
791	福建心智信息科技股份有限公司	GR202235000791
792	龙岩金时裕电子有限公司	GR202235000792
793	福建东瑞制药有限公司	GR202235000793
794	福建守信新材料科技有限公司	GR202235000794
795	福建瑞晟新材料科技有限公司	GR202235000795
796	福州明音网络科技有限公司	GR202235000796
797	福州富兰光学仪器有限公司	GR202235000797
798	福建呗呗牛信息科技有限公司	GR202235000798
799	福建中科智汇数字科技有限公司	GR202235000799
800	宁德市中科通信工程有限公司	GR202235000800

续表

序号	企业名称	证书编号
801	泉州市云端信息科技有限公司	GR202235000801
802	晋江市福凯服装织造有限公司	GR202235000802
803	福建福日照明有限公司	GR202235000803
804	泉州市成裕机械设备有限公司	GR202235000804
805	福建嘉壹自动化工程有限公司	GR202235000805
806	福建亿万嘉电力科技有限公司	GR202235000806
807	福州市博途照明科技有限公司	GR202235000807
808	福州数联慧达信息科技有限公司	GR202235000808
809	福建闽烯科技有限公司	GR202235000809
810	国凯（福建）消防阀门检测有限公司	GR202235000810
811	福州友星生物科技有限公司	GR202235000811
812	福建龙生生物科技有限公司	GR202235000812
813	三明市海斯福化工有限责任公司	GR202235000813
814	福州众显电子有限公司	GR202235000814
815	福州泰福船舶工程有限公司	GR202235000815
816	泉州市因泰电池有限公司	GR202235000816
817	福建电桩一号信息科技有限公司	GR202235000817
818	福建景尚建筑环境设计工程有限公司	GR202235000818
819	福州知路网络科技有限公司	GR202235000819
820	泉州市德化县恒峰陶瓷有限公司	GR202235000820
821	福建育华重工有限公司	GR202235000821
822	福建三丫生态农业股份有限公司	GR202235000822
823	福建福迩金生物科技有限公司	GR202235000823
824	福州富茨系统技术有限公司	GR202235000824
825	福建三梦信息科技有限公司	GR202235000825
826	漳州通正勘测设计院有限公司	GR202235000826
827	铭创信息技术（莆田）有限公司	GR202235000827
828	福建省德化县宝瑞陶瓷有限公司	GR202235000828
829	福州金庐陵信息科技有限公司	GR202235000829
830	福建省应急通信运营有限公司	GR202235000830
831	福建塔强建材有限公司	GR202235000831
832	莆田市水利水电勘测设计院有限公司	GR202235000832
833	福建远见睿辰信息技术有限公司	GR202235000833
834	福州紫东信息科技有限公司	GR202235000834
835	莆田市协诚鞋业有限公司	GR202235000835
836	梅花（晋江）伞业有限公司	GR202235000836

续表

序号	企业名称	证书编号
837	福州鑫珑耀信息技术有限公司	GR202235000837
838	安溪县金华南实业有限公司	GR202235000838
839	晋江市维盛织造漂染有限公司	GR202235000839
840	福建智会算信息科技有限公司	GR202235000840
841	福建天擎科技有限公司	GR202235000841
842	福建省森阳网络科技有限公司	GR202235000842
843	泉州市浩睿信息科技有限公司	GR202235000843
844	泉州市坤瀚精密机械有限公司	GR202235000844
845	龙岩市有容软件科技有限公司	GR202235000845
846	福州致茂工业自动化科技有限公司	GR202235000846
847	晋江市舔筒食品有限公司	GR202235000847
848	漳州海力机械制造有限公司	GR202235000848
849	漳州市标鑫标准化科技有限公司	GR202235000849
850	福建科乐达智能设备有限公司	GR202235000850
851	泉州市贤兴机械制造有限公司	GR202235000851
852	闽侯县晖弘工艺品有限公司	GR202235000852
853	福建省嘉宸建筑工程有限公司	GR202235000853
854	福州中科莱米科技有限公司	GR202235000854
855	福建通测勘察设计有限公司	GR202235000855
856	福建联信立智科技有限公司	GR202235000856
857	福州迈索德塔信息技术有限公司	GR202235000857
858	福建晨优网络技术有限公司	GR202235000858
859	福建轻科新能源科技有限公司	GR202235000859
860	福建省德化县尚品陶瓷有限公司	GR202235000860
861	福建省和达智能科技有限公司	GR202235000861
862	福建中科多特健康科技有限公司	GR202235000862
863	福建省小租配齐信息产业有限公司	GR202235000863
864	福建福碳新材料科技有限公司	GR202235000864
865	石狮市卓诚机械自动化设备有限责任公司	GR202235000865
866	福州市恒信顺融网络科技有限公司	GR202235000866
867	新路家股份有限公司	GR202235000867
868	友臣集团有限公司	GR202235000868
869	金江（福建）信息科技有限公司	GR202235000869
870	漳州市益宏工贸有限公司	GR202235000870
871	中联智源（福建）科技有限公司	GR202235000871
872	福州海森林网络科技有限公司	GR202235000872

续表

序号	企业名称	证书编号
873	绿萝科技（福建）有限公司	GR202235000873
874	晋江万兴隆染织实业有限公司	GR202235000874
875	福州兴奕盛网络科技有限公司	GR202235000875
876	福州素天下食品有限公司	GR202235000876
877	福建闽威科技股份有限公司	GR202235000877
878	福州圣铠新科技有限公司	GR202235000878
879	福建巨荣电力工程有限公司	GR202235000879
880	福州启航网信息科技有限公司	GR202235000880
881	福建金大瑞信息科技有限公司	GR202235000881
882	福建世纪东海集团有限公司	GR202235000882
883	福建峰传信息科技有限公司	GR202235000883
884	泉州市江顺轻工制品有限公司	GR202235000884
885	福州逸思电子商务有限公司	GR202235000885
886	品翔电子元件（漳州）有限公司	GR202235000886
887	福州聚讯同科技有限公司	GR202235000887
888	福州橘音软件科技有限公司	GR202235000888
889	福建迈格林医疗科技有限公司	GR202235000889
890	福建瑞敏捷顺工业智能装备有限公司	GR202235000890
891	福建省喜玛拉雅科技实业有限公司	GR202235000891
892	泛科轴承集团有限公司	GR202235000892
893	福建腾博新材料科技有限公司	GR202235000893
894	鑫无忧（福州）科技有限公司	GR202235000894
895	福建南平新南针有限公司	GR202235000895
896	福建百思奇智能科技有限公司	GR202235000896
897	福州青雨门环保科技有限公司	GR202235000897
898	福州宇涵科技有限公司	GR202235000898
899	福州可谷信息科技有限公司	GR202235000899
900	福建省华图规划设计院有限公司	GR202235000900
901	跨理优联（福建）质量技术有限公司	GR202235000901
902	石狮市聚宝针纺织品织造有限责任公司	GR202235000902
903	漳州世辉电子科技有限公司	GR202235000903
904	福建壹格智创信息科技有限公司	GR202235000904
905	晋江佳超鞋材有限公司	GR202235000905
906	晋江鸿盛机械有限公司	GR202235000906
907	漳州视瑞特光电科技股份有限公司	GR202235000907
908	龙岩市闽川测绘服务有限公司	GR202235000908

续表

序号	企业名称	证书编号
909	福建锦壹位科技有限公司	GR202235000909
910	福建省新奇卫生材料有限公司	GR202235000910
911	福建汇威环保科技有限公司	GR202235000911
912	泉宁科技股份有限公司	GR202235000912
913	福建汇信格工程管理有限公司	GR202235000913
914	福建省骏元建筑设计有限公司	GR202235000914
915	中企闽泽建设有限公司	GR202235000915
916	龙海鼎泰食品有限公司	GR202235000916
917	福建尚文农业发展有限公司	GR202235000917
918	福建福沃森仪器设备有限公司	GR202235000918
919	中路云网（福建）信息科技有限公司	GR202235000919
920	福建亿华源能源管理有限公司	GR202235000920
921	福建嘉鑫博源电子科技有限公司	GR202235000921
922	福建利树股份有限公司	GR202235000922
923	福建赤兔码信息科技有限公司	GR202235000923
924	泉州共盈康兴新材料科技有限公司	GR202235000924
925	泉州市富元机械有限公司	GR202235000925
926	水仙药业（建瓯）股份有限公司	GR202235000926
927	莆田市森达数控机械有限公司	GR202235000927
928	福建申利卡铝业发展有限公司	GR202235000928
929	福建省沉瑜香香文化开发有限公司	GR202235000929
930	龙岩岩基软通网络科技有限公司	GR202235000930
931	福州市大吕网络科技有限公司	GR202235000931
932	漳州铁管家电子科技有限公司	GR202235000932
933	泉州永觉科技有限公司	GR202235000933
934	福建易而商信息技术有限公司	GR202235000934
935	莆田市力天量控有限公司	GR202235000935
936	泉州市启智企业管理服务有限公司	GR202235000936
937	福建茂荣睿智信息科技有限公司	GR202235000937
938	福州政通科技有限公司	GR202235000938
939	泉州市西特吉新材料有限公司	GR202235000939
940	龙岩市博睿电子信息技术有限公司	GR202235000940
941	中钨合金科技（莆田）有限公司	GR202235000941
942	福建美电物联科技有限公司	GR202235000942
943	福建新时代环保科技有限公司	GR202235000943
944	福建省联丰盛漂染植绒有限公司	GR202235000944

续表

序号	企业名称	证书编号
945	长乐鲜花针织有限公司	GR202235000945
946	福建三合智能装备有限公司	GR202235000946
947	福州富日易网络科技有限公司	GR202235000947
948	龙岩煜联信息技术有限公司	GR202235000948
949	福州挺我客网络科技有限公司	GR202235000949
950	福建省百洲信息技术有限公司	GR202235000950
951	漳州市德满分食品有限公司	GR202235000951
952	福州绿帆包装材料有限公司	GR202235000952
953	福州天羊网络科技有限公司	GR202235000953
954	福建安启源新型建材有限公司	GR202235000954
955	晋江市聚赢数控科技有限公司	GR202235000955
956	福建众为能源有限公司	GR202235000956
957	福建省美德医械制造有限公司	GR202235000957
958	泉州市数字云谷信息产业发展有限公司	GR202235000958
959	福建万润新能源科技有限公司	GR202235000959
960	福建鑫恒动信息技术有限公司	GR202235000960
961	福建科图勘测规划有限公司	GR202235000961
962	福建智星建设科技有限公司	GR202235000962
963	泉州市纳德信息科技有限公司	GR202235000963
964	天联信息科技有限公司	GR202235000964
965	泉州市在线科技软件有限公司	GR202235000965
966	福鼎市丰泰化油器制造有限公司	GR202235000966
967	莆田市云天科技有限公司	GR202235000967
968	福建源辉电气设备有限公司	GR202235000968
969	福建省神马瑞斯信息科技有限公司	GR202235000969
970	福建省德化县创荣陶瓷有限公司	GR202235000970
971	瑞千（福建）智能科技有限公司	GR202235000971
972	福州市讯刊生物科技有限公司	GR202235000972
973	福建创联建材有限公司	GR202235000973
974	晋江三伍微电子有限公司	GR202235000974
975	福建龙兰环保科技有限公司	GR202235000975
976	千亿设计集团有限公司	GR202235000976
977	福建省德化县宝艺陶瓷有限公司	GR202235000977
978	福州幻时空网络科技有限公司	GR202235000978
979	屏南时代新材料技术有限公司	GR202235000979
980	连城县中触电子有限公司	GR202235000980

续表

序号	企业名称	证书编号
981	福州优网信息技术有限公司	GR202235000981
982	泉州市拓维信息科技有限公司	GR202235000982
983	福建省力菲克药业有限公司	GR202235000983
984	企行行信息科技（福建）有限公司	GR202235000984
985	泉州市光之旅电子科技有限公司	GR202235000985
986	福州创腾新颖科技有限公司	GR202235000986
987	龙岩市四方工程检测有限公司	GR202235000987
988	龙岩市精科模具制造有限公司	GR202235000988
989	龙岩市点墨网络科技有限公司	GR202235000989
990	福建谱尼环境科技有限公司	GR202235000990
991	漳州鑫华成机械制造有限公司	GR202235000991
992	福清市迪川包装有限公司	GR202235000992
993	福建省新茂泰工程项目管理有限公司	GR202235000993
994	永安市丰源化工有限公司	GR202235000994
995	福建鑫博泰节能门窗有限公司	GR202235000995
996	神州思创（福建）信息技术有限公司	GR202235000996
997	福建大华智慧信息技术研究院有限公司	GR202235000997
998	福州市电鱼网络科技有限公司	GR202235000998
999	光泽县兴鲲鹏竹木制品有限公司	GR202235000999
1000	泉州市华山彩色印刷有限公司	GR202235001000
1001	福建省鲁艺家居有限公司	GR202235001001
1002	福州钜宏金属有限公司	GR202235001002
1003	福州解决啦网络科技有限公司	GR202235001003
1004	高尖新（福建）物联网科技有限公司	GR202235001004
1005	福建凯立生物制品有限公司	GR202235001005
1006	福建省环宇工程质量检测有限公司	GR202235001006
1007	福建慧政通信息科技有限公司	GR202235001007
1008	福建省宝诺医药研发有限公司	GR202235001008
1009	澳蓝（福建）实业有限公司	GR202235001009
1010	同溢堂药业有限公司	GR202235001010
1011	泉州市惠人智能科技有限公司	GR202235001011
1012	福建伊顿电气有限公司	GR202235001012
1013	福建嘉富顿环保科技有限公司	GR202235001013
1014	龙岩小桔信息科技有限公司	GR202235001014
1015	福建慧捷通科技有限公司	GR202235001015
1016	福建省德化县东盛陶瓷有限公司	GR202235001016

续表

序号	企业名称	证书编号
1017	福建巨联环境科技股份有限公司	GR202235001017
1018	福州禾讯科技有限公司	GR202235001018
1019	慧芸富信息科技（福建）有限公司	GR202235001019
1020	福建金山锂科新材料有限公司	GR202235001020
1021	福州萬康网络科技有限公司	GR202235001021
1022	福建省诺言信息科技有限公司	GR202235001022
1023	福州市桢晟智能科技有限公司	GR202235001023
1024	福建奥格智城信息科技有限公司	GR202235001024
1025	福建融银信息技术服务有限公司	GR202235001025
1026	福建省德源智能科技有限公司	GR202235001026
1027	泉州市三业智能科技有限公司	GR202235001027
1028	福建明辰智创装备科技有限公司	GR202235001028
1029	福建省德化县晖德陶瓷有限公司	GR202235001029
1030	福州汉晶电子科技有限公司	GR202235001030
1031	泉州杉鹰科技有限公司	GR202235001031
1032	泉州恒利达工程机械有限公司	GR202235001032
1033	脉多（福州）网络科技有限公司	GR202235001033
1034	福州点金信息技术有限公司	GR202235001034
1035	惠安县崇武客记食品有限公司	GR202235001035
1036	福建省晋江市华宇织造有限公司	GR202235001036
1037	福建卓融信息技术有限公司	GR202235001037
1038	福州其游网络科技有限公司	GR202235001038
1039	中宏源建设管理有限公司	GR202235001039
1040	福州天之谷网络科技有限公司	GR202235001040
1041	福州市龙安电子科技有限公司	GR202235001041
1042	福建盛达机器股份公司	GR202235001042
1043	福建万维拓扑网络科技有限公司	GR202235001043
1044	福州市慧商网络科技有限公司	GR202235001044
1045	福州超创信息科技有限公司	GR202235001045
1046	福建中海丰智能科技有限公司	GR202235001046
1047	福州立洲弹簧有限公司	GR202235001047
1048	中纺协检验（泉州）技术服务有限公司	GR202235001048
1049	福建省德化县艺韵陶瓷有限公司	GR202235001049
1050	福州百洋海味食品有限公司	GR202235001050
1051	万升消防科技有限公司	GR202235001051
1052	晋江海纳机械有限公司	GR202235001052

续表

序号	企业名称	证书编号
1053	福建力利实业有限公司	GR202235001053
1054	福建延晨信息科技有限公司	GR202235001054
1055	福建金密网络安全测评技术有限公司	GR202235001055
1056	福州路信公路设计有限公司	GR202235001056
1057	莆田市城厢区福瑞科技电子有限公司	GR202235001057
1058	坦帕（福建）电气有限公司	GR202235001058
1059	福州池贯城科技有限公司	GR202235001059
1060	福州美生活网络科技有限公司	GR202235001060
1061	福州号号通信息科技有限公司	GR202235001061
1062	福建友和胶粘科技实业有限公司	GR202235001062
1063	莆田市嘉业光电电子有限公司	GR202235001063
1064	福建卫东新能源股份有限公司	GR202235001064
1065	宇烈工程设计院（福建）有限公司	GR202235001065
1066	福建前创信息科技有限公司	GR202235001066
1067	福州速易联电气有限公司	GR202235001067
1068	福建泉州旺拉利建材有限公司	GR202235001068
1069	福州普融信息技术有限公司	GR202235001069
1070	福建省千韵信息技术有限公司	GR202235001070
1071	福建万安实业集团有限公司	GR202235001071
1072	福建北斗星河通信有限公司	GR202235001072
1073	泉州恩加品牌策划有限公司	GR202235001073
1074	福建锐远档案技术服务有限公司	GR202235001074
1075	福建恒吟信息科技有限公司	GR202235001075
1076	漳州市远福包装有限公司	GR202235001076
1077	泉州盛发新材料科技有限公司	GR202235001077
1078	石狮市第六感服装绣花有限公司	GR202235001078
1079	福建图宇燎原信息技术有限公司	GR202235001079
1080	福建银讯信息科技有限公司	GR202235001080
1081	福建同阳科技发展有限公司	GR202235001081
1082	福州鲸派网络科技有限公司	GR202235001082
1083	石狮平盛针织有限公司	GR202235001083
1084	福建省格物智图信息技术有限公司	GR202235001084
1085	漳州市中鸿信息技术有限公司	GR202235001085
1086	福建紫金铜业有限公司	GR202235001086
1087	福建旭辰信息科技有限公司	GR202235001087
1088	福建顺源纺织有限公司	GR202235001088

续表

序号	企业名称	证书编号
1089	泉州三安半导体科技有限公司	GR202235001089
1090	福建嘉翔包装有限公司	GR202235001090
1091	福州康联通讯技术有限公司	GR202235001091
1092	福建蓝眼泪网络科技有限公司	GR202235001092
1093	福州恰同学信息科技有限公司	GR202235001093
1094	福建亚南电机有限公司	GR202235001094
1095	福建省布谷信田农业科技有限公司	GR202235001095
1096	泉州市千智网络科技有限公司	GR202235001096
1097	中净（福建）净化科技有限公司	GR202235001097
1098	福州大禹电子科技有限公司	GR202235001098
1099	福建美士邦精细陶瓷科技有限公司	GR202235001099
1100	福建比木建筑科技有限公司	GR202235001100
1101	福州逐牧智能科技有限公司	GR202235001101
1102	漳州麻吉网络信息服务有限公司	GR202235001102
1103	福州淘股吧互联网股份有限公司	GR202235001103
1104	安耐特消防装备有限公司	GR202235001104
1105	福建省金柏利五金科技有限公司	GR202235001105
1106	福建绿洲固体废物处置有限公司	GR202235001106
1107	福州市天久瑞禾信息技术有限公司	GR202235001107
1108	龙岩市本缘节能环保科技有限公司	GR202235001108
1109	福建八通智能科技有限公司	GR202235001109
1110	福建青网网络科技有限公司	GR202235001110
1111	龙岩市龙象机械设备制造有限公司	GR202235001111
1112	福州光致科技有限公司	GR202235001112
1113	石狮市星港塑胶包装有限公司	GR202235001113
1114	福州蓝洞文化传媒有限公司	GR202235001114
1115	福州佳鼎软件有限公司	GR202235001115
1116	福州出入家智能科技有限公司	GR202235001116
1117	福建华捷智能科技有限公司	GR202235001117
1118	福建鸿远信息科技有限公司	GR202235001118
1119	福安市康尔宝电子有限公司	GR202235001119
1120	福州帝牛信息科技有限公司	GR202235001120
1121	福建标顶科技有限公司	GR202235001121
1122	泉州云趣物联科技有限公司	GR202235001122
1123	中智（福建）科技有限公司	GR202235001123
1124	福建省德化县艺虹工贸有限公司	GR202235001124

续表

序号	企业名称	证书编号
1125	福州洛比特网络科技有限公司	GR202235001125
1126	福建云宝科技有限公司	GR202235001126
1127	福州百力安检测技术有限公司	GR202235001127
1128	福州市康纳森信息科技有限公司	GR202235001128
1129	依仁鲤实业有限公司	GR202235001129
1130	福州杰生广印工艺品有限责任公司	GR202235001130
1131	福建桦智工程技术有限公司	GR202235001131
1132	寿宁县馨安电子科技有限公司	GR202235001132
1133	福人木业（福州）有限公司	GR202235001133
1134	福建博辉电力科技有限公司	GR202235001134
1135	莆田小鱼网信息技术有限公司	GR202235001135
1136	福建省诚上信息科技有限公司	GR202235001136
1137	福州弘丰光电科技有限公司	GR202235001137
1138	福建金山耐磨材料有限公司	GR202235001138
1139	福州鼎公信息技术有限公司	GR202235001139
1140	漳州瑞泉网业制造有限公司	GR202235001140
1141	福建省水投数字科技有限公司	GR202235001141
1142	福建奕诗医疗集团有限公司	GR202235001142
1143	福建美特好智能科技有限公司	GR202235001143
1144	龙岩市方信机械有限公司	GR202235001144
1145	福建荣宇传媒有限公司	GR202235001145
1146	福建宝翔针织技术股份有限公司	GR202235001146
1147	信达汇通（福州）科技有限公司	GR202235001147
1148	福建中研机电科技有限公司	GR202235001148
1149	泉州市千里虎网络科技有限公司	GR202235001149
1150	福建科恒新材料有限公司	GR202235001150
1151	晋江力绿食品有限公司	GR202235001151
1152	福州利风行电子有限公司	GR202235001152
1153	福州瑞泽信息技术有限公司	GR202235001153
1154	福建国安质检技术服务有限公司	GR202235001154
1155	福州恒瑞泽科技有限公司	GR202235001155
1156	福州睿谷生物科技有限公司	GR202235001156
1157	泉州市比邻三维科技有限公司	GR202235001157
1158	福州森彩纸制品有限公司	GR202235001158
1159	福州睿长网络科技有限公司	GR202235001159
1160	福建金锐达金属包装有限公司	GR202235001160

续表

序号	企业名称	证书编号
1161	泉州市佰誉机械科技有限公司	GR202235001161
1162	福州闽海药业有限公司	GR202235001162
1163	瑞闽通达建设科技（福建）有限公司	GR202235001163
1164	福州精睿机械设备有限公司	GR202235001164
1165	福州妙极星网络科技有限公司	GR202235001165
1166	福州市海洋科学研究院有限公司	GR202235001166
1167	劲源科技发展有限公司	GR202235001167
1168	老木匠木业有限公司	GR202235001168
1169	福州科塔网络科技有限公司	GR202235001169
1170	福建启策科技有限公司	GR202235001170
1171	福建和东新型建材有限公司	GR202235001171
1172	福建省圆马信息科技有限公司	GR202235001172
1173	福州航鑫信息科技有限公司	GR202235001173
1174	福州迪弗科技有限公司	GR202235001174
1175	莆田市中宏信息技术有限公司	GR202235001175
1176	福建晟明发展有限公司	GR202235001176
1177	尤溪景竹家居用品有限公司	GR202235001177
1178	福州市伍玖壹动漫科技有限公司	GR202235001178
1179	泉州市卓锐针织机械有限公司	GR202235001179
1180	福建向尚文化传播有限公司	GR202235001180
1181	福州酷乐文化传媒有限公司	GR202235001181
1182	福州联合智业技术咨询有限公司	GR202235001182
1183	百祺（福建）实业有限公司	GR202235001183
1184	福建万和鑫创电子技术有限公司	GR202235001184
1185	福建超智集团有限公司	GR202235001185
1186	福建羚羊信息科技有限公司	GR202235001186
1187	福州市数据资产运营有限公司	GR202235001187
1188	福州市宇心建材科技有限公司	GR202235001188
1189	福州市晟煜云网络科技有限公司	GR202235001189
1190	金帝食品有限公司	GR202235001190
1191	漳州沃德轴承有限公司	GR202235001191
1192	中北（福建）设计有限公司	GR202235001192
1193	福建贝迪药业有限公司	GR202235001193
1194	福建省江南冷却科技有限公司	GR202235001194
1195	莆田市建筑设计有限公司	GR202235001195
1196	福人集团森林工业有限公司	GR202235001196

续表

序号	企业名称	证书编号
1197	福建瑞凡轻工有限公司	GR202235001197
1198	福建黑狮润滑油有限公司	GR202235001198
1199	漳州大北农农牧科技有限公司	GR202235001199
1200	福建省建研工程顾问有限公司	GR202235001200
1201	珠峰动力机械（宁德）有限公司	GR202235001201
1202	信创合（福建）信息技术有限公司	GR202235001202
1203	福建瑞光达信息科技有限公司	GR202235001203
1204	莆田市海发水产开发有限公司	GR202235001204
1205	福建省长汀卓尔科技股份有限公司	GR202235001205
1206	福州海恒水务设备有限公司	GR202235001206
1207	福建朝旭新能源科技有限公司	GR202235001207
1208	福州艾何坤信息科技有限公司	GR202235001208
1209	福州开发区创达电子有限公司	GR202235001209
1210	邦泓纺织（晋江）有限公司	GR202235001210
1211	龙岩市鸿图线路板有限公司	GR202235001211
1212	福建长信纸业包装有限公司	GR202235001212
1213	福州视驰科技有限公司	GR202235001213
1214	福建省信明橡塑有限公司	GR202235001214
1215	福州创杰工业科技有限公司	GR202235001215
1216	龙岩市华众机械有限公司	GR202235001216
1217	晋江市悦丰鞋业有限公司	GR202235001217
1218	泉州康博机电有限公司	GR202235001218
1219	福建洲榕工程管理有限公司	GR202235001219
1220	福州市奇异客智能科技有限公司	GR202235001220
1221	漳州市大时代网络科技有限公司	GR202235001221
1222	福建飞毛腿动力科技有限公司	GR202235001222
1223	福建双诚电气有限公司	GR202235001223
1224	福州司王伊信息科技有限公司	GR202235001224
1225	福建穿讯网络科技有限公司	GR202235001225
1226	福建创匠科技有限公司	GR202235001226
1227	福建聚德网络科技有限公司	GR202235001227
1228	福州辰维信息技术有限公司	GR202235001228
1229	漳州绿林生物科技有限公司	GR202235001229
1230	长泰科美厨卫科技有限公司	GR202235001230
1231	福建建中建设科技有限责任公司	GR202235001231
1232	漳州市澳捷光学科技有限公司	GR202235001232

续表

序号	企业名称	证书编号
1233	福州创科达信息科技有限公司	GR202235001233
1234	福州斯迈欧数字科技有限公司	GR202235001234
1235	福建鸣鸿树脂有限公司	GR202235001235
1236	中国水利水电第十六工程局有限公司	GR202235001236
1237	福州寻码科技有限责任公司	GR202235001237
1238	福建省晋江市恒丰喷胶棉织造有限公司	GR202235001238
1239	福建融音塑业科技有限公司	GR202235001239
1240	福建创成机械制造有限公司	GR202235001240
1241	福建迅合建设科技有限公司	GR202235001241
1242	福州双华精密机械有限公司	GR202235001242
1243	昊恒（福建）建材科技有限公司	GR202235001243
1244	宁德奇迹时空信息科技有限公司	GR202235001244
1245	福州佳和互娱网络科技有限公司	GR202235001245
1246	福州丹诺西诚电子科技有限公司	GR202235001246
1247	福州聚灿新信息科技有限公司	GR202235001247
1248	石狮市青灿兴五金工艺品有限公司	GR202235001248
1249	福州德畅科技有限公司	GR202235001249
1250	福建南平沃森机电自动化有限公司	GR202235001250
1251	福州华霖信息技术有限公司	GR202235001251
1252	晋江旺美网络科技有限公司	GR202235001252
1253	福建闽生源农业科技有限公司	GR202235001253
1254	泉州金田电子线路板有限公司	GR202235001254
1255	福建青旅农业科技有限责任公司	GR202235001255
1256	龙岩兰博湾环保科技有限公司	GR202235001256
1257	福建荣耀纺织有限公司	GR202235001257
1258	莆田市众擎天下电子商务有限公司	GR202235001258
1259	晋江市精帛针织机械有限公司	GR202235001259
1260	泉州联成机械有限公司	GR202235001260
1261	福建德辉信息科技有限公司	GR202235001261
1262	福建赛欣计算机科技有限公司	GR202235001262
1263	中机焊业科技（福建）有限公司	GR202235001263
1264	福建锐霸机电有限公司	GR202235001264
1265	莆田市晓林信息技术有限公司	GR202235001265
1266	泉州瑞森电子有限公司	GR202235001266
1267	菅沼研磨（福州）有限公司	GR202235001267
1268	福州三旬企业管理咨询有限公司	GR202235001268

续表

序号	企业名称	证书编号
1269	福建省华宝智能科技有限公司	GR202235001269
1270	福建品友文化传播有限公司	GR202235001270
1271	福建省兴春包装印刷有限公司	GR202235001271
1272	福建亚太知识产权运营有限公司	GR202235001272
1273	福建瑞虹贾卡实业有限公司	GR202235001273
1274	福建泓然智控信息科技有限公司	GR202235001274
1275	泉州准点传媒有限公司	GR202235001275
1276	福州聚丰汽车零部件有限公司	GR202235001276
1277	福州市连江鑫博食品机械有限公司	GR202235001277
1278	福州马上充新能源科技有限公司	GR202235001278
1279	泉州和风网络科技有限公司	GR202235001279
1280	福建明点信息技术有限公司	GR202235001280
1281	福建省美凯源鞋业有限责任公司	GR202235001281
1282	福建蓝海节能科技有限公司	GR202235001282
1283	福建登龙网络科技有限公司	GR202235001283
1284	福州晨希网络科技有限公司	GR202235001284
1285	微物联（福州）网络科技有限公司	GR202235001285
1286	泉州美合文化用品有限公司	GR202235001286
1287	福州豆趣网络科技有限公司	GR202235001287
1288	福建省中海福海洋科技有限公司	GR202235001288
1289	万华新材料有限公司	GR202235001289
1290	福州市孔氏祥君智能科技有限公司	GR202235001290
1291	福州福田工艺品有限公司	GR202235001291
1292	莆田市影力文化传播有限公司	GR202235001292
1293	福建坤麟科技有限公司	GR202235001293
1294	福建国信立联科技集团有限公司	GR202235001294
1295	德化县中晟工艺有限责任公司	GR202235001295
1296	漳州三德利油漆涂料有限公司	GR202235001296
1297	福建子见信息科技有限公司	GR202235001297
1298	石狮市伊柏工艺品有限公司	GR202235001298
1299	海诺斯（漳州）工业机械有限公司	GR202235001299
1300	福建智涵信息科技有限公司	GR202235001300
1301	科之杰新材料集团福建有限公司	GR202235001301
1302	泉州市宇辰电子商务有限公司	GR202235001302
1303	天迈极光（福建）科技有限公司	GR202235001303
1304	龙岩市波动网络科技有限公司	GR202235001304

续表

序号	企业名称	证书编号
1305	福州弈网恒通信息技术有限公司	GR202235001305
1306	巨龙电机（宁德）有限公司	GR202235001306
1307	茂泰（福建）鞋材有限公司	GR202235001307
1308	福建欣弘机电设备有限公司	GR202235001308
1309	华电智网（福建）电力科技有限公司	GR202235001309
1310	福建同竹科技有限公司	GR202235001310
1311	福州智元仪器设备有限公司	GR202235001311
1312	固美金属股份有限公司	GR202235001312
1313	泉州巨力重型工程机械有限公司	GR202235001313
1314	福建嘟闽信息技术有限公司	GR202235001314
1315	福州爱豆信息科技股份有限公司	GR202235001315
1316	福建爱莱格游艇工业有限公司	GR202235001316
1317	福州泰文信息科技有限公司	GR202235001317
1318	福州浩普软件技术开发有限公司	GR202235001318
1319	福建省提森特医疗科技有限公司	GR202235001319
1320	福州万德电气有限公司	GR202235001320
1321	福建拓科勘测有限公司	GR202235001321
1322	福州弗里曼教育科技有限公司	GR202235001322
1323	福州尚网网络科技有限公司	GR202235001323
1324	福清市协裕印刷制品有限公司	GR202235001324
1325	福清融钇教育科技有限公司	GR202235001325
1326	初链（福州）信息科技有限公司	GR202235001326
1327	福建省天力卫浴科技有限公司	GR202235001327
1328	漳州金钥匙机械有限公司	GR202235001328
1329	福州龙林工程技术有限公司	GR202235001329
1330	福建德普乐能源科技有限公司	GR202235001330
1331	泉州联兴发针织织造有限公司	GR202235001331
1332	福建省德化县御泉工艺有限公司	GR202235001332
1333	福建闽图科技有限公司	GR202235001333
1334	福建省宏实建设工程质量检测有限公司	GR202235001334
1335	福州华纳信息科技有限公司	GR202235001335
1336	漳州政友软件技术有限公司	GR202235001336
1337	福建华夏蓝新材料科技有限公司	GR202235001337
1338	漳州旗滨光伏新能源科技有限公司	GR202235001338
1339	泉州市信汇信息科技有限公司	GR202235001339
1340	福建华夏信息产业有限公司	GR202235001340

续表

序号	企业名称	证书编号
1341	福州银达天成电子技术有限公司	GR202235001341
1342	福建澳洁水处理工程有限公司	GR202235001342
1343	福州市恒晟弹簧有限公司	GR202235001343
1344	数研院（福建）信息产业发展有限公司	GR202235001344
1345	福州元淞环境科技有限公司	GR202235001345
1346	福建志远启智科技有限公司	GR202235001346
1347	福建众承信息科技有限公司	GR202235001347
1348	福州科融电子科技有限公司	GR202235001348
1349	晋江市一帆鞋材有限公司	GR202235001349
1350	润克（集团）股份有限公司	GR202235001350
1351	福建诚华信用管理有限公司	GR202235001351
1352	福建闽瑞新合纤股份有限公司	GR202235001352
1353	福建鸿硕科技有限公司	GR202235001353
1354	福州万盛新型材料有限公司	GR202235001354
1355	福建康奥思信息科技有限公司	GR202235001355
1356	泉州市棕宝纤维科技有限公司	GR202235001356
1357	福建省南盛彩印有限公司	GR202235001357
1358	泉州市楷政网络科技有限公司	GR202235001358
1359	福州格道信息科技有限公司	GR202235001359
1360	莆田市泓喆信息科技有限公司	GR202235001360
1361	福建宝晟电气科技有限公司	GR202235001361
1362	福建伊特先进智能科技有限公司	GR202235001362
1363	福建泓宝信塑胶科技有限公司	GR202235001363
1364	福建省德化佳诚陶瓷有限公司	GR202235001364
1365	福建星美夸克数字科技有限公司	GR202235001365
1366	福州德科精密工业有限公司	GR202235001366
1367	福建合利食品实业有限公司	GR202235001367
1368	福建安鸿信息科技有限公司	GR202235001368
1369	泉州鑫迪晟新材料科技有限公司	GR202235001369
1370	福州刷新网络技术服务有限公司	GR202235001370
1371	时空云信息科技（福州）有限公司	GR202235001371
1372	福州市鼓楼区智搜信息科技有限公司	GR202235001372
1373	福建省龙德新能源有限公司	GR202235001373
1374	福建鼎厨王厨具有限公司	GR202235001374
1375	福建美可纸业有限公司	GR202235001375
1376	福建海鲸消防有限公司	GR202235001376

续表

序号	企业名称	证书编号
1377	福州安护科技有限公司	GR202235001377
1378	福建坤彩材料科技股份有限公司	GR202235001378
1379	宁德新中远智能装备有限公司	GR202235001379
1380	龙岩卓越生物基材料有限公司	GR202235001380
1381	福州号云世纪信息技术有限公司	GR202235001381
1382	福州市新微纳生物科技有限公司	GR202235001382
1383	三明市建和园农业科技有限公司	GR202235001383
1384	漳州金利泰包装制品有限公司	GR202235001384
1385	泉州市丰泽区福谷软件有限公司	GR202235001385
1386	晋江市金铭雨具制造有限公司	GR202235001386
1387	漳州华飞体育用品有限公司	GR202235001387
1388	福建永绘纺织有限公司	GR202235001388
1389	中机精冲科技（福建）有限公司	GR202235001389
1390	福建海峡纺织科技股份有限公司	GR202235001390
1391	福州兔小萌网络科技有限公司	GR202235001391
1392	龙岩市山力工程液压有限公司	GR202235001392
1393	福州优智电子科技有限公司	GR202235001393
1394	漳州市鑫顺兴纸塑有限公司	GR202235001394
1395	福建鲁班智慧信息科技有限公司	GR202235001395
1396	福建省磐石混凝土工程有限公司	GR202235001396
1397	福建绿佳环保科技有限公司	GR202235001397
1398	福州顺为科技有限公司	GR202235001398
1399	福建无距物联网科技有限公司	GR202235001399
1400	福建中青汽车技术有限公司	GR202235001400
1401	福建洁利来智能厨卫股份有限公司	GR202235001401
1402	极研（福建）信息科技有限公司	GR202235001402
1403	福建鑫安机械有限公司	GR202235001403
1404	福州美享惬逸科技有限公司	GR202235001404
1405	福建省南云包装设备有限公司	GR202235001405
1406	福建童城食品集团有限公司	GR202235001406
1407	福建天成卓越网络科技有限公司	GR202235001407
1408	泉州昌顺机械有限公司	GR202235001408
1409	福建五一信息技术有限公司	GR202235001409
1410	福建晶通网络科技有限公司	GR202235001410
1411	福州清净环保设备有限公司	GR202235001411
1412	漳州旗滨玻璃有限公司	GR202235001412

续表

序号	企业名称	证书编号
1413	福建锦科新材料科技有限公司	GR202235001413
1414	福建省长汀瑞祥装配式建筑有限公司	GR202235001414
1415	嘉文丽（福建）化妆品有限公司	GR202235001415
1416	泉州市轩捷软件科技有限公司	GR202235001416
1417	福建科斯特电气科技有限公司	GR202235001417
1418	福州和冠实业有限公司	GR202235001418
1419	福建创投环境检测有限公司	GR202235001419
1420	福州康信照明有限公司	GR202235001420
1421	福建展宏人造革有限公司	GR202235001421
1422	龙岩市青橄榄环保科技有限公司	GR202235001422
1423	晋江市自然化纤制造有限公司	GR202235001423
1424	福州柒识在线信息技术有限公司	GR202235001424
1425	福建优易普科技有限公司	GR202235001425
1426	福州壹壹科技有限公司	GR202235001426
1427	数能（福建）科技有限公司	GR202235001427
1428	福州智起东方信息科技有限公司	GR202235001428
1429	福州居正致远智能科技有限公司	GR202235001429
1430	福州融之泉软件科技有限公司	GR202235001430
1431	福州旭捷科技有限公司	GR202235001431
1432	福建省中孚检测技术有限公司	GR202235001432
1433	晋江福兴拉链有限公司	GR202235001433
1434	泉州庆源达纺织科技有限公司	GR202235001434
1435	福建神探痕迹科技有限公司	GR202235001435
1436	福建海电运维科技有限责任公司	GR202235001436
1437	福建省粤华环保科技有限公司	GR202235001437
1438	福建省中侨富士电梯有限公司	GR202235001438
1439	福建海纳蓝天教育科技有限公司	GR202235001439
1440	福州同和网络科技有限公司	GR202235001440
1441	福州宏旭科技有限公司	GR202235001441
1442	长乐力恒锦纶科技有限公司	GR202235001442
1443	龙岩市青奈信息技术有限公司	GR202235001443
1444	福建极推科技有限公司	GR202235001444
1445	泉州市邮立信软件科技有限公司	GR202235001445
1446	泉州市卓安软件科技有限公司	GR202235001446
1447	福州印友数字印刷有限公司	GR202235001447
1448	生活汇富（福建）科技有限公司	GR202235001448

续表

序号	企业名称	证书编号
1449	福建钟山化工有限公司	GR202235001449
1450	道格元创（福建）文化创意有限公司	GR202235001450
1451	泉州市三联机械制造有限公司	GR202235001451
1452	福建智信铝业有限公司	GR202235001452
1453	福建斯为信建设发展有限公司	GR202235001453
1454	福建福睿旺科技有限公司	GR202235001454
1455	福建东方祥云信息技术有限公司	GR202235001455
1456	福建捌玖教育科技有限公司	GR202235001456
1457	福建福联精编有限公司	GR202235001457
1458	豪士（福建）食品有限公司	GR202235001458
1459	漳州新丽珠五金制品有限公司	GR202235001459
1460	泉州市骏吉网络科技有限公司	GR202235001460
1461	福建榕晟电气有限公司	GR202235001461
1462	福州青鸾科技有限公司	GR202235001462
1463	福州市森讯通信技术有限公司	GR202235001463
1464	福州凌云数据科技有限公司	GR202235001464
1465	福建凯盈资讯有限公司	GR202235001465
1466	福州九尾狐网络科技有限公司	GR202235001466
1467	中建万众建设有限公司	GR202235001467
1468	福建漳州市德昌皮业有限公司	GR202235001468
1469	福建信合云创网络智能科技有限公司	GR202235001469
1470	福州善食汇健康科技有限公司	GR202235001470
1471	泉州市合协软件股份有限公司	GR202235001471
1472	福州振邦智数机器人有限公司	GR202235001472
1473	三明帝视机器人科技有限公司	GR202235001473
1474	福建省精创交通设计咨询有限公司	GR202235001474
1475	晋江市达亿经编织造有限公司	GR202235001475
1476	福州优优得工程设计有限公司	GR202235001476
1477	龙岩海圣科技有限公司	GR202235001477
1478	福建煌众谦信息科技有限公司	GR202235001478
1479	漳州明建机械设备制造有限公司	GR202235001479
1480	泉州日美卫浴有限公司	GR202235001480
1481	福建省睿步智能装备有限公司	GR202235001481
1482	福建建工装配式建筑研究院有限公司	GR202235001482
1483	福州库里亚网络科技有限公司	GR202235001483
1484	福建海景科技开发有限公司	GR202235001484

续表

序号	企业名称	证书编号
1485	福州西港工程设计有限公司	GR202235001485
1486	福建省皓宇智能科技有限公司	GR202235001486
1487	福建睿驰信息技术有限公司	GR202235001487
1488	福建植嘉生物科技有限公司	GR202235001488
1489	集时通（福建）信息科技有限公司	GR202235001489
1490	欣越智机科技（龙岩）有限公司	GR202235001490
1491	泉州新致美义齿有限公司	GR202235001491
1492	福州通产光电技术有限公司	GR202235001492
1493	福建邻里汇健康管理有限公司	GR202235001493
1494	晋江晟集纺织有限公司	GR202235001494
1495	福州快采帮网络科技有限公司	GR202235001495
1496	福建省盛世嘉园科技有限公司	GR202235001496
1497	福建风云时空科技有限公司	GR202235001497
1498	福州东易顺网络科技有限公司	GR202235001498
1499	福州顺禾欣智能科技有限公司	GR202235001499
1500	福州唯氏金属制品有限公司	GR202235001500
1501	福州市思哲教育科技有限公司	GR202235001501
1502	漳州科华电气技术有限公司	GR202235001502
1503	福州威创极客信息技术有限公司	GR202235001503
1504	石狮市洪顺印染机械制造有限公司	GR202235001504
1505	泉州长合艺品有限公司	GR202235001505
1506	福建省精彩数字电子科技有限公司	GR202235001506
1507	宏正（福建）化学品有限公司	GR202235001507
1508	福建龙净科瑞环保有限公司	GR202235001508
1509	莆田安泰医学检验实验室有限责任公司	GR202235001509
1510	福州宇澄环保工程设计有限公司	GR202235001510
1511	泉州大数据运营服务有限公司	GR202235001511
1512	福建泰迪宠物食品有限公司	GR202235001512
1513	福建烟草机械有限公司	GR202235001513
1514	福州腾博达软件开发有限公司	GR202235001514
1515	青蛙王子（福建）婴童护理用品有限公司	GR202235001515
1516	福州纽利兹网络科技有限公司	GR202235001516
1517	福建省永晟勘察设计有限公司	GR202235001517
1518	福建赛邦建设工程有限公司	GR202235001518
1519	荣腾四季（福州）科技服务有限责任公司	GR202235001519
1520	福州智信未来电子科技有限公司	GR202235001520

续表

序号	企业名称	证书编号
1521	福州市灵创电子科技有限公司	GR202235001521
1522	福建铕乾新能源科技有限公司	GR202235001522
1523	福建久策气体股份有限公司	GR202235001523
1524	福建尚禾筑创设计有限公司	GR202235001524
1525	福州迈新生物技术开发有限公司	GR202235001525
1526	福建凯龙包装股份有限公司	GR202235001526
1527	福建省江南顺达线缆有限公司	GR202235001527
1528	福州百目丘网络科技有限公司	GR202235001528
1529	福建省国鼎检测技术有限公司	GR202235001529
1530	德化县源翔工艺有限责任公司	GR202235001530
1531	福建福务科技有限公司	GR202235001531
1532	福建优点信智能科技有限公司	GR202235001532
1533	泉州市环思智慧科技有限公司	GR202235001533

（发证日期：2022 年 12 月 14 日）

序号	企业名称	证书编号
1	艾斯芸防伪科技（福建）有限公司	GR202235001534
2	福建卡乐丽新型建材科技有限公司	GR202235001535
3	福州优能电子科技有限公司	GR202235001536
4	莆田浩步鞋业有限公司	GR202235001537
5	福建集裕信息科技有限公司	GR202235001538
6	福建海邻网络科技有限公司	GR202235001539
7	睿柯环境工程有限公司	GR202235001540
8	福建新纬度电子科技有限公司	GR202235001541
9	福建亿同世纪软件科技股份有限公司	GR202235001542
10	福建菲特环保科技有限公司	GR202235001543
11	福州康泰生物科技有限公司	GR202235001544
12	福建万佳友环境工程有限公司	GR202235001545
13	福建明泰卫浴有限公司	GR202235001546
14	福州稻田科创发展有限公司	GR202235001547
15	福州市辰亿五金制品有限公司	GR202235001548
16	泉州市壹消消防设备有限公司	GR202235001549
17	福建省神蜂科技开发有限公司	GR202235001550
18	福建一诗二画信息科技有限公司	GR202235001551
19	福建峡辉勘测规划评估有限公司	GR202235001552
20	福建宏科新材料科技有限公司	GR202235001553

续表

序号	企业名称	证书编号
21	龙岩市永定区正通混凝土有限公司	GR202235001554
22	石狮市辛巴网络技术有限公司	GR202235001555
23	福建省霞浦县众源机械有限公司	GR202235001556
24	福建美宏科技有限公司	GR202235001557
25	福建省安泰建材实业有限公司	GR202235001558
26	福建金永鹏农业科技有限公司	GR202235001559
27	福州镁氪芒柠网络科技有限公司	GR202235001560
28	福建省谷道网络科技有限公司	GR202235001561
29	泉州锦林环保高新材料有限公司	GR202235001562
30	福建方想云科技有限公司	GR202235001563
31	福建奇橙科技有限公司	GR202235001564
32	晋江市裕兴塑料有限公司	GR202235001565
33	福建海峡西岸知识产权研究院有限公司	GR202235001566
34	福州旭桑数字科技有限公司	GR202235001567
35	福州达之佳网络科技有限公司	GR202235001568
36	福建艾迪科食品有限公司	GR202235001569
37	顺和（福建）鞋材有限公司	GR202235001570
38	福建华东水务有限公司	GR202235001571
39	福建珍源康制药有限公司	GR202235001572
40	伯仲设备维修有限公司	GR202235001573
41	福建省健为医疗用品有限公司	GR202235001574
42	福建裕泰织造有限公司	GR202235001575
43	福建晋江市山水鞋材有限公司	GR202235001576
44	福州尖端电子科技有限公司	GR202235001577
45	福建年丰塑胶有限公司	GR202235001578
46	泉州市拓科信息技术有限公司	GR202235001579
47	福州同泰电子有限公司	GR202235001580
48	福建智联物联网科技有限公司	GR202235001581
49	福州云格数字科技有限公司	GR202235001582
50	福建海创大数据应用服务有限公司	GR202235001583
51	福建广德信息科技有限公司	GR202235001584
52	漳州市艺帆光学科技有限公司	GR202235001585
53	福州巨航信息技术有限公司	GR202235001586
54	福建省尤溪县鸿纬布业有限公司	GR202235001587
55	微联云科技（福建）有限公司	GR202235001588
56	福州高特光电科技有限公司	GR202235001589

续表

序号	企业名称	证书编号
57	福建省中建检测技术有限公司	GR202235001590
58	恒准（福建）检测科技有限公司	GR202235001591
59	泉州市宇豪粉末冶金有限公司	GR202235001592
60	晋江市新思维环保科技有限公司	GR202235001593
61	泉州丰泽锐讯网络科技有限公司	GR202235001594
62	晋江上线织带有限公司	GR202235001595
63	漳州必佳自动化设备有限公司	GR202235001596
64	福建有药管家科技有限公司	GR202235001597
65	福州中运唯星汽车有限公司	GR202235001598
66	福建桓兴材料科技有限公司	GR202235001599
67	福建三农新材料有限责任公司	GR202235001600
68	泉州汉邦自动化设备有限公司	GR202235001601
69	鸿日光学科技（福建）有限责任公司	GR202235001602
70	安迈森（福建）线缆有限公司	GR202235001603
71	福建省源容生物科技有限公司	GR202235001604
72	中建海峡建设发展有限公司	GR202235001605
73	福建省云想电子商务有限公司	GR202235001606
74	福建汇益家居用品有限公司	GR202235001607
75	福州市欧世达自动化设备有限公司	GR202235001608
76	福州星冠物联网科技有限公司	GR202235001609
77	福建省堇诺环保科技有限公司	GR202235001610
78	福州丰源机械有限公司	GR202235001611
79	福建省闽安机械制造有限公司	GR202235001612
80	泉州芯迪智能科技有限公司	GR202235001613
81	福州市华测品标检测有限公司	GR202235001614
82	福建顺昌富睿华仪器仪表有限公司	GR202235001615
83	诏安县华之杰食品有限公司	GR202235001616
84	福建峰蜂园农业科技有限公司	GR202235001617
85	同舟（福建）工程技术有限公司	GR202235001618
86	启超（福州）数据科技集团有限公司	GR202235001619
87	福建瑞升体育科技有限公司	GR202235001620
88	福建橙果工程设计有限公司	GR202235001621
89	福建仰正信息科技有限公司	GR202235001622
90	福州万福网络科技有限公司	GR202235001623
91	石狮市超群服饰制造有限公司	GR202235001624
92	泉州市铭鑫轻工制品有限公司	GR202235001625

续表

序号	企业名称	证书编号
93	福建青口科技有限公司	GR202235001626
94	福州华诚通信科技有限公司	GR202235001627
95	索兰迪（泉州）户外用品有限公司	GR202235001628
96	威兰（泉州）汽车零部件有限公司	GR202235001629
97	晋江展辉模具有限公司	GR202235001630
98	福州一起浪网络科技有限公司	GR202235001631
99	福建科恩太阳科技有限公司	GR202235001632
100	福建高乔阀门科技有限公司	GR202235001633
101	福建祥鑫新能源汽车配件制造有限公司	GR202235001634
102	永秀阀门有限公司	GR202235001635
103	福州熊小白网络科技有限公司	GR202235001636
104	福州美美环保科技有限公司	GR202235001637
105	福州众策智能科技有限公司	GR202235001638
106	福建康墨新能源科技有限公司	GR202235001639
107	泉州市成意纺织科技有限公司	GR202235001640
108	福建星网信通软件有限公司	GR202235001641
109	福州鸿鹄飞渡网络有限公司	GR202235001642
110	福建永航新能源科技有限公司	GR202235001643
111	晋江市恒超机械制造有限公司	GR202235001644
112	福建省晋江市自攻螺丝有限公司	GR202235001645
113	泉州市德创自动化机械有限公司	GR202235001646
114	泉州市云旅旅游开发有限公司	GR202235001647
115	福建省洪炜科技有限公司	GR202235001648
116	晋江南龙鞋材有限公司	GR202235001649
117	晋江市文杰五金制品有限公司	GR202235001650
118	福建库克智能科技有限公司	GR202235001651
119	福建福禾电力科技有限公司	GR202235001652
120	福州浩川鞋业有限公司	GR202235001653
121	中路建设科技有限公司	GR202235001654
122	福建左海科技有限公司	GR202235001655
123	莆田晟辉体育用品有限公司	GR202235001656
124	福耀集团（福建）机械制造有限公司	GR202235001657
125	福建省泉意广告标识有限公司	GR202235001658
126	福建省中能泰丰节能环保科技有限公司	GR202235001659
127	福州市科宇信息咨询有限公司	GR202235001660
128	泉州美联合塑胶工艺有限公司	GR202235001661

续表

序号	企业名称	证书编号
129	福州比特智能设备有限公司	GR202235001662
130	福建群龙开关有限公司	GR202235001663
131	福建省利邦环境工程有限公司	GR202235001664
132	福州晟鼎精工机械有限公司	GR202235001665
133	漳州瑞沃电子科技有限公司	GR202235001666
134	福建超汇信息技术有限公司	GR202235001667
135	泉州市筑洲建筑工程有限公司	GR202235001668
136	泉州江闽智能科技有限公司	GR202235001669
137	莆田市协众户外用品有限公司	GR202235001670
138	泉州市万蜂网络科技有限公司	GR202235001671
139	福建露申利皋信息科技有限公司	GR202235001672
140	福建省利昌智能科技有限公司	GR202235001673
141	泉州市苏合建桥设备有限公司	GR202235001674
142	福建诚毅电力设备有限公司	GR202235001675
143	泉州市海维软件股份有限公司	GR202235001676
144	福建航塑新材料科技有限公司	GR202235001677
145	泉州市冠升新材料科技有限公司	GR202235001678
146	福建初逸信息科技有限公司	GR202235001679
147	福清市福康环保科技有限公司	GR202235001680
148	福州广路机械模具有限公司	GR202235001681
149	福建省双龙消防科技有限公司	GR202235001682
150	福建晟利环境科技有限公司	GR202235001683
151	泉州市齐论教育科技有限公司	GR202235001684
152	福建金华鼎科技有限公司	GR202235001685
153	福建瑞隆节能材料有限公司	GR202235001686
154	泉州市隆连亿鞋材科技有限公司	GR202235001687
155	惠安小鱼广告有限公司	GR202235001688
156	福建嘉恩装饰材料科技有限公司	GR202235001689
157	永春裕德测量服务有限责任公司	GR202235001690
158	漳州捷博工贸有限公司	GR202235001691
159	三明鑫龙建设工程有限公司	GR202235001692
160	福建省协昌环保科技有限公司	GR202235001693
161	福建美之扣科技有限公司	GR202235001694
162	福建科镭光电科技有限公司	GR202235001695
163	晋江市福普机械设备有限公司	GR202235001696
164	漳州琪润工贸有限公司	GR202235001697

续表

序号	企业名称	证书编号
165	福建优阁居网络科技有限公司	GR202235001698
166	福建琪泰信安科技发展有限公司	GR202235001699
167	莆田市科明智能工程有限公司	GR202235001700
168	福州哲研智能科技有限公司	GR202235001701
169	南安盈诚石业有限公司	GR202235001702
170	漳州市祥豪涂料工贸有限公司	GR202235001703
171	晋江富宇鞋业有限公司	GR202235001704
172	福建顺昌蓝海轻工机械设备有限公司	GR202235001705
173	恒鸿达科技有限公司	GR202235001706
174	晋江广泉模具有限公司	GR202235001707
175	福建省安溪宏源工艺有限公司	GR202235001708
176	福建优伟信息科技有限公司	GR202235001709
177	福清捷诚塑胶制品有限公司	GR202235001710
178	福建中诚诺建设工程管理有限公司	GR202235001711
179	安脉时代智能制造（宁德）有限公司	GR202235001712
180	晋江德信纸业有限公司	GR202235001713
181	泉州市易浪网络科技有限公司	GR202235001714
182	漳州英特捷自动化科技有限公司	GR202235001715
183	福建震乾信息科技有限公司	GR202235001716
184	福建凯基高分子材料股份有限公司	GR202235001717
185	易佰特新能源科技有限公司	GR202235001718
186	福州亿顺精工机械设备有限公司	GR202235001719
187	国邦（福建）信息技术有限公司	GR202235001720
188	福建省莆田远航服饰有限公司	GR202235001721
189	莆田众盈玻璃制品有限公司	GR202235001722
190	福建海西标准化技术服务事务所有限公司	GR202235001723
191	福建东亮生物科技有限公司	GR202235001724
192	德化县鑫美陶瓷有限公司	GR202235001725
193	福建凯特信息安全技术有限公司	GR202235001726
194	漳州丽电智能科技有限公司	GR202235001727
195	福州飞净生物科技有限公司	GR202235001728
196	泉州容大机械有限公司	GR202235001729
197	福建省晋江巧妈妈食品有限公司	GR202235001730
198	领磐（福建）科技有限公司	GR202235001731
199	福建洁超净化科技有限公司	GR202235001732
200	福州海丝信息科技有限公司	GR202235001733

续表

序号	企业名称	证书编号
201	福建达峰智能科技股份有限公司	GR202235001734
202	凹凸科技（平潭）有限公司	GR202235001735
203	三明吉福化工有限公司	GR202235001736
204	泉州市德化润昇陶瓷有限公司	GR202235001737
205	福建九和云中科技有限公司	GR202235001738
206	福州云汇视讯信息技术有限公司	GR202235001739
207	福建君生益本色生物科技有限公司	GR202235001740
208	福建伊索力科技有限公司	GR202235001741
209	泉州市卉好生物科技有限公司	GR202235001742
210	三明安德凯重工科技有限公司	GR202235001743
211	福建泉能石粉综合利用有限公司	GR202235001744
212	福州丰享空间网络科技有限公司	GR202235001745
213	福建捷安信科技有限公司	GR202235001746
214	福州天音树教育科技有限公司	GR202235001747
215	福州吉光照明有限公司	GR202235001748
216	华辉玻璃（中国）有限公司	GR202235001749
217	福建省泉州润恒信息技术服务有限公司	GR202235001750
218	福州天地众和信息技术有限公司	GR202235001751
219	福建恒丰源消防安全科技有限公司	GR202235001752
220	福州英卓斯电子有限公司	GR202235001753
221	福建省罗源县百谷农业发展有限公司	GR202235001754
222	福建奕龙新材料科技有限公司	GR202235001755
223	福建省海上丝路时间中心运营有限公司	GR202235001756
224	福建新辉盛智能门窗有限公司	GR202235001757
225	福清信首塑料制品有限公司	GR202235001758
226	福州百诚互联信息技术有限公司	GR202235001759
227	无限科界科技发展有限公司	GR202235001760
228	福州交通信息投资运营有限公司	GR202235001761
229	漳州市摩多电机有限公司	GR202235001762
230	晋江市豪伟织造有限公司	GR202235001763
231	南平市建阳区汽车锻压件厂	GR202235001764
232	福建省鑫海湾建材科技有限公司	GR202235001765
233	泉州云卓科技有限公司	GR202235001766
234	三明市普诺维机械有限公司	GR202235001767
235	福建省前程检测有限公司	GR202235001768
236	福建中科智与科技有限公司	GR202235001769

续表

序号	企业名称	证书编号
237	福州六度伯乐信息技术有限公司	GR202235001770
238	福建夷山物产食品实业有限公司	GR202235001771
239	福建华之电管业科技有限公司	GR202235001772
240	福安市亿微电子科技有限公司	GR202235001773
241	福建亦蓝科技有限公司	GR202235001774
242	福建星烽信息科技有限公司	GR202235001775
243	泉州暴风网络科技有限公司	GR202235001776
244	福建省远辉纺织科技有限公司	GR202235001777
245	福州思无邪网络科技有限公司	GR202235001778
246	祥安消防科技有限公司	GR202235001779
247	福建新和兴信息技术有限公司	GR202235001780
248	光隶新能源（南平）科技有限公司	GR202235001781
249	福建省环境工程有限公司	GR202235001782
250	福建省经纬工程咨询有限公司	GR202235001783
251	晋江晋升纺织科技有限公司	GR202235001784
252	奥弗锐（福建）电子科技有限公司	GR202235001785
253	中烯新材料（福建）股份有限公司	GR202235001786
254	福建省立晟环保科技有限公司	GR202235001787
255	福建维英信息科技有限公司	GR202235001788
256	福建省渔家翁食品有限公司	GR202235001789
257	福建华尔康生物科技有限公司	GR202235001790
258	福建颉瑞科技有限公司	GR202235001791
259	石狮市永富豪服饰有限公司	GR202235001792
260	福建省公共资源交易公共服务平台有限公司	GR202235001793
261	泉州市天成铝业科技有限公司	GR202235001794
262	福建省捷友环保科技有限公司	GR202235001795
263	龙岩市永定区祥亿电子有限公司	GR202235001796
264	中建广厦（福建）建设有限公司	GR202235001797
265	福建吉特瑞生物科技有限公司	GR202235001798
266	福建省新广厦工程设计研究院有限公司	GR202235001799
267	标一检验认证有限公司	GR202235001800
268	泉州源利鞋材有限公司	GR202235001801
269	漳州亿泰家具有限公司	GR202235001802
270	泉州超能涂料有限公司	GR202235001803
271	福建众智精图信息技术有限公司	GR202235001804
272	三明冠辉包装有限公司	GR202235001805

续表

序号	企业名称	证书编号
273	福建前景信息技术有限公司	GR202235001806
274	福建莆田电商投资管理股份有限公司	GR202235001807
275	清流伊科电子科技有限公司	GR202235001808
276	宁化县越明矿业有限公司	GR202235001809
277	龙海市鑫茂木制品有限公司	GR202235001810
278	福建泉州源始物语信息科技有限公司	GR202235001811
279	漳州杰盛钢结构工程有限公司	GR202235001812
280	龙岩市百成测绘有限公司	GR202235001813
281	福建秋田环境科技有限公司	GR202235001814
282	福建三派区块链科技有限公司	GR202235001815
283	鼎展（福建）投资有限公司	GR202235001816
284	福建吉信德科技有限公司	GR202235001817
285	石狮市益盛化纤织造有限公司	GR202235001818
286	易瑞达（福建）生物技术有限公司	GR202235001819
287	福州荣创旅游用品有限公司	GR202235001820
288	福清和美针织有限公司	GR202235001821
289	高品阀门集团有限公司	GR202235001822
290	福州品轮智能科技有限公司	GR202235001823
291	福建创投环保科技有限公司	GR202235001824
292	福建智囊团科技有限公司	GR202235001825
293	福建百卉花艺有限公司	GR202235001826
294	福建省平潭县水产良种实验有限公司	GR202235001827
295	福州市吉田检验服务有限公司	GR202235001828
296	福建泉州建威箱包配件有限公司	GR202235001829
297	福州优胜人才网络科技有限公司	GR202235001830
298	福建慧舟信息科技有限公司	GR202235001831
299	福建鼎晟伟业网络科技有限公司	GR202235001832
300	福州亲邻创益网络科技有限公司	GR202235001833
301	通用（福建）电梯有限公司	GR202235001834
302	福建省闽景园林工程有限公司	GR202235001835
303	龙岩市键鑫机械有限公司	GR202235001836
304	晋江聚杰模具有限公司	GR202235001837
305	晋江市华力五金有限公司	GR202235001838
306	福州钛米环保科技有限公司	GR202235001839
307	福建亿水建设工程有限公司	GR202235001840
308	福建共益安全环保科技有限公司	GR202235001841

续表

序号	企业名称	证书编号
309	福建罗滨森科技有限公司	GR202235001842
310	三明市蓝天机械制造有限公司	GR202235001843
311	福州慧校通教育信息技术有限公司	GR202235001844
312	福建航港针织品有限公司	GR202235001845
313	泉州成信实业有限公司	GR202235001846
314	泉州市南安特易通电子有限公司	GR202235001847
315	福建智恒氢启健康科技有限公司	GR202235001848
316	漳平市国联玩具礼品有限公司	GR202235001849
317	福州真师傅涂料有限公司	GR202235001850
318	福建中信网安信息科技有限公司	GR202235001851
319	福建省德化新艺美陶瓷有限公司	GR202235001852
320	海乐食品（福建）有限公司	GR202235001853
321	福州车位晓信息科技有限公司	GR202235001854
322	泉州市顺天体育用品有限公司	GR202235001855
323	泉州中德纺织品有限责任公司	GR202235001856
324	福建华超信息科技有限公司	GR202235001857
325	福建东辉智能仪器有限公司	GR202235001858
326	晋江市皇允卫生用品有限公司	GR202235001859
327	福建省华隆机械有限公司	GR202235001860
328	旋极伏羲（福州）大数据技术有限公司	GR202235001861
329	福州今日鲜生科技有限公司	GR202235001862
330	南安市正能机械有限公司	GR202235001863
331	福州闽睿德机电设备有限公司	GR202235001864
332	德化县上玖陶瓷创作有限公司	GR202235001865
333	福建速龙食品科技有限责任公司	GR202235001866
334	石狮市东奇机械制造有限公司	GR202235001867
335	泉州精美新材料科技有限公司	GR202235001868
336	福建大江线缆科技有限公司	GR202235001869
337	泉州远丰轴承有限公司	GR202235001870
338	福建飞扬家具有限公司	GR202235001871
339	福州竞游互动网络科技有限公司	GR202235001872
340	福建贝游文化传播有限公司	GR202235001873
341	福州创先工程材料有限公司	GR202235001874
342	福建永谦电子有限公司	GR202235001875
343	福州在源景观设计有限公司	GR202235001876
344	莆田市茂隆鞋服有限公司	GR202235001877

续表

序号	企业名称	证书编号
345	福州太鸿网络科技有限公司	GR202235001878
346	福建省春秋农林科技有限公司	GR202235001879
347	泉州三赵鞋楦有限公司	GR202235001880
348	福建博创大成建设有限公司	GR202235001881
349	福建省福安市力德泵业有限公司	GR202235001882
350	福建天元通信科技有限公司	GR202235001883
351	福建省德化县鹏欣陶瓷有限公司	GR202235001884
352	泉州诺曼联织造有限责任公司	GR202235001885
353	福建成发农业开发有限公司	GR202235001886
354	特力惠信息科技股份有限公司	GR202235001887
355	福建浦元泵业科技有限公司	GR202235001888
356	福建省闽保信息技术有限公司	GR202235001889
357	福建哈德仪表有限公司	GR202235001890
358	福州市千亿讯通科技有限公司	GR202235001891
359	上马（福建）集团有限责任公司	GR202235001892
360	泉州众志金刚石工具有限公司	GR202235001893
361	晋江市煌承服装有限责任公司	GR202235001894
362	福建华阳超纤有限公司	GR202235001895
363	福建中创能科技有限公司	GR202235001896
364	泉州市铭祥石材工艺有限公司	GR202235001897
365	福建电象新能源科技有限公司	GR202235001898
366	福建信同信息科技有限公司	GR202235001899
367	福州成宇电力设备有限公司	GR202235001900
368	福建蓝田水泥有限公司	GR202235001901
369	福建万恒精密刀具有限公司	GR202235001902
370	南靖源丰食品有限公司	GR202235001903
371	福建省鑫港纺织机械有限公司	GR202235001904
372	福建清源科技有限公司	GR202235001905
373	福建大志制造有限公司	GR202235001906
374	福建泉州星蓝信息科技有限公司	GR202235001907
375	福建易达号信息科技有限公司	GR202235001908
376	福州市左海电子科技有限公司	GR202235001909
377	福建慧买买信息科技有限公司	GR202235001910
378	晋江市伍阳橡胶制品有限公司	GR202235001911
379	龙岩龙安安全科技有限公司	GR202235001912
380	福建闽鸿工贸有限公司	GR202235001913

续表

序号	企业名称	证书编号
381	福建泰丰汽车部件有限公司	GR202235001914
382	福建奥托康能源科技有限公司	GR202235001915
383	华捷中创（福建）智能科技有限公司	GR202235001916
384	福建数智谷物联网科技有限公司	GR202235001917
385	石狮市万得福漂染织造有限公司	GR202235001918
386	福建省锐驰电子科技有限公司	GR202235001919
387	福建省图诺建设工程有限公司	GR202235001920
388	福建百世盾军警装备有限公司	GR202235001921
389	福建欧麦智能科技有限公司	GR202235001922
390	泉州弘正机械有限公司	GR202235001923
391	福建格林韦尔材料科技有限公司	GR202235001924
392	福州科智输送机有限公司	GR202235001925
393	漳州市利尔包装材料有限公司	GR202235001926
394	福建闽鼎环境工程有限公司	GR202235001927
395	龙岩市佳图测绘服务有限公司	GR202235001928
396	福州友洗智能物联网科技有限公司	GR202235001929
397	三明三药兽药有限公司	GR202235001930
398	福建省高速公路信息科技有限公司	GR202235001931
399	福州艺智合创网络科技有限公司	GR202235001932
400	福建宅一生装饰工程有限公司	GR202235001933
401	福建中外易拓文化发展有限公司	GR202235001934
402	福建省永正工程质量检测有限公司	GR202235001935
403	泉州市长源光电科技有限公司	GR202235001936
404	福建速倍信息科技有限公司	GR202235001937
405	晋江恒盛玩具有限公司	GR202235001938
406	福建省亿顺机械设备有限公司	GR202235001939
407	福建兵工装备有限公司	GR202235001940
408	福建省金瑞高科有限公司	GR202235001941
409	福建英吉微电子设计有限公司	GR202235001942
410	福建劲心劲意健康科技有限公司	GR202235001943
411	福建中天华兴城建有限公司	GR202235001944
412	福建泉州鑫阳光茶具有限公司	GR202235001945
413	福建南钢工贸有限公司	GR202235001946
414	宁德平创文化传媒有限公司	GR202235001947
415	福建龙净新陆科技发展有限公司	GR202235001948
416	福建省触众科技股份有限公司	GR202235001949

续表

序号	企业名称	证书编号
417	漳州市厘唯文化传播有限公司	GR202235001950
418	福州品宏精密机械有限公司	GR202235001951
419	福建南方济民医药研发中心有限公司	GR202235001952
420	晋江福龙达纺织后整理有限公司	GR202235001953
421	漳州笔头文化传媒有限公司	GR202235001954
422	福建中锐网络股份有限公司	GR202235001955
423	福建嘉恒信息科技有限公司	GR202235001956
424	福建和瑞基因科技有限公司	GR202235001957
425	晋江市飞顺郎鞋业有限公司	GR202235001958
426	福建省中科地信规划研究院有限公司	GR202235001959
427	泉州市清竹网络科技有限公司	GR202235001960
428	福州鑫万东科技有限公司	GR202235001961
429	泉州长东信息技术有限公司	GR202235001962
430	晋江市诚益网络科技有限公司	GR202235001963
431	福建德佳胶粘科技有限公司	GR202235001964
432	泉州市云润信息科技有限公司	GR202235001965
433	泉州市鑫美源机械设备有限公司	GR202235001966
434	福建一笔峰茶业有限公司	GR202235001967
435	福州佳顺塑料包装有限公司	GR202235001968
436	泉州淘淘巷网络科技有限公司	GR202235001969
437	福清轩朗光电科技有限公司	GR202235001970
438	福建汇升信息科技有限公司	GR202235001971
439	漳州市龙华矿产有限公司	GR202235001972
440	福建逢兴机电设备有限公司	GR202235001973
441	福州市长乐区汇邦企业管理有限公司	GR202235001974
442	福建东泰高分子材料有限公司	GR202235001975
443	泉州艺峰股份有限公司	GR202235001976
444	福安市欧泉电机有限公司	GR202235001977
445	泉州市妮嘉鞋材有限公司	GR202235001978
446	福州正杨信息技术有限公司	GR202235001979
447	福建万川供应链管理股份有限公司	GR202235001980
448	福州市瓦涵新能源科技有限公司	GR202235001981
449	三明市优讯达电子有限公司	GR202235001982
450	漳州市芗城区伟信包装制品有限公司	GR202235001983
451	泉州市京宜科技有限公司	GR202235001984
452	福州瑞诚鞋材模具有限公司	GR202235001985

续表

序号	企业名称	证书编号
453	福建福鹭通自动化科技有限公司	GR202235001986
454	石狮市领头狼服饰有限公司	GR202235001987
455	福建崇瑞生物科技有限公司	GR202235001988
456	福建一嘉海带苗业有限公司	GR202235001989
457	龙岩众宇科技有限公司	GR202235001990
458	泉州市鼎丰针织机械有限公司	GR202235001991
459	福州石声未来信息咨询有限公司	GR202235001992
460	福建怡佳环保科技有限公司	GR202235001993
461	福建中瑞时运科技有限公司	GR202235001994
462	福州玖玖世纪科技有限公司	GR202235001995
463	漳州市金安机电有限公司	GR202235001996
464	泉州凯蒙戈尔户外运动装备科技有限公司	GR202235001997
465	泉州市亲优大道科技有限公司	GR202235001998
466	福建庞大高科新型建筑材料有限公司	GR202235001999
467	优而耐（福州）动力制造有限公司	GR202235002000
468	泉州新力彩印有限公司	GR202235002001
469	福州中基能源有限公司	GR202235002002
470	石狮市锦祥漂染有限公司	GR202235002003
471	石狮市川隆机械有限责任公司	GR202235002004
472	泉州锦泰机械有限公司	GR202235002005
473	福州猫和鼠信息科技有限公司	GR202235002006
474	福建诺壹智联科技有限公司	GR202235002007
475	福州益清源水处理设备有限公司	GR202235002008
476	福建省仙游华兴印务有限公司	GR202235002009
477	漳州雅宝电子股份有限公司	GR202235002010
478	福建省翔腾军警装备有限公司	GR202235002011
479	福建瑞庄有约文化传播有限公司	GR202235002012
480	福建省悦威伟业科技有限公司	GR202235002013
481	福建省德化县新创意工艺有限责任公司	GR202235002014
482	福建省创新环境检测有限公司	GR202235002015
483	宁德盈德气体有限公司	GR202235002016
484	福建省狮鑫物流集团有限公司	GR202235002017
485	福建田多多信息技术有限公司	GR202235002018
486	龙岩好源工贸有限公司	GR202235002019
487	永椿化工新材料有限公司	GR202235002020
488	莆田市涵江区智荣电子有限公司	GR202235002021

续表

序号	企业名称	证书编号
489	福州彩兰电线电缆有限公司	GR202235002022
490	福清市高和包装有限公司	GR202235002023
491	福建汉荣石业有限公司	GR202235002024
492	漳州瑞康宁医疗器械有限公司	GR202235002025
493	福建省万旅行食品有限公司	GR202235002026
494	福建筑可丽诗宿科技有限公司	GR202235002027
495	福州尚景遮阳工贸有限公司	GR202235002028
496	福建世亚电气科技有限公司	GR202235002029
497	福建省绿润康成环境科技股份有限公司	GR202235002030
498	福州尚课教育科技有限公司	GR202235002031
499	泉州市大略信息科技有限公司	GR202235002032
500	南安市贵顺消防器材有限公司	GR202235002033
501	福建省智鑫环境科技有限公司	GR202235002034
502	福建赛隆科技有限公司	GR202235002035
503	福建省正基检测技术有限公司	GR202235002036
504	福建省马尾造船股份有限公司	GR202235002037
505	福建省鸿翔纺织科技有限公司	GR202235002038
506	福建省意达科技股份有限公司	GR202235002039
507	莆田市涵江怡丰鞋业有限公司	GR202235002040
508	石狮市中星服饰织造有限公司	GR202235002041
509	莆田市龙腾电子科技有限公司	GR202235002042
510	泉州市程远环保工程有限公司	GR202235002043
511	福州讯拓通信技术有限公司	GR202235002044
512	福州榕兴厨房设备有限公司	GR202235002045
513	晋江市瑞星塑料制品有限公司	GR202235002046
514	福建耀立科技有限公司	GR202235002047
515	福建利河伯科技有限公司	GR202235002048
516	福建海峡畅想文创集团有限公司	GR202235002049
517	福建亮洁环境服务有限公司	GR202235002050
518	福建麒尔科技有限公司	GR202235002051
519	莆田市城厢区恒鑫鞋材有限公司	GR202235002052
520	泉州尚嘉模具有限公司	GR202235002053
521	漳州市利利普电子科技有限公司	GR202235002054
522	福建凯斯蒂食品机械设备有限公司	GR202235002055
523	福建省南鸿通讯科技有限公司	GR202235002056
524	福建省云海研致科技有限公司	GR202235002057

续表

序号	企业名称	证书编号
525	福建博域万象科技有限公司	GR202235002058
526	漳州世骏电子科技有限公司	GR202235002059
527	福建万春光电科技有限公司	GR202235002060
528	福建聚标检测技术服务有限公司	GR202235002061
529	石狮市森鸿服装有限公司	GR202235002062
530	福建固特新工程监理咨询有限公司	GR202235002063
531	亿达（福建）电力工程有限公司	GR202235002064
532	福建三开电气有限公司	GR202235002065
533	福建省有竹科技有限公司	GR202235002066
534	金冠健康产业股份有限公司	GR202235002067
535	福建易动力电子科技股份有限公司	GR202235002068
536	石狮市恒昌体育用品有限公司	GR202235002069
537	泉州欧姆西自动化有限公司	GR202235002070
538	晋江市阳光汽车配件有限公司	GR202235002071
539	福州鑫闽达机械设备制造有限公司	GR202235002072
540	福州一诺维生物科技有限公司	GR202235002073
541	漳州市德睿机械设备有限公司	GR202235002074
542	福建点阵科技有限公司	GR202235002075
543	泉州市六源印染织造有限公司	GR202235002076
544	福建拓阳电气有限公司	GR202235002077
545	福建省真发齿轮股份有限公司	GR202235002078
546	泉州市晟彩光电科技有限公司	GR202235002079
547	福建省湛仙酒业有限公司	GR202235002080
548	福建省交通规划设计院有限公司	GR202235002081
549	龙岩科隆智能科技有限公司	GR202235002082
550	武夷山市叶嘉岩茶业有限公司	GR202235002083
551	福建诚泽信息工程有限公司	GR202235002084
552	福建锐信合成革有限公司	GR202235002085
553	莆田市金顺模具有限公司	GR202235002086
554	福州掌易信息科技有限公司	GR202235002087
555	福州当固宇新材料科技有限公司	GR202235002088
556	福建省志骐电子科技有限公司	GR202235002089
557	泉州微远鞋材有限公司	GR202235002090
558	晋江市鸿顺儿童用品有限公司	GR202235002091
559	福建江南春城市建设集团有限公司	GR202235002092
560	天目数据（福建）科技有限公司	GR202235002093

续表

序号	企业名称	证书编号
561	泉州戈斯达园艺用品有限公司	GR202235002094
562	福建百通信息科技有限公司	GR202235002095
563	高盛达（福建）建筑装修工程有限公司	GR202235002096
564	宁德博捷电子有限公司	GR202235002097
565	福建省周嘉福生物医药有限公司	GR202235002098
566	漳州华康信息科技有限公司	GR202235002099
567	福建海兴保健食品有限公司	GR202235002100
568	石狮市大通精工机械有限公司	GR202235002101
569	福建万象春工贸有限责任公司	GR202235002102
570	筑森建设工程有限公司	GR202235002103
571	福建省优弧科技有限公司	GR202235002104
572	鸿达（泉州）机械科技发展有限公司	GR202235002105
573	福州爱尚金设计服务有限公司	GR202235002106
574	慢雾（福建）科技有限公司	GR202235002107
575	福州中启信息技术有限公司	GR202235002108
576	泉州市翔盛锋机械有限责任公司	GR202235002109
577	福建省闽侯县博达工艺品有限公司	GR202235002110
578	福建通联装饰设计工程有限公司	GR202235002111
579	福建富邦食品有限公司	GR202235002112
580	泉州星星电子有限公司	GR202235002113
581	福州梦次元科技有限公司	GR202235002114
582	福建匠兴视维文化科技有限公司	GR202235002115
583	泉州市圣诺机械制造有限公司	GR202235002116
584	福州绿地青环保科技有限公司	GR202235002117
585	泉州华科模具有限公司	GR202235002118
586	泉州宝升塑胶有限公司	GR202235002119
587	漳州新特域网络科技有限公司	GR202235002120
588	石狮市宝益织造印染有限公司	GR202235002121
589	福州幽力克生物科技有限公司	GR202235002122
590	泉州市泓源塑料制品有限公司	GR202235002123
591	福州牧码科技有限公司	GR202235002124
592	三明市鸿达智能农业设备有限公司	GR202235002125
593	福建三明市多乐肴食品有限公司	GR202235002126
594	福建安溪马斯特陶瓷有限公司	GR202235002127
595	福州楚鸣工艺品有限公司	GR202235002128
596	福建省沙县金沙白炭黑制造有限公司	GR202235002129

续表

序号	企业名称	证书编号
597	福州献策广告有限公司	GR202235002130
598	福建省南日岛海洋生物技术有限公司	GR202235002131
599	福建七建建筑设计有限公司	GR202235002132
600	福建易工专用汽车制造有限公司	GR202235002133
601	福建泰明特科技有限公司	GR202235002134
602	石狮市怀盛体育用品有限公司	GR202235002135
603	泉州普翰诚自动化设备有限公司	GR202235002136
604	泉州富益源生物科技有限公司	GR202235002137
605	蛙王（福建）日化有限公司	GR202235002138
606	福建吉特建筑工程检测有限公司	GR202235002139
607	泉州市胜辉玻璃科技有限公司	GR202235002140
608	福建省南安市圣鑫铸造有限公司	GR202235002141
609	福州四向生文化传播有限公司	GR202235002142
610	莆田市红日涂料有限公司	GR202235002143
611	福建千祥环保科技有限公司	GR202235002144
612	福建易安检测有限公司	GR202235002145
613	福建亚丰种业有限公司	GR202235002146
614	福建岩兴气体有限公司	GR202235002147
615	漳州新裕鑫家具有限公司	GR202235002148
616	福州致美匠心信息科技有限公司	GR202235002149
617	彩虹（莆田）涂料色卡有限公司	GR202235002150
618	福建精诚锻造有限公司	GR202235002151
619	福建省安溪县福韵机械有限公司	GR202235002152
620	福建顺景机械工业有限公司	GR202235002153
621	福州赋格网络科技有限公司	GR202235002154
622	青艺（福建）烫画科技有限公司	GR202235002155
623	福州市智慧鼎网络技术有限公司	GR202235002156
624	福州汉森小伙伴网络科技有限公司	GR202235002157
625	福建菲达阀门科技股份有限公司	GR202235002158
626	福州多趣网络科技有限公司	GR202235002159
627	安溪县毅铭茶叶机械有限公司	GR202235002160
628	晋江宏辉汽车配件制造有限公司	GR202235002161
629	福建泉州艾肯网络科技有限公司	GR202235002162
630	福建省三辉消防器材有限公司	GR202235002163
631	晋江市远标机械制造有限公司	GR202235002164
632	福建商付宝电子商务有限公司	GR202235002165

续表

序号	企业名称	证书编号
633	泉州万众勘测有限公司	GR202235002166
634	福建省福瑞华安种业科技有限公司	GR202235002167
635	东霖电气（福建）有限公司	GR202235002168
636	福州慧然创想科技有限公司	GR202235002169
637	福州锐志丰源信息科技有限公司	GR202235002170
638	福建医检通医疗科技有限公司	GR202235002171
639	福建松吉达润滑科技有限公司	GR202235002172
640	福建省申伯仕门业有限公司	GR202235002173
641	福州九阳化工有限公司	GR202235002174
642	福建玮士迈科技有限公司	GR202235002175
643	福州福延塑胶有限公司	GR202235002176
644	福建中创实业有限公司	GR202235002177
645	泉州加士涂环保科技有限公司	GR202235002178
646	福州中康信息科技有限公司	GR202235002179
647	蓝佳堂生物医药（福建）有限公司	GR202235002180
648	福建省漳平木村林产有限公司	GR202235002181
649	福州阿尔赛斯流体设备科技有限公司	GR202235002182
650	福建安澜水利水电勘察设计院有限公司	GR202235002183
651	福州市亚迅汇通信息科技有限公司	GR202235002184
652	福州创星悦信息技术有限公司	GR202235002185
653	石狮酷雅特织造有限公司	GR202235002186
654	福州普洛机械制造有限公司	GR202235002187
655	晋江豪鑫家具装饰工程有限公司	GR202235002188
656	福建昱兆软件科技有限公司	GR202235002189
657	福建榕达网络信息技术有限公司	GR202235002190
658	福州美美软件开发有限公司	GR202235002191
659	炭基科技（三明）有限公司	GR202235002192
660	石狮市耀天体育用品有限公司	GR202235002193
661	罗源生春源茶业有限责任公司	GR202235002194
662	泉州市辉颖工艺制品有限公司	GR202235002195
663	福建晟达通节能科技有限公司	GR202235002196
664	福建宏腾包装有限公司	GR202235002197
665	福州德恩光电科技有限公司	GR202235002198
666	莆田市鼎诚网络科技有限公司	GR202235002199
667	泉州格瑞特电子科技有限公司	GR202235002200
668	福建省泉州裕晟织带有限公司	GR202235002201

续表

序号	企业名称	证书编号
669	福州大路智能科技有限公司	GR202235002202
670	晋江市精特传动科技有限公司	GR202235002203
671	福建大方睡眠科技股份有限公司	GR202235002204
672	福建省全人教育信息科技有限公司	GR202235002205
673	福建省智胜矿业有限公司	GR202235002206
674	福建鑫汉唐照明科技有限公司	GR202235002207
675	福建倍佳教育科技有限公司	GR202235002208
676	武夷山元生泰生物科技有限公司	GR202235002209
677	石狮市夜精彩反光科技有限公司	GR202235002210
678	泉州市九州创源机械有限公司	GR202235002211
679	福建六洋制冷设备有限公司	GR202235002212
680	泉州雷恩生化有限公司	GR202235002213
681	晋江晋腾机械有限公司	GR202235002214
682	福州海川电子科技有限公司	GR202235002215
683	福州爱国者之星光电科技有限公司	GR202235002216
684	长泰杰育运动器材有限公司	GR202235002217
685	福建云裳信息科技有限公司	GR202235002218
686	福建顺联公路养护科技有限公司	GR202235002219
687	泉州市天辰纸品包装有限公司	GR202235002220
688	福建兰斯贝儿卫生用品有限公司	GR202235002221
689	漳州市蓝宇环保科技有限公司	GR202235002222
690	伊瓦特机器人设备制造有限公司	GR202235002223
691	海峡富民生质检技术服务有限公司	GR202235002224
692	福建三熊科技有限公司	GR202235002225
693	南平市建阳区湛卢精密制造有限公司	GR202235002226
694	福州海燕娜旭媛信息技术有限公司	GR202235002227
695	福建省远景规划设计院有限公司	GR202235002228
696	福建省德化县宏盛达工艺品有限责任公司	GR202235002229
697	福建环海生物科技股份有限公司	GR202235002230
698	莆田市聚今信息技术有限公司	GR202235002231
699	福建富民云咖信息科技有限公司	GR202235002232
700	晋江新建兴机械设备有限公司	GR202235002233
701	诺钧融创（福建）科技有限公司	GR202235002234
702	福建德运科技有限公司	GR202235002235
703	泉州市邦美消防设备有限公司	GR202235002236
704	漳州联盛弘塑胶科技有限公司	GR202235002237

续表

序号	企业名称	证书编号
705	福州汉斯曼产品质量技术服务有限公司	GR202235002238
706	漳州惠智信息技术有限公司	GR202235002239
707	锦鸡重工（平潭综合实验区）科技有限公司	GR202235002240
708	晋江市尚力机械设备制造有限公司	GR202235002241
709	福州海联星信息科技有限公司	GR202235002242
710	福建东南西北网络科技有限公司	GR202235002243
711	福建蓝昊肽生物科技发展有限公司	GR202235002244
712	福州震旦计算机技术有限公司	GR202235002245
713	石狮市金波泰服装有限公司	GR202235002246
714	福建三能节能科技有限责任公司	GR202235002247
715	福建海华农业开发有限公司	GR202235002248
716	泉州好嘉优环保新材料有限公司	GR202235002249
717	福建海工车桥制造有限公司	GR202235002250
718	福建新晟城环保科技有限公司	GR202235002251
719	福州星海湾软件有限公司	GR202235002252
720	泉州杰翔建筑规划设计有限公司	GR202235002253
721	福建和通电气有限公司	GR202235002254
722	三明市惠农农肥有限公司	GR202235002255
723	泉州正丰印务有限公司	GR202235002256
724	福州轩力达网络科技有限公司	GR202235002257
725	泉州宏森电子有限公司	GR202235002258
726	福州创合意品网络科技有限公司	GR202235002259
727	泉州百界之家工艺品有限公司	GR202235002260
728	福州蝶创信息技术有限公司	GR202235002261
729	晋江市博铭激光科技有限公司	GR202235002262
730	泉州市恒烨机械制造有限公司	GR202235002263
731	福州载基生物科技有限公司	GR202235002264
732	龙岩市岩兴机械制造有限公司	GR202235002265
733	复兴消防科技有限公司	GR202235002266
734	福建卡乐云品网络科技有限公司	GR202235002267
735	泉州市东起汽车零部件有限公司	GR202235002268
736	福建省南安美消消防设备制造有限公司	GR202235002269
737	福建苗电科技有限公司	GR202235002270
738	福建省贝思瑞婴童用品有限公司	GR202235002271
739	福建诺鑫网络科技集团有限公司	GR202235002272
740	泉州市城基建设工程有限公司	GR202235002273

续表

序号	企业名称	证书编号
741	福建涂丽士漆业有限公司	GR202235002274
742	格物科技有限公司	GR202235002275
743	福建省川工建设工程有限公司	GR202235002276
744	福建智慧云联信息科技有限公司	GR202235002277
745	福建一家工贸有限公司	GR202235002278
746	晋江江东机械有限公司	GR202235002279
747	毅立达（福建）科技股份有限公司	GR202235002280
748	泉州峰峰雨具有限公司	GR202235002281
749	福州众匠网络科技有限公司	GR202235002282
750	邵武市美钰机械制造有限公司	GR202235002283
751	福建省江南工业有限公司	GR202235002284
752	泉州市天陆通信科技有限公司	GR202235002285
753	福建长弓睿集信息科技有限公司	GR202235002286
754	漳州嘉顺自动化设备有限公司	GR202235002287
755	泉州市利达信息科技有限公司	GR202235002288
756	福建长庚新材料股份有限公司	GR202235002289
757	泉州市嘉荣环保设备有限公司	GR202235002290
758	福建榕升纸业有限公司	GR202235002291
759	全城淘信息技术服务有限公司	GR202235002292
760	泉州市鑫弘环保材料有限公司	GR202235002293
761	中科华宇（福建）科技发展有限公司	GR202235002294
762	泉州鸿诺新材料科技有限公司	GR202235002295
763	福建正泽电气有限公司	GR202235002296
764	福州七日电子科技有限公司	GR202235002297
765	福州英迪特智能科技有限公司	GR202235002298
766	泉州市康运体育用品有限公司	GR202235002299
767	连城县丰海竹木业有限公司	GR202235002300
768	屏南县惠荣农业科技有限公司	GR202235002301
769	福州德创饲料有限公司	GR202235002302
770	石狮市金沙服饰织造有限公司	GR202235002303
771	福建元晟汽车配件科技有限公司	GR202235002304
772	南安市南磁电子有限公司	GR202235002305
773	泉州齐技智能科技有限公司	GR202235002306
774	晋江达康电子有限公司	GR202235002307
775	闽清县樟马农业技术推广服务有限公司	GR202235002308
776	福州科德知识产权代理有限公司	GR202235002309

续表

序号	企业名称	证书编号
777	福建歌航电子信息科技有限公司	GR202235002310
778	中纺标（福建）检测有限公司	GR202235002311
779	泉州市金茂机械发展有限公司	GR202235002312
780	福建欣彦环保科技有限公司	GR202235002313
781	莆田正宇生态农业科技发展有限公司	GR202235002314
782	泉州金石金刚石工具有限公司	GR202235002315
783	尤溪县鑫辉润滑油再生利用有限公司	GR202235002316
784	福建蓝龙网络科技有限公司	GR202235002317
785	福建省悦成渔业有限公司	GR202235002318
786	福建舒雨伞业有限公司	GR202235002319
787	福建省志诚电力工程有限公司	GR202235002320
788	泉州市中韵智汇科技有限公司	GR202235002321
789	福清市能力达鞋业有限公司	GR202235002322
790	福建兆元光电有限公司	GR202235002323
791	福州萍晴日用化妆品有限公司	GR202235002324
792	泉州市劲力工程机械有限公司	GR202235002325
793	福州精诚丰机械设备有限公司	GR202235002326
794	泉州宸光塑胶有限公司	GR202235002327
795	漳州美丽佳智能科技有限公司	GR202235002328
796	泉州闽乔塑胶有限公司	GR202235002329
797	泉州新慧鼎精密机械有限公司	GR202235002330
798	福建和盛塑业有限公司	GR202235002331
799	福建泉州味中皇食品有限公司	GR202235002332
800	福建省泉州华鸿通讯有限公司	GR202235002333
801	麦仑（漳州）生物科技有限公司	GR202235002334
802	福建睿和科技有限公司	GR202235002335
803	福建民本信息科技有限公司	GR202235002336
804	福州三矩机电设备有限公司	GR202235002337
805	福州卡游网络科技有限公司	GR202235002338
806	福建泉州晋江鸿盛果蔬综合特色农产品股份公司	GR202235002339
807	晋江市双华机械设备有限公司	GR202235002340
808	福州恒态信息科技有限公司	GR202235002341
809	石狮市英伦威登服饰有限公司	GR202235002342
810	泉州鹏禹金刚石工具有限公司	GR202235002343
811	晋江市凯华鞋材有限公司	GR202235002344
812	莆田市华睿机械有限公司	GR202235002345

续表

序号	企业名称	证书编号
813	中科丰阳（福建）科技有限公司	GR202235002346
814	福建省海上茶香茶业有限公司	GR202235002347
815	福建锐闽信息科技有限公司	GR202235002348
816	洁豹厨卫科技（福建）有限公司	GR202235002349
817	福建立朋工程技术有限公司	GR202235002350
818	福建博扬环保科技有限公司	GR202235002351
819	福建中鑫地信科技发展有限公司	GR202235002352
820	福建省泉州鑫商达机械有限公司	GR202235002353
821	福建珈玛电气有限公司	GR202235002354
822	福建便利宝电子商务有限公司	GR202235002355
823	福建伍贰伍科教仪器有限公司	GR202235002356
824	福建华拓五金有限公司	GR202235002357
825	福建天悦机械有限公司	GR202235002358
826	福建二十二世纪科技有限公司	GR202235002359
827	福建省金钻工艺品有限责任公司	GR202235002360
828	福建省德化新博龙陶瓷有限公司	GR202235002361
829	石狮市星光电气有限公司	GR202235002362
830	福建森视安电子工程有限公司	GR202235002363
831	福州市闽侯振兴炜业机械有限公司	GR202235002364
832	福州奕扬机械有限公司	GR202235002365
833	龙岩市荣豪机械有限公司	GR202235002366
834	福州智云软创科技有限公司	GR202235002367
835	福州亿发智能科技有限公司	GR202235002368
836	玖龙纸业（泉州）有限公司	GR202235002369
837	泉州智购自动售货机有限公司	GR202235002370
838	福州曲线动漫科技有限公司	GR202235002371
839	福建华普树脂有限公司	GR202235002372
840	泉州市艺峰软件科技有限公司	GR202235002373
841	福建鹏博电力发展有限公司	GR202235002374
842	福州榕到易科技有限公司	GR202235002375
843	泰仕特仪器（福建）有限公司	GR202235002376
844	福建易安充科技有限公司	GR202235002377
845	晋江市海唯朵服饰有限公司	GR202235002378
846	莆田市高新电子有限公司	GR202235002379
847	福建省德化县益宝陶瓷有限公司	GR202235002380
848	福建智汇芯辰信息科技有限公司	GR202235002381

续表

序号	企业名称	证书编号
849	福州微码教育科技有限公司	GR202235002382
850	莆田市兴田生态农业有限公司	GR202235002383
851	漳州杰安塑料有限公司	GR202235002384
852	福建省祥盛彩印包装有限公司	GR202235002385
853	福建省首盛消防科技有限公司	GR202235002386
854	晋江天佑建材有限公司	GR202235002387
855	福建天安环境检测评价有限公司	GR202235002388
856	晋江市港益纤维制品有限公司	GR202235002389
857	福建同利能效科技有限公司	GR202235002390
858	福建省劲安节能监测技术股份有限公司	GR202235002391
859	福州市马尾区华裕恒通信息科技有限公司	GR202235002392
860	石狮市鸿鹏五金服饰有限公司	GR202235002393
861	福建叮当游戏设计有限公司	GR202235002394
862	石狮市天宏金属制品有限公司	GR202235002395
863	泉州居住科技有限公司	GR202235002396
864	福州科易软件有限公司	GR202235002397
865	福建省德化县新宇陶瓷有限公司	GR202235002398
866	福州牙宜生口腔科技有限公司	GR202235002399
867	泉州市鸿龙拉链织造有限公司	GR202235002400
868	福建省绿丰环保科技有限公司	GR202235002401
869	福建省南盛网络科技有限公司	GR202235002402
870	福州众旺科技有限公司	GR202235002403
871	福建阿普莱斯烧烤炉有限公司	GR202235002404
872	福建德尔诺新材料科技有限公司	GR202235002405
873	福州景诚汇捷科技有限公司	GR202235002406
874	福建中集专用车有限公司	GR202235002407
875	福建蔓丝源生物科技有限公司	GR202235002408
876	福建天晴在线互动科技有限公司	GR202235002409
877	晋江昌祝织造有限公司	GR202235002410
878	福州榕凡网络科技有限公司	GR202235002411
879	福建省连城冠江铁皮石斛有限公司	GR202235002412
880	朵可（福建）卫生用品有限公司	GR202235002413
881	福建华夏金刚科技股份有限公司	GR202235002414
882	福建润泽轻质建筑材料制造有限公司	GR202235002415
883	中纺检测（福建）有限公司	GR202235002416
884	福州霆峰信息科技有限公司	GR202235002417

续表

序号	企业名称	证书编号
885	石狮市飞轮线带织造有限公司	GR202235002418
886	漳平市华楠骏业液压科技有限公司	GR202235002419
887	福州辞希创须环保科技有限公司	GR202235002420
888	泉州远锦新材料科技有限公司	GR202235002421
889	莆田市苗韵科技有限公司	GR202235002422
890	南靖县嘉应义齿有限公司	GR202235002423
891	福建省德化县欣德益现代家用有限公司	GR202235002424
892	福建潜润医学科技有限公司	GR202235002425
893	漳州永利达自控设备有限公司	GR202235002426
894	福建美凌格信息技术有限公司	GR202235002427
895	福建华鼎实验室设备有限公司	GR202235002428
896	福建中威电力工程有限公司	GR202235002429
897	福州菱成电装有限公司	GR202235002430
898	福建省邵武华友农业机械制造有限公司	GR202235002431
899	漳州峰华家具有限公司	GR202235002432
900	福建牧子易猪农业科技有限公司	GR202235002433
901	福建省万家利洁具工贸有限公司	GR202235002434
902	福建尚德新能源科技有限公司	GR202235002435
903	福建省致慧医疗科技有限公司	GR202235002436
904	福建省开华服装实业有限公司	GR202235002437
905	漳州锐鑫汽车配件制造有限公司	GR202235002438
906	莆田市华锦纺织有限公司	GR202235002439
907	晋江尖军训练装备有限公司	GR202235002440
908	莆田联政信息科技有限公司	GR202235002441
909	莆田市龙翔鞋业有限公司	GR202235002442
910	莆田市织明新材料科技有限公司	GR202235002443
911	泉州市双鑫软件有限公司	GR202235002444
912	福建省德化县瓷典陶瓷有限公司	GR202235002445
913	福建百事杰环保科技有限公司	GR202235002446
914	泉州市绿地通用机械科技有限公司	GR202235002447
915	优库信息科技有限公司	GR202235002448
916	陆升（福建）集团有限公司	GR202235002449
917	福建丹樱生态农业发展有限公司	GR202235002450
918	易简智能（福州）电子科技有限公司	GR202235002451
919	福建三横精密五金有限公司	GR202235002452
920	连城县佳辉科技有限公司	GR202235002453

续表

序号	企业名称	证书编号
921	福建清航装备科技有限公司	GR202235002454
922	福建省润全护理用品有限公司	GR202235002455
923	福州嘉美艺广告有限公司	GR202235002456
924	福建美天环保科技有限公司	GR202235002457
925	福建玮祺服饰有限公司	GR202235002458
926	龙岩市佳诚机械有限公司	GR202235002459
927	福建泉州泉能机电设备有限公司	GR202235002460
928	漳州市永阳食品有限公司	GR202235002461
929	福建宇邦科技有限公司	GR202235002462
930	福建瑞回春生物科技有限公司	GR202235002463
931	福建奇丰电子有限公司	GR202235002464
932	晋江中天模具有限公司	GR202235002465
933	福建帅光年网络科技有限公司	GR202235002466
934	福州音讯信息科技有限公司	GR202235002467
935	福建省鑫发精密机械有限公司	GR202235002468
936	福州新融辉门窗有限公司	GR202235002469
937	晋江市凯达石材机械有限公司	GR202235002470
938	福州三零三信息科技有限公司	GR202235002471
939	福州鑫洋机械制造有限公司	GR202235002472
940	漳州台兴化工涂料有限公司	GR202235002473
941	富贵化工（福建）有限公司	GR202235002474
942	晋江市盛泓机械有限公司	GR202235002475
943	皇宝（石狮）实业有限公司	GR202235002476
944	福建合众鑫智能科技有限公司	GR202235002477
945	福建华夏蓝天科技有限公司	GR202235002478
946	福建成迹信息科技有限公司	GR202235002479
947	龙岩市腾辉机械制造有限公司	GR202235002480
948	福建餐总管网络科技有限公司	GR202235002481
949	泉州市深博新材料科技有限公司	GR202235002482
950	三明锦宫节能新材料有限公司	GR202235002483
951	省广（福建）装饰设计工程有限公司	GR202235002484
952	福州海方网络技术有限公司	GR202235002485
953	福建天籁美育文化科技有限公司	GR202235002486
954	福建省正堃富民农业发展有限公司	GR202235002487
955	福州云端惠聚网络科技有限公司	GR202235002488
956	福州施比利新材料科技有限公司	GR202235002489

续表

序号	企业名称	证书编号
957	晋江市嘉艺服装织造有限公司	GR202235002490
958	福建瑞恒信息科技股份有限公司	GR202235002491
959	量子云码（福建）科技有限公司	GR202235002492
960	晋江市楷鑫紧固件制造有限公司	GR202235002493
961	福建佳效信息科技有限公司	GR202235002494
962	福清市恒鑫网络科技有限公司	GR202235002495
963	莆田市彩虹日创化工工贸有限公司	GR202235002496
964	漳浦丰滋雅食品有限公司	GR202235002497
965	福建育明教育科技有限公司	GR202235002498
966	福建翊弘科技有限公司	GR202235002499
967	福建英达沃信息技术有限公司	GR202235002500
968	食在过瘾（福建）食品有限公司	GR202235002501
969	福州盛科信息技术有限公司	GR202235002502
970	泉州柔美激光数字制版有限公司	GR202235002503
971	福州仁人聚合网络科技有限公司	GR202235002504
972	漳州市双杰电子衡器有限公司	GR202235002505
973	福建未来药业有限公司	GR202235002506
974	泉州七曜鞋业有限公司	GR202235002507
975	福清市华成鞋业有限公司	GR202235002508
976	华尔嘉（泉州）机械制造有限公司	GR202235002509
977	福州宙英捷智能科技有限公司	GR202235002510
978	泉州市航嘉信息科技有限公司	GR202235002511
979	福州悠兰达网络科技有限公司	GR202235002512
980	泉州获客圈数据科技有限公司	GR202235002513
981	福建小牛云软件有限公司	GR202235002514
982	福建点景科技股份有限公司	GR202235002515
983	德化县迪森工艺品有限责任公司	GR202235002516
984	格链（福建）通信服务有限公司	GR202235002517
985	泉州天辰阀门有限公司	GR202235002518
986	福州熠和微电子有限公司	GR202235002519
987	晋江禾源机械有限公司	GR202235002520
988	福州上品映画数码科技有限公司	GR202235002521
989	福州太微信息技术有限公司	GR202235002522
990	福州传德科技有限公司	GR202235002523
991	福州颜如源信息科技有限公司	GR202235002524
992	福州华本信息技术有限公司	GR202235002525

续表

序号	企业名称	证书编号
993	泉州市巨铸智能科技有限公司	GR202235002526
994	福建因赛数据科技有限公司	GR202235002527
995	福建省晋江康雅鞋服有限公司	GR202235002528
996	福州紫晶光电科技有限公司	GR202235002529
997	泉州市申元机械制造有限公司	GR202235002530
998	三明市臻野生态农业科技有限公司	GR202235002531
999	福建闽冠伟业智能科技有限公司	GR202235002532
1000	福建跨界筹金融信息服务有限公司	GR202235002533
1001	晋江华恒食品有限公司	GR202235002534
1002	世纪和睿（福建）智能科技有限公司	GR202235002535
1003	福建渃博特自动化设备有限公司	GR202235002536
1004	福州完美映像文化传媒有限公司	GR202235002537
1005	福建迈纬通信科技股份有限公司	GR202235002538
1006	福建省德化威航艺品有限公司	GR202235002539
1007	漳州鑫艺隆新材料科技有限公司	GR202235002540
1008	伟志股份公司	GR202235002541
1009	漳州万力机械有限公司	GR202235002542
1010	晋江荣达机械有限公司	GR202235002543
1011	晋江市隆康印花有限公司	GR202235002544
1012	豹安全（福建）科技开发有限公司	GR202235002545
1013	福州汇尔固液压设备有限公司	GR202235002546
1014	晋江东骏鞋材有限公司	GR202235002547
1015	福建汇天软件科技股份有限公司	GR202235002548
1016	福建澳杰无纺布科技有限公司	GR202235002549
1017	龙岩山河金属制品有限公司	GR202235002550
1018	泉州市春江阀门制造有限公司	GR202235002551
1019	福建景丰科技有限公司	GR202235002552
1020	泉州市宏盛鞋服辅料有限公司	GR202235002553
1021	福州冠维实业有限公司	GR202235002554
1022	福建省绿树节能科技有限公司	GR202235002555
1023	泉州约翰克里涂装工程有限公司	GR202235002556
1024	福州靖羽网络科技有限公司	GR202235002557
1025	福州可靠电子科技有限公司	GR202235002558
1026	泉州鹏泰服饰有限公司	GR202235002559
1027	福州和特新能源有限公司	GR202235002560
1028	福建省银河服饰有限公司	GR202235002561

续表

序号	企业名称	证书编号
1029	泉州市利器金刚石工具有限公司	GR202235002562
1030	石狮佳南热熔胶有限公司	GR202235002563
1031	中科超宏智能科技（福建）有限公司	GR202235002564
1032	泉州市众联纸制品有限责任公司	GR202235002565
1033	福建省磊鑫环保科技有限公司	GR202235002566
1034	福州景灿整合包装有限公司	GR202235002567
1035	福州傲武瑞信息科技有限公司	GR202235002568
1036	泉州兴衣丰机械科技有限公司	GR202235002569
1037	仙游县网鸿信息技术服务有限公司	GR202235002570
1038	泉州菁安塑料有限公司	GR202235002571
1039	漳州锐龙广告传媒有限公司	GR202235002572
1040	福建省旺泰建设工程有限公司	GR202235002573
1041	漳州宏展新材料科技股份有限公司	GR202235002574
1042	福州炫游网络科技有限公司	GR202235002575
1043	晋江天誉模具有限公司	GR202235002576
1044	福建锦程高科实业有限公司	GR202235002577
1045	泉州鹏程鞋业有限公司	GR202235002578
1046	龙岩市中鑫质检技术服务有限公司	GR202235002579
1047	泉州恒德箱包有限公司	GR202235002580
1048	漳州市宇昌火原气体有限公司	GR202235002581
1049	石狮竹盛针织有限公司	GR202235002582
1050	福建博电工程设计有限公司	GR202235002583
1051	泉州市华实橡塑科技有限公司	GR202235002584
1052	建宁县绿源果业有限公司	GR202235002585
1053	泉州市精致工艺玩具有限公司	GR202235002586
1054	福建省尤溪永丰茂纸业有限公司	GR202235002587
1055	福建泉州新耀新材料科技有限公司	GR202235002588
1056	福建省尚邑模具工业有限公司	GR202235002589
1057	福州市远卓信息技术服务有限公司	GR202235002590
1058	福建省莆田市中泰鞋材有限公司	GR202235002591
1059	漳州市品源塑胶模具有限公司	GR202235002592
1060	福建卡迪特纺织科技有限公司	GR202235002593
1061	漳州恒宝新建材有限公司	GR202235002594
1062	齐民科技（福建）有限公司	GR202235002595
1063	大矛山自动化制模（莆田）有限公司	GR202235002596
1064	泰山石膏（福建）有限公司	GR202235002597

续表

序号	企业名称	证书编号
1065	福建晶旭半导体科技有限公司	GR202235002598
1066	福建德樑阀门制造有限公司	GR202235002599
1067	福建居家逸材料科技有限公司	GR202235002600
1068	福建泉州市南安步盛汽配有限公司	GR202235002601
1069	福建跃动科技有限公司	GR202235002602
1070	泉州凯荣工程机械有限公司	GR202235002603
1071	福建雄辉科技有限公司	GR202235002604
1072	福建天普发展集团有限公司	GR202235002605
1073	莆田市创信纺织科技有限公司	GR202235002606
1074	泉州市达和丰针织有限公司	GR202235002607
1075	福州峻丰信息技术有限公司	GR202235002608
1076	福州泽火网络科技有限公司	GR202235002609
1077	霞浦恒巽海洋生物科技有限公司	GR202235002610
1078	华映科技（集团）股份有限公司	GR202235002611
1079	漳州建源电力工程有限公司	GR202235002612
1080	福州掌签科技有限公司	GR202235002613
1081	泉州市威托斯液压机械制造有限公司	GR202235002614
1082	福建建豪建筑科技有限责任公司	GR202235002615
1083	福州十方网络科技有限公司	GR202235002616
1084	福州你和我科技发展有限公司	GR202235002617
1085	福建荣盛钢结构实业有限公司	GR202235002618
1086	莆田市佳隆鞋材有限公司	GR202235002619
1087	博纯材料股份有限公司	GR202235002620
1088	福建大功率网络科技有限公司	GR202235002621
1089	漳州盈川机械有限公司	GR202235002622
1090	福州萌象互动网络科技有限公司	GR202235002623
1091	泉州市嘉利儿童用品有限公司	GR202235002624
1092	福建宏亿信息科技有限公司	GR202235002625
1093	福建博海工程技术有限公司	GR202235002626
1094	晋江哈比熊鞋服有限责任公司	GR202235002627
1095	福建云通达信息科技有限公司	GR202235002628
1096	石狮市鸿爵五金制品有限公司	GR202235002629
1097	海峡创新互联网股份有限公司	GR202235002630
1098	福建丰霈塬环保技术咨询有限责任公司	GR202235002631
1099	福建福光天维电子科技有限公司	GR202235002632
1100	福建福大北斗通信科技有限公司	GR202235002633

续表

序号	企业名称	证书编号
1101	福建省邦消消防科技有限公司	GR202235002634
1102	佰信（福建）新材料科技有限公司	GR202235002635
1103	福建省佳胜通电子设备有限公司	GR202235002636
1104	福建郭坑铁路工务设备有限公司	GR202235002637
1105	泉州市甲申九鼎机械有限公司	GR202235002638
1106	泉州百胜包装有限公司	GR202235002639
1107	福州品行科技发展有限公司	GR202235002640
1108	福建桓韵乐器有限公司	GR202235002641
1109	福州耀城网络科技有限公司	GR202235002642
1110	中秋建设有限公司	GR202235002643
1111	福建省古田县程久红釉有限公司	GR202235002644
1112	福州百年御龙茶业有限公司	GR202235002645
1113	福建迈特富科技发展有限公司	GR202235002646
1114	福建高晟信息技术有限公司	GR202235002647
1115	福建海峡科化富兴建设工程有限公司	GR202235002648
1116	福建省远顺智能科技有限公司	GR202235002649
1117	福建华帜信息科技有限公司	GR202235002650
1118	福州博精昌金属制品有限公司	GR202235002651
1119	福建省顺昌聚来福生物科技有限公司	GR202235002652
1120	莆田市超威电子科技有限公司	GR202235002653
1121	福建艾特精密机械有限公司	GR202235002654
1122	福建省状元猫智能家居有限公司	GR202235002655
1123	福建省维克多教育发展有限公司	GR202235002656
1124	福州通畅网络技术有限公司	GR202235002657
1125	福州炫之境网络科技有限公司	GR202235002658
1126	福建省安智伦数字技术有限公司	GR202235002659
1127	晋江市恒宇机械制造有限公司	GR202235002660
1128	福建开路实业有限公司	GR202235002661
1129	福建明台农业科技有限公司	GR202235002662
1130	福建长远通风设备有限公司	GR202235002663
1131	福建夜景辉光学科技有限公司	GR202235002664
1132	福建泉州宏立网络科技有限公司	GR202235002665
1133	漳州立康有害生物防控有限公司	GR202235002666
1134	泉州市恒达隆针织机械有限公司	GR202235002667
1135	福建泉州亚陶汇建材有限公司	GR202235002668
1136	莆田市牛克约网络科技有限公司	GR202235002669

续表

序号	企业名称	证书编号
1137	泉州骏德机械有限公司	GR202235002670
1138	福建省玄极互娱科技有限公司	GR202235002671
1139	泉州市海兴服装织造有限公司	GR202235002672
1140	晋江市泰宏新材料科技有限公司	GR202235002673
1141	福建省荣冠帽业有限公司	GR202235002674
1142	西人马联合测控（泉州）科技有限公司	GR202235002675
1143	福建龙锋云科技有限公司	GR202235002676
1144	福建省德化真泰尔陶瓷有限公司	GR202235002677
1145	福州荣林机械有限公司	GR202235002678
1146	福建省建筑轻纺设计院有限公司	GR202235002679
1147	福建中网物联科技有限公司	GR202235002680
1148	福建海创光电技术股份有限公司	GR202235002681
1149	方家铺子（莆田）绿色食品有限公司	GR202235002682
1150	全息企业管理（泉州）有限公司	GR202235002683
1151	福州好易租办公设备有限公司	GR202235002684
1152	瑞泰（漳浦）皮业有限公司	GR202235002685
1153	晋江市恒里机械配件有限公司	GR202235002686
1154	福建省澳龙环保新材料有限公司	GR202235002687
1155	福建万人迷信息科技有限公司	GR202235002688
1156	福州上华防火设备有限公司	GR202235002689
1157	三明市康华塑料科技有限公司	GR202235002690
1158	福建瑞丰玻璃制造有限公司	GR202235002691
1159	福州创杰机械有限公司	GR202235002692
1160	漳州蓝毅工贸有限公司	GR202235002693
1161	福建小知大数信息科技有限公司	GR202235002694
1162	泉州市南方食品机械有限公司	GR202235002695
1163	龙岩嘉麒生物科技有限公司	GR202235002696
1164	漳州市和兴涂料有限公司	GR202235002697
1165	福建省展化化工有限公司	GR202235002698
1166	漳州恩得欣金属制品有限公司	GR202235002699
1167	福建宏之升钢结构工程有限公司	GR202235002700
1168	慕丽（福建）实业有限公司	GR202235002701
1169	福建荣升信息技术有限公司	GR202235002702
1170	福建金众晓宇信息技术有限公司	GR202235002703
1171	福建省华辰管业科技有限公司	GR202235002704
1172	漳州钜宝生物科技有限公司	GR202235002705

续表

序号	企业名称	证书编号
1173	晋江艺森建筑工程有限公司	GR202235002706
1174	福建省启航起重设备有限公司	GR202235002707
1175	肯普（福建省）科技有限公司	GR202235002708
1176	冠达星股份有限公司	GR202235002709
1177	福建阿普莱斯电器有限公司	GR202235002710
1178	泉州市新兴石材工艺有限公司	GR202235002711
1179	福建省晋江市励精汽配有限公司	GR202235002712
1180	惠安县超哥智能系统有限公司	GR202235002713
1181	福建中科易讯科技有限公司	GR202235002714
1182	福州优德居智能科技有限公司	GR202235002715
1183	泉州锐腾机械制造有限公司	GR202235002716
1184	福州景腾精工橡塑制品有限公司	GR202235002717
1185	福建省微柏工业机器人有限公司	GR202235002718
1186	福建多米文化发展有限公司	GR202235002719
1187	福州宏德金属制品有限公司	GR202235002720
1188	泉州兴睿自动化科技有限公司	GR202235002721
1189	多创信息科技（泉州）有限公司	GR202235002722
1190	福建鸿佳盛信息技术有限公司	GR202235002723
1191	福建省华科模具科技有限公司	GR202235002724
1192	福建省壹方海生态农业开发有限公司	GR202235002725
1193	福州鑫明辉智能科技有限公司	GR202235002726
1194	福建巨森卫生用品有限公司	GR202235002727
1195	福建华佳彩有限公司	GR202235002728
1196	福州比得福农业科技发展有限公司	GR202235002729
1197	福建天泉教育科技有限公司	GR202235002730
1198	福建闽清一建建设发展有限公司	GR202235002731
1199	福建中程锐铂电力科技有限公司	GR202235002732
1200	福建省仙游县南丰生化有限公司	GR202235002733
1201	福建医工设计院有限公司	GR202235002734
1202	福建艾普利生物科技有限公司	GR202235002735
1203	福建省安溪县韵和机械有限公司	GR202235002736
1204	晋江市维丰织造漂染有限公司	GR202235002737
1205	漳州利泉食品有限公司	GR202235002738
1206	漳州市芗城昌盛家俱有限公司	GR202235002739
1207	泉州力同科技有限公司	GR202235002740
1208	福建省德化县恒新工艺有限公司	GR202235002741

续表

序号	企业名称	证书编号
1209	福建橙心云科技有限公司	GR202235002742
1210	福建金闽再造烟叶发展有限公司	GR202235002743
1211	宁德中能电子设备有限公司	GR202235002744
1212	福建美庆热传科技有限公司	GR202235002745
1213	福建闽消天信消防科技有限公司	GR202235002746
1214	福州易拓信息技术有限公司	GR202235002747
1215	福建省亿集通信息科技有限公司	GR202235002748
1216	福州小稻草信息科技有限公司	GR202235002749
1217	安溪仟富美电子有限公司	GR202235002750
1218	福建日日红电线电缆有限公司	GR202235002751
1219	石狮市斯伯特制衣有限公司	GR202235002752
1220	福州市翔锐信息科技有限公司	GR202235002753
1221	晋江市宝兴彩色印刷有限公司	GR202235002754
1222	福建省鑫磊防护设备有限公司	GR202235002755
1223	石狮市七彩虹植绒印花有限公司	GR202235002756
1224	福建米品科技有限公司	GR202235002757
1225	福州博莱特机电有限公司	GR202235002758
1226	宁德市福能新能源科技有限公司	GR202235002759
1227	福建省标点网络科技有限公司	GR202235002760
1228	福建新永发塑胶模具有限公司	GR202235002761
1229	福建鹏图未来信息科技有限公司	GR202235002762
1230	龙岩市精宏盛机械有限公司	GR202235002763
1231	泉州市青果网络科技有限公司	GR202235002764
1232	泉州科兴纺织有限公司	GR202235002765
1233	福建省金伟达智能科技有限公司	GR202235002766
1234	福建臻善信息科技有限公司	GR202235002767
1235	福建新通途信息技术有限公司	GR202235002768
1236	宁德余库五金制品有限公司	GR202235002769
1237	博森环保科技（莆田）股份有限公司	GR202235002770
1238	龙岩市武平县欣达电子有限公司	GR202235002771
1239	惠安建振石业有限公司	GR202235002772
1240	漳州市天宸钟表有限公司	GR202235002773
1241	福建奇鹭物联网科技股份公司	GR202235002774
1242	福建易联众电子科技有限公司	GR202235002775
1243	福鼎市七碗李家农业发展有限公司	GR202235002776
1244	泉州市一扬文化用品有限公司	GR202235002777

续表

序号	企业名称	证书编号
1245	福建省广电智能系统集成工贸有限公司	GR202235002778
1246	京堂伟业（福建）电子科技有限公司	GR202235002779
1247	福建省德化县辉腾陶瓷有限公司	GR202235002780
1248	福建省德化县中国白陶瓷有限责任公司	GR202235002781
1249	福州天凯生物科技有限责任公司	GR202235002782
1250	莆田市城厢区创恒工贸有限公司	GR202235002783
1251	福建金启点实业有限公司	GR202235002784
1252	福建天川物联科技有限公司	GR202235002785
1253	福建醉无双茶业有限公司	GR202235002786
1254	福州德明科技有限公司	GR202235002787
1255	石狮华用新材料科技有限公司	GR202235002788
1256	莆田市数字集团有限公司	GR202235002789
1257	福州勇士电动科技有限公司	GR202235002790
1258	福州闽创环保科技有限公司	GR202235002791
1259	福建鑫展旺物流有限公司	GR202235002792
1260	福建众益太阳能科技股份公司	GR202235002793
1261	福丰（长汀）服装有限公司	GR202235002794
1262	大永精机（福州）有限公司	GR202235002795
1263	福建中星华宸电子设备有限公司	GR202235002796
1264	福建省中伟体育用品有限公司	GR202235002797
1265	泉州云上字节信息技术有限公司	GR202235002798
1266	漳州舒展家具有限公司	GR202235002799
1267	福建省福岑纺织科技有限公司	GR202235002800
1268	福州市初代科技有限公司	GR202235002801
1269	福建浩蓝光电有限公司	GR202235002802
1270	福州楷亿智能科技有限公司	GR202235002803
1271	福建天澜致远信息科技有限公司	GR202235002804
1272	福建浩驰信息科技有限公司	GR202235002805
1273	福州市天弓信息科技有限公司	GR202235002806
1274	福建省武夷山市华雁新能源科技有限公司	GR202235002807
1275	福建省乔东新型材料有限公司	GR202235002808
1276	晋江市小芯电子科技有限公司	GR202235002809
1277	福建福启网络科技有限公司	GR202235002810
1278	百世共创（福建）品牌管理有限公司	GR202235002811
1279	福州森雅家具有限公司	GR202235002812
1280	福建省安鑫智能科技有限公司	GR202235002813

续表

序号	企业名称	证书编号
1281	福建龙氟化工有限公司	GR202235002814
1282	福建省三联通信有限公司	GR202235002815
1283	晟洲信息科技有限公司	GR202235002816
1284	福建省福抗药业股份有限公司	GR202235002817
1285	福建泉州市东昂电子有限公司	GR202235002818
1286	福建郃峰环保科技实业有限公司	GR202235002819
1287	福建省兴万众车厢制造有限公司	GR202235002820
1288	福州宇科信息技术有限公司	GR202235002821
1289	漳州鑫圣源包装制品有限公司	GR202235002822
1290	福建臻璟新材料科技有限公司	GR202235002823
1291	福建澳林镁环保科技有限公司	GR202235002824
1292	福州市卡亚特利信息技术有限公司	GR202235002825
1293	福建省闽星食品科技有限公司	GR202235002826
1294	泉州鑫迪服饰有限公司	GR202235002827
1295	福建华冠光电有限公司	GR202235002828
1296	福州欣创摩尔科技有限公司	GR202235002829
1297	福州正泽电气有限公司	GR202235002830
1298	福建品家竹品科技有限公司	GR202235002831
1299	福建百城新能源科技有限公司	GR202235002832
1300	尤溪县天草菌物种业有限公司	GR202235002833
1301	泉州市明扬汽车配件有限公司	GR202235002834
1302	福建隆盛轻工有限公司	GR202235002835
1303	福州星盛维信息科技有限公司	GR202235002836
1304	福建省科兴威视工程有限公司	GR202235002837
1305	福建省嘉盟网络科技集团有限公司	GR202235002838
1306	泉州市汉威机械制造有限公司	GR202235002839
1307	福建主播农业科技有限公司	GR202235002840
1308	福建省昌德胶业科技有限公司	GR202235002841
1309	清流县云起网络科技有限公司	GR202235002842
1310	福建大西新能源电机科技股份有限公司	GR202235002843
1311	龙岩市联发信息有限公司	GR202235002844
1312	福建东图环境规划设计有限公司	GR202235002845
1313	泉州银艺机械有限公司	GR202235002846
1314	福州金域医学检验实验室有限公司	GR202235002847
1315	福州瞭风网络科技有限责任公司	GR202235002848
1316	福清宏利发模具有限公司	GR202235002849

续表

序号	企业名称	证书编号
1317	泉州市锦彩环保科技有限公司	GR202235002850
1318	福州科斯联光电科技有限公司	GR202235002851
1319	漳州元素生物科技有限公司	GR202235002852
1320	福建蓉中仁发幼童用品有限公司	GR202235002853
1321	泉州市芯音电子科技有限公司	GR202235002854
1322	新生命（福建）生物科技有限公司	GR202235002855
1323	石狮市鑫元丰印务有限责任公司	GR202235002856
1324	福建海风制冷设备有限公司	GR202235002857
1325	泉州市达源印刷设备有限公司	GR202235002858
1326	福州福享汽车工业有限公司	GR202235002859
1327	福建省顺昌奥拓生物科技有限公司	GR202235002860
1328	福州文撰档案技术服务有限公司	GR202235002861
1329	南安市永恒消防设备有限公司	GR202235002862
1330	泉州景圃生物科技股份有限公司	GR202235002863
1331	福建夜光达科技股份有限公司	GR202235002864
1332	漳州厦文眼镜有限公司	GR202235002865
1333	福州市道至简网络科技有限公司	GR202235002866
1334	福建福晟新材料科技有限公司	GR202235002867
1335	福州亿能达众康信息科技有限公司	GR202235002868
1336	泉州市永进机械配件有限公司	GR202235002869
1337	福建汇顺检测集团有限公司	GR202235002870
1338	漳州晶祥贝壳钮扣有限公司	GR202235002871
1339	福州祖尔格拉布信息科技有限公司	GR202235002872
1340	福州融合历程科技有限公司	GR202235002873
1341	莆田市涵江区德林兴五金有限公司	GR202235002874
1342	福州鑫久鑫信息技术有限公司	GR202235002875
1343	福建富源通管业科技有限公司	GR202235002876
1344	福建省一方文化传媒有限公司	GR202235002877
1345	泉州磐实磨具有限公司	GR202235002878
1346	福州福睿科光电有限公司	GR202235002879
1347	福建福锦记食品有限公司	GR202235002880
1348	津高阀门制造有限公司	GR202235002881
1349	福建鲜路智能科技有限公司	GR202235002882
1350	福建嘉得利厨卫发展有限公司	GR202235002883
1351	泉州市旭麟机械制造有限公司	GR202235002884
1352	福州嗨爆科技有限公司	GR202235002885

续表

序号	企业名称	证书编号
1353	龙岩市都之杰电路科技有限公司	GR202235002886
1354	福州宝力通电子科技有限公司	GR202235002887
1355	泉州市文豪塑胶制品有限公司	GR202235002888
1356	泉州市源福机械制造有限公司	GR202235002889
1357	泉州开云网络科技服务有限公司	GR202235002890
1358	泉州市致运制冷设备有限公司	GR202235002891
1359	漳州雷蔓信息科技有限公司	GR202235002892
1360	福建沃科教育信息技术有限公司	GR202235002893
1361	福州小尼信息技术有限公司	GR202235002894
1362	福州天畅教育咨询有限公司	GR202235002895
1363	漳州享玺玥智能科技有限公司	GR202235002896
1364	福建诚晨信息科技股份有限公司	GR202235002897
1365	福建省佰星电力技术服务有限公司	GR202235002898
1366	福建创世纪信息科技有限公司	GR202235002899
1367	泉州天地星电子有限公司	GR202235002900
1368	福建省建研工程检测有限公司	GR202235002901
1369	闽侯县恒通纸品有限公司	GR202235002902
1370	福州速速财管家科技有限公司	GR202235002903
1371	智善（福建）科技有限公司	GR202235002904
1372	福建坤墨信息科技有限公司	GR202235002905
1373	福建希由科技有限公司	GR202235002906
1374	福建联辰信息技术有限公司	GR202235002907
1375	福建省雅泰印刷包装有限公司	GR202235002908
1376	福建瓮福蓝天氟化工有限公司	GR202235002909
1377	泉州市金胜生态农业有限公司	GR202235002910
1378	好运来（福建）食品有限公司	GR202235002911
1379	福清兴高达五金有限公司	GR202235002912
1380	福清莱摩登塑胶鞋业有限公司	GR202235002913
1381	漳州青创教育科技有限公司	GR202235002914
1382	福建榕工环保机械股份有限公司	GR202235002915
1383	福建众创未来科技有限公司	GR202235002916
1384	福建省西斯特环保材料科技有限责任公司	GR202235002917
1385	福建永盛电子有限公司	GR202235002918
1386	智慧家园电子商务（福建）有限公司	GR202235002919
1387	福建创杰信息科技有限公司	GR202235002920
1388	福建摩尔软件有限公司	GR202235002921

续表

序号	企业名称	证书编号
1389	福建百佳护栏有限公司	GR202235002922
1390	泉州市中泰箱包制品有限公司	GR202235002923
1391	福州德合节能科技有限公司	GR202235002924
1392	福州三沃信息技术有限公司	GR202235002925
1393	福建省立讯信息科技有限公司	GR202235002926
1394	福建奥利高塔复合肥有限公司	GR202235002927
1395	福州市良钇信息科技有限公司	GR202235002928
1396	福建五翔实业股份有限公司	GR202235002929
1397	福建省唯正智能科技有限公司	GR202235002930
1398	福建信步者科技有限公司	GR202235002931
1399	福建亿达科电气有限公司	GR202235002932
1400	福建乔明电器科技有限公司	GR202235002933
1401	泉州亿达织造有限公司	GR202235002934
1402	福州大正机械有限公司	GR202235002935
1403	泉州市鹏安体育用品有限公司	GR202235002936
1404	泉州良锥新材料科技有限公司	GR202235002937
1405	福建华宇建设集团有限公司	GR202235002938
1406	中消智联（福州）科技有限公司	GR202235002939
1407	福建麦盟网络科技有限公司	GR202235002940
1408	泉州天智合金材料科技有限公司	GR202235002941
1409	龙岩市瀚林汽车零部件制造有限公司	GR202235002942
1410	福建省香江服饰科技有限公司	GR202235002943
1411	福建威尔克阀门制造有限公司	GR202235002944
1412	福建天海亿联盟能源科技有限公司	GR202235002945
1413	莆田市精密铸锻有限公司	GR202235002946
1414	福建省龙岩市三阳机械有限公司	GR202235002947
1415	莆田市涵江区三星塑料制品有限公司	GR202235002948
1416	福建朗信教育科技有限公司	GR202235002949
1417	福建卓弘项目管理有限公司	GR202235002950
1418	福建梦飞优创教育科技有限公司	GR202235002951
1419	泉州市速腾网络科技有限公司	GR202235002952
1420	晋江市科协机电设备有限公司	GR202235002953
1421	福州玛克伯爵装饰材料有限公司	GR202235002954
1422	漳州市金闽新五金制品有限公司	GR202235002955
1423	福州迈吉家居有限公司	GR202235002956
1424	泉州宗大模具有限公司	GR202235002957

续表

序号	企业名称	证书编号
1425	福建雅鑫电子材料有限公司	GR202235002958
1426	豪利时（福建）食品科技有限公司	GR202235002959
1427	福州科欣信息科技有限公司	GR202235002960
1428	福建久润电力科技有限公司	GR202235002961
1429	福建宸晞信息科技有限公司	GR202235002962
1430	漳州环绿纸塑包装有限公司	GR202235002963
1431	福建省东山县辉永泰体育用品实业有限公司	GR202235002964
1432	福建天行电缆有限公司	GR202235002965
1433	福建日上建设工程有限公司	GR202235002966
1434	福州鑫佳益信息技术有限公司	GR202235002967
1435	福州目雪科技有限公司	GR202235002968
1436	漳州市二阶堂网络科技有限公司	GR202235002969
1437	福建鸿丰纳米科技有限公司	GR202235002970
1438	泉州禾伦织造有限公司	GR202235002971
1439	福建三朵云网络科技有限公司	GR202235002972
1440	福建省福联集成电路有限公司	GR202235002973
1441	吉泰（福建）体育用品有限公司	GR202235002974
1442	福建立亚新材有限公司	GR202235002975
1443	福建三智智能科技有限公司	GR202235002976
1444	福建省天源水产集团有限公司	GR202235002977
1445	福建嘉仕盾工贸有限公司	GR202235002978
1446	福建东南艺术纸品股份有限公司	GR202235002979
1447	福州弘耀光电技术有限公司	GR202235002980
1448	福建中益制药有限公司	GR202235002981
1449	福州派次元网络科技有限公司	GR202235002982
1450	泉州市美恒钢化玻璃有限公司	GR202235002983
1451	福建省信达光电科技有限公司	GR202235002984
1452	晋江美硕伞业有限公司	GR202235002985
1453	福建灿平网络科技有限公司	GR202235002986
1454	福州大延计算机软件有限公司	GR202235002987
1455	福建时代引擎文化产业有限公司	GR202235002988
1456	福建中量智汇科技有限公司	GR202235002989
1457	福建兴恒机械科技有限公司	GR202235002990
1458	中科标准（宁德）科技有限公司	GR202235002991
1459	福州卓海信息技术有限公司	GR202235002992
1460	八臂哪吒（福建）科技有限公司	GR202235002993

续表

序号	企业名称	证书编号
1461	福建玉池环境科技有限公司	GR202235002994
1462	慧翰微电子股份有限公司	GR202235002995
1463	泉州市明众达智能设备有限公司	GR202235002996
1464	福建灿科环保技术开发有限公司	GR202235002997
1465	福建上一饲料有限公司	GR202235002998
1466	福建省三维体育科技有限公司	GR202235002999
1467	福建省海博检测技术有限公司	GR202235003000
1468	福建冠达通信息技术有限公司	GR202235003001
1469	泉州市速腾彩色印刷有限公司	GR202235003002
1470	晋江金飞鞋材有限公司	GR202235003003
1471	福建睿创光电科技有限公司	GR202235003004
1472	福建安捷工程检测有限公司	GR202235003005
1473	福建嘉辉尔电力科技发展有限公司	GR202235003006
1474	泉州市华恒工程机械有限公司	GR202235003007
1475	福建盛世九州教育科技有限公司	GR202235003008
1476	福建省金农威饲料有限公司	GR202235003009
1477	福建省锐拓信息科技有限公司	GR202235003010
1478	泉州重达机械有限公司	GR202235003011
1479	龙岩福测信息科技有限公司	GR202235003012
1480	福建云网氢能生物科技有限公司	GR202235003013
1481	福建宜和兴家具有限公司	GR202235003014
1482	福建民恩科技有限公司	GR202235003015
1483	福建泉州市龙兴达石业有限公司	GR202235003016
1484	福建新展自动化科技有限公司	GR202235003017
1485	福建众裕鞋业有限公司	GR202235003018
1486	福州辛巴科技有限公司	GR202235003019
1487	福建永鸿海环境科技有限公司	GR202235003020
1488	福建天涂科技发展有限公司	GR202235003021
1489	泉州市憨鼠网络科技有限公司	GR202235003022
1490	福州康福特机械设备有限公司	GR202235003023
1491	福州星火金福信息科技有限公司	GR202235003024
1492	福建金正丰金属工业有限公司	GR202235003025
1493	福建台屹精密机械有限公司	GR202235003026
1494	福州鑫谨诚智能科技有限公司	GR202235003027
1495	福州恒一通水泥制品有限公司	GR202235003028
1496	福建红蝠科技有限公司	GR202235003029

续表

序号	企业名称	证书编号
1497	龙岩市双峰机械有限公司	GR202235003030
1498	福建赛特新材股份有限公司	GR202235003031
1499	福州东星生物技术有限公司	GR202235003032
1500	莆田市阳鑫机械有限公司	GR202235003033
1501	信泰（福建）科技有限公司	GR202235003034
1502	晋江市捷威机械制造有限公司	GR202235003035
1503	医翼升（福建）网络科技有限公司	GR202235003036
1504	福州市宝源风机有限公司	GR202235003037
1505	泉州市琪祥电子科技有限公司	GR202235003038
1506	福建省武平县金典精密电路有限公司	GR202235003039
1507	泉州市盈茂机械配件有限公司	GR202235003040
1508	福建省创达印刷包装有限公司	GR202235003041
1509	福建金石头建设有限公司	GR202235003042
1510	福建安视智数工业科技有限公司	GR202235003043
1511	漳州市新欧门业有限公司	GR202235003044
1512	福建省易储网络科技有限公司	GR202235003045
1513	泉州宏诚新能源科技有限公司	GR202235003046
1514	福州智林非凡科技有限公司	GR202235003047
1515	福建警声吉晟门业股份有限公司	GR202235003048
1516	泉州市生辉电机设备有限公司	GR202235003049
1517	漳州三通家居用品有限公司	GR202235003050
1518	泉州鑫硕机械有限公司	GR202235003051
1519	福建同利建材科技有限公司	GR202235003052
1520	晋江市曙光机械有限公司	GR202235003053
1521	福建信达针织有限公司	GR202235003054
1522	福建满山红新材料科技有限公司	GR202235003055
1523	泉州市集华针纺科技有限公司	GR202235003056
1524	福建壹芯信息科技有限公司	GR202235003057
1525	漳州市实在得生物科技有限公司	GR202235003058
1526	晋江蓝鲸鞋业有限公司	GR202235003059
1527	石狮市绿园市政工程有限公司	GR202235003060
1528	福州邦博信息技术有限公司	GR202235003061
1529	泉州恒赢科技咨询有限公司	GR202235003062
1530	福建途乐智能科技有限公司	GR202235003063
1531	福建新龙都消防科技有限公司	GR202235003064
1532	福州名匠机械设备有限公司	GR202235003065

续表

序号	企业名称	证书编号
1533	晋江鹏盛机械有限公司	GR202235003066
1534	福建迈可博电子科技集团股份有限公司	GR202235003067
1535	南安恒隆建材有限公司	GR202235003068
1536	福建省龙治智能设备有限公司	GR202235003069
1537	福州辉泰技术服务有限公司	GR202235003070
1538	福州润和茂网络科技有限公司	GR202235003071
1539	中创浩远科技（福建）有限公司	GR202235003072
1540	泉州瑞星达自动化科技有限公司	GR202235003073
1541	福建福泉鑫生物科技有限公司	GR202235003074
1542	福州游影文化传媒有限公司	GR202235003075
1543	福建拓宇卫浴有限公司	GR202235003076
1544	天允建设实业（福建）有限公司	GR202235003077
1545	泉州舒康服饰有限公司	GR202235003078
1546	福州中轩科能信息科技有限公司	GR202235003079
1547	福州恒益网大信息技术有限公司	GR202235003080
1548	福建省网动网络科技有限公司	GR202235003081
1549	康普泰克压铸（三明）有限公司	GR202235003082
1550	福建多米教育咨询有限公司	GR202235003083
1551	福建省闽东力捷迅药业股份有限公司	GR202235003084
1552	福建泽源信息科技有限公司	GR202235003085
1553	晋江友雅服饰有限公司	GR202235003086
1554	福建省德化县继裕陶瓷有限公司	GR202235003087
1555	中影智能技术发展（福建）有限公司	GR202235003088
1556	伊佐然建筑设计（福州）有限公司	GR202235003089
1557	福建三闽电子信息科技有限公司	GR202235003090
1558	泉州市大西洋电力科技有限公司	GR202235003091
1559	福州市长乐区万达纺织机械有限公司	GR202235003092
1560	福建步卓唯美照明有限公司	GR202235003093
1561	福建长绿食品饮料股份有限公司	GR202235003094
1562	泉州市信源体育用品有限公司	GR202235003095
1563	福建聚信天下信息科技有限公司	GR202235003096
1564	福建省航遥地理信息技术有限公司	GR202235003097
1565	福建长洋沥青工程有限公司	GR202235003098
1566	晋江博鸿机械有限公司	GR202235003099
1567	泉州筑友环保机械制造有限公司	GR202235003100
1568	晋江市黄河服装有限公司	GR202235003101

续表

序号	企业名称	证书编号
1569	福建众享科技有限公司	GR202235003102
1570	福建交科信通科技有限公司	GR202235003103
1571	展宏节能科技有限公司	GR202235003104
1572	福清市富韵家居有限公司	GR202235003105
1573	福建省微智行科技有限公司	GR202235003106
1574	福州零壹信息科技有限公司	GR202235003107
1575	福建之物新象环保科技有限公司	GR202235003108
1576	福州和声钢琴股份有限公司	GR202235003109
1577	晋江市瑞盛机械制造有限公司	GR202235003110
1578	福州一格工业设计有限公司	GR202235003111
1579	福州斯狄渢电热水器有限公司	GR202235003112
1580	福州量子中金数码技术有限公司	GR202235003113
1581	福建诚控电气有限公司	GR202235003114
1582	福州建电成套设备有限公司	GR202235003115
1583	福州锦昌晟智能科技有限公司	GR202235003116
1584	福州腾盛智能科技有限公司	GR202235003117
1585	福州广博机电有限公司	GR202235003118
1586	晋江捷兴机械有限公司	GR202235003119
1587	福州恒新源电子科技有限公司	GR202235003120
1588	福州冠威电子科技有限公司	GR202235003121
1589	德化县京隆堂陶瓷有限责任公司	GR202235003122
1590	福建云恒云餐食品科技有限公司	GR202235003123
1591	泰鑫化纤（中国）有限公司	GR202235003124
1592	泉州市顶尖新材料有限责任公司	GR202235003125
1593	携船网（福建）航运科技有限公司	GR202235003126
1594	福州领客蜂网络科技有限公司	GR202235003127
1595	福信富通科技股份有限公司	GR202235003128
1596	福州智尔自动化技术有限公司	GR202235003129
1597	福建科源新材料股份有限公司	GR202235003130
1598	福建安邦展示股份有限公司	GR202235003131
1599	福建水中舟科技有限公司	GR202235003132
1600	福建海威液压机械有限公司	GR202235003133
1601	福建华大利合成革有限公司	GR202235003134
1602	中海峡（福建）细胞生物科技有限公司	GR202235003135
1603	海创飞龙（福建）科技有限公司	GR202235003136
1604	福建茄子互联网有限公司	GR202235003137

续表

序号	企业名称	证书编号
1605	龙岩市上正工贸有限公司	GR202235003138
1606	福建金运软件有限公司	GR202235003139
1607	福建省华增鞋业科技有限公司	GR202235003140
1608	漳州市同芯电子科技有限公司	GR202235003141
1609	福建零点智能工程有限公司	GR202235003142
1610	福建友通实业有限公司	GR202235003143
1611	福建省德化县鹏坤陶瓷有限公司	GR202235003144
1612	新洋自动化科技有限公司	GR202235003145
1613	安溪永兴机械有限公司	GR202235003146
1614	福建乐基科技有限公司	GR202235003147
1615	福建智达九州科技有限公司	GR202235003148
1616	福建三青鸟科技有限公司	GR202235003149
1617	福建安通电装有限公司	GR202235003150
1618	福建金翊信息技术有限公司	GR202235003151
1619	福州市城建工程检测有限公司	GR202235003152
1620	福州麦瑞哲技术咨询有限公司	GR202235003153
1621	泉州军威机械有限公司	GR202235003154
1622	奥特路（漳州）光学科技有限公司	GR202235003155
1623	福州榕翔旺网络科技有限公司	GR202235003156
1624	福州金笛声电子科技有限公司	GR202235003157
1625	福建中移智慧物联科技有限公司	GR202235003158
1626	福州和升达表业有限公司	GR202235003159
1627	第一时间科技投资股份有限公司	GR202235003160
1628	福州樱桃信息技术有限公司	GR202235003161
1629	福建省劲牛重工发展有限公司	GR202235003162
1630	福州市越甲信息技术有限公司	GR202235003163
1631	福建传驰机械有限公司	GR202235003164
1632	泉州鲤城区铭宏机械有限公司	GR202235003165
1633	福建希卡智能科技有限公司	GR202235003166
1634	福建闽晋蓝检测技术有限公司	GR202235003167
1635	福建珍菌子生物科技有限公司	GR202235003168
1636	福建永春添福雨具制品有限公司	GR202235003169
1637	福建睿禾科技有限公司	GR202235003170
1638	福州鸿运闽水通讯技术有限公司	GR202235003171
1639	福建省飞胜阀门制造有限公司	GR202235003172
1640	福州华政信息咨询有限公司	GR202235003173

续表

序号	企业名称	证书编号
1641	福建泉州仕美高服饰有限公司	GR202235003174
1642	福建鹏达包装材料有限公司	GR202235003175
1643	福建万象三维科技有限公司	GR202235003176
1644	福建佳成电力有限公司	GR202235003177
1645	晋江信路达机械设备有限公司	GR202235003178
1646	福州赛格车圣导航科技有限公司	GR202235003179
1647	福州双屹砂轮有限公司	GR202235003180
1648	福建中泰德玛智能设备有限公司	GR202235003181
1649	石狮市信宝精密针筒有限公司	GR202235003182
1650	福建省闽量校准技术中心有限公司	GR202235003183
1651	福州空两格网络科技有限公司	GR202235003184
1652	恒讯智控科技（平潭）有限公司	GR202235003185
1653	泉州众维企业管理咨询有限公司	GR202235003186
1654	鑫泽通讯科技（福州）有限公司	GR202235003187
1655	福州兴泓泰服装辅料有限公司	GR202235003188
1656	福州玉源纺织有限公司	GR202235003189
1657	福建天蕊光电有限公司	GR202235003190
1658	福建先锐软件科技有限公司	GR202235003191
1659	漳州市赛乐工贸有限公司	GR202235003192
1660	福建天人药业股份有限公司	GR202235003193
1661	福建中科芯源光电科技有限公司	GR202235003194
1662	福州鑫羽新水电设备有限公司	GR202235003195
1663	福建大联新型材料发展有限公司	GR202235003196
1664	福建亿浦昇户外用品有限公司	GR202235003197
1665	莆田永众信息科技有限公司	GR202235003198
1666	福建省建阳金石氟业有限公司	GR202235003199
1667	福建省兴盛火迪消防工程集团有限公司	GR202235003200
1668	福建纳仕达电子股份有限公司	GR202235003201
1669	福建省脸谱网络科技有限公司	GR202235003202
1670	福州中鑫华智科技有限公司	GR202235003203
1671	福州正同信息技术有限公司	GR202235003204
1672	泉州特米斯高环保科技有限公司	GR202235003205
1673	漳州汉文信息科技有限公司	GR202235003206
1674	爱学习（福建）科技有限公司	GR202235003207
1675	福建顺邦防护科技有限公司	GR202235003208
1676	福建海源新材料科技有限公司	GR202235003209

续表

序号	企业名称	证书编号
1677	石狮市盛奕世五金制品有限公司	GR202235003210
1678	石狮市恒峰彩印有限公司	GR202235003211
1679	福建汇天生物药业有限公司	GR202235003212
1680	福州万升电器有限公司	GR202235003213
1681	福州顺力电气设备有限公司	GR202235003214
1682	晋江美新鞋业有限公司	GR202235003215
1683	福建鸿源集团物资再生利用有限公司	GR202235003216
1684	福建省易联联网络科技有限公司	GR202235003217
1685	福州瞻辰信息技术有限责任公司	GR202235003218
1686	漳州添丰生物科技有限公司	GR202235003219
1687	福建瑞庚生物科技有限公司	GR202235003220
1688	伟兴有限公司	GR202235003221
1689	福州月圆科技有限公司	GR202235003222
1690	福建博思智数科技有限公司	GR202235003223
1691	泉州市大宇纸塑制品有限公司	GR202235003224
1692	福建大众健康生物科技有限公司	GR202235003225
1693	泉州市百业信息咨询有限公司	GR202235003226
1694	晋江市银鑫拉链织造有限公司	GR202235003227
1695	福建百将电器有限公司	GR202235003228
1696	福建爱宝时电机有限公司	GR202235003229
1697	南安市绿亿食用菌种植股份有限公司	GR202235003230
1698	福建锐宇智能科技有限公司	GR202235003231
1699	三明市圣龙食品有限公司	GR202235003232
1700	福建麦飞科技有限公司	GR202235003233
1701	福州鑫朋电子科技有限公司	GR202235003234
1702	福建巨纵科技发展有限公司	GR202235003235
1703	福建恒春织造股份有限公司	GR202235003236
1704	漳州三禾琪若食品有限公司	GR202235003237
1705	福建省百顺卫生用品有限公司	GR202235003238
1706	福建逐云网络科技有限公司	GR202235003239
1707	漳州市芗城兴越工艺品有限公司	GR202235003240
1708	福州摩尔电子有限公司	GR202235003241
1709	晋江佩克鞋业有限公司	GR202235003242
1710	福建蓝河环保有限公司	GR202235003243
1711	福建酷智科技有限公司	GR202235003244
1712	福建天巡通航科技有限公司	GR202235003245

续表

序号	企业名称	证书编号
1713	福建才鼎建设有限公司	GR202235003246
1714	泉州华大环保科技有限公司	GR202235003247
1715	泉州市勃力包装材料有限公司	GR202235003248
1716	福建千润企业管理有限公司	GR202235003249
1717	石狮市洪腾冷拔油缸有限公司	GR202235003250
1718	福建省南安市盛泰阀门有限公司	GR202235003251
1719	福建省燕京惠泉啤酒股份有限公司	GR202235003252
1720	福建聚嘉科技股份有限公司	GR202235003253
1721	晋江市亿跃机械科技有限公司	GR202235003254
1722	福建福大建筑规划设计研究院有限公司	GR202235003255
1723	福建铨一电源科技有限公司	GR202235003256
1724	福建元弘自动化科技有限公司	GR202235003257
1725	福建子衿质检技术服务有限公司	GR202235003258
1726	福建作美广告有限公司	GR202235003259
1727	福建优丝纺织有限公司	GR202235003260
1728	福建天益达建筑工程有限公司	GR202235003261
1729	福建英业强智能装备有限公司	GR202235003262
1730	漳州市坤生家具有限公司	GR202235003263
1731	晋江市陆钢塑料机械有限公司	GR202235003264
1732	福建拓天生物科技有限公司	GR202235003265
1733	福建优城电子商务技术服务有限公司	GR202235003266
1734	古田县玉工机械有限公司	GR202235003267
1735	福建省碧诚工贸有限公司	GR202235003268
1736	晋江玖富隆鞋业有限责任公司	GR202235003269
1737	尤溪县鑫益化工有限公司	GR202235003270
1738	漳州市陆海环保产业开发有限公司	GR202235003271
1739	福州瑞森电气设备有限公司	GR202235003272
1740	福建福清核电有限公司	GR202235003273
1741	福建冠翔日用塑料制品有限公司	GR202235003274
1742	福建省元诚机车部件有限公司	GR202235003275
1743	泉州市好亮电子科技有限公司	GR202235003276
1744	石狮市通达光电科技有限公司	GR202235003277
1745	晋江依诺思服饰制造有限公司	GR202235003278
1746	福建欧中电子有限公司	GR202235003279
1747	福建厚普机电设备有限公司	GR202235003280
1748	福州利昂软件有限公司	GR202235003281

续表

序号	企业名称	证书编号
1749	福建省尚美建设工程有限公司	GR202235003282
1750	福建君易道网络科技有限公司	GR202235003283
1751	星照（福建）科技有限公司	GR202235003284
1752	福建佳厨厨具有限公司	GR202235003285
1753	福建六翼软件科技有限公司	GR202235003286
1754	福建莱茵丝防护科技有限公司	GR202235003287
1755	大数据（福建）网络科技有限公司	GR202235003288
1756	福建井和科技股份有限公司	GR202235003289
1757	泉州市依科达半导体致冷科技有限公司	GR202235003290
1758	泉州市佳盛日用制品有限公司	GR202235003291
1759	福建华科工业自动化设备有限公司	GR202235003292
1760	福州为尔科技有限公司	GR202235003293
1761	石狮市振富针纺机械有限公司	GR202235003294
1762	福建省金刚物联网科技有限公司	GR202235003295
1763	惠安瑞芳食品有限公司	GR202235003296
1764	中宝（福建）食品科技有限公司	GR202235003297
1765	福建中鑫联科技有限公司	GR202235003298
1766	福州市川汇环境工程有限公司	GR202235003299
1767	泉州市新威热熔胶设备有限公司	GR202235003300
1768	晋江市灿群服装织造有限公司	GR202235003301
1769	福清市兆华水产食品有限公司	GR202235003302
1770	福建骞成建设发展有限公司	GR202235003303
1771	福建科立讯通信有限公司	GR202235003304
1772	福建省永春佳威塑料包装制品有限公司	GR202235003305
1773	福建春辉生物工程有限公司	GR202235003306
1774	溢通环保科技（莆田）有限公司	GR202235003307
1775	福建省质高卫浴有限公司	GR202235003308
1776	漳州市圣铭工贸股份有限公司	GR202235003309
1777	福建童匠实业有限公司	GR202235003310
1778	福建耀美斯坦利机电科技有限公司	GR202235003311
1779	福建好探甲信息科技有限公司	GR202235003312
1780	福建睿讯科技有限公司	GR202235003313
1781	晋江市神工机械制造有限公司	GR202235003314
1782	福建泰丰医药化工有限公司	GR202235003315
1783	福建麦格数码科技有限公司	GR202235003316
1784	泉州市正诺环保科技有限公司	GR202235003317

续表

序号	企业名称	证书编号
1785	福建国泰光电设备有限公司	GR202235003318
1786	福建汇华集团东南汽车缸套有限公司	GR202235003319
1787	福建匠道机电科技有限公司	GR202235003320
1788	福建奥拓美科技有限公司	GR202235003321
1789	福建瑞森新材料股份有限公司	GR202235003322
1790	福建省天杰信息科技有限公司	GR202235003323
1791	福建呈祥机械制造有限公司	GR202235003324
1792	福州市聪锋科技有限公司	GR202235003325
1793	石狮市瑞鹰纺织科技有限公司	GR202235003326
1794	福建省摩尔本电子科技有限公司	GR202235003327
1795	福建省南安市南辉彩印有限公司	GR202235003328
1796	泉州市丰阳精密模具有限公司	GR202235003329
1797	漳州市地缘生物技术有限公司	GR202235003330
1798	福建绿家检测技术有限公司	GR202235003331
1799	福建棋翔木业有限公司	GR202235003332
1800	福建省万豪石膏工业有限公司	GR202235003333
1801	福建新佳乐花边实业有限公司	GR202235003334
1802	福建旭振电气设备有限公司	GR202235003335
1803	福州市长乐区太平洋食品有限公司	GR202235003336
1804	泉州银城体育文化发展有限公司	GR202235003337
1805	福建省联创电气设备有限公司	GR202235003338
1806	新驱动（泉州）消防科技有限公司	GR202235003339
1807	宏辉建材有限公司	GR202235003340
1808	泉州商正展示用品工贸有限公司	GR202235003341
1809	泉州市金达鑫钮扣制品有限公司	GR202235003342
1810	福建润明建设有限公司	GR202235003343
1811	福州盈创筑业工程设计有限公司	GR202235003344
1812	漳州冠弘智能科技有限公司	GR202235003345
1813	福建省烨烽软件科技有限公司	GR202235003346
1814	福建辉丰环境工程科技有限公司	GR202235003347
1815	福州帅宝生物科技有限公司	GR202235003348
1816	福州煜辉网络科技有限公司	GR202235003349
1817	福清市福强家俱有限公司	GR202235003350
1818	福建益果园食品有限公司	GR202235003351
1819	智厦（福建）数字科技有限公司	GR202235003352
1820	福州创顺信息科技有限公司	GR202235003353

续表

序号	企业名称	证书编号
1821	福州巨昂精密模具科技有限公司	GR202235003354
1822	福建金地勘测规划有限公司	GR202235003355
1823	福建奥新体育场材料有限公司	GR202235003356
1824	福建纵横勘察设计院有限公司	GR202235003357
1825	泉州立正机器人科技有限公司	GR202235003358
1826	福建力宝动力机械有限公司	GR202235003359
1827	闽能微（福州）电子科技有限公司	GR202235003360
1828	福建信邦金属制品有限公司	GR202235003361
1829	福建卡尔斯威科技有限公司	GR202235003362
1830	福建省霞浦海润农业科技发展有限公司	GR202235003363
1831	晋江市恒业五金机械有限公司	GR202235003364
1832	泉州市新天智能科技有限公司	GR202235003365
1833	泉州言诚安全咨询有限公司	GR202235003366
1834	福建奥瑞斯机器人工程技术有限公司	GR202235003367
1835	福州黑曜石互动网络科技有限公司	GR202235003368
1836	福州光速云端信息技术有限公司	GR202235003369
1837	福建省莆田市荔城纸业有限公司	GR202235003370
1838	金达鑫（漳州）涂装设备有限公司	GR202235003371
1839	晋江市达胜纺织实业有限公司	GR202235003372
1840	福建海峡基石科技集团有限公司	GR202235003373
1841	福建省德化县心友工贸有限公司	GR202235003374
1842	福建美伦多食品有限公司	GR202235003375
1843	福建泽信智联科技有限公司	GR202235003376
1844	竞物（福建）信息技术有限公司	GR202235003377
1845	福建烽华世纪科技有限公司	GR202235003378
1846	莆田市靖汶科技有限公司	GR202235003379
1847	福州三鑫榕新材料科技有限公司	GR202235003380
1848	福建丽居木业有限公司	GR202235003381
1849	福建省春天生态科技股份有限公司	GR202235003382
1850	晋江市和昌彩色印刷有限公司	GR202235003383
1851	泉州中宝鞋材有限公司	GR202235003384
1852	福建省万旗科技陶瓷有限公司	GR202235003385
1853	福建省瑞康信息技术有限公司	GR202235003386
1854	南安市伟盛水暖配件有限公司	GR202235003387
1855	泉州我宜纺织有限公司	GR202235003388
1856	福州英迪格成像技术有限公司	GR202235003389

续表

序号	企业名称	证书编号
1857	福州客达之网络科技有限公司	GR202235003390
1858	泉州市指匠信息科技有限公司	GR202235003391
1859	福建省万林建设管理有限公司	GR202235003392
1860	福建亚太中润科技服务有限公司	GR202235003393
1861	晋江市霖园塑胶雨具有限公司	GR202235003394
1862	福州优享云科技有限公司	GR202235003395
1863	福建省天证环境检测有限公司	GR202235003396
1864	福建恒源电力设备有限公司	GR202235003397
1865	腾景科技股份有限公司	GR202235003398
1866	西子快速科技有限公司	GR202235003399
1867	金杰食品（漳州）有限公司	GR202235003400
1868	福建莆田市华杰电子科技有限公司	GR202235003401
1869	福建昇兴云物联网科技有限公司	GR202235003402
1870	福建中地土地整理工程设计有限公司	GR202235003403
1871	福州中美达装饰材料有限公司	GR202235003404
1872	福建天电光电有限公司	GR202235003405
1873	晋江市本草纺织科技有限公司	GR202235003406
1874	泉州市海川体育用品有限公司	GR202235003407
1875	福建中禾新材料有限公司	GR202235003408
1876	云未科技有限公司	GR202235003409
1877	漳钢（漳州）工贸有限公司	GR202235003410
1878	冠宏股份有限公司	GR202235003411
1879	福州铭微信息科技有限公司	GR202235003412
1880	福建省宝树鞋楦有限公司	GR202235003413
1881	科达阀门科技有限公司	GR202235003414
1882	福州金意工艺品有限公司	GR202235003415
1883	福建省德化县浔达陶瓷有限公司	GR202235003416
1884	泰宁县新兴米业有限公司	GR202235003417
1885	莆田市哲沅电子信息技术有限公司	GR202235003418
1886	福州零的一半科技有限公司	GR202235003419
1887	泉州深索思传感器科技有限公司	GR202235003420
1888	福建琰衡实业有限公司	GR202235003421
1889	泉州君诺美建筑材料有限公司	GR202235003422
1890	世纪怡嘉软件科技有限公司	GR202235003423
1891	晋江市新迪新材料科技有限公司	GR202235003424
1892	福州朴希林环保科技有限公司	GR202235003425

续表

序号	企业名称	证书编号
1893	福州闽软信息技术有限公司	GR202235003426
1894	泉州市华东电力设备有限公司	GR202235003427
1895	福水智联技术有限公司	GR202235003428
1896	福建八闽云安信息技术有限公司	GR202235003429
1897	福州新兴家居用品有限公司	GR202235003430
1898	莆田新途信息技术有限公司	GR202235003431
1899	福州捷诚网络科技有限公司	GR202235003432
1900	福州科敏信息科技有限公司	GR202235003433
1901	福建省三维利新材料科技有限公司	GR202235003434
1902	惠安县力拓工艺品有限公司	GR202235003435
1903	福建聚恒智联科技有限公司	GR202235003436
1904	福建新味食品有限公司	GR202235003437
1905	福建潮歌生态农业发展有限公司	GR202235003438
1906	泉州市鑫航新材料科技有限公司	GR202235003439
1907	福州堆栈科技有限公司	GR202235003440
1908	泉州钰欣机械有限公司	GR202235003441
1909	石狮市百隆包装有限公司	GR202235003442
1910	福建泰金科技有限公司	GR202235003443
1911	福建佳视数码文化发展有限公司	GR202235003444
1912	福建南粤厨具股份有限公司	GR202235003445
1913	福建信诚消防科技有限公司	GR202235003446
1914	福建唐煌数控雕刻机械设备有限公司	GR202235003447
1915	泉州卓彩新材料科技有限公司	GR202235003448
1916	泉州市平台装网络科技有限公司	GR202235003449
1917	泉州得力农林机械有限公司	GR202235003450
1918	福建省晋江市东石兴隆雨具制造有限公司	GR202235003451
1919	漳州市裕杨食品有限公司	GR202235003452
1920	泉州市五虎山冶金粉末有限公司	GR202235003453
1921	福建儒鼎消防工程有限公司	GR202235003454
1922	福建盛新科技有限公司	GR202235003455
1923	福州唯升信息技术有限公司	GR202235003456
1924	晋江邦达塑料有限公司	GR202235003457
1925	福建省德化弘展艺品有限公司	GR202235003458
1926	福建省方程仕教育科技有限公司	GR202235003459
1927	泉州市万家宝儿童用品股份有限公司	GR202235003460

（发证日期：2022 年 12 月 29 日）

序号	企业名称	证书编号
1	福建省祥安纸业有限公司	GR202235003461
2	福建马恒达信息科技有限公司	GR202235003462
3	福建恒盛动漫文化传播有限公司	GR202235003463
4	福建盛汇达机电科技有限公司	GR202235003464
5	福建爱乡亲食品股份有限公司	GR202235003465
6	宁德特波电机有限公司	GR202235003466
7	福州星昇实业有限公司	GR202235003467

（发证日期：2022 年 12 月 14 日）

序号	企业名称	证书编号
1	福建金桥门业有限公司	GR202235003468
2	泉州佰特箱包有限公司	GR202235003469
3	福州图腾易讯信息技术有限公司	GR202235003470
4	石狮市原鸽软件科技有限公司	GR202235003472
5	福建华塑新材料有限公司	GR202235003473
6	福建铭鑫钢防护材料有限公司	GR202235003474
7	福州锐杰海量信息技术有限公司	GR202235003475
8	福州四九八网络科技有限公司	GR202235003476
9	南安旭源石业有限公司	GR202235003477
10	泉州因你包装科技发展有限公司	GR202235003478
11	福建省德化县文瑞陶瓷有限公司	GR202235003479
12	北卡科技有限公司	GR202235003480
13	福建凌渡智能科技有限公司	GR202235003481
14	福州开益信息技术有限公司	GR202235003482
15	易宝（福建）高分子材料股份公司	GR202235003483
16	福企企（福建）信息科技有限公司	GR202235003484
17	中移大数（福建）科技有限公司	GR202235003485
18	漳州市力天机电有限公司	GR202235003486
19	泉州合众咨询有限公司	GR202235003487
20	甲方乙方（福建）科技有限公司	GR202235003488
21	福建泉州精合圆纬机械有限公司	GR202235003489

（发证日期：2022 年 12 月 14 日）

序号	企业名称	证书编号
1	宁德辉吉汽车配件有限公司	GR202235003490
2	泉州市龙创汇知识产权研究院有限公司	GR202235003491

续表

序号	企业名称	证书编号
3	漳州市龙毅幸福家教育咨询有限公司	GR202235003492
4	福建广昌和木业有限公司	GR202235003493
5	福建省长汀盼盼食品有限公司	GR202235003494
6	石狮市星盛五金制品有限公司	GR202235003495
7	福建省星云大数据应用服务有限公司	GR202235003496
8	福建青拓特钢技术研究有限公司	GR202235003497
9	福建省信成保安科技服务有限公司	GR202235003498
10	福建申阳科技有限公司	GR202235003499
11	福建鼎白茶业有限公司	GR202235003500
12	福建省凯明电器有限公司	GR202235003501
13	福建省松鼠物业管理服务有限公司	GR202235003502
14	龙海市粤龙物业服务有限公司	GR202235003503
15	海丝埃睿迪数字科技有限公司	GR202235003504
16	福建兴宇宸信息科技有限公司	GR202235003505
17	石狮新远辉化纤纺织科技有限公司	GR202235003506
18	漳州市裕豪金属材料有限公司	GR202235003507
19	泉州市昱达环保科技有限公司	GR202235003508
20	福建蓝壹环保有限公司	GR202235003509
21	福州智理软件开发有限公司	GR202235003510
22	福建华龙化油器有限公司	GR202235003511
23	福建福夏科技有限责任公司	GR202235003512
24	福建心源网络科技有限公司	GR202235003513
25	福建汉龙信息科技有限公司	GR202235003514
26	福州光启环保科技有限公司	GR202235003515
27	漳州市台旺食品有限公司	GR202235003516
28	三明市东泰染织有限公司	GR202235003517
29	晋江鑫彩服装有限公司	GR202235003518
30	欧麦香（福建）食品有限公司	GR202235003519
31	福建省德化县华晨陶瓷有限公司	GR202235003520
32	泉州技冠科技有限公司	GR202235003521
33	福州庞大智能科技有限公司	GR202235003522
34	福建鼎旸信息科技股份有限公司	GR202235003523
35	福建华盾保安服务有限公司	GR202235003524
36	福建闽仪自动化设备有限公司	GR202235003525
37	漳州市东南电子技术研究所有限公司	GR202235003526
38	福建博士通信息有限责任公司	GR202235003527

续表

序号	企业名称	证书编号
39	福州台江区博亚电子科技有限公司	GR202235003528
40	惠安宇信金刚石工具有限公司	GR202235003529
41	泉州维林森体育用品有限公司	GR202235003530
42	福建兆波数字科技有限公司	GR202235003531

（发证日期：2022 年 12 月 14 日）

序号	企业名称	证书编号
1	福建图讯信息技术有限公司	GR202235003471
2	泉州慧联信息技术有限公司	GR202235003532
3	福州康为网络技术有限公司	GR202235003533
4	福建睿思特科技股份有限公司	GR202235003534
5	龙岩思康新材料有限公司	GR202235003535
6	宁德新中远电子科技有限公司	GR202235003536
7	福州堂莹机械有限公司	GR202235003537
8	福建欧仕儿童用品股份有限公司	GR202235003538
9	福建民东新材料有限公司	GR202235003539
10	福建小四科技有限公司	GR202235003540
11	龙岩市山和机械制造有限公司	GR202235003541
12	福州九九七七八八网络技术有限公司	GR202235003542
13	福建省泛地缘信息科技有限公司	GR202235003543

（发证日期：2022 年 12 月 14 日）

序号	企业名称	证书编号
1	福州展辰新材料有限公司	GR202235003544
2	福建省枢建通信技术有限公司	GR202235003545
3	宁德凯利能源科技有限公司	GR202235003546
4	福建华睿自动化科技有限公司	GR202235003547
5	福建天闻智信大数据科技有限公司	GR202235003548
6	福建省五维智讯电气有限公司	GR202235003549

备注：以上备案名单按照全国高新技术企业认定管理工作领导小组办公室有关公告备案批次排序。

福建省 2023 年度第一批异地搬迁高新技术企业

2023 年 6 月 27 日，福建省科学技术厅、福建省财政厅、国家税务总局福建省税务局印发《关于公布福建省 2023 年度第一批异地搬迁高新技术企业名单的公告》（闽科高〔2023〕3 号）提出，根据《高新技术企业认定管理办法》（国科发火〔2016〕32 号）和《高新技术企业认定管理工作指引》（国科发火〔2016〕195号）关于高新技术企业异地搬迁的有关规定，经审核，福建成达兴智能科技股份有限公司、福建永福数字能源技术有限公司符合整体迁移条件，其高新技术企业资格继续有效，高新技术企业证书编号与有效期不变。

福建省2023年度第一批更名高新技术企业名单

2023年7月19日，福建省科学技术厅、福建省财政厅、国家税务总局福建省税务局关于公布福建省2023年度第一批更名高新技术企业名单的通知（闽科高〔2023〕8号）提出，根据《高新技术企业认定管理办法》（国科发火〔2016〕32号）和《高新技术企业认定管理工作指引》（国科发火〔2016〕195号）的有关规定，现对2023年度第一批90家企业变更高新技术企业名称予以公布，其高新技术企业证书编号和有效期不变。

福建省2023年度第一批更名高新技术企业名单

序号	原企业名称	更名后企业名称	证书编号	发证日期
1	霞浦恒巽海洋生物科技有限公司	霞浦恒巽大来海洋生物科技有限公司	GR202235002610	2022.12.14
2	福建省森信设计咨询有限公司	福建省森信技术咨询有限公司	GR202035001495	2020.12.01
3	泉州市基业电器成套有限公司	福建省基业电器集团有限公司	GR202035001538	2020.12.01
4	福建探路者环境工程有限公司	福建探路者生态科技有限公司	GR202035000558	2020.12.01
5	福建幕派教育科技有限公司	福建幕派数智科技有限公司	GR202135000441	2021.12.15
6	福州臻鸿电子有限公司	福建臻鸿电子科技有限公司	GR202035001756	2020.12.01
7	福州译国译民翻译服务有限公司	福州译国译民集团有限公司	GR202135002120	2021.12.15
8	泉州双羽服饰有限公司	泉州市双羽服饰股份有限公司	GR202135002633	2021.12.15
9	泉州市明众达智能设备有限公司	泉州市明众达智能设备股份公司	GR202235002996	2022.12.14
10	福建大北农水产科技有限公司	福建大北农华有水产科技集团有限公司	GR202035001317	2020.12.01
11	长乐力恒锦纶科技有限公司	福建省力恒锦纶实业有限公司	GR202235001442	2022.12.14
12	晋江市悦丰鞋业有限公司	泉州朗盟鞋业有限公司	GR202235001217	2022.12.14
13	长乐鲜花针织有限公司	福州市长乐鲜花针织有限公司	GR202235000945	2022.12.14
14	三明冠辉包装有限公司	福建冠辉包装有限公司	GR202235001805	2022.12.14
15	福建南钢工贸有限公司	南钢重工（福建）有限公司	GR202235001946	2022.12.14
16	泉州市永春伟全电子有限公司	泉州永春伟全电子股份有限公司	GR202035001215	2020.12.01
17	福建好神奇电子科技有限公司	福建守众安智能科技有限公司	GR202235000522	2022.12.14
18	福州盈创筑业工程设计有限公司	盈创筑业工程科技有限公司	GR202235003344	2022.12.14
19	福建帝盛科技有限公司	福建帝盛科技股份有限公司	GR202135002104	2021.12.15
20	泉州市雄伟电子科技有限公司	泉州雄伟电子科技股份有限公司	GR202135001456	2021.12.15
21	福建飞扬鞋材有限公司	福建飞扬新材料科技有限公司	GR202135002148	2021.12.15
22	漳州达亨信息技术有限公司	达亨新能源科技（福建）有限公司	GR202135002072	2021.12.15
23	福建省卡尔顿食品有限公司	卡尔顿（集团）有限公司	GR202035000513	2020.12.01
24	宁德奇迹时空信息科技有限公司	福州奇迹时空信息科技有限公司	GR202235001244	2022.12.14

续表

序号	原企业名称	更名后企业名称	证书编号	发证日期
25	福建锐远档案技术服务有限公司	中天锐远科技（福建）有限责任公司	GR202235001074	2022. 12. 14
26	泉州云启信息技术有限公司	泉州云启创新信息技术有限公司	GR202035000796	2020. 12. 01
27	漳州市康贝卫生用品有限公司	漳州市康贝卫生用品股份有限公司	GR202135001740	2021. 12. 15
28	百冠（福建）机械科技发展有限公司	百冠（福建）机械科技发展股份有限公司	GR202035001586	2020. 12. 01
29	福建海西新药创制有限公司	福建海西新药创制股份有限公司	GR202135000442	2021. 12. 15
30	福建绎天数字城市信息科技有限公司	中闽科技股份有限公司	GR202035001531	2020. 12. 01
31	福州腾盛智能科技有限公司	福州腾盛科技实业有限公司	GR202235003117	2022. 12. 14
32	福建省中瑞集成房屋有限公司	福建省中瑞极智科技有限公司	GR202135001377	2021. 12. 15
33	福州齐飞未来网络科技有限公司	福建齐飞未来科技有限公司	GR202035000591	2020. 12. 01
34	泉州卓烨脚轮制造有限公司	泉州卓烨脚轮制造股份有限公司	GR202035001362	2020. 12. 01
35	福州仓山区禾峰信息科技有限公司	福州高新区禾峰信息科技有限公司	GR202135000593	2021. 12. 15
36	福建博士通信息有限责任公司	福建博士通信息股份有限公司	GR202235003527	2022. 12. 14
37	福建省上晴信息科技有限公司	福建省上晴信息科技股份有限公司	GR202235000424	2022. 12. 14
38	福州斯耐特机械设备有限公司	福州斯耐特液压有限公司	GR202035000039	2020. 12. 01
39	泉州睿泽恒创物联网科技有限公司	福建睿泽恒创物联网科技有限公司	GR202135000944	2021. 12. 15
40	莆田市瀚青信息科技有限公司	福建瀚青信息科技有限公司	GR202135000778	2021. 12. 15
41	福建海电运维科技有限责任公司	福建海电运维科技股份有限公司	GR202235001436	2022. 12. 14
42	中北（福建）设计有限公司	中科博通工程设计建设有限公司	GR202235001192	2022. 12. 14
43	福建泉州亚陶汇建材有限公司	福建亚陶汇科技股份有限公司	GR202235002668	2022. 12. 14
44	福建极匠科技有限公司	福建蓝鲸出海科技有限公司	GR202035001938	2020. 12. 01
45	晋江市鹏太机械科技有限公司	泉州鹏太机械有限公司	GR202035001395	2020. 12. 01
46	福建群龙开关有限公司	福建省群龙开关股份有限公司	GR202235001663	2022. 12. 14
47	泉瓦特斯阀门有限公司	泉瓦阀门有限公司	GR202035000090	2020. 12. 01
48	福建容宏建筑有限公司	福建镕宏科技实业有限公司	GR202235000451	2022. 12. 14
49	漳州市鼎合工程项目咨询有限公司	福建省鼎合工程项目管理有限公司	GR202135000434	2021. 12. 15
50	福建艾迪莫网络科技有限公司	福建艾迪莫智能科技有限公司	GR202135000836	2021. 12. 15
51	龙海市诚展电子有限公司	漳州市诚展电子有限公司	GR202035002043	2020. 12. 01
52	晋江兴宇鞋楦有限公司	泉州兴宇鞋材有限公司	GR202035000727	2020. 12. 01
53	泉州市超年电子机械有限公司	福建省超年科技股份有限公司	GR202135000444	2021. 12. 15
54	福州米立科技有限公司	福州米立科技股份有限公司	GR202035000556	2020. 12. 01
55	福建超瑞创原信息技术有限公司	福州码灵微电子科技有限公司	GR202235000210	2022. 12. 14
56	石狮市鸿兴文体器材有限公司	石狮鸿兴文体器材股份有限公司	GR202035001886	2020. 12. 01
57	福建省指尖智能科技有限公司	福建指尖智能科技股份有限公司	GR202135000946	2021. 12. 15
58	福建诺鑫网络科技集团有限公司	诺鑫科技集团股份有限公司	GR202235002272	2022. 12. 14
59	福州芯工精密模具有限公司	福建芯工精密模具有限公司	GR202035001067	2020. 12. 01

续表

序号	原企业名称	更名后企业名称	证书编号	发证日期
60	福州华资科技有限公司	福建华资科技有限公司	GR202035001044	2020.12.01
61	石狮市洪顺印染机械制造有限公司	石狮市洪顺印染机械股份有限公司	GR202235001504	2022.12.14
62	泉州麦科信息技术有限公司	福建麦科信息技术有限公司	GR202135002364	2021.12.15
63	福建省华科模具科技有限公司	福建省华科模具科技股份有限公司	GR202235002724	2022.12.14
64	晋江富宇鞋业有限公司	福建省富宇科技股份有限公司	GR202235001704	2022.12.14
65	福建龙氟化工有限公司	福建省龙氟新材料有限公司	GR202235002814	2022.12.14
66	福建煜茂化纤有限公司	福建省煜茂化纤股份有限公司	GR202135000857	2021.12.15
67	泉州市清满锻压发展有限公司	福建清满锻压科技股份有限公司	GR202035001803	2020.12.01
68	漳州市芗城兴越工艺品有限公司	漳州市兴越工艺品有限公司	GR202235003240	2022.12.14
69	亚创科电（福建）物联网科技有限公司	亚创科电（福建）能源科技有限公司	GR202235000472	2022.12.14
70	福建省赛维工程勘测有限公司	福建省赛维工程勘测股份公司	GR202035000065	2020.12.01
71	福建省泉通摩托车配件有限公司	福建省泉通摩托车配件股份有限责任公司	GR202035001412	2020.12.01
72	福建省锐亮网络科技有限公司	福建省锐亮网络科技股份有限公司	GR202035001114	2020.12.01
73	福建易联众电子科技有限公司	福建易智助电子科技有限公司	GR202235002775	2022.12.14
74	南平市建阳区汽车锻压件厂	福建铁驰马轻量车桥有限公司	GR202235001764	2022.12.14
75	福州弈网恒通信息技术有限公司	福建弈网科技有限公司	GR202235001305	2022.12.14
76	莆田澳普睿智能科技有限公司	澳普物联（福建）有限公司	GR202135001016	2021.12.15
77	福建省晋江市科华汽配有限公司	福建科华传动机械股份有限公司	GR202035001699	2020.12.01
78	福建省福海环保科技有限公司	福建省福海环保科技股份有限公司	GR202135002159	2021.12.15
79	龙岩骏行机械制造有限公司	天和骏行智能装备（福建）有限公司	GR202135002131	2021.12.15
80	晋江市超骏机械有限公司	晋江市超骏机械股份有限公司	GR202135000074	2021.12.15
81	泉州市依曼纺服饰制造有限公司	泉州市依曼纺服饰制造股份有限公司	GR202035001898	2020.12.01
82	福州一键溯源科技有限公司	福建八九电子信息科技有限公司	GR202035000696	2020.12.01
83	恒鸿达信息技术有限公司	恒鸿达（福建）体育科技有限公司	GR202035000561	2020.12.01
84	康普泰克压铸（三明）有限公司	华威钜全压铸（三明）有限公司	GR202235003082	2022.12.14
85	中路建设科技有限公司	漳州市通福建筑工程有限公司	GR202235001654	2022.12.14
86	漳州钜宝生物科技有限公司	漳州钜宝生物科技股份有限公司	GR202235002705	2022.12.14
87	福建省水利水电勘测设计研究院	福建省水利水电勘测设计研究院有限公司	GR202035000235	2020.12.01
88	福建立兴食品有限公司	福建立兴食品股份有限公司	GR202035001924	2020.12.01
89	上海毅昊自动化有限公司	福建永福数字能源技术有限公司	GR202031003752	2020.11.12
90	云南成达兴智能科技股份有限公司	福建成达兴智能科技股份有限公司	GR202035001268	2020.12.01

取消福建创高智联技术股份有限公司等 18 家企业高新技术企业资格

2023 年 10 月 25 日，福建省科学技术厅、福建省财政厅、国家税务总局福建省税务局印发《关于取消福建创高智联技术股份有限公司等 18 家企业高新技术企业资格的通知》提出，根据《高新技术企业认定管理办法》（国科发火〔2016〕32 号）等有关规定，经研究，决定取消福建创高智联技术股份有限公司（证书编号：GR202035000057）自 2021 年度起的高新技术企业资格；取消福建君友大数据技术有限公司（证书编号：GR202035000383）、福建炎信信息技术有限公司（证书编号：GR201935000287）、泉州森鹤电子有限公司（证书编号：GR201935000842）、福建无限工场信息技术有限公司（证书编号：GR201935000704）、福州钧鼎生物科技有限公司（证书编号：GR201935000823）、福建久丰信息科技有限公司（证书编号：GR201935001059）、福建易支点信息技术有限公司（证书编号：GR202035000867）、荣德铵家新型材料（福州）有限公司（证书编号：GR202035000728）、福建形维数字科技有限公司（证书编号：GR202035000700）、黑金刚（福建）自动化科技股份公司（证书编号：GR201935000336）、福建银达汇智信息科技股份有限公司（证书编号：GR201935000023）、福州市闽川科技有限公司（证书编号：GR201935000212）、福建和泉生物科技有限公司（证书编号：GR201935001124）、福建丹海新材料科技有限公司（证书编号：GR201935000706）、福建省扬子信息科技有限公司（证书编号：GR202035001325）、福建中煤化工环保科技有限公司（证书编号：GR201935001039）、福州智慧城信信息科技有限公司（证书编号：GR201935000683）自 2022 年度起的高新技术企业资格。

取消福建天澜致远信息科技有限公司等 15 家企业高新技术企业资格

2023 年 12 月 27 日，福建省科学技术厅、福建省财政厅、国家税务总局福建省税务局印发《关于取消福建天澜致远信息科技有限公司等 15 家企业高新技术企业资格的通知》提出，根据《高新技术企业认定管理办法》（国科发火〔2016〕32 号）等有关规定，经研究，决定取消福建天澜致远信息科技有限公司（证书编号：GR201835000923）、福建奋安铝业有限公司（证书编号：GR201835000385）自 2018 年度起的高新技术企业资格；取消福建格林生物科技有限公司（证书编号：GR201935000909）、晋江市达胜纺织实业有限公司（证书编号：GR201935000750）自 2019 年度起的高新技术企业资格；取消福州市罗零勘测技术有限公司（证书编号：GR202035001706）、福建联畅网络科技有限公司（证书编号：GR201935000906）、福建森亿织造有限公司（证书编号：GR202035001414）、福建冠泓工业有限公司（证书编号：GR202035001913）、福建奥斯福电力系统有限公司（证书编号：GR201935000905）、福建省南平市闽科通信有限公司（证书编号：GR201935001024）、福建钜丰汽车配件有限公司（证书编号：GR202035001372）、福建省立新船舶工程有限公司（证书编号：GR202035000685）、福建鼎信科技有限公司（证书编号：GR201935000788）自 2020 年度起的高新技术企业资格；取消福建安溪亿盛机械工贸有限公司（证书编号：GR202135002525）、宁德市森森林业技术有限公司（证书编号：GR202135001982）自 2021 年度起的高新技术企业资格。

（摘编：林文涵）

福建省互联网企业“50强”榜单

2023年9月14日，在2023年东南科技论坛——智能算力助力数字经济产业融合发展论坛上，福建省互联网协会对外发布2023年福建省互联网企业综合实力研究各项成果。经评审小组初审及专家委员会严格审核，本次研究最终评定2023年福建省互联网综合实力前50家企业、最具成长型企业5家、最具创新型企业5家、数据安全服务前5家企业和地市领军企业6家等榜单，并形成《2023年福建省互联网企业综合实力研究报告》。

《2023年福建省互联网企业综合实力研究报告》显示，过去一年，厦门吉比特网络技术股份有限公司、四三九九网络股份有限公司、福建网龙计算机网络信息技术有限公司等福建省互联网综合实力前50家企业攻坚克难，完成互联网业务收入520.6亿元，同比增长11.7%，高于全省互联网行业平均水平9.4个百分点，扩张速度领跑全省第一方阵。

同时，前50家企业在抗击风险能力、盈利能力、自主创新能力、成长潜力、产业结构优化升级能力、行业影响力、承担社会责任能力等方面均有不俗表现。从主营业务类型分布情况来看，它们主营业务以游戏娱乐为主导，其他业务领域均衡分布；四成以上企业深耕互联网+、AI+等融合业态及大数据、数据安全、云服务等新兴业态，研发出诸多推动行业变革的技术产品，在推动全省数实融合方向上贡献了积极力量。

本年度上榜的厦门诸云纵横科技有限公司等5家最具成长型企业增长迅猛，成为行业高速发展的“倍增器”，2022年互联网业务收入合计39.8亿元，同比增长72.9%，高于综合实力前50家企业互联网业务收入增速61.2个百分点；厦门真有趣信息科技有限公司等5家最具创新型企业创新竞进，成为行业高质量发展的“强引擎”，对研发资金、科技人才的投入力度更高，原始创新能力更加显著，业务收入实现跨越式增长。

本年度上榜的厦门市美亚柏科信息股份有限公司等数据安全服务前5家企业，以保障数字经济健康发展为目标，在数据安全领域持续深耕细作，成为福建省数据安全领域综合实力突出、业务水平优秀的代表性企业。2022年业务收入小幅收紧，但盈利能力逆势提升。随着研发人员比重进一步提升、研发投入力度加大，产品类型覆盖面不断拓宽，发展潜力也不断提升。

自2017年至今，福建省互联网协会已连续7年开展福建省互联网企业综合实力研究工作，挖掘一批互联网行业骨干企业，树立本省互联网行业发展标杆。

2023年福建省互联网综合实力前50家企业

1. 厦门吉比特网络技术股份有限公司
2. 四三九九网络股份有限公司
3. 福建网龙计算机网络信息技术有限公司
4. 美图公司
5. 厦门市美亚柏科信息股份有限公司
6. 厦门真有趣信息科技有限公司
7. 南威软件股份有限公司
8. 福建福昕软件开发股份有限公司
9. 家乡互动（厦门）网络科技有限公司
10. 厦门延趣网络科技有限公司
11. 厦门鑫点击网络集团股份有限公司
12. 厦门勇仕网络技术股份有限公司
13. 福州来玩互娱网络科技有限公司
14. 福建游龙共创网络技术有限公司

15. 福州掌中云科技有限公司
16. 厦门众联世纪股份有限公司
17. 福建博思软件股份有限公司
18. 厦门泡游网络科技有限公司
19. 厦门靠谱云股份有限公司
20. 厦门梦加网络科技股份有限公司
21. 厦门青瓷数码技术有限公司
22. 新中冠智能科技股份有限公司
23. 厦门点触科技股份有限公司
24. 福建健康之路信息技术有限公司
25. 厦门极致互动网络技术股份有限公司
26. 厦门诸云纵横科技有限公司
27. 福建省星云大数据应用服务有限公司
28. 厦门网宿有限公司
29. 福建大道成物流科技有限公司
30. 厦门快快网络科技有限公司
31. 飞鱼科技国际有限公司
32. 福建喜购宝信息科技有限公司
33. 福建未来无线信息技术有限公司
34. 厦门万翔网络商务有限公司
35. 厦门集微科技有限公司
36. 厦门服云信息科技有限公司
37. 厦门美柚股份有限公司
38. 厦门云知芯智能科技有限公司
39. 厦门卫星定位应用股份有限公司
40. 厦门三五互联科技股份有限公司
41. 雨果跨境（厦门）科技有限公司
42. 厦门石头城信息服务有限公司
43. 厦门稿定股份有限公司
44. 福建中信网安信息科技有限公司
45. 厦门神州鹰软件科技有限公司
46. 厦门建研家科技有限公司
47. 富春科技股份有限公司
48. 厦门她趣信息技术有限公司
49. 厦门市世纪网通网络服务有限公司
50. 泉州灵通集团有限公司

（摘编：江涛）

福建省 2023 年技术先进型服务企业认定名单

2023 年 12 月 5 日，福建省科学技术厅等五部门印发《关于公布福建省 2023 年技术先进型服务企业认定名单的通知》（闽科高〔2023〕44 号）提出，根据《福建省技术先进型服务企业认定管理办法（试行）》（闽科高〔2018〕2 号）要求，福建省技术先进型服务企业认定管理机构开展了 2023 年技术先进型服务企业认定工作，认定福建简致互娱软件有限公司、福州天盟数码有限公司、福建东西乐活科技有限公司、福建扬腾创新信息科技有限公司、福建上源生物科学技术有限公司等 5 家企业为福建省 2023 年技术先进型服务企业，现予以公布，名单如下。

序号	企业名单
1	福建简致互娱软件有限公司
2	福州天盟数码有限公司
3	福建东西乐活科技有限公司
4	福建扬腾创新信息科技有限公司
5	福建上源生物科学技术有限公司

（摘编：江涛）

福建省2023年省级技术转移机构名单

2023年12月13日，福建省科学技术厅印发《关于公布2023年省级技术转移机构名单的通知》(闽科成函〔2023〕80号)提出，为加强我省技术转移体系建设，根据《福建省技术转移机构管理办法(修订)》要求，省科技厅组织开展了省级技术转移机构的评估命名工作。经各有关部门推荐、形式审查、专家评审和公示等程序，确定“福建省创新研究院中科育成中心”等18家单位为2023年省级技术转移机构，名单如下。

序号	机构名称	推荐单位
1	福建省创新研究院中科育成中心	福建省创新研究院
2	闽江学院科研处	闽江学院
3	宁德师范学院科研处	宁德师范学院
4	阳光学院合作发展处	阳光学院
5	福建阿甘信息科技有限责任公司	福州市科技局
6	福建省盈正科技有限责任公司	
7	福州鼎坤创业孵化器管理有限公司	
8	福州正同知识产权有限公司	
9	厦门科技交流中心有限公司	厦门市科技局
10	漳州天成人才科技投资集团有限公司	漳州市科技局
11	漳州市立卓信息技术有限公司	
12	泉州湖南大学工业设计与机器智能创新研究院	泉州市科技局
13	福建亚太知识产权运营有限公司	
14	泉州市宽胜技术服务有限公司	
15	泉州中宏专利技术服务有限公司	
16	泉州市晓轩科技服务有限公司	
17	福建省云创集成科技服务有限公司	三明市科技局
18	莆田聚顺通企业管理咨询有限公司	莆田市科技局

(摘编：江涛)

2023 年福建省科技小巨人企业

2023 年 7 月 7 日，福建省科学技术厅、福建省发展和改革委员会、福建省工业和信息化厅关于公布 2023 年福建省科技小巨人企业相关名单的通知（闽科企〔2023〕31 号）提出，根据省科技厅、发改委、工信厅《关于组织开展 2023 年科技小巨人企业遴选和认定工作的通知》（闽科企〔2023〕1 号）要求，经研究决定，将福州福光电子有限公司等 739 家企业列入 2023 年福建省科技小巨人企业名单，取消福建珠江埃诺教育管理有限公司等 11 家福建省科技小巨人企业资格。

（摘编：张全进）

福建省数字化支付安全等 18 家重点实验室名单

2023 年 7 月 15 日，福建省科学技术厅印发《福建省科学技术厅关于福建省数字化支付安全等 18 家重点实验室通过验收并授牌的通知》（闽科基〔2023〕4 号）提出，根据《福建省重点实验室管理实施细则》，我厅组织对 18 家省重点实验室（企业类）开展了验收工作。根据验收专家组意见，经研究决定，福建省数字化支付安全重点实验室等 18 家重点实验室（具体名单附后）通过验收，予以正式授牌运行。为确保实验室建设水平和质量，现将有关事项通知如下。

一、本通知下发之日起，各重点实验室即进入运行期，省科技厅按照年度总结和定期考核评估的动态监督方式进行管理。

二、各重点实验室要结合专家组现场考察验收时提出的意见和建议，聚焦国家战略和我省经济社会发展重大需求，围绕重点实验室的主要任务和研究方向，开展应用基础研究和前沿技术研究，发挥重点实验室在关键核心技术创新和重大原创技术突破中的作用。

三、请业务主管部门和依托单位继续大力支持重点实验室的运行和管理，在资源投入、激励和保障等方面给予重点实验室倾斜支持，发挥重点实验室的引领带动作用，为奋力谱写全面建设社会主义现代化国家福建篇章提供有力科技支撑。

通过验收并授牌的省重点实验室名单

序号	实验室名称	依托单位	业务主管单位	负责人
1	福建省数字化支付安全重点实验室	福建新大陆支付技术有限公司 福建新大陆自动识别技术有限公司	福州市科学技术局	林　建
2	福建省高性能发电机组重点实验室	福建永强力加动力设备有限公司	福州市科学技术局	黄　宪
3	福建省智能健康按摩器具重点实验室	奥佳华智能健康科技集团股份有限公司	厦门市科学技术局	张云龙
4	福建省电子数据存取证重点实验室	厦门市美亚柏科信息股份有限公司	厦门市科学技术局	江汉祥
5	福建省眼表与角膜病重点实验室	厦门大学附属厦门眼科中心	厦门市科学技术局	吴护平
6	福建省冷冻调理水产品加工重点实验室	福建安井食品股份有限公司	厦门市科学技术局	黄建联
7	福建省智能网联商用车重点实验室	厦门金龙联合汽车工业有限公司 福州物联网开放实验室有限公司	厦门市科学技术局	陈卫强
8	福建省车联网重点实验室	厦门雅迅网络股份有限公司	厦门市科学技术局	陈典全
9	福建省水产功能性饲料及养殖环境调控重点实验室	福建大北农华有水产科技集团有限公司	漳州市科学技术局	易敢峰
10	福建省高新面板重点实验室	福建华佳彩有限公司	莆田市科学技术局	曾志远
11	福建省数控机床与智能制造重点实验室	福建省威诺数控有限公司 莆田学院	莆田市科学技术局	李才儿
12	福建省高效能电池重点实验室	福建南平南孚电池有限公司	南平市科学技术局	常海涛
13	福建省焊接质量智能评估重点实验室	龙合智能装备制造有限公司 龙岩学院	龙岩市科学技术局	陈虹微
14	福建省稀土功能材料重点实验室	福建省长汀金龙稀土有限公司	龙岩市科学技术局	张永健
15	福建省消费类锂离子电池重点实验室	宁德新能源科技有限公司	宁德市科学技术局	鲁宇浩
16	福建省高速公路工程重点实验室	福建省高速技术咨询有限公司 福建省高速路桥工程有限公司	福建省国有资产监督管理委员会	刘光东
17	福建省乘用车节能减排技术重点实验室	东南（福建）汽车工业有限公司	福建省国有资产监督管理委员会	许　苘
18	福建省智能电网保护与运行控制重点实验室	国网福建省电力有限公司	国网福建省电力有限公司	陈金玉

（摘编：孙云荣）

第六篇

专业人才

2022年度福建省科学技术奖获奖名单

2024年4月6日，福建省人民政府印发《关于2022年度省科学技术奖励的决定》（闽政文〔2024〕126号）提出，为深入贯彻落实习近平新时代中国特色社会主义思想，认真学习贯彻党的二十大精神，深入实施科教兴省战略、人才强省战略、创新驱动发展战略，加快实现高水平科技自立自强，根据《福建省科学技术奖励办法》的有关规定，省科学技术奖励委员会组织对2022年度福建省科学技术奖进行评审，经研究，决定对2022年度在科学技术进步活动中作出重要贡献的科学技术人员和组织给予奖励。具体如下。

（一）授予厦门大学孙世刚院士、福建省农业科学院果树研究所郑少泉研究员福建省科学技术重大贡献奖。

（二）授予“钙钛矿光电转换材料与器件的应用基础研究”等4项成果福建省自然科学奖一等奖，授予“基于‘知识+层次’的视觉感知理解理论和方法”等5项成果福建省自然科学奖二等奖，授予“致密天体爆发机制的多信使研究”等12项成果福建省自然科学奖三等奖。

（三）授予“海洋动物新型抗菌肽的发现及其产品创制与应用”成果福建省技术发明奖一等奖，授予“多源地质隧道灾变高精度感知与处治技术及工程应用”成果福建省技术发明奖三等奖。

（四）授予“边缘场景下多模态智能分析与芯片关键技术及应用”等23项成果福建省科学技术进步奖一等奖，授予“城市大脑视觉数据高效感知与智能中台分析技术及其产业化”等56项成果福建省科学技术进步奖二等奖，授予“新型高刷新全面显示屏的开发与产业化”等93项成果福建省科学技术进步奖三等奖。

（五）授予“高强度超薄化学钢化汽车玻璃技术的产业化应用”成果福建省科学技术成果转化奖一等奖，授予“基于聚硼硅氧烷的自适应共混弹性体鞋材的研制及产业化”成果福建省科学技术成果转化奖三等奖。

（六）授予布鲁诺·布里斯杰拉（Bruno Briseghella）、辛口·帕特里克（Sinko，Patrick John）、程方（Fang Cheng）等3人福建省国际科学技术合作奖。

希望获奖集体和个人珍惜荣誉，再接再厉，再创佳绩。全省科技工作者要认真贯彻落实习近平总书记关于科技创新的重要论述，加快推进科技创新发展，强化关键核心技术攻关，深化科技体制改革和人才发展体制机制改革，加快建设高水平创新型省份，推动形成新质生产力，为全方位推进高质量发展、奋力谱写全面建设社会主义现代化国家福建篇章作出新的更大贡献。

附件

2022年度福建省科学技术奖获奖名单

序号	项目名称	主要完成单位	主要完成人
一、科学技术重大贡献奖（2人）			
1		厦门大学	孙世刚
2		福建省农业科学院果树研究所	郑少泉

续表

序号	项目名称	主要完成单位	主要完成人
		二、自然科学奖（21 项）	
		一等奖	
1	钙钛矿光电转换材料与器件的应用基础研究	华侨大学	魏展画、谢立强、田成波、林克斌、卢建勋
2	拓扑代数与最优传感器布局的广义度量和映射方法	闽南师范大学、宁德师范学院、苏州大学	林福财、林　寿、恽自求
3	植物蓝光受体隐花色素原初光反应机理	福建农林大学	王　琴、林辰涛
4	肿瘤靶点 JMJD6 的功能、分子机制和干预研究	厦门大学	刘　文、肖荣权、冉　挺、易　佳、黄琦绚
		二等奖	
1	基于“知识+层次”的视觉感知理解理论和方法	厦门大学、华东师范大学	曲延云、谢　源、张志忠、李翠华、罗小同
2	变换光学隐身、反隐身及超散射基础研究	厦门大学、苏州大学、上海交通大学	陈焕阳、徐亚东、罗旭东、杨　涛、徐　林
3	海洋硝化过程的驱动因子与全球变化	厦门大学	高树基、万显会、郑珍珍、徐　敏、杨进宇
4	花生基因组和重要性状基因研究	福建农林大学	庄伟建、陈　华、张　冲、庄宇慧、蔡铁城
5	诊疗一体化影像探针及临床应用研究	厦门大学	刘　刚、楚成超、张现忠、王骁勇、张　阳
		三等奖	
1	致密天体爆发机制的多信使研究	厦门大学	刘　彤、李　昂、顾为民
2	基于四配位硼的新型转化及应用的研究	华侨大学、福州大学	宋秋玲、杨　凯
3	晶态多孔质子导体的设计和微观结构的研究	福建师范大学	张章静、项生昌、叶应祥、陈邦林、姚梓竹
4	基于图论的多模态图像模式识别理论与应用	厦门理工学院、杭州电子科技大学	洪朝群、俞　俊、王晓栋
5	区域生态环境监测与评估的遥感机理与实现	福州大学、福建农林大学	徐涵秋、胡喜生
6	非受控环境下数据安全共享理论与方法	福州大学、西安电子科技大学、福建师范大学	刘西蒙、杨　旸、苗银宾、马建峰、熊金波
7	小样本高可靠性产品寿命评估方法及优化设计研究	三明学院、华东师范大学、浙江工商大学	管　强、汤银才、徐安察
8	基于新颖微纳结构的光场按需调控机理研究	泉州师范学院、西南科技大学、浙江大学	吴平辉、易　早、陈泽强
9	金属间强相互作用调控及其气态污染物催化净化作用机制	中国科学院城市环境研究所、中国科学院福建物质结构研究所	贾宏鹏、陈　金、陈　僦、卢灿忠
10	柔性铁电晶体材料的设计合成和物性研究	中国科学院福建物质结构研究所	罗军华、孙志华、李丽娜、刘希涛、姬成敏

续表

序号	项目名称	主要完成单位	主要完成人
11	植物生长发育调控和逆境适应	福建农林大学	吴　双、李朋雪、许梅芝
12	创新生物纳米材料精准遏制和清除血中致病物质的系统研究	闽江学院、福州大学、厦门大学	贾　力、高　瑜、谢静静、解晓东
三、技术发明奖（2 项）			
一等奖			
1	海洋动物新型抗菌肽的发现及其产品创制与应用	厦门大学、厦门海嘉成生物科技有限公司、福建省华龙饲料有限公司	王克坚、彭　会、陈芳奕、黄贞胜、郭　庆
二等奖（空缺）			
三等奖			
1	多源地质隧道灾变高精度感知与处治技术及工程应用	福建雄泰建设工程有限公司、中铁十一局集团有限公司、中铁十八局集团有限公司	高　军、杨立云、许　丹、李行利、王更峰
四、科学技术进步奖（172 项）			
一等奖			
1	边缘场景下多模态智能分析与芯片关键技术及应用	华侨大学、厦门亿联网络技术股份有限公司、星宸科技股份有限公司、厦门云知芯智能科技有限公司、厦门华联电子股份有限公司	曾焕强、朱建清、廖　昀、林　博、陆　阳、陈　虢、施一帆、陈　婧、冯万健、沈剑楠
2	核主泵机械密封智能化健康管理与延役技术及应用	福建福清核电有限公司、清华大学	黄伟峰、文　学、杨全超、刘　莹、向先保、王玉明、宋　林、尹　源、郑嘉榕、杜鹏程
3	锂电池工业质检关键技术及其系统集成应用	宁德时代新能源科技股份有限公司、江苏时代新能源科技有限公司、腾讯云计算（北京）有限责任公司、凌云光技术股份有限公司	NI JUN、马　林、阳　超、姚　毅、王艺若、胥飞龙、陈　飞、金　鹏、赵　宾、杨　涛
4	光伏电站智能运维关键技术研发及产业化	福州大学、福建至善伏安智能科技有限公司、福建承昌建设工程有限公司、恒超建工集团有限公司	程树英、林培杰、陈志聪、吴丽君、陈智东、陈　榕、王　铭、林火养
5	长大桥梁抗震抗风与减振性能提升关键技术及应用	福州大学、北京工业大学、中铁大桥局集团有限公司、福建省英城建设工程有限公司、福建省二建建设集团有限公司、福建路港（集团）有限公司、福建星原建设工程发展有限公司、福建省燕城建设工程有限公司	许　莉、许　坤、温佳年、张　超、韩　强、何浩祥、鲍丹宇、孙国光、林楷奇、艾四芽
6	大跨度混合梁刚构桥设计与施工关键技术研究与示范	福建省高速公路建设总指挥部、中交一公局厦门工程有限公司、同济大学、中交泉州高速公路有限责任公司、上海市城市建设设计研究总院（集团）有限公司、福建省高速路桥建设发展有限公司	林志平、苏庆田、吴积县、陈智威、丁忠亮、徐　晨、闫兴非、蔡玉强、王荣勇、何善美
7	复杂海域环境下超长管道整体式沉管施工关键技术与应用	华侨大学、厦门市政水务集团有限公司、南京工业大学、厦门理工学院、福建荣工建设有限公司	俞　缙、王元清、陈炜昀、蔡燕燕、王　磊、周先齐、姚　玮、涂兵雄、刘士雨、翁国漳

续表

序号	项目名称	主要完成单位	主要完成人
8	复杂地质环境节理岩体变形破坏模拟装备与锚注协同控灾关键技术	福建理工大学、福州大学、山东科技大学、福建省路桥建设集团有限公司、中旗华昊建设有限公司、福建省国筑建设工程有限公司、福建和盛达建筑工程有限公司、福建成森建设集团有限公司	王　刚、吴学震、赖志超、贺　鹏、尤志嘉、蒋宇静、邓　涛、陈党辉、臧万军、严为玉
9	重大装备复合材料结构全生命周期健康监测关键技术与应用	厦门大学、厦门市特种设备检验检测院	王奕首、卿新林、孙　虎、李卫彬、吴会强、曾志伟、伏喜斌、薛文东、刘琦犖、刘　晓
10	高性能聚烯烃复合管材关键技术及其应用	福建师范大学、福建纳川管材科技股份有限公司、福建和盛塑业有限公司、福建省燕城建设工程有限公司、福建佰胜达建设有限公司、福建省群溢建筑工程有限公司、福建纳川水务有限公司、福建纳川管业科技有限责任公司	钱庆荣、曹长林、黄宝铨、魏作友、严立万、陈庆华、成惠斌、陈建福、陈苏焕、肖荔人
11	超大力值精准量传关键技术及应用	福建省计量科学研究院、福州大学、中国航空工业集团公司北京长城计量测试技术研究所、福建理工大学、绍兴市肯特机械电子有限公司	池　辉、梁　伟、杨晓翔、赵印明、林　硕、韦铁平、赖征创、柴继新、马　兴、姚进辉
12	基于大数据的智能天气预报关键技术及应用	福建省气象台、国家气象中心、中国气象局气象干部培训学院、福建华网信息科技有限公司、福建省气候中心	吴启树、姚秀萍、危国飞、林　青、苏同华、贺雅楠、林金淦、刘　铭、潘　宁、江晓南
13	低碳节能水泥窑协同处置垃圾技术及装备研发与应用	福建龙麟环境工程有限公司、天津大学、福建创盛建设有限公司、福建天蒙建设有限公司、福建金鼎建筑发展有限公司、福建省富衢建筑工程有限公司、福建成冠建设工程有限公司、福建巧匠建筑工程有限公司	吕学斌、黄永生、于志昊、郑高峰、张　蕊、胡艳军、陈文曦、何纲平、林　峰、林育香
14	南方设施番茄新品种选育与产业关键技术研究利用	福建省农业科学院作物研究所、广西壮族自治区农业科学院、华南农业大学、福建省意达科技股份有限公司、厦门中厦蔬菜种籽有限公司、厦门如意种苗高科技股份有限公司	朱海生、张前荣、李永平、王益奎、汪国平、温庆放、薛珠政、甘桂云、黄章国、陈木林
15	番鸭细小病毒病和小鹅瘟二联活疫苗创制关键技术及产业化应用	福建省农业科学院畜牧兽医研究所、青岛易邦生物工程有限公司	陈少莺、程晓霞、林锋强、陈仕龙、王　劭、朱小丽、胡奇林、江　斌、张　青、邹　敏
16	预制菜加工关键技术及装备的创新与产业化	福建农林大学、福建省亚明食品有限公司、福建省标准化研究院、福建佰翔天厨食品有限公司、厦门绿进食品有限公司、厦门银祥集团有限公司、福建立兴食品股份有限公司、福建省莆田市赏味央厨餐饮管理有限公司	郭泽镔、张宁宁、卢　旭、吴其明、梁　静、钟小清、柯进步、张志刚、邹少强、林庆祥
17	凡纳滨对虾健康养殖关键技术研究与应用	集美大学、福建大北农华有水产科技集团有限公司、厦门龙程水产科技有限公司	张春晓、黄永春、汪　攀、叶继丹、孙云章、康顺元、朱传忠、鲁康乐、宋　凯、王　玲

续表

序号	项目名称	主要完成单位	主要完成人
18	海藻高值化加工关键技术创新与产业化应用	集美大学、宁波大学、福建省绿麒食品胶体有限公司、厦门唯康食品科技有限公司、福建亿达食品有限公司、阿一波食品有限公司、厦门元之道生物科技有限公司、厦门海洋职业技术学院	姜泽东、倪　辉、朱艳冰、林坤城、林景新、邱碧香、李宁波、骆其君、黄君阳、陈艳红
19	以状态辨识为核心的治未病理论体系构建与应用	福建中医药大学、漳州片仔癀药业股份有限公司、厦门燕来福制药有限公司、厦门越人健康技术研发有限公司	李灿东、林雪娟、杨朝阳、吴长汶、黄进明、陈淑娇、周常恩、俞　洁、朱　龙、曾秋红
20	重组人乳头瘤病毒16/18型双价疫苗（大肠杆菌）的研制与应用	厦门大学、厦门万泰沧海生物技术有限公司	夏宁邵、李少伟、张　军、吴　婷、潘晖榕、顾　颖、黄　博、李仲艺、黄守杰、沈文通
21	纳米炭染色剂研发及其在肿瘤手术标记定位中的临床应用	中国人民解放军联勤保障部队第九〇〇医院、重庆莱美药业股份有限公司	王　瑜、王　雯、肖春红、林　楠、李达周、唐小海、王　蓉、张再重、吴伟航、汪　徐
22	急性I型主动脉夹层手术技术创新和预后评价体系的推广应用	福建医科大学附属协和医院	陈良万、林雁娟、吴青松、戴小福、林　勇、丘智煌、李庚桢、徐　帆、罗增荣、黄凌晨
23	胸主动脉病变腔内修复术中保留弓上分支关键技术体系的建立与推广	复旦大学附属中山医院厦门医院、复旦大学附属中山医院、先健科技（深圳）有限公司	王利新、符伟国、马　韬、洪　翔、卢伟锋、郭大乔、董智慧、周　旻、洪诗钗、唐江峰
		二等奖	
1	城市大脑视觉数据高效感知与智能中台分析技术及其产业化	厦门大学、福州大学、浙江大华技术股份有限公司、中国移动通信集团福建有限公司、厦门大数据有限公司、南强智视（厦门）科技有限公司	纪荣嵘、郭文忠、殷　俊、洪　青、姜　山、王振宁、林贤明
2	高效高密模块化UPS及其智能管理关键技术与应用	厦门大学、厦门市爱维达电子有限公司、厦门金龙联合汽车工业有限公司、福建福清核电有限公司、中兴通讯股份有限公司	何良宗、陈一逢、李伟、马铁军、谢凤华、曾　涛、王勇军
3	面向智能网联汽车的三维环境感知关键技术及产业化	厦门大学、厦门雅迅网络股份有限公司、贵州航天天马机电科技有限公司、易图通科技（北京）有限公司	温程璐、涂岩恺、刘伟权、王海龙、程　明、刘秋平、王　程
4	病理AI辅助诊断平台关键技术研发与产业化	厦门理工学院、麦克奥迪（厦门）医疗诊断系统有限公司、中国人民解放军陆军第七十三集团军医院、厦门艾德生物技术研究中心有限公司、北京交通大学	王大寒、黄荣祥、王继伟、王蓟斌、张淳杰、李建敏、朱晨雁
5	面向公共安全的涉网异常行为识别与分析关键技术及应用	厦门市美亚柏科信息股份有限公司、厦门理工学院	江汉祥、吴克寿、杜新胜、苏再添、陈　云、陈俊珊、张　旭
6	基于5G数字孪生柔性产线的工业元宇宙场景技术与产业化	厦门盈趣科技股份有限公司、天津大学、浙江大学、清华大学、厦门攸信信息技术有限公司、天津大学福州国际联合学院	杨　明、陈建成、胡伟飞、张　涛、李克秋、黄志菊、刘　昱
7	用于10GPON及100G数通的光通信收发芯片研发及产业化	厦门优迅高速芯片有限公司	林少衡、陈　哲、柯腾隆、李发明、彭慧耀、洪　明、陈志阳

续表

序号	项目名称	主要完成单位	主要完成人
8	核反应堆控制棒用高安全性中子吸收材料研发及应用	厦门大学、上海核工程研究设计院股份有限公司、中国科学院上海硅酸盐研究所	冉　广、卢俊强、朱丽兵、张兆泉、林建新、汤春桃、范武刚
9	华龙一号百万千瓦级反应堆冷却剂泵性能提升关键技术与工程应用	福建福清核电有限公司	杜鹏程、费冬冬、江腊涛、吴　明、宋　林、文　学、杨全超
10	纯电商用车动力系统产业协同数字化制造关键技术与应用	厦门金龙联合汽车工业有限公司、福建（泉州）哈工大工程技术研究院、上海交通大学、泉州装备制造研究所	梁培栋、刘志军、蔡鸿明、黄承曦、林宝星、于　晗、魏　宪
11	超长寿命锂离子储能电池关键技术及应用	宁德时代新能源科技股份有限公司	赵丰刚、金海族、刘晓梅、杨龙飞、谢　斌、刘　江、王国宝
12	面向新型电力系统的高压电力设备状态感知与预警关键技术及产业化	华侨大学、红相股份有限公司、中国大唐集团科学技术研究总院有限公司、中汇建筑集团有限公司、福建嘉宜建筑工程有限公司、福建登发建设工程有限公司	方瑞明、邓　敏、尚荣艳、苏太育、吴　铮、杨玉磊、彭长青
13	规模化风电并网系统稳定分析与主动阻尼控制技术及应用	国网福建省电力有限公司电力科学研究院、华北电力大学、深圳市禾望电气股份有限公司、新疆金风科技股份有限公司、北京四方继保自动化股份有限公司、清华海峡研究院（厦门）	马　静、李　超、徐福聪、沈雅琦、赵书强、杨志千、曾志杰
14	基于电力工业互联网的智能终端网络安全关键技术及应用	国网福建省电力有限公司漳州供电公司、国网福建省电力有限公司电力科学研究院、国网新疆电力有限公司电力科学研究院、国网福建省电力有限公司信息通信分公司、国网福建省电力有限公司	郭敬东、罗富财、张坤三、吴丽进、李　峰、舒　斐、沈立翔
15	基于多源信息的岩土边坡隐患智能预警协同防控技术	福建永强岩土股份有限公司、泉州装备制造研究所、中国有色金属工业昆明勘察设计研究院有限公司、福建省交通规划设计院有限公司、中钢集团马鞍山矿山研究总院股份有限公司、清华大学	聂　闻、孔秋平、刘文连、刘晓丽、郑清松、许汉华、张　强
16	建筑结构隔震设计方法与性能测试技术及工程应用	福州大学、北京工业大学、福建森正建设集团有限公司、至永建设集团有限公司、中城投集团第八工程局有限公司、中建四海建设开发有限公司	吴应雄、唐贞云、林友勤、邱灿星、张东鹏、翁锦华、许燕芳
17	全预制装配化耗能减震韧性结构关键技术与工程应用	福建理工大学、福建省二建建设集团有限公司、福建省华荣建设集团有限公司、飞阳建设工程有限公司、福州市建筑设计院有限责任公司、千易建设集团有限公司	郑莲琼、颜桂云、刘如月、黄跃森、潘钦锋、翁锦华、杨　勇
18	钢框架建筑整体结构抗火试验与设计方法	华侨大学、中国建筑科学研究院有限公司、恒超建工集团有限公司、福建径坊建造工程有限公司、皓耀时代（福建）集团有限公司、厦门卓毅建筑工程有限公司	董毓利、张大山、王卫华、房圆圆、肖泽南、何宗莺、齐建全
19	工农业固废绿色协同利用关键技术研发与推广	三明学院、山东农业大学、海峡建工集团有限公司、福建省华荣建设集团有限公司、福建一建集团有限公司、海颐建工集团有限公司	张会芝、王少杰、崔秀琴、郑春林、林忠东、刘纪峰、卢　健

续表

序号	项目名称	主要完成单位	主要完成人
20	多雨地区山谷型填埋场资源回收与污染阻控关键技术及应用	福建理工大学、中国环境科学研究院、中庆建设有限责任公司、福建大佳建设工程有限公司、福州城建设计研究院有限公司、中交建福能建设工程有限公司	何小松、蒋柱武、肖友淦、卓　雄、沈俊宏、余　海、黄　益
21	轴承式单向超越离合器研发及产业化	厦门大学、传孚科技（厦门）有限公司、福建省三明齿轮箱有限责任公司	许水电、曾景华、李延福、许　涛、姚　斌、陈菊花、余振芳
22	大型低品位金属资源露地协同规模化开采关键技术研究与应用	紫金矿业集团股份有限公司、福州大学	陈景河、李和平、付　毅、龙　翼、黄明发、高　忠、黄明清
23	全地形车辆橡胶材料关键技术研发与绿色制造	厦门大学、厦门正新橡胶工业有限公司、万新（厦门）新材料有限公司、厦门正新海燕轮胎有限公司	戴李宗、曹和胜、兰加水、许一婷、袁丛辉、许智明、曾碧榕
24	高性能钨钼制品的关键制备技术与应用	厦门理工学院、厦门虹鹭钨钼工业有限公司、北京科技大学	张厚安、古思勇、黄志民、秦明礼、杨益航、林　强、郑艾龙
25	精品再生骨料制备方法及智能成套装备产业化应用开发	福建南方路面机械股份有限公司、华侨大学、哈尔滨工业大学、福建省南星建设工程有限公司	黄文景、杨建红、易军艳、冯德成、秦双迎、郭银岁、房怀英
26	建筑智能传感监控和状态评估的关键技术与管理平台	厦门大学、中建海峡建设发展有限公司、华侨大学、福建金鼎建筑发展有限公司、三明客家源建设工程有限公司、福建恒声建设集团有限公司	雷　鹰、董小鹏、王　耀、刘丽君、廖成皓、王　成、陈仁心
27	垃圾渗滤液全量化处理关键技术及产业化	厦门理工学院、厦门嘉戎技术股份有限公司、深圳大学、盛发环保科技（厦门）有限公司、优尼索膜技术（厦门）有限公司	严　滨、董正军、牛青山、刘其彬、王如顺、张净瑞、叶　茜
28	湿热地区沥青路面再生关键技术及工程应用	福建省建筑科学研究院有限责任公司、福建南方路面机械股份有限公司、湖南大学、福建众合开发建筑设计院有限公司、福建省榕圣市政工程股份有限公司、福建龙健建设发展有限公司	林云腾、张恒龙、路俊杰、翟资雄、潘万南、林志平、江　星
29	生态敏感区特长隧道绿色建造关键技术	福建省水利水电工程局有限公司、中铁十局集团有限公司、福建路港（集团）有限公司、中国建筑第五工程局有限公司、中国铁建港航局集团有限公司、深圳市市政设计研究院有限公司	涂启龙、余世为、覃　晖、章慧健、林有心、黄国兴、杨　卫
30	跨越隐伏断层隧道灾害防治关键技术及应用	华侨大学、厦门轨道建设发展集团有限公司、水玲龙（福建）建设工程有限公司、中建协和建设有限公司、中国科学院武汉岩土力学研究所、中铁十四局集团有限公司	蔡奇鹏、刘永森、崔　臻、杨圣建、陈金龙、苏龙辉、苏世灼
31	穿越复杂海域地铁盾构隧道建造关键技术研究及应用	厦门轨道建设发展集团有限公司、中铁第四勘察设计院集团有限公司、盾构及掘进技术国家重点实验室、西南交通大学、水利部交通运输部国家能源局南京水利科学研究院、同济大学	陈晓坚、王金龙、周建军、蔡光远、张竹清、陈建福、蔡文明

续表

序号	项目名称	主要完成单位	主要完成人
32	高耐蚀强润滑清洁能源燃料内燃机气缸套关键技术及应用	三明学院、福建龙生机械有限公司、福建荣建集团有限公司、福建西南建设有限公司、中原内配集团股份有限公司、焦作大学	王春荣、林　岚、程超增、刘　栋、孟　超、魏　剑、侯起飞
33	大功率激光加工装备研制与应用	中国机械总院集团海西（福建）分院有限公司、厦门大学、深圳市杰普特光电股份有限公司、中机数控科技（福建）有限公司、长园装备制造有限公司	薛松海、姜　超、连云崧、赵崇光、林锦明、张炳才、刘　明
34	新型全预制装配式桥梁建造关键技术和应用	福建承昌建设工程有限公司、北京建筑大学、中恒建设集团有限公司、皓耀时代（福建）集团有限公司、恒超建工集团有限公司、中恒宏瑞建设集团有限公司	胡梦涵、曾志攀、陈冠华、陈　榕、贾振雷、刘晓光、刘佑伟
35	国产首套带式焙烧机高品质熔剂性球团关键技术与装备	福建三钢闽光股份有限公司、中南大学、中钢设备有限公司、福建省三钢（集团）有限责任公司	洪荣勇、潘　建、陈昭尧、朱德庆、胡文祥、郭正启、易安南
36	福建省治涝水文关键技术研究与推广应用	福建省水利规划院、河海大学	黄常斌、向　龙、林明财、陈　琼、陈　星、石　朋、杨传国
37	威兰胶生产关键技术及产业化与应用	福建师范大学、中国石油大学（华东）、枣庄市杰诺生物酶有限公司	朱　虎、李　慧、常爱平、王继乾、徐　海、姬思雪、许向阳
38	湿电子化学品提纯关键技术及工业应用	福州大学、金为环保科技（常州）有限公司、浙江联盛化学股份有限公司、天津中福环保科技股份有限公司、清源创新实验室	杨　臣、陈　杰、邱　挺、黄　斌、杨振杰、郑晓舟、王清莲
39	纺织面料立体印花智能装备关键技术与应用	福建屹立智能化科技有限公司、东华大学、福建华峰运动用品科技有限公司	孟　婵、季　霞、孙志军、郗欣甫、李培波、闫红霞、方华玉
40	海洋藻源色素蛋白]/肽的绿色制备关键技术及产业化应用	福州大学、福建中益制药有限公司、福建蓝海食品科技有限公司、安徽国肽生物科技有限公司	蔡茜茜、汪少芸、陈　旭、邱远望、林德雄、张　恒、田永奇
41	食品品质安全近红外光电传感快速智能化检测技术创新和应用	集美大学、江苏大学、厦门海荭兴仪器股份有限公司	陈全胜、陈晓梅、李欢欢、焦天慧、张荣宝、杨　彬
42	磷酸赋活法制备竹木质颗粒活性炭关键技术及产业化	福建农林大学、福建省林业科学研究院、福建省鑫森炭业股份有限公司、福建省芝星炭业股份有限公司	林冠烽、黄　彪、陈志强、林　鹏、常颖萃、魏安国、吴开金
43	杜鹃种质创新与产业化关键技术研究及应用	福建农林大学、贵州科学院、金华市永根杜鹃花培育有限公司、诚誉建设集团有限公司、福建洋塔园艺有限公司、福建江海苑园林工程有限公司	郭梨锦、陈孝丑、林　蔚、陈　翔、何碧珠、周　艳、王　玲
44	百香果种质创新与生产关键技术研究及应用	福建农林大学、龙岩市新罗区良种繁育场、龙岩市新罗区种子站、龙岩市新罗区经济作物技术推广站、福建莲蜜生态农业发展有限公司、福建百果壹号农业发展有限公司	陈发兴、张文斌、蔡世锋、倪秋凉、吴胜芳、林水明、林炎照

续表

序号	项目名称	主要完成单位	主要完成人
45	海洋环境绿叶蔬菜品种选育及智能化生产关键技术研究应用	福建农林大学、福建金品农业科技股份有限公司、鑫晟欣（厦门）农业工场技术有限公司、福建九圃生物科技有限公司	钟凤林、许　茹、侯毛毛、朱　彬、李小英、曹　萍、出泽宏
46	福建省海上绿色养殖设施装备及模式创新与产业化	福建省水产研究所、集美大学、金贝尔（福建）水环境工程有限公司、福建亚通新材料科技股份有限公司、福建省闽东水产研究所、莆田市水产科学研究所	郑国富、王春忠、扈　喆、颜阔秋、曾庆民、王兴春、魏盛军
47	水稻重大害虫褐飞虱绿色防控关键技术创新与应用	福建省农业科学院水稻研究所、福建省农业科学院植物保护研究所、尤溪县农业技术推广站、湖南新长山农业发展股份有限公司	施龙清、邱良妙、占志雄、朱永生、刘　锋、谢华安、刘其全
48	基于绿芦笋优化栽培模式的病虫害绿色防控技术研究与应用	福建省农业科学院植物保护研究所、浙江大学、福州市农业科学研究所、杭州佳惠农业开发有限公司、京博农化科技有限公司	杜宜新、陈福如、石妞妞、施建军、卢　钢、张旭娟、阮宏椿
49	植物油基生物质复合材料制备关键技术及产业化	福建农林大学、青岛弧光高分子科技有限公司、福人集团森林工业有限公司	刘文地、邱仁辉、邱建辉、吴宇超、陈婷婷、付腾飞
50	食管癌放射治疗关键技术的创新与应用	福建省肿瘤医院、江苏省人民医院、上海市胸科医院	李建成、孙新臣、程文芳、蔡旭伟、林明蔷、姚奇伟、吴海山
51	基于类脑智能的中药生产管控关键技术及临床转化应用	厦门中药厂有限公司、浙江大学、福建中医药大学、浙江工业大学	墙世发、王　毅、林　羽、关　斌、车　莉、钱　景、赖志成
52	福建社区老年人综合健康评估和干预体系的构建与示范	福建省立医院	朱鹏立、黄　峰、林　帆、张琼瑶、袁　音、李乔薇、李　娜
53	“通督强脊”论治脊柱病的科学内涵与推广应用	福建医科大学、福建中医药大学、福建中医药大学附属第二人民医院、福建中医药大学附属康复医院、正上智能科技（福建）有限公司	王诗忠、陈少清、林建平、张坤木、李　明、宋红梅、陈水金
54	遗传性中枢神经退行性疾病的分子诊断及应用	福建医科大学附属第一医院、中国科学院脑科学与智能技术卓越创新中心	陈万金、王　柠、姚香平、熊志奇、程学文、赵　淼、何　瑾
55	腹腔镜和机器人胰腺手术关键技术建立和应用	福建医科大学附属协和医院	黄鹤光、林荣贵、林贤超、陈燕昌、陆逢春、杨媛媛、王丛菲
56	老年认知障碍早期筛查评估与康复的关键技术及应用	福建中医药大学、厦门市和家健脑智能科技有限公司、香港大学、香港教育大学、中国人民解放军联勤保障部队第九〇〇医院、易家健康管理有限公司	陶　静、柳维林、李湄珍、陈智轩、吴劲松、刘　娇、张胜行
		三等奖	
1	新型高刷新全面显示屏的开发与产业化	福建华佳彩有限公司	黄　丽、钟慧萍、霍安邦、吕陈凤、吴文靖
2	3.5GHz 频段 5G 终端砷化镓功放芯片研发及产业化	厦门市三安集成电路有限公司	魏鸿基、杨　健、王　鹏、王文平、李艺君
3	跨行业异构数据智能分析关键技术与应用	福州大学、国网信通亿力科技有限责任公司、福建正孚软件有限公司、福建拓尔通软件有限公司	陈羽中、倪时龙、林建华、牛玉贞、赵铁松

续表

序号	项目名称	主要完成单位	主要完成人
4	智能终端语音交互技术研发与产业化	厦门大学、海信视像科技股份有限公司、厦门市美亚柏科信息股份有限公司、厦门天聪智能软件有限公司	洪青阳、童　峰、李　琳、杨善松、马　明
5	面向边缘感知的轻量化三维数字底座及产业化应用	集美大学、罗普特科技集团股份有限公司、厦门市政管廊投资管理有限公司、厦门大学	蔡国榕、江文涛、林亚杰、苏锦河、李绍滋
6	基于知识图谱和深度迁移学习的B2C智能电商关键技术研发及应用	华侨大学、福建奇鹭物联网科技股份公司、蓝海（福建）信息科技有限公司、易点生活电子商务有限公司	王　成、张忆文、林仪清、傅顺开、王　靖
7	面向下一代互联网的主动防御关键技术及应用	泉州信息工程学院、福建中信网安信息科技有限公司、中国人民解放军战略支援部队信息工程大学、泉州市搏浪科技集团有限公司	金华松、王　禹、郭　毅、张连成、曾耕耘
8	云数据中心超大规模SDN网络技术及应用	锐捷网络股份有限公司、中移动信息技术有限公司、中移（苏州）软件技术有限公司、福建星网锐捷通讯股份有限公司	林镜华、黄奇峰、黄东远、刘　虹、齐　骥
9	网络化客流需求条件下的城市轨道交通智能运输关键技术及决策平台	厦门大学、北京交通大学、海环科技集团股份有限公司、中工建设集团（福建）有限公司	许旺土、许心越、张　薇、李建民、刘四德
10	信息智能处理系统安全防护关键技术研究与应用	厦门大学、福建联迪商用设备有限公司、睿云联（厦门）网络通讯技术有限公司、福建省中电海峡智能装备研究院	高志斌、黄联芬、林　英、黄　悦、冯　超
11	新型智慧防控安全体系关键技术创新与产业化	莆田学院、润建股份有限公司、深圳大学、广西信安锐达科技有限公司	闻　辉、刘海涛、裴继红、李林强、覃　诗
12	系统工程与数字化技术在三代核电“华龙一号”工程中的应用与创新	中核国电漳州能源有限公司、北京航天兴科高新技术有限公司、中国核工业二四建设有限公司、中国核工业第五建设有限公司	陈国才、宋丰伟、邹德麟、汤建秋、丁　峰
13	基于云计算的电力网络空间威胁智能分析防御关键技术及应用	国网福建省电力有限公司信息通信分公司、南京南瑞信息通信科技有限公司、国网信通亿力科技有限责任公司、东南大学	蔡宇翔、蒋　鑫、金倩倩、程　光、付　婷
14	基于云边端协同的低压配电网智慧运维关键技术及应用	国网福建省电力有限公司电力科学研究院、中国电力科学研究院有限公司、国电南瑞科技股份有限公司、北京智芯微电子科技有限公司	范元亮、陈金玉、吴　涵、陈伟铭、林佳颖
15	考虑多能源互补的综合需求响应优化控制及市场交易关键技术与应用	国网福建省电力有限公司经济技术研究院、中国电力科学研究院有限公司、华北电力大学、天津大学	杜　翼、田世明、曾　鸣、穆云飞、李源非
16	省级电网高比例核电安全灵活运行控制技术及应用	国网福建省电力有限公司、福建福清核电有限公司、广西电网有限责任公司电力科学研究院、武汉大学	林　毅、文立斌、赵　洁、江　伟、宋少群
17	配电网数字化全顺控调度关键技术及工程应用	国网福建省电力有限公司、福州大学、积成电子股份有限公司、国网福建省电力有限公司电力科学研究院	陈宇星、殷自力、李宽宏、高俊彦、张振宇

续表

序号	项目名称	主要完成单位	主要完成人
18	架空输电线路耐候钢杆塔耐久性提升关键技术及工程应用	国网福建省电力有限公司电力科学研究院、北京科技大学、中国电力科学研究院有限公司、国网智能电网研究院有限公司	林德源、黄　耀、程学群、陈云翔、杨小佳
19	大型变压器硫腐蚀故障检测诊断与高效防治关键技术及规模化应用	国网福建省电力有限公司电力科学研究院、广东电网有限责任公司电力科学研究院、华北电力大学、国网湖南省电力有限公司电力科学研究院	连鸿松、丛浩熹、钱艺华、郑东升、万　涛
20	高安全长寿命车用动力电池系统关键技术研发及产业化	厦门金龙汽车新能源科技有限公司、厦门大学、中创新航新能源（厦门）有限公司	赵金保、陈晓冰、刘晓涵、张　鹏、叶伟宏
21	基于端-边-云智能协同的生活空间智能管控关键技术及产业化	华侨大学、北京师范大学珠海校区、厦门安明丽光电科技有限公司、厦门亚锝电子科技有限公司	高振国、王　田、王焕华、卢　凯、谢　伟
22	高性能大功率轨道交通供电装备关键技术及工程应用	福州大学、中铁电气化局集团有限公司、福建省协兴建设有限公司、福州地铁集团有限公司	林云志、金　涛、毛行奎、夏建勇、王　征
23	公路桥梁地震易损性评估与加固关键技术及应用	福州大学、中庆建设有限责任公司、福建省五洲建设集团有限公司、福建永东南建设集团有限公司	陈力波、张洪军、苏火金、张瀚武、陈　龙
24	城市主干道下浅埋小净距隧道施工关键技术及应用	华侨大学、济南城建集团有限公司、中铁一局集团有限公司、中铁十四局集团有限公司	陈士海、孙　杰、甄西东、杨　勇、潘合斌
25	超轻高承载与高安全驱动的客车主被动防护关键技术研发与产业化	华侨大学、厦门金龙联合汽车工业有限公司	张　勇、张　锋、龚　刚、陈叶旺、蔡鸿毅
26	轨道交通信息物理融合系统的可信保障技术及应用	华侨大学、同济大学、卡斯柯信号有限公司	陈祖希、梅　萌、朱永华、李卫娟、周长利
27	钢铁行业实现 NOx 超低排放的中低温 SCR 脱硝技术及应用	华侨大学、福建龙净脱硫脱硝工程有限公司	荆国华、吴孝敏、郭厚焜、黄和茂、黄志伟
28	航空轻合金零件精密加工用高强韧性刀具的研制及产业化	厦门钨业股份有限公司、华侨大学、厦门金鹭特种合金有限公司	刘　超、黄　辉、钟可祥、王杰伟、王福增
29	高端反光膜制造关键技术研发及产业化	集美大学、福建夜光达科技股份有限公司	杨　光、姜　涛、刘　铠、黄志鹏、皮　钧
30	氢燃料电池应急通信指挥车关键技术及产业化	厦门大学、龙岩市海德馨汽车有限公司、国网福建省电力有限公司龙岩供电公司、福建铭泰集团有限公司	黄建祥、褚旭阳、吴潾静、吴东锋、郑猷泉
31	福建泵产业离心泵关键技术与产业化应用	福建省机械科学研究院（福建省农业机械化研究所）、江苏大学、福建省银象电器有限公司、福州海霖机电有限公司	马栋棋、张启华、张金凤、丁敏良、连松锦
32	梁板一体化装配混凝土结构体系产业化关键技术与应用	福建建工装配式建筑研究院有限公司、福州大学、福建华航建设集团有限公司、福建建工集团有限责任公司	任　彧、姜绍飞、陈宇峰、张雅杰、刘越生

续表

序号	项目名称	主要完成单位	主要完成人
33	大跨度缆索支承体系桥梁动力灾变机理及控制关键技术	福建省建筑科学研究院有限责任公司、东南大学、福建路港（集团）有限公司、深圳大学	夏　坚、宗周红、周　锐、黄学漾、林万福
34	大型富水厚层滑坡治理及智能感知监测关键技术研究	福建省交通规划设计院有限公司、福州大学、深圳市工勘岩土集团有限公司、福建省交通科技发展集团有限责任公司	秦志清、戴自航、卢才金、陈　鸿、艾四芽
35	内河航道助航服务能力提升的关键技术研究及应用	福建师范大学、福建吉星智能科技股份有限公司、长江航道测量中心、大连海事大学	吴允平、刘华松、杨保岑、苏伟达、潘明阳
36	城市黑臭河道水环境综合治理关键技术研究与示范应用	福州大学、福州城建设计研究院有限公司、中建三局集团有限公司、宇旺建工集团有限公司	范功端、魏忠庆、董晓刚、徐开钦、张显忠
37	中国古代木构建筑营造技术研究与应用	福州大学、上海交通大学、华侨大学、福州市建筑设计院有限责任公司	朱永春、刘　杰、吴任平、成　丽、关瑞明
38	高层建筑钢板剪力墙高性能抗震体系关键技术提升及推广应用	福建创盛建设有限公司、天津城建大学、福建天蒙建设有限公司、福建宇凡建设有限公司	赵秋红、卢复正、林育芳、谭志伦、邬俊明
39	复杂环境地下给排水管绿色施工与升级修复关键技术	国智建筑科技有限公司、浙江工业大学、皓耀时代（福建）集团有限公司、恒超建工集团有限公司	苏　霖、王康宇、陈　松、缪生超、王　铭
40	起重机械安全保障及性能提升关键技术与工程应用	永富建工集团有限公司、福建省特种设备检验研究院、闽江学院、福建诚恒意建设集团有限公司	胡敬铨、张　冲、郑祥盘、黄志强、陈　洁
41	复杂海域中固定式风电场工程建造关键技术与应用	福建省燕城建设工程有限公司、中铁大桥局集团有限公司、福建路港（集团）有限公司、中交鹭建有限公司	刘　超、李明林、席仁强、郎绿原、黄金星
42	高精高速长寿命打印机传动与控制技术的研究及产业化	厦门汉印电子技术有限公司、集美大学	林锦毅、蒋清山、林　扬、陈俊英、陈秀玉
43	公共领域电梯安全风险防控及智慧监管关键技术研究与应用	厦门市特种设备检验检测院、福州大学、福建省特种设备检验研究院、永富建工集团有限公司	伏喜斌、钟剑锋、潘健鸿、徐火力、王　冰
44	低温多晶硅车载抬头显示产品开发与产业化	厦门天马微电子有限公司、厦门天马显示科技有限公司	沈柏平、叶道福、方丽婷、钟健升、吴　薇
45	建筑垃圾绿色低碳高质化利用的关键技术及产业化	福建省兴岩建设集团有限公司、福建理工大学、福建祥睿建设发展有限公司、福建博厚建设工程有限公司	郑闽锋、郑东明、林锦祥、陈　华、范亚明
46	汽车轮毂智能制造装备、系统及其轻量化设计技术研发与应用	正兴车轮集团有限公司、福建理工大学、华安正兴车轮有限公司、福建成功机床有限公司	林资源、彭晋民、赖建辉、童　昕、赖志东
47	绿色节能数据中心精准管理和智能调优技术研发与应用	华侨大学、国富瑞数据系统有限公司、国富瑞（福建）信息技术产业园有限公司	翟术英、莫毓昌、翁智峰、贾　静、庄清渠

续表

序号	项目名称	主要完成单位	主要完成人
48	长效全防滑功能橡胶鞋底的开发及应用	黎明职业大学、茂泰（福建）新材料科技有限公司、南京工程学院	王经逸、卢 鑫、廖毅彬、张青海、王育玲
49	绿色化智能化大型新能源地坪磨抛车	三明学院、福建兴翼机械有限公司、福建省禹澄建设工程有限公司、福建泉润建设工程有限公司	叶根翼、张 璐、王延忠、陈礼炜、黄一展
50	工业废气回收提纯电子级六氟乙烷关键技术	福建德尔科技股份有限公司	李纪明、李向如、华祥斌、李嘉磊、刘志强
51	基于节能运行的智能化气力输送系统	福建龙净环保股份有限公司	潘仁湖、贾明成、田 青、江兴涛、薛日顺
52	燃煤烟气低碳节能深度净化系统及装备	福建龙净环保股份有限公司	廖增安、罗如生、陈晓雷、谢庆亮、钟志良
53	现役堤防长效健康服役与生态整治关键技术及应用	福建汇达建筑工程有限公司、河海大学、福建泉润建设工程有限公司、安徽水利开发有限公司	郑喜年、陈 波、蓝丽华、杜新春、蔡贤俊
54	滨水带综合治理与生态景观岸坡关键技术及应用	神州建设集团有限公司、浙大城市学院、安徽水利开发有限公司、四川港航建设工程有限公司	谢雨川、王新泉、李 枭、王志强、何俊明
55	极端天气下滨海高强度开发城市韧性防涝体系关键技术研究及应用	厦门市城市规划设计研究院有限公司、中国科学院城市环境研究所、武汉新烽光电股份有限公司、厦门理工学院	王开春、崔胜辉、王泽阳、武治国、王连接
56	基于水生态安全的移动式重金属检测系统研发及产业化应用	闽江学院、杭州谱育科技发展有限公司、福建佰胜达建设有限公司、中大（福建）工程建设集团有限公司	陈 强、张 兰、俞晓峰、林 棋、曾志胤
57	海峡西岸强对流形成机理与监测预报技术及应用	厦门市气象局	赵玉春、王叶红、郑 辉、黄亦鹏、池艳珍
58	大数据驱动的智能运动鞋服功能性关键技术及其产业化	黎明职业大学、三六一度（中国）有限公司、厦门理工学院、华侨大学	王 锋、魏书涛、彭飘林、赵少聪、吕明旭
59	分结构宽幅数控提花经编机关键技术及产业化应用	福建省鑫港纺织机械有限公司	郑依福、郑春乐、赖秋玉、郑春华、鲍玲鑫
60	福建特色鱼类蛋白加工关键技术的创新及产业化	集美大学、宁德市海扬食品有限公司、厦门同泉水产食品有限公司、东山腾新食品有限公司	郑明静、杨远帆、魏好程、黄朱华、陈先木
61	含砷物料资源化、无害化处理关键技术开发及工业化应用	紫金矿业集团股份有限公司、厦门紫金矿冶技术有限公司、紫金铜业有限公司	王乾坤、林鸿汉、许晓阳、方荣茂、蒋开喜
62	超薄竹刨花板生产关键技术及产业化	福人集团森林工业有限公司、福建农林大学	叶世俊、兰从荣、吴林生、段珍光、林志伟
63	高安全性锂电池用凝胶聚合物基陶瓷复合隔膜的研究与应用	宁德卓高新材料科技有限公司、中国科学院福建物质结构研究所、宁德师范学院	王晓明、杨浩田、周素霞、李文木、张 磊
64	大宗传统酿造调味品产业提升关键技术创研与应用	福建农林大学、福建省潘氏食品有限公司、福建吉百年食品有限公司、福州康达食品有限公司	田玉庭、庄玮婧、潘雪婷、林锦云、陈 挺
65	人造肉肠产业化关键技术研究与应用	福建农林大学、海欣食品股份有限公司、福建小二哥食品有限公司、福州素天下食品有限公司	曾绍校、滕用庄、刘宜锋、林建杰、邓荣华

续表

序号	项目名称	主要完成单位	主要完成人
66	基于生消周期藻类细胞特征的水华监测方法与关键控制技术	厦门大学、福建省水利水电勘测设计研究院有限公司、中国科学院城市环境研究所	于　鑫、陈　辉、李　曦、李晶晶、王立武
67	袋栽海鲜菇品种选育及高效生产技术体系创新与产业化应用	福建农林大学、福建福泉鑫生物科技有限公司	孙淑静、金文松、李佳欢、胡开辉、程泳春
68	油茶高产栽培及高值化利用关键技术研发与产业化示范	福建师范大学、福建胜华农业科技发展有限公司、福建省沈郎油茶股份有限公司、福建中胜华兴建工集团有限公司	卢玉栋、游瑞云、王晓艳、李晓艳、卢圣钊
69	南方重要树种人工林质量精准提升关键技术及应用	福建农林大学、福建省林业科学研究院、福建林业职业技术学院	吴鹏飞、叶功富、李　明、高　伟、陈志云
70	福建红树林及其生态环境演变规律与恢复提升应用	福建师范大学、福建农林大学、福建省林业科学研究院、泉州湾河口湿地自然保护区发展中心	胡敏杰、仝　川、洪志猛、陈思明、万晓会
71	畜禽多靶点低耐药高效替抗减抗的技术集成与推广应用	龙岩学院、漳州大北农农牧科技有限公司、福建龙岩闽雄生物科技股份有限公司、龙岩大北农生物科技有限公司	邱龙新、陈洪博、尹会方、陆黎明、陈星星
72	特色海水鱼保鲜与精深加工关键技术及产业化应用	福建农林大学、海南热带海洋学院、浙江大学、福建技术师范学院	吴春华、胡亚芹、王良玉、吴甜甜、骆主胜
73	南方风景园林树种主要害虫绿色防控关键技术研发与应用	福建省林业科学研究院、福州植物园、漳州市英格尔农业科技有限公司、武夷山国家公园科研监测中心	何学友、蔡守平、潘爱芳、曾丽琼、陈清海
74	经济鱼类高质化开发关键技术创新及应用	福建省水产研究所、自然资源部第三海洋研究所、安井食品集团股份有限公司、海南华研胶原科技股份有限公司	陈　贝、陈俊德、刘智禹、黄建联、陈晓婷
75	进口热带水果危险性有害生物监测预警与除害处理	福建省农业科学院农业质量标准与检测技术研究所、福建省农业科学院植物保护研究所、广州海关技术中心、厦门海关技术中心	傅建炜、李建宇、吴佳教、黄蓬英、史梦竹
76	食用菌废弃物资源化利用模式及关键技术研究与应用	福建省农业科学院农业生态研究所、福建省农业科学院食用菌研究所、福建省农业科学院农业生物资源研究所、福建省农业科学院土壤肥料研究所	黄秀声、应正河、钟珍梅、张　迪、张　青
77	农艺农机融合促进杂交稻制种提质增产技术创新与应用	福建省农业科学院水稻研究所、福建省种子总站、建宁县农业技术推广站、三明市种子站	吴志源、郑长林、谢华安、阮妙鸿、李忠才
78	大宗经济海藻生物脱腥与深加工关键技术及装备	福建省农业科学院农业工程技术研究所、福建省红太阳精品有限公司、福建亿达食品有限公司	林晓姿、李维新、陈秉彦、郭鸿华、邱碧香
79	口岸外来入侵植物检疫鉴定及防控关键技术与应用	福州海关技术中心、榕城海关综合技术服务中心、广西壮族自治区农业科学院	虞　赟、李　敏、沈建国、林谷园、邓　真
80	新生儿危重症救治关键技术建立及推广应用	厦门市儿童医院、复旦大学附属儿科医院	庄德义、程国强、王明帮、钱莉玲、黄湘晖

续表

序号	项目名称	主要完成单位	主要完成人
81	福建省新型冠状病毒肺炎的流行病学及病原学特征研究	福建省疾病预防控制中心、泉州市第一医院	郑奎城、余雪平、陈光敏、欧剑鸣、张炎华
82	骨肉瘤预后相关分子标志物及其在早期诊断及靶向治疗中的应用研究	福建医科大学附属第一医院	林建华、钟光贤、王生淋、陈锦元、吴朝阳
83	肺动脉高压发病的分子机制及药物治疗的系列研究	福建医科大学附属第一医院	谢良地、罗　莉、庄　伟、梁敏烈、黄邦邦
84	基于MR引导的恶性肿瘤介入诊疗技术	福建医科大学附属第一医院	林征宇、陈　锦、林瑞祥、严　媛、陈　健
85	OSAHS相关代谢紊乱及心血管损伤的系列研究	福建医科大学附属第一医院、福建省漳州市医院、福建医科大学附属第二医院	林其昌、陈理达、黄杰凤、陈公平、陈清石
86	恶性肿瘤成纤维激活蛋白PET/CT分子影像的创新和临床应用	厦门大学附属第一医院（厦门市第一医院）	陈皓鋆、孙　龙、赵　亮、逄一臻、付　浩
87	新冠肺炎致病机制及救治体系建立与应用	厦门大学附属第一医院（厦门市第一医院）、厦门大学、华侨大学	王占祥、钟　平、陈学勤、伍定辉、李剑锋
88	抗肿瘤药物临床评价体系及关键技术的创建与应用	厦门大学附属第一医院（厦门市第一医院）、厦门大学、莱必宜科技（厦门）有限责任公司	李卫华、范明霞、叶　峰、吴彩胜、吴云龙
89	急性缺血性卒中区域性救治新体系的创建及精准介入技术的应用推广	福建省漳州市医院	蔡铭智、陈文伙、易婷玉、吴燕敏、林定来
90	慢性乙型肝炎中西医结合防、诊、治体系的构建和推广应用	厦门市中医院、厦门大学	梁惠卿、陈少东、毛乾国、吴春城、王付强
91	良性前列腺增生中西医结合防诊治研究体系的建立与推广应用	厦门市中医院、厦门大学附属中山医院	黄源鹏、邓龙生、金海鹏、陈　平、庄小梅
92	医学影像大设备智能化质量控制与管理关键技术研究与临床应用	中国人民解放军联勤保障部队第九〇〇医院	付丽媛、许尚文、梁永刚、肖　慧、陈泽龙
93	间充质干细胞治疗糖尿病关键技术研究	中国人民解放军联勤保障部队第九〇〇医院	吴志贤、陈　津、蔡锦全、王水良、林宇宁
五、科学技术成果转化奖（2项）			
一等奖			
1	高强度超薄化学钢化汽车玻璃技术的产业化应用	福耀玻璃工业集团股份有限公司、厦门大学	林　军、郑明生、王　哲、郭说喜、周忠华、吴声桂、温苏文、陈碧珠、翁吓华、何宗华
二等奖（空缺）			
三等奖			
1	基于聚硼硅氧烷的自适应共混弹性体鞋材的研制及产业化	泉州匹克鞋业有限公司、福建泉州匹克体育用品有限公司、西安理工大学、陕西匹克玄铠新材料有限公司	蔡维健、许志华、李家保、李　峰、于钟梅

续表

序号	项目名称	主要完成单位	主要完成人
六、国际科学技术合作奖（3人）			
1		福州大学	布鲁诺·布里斯杰拉(Bruno Briseghella)
2		闽江学院	辛口·帕特里克(Sinko,Patrick John)
3		华侨大学、厦门天马微电子有限公司	程方(Fang Cheng)

（摘编：张全进）

福建省创业导师名单

2023年12月23日，福建省人力资源和社会保障厅印发《关于公布福建省创业导师名单的通知》（闽人社文〔2023〕151号）提出，根据《福建省创业导师暂行管理办法》（闽人社文〔2016〕72号），为充实完善我省创业导师库，更好地为广大创业者提供创业指导服务，经研究，决定聘请吴乐进等400人为福建省创业导师，聘期三年。

希望受聘人员能够认真履行职责，积极参与我省组织的各项创新创业活动，为广大创业者提供政策宣讲、项目咨询、创业指导等服务。各地要努力搭建创新创业服务平台，充分发挥创业导师在创业培训、项目评审、创业帮扶等活动中的作用，不断提高创新创业服务水平。

福建省创业导师名单

序号	姓名	工作单位	序号	姓名	工作单位
1	吴乐进	福建智慧之星投资发展有限公司	12	王　波	武夷学院
2	黄金娟	厦门育华企管咨询有限公司	13	吴　坤	中国指挥与控制学会
3	付　鹏	华普亿方（厦门）科技有限公司	14	许贻铭	福建解码科技有限公司
4	郑添天	厦门百祥创管理咨询有限公司	15	郑　娇	顺昌昌盛开发投资有限公司
5	曾秀芬	厦门城市职业学院	16	陈若愚	厦门睿岚教育科技有限公司
6	夏希东	厦门市海帆世纪人才服务有限公司	17	吴巧文	厦门华天涉外职业技术学院
7	吴秀春	厦门讯为科技有限公司	18	孙海信	厦门大学
8	翁望志	厦门理工中小企业成长支持中心	19	郭　娟	厦门大学嘉庚学院人文与传播学院
9	瞿文兴	南平市青年数字经济创业园	20	林志强	厦门大学国家大学科技园有限公司
10	陈淑群	厦门兴才职业技术学院	21	吴碧霞	闽北职业技术学院
11	胡雅云	华普亿方（厦门）科技有限公司	22	钭祖军	福建味家生活用品制造有限公司

续表

序号	姓名	工作单位	序号	姓名	工作单位
23	罗玉玲	武夷学院	59	熊　毅	泉州经贸职业技术学院
24	严　武	湄洲湾职业技术学院	60	杨恩祥	福建金启点实业有限公司
25	戴晓秋	厦门状元汇教育咨询有限公司	61	方建福	福建省龙海职业技术学校
26	祁少华	武夷学院	62	周金铁	福建省互联网零售行业协会
27	黄庆斌	福建林业职业技术学院	63	林青山	福建聚优创服人力资源服务有限公司
28	陈庆堂	莆田学院	64	周　迪	方融（厦门）科技有限公司
29	林江富	漳州科技职业学院	65	柯崇荣	金钢狼有限公司
30	林高敏	福建盛世畅想投资有限公司	66	杜海彪	厦门乐资科技有限公司
31	张长庆	厦门易驰软件有限公司	67	黄彬彬	厦门华厦学院
32	周　达	厦门华厦学院	68	杜锦祥	福建杜氏木业有限公司
33	吴道永	武夷学院	69	徐景辉	福建省建瓯市龙知味创业孵化器有限责任公司
34	郑惠元	龙海慧谷创业空间有限公司	70	杨国权	武夷山茶太守茶业有限公司
35	陈群锋	中闽金服（福建）信息科技有限公司	71	黄　妍	闽北职业技术学院
36	倪振松	福建技术师范学院	72	茅盛浩	沙县科信职业技术培训学院
37	沈鸿辉	舰隆（厦门）孵化器管理有限公司	73	罗桃华	明溪县职业中学
38	李尤晏	厦门电影节有限公司	74	叶宗贤	福建闽东电机股份有限公司
39	童潇敏	厦门城市职业学院	75	陈燕玉	漳州职业技术学院
40	陈静雷	泉州市物联网行业协会	76	叶丽松	福建省时时电子商务有限公司
41	晏　杰	武夷学院	77	连　训	福州优胜人才网络科技有限公司
42	杨信锟	武夷学院	78	吴作新	厦门城市职业学院
43	王梦妮	福建林业职业技术学院	79	陈清波	福建源配货网络科技有限公司
44	黄丽霞	福建林业职业技术学院	80	陈希佳	中国海峡人才市场
45	李垂操	武夷山木子文化艺术有限公司	81	林劝雄	福建华昊信息技术咨询有限公司
46	陈　斌	松溪县斌哥养殖专业合作社	82	陈小滨	漳州市博华众创空间管理有限公司
47	张河勇	福建省三明工贸学校	83	袁　凌	福建星火燎原教育文化有限公司
48	毛祚胜	福建省明溪朝南北文化传播有限公司	84	肖志勇	福建拓天生物科技有限公司
49	陈火全	泉州师范学院	85	刘凌峰	厦门高士达技术咨询有限公司
50	庄海刚	仰恩大学	86	李　芳	厦门海洋职业技术学院
51	刘凌超	漳州科技职业学院	87	陈　清	宁德市青创生态农业有限公司
52	詹俊英	漳州市盛元企业管理有限公司	88	林恩辉	福安市恩辉生态农业有限公司
53	步会敏	厦门大学嘉庚学院	89	王兴勇	霞浦县职业技能鉴定指导中心
54	李海滨	厦门顶代农业发展有限公司	90	郑　健	湄洲湾职业技术学院
55	侯　佳	厦门工学院	91	刘武强	闽南科技学院
56	吴鹏成	福建中趣云信息技术有限公司	92	林金水	漳州市金銮园艺有限公司
57	吴仙星	南平智创技术服务有限公司	93	张锦标	福建中科起点知识产权事务有限公司
58	许惠铭	仰恩大学	94	李变花	闽南师范大学商学院

续表

序号	姓名	工作单位	序号	姓名	工作单位
95	林建昌	福建省云匠建设工程咨询有限公司	131	赖松兆	闽西职业技术学院
96	夏玉雄	福建华鼎智造技术有限公司	132	曾　锋	上杭县供销电子商务有限公司
97	谢芙蓉	福建世纪金才教育咨询有限公司	133	吴金鹏	漳州友商软件有限公司
98	董秋锋	闽江师范高等专科学校	134	李昌德	福建金骏创业投资有限公司
99	陈联锦	福州启迪之星孵化器管理有限公司	135	裴锦泽	福建省引凤扶贫服务中心
100	王克秋	福州市华优汇创投资有限公司	136	郑林森	福建君道控股集团股份有限公司
101	洪文洁	锐达互动科技股份有限公司	137	曹明浩	福建省文华贞观教育科技有限公司
102	李成木	厦门市创业创新协会	138	王　芳	福建省花卉销售业协会
103	林嘉尧	厦门兴才精密机械有限公司	139	张锦文	闽江学院
104	陈玉萍	厦门中达集团有限公司	140	陈天凡	福州职业技术学院
105	陈明娟	厦门企挚诚信息咨询有限公司	141	吴进营	福州思飞信息技术有限公司
106	邓汉勇	厦门城市职业学院人工智能学院	142	高　丁	福建省电子信息应用技术研究院有限公司
107	林　雪	邵武市鑫艺轩茶社	143	蓝万标	福建闽榕仁社人力资源有限公司
108	黄锋华	清流县高级职业中学	144	杨志磊	福建尚才投资管理有限公司
109	卢永煌	龙岩技师学院	145	柯明国	厦门市创业创新协会
110	贾毅承	福建省漳州高新职业技术学校	146	陈易杰	武夷山市茶仲茶叶店
111	陈新杰	福建高驰投资咨询有限公司	147	潘贤森	南平市建阳区潘盏櫃建盏陶瓷有限公司
112	颜　清	福建君佳贤智能科技有限公司	148	傅仙玉	龙岩技师学院
113	孙林清	联创智信（福建）科技集团有限公司	149	李圆圆	福建省方圆恒达农业发展有限公司
114	黄美龙	福州软件园产业服务有限公司	150	吴剑星	宁德市毕业生就业指导中心
115	石舒蔚	福建中通汇银投资管理有限公司	151	孙玉珍	漳州城市职业学院
116	邱　菱	福州外语外贸学院	152	陈耀庭	闽南师范大学
117	王　雨	福建迅晟律师事务所	153	赖靖靖	北京新大陆时代科技有限公司
118	黄新通	福州大学	154	刘　聃	福建信息职业技术学院创新创业学院
119	冉枝瑜	福建老家故事投资发展有限公司	155	丁万年	锐达互动科技股份有限公司
120	黄家昌	福建亿能达信息技术股份有限公司	156	陈　建	福建商学院
121	王雄杰	福州推澜知识产权服务有限公司	157	林金新	福州三合元生物科技有限公司
122	杨青元	福建三简茶界供应链有限公司	158	朱智勇	福州大学国家大学科技园
123	吴迪新	福建省闽招咨询管理有限公司	159	张发松	福建师范大学协和学院
124	薛冰超	宁德技师学院	160	汤锐华	福建省汇众创新创业研究院
125	潘海舟	福建正祥集团	161	梁海辉	中国海峡人才市场
126	郑庆雨	福清市心有灵龙动物养殖有限公司	162	骆念蓓	福州大学经济与管理学院
127	蒋华玉	福建优空间创业服务有限公司	163	张温兴	厦门日空科技有限公司
128	邱晓卿	厦门市创业创新协会	164	范永平	著茗（武夷山）茶业有限公司
129	刘超婧	闽北职业技术学院	165	林　福	闽西职业技术学院
130	黄可权	龙岩学院经济与管理学院	166	王星河	黎明职业大学

续表

序号	姓名	工作单位	序号	姓名	工作单位
167	何成宏	泉州职业技术大学	203	许　星	漳州市晓风图书文化有限公司
168	林巧玲	石狮市思源电子商务职业技能培训学校	204	吴渝婷	漳州城市职业学院
169	陈晓冬	诏安县晓丰农业科技有限公司	205	陈步青	漳州科技职业学院
170	邓智敏	漳州甲骨文基地	206	李秋静	漳州市木材加工与家具制造产业发展促进会
171	杨　舒	漳州市青年创业促进会	207	陈言国	福建师范大学协和学院
172	杨志雄	漳州城市职业学院	208	林冬如	福建瑞庚生物科技有限公司
173	陈少宁	漳州市青年创业促进会	209	杨　斌	福州海思创科技信息咨询有限公司
174	黄骏鹏	北京易捷胜知识产权代理事务所福州分所	210	周元强	福建名仕律师事务所
175	严为雷	福建海创大数据应用服务有限公司	211	王宇航	厦门澳法生物科技有限公司
176	陈秀斌	福建阳光能量孵化器管理有限公司	212	吴培土	武夷山锐创教育科技有限公司
177	叶　翀	福州大学	213	张森鑫	福建艾特精密机械有限公司
178	黄俊波	福建农职院乡旅产业学院	214	李建标	平潭综合实验区睿源网络科技有限公司
179	罗　晨	卓理股份有限公司	215	林清湘	福州弋元信息技术有限公司
180	陈志仁	清流县沧龙渔业专业合作社	216	李雄文	龙岩学院
181	郑金彬	龙岩学院	217	卢小珍	龙岩学院
182	张恋芳	龙岩市农业农村局	218	梁添勇	龙岩市农业学校
183	苏美珍	福建华日汽车配件有限公司	219	邱　勇	龙岩市社会保障卡服务中心
184	林喜盈	福鼎市茶产业发展中心	220	魏林海	福建心智信息科技股份有限公司
185	柯龙俊	泉州市微网网络科技有限公司	221	徐志刚	龙岩学院
186	鲍莹玉	仰恩大学	222	钟亮梅	闽西职业技术学院
187	谢和朋	黎明职业大学	223	缪立新	天坤（福建）职业技术人才服务有限公司
188	林孟龙	漳州城市职业学院	224	林晓峰	宁德市畲羽文化传播有限公司
189	杨景轩	福建盛能科技有限公司	225	赵淑明	黎明职业大学
190	黄世光	快乐学习教育科技集团	226	尤良眼	福建泉州协创信息技术研究院有限公司
191	张　雷	福建农业职业技术学院	227	温文溪	安溪县中顿茶叶专业合作社
192	王　苹	阳光学院	228	蔡东兵	福建安溪恒隆财务咨询有限公司
193	陈　榕	福州八六三软件专业孵化器服务中心	229	王勇志	泉州数字城市科技有限公司
194	方　婷	福建农林大学	230	薛　山	闽南师范大学
195	赵　星	福州市智邦理才人才服务有限公司	231	方胜强	闽南师范大学
196	程　颖	厦门网为股份有限公司	232	洪百中	长泰县金仑家庭农场
197	王泽辉	福建平潭青年文化传媒有限公司	233	张国雄	福建省天醇茶业有限公司
198	曾志宏	龙岩学院	234	傅任怡	武夷山木子文化艺术有限公司
199	王建平	福建省安溪陈利职业中专学校	235	李　洁	福建水利电力职业技术学院
200	陈明烟	福建爱分享跨境电商有限公司	236	李韩英	福建吉纽思教育投资发展有限公司
201	董家美	安溪科技企业孵化器有限公司	237	张金油	福建麦悠悠农业开发有限公司
202	王继顺	漳州市蔬博果蔬有限公司	238	曾　丹	古田县人力资源和社会保障局

续表

序号	姓名	工作单位	序号	姓名	工作单位
239	王亮亮	福安市穆阳镇人民政府	275	钟杰斌	漳州市融桥信息技术咨询有限公司
240	潘任凭	东北证券泉州营业部	276	林惠秋	漳州市闽臻生物科技有限公司
241	黄泽滨	石狮市创赢智能产业技术创新研究院	277	周晓彬	漳州职业技术学院
242	罗联布	福建海鲸消防有限公司	278	洪夏瑶	福建世纪金石商业管理有限公司
243	王经逸	黎明职业大学	279	刘火城	福建哈龙峰茶业有限公司
244	刘宗强	金维他（福建）食品有限公司	280	何凤林	漳州古雷文化教育投资有限公司
245	肖明星	漳州宏发电声有限公司	281	黄相如	漳州市互联网协会
246	张鼎丁	漳州浦创信息科技有限公司	282	蒋　维	福建瑞达精工股份有限公司
247	黄骏逸	漳州福酱食品科技有限公司	283	田富俊	福建农林大学
248	李金莲	漳州职业技术学院	284	林清香	福建省互联网创业促进会
249	林晓莲	福建中科起点知识产权事务有限公司	285	颜旺平	创业梦工场（厦门）教育科技有限公司
250	陈长城	东山县长盛食品有限公司	286	李如晓	三明技师学院
251	徐芸琪	漳浦金美剪纸文化有限公司	287	陈春福	闽西职业技术学院
252	陈遒先	福建省种子文化传媒有限公司	288	涂海英	闽西职业技术学院
253	陈宗忠	福建创新食品科技有限公司	289	陈　堃	古田县玉耳果蔬专业合作社
254	林小芳	福建技师学院	290	王立庆	宁德市蕉城区机关社保中心
255	朱　群	福建信息职业技术学院	291	黄振霞	莆田学院
256	黄仁才	福建农林大学	292	陈金民	湄洲湾职业技术学院
257	林博怿	信存控股有限公司	293	林恭兴	泉州工艺美术职业学院
258	林绍敬	福建尚圭律师事务所	294	徐昌毅	福建省春秋农林科技有限公司
259	赖惟永	龙岩学院	295	郑　浩	泉州协创知识产权代理事务所
260	傅生生	闽西职业技术学院	296	许金钢	福建省华创科技创业创新研究院
261	刘剑友	闽西职业技术学院	297	黄辉雄	永春县生态文明研究院
262	杨锶译	龙岩市公共就业和人才服务中心	298	刘清良	福建南烽防火科技有限公司
263	吴友雄	龙岩市公共就业和人才服务中心	299	兰茂泉	泉州市海维软件股份有限公司
264	陈益荣	福建仁益农业发展有限公司	300	陈南川	福建百秾生态科技有限公司
265	游天嘉	宁德师范学院	301	韩晓楠	临家餐饮文化有限公司
266	魏林海	宁德市蕉城区大学生就业创业协会	302	张钟林	福建德润会计师事务所有限责任公司
267	李旭珊	泉州鼎呱呱网络科技有限公司	303	陈仙旺	宁德智己策略文化传播有限公司
268	郭凤骄	福建予智企业管理咨询有限公司	304	颜明峰	莆田学院
269	陈耀从	晋江市城城置业有限公司	305	黄伟珑	福建惠信企业服务股份有限公司
270	曾凤生	仰恩大学	306	黄挺顺	黎明职业大学
271	张立煌	泉州工艺美术职业学院	307	孟庆新	泉州信息工程学院
272	王子贤	闽南师范大学商学院	308	侯玉梅	仰恩大学
273	洪琳琪	漳州古雷文化教育投资有限公司	309	朱毅芬	黎明职业大学
274	涂河生	漳州涂氏农牧有限公司	310	蔡绍德	福建省仁常食品有限公司

续表

序号	姓名	工作单位	序号	姓名	工作单位
311	陈亚鹏	漳州职业技术学院	347	米　莉	泉州市科技培训中心
312	兰仁杰	漳州美购网络科技有限公司	348	陈思才	泉州市科技培训中心
313	赵南琪	云霄县萱宝贸易有限公司	349	叶友志	福建省高速路桥新材料科技有限公司
314	黄宇洲	漳州洲城环境科技有限公司	350	李劲松	福建海峡西岸知识产权研究院有限公司
315	童养桃	福建福船一帆新能源装备制造有限公司	351	上官宝山	北京中银（泉州）律师事务所
316	李行送	福建田多多信息技术有限公司	352	林　阳	中恒大正（福州）集团有限责任公司
317	陈永明	福建省成长线投资有限公司	353	江　斌	清流县莲花山省级自然保护区服务中心
318	刘小芳	青创未来集团有限公司	354	袁秀珍	闽西职业技术学院
319	岳　增	沐银（福州）众创空间有限公司	355	陈智伟	福州大学至诚学院
320	刘小勇	厦门学职教育科技有限公司	356	李淑梅	长汀县腾惠职业培训学校
321	陆　丰	南平市华夏中青家政服务有限公司	357	林国森	龙岩市燕翔汇创之星加速器
322	章珠明	恒鸿达科技有限公司	358	张万钊	龙岩山海人才事务所
323	陈建萍	闽西职业技术学院	359	黄兆伟	太平洋财产保险福建分公司
324	夏陈玉	一泡红（福建）茶业有限公司	360	黄晓健	福建泰亨工艺品有限公司
325	郑育哲	永春青年创业园管理有限公司	361	凌坤弟	周宁县智慧职业培训中心
326	郑衍彬	福建省泉州顺美集团有限责任公司	362	林振传	福建品品香茶业有限公司
327	庄景龙	泉州市聚贤文化发展有限公司	363	缪带弟	宁德市五姐妹农业开发有限公司
328	欧颖峰	仰恩大学	364	李瑞松	仰恩大学
329	张哲毅	友幸国际会计师事务有限公司	365	罗志军	泉州市信业财务咨询有限公司
330	夏侦征	漳州硕阁财税服务有限公司	366	连敬阳	福建省安然纺织科技有限公司
331	张　华	福建经济学校	367	刘洪波	泉州市锦汉文化传媒有限公司
332	傅俊生	福建农林大学	368	王丽云	南安市闽康职业技术培训学校
333	钱志毅	福建阿甘信息科技有限责任公司	369	蔡智煌	漳浦电商园发展有限公司
334	陈君璐	厦门市迪科雷特装饰工程有限公司	370	向　斌	福州凌云数据科技有限公司
335	唐　玲	匠仕新创（厦门）投资有限公司	371	魏洪茂	福建信息职业技术学院
336	张银福	学友共创（福建）孵化器管理服务有限公司	372	刘晓路	闽江学院创新创业创造学院
337	张远才	福建省西田科技有限公司	373	刘春兰	福州职业技术学院
338	张　祯	龙岩市农业学校	374	许　峰	福州鑫海领航财税科技有限公司
339	严荷花	福建省大学生创新创业基地（龙岩）	375	陈丽珊	福建师范大学
340	温胜连	上杭县优生活家政服务有限公司	376	杨　燕	福建国仁方略税务师事务所有限公司
341	郑　威	龙岩市人力资源服务有限公司	377	江　滔	福建闽派文化产业有限公司
342	吴作祥	寿宁县青年创业协会	378	黄丽蓉	厦门理工学院
343	蔡东鸣	宁德融易算君道财税服务有限公司	379	陈宏贤	创业树（厦门）科技股份有限公司
344	林志军	泉州市主学企业管理咨询有限公司	380	郭俊健	厦门恒兴瑞杰股权投资管理有限责任公司
345	李怡龙	福建省永发沉香开发有限公司	381	刘　鑫	智晟权教育咨询（厦门）有限责任公司
346	翁振奇	泉州市振锋物业管理有限公司	382	陈　发	厦门科技专修学院

续表

序号	姓名	工作单位	序号	姓名	工作单位
383	李　强	厦门加减专利代理事务所	392	王鹭杰	福建旭丰律师事务所
384	陈　佳	建瓯市瓯竹竹业科技有限公司	393	邹小华	建瓯市人事人才公共服务中心
385	谢阳军	福建省三明市农业学校	394	陈华兴	福建贞霖工艺品有限公司
386	赖张龙	三明市清龙生态兰花有限公司	395	沈朝增	宁德茗鼎茶业有限公司
387	谢家清	平潭综合实验区港务发展有限公司	396	陈锦锋	福建路在途国际旅行社有限公司
388	黄细忠	福建新味食品有限公司	397	刘协宗	福建省刘协宗茶业发展有限公司
389	黄景煌	晋江市景俊种植农民专业合作社	398	李金登	安溪县虎邱镇香都茶叶专业合作社
390	王亚东	安溪科技企业孵化器有限公司	399	蒋志丹	仰恩大学
391	朱艳钦	北京京师（福州）律师事务所	400	徐清渊	福建省安溪陈利职业中专学校

（摘编：陈建闽）

2023 年福建省技能大师工作室名单

2023 年 12 月 29 日，福建省人社厅网站发布福建省技能大师工作室。该工作室是依托企事业单位，由行业（领域）技能拔尖、技艺精湛，具有较强创新创造能力和社会影响力，且在带徒传技方面经验丰富的技能大师领办建设的技能传承、攻关、推广、交流的平台。经单位自主申报、属地人社部门或行业主管部门推荐、专家评审、社会公示等环节，日前，省人社厅、省财政厅联合发文公布了 2023 年省级技能大师工作室名单 60 个，具体如下（按照推荐地或行业主管部门分类，排名不分先后），名单如下。

一、省教育厅

王苏锋技能大师工作室　福建第二轻工业学校

辛顺强技能大师工作室　福建水利电力职业技术学院

二、国网福建省电力有限公司

陈章山技能大师工作室　福建省送变电工程有限公司

庄敬清技能大师工作室　国网石狮市供电公司

三、省粮食局

郑莉技能大师工作室　福建经贸学校

四、省委统战部

郭丽技能大师工作室　福州三宝工艺品有限公司

五、福州市

师延财技能大师工作室　中核检修福清分公司

陈承仪技能大师工作室　中国铁路南昌集团有限公司福州机务段

林敬春技能大师工作室　福建京元餐饮管理有限公司

林鹤技能大师工作室　福州石尚工坊文化产业有限公司

全瑞炳技能大师工作室　福建石韵天工文化艺术有限公司

李香邮技能大师工作室　福建威石文化创意发展有限公司

侯和炎技能大师工作室　福建哥弟缘实业有限公司

蔡友灵技能大师工作室　福建中艺文化传媒有限公司

林贤洲技能大师工作室　福州漆艺术研究院有限公司

六、厦门市

翁建建技能大师工作室　厦门博视源机器视觉技术有限公司

陈清山技能大师工作室　厦门永赞工贸有限公司

昝强技能大师工作室　集美工业学校

阙福标技能大师工作室　路达（厦门）工业有限公司

张金和技能大师工作室　厦门精合电气自动化有限公司

杨超技能大师工作室　厦门市集美职业技术学校

荣波技能大师工作室　厦门工商旅游学校

七、泉州市

庄森彬技能大师工作室　福建群峰机械有限公司

詹保凌技能大师工作室　福建富源茶业有限公司

钟桂尧技能大师工作室　石狮市宸汐职业技能培训学校有限公司

林灵月技能大师工作室　德化县韵瓷轩陶瓷艺术有限公司

方碧双技能大师工作室　永春县桃城镇芳亭纸织画社有限公司

李甲栈技能大师工作室　德化县华达陶瓷有限公司

陈向阳技能大师工作室　福建九匠九建设发展有限公司

谢泉忠技能大师工作室　福建惠安县宝树石材有限公司

洪仲森技能大师工作室　福建兴全香业有限公司

八、漳州市

黄琬瑜技能大师工作室　漳州高新职业技术学校

黄宝华技能大师工作室　漳州职业技术学院

王兴虎技能大师工作室　漳州一凡窑陶瓷有限公司

九、莆田市

颜震平技能大师工作室　福建省莆田市高级技工学校

郑志明技能大师工作室　福建广电网络集团莆田分公司

林建军技能大师工作室　莆田市藏云堂精微透雕艺术研究院

陈玉树技能大师工作室　莆田市四君子古典家具有限公司

陈开泉技能大师工作室　莆田市仙游县紫檀缘古典家俱有限公司

十、三明市

范振武技能大师工作室　福建三明林业学校

包世生技能大师工作室　三明尤溪宾馆有限公司

曾凯华技能大师工作室　福建曾氏餐饮管理服务有限公司

上官灿丁技能大师工作室　福建龙门官坊旅游文化有限公司

傅永方技能大师工作室　尤溪县择善堂设计工作室

十一、南平市

张碧清技能大师工作室　福建林业职业技术学院

杨振莲技能大师工作室　武夷山民品茶业有限公司

林凌技能大师工作室　武夷山旅游职业中专学校

郑世阳技能大师工作室　南平市延平区世阳雕刻制品有限公司

蔡龙技能大师工作室　南平市建阳区水木间建盏陶瓷有限公司

邱芙蓉技能大师工作室　南平市建阳区丘盏文化传播有限公司

十二、龙岩市

俞金生技能大师工作室　福建紫金铜箔科技有限公司

华素梅技能大师工作室　紫金铜业有限公司

廖卫明技能大师工作室　龙岩纯萃餐饮管理有限公司

刘华平技能大师工作室　福建金彩蓝农副产品商贸有限公司

十三、宁德市

张松涛技能大师工作室　宁德时代新能源科技股份有限公司

林章明技能大师工作室　宁德市山哈服饰有限公司

阮明技能大师工作室　宁德市阮明百草堂推拿馆

叶石和技能大师工作室　宁德市叶石和根艺有限公司

十四、平潭综合实验区

梅明亮技能大师工作室　卫蓝（平潭）科技有限公司

詹胜技能大师工作室　福建映像海坛文化创意有限公司

（摘编：孔明德）

首届农村电子商务师职业技能竞赛获胜者名单

2023 年 22—24 日，由福建省商务厅、福建省人社厅、福建省教育厅、共青团福建省委主办的福建省首届农村电子商务师职业技能竞赛在福建信息职业技术学院平潭校区举办，共有来自全省各地的 100 名职工和学生选手参赛。

本次大赛采用个人竞赛模式，分为职工组和学生组，比赛内容由理论知识和操作技能两部分组成，包括店铺装修、客户服务、店铺数据分析与运营推广三个模块，重点考察参赛选手职业道德、职业素养、电子商务业务综合能力和应变能力。

经过激烈角逐，漳州职业技术学院郑明明、福建信息职业技术学院叶阿真、福建锦科电子商务有限公司张真真等 3 名职工选手脱颖而出，分别获得职工组金奖、银奖、铜奖，并获得每人 1 万元奖励，还将获颁一级和二级技能等级证书，金银奖、银奖选手将被福建省人社厅授予“福建省技术能手”荣誉称号。

在学生组的比赛中，福建农业职业技术学院林香、福建信息职业技术学院曾乐怡、福州黎明职业技术学院周汉斌等 3 名选手斩获前三名，由福建省人社厅核发电子商务师（三级/高级工）技能等级证书。

（摘编：孙云荣）

福建省第二届工艺品雕刻（石雕工）职业技能竞赛获奖名单

2023年12月11日，福建省工业和信息化厅、福建省人力资源和社会保障厅、福建省总工会印发《关于公布福建省第二届工艺品雕刻（石雕工）职业技能竞赛获奖名单的通知》（闽工信联函融合〔2023〕608号）提出，根据《福建省工业和信息化厅、福建省人力资源和社会保障厅、福建省总工会关于福建省第二届工艺品雕刻（石雕工）职业技能竞赛的通知》（闽工信联函融合〔2023〕369号），福建省第二届工艺品雕刻（石雕工）职业技能竞赛决赛于2023年10月10—13日在泉州市惠安县顺利举办。根据赛事规则，经现场评审、结果公示及竞赛组委会研究审定，现将获奖名单公布如下。

一、获奖选手

（一）金牌

李育明　惠安县崇武今鼎雕刻艺术工作室

（二）银牌

蔡卓宏　泉州市观如雕刻艺术品有限公司

（三）铜牌

郑嘉诚　福建青蓝文化发展有限公司

（四）优胜奖

曹中正　泉州市观如雕刻艺术品有限公司

何林侨　惠安县观赏石协会

许玲杰　崇武镇溪底工业区兴泰顺石雕厂

杨彩云　惠安县鼎云工艺品店

陈情彬　厦门市纤尘文化艺术传播有限公司

许生炜　惠安县观赏石协会

二、优秀组织奖

泉州市总工会

惠安雕刻艺术研究会

惠安县观赏石协会

（摘编：洪连珠）

第三届中国工艺美术博览会福建参评作品再创佳绩

2023年5月26—29日，第三届中国工艺美术博览会在南京国际博览中心举行。该博览会是中国工艺美术行业规模最大、规格最高、覆盖最全的综合性展会，集中展现近年来中国工艺美术的发展成就，由中国轻工业联合会主办。本届博览会云集参展商1800余家，汇集10万余件精美展品，展览规模近5万平方米。我省共有超200家企业参展，展位数量230多个，展位面积近3000平方米。

“百鹤杯”工艺美术设计创新大赛设“金鼎

奖”、“百鹤奖”、“新锐奖”三个层次奖项。我省荣获“金鼎奖”12 件、“百鹤奖”13 件、“新锐奖”21 件，累计获奖 46 件，其中荣获“金鼎奖”作品数量占全国获奖总数的 18.2%。从行业分布看，上述 46 个奖项中，木雕 14 个、寿山石雕 6 个、石雕 5 个、工艺陶瓷 9 个、漆艺 7 个，藤铁工艺 2 个、竹藤编 1 个、根雕 1 个、竹雕 1 个。

福建省获奖名单

2023“百鹤杯”工艺美术设计创新大赛金鼎奖（12 件）

序号	作者	种类	所在地区	作品名称
1	张景阳	石雕	泉州	织梦
2	李惠英	木雕	莆田	兰亭雅集
3	吴　杰	木雕	福州	大自在
4	刘国文	石雕	泉州	天心月圆
5	张其仕	木雕	福州	老子出关
6	黄福忠	木雕	莆田	镶百宝嵌包铜宝座
7	林清廉	寿山石雕	宁德	江流日夜变秋声
8	陈　忠	木雕	福州	冈仁波齐
9	佘向群	木雕	莆田	乐女
10	黄清銮	木雕	莆田	岁月
11	上官俊华	漆艺	福州	群仙祝寿图（掐丝磨漆画）
12	陈国勇、郭元妤、潘尤龙、陈又滔	漆艺	福州	寻梦敦煌

2023“百鹤杯”工艺美术设计创新大赛百鹤奖（13 件）

序号	作者	种类	所在地区	作品名称
1	郑雄彭	工艺陶瓷	泉州	望庐山瀑布
2	陈祥松	工艺陶瓷	南平	龙鳞纹三瓶
3	兰全盛	工艺陶瓷	泉州	智勇双全
4	吴兴乾	工艺陶瓷	南平	兽足金银八卦炉
5	孙　莉	工艺陶瓷	南平	隐逸
6	杨　明	寿山石雕	福州	达坂城的姑娘
7	冯　伟	寿山石雕	福州	藏若玲珑
8	郑燕萍	木雕	泉州	刻舟求剑
9	林飞鹤	木雕	莆田	春花秋月
10	郑煌章	木雕	泉州	唐宋遗音·百鸟归巢
11	温作平	木雕	莆田	铁拐李
12	张玉芬	漆艺	泉州	幸福兔
13	蔡友灵	漆艺	福州	和·合

2023“百鹤杯”工艺美术设计创新大赛新锐奖（21件）

序号	作者	种类	所在地区	作品名称
1	李长春	工艺陶瓷	泉州	小试龙吟（纯柴烧）
2	张丽娇	工艺陶瓷	泉州	和合之美
3	陆金喜	工艺陶瓷	南平	平安五福瓶
4	江密秀	工艺陶瓷	南平	天山景色
5	林建军	木雕	莆田	事事如意
6	郭　丽	木雕	福州	福园
7	王瑜卿	石雕	泉州	乐不思鼠
8	刘凌峰	寿山石雕	福州	千手观音
9	吴剑鹤	木雕	莆田	春江晚景
10	张玲玲	石雕	泉州	醉翁
11	林国仲（左一刀）	寿山石雕	福州	花开见佛
12	江秀影	寿山石雕	福州	和谐之家
13	王新明	竹雕	莆田	止观禅境
14	陈尾强	石雕	泉州	浅秋
15	叶前荣	根雕	南平	及笄
16	黄世春	藤铁工艺	泉州	征程
17	郭志煌	漆艺	泉州	竹编漆器-敦煌飞天
18	叶　聪	漆艺	福州	邑
19	陈晓凌	漆艺	福州	只此青绿　大漆修复鼎式炉
20	黄连福	藤铁工艺	泉州	心灯（灯笼瓶）
21	陈红萍	竹藤编	泉州	雪中红

中国首饰玉器“百花奖”，是中国工艺美术玉、石雕界的最高奖项。我省荣获“百花奖”金奖6件、银奖6件、铜奖15件，累计获奖27件，其中寿山石雕20个，玉石雕4个，牙雕3个。荣获“百花奖”金奖作品数量占全国获奖总数的28.6%。

评选活动福建省获奖名单

2023年中国首饰玉器“百花奖”金奖（6件）

序号	作者	种类	所在地区	作品名称
1	林国仲（左一刀）	寿山石雕	福州	惠女风情
2	杨　明	寿山石雕	福州	龙腾盛世
3	陈智楠	寿山石雕	福州	太平有象
4	郑世斌	寿山石雕	福州	独钓寒江雪
5	何　马	寿山石雕	福州	光照乡村
6	翁志峰	牙雕	莆田	维摩演教图

2023 年中国首饰玉器“百花奖”银奖（6 件）

序号	作者	种类	所在地区	作品名称
1	林荣泰	寿山石雕	福州	灯下草虫鸣
2	冯　伟	寿山石雕	福州	风调雨顺
3	张志在	寿山石雕	福州	端庄高贵看牡丹
4	江秀影	寿山石雕	福州	高山流水盼知音
5	张纯连	寿山石雕	福州	人物印纽百态
6	王国清	玉石雕	莆田	八臂观音

2023 年中国首饰玉器“百花奖”铜奖（15 件）

序号	作者	种类	所在地区	作品名称
1	王　杰	玉石雕	泉州	云水谣
2	付如雪	玉石雕	泉州	观自在
3	林　鹤	寿山石雕	福州	诗礼传家
4	欧彦恩	寿山石雕	福州	玺印十九式
5	赖冬生	寿山石雕	福州	瞧这一家子
6	施庭汉	寿山石雕	福州	江山如此多娇
7	郑　继	寿山石雕	福州	四季美神
8	翁志晨	牙雕	莆田	洗象图
9	仇雪清	玉石雕	泉州	慈心
10	孙兆勇	寿山石雕	福州	青青茉莉花
11	赖庆光	寿山石雕	福州	福寿延年
12	陈国华	牙雕	莆田	拈花罗汉
13	许志雄	寿山石雕	福州	平步青云
14	刘凌峰	寿山石雕	福州	大白伞盖佛母
15	陈　旺	寿山石雕	福州	富贵吉祥

“百花杯”评选活动是经全国评比达标表彰工作协调小组办公室审批的全国评比达标表彰保留项目之一。我省荣获“百花杯”金奖 5 件、银奖 6 件、铜奖 4 件，累计获奖 15 件，其中金属工艺 4 个、木雕 3 个、石雕 2 个、寿山石雕 2 个、工艺陶瓷 1 个、软木画 1 个、玉雕 1 个、纸织画 1 个，我省荣获“百花杯”金奖作品数量占全国获奖总数的 10.6%。

评选活动福建省获奖名单

2023 年“百花杯”金奖（5 件）

序号	设计者	种类	所在地区	作品名称
1	温作平	木雕	莆田	钟馗嫁妹图
2	林　鹤	寿山石雕	福州	骑虎下南山
3	佘向群	木雕	莆田	大悲众礼佛

续表

序号	设计者	种类	所在地区	作品名称
4	吴美玲	金属工艺	泉州	海阔天高
5	张玲玲	石雕	泉州	空

2023年“百花杯”银奖（6件）

序号	设计者	种类	所在地区	作品名称
1	兰全盛	工艺陶瓷	泉州	大愿
2	余黎明	木雕	莆田	慈航普渡
3	李少龙	玉雕	泉州	证觉成道
4	郭　丽	软木画	福州	前程似锦
5	唐艺森	金属工艺	泉州	印度风情
6	林源鑫	金属工艺	泉州	西部传奇

2023年“百花杯”铜奖（4件）

序号	设计者	种类	所在地区	作品名称
1	林　霖	寿山石雕	福州	休心不休口
2	王玉锋	石雕	福州	天地正气
3	辛惠清	金属工艺	泉州	超越
4	张雪华	纸织画	泉州	十八金身罗汉

第二届工艺美术文创设计大赛是本届中国工艺美术博览会重磅活动，以“中华工艺新创意”为主题，立足中华优秀传统文化，融合现代设计理念，推动传统文化在现代生活中得到新的广泛应用。我省荣获金奖1件，银奖1件。

福建省获奖名单

第二届工艺美术文创设计大赛金奖（1件）

序号	作者	种类	所在地区	作品名称
1	潘尤龙	综合类（金属）	厦门	海的女儿

第二届工艺美术文创设计大赛银奖（1件）

序号	作者	种类	所在地区	作品名称
1	林华志	漆器	福州	归墟

优秀组织金奖、优秀组织奖

福州市工业和信息化局被授予“第三届中国工艺美术博览会优秀组织金奖”，泉州市城镇集体工业联合社被授予“第三届中国工艺美术博览会优秀组织奖”。

（摘编：周树峰）

福建省农业技术正高级职务和农业技术推广研究员任职资格人员名单

2023 年 4 月 21 日，福建省人力资源和社会保障厅印发《关于批准确认刘道泉等 44 位同志农业技术正高级职务和农业推广研究员任职资格的通知》（闽人社批复〔2023〕220 号）提出，经研究，批准确认由福建省第三届农业技术正高级职称和农业技术推广研究员评审委员会评审通过的刘道泉等 17 位同志农业技术正高级职务、黄冰煌等 27 位同志农业技术推广研究员任职资格，任职资格确认时间为 2023 年 4 月 3 日，现予公布，名单如下。

刘道泉等 17 位农业技术正高级职务任职资格人员名单

福州市（1 人）

正高级兽医师：刘道泉

厦门市（1 人）

正高级农艺师（植物保护）：杨森山

漳州市（1 人）

正高级农艺师（园艺）：林锦辉

三明市（1 人）

正高级农艺师（园艺）：杨彬

莆田市（2 人）

正高级农艺师（园艺）：郑龙

正高级农艺师（植物保护）：黄建青

南平市（5 人）

正高级农艺师（农学）：刘端华

正高级农艺师（园艺）：刘国英

正高级农艺师（农业资源环境）：朱秀端

正高级农艺师（农业资源环境）：王宗寿

正高级兽医师：余明兴

龙岩市（2 人）

正高级农艺师（农学）：徐淑英

正高级兽医师：陈长福、

宁德市（1 人）

正高级兽医师：叶裕香

福建省农业农村厅（2 人）

正高级农艺师（园艺）：郑峻

正高级农艺师（农业资源环境）：黄曦

海峡人才市场（1 人）

正高级兽医师：江兴华

黄冰煌等 27 位农业技术推广研究员任职资格人员名单

福州市（2 人）

农业技术推广研究员（园艺）：黄冰煌

农业技术推广研究员（兽医）：林晓英

漳州市（3 人）

农业技术推广研究员（农业资源环境）：张民生

农业技术推广研究员（畜牧）：黄清虎

农业技术推广研究员（兽医）：陈燕慧

泉州市（2 人）

农业技术推广研究员（农学）：李福德

农业技术推广研究员（园艺）：杨文俪

三明市（8 人）

农业技术推广研究员（农学）：林先杯、黄回南、邱桂如

农业技术推广研究员（园艺）：姜能宝、陈联双

农业技术推广研究员（农业资源环境）：冯发华

农业技术推广研究员（水产）：朱小发

农业技术推广研究员（兽医）：张莹

南平市（3人）

农业技术推广研究员（农学）：万华雄、黄金星

农业技术推广研究员（畜牧）：施晞

龙岩市（1人）

农业技术推广研究员（农业资源环境）：张明来

宁德市（8人）

农业技术推广研究员（农学）：林丽艳

农业技术推广研究员（园艺）：叶传财、李妙芳、曾志芳

农业技术推广研究员（植物保护）：林长征

农业技术推广研究员（水产）：周华书、王朝新

农业技术推广研究员（兽医）：范良志

（摘编：李乐成）

福建省正高级工程师职务任职资格人员名单

2023年3月21日，福建省人力资源和社会保障厅印发《关于批准确认陈绍林等214位同志正高级工程师职务任职资格的通知》（闽人社批复〔2023〕142号）提出，经研究，批准确认由福建省第一届正高级工程师任职资格评审会评审通过的陈绍林等214位同志正高级工程师职务任职资格，任职资格确认时间为2023年2月19日，现予公布，名单如下。

一、福建省发展和改革委员会（1人）

福建省经济信息中心：陈绍林；

二、福建省科技厅（3人）

福建省科学技术信息研究所：王良熙；

福建省测试技术研究所：郭升平、卢先勇；

三、福建省自然资源厅（5人）

福建省测绘院：叶昆平、罗火箭；

福建省国土资源勘测规划院：毛玉龙；

福建省基础地理信息中心：林晓萍；

福建省制图院：陈能坦；

四、福建省生态环境厅（2人）

福建省生态环境信息中心：蔡旺华；

福建省厦门环境监测中心站：梁榕源；

五、福建省住房和城乡建设厅（4人）

福建省城乡规划设计研究院：张强、林涛；

福建省建设工程质量安全总站：周文、郑稳；

六、福建省交通运输厅（19人）

福建省福州港口发展中心：陈阜；

福建省港航勘察设计院有限公司：林金裕；

福建省交通规划设计院有限公司：顾中华、陈平燕、林文霞、林礼华、陈金盛、杨新燕、刘其卓、李其泉、郑庆平、简注清、郑清松、廖晓和、尹志芳；

福建省交通建设质量安全中心：陈学雄；

福建省交通科技发展集团有限责任公司：吴超凡；

福建省交通科研院有限公司：陈航；

福建省交通信息通信与应急处置中心：庄孝昆；

七、福建省水利厅（5人）

福建省水利水电勘测设计研究院：叶聿衍、胡志英、付开雄、施泰、邱昌锴；

八、福建省卫生健康委员会（1人）

福建省妇幼保健院：缪崇

九、福建省林业局（6人）

福建三明林业学校：王邦富；

福建省林业科技试验中心：陈春；

福建省林业调查规划院：卓秋萍、严洪；

福建省洋口国有林场：游云飞；

福州植物园：魏理树；

十、福建省市场监督管理局（7 人）

福建省产品质量检验研究院：陈奋忠、林彤；

福建省锅炉压力容器检验研究院：尤俊、郑荣部；

福建省计量科学研究院：刘旗峰；

福建省特种设备检验研究院：潘健鸿；

福建省纤维检验中心：刘贵；

十一、福建省药品监督管理局（1 人）

福建省食品药品质量检验研究院：陈章捷；

十二、福建省煤田地质局（2 人）

福建省煤田地质勘查院：黄光明；

福建省 121 地质大队：陈国庆；

十三、福建省地质矿产勘查开发局（6 人）

福建省地质测绘院：黄姮、王余沛、吴资龙、张进高；

福建省地质调查研究院：林敏；

福建省厦门地质工程勘察院：吴少元；

十四、福建建工集团有限责任公司（27 人）

福建建工集团有限责任公司：王宗成、曾金聪；

福建建工环海房屋制造集团有限责任公司：吴尚杰；

福建平祥建设工程有限公司：吴国来；

福建省建科工程技术有限公司：罗贞海；

福建省建科院施工图审查有限公司：傅玉麟、张智娟；

福建省建研工程顾问有限公司：郑瑞生；

福建省建筑科学研究院有限责任公司：刘祥民、傅友东、黄德棋、陈旻、谢竹雯、黄春文；

福建省建筑设计研究院有限公司：崔育青、黄晓冬、李艳英、黄乐颖、陈伟恩、陈子颖、杨世华、叶振华、黄剑雄；

福建天正建筑工程施工图审查事务有限公司：黄晓琼、郑聪；

福建众合开发建筑设计院有限公司：陈克用；

武夷装修工程（福州）有限公司：郑国栋；

十五、福建省冶金（控股）有限责任公司（1 人）

厦门金鹭特种合金有限公司：邹伶俐；

十六、福建省招标采购集团有限公司（2 人）

福建省交通建设工程试验检测有限公司：陈勇；

福建经纬测绘信息有限公司：郑志煌；

十七、福建省高速公路集团有限公司（3 人）

福建省高速路桥工程有限公司：林志平；

福建省高速公路集团有限公司：陈岳峰；

福建省高速技术咨询有限公司：张超；

十八、福建省电子信息（集团）有限责任公司（2 人）

四创科技有限公司：单森华；

福建福光股份有限公司：汪建平；

十九、福建省能源石化集团有限责任公司（3 人）

福建省华厦能源设计研究院有限公司：郭尧顺；

福建省福能龙安热电有限公司：洪方明；

福建福能股份有限公司：李祖安；

二十、福建省轻纺（控股）有限责任公司（1 人）

福建省建筑轻纺设计院有限公司：陈家春；

二十一、福建省广播影视集团（1 人）

福建省广播影视集团：曹谊；

二十二、福建省机电（控股）有限责任公司（2 人）

福建省机电沿海建筑设计研究院有限公司：陈朝煜、林烽；

二十三、福州大学（1 人）

福州大学：黄清明；

二十四、中国建设银行股份有限公司（1 人）

建银工程咨询有限责任公司福建分公司：陈政；

二十五、福建省国有资产管理有限公司（1 人）

恒锋信息科技股份有限公司：魏晓曦；

二十六、中国海峡人才市场（19 人）

澳蓝（福建）实业有限公司：何华明；

福建工大建设工程检测有限公司：林挺伟；

福建六建集团有限公司：李峻；

福州城建设计研究院有限公司：陈弼成、卓雄；

福州地铁集团有限公司：庄全贵；

福州市规划设计研究院集团有限公司：黄志心、叶清理、林大地、董帅、吕荔炫、魏澜、陈冠华、袁安华；

福州市勘测院：田其煌、蔺保云；

嘉博联合设计股份有限公司：吴鸿志；

数字乡村（福建）科研院有限公司：石松；

中国科学院福建物质结构研究所：陈远强；

二十七、福州市（27人）

福建省东锅节能科技有限公司：方桂平；

福建省二建建设集团有限公司：黄仲辉；

福清市计量检测所：王开平、陈国文；

福州市建筑科学研究院有限公司：陈峰、吴武玄；

福州市城乡建总集团有限公司：赵仕桥、毛祚财；

福州市地铁建设工程质量安全监督站：林伯华；

福州市规划设计研究院集团有限公司：林兆楼、林之航、陈汝琬、林忠雄、刘澄源、范江、高诚鹏；

福州市规划设计研究院集团有限公司（福州市勘测院）：姚路；

福州市建设工程质量监督站：陈苓、何增平；

福州市建筑设计院有限责任公司：黄晓忠、孙秋月、何雁斌；

福州市抗震办公室：俞波；

福州市西湖公园管理处：廖昌福；

福州水务平潭引水开发有限公司：黄智刚；

福州新区开发投资集团有限公司：黄庆财；

万华化学（福建）异氰酸酯有限公司：王文波；

二十八、厦门市（28人）

福建安井食品股份有限公司：黄建联；

福建省九龙建设集团有限公司：陈加才；

福建艺景生态建设集团有限公司：朱袆珍；

垒知控股集团股份有限公司：邱发强；

厦门佰地建筑设计有限公司：邱毅梅、丁立群；

厦门合立道工程设计集团股份有限公司：王康、陈建胜；

厦门宏发电声股份有限公司：刘金枪；

厦门华岩勘测设计有限公司：谢鑫；

厦门金龙联合汽车工业有限公司：柯志达、苏亮、林银聚；

厦门经济特区房地产开发集团有限公司：连世洪；

厦门乾照光电股份有限公司：陈凯轩；

厦门上城建筑设计有限公司：郭天祥；

厦门市标准化研究院：李振良；

厦门市产品质量监督检验院：傅诺毅；

厦门市城市规划设计研究院有限公司：韦希、关天胜；

厦门市国土空间和交通研究中心：丁明；

厦门市环境监测站：黄全佳；

厦门市环境科学研究院；庄马展；

厦门市绿化中心：陈东华；

厦门市市政工程设计院有限公司：傅重龙；

厦门市翔安区建设与交通工程质量安全站：洪长河；

厦门卫星定位应用股份有限公司：江培舟；

厦门中药厂有限公司：关斌；

二十九、漳州市（8人）

福建省华安金山国有林场：陈清根；

福建省龙海九龙岭国有林场：陈国彪；

漳州高新技术产业开发区建设工程质量安全站：张雅玲；

漳州佳龙科技股份有限公司：王志强；

漳州科华技术有限责任公司：陈四雄；

漳州市城市规划设计有限公司：许少亮、陶勇；

漳州通正勘测设计院有限公司：林志东；

三十、泉州市（1人）

泉州市城市规划设计研究院（泉州市城市规划设计研究院有限责任公司）：黄培荣；

三十一、三明市（12人）

福建省将乐国有林场：方禄明；

福建省三明莘口格氏栲自然保护区服务站：沈彩霞；

福建省永安国有林场：魏永平；

机械科学研究总院海西（福建）分院有限公司：刘文志；

明溪县森林病虫害防治检疫站：林曦碧；

清流县莲花山省级自然保护区服务中心：江斌；

三明市计量所：杨图强；

三明市建设工程质量服务中心：林月云；

三明市建筑工程施工图设计文件审查中心：曾念童；

三明市三元区林业有害生物防治检疫站：黄文玲；

三明市沙县区林业工作总站：林素娇；

尤溪县林业科技推广中心：陈锡桓；

三十二、南平市（3人）

南平武夷集团有限公司：朱中全；

南平市产品质量检验所：杨惟喜；

福建南平太阳电缆股份有限公司：范德发；

三十三、龙岩市（3人）

福建省龙岩市建设工程质量监督站：黄传宝；

紫金矿业集团股份有限公司：鲁军、张兴勋；

三十四、宁德市（2人）

宁德市计量所：林原在；

宁德市林业执法支队：王鹏；

三十五、平潭综合实验区党群工作部（3人）

平潭综合实验区文旅发展集团有限公司：唐勇三；

平潭综合实验区交通投资集团有限公司：丁玉仁；

平潭综合实验区自然资源服务中心：刘宜灼；

三十六、福建龙净环保股份有限公司（1人）

福建龙净环保股份有限公司：陈颖。

（摘编：周树峰）

福建省正高级工艺美术师人员名单

2023年12月8日，福建省人力资源和社会保障厅印发《关于批准确认邱丹桦等9位同志正高级工艺美术师任职资格的通知》（闽人社批复〔2023〕764号）提出，经研究，同意确认2022年度福建省正高级工艺美术师评审会通过的邱丹桦等9位同志正高级工艺美术师任职资格。任职资格确认时间为2023年11月25日，现予公布，名单如下。

一、福建省旅游发展集团有限公司（2人）

福建省工艺美术实验厂有限公司：邱丹桦

福建省工艺美术研究院：陈冰

二、福州市（5人）

闽江学院：吴欣（吴思冬）

福州雕刻工艺品总厂：林霖

福州艺道山人文化发展有限公司：林国庆

福州市寿山石行业协会：施庭汉

福州市首邑木雕有限公司：余春洲

三、厦门市（1人）

厦门斯玛特工业设计有限公司：杨德安

四、泉州市（1人）

福建丰盈园林古建工程有限公司：吴德强

（摘编：周树峰）

福建省正高级经济师职称人员名单

2023 年 6 月 30 日，福建省人力资源和社会保障厅印发《叶世岳等 6 位同志正高级经济师职称人员名单》（闽人社批复〔2023〕349 号）提出，经研究，批准确认由第二届福建省正高级经济师职称评审会评审通过的叶世岳等 6 位同志正高级经济师职称人员名单职务任职资格，任职资格确认时间为 2023 年 6 月 17 日，现予公布，名单如下。

一、福建医科大学（1 名）

福建医科大学附属第一医院：叶世岳

二、厦门市（3 名）

厦门国信信用大数据创新研究院：曾光辉

厦门市政水务集团有限公司：许建国

厦门塔斯曼生物工程有限公司：詹圣泽

三、福建龙溪轴承（集团）股份有限公司(1 名)

福建龙溪轴承（集团）股份有限公司：陈晋辉

四、中国烟草总公司（1 名）

福建中烟工业有限责任公司：蔡明聚

（摘编：孙云荣）

福建省正高级会计师职称人员名单

2023 年 12 月 25 日，福建省人力资源和社会保障厅印发《关于批准确认陈燕等 11 位同志正高级会计师职称的通知》（闽人社批复〔2023〕819 号）提出，经研究，批准确认由 2023 年福建省正高级会计师任职资格评审委员会评审通过的陈燕等 11 位同志正高级会计师职称，任职资格确认时间为 2023 年 11 月 26 日，现予公布，名单如下。

一、福建省正高级会计师职称人员名单

（一）福建省财政厅（1 人）

福建省注册会计师中心：陈燕

（二）福建省体育局（1 人）

福建体育职业技术学院：游俊红

（三）福建中医药大学（2 人）

福建中医药大学附属第二人民医院：陈亨强

福建中医药大学附属康复医院：林坚

（四）福建省农村信用社联合社（1 人）

刘爱晖

（五）福建省港口集团有限责任公司（1 人）

平潭综合实验区港务发展有限公司：谢家清

（六）福州市（1 人）

福州左海控股集团有限公司：刘昌安

（七）厦门市（1 人）

厦门欣洲会计师事务所有限公司：林溪发

（八）漳州市（1 人）

福建漳州发展股份有限公司：吴坤洪

（九）龙岩市（1 人）

龙岩人民医院：黄炳周

二、中直单位委托代评的正高级会计师职称人员名单

中国人民健康保险股份有限公司（1人）

中国人民健康保险股份有限公司福建分公司：刘健生

（摘编：周树峰）

福建省自然科学研究系列高级职务任职资格人员名单

2023年11月9日，福建省人力资源和社会保障厅印发《关于批准确认郭舜民等41位同志自然科学研究系列高级职务任职资格的通知》（闽人社批复〔2023〕675号）提出，经研究，批准确认2022年度福建省自然科学研究系列高级职务任职资格评审委员会评审通过的郭舜民等41位同志自然科学研究系列的高级职务任职资格，任职资格确认时间为2023年9月16日，现予公布，名单如下。

一、研究员（8人）

（一）省卫健委（1人）

福建省医学科学研究院：郭舜民

（二）福州市（1人）

福州市蔬菜科学研究所：花秀凤

（三）漳州市（2人）

漳州市农业科学研究所：张朝坤、赖宝春

（四）泉州市（1人）

泉州市农业科学研究所：谢旺有

（五）莆田市（1人）

莆田市水产科学研究所：肖懿哲

（六）龙岩市（1人）

龙岩市农业科学研究所：郭达伟

（七）高层次人才绿色通道（1人）

嘉庚创新实验室：ZHANG AIQIANG

二、副研究员（33人）

（一）省科技厅（2人）

福建省科技发展研究中心：许艺苹、李文梅

（二）福建医科大学（2人）

福建医科大学附属第一医院：王锃、陈锦元

（三）中国海峡人才市场（1人）

国家菌草工程技术研究中心：苏德伟

（四）福州市（3人）

福州市农业科学研究所：陈躬国、赵光辉

福建医科大学孟超肝胆医院：张达

（五）厦门市（5人）

厦门市健康医疗大数据中心（厦门市医药研究所）：李明

厦门大学附属第一医院：王涛、周卫东

厦门市仙岳医院：徐志忠

厦门承葛生物科技有限公司：张帮周

（六）泉州市（1人）

泉州市农业科学研究所：武竞超

（七）三明市（4人）

三明市农业科学研究院：张锐、姚凤琴、曹奕鸯、曾跃辉

（八）莆田市（6人）

莆田市农业科学研究所：卢翠香、余金姜、黄强、林彬彬、郑国栋

莆田市生物工程研究所：吴建宇

（九）龙岩市（2人）

龙岩市农业科学研究所：严良文、陈根辉

（十）宁德市（3人）

宁德市农业科学研究所：池福铃、翁琳琳、郭慧慧

（十一）省引进生（4人）

1. 省卫健委（3人）

福建省立医院：唐海军

福建省妇幼保健院：孙斌

福建省儿童医院：张丹薇

2. 福建医科大学（1人）

福建医科大学附属第一医院：潘冠星

（摘编：孙云荣）

福建省高级专业技术资格人员名单

2023年11月28日，福建省人力资源和社会保障厅印发《关于批准确认方奇等60位同志高级专业技术资格的通知》（闽人社批复〔2023〕742号）提出，经研究，批准确认由福建省第五届特殊人才高级职称认定（评审）委员会认定（评审）通过的方奇等60位同志高级专业技术资格，资格确认时间为2023年11月15日，现予公布，名单如下。

一、正高级工程师（35人）

（一）福建省冶金（控股）有限责任公司

方　奇　厦门钨业股份有限公司

（二）福州市

李如斌　福州德亿电子科技有限公司

李　阳　闽都创新实验室

陈光郎　闽都创新实验室

张　科　福建阿石创新材料股份有限公司

董敬明　福州市规划设计研究院集团有限公司

谢秉昆　福建坤彩材料股份有限公司

林　哲　医工瑞思（福建）工程研究中心有限公司

许春耀　北卡科技有限公司

（三）厦门市

沈鼎瀛　厦门半导体工业技术研发有限公司

贾　斌　开元通信技术（厦门）有限公司

孙龙喜　厦门科拓通讯技术股份有限公司

谢大成　厦门市智联信通物联网科技有限公司

蔡卓剑　达微智能科技（厦门）有限公司

刘鸿飞　奥谱天成（厦门）光电有限公司

刘　涛　韦尔通科技股份有限公司

顾世海　厦门蔚扬药业有限公司

占　伟　厦门致善生物科技股份有限公司

张长弓　厦门市波生生物技术有限公司

王　旭　厦门万泰沧海生物技术有限公司

张志刚　厦门银祥集团有限公司

周成祖　厦门市美亚柏科信息股份有限公司

裴小明　厦门思坦集成科技有限公司

张云龙　奥佳华智能健康科技集团股份有限公司

（四）三明市

郭尚接　三明市普诺维机械有限公司

（五）莆田市

刘期敏　福建永荣科技有限公司

（六）龙岩市

阙朝阳　紫金矿业集团股份有限公司

龙　翼　紫金矿业集团股份有限公司

谢雄辉　紫金矿业集团股份有限公司

林泓富　紫金矿业股份有限责任公司

徐　春　瓮福紫金化工股份有限公司

（七）宁德市

黄起森　宁德时代新能源科技股份有限公司

王耀辉　宁德时代新能源科技股份有限公司

陈小波　宁德时代新能源科技股份有限公司

（八）试点龙头企业

陈晋辉　福建龙溪轴承（集团）股份有限公司

二、正高级工艺美术师（4人）

（一）厦门市

张　浩　红伍玖玖玖（厦门）贸易有限公司

（二）泉州市

林建胜　德化县聚益瓷雕工艺厂

兰全盛　德化县立琦瓷艺研究所

郑雄彭　德化县飞天陶瓷艺术研究所

三、正高级农艺师（1人）

厦门市

康英德　厦门百利控股有限公司

四、高级工程师（15人）

（一）福州市

褚襄萍　福建瑞泰来医药科技有限公司

赵　培　福建上源生物科学技术有限公司

张　蕾　福州数据技术研究院有限公司

（二）厦门市

邱泰玮　厦门半导体工业技术研发有限公司

沈长达　厦门市美亚柏科信息股份有限公司

陈杞城　厦门狄耐克智能科技股份有限公司

姜宗然　厦门昶科生物工程有限公司

王鹏程　厦门海辰储能科技股份有限公司

（三）漳州市

林友钦　漳州立达信光电子科技有限公司

（四）南平市

罗伟棻　福建永晶科技股份有限公司

（五）龙岩市

杨松涛　紫金矿业集团股份有限公司

杨　静　龙合智能装备制造有限公司

（六）宁德市

王少飞　宁德时代新能源科技股份有限公司宁德时代创新实验室

杨云广　屏南时代新材料技术有限公司

王晓明　宁德卓高新材料科技有限公司

五、制茶高级工程师（2人）

南平市

陈志强　武夷山市手尚工夫茶业有限公司

陈泽思　武夷山市植茗茶叶研究所

六、高级畜牧师（1人）

南平市

卢长吉　福建圣农发展股份有限公司

七、高级工艺美术师（2人）

泉州市

朱芳芳　福建省德化鲁闽怡家陶瓷文创有限公司

张景阳　福建省振昌园林古建筑有限公司

（摘编：肖启辉）

福建省农业技术高级职务任职资格人员名单

2023年7月24日，福建省人力资源和社会保障厅印发《关于批准确认林洪等183位同志农业技术高级职务任职资格的通知》（闽人社批复〔2023〕402号）提出，经研究，批准确认由福建省第二十七届农业技术高级职称评审委员会评审通过的林洪等183位同志农业技术高级职务任职资格，任职资格确认时间为2023年7月6日，现予公布，名单如下。

一、福州市（14人）

高级农艺师（农学）：林洪、陈世平

高级农艺师（园艺）：张延晖、杨文文、许思亮、黄仕明、林冬梅

高级农艺师（水产）：吴雅雅

高级畜牧师：陈霖

高级兽医师：林凌、陈维维、林梅钦

高级农艺师（农业机械化）：吴芝

高级农艺师（农村合作组织管理）：吴紫榕

二、厦门市（6人）

高级农艺师（农学）：洪世孟

高级农艺师（园艺）：陈建烟、詹瑞琪

高级农艺师（水产）：周晔平

高级畜牧师：乔欣君

高级农艺师（农村合作组织管理）：张梦夏

三、漳州市（14人）

高级农艺师（农学）：胡福俊

高级农艺师（园艺）：张月玲、曾春华

高级农艺师（植保）：蔡丽君、蔡金炉

高级农艺师（水产）：叶锦渊

高级畜牧师：林招和

高级兽医师：徐洪辉、李卫斌、郭清伟

高级农艺师（农业资源环境）：黄双勇

高级农艺师（农村合作组织管理）：何淑娟、张连国、蔡汉祥

四、泉州市（13人）

高级农艺师（农学）：康蓉蓉、戴清良、张宝葛

高级农艺师（园艺）：陈明贤、吴昭环、杨振福、张育业、陈旭东

高级农艺师（水产）：洪婧妮、洪培辉

高级兽医师：张素霞、郑金熛

高级农艺师（农业资源环境）：赵兰

五、三明市（47人）

高级农艺师（农学）：池有奏、李晓宝、肖久顺、郑爱武、张太根、林福星、陈香妹、詹丽青、官琦、雷林森

高级农艺师（园艺）：郑鸿昌、林晓红、王晓红、李红梅、张雪瑶、阴慧华、郑锋、李其生

高级农艺师（植保）：任俊

高级农艺师（水产）：俞永发、卓德武、张德凤

高级畜牧师：蔡薇、肖春新

高级兽医师：陈玉珍、邱拥仁、邱县容、罗尚永、詹生威、邱贞兰、黄辉富、林长炽、郭齐议、邹先念、蓝智聪

高级农艺师（农业资源环境）：阳庆盛、魏晓琼、陈家炜、黎庆华

高级农艺师（农业机械化）：张玲、陈为周

高级农艺师（农村合作组织管理）：张钰娟、邱祖东、张珍、黄秀芳、李振城、黄佑刚

六、莆田市（10人）

高级农艺师（植保）：彭建新

高级农艺师（水产）：李青俞

高级兽医师：邱萍、张敏、柯希洪、林剑辉、曾丽金

高级农艺师（农业机械化）：陈达兴

高级农艺师（农村合作组织管理）：林丹萍、刘志阳

七、南平市（15人）

高级农艺师（农学）：刘玉珍、刘梦莹、叶喜琴、张丽霞

高级农艺师（园艺）：杨静民、刘玉琴、庄道旺

高级农艺师（植保）：邱英东

高级农艺师（水产）：李立新

高级畜牧师：郑炎

高级兽医师：王富峰、吴晓辉

高级农艺师（农产品加工与质量安全）：詹永贵

高级农艺师（农村合作组织管理）：黄莉、陈亮

八、龙岩市（28人）

高级农艺师（农学）：左生力、卢春玉、刘桂连、林秀美、钟太文、吴悠熙

高级农艺师（园艺）：谢璟萍、林文明、张丰娥、刘素惠、王丁祥、傅文华

高级农艺师（植保）：文永仙、肖荣洪

高级农艺师（水产）：张小东、丘永龙、邱标增、林长春

高级畜牧师：兰启明、陈梅娘、刘春盛、李美琳

高级兽医师：范永婵、蓝养金

高级农艺师（农业资源环境）：谢宝玲、廖玉琴、钟雄发

高级农艺师（农村合作组织管理）：陈汉荣

九、宁德市（21人）

高级农艺师（农学）：陈华

高级农艺师（园艺）：李锋、张春柳、张琪辉、杨诗龙、肖文光、张丽琴、谢鹏进、李建梅

高级农艺师（植保）：欧阳传禄

高级农艺师（水产）：张芳芳、郑守专、陈洁

高级畜牧师：李明华

高级兽医师：何强、林巧彬、王为城、王升星

高级农艺师（农业资源环境）：李文龙

高级农艺师（农村合作组织管理）：张儒峰、叶里波

十、平潭综合实验区（1人）

高级兽医师：林心钦

十一、福建省农业农村厅（10人）

高级农艺师（园艺）：张雯婧、卢诗琴、于学领、肖靖、沈立

高级农艺师（农业资源环境）：洪雅芳

高级农艺师（农产品加工与质量安全）：陈勇强、黄子建

高级畜牧师：林丽娟、杨敏馨

十二、福建省水利厅（1人）

高级农艺师（农业资源环境）：谢建华

十三、福建省海洋渔业局（1人）

高级农艺师（水产）：张慧萍

十四、中国海峡人才市场（2人）

高级兽医师：包松英、陈慧婧

（摘编：李乐成）

福建省高级工程师职务任职资格人员名单

廖金堆等177位同志机械专业高级工程师职务任职资格人员名单

2023年1月12日，福建省人力资源和社会保障厅印发《关于批准确认廖金堆等177位同志机械专业高级工程师职务任职资格的通知》（闽人社批复〔2023〕9号）提出，经研究，批准确认由2021年度机械专业高级工程师任职资格评审会评审通过的廖金堆等177位同志机械专业高级工程师职务任职资格，任职资格确认时间为2022年12月18日，现予公布，名单如下。

一、福建省教育厅（5名）

福建信息职业技术学院：廖金堆

福建水利电力职业技术学院：陈婷、辛顺强、林朝明

福建林业职业技术学院：林德颖

二、福建省工业和信息化厅（1名）

福建省农业机械化研究所（福建省机械科学研究院）：郑珍

三、福建省文化和旅游厅（1名）

福建人民艺术剧院：柯剑平

四、福建省卫生健康委员会（2名）

福建省肿瘤医院：傅世榍

福建省妇幼保健院：邓菲

五、共青团福建省委员会（1名）

福建富兰光学股份有限公司：许德

六、福建医科大学（1名）

福建医科大学附属第一医院：雷硕

七、福建中医药大学（1名）

福建中医药大学附属人民医院：黄建辉

八、福建省电信公司（1名）

中邮科通信技术股份有限公司：张汉杰

九、福建省高速公路集团有限公司（2名）

福建省三明高速公路有限公司：刘玉晖

福建省泉州高速公路有限公司：肖燊

十、福建省冶金（控股）有限责任公司（1名）

厦门创云精智机械设备股份有限公司：詹树福

十一、福建省能源石化集团有限责任公司（5名）

福建省福能龙安热电有限公司：欧阳连燚

福建福海创石油化工有限公司：邱明峰、邹春寿

福建省东南电化股份有限公司：杨清添

福建福能南纺卫生材料有限公司：杨海忠

十二、福建省港口集团有限责任公司（1名）

福建福港拖轮有限公司：龚银春

十三、福建省电子信息（集团）有限责任公司（1名）

福建四站航空装备有限公司：郑彦文

十四、福建建工集团有限责任公司（5名）

福州万山电力咨询有限公司：陈钦勇、陈凤、郑建烨、陈艳春

领磐（福建）科技有限公司：侯晨

十五、福建省投资开发集团有限责任公司（2名）

福建永泰闽投抽水蓄能有限公司：黄周洲

福建闽投电力有限责任公司：黄子果

十六、福建省船舶工业集团有限公司（1名）

福建省马尾造船股份有限公司：林章

十七、福建省轻纺（控股）有限责任公司(2名)

福建省轻安工程建设有限公司：潘盛亿

福建省青山纸业股份有限公司：黄海龙

十八、福建省机电（控股）有限责任公司(6名)

福建兵工装备有限公司：贾俊清

福建海峡科化股份有限公司：陈志斌、范道龙、黄宝龙

福建邵化化工有限公司：徐承发

福建省机电沿海建筑设计研究院有限公司：洪志阳

十九、福建省国有资产管理有限公司（10名）

冠捷电子科技（福建）有限公司：王霞

福建通用同溢电气有限公司：余云龙

福建宏瑞建设工程有限公司：孙新光、陈黎斌

福建长盛亿信息科技有限公司：洪霄星

福建伟海电力工程有限公司：庄清霖

福建源大电力工程有限公司：袁传剑

福建八闽建工发展集团有限公司：黄盛春

福建源发电力勘察设计有限公司：陈小华、任薇

二十、中国海峡人才市场（31名）

福建奔驰汽车有限公司：史毅

福建博电工程设计有限公司：林佰熙

福建南方路面机械股份有限公司：王富筑

福建群峰机械有限公司：黄佳忠、陈小辉

福建省劳安设备技术开发有限公司：涂传魁

福建省特种设备检验研究院：陈崇钰

福建省特种设备检验研究院泉州分院：蔡钟山、吴福森

福建省特种设备检验研究院漳州分院：陈庆

福建省新能海上风电研发中心有限公司：贾传宝

福建永福电力设计股份有限公司：姚海荣、林玲、王凯、陈丽华、傅寿熹、李积煜

福建众和利达化工装备有限公司：纪贤炎

福建卓翼能源科技发展有限公司：何孝定

福州电力设计院有限公司：张小洪

福州福光水务科技有限公司：陈美林

福州福禄德自动化科技有限公司：黄金宝

福州万山电力咨询有限公司：王建发、廖林宏

国家管网集团福建省管网有限公司：余霄鹏

国网信通亿力科技有限责任公司：谢石木林

华升富士达电梯有限公司福建分公司：林影

华阳电业有限公司：冯锦祥

阳光城物业服务有限公司：张浩

中国城市建设研究院有限公司：李坤

中能祥瑞电力工程有限公司：严澍

二十一、福建龙净环保股份有限公司（41名）

邱秉鑫、谢庭进、陈东、金文锋、刘颖、赖江贞、黄新杰、卢敏荣、李元海、沈锋兴、罗跃彬、张锐、陈信良、陈威祥、罗毅、郑圣彬、曾艳、李永丰、廖荣福、唐小发、卢泳辉、林银端、周发桥、张建华、林庆钦、周永隆、吴锐川、邓建旺、石亮、邱瑞湘、谢光曾、饶广福、王宝添、陈敏金、刘文俊、卢舜凯、李国清、张洪凯、苏林琪、彭华宁、陈潘虹

二十二、福建龙溪轴承（集团）股份有限公司（7名）

赵如意、杨志华、曾春祥、许彩凤、陈清伟、王启瑞、林志埙

二十三、宁德时代新能源科技股份有限公司（9名）

倪大军、王庆、陈兴地、陈智明、唐怀超、杨雷、潘先喜、谷燕龙、曾信

二十四、漳州市（4名）

福建标驰吊装工程有限公司：林境川

福建省漳浦职业技术学校：林清桂

漳州旗滨玻璃有限公司：贾立彬

漳州市城市规划设计研究院有限公司：曾国怀

二十五、泉州市（15 名）

福建（泉州）哈工大工程技术研究院：霍光磊、林雅峰

福建南方路面机械股份有限公司：肖宁、丁顺古、林伟端、林杰斌

福建泉城特种装备科技有限公司：李斌凤

福建省宏润市政工程有限公司：陈天顺

晋江科创新区开发建设有限公司：刘端亮

南安实康水务有限公司：王振柱

南安市质量计量检测所：朱文清

泉州晋江国际机场股份有限公司：李经验

泉州市华茂机械设备有限公司：谢舒敏

泉州晚报社：林江虹

石狮市水务建设工程有限公司：蔡志伟

二十六、三明市（6 名）

福建三农新材料有限责任公司：林隆眉

三明市第二医院：兰珍

三明市金圣特种钢有限公司：李灿辉

三明亿源电力勘察设计有限公司：池英镑

厦工（三明）重型机器有限公司：朱丹、王振银

二十七、龙岩市（14 名）

福建龙亿粉体装备制造有限公司：邹震

福建紫金铜业有限公司：胡伟

福龙马集团股份有限公司：贺艺伟、张水田根、张德伟、林春玮

龙岩畅丰专用汽车有限公司：张红艳

龙岩市新电工贸有限公司：廖小平

紫金矿业集团股份有限公司：蓝小武、游开强、蓝福顺、孙欢欢

紫金铜业有限公司：刘庆宏、俞家海

二十八、宁德市（1 名）

宁德时代润智软件科技有限公司：刘帝平

刘艳良等 35 位同志汽车、船舶机械专业高级工程师职务任职资格人员名单

2023 年 1 月 16 日，福建省人力资源和社会保障厅印发《关于批准确认刘艳良等 35 位同志汽车、船舶机械专业高级工程师职务任职资格的通知》（闽人社批复〔2023〕13 号）提出，经研究，批准确认由 2021 年度汽车、船舶机械专业高级工程师任职资格评审会评审通过的刘艳良等 35 位同志汽车、船舶机械专业高级工程师职务任职资格，任职资格确认时间为 2022 年 12 月 17 日，现予公布，名单如下。

一、福建省交通运输厅（2 人）

福建省港设船舶检验有限公司：刘艳良、袁小秋；

二、福建省汽车工业集团公司（1 人）

福建省汽车工业集团公司：翁鸿；

三、福建省船舶工业集团有限公司（19 人）

1. 福建省马尾造船股份有限公司：陈明君、李霞、乐明友、刘波、涂家鹰；

2. 福建东南造船有限公司：胡阿永；

3. 厦门船舶重工股份有限公司：颜建耀、李寅寅、徐佳、林炼炼、林新奇、聂贤仪、徐锋、姚志建；

4. 福建福船一帆新能源准备制造有限公司：高险峰、林荣华、丘成荣、任汉斌、王维松；

四、福建省港口集团有限公司（1 人）

福建省海运集团有限责任公司：张学群；

五、海峡人才市场（9 人）

1. 福建新龙马汽车股份有限公司：张欣；

2. 福建奔驰汽车有限公司：许光程、叶志伟；

3. 东南（福建）汽车工业有限公司：李文彬、陈逢业、陈珍贵、黄祖书、叶风旺、施鸿炜；

六、云度新能源汽车有限公司（1 人）

云度新能源汽车有限公司：胡殿柱；

七、漳州市（1 人）

金龙（龙海）投资有限公司：刘波；

八、龙岩市（1 人）

龙岩畅丰专用汽车有限公司：方金顺。

丁建辉等 129 位同志水利水电专业高级工程师职务任职资格人员名单

2023 年 1 月 16 日，福建省人力资源和社会保障厅印发《关于批准确认丁建辉等 129 位同志水

利水电专业高级工程师职务任职资格的通知》（闽人社批复〔2023〕11号）提出，经研究，批准确认由2022年水利水电专业高级工程师任职资格评审会评审通过的丁建辉等129位同志水利水电专业高级工程师职务任职资格，任职资格确认时间为2022年11月26日，现予公布，名单如下。

一、福建省水利厅（26人）

1. 福建省水利水电勘测设计研究院有限公司：丁建辉、王乐乐、尤蓓、叶泽炜、连舒阳、陈文艺、陈梁、陈舒扬、陈璟晗、林宇、林祎熙、林晚梅、罗晖、胡朝阳、柳煦颖、黄丽艳、黄梅琼、梁越、谢源

2. 福建省水利建设中心：徐金象

3. 福建省九龙江北溪水资源调配中心：陈昊、郑建民、黄勤铗

4. 福建省水利管理中心：黄隆

5. 福建省水土保持试验站：郑义文

6. 福建省溪源水库管理处：吴佳琦

二、福建省水利投资开发集团有限公司（12人）

1. 福建省水利投资开发集团有限公司：夏让欣

2. 福建省水务发展集团有限公司：刘发霖

3. 福建省水利水电工程局有限公司：吴建敏、张剑锋、肖鸿泽、陆帅君、欧补荣、魏晓锋

4. 福建省水利水电建设有限公司：林翰清

5. 福建省围垦建设工程有限公司：蔡志雄、廖爱强

6. 福建省水投勘测设计有限公司：李坚

三、福建省能源石化集团有限公司（1人）

福建省华厦能源设计研究院有限公司：张小兵

四、福建建工集团有限责任公司（2人）

1. 福建省江海工程管理有限公司：林国强

2. 福建省汇闽水利水电工程发展有限公司：曾国安

五、福建省国有资产管理有限公司（1人）

锦曦控股集团有限公司：江铨

六、中国海峡人才市场（14人）

1. 平潭综合实验区堤防工程建设有限公司：袁统一

2. 福建省建江水利水电设计咨询有限公司：张贻典

3. 福建省华铭工程咨询有限公司：许步居

4. 福建省水科水利技术设计开发有限公司：王启灯

5. 福建润闽工程顾问有限公司：何时建

6. 福建省永川水利水电勘测设计院有限公司：刘长隆、罗淑钦

7. 福建省本壹工程管理有限公司：黄华倡

8. 福建省明兴工程建设有限公司：鲍协武

9. 福建省水投勘测设计有限公司：游春香

10. 福建省飞翔建设工程有限公司：林水发

11. 福建天泽工程咨询有限公司：王建军

12. 厦门仁铭工程顾问有限公司：张熙芳、魏志洪

七、福州（10人）

1. 福州市水利水电规划设计院：陈家春

2. 福州市马尾区水利中心：房建城

3. 福州市马尾区琅岐海堤所：卓林

4. 福清市江镜镇水利站：王宝金

5. 闽清县岭里水库管理处：黄敬凤

6. 闽清县水利局：冯贞武

7. 闽侯县水利电力管理站：陈宣清、林鑫

8. 闽侯县排涝管理服务中心：吴磊

9. 福建星洲水利水电工程有限公司：王玉林

八、厦门（5人）

1. 厦门安能建设有限公司：王彬

2. 厦门市政水务集团有限公司：张琼飞

3. 厦门仁铭工程顾问有限公司：朱伟

4. 福建万山水利水电设计有限公司：孟国栋

5. 厦门市市政工程设计院有限公司：韦珍娟

九、漳州（4人）

1. 漳州市万泽水利设计咨询有限公司：陈群艺、林谋延

2. 漳州市龙海区水政监察大队：许文敏

3. 云霄县人民政府防汛抗旱指挥部办公室：张建阳

十、泉州（10人）

1. 泉州山美水库综合开发有限公司：王连飞

2. 泉州水务工程建设集团有限公司：杨玉旺、聂当华

3. 泉州湄洲湾南岸供水有限公司：林乐华

4. 泉州水利投资有限公司：张青霞

5. 惠安县农村水利工作站：王奕平

6. 惠安县水利工程建设站：林雄伟

7. 惠安县惠女菱溪陈田库区事务所：曾广耀

8. 安溪县防汛抗旱和防灭火调度中心（安溪县应急救援中心）：林华惠

9. 永春县农村水电建设服务中心：黄燕玲

十一、三明（12 人）

1. 三明市水利工作站：蒋芳彪

2. 三明市河务中心：朱超

3. 三明市三元区水资源与河务中心：刘媛媛

4. 三明市沙县区官昌水库服务中心：龚祖贵

5. 将乐县电力工作站：黄少斌

6. 将乐县水电工程质量安全站：李国宏

7. 清流县琴源水库运行调度中心：张加清

8. 三明市联盛工程咨询监理有限公司：陈栋梁

9. 福建宏涛工程咨询有限公司：杨波

10. 福建省中禹水利水电工程有限公司：刘莲英、周清忠

11. 福建省泰宁县际头水库有限责任公司：邹业刚

十二、莆田（3 人）

1. 莆田市河务管理中心：黄骁男

2. 莆田市东圳水库管理局：刘忠群

3. 仙游县水利水电建设管理中心：胡金藏

十三、南平（13 人）

1. 武夷新区创业服务中心：郑能、曹忠华

2. 南平市建阳区水利技术队：夏年花

3. 建瓯市河务中心：杨炜英

4. 建瓯市水利水电技术推广中心：陈平、周娟

5. 邵武市水利技术队：傅裕健

6. 政和县水利水电工程质量技术站：王金为

7. 政和县水利水电技术队：许娟

8. 政和县水利规划基建室：谢锋

9. 松溪县茶洲水库运行调度中心：杨忠凤

10. 松溪县水利水电服务中心：朱志云

11. 福建省顺昌县谟武水电有限责任公司：郑映羲

十四、龙岩（4 人）

1. 福建安澜水利水电勘察设计院有限公司：邓晓娟、曾宝珍、阙鹏远

2. 福建省泰成建设工程有限公司：陈春林

十五、宁德（12 人）

1. 宁德市蕉城区漳湾镇乡村振兴服务中心：许宁

2. 古田县洪水预警报中心：孙友

3. 古田县水利技术队：张惠斌、郑晓钦、潘登星

4. 周宁县水利工程质量技术站：叶建勇

5. 屏南县水利水电发展中心：吴逢贵

6. 福安市河道堤防服务中心：张培坤

7. 福安市水利水保事业服务中心：孙守忠

8. 福安市茜安水利服务中心：何敏志

9. 宁德市溪南半岛开发有限公司：阮元会

10. 福建省福安市留洋水电有限公司：林敏

陈莹等 207 位同志交通专业高级工程师职务任职资格人员名单

2023 年 1 月 18 日，福建省人力资源和社会保障厅印发《关于批准确认陈莹等 207 位同志交通专业高级工程师职务任职资格的通知》（闽人社批复〔2023〕27 号）提出，经研究，批准确认由福建省交通专业高级工程师任职资格评审会评审通过的陈莹等 207 位同志交通专业高级工程师职务任职资格，任职资格确认时间为 2022 年 12 月 23 日，现予公布，名单如下。

一、福建省交通运输厅（81 人）

（一）福建省福州港口发展中心（2 人）

1. 福建省福州港口发展中心：陈莹

2. 福建省福州港口发展中心水路运输站：缪亚欣

（二）福建省湄洲湾港口发展中心（1 人）

邱逢埕

（三）福建省交通科技发展集团有限责任公司（78 人）

1. 福建省交通规划设计院有限公司（15 人）：谢陈贵、姚勋、曾呈涛、吴姗、林弼胄、任晓萍、崔彦平、李华、林邦瑞、叶琼、蒋海泓、李晓磊、郑炜、郑哲希、陈婷

2. 福建省交通科研院有限公司（12 人）：王

刚、陈标、周秀丽、郭威、缪扬扬、王达龙、林丹、孙秀梅、陈财焕、王锦清、林晗、朱志方

3. 福建省交通人力资源有限公司代理人员（45人）

（1）福建省交通建设工程监理咨询有限公司：林国樑、赵晓峰、毛文锦、郭进添、黄俊杰、范必强、庄泽祺、罗钊

（2）福建省交通建设工程试验检测有限公司：吴俊、祝晓燕、魏甦、何炎恋、苏南

（3）福建省交通建设试验检测中心有限公司：郑镇平

（4）福建省交设工程试验检测有限公司：吴良周、叶霞妹

（5）福建省陆海工程科技有限公司：苏国良、许春春、吴桂铨、刘昌生、李孝明、黄志龙

（6）海峡（福建）交通工程设计有限公司：俞志龙、许丽香

（7）福建贝润建设有限公司：陈超

（8）福建汇达建筑工程有限公司：赖祥兴

（9）福建交科建设有限公司：陈铖

（10）福建省精创交通设计咨询有限公司：张丽娟

（11）福建省金通建设集团有限公司：黄种杰

（12）福州市规划设计研究院集团有限公司：杨文沅、吴恭晖

（13）福州市城乡规划设计院有限公司：张学良

（14）福州路信公路设计有限公司：陈相

（15）福州建通工程试验检测有限公司：颜小英

（16）福建省永正工程质量检测有限公司：陆丽实

（17）福建砼路工程建设有限公司：高仁居

（18）龙海城投集团有限公司：连木根

（19）漳州市路达工程设计有限公司：陈银山

（20）福州永升工程管理有限公司：郑见锋

（21）宁德市路兴设计有限公司：戴立平

（22）闽晟集团城建发展有限公司：李阳贵

（23）漳州新立基沥青有限公司：庄嫦萍

（24）福州市首邑交通建设投资有限责任公司：陈和芳

（25）深圳市市政设计研究院有限公司：杨旭

（26）健研检测集团有限公司：吴燕君

4. 福建省港航勘察设计院有限公司（6人）：沈灵、张智翔、陈小婷、吴同坤、李涛、陈丽阳

二、福建省港口集团有限责任公司（6人）

1. 福建省港航建设发展有限公司：郭艳

2. 福建省港口工程有限公司：李金山、林仕

3. 宁德港务集团有限公司：章华哲

4. 厦门国际货柜码头有限公司：郑火碾

5. 福建电子口岸股份有限公司：严志展

三、福建建工集团有限责任公司（7人）

1. 福建建工集团有限责任公司：袁新清、徐柳清

2. 福建省建筑设计研究院有限公司：林燕紫、马文华、吴超

3. 中国市政工程西北设计研究院有限公司：王健

4. 福建省交通建设工程监理咨询有限公司：许伟敏

四、福建省高速公路集团有限公司（35人）

1. 福建省高速公路集团有限公司：李莉萍

2. 福建省高速公路养护工程有限公司：杨成虎、叶轩云、张奇

3. 福建省高速公路信息科技有限公司：王奕槟

4. 福建省高速公路达通检测有限公司：柯建聪

5. 福建省高速公路联网运营有限公司：李世忠、曹乾

6. 福建省福泉高速公路有限公司：郑程斌

7. 福建省高速公路集团有限公司福州管理分公司：林威、张泽民、王伟杰、颜岩、江晓东、黄见和、江訸

8. 福建省高速公路集团有限公司漳州管理分公司：许德妹、洪月华、李捷、林孔文

9. 福建省泉州高速公路有限公司：沈雄斌

10. 福建省高速公路集团有限公司莆田管理分公司：许铭生、陈金维、刘鑫

11. 福建省高速公路集团有限公司南平管理分公司：刘旭、杨名有、周俊琦、陈衍

12. 福建省高速公路集团有限公司龙岩管理分公司：林维、丘小联

13. 福建省宁德高速公路有限公司：马茂凉、

陈长伟

14. 福建高速至信建设管理有限公司：黄友鑫

15. 福建省高速技术咨询有限公司：姜英男

16. 福建省高速路桥工程有限公司：高建英

五、中国海峡人才市场（4 人）

1. 福州东南绕城高速公路有限公司：蔡智敏

2. 莆田市交通投资集团有限公司：周建长

3. 福建省迅捷交通科技有限公司：陈飞彪

4. 福建路通工程管理有限公司：林清山

六、厦门市（13 人）

1. 厦门市政交通规划设计院有限公司：郑建、叶志鑫

2. 厦门市市政建设开发有限公司：傅立磊

3. 厦门市交通建设工程检测有限公司：丘政春

4. 厦门中平工程监理咨询有限公司：高正伟

5. 厦门中平公路勘察设计院有限公司：崔耀全、唐陈烨

6. 福建怡鹭工程有限公司：林明好

7. 大成工程建设集团有限公司：黄鑫

8. 湖北省交通规划设计院股份有限公司厦门分公司：易志锋

9. 华设设计集团股份有限公司厦门分院：吴辉

10. 宇旺建工集团有限公司湖里分公司：陈炜

11. 厦门东翔工程设计有限公司：涂燕娇

七、漳州市（12 人）

1. 漳州城投市政集团有限公司：叶青海

2. 漳州市公路事业发展中心：许可斌

3. 漳州市公路事业发展中心直属分中心：胡锦周

4. 漳州市城市规划设计有限公司：卢喜招

5. 漳州高新技术产业开发区城市建设服务中心：林建明

6. 漳州公路工程监理有限公司：林宗泽

7. 漳州通正勘测设计院有限公司：胡清志

8. 漳州市通顺交通建设有限公司：叶阿英、张宇琳

9. 漳州通广云平高速公路有限公司：林锦武

10. 漳州市腾峰建筑工程有限公司：李聪鑫

11. 漳州市交通建设工程技术中心：曾庆河

八、泉州市（13 人）

1. 福建第一公路工程集团有限公司：王晶、张健、赖礼协、蔡文晖、陈琼、林金江、李焕明

2. 福建省华福工程检测有限公司：卢雪华

3. 泉州市交通工程规划建设技术中心：柯长泽

4. 泉州市交通建设工程试验检测有限公司：傅家福

5. 晋江市路桥建设开发有限公司：李金萍、刘斌、王池波

九、三明市（11 人）

1. 三明市公路事业发展中心：江鹏

2. 三明市公路事业发展中心三元分中心：苏昌胜

3. 三明市公路事业发展中心永安分中心：李琛

4. 三明市公路事业发展中心建宁分中心：季川

5. 三明市公路事业发展中心尤溪分中心：陈本灵

6. 三明市交发集团永达工程检测有限公司：林晓艳

7. 三明市三元区交通建设工程质量安全监督管理站：叶式鸿

8. 三明市公路设施维护中心：纪宠焜

9. 三明莆炎高速公路有限责任公司：沈向彬

10. 三明市沙县区农村公路站：吴圣增

11. 建宁县交通工程站：揭贵女

十、莆田市（1 人）

福建省石门澳港口建设发展有限公司：蓝家香

十一、南平市（7 人）

1. 南平市公路事业发展中心：刘锦锋

2. 福建省永信交通设计院有限公司：张生

3. 福建兴夷交通科技有限公司：范沛明、张宗燕

4. 南平高速咨询监理有限公司：吴杰

5. 南平市公路事业发展中心浦城分中心：沈智

6. 南平市公路事业发展中心建阳分中心：吴剑芳

十二、龙岩市（12 人）

1. 福建省闽西交通工程有限公司：袁首、江永华、陈邦杰

2. 龙岩交通建设集团有限公司：吴蕊

3. 龙岩市交通基本建设质量监督站：陈大亮

4. 龙岩市永定区交通运输综合执法大队：赖建和

5. 龙岩百通工程技术有限公司：陈宇飞、欧艳

6. 龙岩永杭高速公路有限责任公司：陈有强

7. 长汀县交通工程管理站：蔡炎福、刘昌林

8. 福建省迅捷交通科技有限公司龙岩分公司：郑宏汉

十三、宁德市（3人）

1. 宁德市公路事业发展中心：钟榕、王建华

2. 宁德市路兴设计有限公司：叶储斌

十四、平潭综合实验区（2人）

平潭综合实验区文旅发展集团有限公司：陈伟、施恭龙

林建珠等801位同志土建专业高级工程师职务任职资格人员名单

2023年1月18日，福建省人力资源和社会保障厅印发《关于批准确认林建珠等801位同志土建专业高级工程师职务任职资格的通知》（闽人社批复〔2023〕28号）提出，经研究，批准确认由福建省土建专业高级工程师任职资格评审会评审通过的林建珠等801位同志土建专业高级工程师职务任职资格，任职资格确认时间为2022年12月22日，现予公布，名单如下。

一、省交通运输厅（15人）

1. 福建省交通规划设计院有限公司：林建珠、杨维英、戴永生、李德强、陈丽兰、黄耘翰、刘汉义、李小辉、严晓青、翁榕晖

2. 福建省建设工程管理有限公司：杜鑫

3. 福建省交设工程咨询有限公司：姚达希

4. 福建省中马建设工程有限公司：林成章

5. 福州建通工程试验检测有限公司：吴善圳

6. 平潭市政开发有限公司：林旭铮

二、省住建厅（1人）

福建省建设人才与科技发展中心：陈文杰

三、省地矿局（3人）

1. 福建地矿建设集团公司：涂李养、汤信涛

2. 福建省地质工程公司：涂翔峰

四、省林业局（1人）

福建省林业勘察设计院：陆术芳

五、省海洋与渔业局（1人）

福建省水产设计院：张聪亮

六、省卫生健康委员会（2人）

1. 福建省儿童医院：林蔚婷

2. 福建省肿瘤医院：薛晓辉

七、团省委（4人）

1. 福建省多维环境景观设计工程有限公司：李振华

2. 福州市园林建设开发有限公司：梁毅

3. 深圳市景鸿建设工程有限公司：黄奕兴

4. 中核华辰工程管理有限公司：庄海河

八、厦门大学（1人）

厦门大学：翁伟福

九、省机电（控股）公司（2人）

1. 福建省沿海建筑设计院有限公司：吴剑超

2. 福建省机电沿海建筑设计研究院有限公司：陈依俤

十、省轻纺（控股）公司（1人）

福建省建筑轻纺设计院有限公司：林兴明

十一、省冶金（控股）公司（1人）

福建省冶金工业设计院有限公司：魏祥取

十二、省能源石化集团公司（4人）

福建省华厦能源设计研究院有限公司：张遵杰、杨莲峰、朱怡丹、林敏辉

十三、省港口集团公司（1人）

厦门港口开发建设有限公司：曹水莲

十四、省招标采购集团公司（1人）

福建省闽招咨询管理有限公司：陈淑青

十五、省国有资产管理公司（10人）

1. 福建金万城建设发展有限公司：陈文恽

2. 福建省恒宇工程勘察院有限公司：杨学锦

3. 福建省路海工程管理有限公司：程保振

4. 福建怡闽风景园林规划设计有限公司：江基亮

5. 福州市勘测院有限公司：陈锦

6. 恒锋信息科技股份有限公司：郑尧

7. 垒智设计集团有限公司：谢祖芬

8. 连江县三强建材有限公司：卢绍昌

9. 尚建筑（福建）建筑工程设计有限公司：石晓航

10. 中铁二十四局集团福建铁路建设有限公司：林志峰

十六、福建建工集团（85 人）

1. 福建建工集团有限责任公司：陈天仙、刘动、雷泽明、许少勇、方俊杰、李宗慰、朱宗榕、陈至、傅少阳、廖以威、倪杨、伍广锋、林文霄、陈玲珑、李佳威、雷力、魏文杰、占文超、余秋、程旭、吴奔生、陈鸿儒、范海燕、李毅鑫、谢承钺、黄健、张延祥、谭肖琳、林桂花、陈镪滨

2. 福建七建集团有限公司：黄思特、王庆国

3. 福建建工环海房屋制造集团有限公司：张智辉

4. 福建闽设工程管理咨询有限公司：尤永杰

5. 福建省建科工程技术有限公司：陆守林、林霖、张延润

6. 福建省建研工程顾问有限公司：林晋辉、黄金辉、王东东、范吉龙、林志强

7. 福建省建研工程检测有限公司：董剑文、江艺、陈修宇、常记莽、林佳声、周小龙、陈俊民、陈国棋、余兆城、陈虹丽、许智星、龚洪秀

8. 福建省建筑设计研究院有限公司：林鑫、刘锋、王锴、徐倖、李雅菁、方丰阳、刘荣、洪世海、卓国梾、徐媛媛、郑宇、卢君、杨群山、郑薇炜、程明辉、黄挺

9. 福建省建筑工程质量检测中心有限公司：林东龙、佘长辉、陈思远、顾金顺、卢新建、魏初材

10. 福建省建筑科学研究院有限责任公司：郑仁春、瞿端人

11. 福建省闽设工程检测有限公司：邓少桢

12. 中国武夷实业股份有限公司：池毓熠、王鹏通、施智捷、杨凡、王建斌、丘文德

十七、福建建工集团（人才中心 207 人）

1. 保利海西实业有限公司：陈双来

2. 德化顺达建材有限公司：范鲁平

3. 福安市溪北洋新区投资开发有限公司：安继国

4. 福鼎市鼎盛建筑工程有限公司：周孝祖

5. 福建百禾市政建筑设计有限公司：胡丽华

6. 福建宝宏建设工程有限公司：胡尧峰

7. 福建博越建筑设计有限公司：欧阳蕾

8. 福建晟隆合建设工程有限公司：王丽萍

9. 福建创盛建设有限公司：黄辉

10. 福建创盈建设发展有限公司：黄惠彬

11. 福建达宇景观建设集团有限公司：王庆琦

12. 福建德昇工程检测有限公司：纪琳铭

13. 福建东南设计集团建设发展有限公司：汪余

14. 福建东昇建筑工程有限公司：张明金

15. 福建发展集团有限公司：侯惠敏

16. 福建工大建设工程检测有限公司：李寒竹

17. 福建工实工程项目管理有限公司：林芳

18. 福建广宇建筑设计院有限公司：王懿

19. 福建杭利建设工程有限公司：庄琼红

20. 福建华航建设集团有限公司：邹娟俤、胡凤彬

21. 福建华景建筑设计院有限公司：张剑华

22. 福建环闽工程造价咨询有限公司：陈文胜

23. 福建建工集团有限责任公司：赖利军、吴炜东

24. 福建建和工程管理有限公司：李丽君

25. 福建建岚建筑科技有限公司：滕凌云

26. 福建金鼎建筑发展有限公司：张元祥

27. 福建金垄工程项目管理有限公司：王培灿

28. 福建境景建筑设计有限公司：陈清

29. 福建九鼎工程质量检测有限公司：赖建财

30. 福建九鼎建设集团有限公司：黄为新

31. 福建巨岸建设工程有限公司：柳建华

32. 福建昆鼎建设有限公司：林文海

33. 福建利全建设工程有限公司：吴红丽

34. 福建六建集团有限公司：陈锦、谢鹤院

35. 福建陆度建设有限公司：上官明杭

36. 福建闽才工程造价咨询有限公司：姚静

37. 福建清秀市政园林集团有限公司：冯上坤

38. 福建泉福水利水电工程有限公司：余志宏

39. 福建泉宏工程管理有限公司：邹立平

40. 福建泉州市土地开发有限公司：李小红

41. 福建融海置业有限公司：曹娟

42. 福建昇华工程造价咨询有限公司：陈群

43. 福建省滨城建设发展有限公司：黄开彬

44. 福建省博意建筑设计有限公司：李建锵

45. 福建省城乡规划设计研究院：蔡思迪、黄

秋实、洪星

46. 福建省鼎贤市政园林工程有限公司：陈海山

47. 福建省二建建设集团有限公司：陈伟波、龚雨轩、王文海、陈治国、陈锋、邱灵俐、王曦、赵一帆

48. 福建省工大工程设计有限公司：蔡起增、危金进

49. 福建省宏尚检测技术有限公司：陈济志

50. 福建省宏实建设工程质量检测有限公司：何少锋

51. 福建省花卉盆景有限公司：俞丹艳

52. 福建省华清园林建设有限公司：蔡妙忠

53. 福建省环境保护设计院有限公司：李碧云

54. 福建省建榕勘测设计有限公司：邱志忠

55. 福建省建信工程管理集团有限公司：王清清

56. 福建省建研工程检测有限公司：郭霄伟

57. 福建省建专岩土工程有限公司：林胜辉、林伟岗、陈杰

58. 福建省交设工程咨询有限公司：陈晓晖

59. 福建省九龙建设集团有限公司：方颖

60. 福建省兰竹绿宝建筑装饰有限公司：陈素美

61. 福建省兰竹生态景观工程有限公司：池凌靖、吴游凯

62. 福建省林业勘察设计院：暨珍

63. 福建省泷澄建设集团有限公司：罗海泉

64. 福建省闽东工程勘察院：王国金

65. 福建省闽建工程造价咨询有限公司：李顺珠

66. 福建省闽咨造价咨询有限公司：江演辉、郑欣、郑如新、孙文芳

67. 福建省泉州工程勘察院：吴小龙

68. 福建省榕圣市政工程股份有限公司：林金扬

69. 福建省杉朴工程建设有限公司：黄晓奕

70. 福建省桑鸿建设有限公司：林纪宏

71. 福建省汤头建筑工程有限公司：吴怀宾

72. 福建省五建装修装饰有限公司：李超峰、吴汉彬

73. 福建省湘闽建设发展有限公司：郑东

74. 福建省迅捷交通科技有限公司：曾林威

75. 福建省雅林建设集团有限公司：蔡力

76. 福建省宇瀚工程管理有限公司：马洪珍

77. 福建省禹坤建筑科技有限公司：黄学武

78. 福建省中鼎昇建设工程有限公司：许银琴

79. 福建省中隧建设工程有限公司：何敏

80. 福建顺恒工程项目管理有限公司：杨娜娜

81. 福建舜晟建设工程有限公司：鲍舜

82. 福建斯迈工程管理有限公司：王美玲

83. 福建天能建筑工程有限公司：陈树金

84. 福建西海岸建筑设计院有限公司：吴君俊

85. 福建鑫岑园林绿化有限公司：杨晨

86. 福建星美生态建筑装饰有限公司：张人银

87. 福建兴港建工有限公司：阮鹏

88. 福建易成工程管理有限公司：王胜

89. 福建永顺通建设工程有限公司：谢辉

90. 福建云投建筑工程有限公司：齐丹

91. 福建漳发建设有限公司：叶官松

92. 福建正恒工程项目管理有限公司：郭小清

93. 福建中枢建设发展有限公司：曹汉龙

94. 福建众合开发建筑设计院有限公司：陆陈灼、黄如碧

95. 福建众腾建设工程有限公司：陈宪光

96. 福建住建建设有限公司：高翔

97. 福州仓前山房地产开发有限公司：游龙滔

98. 福州城建设计研究院有限公司：蔡玲玲、吴晓峰

99. 福州高新区投资控股有限公司：周洪

100. 福州禾鑫园林工程有限公司：杨巧珠、张良、柯碧玉

101. 福州建工集团有限公司：林建标

102. 福州诺成工程项目管理有限公司：徐财琴

103. 福州市城投检测科技有限公司：吴森

104. 福州市城投建筑有限公司：陈帅

105. 福州市城投造价咨询有限公司：廖小婧

106. 福州市城乡规划设计院有限公司：李建云、林翔

107. 福州市规划设计研究院集团有限公司：张兵兵

108. 福州市建设工程管理有限公司：李中建

109. 福州市勘测院有限公司：李锦福

110. 福州市琅岐路桥市政管理有限公司：江乃敏

111. 福州新城市政工程设计有限公司：廖俊宏

112. 福州新七建设有限公司：付镇龙

113. 福州中天建工程管理有限公司：陈丽花

114. 福州中盈工程造价咨询有限公司：叶光焰

115. 广通建设集团有限公司：谢灵裕

116. 广州地铁设计研究院股份有限公司：高永强

117. 合普项目管理咨询集团有限公司：李俊泽

118. 核工业西南勘察设计研究院有限公司：陈锦增

119. 恒晟集团有限公司：叶俊煌

120. 恒信合力项目管理有限公司：叶阿芳

121. 汇龙工程咨询有限公司：刘德宁

122. 惠安建设监理有限公司：林振发

123. 建盟设计集团有限公司：张金望

124. 江苏华泰路桥建设集团有限公司：林公正

125. 江西省宜春市建设监理有限公司：林永盛

126. 晋江新奥燃气有限公司：陈婷婷

127. 景宁鼎丰置业有限公司：曾一平

128. 巨茂建设投资有限公司：王艺填

129. 聚璜集团有限公司：黄欢

130. 联盛建信（福建）建筑设计院有限公司：伍百嘉

131. 闽武长城建设发展有限公司：梁昌南、尤细良

132. 南安市城市建设投资集团有限责任公司：黄东阳

133. 宁德新奥燃气有限公司：史向辉

134. 平潭市政开发有限公司：林海峰

135. 莆田市万科置业有限公司：潘丽娟

136. 青岛华鹏工程咨询集团有限公司：汪一峰

137. 泉州经济技术开发区官桥园区开发建设有限公司：黄宏伟

138. 泉州市燃气有限公司：彭文生

139. 泉州豫固建设工程有限公司：陆祖寿

140. 荣升（福州）置业发展有限公司：黄锦芳

141. 融侨集团股份有限公司：冯君

142. 厦门安港建设集团有限公司：陈晶鑫

143. 厦门诚键建筑工程有限公司：陈友生

144. 厦门高诚信工程技术有限公司：余文平

145. 厦门国景建筑工程有限公司：洪坤辉

146. 厦门华丽新建筑装饰集团有限公司：黄世芳

147. 厦门华旸建筑工程设计有限公司：林剑

148. 厦门基业衡信咨询有限公司：王福造

149. 厦门龙起建设工程有限公司：何志清

150. 厦门市东区建设有限公司：陈金盾

151. 厦门市吉兴集团建设有限公司：许庆山

152. 厦门市五华建设工程有限公司：许志伟

153. 厦门特房建设工程集团有限公司：郑志强

154. 厦门兴海湾工程管理股份有限公司：颜建

155. 厦门中易城市景观艺术有限公司：蔡建辉

156. 厦门筑博工程设计有限公司：陈雪梅

157. 陕建丝路（福建）建设发展有限公司：陈亮

158. 上海市政工程设计研究总院（集团）有限公司：陈云娇

159. 深圳市市政设计研究院有限公司：林铮

160. 思成（福建）工程建设咨询有限公司：范荣进

161. 信创投资管理有限公司：辛秋蓉

162. 信和置业（漳州）有限公司：赵晓华

163. 一鼎（福建）生态园林建设有限公司：林健

164. 驿涛工程集团有限公司：陈少青、陈伟杰

165. 瀛华生态环境股份有限公司：谢铭鸿

166. 永富建工集团有限公司：曾海勇、檀

遵光

167. 永泰县碧桂园房地产开发有限公司：胡亦枝

168. 漳州发展地产集团有限公司：吕雅欢

169. 中城建（福建）建筑设计研究院有限公司：陈茜

170. 中晟海峡建设有限公司：黄清华

171. 中国华西工程设计建设有限公司：李伟鹏

172. 中国建筑东北设计研究院有限公司：陈国雁

173. 中核华辰工程管理有限公司：廖秋凤

174. 中建远南集团有限公司：林学华

175. 中交建宏峰集团有限公司：张凯宏

176. 中交通达（福州）工程设计有限公司：陆冠

177. 中石建基础设施建设有限公司：陈瑶

178. 中天璟宏（福建）建设工程有限公司：陈仲凯

179. 中星联丰建设集团有限公司：陈榕希

十八、海峡人才市场（182 人）

1. 北京华巨建筑规划设计院有限公司：林锦铭、张崇枫、黄超峰

2. 赤壁市建筑勘察设计院：王文斌

3. 顶丞建工集团有限公司：吴传武

4. 福建本也瀚辰景观设计有限公司：黄小玲、潘莺

5. 福建晨曦信息科技集团股份有限公司：曾开发

6. 福建大地景观有限公司：侯晓东

7. 福建大地市政园林工程有限公司：陈旭伟

8. 福建东辰综合勘察院有限公司：朱铭

9. 福建东政智能科技有限公司：罗旌魁

10. 福建泛亚远景环境设计工程有限公司：卢剑伟

11. 福建恒宏坤建设工程有限公司：李青春

12. 福建鸿丰工程项目管理有限公司：唐黛婼

13. 福建华航建设集团有限公司：叶进银

14. 福建建龙工程咨询有限公司：林德财

15. 福建景尚建筑环境设计工程有限公司：吴义暖

16. 福建璟榕工程建设发展有限公司：郑良生

17. 福建磊鑫（集团）有限公司：蔡和明、洪秀君

18. 福建六建集团有限公司：胡驰名、李林、陈龙、郑景敏、许辉阳、陈奋月、黄成标、曾新荣、刘芳芳、林志钦、陈功枢

19. 福建启智检测技术有限公司：聂荣斌

20. 福建省博意建筑设计有限公司：何雪强

21. 福建省二建建设集团有限公司：黄义蓉

22. 福建省合道建筑设计有限公司：陈如麒、叶碧云

23. 福建省宏实建设工程质量检测有限公司：林伟民、戴文龙

24. 福建省华力勘测设计有限公司：金文婷、张莹

25. 福建省环境保护设计院有限公司：李杰

26. 福建省环宇工程质量检测有限公司：张茂根

27. 福建省惠和城市规划设计有限公司：高英、张弛

28. 福建省嘉宸建筑工程有限公司：曾佳佳

29. 福建省建筑设计研究院有限公司：刘雅鹏

30. 福建省交通规划设计院有限公司：张登

31. 福建省景瑞工程咨询有限公司：甘琳敏

32. 福建省兰竹生态景观工程有限公司：黄明哲

33. 福建省林业勘察设计院：唐勇、严建清、游苗苗

34. 福建省南安市第一建设有限公司：陈金坤

35. 福建省南平闽延电力建设有限公司：张章

36. 福建省榕树王园林工程有限公司：蒋盛国

37. 福建省同源建设工程有限公司：高友彬

38. 福建省迅捷交通科技有限公司：蓝安生

39. 福建省永泰建筑工程公司：陈治史

40. 福建省永正工程质量检测有限公司：刘添芳、黄剑丰、黄师婷、孔先辉、陈亮丰、翁月泉

41. 福建省长希生态环境有限公司：梁永肖

42. 福建万宝建设有限公司：颜树仁

43. 福建鑫陆建设集团有限公司：陆程辉、彭高建、刘礼生

44. 福建永福电力设计股份有限公司：李杰、

赵志刚

45. 福建源恒工程监理有限公司：陈剑峰

46. 福建中道景观设计有限公司：李晨林、翁文怡

47. 福建住建建设有限公司：杜海胜

48. 福清洪宽园艺有限公司：汪志强、张德安、陈康河

49. 福州滨海临空开发建设有限公司：林斯翰

50. 福州伯邦景观工程设计有限公司：黄婷婷

51. 福州城建设计研究院有限公司：陈德美、邰晓勇、张昌羽、郑桂敏

52. 福州大禹建设工程造价咨询有限公司：欧彦恒

53. 福州道艺园林景观工程有限公司：张洁

54. 福州地铁集团有限公司：潘南泉、邱文翔、温文兵、王威宇、侯伟清、杨沛山、危阜庆、王正、李海翔、陈林、王惠蓉

55. 福州高新区投资控股有限公司：李垒

56. 福州轨道交通设计院有限公司：蔡金山、林挺、林敬文、王锦、徐旺兴

57. 福州禾鑫园林工程有限公司：林春霖

58. 福州奇思环境艺术设计有限公司：林致远

59. 福州盛迹投资有限公司：卓炜

60. 福州市城乡规划设计院有限公司：彭仙沾、苏建强

61. 福州市规划设计研究院集团有限公司：曹祖勇、许振宇、郑翔、刘程、余世勤、邵珂夫、俞松、郭君、蔡信昕、戴剑林、赖丹锋、胡灿、邓振宇、叶鹤文、郭荣、胡刚、易灿、刘丽英、陈武贞

62. 福州市建筑设计院有限责任公司：张涛

63. 福州市勘测院有限公司：林海、李庆松、王国策、陈永汀、叶琪、潘润

64. 福州市琅岐路桥建设有限公司：傅贤岳

65. 福州新城市政工程设计有限公司：房敏

66. 光泽县城市建设开发有限责任公司：徐佳腾

67. 海西（厦门）建设规划设计有限公司：缪元发

68. 汉嘉设计集团股份有限公司：叶艺委

69. 翰林（福建）勘察设计有限公司：黄玲平、林云钿

70. 恒锋信息科技股份有限公司：陈列强

71. 垒智设计集团有限公司：蔡景显

72. 南安市城市建设发展投资有限公司：黄锦原

73. 宁德东侨一建工程建设有限公司：沈勇平

74. 宁德新奥燃气有限公司：陈全通

75. 平潭综合实验区先行实业有限公司：任帅

76. 莆田市城乡规划设计研究院：陈玉金

77. 泉州市城市规划设计研究院有限责任公司：周高煜

78. 泉州市燃气有限公司：游丽梅、王在基、张谋力

79. 融侨集团股份有限公司：程飞

80. 厦门涪安建设工程有限公司：谢应根

81. 厦门海投建设咨询有限公司：曾文彬

82. 厦门华旸建筑工程设计有限公司：程望平

83. 厦门莲前集团有限公司：石启辉

84. 厦门市市政工程设计院有限公司：陈高许、张鹏

85. 厦门市长禹建筑工程有限公司：何乐顺

86. 厦门永正元晟检验检测有限公司：郭溪龙

87. 上海中福建筑设计院有限公司：聂恺晖、许晖东

88. 深圳市市政设计研究院有限公司：董永红

89. 石狮市规划设计院有限公司：林荣华

90. 时代建筑设计院（福建）有限公司：黄春辉、陈青

91. 首宏建设有限公司：王锦华

92. 新大陆科技集团有限公司：王旌

93. 瀛华生态环境股份有限公司：胡燕玲

94. 宇烈工程设计院（福建）有限公司：周莺

95. 元泽（福建）股份有限公司：周建斌

96. 正坤建业建设科技有限公司：尚兴虎

97. 正荣（福州）投资发展有限公司：胡丽珍

98. 郑州市交通规划勘察设计研究院莆田分院：张燕华

99. 中帆睿建工程咨询有限公司：龚招凤

100. 中国市政工程西北设计研究院有限公司：许贤亮、王彭

101. 中核华辰工程管理有限公司：刘宇镔

102. 中建协和建设有限公司：苏龙辉

103. 中交建宏峰集团有限公司：黄金华

十九、厦门市（8 人）

1. 大连市勘察测绘研究院集团有限公司：姜秀

2. 福建常地勘测设计有限公司：郑志伟

3. 福建磐基岩土工程有限公司：陈美红

4. 核工业江西工程勘察研究总院有限公司：程玉果

5. 厦门华润燃气有限公司：孙建华

6. 厦门华岩勘测设计有限公司：熊秋雨

7. 厦门市海沧区建设与交通工程质量安全站：吴艺重

8. 厦门市集美区建设与交通工程质量安全站：刘诗苑

二十、漳州市（62 人）

1. 北京东方筑中建设规划设计有限公司：叶军

2. 福建安华发展有限公司：罗东金

3. 福建大佳建设工程有限公司：林素香

4. 福建江南春城市建设集团有限公司：林火灯

5. 福建乐程市政园林工程有限公司：郑斌

6. 福建两顺市政工程有限公司：吴宝国

7. 福建荣冠环境建设集团有限公司：柳君

8. 福建昇华工程造价咨询有限公司：李惠红

9. 福建省春天生态科技股份有限公司：池毓涯、张金平、张艳龙

10. 福建省泷澄建设集团有限公司：谢新阳、蓝亚珍

11. 福建省明建工程咨询有限公司：郑艳凤

12. 福建省日誉建设集团有限公司：张毅辉

13. 福建省漳州市建筑设计有限公司：郭景联

14. 福建省中福工程建设监理有限公司：吴玉亭

15. 福建顺祥建设发展有限公司：陈志福

16. 福建越众日盛建设咨询有限公司：丁开宝、陈小苇

17. 福建漳龙集团有限公司：吴晓音

18. 福建漳龙建投集团有限公司：庄莉玲

19. 广州市弘基市政建筑设计院有限公司：胡章清

20. 湖南中大设计院有限公司：刘玉琴

21. 凯第建筑集团有限公司：郑美响

22. 平和县建筑工程安全站：林秋梅

23. 厦门市市政工程设计院有限公司：王娟

24. 上海开艺设计集团有限公司：戴伟泉

25. 漳州城投地产集团有限公司：林天池、宋秋娟

26. 漳州城投设计咨询集团有限公司：杨柳晨

27. 漳州高新人力资源有限公司：林立全

28. 漳州古城保护开发有限公司：游剑峰

29. 漳州靖圆发展有限公司：林木松、吴文煌

30. 漳州蓝田开发有限公司：李琳

31. 漳州片仔癀药业股份有限公司：郑一宁

32. 漳州市城市规划设计有限公司：卢喜招

33. 漳州市城市规划设计有限公司：陶勇、许少亮

34. 漳州市风景园林中心：蔡奕静

35. 漳州市建工程勘察院有限公司：杨国兴

36. 漳州市建设工程质量站：方明辉

37. 漳州市建设执业资格注册中心：杨超

38. 漳州市建筑工程有限公司：魏燕华

39. 漳州市龙海区园林服务中心：黄淑惠

40. 漳州市龙文佳宝混凝土工程有限公司：高峰

41. 漳州市龙文区城市建设开发中心：陈永坤

42. 漳州市龙文区城乡建设服务中心：姚梅芳、曾原飞

43. 漳州市市政工程中心：向永煌

44. 漳州市园林绿化建筑工程有限公司：吴麟亮

45. 漳州市长泰区建设工程质量工作站：吴艺铃、杨明松

46. 漳州台商投资区建设工程质量安全站：苏凯

47. 漳州圆山发展有限公司：杨丽平

48. 漳州圆山新城建设有限公司：朱锦辉、陈永春

49. 漳州圆新建设集团有限公司：许锦辉

50. 漳州圆山新城建设有限公司：方宇

51. 中都工程设计有限公司：卢志渊、许东兴

二十一、泉州市（65 人）

1. 安溪县公共资源交易中心：刘江山

2. 德化县市政公用事业发展中心：陈春庆、周爱生

3. 福建大地市政园林工程有限公司：陈奕文

4. 福建第一公路工程集团有限公司：郭晓浓

5. 福建泉州勘测设计院有限公司：袁洪龙

6. 福建省东霖建设工程有限公司：陈志锋

7. 福建省惠东建筑工程有限公司：林显志

8. 福建省惠房建设工程有限公司：赖燕招

9. 福建省惠一建设工程有限公司：吴秀月

10. 福建省金正建设工程有限公司：潘成典

11. 福建省晋江市住房建设中心：叶世康

12. 福建省闽南建筑工程有限公司：李爽路

13. 福建省泉州市第一建设有限公司：洪礼通、黄文达、吴端奕、许世仲

14. 福建省群溢建筑工程有限公司：李后富

15. 福建省五建建设集团有限公司：蔡瑞瑾、王胜军、曾凉凉、陈阳彬、刘地靖、谢镇涛、陈荣发、陈瑞淦、蔡伟景、周文俊、黄福卿、陈益祥

16. 福建省五建装修装饰有限公司：张伟

17. 福建省中迪建工集团有限公司：陈江培

18. 福建仙景建设有限公司：李水拨

19. 福建耀景园林有限公司：苏志良

20. 晋江市城乡规划设计研究院有限责任公司：黄雪花

21. 晋江市灵源街道社会事务服务中心：陈春喜

22. 南安市建设工程质量与安全监督站：王荣辉

23. 南安市燃气有限公司：毛元生

24. 泉州江南城市建设集团有限公司：黄炜业

25. 泉州市城市规划设计研究院有限责任公司：崔海升

26. 泉州市房屋交易中心：黄健

27. 泉州市丰泽区市政建设管理中心：何世毅

28. 泉州市工程建设监理事务所有限责任公司：许家毅

29. 泉州市建设工程造价站：黄小卫

30. 泉州市开源实业有限责任公司：廖芬芳

31. 泉州市泉港区建设工程质量监督站：王荣锌

32. 泉州市市政工程中心：黄丽娥

33. 泉州市市政园林古建筑设计院有限公司：黄雅利

34. 泉州市住房和城乡建设局技术中心：宋景旭

35. 泉州水务工程建设集团有限公司：纪任东、林林琴、陈伟强

36. 泉州水务工程建设集团有限公司：吴剑东、李思达

37. 泉州台商投资区城市建设发展有限公司：王培强、庄白葵

38. 泉州台商投资区市政管理有限责任公司：庄俏榕

39. 泉州台商投资区水务投资经营有限公司：林金钏

40. 石狮市公共资源交易中心：黄应跃

41. 石狮市市政公用事业发展中心：王鸿泽、王松

42. 永春县市政服务中心：潘晓斌

43. 中建远南集团有限公司：陈建江、刘加福

44. 中科博能（福建）工程设计集团有限公司：许碧海

二十二、莆田市（10 人）

1. 福建省涵城建设工程有限公司：姚庆元

2. 莆田市城市建设投资开发集团有限公司：朱振

3. 莆田市城厢区国有资产投资集团有限公司：陈宏斌

4. 莆田市涵江区建设工程质量安全监督站：陈颖

5. 莆田市建设工程质量安全站：陈瑞星

6. 莆田市水利水电勘测设计院有限公司：何建平

7. 莆田市水质净化有限公司：柳青弟

8. 莆田市秀屿区财政投资评审中心：许志伟

9. 仙游县人民政府鲤城街道办事处：徐瑞科

10. 仙游县水利水电建设管理中心：黄建生

二十三、三明市（34 人）

1. 大田县建设镇村镇规划建设服务中心：林开隆

2. 福建东南设计集团建设发展有限公司：汤有志

3. 福建东南设计集团有限公司：卢文娟、陈玉玲、吴羡

4. 福建三明市政工程有限公司：肖文杰

5. 福建省广厦工程咨询有限公司：李哲图

6. 福建省明建工程咨询有限公司：邓丽琴

7. 福建省三明市工程项目管理有限公司：江俊健

8. 福建兴田建设工程有限公司：章进王

9. 福建一建集团有限公司：朱兴基、叶正洪

10. 建宁县建设科技设计服务中心：梅杰

11. 闽晟集团城建发展有限公司：黄步玉、张平

12. 宁化县建设工程质量安全服务中心：丁志凌

13. 三明市城市建设发展集团有限公司：余芳华、宋博宇

14. 三明市城市建设投资集团有限公司：邹胜祥

15. 三明市三元区建设工程质量安全生产服务中心：赵峰、李文敏

16. 三明市市政工程养管中心：章爱娥、余巧萍

17. 厦门建兴工程管理有限公司：俞志云

18. 泰宁县房地产服务中心：黄雪冬

19. 天铭建设集团有限公司：罗美增

20. 永安市建设工程技术服务中心：邱晓云、张绍辉

21. 永安市建筑工程质量站：张良富

22. 永安市自来水管道安装工程有限公司：巫朝旭

23. 尤溪县房地产交易中心：陈亦衡

24. 尤溪县建设工程造价与质量安全站：黄丽玉

25. 中汇建筑集团有限公司：刘培漳

26. 中亿通达设计咨询集团有限公司：乐建基

二十四、南平市（18 人）

1. 福建安华发展有限公司：田斌

2. 福建国运建设发展有限公司：饶丽妃

3. 福建深业投资有限公司：罗建林

4. 福建省建瓯市园林市政中心：林永健

5. 福建省睿翼建设有限公司：张国清

6. 建瓯市建设工程质量安全站：姜利慧

7. 南平高速中凡建筑工程有限公司：洪剑文

8. 南平实业集团新城科技园有限公司：卢祯君

9. 南平市城市桥梁服务中心：吴庆辉

10. 南平市城乡规划设计研究院有限责任公司：金忠

11. 南平市固定资产投资审计中心：危奇飞

12. 南平市延平区公用事业服务中心：许绍辉

13. 南平市延平区建设工程质量安全站：张福养

14. 南平市园林服务中心：陈礼腾、朱林孝

15. 浦城县房地产综合开发公司：黄雄标

16. 邵武市房地产市场服务中心：黄亮

17. 武夷山市星村镇综合执法大队：林芳盛

二十五、龙岩市（64 人）

1. 福建成森建设集团有限公司：林欢洁、古兴生

2. 福建互华土木工程管理有限公司：李荣林、王维、黄强华、胡远耀

3. 福建汇达建筑工程有限公司：钟四林

4. 福建惠丰建筑工程有限公司：林蔡飞

5. 福建建龙工程咨询有限公司：黄招英

6. 福建南方建业工程管理有限公司：陈圆圆

7. 福建启宏日兴建设发展有限公司：张小芳

8. 福建荣建集团有限公司：吴建鑫

9. 福建省富茂建筑工程有限公司：苏雄丰

10. 福建省九通建设工程有限公司：林健锋

11. 福建省龙岩汇金置业有限公司：林源政

12. 福建省龙岩市城乡规划设计院：蓝永辉、刘勇先

13. 福建省南方联合置业有限公司：卢敏庭

14. 福建省同源建设工程有限公司：吴慧玲

15. 福建省泽林建设工程有限公司：刘还林

16. 福建省中福工程建设监理有限公司：林奇、童晓凌

17. 福建拓海建设工程有限公司：周德峰

18. 福建西景市政园林建设有限公司：蒋太钊

19. 福建新华夏建工集团有限公司：夏丽萍、

范祖平

20. 福建新华夏建工集团有限公司：俞芳

21. 福建学智建设工程有限公司：谢立山

22. 福建永晟建设工程有限公司：李祖锋

23. 福建源恒工程监理有限公司：黄元水

24. 福建越众日盛建设咨询有限公司：傅钟庆

25. 福建长亿建设有限公司：童朝泰

26. 福建正恒工程项目管理有限公司：邱静

27. 福建中天建设工程有限公司：廖永金

28. 恒亿集团有限公司：连敏、王龙

29. 建融建设管理集团有限责任公司：卢毅春

30. 连城县基层卫生财务核算中心：黄启贵

31. 连城县市政公用事业建设管理中心：陈梅华

32. 连城县智慧城市服务中心：张桂金

33. 龙岩交通建设集团有限公司：陈瑞开、江明清

34. 龙岩昆润天然气有限公司：郜聪

35. 龙岩市安居住宅建设有限公司：李荣海、王嘉威、马文涛、陈秋荣、张艺、杨钰城

36. 龙岩市财政投资评审中心：张洪妹、卢俊海

37. 龙岩市成正工程检测有限公司：蒋天星

38. 龙岩市古田圣地旅游投资开发建设有限公司：蒋凌杰

39. 龙岩市固定资产投资审计中心：罗洁、陈萍

40. 龙岩市建设工程检测中心站：谢生龙

41. 龙岩市市政项目建设中心：邓桂华

42. 龙岩市西安建筑工程有限公司：林治祥、张浩明、章生

43. 龙岩市新罗区路桥工程有限公司：郑庆钟

44. 龙岩市新罗区消防化工建设工程中心：苏丽玲

45. 上杭县建设工程质量安全监督站：黄宜仁

46. 长汀县土地与房屋征收办公室：蒋本钰

二十六、宁德市（16 人）

1. 福安市城市管理服务中心：陈雄华
2. 福鼎市住房和城乡建设服务中心：夏明强
3. 福建闽东建设发展有限公司：林座
4. 福建省宁德市公路事业发展中心：章林平
5. 福建省宁德市闽东建设工程试验检测有限公司：缪奕奕
6. 华地设计有限公司：阮克育
7. 宁德安然燃气有限公司：陈罗彬
8. 宁德市村镇建设发展中心：李影
9. 宁德市建设工程造价站：陈聪
10. 宁德市建筑工程技术中心：陈伟星
11. 宁德市三都澳大酒店有限公司：施飞羽
12. 宁德市园林绿化中心：叶德科、吴雪燕
13. 屏南县审计服务中心：陈姿梅
14. 霞浦县建设工程质量安全监督站：施钰、庄泓

二十七、平潭综合实验区（2 人）

1. 平潭嘉源置业开发有限公司：陈立炎
2. 平潭综合实验区先行实业有限公司：林喜乐

吴峰等 52 位同志科技管理专业高级工程师职务任职资格人员名单

2023 年 2 月 23 日，福建省人力资源和社会保障厅印发《关于批准确认吴峰等 52 位同志科技管理专业高级工程师职务任职资格的通知》（闽人社批复〔2023〕92 号）提出，经研究，批准确认由 2021 年度科技管理专业高级工程师任职资格评审会评审通过的吴峰等 52 位同志科技管理专业高级工程师职务任职资格，任职资格确认时间为 2023 年 2 月 12 日，现予公布，名单如下。

一、福建省科技厅（1 人）

福建省科学技术信息研究所：吴峰

二、福建省应急管理厅（1 人）

福建省安全生产科学研究院：郑元锟

三、福建省市场监督管理局（1 人）

福建省知识产权保护中心：林国

四、中国海峡人才市场（7 人）

福州地铁集团有限公司运营事业部：林冬良

福州中电科轨道交通有限公司：李楠煜、潘宇杨

福建省君融安全技术咨询有限公司：卞矛

漳州市角美轨道交通投资发展有限公司：陈益群

中检集团康泰安全科技有限公司：吕玲芝

福建省晋华集成电路有限公司：聂静

五、福建广电网络集团股份有限公司（2人）

福建广电网络集团股份有限公司：王纬城、谢彬

六、福建省科学技术协会（1人）

福建省科技馆：张文婷

七、福建省残疾人联合会（1人）

福建省残疾人体育运动管理中心：范宁

八、中国冶金地质总局（1人）

中国冶金地质总局二局：林晓晖

九、福建省农村信用社联合社（2人）

福建省农村信用社联合社：黄能、邱威

十、福建省冶金（控股）有限责任公司（2人）

厦门钨业股份有限公司：肖延祯、范超颖

十一、福建省能源石化集团有限责任公司（1人）

福建省福能龙安热电有限公司：王大为

十二、福建省汽车工业集团有限公司（1人）

福建省汽车工业集团有限公司：李岩峰

十三、福建省电子信息（集团）有限责任公司（1人）

福建省电子口岸运营服务有限公司：刘仪

十四、福建建工集团有限责任公司（2人）

福建省新通网络科技有限公司：李青

福建省建研工程顾问有限公司：林玲

十五、福建省招标采购集团有限公司（1人）

福建省机电设备招标有限公司：黄鸿彬

十六、福建省国有资产管理有限公司（1人）

福建省冶金工业设计院有限公司：刘新

十七、福州市（1人）

福州市科学技术情报研究所：郑彩霞

十八、漳州市（6人）

漳州古雷港经济开发区投资与统计服务中心：杨添柔

漳州高新技术产业开发区应急救援中心：黄少伟

漳州古雷港经济开发区应急救援中心：王晓影

漳州片仔癀资产经营有限公司：柯文杰

漳州片仔癀药业股份有限公司：郑玉清、林小红

十九、泉州市（12人）

泉州市政府投资项目评审中心：杜频湖、陈烽盛

泉州市洪水预警报中心：庄英杰

泉州市安全生产执法支队：陈斯桂

泉州市市场监管综合执法支队：黄德志、赖礼碧

泉州市食品药品认证与不良反应监测中心：李喆元

泉州市环境卫生中心：吴焕宁、洪德海

惠安兴港公用工程管理有限公司：黄晓阳

南安市质量计量检测所：杨松林

德化县科学技术信息研究所：苏俊基

二十、三明市（1人）

尤溪县农业机械化技术推广站：郭太钟

二十一、莆田市（2人）

莆田市荔城区农机化技术推广站：陈德涵

莆田市城厢区重大危险源监控中心：吴晓丽

二十二、南平市（1人）

南平市浦城县仙阳镇乡村振兴发展中心：刘军华

二十三、龙岩市（1人）

上杭县苏区振兴发展服务中心：黄庆柱

二十四、福建龙溪轴承（集团）股份有限公司（1人）

福建龙溪轴承（集团）股份有限公司：熊垒

二十五、九牧集团有限公司（1人）

九牧厨卫股份有限公司：刘小龙

冉振礼等84位同志地勘专业高级工程师职务任职资格人员名单

2023年2月23日，福建省人力资源和社会保障厅印发《关于批准确认冉振礼等84位同志地勘专业高级工程师职务任职资格的通知》（闽人社批复〔2023〕93号）提出，经研究，批准确认由2021年度地勘专业高级工程师任职资格评审会评审通过的冉振礼等84位同志地勘专业高级工程师职务任职资格，任职资格确认时间为2022年12月25日，现予公布，名单如下。

一、福建省地质矿产勘查开发局（69人）

福建省闽北地质大队：冉振礼、张亮、刘丽、

林尚炳、陈厚强

福建省闽西地质大队：秦学军、张小亮、李校斌、武斌、罗碧笏、林铭铝、湛晓伟

福建省第二地质勘探大队：刘先赟

福建省闽东南地质大队：洪炳义

福建省第四地质大队：林金顺、刘迪福、黄艺、陈勇

福建省第八地质大队：袁光治、张建宝、王勇、郑敏梁、边林浩

福建省闽南地质大队：李建强、王艳艳、陈秀清、游茂云、陈加喜、陈淑芳、郑宗鹏、魏强、黄建伟、李永发、朱进金

福建省厦门地质工程勘察院：王强

福建省地质工程勘察院：吴章亮

福建省地质工程大队：吴国立

福建省地质测试研究中心：周剑、李铿

福建省地质测绘院：胡凡、何建刚、陈忠、刘宜淋、麦英兰、张平波、赵辛宇、庄立贤、林腾、吕红梅、林文杰、洪剑武、陈忠林、骆红梅

福建省地质调查研究院：陈淑华、周小栋、赖斯颖、刘章鹏、滕传耀、詹玉坤、薛德杰、林光隆、邓志军、袁勋、赵小星、张岩、柯永华

福建省核工业二九五大队：蓝强、彭剑勇、林晓虎

二、福建省自然资源厅（1人）

福建省国土资源评估中心：徐广东

三、福建省煤田地质局（6人）

福建省121地质大队：江仁剑、于婷婷

福建省196地质大队：杨立普

福建省197地质大队：郑飞、陈景灿

福建省煤田地质勘查院：余芝华

四、福建建工集团有限责任公司（2人）

核工业西南勘察设计研究院有限公司：吴道荣

闽武长城建设发展有限公司：杨明

五、南平市（1人）

武夷山市兴武测绘咨询有限公司：陈茂建

六、龙岩市（5人）

紫金矿业集团股份有限公司：林明钟、赖晓丹、饶东平、林寿洪、陈新攀

陈代文等104位同志环保专业高级工程师职务任职资格人员名单

2023年2月28日，福建省人力资源和社会保障厅印发《关于批准确认陈代文等104位同志环保专业高级工程师职务任职资格的通知》（闽人社批复〔2023〕108号）提出，经研究，批准确认由2021年度环保专业高级工程师任职资格评审会评审通过的陈代文等104位同志环保专业高级工程师职务任职资格，任职资格确认时间为2022年12月13日，现予公布，名单如下。

一、福建省生态环境厅直属事业单位（15人）

福建省辐射环境监督站：陈代文、朱佳山

福建省近岸海域环境监测站：徐洪顺

福建省福州环境监测中心站：龙小燕、陈金水

福建省泉州环境监测中心站：王志强、吴萍萍、李佳艺、陈丽华、王俊毅、许冬梅

福建省宁德环境监测中心站：贾晓芳、王陈敏

福建省龙岩环境监测中心站：连卫中

福建省环境监察总队九龙江流域生态环境监管和行政执法大队：蔡进福

二、福建省交通运输厅（1人）

福建省交通科研院有限公司：邱高顺

三、福建省水利厅（1人）

福建省水利水电勘测设计研究院有限公司：刘燕

四、中国海峡人才市场（16人）

福建省水利投资集团（平潭）水务有限公司：李群

福鼎市三联污水处理有限公司：陈光设

福州新区开发投资集团有限公司：王艳红

福建龙源环境工程技术有限公司：杨义村

福清市致青循环农业产业园有限公司：黄钦

福建省环境科学研究院：黄颖慧

福建奔驰汽车有限公司：胡文婷

福建省金皇环保科技有限公司：陈璐

福建省环境保护设计院有限公司：陈梦莹

福建海峡建筑设计规划研究院：王晋沅

福建省林业勘察设计院：蓝宁锋

福建省爱善环保集团有限公司：代义强

福建榕净生态科技有限公司：林世霖

福建省东锅节能科技有限公司：彭龙

福州盈科水处理工程有限公司：林世华

福州城建设计研究院有限公司：肖晓强

五、共青团福建省委员会（1人）

福建闽科环保技术开发有限公司：林建西

六、福建省轻纺（控股）有限责任公司（2人）

福建省金皇环保科技有限公司：张晓燕、商婕

七、福建建工集团有限责任公司（2人）

福建省蓝深环保技术股份有限公司：张敏芳

福建省环境保护设计院有限公司：游丽燕

八、福建省能源石化集团有限责任公司（3人）

福建省华厦能源设计研究院有限公司：雷兴龙、罗竞

福建福海创石油化工有限公司：张士敏

九、福建省水利投资开发集团有限公司（1人）

福建省水务发展集团有限公司：郑贤明

十、福州市（7人）

福州市仓山生态环境保护综合执法大队：林宇烽

福州市福清环境监测站：林利强

福州市福清核电厂核事故应急中心：郑青英、王执华

福州市永泰环境监测站：卓少玲

福州城建设计研究院有限公司：吴煌州

福建海峡环保集团股份有限公司：张秀玲

十一、漳州市（12人）

福建省漳州环境监测中心站：杨松彬、赵小华

漳州市环境信息中心：林振伟

漳州市海洋环境监测中心：吴惠璇

漳州市芗城环境监测站：林炜

漳州市龙海环境监测站：黄毅峰

漳州市龙海区生态环境保护综合执法大队：许发财

漳浦县各乡镇生态环境工作站：卢向荣

南靖县污染源控制站：林美容

长泰经济开发区生态环境工作站：刘玉丽

漳州市华安环境监测站：张阿惠

漳州高新技术产业开发区生态环境保护综合执法大队：黄佳蓉

十二、泉州市（12人）

泉州市环境卫生中心：黄丽真

泉州市山美水库水资源调配中心：王江滨

泉州市泉港区环境监测站：林友招

泉州市泉港生态环境保护综合执法大队：林佳煌

南安市环境保护监测站：陈泳艺、黄鸿华

惠安县环境监测站：庄汉斌、康国忠

永春县环境监测站：穆炜崟、郑永辉

德化县环境监测站：颜燕玲

福建省晋江自来水股份有限公司：纪银传

十三、三明市（2人）

三明市泰宁生态环境保护综合执法大队：廖隆琪

三明市思创环保技术有限公司：余婷

十四、莆田市（3人）

莆田市环境监测站：杨志强

莆田市环境保护科学研究所：何伟文

莆田市仙游环境监测站：陈丽萍

十五、南平市（4人）

南平市清洁生产审核评估与固体废物环境管理技术中心：吴震强

南平市延平环境监测站：高忠林

南平市邵武环境监测站：王剑超

南平市武夷山环境监测站：梁益

十六、龙岩市（15人）

龙岩市新罗环境监测站：陆勇

龙岩市上杭环境监测站：陈月华

龙岩市上杭生态环境保护综合执法大队：吴坤宗

龙岩市武平生态环境保护综合执法大队：林良英

龙岩市连城环境监测站：傅志远

龙岩市漳平环境监测站：许森鑫

紫金矿业集团股份有限公司：熊明瑜、赖才书、刘珊珊、廖梅芳、聂建瑞

紫金铜业有限公司：张微、邱建森

福建常青新能源科技有限公司：陈征贤

福建西景市政园林建设有限公司：颜爱

十六、宁德市（7人）

宁德市环境保护科学研究所：黄辉宏

宁德市古田环境监测站：翁建杰、卢小兵

宁德市柘荣环境监测站：王婷婷

宁德市福鼎环境监测站：卢兴润、赖颖颖、王斌

刘景锦等63位同志电子专业高级工程师职务任职资格人员名单

2023年3月3日，福建省人力资源和社会保障厅印发《关于批准确认刘景锦等63位同志电子专业高级工程师职务任职资格的通知》（闽人社批复〔2023〕111号）提出，经研究，批准确认由2021年度福建省电子专业高级工程师任职资格评审会评审通过的刘景锦等63位同志电子专业高级工程师职务任职资格，任职资格确认时间为2023年2月16日，现予公布，名单如下。

一、福建省教育厅（1名）

福建幼儿师范高等专科学校：刘景锦

二、福建省交通运输厅（1名）

广东省电信规划设计院有限公司福州分公司：潘少斌

三、福建省广播电视局（1名）

福建省广播电视监测中心：杨艇

四、中国海峡人才市场（10名）

福建瑞之付微电子有限公司：蔡巍

福建超智集团有限公司：陈聪慧

冠捷显示科技（厦门）有限公司：林孔俭、王衍军

福州福光水务科技有限公司：岳元长

福州普贝斯智能科技有限公司：沈睿汀

福建火炬电子科技股份有限公司：郑婉真

福州高意通讯有限公司：贾春艳

福州理工学院：傅诏午

长威信息科技发展股份有限公司：吴迎晖

五、福建省广播影视集团（12名）

福建省广播影视集团：陈翠、陈高峰、邓建玲、胡悦、廖锦瑛、林霁、林其波、薛承典、杨勇志、张力行、郑晖

福建省广播电视传输发射中心：刘丹

六、福建广电网络集团股份有限公司（7名）

福建广电网络集团股份有限公司：魏琛、翁义龙

福建广电网络集团股份有限公司漳州分公司：戴伟明、何峰、杨振春、林茂忠

福建广电网络实业集团有限公司：阮邦耀

七、福建省国有资产管理有限公司（15名）

福建省福芯电子科技有限公司：林良飞

麦克赛尔数字映像（中国）有限公司：邱勤

福建星海通信科技有限公司：高敏、黄奇家、吴志聪、赵浩翰

锐捷网络股份有限公司：陈小龙、陈莹星、何诗红、赖国洪、刘熙、俞成龙、郑宁

福建星网锐捷通讯股份有限公司：邓福钦、毛志杰

八、中国联合网络通信有限公司福建省分公司（1名）

中国联合网络通信有限公司福建省分公司：叶兴贵

九、漳州市（4名）

福建利利普光电科技有限公司：蓝永祥、华山

漳州芝山转播台：曾昭彤

南靖县融媒体中心：朱清钟

十、泉州市（2名）

福建迈纬通信科技股份有限公司：陈兴

福建火炬电子科技股份有限公司：林志盛

十一、三明市（3名）

三明七〇五台：黄志光、刘昭伟

三明市沙县区水利水电技术服务中心：张锦虹

十二、南平市（1名）

建瓯市融媒体中心：黄人鸿

十三、宁德市（1名）

福鼎市医院：林茂

十四、福建龙净环保股份有限公司（4名）

福建龙净环保股份有限公司：刘振兴、任秋荣、童新英、张晓滨

林文金等168位同志高级工程师职务任职资格人员名单

2023年3月13日，福建省人力资源和社会保障厅印发《关于批准确认林文金等168位同志测绘等专业高级工程师职务任职资格的通知》（闽人社批复〔2023〕124号）提出，经研究，批准确认由2021年度测绘、国土空间规划、土地管理专业高级工程师任职资格评审会评审通过的林文金等

168 位同志测绘等专业高级工程师职务任职资格，任职资格确认时间为 2023 年 2 月 19 日，现予公布，名单如下。

一、测绘专业高级工程师（88 人）

（一）福建省自然资源厅（7 人）

福建省测绘院：林文金、林华贤

福建省制图院：曾光榕

福建省国土资源信息中心：王菊荣、齐昕

福建省国土测绘院有限公司：邓春焰、林平

（二）福建省交通厅（1 人）

福建省港航勘察科技有限公司：邬红涛

（三）福建省林业局（1 人）

福建省林业调查规划院：李峥

（四）福建省海洋与渔业局（1 人）

福建省水产设计院：朱毅斌

（五）福建省地质矿产勘查开发局（8 人）

福建省地质调查研究院：余蓬春

福建省地质测绘院：陈颖、陈斯恺、刘翔、熊立

福建省闽西地质大队：叶基云、邓丽、方小勤

（六）海峡人才市场（23 人）

福建省地质遥感与地理信息服务中心：池美月

福州市勘测院有限公司：申佳亮、刘龙、陈德师、杜金桥、张东东、沙剑、曾凯、吕贤锰、翁伟琳、赵华成、潘家宝、罗飞、林健、王云光、倪凯、林碧珊

福建金地勘测规划有限公司：邵万里、蔡扬

福州君道空间信息技术有限公司：张向涛

福建科劲测绘服务有限公司：侯健钦

福建永福电力设计股份有限公司：林汉云

泉州市新宇测绘工程有限公司：刘朝新

（七）福建建工集团有限责任公司（4 人）

福州市勘测院有限公司：郑龙葭

福建省建研工程顾问有限公司：李荆剑

福建省海陆勘测有限公司：廖正康

福建省建筑工程质量检测中心有限公司：张兴华

（八）福建省国有资产管理有限公司（1 人）

福建经航勘测设计有限公司：张文洪

（九）福建省招标采购集团有限公司（1 人）

福建经纬测绘信息有限公司：王军德

（十）福建省冶金控股有限责任公司（1 人）

宁化行洛坑钨矿有限公司：王槐仁

（十一）福州市（4 人）

福州市勘测院有限公司：熊开明

福建国佳勘测有限公司：朱守智

福州市建筑设计院有限责任公司：林华捷

福清市三垣测绘技术有限公司：陈敦盛

（十二）厦门市（14 人）

厦门市规划数字技术研究中心：余启义

厦门市测绘与基础地理信息中心：洪卓众

厦门高新人才开发有限公司：林加发

厦门市政集团有限公司：谢有福

厦门市市政工程设计院有限公司：柯振瑶

福建省云上晴天规划设计有限公司：王前进

厦门图辰信息科技有限公司：邓永火、曾敦梁、陈小海、谢珍莲

守正（厦门）工程科技有限公司：梁彬荣

厦门易景软件工程有限公司：王晓强

厦门华岩勘测设计有限公司：王华明

厦门亿力吉奥信息科技有限公司：吕喜容

（十三）漳州市（8 人）

漳州市测绘设计研究院：陈雪玲、吴玉燕、姚金龙、肖登枝、陈维成

漳州市自然资源信息中心：蒋海阳

漳州市水利水电勘测设计有限公司：王金扬

漳州市力远测绘有限公司：赖志阳

（十四）泉州市（1 人）

泉州市城乡规划信息中心：杨志海

（十五）莆田市（1 人）

莆田市城乡勘测设计研究院：陈国柱

（十六）龙岩市（5 人）

龙岩市勘察测绘大队：刘建辉、邱建文

紫金矿业集团股份有限公司：刘国元

福建安澜水利水电勘察设计院有限公司：魏海明

龙岩市城投测绘有限公司：饶勇健

（十七）三明市（3 人）

三明市测量队：向彩云

三明山水勘测规划有限公司：廖木生

永安市东南测绘有限责任公司：陈克均

（十八）南平市（2 人）

松溪县土地收购储备中心：廖风云

邵武市不动产登记中心：吴建红

（十九）宁德市（1人）

周宁县自然资源与国土空间规划所：陈圣德

（二十）平潭综合实验区（1人）

平潭综合实验区行政服务中心：连夏晖

二、国土空间规划专业高级工程师（71人）

（一）福建省地质矿产勘查开发局（1人）

福建省地质测绘院：邓西鹏

（二）海峡人才市场（8人）

福建省地质遥感与地理信息服务中心：谢美娇

福建省村镇建设发展中心：叶丽

福州市规划设计研究院集团有限公司：薛姣龙、林若达、王盛威、林超、陈智睿

福建省工大工程设计有限公司：曾晓抒

（三）福建建工集团有限责任公司（9人）

福建省城乡规划设计研究院：潘炯鑫、何海滨

福建省地质遥感与地理信息服务中心：张菊萍

福建省工大工程设计有限公司：张慧芬、付鹏、方园

福建省唯冠工程设计有限公司：胡凯凯

湖南省国土资源规划院：戴冰武

朗建城市设计研究院有限公司福建分公司：钱仁晓

（四）福州市（2人）

福州市长乐区规划编制研究中心：刘根培

福州市长乐区国土资源局玉田国土资源所：江抒琳

（五）厦门市（22人）

厦门市规划数字技术研究中心：张雪梅、谢舒菁、胡文涓、洪珑梅

厦门市国土空间和交通研究中心（厦门规划展览馆）：林佳妮、阮海波、邓方文

厦门市城市规划设计研究院有限公司：马毅、陈宏、贺捷、陈毅伟、张健全、陈忠良、卫丹阳、陈卫龙

天津市城市规划设计研究总院有限公司厦门分院：谢书宇、赖茂荣、许宏彬

华侨大学建筑设计院（泉州）有限责任公司厦门分公司：饶琴

建盟设计集团有限公司：江昭禄

中社科（北京）城乡规划设计研究院厦门分院：魏建国

重庆市规划设计研究院厦门分院：卢章华

（六）漳州市（7人）

漳州市规划编制研究中心：林小卿

漳州市土地收购储备中心：林君

漳浦县城乡规划服务中心：赵金淮、卢寅生

漳州市长泰区村镇建设工作站：陈凌威

湖南城市学院设计研究院有限公司漳州分公司：曾芬

漳浦县绥安工业区开发总公司：林艺君

（七）泉州市（2人）

惠安县规划技术站：王凡君

泉州市城市规划设计研究院有限责任公司：刘中游

（八）龙岩市（6人）

福建省龙岩市城乡规划设计院：刘红生、吴晓武、吴春磊、余春意

连城县国土空间规划中心：项小花、邓旭东

（九）三明市（4人）

三明市土地收购储备中心：杨志荣

将乐县城乡建设规划队：朱土森

明溪县自然资源局土地收购储备中心：陈康

福建东南设计集团有限公司：余莉莉

（十）南平市（6人）

南平市国土空间规划技术研究中心：熊艳

南平市城市展示馆：高晨

武夷山市国土空间规划所：詹璐璐、周志富

顺昌县国土空间规划中心：谭灏

政和县土地收购储备中心：许宗胜

（十一）宁德市（4人）

宁德市规划编制研究中心：刘杰

霞浦县国土空间规划服务中心：骆星辰

霞浦县自然资源局：李婧

宁德市城建集团博创设计研究院有限公司：李戈

三、土地管理专业高级工程师（9人）

（一）福建省自然资源厅（1人）

福建省国土资源勘测规划院：李留所

（二）福建省地质矿产勘查开发局（3人）

福建省地质测绘院：林吉程、叶芬珍

福建省地质调查研究院：陈德林

（三）海峡人才市场（2人）

福建省地质遥感与地理信息服务中心：王志诚

福州市规划设计研究院集团有限公司：陈澍欣

（四）厦门市（1人）

厦门理鹭信息产业有限公司：陈燕斌

（五）漳州市（1人）

漳州招商局土地收购储备中心：黄永才

（六）泉州市（1人）

泉州市地质环境监测中心：林皆敏

周秀华等97位同志质量专业高级工程师职务任职资格人员名单

2023年3月29日，福建省人力资源和社会保障厅印发《关于批准确认周秀华等97位同志质量专业高级工程师职务任职资格的通知》（闽人社批复〔2023〕163号）提出，经研究，批准确认由福建省2021年度质量专业高级工程师任职资格评审会评审通过的周秀华等97位同志质量专业高级工程师职务任职资格，任职资格确认时间为2023年2月26日，现予公布，名单如下。

一、福建省市场监督管理局（16人）

福建省产品质量检验研究院：周秀华、谢静

福建省计量科学研究院：廖小华、方杰、王秀荣、黄志煌、曾新宇、郭贵勇、方仁桂

福建省标准化研究院：林孟朝、柯毅

福建省特种设备检验研究院泉州分院：许宏达

福建省特种设备检验研究院三明分院：周曦

福建省锅炉压力容器检验研究院南平分院：张花

福建省纤维检验中心：何军

福建省工业产品生产许可证审查技术中心：蓝友方

二、福建省药品监督管理局（2人）

福建省食品药品质量检验研究院：陈祥奕

福建省药品审核查验中心：高海荣

三、福建省供销合作社联合社（1人）

福建省茶叶质量检测与技术推广中心：陈百文

四、中国海峡人才市场（40人）

福建省产品质量检验研究院（中国海峡人才市场人事代理人员）：黄彬红、温金开、潘城、王少丽、林健、詹思敏、周良东、李郁、殷光松、刘华丰、伍仁库、张烨、郑玲、陈大霖、郑家引

福建省计量科学研究院（中国海峡人才市场人事代理人员）：邹建清、董小龙、刘挺、肖娜丽、陈冬梅

福建省特种设备检验研究院（中国海峡人才市场人事代理人员）：林天星、廖亚翾、张莉君、吴蔚峰、陈官顺

福建省特种设备检验研究院漳州分院（中国海峡人才市场人事代理人员）：康福灵、王泳霏

福建省特种设备检验研究院泉州分院（中国海峡人才市场人事代理人员）：黄明辉、杜明忠、陈必添、陈颖芳、蔡思杰、黄承锋

福建省特种设备检验研究院莆田分院（中国海峡人才市场人事代理人员）：宋威

福建省锅炉压力容器检验研究院（中国海峡人才市场人事代理人员）：蔡俊、陈宗杰、吴俊英

福建省纤维检验中心（中国海峡人才市场人事代理人员）：郭光振、李津

方圆标志认证集团福建有限公司（中国海峡人才市场人事代理人员）：巫瑞上

五、福建能源石化集团有限责任公司（2人）

福建福海创石油化工有限公司：祝晓蓉、张阿国

六、福州市（4人）

福建省特种设备检验研究院（福州市人事人才公共服务中心人事代理人员）：陈浩龙

福建省计量科学研究院（福州市人才市场人事代理人员）：谢石昊

福建恒杰塑业新材料有限公司：郑玉平

宏东渔业股份有限公司：罗联钰

七、漳州市（9人）

福建省特种设备检验研究院漳州分院（漳州市人事人才公共服务中心人事代理人员）：苏加新

漳州市工业产品生产许可证审查技术中心：郑惠超、林雅娴

漳州市龙海区质量计量检验检测所：郑嘉兴

东山县食品快检中心：林哲寅

东山县质量计量检验检测所：林三福

南靖县质量计量检验检测所：杨伟国

平和县质量计量检验检测中心：陈德龙、曾钟波

八、泉州市（4人）

泉州市食品药品认证与不良反应监测中心：连海林

泉州市产品质量检验所：上官良敏

泉州市泉港区疾病预防控制中心：庄文兰

永春县质量计量检测所：康恺

九、三明市（2人）

三明市计量所：吴维炜

三明市检验检测中心：魏榕梓

十、莆田市（3人）

莆田市产品质量检验所：丁高照

莆田市计量所：黄海旭、林彛芳

十一、南平市（4人）

南平市计量所：董敏君

南平市建阳区质量计量和执法技术检测所：郑艺、张倩

武夷星茶业有限公司：段联勃

十二、龙岩市（4人）

龙岩市食品药品认证审评和药品不良反应监测中心：龚国汉

龙岩市产品质量检验所：魏源

龙岩市计量所：邓玉湖

武平县质量计量检验检测中心：李祖洪

十三、宁德市（6人）

福建省特种设备检验研究院宁德分院（宁德市人才服务中心人事代理人员）：刘立源、陈洪俊

福建省锅炉压力容器检验研究院宁德分院（宁德市人才服务中心人事代理人员）：翁诗源

宁德市食品药品检验检测中心：詹少丹

宁德市计量所：黄培辉

柘荣县质量计量检测所：吴文耀

李娟等73位同志冶金专业高级工程师职务任职资格人员名单

2023年4月4日，福建省人力资源和社会保障厅印发《关于批准确认李娟等73位同志冶金专业高级工程师职务任职资格的通知》（闽人社批复〔2023〕176号）提出，经研究，批准确认由福建省2021年度冶金专业高级工程师任职资格评审会评审通过的李娟等73位同志冶金专业高级工程师职务任职资格，任职资格确认时间为2023年3月5日，现予公布，名单如下。

一、福建省冶金（控股）有限责任公司（50人）

1. 福建省三钢（集团）有限责任公司（11人）：李娟、彭恢攀、温健、李小环、林恩景、高岩、郭兆钊、段晨、王华钊、苏正飞、林丽梅

2. 福建省三钢闽光股份有限公司（10人）：陈贺、张庆庆、尚东海、徐泽宗、鲍日忠、姜迪刚、郭帅、陈其淋、胡正益、赖建伟

3. 厦门钨业股份有限公司（6人）：李成志、杨潮进、刘锦锐、黎轩、颜彬游、骆潆

4. 厦门金鹭特种合金有限公司（2人）：林亮亮、林凤添

5. 厦门厦钨新能源材料股份有限公司（2人）：张见、林建雄

6. 福建省长汀金龙稀土有限公司（2人）：孔维峰、阴长福

7. 厦门金鹭硬质合金有限公司（1人）：林小璇

8. 厦门朋鹭金属工业有限公司（1人）：高观金

9. 宁化行洛坑钨矿有限公司（1人）：杨美情

10. 福建贝思科电子材料股份有限公司（1人）：刘杰

11. 龙岩市稀土开发有限公司（1人）：孔维长

12. 福建省南平铝业股份有限公司（2人）：赵亚峰、钟文辉

13. 福建马坑矿业股份有限公司（5人）：黄荣庆、梁钱辉、杨羽慰、王志东、唐飞

14. 福建省连城锰矿有限责任公司（2人）：陈上华、刘清华

15. 福建省潘洛铁矿有限责任公司（1人）：刘海滨

16. 福建省冶金工业设计院有限公司（2人）：吴涌华、危雪梅

二、海峡人才市场（1人）

福建祥鑫股份有限公司（1人）：池海涛

三、厦门市（3人）

1. 紫金（厦门）工程设计有限公司（2人）：刘龙琼、谭伟

2. 紫金矿业集团股份有限公司厦门分公司（1人）：陈水波

四、龙岩市（15人）

1. 紫金矿业集团股份有限公司（12人）：陈庆坤、傅飞龙、高忠、罗秀芬、佘文远、孙言飞、温建、巫雨田、吴炳生、张德文、张焕然

2. 紫金铜业有限公司（2人）：甘聪、何发友

3. 福建紫金铜业有限公司（1人）：邱建根

4. 武平县三鑫矿业开发有限公司（1人）：陈才勇

五、宁德市（2人）

1. 福建青拓实业股份有限公司（1人）：黄建平

2. 福建青拓特钢技术研究有限公司（1人）：蒋一

六、漳州市（2人）

福建三宝钢铁有限公司（2人）：肖世钊、陈俊坤

陈庆良等32位同志通信专业高级工程师人员名单

2023年4月6日，福建省人力资源和社会保障厅印发《关于批准确认陈庆良等32位同志工程系列通信专业高级职务任职资格的通知》（闽人社批复〔2023〕179号）提出，经研究，批准确认2021年度福建省通信专业高级职务任职资格评审委员会评审通过的陈庆良等32位同志工程系列通信专业高级工程师的任职资格。任职资格确认时间为2023年2月10日，现予公布，名单如下。

一、中国电信股份有限公司福建分公司（21人）

1. 厦门分公司（3人）：陈庆良、连任、蔡璟珑

2. 莆田分公司（1人）：王必荣

3. 泉州分公司（4人）：赖孙芳、蔡珣、洪世协、谢思雄

4. 龙岩分公司（1人）：黄聪

5. 三明分公司（1人）：李致常

6. 省公司本部（10人）：张艳、温新英、侯翔宁、刘青、王建荣、郑新勇、陈磊石、黄赞、陈巧灵、谢振伟

7. 无线通信分公司（1人）：林磊

二、中电福富信息科技有限公司（4人）：林祺、陈德勤、伍广通、舒玉凤

三、福建省邮电规划设计院有限公司（7人）：陈厚鼎、陈金、孙龙山、黄崇明、李晓雷、张莹莹、江城

庄智桑等28位同志科技管理专业高级工程师职务任职资格批准确认名单

2023年5月19日，福建省人力资源和社会保障厅印发《关于批准确认庄智桑等28位同志科技管理专业高级工程师职务任职资格的通知》（闽人社批复〔2023〕322号）提出，经研究，同意确认由省非公有制企业高级专业技术职务任职资格考核委员会考核并审议通过的庄智桑等28位同志科技管理专业高级工程师职务任职资格。任职资格确认时间为2023年5月19日，现予公布，名单如下。

福州市（3人）

庄智桑、魏强、秦小艳

厦门市（1人）

廖凤珠

泉州市（6人）

黄祥贤、刘小龙、吴飞、黄其昌、曹树明、邱晓辉

南平市（5人）

胡正财、苏江波、杨斌、李满康、朱伟平

三明市（1人）

谢伟东

省工商联所属商会（12人）

黄贤前、李良华、陈大海、苏玉梅、吴春元、李海青、卢志恩、蔡小郭、王育玲、林臭知、李仁、林文峰

郑国永等51位同志机械专业高级工程师职务任职资格批准确认名单

2023年6月20日，福建省人力资源和社会保障厅印发《关于批准确认郑国永等51位同志机械专业高级工程师职务任职资格的通知》（闽人社批

复〔2023〕320号）提出，经研究，同意确认由省非公有制企业高级专业技术职务任职资格考核委员会考核并审议通过的郑国永等51位同志机械专业高级工程师职务任职资格。任职资格确认时间为2023年5月19日，现予公布，名单如下。

福州市（4人）

郑国永、李游高、周永宏、刘艳中

厦门市（3人）

黄晓菲、陈锦程、陆峰

漳州市（1人）

汤茂平（机电）

泉州市（12人）

林成惠、许聪艳、傅章敏、吴培红、张文中、黄志伟、李小锋、蒋启程（电气）、陈国富（电气）、王梅玲、黄发明（电气）、苏美燕

莆田市（3人）

陈晶、林健、闫炳雷

南平市（5人）

蒋国辉、洪祖强、邵安灿、张财生、李建（电气）

宁德市（2人）

王体智、梁世进

龙岩市（2人）

胡来意、李瑞平

省工商联所属商会（19人）

陈华颖、陈华、杨为鹏、欧秀勇、王采芳、王志鑫、李振芳、何希雄、康长春、李益森、林庆芳、叶宗贤、卢远计、曾艺宾、苏裕英、庄跃新、程文淦、许必海、林道城

林艳等26位同志电子专业高级工程师职务任职资格批准确认名单

2023年6月20日，福建省人力资源和社会保障厅印发《关于批准确认林艳等26位同志电子专业高级工程师职务任职资格的通知》（闽人社批复〔2023〕321号）提出，经研究，同意确认由省非公有制企业高级专业技术职务任职资格考核委员会考核并审议通过的林艳等26位同志电子专业高级工程师职务任职资格。任职资格确认时间为2023年5月19日，现予公布，名单如下。

福州市（4人）

林艳、孙建章、柳思泉、唐振华

厦门市（3人）

蒋洪奎、刘宗源、巩玉琴

泉州市（7人）

林救星、游丽萍、叶清润、林锦章、林良辉、刘聪江、胡雪娥

省工商联所属商会（12人）

杨基明、傅秋莲、许小芳、林生野、倪明元、陈水平、林飞、叶进发、曾小力、赵桂林、潘成伟、林述清

刘文美等5位同志食品专业高级工程师职务任职资格批准确认名单

2023年6月20日，福建省人力资源和社会保障厅印发《关于批准确认刘文美等5位同志食品专业高级工程师职务任职资格的通知》（闽人社批复〔2023〕325号）提出，经研究，同意确认由省非公有制企业高级专业技术职务任职资格考核委员会考核并审议通过的刘文美等5位同志食品专业高级工程师职务任职资格。任职资格确认时间为2023年5月19日，现予公布，名单如下。

厦门市（2人）

刘文美、陈月龙

泉州市（2人）

刘贻添、黄宗宝

省工商联所属商会（1人）

毛景华

张庆荣等596位同志建筑专业高级工程师职务任职资格批准确认名单

2023年6月20日，福建省人力资源和社会保障厅印发《关于批准确认张庆荣等596位同志建筑专业高级工程师职务任职资格的通知》（闽人社批复〔2023〕324号）提出，经研究，同意确认由省非公有制企业高级专业技术职务任职资格考核委员会考核并审议通过的张庆荣等596位同志建筑专业高级工程师职务任职资格。任职资格确认时间为2023年5月19日，现予公布，名单如下。

一、建筑工程施工高级工程师（197 人）

福州市（42 人）

张庆荣、黄辉期、林云瑜、卢国晖、薛卉、付镇龙、刘澍、陈裕城、徐水平、胡文斌、魏威、陈龙海、施建恩、叶竹芝、陈前、雷津、林宜胜、李国海、陈建明、方欣、章科振、林旺、林忠、陈成、滕述、许建华、方淼、赵希川、洪银辉、黄芳、李胜武、熊玉忠、林孟墀、林开勇、董建华、陈增锋、黄炳谊、吴绍木、朱景松、李坤伦、张宗群、潘彪

厦门市（12 人）

王兴强、石燕志、廖恒好、张兆良、刘文贤、凌元忠、黄友鹏、蔡美拱、杨增、官旭、陈宝文、吴世荣

漳州市（12 人）

李金祥、陈志福、方志坚、杨恩祥、刘良国、许丽莲、何海明、黄建明、林阿忠、赖桥福、柯振兴、郑勇杰

泉州市（37 人）

郭培鸿、何志阳、邹其兴、郭东海、陈其山、汪国元、何晓莺、郭伟明、陈俊琪、庄斌斌、董家星、王梓忠、董斌、苏永林、庄学文、蔡晓龙、吴国辉、范成永、郭汉甦、苏元署、陈俊杰、吴学彬、吴海龙、许剑华、吴明辉、杨奕建、王育民、李玉山、邓少强、陈志平、柳培育、柳明聪、郑晓伟、赖传烜、杨汉林、陈军军、陈锦灿

三明市（5 人）

上官昌烨、吴益延、潘可秀、许碧金、谢伟

莆田市（4 人）

陈候明、严玉梨、吴伸坤、陈国强

南平市（15 人）

倪友盛、朱丽东、叶丽仙、叶小明、詹名琳、曾清辉、陈一星、邓福英、郑丽娜、林后武、黄新喜、胡琦云、谢于光、陈秋彬、刘英

龙岩市（9 人）

林春华、刘茂荣、黄旭、郑富年、温定权、吴立飞、王鑫泷、王诚发、钟锦权

宁德市（4 人）

张如东、吴建军、魏林春、王岩生

平潭综合实验区（1 人）

林登辉

省工商联所属商会（56 人）

黄金龙、连嘉滨、林景南、徐正宗、许文彬、叶志勇、林凤温、庄志武、李家铮、黄声忠、林新、陈金龙、罗梨花、徐良坤、陈义、翁祖斌、刘木英、魏晓芳、林明锋、林晟野、陈旭亮、蔡秋蓉、林天元、王仁福、黄诗魁、郭云锋、张彬彬、郑建彬、汤永生、魏广宜、李铭铨、张明龙、陈明华、许族亮、余金林、赵小华、陈锋、陈建、杜志芳、蔡建康、陈少伟、林杰良、陈秀山、林苗春、魏洪禄、施志猛、张传跃、陈新、周腊梅、陈旭辉、侯晓辉、张国良、郑文、邱吉强、雷大橡、陈力向

二、市政工程施工高级工程师（93 人）

福州市（24 人）

王正祥、郑友、林辉、钱福圣、刘增瑞、陈沂、林真、林华镜、苏桂婷、朱梅香、黄忠栋、黄浩境、鄢晨烽、杨柳明、陈建强、吴仕健、叶芳美、蒋恩、陈敬景、卢思丽、黄新健、邱志强、林源、蒋宝珍

厦门市（4 人）

詹建生、林锦裕、郑炳龙、陈艺强

漳州市（2 人）

朱伟贤、王许平

泉州市（13 人）

连忠民、吴端奕、黄琼红、蔡金聪、黄振三、左辉荣、谢潘德、陈志杰、王命清、刘平如、肖坤元、练发焰、洪世伟

三明市（3 人）

章志伟、黄海清、陈泽斌

莆田市（2 人）

戴丽清、庄友芳

南平市（5 人）

何晓燕、倪友棋、林贵、余远锋、廖强

龙岩市（5 人）

郭耀辉、王建煌、苏志红、游小鹭、李海艳

省工商联所属商会（35 人）

黄善强、陈昌彬、邓忠良、黄澄海、黄飞龙、许金塔、王辉、苏鹏、倪行干、许可顺、吴世辉、叶香金、刘斌、吴升升、陈岚、杨帆、倪连森、黄立雄、梁丽梅、谢晓荣、陈榕、王铭、柯兴阳、许景德、谢靖、连庆国、张辉阳、谢万智、王曾

辉、张德海、林敬辉、严宗为、张国友、邱振祥、张由建

三、建筑机电设备安装施工高级工程师（5人）

福州市（1人）

唐雅彬

泉州市（2人）

刘永平、黄清平

龙岩市（1人）

刘添敏

省工商联所属商会（1人）

乐运清

四、建筑给水排水工程施工高级工程师（3人）

福州市（1人）

黄言安

泉州市（1人）

任文峰

省工商联所属商会（1人）

林家辉

五、建筑电气工程施工高级工程师（18人）

福州市（3人）

林诒喜、刘正香、林文清

厦门市（2人）

黄盛春、黄晓斌

漳州市（2人）

游建城、许华荣

泉州市（4人）

刘明喜、吕超迟、程之怀、张群英

省工商联所属商会（7人）

杨仕辉、陈凌峰、王俊瑜、林武、穆秀鳌、叶伟程、李志坚

六、道路与桥梁工程施工高级工程师（42人）

福州市（5人）

温才华、黄邦海、张云妹、魏光铨、张春林

厦门市（4人）

沈瑞昌、翁明忠、颜志福、陈耀文

漳州市（1人）

孙丽彬

泉州市（9人）

刘淑娥、吴婷婷、王永江、高灿辉、张志鸿、何向红、朱叶洲、庄秋松、黄志河

三明市（1人）

王云芳

莆田市（1人）

黄金华

南平市（4人）

唐小燕、张发进、李军、邵彩

宁德市（1人）

陈威

平潭综合实验区（1人）

陈兴煊

省工商联所属商会（15人）

柳熔彬、许金城、庄惠昌、庄绍浈、吴小烽、曾羽翔、陈秋城、刘伟、叶明亮、黄章林、王加虎、董李清、陈梅明、陈飞洪、许黄荣

七、建筑装饰施工高级工程师（8人）

福州市（1人）

林珅辉

漳州市（1人）

张长议

泉州市（1人）

张志忠

南平市（2人）

张洪峥、胡宗林

省工商联所属商会（3人）

陈山水、陈文水、林佳洋

八、建筑智能化施工高级工程师（8人）

福州市（3人）

王连英、张师举、王选铭

泉州市（2人）

林金洞、骆杰河

省工商联所属商会（3人）

李惠娟、郭振青、王志刚

九、工程建设管理高级工程师（118人）

福州市（58人）

林密、何书其、许文城、严大洋、张际喜、陈晓旭、曾宪旺、张凌宇、林垂焕、林澎、周国军、胡高东、华秩明、张祖冰、许展庚、陈书仁、徐良、徐丹、郑清、郑大立、任树磊、李华明、林辉、蒋仙俤、林世养、陈少航、冯德旺、李忠华、夏菁、范鸿年、苏美珍、叶陈清、郑垚锋、蒋义绥、郭世拯、林长泉、林富、游开志、雷天辉、温惠榕、黄巧林、蒋林立、章进象、周涛、

方玉修、陈盛、池丹辉、苏光沂、许柯清、范家伟、郑忠和、谢唐天、李连国、胡建辉、刘钒、张冬萍、雍新扬、丁海华

厦门市（10人）

李建锵、徐本龙、吴志荣、吴岚、王俊伟、谢明成、方芳、柯浩斌、侯献廉、邹永兴

漳州市（12人）

张镇章、郭敏锋、赖江华、李绍宏、赵宝泉、邱根发、刘艺珍、郑荣平、陈慧生、陈协协、吴胜、杨进林

泉州市（5人）

周敏、骆志聪、刘炳耀、陈江培、陈燕宾

三明市（1人）

林勇

莆田市（6人）

许金豹、陈飞、张海星、陈海忠、许志雄、陈于山

南平市（2人）

雷增华、严士玉

龙岩市（1人）

吴庆祥

宁德市（2人）

肖朝荣、林方

平潭综合实验区（1人）

池快伦

省工商联所属商会（20人）

朱宗焰、林培、卢国安、郭剑平、陈金龙、许东灿、林国贵、陈振华、杨斌、陈真、吕胜利、林文迪、刘朝华、黄志平、李云胜、唐飞、李秋艺、叶俊、陈惠、陈文豹

十、工程检测高级工程师（14人）

福州市（4人）

林健华、洪雪华、刘良德、林福东

厦门市（1人）

彭学援

漳州市（2人）

李特龙、胡晓姗

泉州市（2人）

孙培阳、张时维

莆田市（3人）

许文滔、艾细红、喻劲松

宁德市（1人）

吴震业

省工商联所属商会（1人）

刘祖炎

十一、工程造价高级工程师（7人）

福州市（2人）

傅海云、胡宝忠

泉州市（1人）

郭奎明

三明市（1人）

程阳

宁德市（2人）

陈莹、黄其辉

省工商联所属商会（1人）

杨家桂

十二、暖通与空调安装（3人）

厦门市（1人）

纪宠彬

龙岩市（1人）

苏国华

省工商联所属商会（1人）

吴凯斌

十三、风景园林施工高级工程师（80人）

福州市（18人）

林舟、陈滨振、唐娜、许航、陈敏、吴乐群、彭剑斌、张清、何鹏、赖传棋、夏能良、陈韬、王景洲、李秋桂、林兴朝、黄周泉、陈飞文、黄福川

厦门市（4人）

刘丽梅、黄满琼、包海华、杨海岳

漳州市（9人）

黄伟杰、石自磊、林勇敏、陈灵、黄燕萍、吴惠红、曾金杯、郭平、林艺燕

泉州市（9人）

黄玉萍、赖家彬、叶志建、庄明裕、朱万坤、吴明智、黄伟平、黄柳清、吴杰文

南平市（3人）

董建峰、许海、陈元武

平潭综合实验区（1人）

吴锦锐

省工商联所属商会（36人）

何毅伟、刘荣珍、王巧艺、徐庆祥、杨建腾、

吴炳华、赖锡忠、李桂云、林征、邱丽华、颜献福、罗财明、商佳冰、黄倩、蓝可然、林艳芳、颜惠玲、林育芳、赖丽姗、尤庆健、陈乐婷、许章景、姜建新、林东明、康元鹏、石卉、刘锦树、林先荣、李金彪、黄身捷、邓有焕、孟建仁、童忠喜、严云山、王已有、柯立

江玉容等3位同志轻纺专业高级工程师职务任职资格人员名单

2023年7月6日，福建省人力资源和社会保障厅印发《关于批准确认江玉容等3位同志轻纺专业高级工程师职务任职资格的通知》（闽人社批复〔2023〕364号）提出，经研究，批准确认由福建省轻纺专业高级工程师任职资格评审会评审通过的江玉容等3位同志轻纺专业高级工程师职务任职资格，任职资格确认时间为2023年5月26日现予公布。

一、福建省能源石化集团有限责任公司（2人）

福建福能南纺卫生材料有限公司：江玉容、黄秀珍

二、漳州市（1人）

东山海关综合技术服务中心：朱惠娜

林德城等25位同志通信专业高级工程师名单

2023年8月11日，福建省人力资源和社会保障厅印发《关于批准确认林德城等25位同志工程系列通信专业高级工程师任职资格的通知》（闽人社批复〔2023〕459号）提出，经研究，批准确认2022年度福建省工程系列通信专业高级职务任职资格评审委员会评审通过的林德城等25位同志工程系列通信专业高级工程师的任职资格。资格确认时间为2023年7月22日，现予公布，名单如下。

一、中国移动通信集团福建有限公司（20人）

林德城、郑银云、叶娴、徐健、章金水、王琳、陈俊杰、叶建锋、叶育文、李志鹏、陈细迷、张峰、连毅、范照峰、孙钰、陈向荣、薛建洪、李静、王皓轮、张志鹏

二、中国铁塔股份有限公司福建省分公司（2人）

詹绍武、林斌高

三、厦门市专用通信局（1人）

柯福心

四、福建永福电力设计股份有限公司（1人）

邓舒

五、锐捷网络股份有限公司（1人）

张灿峰

陈嫣等143位同志高级工程师职务任职资格人员名单

2023年11月16日，福建省人力资源和社会保障厅印发《关于批准确认陈嫣等143位同志林业专业高级工程师职务任职资格的通知》（闽人社批复〔2023〕690号）提出，经研究，批准确认由2022年度林业专业高级工程师任职资格评审会评审通过的陈嫣等143位同志林业专业高级工程师职务任职资格，任职资格确认时间为2023年10月24日，现予公布，名单如下。

一、福州市（8人）

罗源县林业局白塔林业站：陈嫣

罗源县林业局霍口林业站：李昌良

闽侯县林业局林业规划队：张瀚峰

连江县林业规划队：邱仁寿、孙亲安

福州市林长制事务中心：杨逢志

福州市森林病虫害防治检疫站：吴禹杰

福州市晋安区林业执法大队：张丽烟

二、厦门市（1人）

厦门市翔安区林政资源事务中心：王国联

三、漳州市（8人）

漳州市花卉研究所：张其生

福建省龙海九龙岭国有林场：林东升

福建省长泰岩溪国有林场：石联运

漳州市长泰区马洋溪林业工作站：汤锦坤

福建省漳浦下蔡国有防护林场：杨育杰

云霄县种苗服务站：陈洁波

华安县新圩林业站：陈建波

禾佳生态环境股份有限公司：陈荣顺

四、泉州市（6人）

南安市林业局营林管理站：黄燕如

南安市森林病虫害防治站：黄仕君

福建省南安罗山国有林场：郭肖华

安溪县魁斗林业站：陈德清

安溪县西坪林业站：陈志洪

永春县蓬壶片区林业工作站（桂洋）：康俊永

五、莆田市（2人）

仙游县营林指导站：黄志杰

仙游县林业局基层林业工作站：颜志勤

六、三明市（33人）

福建君子峰国家级自然保护区管理局：曹雪芬

三明市三元区莘口林业工作站：陈芬

三明市沙县区林业工作总站：王陈明

福建省沙县官庄国有林场：黄帮水

福建省沙县水南国有林场：陈立、罗邦华、余小龙

永安市林业综合行政执法大队：吴步章

福建省永安林业（集团）股份有限公司：何金明

尤溪县林业行政执法大队：梁其斌、林明晖

尤溪县林业局坂面林业站：俞琳

福建省尤溪国有林场：李肇守

大田县广平林业工作站：张玉化

大田县湖美林业工作站：高建东

大田县华兴林业工作站：陈思伟

大田县建设林业工作站：颜梅文

大田县均溪林业站：刘丽婷

福建省大田桃源国有林场：姜承财

明溪县林业科技推广中心：邱乐平

清流县城关林业站：罗福云

清流县嵩溪林业站（清流县城关林业站）：林光忠

福建省清流国有林场：邓宗杰

宁化县绿化工作站：谢阿琼

宁化县速生丰产林基地站：王兴选

福建省宁化国有林场：张标铭

宁化县县属国有林场：邱衍生

将乐县城市建设发展集团有限公司：陈海强

福建省将乐国有林场：吴炜

泰宁县造林绿化中心：谢金礼

福建省泰宁国有林场：翁建宇

福建省建宁国有林场：姜景荣、廖朝晖

七、南平市（26人）

南平市建阳区黄坑林业站：詹世鹏

顺昌县林业执法大队：陈凌强

顺昌县林业种苗站：陈昌斌

福建省顺昌埔上国有林场：江上喜

浦城县濠村林业工作站：曹明俊

浦城县森林资源技术中心：敖波平

浦城县万安林业工作站：祝松泉

浦城县忠信林业工作站：张清招

光泽县林业综合行政执法大队：严政勇

光泽县森林病虫害防治检疫站：官雁华

光泽县苗圃：江乃光

光泽县华桥林业工作站：陈建平

光泽县天源国有林场大青分场：陈金叶

光泽县寨里林业工作站：黄加林

政和县林业局岭腰林业工作站：杨勇

政和县林业局石屯林业工作站：徐世荣

邵武市张厝国有林场有限责任公司：危青泉

福建省武夷山国有林场：张华

福建省建瓯市属国有林场有限公司：郑勇青

福建省建瓯市玉山林业工作站：郑玉金

福建省建瓯水西国有林场：陈旭辉

建瓯市吉阳林业工作站：胡美绿

建瓯市鑫林海林业规划发展有限公司：陈完亮、刘国财

福建省南平葫芦山国有林场：张红梅

福建南平三元循环技术有限公司：陈卫群

八、龙岩市（30人）

龙岩市新罗区林业综合执法大队：吴宏业

龙岩市新罗区大池林业站：倪跃村

龙岩市新罗区龙门林业站：陈耕辉

龙岩市新罗区西陂林业站：许晓银

长汀县森林病虫害防治检疫站：江晟

长汀县森林资源服务站：吴剑英

长汀县林业执法大队：涂水秀

长汀县策武林业工作站：钟春连

长汀县三洲林业工作站：陈鹏飞

长汀县四都林业工作站：赖腾生

福建省长汀楼子坝国有林场：俞初庸、郑坚、钟祥顺

上杭县汀江国有林场：黄崇康

上杭县国有林场管理站：丘国文

上杭县林业局才溪林业站：林启春

上杭县林业局官庄林业站：林炳富

上杭县林业局湖洋林业站：林文英

上杭县森防检疫站：郭永平

武平县湘店林业工作站：刘梓江

连城县林业局罗坊林业站：郑连峰

连城县林业局四堡林业站：谢贻銮

连城县林业执法大队：沈楚瑛

漳平市林业防灾减灾中心：余清海

福建省漳平木村林产有限公司：钟振亚

福建省漳平五一国有林场：陈武荣、李文贵、余国清

龙岩市兴龙林业技术咨询服务有限公司：林培锋

铁山林业站：陈德相

九、宁德市（10人）

宁德市野生动植物与湿地保护中心：石玲

宁德市林业科研与技术推广中心：李敏霞

宁德市蕉城区林业行政执法大队：吴海燕

古田县凤埔林业站：郑建锤

屏南县林业局岭下林业站：张春青

周宁县林业（花卉）产业发展中心：林小娟

周宁县林业执法大队：周少华

福建省福鼎后坪国有林场：王其桁

福鼎市太姥山林业工作站：郑峰奇

福建省宁德福口国有林场：陈庆武

十、平潭综合实验区（1人）

平潭综合实验区自然资源服务中心：高晖

十一、省林业局（16人）

福建省林业科学研究院：黄雍容、汤行昊

福建省林业调查规划院：陈花丹、方晓敏、刘海、周奇

福建省林业勘察设计院：葛小娟、郭建民、何文浩、刘晨舒、刘剑钊、叶伟

福州植物园：游剑滢

福建省洋口国有林场：连书钗、杨淑宝

福建省林业科技试验中心：林龙

十二、福建农林大学（1人）

福建农林大学西芹教学林场：谢建文

十三、省船舶工业集团有限公司（1人）

福人集团有限责任公司：叶平昊

徐剑华等12位同志建筑机电设备安装专业高级工程师职务任职资格人员名单

2023年12月4日，福建省人力资源和社会保障厅印发《关于批准确认徐剑华等12位同志建筑机电设备安装专业高级工程师职务任职资格的通知》（闽人社批复〔2023〕752号）提出，经研究，批准确认由2022年度福建建工集团建筑机电设备安装专业高级工程师任职资格评审会评审通过的徐剑华等12位同志建筑机电设备安装专业高级工程师职务任职资格，任职资格确认时间为2023年11月8日，现予公布，名单如下。

一、福建省工业设备安装有限公司（7人）

徐剑华　钟富玉　刘添锋　赖友根　陈伟艺　聂建华　卢晓伟

二、福建省三安机电工程有限公司（5人）

许仪煌　赖晓龙　郑积栋　陈　波　黄德水

林晓瑜等194位同志交通专业高级工程师职务任职资格人员名单

2023年12月8日，福建省人力资源和社会保障厅印发《关于批准确认林晓瑜等194位同志交通专业高级工程师职务任职资格的通知》（闽人社批复〔2023〕760号）提出，经研究，批准确认由2022年度交通专业高级工程师任职资格评审会评审通过的林晓瑜等194位同志交通专业高级工程师职务任职资格，任职资格确认时间为2023年11月17日，现予公布，名单如下。

一、福建省交通运输厅：（66人）

（一）福建省湄洲湾港口发展中心（2人）

1. 福建省湄洲湾港口发展中心斗尾港务站：林晓瑜

2. 福建省湄洲湾港口发展中心水运工程质量安全技术站：郭梅辉

（二）福建省交通科技发展集团有限责任公司（64人）

1. 福建省交通规划设计院有限公司（28人）：林威、薛承鹏、王少杰、张悦、肖鸿志、张成江、江婧、黄晓迪、倪政斌、黄超、陈磊华、郑尚乎、

林坚、王达荣、马芳、周桂梅、连铭恒、毛文浩、张帆、兰荣彬、邓兴婷、詹大山、黄发兴、曾真、陈晨风、俞冠、冯小平、潘苑

2. 福建省交通科研院有限公司（8人）：程琳、翁旭恒、陈嘉齐、游德泉、钟培鑫、罗子林、乐立区、许静

3. 福建省交通人力资源有限公司代理人员（22人）

（1）福建省交通建设工程监理咨询有限公司：黄俊平、晏建辉

（2）福建省交通建设工程试验检测有限公司：洪慧通、叶勇、邓玉华、廖智敏、陈彰发

（3）福建省交通建设试验检测中心有限公司：陈春日

（4）福建省交设工程试验检测有限公司：张小玲、林永旺

（5）福建省陆海工程科技有限公司：苏应寿、吴志芳、林联泰

（6）福州市首邑交通建设投资有限责任公司：陈晖

（7）福州西港工程设计有限公司：詹家涛

（8）福建省博达企业管理咨询服务有限公司：蓝剑秋

（9）福建省港永建设工程有限公司：黄志新

（10）福建省交院工程建设有限公司：黄铭泉

（11）福州路港交通工程试验检测有限责任公司：郭燕平

（12）厦门中建东北设计院有限公司：毛欣华

（13）武平县富通公路建设投资有限公司：钟锦荣

（14）中泓筑业设计有限公司：肖培源

4. 福建省港航勘察设计院有限公司（5人）：杨云、李阳、皇甫凯龙、林国银、吴正翔

5. 福建省交发高科有限公司（1人）：蔡隆文

二、福建省教育厅（1人）

福建水利电力职业技术学院：余李艳

三、福建省港口集团有限责任公司（8人）

1. 福建八方港口发展有限公司：连俊

2. 福建省港口工程有限公司：张泽光

3. 福建省海航建设管理有限公司：张健

4. 福建省罗屿港口开发有限公司：郑祥昌

5. 福建省莆田涵江港口建设发展有限公司：陈航

6. 泉州沙格港务有限公司：庄松鹏

7. 厦门港口开发建设有限公司：许宁

8. 厦门港务疏浚工程有限公司：李建国

四、福建建工集团有限责任公司（5人）

1. 福建建工集团有限责任公司（3人）：章龙、纪红媚、江婷

2. 福建建筑人才服务中心代理人员（2人）

（1）福建省禹天建设有限公司：陈建锋

（2）福建致和工程勘察设计院有限公司：池全华

五、福建省高速公路集团有限公司（27人）

1. 福建泉厦高速公路管理有限公司：黄汉东

2. 福建省高速公路达通检测有限公司：钟华、陈晶、赖政清、梁腾杭、林立峰、郑光岩

3. 福建省高速公路养护工程有限公司：胡宇霖

4. 福建省高速技术咨询有限公司：王芊、贾晓娟、唐志敏

5. 福建省高速公路信息科技有限公司：林国选

6. 福建省龙岩高速公路有限公司：王永发、江勋

7. 福建省宁德高速公路有限公司：傅永禄

8. 福建省泉州高速公路有限公司：周允谆、李森、林忆谛

9. 福建省三明高速公路有限公司：胡晓刚

10. 福建省漳州高速公路有限公司：许丽莉

11. 福州川达公路养护工程有限公司：宋刚

12. 福州京福高速公路有限责任公司：林思风、陈继情、危炫杰

13. 南平福银高速公路有限责任公司：魏海宝、黄明敏、王芳彬

六、中国海峡人才市场（6人）

1. 福建省林业勘察设计院：郑德斌、曾翔

2. 福建省天柱建设工程有限公司：刘薇

3. 漳州市古雷市政园林发展有限公司：卢志伟

4. 福州地铁二号线东延线有限公司：吴永泉

5. 福州永升工程管理有限公司：陈行兵

七、漳州市（7 人）

1. 漳州通平漳武高速公路有限公司：车轲

2. 漳州市金通建设工程有限公司：吴州平

3. 漳州市公路事业发展中心长泰分中心：蔡州鹏

4. 福建漳龙建投集团有限公司：丁建文

5. 南靖县交通综合服务中心：叶植生

6. 漳州市城市规划设计研究院有限公司：张思旺

7. 漳州市公路事业发展中心云霄分中心：方进树

八、泉州市（7 人）

1. 福建第一公路工程集团有限公司：倪江斌、雷鹏晖、陈阳平

2. 福建路港（集团）有限公司：何毅伟

3. 泉州台商投资区城市建设发展有限公司：张鑫平

4. 泉州市公路事业发展中心惠安分中心：曾丽梅

5. 泉州市交通运输综合执法支队：罗贞

九、三明市（19 人）

1. 三明市公路事业发展中心宁化分中心：付贤龙、范锋

2. 三明市公路事业发展中心泰宁分中心：黄发铨

3. 三明元溪高速公路有限责任公司：马立铭

4. 三明市交通事业发展中心：苏海

5. 三明市公路桥隧保障中心：范立峰、巫海明

6. 三明市交发集团公路建设开发有限公司：陈聚霖

7. 三明市路桥集团交通规划设计院有限公司：钟和、陈文明

8. 三明市路桥集团永达工程咨询有限公司：陈续鸿、郑际练

9. 三明田安高速公路有限责任公司：卓仕敏

10. 尤溪县交通建设发展中心：黄文飞

11. 明溪县农村公路养护中心：林阳春

12. 福建省海盛交通投资有限公司：郑瑞程

13. 福建省友诚建设有限公司：黄其冰

14. 清流县城市建设投资服务中心：雷发根

15. 清流县交通建设工程质量安全技术站：赖炜华

十、莆田市（4 人）

1. 福建省闽招工程检测有限公司：王华

2. 莆田市公路事业发展中心涵江分中心：翁丽花

3. 莆田市交通建设质量安全中心：张敏

4. 莆田市交通投资集团有限公司：谢能辉

十一、南平市（20 人）

1. 南平市公路事业发展中心武夷山分中心：滕炜

2. 福建南平路桥建设工程有限公司：季浦和、江通进

3. 福建省恒通路桥工程有限公司：曾华超

4. 福建武夷山旅游发展股份有限公司：官宇

5. 福建新路达交通建设监理有限公司：程建洪、姚孔军、游培钧、陈针

6. 南平高速建设有限公司：黄涛、林文宝、翁火斌

7. 南平高速咨询监理有限公司：丁凯

8. 南平市建阳区嘉禾公路建设投资有限公司：郑成忠

9. 南平市交通运输综合执法支队：游书锋、温晞

10. 松溪县交通事业发展中心：吴志炜

11. 南平武沙高速公路有限责任公司：高原、黄清明

12. 南平武夷矿产资源发展有限公司：黄美容

十二、龙岩市（17 人）

1. 龙岩市公路事业发展中心：林武清

2. 福建尚达建设工程有限公司：龚新明

3. 福建省永明建设工程有限公司：池红斌

4. 福建顺联公路养护科技有限公司：钟晟龙

5. 连城县县乡公路站：巫容初

6. 龙岩交通建设集团有限公司：刘彪、刘键涌、陈小晓、林锋旺

7. 龙岩靖永高速公路有限责任公司：卢金华、刘福明

8. 龙岩市公路建设发展中心：刘天平

9. 龙岩市长汀公路事业发展中心：钟益升

10. 长汀县交通建设质量安全监督站：丘有贵

11. 漳平市交通工程站：陈锦浙、林德荣

12. 漳平市农村公路养护站：陈振新

十三、宁德市（5 人）

1. 宁德市公路事业发展中心：龚晓琳

2. 东侨经济技术开发区财政投资评审中心：郑小凤

3. 宁德宁古高速公路有限责任公司：陈建东

4. 宁德三都澳高速公路有限责任公司：郑孝炼

5. 宁德市交通运输综合执法支队：魏岑翀

十四、平潭综合实验区（2 人）

1. 平潭综合实验区城乡建设与交通运输服务中心：韩斌

2. 平潭综合实验区先行实业有限公司：林喜

王凌等 98 位同志地勘专业高级工程师职务任职资格人员名单

2023 年 12 月 14 日，福建省人力资源和社会保障厅印发《关于批准确认王凌等 98 位同志地勘专业高级工程师职务任职资格的通知》（闽人社批复〔2023〕783 号）提出，经研究，批准确认由 2022 年度福建省地勘专业高级工程师任职资格评审会评审通过的王凌等 98 位同志地勘专业高级工程师职务任职资格，任职资格确认时间为 2023 年 11 月 25 日，现予公布，名单如下。

一、福建省地质矿产勘查开发局（86 人）

（一）福建省闽北地质大队

1. 地质矿产：王凌、黄文昌、李常萌、方能辉、梁林、张晓君；

2. 水文地质与工程地质：黄晓辉；

（二）福建省闽西地质大队

1. 地质矿产：江锦忠、吴金钟、吴久芳；

2. 水文地质与工程地质：王小平、张火亮；

3. 地质测绘：程少强、李陈；

4. 实验测试：陈玟；

（三）福建省第二地质勘探大队

1. 地质矿产：洪鑫源、梁彬；

2. 水文地质与工程地质：苏俞晓、揭育华、严国敏、罗远烽；

（四）福建省闽东南地质大队

1. 地质矿产：胡庆伟、李全力、谢明阳、陈伟、张良旭；

2. 水文地质与工程地质：朱晓星、谢殿荣、郑坚持、潘泉发；

3. 地质测绘：林祥伟、杨飞红、赖礼泉；

4. 探矿工程：李明；

（五）福建省第四地质大队

1. 地质矿产：张国东、陈坛寿；

2. 水文地质与工程地质：陈海军、张春何、钟鸣；

3. 地质测绘：张萍；

4. 地球化学勘查：黄景、刘善华；

（六）福建省第八地质大队

1. 地质矿产：蓝文强、陈江华、吴冬、沈火春；

2. 水文地质与工程地质：席亚龙；

（七）福建省闽南地质大队

1. 地质矿产：阙万焜、吴大焕、范君学；

2. 水文地质与工程地质：陈永进、周秋容、史晓磊；

（八）福建省厦门地质工程勘察院

1. 水文地质与工程地质：林涛、谢邦安；

2. 海洋地质：王强；

（九）福建省地质工程勘察院

1. 水文地质与工程地质：龚匡周、陈志超、李方振、江彬、刘兴学

2. 地质测绘：吴捷、许敏；

（十）福建省地质工程大队

1. 水文地质与工程地质：殷超凤、江福贤；

2. 探矿工程：魏志雄；

（十一）福建省地质测试研究中心

实验测试：郑飞鹏、魏若眉、林添；

（十二）福建省地质测绘院

1. 地质矿产：季一君、张程；

2. 水文地质与工程地质：林晗平、肖永强；

3. 地质测绘：翁夏青、郑哲、胡一鸿；

4. 地球物理勘查：肖章寿；

（十三）福建省地质调查研究院

1. 地质矿产：黄良伟、陈中央、倪君君；

2. 地球化学勘查：钟和清、周云龙、陈腾；

3. 海洋地质：袁勋；

（十四）福建省核工业二九五大队

水文地质与工程地质：戈金华、郭崚；

二、福建省煤田地质局（7人）

（一）福建省121地质大队

1. 地质矿产：雷明亮；

2. 水文地质与工程地质：张雍照；

3. 探矿工程：潘小志；

4. 地球物理勘查：陈斌；

（二）福建省196地质大队

水文地质与工程地质：汪翔；

（三）福建省197地质大队

水文地质与工程地质：余国松；

（四）福建省煤田地质勘查院

水文地质与工程地质：卢文徽；

三、中国海峡人才市场（1人）

福州市勘测院有限公司：

水文地质与工程地质：叶文超；

四、福建建工集团有限责任公司（1人）

闽武长城建设发展有限公司：

水文地质与工程地质：陈明；

五、三明市（1人）

三明市三元区自然资源局技术服务中心：

水文地质与工程地质：简磊；

六、南平市（1人）

邵武市土地收购储备中心：

地质矿产：李泽俊；

七、龙岩市（1人）

紫金矿业集团股份有限公司：

地质矿产：阙永泉。

陈杰等70位电子专业高级工程师职务任职资格人员名单

2023年12月21日，福建省人力资源和社会保障厅印发《关于批准确认陈杰等70位同志电子专业高级工程师职务任职资格的通知》（闽人社批复〔2023〕813号）提出，经研究，批准确认由2022年度电子专业高级工程师任职资格评审会评审通过的陈杰等70位同志电子专业高级工程师职务任职资格，任职资格确认时间为2023年12月3日，现予公布，名单如下。

一、中国海峡人才市场（3人）

中国人民解放军联勤保障部队第九〇〇医院：陈杰；

广东省电信规划设计院有限公司福州分公司：苏昌荣、张丽英。

二、福州大学 （1人）

福州大学：廖彬。

三、福建中医药大学（1人）

福建中医药大学附属人民医院：林郑春。

四、福建省广播影视集团（17人）

福建省广播影视集团：林征、阮平凡、黄亚海、董行喆、辜维维、张诚彬、姚思芬；

福建省广播电视传输发射中心：张志昊、柯少锋、赵梦奇、林柏青、孙演、王志杰、刘珠明、林灵、林鑫明、卢滔。

五、福建广电网络集团股份有限公司（5人）

福建广电网络集团股份有限公司：吴进强；

福建广电网络集团股份有限公司台江分公司：王子诚；

福建广电网络集团股份有限公司漳州分公司：邱勇杰；

福建广电网络集团股份有限公司安溪分公司：陈明飞；

福建广电网络集团股份有限公司明溪分公司：黄田森。

六、福建省农村信用社联合社（2人）

福建省农村信用社联合社：屈盛知、廖根健。

七、福建省电子信息（集团）有限责任公司（1人）

四创科技有限公司：庄文鹏。

八、福建省国有资产管理有限公司（29人）

福建星网锐捷通讯股份有限公司：沈东海、段琼、李中冬、薛建清、陈节省、夏威；

锐捷网络股份有限公司：陈凤标、郭发长、何新彪、黄宏、卢燕瑜、陆生贵、潘文贤、王辉、谢筱耸、徐毅、叶进、叶兆丰、张茂峰、郑成锵；

福建星海通信科技有限公司：蓝茂利、林煜、吴保义、吴利生、林燕雪；

福建省数字福建云计算运营有限公司：王清江；

福建福顺半导体制造有限公司：陈力；

福建省应急通信运营有限公司：许明；

北京天融信网络安全技术有限公司：乐文城。

九、漳州市（1人）

漳州众环科技股份有限公司：王跃能。

十、泉州市（3人）

泉州广播电视台：颜亚东；

福建（泉州）先进制造技术研究院：黄小春；

泉州中侨（集团）股份有限公司半导体器件厂：张培宗。

十一、龙岩市（1人）

龙岩有线电视台：张献江。

十二、宁德市（1人）

福建省宁德市电视微波站：朱文雄。

十三、平潭（1人）

平潭综合实验区融媒体中心：蔡峰。

十四、试点龙头企业（4人）

宁德时代新能源科技股份有限公司：陈长松、张继君；

福建龙净环保股份有限公司：魏芳梅、张林星。

陈珑等59位同志科技管理专业高级工程师职务任职资格人员名单

2023年12月26日，福建省人力资源和社会保障厅印发《关于批准确认陈珑等59位同志科技管理专业高级工程师职务任职资格的通知》（闽人社批复〔2023〕823号）提出，《福建省工程技术经济专业职称改革领导小组关于批准确认陈珑等59位同志科技管理专业高级工程师任职资格的请示》（闽工信职改〔2023〕24号）悉。经研究，批准确认由2022年度福建省科技管理专业高级工程师任职资格评审会评审通过的陈珑等59位同志科技管理专业高级工程师职务任职资格，任职资格确认时间为2023年12月10日，现予公布。

一、福建省发展和改革委员会（2人）

福建省经济信息中心：陈珑、陈祥钦。

二、福建省科技厅（2人）

福建省科学技术信息研究所：林宁思、林劲松。

三、福建省工业和信息化厅（2人）

福建省节能中心：陈亮；

福建省中小企业服务中心：郭音。

四、福建省生态环境厅（2人）

福建省生态环境信息中心：谢晓刚；

福建省辐射环境监督站：陈东军。

五、福建省市场监督管理局（1人）

福建省知识产权保护中心：杨晟。

六、福建省创新研究院（1人）

福建省创新研究院：黄海滨。

七、福建省煤田地质局（2人）

福建省煤田地质勘查院：李富芹；

福建省东辰建设工程集团有限公司：何根照。

八、中国海峡人才市场（4人）

福建经济和信息化技术中心：高锦萍；

福州市城建数智科技有限公司：陈庆勇；

福建日报报业集团印刷厂：林来河；

福建科瑞药业有限公司：李曦。

九、福州大学（1人）

福州大学：李群。

十、福建广电网络集团股份有限公司（2人）

福建广电网络实业集团股份有限公司：吴俭；

福建广电网络集团南平分公司：彭晓鹏。

十一、福建省投资开发集团有限责任公司（1人）

福建省投资开发集团有限责任公司：鲁伟。

十二、福建省冶金（控股）有限责任公司(2人)

厦门钨业股份有限公司：刘滨、吴培云。

十三、福建省能源石化集团有限责任公司（1人）

福建省华厦能源设计研究院有限公司：李红。

十四、福建建工集团有限责任公司（3人）

福建省建研工程检测有限公司：陈娟婷；

福建省国源教育科技有限公司：吴太青；

国脉科技股份公司：许颖。

十五、福建省机电（控股）有限责任公司(1人)

福建海峡科化股份有限公司：张贤锋。

十六、福州市（4人）

福州市生态环境宣传教育中心：谢冠君；

福州市海洋与渔业技术中心：余钦明；

福州左海控股集团有限公司：黄桦；

福州启云信息技术有限公司：田志胜。

十七、漳州市（2人）

漳州市科技情报研究所：沈细冰；

漳州市九龙江集团有限公司：李晓莲。

十八、泉州市（11 人）

泉州市政府投资项目评审中心：白德辉；

泉州市应急救援中心：杨能川；

泉州市区应急备用水源调配中心：鲍天降；

泉州市第一医院：王力毅；

泉州市医疗废物处置中心：黄诗树；

晋江市生产力促进中心：许伟琦；

南安市机关效能投诉中心：谢金波；

南安市梅山镇综合执法队：黄炼发；

永春县城乡环境卫生考评中心：黄长昌；

安溪县湖头镇社会事务服务中心：王怀山；

福建第一公路工程集团有限公司：林志灵。

十九、三明市（6 人）

三明市科技信息研究所：邹璇；

永安市应急救援中心：俞志斌；

明溪县总医院：吴丽燕；

尤溪县轻纺行业促进中心：阮荣钟；

尤溪县防震减灾中心：陈丽芳；

尤溪县安全生产应急救援指挥中心：郭齐统。

二十、南平市（1 人）

邵武市公共资源交易中心：李志新。

二十一、龙岩市（5 人）

龙岩市节能监测中心：赖应源；

龙岩市科技情报研究所：邱孝聪；

上杭县政府投资项目评审中心：邱甫红；

紫金矿业集团股份有限公司：温文富；

福建德尔科技股份有限公司：阙祥育。

二十二、宁德（1 人）

福鼎市中小企业服务中心：曾金珠。

二十三、试点龙头企业（2 人）

宁德时代新能源科技股份有限公司：李世松、刘子华。

林华益等 17 位同志汽车、船舶机械专业高级工程师职务任职资格人员名单

2023 年 12 月 28 日，福建省人力资源和社会保障厅印发《关于批准确认林华益等 17 位同志汽车、船舶机械专业高级工程师职务任职资格的通知》（闽人社批复〔2023〕833 号）提出，经研究，批准确认由 2022 年度福建省汽车、船舶机械专业高级工程师任职资格评审委员会评审通过的林华益等 17 位同志汽车、船舶机械专业高级工程师职务任职资格，任职资格确认时间为 2023 年 12 月 9 日，现予公布，名单如下。

一、福建省船舶工业集团有限公司（6 人）

福建省马尾造船股份有限公司：林华益、胡文尧、吴恭鼎；

厦门船舶重工股份有限公司：陈章、李赟；

福建福船一帆新能源装备制造有限公司：罗斌；

二、海峡人才市场（10 人）

福建奔驰汽车有限公司：李顺、王佳、郑春晖；

东南（福建）汽车工业有限公司：李青、钟文英、林华霖、马昌金、黄书生、王顺俗；

福州智洋船舶工程有限公司：郑均文；

三、三明市（1 人）

中国重汽集团福建海西汽车有限公司：李少华。

（摘编：郑新贵）

福建省工程系列土建专业技术职务任职资格人员名单

2023年1月18日，福建省人力资源和社会保障厅印发《关于批准确认朱雯喆等16位引进生工程系列土建专业技术职务任职资格的通知》（闽人社批复〔2023〕26号）提出，经研究，批准确认由福建省工程技术人员土建专业高级专业技术职务评审委员会评审通过的朱雯喆等16位工程系列土建专业技术职务任职资格，任职资格确认时间为2022年12月22日。

一、高级工程师（2人）

宁德市（2人）

宁德市规划编制研究中心：朱雯喆、南晶

二、工程师（14人）

1. 福建建工集团（3人）

福建建工集团有限责任公司：段建平、尚心悦

福建省建筑科学研究院有限责任公司：黄佳坤

2. 福州市（1人）

福州市规划设计研究院集团有限公司：卢哲超

3. 厦门市（7人）

厦门市规划数字技术研究中心：郑笠、詹强

厦门市国土空间和交通研究中心（厦门规划展览馆）：

李画儿、陈思曲、段苏湉

厦门市城市规划设计研究院有限公司：谢佳琪、罗睿紫

4. 宁德市（1人）

宁德市规划编制研究中心：陈海清

5. 平潭综合实验区（2人）

平潭综合实验区自然资源服务中心：方学斌、赖盛霖

（摘编：肖启辉）

福建省高级工艺美术师人员名单

林文祥等83位同志高级工艺美术师职务任职资格批准确认名单

2023年6月20日，福建省人力资源和社会保障厅印发《关于批准确认林文祥等83位同志高级工艺美术师职务任职资格的通知》（闽人社批复〔2023〕323号）提出，经研究，同意确认由省非公有制企业高级专业技术职务任职资格考核委员会考核并审议通过的林文祥等83位同志高级工艺美术师职务任职资格。任职资格确认时间为2023年5月19日，现予公布，名单如下。

泉州市（37 人）

林文祥、张斌强、陈宝明、王银昆、林建荣、曾少锋、张泽云、蔡碧海、陈玉坤、谢淑兰、陈志彬、陈各明、杨金林、陈志福、陈少兴、张永坤、张惠强、庄惠东、张朝伟、徐彩花、郑金溪、徐随金、李锦峰、许启椿、周崇枢、林英杰、陈宝坤、苏来吉、林建华、詹贻海、黄光华、陈建瑞、李璋高、陈金煌、杨锦彬、李海聪、赖传泰

莆田市（9 人）

方双青、方双洁、何春魁、黄建海、李元高、林胜、游君立、杨剑青、任金鹏

省工商联所属商会（37 人）

许坤鑫、王志红、林开新、林庆富、林明俊、陈伟权、刘建明、林庆付、张为民、黄少屏、徐友源、王龙龙、许志雄、黄世春、徐志钰、庄晓明、林斌金、廖设生、曾国荣、林文钦、李香邮、吴金勇、周建平、李光熙、卓瑶养、江春华、孙寒冰、吴周福、朱信丛、林子照、黎跃龙、颜美珠、王长坤、余明泉、赵旭辉、林礼渠、张景阳

钟建华等 17 位同志高级工艺美术师任职资格批准确认名单

2023 年 12 月 11 日，福建省人力资源和社会保障厅印发《关于批准确认钟建华等 17 位同志高级工艺美术师任职资格的通知》（闽人社批复〔2023〕769 号）提出，经研究，同意确认 2022 年度福建省工艺美术系列副高级职称评审会通过的钟建华等 17 位同志高级工艺美术师任职资格。任职资格确认时间为 2023 年 11 月 25 日，现予公布，名单如下。

一、中国海峡人才市场（1 人）

福建省东方工艺美术研究所：钟建华

二、泉州市（1 人）

泉州工艺美术职业学院：张丽娇

三、莆田市（6 人）

莆田狼臻雕塑文化研究院：吴立波、李辉

莆田海西文化艺术研究院：翁志晨

莆田市荔城区至诚缘创雕塑室：陈俊明

仙游县屏艺坊古典装饰艺雕厂：吴玉伯

福建省琚宝古典家具有限公司：陈麟

四、南平市（9 人）

南平市延平区世阳雕刻制品有限公司：郑世阳

建瓯市老根世家家居有限公司：黄少屏

南平市建阳区兰亭叙建盏陶瓷有限公司：李光熙

福建省鼎吉建盏陶瓷有限公司：杨敏

武夷山市卓窑陶瓷工作室：卓瑶养

南平市建阳艺术丹轩建盏陶瓷工作室：叶诗明

南平市水木茶洋建盏文化研究所：张建忠

南平市建阳区喆曜堂陶瓷工艺有限公司：张志兵

南平市建阳区硕丰进出口贸易有限公司：廖珍琴

（摘编：徐根生）

福建省高级经济师职务任职资格批准确认名单

2023年6月20日，福建省人力资源和社会保障厅印发《关于批准确认陈明宏等45位同志高级经济师职务任职资格的通知》（闽人社批复〔2023〕326号）提出，经研究，同意确认由省非公有制企业高级专业技术职务任职资格考核委员会考核并审议通过的陈明宏等45位同志高级经济师职务任职资格。任职资格确认时间为2023年5月19日，现予公布，名单如下。

福州市（6人）

陈明宏、林向凯、陈秀君、林颖、李海文、林骏嵩

厦门市（3人）

殷芝、杨林杰、张馨月

漳州市（1人）

张哲毅

泉州市（11人）

尤笑治、吴培森、周旺茂、张秀蓉、林群芳、陈丽花、蔡清泉、谢志伟、郑铭炫、蔡冠明、张新欢

莆田市（3人）

陈锦程、林玉珊、林金田

宁德市（1人）

阎杨

省工商联所属商会（20人）

施林平、吴合武、何晓玲、王芬、欧国原、李林、何成宏、杨建春、郑海棠、林明理、陈水来、陈似平、裘露、李振卓、李昱、林锦、刘静凤、计红日、邱龙峰、林明生

（摘编：江涛）

福建省经济系列高级专业技术职务任职资格人员名单

2023年3月20日，福建省人力资源和社会保障厅印发《关于批准确认孙以全等231位同志经济系列高级专业技术职务任职资格的通知》（闽人社批复〔2023〕140号）提出，经研究，批准确认由2021年度福建省经济系列高级专业技术职务任职资格评审委员会评审通过的孙以全等231位同志经济系列高级专业技术职务任职资格，任职资格确认时间为2023年3月5日，现予公布，名单如下。

一、高级经济师（123人）

（一）福建省财政厅（1人）

福建省注册会计师中心：孙以全

（二）福建省交通运输厅（1人）

福建省环境保护设计院有限公司：卞婷丹

（三）福建省市场监督管理局（1人）

福建省计量科学研究院：张丽琴

（四）福建省农业农村厅（1人）

福建省农业广播电视学校：周丽

（五）福建省林业局（2人）

福州植物园：魏晖、赖梅兰

（六）福建省地质矿产勘查开发局（1人）

福建省地质物资供应站：金涛

（七）福建省港口集团有限责任公司（2人）

中国厦门外轮代理有限公司：陈慧苹

厦门港务疏浚工程有限公司：魏琪

（八）福建建工集团有限责任公司（1人）

福建省建研工程检测有限公司：吴锦华

（九）福建省冶金（控股）有限责任公司（4人）

福建闽光云商有限公司：邓小燕

福建三钢闽光股份有限公司：罗灶明

福建三钢闽光股份有限公司销售公司：廖贵美

福建闽光云商有限公司：朱开棠

（十）福建省电信公司（2人）

中国电信股份有限公司福建分公司：林彬

福建省通信产业服务有限公司监理分公司：林春晖

（十一）中国海峡人才市场（4人）

福建日报社：杨欢

福州地铁集团有限公司：陈琳婷

茶花现代家居用品股份有限公司：林宇

平潭旅游文化发展有限公司：林梅

（十二）福建省农村信用社联合社（7人）

福建省农村信用社联合社：陈伟阳、陈屹、李驰、李茜、吴昊

福建福州农村商业银行股份有限公司：郑茳玮

福建南安农村商业银行股份有限公司：黄小容

（十三）中国光大银行股份有限公司（1人）

中国光大银行股份有限公司福州分行：梁琰

（十四）福州市（8人）

福州市科普服务中心：王靖

福州市科学技术情报研究所：马锋梅

中国（福建）自由贸易试验区福州片区管理委员会：董建东

福建海峡银行股份有限公司福州台江支行：黄煌

福州市鼓西街道综合便民服务中心：邹毓洁

福建福诺移动通信技术有限公司：朱志勇

福州市长乐区金峰镇综合技术保障中心：游宇辉

福建建龙工程咨询有限公司：许景彬

（十五）漳州市（12人）

漳州市房产交易中心：陈婉丽

漳州市长泰区陈巷镇农业农村服务中心：黄少辉

漳州市长泰区国库支付中心：张燕真

漳州市长泰区项目服务中心：叶丽莉

云霄县经济信息中心：阮贵彪

云霄县企业服务中心：汤秀明

南靖县招商引资服务中心：王晶

南靖县社会劳动保险中心：陈燕

漳浦县工信局国有企业服务中心：蔡巧贤

漳浦县渔业经营服务站：杨友艺

华安县经济责任审计中心：杨腊凤

华安县招标投标服务中心：李红宝

（十六）泉州市（17人）

泉州市投资贸易促进中心：王蓉娟

泉州市不动产登记中心：洪世昌

泉州银行股份有限公司：陈一洪

泉州市金融发展服务中心：洪晓彤

鲤城区重点项目建设和工程招投标服务中心：陈熊彪

泉州市鲤城区金龙街道社会事务服务中心：林奕铭

泉州经济技术开发区综合协调服务中心：吴朝秋

泉州台商投资区市政管理有限责任公司：陈伟

泉州台商投资区价格认定与商贸发展服务中心：彭新池

泉州市泉港区建设工程质量监督站：郑惠春

晋江市土地储备中心：肖伟林

晋江市西园街道综合便民服务中心主任：张良善

中共石狮市委石狮市人民政府发展改革研究中心：廖雅梅

南安市城乡规划编制管理中心：黄婉琼

安溪县价格认定中心：凌伟斌

安溪县蓬莱镇社会事务服务中心：陈凤波

福建恒安集团有限公司：吴先礼

（十七）三明市（13人）

三明市文化和旅游服务中心：赖远兰

三明市住房公积金管理中心：王静

三明市农村经济经营管理站：黄亦斌

三明市沙县区节能监测中心：朱彩华

大田县委巡察工作保障中心：廖乃庆

大田县城乡低保工作站：叶新娇

宁化县普查中心：吴玉富

宁化县政务和公益域名注册服务中心：李红梅

泰宁县财政预算编审中心：李祖求

尤溪县城关镇经济发展综合服务中心：李振城

尤溪县交通运输综合执法大队：林秀银、吴玉春

建宁县农村公路服务中心：张国彬

（十八）莆田市（7人）

莆田市商务发展服务中心：林君贞

莆田老鹰尖省级自然保护区中心：王芳

莆田市城厢区灵川镇综合便民服务中心：陈德文

莆田市城厢区农村合作经济经营站：许庆平

莆田市涵江区农业市场与经济信息站：翁锦龙

仙游县农村综合改革服务中心：陈春鲜

福建省莆田市仙游县村镇规划建设管理中心站：温锦沙

（十九）南平市（10人）

南平市政府和社会资本合作（PPP）管理中心：周良伟

南平市住房公积金管理中心：余为聪

南平市工业园区建设服务中心：卢国胜

南平市房屋征收中心：蔡建英

南平市延平区财政局国库收付中心：余佑玲

福建建阳龙翔科技开发有限公司：龚昌雄

南平市建阳区村镇建设发展服务中心：邹征慧

武夷山市民用航空服务中心：朱文玉

浦城县节能技术中心：吴雪梅

顺昌县农村水利水电建设中心：郑梁旭

（二十）龙岩市（18人）

福建省龙岩市财政局财政政策研究所：李旭琴

龙岩市农业科学研究所：陈红玉

龙岩市不动产登记中心：林新

龙岩市自然资源局西城自然资源所：苏卫杰

龙岩市国有资产管理中心：林永姑

闽西革命烈士陵园管理处：卢小群

龙岩市新罗区社区服务管理中心：饶勇峰

龙岩市新罗区医疗机构服务中心：廖晓玲

龙岩市永定区第三产业发展服务中心：詹桂华

漳平市土地收购储备中心：李唯兰

上杭县节能监测中心：陈水招

连城县农村合作经济经营指导站：柯小旺

连城县房屋征收与补偿中心：傅金成、黄春华

连城县价格认证中心：黄凌俊

武平县招商服务中心：钟月红

武平县住房保障站：罗建萍

武平县城厢镇乡村振兴服务中心：许仁发

（二十一）宁德市（7人）

宁德市蕉城区价格监测中心：刘颖

福鼎市林业科学技术推广中心：郑陈瑜

古田县巡察工作协调中心：叶春燕

古田县农村合作经济经营站：叶里波

古田县环翠屏湖文旅产业发展中心：黄江杉

柘荣县人民政府经济研究中心：杨清明

屏南县招商服务中心：陈祥定

（二十二）平潭综合实验区（1人）

平潭综合实验区医院：翁晓峰

（二十三）福建龙溪轴承（集团）股份有限公司（2人）

福建龙溪轴承（集团）股份有限公司：黄文兰、黄融生

二、高级人力资源管理师（106人）

（一）福建省人力资源和社会保障厅（3人）

福建省公务员测评中心：陈燕

福建省留学人员创业园管理中心：方世银

福建省职业培训中心：叶秀娟

（二）福建省市场监督管理局（1人）

福建省计量科学研究院：吴路易

（三）福建省煤田地质局（2人）

福建省196地质大队：吴雁林

福建省197地质大队：肖锦良

（四）中国海峡人才市场（1人）

福建省永正工程质量检测有限公司：陈明

（五）福建省地质矿产勘查开发局（2人）

福建省地质调查研究院：林韩

福建省地质测绘院：阮颀

（六）福建中医药大学（1人）

福建中医药大学附属第三人民医院：张爱花

（七）福建省冶金（控股）有限责任公司（1人）

福建马坑矿业股份有限公司：蓝善元

（八）福建建工集团有限责任公司（2人）

福建建工集团有限责任公司：郑华敏

福建省建设人才与科技发展中心：黄成艳

（九）福建省机电（控股）有限责任公司（1人）

福建智和置业有限公司：徐长新

（十）福建省港口集团有限责任公司（1人）

福建肖厝港物流有限责任公司：颜伟政

（十一）福建省招标采购集团有限公司（1人）

福建省招标采购集团有限公司：黄凌劼

（十二）福建省水利投资开发集团有限公司（1人）

福建中闽水务投资集团有限公司：张巧义

（十三）福建省电信公司（1人）

中国电信股份有限公司福建分公司：方青

（十四）福州市（8人）

福州广播电视台：郑洋

福州市第二医院：林薇

福州市体育工作大队：凌江

福州新榕城市建设发展有限公司：吴爱萍

福州市生态环境宣传教育中心：陈杨炀

福州新投置业发展有限公司：黄玉峰

福州市马尾区土地发展中心：王晓琳

闽清县招商服务中心：陈少春

（十五）漳州市（12人）

漳州市发展新型建筑材料中心：陈伟娇

漳州市长泰区武安镇农业农村服务中心：兰慧娜

漳州市华安县发展研究中心：童梦

华安县文物保护中心：黄江勇

华安县城乡居民社会养老保险中心：黄旺德

华安县项目服务中心：阮淑芬

华安县社会科学界联合会：杨秀凤

华安县城乡居民社会养老保险中心：张锦泉

东山开投集团有限公司：柳游清

伟成油脂有限责任公司：郑慕兰

漳浦县社会劳动保险中心：郑茹璇

云霄县综治中心：林晓晴

（十六）泉州市（16人）

泉州市公园中心：丁海英

泉州水务集团有限公司：洪丽芸

泉州市华侨服务中心：赖彩凤

泉州广播电视台：肖丽梅

泉州市洛江区人力资源公共服务中心：谢农

泉州市洛江区农村公路养护管理所：彭凉

泉州市泉港区人力资源服务中心：陈颖南

泉州城建集团有限公司：许艳芳

福建闽山消防有限公司：谢志伟

晋江市纪委办案中心：万培纯

晋江市劳动人事争议仲裁院：许秋停

德化县大铭乡社会事务服务中心：赖进塔

安溪县卫生健康信息中心：李齐贵

安溪县库区移民服务中心：林荣水

永春县社会保险中心：林素珠

德化县城乡居民社会养老保险中心：苏淑燕

（十七）三明市（9人）

三明市机关服务中心：余友盛

三明市医疗保障基金中心：马涛

三明市公路事业发展中心：冯丽红

建宁县机关事业单位社会保险中心：黄华琴

尤溪县精神文明建设理论研究中心：黄秀贞

大田县矿业生产服务中心：林淑花

大田县政务中介服务中心：涂广森

宁化华侨经济开发区服务中心：叶苏华

福建省宁化国有林场：杨宁明

（十八）莆田市（11人）

莆田市机关事业单位社会保险中心：翁丽玉

莆田市住房公积金管理中心：崔桂香

莆田市水务集团有限公司：李丽娟

莆田市能源执法监察支队：林伟丽、林莺莺

莆田市城厢区工业发展服务中心：曾秀钗

仙游县人力资源培训中心：陈素群

莆田市涵江港区建设服务中心：王丽芳

仙游县人力资源公共服务中心：谢丽萍、徐剑华

仙游县工业产业园管理委员会：卢丽娥

（十九）南平市（11人）

南平市公路应急保障中心：戴颖

南平市延平区劳动就业中心：陈秋燕
南平市延平区劳动就业中心：黄兴辉
南平市建阳区人事人才公共服务中心：范玉萍
建瓯市劳动就业中心：叶缨缨
建瓯市劳动人事争议仲裁院：张晓冬
浦城县疾病预防控制中心：陈方美
浦城县城乡居民社会养老保险中心：徐丽美
浦城县社会保险中心：杨梅卿
松溪县劳动人事争议仲裁院：李圆
邵武市社会保险中心：朱春梅
（二十）龙岩市（11人）
龙岩市公共就业和人才服务中心：汤德旺
福建省龙岩市第二医院：付燕红
福建省龙岩市第三医院：陈小娟
龙岩市公路事业发展中心：黄斌华
福建雁翔实业发展集团有限公司：赖礼强
漳平市重大危险源监控中心：吕娟
上杭县社会劳动保险中心：刘富锋、郑贵彬
中共连城县委机关后勤服务中心：巫凤兰
连城县效能建设中心：余兴辉
连城县职业技能鉴定指导中心：周荣莉
（二十一）宁德市（10人）
宁德市蕉城区巡察工作协调中心：陈芬
宁德市蕉城区数字蕉城建设办公室：张瑾玲
宁德市蕉城区劳动就业中心：冯婧文
福安市城市管理综合执法大队：林贤景、袁洌
福鼎市劳动人事争议仲裁院：卓巍
柘荣经济信息中心：陈奶菊
屏南县养老保险中心：孙金贵
屏南县劳动人事争议仲裁院：吴陈霖
屏南县公共资源交易中心：张祥瑞
三、高级知识产权师（2人）
（一）福建省市场监督管理局（1人）
福建省知识产权保护中心：黄晓玲
（二）海关总署（1人）
福州长乐机场海关：林雨晴

（摘编：肖启辉）

福建省高级审计师职务任职资格人员名单

2023年3月3日，福建省人力资源和社会保障厅印发《关于批准确认陈宇婷等24位同志高级审计师职务任职资格的通知》（闽人社批复〔2023〕109号）提出，经研究，批准确认由福建省2021年度高级审计师任职资格评审会评审通过的陈宇婷等24位同志高级审计师职务任职资格，任职资格确认时间为2023年2月11日，现予公布，名单如下。

一、厦门市（3人）
同安区审计事务中心：陈宇婷
集美区审计事务中心：吴秀英
厦门日报社：沈秋娴
二、泉州市（4人）
晋江市审计保障中心：林鸿玲
永春县审计中心：郑耿虹
泉港区审计举报中心：庄似云
鲤城区审计举报中心：郑东霞
三、漳州市（2人）
云霄县乡镇审计中心：张汉清
长泰区乡镇审计中心：张杰敏
四、莆田市（1人）
涵江区审计中心：梁丹
五、龙岩市（5人）
龙岩市固定资产投资审计中心：郑阿萍
上杭县固定资产投资审计中心：丘翠英
连城县乡镇审计中心：童茜
武平县乡镇审计中心：李芳英

龙岩市农村公路管理所：杨新民

六、三明市（1 人）

尤溪县乡镇审计办事处：余丽琴

七、南平市（3 人）

南平市计算机审计中心：龚智强

武夷山市固定资产投资审计中心：邱桂清

浦城县固定资产投资审计中心：娄琪军

八、福建省卫生健康委（1 人）

福建省立医院：陈妍

九、福建省农村信用社联合社（2 人）

福建省农村信用社联合社审计部：陈清阁

永春县农村信用合作联社：肖节海

十、福建建工集团有限责任公司（1 人）

福建建工集团有限责任公司审计内控部：王瑜琦

十一、中国海峡人才市场（1 人）

福州地铁集团有限公司：魏文云

（摘编：林文涵）

福建省高级会计师职务任职资格人员名单

赖丽莲等 121 位同志高级会计师职务任职资格人员名单

2023 年 9 月 20 日，福建省人力资源和社会保障厅印发《关于批准确认赖丽莲等 121 位同志高级会计师职务任职资格的通知》（闽人社批复〔2023〕555 号）提出，经研究，批准确认由 2022 年度福建省高级会计师职务任职资格评审委员会（事业类）评审通过的赖丽莲等 121 位同志高级会计师职务任职资格，任职资格确认时间为 2023 年 7 月 23 日，现予公布，名单如下。

一、福建省高级会计师专业技术职务任职资格人员（事业类）名单

（一）福建省教育厅（1 人）

福建水利电力职业技术学院：赖丽莲

（二）福建省文化和旅游厅（1 人）

福建省艺术馆：林玉华

（三）福建省卫生健康委员会（3 人）

福建省立医院：潘娟

福建省级机关医院：钟雪萍

福建省肿瘤医院：高云莺

（四）福建省地质矿产勘查开发局（3 人）

福建省闽南地质大队：郑秋容

福建省核工业二九五大队：江玲

福建省地质工程勘察院：吴慧颖

（五）福建省林业局（1 人）

福建省林业调查规划院：李祥寅

（六）中国海峡人才市场（1 人）

姚增富

（七）福建中医药大学（2 人）

福建中医药大学附属第二人民医院：徐力

福建中医药大学附属第三人民医院：朱丽铃

（八）平潭综合实验区党工委党群工作部（1 人）

平潭综合实验区农业农村发展服务中心：林文静

（九）福州市（12 人）：

福州市财政投资评审中心：张静

福州市科学技术情报研究所：马锋梅

福州市动物园管理处：陈泽榕

福州市皮肤病防治院：罗彩云

福建省福州旅游职业中专学校：胡颖

福州市疾病预防控制中心：黄斐莹

福州市建设工程消防设计审查验收技术中心：陈嘉

福州市琴亭湖公园管理处：丁小娟

永泰县财政绩效评价中心：邱瑜

福州市长乐区预算编审中心：张美云

福清市国库支付中心：王长明

福州市闽侯固体废物污染防治技术中心：倪芬清

（十）厦门市（17人）

海西晨报社：何海燕

厦门市中医院：陈丽娜

厦门市第三医院：王秋霜

厦门市妇幼保健院：周卷

厦门市儿童医院（复旦大学附属儿科医院厦门医院）：高爽

厦门市仙岳医院：许凡

厦门大学附属第一医院：周幼真、潘丁

厦门市港航服务中心：纪洁银

厦门市高层次人才发展中心：李清云

厦门市工人文化宫：施岚

厦门市音乐学校：骆伦娜

厦门市思明区财政审核中心：许凌燕

厦门市思明区厦港街道社区卫生服务中心：洪素好

厦门火炬高技术产业开发区财政服务中心：李承泽

厦门市海沧区教育事务中心：游晓梅

厦门市海沧医院：王翀

（十一）漳州市（9人）

漳州市金融发展服务中心：戴志民

漳州市第二医院：高继玲

漳州市公路事业发展中心漳浦分中心：李彦琼

漳州市项目策划服务中心：林煜德

漳州市龙文区步文街道经济服务中心：张楼峰

漳州市龙海区榜山卫生院：方秀娟

漳浦县建设工程造价站：余凤敏

漳浦县机关公务用车服务中心：王瑞莲

华安县华丰良村卫生院：杨志伟

（十二）泉州市（12人）

泉州市纪委办案中心：郭滨梅

泉州市龙门滩水资源调配中心：张华英

黎明职业大学：郑彩云

泉州市困难职工帮扶中心：姚彩霞

泉州医学高等专科学校附属人民医院：陈森莉

福建中国闽台缘博物馆：王凌凌

鲤城区江南街道社区卫生服务中心：蔡燕雪

晋江市财政国库支付中心：郑晓云

晋江市毓英中学：胡明远

德化县国库支付中心：陈茂众

惠安县崇武镇中心卫生院：张飞明

永春县达埔卫生院：颜雅敏

（十三）莆田市（4人）

莆田市荔城区人民政府拱辰街道办事处：黄贵花

仙游县学校财务管理中心：吴锦华

莆田市秀屿区实验中学：李丽平

莆田市涵江区三江口镇卫生院：方舟

（十四）三明市（10人）

福建省特种设备检验研究院三明分院：杨玉艳

三明市医疗保障基金中心：曹春霞、阳婷婷

三明市沙县区行政事业资产管理营运中心：李萍

三明市沙县区生态国有林场：陈颖

永安市立医院：张秋妹

尤溪县生态国有林场：陈晓玲

尤溪县中医医院：江亚斌

将乐县总医院：黄虹

朱口镇社会事务综合服务中心：黎连生

（十五）南平市（26人）

南平市住房公积金管理中心：吕雪燕

南平市交通运输综合执法支队：范俊英

福建省南平技师学院：吴迪

南平市延平区预算绩效评价中心：苏秀琴

南平市延平区纪检监察网络信息中心：官高定

南平市建阳区国库支付中心：邹文兰

南平市建阳区财政投资评审中心：吴文玉

南平市建阳区疾病预防控制中心：周宝英

建瓯市国有资产运营服务中心：张荣珍

建瓯市通济街道党群服务中心：张传辉

福建省建瓯水西国有林场：范洪辉

邵武市财政国库收付中心：周彬莉、蒋俊峰

邵武市立医院：刘敏

邵武市林业服务中心：吴秀琦

邵武市水利水电工程移民发展中心：白雪

邵武市干部档案中心：肖文秀

松溪县渭田镇中心卫生院：潘佐强

浦城县莲塘镇乡村振兴发展中心：李蔚

浦城县莲塘卫生院：林慧

政和县铁山镇卫生院：陈秉辉

顺昌县种子站：伍冬英

武夷山市国有资产运营服务中心：罗冰艳

武夷山风景名胜区后勤保障中心：朱谨霞

中共武夷山市纪委派驻机构协调中心：廖华巾

光泽县财政国库集中支付中心：丁小玲

（十六）龙岩市（9人）

福建省龙岩市第一医院：陈翠芬

龙岩市新罗区疾病预防控制中心：张慧铭

龙岩市永定区高陂镇中心卫生院：张丽群

龙岩市永定区医院：陈满娘

上杭县中小学生校外综合实践基地：郑丽霞

上杭县财政国库支付中心：袁丹萍

武平县财政国库支付中心：石冬香、肖美琴

武平县国资金融中心：石德禄

（十七）宁德市（7人）

宁德师范学院附属宁德市医院：黄锌

宁德市蕉城区不动产登记中心：林熙然

宁德市周宁生态环境保护综合执法大队：陈素娟

周宁县财政服务中心：郑柳香

寿宁县清源卫生院：叶瑞清

福安市康厝卫生院：缪穆瑾

屏南县林业产业发展中心：周前辉

二、中直单位委托代评的高级会计师专业技术职务任职资格人员（事业类）名单

（一）厦门海关（1人）

厦门海关培训中心：张勇燕

（二）华侨大学（1人）

张琴

邹浩锟等310位同志高级会计师职务任职资格人员名单

2023年9月25日，福建省人力资源和社会保障厅印发《关于批准确认邹浩锟等310位同志高级会计师职务任职资格的通知》（闽人社批复〔2023〕560号）提出，经研究，批准确认由2022年度福建省高级会计师职务任职资格评审委员会（企业类）评审通过的邹浩锟等310位同志高级会计师职务任职资格，任职资格确认时间为2023年8月13日，现予公布。

一、福建省高级会计师专业技术职务任职资格人员（企业类）名单

（一）福建省交通运输厅（1人）

福建省交通规划设计院有限公司：邹浩锟

（二）中国海峡人才市场（38人）

福建雪人股份有限公司：黄昊

福建闽才税务师事务所有限公司：董隽

福州航空有限责任公司：张册

中信保诚人寿保险有限公司福建省分公司：秦岭

福建易道大咖商业管理有限公司：陈丽丽

福州地铁集团有限公司：张喜燕

福建省农业融资担保有限公司：吴宗圣

福建新大陆支付技术有限公司：刘考红

福州高宏教育咨询集团有限公司：张敏

恒申控股集团有限公司：姚顺熙

福建省城乡规划设计研究院：王雅芳

福州海狸家口腔科技有限公司：林征

福建泉工股份有限公司：谢铭泉

福建国通信息科技有限公司：王颖

北京金辉锦江物业服务有限公司福州分公司：黄雪群

福建三木集团股份有限公司：郑惠芳

福建左海科技有限公司：王绍丽

兴业证券股份有限公司：杨倩倩

华兴会计师事务所（特殊普通合伙）：周婷、陈佳佳

福州榕悦房地产有限公司：张丽

福州福晟集团有限公司：叶晓星

福州市一建建设股份有限公司：陈剑芳

福建永荣控股集团有限公司：宋婷

福融新材料股份有限公司：姚美凤

福建六建集团有限公司：孙坚炜

福州宏昌混凝土有限公司：阙琴妹

恒瑞通（福建）信息技术有限公司：陈玉艳

福建省永正工程质量检测有限公司：温华春

北京人寿保险股份有限公司福建分公司：范丹慧

福建省亿鑫海信息科技有限公司：郭爱兰

闽武长城建设发展有限公司：蔡丽娟

福州益惠税务师事务所有限责任公司：冯慧婷

三盛资本管理（平潭）有限公司：杨修串

福建省新闽科生物科技开发有限公司：郑序镃

福建福旅联信基金管理有限公司：陈小榕

长汀县金博铝业有限公司：郑海兴

福州国化智能技术有限公司：张德梅

（三）福建省农村信用社联合社（3人）

福建省农村信用社联合社：赵致远

福建邵武农村商业银行股份有限公司：江艳

东山县农村信用合作联社：董圣红

（四）福建省冶金（控股）有限责任公司（3人）

福建省冶金（控股）有限责任公司：缪莲英

福建省三钢（集团）有限责任公司：陈颖、吕丽姬

（五）福建省能源石化集团有限责任公司（10人）

福建安砂建福水泥有限公司：袁希

福建省福能新型建材有限责任公司：詹晓霞

福建省福能兴业股权投资管理有限公司：林春辉

福建煤电股份有限公司：刘雅丹

福建福能健康管理股份有限公司：许琳

福建省福能集团总医院：王美珍

福建联美建设集团有限公司：林天钢、李晓倩

福建省能源集团财务有限公司：林晓晨

福建省鸿山热电有限责任公司：方宇亮

（六）福建省港口集团有限责任公司（5人）

莆田港务集团有限公司：林娣妹

福建省宏源环境资源有限公司：郑标

厦门港务发展股份有限公司：罗丹青

石狮市华锦码头储运有限公司：邱丽端

厦门海隆码头有限公司：王小文

（七）福建省电子信息（集团）有限责任公司（1人）

张媛媛

（八）福建建工集团有限责任公司（10人）

福建建工集团有限责任公司：何畅、纪任翔

福建省建惠建筑科技有限公司：林剑喜

福建建祥建筑科技有限责任公司：连秋香

中国武夷实业股份有限公司：林馨怡、何海明

福建省工业设备安装有限公司：黄秀清

福建建工工程集团有限公司：林艳

福建永盛设计装饰工程有限公司：吴树妍

平潭建设集团股份有限公司：陈丽君

（九）福建省船舶工业集团有限公司（2人）

福建省船舶工业集团有限公司：陈坤

福建船政重工股份有限公司：童小林

（十）福建省投资开发集团有限责任公司（2人）

福建省投资开发集团有限责任公司：鲍奇森

福建省融资担保有限责任公司：陈宏

（十一）福建省旅游发展集团有限公司（2人）

张俊、姚钦妹

（十二）福建省高速公路集团有限公司（3人）

福建发展高速公路股份有限公司：刘铭

福建省泉州高速公路有限公司：吴珊珊

福建省高速公路信息科技有限公司：郑芬

（十三）福建省水利投资开发集团有限公司（3人）

福建省水利投资开发集团有限公司：张丽、沈哲伟

福建省水务发展集团有限公司：林星

（十四）福建广电网络集团股份有限公司（1人）

王利琼

（十五）福建省招标采购集团有限公司（1人）

福建省环境保护设计院有限公司：林拓

（十六）福建省国有资产管理有限公司（3人）

福建省粮油食品进出口集团有限公司：张琳

华映科技（集团）股份有限公司：周静茹

太平财产保险有限公司福建分公司：游艺

（十七）兴业证券股份有限公司（1人）

林红珍

（十八）福建省华侨实业集团有限责任公司（1人）：

百纳（福州）进出口有限公司：茅莉萍

（十九）福建省金融投资有限责任公司（2人）

福建省金融投资有限责任公司：曹舒芳

福建省金投私募基金管理有限公司：杨堇怡

（二十）福州市（19人）

福州沪榕海环再生能源有限公司：陈鑫

福州朴朴电子商务有限公司：陈乐平

泓欣环境集团有限公司：辛俊杰

福州市城乡建总集团有限公司：何丹、刘彦

福州市市政建设开发有限公司：李世敏
福州信达嘉金雷克萨斯汽车销售服务有限公司：史叶萍
恒鸿达科技有限公司：王燕平
福州东进世美肯科技有限公司：吴晓波
福州市公共交通集团有限责任公司：汤静
福州融侨物业管理有限公司：林妃
福建省二建建设集团有限公司：于君贻
阳光云享咨询服务有限公司：王林琳
福州市交通建设集团有限公司：李小红
鸿博股份有限公司：蔡万群
福州中澳科技有限公司：郭雄伟
福州市建筑科学研究院有限公司：陈淑泳
福州市国有房产经营有限公司：林慧
华睿会计师事务所（福建）有限公司：谢丽

（二十一）厦门市（88人）

厦门金圆金控股份有限公司：卢明通
厦门金圆投资集团有限公司：高晓君
厦门海投房地产有限公司：陈书香
厦门国际银行股份有限公司：郭思
厦门国际银行股份有限公司厦门分行：尤佳彬
厦门市翔安招商集团有限公司：洪清配
大成工程建设集团有限公司：曾满平
厦门国贸集团股份有限公司：周武杨、吴婧
厦门国贸控股集团有限公司：黄玲玲、吴易虹
厦门国贸会展运营有限公司：赵晓微
厦门国贸商产文旅有限公司：沈凌燕
厦门华电开关有限公司：郭俊标
厦门路桥工程物资有限公司：郑鹭莹
厦门路桥百城建设投资有限公司：叶和平
福建金帝集团有限公司：林欣怡
厦门厦工重工有限公司：熊赞旺
厦门象屿集团有限公司：翁溪湖
厦门象屿股份有限公司：吴鹭萍、王莹莹
厦门象屿化工有限公司：陈丽静
厦门特运集团有限公司：林陈斌
君龙人寿保险有限公司厦门分公司：陈新
福建新继船舶服务有限公司：陈静
厦门市开元国有投资集团有限公司：张燕群
诚益光学（厦门）有限公司：黄宗妹
厦门同安资产管理有限公司：许怀宁
国药控股福建有限公司：姚文海
鹭燕医药股份有限公司：蓝惠娟
厦门海沧投资集团有限公司：黄海滨、黄艺凤
厦门海沧发展集团有限公司：赖金玉
宸展光电（厦门）股份有限公司：兰彬彬
厦门东亚机械工业股份有限公司：岳秀丽
珠海万达商业管理集团股份有限公司：郑淑敏
通达（厦门）科技有限公司：周紫薇
厦门乔丹发展有限公司：王健
立信中联会计师事务所（特殊普通合伙）厦门分所：尤琳
立信会计师事务所（特殊普通合伙）厦门分所：卢珊珊
中国建材检验认证集团厦门宏业有限公司：廖婉梅
厦门海谊楼宇经营管理有限公司：李修进
厦门市政工程有限公司：郭海华
厦门骏佑房地产开发有限公司：邱玲玲
厦门建发生活资材有限责任公司：俞金龙
厦门建发股份有限公司：陈雅玲
厦门建发集团有限公司：邱银丰
厦门市湖里保安集团有限公司：黄燕绒
厦门市集美建设发展有限公司：曾慧
厦门成创装饰工程有限公司：周秀红
厦门夏商农产品集团有限公司：徐松青
厦门松霖科技股份有限公司：赖凤连
厦门南强后勤服务有限公司：叶巧瑜
厦门住房租赁发展有限公司：陈良明
厦门安居集团有限公司：刘银珍
厦门泓正会计师事务所有限公司：黄兴全
奥的斯机电电梯有限公司厦门分公司：姚东宽
厦门海翼国际贸易有限公司：黄玲
健研检测集团有限公司：谢明
厦门柏宏锐尔科技投资有限公司：苏华利
厦门市政环能股份有限公司：刘麟
厦门华特集团股份有限公司：黄燕芬
厦门高新技术创业中心有限公司：邓晓芳
厦门太古起落架维修服务有限公司：林婷
厦门炬业房地产开发有限公司：林嫽原
厦门市杏林建设开发有限公司：郑娟娟
厦门灿坤实业股份有限公司：傅剑霞

厦门市城市建设发展投资有限公司：王铭城

厦门市政集团有限公司：李爱云

福建鹭江出版社有限责任公司：雷英

安思尔（厦门）防护用品有限公司：叶晓燕

厦门华夏国际电力发展有限公司：高艺婷

厦门滕王阁物业管理有限公司：方阿燕

厦门科司特电子工业有限公司：胡均

厦门英诺尔电子科技股份有限公司：王毓彬

厦门海辰储能科技股份有限公司：赖志宏

厦门轨道建设发展集团有限公司：魏在锐

厦门国升发展私募基金管理有限责任公司：陈晨

厦门网中网软件有限公司：陈文娟、李颖生

厦门唐润商业管理有限公司：吴滢

天下达融资租赁（厦门）有限公司：肖长树

厦门航空有限公司：王青

厦门金龙联合汽车工业有限公司：刘敏莹

厦门国际邮轮母港集团有限公司：曾聪欣

厦门悠生活网络科技有限公司：张广耀

厦门智宇信息技术有限公司：朱丽俊

九牧王股份有限公司：杨惠恋

（二十二）漳州市（17人）

漳州市国有资产投资经营有限公司：高云洁

南靖县荆江国有资产投资有限公司：张秋虾

漳州市经发置业有限公司：陈渊鹏

漳州城投建材集团有限公司：卢莹

漳州市芗城城市投资开发有限公司：朱志斌

漳州人才发展集团有限公司：程靖远

漳州圆新建设集团有限公司：郭艳娇

福建漳龙集团有限公司：庄少珍、庄莹

云霄县房地产综合开发公司：何云婷

东山粮食集团有限公司：李丽蓉

漳州市金信金融服务有限公司：魏艳梅

漳州市城市规划设计研究院有限公司：林金兰

漳州城投地产集团有限公司：林丽芬

漳州片仔癀药业股份有限公司：郑子超

漳州市交通发展集团有限公司：刘文丽

漳州市国有资本运营集团有限公司：陈惠格

（二十三）泉州市（20人）

福建天广消防有限公司：林军

福建佰源智能装备股份有限公司：伍臣通

泉州市圣泽环境工程有限公司：林森海

圣元环保股份有限公司泉州分公司：吴锦秀

泉州城市规划设计集团有限公司：黄奕萍

福建石狮产业投资发展集团有限责任公司：王美蓉

泉州市东海投资管理有限公司：王瑜敏

福建慧芯激光科技有限公司：刘颖鸿

福建第一公路工程集团有限公司：陈文荣

福建安琪儿卫生用品有限公司：刘思明

福建宏远集团有限公司：唐晓勉

泉州兴贤医院有限公司：施养康

泉州交发置业投资集团有限公司：柯文选

海峡石化产品交易中心有限公司：刘婧

泉州晋江国际机场股份有限公司：许佳佳

泉州东南有限责任会计师事务所：陈丽花

泉州太平洋集装箱码头有限公司：陈培阳

福建省五建建设集团有限公司：廖明滨

泉州中泉国际经济技术合作（集团）有限公司：叶小瑜

泉州侨乡文体产业开发有限公司：王玲玲

（二十四）莆田市（13人）

莆田市民生实业有限公司：林炳清

三棵树涂料股份有限公司：王淑花、陈均杭

莆田市国有资产投资集团有限责任公司：陈建峰、阮玲玲

中交建宏峰集团有限公司：蔡明洪

莆田市医疗健康产业投资集团有限公司：周文娟

云度新能源汽车有限公司：刘冠军

莆田市建工投资集团有限公司：郑朝欣

福建新亿发集团有限公司：林国仁

奋安铝业股份有限公司：吴荔芬

福建巨岸建设工程有限公司：高志明

中核华辰工程管理有限公司：林敏杰

（二十五）三明市（6人）

福建一建集团有限公司：王珺、傅蕾

福建三明海晟连锁商贸有限公司：张月娥

福建省三明市东辰机械制造有限责任公司：邓小华

建宁县建设工程消防服务中心：吴祖富

宁化行洛坑钨矿有限公司：张胜谋

（二十六）南平市（8人）

南平建设集团信达供应链有限公司：吴国蕊

南平武夷新区投资开发集团有限公司：方爱珺

福建建达开发建设集团有限公司：叶世海

福建南平青松化工有限公司：杨仁群

福建武夷水务发展有限公司：李丽珠

福建圣农发展股份有限公司：李萍

福建圣农食品有限公司：刘国云

南平市武夷新区贸易投资有限公司：车琼

（二十七）龙岩市（25人）

福建德尔科技股份有限公司：谢慧芳

福建龙净环保股份有限公司：陈丽玲

福建清景铜箔有限公司：伍富堂

福建省龙岩市环畅投资有限公司：邱敏

福建省南方京融投资有限公司：郑泳福

福建卫东环保股份有限公司：魏爱璋

福建雁翔建设有限公司：曾桂珍

福建正孚软件有限公司：黄欢欢

福龙马集团股份有限公司：王舒文

龙岩弘业有限责任会计师事务所：林根才

龙岩交通发展集团有限公司：叶丹

龙岩交通建设集团有限公司：邓志华

龙岩矿业发展有限公司：郭湧攀

龙岩市安居住宅建设有限公司：张荣连

龙岩市公物采购招标代理有限公司：程伟聪

龙岩市古田圣地旅游投资开发建设有限公司：龚林生

龙岩市华隆建设有限公司：廖兰花

龙岩市土地发展集团有限公司：谢琴芳

龙岩投资发展集团有限公司：石书才、赖丽玲

武平县天恒城市建设投资集团有限公司：钟凤华

龙岩弘业有限责任会计师事务所：程子耘

紫金矿业集团股份有限公司：邓晓红、林尚能

福建紫金铜箔科技有限公司：梁晓莹

（二十八）宁德市（10人）

宁德市国有资产投资经营有限公司：陈浩

福建宁德核电有限公司：李琛

福建青拓实业股份有限公司：林奶玲

宁德新能先锋检测科技有限公司：陈钒

中铜东南铜业有限公司：孙丹丹、罗珺

福建亚南电机有限公司：赵义亮

福建省嘉盟网络科技集团有限公司：林仰铨

宁德市三都澳新区开发建设有限公司：陈小宁

宁德市旅发集团有限公司：陈建新

（二十九）平潭综合实验区（2人）

平潭综合实验区城市发展集团有限公司：吴珊珊

平潭市政开发有限公司：黄小玲

二、中直单位委托代评的高级会计师专业技术职务任职资格人员名单（企业类）

（一）中国农业发展银行（2人）

中国农业发展银行漳州市分行：庄明舜

中国农业发展银行三明市分行：邱琳香

（二）中国邮政集团有限公司（3人）

中国邮政集团有限公司福建省分公司：林芳

中国邮政集团有限公司漳州市分公司：付娇蓉

中国邮政集团有限公司福建省顺昌县分公司：卢泽霖

（三）中国电信股份有限公司福建分公司（2人）

中国电信股份有限公司漳州分公司：蔡静好

福建省通信产业服务有限公司信息科技分公司：孔丽娟

（四）中国移动通信集团福建有限公司（1人）

杨臻

（五）中移铁通有限公司（1人）

中移铁通有限公司福州分公司：蔡项

（六）中国太平洋人寿保险股份有限公司（1人）

中国太平洋人寿保险股份有限公司厦门分公司：陈建国

（摘编：黄国实）

福建省高级统计师职务任职资格人员名单

2023年3月3日，福建省人力资源和社会保障厅印发《关于批准确认张凌远等8位同志高级统计师职务任职资格的通知》（闽人社批复〔2023〕110号）提出，经研究，批准确认由福建省第二十五届高级统计师任职资格评审会评审通过的张凌远等8位同志高级统计师职务任职资格，任职资格确认时间为2023年2月11日，现予公布，名单如下。

一、省统计局

福建省统计科学研究所：张凌远、何祥伟

福建省统计信息服务中心：邓文颖

二、漳州市

漳浦县统计局统计监测中心：黄小芳

漳州市龙文区妇幼保健院：王淑荣

三、泉州市

南安市社会经济调查中心：王毅滢

四、宁德市

古田县统计局统计调查中心：曾秋玲

福安市统计局能源监测统计中心：景向荣

（摘编：林文涵）

第七篇 区域概况

2023 年福州市经济发展概况

2023 年是全面贯彻党的二十大精神的开局之年，是三年新冠疫情防控转段后经济恢复发展的一年。习近平总书记视频连线市社会福利院发表重要讲话，并向“鼓岭缘”中美民间友好论坛发来贺信，给全市人民巨大鼓舞。一年来，福州市以习近平新时代中国特色社会主义思想为指导，全面贯彻党的二十大和二十届二中全会精神，认真落实习近平总书记来闽考察重要讲话精神，坚持“3820”战略工程思想精髓，加快建设现代化国际城市，攻坚克难、砥砺前行，经济持续回升向好。全市实现地区生产总值增长 5.3%左右；规上工业增加值增长 3.5%；固定资产投资增长 5%左右；一般公共预算总收入 1189.8 亿元，增长 12.3%；地方一般公共预算收入 754.1 亿元，增长 8%；出口总额保持正增长；实际利用外资不低于全省平均水平；社会消费品零售总额 4960 亿元，增长 6%以上；城镇、农村居民人均可支配收入分别达 58031 元、28650 元，分别增长 4.3%、6.8%；居民消费价格总水平上涨 0.4%。完成省下达的节能减排降碳任务。福州成为全国唯一荣获首届全球可持续发展城市奖（上海奖）的城市。

农　业

农林牧渔业总产值达 1235 亿元。整治抛荒撂荒耕地 7775 亩，新改建高标准农田 8.3 万亩，种植粮食 125.4 万亩。新增国家级农业产业化重点龙头企业 1 家、国家农业产业强镇 1 个，福清成功创建国家现代农业产业园。新增全国名特优新农产品 7 个，长乐番薯种植系统入选第七批中国重要农业文化遗产。举办 2023 渔业周 · 渔博会、第四届食用菌产业博览会、第二届中国茶叶交易会等活动。新培育乡村振兴四、五星级村 54 个，新增全国乡村旅游精品线路 3 条，晋安寿山村获评中国美丽休闲乡村。引入台湾团队开展驻村“陪护式”服务，创建闽台乡建乡创省级样板 3 个。农村人居环境整治积分制实现行政村全覆盖。新改建农村公路 202 公里。新建“绿盈乡村”45 个，植树造林 4.97 万亩，综合治理水土流失 12.6 万亩，完成互花米草除治后生态修复 4570 亩。选认省市科技特派员 694 名。开展全域治水、“护河爱水、清洁家园”行动，建成安全生态水系 25 公里，水环境质量达到历史最高水平。空气质量排名全国重点城市第 4 位、历史最佳。少数民族聚居区、革命老区、海岛等地区加快发展，山海协作、对口支援、东西部协作等工作深入推进。

工　业

深化 16 条重点产业链“链长制”，引进产业链项目 366 个，56 家链主企业产值增长 15.5%。实施“工业提振”三年专项行动，工业固定资产投资增长 30%、位居全省第一。实施“榕升计划”“榕腾计划”，新增规上工业企业 270 家、上市企业 3 家。举办第六届数字中国建设峰会、第三届数博会，数字经济规模突破 7000 亿元，入选全国首批中小企业数字化转型试点城市。东南汽车生产线完成升级改造并实现量产。实施工业（产业）园区标准化建设重点项目 325 个、战略性新兴产业集群重点项目 305 个、亿元以上技改项目 216 个。

入选全国创新驱动示范市，全社会研究与试验发展经费投入总量保持全省第一。国家自主创新示范区福州片区推出改革创新举措 67 项，科创走廊超额完成建设目标。开展关键核心技术“揭榜挂帅”攻关项目59个，新增国家级科技企业孵化器1家、省级众创空间孵化器14家。国家级高新技术企业突破4000家、省级科技小巨人企业达749家，均位居全省第一。新增省级以上“专精特新”企业177家、中小企业特色产业集群5个。入选第二批国家知识产权保护示范区建设城市，有效发明专利拥有量超2.9万件、位居全省第一。中印尼经贸创新发展示范园区获国务院批复，中印尼“两国双园”项目入选第三届“一带一路”国际合作高峰论坛务实合作项目清单。

建筑业

福州新区直管区提速建设，森林城市生态提升等239个项目加快推进，国道316线长乐漳港至营前段等49个项目建成投用。三江口片区配套进一步优化提升，植物园一期等50个项目加快建设，福厦客专南站广场等20个项目竣工投用。实施城市品质提升项目1004个。闽江对渡码头、美丽闽江展示馆建成开放，“闽江之心”建设提档升级。实施古厝保护利用项目122个、文物修缮和活化利用工程69个，世遗大会展示馆建成开放。地铁4号线首通段、5号线后通段开通运营。城区北向第二通道建成通车。新改扩建市政道路145公里。新增更新新能源公交车135辆，新辟优化公交线路60条，新建改造公交站点116座。新增公共停车泊位5210个，新建“光储充检”充电站11座。全国首个新建配售型保障性住房顺利开工，新增保障性租赁住房2.35万套。实施棚户区改造项目20个，开工老旧小区改造项目315个。闽江北岸三线贯通工程完工，改造提升福道134.4公里，新改建口袋公园65个、郊野公园3.5平方公里。新建改造市政供水管网90公里、污水管网113公里，改造二次供水设施超2万户。新建改造燃气管网167公里。苍霞新城老旧小区改造提升、红庙岭园区垃圾资源化处理获中国人居环境范例奖，闽江河口湿地入选国际重要湿地名录和全国山水工程首批优秀典型案例。闽都创新实验室初步建成，福耀科技大学（暂名）主体封顶，福州大学城联合研究生院获批建设，省人工智能计算中心一期建成投用。“马上就办”引领政务服务“一网好办、全城通办”做法获全国推广，工程建设项目审批制度改革评估综合得分全国第一。机场二期、高铁进机场、港口后方铁路等项目稳步推进，福厦高铁顺利运营。“一闸三线”工程全线通水，霍口水库下闸蓄水。新建智慧灯杆1300根，建成5G基站2.1万个，实现光网城乡全覆盖。福州（连江）国家远洋渔业基地建设有序推进，成立福州海洋食品研究院及六大涉海产业联合研发中心，全国首个国家级海上风电研究与试验检测基地动工建设。

服务业

新增限上规上商贸服务业企业超2100家。开展“惠聚榕城”促消费活动超2740场，获评全国夜间经济新锐十城、国际（闽菜）美食之都。数字人民币累计交易额位居全国前三，金融业增加值突破1400亿元。举办2023世界航海装备大会、中国海洋装备博览会。举办第三届中国跨境电商交易会，跨境电商交易规模突破850亿元，办展规模近150万平方米。举办第八届海丝国际旅游节、第十届丝路国际电影节、第十一届中国大学生电视节等活动，开展街头艺术演出1200场，开通内河游航线9条，投用海丝国际旅游中心，全市接待旅游总人数突破1亿人次。赴境外举办经贸合作推介会8场，签约项目45个。长乐国际机场综合保税区获批，新开空白航点航线11条。中欧等国际班列开行17列。获批港口型国家物流枢纽，福州港货物吞吐量位居全省第一。举办第十一届海峡青年节等涉台交流活动158场，福马“小三通”航线、榕台空中客运航线顺利复航，福马通水工程（大陆侧）先行段动工建设。举办首届“中国—东盟周”、第54个世界地球日主场活动、第六届海丝博览会暨第二十五届海交会、2023“一带一路”国际商协会大会、第一届中国侨智发展大会等重大活动。与塞浦路斯尼科西亚市缔结友好城市关系，与阿根廷马德林港市、尼日利亚埃多州建立友好交流关系。

（摘编：赵小真）

2023年厦门市经济发展概况

2023年，厦门市坚持以习近平新时代中国特色社会主义思想为指导，全面贯彻党的二十大和二十届二中全会精神，深入贯彻落实习近平总书记重要讲话重要指示精神特别是致厦门经济特区建设40周年贺信重要精神，认真贯彻落实党中央国务院决策部署和省委、省政府工作要求，深入开展学习贯彻习近平新时代中国特色社会主义思想主题教育，坚持稳中求进工作总基调，完整、准确、全面贯彻新发展理念，积极服务和融入新发展格局，着力推动高质量发展，深学争优、敢为争先、实干争效，加快实施“一二三”战略规划，坚持应急与谋远相结合，奋力抢机遇、强优势、挖潜力，经济回升向好。地区生产总值增长3.1%，规模以上工业增加值与上年持平，固定资产投资增长0.5%，社会消费品零售总额增长2.9%，居民消费价格指数增长0.2%，全体居民人均可支配收入增长4.5%，一般公共预算总收入、地方一般公共预算收入分别增长5.6%和5.5%，完成年度节能减排任务。

农　业

乡村振兴全面推进，严格落实耕地保护和粮食安全责任制、“菜篮子”责任制，新建高标准农田1.1万亩。加快建设64个现代农业项目，都市现代农业产业集群营业收入增长6.1%。推进12个乡村振兴精品村、30个试点示范村建设，翔安区入选国家乡村振兴示范县创建名单。深入推进组团式挂钩帮扶，新增46个农村集体经济收入50万元以上行政村。持续深化山海协作，闽宁产业园一期初步建成，东西部协作3项创新做法在全国推广。

工　业

产业转型步伐加快，“4+4+6”现代化产业体系加快构建，四大支柱产业集群总规模超2万亿元；战略性新兴产业增加值占规模以上工业增加值46.6%，新能源产业产值、文旅创意产业营业收入分别增长32.5%和10%；第三代半导体、基因与生物技术等六个未来产业加快培育。做大做强“四大经济”，启动建设省级海洋高新技术产业园区，设立省级人工智能产业园，获评中国软件名城、全国中小企业数字化转型试点城市，位列全国先进制造业百强市第18位、智能制造城市二十强。经营主体更加活跃，开展先进制造业倍增计划和供应链主体倍增计划，各类经营主体数量增长8.2%，新增规模以上工业企业349家、新设立外商投资企业1682家，新增境内外上市企业5家。企业创新活力不断增强，启动企业千亿研发投入引领计划，实施企业技术创新能力提升行动，有效发明专利拥有量增长19.4%，技术合同交易额增长29.3%，主导或参与制定修订国际、国家标准350项，获批国家级知识产权保护中心。净增国家高新技术企业超600家、国家级专精特新小巨人企业22家、中国制造“隐形冠军”企业21家，海辰储能成为厦门市首家独角兽企业。创新载体提质扩容，组建厦门科学城管委会，完善建设运营管理机制，加快建设Ⅰ号孵化器，启动建设Ⅱ号孵化器，核心园区入驻企业超1600家。嘉庚创新实验室建成全球首条23.5英寸Micro-LED激光巨量转移示范线，百千瓦级PEM电解水制氢装备入选国家首台（套）重大技术装备清单，翔安创新实验室获批建设传染病疫苗研发全国重点实验室，引进建设6家新型研发机构。

建筑业

用好“两化三单”工作法和“项目之家”平台，全力促前期、促开工、促建设，策划生成项目1074个、总投资6930亿元，新增开工项目1042个、总投资3025.5亿元。制造业投资增长9.2%，246个亿元以上产业项目完成投资536.7亿元，厦门时代、中创新航三期等一批重大产业项目加快建设，东南智慧供应链产业园等园区建成投用。新城建设和城市更新加快推进。深入推进跨岛发展，加强片区产业导入、项目建设和配套完善，马銮湾新城、翔安新城公建设施加快完善，同安新城、同翔高新城产业集群成型成势，集美新城进一步集聚成城。深入实施城市更新行动，启动建设首批25个城中村现代化治理试点，扎实推进92个岛内大提升项目和516个城市建设品质提升项目，完成老旧小区改造9.1万户。城市运行更具韧性。增强城市空间布局安全，制定城市体检评估标准，建立地下空间资源调查和应用体系。加强交通基础设施联通，新机场飞行区、航站区等项目加快建设，翔安大桥通车，福厦高铁开通运营，轨道交通3号线南延段和4号线、6号线建设有序推进，2号线二期工程等3个项目获鲁班奖。建设城市生命线安全工程，新建改造燃气管道80公里，新增供水能力20万吨/日，供电可靠性达到国际先进水平。高水平建设城市大脑，累计建成5G基站1.4万个，在全国率先开展智慧港口、公交、医疗等5G场景应用，成为全国第三个公共交通“一码多乘”城市。

服务业

消费潜力加速释放，大力推动住宿餐饮、文化旅游、会议展览等行业复苏，限额以上批发零售企业达1034家，举办600多场促消费活动，网络零售额增长12.2%，限额以上住宿业、餐饮业营业额分别增长33.1%和22.5%，接待游客人次、旅游收入分别增长67.3%和83.3%，会展业参会人数、展览面积分别增长155.3%和68.2%，厦门国际博览中心投入使用，中山路入选全国示范步行街，夜间经济城市发展指数、消费者满意度均位居全国前列，城市便利店发展指数蝉联全国第一。对外贸易平稳增长。开展“百展千企拓市场”等活动，外贸进出口总额9470.4亿元，增长2.7%，高于全国、全省水平。新能源汽车、锂电池、光伏产品“新三样”出口额增长1.7倍，跨境电商进出口额增长65%，电子信息产业入选国家外经贸提质增效示范产业，3项工作获评全国服务贸易创新发展试点最佳实践案例，获批首批全国内外贸一体化试点城市。招商引资提质增效。坚持大招商、招大商、大员招商，开展“走出去”招商百日行动，举办第二十三届中国国际投资贸易洽谈会等重大活动，投洽会参会主宾国、国际组织、跨国公司和签约项目数、投资额均创五年来新高。新增签约项目739个、三年计划投资880.6亿元，新增招商开工项目931个、三年计划投资1672.8亿元，新增增资扩产项目311个、三年计划投资514.8亿元。开放水平进一步提升。落实习近平总书记在金砖国家领导人第十五次会晤上的重要倡议，启动建设中国—金砖国家新时代科创孵化园，对金砖国家进出口增长14.4%。实施厦门自贸片区提升战略，新增全国首创经验16项。持续打造海上合作战略支点城市，“丝路海运”命名航线突破110条。举办第十届中国—中亚合作论坛等重大活动，与巴西福塔莱萨市、南非德班市两个金砖国家城市结为国际友城，国际友城增至23个。两岸融合发展稳步推进。习近平总书记向第十五届海峡论坛致贺信，成功举办两岸农博会、文博会等270多场活动。设立全国首只数字人民币台企融资增信基金，新批台资项目数、实际使用台资分别增长64%和408.3%。率先实现台胞同等待遇购买保障性商品房，在厦参加基本养老保险、医疗保险台胞突破1.2万人次。厦金“小三通”客运航线复航，累计运送旅客突破2000万人次。

（摘编：孔明德）

2023年漳州市经济发展概况

2023年，漳州市坚持以习近平新时代中国特色社会主义思想为指导，认真学习贯彻党的二十大精神，完整、准确、全面贯彻新发展理念，突出深学争优、敢为争先、实干争效，扎实开展“产业发展项目建设提升年”活动，全方位推进高质量发展。全市地区生产总值增长5.9%，一般公共预算总收入增长19.6%，地方一般公共预算收入增长11.5%，规模以上工业增加值增长5.6%，固定资产投资增长8.1%，社会消费品零售总额增长9.2%，出口总额增长5.3%，城镇、农村居民人均可支配收入分别增长5.1%、7.7%，居民消费价格指数（市辖区）99.5，完成年度节能减排任务。

农　业

着力一产稳，深入实施特色现代农业“1122”工程，省级以上农业龙头企业达243家、总数居全省第一；累计建设农业优新品种基地458个，2家种业企业入选农业农村部企业重点实验室，荣获“中国鲍鱼种苗之都”“中国蛤类种苗之都”称号；漳州国家农业绿色发展先行区顺利通过评估，漳浦县入选国家现代农业产业园创建名单，南靖县入选全国优势特色产业集群建设名单。守牢耕地保护和粮食安全底线，完成补充耕地8226亩、水田及旱改水5862亩，恢复耕地1.7万亩；完成粮食播种面积93.04万亩、产量42.12万吨，油料播种面积13.34万亩。国家食品安全示范城市创建工作有力推进，食品安全和药品安全满意率保持全省前列。深入打好污染防治攻坚战，启动九龙江流域（漳州段）水质提升攻坚，深化花山溪饮用水水源地风险突出问题整治，推进国家农村黑臭水体治理试点项目建设，加快前两轮中央生态环境保护督察反馈问题整改销号，抓好第三轮中央生态环境保护督察问题立行立改，主要流域49个国省控断面Ⅰ—Ⅲ类水质达到年度考核目标要求，Ⅰ—Ⅱ类水质同比提升12.2个百分点，九龙江西溪入选全国“最美家乡河”。在全国率先开展林业数字碳票、海水养殖碳汇核算。

工　业

总投资1200亿元的漳州核电1号机组转入调试、2号机组进入安装、3—4号机组取得用地用海手续，总投资711亿元的古雷炼化一体化二期项目正式“入规”，总投资448亿元的中沙古雷乙烯项目进入实体工程建设阶段，总投资192亿元的联盛林浆纸一体化项目一期生产线6月份投产。产业集群加速壮大，围绕“9+5”产业集群，深入实施“千百亿产业培育行动计划”。着力二产进，开展产业集群培优扶强专项行动，建立工业龙头企业培育库，新培育省级工业龙头企业5家、市级工业龙头企业35家；开展“十产百场”产业链“手拉手”对接等活动，新增新上规模以上工业企业351家，其中新增108家、居全省第一；石英钟表产业集群入选首批国家中小企业特色产业集群，入围2023年全国先进制造业百强市。开展高新技术企业“双倍增”行动，新获评国家专精特新“小巨人”企业3家，新增国家级科技企业孵化器2家、实现零的突破。主动融入“海丝”核心区建设，中国—菲律宾经贸创新发展示范园区获国务院批复设立并进入实质性建设阶段，签约合作项目38个、总投资449亿元；中沙（福建）产业合作区完成总体方案编制，东山经济技术开发区更名为东山湾古雷经济技术开发区。

建筑业

实施市级以上重点项目876个、完成年度计划投资的116.2%，集中开竣工项目537个、总投资2764.5亿元，新增入库项目2022个、总投资3242亿元。

推进38个重点医疗卫生项目建设，新增床位600张，漳州市医院、漳浦县医院被确定为省级区域医疗中心建设单位。建成医养结合型养老机构30家，新增养老床位1065张。新建30家普惠托育机构，新增普惠性托位1375个。新增长者食堂34所，开工建设生命公园203个。推动化解市区第二批不动产权办证历史遗留问题12563宗、面积116万平方米。加快漳州高新区“三大片区”等15个重点片区建设，实施城市建设品质提升项目927个，海绵城市建设扎实推进，九龙江流域（漳州段）山水林田湖草沙一体化保护和修复工程项目基本完成，全国文明城市创建工作巩固提升。深入推进乡村振兴“十镇百村”行动，加快建设和美乡村，新建乡镇生活污水配套管网183.1公里，整治裸房1.69万栋，新建农村公路441公里。

服务业

着力三产优，积极发展现代物流、电子商务、数字服务、金融服务等新业态，开展“消费提振年”行动，举办“全闽乐购”“汽车促消费”等活动，落实购房购车补贴及新能源汽车减免税等政策，新增新上限额以上贸易业企业947家、规模以上服务业企业146家。加快国家跨境电商综合试验区建设，积极组织企业参与境外重点展会，推进“B保”“市场采购”等外贸新业态发展，首次上榜中国外贸百强城市。服务和融入两岸融合发展示范区建设，举办海峡两岸现代农业博览会·花卉博览会、关帝文化旅游节、开漳圣王文化节、海峡茶会、海峡两岸中秋晚会等活动，漳州古城、长泰龙人古琴研究院获批国家级海峡两岸交流基地，成立漳州市人才一体化服务中心暨台湾人才一站式服务窗口，全市新设台资企业98家、实际使用台资2.2亿美元。着力防范化解重点企业信贷风险，年末全市不良贷款率保持在合理水平。全市完成商品房销售面积556万平方米。创新“债转股”“信托计划持股”等模式，一盘一策推进21个保交楼项目处置。持续开展营商环境攻坚提升行动，推出104项改革创新举措。率先在全省建成市级数字化营商环境督导平台，成功创建全国第四批社会信用体系建设示范区。施行《漳州市政务服务条例》，推进“一网好办”改革。推行拿地即开工、验收即办证、竣工即投产“三即”极简审批，提升市场准入便利化水平。深化“亩均论英雄”改革，评选一批标杆企业，完成低效工业用地改造157家，用地面积11907.7亩。优化调整国企结构布局，市属国企已有7家企业获得AA+以上信用评级，九龙江集团首次跻身中国企业500强。举办美食文化节、闽南文化周等活动，加强土楼活化利用，漳州圣杯屿元代沉船遗址的考古发掘取得新成果。中国女排精神展示馆顺利开馆，举办弘扬女排精神座谈会。开展全国首个乡村气排球公开赛，举办全民健身赛事活动300场次。

2024年是中华人民共和国成立75周年，是实施“十四五”规划的关键一年。漳州市主要预期目标是：地区生产总值增长6%左右，一般公共预算总收入增长7%，地方一般公共预算收入增长5%，规模以上工业增加值增长7%，固定资产投资增长6.5%，社会消费品零售总额增长6.5%，出口总额增长5%，城镇、农村居民人均可支配收入分别增长6%、7.5%，居民消费价格指数（市辖区）控制在103左右，完成节能减排任务。

（摘编：郑新贵）

2023年泉州市经济发展概况

2023年，泉州市以开展学习贯彻习近平新时代中国特色社会主义思想主题教育为契机，落实“深学争优、敢为争先、实干争效”行动部署要求，大拼经济、大抓发展，持续实施“抓项目、促发展”系列专项行动，“不断创新和发展‘晋江经验’”写入中央文件，全市生产总值增长4.8%，一般公共预算总收入增长10.6%、突破千亿大关，居民人均可支配收入增长6.0%，固定资产投资增长11.5%、继续保持全省领先，经济回升向好，发展效益提高、后劲增强。

农　业

提高现代农业发展质效，建成提升高标准农田14.5万亩，在全省首创“粮—菜”轮作旱稻，粮食产量达51.1万吨，认定国家级现代农业产业强镇4个、“三品一标”农产品20个，安溪、德化入选全国休闲农业重点县。开工山美、惠女等大中型灌区节水改造工程，白濑水利枢纽项目加速建设，马跳水库大坝顺利封顶。培育壮大海洋经济，率先编制《深远海养殖发展规划》，实施渔业结构调整项目60个，实现深远海养殖零的突破，获批晋江国家级渔港经济区。推进国家盘活利用低效用地试点，全面摸清全市低效用地家底25.6万亩，盘活城镇低效用地1.24万亩，启动实施13个全域土地综合整治试点单元、新增耕地2547亩，获批全国首个加快推进围填海历史遗留问题处理试点市，完成农村集体经营性建设用地入市5宗。全面落实河湖长制，推行“乡愁河长”，开展青山碧水碧海精准治理工程，主要流域国、省控断面和县级及以上饮用水水源地Ⅰ—Ⅲ类水质比例保持100%，成功入选国家农村黑臭水体治理试点城市。完成植树造林6.4万亩、水土流失治理23.9万亩。

工　业

深化“抓创新促应用”专项行动，净增高新技术企业698家、累计达3060家；新引建香港理工大学晋江研究院等高水平科创平台8家，成立集成电路创新实验室、海洋生物产业研究院，获批国家国防科技工业军民融合创新示范基地创建试点；全社会研发投入增长20%以上，技术合同成交金额增长46.7%；启动“抓工业设计促产业提升”专项行动，举办“海峡杯”“刺桐杯”“何朝宗杯”等工业设计赛事，累计建成国家级工业设计中心10家、省级工业设计中心28家。深化“工业园区标准化建设”专项行动，加快园区建设“筑巢”，实施市级园区项目94个，累计建成标准化厂房及配套用房1300万平方米、形成千亩以上园区43个，拉动各类企业投资1000亿元以上，园区建设8种典型在全省推广；同步开展招商“引凤”，入园企业超1400家。深化“重龙头、强品牌、铸链条”专项行动，成立南翼国家高新区建设指挥部、石化产业指挥部，优化设立15个产业发展小组，抓好中化二套乙烯等龙头项目，加快重点产业建链延链补链；累计培育省级龙头企业209家、国家专精特新“小巨人”企业47家；狠抓中小微企业“小升规”，新增“四上”单位2285家。联动实施质量、标准、品牌战略，强化知识产权发展与保护，国家知识产权示范企业和优势企业总量达124家，入选民企发明专利榜单500强4家，德化陶瓷版权保护经验列入知识产权强国建设典型案例，商标有效注册量达76万件。

深化“绿色数字技改”专项行动，加快智能制造数字化赋能，获批省级人工智能产业园，入选国家智能制造示范项目9个，推广数字化生产线123条，新增“上云上平台”企业1000家，培育5G示范场景应用新案例30个，累计建成5G基站2.2万个、规模全省第一；实施重点技改项目432个；新增国家级绿色工厂、绿色供应链管理示范企业15家、数量全省第一。

建筑业

推动建筑业高质量发展，全市建筑业完成产值超2400亿元，装配式建筑新开工面积位居全省第一；落地优质大型建筑业施工企业10家，获中国建设工程鲁班奖项目2个。开展“项目奋战年”活动，开工重点项目240个，建成重点项目150个；深化“抓城建提品质”专项行动，实施重点城建项目1729个、年度完成投资超千亿元。中央商务区加速繁荣，已投用总部大楼14幢，入驻企业1135家、增长45%，税收增长45.3%；新开工海丝金融中心等楼宇；海丝中央法务区泉州片区新增涉外交流项目5个。中央活力区加速建设，启动海丝大街、丰海路景观提升、后埔片区安商房和教育配套等项目。基本完成中山南路周边20条街巷改造提升，开展“第五立面”整治修缮，重点改善提升9个历史文化名镇名村传统村落。24个重点片区更新加快推进，江南片区繁荣大道完工通车，鲤城、石狮、晋江、德化等4个项目列入城乡品质提升省级样板工程；实施老旧小区改造项目247个、3万户，基本建成棚户区改造项目4000套；深化“绿满泉城”“夜景照明提升”“水系联排联调”“电力设施补短板”等专项行动，创新开展国有林场园林绿化花卉苗木定向培育工作，新改建公园绿地121.7公顷；完工东海城东片区、晋江洛阳江两岸及古城照明提升工程；开工北高干渠功能调整输水工程和南高干渠供水替代工程，着力连通晋江、洛阳江，实现优水优用；完成电力设施投资45.6亿元、增长39%，均居全省第一，配网入地缆化126公里。深化“聚城畅通”专项行动，开工建设金屿大桥、百崎大桥，完成晋江隧道规划设计；武荣大桥主桥贯通、国道324改线顺利推进，建成通港东街和洛江西环路快捷化改造工程、泉南沙厦高速改扩建主线工程；福厦高铁泉州段正式通车运营，城际铁路R1线建设规划调整方案获国家发改委批复。

服务业

举办“爱泉州·大乐购”等系列促销活动，组织订货会、微展会、产业展等各类活动350多场，设立城市产业会客厅暨优品展示中心，打响“国潮泉州”品牌。新增全国电子商务示范企业3家、国家电子商务示范基地2个，网络零售额达2579亿元，社会消费品零售总额增长4.8%。获批国家一刻钟便民生活圈建设试点城市。把稳住外贸基本盘作为重要支撑，实施泉州优品出海行动，推动市场采购全国通关一体化，建成全省首个跨境电商公共服务中心，落地海外展销中心、海外仓32个。全面恢复晋江机场国际航班，常态化运行中欧班列，新开通泉州至中东海上航线，石湖作业区5—6#泊位正式投用。实施“文旅+”专项行动，新增国家级旅游休闲街区和工业旅游示范基地2个、国家4A级景区4个，举办闽南美好生活嘉年华、十“泉”十美文旅消费季等主题活动1000多场，设立海丝泉州推荐官工作室，打造“一县一桌菜”特色“新闽菜”，全方位打响“宋元中国·海丝泉州”品牌，入选海上丝绸之路中国影响力城市、全国十大旅游向往之城、中国美食旅游“十城”，旅游接待人数、旅游收入增速均居全省第一。推动金融产业高质量发展，实施“百名行长进万企”活动，上线“信易贷”平台，全市存贷款余额分别达1.2万亿元、1.17万亿元；实施企业上市“刺桐红”三年行动，举办中国上市公司高峰论坛；完善产业股权投资基金募、投、管、退全流程机制，设立政府引导型母基金15只、总规模480亿元。实施“聚侨引侨和泉商回归”专项行动，召开首届“海丝”侨商投资贸易大会，承办第三届中德科技论坛，搭建同心会客厅，获批全国侨汇结汇便利化试点。

（摘编：洪连珠）

2023年三明市经济发展概况

2023年是全面贯彻党的二十大精神的开局之年，是三年新冠疫情防控转段后经济恢复发展的一年。一年来，三明市深入学习贯彻党的二十大和二十届二中全会精神，全面贯彻落实党中央国务院决策部署和省委、省政府工作要求，扎实开展学习贯彻习近平新时代中国特色社会主义思想主题教育，认真实施“深学争优、敢为争先、实干争效”行动，大力推进“抓重大项目，促高质量发展”工作，以最大努力争取最好结果，全市经济社会总体保持稳中向好，三明革命老区高质量发展示范区建设取得新成效。初步统计，全市地区生产总值增长2%；地方一般公共预算收入117.97亿元，增长5.95%；固定资产投资增长2.5%；社会消费品零售总额912.4亿元，增长3.3%；外贸出口146.6亿元，增长7.4%；城镇居民、农村居民人均可支配收入分别增长3.8%、6.4%；节能减排降碳年度目标可以实现。

农　业

耕地保护和粮食安全责任制考核工作走在全省前列，完成抛荒地复耕2.63万亩，全市杂交水稻制种面积、产量均保持全国第一，先正达集团水稻种子供应链创新中心建成投用，全国小吃产业发展现场会在三明召开，入选全省首个国家农产品质量安全市，新增省级农业龙头企业44家、“三品一标”认证农产品79个，500多款三明农特产品登陆上海销售平台。

实施省级“百镇千村”试点示范工程，扎实推进乡村“五个美丽”建设，5个乡镇、61个村入选第二批省级乡村振兴示范镇、村创建名单，永安、泰宁入选“四好农村路”全国典型案例，建宁列入全国村庄清洁行动先进县。生态优势巩固提升，入选国家低碳城市试点优良城市，省对市河湖长制考核、水土保持工作评估均获全省第一，明溪入选全国首批自然资源节约集约示范县，金溪（将乐段）入选全国美丽河湖。开展生态环境突出问题综合整治攻坚，坚决推进第三轮中央生态环保督察交办信访件和通报典型案例立行立改、全面整改，市、县空气质量达标率均为100%、全省唯一，7个县进入全省空气质量前十名、数量全省第一，55个国省控和76个小流域断面水质达标率100%。

工　业

大力构建现代化产业体系，不断提高产业发展质量。全面实施“链长制”，编制11条特色产业链“延链补链强链”专项规划，加快向高端产业和产业链高端发展，生物医药和新材料产业产值分别增长12.5%、10.6%，新增国家高新技术企业43家、“专精特新”企业30家。出台推进县域重点产业链高质量发展方案，明溪生物医药产业集群入选全省中小企业特色产业集群，永安入选中国县域投资竞争力百强、保持全省县域经济实力“十强”县（市），将乐入选全省县域经济发展“十佳”县。推动园区平台提升，基本完成市区工业园区整合，深化“亩均论英雄”改革，三明经开区、高新区新签约亿元以上项目39个，实现税收突破9亿元、增长18%。三明中关村科技园新落地科技型企业89家，成功举办首届京闽科技合作论坛暨京闽（三明）科技项目对接活动。推进矿产资源优势转化，编制市、县两级矿产资源总体规划，规范矿业权管理，制定资源产业化重点任务清单，推动萤石、高岭土、石英等重要矿产资源得到有效保护和开发利用。数字经济加快发展，组建三明市数据集团，工业互联网人才培养与应用创新基地（三明中心）揭牌运营，海丝卫星数据运营中心开工建设，8家企业入选全省数字经济“独角兽”或“瞪羚”企业。产业合作有序推进，上海市设立沪明对口合作专项资金，福建省级财政1：1配套，三明市制定出台支持沪明对口合作专项优惠措施53条，沪明临港产业园、上海三明大厦揭牌运营，锦江国际度假酒店、墨砾新材料、纬景储能等项目加快推进，圆周产业招商基金设立运作。

建筑业

推行全生命周期服务管理，组建专班攻坚18个重点突破项目，永安抽水蓄能电站、沙南高速等114个重点项目开工，三立福超纯微电子新材料、闽赣省际（建宁）公铁联运物流园铁路专用线等80个重点项目竣工，全市新签约亿元以上项目399个、总投资1116.3亿元，争取增发国债项目114个、资金32.7亿元，专项债项目86个、资金51亿元，23个、总投资685亿元的“两通”项目列入省级规划，永安、宁化、建宁、大田获全省项目考评正向激励。实施城市品质提升项目962个、完成投资259亿元，加快推进124个老旧小区改造，新建和改造燃气管道311公里、市政污水管网108公里，麒麟山公园、东江滨公园、沙县东门古街完成整体改造提升，三明市获批省级历史文化名城。全面提升防洪排涝能力，建成防汛应急综合指挥平台一期，成功入选全国海绵城市建设示范城市。

服务业

持续开展“乐购三明”系列促消费活动，住宿、餐饮、新能源汽车等消费增长明显，三明市列入国家流通战略支点城市，尤溪获评全国首批县域商业“领跑县”；实施文旅消费提升年行动，“智慧游三明2.0”平台上线运营，泰宁古城入选国家级夜间文旅消费集聚区，全市接待游客突破5000万人次，实现旅游总收入超过450亿元，分别恢复至2019年同期水平的120%、110%。建立促进民营经济发展“1+N”政策体系，新登记民营经营主体4.5万户、增长5.5%，评选优秀民营企业家50名、优秀民营企业50家，8家企业入围全省民营企业百强相关榜单，同晟新材、奥翔体育在新三板挂牌上市，海斯福增加出口4000万美元。全市减税降费超17.5亿元，贷款余额增加252.8亿元、增长12.8%，新增“四上”企业596家，建筑企业新增特级资质1家、一级资质8家。成功举办第十八届林博会、第二届海峡两岸（三明）乡村融合发展论坛、沙县小吃旅游文化节暨海峡两岸美食节、海峡两岸各民族欢度“三月三”活动、海峡两岸暨港澳台地区基础教育交流活动，沙县小吃文化城被确定为海峡两岸交流基地，三元区获评全省闽台乡建乡创合作样板县，清流台湾农民创业园连续六年保持国家考评前五名。金融改革向普惠绿色升级，入选第二批中央财政支持普惠金融发展示范区，普惠小微贷款增长27.6%；全国首创“低碳贷”“绿消贷”等金融产品，全市绿色信贷余额298.9亿元、增长40.5%，全市不良贷款率0.68%、保持在较低水平，4个“保交楼”项目顺利推进。借鉴上海浦东新区等地先进经验，深化营商环境集成创新，深入推进“一网通办”“一窗受理、集成服务”，“e三明”APP入驻事项3.3万余个，全程网办事项比例88.8%，“一趟不用跑”和“最多跑一趟”事项占比99.8%。

2024年三明市经济社会发展的主要预期目标是：地区生产总值力争增长5.5%左右，地方一般公共预算收入增长5%，固定资产投资增长5%，外贸出口增长3%，实际利用外商直接投资增长3%，社会消费品零售总额增长5.5%，居民消费价格涨幅控制在3%左右，居民人均可支配收入与经济增长同步，完成节能减排降碳目标。

（摘编：孙云荣）

2023年莆田市经济发展概况

2023年，莆田市深入学习贯彻党的二十大和二十届二中全会精神，坚决贯彻落实习近平总书记重要讲话重要指示批示精神，深入开展主题教育，深学争优、敢为争先、实干争效，做实“一个总抓手、五篇文章、两大支撑、三大战略、四城辉映”，建设绿色高质量发展先行市迈出坚实步伐。初步预计，地区生产总值3200亿元、增长4%左右，一般公共预算总收入252.4亿元、增长15.3%，地方一般公共预算收入162.8亿元、增长7.8%，固定资产投资增长3%，社会消费品零售总额增长3%，出口下降10.9%，城镇居民、农村居民人均可支配收入分别增长5.4%、6.5%，城镇登记失业率2.3%，居民消费价格基本持平。

这一年，木兰溪治理实践走进中央党校、浦东干部学院课堂，入选国家生态文明试验区改革成果案例，木兰溪防洪工程华林段获水利工程最高奖“大禹奖”；妈祖文化、海峡两岸生技和医疗健康产业合作区写入《中共中央　国务院关于支持福建探索海峡两岸融合发展新路　建设两岸融合发展示范区的意见》，上升为重大国家战略；荣膺国家历史文化名城、荣获中国鞋都、国家食品安全示范城市、中国食品产业名城，上榜新时代中国城市社会发展指数百强、全国先进制造业百强、全国夜间经济繁荣度百强、人才吸引力百强、全国生态文明与环境治理百强、中国投资热点城市。

农　业

全面推进乡村振兴，获国家农作物新品种登记5个，新增全国名特优新农产品8个、绿色食品21个，打造“五个美丽”建设点3372个，钟山镇获评首批国家农业产业强镇，西天尾镇获评中国乡村振兴典范镇，乡村建设更加和美。全球首个漂浮式风渔融合示范项目落地莆田，渔业碳汇交易走在全国前列。深入打好污染防治攻坚战，推进重点行业VOCs治理，开展城市扬尘“点题整治”，空气质量达标率96.4%；实施木兰溪流域治理、城乡污水基础设施提升三年行动，木兰溪流域国省控断面水质优良比例首次达100%，涵江区、湄洲岛获评国家级节水型社会建设达标县区；深化入海排污口排查整治、海漂垃圾综合治理，国省控点位水质优良面积比例达96.2%、全省第一，湄洲岛、南日岛获评全国“和美海岛”。深入推进生态保护修复，完成植树造林3万亩、森林抚育7.5万亩、封山育林3.4万亩，木兰溪防洪工程获评国家水土保持示范工程，木兰溪全流域国土绿化项目入选全国试点。

工　业

产业质效持续提升。俯下身子抓产业，全面实施链长制，成立全省首家市级品牌建设促进会，推动产业强核提质、上拓下展、合纵连横。传统产业加速转型，莆田鞋进高校、进机关、进企业，亮相世界级品牌大会，上线省级鞋服产业供应链平台，设立品牌体验中心，举办“妈祖杯”全国鞋类设计大赛，莆田鞋“跑”上新赛道；城厢区、涵江区入围全国预制菜产业基地百强，国圣建成全国最大即食海带生产加工基地，百威雪津上榜国家级水效领跑者企业，“莆田”餐厅香飘海内外；莆田木雕亮相“一带一路”国际合作高峰论坛，仙作红木家具产业集群列入省首批中小企业特色产业集群。新兴产业加速集聚，华峰赛纤绿色再生纤维一期、中电科创城核心区、国城锂电科技新材料、联东U谷·数智健康产业港开工建设，永荣CPL二期、中锦PA6扩建、三利谱偏光片等建成投产，云度新能源汽车首次出口欧洲，三棵树连续四年蝉联中国民族涂料品牌第一。“四大经济”加速培育，14家数字经济企业入选省“独角兽”“未来独角兽”“瞪羚”企业，物泊科技位居全国网络货运平台榜单第2名。莆田高新区和湄洲湾国投经开区获评国家级绿色园区，新增国家级绿色工厂5家、国家级水产健康生态养殖示范区1个，产业绿色更浓、成色更足。工业用地“标准地”出让改革创新实施，盘活闲置土地1500亩、闲置厂房16.8万平方米，新建标准化厂房13万平方米。科技创新支撑持续增强，全社会研发投入强度1.51%，新设立产业技术研究院5家、省级博士后创新实践基地5家，新增国家高新技术企业70家、科技型中小企业201家、知识产权示范和优势企业14家。

建筑业

坚持项目投资不松劲，加大要素保障，新增用地指标3600亩，服务省重点项目用地增幅全省第一，推动212个项目开工、153个项目竣工，省市重点项目超额完成年度投资任务，项目投资增长3%。全面划定国土空间规划“三区三线”，编制完成生态绿心保护利用等重点专项规划12项，启动国道G228线滨海风景道建设，市域布局更加优化。全面推进城市有机更新，新开工棚改1.9万套、全省第一，完成老旧小区改造24个，新建改造城乡道路101公里，八二一街南伸提速建设，玉田大道等4条“断头路”顺利打通，学园南街等城区道路得到提升，新增公共停车泊位3000个、生活垃圾分类屋150座，新改建公园绿地51公顷、口袋公园30个、福道50公里、雨污管网131公里，完成路灯节能改造5073盏，城市配套更加完善。创成全国老年友好型社区2个，建成省级长者食堂10个，新改建农村幸福院80个，新增普惠性托位1178个。

服务业

坚持政策帮扶跑在前，叠加出台巩固拓展经济向好势头31条、民营经济强市36条、工业生产稳定运行20条、稳外贸17条等措施，设立“莆田企业家日”，上线亲清惠企平台，开展“企业家接待日”活动，“白名单”企业政策性融资担保24.6亿元，市场主体净增数全省第二、规模突破80万户。举办东南亚经贸恳谈会、京津冀招商推介会、上海专场推介会，新增签约项目195个、总投资1131亿元。坚持扩大消费促回暖，开展“全闽乐购·惠聚莆阳”系列活动超百场，发放消费补贴超3000万元，直接带动消费超8亿元，新增知名首店60家，限上批发业商品销售额增长11%。莆阳开春、爽夏、赏秋等文旅IP火爆出圈，“福往福来”湄洲岛至南日岛海上游实现首航，全市接待旅游总人数增长48%、旅游总收入增长56%。大港效应持续放大，打造罗屿产业联盟，港口吞吐量增长35%、集装箱吞吐量增长38.4%，增幅全省第一，罗屿港口铁矿石首次转口东南亚，对台铁矿石中转量连续五年全国第一，莆台集装箱班轮跨境电商出口顺利首航。会展效应持续显现，世界妈祖文化论坛、海峡工艺品博览会暨香文化产业大会等活动出新出彩。

2024年莆田市经济社会发展的主要预期目标是：地区生产总值增长5.5%左右，一般公共预算总收入增长5.5%，地方一般公共预算收入增长5%，固定资产投资增长5%，社会消费品零售总额增长7%，出口份额保持基本稳定，居民人均可支配收入与经济增长同步，城镇登记失业率控制在3%以内，居民消费价格涨幅2%左右，粮食总产量稳定在18.75万吨，按序时进度完成省下达的单位地区生产总值能耗下降目标。

（摘编：李乐成）

2023年南平市经济发展概况

2023年是全面贯彻落实党的二十大精神的开局之年。一年来，南平市坚持以习近平新时代中国特色社会主义思想为指导，深入学习贯彻党的二十大和习近平总书记对福建工作的重要指示精神，扎实开展第二批主题教育，深入实施“三争”行动，落实“五增”目标，全方位推进绿色高质量发展。2023年全市地区生产总值增长5%；一般公共预算总收入164.1亿元、增长11.4%，地方一般公共预算收入113.4亿元、增长8.9%；固定资产投资增长2.7%；社会消费品零售总额842.6亿元、增长6.5%；居民消费价格总水平涨幅控制在3%以内；城镇居民人均可支配收入42867元、增长4.3%，农村居民人均可支配收入23327元、增长7.1%。国家碳计量中心（福建）、国家茶产业计量测试中心落地南平；延平、建阳获批国家生态文明建设示范区，累计获批总数居全国第3、全省第1；松溪获评全国“绿水青山就是金山银山”实践创新基地，累计获批总数居全省第1；国家农业绿色发展整市域创建先行区进展评估全国第1；全国海绵城市建设绩效评价结果获评A档。

农　业

出台稳定粮食生产9条措施，建设高标准农田24.5万亩，完成粮食播种面积281.9万亩、总产量118.8万吨。做好“土特产”文章，10个国家级、省级优势特色产业集群加快建设，新增建瓯、政和、邵武全国绿色食品原料标准化生产基地。实施种业创新行动，新育成10个杂交水稻、3个玉米新品种，制种面积超18万亩。首创林长“巡山交树”制和河湖长“巡河交水”制，空气、水等生态环境质量保持全省第1。在“三茶”统筹发展上，中华茶博苑启动筹建，武夷国际茶叶交易中心开业运营，武夷山水·茶空间建设团体标准制定发布，出台茶庄园建设实施意见及扶持政策，发布红茶、白茶器皿标准。武夷岩茶文化列入中国重要农业文化遗产名录，“北苑贡茶·龙团凤饼”被国家版本馆收藏。

工　业

新建成工业标准厂房112万平方米。新认定国家级高新技术企业、知识产权优势企业101家，省级以上专精特新企业、单项冠军企业24家，新培育“四上”企业510家，新建投产规上工业企业39家、全省第3。绿色产业加速集聚，实施重点工业企业共成长培育计划，新落地开工或投产云上茶谷产业园等茶产业链项目35个，中国竹具工艺城等竹产业链项目50个，农夫山泉茶饮料等水产业链项目21个，圣农展示馆等食品加工产业链项目142个。茶、竹、水、食品加工等产业链产值分别增长8.4%、8%、44.9%、11.6%。推进“以竹代塑”示范城市建设，出台竹产业千亿行动计划，高标准规划建设“两徐”国家级竹经济产业园，国际竹藤中心武夷研究基地落地南平市。民营经济加快发展，出台贯彻落实新时代民营经济强省战略推进绿色高质量发展的实施意见、巩固拓展经济向好50条、工业稳增长12条等政策，累计减免税费69.3亿元。

建筑业

486个省市重点项目完成投资占年度计划

116%，美和家居、涤纶短纤循环经济产业园等150个项目开工建设，浦圣预制菜产业园、元力环保高端活性炭等225个项目加快推进，三爱富新材料一期、浙商出口家具产业园一期等111个项目建成投产。“一把手”正式签约总投资2亿元以上项目54个、总投资270.3亿元，“一把手”抓技改项目46个、完成投资49.6亿元。以创建全国文明城市为抓手，推进以县城为重要载体的新型城镇化建设，实施城市更新项目716个，改造老旧小区3.5万户，新改建城市道路71.6公里、农村公路334公里、福道137.7公里及燃气、供水、雨污等管网400.6公里，新增公园绿地121.9公顷、郊野公园5平方公里、公共停车泊位3400个。31项为民办实事项目全面完成，民生支出占一般公共预算支出比重84.2%。14所中小学幼儿园投入使用。86个新建体育设施投入使用，顺利承办省第十届少数民族传统体育运动会等品牌赛事。武夷新区生态食品等产业园加快建设，怡宝水业等项目建成投产，云谷水系获评中国“全域海绵”典范项目。建阳医卫材料产业园二期基本建成，ES纤维产业链产值增长2.2倍。延平改造老旧小区3800户，青少年校外体育活动中心等项目建成，南平工业园区闽江航运物流中心、“双碳”产业园等22个项目签约入园。深化农村人居环境整治，完成危旧房、违建房、裸房“三房同治”1330栋。开展乡镇“幸福里”养老社区试点建设，新改建长者食堂50个、农村幸福院100所。

服务业

消费市场稳步回升，出台进一步扩大消费、加快会展业发展、促进航空市场高质量发展、支持武夷新区房地产市场平稳健康发展等政策，武夷山主景区免门票政策继续实行，推出武夷梦华录、铁井栏—紫芝街等8个文旅新产品和国家公园风景道自驾游等10条旅游新线路，全市旅游人数、收入恢复良好。绿色发展机制创新集成改革试点稳步推进，“森林生态银行·四个一”股份合作经营模式实现县域全覆盖，省级绿色产业基金落地我市，绿色信贷余额增长36%。国企改革扎实推进，组建水务集团，市属国企服务产业发展能力不断增强。优化荣华山产业组团工作机制，市县共建合力有效增强。创建“企呼我应”服务平台，推出“便利南平”新十条措施。创新开展“远程云帮办”，惠企政策“免申即享”提质扩面，便民利企“一件事”套餐改革上升为省级地方标准，新登记法人企业增长15.1%。对外开放持续扩大，闽江航运集装箱货船满负荷运行，货物吞吐量突破4.5万吨，新增5艘千吨级货船运力。跨境电商综合试验区和武夷山陆地港加快建设。闽东北区域协作深入拓展，衢黄南饶联盟花园共建持续深化。举办武夷山·阿里山文旅融合发展对台交流和国际茶日茶产业对外经贸交流等活动70余场次。在优秀传统文化传承弘扬上，国际儒学联合会朱子研修基地落地南平市，成功创建省级朱子文化生态保护区，《大儒朱熹》进京展演，举办“江山如画”大型融媒体传播等活动。新增国家级传统村落6个、省新时代特色文艺示范基地8个，修缮提升寒泉精舍、五经博士府、张山头红军墓群等遗存。考亭书院被确认为全国华侨文化交流基地。

2024年是新中国成立75周年，是落实“十四五”规划攻坚之年。南平市经济社会发展主要预期目标是：全市地区生产总值增长5.5%左右，固定资产投资增长5.5%，一般公共预算总收入增长5%，地方一般公共预算收入增长5%，出口增长3%，实际利用外资增长10%，社会消费品零售总额增长6%，城镇居民、农村居民人均可支配收入分别增长5.5%、7%，单位GDP能耗控制在省下达目标内，粮食总产量稳定在118.4万吨以上。

（摘编：张全进）

2023年龙岩市经济发展概况

2023年是全面贯彻党的二十大精神的开局之年，是三年新冠疫情防控转段后经济恢复发展的一年。一年来，龙岩市深入学习贯彻习近平新时代中国特色社会主义思想和党的二十大精神，紧紧抓住中央支持革命老区振兴发展的重大机遇，深学争优、敢为争先、实干争效，大抓招商、大抓产业、大抓项目，全力以赴拼经济、促发展。全年实现地区生产总值3330亿元，增长3.5%左右；一般公共预算总收入362.5亿元、增长1.7%，地方一般公共预算收入172.7亿元、增长4.4%；城镇、农村居民人均可支配收入分别增长4%、7%。

一年来，挑战前所未有，龙岩市始终坚定信心、保持定力，盯着目标干、迎着困难上，尽最大努力争取最好结果。闽西革命老区高质量发展示范区建设迈出坚实步伐，全年向上争取政策资金224.8亿元，龙岩新机场获国务院、中央军委批复同意，龙龙高铁龙岩至武平段建成通车、武平至梅州段启动建设，龙岩市在全国革命老区振兴发展现场会上作典型发言。广龙对口合作取得丰硕成果，构建起“四梁八柱”合作体系，广州4家世界500强企业项目落地龙岩，对口合作经验做法在全国推广。

农　业

严格落实耕地保护和粮食安全责任，出台稳定粮油生产九条措施，新建成高标准农田22.6万亩，超额完成省下达粮食生产任务。“供销农场”经验做法在全省推广。七大特色农业全产业链产值1070亿元，新增1家国家级农业产业化龙头企业。永定入选全国文化产业赋能乡村振兴试点。武平获评国家农产品质量安全县、“四好农村路”全国示范县。长汀获评全国农作物病虫害专业化“统防统治百强县”。漳平入选国家农村产业融合发展示范园、农业现代化示范区创建名单。

打造“山水龙岩”品牌，深入推进河湖长制、林长制工作，系统实施中心城区幸福河湖建设等山水林田湖草沙一体化保护和修复工程。全国首单水土保持项目碳汇成功交易，水土保持工作机制在全国推广。取消人工商品林主伐年龄限制等创新举措写入国家深化林改方案，林业碳汇损失计量及赔偿机制写入全国“两会”最高法院工作报告。林业金融区块链融资服务平台入选全国典型。林业碳汇指数保险获中国碳达峰碳中和典型案例一等奖。5家企业入选国家级绿色工厂。积极探索海峡两岸融合发展新路，全国首创向台农发放林下经济不动产权证，成功举办第一届海峡两岸农业交流大会，漳平台湾农民创业园连续七年在国家考评中排名第一。上杭获评全国水土保持示范县。长汀、武平获评全国自然资源节约集约示范县。武平入选全国县级水网先导区。生态环境综合整治成效明显，主要流域优质水比例65.8%、多年来首次超过全省平均水平。

工　业

出台促进民营经济发展“1+N”政策，实施“供需赋能助企强链”行动，推动有色金属、机械装备、新材料等重点产业提质发展，应急抢险救援装备产业集群入选全国特色产业集群。全市新登记市场主体8万家，新增规上工业企业119家，紫金铜业获中国工业大奖。实施科技创新行动计划，组建有色金属等四大产业研究院，新增国家高新技术企业90家、省级“专精特新”企业57

家，晶旭半导体获全国颠覆性技术创新大赛最高奖，金龙稀土入选国家智能制造示范工厂。3 家建筑施工企业晋升特级资质，实现“零的突破”。

建筑业

深化“每月开竣工”互比互看等活动，“十百千”项目超额完成年度投资任务，紫金锂元、常青新能源二期等 1059 个项目新开竣工。实施交通通达工程，全市新改建城市道路 56 公里、农村公路 395 公里，新增城市公共停车位 1340 个。实施安全韧性工程，全市新改建雨污水管网 187 公里、供水管网 68 公里，获评海绵城市中央财政资金绩效评价 A 档。中心城区南翼污水处理厂扩建工程顺利通水，铁山污水处理厂扩建及提标改造工程春节前后可建成投用。中心城市拓展新的发展空间，“两监”片区土地盘活利用得到省里支持，南部新城、北部新城开发建设有序推进。持续实施“医疗创双高”工程，国家级临床重点专科实现“零的突破”，省级区域医疗中心——市第一医院东部综合院区开工建设。

服务业

实施文旅经济高质量发展行动，开展“百万老广”“百万阿拉”游龙岩等活动，打响“五大游”文旅品牌，全市接待游客、旅游总收入分别增长 40%、45%。组织“全闽乐购·万商云聚惠龙岩”等促消费活动，支持汽车等大宗消费，新增限上商贸企业 290 家。闽粤两省联合印发广龙合作方案，省里出台 17 条支持措施，广州与龙岩市签订对口合作协议、建立党政联席会议机制，设立对口合作专项资金。广龙合作产业园正式揭牌。广州 31 所重点学校与我市 36 所学校、11 家著名医院与龙岩市 12 家医院结对共建，400 多位医疗专家分批“组团”奔赴老区义诊。深化新时代厦龙山海协作，新签约闽西南协同发展区项目 267 个、总投资 478 亿元。深化“一窗受理、集成服务”改革，“无差别综合窗口”实现市县全覆盖。推行工业用地“标准地+承诺制”改革。入选全国公共就业创业服务示范城市创建名单。人社惠老服务超市、劳动保障维权服务超市入选全国典型。中小企业发展环境评估排名全省第二。龙岩市在全国优化营商环境现场会上作典型发言。上杭入选中央财政支持普惠金融发展示范区。武平入选国家农村综合性改革试点。举办“11·8”机博投洽会、粤港澳招商推介会等重大招商活动，全市新签约项目 660 个，其中 10 亿元以上项目 49 个。上杭、武平入选国家创新型县建设名单。深化“大爱龙岩”活动，加大特殊困难群体兜底保障，发放低保金 3.3 亿元、特困供养金 1.6 亿元、残疾人“两项补贴”8641 万元。做好“一老一小”服务保障，乡镇（街道）长者食堂实现全覆盖，新增普惠性托位 1000 个。

2024 年，是中华人民共和国成立 75 周年，是实施“十四五”规划的关键一年，是习近平总书记亲自擘画“机制活、产业优、百姓富、生态美”新福建宏伟蓝图 10 周年，也是古田会议召开 95 周年、古田全军政治工作会议召开 10 周年。龙岩市工作的总体要求是：坚持以习近平新时代中国特色社会主义思想为指导，全面贯彻落实党的二十大、二十届二中全会和中央经济工作会议精神，按照党中央决策部署和省委、省政府、市委工作要求，坚持稳中求进工作总基调，完整、准确、全面贯彻新发展理念，围绕推动高质量发展首要任务和构建新发展格局战略任务，主动融入两岸融合发展示范区建设，按照“打好五张牌，建设新龙岩”的工作思路，统筹扩大内需和深化供给侧结构性改革，统筹新型城镇化和乡村全面振兴，统筹高质量发展和高水平安全，切实增强经济活力、防范化解风险、改善社会预期，持续推动经济实现质的有效提升和量的合理增长，增进民生福祉，保持社会稳定，加快推进闽西革命老区高质量发展示范区建设，奋力谱写中国式现代化龙岩篇章。2024 年经济社会发展主要预期目标是：全市地区生产总值增长 5.5%左右；固定资产投资增长 5%；社会消费品零售总额增长 5%；出口增长 3%，实际利用外资增长 5%；地方一般公共预算收入增长 5%；城镇、农村居民人均可支配收入均增长 6%；城镇新增就业 1.4 万人以上。力争在实际工作中取得更好成绩。

（摘编：张全进）

2023年宁德市经济发展概况

2023年，在第二批主题教育全面展开之际，闽东大地再传喜讯，习近平总书记对宁德35年践行“四下基层”作出重要批示。这一年，宁德市牢记并践行“全省的新增长极”的深情勉励，延续了“两个稳定”的好势头。全市12项主要经济指标6项增幅全省第1，地区生产总值增长8.6%，连续5年全省第1。中国百强城市排名再晋10位、位列第82位；蕉城蝉联全国“百强区”、全省“十优区”，福安蝉联全国“百强县”、全省“十强县”，霞浦、屏南、周宁囊括全省“十佳县”前三甲，东侨跻身国家级经济技术开发区第22位。出台支持民营经济高质量发展“13条”等政策措施，落实减税降费及退税缓费52.6亿元，发放纾困贷款和提质增产增效专项资金15亿元。全市新登记市场主体8.5万户、总量突破50万户，新增“四上”企业416家。

农 业

努力走出一条具有闽东特色的乡村振兴之路，加快打造全国乡村振兴样板区。全市累计培育形成农业特色产业百亿强县5个、十亿强镇24个、亿元强村50个，寿宁入选国家乡村振兴示范县，屏南入选全国传统村落集中连片保护利用示范县，福鼎嵛山岛入选全国“和美海岛”。海上养殖综合整治、海漂垃圾治理、互花米草除治等工作经验入选全国典型案例，成为获生态环境部通报表扬的22个地级以上城市之一，连续3年上榜中国“绿都”城市20强。黄鱼和鲍鱼基因组育种芯片、海参秋季规模化繁育技术实现新突破。实施优势农业提效专项行动，开展“我在宁德有亩田”活动，粮食总产量达48.1万吨。屏南全国首创建成“大食物馆”。推进优势农业提效项目188个，“8+1”特色产业全产业链规模突破2300亿元。获评全国重点产茶县域6个、国家农业产业强镇5个，福安获批创建国家农业现代化示范区，蕉城、福鼎获评国家级水产健康养殖和生态养殖示范区，柘荣列入“福九味”中药材国家优势特色产业集群建设县。发布特色农业产业发展蓝皮书5部，新增全国名特优新农产品3个、地理标志证明商标3个、“两品一标”82个，上榜“福农优品”百品榜16个、省级百强龙头企业9家，古田银耳入选大国好货“一县一品”特色产品，福安葡萄、桐江鲈鱼入选全国农业品牌精品培育名单，寿宁乌茶首发亮相央视，福鼎白茶连续14年位列中国茶叶区域公用品牌十强。举办全国大黄鱼文化节、白茶交易大会、红茶大会等活动，获评大黄鱼美食地标城市。实施农村人居环境分类晋级专项行动，标准版、提升版村庄覆盖率分别提高到62%、32%；创建金牌旅游村112个、“五个美丽”示范点2140个。新改建农村道路405公里，周宁、古田获评全国“四好农村路”示范县，寿宁农村公路建养机制入选全国典型案例。实施生态环境综合治理，推进污染防治项目56个，整治入河入海排污口351个，建设生态清洁小流域13.2公里，重点流域、主要湖库、县级饮用水水源地水质达标率100%。完成植树造林14.6万亩，治理水土流失19.4万亩。寿宁获评“世界长寿乡”，周宁获评“中国天然氧吧”，东侨入选全国首批减污降碳协同创新试点。

工 业

坚持龙头壮大、链条延伸、场景拓展、融合

循环，大力推动战略性新兴产业集聚发展。宁德时代营收突破4000亿元、入围世界500强位列第292位，青拓集团营收突破2000亿元，携手包揽福建民企百强前两席。全市新增百亿企业3家、共16家、占全省25.8%，规上工业增加值增幅连续6年全省第1，上榜全国先进制造业百强市第79位，工业稳增长和转型升级成效获国务院督查激励。成功举办世界储能大会，获评中国新能源电池之都，新能源新材料产业核心区建设上升为省级战略。蕉城、福安分别上榜中国工业“百强区”“百强县”。持续做大做强主导产业，四大主导产业实现产值5806亿元：其中，锂电新能源产业2948亿元，福鼎时代4#工厂、屏南时代三期等17个项目建成投产；不锈钢产业2095亿元，青拓90万吨高性能不锈钢、1780毫米热连轧等项目建成投产；新能源汽车产业452亿元，年产量创新高、达34万台，名爵4EV蝉联中国纯电车出口量第1；铜材料产业311亿元，阴极铜年产量42.6万吨。加快培育“三大产品”，船舶电动化示范推广，累计交付使用110艘，全省首批海上电动船舶充电站建成投用；青拓电动矿卡成功下线，全国首条高速重卡换电绿色物流专线“宁德—厦门干线”开通；成功举办大健康（按摩器具）产业创新暨电商发展大会，按摩器网络零售额突破百亿大关。实施“产业载体标准化建设年”活动，建设一、二、三产产业载体项目142个，新增标准厂房93.7万平方米；新增国家级绿色园区、绿色工厂4家。蕉城上榜全国创新“百强区”，柘荣获批省级高新区。

建筑业

上项目扩投资，233个在建重点项目完成投资694亿元；完善项目前期“3+N”机制，策划储备重大项目493个，总投资1719亿元；开展产业链招商等活动，签约项目280个，总投资1184亿元。实施“城市品质提升年”活动，推进项目725个，完成老旧小区改造62个，加装电梯77台；新改建公园绿地108.6公顷、福道136.1公里。完成主城区总体城市设计和东湖、赤鉴湖片区城市设计。实施中心城区交通拥堵治理专项行动，连城路一、三期建成通车，北湖滨路、惠风路、学院路、天山路三期等断头路相继打通；新开通定制公交线路9条，新增停车位806个、充电桩738个。海西天然气管道长乐至福鼎段缺陷整改正式启动。实施“重大基础设施攻坚年”活动，温福高铁通过预可研评审，漳湾铁路专线可研获批，车里湾互通、沙埕互通开工建设，宁古高速、宁上高速霞浦至福安段、国道228加快推进，新改建国省干道61.9公里。实施闽东大水网建设专项行动，市第三供水厂10扩20项目建成投用；新改建供水管网72.5公里、雨污管网200.2公里。建成投产110千伏以上输变电工程16个，新建5G基站3840个。霞浦核电1#机组建成投产，宁德核电5#6#机组、古田溪混合式抽蓄项目通过核准。

服务业

开展“全闽乐购·约惠宁德”等促消费活动，社会消费品零售总额增长2.5%。出台文旅促消费“8条措施”，组织后备箱生活季等活动，全年接待游客突破6000万人次、旅游收入超550亿元，均创历史新高。宁德上榜全国十大热门旅游目的地，福安获评最美中国文化旅游名县，霞浦入选中国最美乡村旅游目的地；华东菌群生命疗养基地等项目投入运营，3件作品入选“中国礼物”名单。稳外贸扩出口，新增省级内外贸一体化经营“领跑者”企业18家，全市进出口总额达1500亿元，出口总额首次突破千亿大关，上榜中国外贸百强城市第40位。实施“现代服务业突破年”活动，霞浦京东智慧物流产业园等项目建成投用，新增A级物流企业6家。漳湾作业区21#等6个泊位投产运营，迈进了15万吨级“大船时代”，港口货物吞吐量达7839万吨。周宁获评全国自然资源节约集约示范县。加快国家级普惠金融改革试验区建设，普惠型小微贷款余额增速超30%、涉农贷款增速达17.4%，金融机构本外币存贷款余额双双突破4000亿元大关。

（摘编：孙云荣）

2023年平潭综合实验区经济发展概况

2023年，平潭综合实验区深入学习贯彻党的二十大和二十届二中全会精神，坚决贯彻落实习近平总书记重要讲话重要指示批示精神，坚定沿着习近平总书记亲自为平潭擘画的“一岛两窗三区”宏伟蓝图，扎实开展主题教育，深学争优、敢为争先、实干争效，迎难而上、开拓进取、创新有为，取得了沉甸甸的收获。

这一年，中共中央、国务院出台《关于支持福建探索海峡两岸融合发展新路建设两岸融合发展示范区的意见》，国务院批复《平潭综合实验区总体发展规划（2023—2035）》，省委发布加快建设两岸融合发展示范区的22条实施意见，平潭的战略地位、重大使命和重要机遇更加凸显。初步统计，2023年实验区地区生产总值增长3%，固定资产投资增长3.8%，一般公共预算总收入增长6.9%，地方一般公共预算收入增长7.9%，城镇居民人均可支配收入与农村居民人均可支配收入增速均超GDP增速。

农　业

2023年，新中国成立以来福建最大的引调水工程“一闸三线”全线贯通，城乡供水一体化取得历史性成效，平潭人民从此告别“靠天吃水”的日子，喝上了幸福水放心水。乡村振兴实现新进展，学习运用“千万工程”经验，分批推进60个村庄13个连片规划编制，选定10个村开展整村示范整治，“骑”妙追“泪”之旅入选文旅部全国乡村旅游精品线路，多个村庄荣获全国“一村一品”示范村、省级“水乡渔村”休闲渔业示范基地、省级美丽渔村等称号。压实耕地保护和粮食安全责任制，完成复垦复耕4500余亩，超额完成粮食播种5.5万亩、总产量1.9万吨的省定任务。平潭县获评省级农产品质量安全县。生态保护取得新成效，从严推进中央第三轮生态环保督察问题整改工作，加大无居民海岛保护力度，整治修复君山环岛沿线、大澳湾等海岸线生态功能，清退超规划养殖面积450亩，改造传统养殖渔排6.8万口、筏式养殖泡沫浮球1.8万亩，近岸海域国控点位水质优良面积比例达到94.6%，全年空气质量综合指数为1.95，位列全省第一，海坛岛获评全国“和美海岛”。

工　业

特色产业稳步提升，风电行业产值增长24.2%。科创支撑不断增强，新认定国家高新技术企业12家、省级科技小巨人企业3家、省“瞪羚”企业1家。新立项国家重点研发计划项目1个，列入省级科技计划项目14个。新增发明专利45件、注册商标1073件，分别同比增长31.8%、8.3%，新评定国家、省知识产权优势企业各2家。创新央地合作模式，以资产换产业、以政策引投资，中能建、省能化集团等央企及省属国企项目成功落地。

建筑业

建筑业总产值增长14.5%，平潭海峡公铁大桥、福州至平潭铁路站房及相关工程平潭站2个项目获中国建设工程鲁班奖；投资促进和重点项目建设推进两大机制务实高效，签约起帆平潭海缆基地、岚悦酒店等社会投资项目79个、计划总投资339亿元，15个省重点项目超额完成年度计划，政府性投资完成115亿元、增长70%；城乡建设再上新台阶，实施海洋科技文化中心、大练旅游环岛路等城乡建设品质提升项目136个，完成投资42.1亿元，项目数、投资额分别比上年增长27%、33%。北部生态廊道入选全国第一批交通与旅游融合发展典型案例。新建及改建城乡供水管网近100公里、污水管网44公里，改造老旧小区19个。金井新城、高铁中心站商圈的业态明显丰富，商业氛围更加浓厚。改扩建城关第二幼儿园等6所学校，新增公办学位1170个。福建医科大学附属协和医院胸外科等4个专科入驻平潭分院，落地7个两岸名医工作室，区中医院完成改扩建工程并投入使用。

服务业

2023年，平潭游客接待量突破1000万人次、旅游收入突破100亿元，平潭国际邮轮中心正式开港并实现首航，壳丘头遗址群最新考古成果在京发布，文旅经济迈出全新步伐。旅游人气持续集聚，深入打造浪漫岛、欢乐岛、活力岛、舒心岛，不断推出“星球唤想·蓝眼泪”“岚起山海图”、龙山俚欢乐街、龙王头·蓝眼泪海街、渔人码头等消费新场景，新增酒店住宿床位4500余个，限上住宿业、餐饮业营业额分别增长60%、20%。棒球公园、水上卡丁车基地等建成投用，U18女子垒球亚洲杯、亚洲沙滩排球锦标赛、国际汽联F4方程式中国锦标赛、第十届平潭国际风筝冲浪节等62场体育赛事成功举办；《李白》《天鹅湖》等优秀剧目和跨年烟花秀、IM两岸青年影展、蓝眼泪音乐节等152场演艺活动精彩纷呈。

制定了游艇旅游业发展若干措施、推动跨境电子商务优化提升若干措施、海峡两岸仲裁中心建设若干意见等十多个方面的政策措施，台资企业注册业务“全程网办”、台湾居民个税补贴“免申即享”、台湾人才职业晋升机制、全流程台胞医疗服务等措施率先实施，我省首个由台胞担任法人的社会组织“岚台同心社工服务中心”在平潭成立。自贸试验再谱新篇，推出海上风电“净零碳”模式、知识产权行政司法“三同步”工作机制等17项创新举措，其中全国首创8项。民宿“承诺备案+全程网办”新模式案例入选“中国改革2023年度地方全面深化改革典型案例”。创新远程智能施封系统、进境拼箱货物“拆单”放行等措施，口岸通关便利化水平进一步提高。投融资模式有力创新，争取到中央预算内投资补助资金3.01亿元，专项债项目资金60.2亿元。区属国企综合运用公司债、点心债、PPN等融资工具，实现自主融资约70亿元。水运总周转量增长12.2%，船舶总运力突破600万载重吨、占全省运力超1/4，“海通发展”成为首个登陆沪市主板的本土船运公司。两岸往来日益密切，停航3年多的“海峡号”货运复航，澳前台湾小镇1号免税商城开业。台胞职业资格一体化服务中心跻身国家职业技能等级评价机构，采信服务从平潭走向全国，受益台胞累计超2000人。举办第十二届共同家园论坛、第七届海峡两岸村里长交流会、第十四届闽台中医药学术论坛等涉台交流活动共120余场，参与台胞超3000人次。中央信访联席办交办三批312件“治重化积”事项化解率达99%。完成“保交楼”项目13个，交付住宅8000余套。深入抓好安全生产专项整治、食品药品安全监管，有效应对“杜苏芮”“海葵”等超强台风不利影响。

2024年是中华人民共和国成立75周年，是实施“十四五”规划的关键一年，是习近平总书记亲自为平潭擘画“一岛两窗三区”宏伟蓝图10周年。今年经济社会发展的主要预期目标是：地区生产总值增长3.5%；固定资产投资增长5%；一般公共预算总收入、地方一般公共预算收入增幅保持在合理区间；社会消费品零售总额增长5%；居民人均可支配收入与经济增长协调同步。

（摘编：徐根生）

第八篇

经济数据

说明：本篇内容摘自《2024福建统计年鉴》，采用近三年的数据（除注明外）。

（摘编：赵小真）

综 合

全省法人单位数（2022年）

单位：个

项目	法人单位数	单产业法人	多产业法人
按登记注册类型分	**1547262**	**1523300**	**23962**
内资	1528499	1505224	23275
国有	37095	35380	1715
集体	8548	7956	592
股份合作	414	361	53
联营	277	277	
国有联营	26	26	
集体联营	70	70	
国有与集体联营	27	27	
其他联营	154	154	
有限责任公司	26780	25301	1479
国有独资公司	2870	2569	301
其他责任有限公司	23910	22732	1178
股份有限公司	1222	844	378
私营	1373131	1354303	18828
私营独资	93652	93175	477
私营合伙	15997	15947	50
私营有限责任公司	1260406	1242394	18012
私营股份有限公司	3076	2787	289
其他	81032	80802	230
港澳台商投资	12568	12218	350
合资经营（港或澳、台资）	2777	2673	104
合作经营（港或澳、台资）	82	79	3
港、澳、台商独资经营	9267	9038	229
港、澳、台商投资股份有限公司	214	202	12
其他港澳台商投资	228	226	2
外商投资	6195	5858	337
中外合资	1487	1420	67
中外合作	36	35	1

续表

项　　目	法人单位数	单产业法人	多产业法人
外商独资	4473	4216	257
外商投资股份有限公司	86	74	12
其他外商投资	113	113	
按机构类型分	**1547262**	**1523300**	**23962**
企业	1419812	1397609	22203
事业单位	24402	23918	484
机关	6698	5668	1030
社会团体	21103	21085	18
其他	75247	75020	227
按行业分	**1547262**	**1523300**	**23962**
农、林、牧、渔业	72500	72313	187
农业	39214	39117	97
林业	6882	6855	27
畜牧业	9268	9245	23
渔业	10210	10192	18
农、林、牧、渔服务业	6926	6904	22
采矿业	1826	1791	35
煤炭开采和洗选业	139	136	3
黑色金属矿采选业	223	213	10
有色金属矿采选业	165	159	6
非金属矿采选业	1204	1189	15
开采辅助活动	38	38	
其他采矿业	57	56	1
制造业	192832	191138	1694
农副食品加工业	6942	6840	102
食品制造业	6337	6256	81
酒、饮料和精制茶制造业	8638	8528	110
烟草制品业	12	11	1
纺织业	6926	6871	55
纺织服装、服饰业	13922	13792	130
皮革、毛皮、羽毛及其制品和制鞋业	15373	15301	72
木材加工和木、竹、藤、棕、草制品业	7902	7845	57
家具制造业	8121	8075	46
造纸和纸制品业	4698	4671	27
印刷和记录媒介复制业	3543	3499	44

续表

项　　目	法人单位数	单产业法人	多产业法人
文教、工美、体育和娱乐用品制造业	12121	12064	57
石油加工、炼焦和核燃料加工业	372	366	6
化学原料和化学制品制造业	4541	4475	66
医药制造业	1341	1317	24
化学纤维制造业	353	352	1
橡胶和塑料制品业	9879	9815	64
非金属矿物制品业	22787	22583	204
黑色金属冶炼和压延加工业	629	624	5
有色金属冶炼和压延加工业	922	913	9
金属制品业	15807	15697	110
通用设备制造业	10155	10083	72
专用设备制造业	9793	9717	76
汽车制造业	2039	2011	28
铁路、船舶、航空航天和其他运输设备制造业	1273	1266	7
电气机械和器材制造业	6600	6514	86
计算机、通信和其他电子设备制造业	4515	4439	76
仪器仪表制造业	1410	1381	29
其他制造业	3201	3188	13
废弃资源综合利用业	1161	1147	14
金属制品、机械和设备修理业	1519	1497	22
电力、热力、燃气及水生产和供应业	7576	7376	200
电力、热力生产和供应业	5991	5868	123
燃气生产和供应业	217	176	41
水的生产和供应业	1368	1332	36
建筑业	78971	73360	5611
房屋建筑业	24047	20852	3195
土木工程建筑业	15319	13735	1584
建筑安装业	5289	5063	226
建筑装饰和其他建筑业	34316	33710	606
批发和零售业	594100	589032	5068
批发业	306146	303967	2179
零售业	287954	285065	2889
交通运输、仓储和邮政业	29961	29120	841
铁路运输业	101	98	3
道路运输业	17097	16720	377

续表

项　　目	法人单位数	单产业法人	多产业法人
水上运输业	1849	1808	41
航空运输业	175	163	12
管道运输业	7	7	
多式联运和运输代理业	7153	7013	140
装卸搬运和仓储业	2484	2442	42
邮政业	1095	869	226
住宿和餐饮业	22796	21966	830
住宿业	6168	5998	170
餐饮业	16628	15968	660
信息传输、软件和信息技术服务业	92964	92251	713
电信、广播电视和卫星传输服务	1009	940	69
互联网和相关服务	16673	16548	125
软件和信息技术服务业	75282	74763	519
金融业	4392	3858	534
货币金融服务	1372	1104	268
资本市场服务	1941	1926	15
保险业	497	257	240
其他金融业	582	571	11
房地产业	33487	32117	1370
房地产业	33487	32117	1370
租赁和商务服务业	158089	155891	2198
租赁业	13177	13028	149
商务服务业	144912	142863	2049
科学研究和技术服务业	84579	83062	1517
研究和试验发展	18704	18583	121
专业技术服务业	28670	27467	1203
科技推广和应用服务业	37205	37012	193
水利、环境和公共设施管理业	9596	9451	145
水利管理业	622	607	15
生态保护和环境治理业	1448	1433	15
公共设施管理业	5859	5759	100
土地管理业	1667	1652	15
居民服务、修理和其他服务业	27262	26715	547
居民服务业	12837	12566	271
机动车、电子产品和日用产品修理业	9428	9253	175

续表

项　　目	法人单位数	单产业法人	多产业法人
其他服务业	4997	4896	101
教育	24392	23819	573
教育	24392	23819	573
卫生和社会工作	10214	10048	166
卫生	6653	6530	123
社会工作	3561	3518	43
文化、体育和娱乐业	42593	42147	446
新闻和出版业	337	328	9
广播、电视、电影和影视录音制作业	6748	6687	61
文化艺术业	15489	15367	122
体育	5448	5311	137
娱乐业	14571	14454	117
公共管理、社会保障和社会组织	59132	57845	1287
中国共产党机关	1343	1282	61
国家机构	13769	12766	1003
人民政协、民主党派	241	236	5
社会保障	366	359	7
群众团体、社会团体和其他成员组织	26333	26311	22
基层群众自治组织	17080	16891	189

各设区市按行业门类分的法人单位数（2022 年）

单位：个

项　　目	福建省	福州市	厦门市	莆田市	三明市	泉州市	漳州市	南平市	龙岩市	宁德市
农、林、牧、渔业	72500	10324	1499	2679	7935	8191	10682	9830	6652	14708
采矿业	1826	162	16	19	466	262	145	190	460	106
制造业	192832	18439	27115	9376	6709	81554	19034	9953	6974	13678
电力、热力、燃气及水生产和供应业	7576	776	224	209	1308	1027	1078	948	1245	761
建筑业	78971	19639	13444	4209	3701	16363	7090	4542	5235	4748
批发和零售业	594100	86219	97169	89402	15902	183424	34579	30056	32204	25145
交通运输、仓储和邮政业	29961	6327	6889	1099	1544	5853	3098	1775	1529	1847
住宿和餐饮业	22796	5018	5076	1169	891	4491	2363	1028	1576	1184
信息传输、软件和信息技术服务业	92964	29241	22619	4522	2183	19203	4530	3139	4405	3122
金融业	4392	1511	1180	123	143	697	233	161	174	170
房地产业	33487	7678	6162	1743	1486	7073	3080	1965	1909	2391
租赁和商务服务业	158089	42541	35261	6991	4657	34448	10954	7600	6799	8838

续表

项　　目	福建省	福州市	厦门市	莆田市	三明市	泉州市	漳州市	南平市	龙岩市	宁德市
科学研究和技术服务业	84579	20006	19810	5247	2759	18006	6743	3275	4669	4064
水利、环境和公共设施管理业	9596	1718	1109	792	750	1646	1311	780	669	821
居民服务、修理和其他服务业	27262	5953	6453	1457	1054	5564	2413	1366	1587	1415
教育	24392	4466	4711	1591	1273	4480	3179	1365	1822	1505
卫生和社会工作	10214	2830	1275	417	1572	1344	678	746	774	578
文化、体育和娱乐业	42593	8246	10370	2075	1553	10485	3010	2218	2553	2083
公共管理、社会保障和社会组织	59132	10123	3407	3719	6330	10422	6260	6819	5536	6516
国际组织										

各设区市按机构类型分的法人单位数（2022 年）

单位：个

地　区	法人单位数					
		企业法人	事业法人	机关法人	社团法人	其他法人
福建省	**1547262**	**1419812**	**24402**	**6698**	**21103**	**75247**
福州市	281217	261390	3860	1131	3898	10938
厦门市	263789	256798	1361	421	1842	3367
莆田市	136839	130132	1805	404	705	3793
三明市	62216	47605	2743	886	1981	9001
泉州市	414533	394576	3938	907	5000	10112
漳州市	120460	104947	3326	862	1793	9532
南平市	87756	71917	3274	738	2423	9404
龙岩市	86772	75073	2063	628	1927	7081
宁德市	93680	77374	2032	721	1534	12019

各设区市按营业状态分的企业法人单位数（2022 年）

单位：个

地　区	企业法人单位数				
		营　业	停业（歇业）	筹　建	其　他
福建省	**1419812**	**1240228**	**23227**	**156238**	**119**
福州市	261390	197567	6684	57135	4
厦门市	256798	234174	7441	15182	1
莆田市	130132	106976	777	22351	28
三明市	47605	43416	324	3862	3
泉州市	394576	358217	4370	31962	27
漳州市	104947	92518	580	11818	31
南平市	71917	66798	1594	3505	20

续表

地　区	企业法人单位数				
		营　业	停业（歇业）	筹　建	其　他
龙岩市	75073	72479	532	2058	4
宁德市	77374	68083	925	8365	1

各设区市按登记注册类型分的企业法人单位数（2022 年）

单位：个

地　区	企业法人单位数	内资企业			
			#国有企业	#集体企业	#股份合作企业
福建省	**1419812**	**1401057**	**2219**	**4279**	**374**
福州市	261390	257263	517	1009	48
厦门市	256798	250019	193	190	81
莆田市	130132	129648	51	216	18
三明市	47605	47279	187	459	22
泉州市	394576	390162	277	734	39
漳州市	104947	103306	296	497	86
南平市	71917	71588	345	502	30
龙岩市	75073	74622	159	372	33
宁德市	77374	77170	194	300	17

地　区					港澳台商投资企业	外商投资企业
	#联营企业	#有限责任公司	#股份有限公司	#私营企业		
福建省	**57**	**26492**	**1212**	**1366338**	**12562**	**6193**
福州市	17	4811	276	250584	2799	1328
厦门市	18	5219	445	243873	4329	2450
莆田市	3	2483	61	126808	316	168
三明市	2	1884	68	44642	229	97
泉州市	6	5231	97	383757	3164	1250
漳州市		2558	70	99783	1104	537
南平市	7	1642	52	68985	202	127
龙岩市	2	1411	83	72562	321	130
宁德市	2	1253	60	75344	98	106

国民经济核算

主要社会经济效益指标

项　　　目	2020	2021	2022
社会劳动生产率（元/人）	**197502**	**225147**	**236857**
总产出中间投入率（%）	**64.8**	**64.4**	**64.2**
按主要行业分			
工业	75.9	75.4	75.8
建筑业	73.8	73.4	73.6
交通运输、仓储和邮政业	62.7	62.7	62.7
批发和零售业	36.1	38.7	37.4
增加值率（%）	**35.2**	**35.6**	**35.8**
按主要行业分			
工业	24.1	24.6	24.2
建筑业	26.2	26.6	26.4
交通运输、仓储和邮政业	37.3	37.3	37.3
批发和零售业	63.9	61.3	62.6

地区生产总值

单位：亿元

年份	地区生产总值	第一产业	第二产业	第三产业	#工业	#建筑业	人均GDP（元）
2021	49566.05	2899.91	23319.82	23346.32	18292.82	5097.80	118750
2022	51765.12	3077.58	23125.30	25562.23	18013.27	5178.64	123618
2023	54355.10	3217.66	23966.43	27171.01	18548.27	5497.97	129865

地区生产总值构成

单位:%

年份	地区生产总值	第一产业	第二产业	第三产业	#工业	#建筑业
2021	100.0	5.9	47.0	47.1	36.9	10.3
2022	100.0	5.9	44.7	49.4	34.8	10.0
2023	100.0	5.9	44.1	50.0	34.1	10.1

分行业增加值

单位：亿元

项　目	2020	2022	2023
地区生产总值	**43608.55**	**51765.12**	**54355.10**
第一产业	2730.81	3077.58	3217.66
第二产业	20168.43	23125.30	23966.43
第三产业	20709.31	25562.23	27171.01
按行业分			
农、林、牧、渔业	2831.80	3195.13	3340.19
工业	15615.48	18013.27	18548.27
采矿业	231.10	272.20	299.10
制造业	14631.81	16941.53	17386.55
电力、热力、燃气及水生产和供应业	752.57	799.54	862.63
建筑业	4618.99	5178.64	5497.97
批发和零售业	4705.98	6349.50	6825.75
交通运输、仓储和邮政业	1502.33	2047.23	2238.42
住宿和餐饮业	593.73	745.17	851.62
信息传输、软件和信息技术服务业	1100.06	1375.54	1542.01
金融业	3319.59	4119.80	4355.89
房地产业	2672.64	2671.62	2552.45
租赁和商务服务业	1394.63	1991.57	2245.13
科学研究和技术服务业	676.07	776.13	842.48
水利、环境和公共设施管理业	172.04	196.08	189.24
居民服务、修理和其他服务业	762.46	880.97	919.84
教育	1252.78	1486.89	1525.75
卫生和社会工作	602.06	793.05	844.53
文化、体育和娱乐业	305.40	362.25	377.52
公共管理、社会保障和社会组织	1482.52	1582.29	1658.04

地区生产总值指数（上年=100）

单位：以上年为100

年份	地区生产总值						人均GDP
		第一产业	第二产业	第三产业	#工业	#建筑业	
2021	108.3	105.0	108.1	109.0	109.9	102.3	107.7
2022	104.2	103.4	103.3	105.2	102.5	106.1	103.9
2023	104.5	104.2	103.7	105.2	103.4	105.1	104.5

地区生产总值指数（1952 年=100）

单位：以 1952 年为 100

年份	地区生产总值						人均 GDP
		第一产业	第二产业	第三产业	#工业	#建筑业	
2021	53521.4	1706.9	348560.8	106727.3	420762.7	37391.8	15774.8
2022	55781.2	1765.1	360026.0	112305.4	431388.0	39683.5	16387.8
2023	58265.7	1839.9	373367.2	118134.1	445980.7	41688.3	17125.9

三次产业对经济增长的贡献率及拉动

单位:%

年份	贡献率				地区生产总值增长率	拉动（百分点）			
	第一产业	第二产业	第三产业	工业		第一产业	第二产业	第三产业	工业
2021	3.7	44.8	51.5	42.5	8.3	0.3	3.7	4.3	3.5
2022	4.9	35.9	59.2	21.7	4.2	0.2	1.5	2.5	0.9
2023	5.7	38.1	56.2	27.1	4.5	0.3	1.7	2.5	1.2

第三产业增加值

单位：亿元

年份	第三产业				
		#批发和零售业	#交通运输、仓储和邮政业	#金融业	#房地产业
2021	23346.32	5634.23	1846.94	3607.68	2733.75
2022	25562.23	6349.50	2047.23	4119.80	2671.62
2023	27171.01	6825.75	2238.42	4355.89	2552.45

第三产业增加值构成

单位:%

年份	第三产业				
		#批发和零售业	#交通运输、仓储和邮政业	#金融业	#房地产业
2021	100.0	24.1	7.9	15.5	11.7
2022	100.0	24.8	8.0	16.1	10.5
2023	100.0	25.1	8.2	16.0	9.4

第三产业增加值指数（上年=100）

单位：以上年为 100

年份	第三产业	#批发和零售业	#交通运输、仓储和邮政业	#金融业	#房地产业
2021	109.0	116.6	115.3	105.9	97.9
2022	105.2	109.5	101.5	107.1	95.9
2023	105.2	106.2	107.9	107.4	95.1

第三产业增加值指数（1978 年=100）

单位：以 1978 年为 100

年份	第三产业	#批发和零售业	#交通运输、仓储和邮政业	#金融业	#房地产业
2021	14747.6	15154.8	9537.9	9908.3	19387.7
2022	15518.4	16600.0	9685.3	10610.2	18586.0
2023	16323.8	17630.3	10452.5	11390.3	17670.8

就业和职工工资

全省就业基本情况

项　　目	2020	2022	2023
就业人员合计（万人）	**2206**	**2174**	**2192**
第一产业	323	299	289
第二产业	719	721	731
第三产业	1164	1154	1172
就业人员构成（%）			
第一产业	14.6	13.7	13.2
第二产业	32.6	33.2	33.3
第三产业	52.8	53.1	53.5
城镇非私营单位就业人员（万人）	**605.90**	**559.16**	**548.62**
#国有单位	152.27	147.27	167.57
有限责任公司	245.28	229.94	
股份有限公司	52.65	47.34	
港澳台商投资单位	77.82	68.82	59.49
外商投资单位	53.84	50.13	35.04
城镇非私营单位在岗职工人数（万人）	**550.13**	**519.79**	**498.78**
#国有单位	143.11	138.12	157.48
城镇私营单位就业人员数（万人）	**603.26**	**589.16**	**510.13**
城镇登记失业人数（万人）	**35.74**	**28.31**	**27.22**

按三次产业分全社会就业人员及构成

年份	就业人员数（万人）				构成（%）		
	合计	第一产业	第二产业	第三产业	第一产业	第二产业	第三产业
2021	2197	301	729	1167	13.7	33.2	53.1
2022	2174	299	721	1154	13.7	33.2	53.1
2023	2192	289	731	1172	13.2	33.3	53.5

城镇非私营单位就业人员年末人数

单位：万人

项　　　目	2020	2022	2023
总计	**605.90**	**559.16**	**548.62**
按登记注册类型分			
#国有单位	152.27	147.27	167.57
按执行会计制度类型分			
企业单位	460.95	416.30	409.07
机关事业单位	139.82	138.26	136.84
其他单位	5.13	4.60	2.71
按产业分			
第一产业	1.11	1.08	0.95
第二产业	311.59	272.98	245.59
第三产业	293.19	285.09	302.08
按行业分			
农、林、牧、渔业	1.11	1.08	0.95
采矿业	1.64	1.37	0.89
制造业	162.11	150.52	130.37
电力、热力、燃气及水生产和供应业	10.94	11.02	10.75
建筑业	136.91	110.07	103.57
批发和零售业	24.07	24.06	24.30
交通运输、仓储和邮政业	22.76	21.37	20.33
住宿和餐饮业	8.82	9.25	10.49
信息传输、软件和信息技术服务业	10.34	10.37	10.66
金融业	26.64	20.55	20.35
房地产业	16.94	16.29	15.23
租赁和商务服务业	18.31	18.45	38.57
科学研究和技术服务业	8.36	7.99	7.93
水利、环境和公共设施管理业	7.37	7.01	7.07
居民服务、修理和其他服务业	3.60	3.80	3.85
教育	63.49	63.05	61.11
卫生和社会工作	26.49	27.43	27.59
文化、体育和娱乐业	4.17	3.80	3.73
公共管理、社会保障和社会组织	51.84	51.67	50.88

城镇非私营单位女性就业人员年末人数

单位：万人

项　　目	2020	2022	2023
总计	**240.82**	**227.23**	**227.15**
按登记注册类型分			
#国有单位	74.21	76.01	83.35
按执行会计制度类型分			
企业单位	165.44	150.80	152.02
机关事业单位	71.48	72.94	73.19
其他单位	3.90	3.49	1.94
按产业分			
第一产业	0.28	0.32	0.26
第二产业	99.08	87.80	76.95
第三产业	141.47	139.11	149.94
按行业分			
农、林、牧、渔业	0.28	0.32	0.26
采矿业	0.31	0.22	0.18
制造业	73.91	66.92	56.32
电力、热力、燃气及水生产和供应业	2.86	2.84	2.73
建筑业	22.00	17.83	17.72
批发和零售业	12.38	12.26	12.35
交通运输、仓储和邮政业	5.73	5.29	5.16
住宿和餐饮业	5.01	5.41	6.01
信息传输、软件和信息技术服务业	3.88	3.78	3.85
金融业	15.44	11.77	11.51
房地产业	6.60	6.42	6.07
租赁和商务服务业	6.08	5.73	17.15
科学研究和技术服务业	2.57	2.51	2.59
水利、环境和公共设施管理业	3.03	2.93	3.14
居民服务、修理和其他服务业	2.35	2.50	2.51
教育	40.74	41.27	40.11
卫生和社会工作	18.33	19.24	19.42
文化、体育和娱乐业	2.01	1.89	1.85
公共管理、社会保障和社会组织	17.31	18.09	18.22

城镇非私营单位在岗职工年末人数

单位：万人

项　　目	2020	2022	2023
总计	**550.13**	**519.79**	**498.78**
按登记注册类型分			
#国有单位	143.11	138.12	157.48
按执行会计制度类型分			
企业单位	414.20	385.92	366.86
机关事业单位	130.98	129.43	129.32
其他单位	4.95	4.44	2.60
按产业分			
第一产业	0.96	0.87	0.81
第二产业	282.72	253.52	227.90
第三产业	266.45	265.40	270.07
按行业分			
农、林、牧、渔业	0.96	0.87	0.81
采矿业	1.59	1.32	0.89
制造业	159.35	148.34	128.40
电力、热力、燃气及水生产和供应业	10.04	10.35	10.10
建筑业	111.74	93.52	88.51
批发和零售业	22.84	23.13	23.21
交通运输、仓储和邮政业	22.36	21.12	20.06
住宿和餐饮业	8.28	8.29	9.22
信息传输、软件和信息技术服务业	10.21	10.31	10.58
金融业	13.57	13.92	14.90
房地产业	16.39	15.70	14.72
租赁和商务服务业	17.08	18.02	23.96
科学研究和技术服务业	8.09	7.76	7.62
水利、环境和公共设施管理业	6.93	6.55	6.65
居民服务、修理和其他服务业	3.47	3.68	3.78
教育	58.60	58.49	57.16
卫生和社会工作	25.38	26.12	26.70
文化、体育和娱乐业	3.95	3.49	3.44
公共管理、社会保障和社会组织	49.30	48.82	48.07

城镇非私营单位就业人员平均工资

单位：元

项　　目	就业人员平均工资		在岗职工平均工资	
	2022	2023	2022	2023
总计	**103803**	**108520**	**106977**	**111401**
按三次产业分				
第一产业	77840	79383	89266	89400
第二产业	86073	88717	87058	89972
第三产业	120655	124451	126023	129118
按企事业机关分				
企业	93683	98826	95780	100494
机关和事业	135652	137313	142009	142484
按行业分				
农、林、牧、渔业	77840	79383	89266	89400
采矿业	83510	89918	84578	90137
制造业	90788	93196	90708	93417
电力、热力、燃气及水生产和供应业	141910	149565	147231	155145
建筑业	73178	75673	73961	76472
批发和零售业	103188	110445	104337	113281
交通运输、仓储和邮政业	113836	121439	114751	122310
住宿和餐饮业	52087	55675	55345	60862
信息传输、软件和信息技术服务业	154022	165488	154411	166111
金融业	157538	178790	208319	214346
房地产业	90573	90760	91994	91776
租赁和商务服务业	79344	93004	80209	83651
科学研究和技术服务业	148080	146922	150780	149553
水利、环境和公共设施管理业	69572	73153	71775	75406
居民服务、修理和其他服务业	72596	76832	72870	76257
教育	124756	129492	131143	135306
卫生和社会工作	156258	164846	160260	167686
文化、体育和娱乐业	106939	112808	113548	118730
公共管理、社会保障和社会组织	130557	128140	136330	132356

城镇私营单位就业人员及平均工资（2023 年）

项目	就业人员（万人）	#女性	#在岗职工	平均工资（元）就业人员	平均工资（元）在岗职工
合计	**510.13**	**192.41**	**487.10**	**67651**	**67930**
按产业分					
第一产业	1.60	0.63	1.53	54909	55381
第二产业	297.87	98.30	279.92	69473	69883
第三产业	210.66	93.48	205.65	65228	65418
按行业分					
农、林、牧、渔业	1.60	0.63	1.53	54909	55381
采矿业	0.44	0.08	0.44	62601	62687
制造业	161.17	72.80	159.37	72590	72777
电力、热力、燃气及水的生产和供应业	0.94	0.27	0.89	63595	65421
建筑业	135.32	25.15	119.23	65705	65968
批发和零售业	71.65	33.41	70.74	61886	62192
交通运输、仓储和邮政业	12.22	3.16	12.07	69698	69726
住宿和餐饮业	13.54	7.77	13.25	52524	52784
信息传输、计算机服务和软件业	13.54	5.34	13.26	111298	111607
金融业	1.01	0.59	0.60	117648	127409
房地产业	12.19	5.29	11.97	64284	64677
租赁和商务服务业	45.38	15.32	43.54	64158	64266
科学研究和技术服务	11.36	4.37	11.14	67241	67666
水利、环境和公共设施管理业	2.57	1.22	2.52	47652	48015
居民服务和其他服务业	10.35	5.86	10.17	50580	50380
教育	7.72	5.86	7.52	53128	53544
卫生、社会保障和社会福利业	4.11	2.83	3.99	77549	77823
文化、体育和娱乐业	5.02	2.45	4.88	55552	56188

各设区市全社会就业人员

单位：万人

地区	2021	2022	2023
全省	**2197**	**2174**	**2192**
福州市	419	404	407
厦门市	314	315	319
莆田市	155	155	156
三明市	115	111	112
泉州市	515	507	510
漳州市	277	279	281

续表

地区	2021	2022	2023
南平市	123	122	123
龙岩市	128	129	130
宁德市	151	152	154

各设区市分城乡分产业就业人员（2023年）

单位：万人

地区	就业人员	按城乡分		按产业分		
		城镇	乡村	第一产业	第二产业	第三产业
全　省	**2192**	**1527**	**665**	**289**	**731**	**1172**
福州市	407	291	116	39	115	253
厦门市	319	290	29	6	113	200
莆田市	156	105	51	16	56	84
三明市	112	67	45	23	26	63
泉州市	510	353	157	36	239	235
漳州市	281	179	102	79	76	126
南平市	123	74	49	29	30	64
龙岩市	130	80	50	26	35	69
宁德市	154	88	66	35	41	78

各设区市城镇非私营单位就业人员和平均工资（2023年）

地区	就业人员数（万人）			平均工资（元）	
		在岗职工	其他从业人员	就业人员	在岗职工
全　省	**548.62**	**498.78**	**49.84**	**108520**	**111401**
福州市	128.82	119.72	9.10	119840	123169
厦门市	137.49	115.06	22.43	123081	126571
莆田市	32.78	30.86	1.93	87380	89050
三明市	21.79	20.08	1.71	104159	108908
泉州市	105.68	102.31	3.36	92858	93989
漳州市	51.22	46.00	5.22	99454	104254
南平市	20.88	18.98	1.90	90972	95388
龙岩市	25.68	23.65	2.04	103689	108487
宁德市	24.29	22.12	2.17	106045	111960

农　　业

农业基础设施

项　　目	2020	2022	2023
农业机械使用			
机耕地面积（千公顷）	951.11	995.26	1006.76
机械播种面积（千公顷）	258.33	306.07	327.28
机械收获面积（千公顷）	601.47	640.76	655.77
化肥施用量（万吨）			
按折纯量计算	100.81	92.07	89.15
氮肥	36.80	32.39	31.27
磷肥	14.11	12.47	12.22
钾肥	19.66	17.78	17.31
复合肥	30.23	29.43	28.35
农用塑料薄膜使用量（万吨）	**5.18**	**4.67**	**4.33**
#地膜使用量	2.55	2.52	2.22
农用柴油使用量（万吨）	**78.35**	**75.22**	**74.03**

农业机械化情况

项　　目	2020	2022	2023
农业机械动力（万千瓦）	**1260.20**	**1296.71**	**1323.69**
柴油发动机	769.01	774.75	779.25
汽油发动机	193.61	211.29	220.73
电动机	297.56	310.65	323.69
其他机械	0.02	0.01	0.01
农业机械拥有量			
大型拖拉机（台）	384	561	622
大型拖拉机动力（万千瓦）	3.23	4.63	5.10
中型拖拉机（台）	5453	5975	5613
中型拖拉机动力（万千瓦）	22.88	26.12	24.62
小型拖拉机（台）	81347	75443	70753
小型拖拉机动力（万千瓦）	90.20	84.23	78.55
联合收获机（台）	11002	11736	12462
联合收割机动力（万千瓦）	47.74	52.08	56.07
机动脱粒机（台）	105772	89196	97013
养殖渔船（艘）		26985	28183
捕捞渔船（艘）	21963	18358	17935
机电井（眼）	312609	279412	278570

农业生产条件

年　份	农业机械动力（万千瓦）	耕地灌溉面积（千公顷）	化肥施用量（万吨）	农药使用量（万吨）	农用塑料薄膜使用量（万吨）
2021	1270.52	1071.05	96.63	4.17	4.63
2022	1296.71	811.88	92.07	3.98	4.67
2023	1323.69	931.99	89.15	3.85	4.33

农作物播种面积

单位：千公顷

年　份	合　计	粮食作物	#谷物	#稻谷	非粮作物	#油料作物
2021	1705.65	835.13	637.75	599.35	870.52	80.44
2022	1737.96	837.62	638.61	599.45	900.34	81.38
2023	1769.25	841.10	641.17	601.11	928.15	84.91

粮食作物播种面积

单位：千公顷

项　　目	2020	2022	2023
总计	**834.43**	**837.62**	**841.10**
按品种分			
#稻谷	601.72	599.45	601.11
早稻	97.70	97.39	94.26
中稻	258.43	252.32	254.12
晚稻	245.59	249.74	252.73
小麦	0.08	0.06	0.06
甘薯	102.91	106.64	107.13
马铃薯	49.96	49.24	49.16
玉米	33.05	34.73	36.09
大豆	34.36	35.15	35.83

非粮作物播种面积

单位：千公顷

项　　目	2020	2022	2023
总计	**847.57**	**900.34**	**928.15**
油料	79.31	81.38	84.91
#花生	73.18	74.24	75.50
油菜籽	5.72	6.77	9.06
芝麻	0.26	0.28	0.27
甘蔗	4.90	5.17	5.10

续表

项　　目	2020	2022	2023
麻类	0.0083	0.00	
烟叶	47.53	57.15	62.95
#烤烟	47.47	57.05	62.80
莲籽	3.42	3.88	3.88
蔬菜	596.98	627.23	641.01
西瓜	16.17	16.01	15.68
绿肥	9.09	11.07	14.16
青饲料	3.15	3.35	3.38

水产品养殖面积

单位：千公顷

项　　目	2020	2022	2023
总计	**250.25**	**253.21**	**262.56**
海水养殖	163.14	167.95	177.32
#滩涂养殖	45.04	42.25	42.95
淡水养殖	87.10	85.26	85.24
#池塘养殖	35.31	36.09	36.63
湖泊养殖	0.78	0.35	0.36
河沟养殖	3.88	3.05	3.01
水库养殖	43.67	42.72	41.99

年末各类园林水果实有面积

单位：公顷

项　　目	2020	2022	2023
园林水果合计	**355785**	**377090**	**383778**
#柑桔	144403	156630	161306
龙眼	30132	29480	29386
荔枝	14084	13159	13163
香蕉	11840	12386	12557
枇杷	20429	21829	21851
菠萝	1025	1040	1062
橄榄	8448	8504	8608
柿	9850	10045	10027
桃	11964	12320	12517
李	25855	26613	27108
梨	13907	14075	14123
葡萄	10523	10963	11152
杨梅	10236	11816	12197

农林牧渔业总产值和指数

年份	农林牧渔业总产值（亿元）					农林牧渔业总产值指数（1952年=100）				
	总产值	#农业	#林业	#牧业	#渔业	总指数	#农业	#林业	#牧业	#渔业
2021	5200.97	1906.02	424.87	1059.91	1621.51	2376.6	1309.5	5344.7	3212.9	7851.2
2022	5502.56	2065.66	429.92	1066.25	1740.75	2469.3	1378.0	5613.5	3351.0	7987.0
2023	5729.21	2193.52	454.75	1083.36	1789.56	2575.2	1428.8	5813.4	3559.5	8306.5

农林牧渔业分类产值和增速

项目	数值（万元）		比上年增长（%）	
	2022	2023	2022	2023
农林牧渔业总产值（万元）	**55025631**	**57292060**	**3.9**	**4.3**
农业产值	**20656627**	**21935166**	**5.2**	**3.7**
谷物及其他作物	2851844	3027392	1.3	3.4
谷物	1423037	1478643		
薯类	383770	389214		
油料	279913	296272		
豆类	94615	90270		
棉花	49			
麻类	1			
糖料	35736	40459		
烟草	439021	531402		
其他农作物	195702	201132		
蔬菜、食用菌及花卉盆景园艺作物	9996908	10370309	5.0	1.1
#蔬菜	6096880	6356245		
食用菌	2604353	2706418		
花卉	778727	783588		
水果、坚果、茶、饮料和香料作物	7038066	7748949	8.0	7.7
#水果	4457542	4926763		
园林水果	4329457	4789046		
果用瓜	128085	137717		
茶叶	2474306	2706504		
香料原料	6613	6717		
中草药材	769810	788516	-1.3	1.3
林业产值	**4299235**	**4547526**	**5.0**	**3.6**
林木的培育和种植	426990	403768	3.4	-3.7
木竹采运	1742907	1795839	5.3	4.2
林产品	2129337	2347920	5.1	4.5
牧业产值	**10662536**	**10833641**	**4.3**	**6.2**
牲畜饲养	734267	816518	3.2	11.9

续表

项　　目	数值（万元）		比上年增长（%）	
	2022	2023	2022	2023
牛	297305	327641		
羊	246580	264855		
奶类	190382	224022		
#牛奶	177782	211670		
猪的饲养	3674119	3265189	5.9	4.2
家禽饲养	5986884	6475963	3.2	6.7
肉禽	4926631	5332260		
禽蛋	1060253	1143703		
其他畜牧业	267267	275971	7.51	6.5
渔业产值	**17407483**	**17895644**	**1.7**	**4.0**
海水产品	15006700	15455720	1.8	3.5
淡水产品	2400783	2439923	1.5	7.1
农林牧渔服务业产值	**1999750**	**2080083**	**4.2**	**4.2**

主要农业产品产量

单位：万吨

年　份	粮　食	油　料	蔬　菜	园林水果
2021	506.42	23.31	1540.46	763.02
2022	508.70	23.61	1599.77	817.31
2023	510.97	24.38	1649.42	866.54

粮食总产量及单产

年　份	总产量（万吨）		单产（公斤/亩）	
	粮　食	稻　谷	粮　食	稻　谷
2021	506.42	393.18	404	437
2022	508.70	393.75	405	438
2023	510.97	394.64	405	438

非粮作物总产量及单位播种面积产量

年　份	总产量（万吨）				单产（公斤/亩）			
	油　料	花　生	甘　蔗	烤　烟	油　料	花　生	甘　蔗	烤　烟
2021	23.31	22.21	28.79	10.52	193	201	3718	143
2022	23.61	22.43	28.84	12.09	193	202	3722	141
2023	24.38	22.99	28.50	13.43	191	203	3725	143

各类粮食产量

单位：万吨

项　目	2020	2022	2023
合计	**502.32**	**508.70**	**510.97**
按品种分			
稻谷	391.75	393.75	394.64
早稻	62.16	61.62	60.12
中稻	171.16	169.05	168.76
晚稻	158.42	163.07	165.76
#小麦	0.02	0.02	0.02
甘薯	60.66	63.95	64.80
马铃薯	21.49	21.24	21.28
玉米	14.76	15.65	16.34
豆类	11.99	12.43	12.47
大豆	9.47	9.93	10.13

非粮作物产量

单位：吨

项　目	2020	2022	2023
蔬菜	14922973	15997747	16494190
油菜籽	9645	11017	13167
芝麻	365	419	413
烟叶	100476	121240	134689
莲籽	5810	7335	7338
西瓜	397018	397269	395639

茶叶园林水果实有面积及产量

年　份	面积（千公顷）		产量（万吨）	
	茶　叶	园林水果	茶　叶	园林水果
2021	232.09	368.36	48.79	763.02
2022	241.00	377.09	52.08	817.31
2023	248.47	383.78	55.01	866.54

各类茶叶　园林水果　食用菌产量

单位：吨

项　目	2020	2022	2023
茶叶	**461371**	**520775**	**550134**
#红茶	55433	61460	65193
绿茶	129290	127631	132720

续表

项　　目	2020	2022	2023
青茶	237976	267106	282710
园林水果	**7170499**	**8173131**	**8665413**
#柑桔	1069866	1274059	1374241
龙眼	220071	234904	243993
荔枝	105787	114908	119482
香蕉	452130	491796	508388
枇杷	335485	348069	357280
菠萝	16996	17880	18146
橄榄	137763	156277	165961
柿	126574	137627	140829
桃	159575	177837	185905
李	356616	392588	414071
梨	194922	207582	213093
苹果	16	16	
葡萄	228683	244339	254229
杨梅	155307	185115	192027
食用菌	**1378814**	**1531285**	**1553588**
#蘑菇	370982	352701	323749
香菇	143135	154764	159045
白木耳	45645	50553	51425
黑木耳	73390	80914	83626

林业牧业水产品产量

年　份	造林面积（千公顷）	肉类总产量（万吨）	猪出栏数（万头）	奶类产量（万吨）	水产品产量（万吨）
2021	3. 27	286. 54	1547. 59	19. 97	853. 07
2022	2. 04	296. 30	1614. 13	22. 05	862. 35
2023	1. 97	311. 41	1694. 95	25. 42	890. 20

主要林产品产量

项　　目	2020	2022	2023
木材产量（万立方米）	1451. 25	1563. 16	1586. 03
毛竹采伐量（万根）	62921	64337	65734
篙竹采伐量（万根）	32785	33481	34465
油桐籽（吨）	29910	31017	31574
油茶籽（吨）	232847	273852	288191
乌桕籽（吨）	410	396	380
棕片（吨）	18842	19699	19895

续表

项　　目	2020	2022	2023
松脂（吨）	125246	135926	142167
笋干（吨）	440986	484340	506422
山苍籽（吨）	15976	16481	16688
板栗（吨）	99113	107794	110587

主要畜禽产品产量

项　　目	2020	2022	2023
猪出栏数（万头）	1299.86	1614.13	1694.95
出栏率（%）	202.6	168.7	177.2
牛出栏数（万头）	22.07	23.95	25.04
羊出栏数（万头）	159.06	160.92	158.91
出栏率（%）	150.5	152.0	150.1
家禽出栏数（亿只）	10.31	11.16	11.58
家兔出栏数（万只）	1125.86	1321.57	1433.76
肉类产量（万吨）	259.39	296.30	311.41
#猪肉	103.75	128.07	135.47
牛肉	2.46	2.69	2.81
羊肉	2.28	2.33	2.31
禽肉	146.56	158.64	166.46
兔肉	1.78	2.05	2.22
禽蛋产量（万吨）	53.66	59.83	69.13
牛奶产量（万吨）	16.93	21.51	24.90
其他奶产量（万吨）	0.54	0.55	0.52
蜂蜜产量（万吨）	1.74	1.83	1.93

淡水产品产量

单位：万吨

项　　目	2020	2022	2023
淡水产品产量	**92.49**	**98.95**	**102.36**
#养殖产量	85.47	91.75	95.09
按类别分			
#淡水鱼类	76.80	80.63	82.88
虾蟹类	10.00	12.40	13.50
贝类	4.67	4.83	4.91
主要品种产量			
淡水鳗	10.75	12.21	11.49
草鱼	17.73	18.36	18.79

续表

项　　目	2020	2022	2023
鲢鱼	7.90	8.60	8.92
鲤鱼	6.12	6.19	6.24
罗非鱼	12.06	12.15	12.89

海水产品产量

单位：吨

项　　目	2020	2022	2023
海水产品产量	**7404915**	**7633929**	**7878325**
#鱼类	1913710	1986175	1987297
虾蟹类	511917	513873	492365
贝类	3342548	3445103	3604218
藻类	1237766	1303328	1397517
#海水养殖产量	5268029	5477892	5798416
#鱼类	464961	486771	532424
虾蟹类	217134	219854	225194
贝类	3308910	3412321	3580362
藻类	1235977	1301483	1395620
主要品种产量			
大黄鱼	207007	215614	238680
带鱼	142731	140786	145771
鲳鱼	59141	57342	57605
鳓鱼	10670	9836	9402
马鲛鱼	40247	38734	39454
鲷鱼	102282	103032	101286
鲐鱼	215906	205039	214935
鳗鱼	56384	58727	55938
墨鱼	36911	36280	38032
海蜇皮	13880	13123	12747
对虾	158187	163159	168690
毛虾	48159	48240	44391
梭子蟹	109370	111446	111911
蛏	305755	288526	297184
蛤	467837	505776	525668
蚶	63503	56844	56681
牡蛎	2068647	2127281	2247218
海带	827883	861335	897018
紫菜	72858	63845	64521

工 业

工业总产值指数

年份	工业总产值指数（1952=100）					工业总产值本年比上年增长（%）				
	总计	#国有企业	#集体企业	#轻工业	#重工业	总计	#国有企业	#集体企业	#轻工业	#重工业
2021	1410665.0	166660.9	17902073.3	927698.7	4918055.4	8.8	7.3	0.1	8.9	8.5
2022	1482608.9	163161.0	19889203.5	975939.1	5168876.3	5.1	−2.1	11.1	5.2	5.1
2023	1526498.8	103583.2	16817546.6	955925.6	5534932.9	3.0	−36.5	−15.4	−2.1	7.1

规模以上工业企业单位数

单位：个

项目	2020	2022	2023
合计	**18845**	**20691**	**21178**
按轻重分			
轻工业	10872	11638	11789
重工业	7973	9053	9389
按登记注册统计类别分			
内资企业	15711	17928	18617
有限责任公司	803	1031	17807
股份有限公司	88	79	566
非公司企业法人			55
个人独资企业			148
合伙企业			41
其他内资企业	10	7	
港澳台投资企业	1990	1681	1673
外商投资企业	1144	1082	878
其他统计类别			10
按规模分			
大型	426	359	337
中型	2297	1987	1676
小型	14189	15906	16535
微型	1933	2439	2630

规模以上工业企业主要指标

单位：亿元

年份	企业单位数（个）	资产总计	流动资产合计	利润总额	税金总额
2021	20114	47211.29	24160.78	4980.00	1387.37
2022	20691	50912.96	27044.60	3698.65	1353.28
2023	21178	53670.13	28476.93	3953.06	1428.62

规模以上工业企业主要经济指标

单位：亿元

年份	固定资产原价				资产合计			
	合计	内资企业	港澳台投资企业	外商投资企业	合计	内资企业	港澳台投资企业	外商投资企业
2021	24882.52	17957.59	3440.89	3484.04	47211.29	34084.07	7202.49	5924.74
2022	25543.05	19251.76	3102.79	3188.50	50912.96	39014.63	6693.37	5204.96
2023	27274.67	21196.90	3211.61	2864.73	53670.13	42260.63	7113.15	4293.49

年份	利税总额				利润总额			
	合计	内资企业	港澳台投资企业	外商投资企业	合计	内资企业	港澳台投资企业	外商投资企业
2021	6367.37	4691.67	935.47	740.23	4980.00	3635.06	784.36	560.59
2022	5051.94	3784.84	628.55	638.55	3698.65	2731.01	503.22	464.42
2023	5381.68	4253.92	666.97	460.65	3953.06	3097.62	547.72	307.63

规模以上工业企业主要工业产品产量

年份	化学纤维（万吨）	原煤（万吨）	发电量（亿千瓦小时）	粗钢（万吨）	水泥（万吨）	农用氮磷钾化学肥料（折纯）（万吨）	汽车（辆）	移动通信手持机（手机）（万台）	微型计算机设备（万台）
2021	1029.66	540.68	2808.18	2535.52	10096.37	66.69	342636	2275.52	1369.67
2022	1031.37	443.17	2882.66	2995.70	9656.80	48.16	338863	3168.85	1185.26
2023	786.47	401.70	3073.56	3469.70	7154.44	23.15	333358	913.21	465.20

规模以上工业企业产品产量

项目	2020	2022	2023
原煤（吨）	6458491	4431694	4016988
铁矿石原矿（吨）	20800804	24009003	17981428
硫铁矿石（折硫 35%）（吨）	399436	420757	260585
原盐（吨）	265406	245391	283928

续表

项　　目	2020	2022	2023
配混合饲料（吨）	10374680	11047929	9953240
食用植物油（吨）	2030794	1741340	2064036
罐头（吨）	2818036	2455797	1531742
啤酒（千升）	1569360	1607398	1645220
饮料（吨）	8344303	9951341	8293217
精制茶（吨）	266865	230895	199860
卷烟（万箱）	177. 29	179. 97	180. 92
印染布（万米）	591712	601739	551054
绒线（毛线）（吨）	924	659	1368
服装（万件）	551100	718902	590744
人造板（立方米）	25502960	27432732	24190034
胶合板（立方米）	18011171	18280346	18948290
纤维板（立方米）	1899736	3364346	2040675
刨花板（立方米）	1425742	1281039	1822695
机制纸及纸板（外购原纸加工除外）（吨）	7984898	9353030	9088588
焦炭（吨）	2234565	2223846	2429996
硫酸（折 100%）（吨）	3437310	3566163	2970635
盐酸（氯化氢，含量 31%）（吨）	194951	158156	154811
烧碱（折 100%）（吨）	358968	261196	680636
合成氨（无水氨）（吨）	298917	1063286	1256529
农用氮、磷、钾化学肥料（折纯）（吨）	862460	481617	231537
#氮肥（折含氮 100%）（吨）	561493	361822	107541
磷肥（折五氧化二磷 100%）（吨）	300967	119794	123996
涂料（吨）	1262270	1389301	1500499
初级形态塑料（吨）	3980344	5419134	6348334
合成洗涤剂（吨）	186185	26499	30709
化学药品原药（吨）	24473	58929	26963
中成药（吨）	31077	34777	14105
化学纤维（吨）	8563633	10313747	7864735
橡胶轮胎外胎（条）	29257788	29029965	31540476
塑料制品（吨）	5469151	6943234	12963157
水泥（吨）	96868968	96568000	71544419
砖（万片）	3112055	3477049	2628556
天然花岗石建筑板材（平方米）	72615489	62128571	77233648

续表

项　　目	2020	2022	2023
平板玻璃（重量箱）	53616323	54394980	53044320
生铁（吨）	11062083	13824834	14860772
粗钢（吨）	24665002	29956974	34696982
钢材（吨）	38616471	35055374	42706272
铁合金（吨）	117872	86507	101684
十种有色金属（吨）	739662	882562	1163616
金属切削机床（台）	11632	14752	13796
起重机（吨）	10002	13759	29611
叉车（台）	21005	22644	22709
滚动轴承（万套）	15410	32129	87325
汽车（辆）	180410	338863	333358
#载货汽车（辆）	35977	50862	28350
改装汽车（辆）	10380	7152	4526
民用钢质船舶（载重吨）	900444	1095623	1612781
交流电动机（千瓦）	4186489	5072959	5357376
变压器（千伏安）	13787333	17295448	27440966
电力电缆（千米）	582788	335947	604397
电话单机（台）	1144416	1040554	2879983
微型计算机设备（台）	14936299	11852616	4652034
集成电路（万块）	169473	181262	194201
彩色电视机（台）	13300154	10759031	10112222
照相机（台）	606223	691598	3286006
钟表与计时仪器（台）	94237627	52751298	111886023
发电量（万千瓦小时）	25371210	28826604	30735616
#水电	2075960	2427679	2286540

规模以上工业企业

项目	企业单位数（个）	资产总计	负债合计	固定资产原价
合计	**21178**	**536701320**	**295378554**	**272746721**
#国有控股企业	667	141889920	79274777	110046168
按轻重分				
轻工业	11789	216763704	117833947	76223010
重工业	9389	319937616	177544607	196523711
按登记注册统计类别分				
内资企业	18617	422606303	238145308	211968978
有限责任公司	17807	300252030	172768220	189823829
股份有限公司	566	120275774	64638277	20337375
非公司企业法人	55	1375523	503111	1364450
个人独资企业	148	587491	194367	398313
合伙企业	41	115485	41334	45012
其他内资企业				
港澳台投资企业	1673	71131535	36009212	32116130
外商投资企业	878	42934913	21212567	28647342
其他统计类别	10	28569	11466	14271
按规模分				
大型企业	337	247919237	140947660	127433556
中型企业	1676	112528202	58890597	58452166
小型企业	16535	163483511	87397597	79424160
微型企业	2630	12770369	8142700	7436840
按行业分				
煤炭开采和洗选业	27	946664	338207	514419
黑色金属矿采选业	39	762843	242835	821664
有色金属矿采选业	32	1022230	389932	953984
非金属矿采选业	146	1701306	529711	963788
农副食品加工业	1202	18303544	10545632	7120941
食品制造业	688	11597949	5348873	3247077
酒、饮料和精制茶制造业	493	5322772	2296847	2854972

主要指标（2023年）

单位：万元

固定资产净额	所有者权益合计	营业收入	主营业务收入	利润总额	利税总额	所得税费用	应交增值税
142651181	**241291089**	**566445444**	**550704325**	**39530583**	**53816812**	**3133856**	**8060048**
62754739	62594591	99545660	97308736	6058568	11737972	478511	2047238
37443015	98918689	249395750	240717078	19913596	26602423	1552823	3499294
105208166	142372400	317049695	309987248	19616986	27214389	1581034	4560754
117678040	184436138	453169326	439781273	30976231	42539226	2143019	6637977
105722335	127458957	386726977	379774635	20810486	31197287	1458279	5773184
11356548	55637494	62253930	55896785	9888018	11003200	675924	826169
438300	872412	1690842	1661291	70454	95388	5207	16840
138137	393124	1900127	1893314	176928	207142	3111	17993
22720	74151	597451	555249	30346	36209	498	3791
13908836	35115508	63771280	62379456	5477175	6669710	527115	802825
11053364	21722341	49470212	48508969	3076280	4606526	463658	618892
10940	17102	34626	34626	897	1350	64	354
68812962	106971574	192658520	183513488	18190354	25972628	1454847	3182946
28968432	53637026	120799207	118293770	7632805	9792240	747121	1550295
40676671	76085826	237408823	234787682	13097152	17221962	881755	3158410
4193116	4596664	15578894	14109386	610272	829982	50133	168398
234704	608457	867756	785590	26268	67849	9160	31213
367257	520008	1697397	1664557	137608	190602	23029	32136
213912	632298	564614	550948	77686	108139	15737	13974
482647	1171595	2095255	2092145	130348	185735	16312	33395
3516906	7757903	28319583	27660783	1472134	1758436	66260	221265
1690154	6249076	12431544	12297154	1079717	1330055	70588	198533
1421914	3025923	5930296	5788896	740652	951450	65373	118944

续表

项　　目	企业单位数（个）	资产总计	负债合计	固定资产原价
烟草制品业	8	2698938	677209	1465211
纺织业	1188	18865960	10364035	9850115
纺织服装、服饰业	1538	10540021	4840932	2997831
皮革、毛皮、羽毛及其制品和制鞋业	1574	16859407	9134187	4641432
木材加工和木、竹、藤、棕、草制品业	877	3682141	2053665	1537419
家具制造业	494	3587723	1973944	1233705
造纸和纸制品业	529	11122611	7158968	5859204
印刷和记录媒介复制业	296	2652981	1235603	1164602
文教、工美、体育和娱乐用品制造业	895	6697077	2702031	3167787
石油、煤炭及其他燃料加工业	50	10576476	6406132	9634056
化学原料和化学制品制造业	836	34535928	20558473	19892697
医药制造业	235	8089930	2222037	2869077
化学纤维制造业	114	9528487	6760892	7367595
橡胶和塑料制品业	1147	14752631	6760190	8086967
非金属矿物制品业	2130	29288359	14865723	14033770
黑色金属冶炼和压延加工业	199	20763535	15100392	15317867
有色金属冶炼和压延加工业	215	28745069	16676023	6519035
金属制品业	1230	12456921	6729669	5372167
通用设备制造业	873	9114653	4212295	4021566
专用设备制造业	783	12428561	5952505	3583948
汽车制造业	405	12558371	7794556	4959894
铁路、船舶、航空航天和其他运输设备制造业	133	3114957	2150362	1079058
电气机械和器材制造业	914	80207722	49452142	15570279
计算机、通信和其他电子设备制造业	802	58655518	26241382	26785514
仪器仪表制造业	241	3384840	1688579	781031
其他制造业	156	1406274	814966	370123
废弃资源综合利用业	140	1470702	1008312	634778
金属制品、机械和设备修理业	38	1680534	813825	827200
电力、热力生产和供应业	311	55741751	32492011	69405407
燃气生产和供应业	78	3481499	2189330	2561532
水的生产和供应业	122	8354439	4656147	4679011

固定资产净额	所有者权益合计	营业收入	主营业务收入	利润总额	利税总额	所得税费用	应交增值税
390462	2021728	3804965	3737091	252820	2787355	61408	358752
4203436	8493575	27174786	26779711	1514900	1839773	80515	244519
1482119	5696984	22055187	21508482	1294456	1679886	65840	284498
2287341	7725216	28026489	27720635	2549746	3122227	143891	447446
706532	1628472	8096086	8065623	586235	703469	8672	96595
657871	1613775	4864350	4788539	307561	380554	12938	52617
3319842	3963640	10808579	10554213	823765	1110634	38154	238857
542852	1417374	3907473	3862816	225506	290737	17438	48880
1484212	3994476	13328094	13230296	1061934	1272424	68769	127269
4487664	4170343	16202680	15922406	-139362	1869956	-59977	308647
12824408	13977451	32028597	31468756	1252811	1774180	122214	379197
1329951	5867890	4861845	4794972	960707	1145356	125820	153606
2767473	2767595	12721854	12446349	515711	575991	33839	24966
3763052	7992437	17661171	17423808	1179784	1500545	96130	241774
6902210	14422625	36949202	36565954	2908645	3778119	211392	616159
8923546	5642594	25176760	24064443	124214	264968	-12933	95614
3446368	12069044	43126359	42424827	5876057	6264250	134054	287835
2465342	5727240	18669114	18224511	912708	1181761	64936	208881
1903963	4902353	11034957	10775979	808933	990193	91910	128493
1714838	6476051	11137935	10992518	791014	1009876	69023	165154
2067733	4763811	14111049	13661021	958163	1374391	126320	262606
579258	964594	2773792	2739968	262567	301746	26204	21510
8870159	30755574	55339524	49734750	6116004	7081259	700217	791189
14148971	32414128	42237999	40563888	1579306	2367778	192595	608570
465019	1696260	2402243	2352355	118576	177022	12184	47535
172756	591307	2623683	2618003	151824	180324	7012	20249
427478	462390	4269276	4206262	45428	275612	2833	205922
398202	866709	1809571	1802995	146678	166895	22367	13287
37595905	23249738	30047748	29911424	2467635	3459082	367953	864563
1463488	1292168	6106058	5843825	108467	158808	13670	42889
2931236	3698290	1181577	1077836	103381	139378	22012	22510

大中型工业企业

项　　目	企业单位数（个）	资产总计	负债合计	固定资产原价
合计	**2013**	**360447439**	**199838257**	**185885722**
#国有控股企业	149	110331742	61635348	85846122
按轻重分				
轻工业	1227	148579712	82070426	47628177
重工业	786	211867727	117767831	138257545
按登记注册统计类别分				
内资企业	1424	271707649	154142377	137682439
有限责任公司	1242	163304907	95340792	119919458
股份有限公司	174	107688465	58589526	17348944
港澳台投资企业	368	54631375	28019767	24558280
外商投资企业	221	34108415	17676114	23645003
其他统计类别				
按行业分				
煤炭开采和洗选业	13	825897	275024	335806
黑色金属矿采选业	4	509504	145923	568316
非金属矿采选业	4	438629	39256	143586
农副食品加工业	99	6498060	3386458	2846298
食品制造业	81	6544797	2813248	1353876
酒、饮料和精制茶制造业	24	2028960	821844	1247071
烟草制品业	4	2407880	635464	1275848
纺织业	151	10754196	5989049	5596278
纺织服装、服饰业	137	5536974	2285726	1343561
皮革、毛皮、羽毛及其制品和制鞋业	268	11581539	6224100	2869828
木材加工和木、竹、藤、棕、草制品业	15	451826	193621	167785
家具制造业	21	1209392	739612	339343
造纸和纸制品业	42	7808648	5209174	4557876
印刷和记录媒介复制业	19	871284	405687	370413
文教、工美、体育和娱乐用品制造业	84	2565652	1078337	1157574
石油、煤炭及其他燃料加工业	5	9906823	6037890	9491458
化学原料和化学制品制造业	53	21551346	13833260	13073685
医药制造业	27	5339807	1134920	1273133
化学纤维制造业	30	7893272	5696958	6631095
橡胶和塑料制品业	90	8741299	3681624	5121967
非金属矿物制品业	136	11150270	5443108	5864989
黑色金属冶炼和压延加工业	23	18781072	13819267	14156407
有色金属冶炼和压延加工业	32	26368252	15164875	5587885
金属制品业	64	5163025	2569428	2007970
通用设备制造业	50	3965164	1641786	1979962
专用设备制造业	53	6678672	3047960	1328551
汽车制造业	70	9100247	6012289	3367369
铁路、船舶、航空航天和其他运输设备制造业	16	2241896	1634686	651894
电气机械和器材制造业	121	72099262	44541069	13603281
计算机、通信和其他电子设备制造业	199	49819360	21014375	24240459
仪器仪表制造业	18	1206564	520494	319424
其他制造业	10	530139	359818	92786
废弃资源综合利用业	3	54780	27677	24961
金属制品、机械和设备修理业	7	1146014	535360	637325
电力、热力生产和供应业	27	33398049	19706498	47963428
燃气生产和供应业	6	1997261	1330288	1678937
水的生产和供应业	6	3195565	1807194	2551567

主要经济指标（2023 年）

单位：万元

固定资产净额	所有者权益合计	营业收入	主营业务收入	利润总额	利税总额	所得税费用	应交增值税
97781394	**160608600**	**313457727**	**301807257**	**25823159**	**35764868**	**2201968**	**4733241**
47939388	48696393	72854471	70904656	4927650	10145408	313656	1672790
24077467	66508710	132715366	126167258	13325649	18251669	1242048	2208824
73703927	94099889	180742361	175640000	12497509	17513199	959921	2524417
78082284	117565262	229062468	219142779	19067491	26801943	1402273	3682330
68050686	67964105	174253985	170423131	9570968	16350816	767041	2982819
9897311	49098939	53967249	47902972	9457099	10408688	635170	697413
10753249	26611038	43982954	43016316	4252096	5092121	420145	552475
8945861	16432300	40412306	39648162	2503572	3870803	379551	498435
178571	550873	631275	569320	23831	58578	7309	25826
300723	363580	632151	601496	99808	134497	20049	21759
133593	399373	65567	65567	5785	7644	97	1341
1623741	3111601	9498164	9229022	647475	731603	34260	63928
641614	3731549	5473266	5399676	608002	743823	50398	110860
584082	1207116	1943694	1923457	383393	484063	36816	52944
314951	1772416	3733561	3669362	247431	2775493	59413	353823
2328434	4765147	13273164	13142193	873015	1052322	58187	137631
739982	3251248	6558013	6438870	573777	739639	38847	122740
1426237	5357437	16349641	16189482	1884240	2234968	120680	275834
75847	258205	797093	795356	68909	77276	2729	6333
192005	469779	1151032	1130334	82727	97385	7098	10069
2659375	2599473	5844994	5655924	522582	728426	24739	174820
167015	465597	1216524	1198032	99925	119803	9272	15285
506472	1486747	4013486	3974139	316887	381448	26686	41076
4406373	3868932	15098737	14852721	−193665	1792966	−60785	294258
9313419	7718086	15105499	14736587	506624	753122	39505	147699
665254	4204887	2521996	2479620	805594	934280	107867	107650
2442628	2196314	10674242	10436183	407411	454057	32346	16710
2424239	5059675	7253038	7156055	625065	771783	71967	105949
3085438	5707161	9536627	9384248	970882	1235730	96712	198857
8362010	4961804	19931285	18887460	50081	161342	−19326	73133
2994304	11203377	27712217	27134572	5809342	6094715	126557	203231
947993	2593595	6165962	5945324	377283	459675	28202	61780
905961	2323378	4241363	4107067	378368	445362	75895	42177
754991	3630711	2984177	2920101	242178	312478	32519	52830
1414748	3087957	10231010	9888898	781486	1110177	101261	191567
371352	607209	1830255	1801616	203661	219621	22234	7028
7880043	27558192	47439796	42200119	5745964	6589949	669882	695436
12668042	28804984	33082703	31631232	1173780	1805954	143515	480432
197202	686070	682553	671727	52461	67941	2507	11969
42719	170321	755172	755069	39650	48010	1530	5871
18854	27103	109468	100946	8358	12376	62	3083
291574	610654	1164865	1162924	120400	134430	17852	8305
24188278	13691551	22500927	22412223	1274814	1948969	214598	586667
866146	666973	2831271	2768882	−25390	−10432	−9201	10777
1632252	1388371	367285	336858	10191	25114	3573	8680

国有控股工业企业

项　　目	企业单位数（个）	资产总计	负债合计	固定资产原价
合计	**667**	**141889920**	**79274777**	**110046168**
按轻重分				
轻工业	94	7876330	2029996	3296851
重工业	573	134013591	77244781	106749317
按规模分				
大型企业	48	85691095	47976758	68141076
中型企业	101	24640647	13658590	17705046
小型企业	419	27127923	14803992	19471413
微型企业	99	4430256	2835437	4728633
按行业分				
#煤炭开采和洗选业	6	633721	171816	210382
黑色金属矿采选业	4	518288	149214	507744
有色金属矿采选业	8	281256	99686	193720
非金属矿采选业	13	712871	144665	202846
农副食品加工业	11	193228	142467	68851
食品制造业	10	536863	210827	135805
酒、饮料和精制茶制造业	12	363779	81152	209733
烟草制品业	7	2679298	655648	1447292
纺织服装、服饰业	4	60539	5930	17906
木材加工和木、竹、藤、棕、草制品业	7	279332	104997	118361
造纸和纸制品业	5	527403	171604	340802
印刷和记录媒介复制业	11	284370	110371	148963
石油、煤炭及其他燃料加工业	4	6510707	4251359	5530846
化学原料和化学制品制造业	31	10274331	7988536	7444925
医药制造业	13	2079387	265154	278326
化学纤维制造业	3	82539	50961	99565
非金属矿物制品业	66	2134580	1048773	1256450
黑色金属冶炼和压延加工业	14	8894099	5585024	6816659
有色金属冶炼和压延加工业	19	18561272	10652369	2717825
金属制品业	13	431345	258458	136715
通用设备制造业	10	667937	301029	242282
专用设备制造业	11	448938	185552	113480
汽车制造业	20	3277980	2460812	1322850
铁路、船舶、航空航天和其他运输设备制造业	7	1794071	1583656	571595
电气机械和器材制造业	20	971349	759268	234126
计算机、通信和其他电子设备制造业	41	19689315	6783317	10777639
废弃资源综合利用业	13	321283	228597	211378
金属制品、机械和设备修理业	10	207088	76641	60426
电力、热力生产和供应业	175	49080577	29306187	62939417
燃气生产和供应业	18	1484176	966876	1313509
水的生产和供应业	72	7677412	4373413	4222054

主要经济指标（2023 年）

单位：万元

固定资产净额	所有者权益合计	营业收入	主营业务收入	利润总额	利税总额	所得税费用	应交增值税
62754739	**62594591**	**99545660**	**97308736**	**6058568**	**11737972**	**478511**	**2047238**
1191554	5846333	7225711	7087946	715602	3385404	129275	461256
61563185	56748257	92319949	90220791	5342966	8352568	349236	1585982
39511214	37714336	53768667	52411657	3965306	8737223	162487	1380241
8428174	10982057	19085805	18492999	962344	1408185	151169	292550
12124185	12323926	22383693	22152009	1044605	1443744	144865	325262
2691166	1574272	4307496	4252071	86313	148820	19990	49185
89783	461905	320307	268133	18387	38739	1808	15316
301378	369074	323119	314243	98457	133444	19996	21951
76605	181569	131790	121223	26126	42079	7589	6745
171800	568206	215884	215024	35319	47617	6940	7059
41579	50761	517505	516807	12767	14754	126	1221
79337	326036	172366	169536	4365	10647	1033	4119
70506	282627	250169	247348	26843	48206	5361	9717
384829	2023650	3801752	3733878	254043	2788536	61408	358751
6744	54609	25239	25051	7852	11145	1963	2807
57177	174335	227691	225935	29154	36576	75	6053
90178	355799	216651	210148	13747	18026	1436	3015
54119	173999	169375	161953	15154	24876	2964	7614
3484947	2259347	8693858	8479443	-92592	1042073	-26143	141231
5147202	2285795	8243035	8019887	-64104	77735	-8963	60552
134524	1814233	796460	795523	380070	452433	56514	63133
39472	31578	139678	112799	-12957	-11934		198
563854	1085806	1460438	1442535	32854	71496	6649	28646
3928878	3288529	8674074	8254371	-138490	-75693	-34898	42417
1547944	7908903	16892390	16649166	3172262	3308514	56650	80824
84836	172887	364143	359492	12522	21120	1500	7061
128801	366908	280532	237158	38334	45885	1464	5278
55027	263386	286563	279574	-4258	3348	1079	6317
681932	817168	5122420	4992294	354993	453614	7622	49257
368719	210415	1109417	1081023	20784	27771	785	3923
126011	212081	1477806	1457726	5378	21610	-151	12847
6307848	12905997	7573832	7154505	-407470	-96532	-31073	266425
172318	92685	816901	810610	-6811	3719	541	9171
44021	130446	171563	166834	13146	17778	1926	4192
35096277	19774388	27239577	27127702	2166307	3066430	332778	790689
667312	517300	2586220	2533610	-23695	-12334	-10459	7952
2675658	3303998	905884	812009	62039	93587	14838	19599

规模以上外商及港澳台投资工业

项　　目	企业单位数（个）	资产总计	负债合计	固定资产原价
合计	**2551**	**114066448**	**57221779**	**60763471**
按登记注册统计类别分				
港澳台投资企业	1673	71131535	36009212	32116130
外商投资企业	878	42934913	21212567	28647342
按轻重分				
轻工业	1586	54729885	27269262	22784126
重工业	965	59336563	29952518	37979345
按规模分				
大型企业	130	56730123	29837719	29392634
中型企业	459	32009667	15858162	18810649
小型企业	1749	24219206	10871518	11987921
微型企业	213	1107452	654381	572268
按行业分				
非金属矿采选业	4	48149	13801	22911
农副食品加工业	116	3863259	1917717	1749214
食品制造业	90	4797891	2267409	961705
酒、饮料和精制茶制造业	49	1940723	843205	1403567
纺织业	192	4767857	2513633	2352260
纺织服装、服饰业	225	4433085	2039187	1027323
皮革、毛皮、羽毛及其制品和制鞋业	210	8031422	4390881	1522378
木材加工和木、竹、藤、棕、草制品业	21	249879	120801	104034
家具制造业	46	852038	466607	330009
造纸和纸制品业	57	3391924	2181190	1675391
印刷和记录媒介复制业	22	311181	149339	174784
文教、工美、体育和娱乐用品制造业	155	1979919	776089	1046723
石油、煤炭及其他燃料加工业	5	3149823	1635824	3888230
化学原料和化学制品制造业	99	5688990	3566560	4206701
医药制造业	26	1460660	427100	557824
化学纤维制造业	25	3614986	2710474	3307583
橡胶和塑料制品业	164	6511147	2496411	4232713
非金属矿物制品业	119	4646740	1757375	2637298
黑色金属冶炼和压延加工业	16	3720884	3158878	3150951
有色金属冶炼和压延加工业	24	3098609	1596606	1645286
金属制品业	106	3361697	1445727	1654380
通用设备制造业	98	2933040	1038554	1843309
专用设备制造业	115	2110078	823555	747483
汽车制造业	112	5689401	3450119	2419474
铁路、船舶、航空航天和其他运输设备制造业	23	426906	174608	170620
电气机械和器材制造业	128	10206547	4855909	3949847
计算机、通信和其他电子设备制造业	160	15408138	7411629	7341727
仪器仪表制造业	29	513194	152521	148087
其他制造业	38	823032	516460	164781
金属制品、机械和设备修理业	10	1272939	616783	675979
电力、热力生产和供应业	30	3413667	1048737	4707620
燃气生产和供应业	18	1049695	548971	720225
水的生产和供应业	14	197684	59394	177971

企业主要经济指标（2023 年）

单位：万元

固定资产净额	所有者权益合计	营业收入	主营业务收入	利润总额	利税总额	所得税费用	应交增值税
24962201	**56837849**	**113241492**	**110888426**	**8553455**	**11276236**	**990773**	**1421717**
13908836	35115508	63771280	62379456	5477175	6669710	527115	802825
11053364	21722341	49470212	48508969	3076280	4606526	463658	618892
9883780	27453810	53448847	52309470	4951284	5946612	423854	677413
15078421	29384039	59792644	58578956	3602172	5329624	566919	744304
11527786	26892403	51447017	50648910	4383235	5976758	509065	618620
8171325	16150935	32948243	32015568	2372432	2986167	290630	432291
4960674	13347680	27940042	27494359	1737282	2234607	181418	358703
302416	446831	906191	729588	60506	78704	9660	12104
10494	34349	47408	47408	3298	5734	753	2153
821724	1945540	4368728	4312198	207107	243652	15925	27168
393011	2530482	3263525	3225677	405778	486507	31902	65223
617575	1097517	1901709	1831678	362922	471932	35106	53298
928291	2247984	5803938	5676940	291141	364517	20063	50822
549230	2393897	5889805	5731197	437263	566310	23915	94523
714894	3640542	7802211	7674318	1224648	1416790	94332	153863
56405	129078	126500	122581	3300	6176	541	1893
195487	385431	606941	603188	34100	43383	5097	5998
741623	1210733	2515785	2375983	249901	315735	20801	51205
63242	161841	607899	605561	50274	57315	7457	4675
403709	1203262	2893271	2853574	197766	237126	24606	16706
907103	1513999	6381964	6341808	-87669	764940	-34440	152970
2941049	2122429	4014670	3974801	144917	210893	33791	49747
245526	1033560	946496	915265	206407	245758	22464	32349
1284948	904513	3547632	3462369	28402	37141	3531	-1316
1779380	4014734	5106399	5037666	326546	420917	34772	63327
1334029	2889364	3215503	3174122	358001	452796	37543	70821
1822932	562006	1882048	1798099	-69901	-64840	314	-1610
800069	1502002	5169239	5135218	587701	640055	33741	38576
633287	1915969	3894772	3765883	228951	278853	21622	36824
770830	1894485	3128346	3036462	254062	295620	73334	24360
289308	1286523	1621467	1586137	127348	161992	17784	25859
770152	2239281	5257535	5084950	399235	634711	94660	145563
60026	252298	384831	382515	51609	58179	7405	2953
1536926	5350638	9916828	9702375	1249801	1425377	179468	110939
2273325	7996507	16394051	15962787	867136	972145	134316	55107
40428	360673	249738	239478	22694	30423	2379	6062
68851	306572	914875	914443	55671	66530	3722	7867
291733	656156	1511961	1510114	130709	140509	19536	3989
1041703	2364930	2124496	2110535	150643	216002	15509	55075
459252	500724	1570772	1519033	36993	49322	6099	9607
92565	138290	59601	53937	9035	10868	1996	1235

规模以上工业企业主要经济效益指标

年份	总资产贡献率（%）	资产负债率（%）	流动资产周转次数（次/年）	成本费用利润率（%）	产品销售率（%）
2021	14.09	52.05	2.72	8.23	96.47
2022	10.49	54.78	2.08	7.08	95.59
2023	10.03	55.04	1.99	7.53	96.20

规模以上工业企业主要经济效益指标（2023 年）

单位:%

项目	总资产贡献率	资产负债率	流动资产周转次数（次/年）	成本费用利润率
合计	**10.03**	**55.04**	**1.99**	**7.53**
#国有控股企业	8.27	55.87	2.39	6.51
按轻重分				
轻工业	12.27	54.36	1.78	8.76
重工业	8.51	55.49	2.19	6.59
按登记注册统计类别分				
内资企业	10.07	56.35	2.11	7.37
有限责任公司	10.39	57.54	2.72	5.77
股份有限公司	9.15	53.74	0.87	17.89
非公司企业法人	6.93	36.58	4.18	4.36
个人独资企业	35.26	33.08	7.13	10.34
合伙企业	31.35	35.79	8.37	5.38
其他内资企业				
港澳台投资企业	9.38	50.62	1.41	9.27
外商投资企业	10.73	49.41	1.99	6.71
其他统计类别	4.73	40.14	2.65	2.66
按规模分				
大型企业	10.48	56.85	1.54	10.47
中型企业	8.70	52.33	2.01	6.76
小型企业	10.53	53.46	2.59	5.86
微型企业	6.50	63.76	1.96	4.08
按行业分				
煤炭开采和洗选业	7.17	35.73	2.27	3.13
黑色金属矿采选业	24.99	31.83	10.48	8.93
有色金属矿采选业	10.58	38.15	3.74	16.14
非金属矿采选业	10.92	31.14	3.25	6.71
农副食品加工业	9.61	57.62	2.42	5.49

续表

项 目	总资产贡献率	资产负债率	流动资产周转次数（次/年）	成本费用利润率
食品制造业	11.47	46.12	1.75	9.34
酒、饮料和精制茶制造业	17.88	43.15	2.13	14.00
烟草制品业	103.28	25.09	1.88	18.73
纺织业	9.75	54.94	2.48	5.93
纺织服装、服饰业	15.94	45.93	3.22	6.25
皮革、毛皮、羽毛及其制品和制鞋业	18.52	54.18	2.30	9.84
木材加工和木、竹、藤、棕、草制品业	19.10	55.77	3.18	7.87
家具制造业	10.61	55.02	2.05	6.78
造纸和纸制品业	9.99	64.36	1.74	8.20
印刷和记录媒介复制业	10.96	46.57	2.80	6.11
文教、工美、体育和娱乐用品制造业	19.00	40.35	3.43	8.70
石油、煤炭及其他燃料加工业	17.68	60.57	3.55	-0.96
化学原料和化学制品制造业	5.14	59.53	2.12	4.10
医药制造业	14.16	27.47	0.93	24.69
化学纤维制造业	6.04	70.95	2.70	4.23
橡胶和塑料制品业	10.17	45.82	2.07	7.18
非金属矿物制品业	12.90	50.76	2.34	8.59
黑色金属冶炼和压延加工业	1.28	72.73	3.40	0.51
有色金属冶炼和压延加工业	21.79	58.01	3.16	14.70
金属制品业	9.49	54.02	2.31	5.16
通用设备制造业	10.86	46.21	1.89	7.94
专用设备制造业	8.13	47.89	1.38	7.65
汽车制造业	10.94	62.07	1.68	7.30
铁路、船舶、航空航天和其他运输设备制造业	9.69	69.03	1.22	10.46
电气机械和器材制造业	8.83	61.66	0.97	12.47
计算机、通信和其他电子设备制造业	4.04	44.74	1.39	3.85
仪器仪表制造业	5.23	49.89	1.09	5.25
其他制造业	12.82	57.95	2.83	6.15
废弃资源综合利用业	18.74	68.56	4.69	1.08
金属制品、机械和设备修理业	9.93	48.43	1.89	8.75
电力、热力生产和供应业	6.21	58.29	3.05	8.87
燃气生产和供应业	4.56	62.88	4.85	1.78
水的生产和供应业	1.67	55.73	0.57	9.43

建筑业

建筑企业基本情况

年份	单位数（个）	内资企业	港澳台投资企业	外商投资企业	总产值（亿元）	内资企业	港澳台投资企业	外商投资企业
2021	8204	8176	19	9	15810.43	15643.29	126.51	40.63
2022	9028	9000	17	11	16850.97	16686.86	127.15	36.95
2023	9671	9645	23	3	17395.48	17262.70	112.34	20.44

年份	资产合计（亿元）	利润总额（亿元）	税金总额（亿元）	房屋建筑面积（万平方米）		按总产值计算的劳动生产率（元/人）
				施工面积	竣工面积	
2021	9514.21	447.51	418.33	87230.72	19206.99	321185
2022	9522.32	466.16	393.60	85603.78	20254.67	335721
2023	10789.57	514.90	380.24	99081.29	20022.39	330692

建筑企业主要经济指标

项目	2020	2022	2023
企业单位数（个）	7027	9028	9671
建筑业总产值（亿元）	14117.80	16850.97	17395.48
建筑业竣工产值	6033.58	6785.33	7123.65
房屋施工面积（万平方米）	82671.20	85603.78	99081.29
#本年新开工	26914.19	24292.93	23101.24
房屋竣工面积（万平方米）	18231.74	20254.67	20022.39
#住宅	12931.99	14104.05	13592.62
按总产值计算的劳动生产率（元/人）	285578	335721	330692
工资总额（亿元）	2810.68	3148.61	3646.26
财务指标（亿元）			
资本金合计	1805.78	1932.44	1537.83
流动资产年末数	6703.66	7796.92	8523.24
固定资产原值	750.04	805.66	813.06
营业收入	11421.15	12678.12	13390.95
主营业务收入	11267.30	12418.65	12716.82
主营业务成本	10291.83	11339.65	11530.32
利润总额	417.94	466.16	514.90
#营业利润	415.55	467.02	514.22
利税总额	810.53	859.76	895.13

各种资质等级建筑企业主要经济指标（2023 年）

项　　目	合计	总承包	一级及以上	二级	三级及其他	专业承包	一级	二级	三级及不分等级
企业单位数（个）	9671	7069	714	964	5391	2602	693	1506	403
建筑业总产值（亿元）	17395.48	16016.58	11905.33	2278.59	1832.66	1378.90	710.52	516.00	152.38
建筑业竣工产值	7123.65	6690.63	5185.52	884.95	620.16	433.03	215.26	160.94	56.82
房屋施工面积（万平方米）	99081.29	97094.26	67185.96	25987.92	3920.39	1987.02	791.42	1028.30	167.31
#本年新开工	23101.24	22375.81	17842.40	3136.49	1396.92	725.43	330.71	339.70	55.02
房屋竣工面积（万平方米）	20022.39	19320.01	15639.01	2412.13	1268.86	702.39	359.65	260.02	82.72
#住宅	13592.62	13245.29	11340.95	1482.96	421.38	347.33	211.79	97.73	37.82
按总产值计算的劳动生产率（元/人）	330692	332575	342804	330026	280833	310286	331379	293196	282223
工资总额（亿元）	3646.26	3339.53	2487.94	467.15	384.44	306.72	148.02	123.66	35.04
财务指标（亿元）									
资本金合计	1537.83	1306.02	753.65	249.26	303.12	231.80	126.58	70.75	34.48
流动资产年末数	8523.24	7576.58	5313.84	1134.19	1128.55	946.65	490.40	314.11	142.14
固定资产原值	813.06	697.82	381.44	152.50	163.88	115.25	59.12	31.33	24.79
营业收入	13390.95	12147.22	8748.21	1874.83	1524.19	1243.72	617.19	468.86	157.66
主营业务收入	12716.82	11548.55	8478.57	1733.02	1336.96	1168.26	596.73	420.61	150.92
主营业务成本	11530.32	10492.82	7773.10	1555.55	1164.17	1037.50	535.15	369.23	133.12
利润总额	514.90	482.78	337.10	86.72	58.96	32.12	13.75	13.87	4.50
#营业利润	514.22	482.26	336.37	86.30	59.60	31.96	13.26	14.07	4.63
利税总额	895.13	826.06	565.92	148.90	111.24	69.07	31.28	28.76	9.04

按行业分建筑企业主要经济指标（2023 年）

项　　目	房屋建筑业	土木工程建筑业	建筑安装业	建筑装饰和其他建筑业
企业单位数（个）	5307	2693	402	1269
建筑业总产值（亿元）	12701.47	3803.73	336.55	553.74
建筑业竣工产值	5479.22	1316.44	148.28	179.72
房屋施工面积（万平方米）	92449.99	6060.65	186.90	383.74
#本年新开工	20975.59	1979.29	23.99	122.38
房屋竣工面积（万平方米）	17981.75	1761.32	143.83	135.49
#住宅	12565.20	860.60	120.40	46.43
按总产值计算的劳动生产率（元/人）	325134	352748	391901	292042
工资总额（亿元）	2685.72	774.95	63.50	122.09
财务指标（亿元）				

续表

项　　目	房屋建筑业	土木工程建筑业	建筑安装业	建筑装饰和其他建筑业
资本金合计	928.11	440.79	72.61	96.31
流动资产年末数	5684.07	2144.00	322.18	372.98
固定资产原值	420.18	306.82	42.31	43.75
营业收入	9666.74	2916.45	327.53	480.23
主营业务收入	9157.06	2782.94	318.35	458.46
主营业务成本	8340.20	2497.55	279.54	413.03
利润总额	390.33	105.65	9.63	9.28
#营业利润	389.55	105.71	9.48	9.48
利税总额	665.51	190.35	17.62	21.65

按经济类型分建筑企业主要经济指标（2023 年）

项　　目	内资企业	港澳台投资企业	外商投资企业
企业单位数（个）	9645	23	3
建筑业总产值（亿元）	17262.70	112.34	20.44
建筑业竣工产值	7071.26	52.39	
房屋施工面积（万平方米）	98564.78	516.51	
#本年新开工	22993.89	107.35	
房屋竣工面积（万平方米）	19861.08	161.31	
#住宅	13445.16	147.46	
按总产值计算的劳动生产率（元/人）	330330	336032	2042231
工资总额（亿元）	3621.53	24.00	0.73
财务指标（亿元）			
资本金合计	1528.83	9.00	
流动资产年末数	8469.76	51.34	2.13
固定资产原值	809.32	3.64	0.10
营业收入	13276.84	100.38	13.73
主营业务收入	12606.09	97.00	13.73
主营业务成本	11424.22	93.37	12.73
利润总额	512.61	1.77	0.52
#营业利润	511.95	1.77	0.50
利税总额	890.40	3.99	0.74

房屋竣工建筑面积

单位：万平方米

项　　目	竣工面积		
	2020	2022	2023
合计	**18231.74**	**20254.67**	**20022.39**
住宅房屋	12931.99	14104.05	13592.62
商业及服务用房屋	1176.89	1299.69	1181.55
办公用房屋	711.67	665.13	703.92
科研、教育、医疗用房屋	534.09	586.71	647.86
文化、体育、娱乐用房屋	110.19	89.19	136.39
厂房及建筑物	2542.22	3085.58	3450.40
仓库	58.86	89.26	94.04
其他未列明的房屋建筑物	165.83	335.05	215.62

各设区市建筑企业房屋施工情况和利税总额（2023年）

地区	房屋建筑竣工面积（万平方米）	房屋建筑施工面积（万平方米）	本年新开工（万平方米）	利税总额（万元）			产值利税率（%）
					#利润总额	#税金及附加	
全　省	**20022**	**99081**	**23101**	**8951335**	**5148953**	**1004420**	**5.1**
福州市	7775	52779	10383	3086148	1706176	337128	4.7
厦门市	3428	18124	4012	954545	478333	64377	2.6
莆田市	903	4236	875	396327	227525	43417	6.4
三明市	981	3353	891	629706	339196	82948	7.3
泉州市	3435	8907	3146	1574984	939978	207271	6.4
漳州市	1069	3859	1200	841837	613680	64278	8.9
南平市	305	878	266	266452	156062	33031	7.7
龙岩市	1847	5947	2166	1090800	638114	163146	6.4
宁德市	280	996	162	110536	49889	8824	4.8

各设区市建筑企业数（2023年）

单位：个

地　区	合计	总承包				专业承包			
			一级及以上	二级	三级及其他		一级	二级	三级及不分等级
全　省	**9671**	**7069**	**714**	**964**	**5391**	**2602**	**693**	**1506**	**403**
福州市	2290	1381	156	302	923	909	299	466	144
厦门市	1451	971	185	138	648	480	131	267	82

续表

地 区	合计	总承包	一级及以上	二级	三级及其他	专业承包	一级	二级	三级及不分等级
莆田市	541	474	39	35	400	67	4	49	14
三明市	754	715	64	73	578	39	6	23	10
泉州市	1488	847	103	129	615	641	191	373	77
漳州市	862	633	64	76	493	229	22	175	32
南平市	727	680	26	49	605	47	14	18	15
龙岩市	841	743	60	112	571	98	12	72	14
宁德市	717	625	17	50	558	92	14	63	15

各设区市建筑企业营业收入和利润情况（2023 年）

单位：万元

地 区	营业收入	主营业务收入	主营业务成本	营业利润	营业外收入	其他业务利润
全 省	**133909456**	**127168171**	**115303195**	**5142206**	**116642**	**48076**
福州市	52227219	46418076	43070214	1698541	40331	29043
厦门市	24249378	23965334	22325716	478992	21008	9348
莆田市	4850107	4782962	4314114	229760	3798	
三明市	7347854	7100437	6201011	343012	3775	638
泉州市	20182473	20157945	18296108	933180	24667	4752
漳州市	7506219	7296109	5573346	615490	3513	1604
南平市	2838292	2801489	2496250	153890	10063	36
龙岩市	12597270	12574352	11141178	639371	6296	1280
宁德市	2110646	2071468	1885259	49969	3191	1374

交通运输和邮电通信业

各类运输总量

年　份	客运量（万人）	旅客周转量（亿人公里）	货运量（万吨）	货物周转量（亿吨公里）
2021	21893	650. 89	166131	10164. 20
2022	18140	511. 82	169107	11344. 64
2023	28795	1004. 18	178766	12235. 42

交通运输业基本情况

项　　目	2020	2022	2023
铁路营业长度（公里）	3774	4230	4569
公路通车里程（公里）	110118	112878	115645
#高速公路	5634. 516	5951	5964
内河通航里程（公里）	3245	3245	3245
客运量（万人）	25490	18140	28795
铁路	7539	6378	12471
公路	14882	9651	12024
水运	742	538	1089
航空	2327	1572	3212
旅客周转量（亿人公里）	661. 97	511. 82	1004. 18
铁路	223. 16	191. 74	378. 58
公路	90. 64	68. 13	86. 61
水路	0. 77	0. 53	0. 99
航空	347. 40	251. 41	538. 01
货运量（万吨）	139927	169107	178766
铁路	3750	4815	5211
公路	91137	106939	110497
水运	45018	57336	63040
航空	23	17	18
货物周转量（亿吨公里）	9020. 34	11344. 64	12235. 42
铁路	180. 90	206. 37	214. 57
公路	1021. 69	1260. 62	1319. 11
水路	7811. 73	9873. 30	10697. 20
航空	6. 02	4. 36	4. 54
全社会机动车拥有量（辆）	12088602	13799599	14385025
#汽车	7313359	8270700	8705886

续表

项　　目	2020	2022	2023
沿海主要港口货物吞吐量（万吨）	62132.47	71407.99	74894.25
福州港	24896.84	30164.10	33202.14
厦门港	20749.54	21939.62	22020.34
泉州港	6679.98	8265.15	6302.84
湄州湾港	9806.11	11039.13	13368.93

各类运输工具拥有量（年底数）

项　　目	2020	2022	2023
公路			
全社会机动车拥有量（辆）	12088602	13799599	14385025
#民用汽车	7313359	8270700	8705886
#载客汽车	6420715	7315234	7739777
大型	34689	33919	33463
中型	20401	17521	16316
小型	6336414	7240982	7669821
微型	29211	22812	20177
载货汽车	863337	921899	931446
重型	156769	164309	163090
中型	18729	15300	14656
轻型	678417	735893	748396
微型	768	27	67
三轮汽车	25	22	16
低速货车	8629	6348	5221
专项作业车	29307	33567	34663
水路			
内河			
客轮			
艘数（艘）	169	156	138
载客量（客位）	7723	6963	6081
货轮			
艘数（艘）	272	247	242
净载重量（吨位）	189738	218307	218969
沿海			
客轮			
艘数（艘）	203	162	125

续表

项　　目	2020	2022	2023
总吨（吨位）	24979	25657	20303
载客量（客位）	20413	20821	19208
货轮			
艘数（艘）	1059	1236	1169
总吨（吨位）	7950141	10006030	10473757
净载重量（吨位）	12162201	15336691	16383221
远洋			
货轮			
艘数（艘）	57	85	85
总吨（吨位）	1180173	2030117	2269359
净载重量（吨位）	1790767	2989019	3204728

民用汽车拥有量

年　份	民用汽车总计（辆）	载客汽车					载货汽车	
			大　型	中　型	小　型	微　型		重　型
2021	7815032	6872634	34324	18971	6793538	25801	910409	168826
2022	8270700	7315234	33919	17521	7240982	22812	921899	164309
2023	8705886	7739777	33463	16316	7669821	20177	931446	163090

年　份	中　型	轻　型	微　型	三轮汽车	低速货车	专项作业车	其他汽车	机动车驾驶员（万人）	#汽车驾驶员
2021	16846	716877	278	30	7552	31989		1470.97	1234.10
2022	15300	735893	27	22	6348	33567		1538.18	1306.30
2023	14656	748396	67	16	5221	34663		1581.83	1358.46

私人汽车拥有量

单位：辆

年　份	私人汽车	载客汽车					载货汽车
			大　型	中　型	小　型	微　型	
2021	6757914	6185378	229	2501	6158583	24065	563882
2022	7186224	6611608	186	2066	6588070	21286	565914
2023	7604603	7033106	163	1833	7012211	18899	562873

续表

年份							专项作业车	其他汽车
	重型	中型	轻型	微型	三轮汽车	低速货车		
2021	23943	7208	525407	247	15	7062	8654	
2022	22132	5851	531980	18	7	5926	8702	
2023	20071	4695	533245	14	2	4846	8624	

运输线路长度（年底数）

单位：公里

项目	2020	2022	2023
铁路营业长度	3774	4230	4569
#电气化长度	3148	3357	4044
公路通车里程	110118	112878	115645
#绿化里程	94919	100354	102474
#养护里程	110118	112878	115645
按行政等级分			
国道	10982	11207	11237
省道	5722	5796	5794
县道	14889	14947	14964
乡道	41525	41690	41828
专用公路	122	115	115
按技术等级分			
#等级路里程合计	95316	100780	105713
高速公路	5635	5951	5964
一级	1481	1565	1667
二级	11459	11864	11969
三级	9251	9869	10029
四级	67490	71531	76084
内河通航里程	3245	3245	3245

客货平均运距

单位：公里

年份	平均运距				
		铁路	公路	水运	民用航空
旅客运输平均运距					
2021	297	286	71	11	1478
2022	282	301	71	10	1599
2023	349	304	72	9	1675

续表

年　份	平均运距	铁路	公路	水运	民用航空
货物运输平均运距					
2021	612	394	111	1737	2788
2022	671	429	118	1722	2591
2023	684	412	119	1697	2541

铁路运输情况

年　份	营业长度（公里）	旅客发送量（万人）	旅客周转量（亿人公里）	货物发送量（万吨）	货物周转量（亿吨公里）
2021	3983	8350	238.64	5112	201.32
2022	4230	6378	191.74	4815	206.37
2023	4569	12471	378.58	5211	214.57

公路运输情况

年　份	公路通车里程（公里）	汽车数（辆）	客运量（万人）	旅客周转量（亿人公里）	货运量（万吨）	货物周转量（亿吨公里）
2021	111031	7815032	10522	74.52	110777	1233.16
2022	112878	8270700	9651	68.13	106939	1260.62
2023	115645	8705886	12024	86.61	110497	1319.11

水路运输情况

年　份	内河航运里程（公里）	#通航里程	客运量（万人）	旅客周转量（亿人公里）	货运量（万吨）	货物周转量（亿吨公里）
2021	3955	3245	742	0.82	50224	8724.61
2022	3955	3245	538	0.53	57336	9873.30
2023	3955	3245	1089	0.99	63040	10697.20

民用航空情况

年　份	空港数（个）	旅客发送量（万人）	货物发送量（万吨）	旅客周转量（万人公里）	货物周转量（万吨公里）
2021	6	2279.02	18.33	3369179	51093
2022	6	1572.48	16.82	2514116	43569
2023	6	3211.60	17.86	5380120	45380

沿海港口货物吞吐量

单位：万吨

年份	总计	福州港	厦门港	泉州港	宁德港	湄州湾港	漳州港	吞吐总量指数（以1950年为100）
2021	69190.28	27352.42	22755.99	8354.47		10727.39		207033.7
2022	71407.99	30164.10	21939.62	8265.15		11039.13		213669.6
2023	74894.25	33202.14	22020.34	6302.84		13368.93		224101.4

邮电通信业务情况

年份	邮电业务总量（亿元）	邮政业务总量（亿标准量）	电信业务总量（亿元）	函件（万件）	固定电话用户（万户）	移动电话用户（万户）
2021	1005.31	474.78	530.53	2529	707.16	4824.25
2022		513.98	538.32	2693	679.83	4894.40
2023		592.82	537.92	2840	670.98	4910.51

邮电业务总量

年份	邮电业务总量（亿元）	电信业务总量（亿元）	快递业务量（万件）	集邮业务（万枚）	互联网用户（万户）	
					（固定）互联网宽带接入用户	移动互联网用户
2021	1005.31	530.53	415012.26	1716.80	1985.14	4146.55
2022		538.32	426376.55		2145.30	4281.84
2023		537.92	498673.18		2261.21	4404.34

电信主要通信能力

年份	移动电话交换机容量（万户）	移动电话基站（个）	光缆线路长度（公里）	长途光缆线路总长度
2021	8862	345434	1683409	26218
2022	7818	393700	1748523	26928
2023	7818	417150	1825282	31167

邮政业网点

项目	2020	2022	2023
营业网点（处）	8365	12047	16873
#快递营业网点	6730	6006	6216
信筒信箱（个）	7312	7265	7231

设区市交通运输业基本情况（2023年）

项　目	客运量（万人）	旅客周转量（亿人公里）	货运量（万吨）	货物周转量（亿吨公里）	全社会机动车拥有量（万辆）	汽　车
福州市	3168.90	23.24	40970.98	3979.14	216.34	177.31
#平潭	95.75	0.73	9806.09	1354.27	14.62	7.59
厦门市	2314.43	13.64	38425.13	3083.68	212.06	171.90
莆田市	682.19	1.70	4874.33	73.14	107.90	52.92
三明市	790.66	3.97	8244.45	75.03	85.13	39.85
泉州市	644.51	6.79	35055.40	3277.67	339.30	206.59
漳州市	861.21	9.00	8015.46	120.11	162.01	80.03
南平市	991.73	5.53	4544.32	111.67	95.99	37.66
龙岩市	814.65	6.73	9863.97	130.14	123.55	56.89
宁德市	1771.80	9.83	7990.99	172.97	81.61	39.84

设区市邮电通信业务基本情况（2023年）

项　目	邮政业务总量（亿标准量）	电信业务总量（亿元）	固定电话用户（万户）	移动电话用户（万户）	（固定）互联网宽带接入用户（万户）	移动互联网用户（万户）	快递业务（万件）
福建省	**592.82**	**537.92**	**670.98**	**4910.51**	**2261.21**	**4404.34**	**498673.18**
福州市	103.22	142.66	152.24	1038.26	475.87	935.72	61652.47
#平潭	4.18	4.80	4.50	41.51	21.84	38.80	1180.25
厦门市	121.75	80.99	92.44	686.42	299.90	639.15	64119.83
莆田市	37.58	36.64	49.39	361.58	168.78	316.29	28528.26
三明市	12.32	27.42	39.87	278.50	134.40	246.63	6343.02
泉州市	218.85	110.33	132.60	1062.82	501.39	954.16	247848.09
漳州市	51.37	49.57	63.81	558.38	239.65	497.44	57883.85
南平市	14.79	27.24	35.35	297.78	136.28	260.82	8019.98
龙岩市	14.65	29.78	60.16	291.54	143.64	262.60	10479.75
宁德市	18.28	33.30	45.12	335.22	161.30	291.52	13797.93

批发零售、住宿餐饮和旅游业

社会消费品零售总额

年　份	数值（亿元）	指数（%）	
		以上年为 100	以 1950 为 100
2021	20373.11	109.4	529442.6
2022	21050.12	103.3	546914.2
2023	22109.57	105.0	574259.9

限额以上批发零售与住宿餐饮业企业基本情况

项　　目	2020	2022	2023
批发业			
法人企业（个）	10628	14014	16263
商品购进额（亿元）	36959.15	61996.06	67749.64
商品销售额（亿元）	39169.37	64392.40	70426.48
商品库存总额（亿元）	1806.04	2080.92	2049.01
零售业			
法人企业（个）	7328	7900	8960
商品购进额（亿元）	6045.10	5987.65	5764.73
商品销售额（亿元）	6713.23	6728.92	6808.42
商品库存总额（亿元）	637.63	410.01	382.14
零售营业面积（万平方米）	1555.07	1540.76	1282.85
住宿业			
法人企业（个）	1211	1344	1518
营业额（亿元）	213.01	237.67	301.09
#客房收入	94.25	119.05	160.28
餐费收入	102.58	100.21	117.29
客房数（间）	174740	186725	207480
床位数（位）	268312	285214	312616
餐饮业			
法人企业（个）	1411	2213	2902
营业额（亿元）	271.60	57.15	466.60
#餐费收入	248.99	348.62	438.85

限额以上批发和零售企业基本情况（2023 年）

单位：万元

项　　目	法人企业（个）	商品购进额	商品销售额	#批发额	期末商品库存额
合计	**25223**	**735143697**	**772348972**	**708613336**	**24311439**
批发业	**16263**	**677496356**	**704264802**	**698834794**	**20490054**
按登记注册统计类别分					
内资企业	15895	657492250	681544248	676331817	19375929
有限责任公司	15703	621910655	642961353	637837840	18309239
股份有限公司	93	29650634	29727861	29679840	811052
非公司企业法人	50	5240234	8122108	8102024	243872
个人独资企业	44	565554	592137	571687	862
合伙企业	5	125174	140788	140426	10905
其他内资企业					
港澳台投资企业	268	14238903	16141796	15931585	878704
外商投资企业	95	5745158	6558757	6551390	234149
其他统计类别	5	20044	20002	20002	1272
按行业分					
农、林、牧、渔产品批发	589	29628819	30274678	30217994	2126956
食品、饮料及烟草制品批发	1928	37364108	43508035	42124063	2424616
#米、面制品及食用油批发	214	5756083	6235251	6153050	732459
烟草制品批发	12	4886422	7777087	7777087	219903
纺织、服装及家庭用品批发	3046	70664638	78581807	77362202	2623578
#服装批发	864	16555675	18659854	18274181	971054
日用家电批发	128	2537365	2668075	2564461	125859
文化、体育用品及器材批发	390	13417172	14191798	13859249	484502
医药及医疗器材批发	538	9923718	10814863	10595062	895533
矿产品、建材及化工产品批发	7159	461495820	468064262	466934784	9917992
#煤炭及制品批发	358	51274319	51214571	51204304	1660848
石油及制品批发	488	37012078	37858288	37199686	870159
金属及金属矿批发	1896	218354460	220669075	220593802	4449888
建材批发	1914	39455915	40893530	40557386	1254107
化肥批发	76	1936226	1988211	1983446	217671
机械设备、五金产品及电子产品批发	1768	32210674	33888158	33068221	1660416
#汽车及零配件批发	313	4923476	5232488	5107701	292693
计算机、软件及辅助设备批发	167	1823765	1875110	1828222	127818
贸易经纪与代理	35	924485	988466	987354	7538
其他批发业	810	21866924	23952736	23685864	348924

续表

项　　目	法人企业（个）	商品购进额	商品销售额	#批发额	期末商品库存额
零售业	**8960**	**57647341**	**68084170**	**9778542**	**3821384**
按登记注册统计类别分					
内资企业	8811	52036350	57858008	7317787	3475580
有限责任公司	8418	49454352	54307462	6646836	3247719
股份有限公司	27	1879572	2778524	617760	197360
非公司企业法人	43	42210	45825	2798	1865
个人独资企业	287	579686	638466	47611	26545
合伙企业	36	80529	87730	2783	2092
其他内资企业					
港澳台投资企业	90	2831121	3324017	390985	240189
外商投资企业	55	2774296	6894098	2069415	105464
其他统计类别	4	5575	8048	355	152
按行业分					
综合零售	809	6481982	7575362	206467	387560
百货零售	174	1605063	2053071	28752	129508
超级市场零售	519	4232277	4782874	120160	223702
食品、饮料及烟草制品专门零售	1160	3242366	3778231	257883	333825
纺织、服装及日用品专门零售	348	4348943	6057200	2112085	213287
服装零售	140	2555675	3626075	1592146	139123
文化、体育用品及器材专门零售	240	1170031	1285573	379508	162359
图书、报刊零售	16	681892	701421	329762	61116
医药及医疗器材专门零售	242	1272792	1739778	192529	166404
西药零售	185	1051842	1480470	188777	142996
中药零售	48	212755	247589	3474	23153
汽车、摩托车、零配件和燃料及其他动力销售	1768	23162838	26302880	5045450	1460735
汽车新车零售	1162	14780096	15051943	1289843	1316468
机动车燃油零售	427	7807914	10660112	3702687	96678
家用电器及电子产品专门零售	621	1985584	2207816	89501	157162
家用视听设备零售	35	147113	158605	13823	11849
日用家电零售	298	907895	1021105	14682	75447
计算机、软件及辅助设备零售	140	312150	349664	32279	21490
通信设备零售	111	525271	564387	26233	44213
五金、家具及室内装饰材料专门零售	611	1318624	1518435	96997	240668
货摊、无店铺及其他零售业	3161	14664181	17618896	1398124	699386

限额以上批发和零售企业年末资产及负债情况（2023年）

单位：万元

项　　目	资产总计	#流动资产合计	固定资产原价	负债总计	所有者权益合计
合计	**302600156**	**223913499**	**12526005**	**216881491**	**85718577**
批发业	**274779603**	**205377670**	**8104798**	**197344393**	**77435087**
按登记注册统计类别分					
内资企业	258694236	194845355	7144216	187341777	71352336
有限责任公司	230121086	179823648	6319414	172191064	57929899
股份有限公司	25477116	12322457	198613	14518553	10958563
非公司企业法人	2996581	2606626	616047	557038	2439542
个人独资企业	52582	45774	10092	31061	21521
合伙企业	46872	46851	50	44061	2811
其他内资企业					
港澳台投资企业	9698929	8100775	743881	6087059	3611870
外商投资企业	6382139	2428300	215522	3913616	2468524
其他统计类别	4299	3240	1179	1941	2358
按行业分					
农、林、牧、渔产品批发	12508373	10082262	439416	9933758	2574615
食品、饮料及烟草制品批发	24855549	19283918	1878105	15861738	8993793
#米、面制品及食用油批发	2773006	2293579	164062	2111862	661144
烟草制品批发	2848992	2469954	592012	410271	2438721
纺织、服装及家庭用品批发	29981362	23848048	1569664	20734072	9247290
#服装批发	7892751	7094036	281448	5431815	2460936
日用家电批发	1653526	1497409	18802	1256309	397217
文化、体育用品及器材批发	4028169	3114322	133459	2923006	1105163
医药及医疗器材批发	5936540	5012843	349713	4227633	1708907
矿产品、建材及化工产品批发	173722436	122820075	2819675	124727603	48994727
#煤炭及制品批发	14761113	11257479	170320	10950268	3810845
石油及制品批发	21845046	13056792	709145	16044032	5801013
金属及金属矿批发	73268904	52360973	667713	50708686	22560218
建材批发	20534295	16882901	491179	15873393	4660798
化肥批发	922088	752818	24629	558036	364053
机械设备、五金产品及电子产品批发	19484059	17350736	698632	15463045	4021014
#汽车及零配件批发	4229029	3623186	161219	3550465	678564
计算机、软件及辅助设备批发	2025285	1966721	25201	1721741	303544
贸易经纪与代理	318137	277208	13431	283044	35093
其他批发业	3944978	3588259	202701	3190495	754484

续表

项　　目	资产总计	#流动资产合计	固定资产原价	负债总计	所有者权益合计
零售业	**27820552**	**18535829**	**4421208**	**19537098**	**8283490**
按登记注册统计类别分					
内资企业	22239732	15513350	3361374	16009288	6230480
有限责任公司	19961038	14258021	2925083	14855329	5105745
股份有限公司	2073873	1113603	382869	1050745	1023128
非公司企业法人	21835	10863	8275	12026	9809
个人独资企业	162693	115639	39146	79537	83156
合伙企业	20293	15224	6002	11651	8642
其他内资企业					
港澳台投资企业	1772242	1099366	325292	1194920	577322
外商投资企业	3805510	1921173	733227	2332648	1472861
其他统计类别	3069	1941	1314	241	2828
按行业分					
综合零售	3663471	2097868	811191	2995248	667871
百货零售	2111674	1214542	333513	1716914	394761
超级市场零售	1314111	729019	441199	1083240	230519
食品、饮料及烟草制品专门零售	2000214	1308839	400340	908200	1092014
纺织、服装及日用品专门零售	2721823	1708469	128972	2141614	580209
服装零售	1610344	942011	56217	1258968	351377
文化、体育用品及器材专门零售	1653046	1177243	184869	1059746	593300
图书、报刊零售	928985	533781	146154	534815	394170
医药及医疗器材专门零售	779227	531952	70002	527702	251525
西药零售	662657	448994	58710	434700	227957
中药零售	105891	73450	10035	86581	19310
汽车、摩托车、零配件和燃料及其他动力销售	10467449	6602299	1988089	7097240	3370598
汽车新车零售	5700976	4335503	966933	4722060	979304
机动车燃油零售	4521055	2092941	988892	2246374	2274681
家用电器及电子产品专门零售	763265	617236	78882	445169	318096
家用视听设备零售	38574	34419	4671	18381	20193
日用家电零售	419416	309164	43298	229270	190147
计算机、软件及辅助设备零售	112123	96149	17299	56646	55477
通信设备零售	150586	138130	10985	115634	34952
五金、家具及室内装饰材料专门零售	814932	560796	178691	526527	288405
货摊、无店铺及其他零售业	4957125	3931128	580173	3835653	1121473

限额以上批发和零售企业财务状况（2023 年）

单位：万元

项 目	主营业务收入	营业成本	税金及附加	营业利润
合计	**663320410**	**632484177**	**1606067**	**13175512**
批发业	**601431303**	**578933304**	**1421110**	**11333030**
按登记注册统计类别分				
内资企业	581269061	560872060	1383690	10595090
有限责任公司	554600296	536434677	563863	9470303
股份有限公司	18734628	18495787	18676	316386
非公司企业法人	7237527	5291904	799456	780791
个人独资企业	571490	530528	1509	22971
合伙企业	125118	119165	186	4640
其他内资企业				
港澳台投资企业	14270677	12679716	28079	581368
外商投资企业	5871890	5362946	9341	156359
其他统计类别	19676	18581	1	212
按行业分				
农、林、牧、渔产品批发	27572474	27101420	20032	111281
食品、饮料及烟草制品批发	40199816	35424150	851065	1753636
#米、面制品及食用油批发	5708461	5546624	5073	55086
烟草制品批发	6910011	4966314	798441	787538
纺织、服装及家庭用品批发	72126397	65525645	79121	3595633
#服装批发	17130904	15277547	25097	897492
日用家电批发	2388431	2219356	4397	93273
文化、体育用品及器材批发	12538275	12100799	12748	143004
医药及医疗器材批发	9623190	8777324	22091	292685
矿产品、建材及化工产品批发	386333307	380607912	333204	3796769
#煤炭及制品批发	36812230	35974756	38332	438508
石油及制品批发	34058447	33756646	37597	167528
金属及金属矿批发	177441993	175689990	142484	1819914
建材批发	36767748	35298495	45790	594792
化肥批发	1884018	1837672	2037	7030
机械设备、五金产品及电子产品批发	30005445	28277798	38488	886136
#汽车及零配件批发	4646986	4557043	7018	76193
计算机、软件及辅助设备批发	1721823	1568365	1347	52542
贸易经纪与代理	910499	873052	841	18519
其他批发业	22121899	20245205	63521	735367

续表

项　　目	主营业务收入	营业成本	税金及附加	营业利润
零售业	**61889107**	**53550873**	**184957**	**1842482**
按登记注册统计类别分				
内资企业	52304923	45136205	157125	1490130
有限责任公司	48200327	41354509	144942	1393417
股份有限公司	3398509	3176371	8882	49481
非公司企业法人	39812	37371	195	1322
个人独资企业	585594	496797	2619	41457
合伙企业	80682	71157	488	4453
其他内资企业				
港澳台投资企业	3036569	2382008	15282	74162
外商投资企业	6539769	6027523	12485	277201
其他统计类别	7846	5138	66	989
按行业分				
综合零售	6888513	5978816	23739	71518
百货零售	1820697	1563956	13741	-8593
超级市场零售	4389541	3860691	8768	66831
食品、饮料及烟草制品专门零售	3536840	2871222	16573	240255
纺织、服装及日用品专门零售	4816295	3226447	18703	242943
服装零售	2934924	1969131	10457	97353
文化、体育用品及器材专门零售	1117034	946673	5384	50829
图书、报刊零售	576168	485232	2262	32738
医药及医疗器材专门零售	1611999	1286383	4517	54684
西药零售	1371162	1093721	3836	47324
中药零售	230105	184581	543	6766
汽车、摩托车、零配件和燃料及其他动力销售	24323675	23014933	65917	391940
汽车新车零售	13438394	12767145	44442	1649
机动车燃油零售	10330335	9738779	20770	375719
家用电器及电子产品专门零售	2012193	1809769	4000	64427
家用视听设备零售	151395	132939	320	8628
日用家电零售	924331	844834	1610	20542
计算机、软件及辅助设备零售	326431	282770	788	20098
通信设备零售	505295	460668	1008	8651
五金、家具及室内装饰材料专门零售	1396861	1158458	5959	96324
货摊、无店铺及其他零售业	16185698	13258173	40166	629561

限额以上批发和零售企业主要效益指标（2023 年）

单位:%

项　　目	资产负债率	销售毛利率	经营费用率	成本费用利润率
合计	**71.7**	**4.6**	**3.2**	**2.1**
批发业	**71.8**	**3.7**	**2.3**	**2.0**
按登记注册统计类别分				
内资企业	72.4	3.5	2.1	1.9
有限责任公司	74.8	3.3	2.0	1.8
股份有限公司	57.0	1.3	2.3	1.9
非公司企业法人	18.6	26.9	6.0	13.5
个人独资企业	59.1	7.2	2.9	4.4
合伙企业	94.0	4.8	0.9	3.9
其他内资企业				
港澳台投资企业	62.8	11.1	8.3	4.2
外商投资企业	61.3	8.7	6.6	2.8
其他统计类别	45.1	5.6	4.5	1.1
按行业分				
农、林、牧、渔产品批发	79.4	1.7	1.7	0.5
食品、饮料及烟草制品批发	63.8	11.9	6.2	4.7
#米、面制品及食用油批发	76.2	2.8	2.6	1.1
烟草制品批发	14.4	28.1	6.2	14.5
纺织、服装及家庭用品批发	69.2	9.2	4.4	5.3
#服装批发	68.8	10.8	6.1	5.5
日用家电批发	76.0	7.1	3.3	4.1
文化、体育用品及器材批发	72.6	3.5	2.9	1.2
医药及医疗器材批发	71.2	8.8	6.5	3.1
矿产品、建材及化工产品批发	71.8	1.5	1.1	1.0
#煤炭及制品批发	74.2	2.3	1.5	1.2
石油及制品批发	73.4	0.9	1.2	0.5
金属及金属矿批发	69.2	1.0	0.7	1.1
建材批发	77.3	4.0	2.8	1.6
化肥批发	60.5	2.5	2.1	0.4
机械设备、五金产品及电子产品批发	79.4	5.8	3.7	3.0
#汽车及零配件批发	84.0	1.9	2.6	1.6
计算机、软件及辅助设备批发	85.0	8.9	6.7	3.2
贸易经纪与代理	89.0	4.1	2.2	2.2
其他批发业	80.9	8.5	4.8	3.6

续表

项　　目	资产负债率	销售毛利率	经营费用率	成本费用利润率
零售业	**70.2**	**13.5**	**12.1**	**3.1**
按登记注册统计类别分				
内资企业	72.0	13.7	12.1	3.0
有限责任公司	74.4	14.2	12.4	3.0
股份有限公司	50.7	6.5	8.6	1.4
非公司企业法人	55.1	6.1	11.4	3.3
个人独资企业	48.9	15.2	8.2	7.5
合伙企业	57.4	11.8	5.9	5.6
其他内资企业				
港澳台投资企业	67.4	21.6	21.9	2.4
外商投资企业	61.3	7.8	7.3	4.2
其他统计类别	7.9	34.5	21.4	14.5
按行业分				
综合零售	81.8	13.2	14.0	1.1
百货零售	81.3	14.1	17.2	-0.4
超级市场零售	82.4	12.0	12.2	1.6
食品、饮料及烟草制品专门零售	45.4	18.8	12.0	7.3
纺织、服装及日用品专门零售	78.7	33.0	29.8	5.3
服装零售	78.2	32.9	31.6	3.4
文化、体育用品及器材专门零售	64.1	15.3	14.1	5.1
图书、报刊零售	57.6	15.8	14.6	6.8
医药及医疗器材专门零售	67.7	20.2	18.1	3.5
西药零售	65.6	20.2	18.2	3.5
中药零售	81.8	19.8	17.7	3.1
汽车、摩托车、零配件和燃料及其他动力销售	67.8	5.4	6.2	1.6
汽车新车零售	82.8	5.0	6.9	0.1
机动车燃油零售	49.7	5.7	5.2	3.6
家用电器及电子产品专门零售	58.3	10.1	7.4	3.4
家用视听设备零售	47.7	12.2	6.4	6.0
日用家电零售	54.7	8.6	6.9	2.4
计算机、软件及辅助设备零售	50.5	13.4	7.4	6.6
通信设备零售	76.8	8.8	8.0	1.8
五金、家具及室内装饰材料专门零售	64.6	17.1	10.1	7.5
货摊、无店铺及其他零售业	77.4	18.1	15.0	4.1

亿元以上商品交易市场主要经济指标（2023 年）

项　　目	市场数（个）	摊位数（个）	营业面积（平方米）	市场成交额（万元）
总计	**95**	**44586**	**2730390**	**11602594**
按经营环境分				
封闭式	81	39678	2515391	9881457
露天式	4	930	67663	1018534
其他	10	3978	147336	702603
按营业状态分				
常年营业	93	44557	2728890	11592174
季节性营业				
其他				
按经营方式分				
批发（或以批发为主）	39	24859	1878549	9767931
零售（或以零售为主）	56	19727	851841	1834663
按市场类别分				
综合市场	40	21627	769883	4190236
生产资料综合市场				
工业消费品综合市场				
农产品综合市场	30	11765	317035	1773100
其他综合市场	7	4106	381210	1395458
专业市场	55	22959	1960507	7412358
生产资料市场	5	1687	306000	521971
农产品市场	30	10104	710353	4428055
食品饮料及烟酒市场				
纺织、服装、鞋帽市场	4	5024	245230	772545
日用品及文化用品市场				
黄金、珠宝、玉器等首饰市场				
电器、通讯器材、电子设备市场				
医药、医疗用品及器材市场				
家具、五金及装饰材料市场	6	1473	281034	137304
汽车、摩托车及零配件市场				
花、鸟、鱼、虫市场				
旧货市场				
其他专业市场				

亿元以上商品交易市场成交情况（2023年）

项　　目	出租摊位数（个）	市场成交额（万元）
总计	**37969**	**11602594**
#粮油、食品类	17842	6618669
饮料类	2889	331588
烟酒类	311	254924
服装、鞋帽、针纺织品类	8340	1589664
服装类	6482	1237189
鞋帽类	1088	99568
针纺织品类	770	252907
化妆品类	68	6529
金银珠宝类	596	803438
日用品类	1022	183737
五金、电料类	724	94535
体育、娱乐用品类	125	79564
书报杂志类	4	87
电子出版物及音像制品类	223	4574
家用电器和音像器材类	194	47340
中西药品类	85	15007
文化办公用品类	554	83899
家具类	553	122064
通讯器材类	72	4526
木材及制品类	323	41510
化工材料及制品类	23	1122
金属材料类	55	326564
建筑及装潢材料类	2210	386319
机电产品及设备类	147	4467
汽车类	274	440010
种子饲料类	225	38119

限额以上住宿业企业基本情况（2023年）

项　　目	法人企业（个）	床位数（个）	餐位数（位）
住宿业	**1518**	**312616**	**448633**
按登记注册统计类别分			
内资企业	1433	283432	381447
有限责任公司	1267	260593	355531
股份有限公司	5	1537	1802

续表

项　　目	法人企业（个）	床位数（个）	餐位数（位）
非公司企业法人	22	4241	6897
个人独资企业	114	12869	11460
合伙企业	25	4192	5757
其他内资企业			
港澳台投资企业	66	21815	55668
外商投资企业	19	7369	11518
其他统计类别			
按行业分			
#旅游饭店	816	200692	375000
一般旅馆	628	103159	62301
民宿服务	43	3898	3577
其他住宿业	29	4789	7745

限额以上餐饮业企业基本情况（2023年）

项　　目	法人企业（个）	年末餐饮营业面积（平方米）	餐位数（位）
餐饮业	**2902**	**3586633**	**1244442**
按登记注册统计类别分			
内资企业	2849	3268806	1171443
有限责任公司	2591	2924507	1044095
股份有限公司			
非公司企业法人	4	4985	1680
个人独资企业	224	182476	81613
合伙企业	27	68680	18714
其他内资企业			
港澳台投资企业	39	184287	41381
外商投资企业	14	133540	31618
其他统计类别			
按行业分			
正餐服务	2528	2643217	917983
快餐服务	121	609259	223089
饮料及冷饮服务	69	123361	34121
餐饮配送及外卖送餐服务	125	90418	15444
其他餐饮业	59	120378	53805

限额以上住宿业和餐饮业企业经营情况（2023 年）

单位：万元

项　　目	营业额	客房收入	餐费收入	商品销售额	其他收入
合计	**7676894**	**1667548**	**5561442**	**190566**	**257338**
住宿业	**3010916**	**1602769**	**1172904**	**60431**	**174812**
按登记注册统计类别分					
内资企业	2614794	1399239	1011836	53835	149885
有限责任公司	2438195	1298656	950473	51747	137319
股份有限公司	21573	11286	7885	88	2315
非公司企业法人	37332	20849	12848	29	3606
个人独资企业	84229	52785	27957	1573	1914
合伙企业	33465	15663	12673	398	4731
其他内资企业					
港澳台投资企业	290918	145786	126721	3875	14536
外商投资企业	105204	57745	34348	2720	10391
其他统计类别					
按行业分					
#旅游饭店	2293307	1100483	996782	48198	147843
一般旅馆	645057	455629	153839	10928	24661
民宿服务	22472	14273	7620	345	234
其他住宿业	49497	32278	14238	907	2074
餐饮业	**4665978**	**64779**	**4388538**	**130135**	**82526**
按登记注册统计类别分					
内资企业	4054476	63905	3810511	116432	63629
有限责任公司	3118589	60200	2899404	101936	57049
股份有限公司					
非公司企业法人	9367	579	4134	4649	5
个人独资企业	327147	2715	311071	9848	3514
合伙企业	44011	411	43518		82
其他内资企业					
港澳台投资企业	274443	820	246546	12790	14287
外商投资企业	337059	54	331481	913	4611
其他统计类别					
按行业分					
正餐服务	2883531	64347	2717903	74755	26525
快餐服务	1287799	14	1240923	20774	26088
饮料及冷饮服务	219250		202172	14855	2223
餐饮配送及外卖送餐服务	176749	418	137093	15400	23839
其他餐饮业	98649		90446	4352	3851

限额以上住宿和餐饮业企业年末资产及负债情况（2023年）

单位：万元

项　　目	资产总计	流动资产合计	固定资产原价	负债总计	所有者权益合计
合计	**12132275**	**5274329**	**5421075**	**7615856**	**4516312**
住宿业	**10018718**	**4211392**	**4713829**	**6197770**	**3820948**
按登记注册统计类别分					
内资企业	6220937	2389900	3547050	4267362	1953575
有限责任公司	5362084	2109771	3246912	3996818	1365266
股份有限公司	649706	217503	123027	129937	519770
非公司企业法人	107088	16894	112203	91364	15724
个人独资企业	71581	26065	51189	39824	31757
合伙企业	30478	19668	13720	9419	21058
其他内资企业					
港澳台投资企业	1051028	414430	736783	883038	167990
外商投资企业	2746753	1407062	429997	1047370	1699382
其他统计类别					
按行业分					
#旅游饭店	8721436	3552663	4200847	5409728	3311709
一般旅馆	982389	489875	438591	727180	255209
民宿服务	260824	150236	37237	36193	224631
其他住宿业	54014	18569	37136	24663	29351
餐饮业	**2113557**	**1062937**	**707246**	**1418086**	**695364**
按登记注册统计类别分					
内资企业	1739113	1000276	537002	1109622	629384
有限责任公司	1502388	830207	482196	997260	505021
股份有限公司					
非公司企业法人	9164	5595	2068	3078	6086
个人独资企业	73805	40115	44076	20041	53763
合伙企业	14556	9670	4701	9810	4746
其他内资企业					
港澳台投资企业	215024	43308	106642	165018	50007
外商投资企业	159420	19353	63603	143446	15974
其他统计类别					
按行业分					
正餐服务	1327727	697381	480271	842635	484985
快餐服务	520291	207264	171313	381594	138697
饮料及冷饮服务	85593	31583	14533	79425	6168
餐饮配送及外卖送餐服务	97345	68015	25866	60066	37279
其他餐饮业	82602	58694	15264	54366	28236

限额以上住宿和餐饮业企业主要财务指标（2023 年）

单位：万元

项　　目	主营业务收入	营业成本	税金及附加	营业利润
合计	**7377354**	**4590208**	**50529**	**295460**
住宿业	**2917246**	**1560107**	**40308**	**47249**
按登记注册统计类别分				
内资企业	2543087	1417340	31451	60753
有限责任公司	2366663	1316434	29036	44544
股份有限公司	24948	11217	917	9973
非公司企业法人	34851	14739	512	-3833
个人独资企业	84800	57733	646	6961
合伙企业	31824	17218	341	3108
其他内资企业				
港澳台投资企业	274873	100124	4667	-10483
外商投资企业	99286	42644	4190	-3022
其他统计类别				
按行业分				
#旅游饭店	2228064	1176129	34648	384
一般旅馆	618112	336206	5080	39340
民宿服务	22049	15807	270	5725
其他住宿业	48442	31552	307	1692
餐饮业	**4460108**	**3030100**	**10220**	**248212**
按登记注册统计类别分				
内资企业	3896389	2734368	9781	222651
有限责任公司	3011354	1977660	7690	184164
股份有限公司				
非公司企业法人	8693	3693	65	318
个人独资企业	318100	239557	966	20402
合伙企业	43088	26991	110	1173
其他内资企业				
港澳台投资企业	257493	102683	177	6377
外商投资企业	306225	193049	263	19183
其他统计类别				
按行业分				
正餐服务	2781120	1834367	7438	190594
快餐服务	1204940	875208	1535	47356
饮料及冷饮服务	208220	120060	465	1785
餐饮配送及外卖送餐服务	170605	130786	596	3893
其他餐饮业	95223	69679	187	4584

限额以上批发和零售业连锁企业基本经营情况（2023 年）

项　　目	连锁总店数（个）	年末门店数（个）	直营店	加盟店	年末营业面积（平方米）	年末从业人员（人）	商品销售总额（万元）
总计	**230**	**18403**	**11689**	**6714**	**13486605**	**182355**	**23043988**
批发业	8	2021	79	1942	358212	8403	140411
零售业	222	16382	11610	4772	13128393	173952	22903578
按登记注册统计类别分							
内资企业	206	14653	8229	6424	3237233	75367	7557030
有限责任公司	193	12649	6225	6424	2502328	63313	5648545
港澳台投资企业	5	1452	1162	290	9214593	89863	9407808
外商投资企业	19	2298	2298		1034779	17125	6079150
其他统计类别							

限额以上住宿和餐饮业连锁企业基本经营情况（2023 年）

项　　目	连锁总店数（个）	连锁门店数（个）	直营店	加盟店	营业面积（平方米）	年末从业人员（人）	营业收入（万元）
总计	**35**	**2198**	**1941**	**257**	**446693**	**41026**	**832996**
按登记注册统计类别分							
内资企业	22	765	670	95	130192	6884	192008
有限责任公司	20	740	645	95	129472	6772	191676
港澳台投资企业							
外商投资企业	10	1062	900	162	201226	23961	462545
其他统计类别							

入境游客人数

单位：人次

年　份	合　计	外国人	台湾同胞	港澳同胞	#香港同胞
2021	651054	309727	177457	163870	123700
2022	482553	209122	154395	119036	105507
2023	1722441	780917	512863	428661	366296

接待游客人数及旅游收入

年 份	入境旅游人数（人次）	#外国人	国际旅游外汇收入（万美元）	国内旅游人数（万人次）	国内旅游收入（亿元）	国内游客人均花费（元）
2021	651054	309727	49168	40681	4862	1195
2022	482553	209122	31375	39147	4307	1100
2023	1722441	780917	175839	57004	6857	1203

入境外国游客人数

单位：人次

国别（地区）	2020	2022	2023
合计	**939246**	**209122**	**780917**
亚洲小计	519366	94464	444333
#日本	101799	25649	70001
菲律宾	24714	2376	31101
泰国	18997	5884	19190
印度尼西亚	19326	1919	36133
马来西亚	84522	7574	83751
美洲小计	191601	47752	133925
#美国	125608	28432	87536
加拿大	43449	12255	25184
欧洲小计	146264	50412	136443
#英国	31840	21072	19501
法国	16075	2635	10755
德国	23759	7594	18503
意大利	10660	2538	10643
俄罗斯	11142	2676	24365
大洋洲小计	54893	13321	44174
#澳大利亚	34666	9200	27078
新西兰	11767	2858	6197
非洲小计	27122	3173	22042

国内旅游人数及旅游收入

项 目	2021	2022	2023
国内旅游人数（万人次）	**40680.51**	**39146.80**	**57003.58**
星级饭店、经营性非星级住宿设施接待人数	7868.15	7525.48	12524.95
居民家庭、自驾营地、露营地等接待人数	4313.94	2316.14	4135.45
一日游游客人数	28498.42	29305.18	40343.18

续表

项　　目	2021	2022	2023
国内旅游收入（亿元）	**4862.34**	**4306.54**	**6857.12**
外省多日游游客消费	1611.25	1322.07	2948.30
本省多日游游客消费	1935.02	1615.56	2049.11
一日游游客消费	1316.06	1368.91	1859.71

国内游客消费构成

单位:%

项　　目	2021	2022	2023
交给旅行社	2.6	3.1	4.1
长途交通	13.5	10.3	12.7
住宿	19.7	20.7	20.7
餐饮	22.7	24.6	24.0
购物	16.1	15.7	13.4
游览	9.1	8.4	7.9
文化娱乐	2.2	2.3	2.1
自驾车或租车	10.8	11.6	11.6
休闲疗养	1.1	1.2	1.4
其他	1.9	2.1	2.1

国内游客构成

单位:%

项　　目	2021	2022	2023
按性别分			
男	49.1	49.0	48.6
女	50.9	51.0	51.4
按年龄分			
16岁以下	2.0	4.1	3.5
17—22岁	9.5	20.9	22.1
23—45岁	61.1	65.2	61.3
46—60岁	22.3	8.3	11.1
60岁以上	5.2	1.5	2.1
按旅游目的分			
旅游度假目的	88.9	88.5	87.3
观光游览	48.1	47.5	43.1
休闲度假	28.3	27.3	30.4
探亲访友	5.7	6.8	7.8

续表

项目	2021	2022	2023
宗教朝拜	1.9	1.8	1.4
文化艺术欣赏	1.2	0.9	1.3
购物娱乐	3.7	4.1	3.5
工作学习目的	7.3	7.8	8.6
商务活动	2.3	2.8	2.3
会议培训	0.7	0.9	0.9
学习交流	2.1	1.9	3.2
其他工作学习活动	2.2	2.1	2.3
医疗保健及其他	3.8	3.8	4.1
医疗保健	0.2	0.2	0.2
其他	3.6	3.6	3.9
按出游方式分			
单位组织	4.5	3.5	3.4
旅行社	2.0	1.2	2.5
个人亲友结伴	93.5	95.2	94.2

各设区市国际旅游外汇收入

单位：万美元

地区	2020	2022	2023
福州市	57783	4194	33886
厦门市	94984	17966	52383
莆田市	6639	654	15826
三明市	996	1722	8359
泉州市	24803	3413	39289
漳州市	13688	430	2530
南平市	4115	666	8413
龙岩市	2192	1103	2894
宁德市	1059	1035	10780
平潭综合实验区	604	192	1479

各设区市入境游客人数

单位：人次

地　区	2020	2022	2023
福州市	556315	69443	266684
厦门市	931772	273532	768228
莆田市	101920	13584	90499
三明市	13491	12126	32079
泉州市	351659	55513	307660
漳州市	213911	19529	84601
南平市	60201	8751	43133
龙岩市	39160	11930	70427
宁德市	15186	15672	45713
平潭综合实验区	13125	2473	13417

金融保险

金融机构人民币各项存款和贷款余额

单位：亿元

年份	各项存款	#住户存款	#财政存款	各项贷款	#短期贷款	#中长期贷款
2021	60557.26	26248.19	1132.22	65920.32	19356.43	42475.16
2022	70859.00	31352.39	796.95	74128.73	21214.76	46512.20
2023	78471.93	35709.83	957.90	81378.80	22868.14	50586.43

金融机构年末人民币分项存贷款余额（2023年）

单位：亿元

项目	数值	比上年增长（%）
金融机构各项存款余额	**78471.93**	**10.7**
境内存款	77565.00	10.9
住户存款	35709.83	13.9
#个人活期存款	12722.08	2.0
个人定期存款	14799.18	27.2
个人结构性存款	502.67	7.2
非金融企业存款	20677.15	3.4
#企业活期存款	5322.33	-5.5
企业定期存款	4104.44	35.7
企业保证金存款	2141.26	-12.4
企业结构性存款	890.76	-22.1
机关团体存款	8472.14	0.7
财政性存款	957.90	20.2
非银行业金融机构存款	11747.97	24.9
境外存款	906.93	1.9
金融机构各项贷款余额	**81378.80**	**8.6**
境内贷款	80577.01	8.4
住户贷款	37255.57	3.6
短期贷款	10963.62	3.4
#个人消费贷款	5151.53	-5.1
个人经营性贷款	5812.09	12.4
中长期贷款	26291.96	3.7
#个人消费贷款	19077.95	-1.6
个人经营性贷款	7214.01	20.6

续表

项　　目	数值	比上年增长（%）
非金融企业及机关团体贷款	42757.59	12.2
短期贷款	11904.53	11.2
#单位经营贷款	9699.15	8.0
单位固定资产贷款	41.04	4.3
单位并购贷款	2.70	0.0
贸易融资	2133.99	27.7
中长期贷款	24294.47	11.1
#单位经营贷款	6802.97	23.4
单位固定资产贷款	16877.59	6.8
单位并购贷款	536.36	11.9
贸易融资	77.55	31.1
融资租赁	204.55	17.3
票据融资	6338.27	19.3
各项垫款	15.77	-56.4
非银行业金融机构贷款	563.85	103.4
境外贷款	801.79	33.6

商业保险业务情况

单位：万元

项　　目	2020	2022	2023
保费收入	**12422493**	**13746655**	**15090079**
财产保险公司	3900407	4392813	4566941
#机动车辆险	2388086	2449361	2560416
人身保险公司	8522086	9353842	10523138
#寿险	6199780	7045869	8116281
健康险	2105128	2131864	2247119
意外伤害	217178	176109	159739
赔款及给付	**3932296**	**4468940**	**5287648**
财产保险公司	2431610	2828119	3377057
#机动车辆险	1432080	1600273	1915398
人身保险公司	1500686	1640821	1910592
#寿险	864984	892111	1212320
健康险	589349	705780	651588
意外伤害	46353	42929	46684

社会保险情况

项　　目	2020	2022	2023
基本养老保险			
企业职工基本养老保险			
期末参加基本养老保险职工人数（万人）	894.36	1342.78	1441.95
期末领取基本养老保险离退休人员人数（万人）	159.34	178.91	191.03
基本养老保险基金收入（亿元）	391.99	854.37	963.74
基本养老保险基金支出（亿元）	532.89	725.60	801.60
基本养老保险基金累计结余（亿元）	562.49	684.70	846.84
机关事业单位基本养老保险			
期末参加基本养老保险职工人数（万人）	97.24	100.23	101.62
期末领取基本养老保险离退休人员人数（万人）	49.63	52.47	54.30
基本养老保险基金收入（亿元）	189.22	366.37	403.01
基本养老保险基金支出（亿元）	355.42	370.42	391.28
基本养老保险基金累计结余（亿元）	147.67	147.19	158.92
城乡居民基本养老保险			
期末参加基本养老保险人数（万人）	1588.16	1598.77	1594.95
基本养老保险基金收入（亿元）	130.83	144.89	153.53
基本养老保险基金支出（亿元）	95.30	114.96	129.47
基本养老保险基金累计结余（亿元）	230.99	291.53	315.59
基本医疗保险			
期末参加基本医疗保险人数（万人）	3840.48	3863.49	3833.46
城镇职工	893.13	972.20	978.70
城乡居民	2947.35	2891.30	2854.76
基本医疗保险基金收入（亿元）	624.88	789.59	867.62
城镇职工	377.66	499.91	576.87
城乡居民	247.22	289.68	290.75
基本医疗保险基金支出（亿元）	554.65	652.38	741.15
城镇职工	314.60	383.18	446.64
城乡居民	240.05	269.20	294.51
基本医疗保险基金累计结余（亿元）	866.89	1100.81	1227.28
城镇职工	763.98	970.75	1100.97
城乡居民	102.91	130.06	126.31
职工基本医疗保险基金收缴率（%）	98.83	99.04	99.59
失业保险			
期末参加失业保险人数（万人）	664.41	761.34	763.06
期末领取失业保险金人数（万人）	6.34	6.19	7.61
失业保险基金收入（亿元）	18.70	37.63	38.35
失业保险基金支出（亿元）	66.87	36.68	37.28
失业保险基金累计结余（亿元）	98.86	85.47	86.55

续表

项　　目	2020	2022	2023
工伤、生育保险			
期末参加工伤保险人数（万人）	936.85	1040.00	1064.61
工伤保险基金收入（亿元）	10.40	30.24	35.48
工伤保险基金支出（亿元）	24.22	32.97	38.97
工伤保险基金累计结余（亿元）	49.02	45.23	41.75
期末参加生育保险职工人数（万人）	676.58	741.75	732.24
生育保险基金收入（亿元）	19.32	26.92	29.29
生育保险基金支出（亿元）	21.33	23.29	27.10

各设区市商业保险业务情况（2023年）

单位：万元

地　区	保费收入					
		财产保险公司	人身保险公司			
				#寿险	健康险	意外伤害
福建省	**15090079**	**4566941**	**10523138**	**8116281**	**2247119**	**159739**
福州市	4578722	1255829	3322892	2499665	773360	49867
厦门市	2971469	899253	2072216	1664601	380122	27493
莆田市	792012	199967	592044	456762	129884	5399
三明市	647470	204444	443026	359348	77199	6479
泉州市	2942025	899105	2042920	1562817	444459	35644
漳州市	1044904	397918	646986	501196	134474	11316
南平市	689270	217591	471679	385203	79907	6569
龙岩市	718916	276762	442154	340226	93855	8073
宁德市	705292	216071	489220	346462	133860	8898

地　区	赔款及给付					
		财产保险公司	人身保险公司			
				#寿险	健康险	意外伤害
福建省	**5287648**	**3377057**	**1910592**	**1212320**	**651588**	**46684**
福州市	1651448	1078293	573155	331553	231431	10171
厦门市	946418	629268	317149	215664	93732	7753
莆田市	275673	156239	119434	60715	57022	1697
三明市	233853	144887	88966	68939	17134	2893
泉州市	987593	606502	381091	269856	99380	11855
漳州市	394209	264346	129863	89508	36292	4062
南平市	256237	168630	87607	65636	19950	2022
龙岩市	264204	178847	85357	58034	23881	3441
宁德市	278014	150044	127970	52415	72765	2790

各设区市主要社会保险参保人数（2023 年）

单位：万人

地 区	期末参加城镇职工基本养老保险人数	期末参加城乡居民基本养老保险人数	期末参加基本医疗保险的城镇职工人数	期末参加基本医疗保险的城乡居民人数	期末参加失业保险人数	期末参加工伤保险人数	期末参加生育保险人数
全 省	**1788.90**	**1594.95**	**978.70**	**2854.76**	**763.06**	**1064.61**	**732.24**
省 直	61.14		39.53			24.11	26.58
福州市	325.87	253.59	189.28	495.25	163.03	202.85	137.10
#平潭	8.77	20.13	5.04	34.47	3.98	6.04	3.42
厦门市	537.91	24.39	316.62	155.30	275.64	297.31	270.56
莆田市	83.14	173.33	34.38	279.64	30.99	55.54	25.05
三明市	81.10	124.36	45.26	209.38	30.16	48.43	24.31
泉州市	252.91	375.68	122.17	604.11	99.82	169.26	97.93
漳州市	165.57	223.97	85.09	389.14	60.10	93.65	57.24
南平市	80.93	135.73	44.12	231.79	27.05	55.83	21.97
龙岩市	89.50	138.56	52.53	219.97	36.34	55.77	34.50
宁德市	110.83	145.34	49.73	270.18	39.92	61.86	37.02

各设区市城镇职工基本养老保险人数（2023 年）

单位：万人

地 区	期末参加城镇职工基本养老保险职工人数	参加企业职工基本养老保险人数	参加机关事业单位基本养老保险人数	期末领取基本养老保险金离退休人员人数	企业职工领取人数	机关事业单位领取人数
全 省	**1543.57**	**1441.95**	**101.62**	**245.33**	**191.03**	**54.30**
省 直	41.76	27.43	14.33	19.37	11.82	7.55
福州市	275.93	261.76	14.17	49.94	41.31	8.63
#平潭	7.11	6.27	0.84	1.66	1.10	0.56
厦门市	492.40	482.66	9.74	45.51	42.01	3.50
莆田市	72.91	66.09	6.82	10.23	6.94	3.29
三明市	59.34	51.45	7.89	21.76	16.80	4.96
泉州市	232.74	217.48	15.26	20.18	14.15	6.03
漳州市	140.27	129.81	10.46	25.30	19.84	5.46
南平市	56.24	49.04	7.20	24.69	18.99	5.70
龙岩市	75.10	67.49	7.61	14.40	9.84	4.56
宁德市	96.88	88.74	8.14	13.95	9.33	4.62

对外经济

对外经济基本情况

项　　目	2020	2022	2023
海关货物进出口总额（亿元）	**14098.10**	**19776.98**	**19739.58**
出口总额	8472.88	12097.47	11765.40
进口总额	5625.22	7679.51	7974.18
进出口差额	2865.74	4454.17	3791.22
海关货物进出口总额（亿美元）	**2035.81**	**2967.27**	**2807.57**
出口总额	1223.83	1814.02	1672.47
初级产品	100.20	145.23	127.74
工业制品	1123.48	1674.03	1544.73
进口总额	811.98	1153.25	1135.10
初级产品	469.47	716.61	763.82
工业制品	339.82	436.47	371.28
进出口差额	414.57	666.17	537.37
外商直接投资			
新签合同数（个）	2234	2733	3721
合同投资金额（亿美元）	133.51	132.19	160.34
实际利用外资（亿美元）	50.23	49.94	43.07
外商投资企业工商注册情况			
年末注册数（个）	31637	33062	34828
投资总额（亿美元）	3152.55	3940.39	7896.08
注册资本（亿美元）	1990.23	2812.53	6883.78
对外承包工程（亿美元）			
合同金额	7.96	11.93	5.72
完成营业额	12.89	11.67	9.76
对外劳务合作（亿美元）			
劳务人员合同工资总额	6.11	7.30	8.25
劳务人员实际收入总额	8.63	10.51	11.33

货物进出口总额

年　份	进出口总额（亿美元）	出　口	进　口	进出口总额（亿元）	出　口	进　口
2021	2838.43	1660.68	1177.74	18342.13	10729.85	7612.29
2022	2967.27	1814.02	1153.25	19776.98	12097.47	7679.51
2023	2807.57	1672.47	1135.10	19739.58	11765.40	7974.18

按主要贸易方式分进出口商品贸易额（2023 年）

项　　目	总计（万元）	总计（万美元）
出口总额	**117653990**	**16724691**
#一般贸易	88845248	12623487
来料加工贸易	515479	73496
进料加工贸易	12221619	1736169
保税监管场所进出境货物	3155219	448392
海关特殊监管区域物流货物	7260248	1036418
进口总额	**79741808**	**11351024**
#一般贸易	66594261	9484453
来料加工装配贸易	358984	51033
进料加工贸易	6150108	873251
加工贸易进口设备	24	3
外商投资企业作为投资进口的设备、物品	30873	4336
保税监管场所进出境货物	3662435	519196
关特殊监管区域物流货物	2734541	388852
海关特殊监管区域进口设备	9545	1364

按企业性质分进出口商品贸易额（2023 年）

项　　目	总计（万元）	总计（万美元）
进出口总额	**197395798**	**28075715**
出口总额	**117653990**	**16724691**
#国有企业	10415361	1480408
民营企业	84263256	11975125
外商投资企业	22933369	3263177
进口总额	**79741808**	**11351024**
#国有企业	32667058	4653942
民营企业	31158355	4433117
外商投资企业	15820919	2250380

货物进出口主要分类情况（2023 年）

项　　目	总计（万元）	总计（万美元）
进出口总额	**197395798**	**28075715**
出口商品总额	**117653990**	**16724691**
初级产品	8975642	1277359
工业制品	108678348	15447332

续表

项　　目	总计（万元）	总计（万美元）
进口商品总额	**79741808**	**11351024**
初级产品	53590809	7638236
工业制品	26150999	3712788
机电产品进出口	**63803463**	**9062484**
出口总额	51847523	7364496
进口总额	11955939	1697988
高新技术产品进出口	**21744274**	**3091545**
出口总额	12676189	1803344
进口总额	9068085	1288201
外商投资企业进出口	**38754288**	**5513557**
出口总额	22933369	3263177
进口总额	15820919	2250380
一般贸易进出口	**155439509**	**22107940**
出口总额	88845248	12623487
进口总额	66594261	9484453
加工贸易进出口	**19246190**	**2733949**
出口总额	12737098	1809665
进口总额	6509092	924284

按主要国别（地区）分货物进出口商品贸易额（2023年）

国别（地区）	出口总额（万元）	出口总额（万美元）	进口总额（万元）	进口总额（万美元）
总计	**117653990**	**16724691**	**79741808**	**11351024**
亚洲	53532894	7615673	36259719	5161011
#中国香港	3872440	548297	205965	29172
中国澳门	45130	6436	8394	1179
中国台湾	5476543	779864	3585411	509899
日本	4888621	696011	2249054	318697
菲律宾	5881454	838497	737838	104890
泰国	3415746	487068	1390271	197921
马来西亚	4510392	642319	1805378	256574
新加坡	2527114	358169	405733	57770
阿拉伯联合酋长国	1780496	252653	1796556	259073
欧洲	26046404	3700682	10401405	1478708
#德国	5575541	793413	1573383	224091
法国	1192000	169447	733584	104079

续表

国别（地区）	出口总额（万元）	出口总额（万美元）	进口总额（万元）	进口总额（万美元）
意大利	2044538	289290	401616	56972
芬兰	71336	10160	247222	35277
英国	2575173	365307	264294	37388
丹麦	261744	37238	57210	8128
瑞典	249440	35454	124003	17681
瑞士	105296	14983	684522	95556
西班牙	2360236	335534	251602	35782
北美洲	21438368	3044207	6888303	981128
#加拿大	1345182	191092	1572192	224241
美国	20088732	2852477	5276597	751330
大洋洲	3840190	545402	9365493	1334433
#澳大利亚	3388960	481457	7751919	1104454
拉丁美洲及非洲	12796131	1818727	16810168	2393359

按类分进出口商品总额（2023 年）

项　　目	出口总额（万元）	出口总额（万美元）	进口总额（万元）	进口总额（万美元）
初级产品	**8975642**	**1277359**	**53590809**	**7638236**
食品及活动物	7380709	1050760	7634316	1087276
活动物	0. 20	0. 03	148	21
肉及肉制品	95378	13535	634444	90565
乳品及蛋品	14471	2061	1074408	153114
鱼、甲壳及软体类动物及其制品	5056478	720281	1044215	148381
谷物及其制品	66803	9457	1697016	241279
蔬菜及水果	1221177	173562	529356	75317
糖、糖制品及蜂蜜	258429	36699	231353	32847
咖啡、茶、可可、调味料及其制品	305108	43466	113146	16070
饲料	40965	5810	2002118	285891
杂项食品	321900	45889	308112	43791
饮料及烟类	142191	20215	186669	26550
饮料	116499	16560	184579	26250
烟草及其制品	25692	3655	2090	300
非食用原料	1004826	143164	25974614	3700220
生皮及生毛皮	10	1	175851	25020
含油子仁及果实	3698	522	2663965	379074
生橡胶	24623	3505	263879	37618

续表

项　　目	出口总额（万元）	出口总额（万美元）	进口总额（万元）	进口总额（万美元）
软木及木材	32056	4575	1478539	210920
纸浆及废纸	11720	1666	1699013	241495
纺织纤维（羊毛条除外）及其废料	142526	20308	86748	12252
天然肥料及矿物（煤、石油及宝石除外）	114769	16335	1436361	204083
金属矿砂及金属废料	457183	65156	17990990	2564076
其他动、植物原料	218241	31096	179267	25682
矿物燃料、润滑油及有关原料	281464	39670	19172945	2735762
煤、焦炭及煤砖	169438	24041	7920898	1128537
石油、石油产品及有关原料	112001	15625	9584492	1369440
天然气及人造气	24. 2859	3. 5206	1667555	237784
动植物油、脂及蜡	166452	23550	622264	88428
动物油、脂	70443	10040	41269	5888
植物油、脂	4028	572	537542	76357
已加工的动植物油、脂及动植物蜡	91981	12938	43454	6184
工业制品	**108678348**	**15447332**	**26150999**	**3712788**
化学成品及有关产品	5581772	794273	4961332	705928
有机化学品	876416	124394	932631	132701
无机化学品	756437	107827	588871	84081
染料、鞣料及着色料	58507	8323	89469	12716
医药品	322726	45950	41146	5870
精油、香料及盥洗、光洁制品	398041	56568	442568	62954
肥料	321407	45708	0. 0338	0. 0048
初级形状的塑料	942811	134188	1783758	253987
非初级形状的塑料	918516	130574	273383	38654
未列名化学原料及产品	986910	140742	809504	114966
按原料分类的制成品	21295568	3030220	7717028	1095444
皮革、皮革制品及已鞣毛皮	169671	24158	151143	21512
橡胶制品	697615	99056	66996	9530
软木及木制品（家具除外）	1140453	162192	33549	4745
纸及纸板、纸浆、纸及纸板制品	2261317	321462	641575	91156
纺纱、织物、制成品及有关产品	5219987	743116	887021	125783
非金属矿物制品	4128149	586839	224341	31923
钢铁	1987578	283822	4108938	583497
有色金属	1283885	182858	1340753	190012
未列名金属制品	4406912	626719	262713	37285

续表

项　　目	出口总额（万元）	出口总额（万美元）	进口总额（万元）	进口总额（万美元）
机械及运输设备	41430274	5884637	10714688	1521395
动力机械及设备	1792220	255026	2011904	285383
特种工业专用机械	1880670	267549	1381147	195448
金工机械	215858	30644	100028	14259
通用工业机械设备及零件	3946333	561225	704504	100007
办公用机械及自动数据处理设备	2584405	369401	665430	94635
电信及声音的录制或重放装置及设备	5006403	710034	409049	58203
未列名电力机械、装置、器具及其电气零件	21533005	3057445	4441978	631224
陆路车辆（包括气垫式）	3450722	489073	358078	50591
其他运输设备	1020659	144240	642570	91646
杂项制品	36904827	5245497	1604819	228394
活动房屋、卫生、水道、供热及照明装置	2115704	300044	7746	1103
家具及其零件、褥垫及类似填充制品	3632135	515955	82143	11648
旅行用品、手提包及类似品	2265416	322379	5400	768
服装及衣着附件	9721624	1382389	43979	6254
鞋靴	8488742	1207780	72305	10342
专业、科学及控制用仪器和装置	1156666	164266	497291	70883
摄影器材、光学物品及钟表	1219783	173290	672566	95683
未列名杂项制品	8304758	1179394	223390	31713
未分类的商品及交易品	3465907	492705	1153132	161627

人民币汇率（年平均价）

单位：元

年　份	100 美元	100 日元	100 港元	100 欧元
2021	645.15	5.87	83.00	762.93
2022	672.61	5.13	85.89	707.21
2023	704.67	5.04	90.02	764.25

按行业分外商直接投资合同数

单位：个

年　份	总　计	农　业	工　业	建筑业	交通运输仓储及邮电通信业	批发和零售贸易餐饮业	其他服务业
2021	2742	114	192	21	23	767	1625
2022	2733	105	210	23	20	732	1643
2023	3721	90	196	40	33	1180	2182

按行业分外商直接投资合同金额

单位：万美元

年　份	总　计	农　业	工　业	建筑业	交通运输仓储及邮电通信业	批发和零售贸易餐饮业	其他服务业
2021	1669898	23034	191922	58611	845	207068	1188418
2022	1321937	24507	311692	2825	22147	121809	838957
2023	1603403	40881	302014	32265	2825	130406	1095012

分国别（地区）外商直接投资合同数和合同金额

国别（地区）	2020	2022	2023
合同数（个）	**2234**	**2733**	**3721**
#中国香港	617	786	972
中国澳门	83	114	131
中国台湾	1233	1448	2116
日本	16	15	22
菲律宾	4	4	11
泰国	4	3	3
马来西亚	23	18	46
新加坡	36	40	46
印度尼西亚	10	4	9
德国	6	2	6
法国	4	3	6
英国	7	7	18
加拿大	16	18	22
美国	36	60	66
澳大利亚	15	22	27
合同金额（万美元）	**1335089**	**1321937**	**1603403**
#中国香港	727939	508601	1096024
中国澳门	18898	26292	-4800
中国台湾	339565	443190	278430
日本	3027	8400	3274
菲律宾	2047	3591	6065
泰国	9527	212	13
马来西亚	5130	1961	-37812
新加坡	89533	110835	92083
印度尼西亚	2327	3752	19770
德国	146	-243	420
法国	2287	5763	-11

续表

国别（地区）	2020	2022	2023
英国	14877	425	10260
加拿大	1178	1139	4453
美国	10003	6017	15708
澳大利亚	4840	1216	5745

实际利用外商直接投资金额

单位：万美元

年 份	数 值
2021	490543
2022	499364
2023	430742

分国别（地区）实际利用外商直接投资金额

单位：万美元

国别（地区）	2020	2022	2023
总计	**502347**	**499364**	**430742**
亚洲			
#中国香港	355884	346509	252242
中国澳门	2779	8134	551
中国台湾	16621	20616	22458
印度尼西亚		2714	3594
日本	841	4495	1391
新加坡	18987	38429	15846
韩国	450	1027	689
泰国	110		
欧洲			
#英国	49	43	676
德国	38	186	182
法国		2484	1707
俄罗斯			
拉丁美洲			
#巴哈马			
开曼群岛	18929	2460	63490
墨西哥			
英属维尔京群岛	13484	31891	43828
北美洲			

续表

国别（地区）	2020	2022	2023
#加拿大	15		147
美国	203	2249	874
大洋洲			
#澳大利亚	121	418	137
新西兰		44	125

外商投资企业工商注册数

单位：个

项　　目	2020	2022	2023
总计	**31637**	**33062**	**34828**
按行业分			
农、林、牧、渔业	872	972	993
采矿业	32	30	28
制造业	9359	8680	8409
电力、热力、燃气及水生产和供应业	216	219	217
建筑业	315	321	347
批发和零售业	7740	7938	8680
交通运输、仓储和邮政业	695	692	700
住宿和餐饮业	1461	1683	1732
信息传输、软件和信息技术服务业	1424	1491	1535
金融业	442	425	432
房地产业	1084	1053	1059
租赁和商务服务业	3588	4074	4520
科学研究和技术服务业	2979	3725	4186
水利、环境和公共设施管理业	113	119	135
居民服务、修理和其他服务业	274	283	329
教育	61	43	37
卫生和社会工作	54	73	86
文化、体育和娱乐业	923	1238	1401
其他行业	5	3	2
按国别（地区）分			
#中国香港	9297	9664	10225
中国澳门	545	718	812
中国台湾	9366	10060	11093
日本	407	384	389
英国	121	127	137

续表

项　　目	2020	2022	2023
德国	78	74	74
加拿大	214	202	203
美国	622	607	613
澳大利亚	212	192	215

对外直接投资（非金融类）

单位：万美元

年　份	对外直接投资流量	年末对外直接投资存量
2020	333924	2357008
2021	403703	2553576
2022	207037	2581213

按主要国别（地区）分非金融类对外直接投资

单位：万美元

国别（地区）	对外直接投资流量		截至 2022 年对外直接投资存量
	2021	2022	
总计	**403703**	**207037**	**2581213**
亚洲	358716	208837	2124288
#中国香港	321415	152535	1755024
印度	530	181	3303
印度尼西亚	-464	5504	90749
日本	73	588	3578
中国澳门	69	1719	3211
新加坡	18402	24680	93872
韩国	245	332	1472
泰国	1484	717	8156
越南	7173	5542	59749
非洲	8106	-11253	89820
#尼日利亚	31	437	536
南非	91	34	861
欧洲	18497	5625	69013
#英国	1440	614	3640
德国	15099	2831	40485
俄罗斯	14	-878	9341
拉丁美洲	7867	1448	97364

续表

国别（地区）	对外直接投资流量		截至 2022 年对外直接投资存量
	2021	2022	
#巴西	-65	31	704
开曼群岛	2114	2193	19643
英属维尔京群岛	5988	-2374	71335
北美洲	4366	4113	180704
#加拿大	137	310	4735
美国	4229	3803	175969
大洋洲	6151	-1734	20024
#澳大利亚	-132	476	6852
新西兰	696	1	1750

按行业分非金融类对外直接投资

单位：万美元

项　　目	对外直接投资流量		截至 2022 年对外直接投资存量
	2021	2022	
总计	**403703**	**207037**	**2581213**
农、林、牧、渔业	1954	2149	27845
采矿业	-2748	-7745	36098
制造业	34766	34170	487998
电力、热力、燃气及水生产和供应业	1028	1468	7870
建筑业	6606	-11408	120709
批发和零售业	144243	74804	625560
交通运输、仓储和邮政业	20834	23522	107968
住宿和餐饮业		-35	2048
信息传输、软件和信息技术服务业	4609	257	26471
金融业			
房地产业	156	-5	22315
租赁和商务服务业	166655	84461	1063438
科学研究和技术服务业	3572	1570	10439
水利、环境和公共设施管理业	-39		
居民服务、修理和其他服务业	2726	1801	12912
教育	1371	2000	9069
卫生和社会工作	18000	26	20413
文化、体育和娱乐业	-31		59

对外承包工程和劳务合作主要指标

年份	对外承包工程合同金额（万美元）	劳务人员合同工资总额（万美元）	年末在外人数（人）		
				承包工程	劳务合作
2021	84016	74497	60657	3719	56938
2022	119268	72985	61937	2547	59390
2023	57217	82488	64314	2481	61833

各设区市进出口商品总额（2023 年）

年份	进出口总额（万元）	进出口总额（万美元）	出口总额（万元）	出口总额（万美元）	进口总额（万元）	进口总额（万美元）
福州市	34333862	4883510	25581113	3640765	8752749	1242745
厦门市	94705449	13486959	44742333	6368389	49963116	7118570
莆田市	6424128	913593	3270144	464564	3153984	449029
三明市	1578709	224701	1477822	210384	100886	14316
泉州市	25993205	3691037	18853640	2676375	7139565	1014662
漳州市	12173861	1729962	8571953	1217313	3601908	512649
南平市	1308157	186466	1253592	178723	54565	7743
龙岩市	4184503	594574	2003073	284780	2181430	309795
宁德市	14986841	2123220	11001187	1556554	3985654	566666
平潭综合实验区	1707083	241693	899133	126845	807950	114848

各设区市外商直接投资合同数

单位：项

地区	2000	2005	2010	2015	2020	2022	2023
福州市	295	326	186	339	297	435	585
厦门市	259	364	398	726	987	1141	1682
莆田市	56	71	25	24	29	41	50
三明市	36	107	65	27	54	65	37
泉州市	416	561	156	102	358	587	764
漳州市	257	344	186	125	104	166	167
南平市	84	136	46	19	32	60	55
龙岩市	29	47	58	25	45	61	52
宁德市	31	32	19	18	27	29	44

各设区市外商直接投资合同金额

单位：万美元

地　区	2000	2005	2010	2015	2020	2022	2023
福州市	95479	116672	167297	317473	266757	198993	831532
厦门市	100400	129492	166157	416303	552310	657991	406515
莆田市	20744	22852	36294	26662	21415	16369	14467
三明市	6596	14594	24499	24286	17200	24158	7106
泉州市	87014	170025	161089	99498	241468	144916	174221
漳州市	94420	69657	102339	131223	76600	189058	82182
南平市	18586	44437	43001	53806	11380	5277	37955
龙岩市	2601	15978	28321	56501	33713	20456	8719
宁德市	5533	12008	8560	45068	29134	4628	28531

各设区市实际利用外商直接投资金额

单位：万美元

地　区	2000	2005	2010	2015	2020	2022	2023
福州市	80087	64017	118524	167852	101007	110352	91968
厦门市	103150	70740	169651	209373	241030	221197	197384
莆田市	28208	7152	22952	37750	13698	11771	4690
三明市	6019	4632	8635	15636	2034	6498	3672
泉州市	62331	70974	149342	158036	66339	97254	84839
漳州市	70958	31017	70076	108500	59041	39616	40558
南平市	20043	5356	6787	14532	3561	2644	4383
龙岩市	4065	5161	16506	26853	3886	4096	720
宁德市	5525	1726	7098	21007	2148	5466	1927

市县国民经济主要指标

地区生产总值（2023 年）

单位：亿元

地　区	地区生产总值	第一产业	第二产业	第三产业	#工业	#建筑业	人均 GDP（元）
全　省	**54355.10**	**3217.66**	**23966.43**	**27171.01**	**18548.27**	**5497.97**	**129865**
福州市	**12928.47**	**721.59**	**4675.12**	**7531.77**	**2997.28**	**1702.86**	**152846**
福州市辖区							
鼓楼区	2850.67		423.86	2426.81	125.40	298.69	421384
台江区	713.26		58.06	655.20		58.06	172077
仓山区	1048.97	1.81	386.63	660.53	293.46	95.00	88708
马尾区	700.44	14.98	384.28	301.19	230.08	154.68	236236
晋安区	1201.07	9.63	290.47	900.97	142.34	148.50	150134
长乐区	1246.35	80.98	699.50	465.88	644.37	55.37	153303
福清市	1682.79	139.62	796.10	747.07	598.57	197.95	119009
闽侯县	1030.50	59.62	554.98	415.90	397.09	158.30	100487
连江县	788.25	194.39	294.47	299.39	217.61	93.65	122020
罗源县	451.14	62.69	242.10	146.35	213.59	28.95	173184
闽清县	470.54	44.68	261.86	163.99	98.26	167.05	179937
永泰县	374.31	69.67	194.43	110.22	20.59	173.92	130650
平潭县	370.19	43.51	88.41	238.26	15.91	72.75	97034
厦门市	**8066.49**	**27.73**	**2867.94**	**5170.81**	**2162.94**	**738.18**	**151697**
厦门市辖区							
思明区	2729.53	2.77	345.08	2381.68	107.81	237.62	256294
海沧区	1010.43	1.60	566.95	441.87	517.15	50.24	162710
湖里区	1724.18		609.94	1114.25	415.46	225.43	172677
集美区	993.48	3.00	441.27	549.22	336.68	105.42	90854
同安区	721.69	11.32	343.78	366.59	308.88	35.22	80771
翔安区	887.17	9.04	560.93	317.20	476.96	84.26	137333
莆田市	**3070.73**	**149.94**	**1503.32**	**1417.47**	**1322.49**	**184.06**	**96291**
莆田市辖区							
城厢区	584.84	10.65	207.30	366.89	163.97	43.73	107564
涵江区	668.40	19.29	426.54	222.57	377.84	49.62	140568
荔城区	593.88	18.09	271.35	304.45	252.06	19.91	88733
秀屿区	577.21	76.00	284.39	216.83	249.24	35.76	96118
仙游县	646.40	25.92	313.75	306.73	279.39	35.05	71822

续表

地　区	地区生产总值	第一产业	第二产业	第三产业	#工业	#建筑业	人均 GDP（元）
三明市	**3007.10**	**355.08**	**1342.53**	**1309.49**	**982.24**	**363.74**	**123141**
三明市辖区							
三元区	713.11	26.55	319.02	367.54	253.12	66.22	173400
沙县区	347.33	35.33	177.94	134.06	123.88	54.96	140053
永安市	495.61	39.10	264.31	192.20	218.65	46.12	146998
明溪县	123.33	24.24	52.88	46.21	35.26	17.69	130308
清流县	137.72	32.02	43.79	61.91	25.45	18.46	121023
宁化县	237.83	32.53	94.75	110.56	47.60	47.58	93875
大田县	253.14	44.67	117.56	90.91	101.35	16.55	86250
尤溪县	262.46	56.79	80.87	124.80	65.67	15.46	78231
将乐县	195.73	23.37	88.42	83.93	64.15	24.55	138742
泰宁县	87.80	17.16	23.21	47.42	9.58	13.67	86542
建宁县	153.03	23.31	79.78	49.94	37.53	42.47	136026
泉州市	**12172.33**	**261.66**	**6469.12**	**5441.55**	**5681.29**	**796.41**	**137060**
泉州市辖区							
鲤城区	762.17	0.19	321.28	440.70	269.72	51.66	177044
丰泽区	902.23	2.05	158.18	742.00	89.18	69.12	123678
洛江区	369.17	5.44	216.64	147.10	181.41	35.23	143648
泉港区	561.75	14.03	363.19	184.54	300.81	62.45	155180
石狮市	1200.34	32.76	500.24	667.33	438.46	61.94	172338
晋江市	3363.50	22.88	1968.67	1371.95	1890.99	84.59	161862
南安市	1706.75	34.84	982.60	689.31	905.13	78.12	111407
惠安县	1671.20	41.47	1122.09	507.64	918.08	204.32	159771
安溪县	920.03	64.87	454.22	400.94	379.20	75.20	92465
永春县	414.82	29.12	194.02	191.68	167.82	26.28	99717
德化县	374.63	14.01	221.66	138.95	166.68	54.99	110672
漳州市	**5728.43**	**599.34**	**2694.45**	**2434.64**	**2009.46**	**689.51**	**113087**
漳州市辖区							
芗城区	957.93	11.13	422.31	524.49	273.31	149.23	148956
龙文区	454.65	4.96	167.82	281.87	102.04	66.27	148023
龙海区	1348.37	80.20	819.34	448.83	636.53	186.02	141013
长泰区	406.04	22.85	270.33	112.86	201.49	69.01	175433
云霄县	303.44	61.11	121.23	121.10	85.13	36.14	73463
漳浦县	683.55	105.80	257.54	320.21	208.19	49.51	80252
诏安县	356.32	63.47	165.59	127.26	142.23	23.36	64411

续表

地　区	地区生产总值	第一产业	第二产业	第三产业	#工业	#建筑业	人均 GDP（元）
东山县	273.91	52.72	104.63	116.55	73.46	31.29	123968
南靖县	405.21	94.89	160.81	149.51	128.97	31.92	134066
平和县	318.18	62.50	87.43	168.24	63.04	24.39	70145
华安县	220.83	39.70	117.41	63.72	95.06	22.36	166288
南平市	**2270.00**	**381.60**	**809.95**	**1078.45**	**504.37**	**305.81**	**85969**
南平市辖区							
延平区	457.27	42.48	165.79	249.00	66.31	99.54	102642
建阳区	287.62	48.54	108.66	130.42	70.96	37.73	83368
邵武市	278.81	37.17	118.31	123.33	80.91	37.43	103453
武夷山市	240.50	34.15	79.29	127.07	52.07	27.23	92324
建瓯市	312.07	62.89	105.15	144.03	76.90	28.29	73514
顺昌县	153.29	22.48	52.18	78.63	39.19	13.01	88350
浦城县	195.20	42.34	63.62	89.24	39.02	24.61	66964
光泽县	134.12	50.85	42.37	40.90	31.62	10.75	105609
松溪县	92.91	16.41	32.54	43.96	17.84	14.71	72302
政和县	118.21	24.29	42.04	51.88	29.54	12.51	67551
龙岩市	**3317.96**	**322.86**	**1339.06**	**1656.04**	**844.74**	**494.32**	**122683**
龙岩市辖区							
新罗区	1149.58	54.37	498.14	597.07	362.02	136.12	134218
永定区	344.67	39.63	133.40	171.64	66.59	66.80	109681
漳平市	319.99	41.26	123.04	155.69	76.99	46.05	128277
长汀县	344.89	43.41	126.94	174.53	70.21	56.73	87335
上杭县	526.14	60.51	204.78	260.86	121.27	83.51	142009
武平县	312.84	40.40	122.63	149.81	69.43	53.20	114888
连城县	319.85	43.29	130.14	146.43	78.22	51.91	129706
宁德市	**3807.33**	**401.13**	**2136.12**	**1270.08**	**1942.99**	**195.45**	**120619**
宁德市辖区							
蕉城区	1340.10	43.89	955.93	340.28	879.21	77.16	206169
福安市	835.64	62.44	512.98	260.21	480.99	33.22	138811
福鼎市	562.43	81.05	310.58	170.80	292.14	18.86	99545
霞浦县	371.53	96.92	116.47	158.14	95.50	21.20	77563
古田县	253.87	57.38	73.87	122.62	57.76	16.11	80722
屏南县	129.30	18.55	54.36	56.39	49.44	4.92	94380
寿宁县	115.17	20.10	37.75	57.33	33.55	4.20	66764
周宁县	112.31	10.41	40.37	61.52	33.74	6.63	77721
柘荣县	86.99	10.38	33.81	42.80	20.66	13.15	94550

地区生产总值指数（2023 年）

单位：以上年为 100

地　区	地区生产总值	第一产业	第二产业	第三产业	#工业	#建筑业	人均 GDP
全　省	**104.5**	**104.2**	**103.7**	**105.2**	**103.4**	**105.1**	**104.5**
福州市	**105.2**	**104.0**	**104.8**	**105.5**	**102.7**	**109.0**	**104.9**
福州市辖区							
鼓楼区	105.2		96.7	106.9	103.1	94.6	104.8
台江区	103.5		101.1	103.8	100.0	101.1	103.3
仓山区	102.2	92.5	102.5	102.0	99.9	110.7	101.5
马尾区	105.0	104.5	106.4	103.2	101.1	115.5	104.9
晋安区	106.7	104.6	107.4	106.5	99.9	115.6	106.3
长乐区	103.1	104.6	101.1	106.2	101.0	103.6	102.9
福清市	106.8	104.0	107.1	106.9	104.4	115.4	106.6
闽侯县	103.5	103.8	105.4	101.0	104.2	108.4	102.9
连江县	107.2	103.9	108.9	107.5	109.1	112.4	107.2
罗源县	106.7	104.2	108.5	105.1	108.4	111.7	106.3
闽清县	106.6	104.7	106.8	106.9	92.5	116.8	106.0
永泰县	102.7	104.4	105.0	97.8	99.4	105.6	102.3
平潭县	103.0	103.5	105.0	102.2	102.8	105.6	104.2
厦门市	**103.1**	**96.0**	**97.2**	**107.0**	**98.9**	**93.1**	**102.6**
厦门市辖区							
思明区	105.6	93.1	97.0	107.2	102.9	94.4	105.4
海沧区	97.7	95.6	94.4	102.7	95.4	85.0	97.1
湖里区	101.5		95.1	105.6	95.3	97.0	102.7
集美区	102.6	95.6	95.4	110.4	97.7	88.4	101.8
同安区	101.5	100.7	96.8	106.9	97.3	92.7	101.3
翔安区	107.0	91.3	105.0	111.8	107.6	91.5	103.9
莆田市	**103.6**	**103.5**	**102.9**	**104.4**	**103.0**	**102.2**	**104.2**
莆田市辖区							
城厢区	104.0	101.3	105.2	103.4	106.8	101.0	104.6
涵江区	103.0	103.3	101.9	105.1	101.4	105.8	103.7
荔城区	100.2	100.0	98.1	102.3	98.0	98.6	100.8
秀屿区	104.7	104.4	104.1	105.7	105.1	99.0	105.3
仙游县	106.3	105.0	106.4	106.4	106.5	106.1	107.0
三明市	**101.8**	**104.6**	**100.0**	**103.0**	**102.7**	**93.6**	**102.8**
三明市辖区							
三元区	103.7	105.6	102.9	104.4	105.8	93.3	103.3

续表

地 区	地区生产总值	第一产业	第二产业	第三产业	#工业	#建筑业	人均 GDP
沙县区	101.0	104.4	99.0	102.9	99.9	97.4	101.6
永安市	103.3	104.7	103.4	103.0	104.9	97.0	104.8
明溪县	101.2	104.0	99.6	101.7	99.6	99.9	102.7
清流县	91.6	105.4	74.8	104.2	99.7	56.5	92.9
宁化县	102.8	104.1	102.7	102.4	100.0	105.8	105.0
大田县	101.4	103.8	101.7	99.8	100.7	108.8	103.0
尤溪县	102.4	104.4	99.3	103.8	99.2	100.1	103.8
将乐县	103.5	104.9	103.8	102.7	105.5	100.0	104.7
泰宁县	92.4	104.7	72.2	103.9	84.9	65.4	93.2
建宁县	101.1	105.7	101.3	98.7	99.7	102.9	101.9
泉州市	**104.8**	**103.9**	**104.1**	**105.7**	**103.0**	**113.7**	**104.6**
泉州市辖区							
鲤城区	107.3	103.3	106.2	108.3	103.7	127.0	107.0
丰泽区	104.8	102.1	106.7	104.3	101.6	114.8	103.8
洛江区	104.8	104.0	104.5	105.2	104.2	105.9	104.1
泉港区	90.1	103.3	84.0	106.8	81.6	101.9	89.6
石狮市	105.5	101.0	106.2	105.0	104.7	119.3	104.8
晋江市	106.5	100.5	106.3	106.8	105.9	118.9	106.2
南安市	106.2	103.6	106.3	106.3	105.3	120.1	106.1
惠安县	106.0	106.2	105.5	107.2	104.3	111.6	105.7
安溪县	103.5	104.8	102.8	104.1	102.6	103.7	104.1
永春县	105.4	104.0	104.9	106.3	104.0	114.0	106.5
德化县	106.1	104.8	107.5	104.2	104.0	120.0	105.8
漳州市	**105.9**	**105.5**	**105.5**	**106.5**	**104.0**	**111.2**	**106.0**
漳州市辖区							
芗城区	106.7	102.8	106.9	106.7	102.9	117.5	106.6
龙文区	106.6	106.1	105.6	107.1	104.0	108.2	106.3
龙海区	106.3	105.7	105.8	107.4	105.4	107.6	106.2
长泰区	105.2	105.6	104.9	105.6	103.1	111.5	104.9
云霄县	105.8	105.5	107.7	103.9	103.9	120.2	105.6
漳浦县	107.6	104.4	110.3	106.6	110.6	109.0	107.5
诏安县	105.4	105.0	105.2	105.7	104.1	114.0	106.2
东山县	108.2	104.8	108.4	109.2	109.5	106.2	108.2
南靖县	100.4	107.0	93.4	104.4	90.1	112.1	101.2
平和县	106.7	106.5	108.6	105.7	107.0	113.3	106.6

续表

地　区	地区生产总值	第一产业	第二产业	第三产业	#工业	#建筑业	人均 GDP
华安县	104.6	105.8	103.0	106.6	102.1	107.4	105.5
南平市	**105.0**	**104.4**	**106.1**	**104.3**	**103.5**	**110.8**	**105.8**
南平市辖区							
延平区	103.8	105.5	103.5	103.5	103.1	103.9	104.7
建阳区	105.2	103.7	103.8	107.0	104.4	102.6	104.8
邵武市	104.5	104.4	105.6	103.3	100.9	118.0	105.4
武夷山市	105.2	103.0	109.0	103.4	104.8	118.1	105.4
建瓯市	105.4	104.2	108.0	104.0	105.8	114.6	106.6
顺昌县	105.8	105.8	103.9	107.2	100.3	116.4	107.6
浦城县	103.5	103.3	103.4	103.6	101.0	107.7	104.6
光泽县	107.0	104.7	113.5	103.5	105.9	148.7	107.8
松溪县	106.5	103.2	112.0	103.9	105.9	120.6	107.3
政和县	106.6	106.0	109.3	104.8	104.7	123.1	107.9
龙岩市	**103.8**	**103.9**	**102.3**	**105.0**	**100.5**	**105.8**	**104.5**
龙岩市辖区							
新罗区	103.4	104.0	101.2	105.3	99.8	105.5	102.9
永定区	104.3	103.7	104.4	104.4	100.9	108.1	106.1
漳平市	103.4	103.5	103.6	103.3	101.1	108.4	104.5
长汀县	104.1	104.4	102.8	105.2	99.2	108.6	104.9
上杭县	104.6	104.2	102.7	106.2	102.9	102.4	105.8
武平县	103.8	103.9	103.5	104.1	100.9	107.1	105.4
连城县	103.2	103.6	101.7	104.4	100.9	103.0	104.5
宁德市	**108.6**	**103.9**	**111.8**	**104.6**	**114.9**	**87.8**	**108.4**
宁德市辖区							
蕉城区	110.4	103.8	113.7	102.0	115.8	91.4	108.5
福安市	110.3	103.0	112.1	108.8	117.7	65.5	111.3
福鼎市	113.5	103.2	123.3	102.5	127.2	93.3	112.1
霞浦县	102.3	104.0	97.2	105.7	96.8	99.7	102.1
古田县	103.6	105.1	98.6	105.8	96.4	106.1	104.9
屏南县	103.2	106.2	103.8	101.7	107.3	75.8	104.0
寿宁县	102.0	103.0	90.7	109.4	96.9	74.5	103.4
周宁县	102.3	105.9	102.6	101.5	106.2	89.9	104.1
柘荣县	102.8	104.1	99.1	105.6	91.2	114.6	102.8

城乡居民人均可支配收入（2023年）

单位：元

地区	城镇居民人均可支配收入		农村居民人均可支配收入	
	数值	比上年增长（%）	数值	比上年增长（%）
全省	**56153**	**4.3**	**26722**	**6.9**
福州市	**58009**	**4.3**	**28636**	**6.7**
福州市辖区				
鼓楼区	68636	4.4		
台江区	63130	4.3		
仓山区	53140	3.1		
马尾区	64049	4.1	36858	6.5
晋安区	58999	5.1	28972	7.0
长乐区	59923	4.4	32445	6.2
福清市	59157	4.4	34284	7.1
闽侯县	55744	4.9	27714	6.6
连江县	47357	5.1	26135	6.6
罗源县	43407	4.8	22120	8.0
闽清县	41419	3.6	21566	6.2
永泰县	40072	3.7	21006	6.0
平潭县	50788	4.0	23787	6.8
厦门市	**72880**	**3.4**	**34206**	**5.8**
厦门市辖区				
思明区	88425	4.1		
海沧区	66887	3.5		
湖里区	71514	3.2		
集美区	65131	2.9	41406	5.8
同安区	60999	2.9	31514	6.2
翔安区	52161	3.8	30916	5.5
莆田市	**48371**	**3.8**	**26316**	**6.5**
莆田市辖区				
城厢区	56009	4.3	29088	5.9
涵江区	45805	3.3	25090	6.1
荔城区	53821	3.6	29872	6.5
秀屿区	40723	4.1	27502	6.9
仙游县	41609	3.8	23943	6.8
三明市	**46517**	**4.2**	**24822**	**6.9**
三明市辖区				
三元区	51074	3.5	27354	7.1

续表

地　区	城镇居民人均可支配收入		农村居民人均可支配收入	
	数　值	比上年增长（%）	数　值	比上年增长（%）
沙县区	47714	4.8	27751	6.8
永安市	47317	3.8	26072	7.4
明溪县	39007	5.2	23174	7.6
清流县	40380	4.0	23623	7.0
宁化县	38333	4.6	23135	7.2
大田县	47651	5.5	25211	6.5
尤溪县	44627	4.2	25701	6.7
将乐县	44984	3.7	25014	5.4
泰宁县	42329	3.9	23632	7.7
建宁县	38712	3.4	23261	6.2
泉州市	**60697**	**5.1**	**29596**	**7.3**
泉州市辖区				
鲤城区	58880	5.2		
丰泽区	71140	5.4		
洛江区	54019	6.8	25349	6.4
泉港区	46293	5.1	28446	8.1
石狮市	76191	4.1	36589	7.2
晋江市	65005	4.8	34322	7.5
南安市	60077	4.3	31753	7.8
惠安县	56806	3.7	30254	6.9
安溪县	43032	6.3	24012	7.5
永春县	41683	5.8	23258	6.8
德化县	44846	5.1	22916	8.0
漳州市	**48736**	**5.1**	**27788**	**7.7**
漳州市辖区				
芗城区	54803	5.3	27695	7.7
龙文区	55642	4.9	29884	7.8
龙海区	50360	4.7	29089	7.7
长泰区	50733	5.1	29108	7.8
云霄县	42970	5.0	25461	7.5
漳浦县	49969	4.8	30679	7.6
诏安县	40999	6.3	25106	8.9
东山县	48301	4.9	32165	7.7
南靖县	44419	5.1	26939	8.0
平和县	41544	5.1	26955	7.2

续表

地 区	城镇居民人均可支配收入		农村居民人均可支配收入	
	数 值	比上年增长（%）	数 值	比上年增长（%）
华安县	44966	4.8	26560	7.3
南平市	**42867**	**4.3**	**23327**	**7.1**
南平市辖区				
延平区	43277	2.6	25136	5.6
建阳区	43990	3.3	23669	7.0
邵武市	43941	3.6	26899	6.4
武夷山市	44188	3.8	25377	6.8
建瓯市	43139	5.0	24947	8.2
顺昌县	39554	4.6	22450	7.2
浦城县	40009	4.8	21263	6.9
光泽县	39690	5.1	19991	7.7
松溪县	37907	5.1	18189	8.0
政和县	37954	5.0	18665	7.1
龙岩市	**47879**	**4.1**	**26056**	**6.8**
龙岩市辖区				
新罗区	51654	3.9	30394	6.5
永定区	50203	3.4	27107	7.5
漳平市	45692	4.2	25738	6.1
长汀县	34996	4.5	23852	7.1
上杭县	52668	4.4	25857	7.0
武平县	45009	4.0	24909	6.9
连城县	41270	4.3	23868	6.7
宁德市	**44639**	**4.4**	**24819**	**7.4**
宁德市辖区				
蕉城区	46862	5.4	24873	7.5
福安市	48266	4.8	25814	7.9
福鼎市	47558	4.7	25002	7.8
霞浦县	44226	3.4	25267	6.2
古田县	42386	4.2	26299	8.0
屏南县	37074	4.3	22156	6.4
寿宁县	34925	4.5	21986	8.2
周宁县	38638	4.4	23050	7.0
柘荣县	35650	3.8	22007	7.7

金融机构货币存贷款余额（2023 年）

单位：亿元

地区	金融机构人民币各项存款余额	#非金融企业存款	#住户存款	金融机构人民币各项贷款余额	#短期贷款	#中长期贷款
全省	**78471.93**	**20677.15**	**35709.83**	**81378.80**	**22868.14**	**50586.43**
福州市	**23124.75**	**6415.93**	**10395.22**	**24273.30**	**5505.25**	**17400.79**
福州市辖区	17290.67	5387.38	6555.28	19448.24	4215.71	13984.46
鼓楼区						
台江区						
仓山区						
马尾区	1165.83	264.83	692.22	1032.23	296.07	708.79
晋安区						
长乐区	1518.17	370.22	878.03	1599.82	509.12	967.68
福清市	2563.59	357.65	1741.58	1756.01	495.14	1189.66
闽侯县	953.08	174.03	582.25	792.18	165.21	616.59
连江县	740.01	81.09	553.07	710.27	143.65	557.63
罗源县	217.00	33.50	153.07	257.63	79.77	175.60
闽清县	253.74	17.45	218.82	156.90	44.85	109.22
永泰县	279.63	73.29	178.75	236.43	43.05	189.81
平潭县	827.02	291.53	412.39	915.63	317.87	577.81
厦门市	**15880.91**	**6418.38**	**5943.79**	**18018.04**	**5231.47**	**10752.06**
厦门市辖区						
思明区						
海沧区						
湖里区						
集美区						
同安区						
翔安区						
莆田市	**3167.00**	**433.02**	**2320.70**	**2933.29**	**710.55**	**2198.84**
莆田市辖区	2541.56	387.26	1794.96	2477.32	580.20	1874.63
城厢区						
涵江区						
荔城区	728.85	122.23	549.05	640.12	158.84	480.83
秀屿区						
仙游县	625.44	45.75	525.74	455.98	130.35	324.21
三明市	**2611.62**	**382.47**	**1740.63**	**2349.35**	**621.91**	**1653.58**
三明市辖区	1059.47	228.22	567.34	1137.50	298.05	800.27

续表

地　区	金融机构人民币各项存款余额	#非金融企业存款	#住户存款	金融机构人民币各项贷款余额	#短期贷款	#中长期贷款
三元区						
沙县区	264.61	38.68	194.16	274.26	51.72	216.32
永安市	321.72	41.97	236.55	322.94	89.19	227.23
明溪县	117.53	13.00	89.61	56.22	17.80	33.29
清流县	105.35	10.45	74.93	75.90	20.04	52.98
宁化县	217.30	18.81	161.46	141.88	37.62	101.40
大田县	170.33	14.76	135.55	159.63	39.18	117.47
尤溪县	253.78	18.21	207.82	197.08	52.85	138.56
将乐县	146.68	16.87	106.29	107.26	25.28	79.13
泰宁县	104.77	11.06	76.84	74.04	14.63	57.18
建宁县	114.68	9.11	84.24	76.90	27.25	46.08
泉州市	**11802.25**	**3109.95**	**6737.03**	**11651.70**	**3744.82**	**7156.42**
泉州市辖区	3653.85	1023.04	1641.15	4710.09	1249.16	2952.32
鲤城区						
丰泽区						
洛江区						
泉港区	45.05	18.37	21.04	59.26	15.85	43.41
石狮市	1093.69	188.39	746.26	894.19	376.02	495.23
晋江市	3114.58	1027.01	1676.45	2287.04	955.01	1206.83
南安市	1619.32	306.67	1157.07	1356.91	450.27	866.74
惠安县	1046.33	395.28	581.62	1009.18	268.91	712.22
安溪县	648.48	96.39	479.88	741.21	226.69	499.97
永春县	329.10	26.57	265.56	251.55	77.06	169.15
德化县	296.91	46.61	189.04	401.54	141.70	253.96
漳州市	**4850.13**	**1189.06**	**2925.10**	**5322.62**	**1505.49**	**3530.35**
漳州市辖区	3183.07	970.09	1645.66	3481.05	1038.80	2181.92
芗城区						
龙文区						
龙海区	870.19	161.09	597.99	1071.36	227.64	824.18
长泰区	202.77	39.88	145.13	174.20	71.69	99.69
云霄县	226.15	24.31	174.89	332.05	58.20	273.03
漳浦县	553.64	118.35	368.93	730.71	139.39	577.48
诏安县	200.70	12.03	172.27	184.29	62.57	121.45
东山县	160.45	22.14	127.17	204.52	51.13	151.20

续表

地区	金融机构人民币各项存款余额	#非金融企业存款	#住户存款	金融机构人民币各项贷款余额	#短期贷款	#中长期贷款
南靖县	200.33	19.06	161.81	146.52	61.85	81.26
平和县	233.95	12.03	200.79	170.96	56.45	110.20
华安县	91.86	11.05	73.57	72.52	37.11	33.82
南平市	**3161.86**	**450.04**	**2086.20**	**2257.63**	**609.85**	**1589.45**
南平市辖区	1344.96	258.32	694.34	1025.82	208.67	778.98
延平区						
建阳区	526.35	107.60	258.61	395.87	61.40	332.92
邵武市	291.19	32.52	225.18	208.49	61.92	144.13
武夷山市	274.76	33.81	205.67	227.04	58.01	166.99
建瓯市	381.85	27.32	303.84	225.78	67.84	156.43
顺昌县	183.87	17.36	142.80	122.59	35.33	80.82
浦城县	283.61	28.56	224.65	166.96	45.99	117.19
光泽县	127.10	22.96	90.56	127.96	69.37	58.39
松溪县	118.60	10.53	91.67	61.87	28.02	31.83
政和县	155.91	18.67	107.49	91.12	34.71	54.68
龙岩市	**3149.85**	**824.34**	**1755.29**	**3484.60**	**1008.97**	**2385.35**
龙岩市辖区	1745.28	480.29	896.14	2103.74	653.59	1416.05
新罗区						
永定区	248.62	34.81	176.90	209.00	75.97	130.29
漳平市	197.44	30.03	146.05	187.36	66.61	120.10
长汀县	304.59	48.81	213.63	282.89	96.90	182.13
上杭县	539.32	216.03	237.65	557.44	89.35	416.46
武平县	195.64	28.36	144.76	206.10	55.05	151.04
连城县	167.57	20.82	117.07	147.07	47.46	99.58
宁德市	**3613.85**	**1444.52**	**1721.55**	**3988.95**	**1036.69**	**2659.80**
宁德市辖区	1574.00	938.85	403.57	1566.73	426.13	1039.32
蕉城区						
福安市	706.24	340.86	290.41	595.71	144.51	300.95
福鼎市	431.31	59.46	325.28	699.90	155.41	539.12
霞浦县	270.20	54.70	187.69	464.21	122.48	320.04
古田县	261.49	15.67	222.02	232.99	79.18	152.70
屏南县	102.06	9.35	83.69	112.90	28.51	80.16
寿宁县	110.61	8.88	90.02	112.00	40.76	66.82
周宁县	94.78	8.93	72.80	113.22	20.85	89.30
柘荣县	63.16	7.84	46.07	91.28	18.87	71.38

主要农产品产量（2023 年）

单位：吨

地　区	粮　食	油　料	蔬　菜	食用菌	茶　叶	园林水果	肉　类	水产品
全　省	**5109653**	**243790**	**16494190**	**1553588**	**550134**	**8665413**	**3114103**	**8901956**
福州市	**496260**	**59237**	**4882857**	**276221**	**50737**	**1062918**	**225134**	**3074746**
福州市辖区	76608	2238	998700	10349	2981	68900	37676	339539
鼓楼区								
台江区								
仓山区			26562					1222
马尾区	1525	25	45177			11511	6126	122968
晋安区	4169		168725	1349	2793	9701	7387	618
长乐区	70914	2213	758236	9000	188	47688	24163	214731
福清市	109314	34480	895245	3490	499	155047	63263	684316
闽侯县	59639	2683	1383061	14292	2270	204549	42628	23515
连江县	43002	1141	125069	446	13009	28139	18829	1285192
罗源县	35680	532	157909	184176	8977	68729	14367	232676
闽清县	54906	3205	554510	35783	4373	221301	19321	8154
永泰县	98077	8312	710376	27685	18628	315119	19398	12517
平潭县	19034	6646	57987			1134	9652	488837
厦门市	**26035**	**3556**	**530023**	**17030**	**1377**	**68152**	**31521**	**58871**
厦门市辖区	26035	3556	530023	17030	1377	68152	31521	58871
思明区								45353
海沧区	401	46	19745			3428	527	814
湖里区								
集美区	1342	208	47028	42	6	25964	708	1609
同安区	13379	1245	250467	863	1364	29354	17779	2352
翔安区	10913	2057	212783	16125	7	9406	12507	8743
莆田市	**189522**	**42450**	**694703**	**17908**	**4320**	**231838**	**97817**	**1067943**
莆田市辖区	104213	33060	535563	10864	901	86218	68741	1051316
城厢区	11390	2353	20066		35	24797	27242	60249
涵江区	24039	2816	116895	10864	862	45734	11044	62800
荔城区	25102	2560	320275		4	14792	11313	85469
秀屿区	43682	25331	78327			895	19142	842798
仙游县	85309	9390	159140	7044	3419	145620	29077	16627
三明市	**958822**	**15649**	**2148364**	**178712**	**59118**	**1146218**	**234403**	**119187**
三明市辖区	94410	1934	385839	2588	619	258492	59247	11372
三元区	19104	505	198085	2588	619	258492	28225	2506
沙县区	75306	1429	187754	9980	5009	120994	31022	8866

续表

地　区	粮　食	油　料	蔬　菜	食用菌	茶　叶	园林水果	肉　类	水产品
永安市	66879	1364	341759	8168	2251	141727	28562	14259
明溪县	80781	2041	109206	10165	4257	71606	10020	8464
清流县	81240	2335	114833	3834	2794	85635	15464	27295
宁化县	180095	3391	191602	10157	7154	23243	18182	11029
大田县	90301	1264	551423	26331	16934	127959	29009	8914
尤溪县	137444	1060	252677	59356	16004	130183	36789	10290
将乐县	77448	1104	80615	21594	911	38564	17054	5292
泰宁县	58851	829	29053	17820	1224	1695	10299	14432
建宁县	91373	327	91357	8719	1961	146120	9777	7840
泉州市	**511165**	**48465**	**1121096**	**108186**	**104191**	**179576**	**209801**	**1101324**
泉州市辖区	24638	5625	84327	117	570	8699	22688	111203
鲤城区	241	18	10644	62		369		130
丰泽区	324	79	5830	50	1	403	71	13540
洛江区	12059	2285	37983		99	4655	12612	1763
泉港区	12014	3243	29870	5	470	3272	10005	95770
石狮市	5419	580	26739	717		2406	25	398440
晋江市	24512	7162	201063	9577		4930	6207	246008
南安市	151608	9478	151693	24915	1470	30226	76095	62691
惠安县	56892	20817	84885	435	42	2910	28095	278548
安溪县	94806	3943	282584	933	87503	18422	32673	1719
永春县	91166	402	153502	69155	12604	82114	25996	997
德化县	62124	458	136303	2337	2002	29869	18022	1718
漳州市	**421150**	**33390**	**2628535**	**486863**	**72585**	**4432395**	**478001**	**2198227**
漳州市辖区	95296	5028	529686	65875	538	74147	102113	499272
芗城区	3324	503	49240	64517	179	72452	16304	12877
龙文区	469	115	44555	1358	359	1695	5254	8844
龙海区	52231	1532	284022	160513	98	206699	60386	451311
长泰区	39272	2878	151869	1453	2891	151343	20169	26240
云霄县	49093	3070	201499	21970	1856	313909	33940	283423
漳浦县	114315	14389	781751	68089	306	282082	68741	446190
诏安县	72702	5571	329560	908	18044	263033	33052	469713
东山县	9739	2131	75946			8413	9971	469750
南靖县	38350	1613	374075	142819	10002	378930	168489	18852
平和县	23620	316	212173	1841	15213	2516352	28936	7143
华安县	18035	1272	123845	23395	23637	237487	32760	3884

续表

地　区	粮　食	油　料	蔬　菜	食用菌	茶　叶	园林水果	肉　类	水产品
南平市	**1188244**	**13489**	**1640442**	**187308**	**95481**	**433952**	**1004658**	**96486**
南平市辖区	269350	1587	455368	39281	8052	68332	90300	20669
延平区	59187	652	216377	16861	471	18836	73895	10788
建阳区	210163	935	238991	22420	7581	49496	16405	9881
邵武市	182014	4631	121247	15307	10837	12906	23489	18755
武夷山市	99716	1791	161768	12753	28092	20173	11519	7321
建瓯市	211719	1266	365954	10898	20619	234504	31362	14461
顺昌县	47420	348	53750	91705	300	82916	16739	4787
浦城县	212797	2993	100549	4264	2302	2375	250080	11250
光泽县	63637	427	80042	5127	1456	1805	466130	11891
松溪县	51505	245	116712	6976	9757	4659	7297	5418
政和县	50086	201	185052	997	14066	6282	107742	1934
龙岩市	**837361**	**20610**	**1725901**	**58686**	**28054**	**497470**	**713248**	**68690**
龙岩市辖区	153373	4070	305344	4059	2881	194292	291321	11787
新罗区	51717	2427	144265	1673	1155	18994	199636	7008
永定区	101656	1643	161079	2386	1726	175298	91685	4779
漳平市	61996	1204	274585	29498	15073	58543	40468	7141
长汀县	174564	5592	294140	6440	2197	23007	88688	13200
上杭县	160368	3558	406479	4815	1981	114020	167563	9396
武平县	157122	1461	197979	10174	4110	82880	71534	13952
连城县	129938	4725	247374	3700	1812	24728	53674	13214
宁德市	**481094**	**6944**	**1122269**	**222674**	**134271**	**612894**	**119521**	**1116482**
宁德市辖区	27283	1331	105672	559	8374	40296	14160	232650
蕉城区	27283	1331	105672	559	8374	40296	14160	232650
福安市	77554	2175	333372	7373	29943	248011	16631	108557
福鼎市	65153	378	191886	8996	44291	48307	8475	244489
霞浦县	43606	1821	125361	52	9465	84240	11805	504640
古田县	112283	439	89165	160055	1170	118869	20033	16540
屏南县	47576	13	81284	26239	754	13585	27285	3513
寿宁县	53896	145	115589	11781	23056	42766	8380	2465
周宁县	28092	405	51244	2013	9365	12829	7633	2233
柘荣县	25651	237	28696	5606	7853	3991	5119	1395

农作物播种面积（2023 年）

单位：千公顷

地　区	农作物播种面积	粮食作物	#稻谷	#薯类	#豆类	非粮作物
全　省	**1769.25**	**841.10**	**601.11**	**156.28**	**43.65**	**928.15**
福州市	**280.54**	**87.30**	**39.67**	**38.01**	**7.35**	**193.24**
福州市辖区	45.60	12.50	5.57	6.80	0.10	33.09
鼓楼区						
台江区						
仓山区	1.28					1.28
马尾区	2.43	0.30	0.13	0.10	0.04	2.14
晋安区	7.40	0.60	0.11	0.46	0.02	6.81
长乐区	34.48	11.61	5.33	6.24	0.05	22.87
福清市	60.02	19.15	6.77	9.73	2.41	40.87
闽侯县	57.85	11.25	5.10	4.37	1.24	46.60
连江县	13.69	7.29	4.36	2.20	0.65	6.41
罗源县	15.94	6.39	3.22	2.50	0.63	9.55
闽清县	30.30	9.65	6.45	2.12	0.96	20.65
永泰县	47.73	17.39	8.19	6.79	1.19	30.34
平潭县	9.42	3.68	0.01	3.49	0.17	5.74
厦门市	**20.60**	**4.13**	**1.96**	**1.76**	**0.16**	**16.47**
厦门市辖区	20.60	4.13	1.96	1.76	0.16	16.47
思明区						
海沧区	1.00	0.07	0.04	0.02	0.01	0.92
湖里区						
集美区	2.53	0.22	0.14	0.07	0.01	2.31
同安区	9.30	2.19	1.36	0.51	0.07	7.11
翔安区	7.77	1.64	0.41	1.16	0.07	6.13
莆田市	**70.29**	**30.91**	**17.20**	**9.08**	**3.17**	**39.38**
莆田市辖区	46.82	17.21	6.94	7.60	1.96	29.61
城厢区	3.45	1.96	1.02	0.50	0.23	1.49
涵江区	9.73	3.81	2.76	0.71	0.27	5.91
荔城区	15.67	4.18	2.27	1.39	0.47	11.49
秀屿区	17.97	7.26	0.89	5.00	1.00	10.71
仙游县	23.47	13.69	10.26	1.49	1.20	9.78
三明市	**327.13**	**162.07**	**118.52**	**20.04**	**11.38**	**165.06**
三明市辖区	32.63	14.80	11.78	1.54	0.53	17.83
三元区	9.53	3.06	2.10	0.43	0.29	6.46

续表

地 区	农作物播种面积	粮食作物	#稻谷	#薯类	#豆类	非粮作物
沙县区	23.10	11.73	9.68	1.11	0.23	11.37
永安市	25.12	10.96	8.07	0.91	0.70	14.15
明溪县	27.08	14.28	8.95	1.70	2.60	12.79
清流县	46.26	14.90	9.34	2.42	1.58	31.36
宁化县	56.21	31.92	21.02	3.16	3.85	24.29
大田县	41.13	16.64	9.67	4.82	1.08	24.49
尤溪县	36.88	22.54	17.38	3.93	0.48	14.35
将乐县	20.50	12.12	10.63	0.74	0.22	8.37
泰宁县	16.00	9.77	8.32	0.53	0.13	6.24
建宁县	24.47	14.13	13.36	0.28	0.23	10.34
泉州市	**169.24**	**87.70**	**55.04**	**29.58**	**1.36**	**81.54**
泉州市辖区	9.70	4.12	1.51	2.03	0.12	5.57
鲤城区	0.45	0.04		0.04		0.41
丰泽区	0.53	0.06	0.00	0.05		0.47
洛江区	4.35	1.95	0.79	0.76	0.06	2.40
泉港区	4.37	2.08	0.72	1.18	0.06	2.29
石狮市	2.99	1.13	0.10	0.95	0.04	1.86
晋江市	15.21	3.58	0.57	2.62	0.17	11.62
南安市	39.24	25.58	21.78	3.55	0.15	13.65
惠安县	21.97	10.99	2.99	7.11	0.49	10.98
安溪县	35.98	18.33	9.77	8.06	0.27	17.64
永春县	26.39	14.61	11.70	2.76	0.07	11.77
德化县	17.77	9.34	6.61	2.51	0.04	8.44
漳州市	**181.75**	**62.03**	**46.10**	**9.38**	**3.01**	**119.73**
漳州市辖区	40.15	14.33	8.99	1.75	0.97	25.82
芗城区	3.27	0.63	0.29	0.14	0.20	2.64
龙文区	1.41	0.07	0.00	0.06	0.01	1.35
龙海区	22.92	7.59	5.58	1.24	0.24	15.33
长泰区	12.54	6.05	3.12	0.32	0.52	6.49
云霄县	17.98	7.15	6.07	0.81	0.25	10.83
漳浦县	51.34	16.01	11.33	3.31	0.91	35.33
诏安县	24.03	10.48	8.73	1.20	0.42	13.55
东山县	5.02	1.46	0.01	1.39	0.06	3.56
南靖县	22.28	5.93	5.49	0.16	0.20	16.35
平和县	10.62	4.01	3.42	0.30	0.12	6.61

续表

地　区	农作物播种面积	粮食作物	#稻谷	#薯类	#豆类	非粮作物
华安县	9.58	2.66	2.06	0.45	0.08	6.92
南平市	**314.01**	**187.96**	**151.71**	**12.60**	**9.16**	**126.05**
南平市辖区	72.02	41.64	36.13	2.28	1.01	30.38
延平区	21.82	9.91	8.08	0.65	0.57	11.91
建阳区	50.20	31.73	28.05	1.63	0.44	18.47
邵武市	47.56	31.22	22.13	3.50	2.19	16.34
武夷山市	27.34	15.15	12.77	0.85	0.74	12.19
建瓯市	52.05	33.51	22.47	3.10	3.90	18.54
顺昌县	13.10	8.07	6.98	0.23	0.41	5.04
浦城县	45.97	32.04	28.58	0.92	0.56	13.93
光泽县	20.08	10.18	9.59	0.18	0.24	9.90
松溪县	15.76	8.01	6.86	0.29	0.03	7.75
政和县	20.13	8.15	6.19	1.26	0.08	11.98
龙岩市	**228.13**	**128.29**	**112.91**	**10.68**	**2.65**	**99.84**
龙岩市辖区	42.71	24.14	22.02	1.07	0.15	18.58
新罗区	15.18	8.01	6.78	0.39	0.07	7.17
永定区	27.53	16.13	15.24	0.67	0.07	11.40
漳平市	22.45	9.51	8.50	0.76	0.12	12.94
长汀县	44.68	25.58	21.92	2.46	0.75	19.10
上杭县	48.14	24.47	21.68	1.70	0.75	23.67
武平县	36.02	24.14	23.33	0.44	0.28	11.88
连城县	34.12	20.45	15.46	4.24	0.60	13.67
宁德市	**177.57**	**90.73**	**58.02**	**25.16**	**5.41**	**86.84**
宁德市辖区	11.97	5.32	3.25	1.21	0.36	6.65
蕉城区	11.97	5.32	3.25	1.21	0.36	6.65
福安市	37.86	16.12	7.68	6.75	1.57	21.74
福鼎市	30.56	13.18	5.74	5.46	1.73	17.38
霞浦县	18.35	8.58	3.94	3.99	0.49	9.77
古田县	25.94	19.24	16.75	2.01	0.20	6.70
屏南县	13.34	8.04	6.88	0.76	0.13	5.30
寿宁县	19.09	10.50	6.10	3.42	0.67	8.59
周宁县	9.41	5.06	3.73	0.99	0.19	4.35
柘荣县	11.04	4.68	3.96	0.56	0.07	6.36

规模以上工业增加值增速（2023 年）

单位:%

地　区	比上年增长	轻工业	重工业
全　省	**3.3**	**-1.7**	**7.8**
福州市	**3.3**	**-9.0**	**9.9**
福州市辖区			
鼓楼区	3.4	-24.0	6.8
台江区			
仓山区	-1.8	-2.9	-1.1
马尾区	1.2	1.4	1.2
晋安区	-1.7	-2.8	-1.2
长乐区	0.8	-6.7	16.7
福清市	4.6	-8.4	8.8
闽侯县	4.6	-0.5	6.9
连江县	12.5	-37.9	21.5
罗源县	11.1	-0.4	11.9
闽清县	-10.4	-21.9	-7.1
永泰县	-1.9	-7.6	6.3
平潭县	1.8	-59.8	6.5
厦门市	**0.0**	**-10.5**	**6.2**
厦门市辖区			
思明区	8.8	-4.4	10.5
海沧区	-6.2	-12.9	4.2
湖里区	-4.3	1.2	-4.8
集美区	-1.5	-21.6	12.7
同安区	-2.5	3.7	-10.8
翔安区	15.0	-14.6	23.2
莆田市	**3.6**	**2.2**	**6.2**
莆田市辖区			
城厢区	7.6	7.7	7.1
涵江区	1.1	0.0	3.5
荔城区	-3.7	0.7	-25.6
秀屿区	6.2	1.7	9.1
仙游县	7.3	5.4	13.1
三明市	**3.5**	**4.1**	**2.2**
三明市辖区			
三元区	7.5	7.1	11.4

续表

地　区	比上年增长	轻工业	重工业
沙县区	0.7	6.0	-10.1
永安市	6.5	7.0	4.6
明溪县	0.3	0.2	0.5
清流县	0.2	0.2	-0.1
宁化县	0.6	0.4	0.7
大田县	1.6	2.4	-1.8
尤溪县	0.1	0.3	0.0
将乐县	7.3	3.5	13.1
泰宁县	-18.6	-11.7	-32.2
建宁县	0.4	0.4	-0.5
泉州市	**3.3**	**1.5**	**5.7**
泉州市辖区			
鲤城区	6.4	4.6	14.7
丰泽区	3.9	2.5	5.3
洛江区	6.9	-0.8	29.6
泉港区	-22.7	-44.8	-20.0
石狮市	7.4	7.3	7.8
晋江市	8.7	6.9	17.3
南安市	8.5	5.8	9.8
惠安县	7.2	-3.7	14.4
安溪县	4.3	-17.7	65.5
永春县	6.5	4.3	10.5
德化县	6.9	5.6	11.5
漳州市	**5.6**	**3.2**	**7.3**
漳州市辖区			
芗城区	1.0	-9.4	1.9
龙文区	4.7	4.9	4.4
龙海区	7.7	8.9	2.1
长泰区	3.3	13.3	-5.1
云霄县	2.4	-0.3	3.4
漳浦县	22.0	9.8	22.8
诏安县	5.3	4.2	1.1
东山县	13.9	-1.5	51.9
南靖县	-19.6	-22.5	-17.7
平和县	6.6	2.5	13.2

续表

地　区	比上年增长	轻工业	重工业
华安县	0.1	0.7	-3.4
南平市	**4.0**	**5.8**	**2.1**
南平市辖区			
延平区	5.0	17.8	0.3
建阳区	5.9	-5.1	12.3
邵武市	0.5	-4.9	3.0
武夷山市	8.5	7.8	13.4
建瓯市	8.6	8.3	9.6
顺昌县	-1.3	-2.9	-0.7
浦城县	1.7	-0.6	9.4
光泽县	8.4	8.6	5.5
松溪县	8.4	11.5	2.0
政和县	7.5	11.9	1.9
龙岩市	**0.2**	**-1.0**	**1.0**
龙岩市辖区			
新罗区	-0.8	-2.5	1.0
永定区	0.7	5.7	-0.9
漳平市	0.9	-6.5	4.1
长汀县	-2.7	-3.7	-1.8
上杭县	4.7	3.0	4.7
武平县	0.6	10.8	-2.3
连城县	0.5	7.8	-13.8
宁德市	**17.1**	**16.7**	**17.8**
宁德市辖区			
蕉城区	16.6	14.0	27.2
福安市	19.8	-19.0	20.2
福鼎市	42.0	80.8	4.3
霞浦县	-13.1	-15.4	1.8
古田县	-10.4	-7.4	-18.7
屏南县	-5.2	-4.5	-11.3
寿宁县	-13.5	-53.2	-0.5
周宁县	3.9	31.4	2.1
柘荣县	-24.7	-12.0	-44.4

规模以上工业企业主要财务指标（2023年）

单位：亿元

地　区	固定资产净额	流动资产合计	利润总额	利税总额
全　省	**14265.12**	**28476.93**	**3953.06**	**5381.68**
福州市	**3635.18**	**4475.45**	**560.76**	**743.58**
福州市辖区	1166.57	2001.23	230.82	300.15
鼓楼区	390.83	146.05	10.97	21.95
台江区				
仓山区	39.84	307.73	23.37	33.01
马尾区	113.54	396.32	21.54	33.24
晋安区	30.92	155.45	15.76	19.03
长乐区	591.44	995.68	159.19	192.92
福清市	1333.39	1189.73	178.86	232.09
闽侯县	154.30	594.73	65.06	102.50
连江县	373.55	331.89	60.19	69.01
罗源县	355.30	192.40	-1.46	3.85
闽清县	82.91	82.71	19.90	26.14
永泰县	71.94	42.44	3.48	4.85
平潭县	97.23	40.31	3.90	4.99
厦门市	**1903.92**	**6021.48**	**455.96**	**722.81**
厦门市辖区	1903.92	6021.48	455.96	722.81
思明区	291.98	274.39	15.61	25.29
海沧区	416.76	1464.38	145.48	283.02
湖里区	106.25	898.43	88.84	101.89
集美区	203.20	1016.29	95.26	118.72
同安区	304.03	1150.93	46.54	79.06
翔安区	581.70	1217.07	64.22	114.82
莆田市	**873.63**	**1192.29**	**186.96**	**231.97**
莆田市辖区	788.72	963.32	130.95	168.28
城厢区	28.97	91.72	16.84	22.16
涵江区	166.32	185.43	50.76	62.45
荔城区	40.57	213.83	9.49	16.71
秀屿区	447.47	435.46	50.27	59.66
仙游县	84.92	228.97	56.01	63.69
三明市	**656.84**	**783.29**	**55.41**	**91.33**
三明市辖区	339.28	330.52	20.30	36.79
三元区	285.41	219.58	7.96	20.17
沙县区	53.87	110.94	12.34	16.61

续表

地　区	固定资产净额	流动资产合计	利润总额	利税总额
永安市	105.56	177.64	6.79	13.16
明溪县	20.45	30.98	10.72	11.71
清流县	25.70	18.18	1.64	3.34
宁化县	33.79	26.08	4.41	6.35
大田县	36.06	59.10	2.12	5.44
尤溪县	46.52	76.52	3.08	5.21
将乐县	32.40	42.01	1.19	3.19
泰宁县	7.05	5.13	0.34	0.79
建宁县	10.03	17.12	4.82	5.34
泉州市	**2820.67**	**5521.43**	**996.76**	**1433.43**
泉州市辖区	362.18	992.69	100.59	210.95
鲤城区	46.41	282.18	39.99	51.38
丰泽区	83.42	94.84	18.58	22.59
洛江区	30.68	130.09	42.24	47.24
泉港区	201.68	485.59	-0.21	89.74
石狮市	281.58	388.17	69.13	90.20
晋江市	752.09	2216.57	317.36	411.08
南安市	363.25	761.55	204.18	251.75
惠安县	766.48	795.54	149.42	285.74
安溪县	179.46	210.46	71.28	85.71
永春县	76.92	110.66	56.40	61.49
德化县	38.71	45.79	28.40	36.51
漳州市	**1694.03**	**2593.45**	**383.11**	**499.15**
漳州市辖区	915.84	1437.25	248.42	314.25
芗城区	349.40	482.68	44.93	65.06
龙文区	42.50	135.75	28.50	34.44
龙海区	394.82	578.05	132.85	163.61
长泰区	129.12	240.76	42.15	51.14
云霄县	45.80	85.93	13.78	17.29
漳浦县	533.07	520.33	13.19	35.67
诏安县	32.19	107.93	32.32	36.32
东山县	51.47	163.12	14.92	22.62
南靖县	41.42	109.03	23.72	28.64
平和县	26.71	72.08	18.95	22.48
华安县	47.53	97.78	17.80	21.89

续表

地　区	固定资产净额	流动资产合计	利润总额	利税总额
南平市	**506.70**	**639.91**	**33.17**	**57.14**
南平市辖区	169.54	231.18	20.79	29.96
延平区	129.85	163.00	18.93	26.22
建阳区	39.70	68.18	1.86	3.74
邵武市	105.92	121.20	(2.57)	0.59
武夷山市	17.47	27.19	3.73	5.33
建瓯市	25.79	46.60	3.99	6.22
顺昌县	22.96	27.86	(12.75)	(11.52)
浦城县	57.43	63.37	6.66	9.86
光泽县	68.48	72.38	8.03	9.17
松溪县	9.23	19.69	2.04	3.06
政和县	29.87	30.44	3.26	4.48
龙岩市	**570.38**	**1553.05**	**413.04**	**607.35**
龙岩市辖区	257.90	643.33	67.33	233.68
新罗区	204.67	562.38	56.92	219.78
永定区	53.24	80.95	10.41	13.90
漳平市	64.06	81.88	9.82	13.65
长汀县	48.90	102.13	10.98	15.90
上杭县	131.60	617.42	290.87	304.27
武平县	32.94	51.77	16.57	19.91
连城县	34.98	56.52	17.47	19.94
宁德市	**1603.76**	**5696.56**	**867.89**	**994.91**
宁德市辖区	503.42	4434.97	510.57	565.30
蕉城区	503.42	4434.97	510.57	565.30
福安市	258.68	663.60	288.26	308.76
福鼎市	616.66	317.57	47.41	84.76
霞浦县	75.51	111.83	9.57	15.44
古田县	28.33	37.72	6.40	8.96
屏南县	27.33	56.74	0.01	1.25
寿宁县	18.45	25.14	0.57	2.47
周宁县	60.42	22.57	2.36	4.23
柘荣县	14.95	26.43	2.72	3.76

社会消费品零售总额（2023 年）

单位：亿元

地　区	社会消费品零售总额	
	数　量	比上年增长（%）
全　省	**22109.57**	**5.0**
福州市	**4963.76**	**6.1**
福州市辖区	3828.84	6.6
鼓楼区	1528.65	6.1
台江区	322.09	9.0
仓山区	563.07	0.3
马尾区	218.88	5.8
晋安区	973.53	10.9
长乐区	222.62	6.4
福清市	435.34	8.6
闽侯县	346.91	5.6
连江县	143.25	-7.1
罗源县	69.46	5.7
闽清县	46.13	6.4
永泰县	36.63	-0.3
平潭县	57.20	-3.9
厦门市	**2743.33**	**2.9**
厦门市辖区	2743.33	2.9
思明区	1080.24	4.7
海沧区	320.33	2.2
湖里区	548.16	3.1
集美区	241.09	4.6
同安区	410.99	-2.9
翔安区	142.52	5.9
莆田市	**1872.64**	**3.8**
莆田市辖区	1470.25	1.7
城厢区	664.60	1.6
涵江区	161.41	1.6
荔城区	516.56	0.0
秀屿区	127.68	10.3
仙游县	402.39	11.9
三明市	**914.17**	**3.5**
三明市辖区	338.22	5.8
三元区	222.08	6.0
沙县区	116.14	5.6
永安市	145.69	1.4
明溪县	25.46	-1.6
清流县	51.83	-1.8
宁化县	72.52	4.7
大田县	67.33	4.5
尤溪县	78.00	3.8
将乐县	62.07	0.6
泰宁县	30.00	3.0
建宁县	43.04	3.3
泉州市	**6271.34**	**4.8**
泉州市辖区	1308.96	4.8
鲤城区	452.95	4.0
丰泽区	590.90	5.0
洛江区	105.73	9.8
泉港区	159.38	3.2
石狮市	647.43	0.9
晋江市	1754.13	5.1
南安市	878.01	6.3
惠安县	607.95	5.6
安溪县	713.67	4.5
永春县	198.03	4.9
德化县	163.17	8.2
漳州市	**2080.09**	**9.2**
漳州市辖区	1049.51	8.5
芗城区	355.40	7.2
龙文区	276.18	9.4
龙海区	304.88	9.6
长泰区	113.05	7.3
云霄县	128.41	8.0
漳浦县	301.97	10.2
诏安县	129.77	10.1
东山县	100.89	11.2
南靖县	130.83	11.8

续表

地区	社会消费品零售总额		地区	社会消费品零售总额	
	数量	比上年增长（%）		数量	比上年增长（%）
平和县	120.48	10.4	永定区	148.25	3.1
华安县	47.95	10.3	漳平市	119.86	2.2
南平市	**842.56**	**6.5**	长汀县	182.24	4.5
南平市辖区	227.24	5.8	上杭县	183.42	7.6
延平区	121.21	5.8	武平县	166.79	4.5
建阳区	106.03	5.8	连城县	148.53	4.0
邵武市	137.08	5.3	**宁德市**	**934.58**	**2.5**
武夷山市	82.77	7.3	宁德市辖区	183.46	3.0
建瓯市	175.34	7.2	蕉城区	183.46	3.0
顺昌县	38.00	8.4	福安市	178.63	4.6
浦城县	50.01	6.5	福鼎市	209.27	2.9
光泽县	26.84	5.8	霞浦县	116.49	2.3
松溪县	39.51	7.1	古田县	102.03	2.0
政和县	65.78	7.2	屏南县	44.86	0.1
龙岩市	**1487.08**	**4.2**	寿宁县	31.38	-5.7
龙岩市辖区	686.24	3.5	周宁县	29.42	-1.1
新罗区	537.99	3.6	柘荣县	39.03	4.4

第九篇
涉企政策

中共福建省委　福建省人民政府关于实施新时代民营经济强省战略推进高质量发展的意见

（二〇二三年八月二十五日）

为深入贯彻落实习近平新时代中国特色社会主义思想和党的二十大精神，现就实施新时代民营经济强省战略，推进高质量发展提出如下意见。

一、充分认识实施新时代民营经济强省战略的重大意义，明确总体要求

（一）重大意义

习近平总书记高度重视民营经济发展，在福建工作期间总结提出“晋江经验”，党的十八大以来对正确引导民营经济健康发展、高质量发展作出一系列重要论述。党的二十大对促进民营经济发展壮大作出战略部署。在习近平总书记重要论述指引下，经过多年发展，民营经济成为福建经济的特色所在、活力所在、优势所在。实施新时代民营经济强省战略，是全面贯彻落实党的二十大精神，深入贯彻落实习近平总书记重要讲话重要指示批示精神，创新和发展“晋江经验”，提振民营企业发展信心，激发全社会创新创业创造活力的迫切需要。各级各部门要充分认识实施新时代民营经济强省战略的重要意义，推动民营经济提质增效、转型升级、再创优势。

（二）指导思想

以习近平新时代中国特色社会主义思想为指导，全面贯彻落实党的二十大精神，深刻领悟“两个确立”的决定性意义，增强“四个意识”、坚定“四个自信”、做到“两个维护”，牢记“国之大者”，完整、准确、全面贯彻新发展理念，服务和融入新发展格局，落实“两个毫不动摇”、“三个没有变”、“两个健康”，聚焦新福建宏伟蓝图和“四个更大”等重要要求，坚持推动民营经济健康发展、高质量发展，着力以创新增动能、以转型优结构、以改革激活力、以开放拓空间，着力构建公平竞争的市场环境、良法善治的法治环境、便利高效的政务环境，着力加强民营企业党的建设、促进民营经济人士健康成长，推动福建从民营经济大省向民营经济强省跨越突破。

（三）发展目标

到2027年，新时代民营经济强省战略实施取得积极进展，民营经济实现质的有效提升和量的合理增长，预计在册市场主体总数达940万户左右，个体工商户总数达670万户左右，中国民营企业500强入榜企业数与我省经济规模相称；民营企业核心竞争力显著增强，累计建设智能制造优秀场景和示范工厂600个以上，参与制定修订国际标准15项、国家标准600项，累计培育省级制造业单项冠军企业380家、国家专精特新“小巨人”企业600家、国家高新技术企业14400家、科技型中小企业9000家，规上工业民营企业研发费用年均增长18%以上，民营企业研发活动和研发机构覆盖面显著提高；民营经济社会贡献显著增强，每年新增就业岗位50万个左右；国有经济布局和民营经济发展定位更加合理；具有福建特色的民营企业全生命周期服务模式和服务链条全面建成，全省营商环境水平居于全国一流行列。

二、加大鼓励、支持、引导力度，促进民营经济健康发展、高质量发展

（四）坚持以创新驱动增添动能，推动民营经济成为实现科技自立自强和产业链自主可控的重要力量

深入实施科教兴省战略、人才强省战略、创

新驱动发展战略，加快建设高水平创新型省份，支持民营企业打造创新链产业链资金链人才链融合共同体。

1. 强化企业技术创新主体地位。修订我省促进科学技术进步相关法规，健全有利于技术、人才、资金等创新要素向企业流动的政策环境。推行“揭榜挂帅”、“赛马”等新型管理制度，支持民营企业承担实施重大科技项目，加强基础研究与关键核心技术研发。完善高等学校、科研院所管理制度和成果转化机制。出台《福建省促进首台套技术装备推广应用条例》，支持民营企业创新产品迭代应用。

2. 加强创新公共服务平台建设。强化全省战略科技力量布局，支持民营企业参与构建多层次科技创新平台体系。支持民营企业与高等学校、科研机构共建产学研联合体、新型研发机构和协同创新中心，参与省重点实验室、省创新实验室建设，争创国家级创新平台。积极引进“大院大所大平台大机构”，加快向民营企业开放重大科研基础设施和大型科研仪器。支持优势企业设立创新飞地。

3. 强化人才战略支撑。深入实施产业领军团队、省引才“百人计划”、卓越工程师培养等人才项目，探索民营企业柔性引才机制。赋予科技领军人才更大的人财物支配权和技术路线选择权。完善科技特派员“订单式”和“菜单式”技术需求精准对接机制。支持福州、厦门、泉州等地打造吸引集聚人才的重要平台。

（五）坚持以产业升级优化结构，推动民营经济成为建设现代化产业体系的重要力量

坚持发展实体经济，加快建设先进制造业强省，推进产业补链延链升链建链，引导民营企业投身供给侧结构性改革，实现质量更好、效益更高、竞争力更强、影响力更大的发展。

4. 发展壮大产业集群。支持民营经济加快链条协作、集群发展，做优做强做大数字经济、海洋经济、绿色经济、文旅经济，积极参与建设先进制造业强省，发展战略性新兴产业，超前布局未来产业，打造布局合理、区域特色明显的产业集群。整合提升经济（技术）开发区、高新区、工业（产业）园区等产业平台，引导产业链上下游企业向园区集聚。发展省级中小企业特色产业集群。

5. 梯次培育壮大民营企业。实施培优扶强龙头企业行动计划，健全省市县协同培育机制，培育一批世界一流企业。支持中小企业专精特新发展，构建创新型中小企业—专精特新中小企业—专精特新“小巨人”企业—制造业单项冠军的梯度培育体系。引导龙头企业与中小企业深度融合、嵌入式发展。

6. 推动高端化、智能化、绿色化发展。支持民营企业向核心零部件和高端制成品设计研发等方向延伸。推进传统产业智能化改造、数字化转型，推动低成本、模块化的智能制造设备和系统的推广应用，梯度培育“智能生产线—智能车间—智能工厂”。支持民营企业开展数字化共性技术研发，参与数据中心、工业互联网等新型基础设施投资建设和应用创新，通过省公共数据资源开发服务平台开发利用公共数据资源。深入实施绿色制造，推进资源循环综合利用，鼓励提高绿色电力消费。

（六）坚持以改革攻坚激发活力，推动民营经济成为构建高水平社会主义市场经济体制的重要力量

纵深推进经济体制改革，以重点改革突破带动整体效能提升，引导民营企业通过自身改革发展、合规经营，完善企业治理、提升治理效能，不断提升发展质量。

7. 鼓励完善治理结构和管理制度。鼓励有条件的民营企业建立完善中国特色现代企业制度。依法推动实现企业法人财产与出资人个人或家族财产分离，明晰企业产权结构。引导民营企业加强全面质量管理，主导或参与国际、国家标准制定修订。支持民营企业科学构建品牌架构体系，参与国外高端品牌并购，加快培育享誉全球的知名品牌。

8. 支持积极参与混合所有制改革。深化国有经济与民营经济对接合作。鼓励民营资本通过出资入股、收购股权、认购可转债、股权置换等形式参与国有企业改制重组、国有企业控股上市公司增资扩股、新设混合所有制企业等项目。支持混合所有制企业改制上市。

9. 完善市场化重整机制。鼓励民营企业盘活存量资产回收资金。建立省级层面的企业破产常态化府院联动协调机制，完善“执破直通”工作机制，健全破产制度配套政策。按照国家统一部署，开展企业强制退出改革试点。优化个体工商户转企业相关政策，降低转换成本。

（七）坚持以开放提升拓展空间，推动民营经济成为服务和融入新发展格局的重要力量

稳步推进制度型开放，建设开放强省、贸易强省，支持民营企业打造全球闽商经贸协作网络，深度融入国内国际双循环，拓展民营经济发展空间。

10. 深度融入全国统一大市场。清理废除含有地方保护、市场分割、指定交易等妨碍统一市场的政策。引导民营企业积极对接长江经济带、粤港澳大湾区等，充分利用泛珠三角区域合作、闽浙赣皖区域协作等平台，加强省际产业对接合作。

11. 积极开拓多元化国际市场。支持民营企业用足用好区域全面经济伙伴关系协定（RCEP）等规则，深耕海外市场。引导民营企业优化研发生产营销服务布局，培育国际营销服务公共平台和公共海外仓。推动金融机构加大对外贸企业的支持力度。

12. 优化产业链供应链全球布局。在确保安全自主可控前提下，提升民营企业在产业链供应链关键环节的供应能力，加快构建植根福建、面向全球的产业链体系。研究建立民营跨国公司培育机制。鼓励民营企业参与共建“一带一路”，参与推动中国—印度尼西亚、中国—菲律宾经贸创新发展示范园区以及中沙（福建）产业合作区等重点园区建设。加强闽港澳台产业协同，支持民营企业融入两岸融合发展示范区建设。

（八）坚持以共享发展增进福祉，推动民营经济成为促进共同富裕的重要力量

引导民营企业践行以人民为中心的发展思想，助推缩小城乡发展差距、区域发展差距和收入分配差距，积极投身光彩事业和公益慈善事业，做到“富而有责、富而有义、富而有爱”。

13. 引导培育壮大中等收入群体。完善创业带动就业政策，鼓励民营企业自主自愿扩大吸纳就业。引导民营企业积极参与产业工人队伍建设改革，完善工资分配制度，提高劳动报酬在初次分配中的比重，构建和谐劳动关系。

14. 引导促进城乡区域协调发展。支持民营企业参与乡村振兴，因地制宜发展乡村特色产业，积极投身“万企兴万村”行动。支持民营企业参与新时代山海协作，引导沿海地区民营企业有序向山区梯度转移。

15. 支持更好履行社会责任。鼓励引导民营经济人士做发展的实干家和新时代的奉献者，将社会责任理念融入企业战略、日常运营、产品全生命周期中。鼓励民营企业参与应急救灾，支持国防建设。引导民营企业有序参与境外项目，在走出去中遵守当地法律法规。

（九）坚持以规范引导厚植优势，推动民营经济成为促进发展和安全的重要力量

贯彻总体国家安全观，建设更高水平的平安福建，引导民营企业深度融入新安全格局，强化风险监测预警和应急处置。

16. 依法规范和引导资本健康发展。建立健全资本监管体系，全面提升资本治理效能。支持民营资本进入基于互联网的医疗健康、养老家政、文化、旅游、体育等新兴服务领域。支持平台企业在创造就业、拓展消费、国际竞争中大显身手，推动平台经济规范健康持续发展。研究鼓励民间资本参与的项目清单并加强推介。

17. 加强风险防范管理。引导民营企业建立覆盖企业战略、规划、投融资、市场运营等各领域的全面风险管理体系。健全民营企业风险监测、预警、应对机制，对严重影响企业运营并可能引发社会稳定风险的情形提前预警。

18. 强化安全生产保障。引导民营企业把安全发展贯穿生产经营全过程，加强核心基础零部件等生产保障，提高产业链供应链韧性，提升应急扩产转产能力。健全促进对外投资政策和服务体系，指导支持民营企业防范应对贸易保护主义等外部挑战。

三、完善市场经济制度，营造支持民营经济发展的一流营商环境

（十）坚持以有序竞争筑牢基石，增强民营企业公平参与市场竞争的活力

创新制度供给，在更高起点、更高层次、更

高目标上构建竞争公平有序的市场体系，降低制度性交易成本，不断增强民营企业发展的内驱动力。

19. 持续破除市场准入壁垒。严格落实市场准入负面清单制度，清理规范行政审批、许可、备案等政务服务事项的前置条件和审批标准。全面开展市场准入效能评估，健全隐性壁垒线索发现、认定、处置全流程网上办理机制。优化政府采购，按规定加大对中小企业的支持力度。

20. 全面落实公平竞争制度。出台促进公平竞争相关法规，修订《福建省招标投标条例》，强化竞争政策基础地位，清理与企业性质挂钩的行业准入、资质标准、产业补贴等歧视性规定和做法。强化制止滥用行政权力排除限制竞争的反垄断执法。

21. 依法推进社会信用体系建设。出台《福建省社会信用条例》。推广信用承诺和信用评价，构建以信用为基础的新型监管机制。加强政务诚信建设，依法依规公示违约毁约、拖欠账款、拒不履行司法裁判等严重失信行为信息，依法依规实施失信惩戒措施，做到"新官要理旧账"。健全完善信用修复机制。

（十一）坚持以公正法治稳定预期，增强民营企业心无旁骛谋发展的信心

全面推进依法治省，深化海丝中央法务区建设，全力构建新型监管机制，切实保护企业合法权益，让企业家放心创业、安心经营、专心发展。

22. 依法保护民营企业产权和企业家权益。修订企业和企业经营管理者权益保护相关法规。防止和纠正利用行政或刑事手段干预经济纠纷，以及执法司法中的地方保护主义。准确适用民营经济主体违法行为处理的法律法规，规范涉产权强制性措施和涉案财产处置程序。深化涉案企业合规改革。强化民营企业腐败源头治理，依法加强对民营企业内部人员侵害企业利益犯罪行为的打击。

23. 完善知识产权保护体系。出台我省知识产权保护与促进相关法规。加大对民营中小微企业原始创新保护力度，落实国家关于商业改进、文化创意等创新成果的知识产权保护办法，严厉打击侵犯商业秘密、仿冒混淆等不正当竞争行为和商标恶意抢注等违法行为。构建省市县三级联动、行刑衔接的知识产权快速协同保护体系。

24. 完善监管和执法体系。全面实施"双随机一公开"监管，建立协同高效的跨部门综合监管机制，优化提升省一体化大融合执法平台，杜绝选择性执法，减少多头执法、重复执法。依法推行涉企行政执法"首违不罚"、"轻微不罚"。对新兴产业实行包容审慎监管。

（十二）坚持以优质政务贴心服务，增强民营企业享受宜商优惠政策的便利

创新政府管理和服务方式，加快打造能办事、好办事、办成事的"便利福建"，打响数字化营商环境品牌，全力建设让人民更加满意的政府，提升民营企业获得感。

25. 优化政务服务格局。建设企业掌上服务专区，推动政务服务"一网好办"。执行行政许可清单管理制度，深化"一件事一次办"、"一业一证"改革。完善财政资金直达机制。全面推行惠企政策"免申即享"，推广告知承诺制。深入推进涉及民营企业的投融资体制改革和工程建设项目审批制度改革。

26. 健全涉企收费长效监管机制。完善政府定价的涉企收费清单制度，进行常态化公示，接受企业和社会监督，杜绝以评比达标表彰等形式向企业收取费用或变相收费。畅通投诉举报平台渠道，加强各相关部门协调联动，公开曝光违规收费典型案例。

27. 完善拖欠账款常态化预防和清理机制。严格落实《保障中小企业款项支付条例》，健全防范和化解拖欠中小企业账款长效机制。完善拖欠账款投诉处理和信用监督机制，加强对恶意拖欠账款案例的曝光。完善拖欠账款清理与巡视、督查、审计等制度的常态化对接机制。

（十三）坚持以服务提质强化保障，增强民营企业高效平等获取要素的能级

构建流动自主有序、配置更加高效公平的要素市场化体制机制，优化民营企业融资服务，保障民营企业用地、用工、用能等需求，进一步激发民营企业创造力和市场活力。

28. 强化融资支持保障。鼓励金融机构针对民营企业和个体工商户特点推出差异化金融产品，扩大普惠小微贷款投放，提高民营企业获得贷款

便利性和实效性。加强“金服云”等线上融资服务平台推广运用。鼓励符合条件的民营企业发行科技创新公司债券，推动民营企业债券融资专项支持计划扩大覆盖面、提升增信力度。发挥区域性股权市场作用，加强民营上市后备企业培育。

29. 强化用工需求保障。深化产教融合、校企合作，推进中国特色企业新型学徒制，培育一批我省急需的高技能产业人才。健全民营企业专业技术人员评价激励机制，完善职称评审办法，建立职称申报兜底机制。完善灵活就业和新就业形态劳动者权益保障。优化职工住房、就医、就学、落户等职业发展环境。

30. 强化土地要素保障。支持民营企业选择长期租赁、先租后让、弹性年期出让等适宜的用地方式。有序推行工业用地“标准地”改革。在符合国土空间规划、用途管制要求和安全等前提下，鼓励探索以工业为主导功能的混合产业用地供给方式，支持民营企业依法根据产业发展需要和市场环境变化在混合产业用地中合理转换产业类型。

31. 强化能源资源要素保障。推进工业园区供热、供气等公共基础设施共建共享，提高电、气、热等能源供应保障能力。探索和健全排污权、用能权、用水权、碳排放权等交易机制。支持民营企业参与可再生能源发电和储能等新能源投资建设。

（十四）坚持以亲清互促优化环境，增强民营企业行稳致远的发展决心

弘扬优良作风，全面构建亲清政商关系，规范政商交往行为，构筑“干部敢为、地方敢闯、企业敢干、群众敢首创”良性机制。

32. 畅通政企沟通渠道。健全挂钩联系重点民营企业等制度机制，完善与商会组织、民营企业常态化沟通交流机制，建立民营企业诉求收集、转办、督办、反馈闭环平台，探索构建“企业诉求—平台吹哨—部门报到”助企服务制度。大力推进闽商回归工程，探索建立领导干部挂钩联系省内外商会机制。完善民企签约项目落地协调机制。持续提升“党企新时空·政企直通车”平台服务效能。鼓励民营经济人士积极主动同各级党委和政府及部门沟通交流。

33. 制度化规范政商交往。研究制定规范政商交往行为的意见，明晰交往边界和底线，推动政商交往亲而有度、清而有为。建立健全容错纠错机制，鼓励公职人员主动依法依规服务企业，同时加大监督力度，严肃查处在涉企服务中懒政怠政、不作为慢作为等问题，坚决治理政商勾连破坏政治生态和经济发展环境问题。

34. 强化政策沟通和预期引导。落实企业家参与涉企政策制定机制。提升涉企政策稳定性、连续性和针对性，基于公共利益确需调整的，依法依规履行调整程序，合理设立过渡期。加强直接面向民营企业和个体工商户的政策发布和解读引导。各级党委和政府要积极组织召开民营经济座谈会。支持各级政府部门邀请优秀企业家开展咨询。

（十五）坚持以企业家精神凝聚力量，营造促进民营企业发展壮大的社会氛围

持续激发民营企业家敢为人先、敢拼会赢的精神特质，凝聚崇尚创新创业正能量，营造尊重企业家价值、鼓励企业家创新、发挥企业家作用的舆论氛围。

35. 加强优秀民营企业家队伍建设。建立民营经济代表人士数据库，完善民营经济代表人士综合评价体系。优化民营经济代表人士队伍结构，稳妥做好推荐优秀民营经济人士作为各级人大代表候选人、政协委员人选工作，发挥工商联在民营经济代表人士有序政治参与中的主渠道作用。支持民营经济代表人士在国际经济活动和经济组织中发挥更大作用。支持年轻一代民营经济人士在青年组织中更好发挥作用。

36. 完善民营经济人士教育培训体系。完善民营企业培训制度，构建多领域多层次、线上线下相结合的培训体系。深化福建青创创业导师库建设，健全年轻一代民营经济人士培育“导师制”，推动事业新老交接和有序传承。创新开展“党建引领产业发展”系列专题培训。

37. 深入践行企业家精神。加强对优秀企业家先进事迹、加快建设新时代民营经济强省的宣传报道，引导全社会客观正确全面认识民营经济和民营经济人士，定期开展福建省优秀民营企业家和优秀民营企业表彰。加强涉民营经济舆情跟踪监测，依法严厉打击以负面舆情为要挟进行勒索

等行为。鼓励科研机构、高端智库等加强闽商文化研究。研究设立“福建民营企业家日”，探索设立闽商博物馆。

四、加强组织领导，落实保障措施

全省各级党组织要加强领导、精心组织、周密部署，深入实施“深学争优、敢为争先、实干争效”行动，科学谋划推动民营经济发展新举措，全方位推动新时代民营经济高质量发展。

（十六）加强党的全面领导

坚持高位统筹协调，建立全面实施新时代民营经济强省战略协调机制，压实部门责任，把党的领导落实到工作全过程各方面。开展新时代民营经济发展环境综合改革。全面增强民营企业党组织政治功能和组织功能。推动党的组织和工作在商会有效覆盖，支持工商联更好发挥作用。

（十七）健全民营经济人士思想政治建设机制

深入开展理想信念教育和社会主义核心价值观教育。健全民营企业党组织与涉企部门党组织对接机制，深化党建强企“联合行动”。在民营企业中扩大党的组织和工作覆盖面，积极稳妥做好在民营经济代表人士优秀分子中发展党员工作。积极探索创新民营经济领域党建工作方式，鼓励民营企业把党建工作写入公司章程，在人员、经费、场所等方面给予支持。

（十八）及时做好总结评估

统合民营经济健康发展工作力量。强化已出台政策的督促落实，在与宏观政策取向一致性评估中对涉民营经济政策开展专项评估审查。持续完善营商环境数字化监测督导机制。加强民营经济统计监测和分析评估。鼓励各地结合实际大胆探索，不断创新和发展“晋江经验”，对行之有效的经验做法要以适当形式予以固化，为丰富发展习近平新时代中国特色社会主义思想贡献福建经验。

福建省人民政府办公厅关于印发福建省促进人工智能产业发展十条措施的通知

闽政办〔2023〕26号

各市、县（区）人民政府，平潭综合实验区管委会，省人民政府各部门、各直属机构，各大企业，各高等院校：

《福建省促进人工智能产业发展十条措施》已经省政府研究同意，现印发给你们，请认真组织实施。

福建省人民政府办公厅

2023年9月16日

（此件主动公开）

福建省促进人工智能产业发展十条措施

为深入贯彻落实国家发展新一代人工智能的工作部署，打造人工智能产业发展东南创新高地，推动人工智能与实体经济深度融合，助力数字应用第一省建设，结合我省实际，制定以下措施。

一、布局提升算力基础

在福州、厦门、泉州规模化、集约化建设人工智能计算中心，汇聚产业链上下游企业、科研院所资源，支撑产业生态建设。支持新建（含扩容升级）100P以上人工智能算力项目申报列入省重点技改项目库，按规定享受最长3年、年化2%贴息补助。积极支持符合条件的人工智能基础设施项目申报地方政府专项债券。（责任单位：省工信厅、省财政厅）

二、提供普惠算力服务

以普惠算力降低人工智能企业研发成本，支撑快速增长的算力需求，促进自然语言、多模态认知等超大规模智能模型开发训练。对符合条件的人工智能企业，购买算力服务年度总额达到30万元（含）以上的，按照当年实际服务费第一年50%，第二年40%，第三年30%，每年给予最高50万元补助。（责任单位：省工信厅、省财政厅）

三、推动数据开放应用

完善省市一体的公共数据资源开放机制，依法依规向人工智能企业开放重点领域数据，支持企业充分挖掘公共数据的商业价值，促进人工智能应用创新。推动建立开放性行业大数据训练库、标准测试数据集，鼓励企业或机构将用于人工智能相关研发的高质量数据集接入省公共数据统一开放平台或省大数据交易平台。深化省大数据交易所建设，支持高质量数据交易流通，探索新型数据交易范式。探索打造数据训练基地，培育发展人工智能生成语音、图像和自然语言等内容产业。〔责任单位：省发改委（数字办）、省直有关

单位，各设区市人民政府、平潭综合实验区管委会，省大数据集团〕

四、加强关键技术攻关

聚焦智能机器人、大数据分析、计算机与三维视觉、元宇宙与数字孪生等领域关键技术需求，支持龙头企业联合省内外一流高校院所实施一批省级人工智能科技重大项目，最高给予项目承担单位800万元补助。支持符合条件的区域主体布局建设人工智能领域产业技术研发公共服务平台，并享受相应平台补助政策。围绕新型机器学习、自然语言理解、新型人机交互、智能控制与决策等重点领域，加快发展国产化自主可控产品服务，每年实施一批人工智能领域技术创新重点攻关及产业化项目，按照项目总投入的40%给予最高300万元补助。（责任单位：省科技厅、省工信厅、省财政厅）

五、支持企业做大做强

每年评选一批创新能力强、研发投入大、市场占有率高的人工智能领域“领雁”软件企业，每家给予最高50万元奖励。支持发展人工智能芯片、传感器、智能理解设备、智能控制设备等人工智能相关硬件产品，鼓励开发人工智能应用软件产品，每年评选一批人工智能软硬件优质产品，对获评产品给予每个30万元奖励。（责任单位：省工信厅、省财政厅）

六、鼓励企业入园集聚发展

支持福州、厦门、泉州三大省级人工智能产业园建设，加快培育一批国家级、省级人工智能产业集群。鼓励企业入园，实施差别化、特殊化的扶持政策，对园区企业投产、技改、融资等方面予以奖补，助力企业做大做强做优。加强园区招商，每年各安排不低于100万元支持福州、泉州开展人工智能企业专场招商活动，以及对引进人工智能优质企业的招商机构或个人给予奖励，具体奖励办法由属地政府研究制定。每年度组织人工智能园区评估，省工信厅、发改委（数字办）、科技厅有关专项资金对评估优秀的园区予以倾斜支持。对获评国家人工智能创新应用先导区或国家新一代人工智能创新发展试验区的地区给予1000万元奖励。〔责任单位：省工信厅、省发改委（数字办）、省科技厅、省财政厅，福州市、厦门市、泉州市人民政府〕

七、推广典型应用场景

实施“智赋百景”行动，支持政务、制造、金融、医疗、教育、商贸、建筑、农业等领域典型应用场景复制推广，鼓励政府机关、事业单位、国有企业先行先试。建立人工智能技术应用场景项目库，评选发布百个人工智能典型应用场景，每个给予50万元奖励。持续用好数字中国建设峰会等国家级平台，每年遴选一批重点行业领域典型应用场景，集中发布展示、宣传推广，提升优质企业、核心产品、典型场景的品牌影响力。〔责任单位：省工信厅、省发改委（数字办）、省教育厅、省住建厅、省农业农村厅、省商务厅、省卫健委、省国资委、金融监管局、省财政厅，人行福建省分行、国家金融监督管理总局福建监管局、福建证监局，各设区市人民政府、平潭综合实验区管委会〕

八、引进领军人才团队

将符合相关条件的人工智能领域人才（团队）作为省级高层次人才以及产业领军团队、省引才“百人计划”等省级人才计划（项目）的重点对象认定和支持，围绕企业、高校核心需求，实现人工智能高端人才精准引进。对人工智能领军人才（团队）的资源配套和家庭生活保障等问题，各设区市人民政府、平潭综合实验区管委会应及时召开专题会议研究解决。（责任单位：省委人才办，省工信厅、省教育厅、省科技厅、省人社厅、省财政厅，各设区市人民政府、平潭综合实验区管委会）

九、丰富教育培训体系

强化人工智能学科建设，鼓励校企联合共建产业学院，促进产学研协同创新发展。支持人工智能职业技能等级认定及培训，鼓励符合条件的机构申报人工智能相关工种职业技能等级认定试点，支持企业、劳动者参与人工智能相关职业技能培训，符合条件的按规定享受职业培训补贴政策。（责任单位：省教育厅、省人社厅、省工信厅、省科技厅、省财政厅，各设区市人民政府、平潭综合实验区管委会）

十、营造良好发展环境

对人工智能发展实行包容审慎监管，提升科

技伦理治理能力。加强人工智能方面知识的培训，提升干部对相关知识的理解掌握运用。成立省人工智能专家委员会，开展前瞻性、战略性问题研究，为产业发展提供战略路线和前沿技术咨询。支持举办人工智能领域国家级、国际性展会、学术会议、论坛，以及常态化组织沙龙、分享会、交流会等活动，促进相关管理、产业、技术等多维度碰撞交流。重点支持举办省级（含）以上人工智能大赛，对赛事承办单位，按赛事运营费用给予最高 200 万元补助。〔责任单位：省委组织部，省工信厅、省发改委（数字办）、省教育厅、省科技厅、省人社厅、省财政厅，各设区市人民政府、平潭综合实验区管委会〕

各地应结合地区实际及特色优势，抢抓发展机遇，布局人工智能产业，出台政策措施，加强招商宣传，推动人工智能基础设施建设、关键技术研发、应用场景创新、人才资源集聚，构建良好产业发展环境。

对上述符合省重点技改项目条件的，可叠加享受技改项目设备投资补助或奖励政策。本政策有效期至 2025 年 12 月 31 日，厦门市可参照执行，所需资金由厦门市政府统筹解决。

福建省工业和信息化厅等十部门关于印发全面推进“电动福建”建设的实施意见（2023—2025年）的通知

闽工信规〔2023〕4号

各设区市人民政府、平潭综合实验区管委会，省直有关部门：

为深入贯彻落实中共中央、国务院关于碳达峰碳中和的决策部署，根据工业和信息化部等八部门《关于组织开展公共领域车辆全面电动化先行区试点工作的通知》精神和省委、省政府工作要求，经省政府同意，现将《全面推进“电动福建”建设的实施意见（2023—2025年）》印发给你们，请认真组织实施。

福建省工业和信息化厅
福建省发展和改革委员会
福建省科学技术厅
福建省公安厅
福建省财政厅
福建省住房和城乡建设厅
福建省交通运输厅
福建省文化和旅游厅
福建省人民政府国有资产监督管理委员会
福建省机关事务管理局
2023年6月5日

（此件主动公开）

全面推进“电动福建”建设的实施意见（2023—2025年）

为深入贯彻落实中共中央、国务院关于碳达峰碳中和的决策部署，根据工业和信息化部等八部门《关于组织开展公共领域车辆全面电动化先行区试点工作的通知》精神和省委、省政府工作要求，全面推进“电动福建”建设，提出如下实施意见。

一、培育壮大新能源汽车产业链

促进整车企业加快发展。支持新能源汽车（含专用车）生产企业做大做强、扩大规模，继续安排专项资金予以扶持。对年度产能利用率达到60%及以上且产量同比增长，或产能利用率20%以上且产量同比增长50%及以上的新能源汽车生产企业，按汽车产能利用率比例给予单家企业最高1000万元的奖励。加大新能源汽车消费支持力度，支持新能源汽车生产企业拓展国际市场。

实施产业链企业培育。加快新能源汽车产业

链招商，鼓励上下游企业开展协作配套。支持新能源汽车、动力电池企业引进产业链配套企业，对于三年内新引进单家企业年配套规模达5000万元及以上的，给予最高100万元奖励，单家年度奖励资金最高1000万元；对三年内新引进的智能网联汽车产业链配套企业，年配套规模达1000万元、2000万元、5000万元及以上的，分别给予最高50万元、100万元、200万元奖励；全省年度奖励资金最高5000万元。培育一批新能源汽车领域“专精特新”及单项冠军企业，支持企业上市发展。

（责任单位：省工信厅、省发改委、省商务厅、省金融监管局、省科技厅、省财政厅，省汽车集团，各设区市人民政府、平潭综合实验区管委会按职责分工负责）

二、加大新能源汽车推广应用力度

加快新能源汽车推广应用。巩固公交车和巡游出租车电动化成果，持续提升物流配送、环卫、工程建设、党政机关、国有企业等公共领域新能源汽车比重，引导带动私人购买使用新能源汽车。

1. 公务车。全省党政机关、事业单位、国有企业等新增和更新公务用车，除实物保障岗位工作用车、处置突发事件应急用车、特种专业技术用车、执法用车等特殊情况外，全部采用新能源汽车，逐年提升公务车领域新能源汽车比重，力争2023年达到10%、2024年达到25%、2025年达到40%。鼓励公务租赁用车使用新能源汽车。

2. 其他公共领域用车。公交车：全省新增和更新的公交车全部采用新能源汽车；推广新能源微循环公交车运营模式；推动全省农村客运采用新能源汽车。出租车：全省新增和更新的城市巡游及网约出租车原则上全部采用新能源汽车，加快推进分时租赁汽车采用新能源汽车。物流车：全省中心城区新增和更新的邮政物流车全部采用新能源汽车，加快推进其他物流用车采用新能源汽车；加快推进货运车辆电动化改造和电动化替代工作。景区和港区用车：加快推进全省旅游景区新增和更新车辆、港区新增和更新集装箱卡车采用新能源汽车，4A级及以上景区用车，争取两年内基本改用新能源汽车。环卫等领域用车：全省新增和更新的中心城区环卫用车原则上采用新能源汽车。鼓励全部或部分使用财政性质资金的购买服务项目，将新能源环卫车、渣土运输车、水泥搅拌车配备比例作为评审因素。

3. 私人用车。鼓励整车企业开展“以旧换新”等模式，促进私人用户购买新能源汽车；鼓励地方政府出台支持私人用户购买新能源汽车的政策措施。

推进公共领域车辆全面电动化试点。支持有条件地市开展公共领域车辆全面电动化试点。其中，试点城市在完成公务车及其他公共领域用车任务基础上，重点推动驶入城区的物流车等采用新能源汽车。积极支持相关地市申报国家公共领域车辆全面电动化先行区试点城市，对获批的给予专项奖励1000万元。

组织实施综合示范应用项目。支持新能源汽车、新能源工程机械、新能源农用机械、动力电池等生产企业与推广应用单位在景区、厂区、港区、矿区、物流园区、设区市中心城区等重点区域及湄洲岛等岛屿联合打造推广应用示范项目，对示范项目中新能源汽车、新能源工程机械、新能源农用机械、新能源非公路用卡车和新能源无人驾驶装备等单个推广合同金额达到1000万元并实现交付使用的，按不超过合同金额的5%给予生产企业一次性奖励，全省年度奖励金额最高5000万元。推动智能网联汽车示范应用，支持有关地市、汽车生产企业、示范应用单位等联合开展智能网联汽车准入和上路通行试点，对纳入国家试点的牵头单位给予专项奖励500万元。

（责任单位：省工信厅、省交通运输厅、省农业农村厅、省机关事务管理局、省财政厅、省国资委、省住建厅、省公安厅、省林业局、省文旅厅、省民宗厅、省水利厅、省市场监管局、省邮政管理局，各设区市人民政府、平潭综合实验区管委会按职责分工落实）

三、推动电动船舶全产业链发展

提升电动船舶研发设计水平，对引进的央属高水平电动船舶研发设计机构，除支持享受当地科技、教育、人才等方面的扶持政策外，设立分公司的一次性奖励200万元，设立子公司的一次性奖励300万元。

支持船舶电池动力推进系统研制与应用、标准化箱式电池开发，培育具有全球领先优势的电动船舶动力电池及电池动力推进系统供应商；对电动船舶电池动力推进系统生产企业按交付电池动力推进系统金额的20%给予补助（不含省示范项目），单套系统补助最高200万元。

加快推进江、河、湖、海等电动船舶应用场景建设，重点打造港口作业船、闽江货船、公务船、闽江游船、渡轮、沿海观光客船、湖区（库区）客船、内河客船、渔业辅助船、游艇等示范项目。对省电动船舶示范项目（含新建和改造），按交付船舶电池动力（含氢燃料电池）总成价格的40%给予补助，单船补助最高1000万元（其中省首批次示范项目按60%给予补助，单船补助最高1500万元），补助由建造船厂、动力总成生产企业或项目总包方申领。

鼓励有条件的单位、地区先行先试大力推广应用电动船舶。重点打造闽江新能源船舶示范应用流域，力争到2025年闽江新造船舶主要使用新能源船舶。以厦门岛、平潭岛、罗源湾、湄洲湾、三都澳、闽江、九龙江、赛江、翠屏湖、大金湖、石门湖等区域为重点，加快船舶电动化升级，鼓励相关县（市）、区或单位结合当地实际情况，先行先试打造电动船舶示范应用场景〔包括投资建造一批电动船舶及充（换）电站等配套设施〕，对试点地区或单位等给予奖补资金总额最高1000万元；鼓励多个县（市）、区携手打造电动船舶发展试点城市群。4A级及以上景区和城市内河新增船舶全部使用新能源船舶，争取两年内现有高能耗高排放老旧船舶基本更新改用新能源船舶。

推进岸电一体化和电动船舶充（换）电设施设备产业化发展，对配套服务电动船舶示范项目的动力电池充电设施，给予一次性设备购置补助，其中单台（套）充电功率大于等于250千瓦小于等于500千瓦的给予20万元补助，超过500千瓦的给予50万元补助。

（责任单位：省工信厅、省发改委、省财政厅、省交通运输厅、省国资委、省海洋渔业局、省文旅厅、省科技厅，福建海事局，省船舶集团、港口集团，中国船级社福州分社，各设区市人民政府、平潭综合实验区管委会按职责分工负责）

四、支持企业研发与创新

支持企业新产品开发。对新能源汽车生产企业新开发的新能源汽车车型（含扩展车型），自获得国家《道路机动车辆生产企业及产品公告》起一年内销售量达500辆及以上的9座以上载客车、3.5吨以上货车及其他专用车，2000辆及以上的9座及以下载客车、3.5吨及以下货车及其他专用车，50辆及以上的氢燃料电池汽车，每款车型分别给予一次性新产品开发奖励100万元、200万元、200万元。支持绿色智能船型研发设计，对纳入国家绿色智能船型目录的，单个船型给予研发设计单位一次性奖励500万元。

加强研发创新平台建设。支持产业链“链长”整合省内外技术与项目资源，牵头打造相关领域共性和前瞻技术创新平台，促进新能源汽车、电动船舶、动力电池、氢能产业链高质量发展。支持建设覆盖全产业链、全溯源链、全生命周期的新能源汽车、智能网联汽车、动力电池等领域第三方检测中心。

推动关键核心技术攻关。加强“电动福建”领域关键核心技术攻关与产业化示范应用，推动产学研深度融合。充分利用省级科技重大专项“揭榜挂帅”项目、重点产业产学研协同创新重大项目、技术创新重点攻关及产业化项目等政策，对符合条件的攻关项目给予支持。

鼓励制定相关技术标准。鼓励新能源汽车、电动船舶等产业链企业围绕核心技术、应用场景研究制定相关标准，支持将有关企业标准、团体标准上升为省地方标准、国家标准。对主导、参与制定及修订国家标准、省地方标准的单位，按有关政策给予一定补助。鼓励开展公共交通领域新能源汽车动力电池系统年检工作，支持机动车检测机构及相关企业开展动力电池安全检测业务。

（责任单位：省工信厅、省发改委、省科技厅、省市场监管局、省财政厅，中国船级社福州分社，省汽车集团等按职责分工负责）

五、拓展完善产业生态

拓展应用场景。对生产并实现销售的以动力电池（含燃料电池，其中锂离子动力电池单体能量密度不低于140瓦时/千克）为驱动的新能源工程机械、新能源农用机械、新能源非公路用卡车和新能源无人驾驶装备等产品，按100元/千瓦时对动力电池额定容量给予奖励，单家企业年度奖励最高1000万元。支持发展氢燃料电池为动力的相关装备，对生产并实现销售的氢燃料电池系统〔单台（套）功率达到50千瓦以上〕，按照2万元/台（套）给予奖励，单家企业年度补助金额最高500万元。

发展电池租赁。支持动力电池租赁企业做大做强、辐射全国，对在购买和使用环节开展动力电池租赁等业务，按30元/千瓦时对动力电池额定容量进行补助，三年补助资金最高1亿元。鼓励动力电池生产企业等牵头组建多种类型的联合体共同打造良性发展的换电商业模式，并在新能源汽车、电动船舶、新能源工程机械和农用机械等领域推广应用。

创新金融服务。鼓励各类金融机构建立适应新能源汽车及电动船舶行业特点和市场消费特点的信贷管理和融资评审制度，创新金融产品服务。支持汽车生产企业、示范应用单位等参与智能网联汽车准入和上路通行试点，对通过银行融资、融资租赁等融资方式购买智能网联汽车的示范应用单位，在融资利率基础上予以1个百分点贴息补助（3年期以内的融资按实际期限贴息，发放期限超过3年的中长期融资按3年贴息）。对购买省示范项目电动船舶的船东企业，参照执行。

（责任单位：省工信厅、省财政厅、省金融监管局，人行福州中心支行、兴业银行按职责分工负责）

六、推进充（换）电及加氢设施建设

支持新能源汽车、电动船舶充（换）电设施、智能路侧设施和功能性平台纳入“新基建”示范项目。完善充（换）电网络设施建设规划，强化公共充（换）电设施省级平台功能，优化经营性充（换）电网络布局。优先安排土地利用年度计划指标，将独立占地的集中式充（换）电站、加氢站纳入公用设施营业网点用地，支持在有条件的企业厂区、作业区等开展充（换）电站试点建设，支持依法依规利用现有加油加气站的场地设施研究开展改扩建加氢站或增设充（换）电设施。

推广集中式“光储充检”一体化示范站，对配置储能电池系统额定容量达到800千瓦时以上，充电桩达到16根以上，单枪最大输出180千瓦以上的“光储充检”示范站建设给予业主单位单站补助50万元。推广智能有序、慢充为主、应急快充为辅的居民区充电服务模式，鼓励采用具备有序充电功能的智能化充电桩。落实公共停车场和新建住宅充电基础设施配建要求，相关职能部门应在新建住宅项目规划报批、竣工验收环节依法督促、检查、监督，电网企业应配合开展配建及接电情况核验。鼓励采用“统建统营”等方式加快推进老旧小区充电设施建设。结合老旧小区、街区片区改造等工作，在设计及改造实施环节充分预留充电设施供电管沟，满足充电设施快速接电要求。对符合消防安全、电力容量等充电设施建设条件的，物业服务企业或其他管理人等应积极配合做好充电设施建设工作。

（责任单位：省发改委、省住建厅、省自然资源厅、省交通运输厅、省工信厅、省财政厅，省电力公司，各设区市人民政府、平潭综合实验区管委会按职责分工负责）

七、营造有利发展环境

对新能源汽车（运营车辆除外）在政府投资的公共停车场（点）等按时计费的，24小时内首次停车免收2小时（含）车辆停放服务费，2小时后按同车型现行标准收取；按次计费的，按同车型现行收费标准的50%缴纳停车费。对已向邮政管理部门备案的新能源邮（快）件末端揽投车辆，在不影响道路通行的情况下，允许在城市非主干道上短时停靠。在新、旧住宅小区规划建设和改造时，调增邮政、快递新能源车辆临时停车位。

对新能源汽车不实行限购；对悬挂新能源汽车号牌的货车（重型货车和危险物品运输车辆除外）在市区道路通行不限行；对于限时作业路段，除早晚高峰外，允许新能源物流车和专用车等每日一定时间的增时作业，具体举措由各地根据实际情况制定。省高速公路公司对新能源汽车办理电子收费的，予以赠送电子标签，并按有关规定给予通行费用优惠；鼓励各地对辖区内部分高速路段，给予新能源物流车等通行补助。支持电动船舶享受优先过闸、优先靠离泊权利。

（责任单位：省住建厅、省公安厅、省发改委、省交通运输厅、省市场监管局、省邮政管理局、省财政厅，省高速公路公司，各设区市人民政府、平潭综合实验区管委会按职责分工负责）

八、加强“电动福建”平台建设和管理

整合省级新能源汽车、充电设施、电动船舶监管等多个信息化应用平台，建设一体化的“电动福建”平台，强化全省公共领域新能源汽车、公共领域电动船舶、公共充电桩等管理，接入闽政通APP面向全省提供优质的便民充电服务。“电动福建”平台建成后可按程序统一部署至省级电子政务云平台，所需云资源由省级电子政务云平台提供。对平台给予每年最高200万元的运营资金补助。鼓励新能源汽车生产企业、动力电池生产企业与综合利用企业合作开展动力电池的评估检测、梯级利用、拆解回收。进一步完善地方动力电池回收利用管理体系，研究建设全省统一的动力电池回收利用政府监管和追溯服务平台，适时整合到“电动福建”平台。

（责任单位：省工信厅、省科技厅、省财政厅、省生态环境厅、省交通运输厅、省商务厅、福建税务局、省市场监管局、省数字办，省汽车集团、大数据集团按职责分工负责）

九、加强保障措施

健全组织保障。继续发挥省新能源汽车推广应用和产业发展联席会议制度作用，统筹协调新能源汽车推广应用和产业发展，全面推进“电动福建”建设。

加大资金支持。安排“电动福建”建设专项资金，不同类别补助政策可叠加。引导省市有关投资基金加大对“电动福建”产业投资。完善政银企合作机制，加快建立包括财政出资和社会资金投入在内的多层次担保体系，加大“电动福建”产业链及相关应用场景的信贷支持力度。

强化责任落实。各省直单位要根据自身职能，提出贯彻落实意见，并加强部门协同，形成工作合力。各设区市、平潭综合实验区要落实属地主体责任，结合当地实际，研究制定具体实施方案和政策措施，确保各项任务落实到位。

（责任单位：省工信厅、省发改委、省财政厅、省科技厅、省公安厅、省自然资源厅、省住建厅、省交通运输厅、省农业农村厅、省生态环境厅、省国资委、省金融监管局，省电力公司，省汽车集团、投资集团，福建银保监局、福建证监局、人行福州中心支行，各设区市人民政府、平潭综合实验区管委会按职责分工负责）

以上政策自2023年1月1日起执行，有效期至2025年12月31日。

福建省住房和城乡建设厅关于印发《深入学习借鉴浙江“千万工程”经验推动村镇建设高质量发展三年行动方案（2023—2025年）》的通知

闽建村〔2023〕4号

设区市住房和城乡建设行政主管部门：

为进一步深入学习贯彻习近平总书记关于浙江“千村示范、万村整治”工程的重要指示精神，落实省委、省政府工作要求，省厅研究制定了《深入学习借鉴浙江“千万工程”经验？推动村镇建设高质量发展三年行动方案（2023—2025年）》，现予以印发，请认真贯彻执行。

福建省住房和城乡建设厅

2023年8月9日

深入学习借鉴浙江“千万工程”经验推动村镇建设高质量发展三年行动方案（2023—2025年）

为深入贯彻习近平总书记关于浙江“千村示范、万村整治”工程（以下简称“千万工程”）的重要指示精神，落实省委、省政府工作要求，学习借鉴“千万工程”经验做法，推动村镇建设高质量发展，结合我省住建行业实际，制定本方案。

一、总体要求

（一）指导思想

以习近平新时代中国特色社会主义思想为指导，全面贯彻党的二十大精神，深入学习贯彻习近平总书记对“千万工程”的重要指示精神，进一步落实中央农村工作会议精神，深刻领悟“两个确立”的决定性意义 增强“四个意识”、坚定“四个自信”、做到“两个维护”，坚持以人民为中心的发展思想，坚定不移贯彻新发展理念，紧紧围绕共同富裕目标，推动村镇建设高质量发展，改善农村住房条件，补齐乡村基础设施和基本公共服务短板，梳理盘活乡村资源，建设宜居宜业和美乡村，促进乡村振兴和城乡融合发展，为美丽福建建设创造良好基础条件。

（二）主要目标

到2025年，农村住房条件稳步提升，乡村基础设施完备度、公共服务便利度、人居环境舒适度稳步提升，宜居宜业和美乡村建设取得新进展。

农村低收入群体住房安全得到有效保障，新建农房品质和乡村建筑风貌稳步提升；乡镇生活污水处理设施实现稳定运行，配套管网逐步完善，重点镇生活污水处理率达到75%以上；农村生活垃圾基本实现无害化处理，农村有机生活垃圾生态处理机制基本建立；传统村落和传统民居保护利用传承取得显著成效；闽台乡建乡创合作持续扩面深化，"以乡建乡创助力乡村振兴"模式探出新路，打造出一批服务本地居民、助力乡村振兴、促进两岸融合的样板县、样板集镇和样板村，增进人民群众的幸福感和获得感。

二、重点任务

（一）坚持生态优先、绿色发展，持续提升乡村环境质量

从提升乡镇生活污水和农村生活垃圾治理水平、深化实施乡镇生活污水和农村生活垃圾治理市场化、提升农村公厕建设管护水平、开展既有农房整治等方面持续发力，提升乡村环境质量。

1. 全省每年新建改造乡镇生活污水配套管网850公里以上。

2. 2023年底前，县县出台乡镇生活污水处理费征收文件，启动征收工作，强化运营资金保障。

3. 2024年起，省级每年创建一批乡镇生活污水治理提升县，每个设区市每年创建1个以上乡镇生活污水治理提升县，深化落实以县域为单位市场化机制，推动提升污水收集处理和智能化运维、智能化监管水平，不断扩大覆盖面。

4. 2025年底前，镇区常住人口5万以上的建制镇基本消除收集管网空白区。

5. 重点镇生活污水处理率达到75%，其他乡镇力争达75%。

6. 乡镇生活污水处理设施负荷率达到60%以上，原建规模过大导致无法达到60%的应做到应收尽收。

7. 2023年底前，所有县（市、区）出台对第三方的运营考核办法，实施按效付费。

8. 2024年6月底前，第三方主体全面建立覆盖全县域的乡镇生活污水智慧化运营管理平台。

9. 每年每个设区市（除厦门、莆田率先完成外）推动1个以上县（市、区）以县域为单位打捆打包村庄保洁、垃圾转运、公厕管护实施农村生活垃圾治理市场化，2025年底实现60个以上县（市、区）实施以县域为单位市场化，占比70%以上。

10. 持续推动村民委员会制定村规民约，通过"一事一议"动员村民每户每年缴纳60—120元的保洁费用，强化运营资金保障。

11. 2024年起，省级每年培育2个农村生活垃圾治理（或垃圾分类）试点县；设区市每年创建1个以上农村生活垃圾治理（或垃圾分类）试点县，深化落实以县域为单位市场化机制。

12. 每个县（市、区）每年推动1个乡镇落实农村生活垃圾分类机制，2025年底，农村有机生活垃圾生态处理机制基本建立。

13. 2023年底前，已实现以县域为单位市场化的所有县（市、区）出台对第三方的运营考核办法，实施按效付费。

14. 2023年及以前承接以县域为单位市场化业务的第三方主体，应在2024年6月底前全面建立覆盖全县域的农村生活垃圾治理智慧化运营管理平台；之后承接的，市场化主体应在次年底前建立覆盖全县域的智慧化运营管理平台。

15. 2023年完成6.92万栋既有农房（裸房）整治任务。

16. 2024年起依托全省房屋安全管理信息系统，实施既有农房（裸房）摸底、申报、整治全过程信息化监管。

（二）坚持以人为本、共建共享，积极探索乡村振兴新路

将集镇环境整治样板纳入闽台乡建乡创合作样板，形成县、集镇、村三类闽台乡建乡创合作样板体系，从落实农村低收入群体住房安全有保障、探索三类农房改造、优化示范房建设模式、推动古建筑活化利用、持续支持闽台合作、扩大样板创建覆盖面、实施全过程共同缔造、推进校企乡建乡创合作、扩大乡建乡创品牌影响等方面，持续探索"乡建乡创助力乡村振兴"的路径和方法。

17. 2023年完成829户农村危房改造任务；2024—2025年，推动各地及时解决动态新增危房。

18. 逐年推动一批适老化、宜居化、民宿化农房改造，2023年起每年完成50栋改造试点。

19. 每年设计建造一批新建农房示范房，组织群众观摩推广，示范引导村民建设“好农房”。

20. 每年继续支持开展100个乡建乡创合作项目，2023年新引入15支台湾团队，2025年全省引入台湾团队达200支以上。

21. 2023年起省级每年启动3个闽台乡建乡创合作样板县、8个样板集镇、8个样板村创建（不含厦门，每类样板创建期两年），设区市每年另启动2个样板集镇创建（平潭1个）。

22. 到2025年，争取举办2场闽台乡建乡创合作子论坛、3届“海峡乡建乡创奖”，持续扩大乡建乡创品牌影响力。

（三）坚持因地制宜、科学规划，着力加强专业技术指导

从编制案例指南、完善建房图集、健全保护规划等方面入手，发挥住建部门专业优势，用好全国全行业专业资源，实施理念引领，推动技术下乡，为乡村建设、乡村振兴提供强有力的专业支持。

23. 2023年编制出台新时代农村社区建设案例指南，2024年按照编制新时代宜居农房（含新建和改造）设计指南，指导农村住宅小区和宜居农房建设。

24. 2023年指导县县及时更新完善已编制的具有地域特色的农房建筑立面图集，加快编制发布户型多样、室内布局和功能完善的村镇住宅通用图集，推动落实“带图审批”和“带图监管”制度。2024年起适时更新完善图集；2025年底前全面落实“带图审批”和“带图监管”制度，推动新建农房彰显地域风貌。

25. 加强全省历史文化遗产保护利用体系和发展策略研究，编制《福建省城乡历史文化保护传承体系规划》，构建我省历史文化保护总体格局；推进历史文化名镇名村保护规划的报批，督促属地加快传统村落保护规划编制批复工作，做到保护有法可依；制定出台《福建省历史风貌保护规划编制导则》，指导除名城外的市县加强历史文化保护管控工作。

（四）坚持由表及里、塑形铸魂，传承创新乡村优秀文化

以传统村落连片保护和活化利用和闽台乡建乡创合作样板打造为抓手，深入挖掘呈现、创新传承建筑风格、地域文化和人文特质，彰显地方特色。

26. 因地制宜打造永泰、连城、屏南、晋江4个国家传统村落集中连片保护示范县（市）。探索实施省级传统村落集中连片保护利用示范县（市），制定整体保护措施。

27. 开展第二批省级传统建筑技艺传承人评选，推动各地做好传统工匠评选工作，育好、用好乡土人才。

（五）坚持党建引领、党政主导，凝聚各级各方共识合力

以闽台乡建乡创合作为抓手，从强化领导机制、建立培训机制、落实创建机制等方面，发挥党建引领、党政主导作用，凝聚共识、形成合力。

28. 省市县住建部门2023年底前成立闽台乡建乡创合作工作领导小组，建立单位“一把手”亲自抓、分管领导直接抓、一级抓一级、层层抓落实的工作推动机制。各级领导小组定期召开专题会研究推动重点工作。

29. 省级每年召开一场现场会，市县每年召开一场以上现场会，总结推广经验做法，营造比学赶超、争先创优浓厚氛围。

30. 省市县住建部门每年开展一批县镇村干部和住建部门村镇建设干部乡建乡创培训。以闽台乡建乡创合作典型样板为培训基地，以“千万工程”理念方法和闽台乡建乡创合作样板经验做法培训内容，引入台湾团队设计师和乡镇干部授课，通过集中学习研讨、实地观摩借鉴，推动村镇建设水平整体提升。项目纳入年度样板创建后，所在地县级住建部门要组织县镇村干部开展一次以上集中培训、一次以上外出现场学习经验，样板创建机制负责同志、乡镇主要领导应参加培训和外出学习。

31. 建立样板所在县（市、区）政府主要领导或分管领导亲自抓、所在乡镇政府主要领导具体负责、相关县直部门参与、住建部门一线蹲点指导督促的工作机制，形成样板创建合力。

（六）坚持循序渐进、久久为功，推动一张蓝图绘到底

长远谋划和近期建设结合，定期开展政策评

估、总体深化样板创建内容，推动闽台乡建乡创合作高质量发展。

32. 坚持以闽台乡建乡创合作为抓手，以县镇村样板创建为载体，以助力人民幸福、乡村振兴、闽台融合为目标，充分发挥住建部门的职能作用和专业优势，保持政策定力，坚持循序渐进，每年总结深化样板创建内容，持续扩大样板覆盖面，久久为功，推进宜居宜业和美乡村建设取得新成效，增进人民群众的获得感和幸福感。

33. 省级每年组织对闽台乡建乡创合作及样板创建政策进行评估，根据评估结果不断完善政策措施，提升政策的针对性和有效性，保障样板创建实效。

三、保障措施

（一）加强组织领导

各级住建部门认真学习习近平总书记对于“千万工程”的重要指示批示精神，切实提高政治站位，将村镇建设工作纳入重要议事日程，加强研究部署和组织协调，学习运用“千万工程”的理念和方法，研究制定本地区村镇建设的具体措施和办法，认真抓好落实。

（二）深入学习领会

2023年下半年举办学习浙江“千万工程”经验大讲坛，深入学习“千万工程”理念和方法，着眼“分享经验补短板、专业互鉴双提升”，从理念、方法、案例分享入手，开展污水垃圾治理（第三方运营考核、污水处理费征收、智能化运营和监管）、农房建设管理（现场巡查指导、既有农房整治、新建风貌管控）、闽台乡建乡创（理念、案例和陪护式服务做法）、大陆规划设计（规划、施工图设计），分别对主管部门、乡村干部、大陆设计院、台湾团队进行培训，促进理念、方法全面提升。市县组织开展相应培训。

（三）加大资金投入

省市加大资金支持，县级统筹部门和乡镇，积极拓宽筹资渠道，从各级各部门补助、本级财政预算、金融机构支持、专项债、社会资本参与、群众投入、乡贤捐资等方面，多渠道筹措资金，加大投入力度。

（四）严格督导考核

落实层级督导机制，省级每年不少于1次，设区市每半年不少于1次、全年对所有县（市、区）督导全覆盖，县级每季度不少于1次、全年对所有乡镇督导全覆盖，做到每次督导有暗访、有发现问题清单、有整改清单、问题突出地区有举一反三健全长效机制措施，层层压紧压实责任，推动工作落细落实。

（五）实施正向激励

总结宣传一批村镇建设的经验做法和典型案例。对创建成效明显、积极推广扩面、群众满意度高的样板项目或所在地区，按规定予以正向激励，对相关单位和个人给予通报表扬。

福建省促进中小企业发展工作领导小组办公室关于印发福建省惠企政策“免申即享”实施方案（试行）的通知

闽中小企业办〔2023〕10号

各设区市、平潭综合实验区促进中小企业发展工作领导小组，省促进中小企业发展工作领导小组各成员单位：

为推动惠企政策落地见效，持续激发市场主体活力，省促进中小企业发展工作领导小组办公室（以下简称“省中小办”）结合我省实际，制定了《福建省惠企政策“免申即享”实施方案（试行）》，现印发给你们，请遵照执行。

福建省促进中小企业发展工作领导小组办公室
（福建省工业和信息化厅代章）
2023年6月29日

（此件主动公开）

福建省惠企政策“免申即享”实施方案（试行）

为促进惠企政策有效落实，助力创建一流营商环境，根据《国务院办公厅关于进一步优化营商环境更好服务市场主体的实施意见》（国办发〔2020〕24号）等文件精神，结合我省实际，制定本实施方案。

一、指导思想

以习近平新时代中国特色社会主义思想为指导，全面贯彻落实党的二十大精神，深入贯彻党中央、国务院深化“放管服”改革决策部署和省委、省政府优化营商环境工作要求，加快推进惠企政策“免申即享”，提升智能化、精准化、个性化服务水平，推动政府部门从被动服务向主动服务转变、政策落实从“企业找政策”到“政策找企业”转变，持续提升市场主体获得感、满意度，助力我省创建一流营商环境。

二、总体目标

聚焦惠企政策落实，通过数据汇聚共享、大数据分析、人工智能辅助，精准匹配符合条件的企业，实现政策主动推送，企业无须提出申请即可享受政策红利。建立健全“免申即享”工作机制，率先推送落实一批含金量高、企业获得感强的惠企政策，探索推进更大范围、更深层次的“免申即享”改革，推动实现惠企政策“免申即享”全覆盖。

三、工作原则

（一）坚持依法依规。严格按照惠企政策有关规定和财务管理制度规定进行资金审核发放，确保“免申即享”资金符合法律法规和相关政策规定。

（二）坚持便捷高效。通过“免申即享”，主动兑现更多惠企政策，尽可能减少企业查找政策、跑腿申报等环节，最大限度方便企业。不断优化平台界面和操作流程，让平台更加实用易用。

（三）坚持协同推进。坚持省级统筹、部门落实、行业联动，共同推进政策梳理、审核把关、资金兑现，按照先易后难、循序渐进原则，逐步推动实现惠企政策“免申即享”全覆盖。

（四）坚持积极稳妥。既要解放思想、勇于创新，也要实事求是、稳妥实施，成熟一批、梳理一批、新增一批。强化事前、事中、事后预算绩效管理，加强绩效评价结果应用，提升“免申即享”各环节安全可靠性。

四、重点任务

（一）梳理政策清单。按照分批实施、稳妥推进原则，各部门要认真梳理现有惠企政策，聚焦社保缴纳、税费减免、财政补贴、招商优惠等重点领域，梳理形成认定类、条件类、暂时难以数据化类三类清单。认定类政策各部门可直接认定并提供企业名单，条件类政策可通过省公共数据汇聚共享平台数据比对分析，自动筛选符合条件的企业。对奖补范围明确、审核标准清晰、比对数据齐全的名单类、条件类政策实行“免申即享”。暂时难以数据化类政策要进一步减材料、优流程、压时限，提高政策兑现效率。建立动态更新机制，按照成熟一批、梳理一批、新增一批原则，及时在“党企新时空·政企直通车平台”“免申即享”专栏上发布，将符合要求的政策及时纳入“免申即享”覆盖范围，对已到期的政策按规定及时清理。

完成时限：2023 年 8 月 15 日前梳理完成并发布第一批省级惠企“免申即享”政策清单，今后结合工作实际梳理发布

牵头单位：省工信厅

责任单位：省有关部门按职责分工负责

（二）加强平台建设。加强省公共数据汇聚共享平台建设，为全省“免申即享”工作提供数据支撑。根据业务牵头部门提供的业务规则和数据需求，归集相应数据，开展数据治理，实现与各级、各部门政策兑现和资金拨付系统对接，推动“免申即享”惠企资金精准直达。各部门要及时梳理纳入“免申即享”清单的政策，提出数据提供部门和数据共享需求清单。原则上法律法规和国家文件未明确禁止的，数据资源部门不得拒绝数据共享需求。数据使用部门应当严格遵守法律法规，在授权范围内使用数据。数据管理部门要将各类数据进行归集，根据各部门提供的业务规则，通过数据共享、自动比对、智能审批等，实现惠企政策“免申即享”。

完成时限：持续推进

牵头单位：省发改委（省大数据管理局）、省工信厅

责任单位：省有关部门按职责分工负责

（三）再造业务流程。明确“免申即享”事项的适用情景、兑现条件和审核程序，对符合“免申即享”条件的事项，将原来的“申请、受理、审核、核拨、拨付”流程重新设计，优化为“数据比对、意愿确认、政策兑现”三个环节，实现由“企业先报、政府再审”向“系统智审、确认申领”的主动服务模式转变。政策执行部门要编制惠企政策“免申即享”办事指南，确定“免申即享”政策兑现的条件、方式和操作流程等，并明确本部门“免申即享”工作联系人，使企业充分了解政策规定、操作流程，实现“免申即享”惠企政策服务精准供给。对暂时难以数据化类政策，由政策执行部门会同数据管理部门简化审批环节，压缩办理时限，提供在线申请、在线反馈、应享未享提醒等服务，让企业尽快享受政策红利。

完成时限：2023 年 8 月 15 日前编制完成第一批省级“免申即享”惠企政策办事指南，以后结合工作实际及时编制

牵头单位：省工信厅

责任单位：省有关部门按职责分工负责

（四）加强制度建设。各部门要及时修订与“免申即享”业务开展不相适应的制度、标准，新制定的惠企政策原则上要按照“免申即享”服务模式进行设计，并主动与工信部门对接报送“免申即享”惠企政策和编制办事指南。发改部门要通过营商环境数字监测督导机制，监测“免申即

享”进展情况，确保及时发现问题、解决问题。财政部门要结合预算管理实际，优化现有财政资金拨付制度，确保适用“免申即享”惠企政策。审计部门应将“免申即享”惠企政策落实情况纳入审计范围，保障“免申即享”惠企政策顺利兑现。

完成时限：持续推进

牵头单位：省工信厅

责任单位：省发改委、省财政厅、省审计厅等部门按职责分工负责。

（五）加强资金监管。财政部门要做好“免申即享”政策的资金拨付，按照财政体制以及法律法规等文件规定，结合部门预算安排和省级财力实际，根据有关部门审核情况将省级应承担的惠企资金拨付到位，并会同行业主管部门督促企业所在地区（县、市）落实应负担资金。在政策实施前，按照“免申不免审”的原则，政策执行部门要会同数据管理部门对政策匹配所需数据的时效性、准确性进行再核查；审核审批过程中，政策执行部门要会同财政部门严格按照审批标准，灵活运用现场核验、过程公示、异议处置等方式，落实部门审核审批职责；资金拨付后，政策执行部门、财政部门、审计部门按职责分工共同负责监督工作，政策执行部门和财政部门按职责分工开展全过程预算绩效管理，加强绩效结果应用管理，提高财政资金使用效益。

时间要求：持续推进

牵头单位：省财政厅

责任单位：省有关部门按职责分工负责

五、保障措施

（一）强化组织领导。在省政府统一领导下，由省工信厅、省发展改革委（省大数据管理局）牵头，相关部门为成员组成省“免申即享”工作专班，统筹推进全省惠企政策“免申即享”工作。省大数据管理局要做好“免申即享”信息化支撑工作；各行业主管部门要具体做好本部门、本系统相关政策、办事指南的梳理、发布和动态管理，以及政策兑现工作；财政部门要做好必要的资金保障。

（二）强化监督问效。省“免申即享”工作专班要建立常态化对接沟通机制，定期组织召开工作会议，及时协调解决工作中出现的困难和问题，对各地各部门“免申即享”工作开展情况进行考评。对政策梳理发布不及时、数据共享不配合、流程优化不彻底、工作落实不到位以及对工作成效明显、排名靠前的地区和部门进行通报。

（三）强化宣传引导。加大惠企政策“免申即享”宣传力度，充分运用传统媒体和新媒体加强宣传推广，广泛宣传我省惠企政策“免申即享”主要做法、典型案例和实施效果等，正确引导社会预期，积极回应社会关切，不断提升市场主体的获得感。

（四）强化安全管理。既要坚持用户视角、用户思维，方便企业享受政策，强化智慧化应用创新，最大限度减轻企业负担，又要筑牢“制度、技术、管理”防火墙，确保“免申即享”工作全过程数据安全，严格保护企业商业秘密。

请省中小办各成员单位按照本实施方案，抓好组织实施，并于8月1日前报送本部门省级惠企政策“免申即享”目录清单（详见附件1）和联络员名单（详见附件2），电子版请同步发送至指定邮箱。

联系人：省工信厅中小企业处　黄育琳

联系电话：0591-87820590

传真：0591-87833147

邮箱：zxqyc@ gxt. fujian. gov. cn

附件：1. 本部门省级“免申即享”惠企政策目录清单（略）

2. 联络员名单（略）

福建省发展和改革委员会　福建工业和信息化厅　福建省商务厅　福建省财政厅关于印发鼓励企业入园进区若干措施的通知

闽发改规〔2023〕5号

各设区市人民政府，平潭综合实验区管委会，省人民政府各部门、各直属机构，各大企业：

经省政府同意，现将《关于鼓励企业入园进区的若干措施》印发你们，请认真贯彻落实。

福建省发展和改革委员会
福建省工业和信息化厅
福建省商务厅
福建省财政厅
2023年11月14日

（此件主动公开）

关于鼓励企业入园进区的若干措施

为促进工业企业向园区集中发展，提高要素资源配置效率，增强园区政策功能优势，提升园区开发利用水平，加快产业结构优化升级，推动制造业高质量发展，制定以下措施。

一、优化园区空间布局

1. 构建园区发展新格局。按照产业集聚、空间集中、发展集约的要求，引导对布局、环保和生产要素具有较高要求的电子信息、石油化工、冶金、建材、印染、制浆造纸、纺织鞋服、生物医药、机械装备、新能源、新材料等制造业向各类开发区、工业园区等产业园区（以下简称园区）集聚，形成产业联动、区域协同的高质量发展格局。（责任单位：省发改委、省商务厅、省科技厅、省工信厅、省数字办、省人社厅，各设区市人民政府、平潭综合实验区管委会等按职责分工负责）

2. 整合提升开发区。各设区市制定实施辖区范围内产业园区整合提升方案，支持以国家级和发展较好的省级开发区为主体整合托管周边符合条件的产业园区，统一管理、统筹发展。支持尚未设立省级开发区且具备条件的县（市、区）筹建1家省级开发区，推动有条件的省级开发区升级为国家级开发区。省级财政对年度考评优秀的开发区（工业园区）按照正向激励机制给予一定奖励，用于支持园区产业发展和项目建设。（责任单位：省商务厅、省发改委、省工信厅、省科技厅，

各设区市人民政府、平潭综合实验区管委会等按职责分工负责）

3. 加强小微企业园建设。基于当地产业发展定位和资源禀赋，规划建设一批服务龙头企业、支持创业就业、承接产业转移为主的小微企业园区。结合“低散乱”整治和全域土地综合整治，推进乡镇工业园区、村级工业集聚点改造升级。鼓励符合规划的低效物流用地通过实施低效用地再开发依法依规变更为工业用地，用于小微企业园建设。统筹引导国有资本和民间资本投资开发建设小微企业园，为企业和个体工商户提供低成本创业空间。支持产业定位明确、符合申报条件的制造业小微企业园建设项目申报省重点项目。（各设区市人民政府、平潭综合实验区管委会负责）

二、推动产业集聚发展

4. 发展产业集群。培育一批控制力和根植性强的链主企业和生态主导型企业，推动产业链上下游、大中小企业融通发展。安排省数字经济发展专项资金支持数字经济核心产业发展，重点支持省级数字经济核心产业集聚区数字化转型促进中心、公共服务平台等项目建设。支持重点园区申报项目前期工作经费，用于开展产业梳理、项目谋划、建设公共载体等工作。（责任单位：省发改委、省工信厅、省商务厅、省科技厅、省数字办，各设区市人民政府、平潭综合实验区管委会等按职责分工负责）

5. 打造特色园区。以特色产业园区为主要载体，每个园区聚焦1—2个主导产业，持续开展转型升级和精准招商，不断提升产业集中度，推动园区内企业向“专精特新”方向发展，打造一批产业特色鲜明、带动作用较大的重点产业园区。（责任单位：省商务厅、省工信厅、省科技厅，各设区市人民政府、平潭综合实验区管委会等按职责分工负责）

三、完善综合配套服务

6. 提升设施水平。高标准推进园区基础设施建设，支持具备条件的园区企业利用自有土地和建筑物建设分散式风电、屋顶光伏项目，鼓励建设光储充一体化设施、用户侧储能设施和新能源微电网，提升园区供电保障能力。结合“电动福建”建设，支持有条件的园区推广集中式“光储充检”一体化示范站，对配置储能电池系统额定容量达到800千瓦时以上、充电桩达到16根以上、单枪最大输出180千瓦以上的“光储充检”示范站建设给予业主单位单站补助50万元。对符合省数字经济发展专项资金申报要求的园区内卫星应用、信创、人工智能等领域公共服务设施和平台项目，按照最高不超过项目总投资30%比例进行投资补助。（责任单位：省住建厅、省发改委、省数字办、省工信厅、省商务厅、省人社厅、省教育厅、省卫健委、省文旅厅，各设区市人民政府、平潭综合实验区管委会等按职责分工负责）

7. 完善承载功能。允许园区单一用途产业用地兼容其他产业用途和建设规定的生活配套设施，加快完善配套服务功能。强化园区职住平衡，支持在区内统一规划、集中建设保障性租赁住房。支持在区内创建未来社区，构建15分钟生活圈。支持有序疏解在城中村集聚的产业转移承接园区。（责任单位：省自然资源厅、省住建厅、省人社厅等有关部门按职责分工负责，各设区市人民政府、平潭综合实验区管委会落实）

8. 加强职业教育。支持有条件的园区积极创造条件，同步规划技工教育用地，吸引和支持各类组织入园举办产业技工学校，通过与职业院校（含技工院校）共建共管模式设立实体化运作的职业技能提升中心。鼓励园区申报建设各级公共实训基地，打造产教融合创新平台，为园区产业链同步配套技术人才链。（责任单位：省人社厅，各设区市人民政府、平潭综合实验区管委会等按职责分工负责）

9. 支持实体运营。支持园区平台公司等市场主体对老旧工业集聚区进行改造提升和整体开发，通过转让、入股、联营、法拍等多种方式依法取得低效、空闲工业用地和“僵尸企业”土地、房屋等资产，并依法依规再次改造开发。鼓励建设基于固定资产管理和服务产品数字化的智慧园区管理服务平台，开发运营园区数字化资产。（责任单位：省商务厅、省自然资源厅、省住建厅、省工信厅、省数字办，各设区市人民政府、平潭综合实验区管委会等按职责分工负责）

10. 提升政务服务。以“办事不出园区”为目标，因地制宜推动高频公共服务进园区，支持有条件的园区探索“一业一证”改革，营造良好营商环境。支持引入法律、人才、税务、金融等第三方专业服务机构，降低企业经营成本。支持园区所在地政务服务中心积极整合具有规划设计审查职能的部门力量，主动靠前为项目提供审批指导，依法依规推动“拿地即开工”。（责任单位：省发改委、省人社厅、省税务局、省金融监管局、省自然资源厅，各设区市人民政府、平潭综合实验区管委会等按职责分工负责）

四、加大财金支持力度

11. 支持综合服务。对入驻园区的新型研发机构、科技企业孵化器等研发平台，符合条件的优先给予政策支持。对入驻园区的工业设计中心，新增遴选省级以上的按规定给予奖励。对入驻园区的专业协会、产业基金、融资服务、创业辅导、人力资源、招商等综合性服务机构，鼓励所在地政府根据实际情况出台租金减免政策。（责任单位：省财政厅、省工信厅、省科技厅、省人社厅、省商务厅，各设区市人民政府、平潭综合实验区管委会等按职责分工负责）

12. 支持产业用房。支持各地以国有建设用地使用权作价出资或入股的方式供应标准厂房、科技孵化园用地。支持企业按照园区产业定位入园进区、搬迁聚集，鼓励所在地政府根据实际情况出台政策，对符合园区主导产业的搬迁企业给予标准厂房租赁补贴。对租赁园区产业用房（含配套用房）的入园企业，鼓励园区运营方与入园企业商定租金优惠方案。（各设区市人民政府、平潭综合实验区管委会负责）

13. 支持搬迁奖励。对企业入园进区实施的搬迁技改项目，各级政府可比照招商引资落实优惠政策。支持工业和信息化、新型基础设施方面资金对园区企业数字化改造予以奖补。支持入园企业应用先进适用技术实施设备更新改造，对符合条件的入园企业技术改造项目给予省级技术改造相关政策支持。对其中列入省重点技改项目的固定资产贷款，符合条件的由省级财政给予最长3年、年化2%贴息支持。（责任单位：省工信厅、省财政厅、省商务厅、省数字办，各设区市人民政府、平潭综合实验区管委会等按职责分工负责）

14. 支持投产奖补。在省级以上（含省级）园区落地、按投资协议约定如期投产的先进制造业项目，从省级专项资金中积极统筹给予事后投产奖补。奖补标准按照项目生产、研发设备（含技术、软件等）实际投资额不超过2%的比例执行，单个项目奖补资金额不超过1000万元。（责任单位：省发改委、省工信厅、省财政厅，各设区市人民政府、平潭综合实验区管委会等按职责分工负责）

15. 创新融资方式。在不新增地方政府隐性债务前提下，支持收入持续稳定、信用等级较高园区平台公司按照市场化原则开展园区债发行试点、发行资产证券化产品。鼓励有条件的园区设立股权投资基金，推动园区内科技型中小微企业、“专精特新”企业无抵押贷款试点。支持区内企业申报发行基础设施领域不动产投资信托基金（REITs）试点。（责任单位：省财政厅、省发改委、省金融监管局、福建证监局、省科技厅，各设区市人民政府、平潭综合实验区管委会等按职责分工负责）

五、加强园区用地保障

16. 保障产业用地。将园区建设用地纳入各级国土空间规划，有条件的省级以上（含省级）开发区可先行实施新供工业用地“标准地”出让。支持工业企业选择弹性年期出让、长期租赁、租让结合、先租后让等方式供应工业用地。支持园区年度用地计划指标由其所在设区市统筹保障。符合用林条件的园区项目由其所在市县保障用林指标，指标不足可按规定申请省级调剂指标。（责任单位：省自然资源厅、省林业局，各设区市人民政府、平潭综合实验区管委会等按职责分工负责）

17. 加强土地集约。结合《福建省人民政府关于进一步推进工业用地提质增效促进工业经济高质量发展的通知》，自2022年7月6日后新公告出让的工业用地，用地容积率下限原则上在原省定标准（不含用地容积率1.0以下的行业）的基础上提高10%以上，标准厂房用地容积率原则上不低于2.0；用地容积率上限由各市、县（区）根据区域规划条件、产业类别、发展水平，结合详细规划确定。引导现状零星工业用地向产业园区集中，原则上园区外不再新增零星工业用地。支持统规统建的高标准厂房建设，加大批而未供、闲置用地处置力度，大力推动零散低效工业用地向园区腾挪集聚。（责任单位：省自然资源厅、省住建厅，各设区市人民政府、平潭综合实验区管委会等按职责分工负责）

本措施发布后，鼓励各类产业项目入园进区，支持产业发展的各类财政性资金优先支持园区内企业和项目。本措施与省级其他政策内容重复或者类同的，按照有利于企业发展、就高不重复原则执行，措施有效期至2025年12月31日。

第十篇
表彰奖励

福建省劳动模范和先进工作者名单

根据《中共福建省委办公厅　福建省人民政府办公厅关于做好省劳动模范和先进工作者评选表彰工作的通知》（闽委办发明电〔2023〕16号）精神，2023年4月26日福建省人民政府网站发布了2023年福建省劳动模范和先进工作者名单（496名）。

福州市

劳动模范（54名）

马小伟（女）　王　缘　王　榆　王林敏（女）
王秋琳　毛有仓　卢　健　卢云长　刘　伟
江　航（女）　江　烽　江叔山　许晓霞（女）
孙朝阳　吴晓莉（女）　何　献　何学智
何宝平　张必诚　陈　忠　陈　晶（女）
陈开注　陈水银　陈旭龙　陈秀荣（女）
陈海清　陈章宇　林友亭　林向武　林连忠
林国镜　林望嵩　欧丽彬（女）　卓文海
卓宇枫（女）　周　林（女）　周华官
郑国珍（女）　胡玉柳　柯　琳（女）
柳海榕（女）　侯艳梅（女）　姚朝响
翁秀英（女）　翁茂荣　高小平（女）　高向登
高理清　陶武样　黄　燕（女）　黄永剑
黄廷松　黄宗明　镇千金（女）

先进工作者（23名）

毛丽华　方晓敏（女）　刘小龙　齐忠华
苏桂铁　李章平　吴梦妤（女）　沈　烽
宋　霖　林　松（女）　林家新　林融榕（女）
祝昌镇　黄　兴　黄乐增　黄秀芳（女）
黄莉玲（女）　黄碧华（女）　康德智　蒋春彬
游益银　谢赠生　廖庭俊

厦门市

劳动模范（38名）

马仁刚　王开辉　邓美健（女）　卢渊鸣
尧　刚　庄莹莹（女）　刘　松　许丁上
孙素环（女）　苏家榆（女）　李义福
吴　兴（女）　吴岩松　邹春龙　陈　亮
陈水让　陈伟和　陈炎珠（女）　林沪荣
林环环（女）　林朝辉　林惠斌　林锦峰
周广斌　郑天源　郑宏扬　钟俊杰　姚天妹（女）
郭光清　郭润阳　陶　云（女）　陶　利（女）
康英德　彭志团　温松涛　蔡月华
熊彩茶（女）　滕　达

先进工作者（15名）

尹震宇　刘慧恒（女）　孙跃民　李海北
李缘缘（女）　何宏舟　佘　峥（女）
张伟中　林银玲（女）　柯明月（女）
洪　炜　姚培泰　徐夙侠（女）　谢素原
蔡志福

漳州市

劳动模范（32名）

于　娟（女）　方绍东　卢溪河　江银盛
许志典　苏鹏程　杨志军　吴有林　何世杰
沈晓妹（女）　张群毅　张鹭媛（女）　陈朱池
陈恋凤（女）　陈祺芳（女）　林　雄　林达三
林婉彬　罗荣毅　周建喜　洪百中　洪精明
翁保环（女）　黄子欣　梁加辉　梁兴木
曾奕彰　曾惠兰（女）　蔡秋平　廖建坤
熊　丽（女）　薛从福

先进工作者(12 名)

卞国平　朱平然　朱栩焕　纪文洋
李　玉(女)　李阿池　杨晓娟(女)　吴勇江
林淑贞(女)　洪树棠　黄庆永　黄惠珠(女)

泉州市

劳动模范(62 名)

丁文欢　王志秀　王松勇　王烈平　王祥林
龙小雄　卢　鑫　叶文城　叶美丽(女)
刘伟洪　许为民　许阳阳(女)　孙秋琼(女)
孙晓东　苏进全　杜天瑞　李小松　李金登
李斌凤(女)　吴韦力　吴为荣　吴丽川
吴刺莲(女)　吴荣照　吴晓彪　何棋松
张　丽(女)　张佳雄　陈志成　陈树全
陈树森　陈晓玲(女)　林阳顺　林志成
林丽芳(女)　林灵月(女)　林建忠　林振清
卓开流　易泽平　罗江平　罗学飞　郑友套
郑国兴　郑培忠　柯珍珍(女)　洪文艺
顾奎武　徐　芳(女)　黄达平　黄连福
黄种衍　曹先强　康桂珠(女)　傅贵华(女)
温文溪　谢小凤(女)　谢泉忠　赖作伟
蔡鹏泽　廖亚隆　潘建平

先进工作者(19 名)

王发红　尤芬蕾(女)　车卫东　卢世锋
刘善辉　苏秀真(女)　李建强　吴雅芳(女)
汪春花(女)　林天来　柯向阳　钟泽鑫
翁景斌　郭艳娜(女)　郭焕钢　黄金树
黄雅莉(女)　曾云燕(女)　蔡　亮

三明市

劳动模范(27 名)

王燕清(女)　邓云生　邓春福　邓清娇(女)
乐发灯　刘渊毅　纪贤灿　李金红(女)
杨文锦　吴光焕　吴厚辉　邱璜其　何天仁
张仕滨　张金珠(女)　陈宇鹏　陈克满
陈振云　范祯现　柳建民　黄世恩
章瑞任　曾伟华　曾志慧　赖侦杰
廖尚斌　戴春华(女)

先进工作者(11 名)

王红英(女)　邓　祥　许旭明　杨　惠(女)
邱智强　林义彬　罗信昌　胡安煦　蒋际君
曾岷芝(女)　谢汝根

莆田市

劳动模范(27 名)

卢玮彬　卢金荣　朱志芳　朱桂水　刘坤泳
许国平　严国圣　佘雅敏(女)　沈清华
陈　清(女)　陈丽洪　陈国华　陈彩霞(女)
武奇静(女)　林玉珊　林华忠　林如海
林金花(女)　林建春　林荣腾　周咪冬
郭素云(女)　郭清地　黄青山　黄春玉(女)
黄雪清(女)　曾献星

先进工作者(11 名)

王金桂　庄媄宇　许开清　许东平　陈建红(女)
陈超楠(女)　林钗钗(女)　林群英(女)
黄世举　黄萍萍(女)　蔡键恒

南平市

劳动模范(28 名)

叶文青　刘秀棋　刘学懋　刘善庭　江元勋
杜锦祥　李　晔　李国友　杨　飞　杨庭珠(女)
吴先朝　吴昌晖　何水双　何柳红(女)
张　颖(女)　张兴旺　张建胜　张益金(女)
陆宝英(女)　陈　佳(女)　陈仕雷　陈进添
林忠贤　翁夏翔　高流滔　黄正旺　程寿波
游成雄

先进工作者(10 名)

王振芳(女)　池光萌　李文富　宋少铨
宋毓敏　陈　松　林志宏　郑群瑞
黄晓梅(女)　黄敬民

龙岩市

劳动模范(28 名)

王庆新　王新宝　孔秋平(女)　苏向阳
李志鸿　吴才英(女)　吴水长　吴兰玉(女)
邱琰琛　邱道良　邱碧荣(女)　张曲萍(女)

张松妹(女)　陈益荣　罗家淇　周小燕(女)
胡新亮　柯小兰(女)　钟英有　姜志强
郭毅斌　黄小娜(女)　黄建萍　惠颖娟(女)
傅颜洪　蓝永建　蔡裕泰　廖月璋

先进工作者(11名)

朱莲秀(女)　巫吉芳(女)　李秀菊(女)
邹秉章　林　福　林新英(女)　章生亮
傅权华　曾松生　曾清能　谢建谋

宁德市

劳动模范(27名)

王金伟　王顺奎　方　敏　甘乾耀　左允文
刘　军　刘元建　刘江平　许广伟　杜丽钦(女)
李显红　张为露　张吓勇　张林科　陈　弟
陈　锦　陈志星　陈海青(女)　欧阳昭权
俞水荣　俞珍群(女)　郭光锋　黄昭术
黄高英(女)　温作平　谢义淳　赖盛君

先进工作者(10名)

兰子君　李成双　李华杰　杨宁霞(女)
张神驹　陈　琳(女)　陈进兴　贺　曦
袁　涛　蒋昌明

平潭综合实验区

劳动模范(3名)

丁昌强　陈孟邦　林月莲(女)

先进工作者(2名)

吕振南　章　颖(女)

省直机关

劳动模范(1名)

陈加彬

先进工作者(14名)

刘海滨　许育良　李　琳(女)　陈　品
陈汉杰　陈孝丑　林　敏　郑少泉　郑伟强
郑祝连(女)　高松涛　郭国聪　温曜圻
游秀钦(女)

省国资委出资企业

劳动模范(15名)

华崇略　刘海镇　李其平　肖秀婷(女)
吴先发　林金炼　周亚山　郑王辉　郑庆樟
赵　辉　耿克红　高　雨　高险峰　黄文忠
黄荣庆

高教系统

先进工作者(3名)

江莉龙　许月云(女)　辛顺强

行业、系统

劳动模范(11名)

刘文基　李　岩　吴良江　陈憬云(女)
郑　炜　郑海珠(女)　洪淮斌　徐海涛
黄玉芳(女)　程珮珮(女)　谢智波

先进工作者(2名)

冯增芳　廖　红(女)

（摘编：赵小真）

第 20 届福建青年五四奖章和第 20 届福建青年五四奖章集体表彰名单

2023 年 5 月 4 日，为引导和激励广大青年以五四精神为指引、以先进典型为榜样，认真履行职责、勇于担当作为，经过专家评审、公示、复核，共青团福建省委、福建省青年联合会研究决定，授予朱从军等 100 名同志“第 20 届福建青年五四奖章”荣誉称号，授予厦门市翔安区新圩青年创业促进会等 50 个集体“第 20 届福建青年五四奖章集体”荣誉称号。名单如下。

第 20 届福建青年五四奖章表彰个人名单

（个人共 100 名）

标兵

万存灵　中央广播电视总台福建总站记者

方　舟　福建省武夷山市永生茶业有限公司总经理

阮沈滨　漳州市龙溪搏击健身有限公司总经理

李　骁　福鼎市白琳镇党委宣传委员

陈耘嘉　漳平市岳山茶业有限公司董事长

林　翔　福建医科大学附属第一医院副主任医师

卓　荦　福建省公安厅刑事技术总队警务技术四级主任

施晓健　漳州市公安局龙文分局刑侦大队大队长、龙文区反诈骗中心主任

黄　烯　厦门大学生命科学学院副院长、教授

缪文钦　寿宁县祥瑞葡萄种植专业合作社理事长

乡村振兴青年人才

朱从军　南平市延平区南山镇江边村支部书记、村主任

陈文盛　福建省生态环境信息中心综合科副科长

周　青　新知青艺术公社社长

黄金门　鲜珥家（福建）生物科技有限公司董事长

詹伟鹏　福建工程学院土木工程学院党委组织员（助理研究员）、省派第六批驻平潭青观顶村第一书记

蔡垟莹　国家税务总局莆田市湄洲湾北岸经济开发区税务局党委委员、副局长

廖炫辉　福建省花卉盆景有限公司工程管理部副经理

熊　强　福建省国资保安守押有限公司综合办公室主任、安溪县龙涓乡内灶村党支部第一书记（挂职）

颜丽芳　中共漳州市委组织部派驻东山县前楼镇下西坑村第一书记

魏建森　福建壹谷生态农业发展有限公司总经理

青年科教人才

叶陈勇　福建船政交通职业学院教务处教学科科长、副教授

祁　第　集美大学港口与海岸工程学院副院长、教授

吴新星　福州外语外贸学院董事长

张　进　福州大学石油化工学院材料化工系副主任

张舒琪　厦门市集美区实验小学德育主任、少先队大队辅导员

张璐滢　龙岩学院经济与管理学院团委书记、讲师

陆耀坤　晋江金井毓英中心小学少先队副大队辅导员

陈冬冬　闽南理工学院创新创业教育学院副院长

陈宇笙　福建省福州实验小学教师

黄　镇　福建师范大学生命科学学院副教授

黄家晖　小未来中英亲子图书馆创始人

蒋雪晶　宁德市蕉城区第一中心小学少先队大队辅导员

青年技能人才

王保成　漳州市龙海区石码消防救援站站长助理

卢文财　宁德市财之润装饰工程有限公司创始人、设计总监

叶一凡　漳州东山海事处东山海巡执法大队副大队长

叶祖彪　湄洲湾职业技术学院教师

李　洋　泉州市石狮市湖滨消防站执勤站长助理

张　磊　福州东车辆段检修车间制动室制动钳工

张丽娇　德化县多娇生活陶瓷有限公司艺术总监、高级工艺美术师

陈吴晓　国网福建营销服务中心需求侧管理中心副主任

陈宏鑫　福建明一国际营养品集团有限公司总裁

林清景　福清市侨乡街舞团团长

周代乐　福建七建集团有限公司副总经理

侯艳萍　福建福光股份有限公司党委副书记、董事

俞丁凌　漳州市国有企业评审中心负责人、漳州市国资委改革发展科负责人

洪少阳　厦门金龙联合汽车工业有限公司车载能源研究工程师

郭宇虹　国家税务总局福安市税务局税政一股副股长

青年法务工作者

邬钦海　福州市公安局网络安全保卫支队三大队三级警长

李金森　厦门市同安区人民法院党组成员、副院长、审判委员会委员

吴　涛　南平市浦城县公安局水北街派出所教导员

陈妙娜　云霄县人民检察院第五检察部副主任（主持工作）

郑　鸿　福建省高级人民法院民三庭副庭长

胡文颖　福建省人民检察院机关党委三级主任科员

徐晓雯　漳州市芗城区人民法院行政与生态环境审判庭副庭长

郭丽花　福建省司法厅直属机关党委一级主任科员

黄诚浩　福建知望律师事务所主任

雷　蕾　宁德市人民检察院机关党委四级主任科员

熊文哲　三明市公安局刑侦支队三元大队三级警长

青年经营管理人才

王俊清　利郎（中国）有限公司零售中心总监

杨青元　福建三简集团创始人、福建三简茶界供应链有限公司董事长

杨　静　龙合智能装备制造有限公司董事长

杨绿汀　福建省大数据集团综合办公室主任助理

吴雨青　共青团武平县委兼职副书记、福建茂增木业有限公司党支部书记、工会主席、车间主任

吴定昊　中国联合网络通信有限公司厦门市分公司政企营销中心经理

吴毅菲　中国太平洋财产保险股份有限公司泉州中心支公司综合管理部副经理

邱兴烨　中国工商银行股份有限公司长汀支行副行长

张晶晶　中国银保监会厦门监管局其他非银行金融机构监管处副处长

张瀚武　福建永东南建设集团有限公司党支部书记、总经理

陈雷翔　福建平潭瑞谦智能科技有限公司董事

赵雅菲　福建福旅教育科技有限公司副总经理

黄锦龙　福建省三福古典家具有限公司副总裁

蔡欣欣　福建银保监局一级主任科员

青年公益人才

王　鑫　厦门味友餐饮管理有限公司总经理

吴昌强　武夷学院学生工作部思想教育科科长

陈志腾　莆田市荔城区社区青少年宫负责人

林丹楠　厦门市湖里区培善社会服务中心、项目主管

黄增强　泉州市丰泽区新的社会阶层人士联谊会会长

青年新闻和文体工作者

邱泽林　南安市汉侯德化现代瓷博物馆副馆长

范　霖　福建省体育用品服务中心贸易科科长、省体育局派驻南靖县和溪镇坂场村党支部第一书记

郑薇薇　厦门铁路公安处乘警支队综合大队大队长

青年医药卫生工作者

吴佳娇　惠安县妇幼保健院妇保科副科长

青年政治人才

方振忠　福建省发改委重点项目综合管理处一级主任科员

冯　文　福州市仓山区机关事务服务中心副主任（主持工作）

李明立　福建省政府督查室三级调研员

李泽民　中共福建省委编办综合处一级主任科员

李滢颖　泉州市医疗保障基金中心鲤城分中心负责人

郑剑斌　中共莆田市城厢区委办公室干部

赵志婷　中共福州市委办公厅秘书一处副处长

赵呈霁　晋安区机关事务服务中心党组成员、副主任

翁　琳　中共福建省委组织部离退休干部工作处处长、新疆昌吉州党委组织部副部长（援疆）

黄云龙　福建省民政厅养老服务处一级主任科员

魏国海　中共福建省委办公厅秘书一处二级主任科员

青年台港澳及海外华侨人士

李京机　福州市劳务派遣有限公司派驻福州市行政服务中心台胞专员

陈建翔　平潭综合实验区旅游与文化体育局办公室副主任

陈楚翰　瑞士百达银行助理副总裁

林易达　台厝（福建）科技有限公司董事长、永安市毛氏食品有限公司董事、省级“心农业新未来”星创天地联合创始人

俞　凯　名城地产（福建）有限公司董事长

俞婉萱　福州五方集教育咨询有限公司创始人

黄保勋　集美大学海洋信息工程学院副教授

赖伟通　华侨大学学生

第20届福建青年五四奖章表彰集体名单

（共50个，排名不分先后）

标兵

廖红平和蜜柚科技小院团队

厦门厦钨新能源钴酸锂研发团队

福建福清核电有限公司维修三处华龙团队

福建省妇幼保健院中医科

厦门铁路公安处泉州车站派出所

德化县农村信用合作联社

福州格致中学“星火”志愿服务队

泉州市消防救援支队特勤大队

福建省直广厦幼儿园

国家税务总局将乐县税务局第一税务分局（办税服务厅）

青年创业团队

第一云家园

青年乡村振兴团队

厦门市翔安区新圩青年创业促进会

清华大学乡村振兴工作站福鼎站（福建团队）

福州随坪一里建筑设计有限公司

福建艺术职业学院美术与设计学院艺术设计专业群乡村振兴服务中心

青年科研团队

福建省铁拓机械股份有限公司青年科研团队

华侨大学精密制造与装备青年科研团队

福建农林大学海洋研究院

厦门大学海洋种业青年科学家团队

福建工程学院先进合金科研团队

福建船政重工“设计猿”攻坚项目组

青年卫士团队

福州市仓山区消防救援大队

连江县公安局巡特警反恐大队

福州第二医院小儿骨科

漳州市长泰区消防救援大队

建宁县人民法院

武夷山市消防救援大队

南平检察“夷树光”未爱联盟

龙岩市公安局巡特警支队

龙岩市消防救援支队曹溪路特勤站

中国渔政 35001 船

厦门市思明区人民法院立案庭

漳浦未检浦小卫团队

福建省国资保安守押有限公司南平押运分公司邵武押运大队

漳州古雷港经济开发区海盾见义勇为救援队

青年志愿服务团队

黎明职业大学军魂社

国家税务总局漳平市税务局第一税务分局（办税服务厅）

福能总医院青年志愿服务突击队

国网龙岩供电公司“让电传递爱”青年志愿服务队

华侨大学“萤火之光”境外生志愿服务队

其他综合类团队

厦门深田社区“近邻·思民”青年志愿服务队

漳州市城市展示馆

国家税务总局三明市沙县区税务局第一税务分局（办税服务厅）

国网福建省电力有限公司仙游县供电公司榜头镇供电所

周宁县财政预算绩效服务中心

国家税务总局平潭综合实验区税务局第一税务所（办税服务厅）

福建师范大学闽派文化育人团队

福州大学 ACM 协同创新团队

国能（连江）港电有限公司设备管理部热控班组

三明银保监分局农村银行机构监管科

（摘编：李乐成）

福建省三八红旗手标兵、福建省三八红旗手（集体）名单

2023 年 3 月 4 日《福建日报》刊发，为表彰先进、树立榜样，进一步引领和激励广大妇女坚定不移听党话、跟党奋进新征程，豪情满怀、意气风发投入推进中国式现代化的伟大实践，省妇联决定，授予卓艳华等 10 人福建省三八红旗手标兵称号，授予刘倩文等 202 人福建省三八红旗手称号，授予福州市台江区洋中街道金斗社区居民委员会等 100 个单位福建省三八红旗集体称号。

2021—2022 年度
福建省三八红旗手标兵名单（10 名）

卓艳华　福州市罗源县凤山镇凤美社区党总支书记、居委会主任

陶　云　厦门轨道建设发展集团有限公司运营分公司党委委员、副总经理

张明理　漳州市云霄县农业农村局经作站站

长、农业推广研究员

张银珠　三明市宁化县城郊镇妇联主席、无线电工程师

黄艳艳　福建省莆仙戏剧院副院长、一级演员

王　英　南平市人民医院妇产科主任医师、不孕症专科主任

陈　桥　宁德市霞浦县实验幼儿园教师、宁德市鸿爱慈善会巾帼志愿服务总队队长

林月莲　平潭综合实验区金井镇青观顶村党支部书记、村委会主任、村妇联主席

张丽钦　中共福建省委审计委员会办公室秘书处处长

王　红　福建省军区第四离职干部休养所政治委员

2021—2022 年度
福建省三八红旗手名单（202 名）

福州市

刘倩文　福州市鼓楼区华大街道思儿亭社区党委书记、居委会主任、妇联主席

吴刘驰　新中冠智能科技股份有限公司总裁

任沐芳　福州市台江区义洲街道浦东社区党委书记、居委会主任

傅晓萍　福建春伦集团有限公司副总裁、集团妇工委主任

陈　晶　福州市晋安区寿山乡前洋村党支部副书记

鲁亚男　福建星云电子股份有限公司一线招聘负责人

陈　文　福州市闽侯县甘蔗街道三福社区党支部书记、居委会主任

吴新星　福州外语外贸学院董事长

郭文豪　福州市福清市音西街道福百社区党总支书记、居委会主任

邵盛岚　恒申集团化工国际贸易中心/福建申远新材料有限公司高级产品经理

张燕玲　福州市罗源县松山镇岐屿社区党支部书记、居委会主任

张水如　福州市永泰县樟城镇南门社区党委书记、居委会主任

郭晓梅　福州市闽清县农村信用合作联社普惠金融部总经理

李灵华　福州高新区村镇办党委党建专职工作者，博海湾社区党支部书记、居委会主任

俞少奇　中共福州市委深改办综合协调处处长

黄丽慧　福州市不动产登记和交易中心测绘技术处处长

谢惠琳　中共福州市委宣传部理论处处长

陈婀娜　中共福州市台江区委常委、组织部部长，兼区委党校（区行政学校）校长

曹素华　福州市城乡建设局发展计划处处长、一级主任科员

罗秀凤　福州市疾病预防控制中心纪委委员、工会副主席、副科长

杨彦伟　福州市乌山小学党委书记、校长

翁　真　福州市长乐区公安局网络安全保卫大队大队长

林　霞　31618 部队 61 分队连长

齐利萍　福州市体育运动学校教练员

杨玉琴　福州市连江县医院急诊科副科长、副主任医师

厦门市

庄莹莹　厦门市思明区开元街道深田社区党委书记、妇联主席

吴雅峰　厦门市思明区人民检察院第一检察部副主任、一级检察官

林满治　厦门市湖里区疾病预防控制中心副主任、副主任医师

谢晓青　厦门市集美区后溪镇三兴社区党支部书记、居委会主任

许月琼　厦门市海沧区海沧街道渐美村党委委员

许春梅　厦门市同安区五显镇侨安社区党总支书记、居委会主任

陈亚锦　厦门市翔安区大嶝街道办事处综合服务中心副主任

陈海云　厦门市翔安区富美大宅火龙果专业合作社负责人，火龙源（厦门）生物科技有限公司经理

刘　钊　厦门市公安局技术侦察支队第六大队教导员

廖家琳　厦门市南普陀寺实业社主任

叶敏琦　厦门市发展和改革委员会服务业发展处副处长

费霞丽　厦门市政水务集团有限公司教授级高工

洪陈洁　厦门市公路事业发展中心团委副书记、工程师

张雅芬　厦门市第五中学高级教师

赖晓玲　福建省厦门地质工程勘察院人事科科长，高级人力资源管理师

章燕宝　厦门市信息中心标准规划部副主任

范宝琴　厦门海沧红裙子志愿服务中心理事长

漳州市

梁小梅　漳州市凯盛环境服务集团有限公司监事

张正根　大闽食品（漳州）有限公司行政科科长

廖映苹　漳州市龙海区卫健局党组书记、局长

陈燕治　福建聚芝林医药连锁有限公司总经理

杨彬珍　漳州市长泰区总医院重症医学科护士长

林鸿斌　漳州市漳浦县中医院护理部主任

吴小妙　漳州市云霄县下河乡巾帼志愿服务队负责人

沈杰珍　漳州市诏安县总医院院感科科长

方雪萍　漳州市东山县妇联主席

李庆丽　福建省润和集团党支部书记、副总经理

张雯婷　中共南靖县委组织部副部长、部务会成员

吕燕雅　福建立兴食品股份有限公司总经办秘书处经理

游婉瑜　漳州市财政局党组成员、二级调研员

吴春凤　漳州市医院儿科护士长

蔡淑丽　福建开度律师事务所律师

范凌燕　漳州市实验小学教导处副主任

杨秀灵　漳州市九龙江集团有限公司高级审计师

朱淑凤　漳州市平和县育英小学教研室主任

泉州市

陈竞芳　泉州市鲤城区委组织部副部长、部务会议成员，兼任区委非公企业和社会组织工委书记

张红萍　泉州市红莲木雕艺术研究院有限公司艺术总监、高级工艺美术师

邵　凡　泉州市丰泽区华大街道党工委书记

王玉萍　泉州市丰泽区实验小学书记

陈　颖　泉州市洛江区南少林实验学校常务副校长、洛江区武术协会会长

赖艺艺　泉州市洛江区双阳中心幼儿园园长

房香莲　泉州市泉港区妇联兼职副主席、泉港区未成年人心理辅导站站长、泉港二中党支部副书记

蔡娃娃　泉州市石狮市委组织部三级主任科员，市直机关党工委副书记、纪检监察工委书记

张　丽　中联品检（福建）检测服务有限公司高级工程师、董事会秘书、总监

庄怀璇　泉州市晋江市委常委、市纪委书记、市监委主任

陈青青　福建浔兴拉链科技股份有限公司企业文化部经理

李惠琼　泉州市南安市民政局福利中心主任

陈秀凤　泉州市南安市医院院感办主任

庄丽娟　中共惠安县委文明办副主任

郑燕萍　泉州市惠安县国明雕刻艺术园设计总监

王美芳　泉州市安溪县沼涛实验小学高级教师

陈木兰　泉州市安溪县凤城镇蓝湖社区党支部书记、居委会主任

陈桔雯　泉州市永春县妇联办公室主任

李　平　泉州市德化县人民法院上涌法庭庭长

陈明华　福建省德化县铭华瓷艺有限公司艺术总监

杨婷婷　泉州台商投资区融媒体中心记者

林惠君　泉州市第二实验小学（泉州开发区校区）校长助理、一级教师

王佳惠　中共泉州市纪委、泉州市监委组织部部长

吴婉艺　泉州市妇幼保健院·儿童医院护理部副主任

郭　艳　泉州市海西社工事业发展中心联合创始人兼副理事长

何环珠　安溪铁观音女茶师非遗传习所所长兼妇联主席

黄幼连　泉州乐乐家政服务有限公司副总经理

三明市

陈　晨　三明市人民检察院第六检察部副主任

张建燕　福建省高速公路车辆通行费三明南征收管理所干事

李丽芳　三明市城市建设发展集团有限公司综合部主任

魏彩平　三明市列东中学工会主席

叶　薇　三明市永安市燕南街道巴溪湾社区党委书记、居委会主任

罗德倩　三明市尤溪县公安局党委委员、分管日常工作的副局长、一级警长

柯美英　福建沈郎生物科技集团有限公司党支部书记、工会主席，福建省沈郎油茶股份有限公司副总经理

郑艳青　三明市三元区徐碧街道北门社区党支部书记、居委会主任

黄榕慧　三明市宁化县中沙乡人民政府社会事务综合服务中心主任

宋彩凤　三明市森彩生态农业发展有限公司总经理

艾述蓉　三明市建宁县蓉丰种子专业合作社监事长

郑玉婷　三明市清流县龙津镇渔沧社区党支部书记、主任

黄雪珍　三明市泰宁县委文明办创建股股长

王红英　三明市大田县总医院妇产科主任医师

莆田市

郑青青　莆田市仙游县钟山镇临水村党支部书记兼村民委员会主任

林艳青　莆田市仙游县赖店镇人民政府党委副书记、镇长

黄　莹　莆田市荔城区妇联党组书记、主席

陈　琴　莆田藏云堂艺术品有限公司总经理

张丽芬　福建省亚明有限公司党支部书记、财务副总裁

陈　清　莆田市涵江区新县镇广宫村党支部书记

肖丽琴　莆田盛兴医院妇产科副护士长

黄　倩　莆田市忠湄轮渡有限责任公司干事

吴　凡　武警第二机动总队机动第五支队作战支援大队通信中队中尉副中队长

张雪芳　湄洲湾职业技术学院助理研究员

许　利　莆田市外国语学校（莆田第一中学妈祖城校区）校长

武奇静　福建省洪英工艺有限公司艺术指导、中级工艺美术师

黄珊珊　莆田市中级人民法院民一庭庭长（四级高级法官）

郑淑娟　莆田市荔城区司法局西天尾司法所所长

南平市

温阿丽　南平市延平区洋后镇党委书记

王艳萍　福建建阳龙翔科技开发有限公司党委委员、工会主席，高级会计师

黄静芳　南平市邵武市洪墩镇河坊村村委

叶　灿　武夷山茶言精舍文化旅游有限公司董事长、武夷山止止茶道文化传播有限公司董事长

李　静　南平市建瓯市瓯宁街道金瓯社区党委书记、社区居委会主任

许　丽　福建省顺昌合亿农产品开发有限公司总经理

黄正芬　南平市浦城县富岭镇店亭村党支部书记、村委会主任

付郁樱　南平市光泽县第一中学高级教师

张　颖　中国农业银行股份有限公司松溪县支行业务部副经理

张荣丽　南平市政和县人民法院立案庭庭长、审判委员会委员，一级法官

朱晓燕　南平市教师进修学院高中教研室主任、正高级教师

严丽榕　中共南平市委办公室法规室主任、一级主任科员

魏　焰　南平市财政局会计科（行政审批科）科长

罗伟菉　福建永晶科技股份有限公司研发副总监

龙岩市

洪　为　龙岩市新罗区妇联主席

陈柳芬　龙岩市新罗区东城街道松涛社区党

委书记、社区居委会主任

吕清清　福建客家建设发展集团有限公司党委副书记、财务总监、工会主席

丘金霞　龙岩市上杭县皮肤病防治院，上杭县新冠肺炎密切接触者集中隔离医学观察点护士长

吴兰玉　龙岩安心农产品有限公司总经理

王秀金　中共武平县委常委

李海珍　龙岩市长汀师范附属小学一级教师

兰锦英　龙岩市长汀县汀州镇西门社区居民委员会党委书记兼主任

杨先金　龙岩市连城县圣兰花卉种植专业合作社理事

付珊珊　龙岩市漳平市疾病预防控制中心检验检测股股长

黄丽平　龙岩市中心血站党支部书记、站长

王夏菁　国网龙岩供电公司调控中心地区调度班副班长兼调度长

马双梅　福建贝思科电子材料股份有限公司党支部书记、行政副总经理、工会主席

廖素清　龙岩博物馆党支部书记、馆长

魏婉婷　龙岩市爱伊闽西姑娘家政服务有限公司总经理

宁德市

雷美凤　宁德市蕉城区八都镇猴盾村党支部书记

林　彬　宁德市蕉城区虎贝镇党委书记

陆燕清　宁德市古田县公安局巡特警反恐大队二级警长

胡晓华　中国邮政集团有限公司福建省屏南县分公司党支部书记、总经理

许金容　宁德市周宁县纯池镇党群服务中心主任

林少云　三祥新材股份有限公司党支部书记、副总经理、市场总监

钟团玉　全国人大代表、福安市妇联兼职副主席、福安市康厝畲族乡金斗洋村党支部书记、村民主任兼妇联主席

林喜盈　宁德市福鼎市茶产业发展中心高级农艺师

林如婷　宁德市霞浦县人民法院诉讼服务中心主任

余清华　宁德市华侨小学党总支部书记、校长

林沐榅　宁德市生态环境局环境督察科科长、一级主任科员

张　婷　宁德市农业农村局饲料兽药管理站站长

陈惠华　宁德师范学院附属宁德市医院妇产科科主任兼妇科科主任

樊丽丽　宁德市霞浦县松山街道古县村党支部第一书记、华能霞浦核电有限公司团委书记、党群管理专工

平潭综合实验区

王尚可　平潭综合实验区公安局政治部警察公共关系处副处长、三级警长

余小燕　平潭综合实验区融媒体中心、平潭时报社专副刊部主任（办公会成员）、平潭综合实验区海峡文化传媒有限公司总经理助理

郑声华　平潭城中小学副校长

汪　宁　国家税务总局平潭综合实验区税务局机关党委四级主办

陈静乐　福建省帆船帆板运动管理中心风筝板运动员、平潭综合实验区体育总会会员、平潭风筝冲浪运动协会会员

省直及驻闽单位

余连菊　福建省政府办公厅机关党委副书记、机关纪委书记、二级调研员

王慜婧　福建省委政法委执法监督处三级调研员

郭少榕　福建省教育科学研究所基础教育研究室主任

林晓萍　福建警察学院教授

林志鹏　福建省民政厅社会组织管理局局长

刘　华　福建省应急管理厅危化处处长、一级调研员、高级工程师

郑益昕　福建省篮排球运动管理中心女排运动员

郑　懿　福建省统计局普查中心副主任

张　洁　福建省直屏西幼儿园园长

王增华　福建省革命历史纪念馆公众服务部主任、文物博物专业馆员

郑百灵　共青团福建省委少年部四级主任科员、福建省少先队总辅导员

吴静怡　福建省人民检察院第十检察部副主任、四级高级检察官

高佳丽　福建省广播影视集团融媒体资讯中心采访部融合直播科副科长

潘　越　厦门大学经济学院金融系主任、党支部书记、教授、博士生导师

宋美杰　福建师范大学传播学院院务委员、教授、博士生导师

秦　源　福建农林大学生命科学学院院长、教授

郑　昭　福建日报社屏山记者站主任记者

许　超　福州铁路公安处福州南车站派出所副所长

省国资委

惠颖娟　福建省长汀金龙稀土有限公司磁性材料事业部运管副经理

李美贞　厦门集装箱码头集团有限公司副总经理

刘惠琴　福建福海创石油化工有限公司工会副主席、女职委主任

刘少华　中闽能源股份有限公司纪检监察室副主任、工程师

任永欢　厦门金龙联合汽车工业有限公司技术专家2025工作室成员、高级工程师、车载能源专业总师

王　颖　福建中旅集团有限公司副总经理、福建中旅饭店管理集团有限公司董事

省总工会

李德清　福州市公共交通集团有限责任公司驾驶员

张　琦　厦门第一中学正高级教师、总务处主任

邱　榕　漳州市芗城区东铺头社区卫生服务中心党支部书记

李少婷　泉州市宜家装饰工程有限公司总经理

刘梅梅　中国农业银行股份有限公司宁化县支行副行长

魏燕芬　福建龙泰实业有限公司人力资源科副科长

杨美丽　宁德市霞浦县茶产业发展中心专业技术人员

林荔琴　莆田市力奴鞋业有限公司供应链中心副总经理

省双拥办

桑小瑶　中国人民解放军东部战区陆军32227部队信访和法律室律师（文职）

陈明花　中国人民解放军32251部队上校政治委员

王文之　中国人民武装警察部队第二机动总队少校副政治教导员

王　萍　中国人民解放军92435部队医院专业技术上校主治医师

廖湘江　中国人民解放军94816部队专业技术上校工程师

张婷婷　中国人民解放军73630部队专业技术中校工程师

吴晓晖　中国人民武装警察部队福建省总队医院少校营级副职干事

2021—2022年度 福建省三八红旗集体名单（100个）

福州市

福州市台江区洋中街道金斗社区居民委员会

福州市晋安区岳峰镇桂溪社区居民委员会

飞毛腿（福建）电子有限公司

福州市闽侯县甘蔗街道瀛洲社区居民委员会

福州市长乐区营前街道长安村村民委员会

福建福清汇通农村商业银行股份有限公司

中国移动通信集团福建有限公司闽清分公司华侨城营业厅

福州市劳动就业中心

中共福州市罗源县委组织部

福州市第一医院心脏重症监护室

福建省福州第八中学

福州市公安局出入境管理处

厦门市

厦门市思明区厦港街道巡司顶社区居委会

厦门市湖里实验小学

厦门市湖里区湖里街道怡景社区居委会

厦门市集美区杏滨街道社区卫生服务中心

厦门市海沧区海沧街道石塘社区卫生服务中心

厦门市同安区美林街道金海社区居委会
厦门市翔安区马巷街道舫星社区居委会
国家税务总局厦门市税务局12366纳税缴费服务热线
厦门航空有限公司地面服务保障部地面服务处

漳州市

漳州市芗城区人民检察院
漳州市龙文区步文街道龙江社区居委会
漳州市长泰宾馆有限责任公司
漳州市漳浦县绥安镇绥南社区居委会
漳州市云霄县机关幼儿园
漳州市诏安县梅岭镇南门哨所
漳州市东山县西埔镇中兴社区居委会
漳州市南靖县船场镇“稻花香”巾帼宣讲队
漳州市华安县华丰镇新村社区居委会
漳州市重点少年儿童业余体育学校

泉州市

泉州市鲤城区海滨街道东鲁社区居委会
泉州市丰泽区泉秀街道社区卫生服务中心
国家税务总局泉州市洛江区税务局第一税务分局（办税服务厅）
泉州市泉港区第二实验幼儿园
泉州市石狮市疾病预防控制中心
泉州市晋江市行政服务中心管理委员会
泉州市南安市第二幼儿园
泉州市惠安县人民法院民事审判一庭
泉州市安溪县凤城镇城东社区居委会
泉州市永春县岵山镇人民政府
泉州市德化县妇女联合会
泉州市第一医院呼吸与危重症医学科

三明市

三明市妇女联合会
三明市沙县区总医院
三明市将乐县总医院
三明市建宁县人民法院
三明市明溪县雪峰镇城南社区
中国工商银行三明三元支行营业部
三明市婚姻家庭纠纷人民调解委员会
国家税务总局三明市三元区税务局第一税务分局（办税服务厅）

莆田市

莆田市公安局出入境管理支队
晔晨集团（福建）有限公司
莆田市荔城区西天尾镇后黄社区
莆田市凤凰家政服务有限公司
莆田市涵江区双福村
国家税务总局莆田市秀屿区税务局第一税务分局（办税服务厅）
莆田学院附属医院胃肠外一科
福建省高速公路车辆通行费仙游城区征收管理所

南平市

福建广电网络集团延平分公司商业城营业厅
南平市建阳区潭城街道西门社区居民委员会
南平市邵武市妇女联合会
福建盈昌竹木生态科技有限公司
南平市浦城县疾病预防控制中心
南平市光泽县闽源保洁服务有限公司
南平市松溪县人民检察院“湛卢青检先锋连”
南平市政和县实验幼儿园

龙岩市

龙岩市新罗区雁石镇益坑村
龙洲集团股份有限公司永定分公司永定汽车站
龙岩市上杭县实验小学
龙岩市武平县百家姓农民专业合作社联合社
龙岩市长汀县人民法院立案庭诉讼服务中心
国家税务总局连城县税务局第一税务分局（办税服务厅）
龙岩市漳平市农业农村局
龙岩海关综合业务科

宁德市

宁德市蕉城区人民检察院第五检察部
宁德市古田爱心公益联合会
宁德市屏南县妇女联合会
宁德市寿宁县农村信用合作联社
宁德市福安市民族实验小学
中共柘荣县城郊乡靴岭尾村支部委员会
中共福鼎市委组织部
宁德市霞浦县松港街道东昇社区

平潭综合实验区

平潭敖东镇中心幼儿园

国网福建省电力有限公司平潭供电公司营业班

省直及驻闽单位

福建省直机关在职职工医疗互助中心

福建省财政厅社会保障处

福建省水土保持试验站

福建省疾病预防控制中心地方病及慢性非传染性疾病防治所

福建省人民政府信访局办公室

福建省档案馆编研开发处

省国资委

福建省汽车运输集团有限公司福州站务分公司客北站陈萍服务组

福建福海创石油化工有限公司 QHSE 部化验检测团队 PX 化验室

厦门金龙联合汽车工业有限公司专用车营销中心

省总工会

泉州市总工会职工服务中心

平潭城东小学音乐教研组

福建农村信用社联合社集中作业中心

中铁二十四局集团福建铁路建设有限公司财务部

省双拥办

中国人民武装警察部队福建省总队医院

中国人民解放军联勤保障部队第 900 医院呼吸与危重症医学科

（摘编：赵小真）

全国水土保持工作先进集体和先进个人福建省获评名单

2023 年 1 月 5 日福建省水利厅消息，水利部近日发出《关于表彰全国水土保持工作先进集体和先进个人的决定》（水人事〔2022〕451 号），福建省水利厅水土保持与科技处获评全国水土保持工作先进集体，我省共有 6 家单位、12 名个人获评先进。

一、全国水土保持工作先进集体

福建省水利厅水土保持与科技处

福建省水土保持试验站

福建省漳州市长泰区水利局

福建省长汀县水土保持中心

福建省宁化县水土保持中心

福建省厦门市水利局水资源与水土保持处

二、全国水土保持工作先进个人

江　沈　福建省财政厅农业农村处一级主任科员

赖学舜　福建省林业局造林处一级调研员

郑　锐　福建省水土保持工作站三级主任科员

杨舜成　福建省水土保持试验站科长

张　森　福建省水利水电勘测设计院有限公司生态环境工程院高级工程师

郑容妹　福州市水利局水利水电与水土保持处处长

刘春霖　厦门市水政水保监察支队科长

黄周建　宁德市蕉城区水利局总工程师

林永贤　漳州市水利局水土保持与技术科科长

卢晓香　龙岩市水利局副局长

朱秀端　南平市水土保持中心负责人

纪谷裕　平潭综合试验区农业农村局水利处处长

（摘编：李乐成）

全国林草系统先进集体、劳动模范和先进工作者福建省获表彰名单

2023 年 2 月 24 日，人力资源和社会保障部、国家林业和草原局发布表彰全国林草系统先进集体、劳动模范和先进工作者的决定，共表彰了 97 个“全国林草系统先进集体”、118 名“全国林草系统劳动模范”和 118 名“全国林草系统先进工作者”其中，福建 5 个单位、8 名个人入选。

全国林草系统先进集体名单（福建部分）

福建省南靖县林业局

福建三明林业学校

永春县林业局

福州市自然保护地规划发展中心

福建省仙游县林业局

全国林草系统劳动模范名单（福建部分）

赵刚源　福建省顺昌县国有林场党总支书记

黄勇兵　福建省鑫源祥木业有限公司总经理

何吓俊　福建省大田桃源国有林场湖美管护站站长

全国林草系统先进工作者名单（福建部分）

叶华柳　南平市林业局副局长、机关党委书记

乐代明　三明市沙县区林业局党组成员、副局长

邹秉章　福建省上杭白砂国有林场场长

谭芳林　福建省林业科学研究院生态环境研究所所长、正高级工程师

陈文杰　宁德市野生动植物与湿地保护中心主任、高级工程师

（摘编：谢建东）

全国住房和城乡建设系统先进集体、先进工作者和劳动模范福建省表彰名单

2023年2月9日福建省住建厅消息，根据《人力资源社会保障部　住房和城乡建设部　关于表彰全国住房和城乡建设系统先进集体、先进工作者和劳动模范的决定》。我省福州市水系联排联调中心等9个单位被授予“全国住房和城乡建设系统先进集体”称号，陈小壮等21名同志被授予“全国住房和城乡建设系统先进工作者”称号，王摩西等27名同志被授予“全国住房和城乡系统劳动模范”称号。名单如下。

一、全国住房和城乡建设系统先进集体名单

福州市城区水系联排联调中心

厦门市环境卫生中心

晋江市住房和城乡建设局

漳州市城市管理指挥中心

三明市城市管理局

龙岩市住房和城乡建设局

莆田市住房公积金管理中心

福建省建设信息中心

厦门市住房保障和房屋管理局住房保障处

二、全国住房和城乡建设系统先进工作者名单

陈小壮　厦门市住房保障中心住房事务科副科长

陈　华　平潭综合实验区综合执法与应急管理局指挥中心一级主任科员

陈光村　龙岩市新罗区城市管理局党组成员、副局长

陈海杰　泉州市排水中心党支部书记、主任

张扬帆　龙岩市住房和城乡建设局城建科科长

张富城　福建省住房和城乡建设厅科技与设计处一级主任科员

吴郯武　南平市城市管理局市容管理科科长

吴　涛　南平市住房和城乡建设局城建科科长

杨学敏　福州市城乡建设局办公室主任

苏鹏毅　厦门市城市管理行政执法支队督察大队办公室主任

郑国晖　宁德市房地产交易中心副主任

郑际忠　福建省住房和城乡建设厅机关党委二级调研员

周　雯（女）　福州市台江区住房保障和房产管理局党委书记、副局长

柳启生　漳州市云霄县住房和城乡建设局党组书记、局长

徐　建　莆田市城市管理局办公室主任

黄　山　厦门市建设局工程建设管理处处长

韩小刚　福建省住房和城乡建设厅工程处副处长

董　琳（女）　泉州市城建项目管理中心综合股股长

蔡海鸿　泉州市住房和城乡建设局党组成员、副局长、总工程师

薛玉贵　福州市园林中心基建处处长

薛志兵　宁德市城市管理局办公室主任

三、全国住房和城乡建设系统劳动模范名单

王摩西　厦门市政公共服务管理有限公司副总经理、工会主席

王进南　中建远南集团有限公司董事长

王明亮　德京集团有限公司项目经理

王碧云（女）　福清市城投园林建设有限公司副总经理

邓兴联　南平美城环境工程有限公司保洁班长

乐文基　福建一建集团有限公司副经理兼项目经理

叶国希　厦门特房建设工程集团有限公司项目管理中心总监、项目经理

刘卫群（女）　漳州发展水务集团有限公司技术负责人

任　帅　平潭综合实验区先行实业有限公司副总经理

卢荣智　中建协和建设有限公司总经理、工程师

吴叶娇（女）　莆田市城建给排水服务有限公司检测室主任

吴哲明　福建西景市政园林公司设计负责人

余剑明（女）　漳州尚农投资集团有限公司总经理助理

沈　晨　福州名城保护开发有限公司朱紫坊历史文化街区项目负责人

林　志　平潭综合实验区城市发展集团有限公司建设管理部经理

林喜贤　福建省九建建筑工程有限公司党委书记、董事长

林忠贤　南平建设集团有限公司质量安全管理部经理

林犁岳　福州城市建设投资集团有限公司党委副书记、工会主席

周代乐　福建七建集团有限公司副总经理

徐亮元　漳州天利仁和物业服务股份有限公司管理员

康设兴　福州水务集团有限公司建设事业部经理

黄晓冬　福建建筑设计研究院三院院长

黄展鑫　福建省九龙建设集团有限公司项目部生产经理

黄德汕　福建龙环环境工程有限公司安全员

谢天福　三明市建筑工程施工图设计文件审查中心主任

谢智波　福州市东飞环境服务有限公司鼓楼垃圾分类项目管理员

廖成皓　福建金鼎建筑发展有限公司项目负责人

（摘编：江涛）

福建省商务系统先进集体和先进工作者名单

2023年12月8日，福建省人力资源和社会保障厅、福建省商务厅印发《关于表彰全省商务系统先进集体和先进工作者的决定》（闽人社表彰〔2023〕34号）提出，近年来，全省商务系统广大干部职工以习近平新时代中国特色社会主义思想为指导，贯彻落实习近平总书记关于商务工作重要论述精神和省委、省政府工作部署，积极统筹疫情防控和商务发展，统筹发展和安全，抓招商、扩开放、促消费、稳外贸、稳外资，为新发展阶段新福建建设作出了积极贡献，涌现出一大批先进集体和先进工作者。为表彰先进、树立榜样，激励全省商务系统广大干部职工在新时代有新担当新作为，省人力资源和社会保障厅、省商务厅决定，授予福州市商务局等46个单位“全省商务系统先进集体”称号，授予陈昕等100名同志“全省商务系统先进工作者”称号。

希望受到表彰的先进集体和先进工作者珍惜荣誉，再接再厉，继续发挥模范带头作用，为全省商务事业发展再立新功。全省商务系统各单位和广大干部职工要以受表彰的先进集体和先进工作者为榜样，紧紧围绕省委、省政府工作大局，守正创新，担当作为，扎实工作，为推动全省商务工作高质量发展作出新的更大贡献！

全省商务系统先进集体名单

（共46个）

福州市

福州市商务局

鼓楼区商务局

台江区商务局

晋安区商务局

长乐区商务局

福清市商务局

永泰县商务局

厦门市

厦门市商务局对外贸易处

厦门市会议展览促进中心

中国（福建）自由贸易试验区厦门片区管理委员会经济发展局（数字化促进局，含投促中心）

思明区商务局

湖里区商务局

翔安区商务局

漳州市

漳州市商务局

龙文区商务局

东山县商务局

南靖县商务局

漳州古雷港经济开发区管委会商务局

漳州台商投资区管委会经济发展局

泉州市

泉港区商务局

石狮市商务局

晋江市商务局

南安市商务局

德化县工业信息化和商务局

泉州市电子商务中心

三明市

沙县区商务局

尤溪县商务局

将乐县商务局

莆田市

莆田市商务局办公室

仙游县商务局

涵江区商务局

南平市

建阳区商务局

邵武市工业信息化和商务局

武夷山市商务局

浦城县商务局

龙岩市

新罗区商务局

上杭县商务局

长汀县商务局

宁德市

古田县商务局

福安市商务局

霞浦县商务局

东侨经济技术开发区商务局

平潭综合实验区

平潭综合实验区经济发展局口岸工作处

福建省商务厅

福建省商务厅市场运行调节处

福建省商务厅外资管理处

福建省商务厅机关党委

全省商务系统先进工作者名单

（共100名）

福州市

陈　昕（女）　福州市商务局流通业发展处处长

刘　洁（女）福州市商务局对外贸易处处长

苏　珊（女）鼓楼区商务局副局长

吴群中　台江区商务局党组副书记、三级主任科员

何　榕　仓山区商务综合行政执法大队队员

魏　薇（女）　晋安区外商投资服务中心职员

何必停　福州经济技术开发区商务综合行政执法大队教导员

陈碧琴（女）　福清市商务局党组成员、副局长

林秀铭（女）　闽侯县商务局商贸科科长、闽侯县商务综合执法大队专技人员

吴艳丹（女）　连江县招商中心副主任、八

级职员

陈　曦（女）　福州高新技术产业开发区商务局副局长

林天荣　中国（福建）自由贸易试验区福州片区管理委员会（福州保税港区管理委员会）经济发展局综合审批科科长

厦门市

李艳玲（女）　厦门市商务局机关党委专职副书记

赖仁根　厦门市商务局行业管理处处长

杨朝伟　厦门市商务局外资促进处处长

时　斌（女）　厦门市商务局流通处二级主任科员

陈舟凌　厦门市招商中心内资科副科长

蔡伟强　厦门自贸片区管委会经济发展局（数字化促进局）三级主任科员

官　斌　厦门自贸片区管委会象屿园区管理局三级主任科员

吴　琳（女）　厦门火炬高新区管委会经济发展处职员

陈　达　思明区投资促进中心十一级专业技术人员

许雯霞（女）　湖里区商务局中级经济师

何　立　集美区酒类流通发展中心一级科员

林珍珍（女）　海沧区工业和信息化局四级主任科员

苏晓青（女）　同安区招商中心主任助理

王玮婷（女）　翔安区商务局综合科副科长

漳州市

潘煜昱　漳州市商务局开发区科科长

郭景宏　漳州市商务局办公室主任

吴炜聪　芗城区招商服务中心八级职员

卢旭展　龙海区招商中心副主任

涂惠宗　漳浦县工业和信息化局副局长

李　菁（女）　诏安县招商服务中心副主任

庄贵德　平和县商务局市场和贸易股负责人

刘菊梅（女）　华安县工业和信息化局贸易管理股股长

戴惠凤（女）　漳州高新区招商服务中心干部

方　琦　漳州招商局经济技术开发区经济发展局副科长

泉州市

陈金针　泉州市商务局外资促进科科长、四级调研员

林　琳（女）　泉州市商务局商务运行科科长

谢明辉　泉州市商务综合行政执法支队经济师

吴湘萍（女）　鲤城区商务局流通业发展股股长

黄宗敢　丰泽区商务局党组副书记、二级主任科员

颜永溪　洛江区商务局二级主任科员

陈瑶萍（女）　惠安县工业信息化和商务局商贸流通股股长

林培荣　安溪县工业信息化和商务局党组成员、副局长

李巧伶（女）　永春县工信商务综合执法大队经济师

王菲菲（女）　泉州开发区科经局四级主任科员

庄俊强　泉州台商投资区科经局副局长、一级主任科员

三明市

陈传才　三明市商务局四级调研员

邱　炜　三明市商务行政执法支队支队长、市商务局外资与外经科负责人

叶生香（女）　三元区商务局办公室负责人、四级主任科员

邓　键　永安市商务局电商科科长

艾之诚　建宁县工业和信息化局电商信息化股股长

张峰仁　宁化县工业和信息化局副局长

苏祎群（女）　大田县商务局局长、县招商服务中心主任

莆田市

许赞卫　莆田市商务局外贸科科长

柯　风　莆田市商务局市场科科长

占　斌　莆田市商务局电商科科长

林爱新　仙游县商务局党组书记、局长

戴建斌　荔城区商务局商贸股负责人（中级经济师）

陈　明　荔城区第三产业服务中心中级经济师

潘源懿　城厢区第三产业发展服务中心八级

专业技术人员

张欢婷（女） 涵江区商务发展服务中心、第三产业办公室负责人（专技十三级）

陈俊伟 秀屿区商务局党组成员、副局长

郭金木 莆田市湄洲岛商务科技局局长、一级主任科员

郑 锋 莆田市北岸经济开发区发展和改革局局务成员

南平市

温文辉（女） 南平市商务局局长、市口岸办主任、一级调研员

魏孟辉 南平市商务局贸促会联合党组成员、商务局副局长

雷 蕾（女） 南平市延平区商务局投资促进股负责人

马 捷（女） 建瓯市工业信息化和商务局商贸流通和市场秩序股负责人

黄福兰（女） 光泽县工业信息化和商务局副局长

魏 彪 政和县工业信息化和商务局副局长

杨礼杰 顺昌县外商投资服务中心外经贸股负责人

吴邦伟 松溪县工业信息化和商务局办公室主任

龙岩市

池俊荣 龙岩市商务局服务业与电子商务发展科科长、一级主任科员

赖锦琪 龙岩市投资促进中心副主任（龙岩市商务局对外贸易管理科负责人）

邱永杰 新罗区商务局综合股股长

阙翠芸（女） 永定区商务局综合股股长（专技十二级）

林海山 上杭县商务局外经外贸与行政审批股股长

陈圣文 武平县商务局党组书记、一级主任科员

赖木木 长汀县商务局党组成员、副局长

罗煜东 连城县商务局党组成员、副局长、三级主任科员

黄荣江 漳平市商务局市场体系建设与流通业发展股负责人

林艳芳（女） 龙岩高新区（经开区）投资促进中心十二级专业技术人员

宁德市

倪陈琛（女） 宁德市商务局党组成员、副局长

谢令健（女） 宁德市商务局计财与政策法规科科长

蔡晓文（女） 宁德市人民政府招商中心副主任

阮菲菲（女） 蕉城区商务局党组成员、副局长、三级主任科员

卓瑞富 古田县商务局内贸管理股股长

黎光辉 屏南县招商服务中心副主任

李佐锶 周宁县工信局副局长

卢金忠 寿宁县商务局一级主任科员

吴忠平 柘荣县企业服务中心副主任

梁世斌 福鼎市商务局副局长

占海燕（女） 东侨经济技术开发区商务局党支部书记、局长

平潭综合实验区

毕 太 平潭综合实验区经济发展局口岸工作处处长（正科长级）

王 萍（女） 平潭综合实验区招商与产业促进中心事业干部

福建省商务厅

陈德提 福建省商务厅办公室副主任

薛从彬 福建省商务厅财务处二级主任科员

吴婷芳（女） 福建省商务厅对外贸易处三级调研员

何 文 福建省对外经济合作中心八级职员

（摘编：陈建闽）

福建省市场监管系统先进集体和先进工作者名单

2023年2月1日，福建省人力资源和社会保障厅、福建省市场监督管理局印发《关于表彰全省市场监管系统先进集体和先进工作者的决定》(闽人社表彰〔2023〕2号）提出，近年来，全省市场监管系统广大干部职工始终坚持以习近平新时代中国特色社会主义思想为指导，全面贯彻落实习近平总书记关于市场监管工作重要论述精神，认真落实省委、省政府和市场监管总局工作部署，扎实推进改革创新，积极服务市场主体发展，加快建设质量强省和知识产权强省，坚决守住市场监管领域安全底线，全方位推进高质量发展，涌现出一大批先进集体和先进工作者。

为表彰先进、树立榜样，激励全省市场监管系统广大干部职工新时代新担当新作为，省人力资源和社会保障厅、省市场监督管理局决定，授予福州市市场监督管理局等78个单位“全省市场监管系统先进集体”称号，授予张胜等148名同志“全省市场监管系统先进工作者”称号。希望受到表彰的先进集体和先进工作者珍惜荣誉，再接再厉，继续发挥模范带头作用，为推进福建市场监管现代化再立新功。全省市场监管系统各单位和广大干部职工要以受表彰的先进集体和先进工作者为榜样，坚持以习近平新时代中国特色社会主义思想为指引，深入贯彻落实党的二十大精神，按照省委、省政府和市场监管总局工作要求，认真实施“深学争优、敢为争先、实干争效”行动，踔厉奋发、勇毅前行、担当作为，加快推进市场监管现代化，以实际行动坚定拥护“两个确立”，坚决做到“两个维护”，为全方位推进高质量发展、谱写全面建设社会主义现代化国家福建篇章作出应有的贡献！

全省市场监管系统先进集体名单

（78个）

福州市

福州市市场监督管理局

福州市市场监督管理局消费者投诉举报指挥中心

福州市市场监管综合执法支队直属二大队

福州市工业产品生产许可证审查技术中心

福州市鼓楼区鼓东市场监督管理所

福州市长乐区市场监管综合执法大队

福清市玉屏市场监督管理所

闽侯县南通镇市场监督管理所

连江县市场监督管理局

闽清县梅城市场监督管理所

永泰县大洋市场监督管理所

厦门市

厦门市市场监督管理局营商环境促进处

厦门市市场监管综合执法支队

厦门市海沧区市场监督管理局

厦门市思明区市场监督管理局莲前市场监督管理所

厦门市同安区市场监督管理局新民市场监督管理所

厦门市翔安区市场监督管理局马巷市场监督管理所

厦门市食品药品质量检验研究院

漳州市

漳州市芗城区市场监督管理局新桥市场监管所

漳州市长泰区市场监督管理局武安市场监督管理所

漳浦县市场监督管理局登记注册与审核审批股

云霄县市场监督管理局陈岱市场监督管理所

东山县市场监督管理局西埔市场监督管理所

平和县市场监督管理局坂仔市场监督管理所

华安县市场监督管理局丰山市场监管所

漳州台商投资区市场监督管理综合行政执法大队

漳州高新技术产业开发区市场监督管理局九湖市场监督管理所

泉州市

泉州市市场监督管理局

泉州台商投资区管理委员会市场监督管理局

晋江市市场监督管理局

石狮市市场监督管理局

南安市市场监督管理局水头镇市场监督管理所

惠安县市场监督管理局

安溪县市场监督管理局湖头镇市场监督管理所

永春县市场监督管理局

德化县市场监督管理局

泉州市洛江区市场监督管理局

泉州市泉港区市场监管综合执法大队

三明市

三明市沙县区市场监督管理局

宁化县市场监督管理局

三明市三元区徐碧市场监督管理所

永安市市场监督管理局新安市场监督管理所

泰宁县市场监督管理局食品安全综合协调与监管股

将乐县市场监督管理局古镛市场监督管理所

尤溪县市场监督管理局洋中市场监督管理所

大田县市场监督管理局建设市场监督管理所

莆田市

莆田市市场监管综合行政执法支队

莆田市城厢区市场监督管理局

莆田市涵江区市场监督管理局

仙游县市场监督管理局盖尾市场监督管理所

莆田市荔城区市场监督管理局镇海市场监督管理所

莆田市秀屿区市场监督管理局埭头市场监督管理所

南平市

南平市计量所

南平市食品药品审评与不良反应监测中心

南平市建阳区市场监督管理局

武夷山市市场监督管理局审批股

建瓯市市场监管综合执法大队

顺昌县市场监督管理局

松溪县市场监督管理局

政和县城关市场监督管理所

龙岩市

漳平市市场监督管理局

龙岩市新罗区市场监督管理局南城市场监督管理所

龙岩市永定区市场监督管理局坎市监管所

连城县市场监督管理局朋口监管所

龙岩市食品药品认证审评与药品不良反应监测中心

龙岩市市场监督管理局反垄断与反不正当竞争科

宁德市

宁德市市场监督管理局登记注册与行政审批科

宁德市食品药品审评认证中心

福安市市场监督管理局

柘荣县市场监督管理局

福鼎市市场监督管理局太姥山市场监督管理所

周宁县市场监督管理局李墩市场监督管理所

寿宁县市场监督管理局南阳市场监督管理所

平潭综合实验区

平潭综合实验区市场监督管理局药械监督管理处

省市场监督管理局（含省药品监督管理局）

福建省市场监督管理局政策法规处

福建省市场监督管理局登记注册与行政审批处

福建省产品质量检验研究院食品检验研究所

福建省药品审评与监测评价中心

全省市场监管系统先进工作者名单

（148 个）

福州市

张　胜　福州市市场监督管理局信用监管处处长

周　荣　福州市市场监督管理局人事教育处一级主任科员

黄小红（女）　福州市市场监督管理局机关党委专职副书记

林　帅　福州市市场监督管理局网络交易监管处副处长

洪　宇（女）　福州市市场监管局消费者权益保护处三级主任科员

陈德伟　福州市市场监督管理局食品流通安全监管处三级主任科员

吴碧文（女）　福州市市场监管监测服务中心监测一部部长、工程师

黄友忠　福州市鼓楼区华大市场监督管理所所长、三级主任科员

刘　燕（女）　福州市台江区市场监管局鳌峰市场监督管理所四级主任科员

张　凌　福州市仓山区建新市场监督管理所副所长

陈昶晔（女）　福州市晋安区市场监督管理局党委办主任、四级主任科员

林　毅　福州经济技术开发区市场监督管理局党组书记、局长

蒋旭春　福州市长乐区市场监督管理局营前市场监督管理所所长

凌　伟　福清市市场监督管理局一级主任科员

何子灿　闽侯县市场监督管理局餐饮服务食品安全监管科科长、一级科员

林　楷　连江县敖江市场监督管理所所长

郑孙辉　闽清县白中市场监督管理所所长

何志群　罗源县市场监督管理局凤山市场监督管理所所长、三级主任科员

柯庭云　永泰县市场监管综合执法大队中队长

陈华锋　福州高新技术产业开发区市场监督管理行政执法大队大队长

厦门市

焦　勇　厦门市市场监督管理局信用监督管理处处长

陈　悦（女）　厦门市市场监督管理局网络交易监督管理处二级主任科员

林丽琼（女）　厦门市市场监督管理局食品流通安全监督管理处一级主任科员

王志军　厦门市市场监督管理局标准化处副处长

王俊颖（女）　厦门火炬高技术产业开发区市场监督管理处副处长

张　弥（女）　厦门市思明区市场监督管理局筼筜市场监督管理所二中队中队长、一级主任科员

黄　煜　厦门市集美区市场监督管理局食品监督管理科科长

刘淑娟（女）　厦门市集美区市场监督管理局杏林市场监督管理所三中队中队长

何铁峰　厦门市海沧区市场监督管理局党组成员、副局长

杨晓慧（女）　厦门市海沧区市场监督管理局政策法规科四级主任科员

颜明旭　厦门市同安区市场监督管理局祥平市场监督管理所一中队中队长

吴迪矛　厦门市知识产权发展保护中心创新发展部二级主任科员

倪　栋　厦门市产品质量监督检验院副院长

邵跃武　厦门市特种设备检验检测院检验六科副科长

漳州市

林丽卿（女）　漳州市市场监督管理局党组成员、副局长

王其鲁　漳州市市场监督管理综合执法支队二级主任科员

郑秀蓉（女）　漳州市市场监督管理局漳州开发区分局副局长

刘林斌　漳州市计量所副所长

韩清队　漳州市芗城区市场监督管理局巷口市场监管所所长、二级主任科员

张子钦　漳州市龙文区市场监督管理局蓝田市场监管所副所长、四级主任科员

程子希　漳州市龙海区市场监督管理局东园市场监督管理所所长、三级主任科员

黄秋霞（女）　漳州市龙海区市场监督管理局人事教育股股长、四级主任科员

熊华平　漳州市长泰区市场监督管理局机关党委副书记、办公室副主任、市场监管综合执法大队副大队长

林志强　漳浦县市场监督管理局绥安市场监督管理所所长

林毅秀（女）　云霄县市场监督管理局莆美市场监督管理所所长

王贵林　诏安县市场监督管理局南诏市场监督管理所副所长、四级主任科员

黄洋平　平和县市场监督管理局文峰市场监督管理所所长

陈振辉　南靖县市场监督管理局山城市场监督管理所所长、二级主任科员

泉州市

郑添寿　泉州市市场监督管理局四级调研员

邱江鸿　泉州市知识产权保护中心主任

王金川　晋江市陈埭镇市场监督管理所所长

蔡文博　石狮市市场监督管理局湖滨街道市场监督管理所副所长

黄宏毅　南安市市场监督管理局人事教育科科长

陆奕敏（女）　惠安县市场监督管理局办公室主任

陈志忠　安溪县市场监督管理局城厢镇市场监督管理所所长

郑星彬　永春县市场监督管理局蓬壶市场监督管理所所长

刘建业　德化县市场监督管理局龙浔镇市场监督管理所所长

杨昌进　泉州市鲤城区市场监督管理局党组书记、局长

蔡安莉（女）　泉州市丰泽区市场监督管理局党组成员、副局长

廖世同　泉州市洛江区市场监督管理局河市市场监督管理所副所长

倪琦豪　泉州市泉港区市场监督管理局特种设备安全监察股股长

蔡剑智　泉州台商投资区管理委员会市场监督管理局洛阳镇市场监督管理所所长、三级主任科员

郑青萍（女）　泉州市市场监督管理局泉州经济开发区分局食药化械股股长

黄智贤　泉州市市场监管综合执法支队办公室主任

尤晓君　泉州市市场监管综合执法支队执法二大队三中队负责人

卓黎阳　泉州市产品质量检验所副所长

陈志刚　泉州市计量所医学室副主任

齐　鲁　泉州市食品药品检验所主管药师

三明市

林　华　三明市市场监督管理局产品质量安全监督管理科科长

陶　然　三明市市场监督管理局食品生产安全监督管理科科长

杨图强　三明市计量所检测室主任

江　峰　三明市三元区满园春市场监督管理所所长

吴江明　三明市沙县区市场监管综合执法大队大队长

余成广　永安市市场监督管理局食品生产流通安全综合监督管理科科长

饶大良　明溪县市场监督管理局雪峰市场监督管理所所长

黄中创　清流县市场监督管理局党组书记、局长，四级调研员

刘雯蓉（女）　宁化县市场监督管理局食品药品总监

陈凌姗（女）　建宁县市场监督管理局均口市场监督管理所所长

朱思咪（女）　泰宁县市场监督管理局餐饮监管股负责人

余　勇　将乐县市场监督管理局黄潭市场监督管理所所长

王其伟　尤溪县市场监督管理局城关市场监督管理所所长

余燕琴（女）　大田县市场监督管理局标准计量监督股股长

莆田市

郑建兴　莆田市市场监督管理局产品质量监督管理科科长、一级主任科员

卓荔娟（女）　莆田市市场监督管理局登记注册与行政审批科科长

柯健杰　莆田市市场监督管理局广告监督管理科二级主任科员

周文鑫　莆田市市场监督管理局食品流通安

全监督管理科副科长

陈晓霞（女）　莆田市市场监督管理局综合科四级主任科员

杨凌文　莆田市计量所所长

林立忠　莆田市市场监督管理局湄洲岛分局党组成员、副局长

周鹏星　莆田市市场监督管理局北岸分局四级主任科员

南平市

池世伟　南平市市场监督管理局机关党委专职副书记

张　铨　南平市食品药品执法支队九级职员

黄凤妹（女）　南平市食品药品检验检测中心食品室主任

邱家美（女）　南平市产品质量检验所化验室副主任

游乐晨　南平市延平区市场监督管理局西芹市场监督管理所所长

赵建华　南平市建阳区市场监督管理局信用与网络交易监督管理股股长、四级主任科员

姚　庆　邵武市市场监督管理局邵南市场监督管理所指导员、四级主任科员

周　翔　武夷山市市场监督管理局吴屯市场监督管理所所长、综合执法大队负责人

严育华　建瓯市市场监督管理局瓯宁市场监督管理所所长、三级主任科员

罗志湖　浦城县市场监督管理局办公室主任

谢舒楚（女）　顺昌县市场监督管理局办公室主任、四级主任科员

元慧祥　光泽县市场监督管理局办公室主任

黄　晖　松溪县市场监督管理局郑墩市场监督管理所所长

许榅清　政和县市场监督管理局党组成员、副局长

龙岩市

黄顺妹（女）　龙岩市市场监督管理局登记注册与行政审批科科长

吴永涛　龙岩市市场监督管理局消费者权益保护科科长

傅　立　龙岩市市场监管综合执法支队四大队负责人

魏连军　龙岩市新罗区市场监督管理局党组书记、局长

李建芳　龙岩市新罗区市场监督管理局西陂市场监督管理所所长

曹鑫元　上杭县市场监督管理局应急管理与宣传股股长

张　健　上杭县市场监督管理局才溪市场监督管理所所长

黄益峰　漳平市永福市场监督管理所所长

易椿发　长汀县市场监督管理综合执法大队大队长

肖　伟　长汀县市场监督管理局河田市场监督管理所所长

何剑翔　武平县市场监督管理局东留市场监督管理所所长

曾菊平（女）　武平县市场监督管理局药品监管股股长

卢庆祥　龙岩市永定区市场监督管理局综合执法大队大队长

高小青（女）　连城县市场监督管理局姑田监管所所长

宁德市

朱华斌　宁德市市场监督管理局餐饮服务食品安全监督管理科科长

吴　峥　宁德市市场监督管理局特种设备安全监察科科长

林　莺　宁德市市场监督管理局知识产权科科长

康新宇　宁德市市场监督管理局产品质量安全监督管理科副科长

张承聘（女）　宁德市市场监督管理综合执法支队干部

蔡剑巍　宁德市蕉城区市场监督管理局登记注册和行政审批股股长

张晋霞（女）　福安市市场监督管理局城南市场监督管理所副所长

卓亚龙　福鼎市市场监督管理局食品安全协调股股长、餐饮股股长

陈　华（女）　霞浦县市场监督管理局二级主任科员

杨武廉　古田县市场监督管理局大桥市场监

督管理所所长

陈贵辉　周宁县市场监督管理局食品药品总监

范希叶　寿宁县市场监督管理局党组成员、食品药品总监

温丽燕（女）　柘荣县市场监督管理综合执法大队大队长

张中华　屏南县市场监督管理局棠口市场监督管理所所长

平潭综合实验区

林小强　平潭综合实验区市场监督管理局坛东分局三级主任科员

苏高锋　平潭综合实验区市场监督管理局苏平分局副局长

省市场监督管理局（含省药品监督管理局）

邹琍珊（女）　福建省市场监督管理局人事教育处处长

郭桂滨　福建省市场监督管理局办公室副主任

余惠庚　福建省市场监督管理局应急管理与宣传处副处长

黄丹君（女）　福建省市场监督管理局食品流通安全监督管理处一级主任科员

闫宏宇　福建省市场监督管理局特种设备安全监察处一级主任科员

庄胜延　福建省药品监督管理局综合与财务处四级调研员

邓绪铨　福建省药品监督管理局三明药品稽查办公室一级主任科员

徐彩军　福建省特种设备检验研究院党委书记

潘行星　福建省纤维检验中心主任

周丽红（女）　福建省知识产权发展保护中心综合管理处副处长、三级调研员

李　群　福建省计量科学研究院力学与声学计量研究所所长

王　荃（女）　福建省标准化研究院技发委办公室主任、计划科技财务部副部长

骆文灿　福建省工业产品生产许可证审查技术中心高级工程师

林　宇（女）　福建省知识产权保护中心综合管理部助理工程师

（摘编：洪连珠）

科技部通报表扬福建省技术合同认定登记机构名单

2023 年 8 月 17 日福建省科技厅消息，日前，科技部火炬中心发文对一批业绩突出、管理规范、具有典型示范意义的合同认定登记机构进行通报表扬。我省共有 6 家入选，包括省高新技术创业服务中心、省海峡技术转移中心、厦门市技术市场协会、福州技术市场有限公司、泉州市生产力促进中心、宁德市生产力促进中心。

近年来，我省积极作为、多措并举，全面推进技术合同认定登记工作，全省技术交易规模持续扩大。2022 年，我省技术合同成交额达 289 亿元，项数、成交额和增长比均创近五年新高。2023 年上半年，全省共登记技术合同 7731 项，合同金额达 205.96 亿元，同比分别增长 24.92%、26.52%。

随着我省技术转移体制机制的不断创新，技术市场发展环境持续优化，技术交易日趋活跃，交易规模逐年攀升，全省科技成果转化质效显著提升，科技创新驱动我省全方位高质量发展效应日益增强。

（摘编：孔明德）

第十二届中国创新创业大赛全国总决赛福建企业获历史最佳成绩

2023年12月14日，第十二届中国创新创业大赛全国总决赛在四川成都圆满收官。我省推荐的福建立亚新材有限公司，从1494家晋级全国赛的优秀企业中脱颖而出，以全国第八名的优异成绩获得三等奖。今年福建赛区有2家企业进入成长组72强晋级全国总决赛，有11家企业获得优秀企业称号，为历史最好水平。

福建立亚新材有限公司成立于2015年，位于福建省泉州市台商投资区，从事高性能陶瓷纤维及前驱体领域的研发及生产，是国家级专精特新“小巨人”企业。该公司是已知唯一透波型氮化硅纤维产业化企业、全球第四家系列特种陶瓷纤维及前驱体产业化企业。

本届大赛由科技部、财政部、教育部、全国工商联等指导，是全国规格最高、规模最大、影响最广的综合性科技创新赛事，以提升企业技术创新和成果转化能力为主线，覆盖新一代信息技术、生物医药、高端装备制造等新兴产业领域，吸引参赛企业3.7万余家，创历届新高。

（摘编：孔明德）

图书在版编目（CIP）数据

福建企业年鉴. 2024 /《福建企业年鉴》编委会编. — 福州：福建科学技术出版社，2025. 4.

ISBN 978-7-5335-7480-2

Ⅰ. F279.275.7-54

中国国家版本馆CIP数据核字第2025QB6184号

出 版 人 郭 武
责任编辑 陈 慧
责任美编 刘 丽
责任校对 林锦春
装帧设计 力人 LIREN

福建企业年鉴 2024

编　　者 《福建企业年鉴》编委会
协　　编 福建省海峡数据信息中心
福建省产业经济发展促进会
出版发行 福建科学技术出版社
社　　址 福州市东水路76号（邮编350001）
网　　址 www.fjstp.com
经　　销 福建新华发行（集团）有限责任公司
印　　刷 福州力人彩印有限公司
开　　本 889毫米×1194毫米 1/16
印　　张 45.5
字　　数 1300千字
插　　页 4
版　　次 2025年4月第1版
印　　次 2025年4月第1次印刷
书　　号 ISBN 978-7-5335-7480-2
定　　价 497.50元（含光盘）